PHILIPP KÖSTER

Vorbeugender und vorläufiger Rechtsschutz im Rahmen des genehmigten Kapitals bei der Aktiengesellschaft

Abhandlungen zum Deutschen und Europäischen
Gesellschafts- und Kapitalmarktrecht

Herausgegeben von

Professor Dr. Holger Fleischer, LL.M., Hamburg
Professor Dr. Hanno Merkt, LL.M., Freiburg
Professor Dr. Gerald Spindler, Göttingen

Band 144

Vorbeugender und vorläufiger Rechtsschutz im Rahmen des genehmigten Kapitals bei der Aktiengesellschaft

Eine Untersuchung unter Einbeziehung der Grundlagen
und der Reichweite einer individuellen Abwehrklage
des Aktionärs beim genehmigten Kapital

Von

Philipp Köster

Duncker & Humblot · Berlin

Der Fachbereich Rechtswissenschaften der Justus-Liebig-Universität Gießen
hat diese Arbeit im Jahre 2019 als Dissertation angenommen.

Bibliografische Information der Deutschen Nationalbibliothek

Die Deutsche Nationalbibliothek verzeichnet diese Publikation in
der Deutschen Nationalbibliografie; detaillierte bibliografische Daten
sind im Internet über http://dnb.d-nb.de abrufbar.

© 2019 Duncker & Humblot GmbH, Berlin
Satz: 3w+p GmbH, Ochsenfurt-Hohestadt
Druck: CPI buchbücher.de gmbh, Birkach
Printed in Germany

ISSN 1614-7626
ISBN 978-3-428-15725-9 (Print)
ISBN 978-3-428-55725-7 (E-Book)
ISBN 978-3-428-85725-8 (Print & E-Book)

Gedruckt auf alterungsbeständigem (säurefreiem) Papier
entsprechend ISO 9706 ∞

Internet: http://www.duncker-humblot.de

*Für meine Frau
und meine Eltern*

Vorwort

Die vorliegende Arbeit wurde im Wintersemester 2018/2019 von der rechtswissenschaftlichen Fakultät der Justus-Liebig-Universität Gießen als Dissertation angenommen. Sie entstand in der Zeit von April 2014 bis Mai 2017, in der ich als wissenschaftlicher Mitarbeiter am Lehrstuhl für Bürgerliches Recht, Handels- und Wirtschaftsrecht, Rechtsvergleichung tätig war. Rechtsprechung und Literatur konnten bis zum Dezember 2018 berücksichtigt werden.

Meinem sehr verehrten Doktorvater Herrn Prof. Dr. Jens Ekkenga gilt mein besonderer Dank für die kontinuierliche Unterstützung und Betreuung während meiner Promotionszeit. In dieser Zeit habe ich sowohl in fachlicher als auch persönlicher Hinsicht sehr viel von ihm lernen dürfen. Er gewährte mir die Freiheiten, die zur Anfertigung einer solchen Arbeit notwendig sind. Für die zügige Erstellung des Zweitgutachtens und die dort enthaltenen wertvollen Gedanken möchte ich Herrn Prof. Dr. Jens Adolphsen sehr herzlich danken.

Hervorzuheben ist hier mein Freund Herr Dr. Udo W. Becker, der mir stets zur fachlichen Diskussion zur Verfügung und bei der Durchsicht des Manuskriptes mit wertvollen Anregungen zur Seite stand. Vielen Dank hierfür. Im gleichen Atemzug sei auch meinen Freunden Herrn Dr. Jan F. Hellwig und Herrn Johannes F. Bachmann herzlichst gedankt. Ihr habt die Zeit der Promotion im positiven Sinne zu einer für mich unvergesslichen gemacht. Ebenfalls danken möchte ich Frau Sabine Vorbrodt LL.M. (Madison), Frau Cora R. Baumann und Frau Melisa J. Kißler für die schöne gemeinsame Zeit in „Haus 76".

Frau Michaela Noske danke ich für die stets sehr gute Zusammenarbeit.

Ein ganz besonderer Dank gebührt meinen Eltern Horst und Ulrike Köster, die meinen langen Bildungsweg stets ohne Vorbehalte unterstützt und gefördert haben. Sie hatten es hier durchaus nicht immer leicht mit mir. Meiner Frau Kerstin Köster möchte ich für den steten Rückhalt, die unerschütterliche Geduld und die Unterstützung danken, die sie für mich aufgebracht hat. Meine Frau und meine Eltern haben durch ihre liebevolle Hingabe maßgeblich zum Gelingen dieser Arbeit beigetragen. Ihnen widme ich diese Arbeit.

Gießen, im März 2019   *Philipp Köster*

Inhaltsübersicht

Kapitel 3

Rechtsschutzmöglichkeiten gegen die Ausübungsentscheidung des Vorstandes 162

Inhaltsverzeichnis

Kapitel 2

**Rechtsschutzmöglichkeiten gegen den Ermächtigungsbeschluss
der Hauptversammlung** 59

Kapitel 3

Rechtsschutzmöglichkeiten gegen die Ausübungsentscheidung des Vorstandes

Kapitel 4

Einsatzmöglichkeiten im Rahmen des genehmigten Kapitals   334

Kapitel 5

Prozessuale Durchsetzung des verbandsrechtlichen Abwehranspruchs   391

Abkürzungsverzeichnis

a.A./A.A.	anderer Ansicht
a.a.O.	am angegebenen Ort
abgedr.	abgedruckt
abl.	ablehnend
AcP	Archiv für die civilistische Praxis
ADHGB	Allgemeines Deutsches Handelsgesetzbuch (1861)
a.E.	am Ende
a.F.	alte Fassung
AG	Aktiengesellschaft
AktG	Aktiengesetz
AktG 1937	Aktiengesetz von 1937
Alt.	Alternative
Anh.	Anhang
Anm.	Anmerkung
ArbHd.	Arbeitshandbuch
Art.	Artikel
AT	Allgemeiner Teil
Aufl.	Auflage
Az.	Aktenzeichen
BAG	Bundesarbeitsgericht
BB	Betriebsberater
Bd.	Band
bed.	bedingt(es)
Beschl.	Beschluss
Bespr.	Besprechung
BGB	Bürgerliches Gesetzbuch
BGBl.	Bundesgesetzblatt
BGH	Bundesgerichtshof
BGHZ	Entscheidungen des Bundesgerichtshofes in Zivilsachen
BR-Drucks.	Bundesratsdrucksacke
BT-Drucks.	Bundestagsdrucksache
BVerfG	Bundesverfassungsgericht
BVerfGE	Entscheidungen des Bundesverfassungsgerichtes
bspw.	beispielsweise
bzgl.	bezüglich
bzw.	beziehungsweise
ca.	circa
CFl.	Corporate Finance Law
d.	die
DAV	Deutscher Anwaltverein
DAX	Deutscher Aktienindex

DB	Der Betrieb
ders.	derselbe
dies.	dieselbe(n)
DJT	Deutscher Juristentag
DJZ	Deutsche Juristenzeitung
DrittelbG	Drittelbeteiligungsgesetz
DStR	Deutsches Steuerrecht
DVBl	Deutsches Verwaltungsblatt
DZWiR	Deutsche Zeitschrift für Wirtschafts- und Insolvenzrecht
E	Entwurf
ebs.	ebenso
Einl.	Einleitung
etw.	etwas
EuGH	Europäischer Gerichtshof
EuInsVO	Europäische Insolvenzverordnung
EuropGR	Europäisches Gesellschaftsrecht
EuZW	Europäische Zeitschrift für Wirtschaftsrecht
EWG	Europäische Wirtschaftsgemeinschaft
EwiR	Entscheidungen zum Wirtschaftsrecht
f.	für/folgende
FamFG	Gesetz über das Verfahren in Familiensachen und in den Angelegenheiten der freiwilligen Gerichtsbarkeit
FB	Finanzbetrieb
f.d.	für die
Festschr.	Festschrift
ff.	fortfolgende
FG	Festgabe
FGG	Gesetz über freiwillige Gerichtsbarkeit
Fn.	Fußnote
FS	Festschrift
gem.	gemäß
GenR	Genossenschaftsrecht
GesR	Gesellschaftsrecht
GKG	Gerichtskostengesetz
GmbH	Gesellschaft mit beschränkter Haftung
GmbHG	Gesetz betreffend die Gesellschaft mit beschränkter Haftung
GmbHR	GmbH-Rundschau
grds.	grundsätzlich
GS	Gedächtnisschrift
GVG	Gerichtsverfassungsgesetz
GWR	Gesellschafts- und Wirtschaftsrecht
Hdb.	Handbuch
Herv.	Hervorhebung
HGB	Handelsgesetzbuch
h.M.	herrschende Meinung
HRV	Verordnung über die Einrichtung und Führung des Handelsregisters
Hs.	Halbsatz
HV	Hauptversammlung

i.E.	im Ergebnis
insbes.	insbesondere
InsO	Insolvenzordnung
IPrax	Praxis des internationalen Privat- und Verfahrensrechts
i.S.v	im Sinne von
i.V.m.	in Verbindung mit
jew.	jeweils
JuS	Juristische Schulung
JW	Juristische Wochenschrift
JZ	Juristenzeitung
KG	Kammergericht/Kommanditgesellschaft
KGaA	Kommanditgesellschaft auf Aktien
LG	Landgericht
Lit.	Buchstabe
Ls.	Leitsatz
Ltd.	Limited
m.	mit
Mio.	Millionen
MitbestG	Mitbestimmungsgesetz
MittRhNotK	Mitteilungen der Rheinischen Notarkammer
Mot.	Motive
m.w.N.	mit weiteren Nachweisen
n.F.	neue Fassung
NJW	Neue Juristische Wochenschrift
NJW-RR	Neue Juristische Wochenschrift-Rechtsprechungsreport
Nr.	Nummer
NWVbl.	Nordrheinwestfälische Verwaltungsblätter
NZG	Neue Zeitschrift für Gesellschaftsrecht
PersGes.	Personengesellschaft
RegE	Regierungsentwurf
RG	Reichsgericht
RG Bl.	Reichsgesetzblatt
RGZ	Entscheidungen des Reichsgerichtes in Zivilsachen
RL	Richtlinie
Rn.	Randnummer
RNotZ	Rheinische Notar-Zeitschrift
ROHG	Reichsoberhandelsgericht
ROHGE	Entscheidungen des Reichsoberhandelsgerichtes
Rs.	Rechtssache
Rz.	Randziffer
s.	siehe
S.	Seite
sachl.	sachlich
Slg.	Sammlungen der Rechtsprechung des Gerichtshofes und des Gerichtes erster Instanz der Europäischen Gemeinschaft
s.o.	siehe oben
teilw.	teilweise
Tz.	Teilziffer

UAbs.	Unterabsatz
UmwG	Umwandlungsgesetz
Urt.	Urteil
u. U.	unter Umständen
UWG	Gesetz gegen den unlauteren Wettbewerb
v.	vom
Verf.	Verfasser
vgl.	vergleiche
Vorb.	Vorbemerkung
VwGO	Verwaltungsgerichtsordnung
WM	Wertpapiermitteilungen
WPAIV	Wertpapierhandelsanzeige- und Insiderverzeichnisverordnung
WpHG	Wertpapierhandelsgesetz
WpÜG	Wertpapiererwerbs- und Übernahmegesetz
WpÜG-AngebotVO	Wertpapiererwerbs- und Übernahmegesetz-Angebotsverordnung
WRP	Wettbewerb in Recht und Praxis
WuB	Entscheidungsanmerkungen zum Wirtschafts- und Bankrecht
ZAkDR	Zeitschrift der Akademie für Deutsches Recht
z. B.	zum Beispiel
ZBB	Zeitschrift für Bankrecht und Bankwirtschaft
ZfbF	Schmalenbachs Zeitschrift für betriebswirtschaftliche Forschung
ZGR	Zeitschrift für Unternehmens- und Wirtschaftsrecht
ZHR	Zeitschrift für das gesamte Handels- und Wirtschaftsrecht
ZIP	Zeitschrift für Wirtschaftsrecht
zit.	zitiert
ZPO	Zivilprozessordnung
zugl.	zugleich
ZVglRWiss	Zeitschrift für Vergleichende Rechtswissenschaft

Einleitung

Das Untersuchungsziel der nachfolgenden Arbeit sind die Erfassung und der Ausbau des derzeitigen Rechtsschutzkonzeptes zugunsten eines Aktionärs im Rahmen einer Kapitalerhöhung aus genehmigtem Kapital (§§ 202 ff. AktG). Dies bezieht die Stadien der Schaffung eines genehmigten Kapitals bis hin zur Ausnutzung desselben durch die Verwaltungsorgane und die darauffolgende Eintragung der Durchführung der Kapitalerhöhung ein. Der Fokus liegt hierbei auf den Möglichkeiten des vorbeugenden und des vorläufigen Rechtsschutzes des Aktionärs. Der repressive Rechtsschutz des Aktionärs wird nur insoweit thematisiert, wie eine unmittelbare Verknüpfung mit den auch präventiv wirkenden Rechtsbehelfen hergestellt werden kann. Die Probleme, die im Rahmen etwaiger Schadensersatzansprüche der Aktionäre oder der Gesellschaft auftreten können, bleiben im Rahmen dieser Ausarbeitung weitgehend außer Betracht.

Geleitet wird die Arbeit von dem Anliegen, den Aktionären einen effektiven Rechtsschutz einzuräumen und sie nicht auf ein „Dulden und Liquidieren" zu verweisen. Das durch die Rechtsprechung entwickelte Rechtsschutzkonzept ist insbesondere aufgrund des bisher herrschenden Informationsdefizites der Aktionäre keineswegs dem bei einer regulären Kapitalerhöhung ebenbürtig, vielmehr ist es sogar defizitär. Denn für den wohl relevantesten Fall der Beeinträchtigung einer Aktionärsstellung, den Bezugsrechtsausschluss, fehlt den Aktionären aufgrund des durch die Rechtsprechung abgelehnten Vorabberichts eine hinreichende Informationsgrundlage für die rechtzeitige Klageerhebung.

Nach den in dieser Arbeit gewonnenen Erkenntnissen steht dem Aktionär ein verbandsrechtlicher Abwehranspruch auf Wahrung der mitgliedschaftlichen Teilhabeberechtigung zu, durch den er gegen Verwaltungsmaßnahmen vorgehen kann, die originär in der Zuständigkeit der Hauptversammlung liegende Maßnahmen betreffen. Wichtig ist für den Aktionär, dass das mitgliedschaftliche Teilhaberecht inhaltlich exakt für die durch die Verwaltung getroffene Entscheidung besteht. Dieser Anspruch wird bei einem Bezugsrechtsausschluss durch ein de lege lata begründbares Informationsrecht des Aktionärs vor der effektiven Ausnutzung durch die Verwaltung flankiert. Gleichsam kommen bei einer Börsennotierung der Aktiengesellschaft kapitalmarktrechtliche Informationsquellen in Betracht. Durch diese Kombination von Informationsrechten und Teilhaberechten können rechtswidrige Kapitalerhöhungen aus genehmigtem Kapital effektiv verhindert werden. Es wird sich zeigen, dass dieses Rechtsschutzkonzept nicht auf die Verhinderung der Eintragung der Durchführung der Kapitalerhöhung begrenzt ist. Es besteht darüber hinaus die Möglichkeit, bereits entstandene Mitgliedschaftsrechte im Rahmen der

Grundsätze der fehlerhaften Gesellschaft zu beseitigen, wenn die Fehlerhaftigkeit rechtzeitig gerügt und durch Urteil anerkannt wurde. Hierbei kommt es entgegen der überwiegenden Ansicht bei rechtzeitiger Geltendmachung nicht darauf an, auf welcher Ebene – Ermächtigungs- oder Ausnutzungsebene – des genehmigten Kapitals der Fehler auftrat. Es kann also nicht angenommen werden, dass bei fehlerhaften Ermächtigungsbeschlüssen überhaupt keine Mitgliedschaftsrechte entstehen[1] und bei fehlerhaften Ausnutzungsentscheidungen dem Mangel keine Außenwirkung zukommt.[2] Hinsichtlich der Rechtzeitigkeit der Geltendmachung sind allerdings unterschiedliche Anforderungen bei Mängeln der Ermächtigungs- und Ausnutzungsebene zu stellen.

Zur Herausarbeitung des soeben skizzierten Rechtsschutzkonzepts wird zunächst ein einleitender Überblick über die Struktur des genehmigten Kapitals gegeben, der sich an dem Schutzbedürfnis der Aktionäre orientiert (Kapitel 1). Dieser Struktur folgend, wird im Anschluss der Rechtsschutz gegen den Ermächtigungsbeschluss der Hauptversammlung erörtert (Kapitel 2). Hierbei werden nicht nur die Einwirkungsmöglichkeiten auf den gefassten Hauptversammlungsbeschluss selbst in den Blick genommen. Mitbehandelt werden auch die Einwirkungsmöglichkeiten des Aktionärs bei der Fassung eines Hauptversammlungsbeschlusses. Hierbei werden sowohl die Maßnahmen gegenüber der Aktiengesellschaft als auch den Mitaktionären behandelt. Um die Effektivität der prozessualen Rechtsschutzinstrumente in der Praxis zu erläutern, werden an den relevanten Stellen die wichtigsten formellen und materiellen Anforderungen im Rahmen des genehmigten Kapitals mitbehandelt. Hierbei wird sich zeigen, dass die materiell an den Ermächtigungsbeschluss zu stellenden Anforderungen hinter denen bei einem regulären Kapitalerhöhungsbeschluss zurückbleiben und geradezu als rudimentär bezeichnet werden können. Dies führt dazu, dass auch die prozessualen Angriffsmöglichkeiten der Aktionäre gegen den Ermächtigungsbeschluss als verkümmert bezeichnet werden müssen.

Aus diesem Grund gilt es im Anschluss, die Rechtsschutzmöglichkeiten hinsichtlich der Ausnutzungsebene näher zu beleuchten (Kapitel 3). Diese Ebene wird sich als der relevanteste Ansatzpunkt für einen effektiven Rechtsschutz beim genehmigten Kapital herauskristallisieren. Zunächst werden die durch die Rechtsprechung entwickelten Ansatzpunkte zur Kontrolle von Verwaltungsverhalten dargestellt. Dem folgend werden die im Aktienrecht ausmachbaren gesetzlichen Wertungen hinsichtlich der Klagemöglichkeiten eines Aktionärs gegenüber der Verwaltung näher beleuchtet. Sodann wird der Frage nach der dogmatischen Begründbarkeit einer Aktionärsklage gegen Verwaltungshandeln nachgegangen. Hierbei wird sich zeigen, dass entgegen der überwiegenden Auffassung die Rechtsgrundlage einer Aktionärsklage nicht im Deliktsrecht zu finden ist. Die Mitgliedschaft steht dem Aktionär nach eingehender Untersuchung zwar als subjektives Recht zu. Dieses kann er allerdings zumindest gegenüber der Aktienge-

---

[1] Vgl. hierzu S. 493 ff.
[2] Vgl. hierzu S. 495 ff.

sellschaft nicht als sonstiges Recht in Stellung bringen. Die materielle Grundlage einer Aktionärsklage lässt sich vielmehr allein auf einen autonom verbandsrechtlichen Grundsatz stützen, weshalb auch nur die Aktiengesellschaft als solche passiv legitimiert ist. Dem Aktienrecht lässt sich ein am mitgliedschaftlichen Teilhaberecht des Aktionärs orientiertes Schutzkonzept entnehmen, auf welchem auch die individuelle Aktionärsklage aufbaut. Auf diesem Boden lässt sich auch ihr Umfang trennscharf bestimmen. Den Einsatzmöglichkeiten der herausgestellten materiellrechtlichen Grundlage der Aktionärsklage im Rahmen eines genehmigten Kapitals wird sodann im Kapitel 4 nachgegangen. Hierbei werden die relevantesten gesetzlichen und satzungsgemäßen Anforderungen herausgearbeitet, die der Vorstand im Rahmen der Ausnutzung des genehmigten Kapitals zu beachtenden hat.

Dem folgend, wird die Möglichkeit der prozessualen Durchsetzung des verbandsrechtlichen Anspruchs auf Wahrung der Teilhabeberechtigung untersucht (Kapitel 5). Die denkbaren Rechtsbehelfe werden hierbei nach der Reihenfolge ihres chronologischen Anknüpfungspunktes von der Verhinderung der Ausnutzungsentscheidung über die Verhinderung der Eintragung der Durchführung der Kapitalerhöhung bis hin zur Beseitigung der Folgen der Eintragung der Durchführung beleuchtet.

Hierbei werden insbesondere die Voraussetzungen an die vorbeugende Unterlassungsklage[3] sowie die Möglichkeit einer vorbeugenden Feststellungsklage in den Blick genommen.[4] Dabei fließt eine Untersuchung zur Möglichkeit des Aktionärs ein, die für Klagen notwendigen Vorabinformationen zu erlangen. Hier werden sowohl das Aktien- als auch das Kapitalmarktrecht als Grundlage von Informationsrechten in den Blick genommen. Ebenso wird die Möglichkeit der Erlangung einer einstweiligen Unterlassungsverfügung unter Berücksichtigung möglicher Hemmnisse zur Erlangung effektiven Rechtsschutzes, wie etwa § 945 ZPO, untersucht.

Im Anschluss an diese prozessualen Rechtsbehelfe vor Eintragung der Durchführung der Kapitalerhöhung wird ein gesondertes Augenmerk auf die materiellen Folgen der Eintragung der Durchführung der Kapitalerhöhung bei einer fehlerhaften Kapitalerhöhung aus genehmigtem Kapital gelegt. Hierbei wird sich herausstellen, dass diese im Grundsatz sowohl bei Mängeln des Ermächtigungsbeschlusses als auch bei Mängeln der Ausnutzungsentscheidung ex nunc reversibel ist. Nach den herausgearbeiteten Erkenntnissen muss bei der Rückabwicklung einer fehlerhaften genehmigten Kapitalerhöhung nach der Ebene des geltend gemachten Fehlers differenziert werden. In diesem Zusammenhang wird auch die prozessuale Durchsetzbarkeit dieses materiellen Ergebnisses im Rahmen einer aktienrechtlichen Beseitigungsklage untersucht. Grundlage ist auch hier wieder das in Kapitel 3 herausgearbeitete materielle Abwehrrecht des Aktionärs zum Schutz seiner mitgliedschaftlichen Teilhabeberechtigung.

---

[3] Vgl. S. 395 [Allgemeine (vorbeugende) Unterlassungsklage].

[4] Vgl. S. 461 [(Allgemeine (vorbeugende) Feststellungsklage vor Eintragung der Durchführung].

Kapitel 1

Ein am Schutzbedürfnis der Aktionäre ausgerichteter Überblick über das genehmigte Kapital

§ 1 Grundlagen

Jeder Aktiengesellschaft stehen zur Deckung ihres Kapitalbedarfs verschiedene Finanzierungsmöglichkeiten offen. Sie kann zum einen Fremdkapital und zum anderen Eigenkapital aufnehmen,[1] oder mezzanine Finanzierungsmethoden auswählen.[2] Die gesetzliche Ausgangsform der Eigenkapitalbeschaffung ist die in den §§ 182 ff. AktG geregelte Kapitalerhöhung gegen Einlagen. Berechtigterweise hat *Lutter* auf die missverständliche Überschrift des ersten Unterabschnitts hingewiesen, die von der „Kapitalerhöhung gegen Einlagen" spricht.[3] Eine Kapitalerhöhung erfolgt als Kapitalbeschaffungsmaßnahme regelmäßig gegen Erbringung einer Einlage, wie das genehmigte Kapital und auch das bedingte Kapital zeigen.[4] Treffender ist daher die etablierte Formulierung der „regulären" Kapitalerhöhung, die den Status als gesetzliche Grundform zum Ausdruck bringt. Eine weitere vom AktG bereitgestellte Form zur Akquirierung von effektivem Eigenkapital stellt das hier im Vordergrund stehende genehmigte Kapital dar (§§ 202 ff. AktG).[5] Mit diesem Instrument wurde der Aktiengesellschaft ein flexibel einsetzbares Instrument zur Beschaffung von Eigenkapital zur Verfügung gestellt.

Die Flexibilität resultiert daraus, dass der Vorstand durch Gründungssatzung (§ 202 Abs. 1 AktG) oder Satzungsänderung (§ 202 Abs. 2 AktG) für höchstens fünf Jahre zur Ausnutzung eines genehmigten Kapitals ermächtigt wird, dessen Nenn-

---

[1] Vgl. zur Urform der Finanzierung durch Eigenkapital mittels einer regulären Kapitalerhöhung die Kommentierung zu den §§ 182–191 AktG, insbesondere *Ekkenga*, in: KölnKomm/AktG, Vor § 182 bis § 191 AktG; zu den Begriffen *Wilhelm*, Kapitalgesellschaftsrecht 4. Aufl., Rn. 25.

[2] Monografisch vgl. *Werner*, Mezzanine-Kapital; *Smerdka*, Die Finanzierung mit mezzaninem Haftkapital.

[3] *Lutter*, in: KölnKomm/AktG, 2. Aufl., Vorb. § 182 Rn. 18.

[4] Eine Sonderform ist die Kapitalerhöhung aus Gesellschaftsmitteln gem. §§ 207 ff. AktG, die zwar eine echte Kapitalerhöhung darstellt, bei der statt der Einbringung neuer Einlagen die Bindungswirkung auf vorhandenes, bis dato ungebundenes Istvermögen ausgeweitet wird, vgl. hierzu *Hirte*, in: GroßKomm/AktG, 4. Aufl., § 207 Rn. 31 ff.

[5] Vgl. zur Unterscheidung von effektivem zu nominellem Eigenkapital *Ekkenga*, in: KölnKomm/AktG, Vor. § 182 Rn. 3 ff.

betrag die Hälfte des zur Zeit der Ermächtigung bestehenden Grundkapitals nicht überschreiten darf (202 Abs. 3 AktG).[6] Die Hauptversammlung beschließt beim genehmigten Kapital nicht abschließend über die Kapitalerhöhung, sondern gibt den Rahmen vor, innerhalb dessen der Vorstand zu einem ihm günstig erscheinenden Zeitpunkt abschließend über die Erhöhung des Grundkapitals entscheiden kann.[7] Diese Aufteilung hat Einfluss auf die den Aktionären zur Verfügung stehenden Rechtsschutzmöglichkeiten gegen die Erhöhung aus genehmigtem Kapital insgesamt, wobei die einzelnen Stadien genauer zu beleuchten sind.

A. Historie des genehmigten Kapitals

Das genehmigte Kapital ist kein originäres Instrument des deutschen Aktienrechts, sondern es wurde erst in das AktG 1937 implementiert. Es richtet sich nach dem Vorbild des englischen und amerikanischen „authorized capital",[8] wobei keine vollständige Kongruenz mit diesem bestand.[9] Das angloamerikanische Recht unterschied schon in der Gründungsphase zwischen dem „subscribed capital" und dem „authorized capital". Dort wurde für die Gründung lediglich verlangt, dass sieben Gründer jeweils eine Aktie übernehmen mussten.[10] Diese von den Gründern übernommenen Aktien stellten zusammen mit den von Dritten übernommenen Aktien das „subscribed capital" dar. Als „authorized capital" wird der maximale Betrag bezeichnet, bis zu dessen Höhe neue Aktien ausgegeben werden können, aber nicht müssen. Die Gesellschaft konnte dieses Kapitalvolumen vielmehr zeitig versetzt am Markt platzieren.[11] Wie hieran zu sehen ist, kannte das angloamerikanische Recht den Grundsatz der realen Kapitalaufbringung und eine Mindestkapitalaufbringung, wie sie schon in der Weimarer Republik existierten,[12] nicht, weshalb die Implementierung eines dem „authorized capital" entsprechenden Instrumentes im deutschen Aktienrecht nicht möglich war.[13] Es kam lediglich die Möglichkeit einer

---

[6] Vgl. zur Ermittlung des Wertes *Hirte*, in: GroßKomm/AktG, 4. Aufl., § 202 Rn. 148 ff.; eine Ausnahmeregelung hierzu findet sich allerdings in § 56 Abs. 1 S. 3 SAG [Gesetz zur Sanierung und Abwicklung von Instituten und Finanzgruppen Gesetz vom 10.12.2014 (BGBl. I S. 2091)], wonach das Volumen eines genehmigten Kapitals, welches zum Zwecke der Gläubigerbeteiligung nach dem Sanierungs- und Abwicklungsgesetz geschaffen worden ist, nicht auf sonstige genehmigte Kapitalien angerechnet wird.

[7] *Wamser*, in: Spindler/Stilz, 4. Aufl., § 202 Rn. 1.

[8] *Hirte*, Bezugsrechtsausschluß, S. 102.

[9] *Gadow*, in: GroßKomm/AktG, 1939, § 169 Anm. 1; *Bungeroth*, in: Geßler/Hefermehl, § 202 Rn. 1.

[10] *Gadow*, in: GroßKomm/AktG, 1939, § 169 Anm. 1.

[11] *Bender*, Deutsches und englisches Aktienrecht, 1937, S. 35, 50.

[12] Vgl. zur Historie der realen Kapitalaufbringung im Aktienrecht *Bayer*, in: Aktienrecht im Wandel Bd. 1, S. 708 ff. (Rn. 36).

[13] *Hirte*, in: GroßKomm/AktG, 4. Aufl., § 202 Rn. 3.

späteren effektiven Kapitalerhöhung in Betracht, die in Form einer abschließenden Entscheidung des Vorstandes umgesetzt werden konnte („genehmigtes Kapital").[14]

Das genehmigte Kapital sollte eine Alternative zur Schaffung von Vorratsaktien[15] darstellen und diese entbehrlich machen.[16] Die Problematik derartiger Aktien ist, dass der Mittelzufluss erst im Fall der Verwertung der Vorratsaktie durch die übernehmende Stelle eintritt.[17] Verboten wurde und ist die Vorratsaktie bis heute nicht, jedoch wurde die Normierung des genehmigten Kapitals flankiert von § 51 AktG 1937 (heute § 56 Abs. 3 AktG), der den treuhänderischen Halter der Vorratsaktie der vollen Haftung auf die Einlageerbringung aussetzt, ihn allerdings bis zum Zeitpunkt der Übernahme der Aktie für eigene Rechnung gegenüber der AG rechtlos stellt.[18]

In der Aktienrechtsnovelle von 1965 wurde das 1937 eingeführte genehmigte Kapital nahezu unverändert in den §§ 202 ff. AktG 1965 übernommen.[19] Die zuvor breit abgesteckten Befugnisse des Vorstands wurden jedoch insoweit zurückgefahren, als dass er nicht mehr von Gesetzes wegen zum Bezugsrechtsausschluss ermächtigt war, sondern er benötigt hierzu einer ausdrücklichen Ermächtigung der Hauptversammlung, vgl. § 203 Abs. 2 AktG.[20] Dadurch wurde die gesetzliche Entscheidung von 1937 geändert und die Entscheidung über eines der wichtigsten Mitgliedschaftsrechte der Hauptversammlung übertragen.[21]

Im Jahre 1978 wurden im Rahmen der Umsetzung der zweiten gesellschaftsrechtlichen Kapitalrichtlinie vom 13. Dezember 1976[22] weitere Veränderungen vorgenommen.[23] Relevant für das genehmigte Kapital war die durch Verweis des § 203 Abs. 1 AktG in Bezug genommene neue Berichtspflicht des Vorstandes,

---

[14] Vgl. hierzu: Amtl. Begr. Zu §§ 169–173 AktG abgedr. in *Klausing*, AktG 1937, S. 150 f.; *Hirte*, in: GroßKomm/AktG, 4. Aufl., § 202 Rn. 3.

[15] Unter Vorratsaktien sind solche Aktien zu verstehen, die durch die Hauptversammlung geschaffen werden, um diese an sog. „zugewandte Personen" auszugeben, die diese für Rechnung der Gesellschaft halten und die Einlage mit einem Darlehen der Gesellschaft erbringen, sodass kein realer Mittelzufluss zu verzeichnen ist; vgl. *Hirte*, in: GroßKomm/AktG, 4. Aufl., § 202 Rn. 1; *Bungeroth*, in: Geßler/Hefermehl, § 202 Rn. 1.

[16] *Gadow*, in: GroßKomm/AktG, 1939, § 169 Anm. 1; *Hirte*, in: GroßKomm/AktG, 4. Aufl., § 202 Rn. 1.

[17] Vgl. hierzu die Erläuternden Bemerkungen zum Entwurf eines Gesetzes über Aktiengesellschaften und Kommanditgesellschaften auf Aktien. Aufgestellt durch das Reichsjustizministerium, abgedruckt in: Quellen zur Aktienrechtsreform, Band 2, S. 961.

[18] Zu den Folgen *Drygala*, in: KölnKomm/AktG, 3. Aufl., § 56 Rn. 66 ff.

[19] *Hirte*, in: GroßKomm/AktG, 4. Aufl., § 202 Rn. 4.

[20] *Hirte*, in: GroßKomm/AktG, 4. Aufl., § 202 Rn. 4.

[21] Begr. RegE in *Kropff*, AktG 1965, § 203. Neu eingefügt wurden die §§ 202 Abs. 4, 203 Abs. 4, 204 Abs. 3 und 205 Abs. 5 AktG, die die Ausgabe von Arbeitnehmeraktien und damit eine Arbeitnehmerbeteiligung vereinfachen sollten; vgl. hierzu *Baumbach/Hueck*, AktG 1965, 13. Aufl., §§ 202 Rn. 9, 203 Rn. 5, 204 Rn. 5, 205 Rn. 4.

[22] 77/91/EWG.

[23] BGBl. I S. 1959.

welche in § 186 Abs. 4 S. 2 AktG die Darlegung des Grundes des Bezugsrechtsausschlusses verlangt.[24]

Weitere für das genehmigte Kapital relevante Änderungen folgten 1994 mit dem „Gesetz für kleine Aktiengesellschaften", in dem für börsennotierte Unternehmen ein vereinfachter Bezugsrechtsausschluss in § 186 Abs. 3 S. 4 AktG eingefügt wurde. In dem durch § 202 Abs. 2 S. 4 AktG in Bezug genommenen § 182 Abs. 2 AktG wurde die Notwendigkeit eines Sonderbeschlusses auf Inhaber stimmberechtigter Aktien begrenzt.[25] Nachfolgende, hier allerdings nicht widergegebene Änderungen traten mit der Umstellung auf den Euro ein.[26]

B. Sinn und Zweck

Das genehmigte Kapital wurde geschaffen, um der Gesellschaft ein flexibles Instrument zur Finanzierung aus Eigenkapitalmitteln zur Verfügung zu stellen.[27] Die Grundlage des genehmigten Kapitals ist in den häufigsten Fällen eine Satzungsänderung (§ 202 Abs. 2 AktG), andernfalls die Festsetzung in der Gründungssatzung (§ 202 Abs. 1 AktG).

Bereitgestellt wird mit dem genehmigten Kapital ein Instrument, dessen Vorzüge in der Ausschaltung der Nachteile der sonstigen Instrumente zur Finanzierung aus Eigenkapitalmitteln bestehen, namentlich der regulären und der bedingten Kapitalerhöhung.

So ist die reguläre Kapitalerhöhung durch die vielen erforderlichen Schritte, wie etwa die mindestens dreißigtägige Einberufungsfrist gem. § 123 Abs. 1 AktG zeigt, ein sehr zeitintensiver Prozess.[28] Hierdurch ist es der Gesellschaft nicht möglich, zeitnah auf Marktentwicklungen und sich bietende Expansionschancen oder sonstige Anlässe für dringenden Kapitalbedarf zu reagieren. Das genehmigte Kapital hingegen bietet die notwendige zeitliche Flexibilität, um beispielsweise auf Entwicklungen an der Börse zu reagieren oder Unternehmensbeteiligungen gegen Ausgabe junger Aktien zu erwerben.[29]

---

[24] *Hirte*, in: GroßKomm/AktG, 4. Aufl., § 202 Rn. 5.

[25] *Wiedemann*, in: GroßKomm/AktG, 4. Aufl., § 182 Rn. 2; *Hirte*, in: GroßKomm/AktG, 4. Aufl., § 202 Rn. 6.

[26] Vgl. hierzu ausführlich *Hirte*, in: GroßKomm/AktG, 4. Aufl., § 202 Rn. 8 ff.

[27] *Hirte*, in: GroßKomm/AktG, 4. Aufl., § 202 Rn. 19.

[28] Vgl. zu den Abläufen *Ekkenga/Jaspers*, in: Hdb. der AG-Finanzierung, 2. Aufl., Kap. 4 Rn. 2 ff.

[29] Wobei der erhebliche Einflussfaktor für die Flexibilität des genehmigten Kapitals die materiellen Anforderungen an den Ermächtigungsbeschluss bei einem Bezugsrechtsausschluss darstellen dürfte vgl. hierzu S. 112 ff.; zur allg. Struktur *Veil*, in: K. Schmidt/Lutter, 3. Aufl., § 202 Rn. 2; zur Nutzung als Abfindung bei Unternehmenseingliederungen gem. §§ 319 ff. AktG, vgl. *Kowalski*, AG 2000, 555 ff.

Erreicht wird dies im Rahmen des genehmigten Kapitals dadurch, dass die Hauptversammlung noch nicht abschließend über die Durchführung der Kapitalerhöhung entscheidet, sondern dem Vorstand durch Delegation der Letztentscheidungsbefugnis die Möglichkeit eröffnet, endgültig über das „Ob" der Erhöhung zu beschließen.[30] Es ist daher nur ein abstrakt-genereller Wille der Hauptversammlung zur Kapitalerhöhung, der mit dem Ermächtigungsbeschluss zum Ausdruck gebracht wird.[31]

Diese gesetzgeberische Konzeption wird von jenen außer Acht gelassen, die in dem Hauptversammlungsbeschluss bereits eine Entscheidung der Hauptversammlung sehen, wonach die Gesellschaft zu expandieren hat.[32] Dies beruht wohl auf der fälschlich angenommenen Prämisse, dass das genehmigte Kapital die sich am Kapitalmarkt bietende Möglichkeit der Platzierung als Zulässigkeitsvoraussetzung hat. Für Liquidationsengpässe hingegen sei der Weg der „regulären" Kapitalerhöhung zu wählen.[33] Dem ist entgegen zu halten, dass das Plädoyer für das „autorisierte Kapital" gerade unter dem Blickwinkel gehalten wurde, der Gesellschaft eine Bewegungsfreiheit zu garantieren, die in Zeiten der Kapitalarmut unerlässlich ist.[34] Würde die vorherige Prämisse stimmen, würde das genehmigte Kapital genau das Gegenteil bewirken. Es würde der Gesellschaft jede Bewegungsfreiheit nehmen, hielte man den Vorstand für verpflichtet, *jede* sich bietende Expansionsmöglichkeit zu nutzen.[35]

Die Entscheidung soll gerade dem Vorstand, als das die Geschäfte führende Organ, überlassen werden. Er ist wesentlich besser über die die Gesellschaft betreffenden Marktbedingungen informiert und kann diese analysieren, wohingegen man der den Hauptversammlungsbeschluss tragenden Aktionärsmehrheit gerade im

---

[30] Hinsichtlich der Entscheidungsfreiheit g.h.M. *Lutter*, in: KölnKomm/AktG, 2. Aufl., § 202 Rn. 10; *Bungeroth*, in: Geßler/Hefermehl, § 202 Rn. 1; *Ekkenga*, in: Hdb. Vorstandsrecht, § 21 Rn. 46; *Hirte*, in: GroßKomm/AktG, 4. Aufl., § 202 Rn. 21; anders *van Venrooy*, AG 1981, 205, 208 f., der bei günstiger Lage am Kapitalmarkt eine Ausübungspflicht des Vorstandes annimmt, was allerdings die Gesetzgebungsgeschichte unberücksichtigt ließ, vgl. die erläuternden Bemerkungen zum Entwurf eines Gesetzes über Aktiengesellschaften und Kommanditgesellschaften auf Aktien. Aufgestellt durch das Reichsjustizministerium, abgedruckt in: *Schubert*, Quellen zur Aktienrechtsreform, Band 2, S. 962 „[…] ermöglicht es dem Vorstand […] selbstständig die Entschließung, *ob* das Kapital […]" (Hervorhebung durch Verfasser).

[31] *Maslo*, Interessenwahrung und Rechtsschutz, S. 27.

[32] *van Venrooy*, AG 1981, 205, 207, der hieraus direkt auf einen Kapitalbedarf der AG schließt.

[33] So *van Venrooy*, AG 1981, 205, 207; für eine derartige oder auch sonstige Subsidiarität des genehmigten Kapitals gibt es de lege lata allerdings keine Anknüpfungspunkte *Bayer*, in: MünchKomm/AktG, 4. Aufl., § 202 Rn. 82; anders *Pentz*, ZGR 2001, 901, 907.

[34] Siehe nur die Antworten des Deutschen Anwaltvereins auf Fragen des Reichsjustizministeriums, S. 49 zu Fragebogen II, abgedr. in *Schubert*, Quellen zur Aktienrechtsreform, Band 1, S. 467.

[35] So aber *van Venrooy*, AG 1981, 205, 207 f. wenn er sagt „Hat er die Ermächtigung, Aktien auszugeben […] und besteht am Kapitalmarkt eine günstige Gelegenheit, […] ist nicht recht ersichtlich, aus welchem Grund er es sollte unterlassen dürfen, interessiertem Kapital den Zugang zur Gesellschaft zu gewähren".

Fall des Streubesitzes nicht eine vergleichbar gute Informationsgrundlage unterstellen kann.[36]

Gegenüber der bedingten Kapitalerhöhung besteht der Vorteil darin, dass zum Zeitpunkt der Schaffung des Kapitals noch kein feststehender Zweck, zu dem das geschaffene Kapital verwendet werden soll, festgelegt werden muss.[37] Bei der bedingten Kapitalerhöhung hingegen hat der Hauptversammlungsbeschluss den in § 192 Abs. 2 AktG aufgestellten Anforderungen zu genügen.[38]

C. Ökonomische Bedeutung

Durch die Aufgabe der seit der Holzmann-Entscheidung[39] bestehenden Rechtsprechung wurde der Praxis die Möglichkeit eröffnet, ein genehmigtes Kapital planungssicher zu schaffen. Zuvor sah sich die Gesellschaft durch das Erfordernis einer konkreten Zukunftsprognose einem erhöhten Anfechtungsrisiko – insbesondere im Falle eines beschlossenen Bezugsrechtsausschlusses – ausgesetzt.[40] Dies änderte sich durch die für den Ermächtigungsbeschluss gesenkten Anforderungen, wonach nun nur noch eine Prüfung der sachlichen Rechtfertigung des Bezugsrechtsausschlusses anhand abstrakter Angaben erfolgt.[41] Seit der Siemens/Nold-Entscheidung[42] des BGH vom 23.06.1997 hat das genehmigte Kapital als Finanzierungsinstrument an Bedeutung gewonnen. Im Jahre 1998 hatten bereits 336 von 526 (63,88%) börsennotierten Aktiengesellschaften ein genehmigtes Kapital gebildet, wohingegen 1984 lediglich 98 von 437 (22,4%) börsennotierten Aktienge-

---

[36] *Geßler*, JW 1937, 63 ff. stellte bereits fest, dass den Aktionären, wenn sie überhaupt anwesend waren, die notwendige Kompetenz fehlte.

[37] Vgl. dazu *Drygala/Staake*, in: KölnKomm/AktG, 3. Aufl., § 192 Rn. 31; zu den beim bedingten Kapital abschließend zur Verfügung stehenden Zwecken, vgl. *Drygala/Staake*, in: KölnKomm/AktG, 3. Aufl., § 192 Rn. 58 ff.

[38] *Veil*, in: K. Schmidt/Lutter, 3. Aufl., § 192 Rn. 10, der die Schließung planwidriger Regelungslücken für möglich hält. Zu den Vorteilen des bedingten Kapitals vgl. *Stöber*, in: Hdb. der AG-Finanzierung, 2. Aufl., Kap. 5 Rn. 10. Bei genauer Betrachtung wird aber auch das genehmigte Kapital im Fall eines Direktausschlusses des Bezugsrechts oder einer Ausschlussermächtigung durch einen abstrakten Zweckrahmen begrenzt. Vgl. zu den Anforderungen an einen Bezugsrechtsausschluss im Rahmen des Ermächtigungsbeschlusses, S. 111 und des Ausnutzungsbeschlusses, S. 347.

[39] BGH, Urt. v. 19.04.1982 – II ZR55/81 –, BGHZ 83, 319 = NJW 1982, 2444; nach dieser mussten die Tatsachen einen Bezugsrechtsausschluss konkret im Interesse der Gesellschaft unter Abwägung der Aktionärsinteressen verhältnismäßig erscheinen lassen; aufgegeben durch BGH, Urt. v. 23.06.1997 – II ZR 132/93 –, BGHZ 136, 133.

[40] *Veil*, in: K. Schmidt/Lutter, 3. Aufl., § 202 Rn. 12.

[41] BGH, Urt. v. 23.06.1997 – II ZR 132/93 –, BGHZ 136, 133 = NJW 1997, 2815, vgl. hierzu S. 112 ff. Wobei teilweise eine eingeschränkte Prüfung des abstrakten Grundes auf die Konkordanz mit dem Gesellschaftsinteresse angenommen wurde. Vgl. zu diesem Problemkomplex S. 114 ff. und S. 119 ff.

[42] BGH, Urt. v. 23.06.1997 – II ZR 132/93 –, BGHZ 136, 133 = NJW 1997, 2815.

sellschaften ein genehmigtes Kapital gebildet hatten.[43] Die ausgiebige Nutzung des Instruments und zwar unabhängig von der Unternehmensgröße sowie die stärkere Ausreizung der durch § 202 Abs. 3 AktG vorgegebenen 50%-Grenze führten zu einer Beendigung des Schattendaseins des genehmigten Kapitals.[44] Die Ermächtigung des Vorstandes, ein genehmigtes Kapital zu nutzen, sagt allerdings noch nichts über den Einsatz desselbigen als Mittel der Finanzierung durch die Schaffung von Eigenkapital aus, wie *Bayer* zutreffend feststellte.[45] Hierüber gibt allein die Ausnutzungshäufigkeit durch den Vorstand Aufschluss. Empirische Studien wiesen jedoch nach, dass das geschaffene genehmigte Kapital ein ernstzunehmendes Finanzierungsinstrument darstellt.[46] 804 der 2421 von *Maier*[47] untersuchten Kapitalerhöhungen[48] wurden aus genehmigtem Kapital durchgeführt. Bei börsennotierten Unternehmen wurden von 611 Kapitalerhöhungen 377 aus genehmigtem Kapital bestritten.[49] In 76% dieser Fälle fand ein Bezugsrechtsausschluss statt.[50] Das prozentuale Verhältnis bei den DAX-30 Unternehmen mit 17 Kapitalerhöhungen aus genehmigtem Kapital zu lediglich einer ordentlichen Kapitalerhöhung fällt sogar eklatant höher (95/5) aus.[51] In allen 18 Fällen wurde das Bezugsrecht der Aktionäre ausgeschlossen.[52] Wie in der Einleitung bereits angedeutet wurde und noch dezidiert herauszuarbeiten ist, weist das Rechtsschutzsystem im Rahmen des genehmigten Kapitals Defizite auf.[53] Aufgrund der Defizite und der in der Praxis starken Nutzung scheint es unerlässlich, ein funktionierendes und umfassendes Rechtsschutzsystem im Rahmen des genehmigten Kapitals zu entwickeln. Insbesondere aufgrund der prozentual hohen Zahl an Bezugsrechtsausschlüssen ist in Bezug auf die Wahrung der Rechtmäßigkeit derselben ein fokussierter Blick auf das Rechtsschutzsystem notwendig.

---

[43] *Roth*, ZBB 2001, 50, 51.

[44] *Roth*, ZBB 2001, 50, 53 Abb. 9.

[45] *Bayer*, ZHR 168 (2004), 132, 136.

[46] Ausführlich zum Jahr 2000: *Maier*, Einsatz des genehmigten Kapitals; Überblick bei *Bayer*, ZHR 168 (2004), 132, 136 f.

[47] *Maier*, Einsatz des genehmigten Kapitals, S 53.

[48] Hierin erfasst sind sämtliche Aktiengesellschaften, mit oder ohne Börsennotierung.

[49] *Maier*, Einsatz des genehmigten Kapitals, S. 63; *Bayer*, ZHR 168 (2004), 132, 137.

[50] *Maier*, Einsatz des genehmigten Kapitals, S. 69; *Bayer*, ZHR 168 (2004), 132, 137.

[51] *Bayer*, ZHR 168 (2004), 132, 138.

[52] *Bayer*, ZHR 168 (2004), 132, 138.

[53] Diese Defizite ergeben sich aus dem Rückbau der sachlichen Anforderungen an Bezugsrechtsausschlüsse auf Ebene des Ermächtigungsbeschlusses, der wiederum eine erfolgreiche Anfechtungsklage unwahrscheinlich werden lässt. Ebenfalls führt das bis zur Eintragung der Durchführung der Kapitalerhöhung bestehende Informationsgefälle zwischen Verwaltung und Aktionären zu einem defizitären Rechtsschutz auf der Ausnutzungsebene.

§ 2 Ablaufplan für das genehmigte Kapital

Nachdem bereits auf die Zweistufigkeit des genehmigten Kapitals hingewiesen worden ist, soll diese an dieser Stelle in gebotener Kürze dargestellt werden. Der Grund der Darstellung liegt in den ebenfalls angekündigten Folgen für die Rechtsschutzmöglichkeiten der Aktionäre. Für Hauptversammlungsbeschlüsse hält das Aktiengesetz durch die §§ 241 ff. AktG ein kodifiziertes Beschlussmängelrecht bereit, wohingegen der Rechtsschutz eines Einzelaktionärs gegenüber Verwaltungsentscheidungen keine ausdrückliche Regelung erfahren hat. Da sich das genehmigte Kapital nach hier vorgenommener Einteilung von der Schaffung durch die Gründer oder die Hauptversammlung (A.) über die Ausnutzungsentscheidung des Vorstandes (B.) bis hin zur endgültigen Durchführung der Kapitalerhöhung (C.) gliedert,[54] können Fragen nach den jeweiligen Rechtsschutzmöglichkeiten und deren Effektivität nach einem kurzen Überblick besser verortet werden. Dem dient das Folgende:

A. Schaffung durch die Gründer oder die Hauptversammlung

Geschaffen werden kann das genehmigte Kapital gem. § 202 Abs. 1 AktG bereits durch die Gründer. In diesem Fall beruht es auf übereinstimmenden Willenserklärungen der Gründer und ist damit Teil der Ursprungssatzung.[55] Daher bedarf auch die Vereinbarung über das genehmigte Kapital gem. § 23 Abs. 1 S. 1 AktG der notariellen Beurkundung und gem. § 39 Abs. 2 AktG sind die Bestimmungen über das genehmigte Kapital gemeinsam mit der Ursprungssatzung zur Eintragung im Handelsregister anzumelden. Erfolgt die Schaffung durch eine Satzungsänderung nach § 202 Abs. 2 AktG, gelten für den Hauptversammlungsbeschluss die regulären Verfahrensanforderungen der §§ 179 ff. AktG. Zusätzlich zu dem Erfordernis der einfachen Stimmenmehrheit gem. § 133 Abs. 1 AktG ist gem. § 202 Abs. 2 S. 2 AktG eine Mehrheit von drei Viertel des bei der Beschlussfassung anwesenden Kapitals erforderlich.[56] Der Beschluss bedarf gem. § 181 Abs. 1 AktG der Anmeldung zum Handelsregister und wird gem. § 181 Abs. 3 AktG erst mit seiner Eintragung wirksam.[57] Die Hauptversammlung kann darüber hinaus einen Ausschluss des Bezugsrechts oder eine Überlassung der Entscheidung zum Ausschluss des Bezugsrechts zugunsten des Vorstands beschließen.[58]

---

[54] *Hirte*, in: GroßKomm/AktG, 4. Aufl., § 203 Rn. 29–37 fasst die Ausnutzung und die Durchführung der Kapitalerhöhung zusammen.

[55] *Koch*, in: Hüffer/Koch, AktG 12. Aufl., § 203 Rn. 9.

[56] *Stöber*, in: Hdb. der AG-Finanzierung, 2. Aufl., Kap. 5 Rn. 44.

[57] *Koch*, in: Hüffer/Koch, 13. Aufl., § 202 Rn. 3.

[58] Vergleiche zu den Anforderungen, die an den Bezugsrechtsausschluss beim Direktausschluss und bei der Ausschlussermächtigung zu erfüllen sind, sogleich S. 111 ff.

B. Die Ausnutzungsentscheidung des Vorstandes

Wurde ein entsprechender Ermächtigungsbeschluss eingetragen, ist der Vorstand vom Zeitpunkt der Eintragung an ermächtigt, das genehmigte Kapital entsprechend der Ermächtigung auszunutzen. Die Entscheidung über die Ausnutzung wird von der bisherigen herrschenden Meinung als eine Geschäftsführungsaufgabe des Vorstandes (§ 77 AktG) betrachtet, die er nach pflichtgemäßem Ermessen auszuüben hat.[59] Gem. § 202 Abs. 3 S. 2 AktG soll die Zustimmung des Aufsichtsrates vorliegen, bevor die Aktien ausgegeben werden dürfen. Gemeint ist damit die Zustimmung des Aufsichtsrates zu dem Ausübungsbeschluss des Vorstandes, nicht zur physischen Ausgabe,[60] wobei eine fehlende Zustimmung für die Wirksamkeit des Vorstandsbeschlusses unschädlich sei.[61] Unabhängig hiervon ist die Frage zu beurteilen, ob der Registerrichter die Durchführung der Kapitalerhöhung ohne zustimmenden Aufsichtsratsbeschluss eintragen darf. Die Eintragung der Durchführung ist in diesem Fall abzulehnen, da auch die Zustimmung des Aufsichtsrates im öffentlichen Interesse liegt und damit vom Registerrichter zu prüfen ist.[62] Hat die Hauptversammlung keine Vorgaben in Bezug auf den Aktieninhalt oder die Bedingungen der Ausgabe gemacht,[63] entscheidet über beide ebenfalls der Vorstand, vgl. § 204 Abs. 1 S. 1 AktG.[64] Im Gegensatz zu § 203 Abs. 3 S. 2 AktG enthält § 204 Abs. 1 S. 2 AktG

---

[59] *Bayer*, in: MünchKomm/AktG, 4. Aufl., § 202 Rn. 34 f., 86; *Wamser*, in: Spindler/Stilz, 4. Aufl., § 202 Rn. 85; *Hirte*, in: GroßKomm/AktG, 4. Aufl., § 202 Rn. 21; *Koch*, in: Hüffer/Koch, 13. Aufl., § 202 Rn. 20; *Hirte*, Bezugsrechtsausschluß, S. 105; *Füchsel*, BB 1972, 1533, 1536; BGH, Urt. v. 23. 6. 1997 – II ZR 132/93 –, BGHZ 136, 133, 139 („[…] kann der Vorstand in Erfüllung seiner Geschäftsführungspflichten von der Ermächtigung Gebrauch machen."); kritisch bezüglich des Autonomieumfanges *Ekkenga/Bernau*, in: Hdb. der AG-Finanzierung, 1. Aufl., Kap. 5 Rn. 78; vgl. jetzt *Stöber*, in: Hdb. der AG-Finanzierung, 2. Aufl., Kap. 5 Rn. 77, der innerhalb der Wahrnehmung der derivativen Kompetenz die Business Judgment Rule anwenden möchte.

[60] *Wamser*, in: Spindler/Stilz, AktG, 4. Aufl., § 202 Rn. 90.

[61] *Lutter*, in: KölnKomm/AktG, 2. Aufl., § 202 Rn. 24; *Hirte*, in: GroßKomm/AktG, 4. Aufl., § 202 Rn. 252; *Scholz*, in: Hdb. GesR IV, 4. Aufl., § 59 Rn. 44; *Baumbach/Hueck*, AktG 1965, 13. Aufl., § 202 Rn. 6; *Wamser*, in: Spindler/Stilz, 4. Aufl., § 202 Rn. 91.

[62] Vgl. die Verweise in Fn. 61; etwas unklar daher die Formulierung von *Busch*, in: Hdb. börsennotierte AG, 4. Aufl., § 43 Rn. 26, der davon ausgeht, dass § 203 Abs. 1 S. 2 AktG den „Ermächtigungsbeschluss mit dem Hauptversammlungsbeschluss bei der unmittelbaren Kapitalerhöhung gleich[setzt]".

[63] Unter den Begriff des Aktieninhalts fällt: Nennbetrags-/Stückaktie; Stimmrechtsausstattung, für die Wahl der Aktiengattung str., ob es zu (vgl. *Koch*, in: Hüffer/Koch, 13. Aufl., § 204 Rn. 4 m.w.N.). den Bedingungen der Ausgabe zählt: Fälligkeit der Einlageleistung, Ausgabebetrag (vgl. *Koch*, in: Hüffer/Koch, 13. Aufl., § 204 Rn. 5).

[64] Ausgenommen hiervon sind die Inhalte und Bedingungen, für die das Gesetz eine ausdrückliche Zuweisung an den Vorstand verlangt: Der Bezugsrechtsausschluss gem. § 203 Abs. 2 AktG, Schaffung von gleich oder vorgehend zu befriedigenden Vorzugsaktien ohne Stimmrecht gem. § 204 Abs. 2 AktG, Sacheinlagen gem. § 205 Abs. 1 AktG; vgl. hierzu *Lutter*, in: KölnKomm/AktG, 2. Aufl., § 202 Rn. 6 f.

ein für die Wirksamkeit des Vorstandsbeschlusses konstitutives Erfordernis der Zustimmung durch den Aufsichtsrat.[65]

C. Die Durchführung der Kapitalerhöhung

Abschließend ist die Erhöhung aus genehmigtem Kapital durchzuführen. Hierfür verweist § 203 Abs. 1 S. 1 AktG auf die Vorschriften der regulären Kapitalerhöhung, §§ 185 bis 191 AktG. Beachtenswert ist, dass gem. § 203 Abs. 1 S. 2 AktG die „Ermächtigung" an die Stelle des Beschlusses über die Erhöhung des Grundkapitals tritt. Durch das Abstellen auf die Ermächtigung wird hinreichend zum Ausdruck gebracht, dass es auf die im Handelsregister eingetragene „wirksame" Ermächtigung ankommt.[66] Dies ist dem Umstand geschuldet, dass das genehmigte Kapital ebenfalls durch Gründungsatzung geschaffen werden kann, wodurch ein Beschluss der Hauptversammlung insoweit nicht gegeben wäre.[67] Aufgrund des Verweises sind die Aktien zunächst durch Bezugsberechtigte oder Dritte zu zeichnen. Die Zeichner sind sodann verpflichtet, die Mindesteinlage gem. §§ 203 Abs. 1 S. 1, 188 Abs. 2, 36 Abs. 2, 36a AktG zu leisten. Erst dann ist die Anmeldung der Durchführung der Erhöhung aus genehmigtem Kapital gestattet. Die Anmeldung hat gem. §§ 203 Abs. 1 S. 1, 188 Abs. 1 S. 1 AktG vom Vorstand gemeinsam mit dem Vorsitzenden des Aufsichtsrates zu erfolgen. Hierbei ist über die Verweisungstechnik des Gesetzes gem. §§ 203 Abs. 1 S. 1, 188 Abs. 2 AktG gewährleistet, dass auch die Anforderungen des § 37 Abs. 1 AktG zu wahren sind. Hat der Vorsitzende des Aufsichtsrates bei der Anmeldung mitgewirkt, so ist der Registerrichter nicht mehr zur Überprüfung des Vorliegens eines zustimmenden Aufsichtsratsbeschlusses verpflichtet.[68]

§ 3 Die Kompetenzverteilung beim genehmigten Kapital

Um den Rechtsschutz des Aktionärs im Rahmen der Schaffung und Ausnutzung des genehmigten Kapitals beurteilen zu können, ist zunächst zu klären, in wessen Kompetenzbereich diese Entscheidungen fallen. Denn sucht der Aktionär Rechtsschutz gegenüber der Schaffung und Ausnutzung des genehmigten Kapitals, hat er sich an die gesetzgeberischen Grundsatzentscheidungen zu halten, beispielsweise die Kompetenzordnung zu akzeptieren. Handelt der Vorstand nämlich in dem ihm originär zugewiesenen Kompetenzbereich, ist er nach der aktienrechtlichen Ordnung

---

[65] *Lutter*, in: KölnKomm/AktG, 2. Aufl., § 204 Rn. 15; *Wamser*, in: Spindler/Stilz, 4. Aufl. § 202 Rn. 91.

[66] *Hirte*, in: GroßKomm/AktG, 4. Aufl., § 203 Rn. 11.

[67] Vgl. Verweis in Fn. 66.

[68] *Lutter*, in: KölnKomm/AktG, 2. Aufl., § 202 Rn. 24; *Schlegelberger/Quassowski*, 3. Aufl., § 169 Rn. 13.

weitgehend frei von der direkten Einflussnahme der Aktionäre.[69] Er soll gerade eigenverantwortlich entscheiden, § 76, 77 AktG. Die aktienrechtliche Ordnung überantwortet die Kontrolle des Vorstandes primär dem Aufsichtsrat, § 111 AktG.[70] Würde der Vorstand bei der Ausnutzung des genehmigten Kapitals aus originärer Kompetenz handeln, bedürfte es eines erheblichen Aufwandes, um eine Rechtsschutzmöglichkeit des Aktionärs gegen die Ausnutzungsentscheidung als Geschäftsführungsmaßnahme zu begründen. Daher ist zunächst eine Untersuchung vorzunehmen, in welchem kompetenziellen Rahmen sich das Rechtsschutzkonzept bewegen muss.

A. Die Kompetenzordnung bei aktienrechtlichen Grundentscheidungen

Das Aktienrecht weist die unterschiedlichen Möglichkeiten der Finanzierung unterschiedlichen Organen zu. Nach der gesetzlichen Ausgangslage ist die Hauptversammlung gem. § 119 Abs. 1 Nr. 6 AktG für die Finanzierung der Aktiengesellschaft durch Eigenkapital verantwortlich. Dass hierunter lediglich die Maßnahmen der Eigenkapital-, im Gegensatz zur Fremdkapitalbeschaffung, zu fassen sind, ergibt sich aus der Überschrift des Zweiten Abschnitts im Aktiengesetz, „Maßnahmen der Kapitalbeschaffung" (§§ 182–221 AktG).[71] Die Finanzierung der Aktiengesellschaft durch die Aufnahme von Fremdkapital in Form von Darlehen, ausgegebenen Anleihen und Ähnlichem hingegen fällt als Geschäftsführungsmaßnahme in den originären Kompetenzbereich des Vorstands.[72]

B. Kompetenzielle Grundlagen beim genehmigten Kapital

Das genehmigte Kapital als Beschaffungsinstrument von Eigenkapital weist im Gegensatz zur bedingten und regulären Kapitalerhöhung in kompetenzieller Hinsicht einige Besonderheiten auf. Obwohl der Möglichkeit der Änderung der Eigenkapitalziffer als Grundlagenkompetenz außerordentliche Bedeutung beizumessen ist,[73] hat der Gesetzgeber durch die §§ 202 ff. AktG der Hauptversammlung eine – wenn

---

[69] BGH, Urt. v. 10.10.2005 – II ZR 90/03 –, BGHZ 164, 249, 252 = NZG 2006, 20, 21.

[70] *Waclawik*, ZIP 2006, 397, 400.

[71] *Ekkenga*, AG 2001, 567, 568 Fn. 3; *Maslo*, Interessenwahrung und Rechtsschutz, S. 33 Fn. 54.

[72] Besonderheiten weist hier das Nachgründungsrecht auf. Teilweise wird hier auch auf die Kapitalerhöhung gegen Sacheinlage als originäre Investitionsentscheidung hingewiesen (*Ekkenga*, AG 2001, 567,568), wobei dies insofern kritisch zu sehen ist, als das durch die gewählte Form der Beschaffung des Gegenstandes der Anteil des gebundenen Vermögens steigt und gleichzeitig die Mitgliedschaftsrechte der Aktionäre verwässert werden.

[73] Zur Einordnung vgl. *Hoffmann*, in: Spindler/Stilz, 4. Aufl., § 119 Rn. 7.

auch begrenzte – Delegationsmöglichkeit eingeräumt. Deutlich wird hier, dass die originäre Kompetenz der Hauptversammlung und die Ermächtigungskompetenz derselben inhaltlich nicht übereinstimmen.[74] Die Hauptversammlung kann nur für einen Maximalzeitraum und in einem begrenzten Umfang eine Ermächtigung aussprechen, obwohl sie selbst eine Kapitalerhöhung in beliebiger Höhe durchführen dürfte. Nach zutreffender Auffassung ist der Vorstand darüber hinaus auch bei der Schaffung neuer Aktien durch die Ausnutzung eines genehmigten Kapitals an die auch bei der regulären Kapitalerhöhung geltenden Grundsätze und Beschränkungen gebunden, die seine Ausnutzungsautonomie begrenzen.[75] Dies ist allerdings nur einsichtig, sofern man entgegen einer anderslautenden und wohl auch überwiegenden Meinung nicht von der Schaffung einer originären Vorstandskompetenz zur Erhöhung des Grundkapitals als zumindest formelle Geschäftsführungsmaßnahme ausgeht.[76] Erklärbar ist dies allein bei Annahme einer reinen von der Hauptversammlung abgeleiteten Zuständigkeit.[77] Dies ist auch die eigentliche Grundlage der Anerkennung des Grundsatzes, dass die Entscheidungskompetenz des Vorstandes nicht weiter reichen kann als die der Hauptversammlung.[78] Denn der sonst gem. §§ 76 Abs. 1, 77 Abs. 1 AktG bestehende eigenverantwortlich wahrzunehmende Autonomiebereich existiert gerade im Rahmen des genehmigten Kapitals nicht.[79] Die Hauptversammlung als originärer Entscheidungsträger lässt bloß hinsichtlich des Letztentscheidungsrechts ausnahmsweise den Vorstand tätig werden. Dies aber nicht in seinem originären Zuständigkeitsbereich, sondern lediglich als für die Letztentscheidung zuständiges Substitut. Sofern in dieser Arbeit von dem Vorstand als Substitut gesprochen wird, meint dies lediglich den Ersatz der Hauptversammlung hinsichtlich der Letztentscheidung. Das dem so ist, soll im Folgenden genauer dargelegt werden.

---

[74] *Ekkenga*, AG 2001, 567, 569.

[75] Hier insbesondere die sachlichen Anforderungen an den Bezugsrechtsausschluss, vgl. unten S. 347 ff.; *Semler*, BB 1983, 1566, 1568; *Kindler*, ZGR 1998, 35; *Ekkenga*, AG 2001, 567, 569 f.

[76] *Hirte*, in: GroßKomm/AktG, 4. Aufl., § 202, Rn. 21; *Bayer*, in: MünchKomm/AktG, 4. Aufl., § 202 Rn. 86; unklar *Maslo*, Interessenwahrung und Rechtsschutz, S. 35, aufgrund der Einordnung als Geschäftsführungsmaßnahme und der anderseits vorgenommenen Autonomiebeschränkung; in sich konsequent sodann für die Übertragung der Business Judgment Rule *Bungert*, BB 2757, 2759; *Waclawik*, ZIP 2006, 397, 405.

[77] *Stöber*, in: Hdb. der AG-Finanzierung, 2. Aufl., Kap. 5, Rn. 77, 3 f.; *Ekkenga*, AG 2001, 567, 568 f.; *Kuntz*, AG 2016, 101, 112.

[78] Es sind einheitliche materielle Maßstäbe anzulegen, *Semler*, BB 1983, 1566, 1568; *Kindler*, ZGR 1998, 35, 49 f.; *Maslo*, Interessenwahrung und Rechtsschutz, S. 35.

[79] Dies erkennt wohl auch *Maslo*, Interessenwahrung und Rechtsschutz, S. 35, nimmt aber dennoch eine Einordnung als Geschäftsführungsmaßnahme vor; deutlich *Ekkenga*, AG 2001, 567, 569.

C. Derivative Kompetenz des Vorstandes

Dass mit der Ausnutzung eines genehmigten Kapitals durch den Vorstand eine originäre Kompetenz im Sinne einer „Geschäftsführungsmaßnahme" wahrgenommen und damit durch ein genehmigtes Kapital eine Erweiterung seines sonstigen Kompetenzkatalogs geschaffen würde,[80] ist nicht einsichtig.[81] Begibt man sich auf die abstrakte Ebene eines Vergleichs von regulärer Kapitalerhöhung und genehmigtem Kapital, würde bei Annahme einer Geschäftsführungskompetenz ein gänzlich anderes Schutzniveau eingreifen. Durch eine derartige Erweiterung des Autonomiebereiches zugunsten des Vorstandes würden unterschiedliche Kontrollintensitäten je nach Art der Kapitalerhöhung herbeigeführt werden, wie sich anhand folgender Kontrollüberlegungen zeigen wird. Der BGH hat zwar einen ausdrücklichen Hinweis in der Commerzbank/Mangusta II-Entscheidung gegeben, wonach mit dem Absenken der Anforderungen an einen Ermächtigungsbeschluss unter Ausschlussermächtigung oder Direktausschluss des Bezugsrechts keine Beschränkung der Schutzrechte von Aktionären verbunden seien.[82] Dennoch ordnet er die Ausnutzung des genehmigten Kapitals durch den Vorstand als Tätigkeit im Rahmen der Geschäftsführungspflichten ein.[83]

I. Uneinheitliche Kontrollmaßstäbe bei regulärer und genehmigter Kapitalerhöhung im Fall einer Ausnutzungsentscheidung als Akt der Geschäftsführung

Um aufzuzeigen, dass die Einordnung der Ausnutzungsentscheidung als Geschäftsführungsaufgabe zum Auseinanderfallen des Umfangs der Justiziabilität führen würde, wird zunächst der Kontrollmaßstab bei Annahme einer Geschäftsführungsangelegenheit überprüft. Im Anschluss wird der Kontrollumfang bei der Beschlusskontrolle von Hauptversammlungsbeschlüssen überprüft.

1. Kontrollmaßstab bei Vorstandsentscheidungen

Die Annahme, dass sämtliche durch den Vorstand in originärer Zuständigkeit wahrgenommenen Angelegenheiten als Geschäftsführungsmaßnahmen im Sinne des § 77 AktG zu qualifizieren sind, die er grundsätzlich durch einstimmigen Beschluss

---

[80] Dies müsste man konsequenterweise annehmen, wenn man die Ausnutzung des genehmigten Kapitals als Geschäftsführungsmaßnahme qualifiziert, vgl. Nachweise in Fn. 76 und dann in sich schlüssig auch die Business Judgment Rule überträgt.

[81] So ist wohl auch *Goette*, DStR 2006, 139, 142 f. zu verstehen.

[82] BGH, Urt. v. 10.10.2005 – II ZR 90/03 –, BGHZ 164, 249, 254 f. = NZG 2006, 20, 22, der sogar explizit davon spricht, dass keine Kompetenzerweiterung zugunsten des Vorstandes vorliegen soll; *Goette*, DStR 2006, 139, 142 f.

[83] BGH, Urt. v. 23.06.1997 – II ZR 132/93 –, BGHZ 136, 133, 139 = NJW 1997, 2815, 2816.

ausübt, stellt den aktienrechtlichen Grundsatz dar.[84] Ginge man davon aus, dem Vorstand stünde bei der Ausnutzungsentscheidung eine solch originäre Geschäftsführungskompetenz zu,[85] käme man mit der herrschenden Meinung wohl nicht umhin, auch die Ausnutzungsentscheidung des Vorstands als solch eine originäre Geschäftsführungsmaßnahme (§ 77 Abs. 1 AktG) einzuordnen,[86] in deren Rahmen der originäre gesetzliche Freiraum gem. § 93 Abs. 1 S. 2 AktG bestehe.[87] So verweist auch *Wiedemann* auf die Sorgfaltspflicht der Verwaltung nach § 93 AktG.[88] Der BGH scheut auch nicht vor der Formulierung zurück, dass der Vorstand bei der Ausübungsentscheidung „in Erfüllung seiner Geschäftsführungspflichten" tätig wird.[89] Von diesem Standpunkt aus ist der Schritt nicht weit, dem Vorstand sowohl hinsichtlich des „Ob", als auch hinsichtlich des „Wie" der Erhöhung aus genehmigtem Kapital die durch die Business Judgment Rule gewährten, nicht justiziablen Freiräume einzuräumen. So gehen auch tatsächlich Stimmen in der Literatur vom Eingreifen dieser Maßstäbe aus.[90] Denn die Voraussetzungen einer unternehmerischen Entscheidung seien grundsätzlich sowohl bei der Ausnutzungsentscheidung als auch bei der Ausgestaltungsentscheidung gegeben.[91] De lege lata wäre hiernach der durch die Business Judgment Rule geschaffene „safe harbour" bei angenommener rechtswidriger, aber auf Basis angemessener Informationen und frei von Interessenkonflikten getroffener Ausnutzungsentscheidung frei zugänglich.[92] Dies ist insbesondere im Hinblick auf die häufig anzutreffenden Bezugsrechtsausschlüsse fragwürdig, welche unmittelbaren Einfluss auf die Beteiligungsquoten der Altaktionäre haben.

---

[84] Vgl. *Spindler*, in: MünchKomm/AktG, 5. Aufl., § 77 Rn. 5 ff.

[85] So *Hirte*, in: GroßKomm/AktG, 4. Aufl., § 202, Rn. 21; *Bayer*, in: MünchKomm/AktG, 4. Aufl., § 202 Rn. 86.

[86] *Wiedemann*, in: GroßKomm/AktG, 4. Aufl., § 202, Rn. 21; *Bayer*, in: MünchKomm/AktG, 4. Aufl., § 202 Rn. 86; *Koch*, in: Hüffer/Koch, 13. Aufl., § 202 Rn. 20; *Scholz*, in: MünchHdbGesR IV, 4. Aufl., § 59 Rn. 42; *Maslo*, Interessenwahrung und Rechtsschutz, S. 35; BGH, Urt. v. 23. 07. 1997 – II ZR 132/93 –, BGHZ 136, 133, 139 Tz. 21 spricht von „Geschäftsführungspflicht"; *Bungert*, BB 2005, 2757, 2759; *Hirte*, in: Aktienrecht im Wandel Bd. 1, Kap. 19 Rn. 19 (S. 848).

[87] *Bungert*, BB 2757, 2759 und *Waclawik*, ZIP 2006, 397, 405 wollen die BJR anwenden.

[88] *Wiedemann*, in: GroßKomm/AktG, 4. Aufl., § 202, Rn. 21; ebenso in der Vorauflage *Schilling*, in: GroßKomm/AktG, 3. Aufl., § 202 Anm. 1.

[89] BGH, Urt. v. 23. 07. 1997 – II ZR 132/93 –, BGHZ 136, 133, 139.

[90] So *Bungert*, BB 2005, 2757, 2759; der diese Sichtweise auch dem BGH zuschreibt, der in BGHZ 136, 133, 137 f. dem Vorstand „unternehmerisches Ermessen" gewährt, wobei in den Commerzbank/Mangusta-Entscheidungen hierzu keinerlei Stellung genommen wird; *Liebert*, Bezugsrechtsausschluss, S. 182 f., 195; *Waclawik*, ZIP 2006, 397, 405; kritisch *Stöber*, in: Hdb. der AG-Finanzierung, 2. Aufl., Kap. 5 Rn. 77.

[91] So jedenfalls *Waclawik*, ZIP 2006, 397, 405, der sogar so weit geht zu sagen, dass „Klar ist […], dass es sich hierbei um eine ‚unternehmerische Entscheidung' im Sinne des § 93 Abs. 1 Satz 2 AktG handelt." Kritisch hinsichtlich der Qualifizierung als „unternehmerisch" *Ekkenga/ Jaspers*, in: Hdb. der AG-Finanzierung, 2. Aufl., Kap. 4, Rn. 77.

[92] So ausdrücklich *Bungert*, BB 2005, 2757, 2759.

2. Beschlusskontrolle bei Kapitalerhöhungsbeschlüssen

Im Gegensatz dazu würde mittels gegen den Hauptversammlungsbeschluss eingelegter Anfechtungsklage eine gerichtliche Prüfung initiiert, deren Kontrollmaßstab auf den ersten Blick ein umfassender wäre. Denn die Mehrheitsentscheidung der Hauptversammlung wird auf die Wahrung von Gesetz und Satzung überprüft (§ 243 AktG), worunter auch die materielle Beschlusskontrolle fällt.[93] Kann man die materielle Beschlusskontrolle als Kontrolle des Inhaltes eines Gesellschafterbeschlusses mittlerweile als „etabliertes Rechtsinstitut"[94] des Minderheitenschutzes bezeichnen,[95] ist ihr Umfang doch umstritten. Eine materielle Kontrolle – sofern sie wie beim Bezugsrechtsausschluss durchzuführen ist –[96] ist zwar alles andere als eine umfassende, da hierfür detaillierte gesetzliche Regelungen mit Prüfkriterien fehlen.[97] Solche aufzustellen wäre aufgrund der Breite der Beschlüsse, die einer Sachkontrolle unterliegen und deren Einsatzzwecken ohnehin schwerlich möglich.[98] Überprüft man aber einen Hauptversammlungsbeschluss hinsichtlich seines Eingriffscharakters und seiner Konkordanz mit dem Gesellschaftsinteresse geht es nach zutreffender herrschender Meinung um die Kontrolle des unabhängig gebildeten Beschlussinhalts.[99] Dass der Hauptversammlung hier in jedem Fall ein die Verbandsautonomie unterstreichender Beurteilungsspielraum zustehen muss, steht außer Frage.[100] Dieser Spielraum geht bei der Beschlusskontrolle aber nicht so weit, dass eine Kontrolle gänzlich ausgeschlossen wird. Der Zweckbindung auf das Gesellschaftsinteresse als immanente Begrenzung der Beschlussautonomie wird in-

---

[93] Monographisch zur materiellen Beschlusskontrolle vgl. *Mayer*, Materielle Beschlusskontrolle, et passim; *Wandrey*, Materielle Beschlusskontrolle, et passim.

[94] *K. Schmidt*, in: GroßKomm/AktG, 4. Aufl., § 243 Rn. 45.

[95] Vgl. zum anerkannten Kontrollziel „Minderheitenschutz" *Hirte*, Bezugsrechtsausschluß, S. 18 ff.; *Ekkenga*, in: KölnKomm/AktG, 3. Aufl., § 186 Rn. 64.

[96] Denn nicht jeder Beschlussinhalt ist einer derartigen inhaltlichen Kontrolle zugänglich, so bspw. der gesetzlich vorgeprägte Auflösungsbeschluss. Hier trägt der Mehrheitsbeschluss seine Rechtfertigung in sich selbst, wobei die abstimmende Mehrheit weiterhin der anerkannten Treuepflicht unterliegt, deren Wahrung kontrolliert werden kann. Vgl. hierzu *K. Schmidt*, in: GroßKomm/AktG, 4. Aufl., § 243 Rn. 45 f.

[97] Vgl. allgemein hierzu *Ekkenga*, in: KölnKomm/AktG, 3. Aufl., § 186 Rn. 70.

[98] Hier ist insbesondere an den Bezugsrechtsausschluss nach § 186 Abs. 3, 4 AktG zu denken, dessen Einsatzzwecke zu stark gestreut sind, um sie im Sinne einer abschließenden Regelung zu kodifizieren. Geeignet wären allein abstrakte Vorgaben, an denen sich die Einzelfälle messen lassen müssen. Ein Erkenntnisgewinn und ein Mehr an Rechtssicherheit wäre mit solch einer Regelung wohl nicht verbunden.

[99] So explizit *Ekkenga*, in: KölnKomm/AktG, 3. Aufl., § 186 Rn. 68; *K. Schmidt*, in: GroßKomm/AktG, 4. Aufl., § 243 Rn. 47 („Institutionelle Inhaltskontrolle").

[100] Vgl. zu diesem jeweils m.w.N. *Hirte*, Bezugsrechtsausschluß, S. 223 ff.; *Servatius*, in: Spindler/Stilz, 4. Aufl., § 186 Rn. 54; *Ekkenga*, in: KölnKomm/AktG, 3. Aufl., § 186 Rn. 70; etw. weitergehend für Umstrukturierung OLG Stuttgart, Urt. v. 12. 5. 1999 – 20 U 62/98 –, NZG 2000, 159, 161 f.

sofern Rechnung getragen,[101] als dass zumindest die Plausibilität der avisierten regulären Kapitalerhöhung zur Erreichung des Gesellschaftszweckes überprüft wird.[102] Gleichsam beschränkt sich die inhaltliche Überprüfung auf Treuepflichtverstöße grundsätzlich auf eine bloße Missbrauchskontrolle.[103]

Dem ist teilweise entgegengetreten worden. Es solle auch bei der Hauptversammlung nicht primär auf die Plausibilitätsüberprüfung der Konkordanz der Entscheidung mit dem Gesellschaftsinteresse ankommen, sondern es sei primär zu überprüfen, ob sie auf Grundlage angemessener Informationen und ohne bestehende Interessenkonflikte entschieden habe.[104] Denn bei Erfüllung der Voraussetzungen der Business Judgment Rule sei kein Grund ersichtlich, warum der „am Gesellschaftszweck orientierte [...] Interessengleichlauf unter den Aktionären und damit die Zweckdienlichkeit der gefassten Beschlüsse in Frage"[105] gestellt würde. Dem kann im Ansatz nicht gefolgt werden.[106] Wie im Folgenden gezeigt wird, ist die Business Judgment Rule nicht auf Entscheidungen der Aktionäre in der Hauptversammlung übertragbar.

a) Anwendbarkeit der Business Judgment Rule auf die Beschlüsse der Hauptversammlung im Allgemeinen

Teilweise wird von einer Anwendbarkeit der Business Judgment Rule auf unternehmerische Entscheidungen der Hauptversammlung ausgegangen. Nur bei Vorliegen einer unternehmerischen Entscheidung soll der Hauptversammlung ein unternehmerisches Ermessen zugestanden werden.[107] Hieran ist zu zweifeln. Für die Anwendbarkeit der Business Judgment Rule auf die Hauptversammlung wird häufig die Entscheidung „unter Unsicherheit" als tragende Stütze der Anwendbarkeit hervorgehoben sowie die Richtig- und Gerechtigkeitsgewähr von Gruppenent-

---

[101] Vgl. zu der Zweckbindung als Grenze der Beschlussautonomie stellvertretend *Zöllner*, Die Schranken mitgliedschaftlicher Stimmrechtsmacht, S. 320 ff.; *Wandrey*, Materielle Beschlusskontrolle, S. 147; *K. Schmidt*, Gesellschaftsrecht, § 4 II 3 a (S. 65 ff.) „Die [...] Zielsetzung des Verbandes ist für alle Mitglieder verbindlich [...]"; *Zöllner*, ZHR 162 (1998), 235, 240 (f.d. Geschäftsführung).

[102] BGH, Urt. v. 13.03.1978 – II ZR 142/76 –, BGHZ 71, 40, 50; *Ekkenga*, in: KölnKomm/ AktG, 3. Aufl., § 186 Rn. 71.

[103] *Drescher*, in: Spindler/Stilz, 4. Aufl., § 243 Rn. 167.

[104] *Paefgen*, Unternehmerische Entscheidungen, S. 171 ff.

[105] *Wandrey*, Materielle Beschlusskontrolle, S. 164.

[106] Ebenso *Mayer*, Materielle Beschlusskontrolle, S. 190 ff.

[107] So für den Bezugsrechtsausschluss bspw. *Servatius*, in: Spindler/Stilz, 4. Aufl., § 186 Rn. 53; *Wallisch*, Unternehmerische Entscheidungen der HV, S. 79 ff.; *Wandrey*, Materielle Beschlusskontrolle, 165 f.; *Paefgen*, Unternehmerische Entscheidungen, S. 171–256, der die BJR als organübergreifende Regelung ansieht. Er geht allerdings einen im Detail anderen Weg und erkennt den kontrollfreien Entscheidungsbereich der Hauptversammlung nur an, sofern die Voraussetzungen der Business Judgment Rule vorliegen; *Paefgen*, a.a.O., S. 210 ff.

scheidungen, die durch die gerichtliche Kontrolle negiert würden.[108] Die Business Judgment Rule sei dafür da, unternehmerische Entscheidungen in ihrem Bestand zu schützen.[109] Bei genauerer Betrachtung passt die Business Judgment Rule wertungsgemäß allerdings nicht auf die sachliche Kontrolle von Entscheidungen der Hauptversammlung. Sie wird nämlich im Interesse derjenigen eingeräumt, deren Anspruchsverfolgung durch sie erschwert wird,[110] den sogenannten Prinzipalen. Sie dient in ihrer Ursprungsprägung der Erhaltung der Entscheidungsfreudigkeit eines im Fremdinteresse tätig werdenden Organs, welches aufgrund von Diversifikationsmöglichkeiten der Aktionäre nicht gänzlich risikoavers handeln soll.[111] Es besteht hier bereits kein Prinzipal-Agenten-Konflikt, der die Anwendbarkeit der BJR legitimiert.[112] Die Hauptversammlung ist gerade Ursprung des zu verfolgenden Gesellschaftsinteresses, an welchem ihre Beschlüsse gemessen werden. Dies ist allerdings Ausfluss ihrer Autonomie, die eigenen Angelegenheiten selbstständig zu regeln und nicht ein aufgrund vertraglicher Bindung fremd gerichteter Moment, wie bei Entscheidungen des Vorstands.[113]

Damit lässt sich die Business Judgment Rule prima facie nicht auf die Hauptversammlung übertragen. Ihre Anwendung würde zulasten der die Entscheidung nicht tragenden Minderheit gehen, deren Rechtsschutzmöglichkeiten begrenzt würden. Es ist daher zu untersuchen, ob die Minderheit an dieser Verkürzung ein Interesse haben kann.

b) Übertragbarkeit der Begründungen der Business Judgment Rule?

Die die Business Judgment Rule tragenden Begründungen lassen sich aufgrund der nicht vergleichbaren Interessenlage nicht im Wege der Analogie auf Entscheidungen der Hauptversammlung übertragen. Der Verweis auf die „Entscheidung unter Unsicherheit" allein kann eine entsprechende Anwendung der Business Judgment Rule nicht stützen.[114] Denn würde allein die Unsicherheit einer Entscheidung als Argument für die Anwendbarkeit der Business Judgment Rule genügen, müsste diese

---

[108] *Wallisch*, Unternehmerische Entscheidungen der HV, S. 79 ff.

[109] *Paefgen*, AG 2004, 245, 250; *Verse*, Gleichbehandlungsgrundsatz, S. 273.

[110] *Jungmann*, in: FS K. Schmidt, 2009, S. 831, 838.

[111] Vgl. hierzu ausführlich m.w.N. *Jungmann*, in: FS K. Schmidt, 2009, S. 831 ff.

[112] Denn die Business Judgment Rule soll dem Agenten ausreichend Bewegungsfreiraum liefern, den dieser auch im Interesse des Prinzipals benötigt, den der Agent aufgrund der Gefahr einer ausufernden Haftung allerdings nicht ausschöpfen würde. Die Haftung wiederum ist als Ausfluss der Eingrenzung der Gefahren des principal-agent-conflicts auszumachen, die die Wahrnehmung von Gelegenheiten durch den Agenten kraft überlegenen Wissens zum Nachteil der Prinzipale eindämmen soll; vgl. *Laudage*, Aufsicht über strukturierte Rückversicherungskonzepte, S. 75 f.

[113] Vgl. zur Verbandsautonomie als Teil der Vereinigungsfreiheit gem. Art. 9 GG, *Schöpflin*, in: BeckOK/BGB, 48. Ed., § 21 Rn. 57 ff.

[114] Maßgeblich hierauf abstellend *Wallisch*, Unternehmerische Entscheidungen der HV, S. 79 ff.

auch auf weitere Bereiche angewandt werden, bspw. auf die Frage, ob ein Arzt de lege artis handelte.[115] Durch diese Rechtfertigung der Business Judgment Rule nehmen sich die Vertreter der Übertragung zudem selbst die Grundlage einer nachträglichen Kontrollierbarkeit im Falle des Nichteingreifens der Voraussetzungen der Business Judgment Rule. Es wird nicht dargelegt, warum die unter Unsicherheit ergangene und damit schlecht von den Gerichten kontrollierbare Entscheidung nach Entfallen der Voraussetzungen nun kontrollierbar sein soll. Spricht man den Gerichten zuvor implizit die Befähigung ab, müsste man nun zumindest erklären, warum die Gerichte nun die unternehmerische Expertise erlangt haben.

Teilweise wird diese Problematik durch Vermutungsregelungen verdrängt, die nicht überzeugen können. So wird angenommen, dass bei Nichteingreifen der Business Judgment Rule eine Vermutung für eine fehlende Orientierung der Entscheidung am Gesellschaftsinteresse gegeben sei. Durch diese Vermutung müsse auch an der Richtigkeit der Entscheidung gezweifelt werden, weswegen eine intensive gerichtliche Kontrolle „im Interesse der materiellen Gerechtigkeit" in Kauf genommen werden müsse.[116] Die bloße Inkaufnahme der intensiven gerichtlichen Kontrolle aufgrund eines Interesses an der materiellen Gerechtigkeit kann als inhaltslose Formel aber keine Begründung leisten.[117] Es zeigt vielmehr die Ungeeignetheit des Begründungsansatzes.

Für die Anwendbarkeit der Business Judgment Rule wird häufig auch auf die Gefahr sog. „hindsight bias" verwiesen. Gemeint sind Beurteilungsfehler des Richters, der ex post die Gefahren als naheliegender bewertet und damit schneller zu der Annahme einer Pflichtverletzung tendiert.[118] Das Risiko, dass der entscheidende Richter aufgrund umfassenderer Informationen einem Rückschaufehler unterliegt (hindsight bias) kann aufgrund der präventiven Kontrolle des Hauptversammlungsbeschlusses ohnehin nur eingeschränkt bestehen.[119] Auch die Forderung nach der Aufrechterhaltung der Richtigkeitsgewähr von Gruppenentscheidungen kann hier keinen anderen Ausschlag geben. Hier verfängt die gleiche Einschränkung wie bei der Entscheidung unter Unsicherheit. Die Dissidenten haben auch bei Vorliegen der Voraussetzungen der BJR keinerlei Interesse an einem gänzlichen Ausschluss der Kontrolle. Für sie ist keine andere Möglichkeit gegeben, ihre mitgliedschaftliche Beteiligung zu bewahren. Dies zeigt sich gerade für den Fall des Bezugsrechtsausschlusses, der, wie *Hirte* treffend feststellte, nichts anderes als einen Ausschluss auf Raten darstellt.[120] Andere Kontrollsysteme, die die Anwendung der Business

---

[115] *Kuntz*, GmbHR 2008, 121, 122; *Jungmann*, in: FS K. Schmidt, 2009, S. 831, 636; *Cobe/ Kling*, NZG 2015, 48, 51 sehen die Business Judgment Rule nicht für Überprüfbarkeit von ärztlichem Verhalten vor, da dort einheitliche normative Maßstäbe vorlägen.

[116] *Wandrey*, Materielle Beschlusskontrolle, S. 165.

[117] Anders *Wandrey*, Materielle Beschlusskontrolle, S. 165.

[118] *v. Falkenhausen*, NZG 2012, 644, 649.

[119] *Mayer*, Materielle Beschlusskontrolle, S. 191.

[120] *Hirte*, Bezugsrechtsausschluß, S. 31.

Judgment Rule auf den Vorstand rechtfertigen, können hier zu keiner Regulierung verhelfen.

Nicht berücksichtigt wird auch, dass der Entzug des unternehmerischen Ermessens zu einer Veränderung des Sorgfaltsmaßstabes, dem „standard of conduct" führt. Wird der Hauptversammlung bei Vorliegen der Voraussetzungen noch ein unternehmerischer Beurteilungsspielraum zugestanden, der gleichwohl nicht kontrolliert würde, soll er bei Nichtbeachtung der Voraussetzungen der BJR entfallen. Anders als postuliert, unterläge die Hauptversammlung als Prinzipal damit nicht den gleichen Bindungen wie der Vorstand,[121] sondern strengeren. Warum nun aber die Hauptversammlung einer strengeren Kontrolle unterliegen soll als der Vorstand ist schwerlich nachzuvollziehen. Dies lässt außer vor, dass sämtliche Legitimation von der Gesellschafterversammlung ausgeht und der Vorstand lediglich Legitimationsempfänger ist.[122] Die Gesellschafterversammlung darf vielmehr einem Weniger an gerichtlicher Kontrolle unterliegen.

c) Subsumtion von Hauptversammlungsbeschlüssen unter die Tatbestandsmerkmale der Business Judgment Rule?

Neben der Unübertragbarkeit der die Business Judgment Rule rechtfertigenden Begründungen, lassen sich Hauptversammlungsbeschlüsse auch nicht unter deren Tatbestandsmerkmale subsumieren.

aa) Entscheidung frei von Interessenkonflikten

Es ist bereits schwierig, das Erfordernis fehlender Interessenkonflikte zu transferieren. Schließt ein Mehrheitsaktionär das Bezugsrecht zu seinen Gunsten aus, wäre grundsätzlich ein Interessenkonflikt zu bejahen, unabhängig von der intendierten Zweckverfolgung.[123] Problematisch wird es auch bei einer Entscheidung der Hauptversammlung, bei der nur wenige Stimmen einem Interessenkonflikt unterliegen. Hier könnte die Entscheidung noch frei von Interessenkonflikten ergehen, solange nicht ein mehrheitsrelevanter Teil einem solchen unterliegt.[124] Die Anteilseigner werden allerdings immer auch im eigenen Interesse tätig, da sich Entscheidungen unvermittelt in der Höhe ihrer Beteiligungen niederschlagen können. Es

---

[121] *Fleischer*, WM 2003, 1045.

[122] *Mayer*, Materielle Beschlusskontrolle, S. 246, wenn auch mit Bezug auf den materiellen Maßstab als solchen.

[123] Insbesondere in Sanierungssituationen ist anerkannt, dass das Bezugsrecht auch zugunsten eines mehrheitlich beteiligten Aktionärs bei entsprechender Sanierungsbereitschaft ausgeschlossen werden kann, wenngleich hier hohe Anforderungen gelten, vgl. LG Frankfurt a.M. Urt. v. 13.10.2003 – 3/1 O 50/03 –, DB 2003, 2541. Für diesen Fall wird teilweise ein Vorrang der regulären Kapitalerhöhung vor den §§ 202 ff. AktG angenommen, insbes. *Bayer*, ZHR 168 (2004), 132, 169 f.; *Bayer*, in: MünchKomm/AktG, 4. Aufl., § 202 Rn. 84.

[124] So auch *Paefgen*, Unternehmerische Entscheidungen, S. 218 ff.; *Wandrey*, Materielle Beschlusskontrolle, S. 165.

besteht hierdurch grundsätzlich ein Interessenkonflikt innerhalb der Hauptversammlung. Dies nicht nur im Verhältnis der Mehr- zur Minderheit.[125] Selbst wenn
man davon ausginge, dass die Mehrheit zum Wohle der Gesellschaft handelt, impliziert dies noch nicht grundsätzlich eine auch für die Minderheit rein vorteilhafte
Entscheidung. Da die Mehrheit ihre gegenüber der Minderheit bestehenden Treuepflichten zu achten hat,[126] deutet sich bereits hier ein Konflikt an. Zum einen könnte
durch die Anwendung der Business Judgment Rule diese Treuepflicht nicht mehr
kontrolliert werden.[127] Zum anderen müssten die durch die in der Hauptversammlung
enthaltene Interessenpluralität auftretenden Konflikte konsequenterweise zur
grundsätzlichen Ablehnung eines Ermessensspielraumes führen.[128] Dass die Business Judgment Rule hiernach zulasten der Entscheidungsfähigkeit der Hauptversammlung gehen müsste, zeigt die Ungeeignetheit dieses Ansatzes. Eine solche
Entmündigung der Hauptversammlung ist schwerlich mit ihrem Recht auf unternehmerische Betätigungsfreiheit vereinbar.[129]

bb) Entscheidung auf einer angemessenen Informationsgrundlage

Scheitern muss die Subsumtion eines Hauptversammlungsbeschlusses unter die
Business Judgment Rule endgültig bei dem Erfordernis einer Entscheidung auf
hinreichender Informationsgrundlage, aufgrund der die Entscheidungsträger ihre
Entscheidung treffen müssen. Dies wird an der bedeutenden Entscheidung der
Hauptversammlung über den Ausschluss von Bezugsrechten deutlich. Wird das
Bezugsrecht durch Mehrheitsbeschluss ausgeschlossen, so ergeht diese Entscheidung auf Grundlage des Vorstandsberichtes. Im Rahmen der Hauptversammlung ist
im Gegensatz zu einer vorbereitenden Aussprache bei Vorstandsentscheidungen kein
ausführlicher sachlicher Diskurs der jeweiligen Entscheidungsträger untereinander
gegeben. Die Gesellschafter haben maximal die Möglichkeit, ihre Auskunftsan-
sprüche geltend zu machen oder ihr meist sehr beschränktes Rederecht. Dies wird in
der Regel nicht ausreichen, um bei komplexen wirtschaftlichen Fragen eine angemessene Informationsgrundlage zu erhalten, zumal die Heterogenität der Zusam-
mensetzung für erhebliche Qualifikationsunterschiede der Entscheidungsträger
sorgt. Es wird immer Aktionäre geben, bei denen eine sachliche Auseinandersetzung
mit dem Beschlussgegenstand nicht stattgefunden hat. Teilweise wird dies übergangen, indem auf einen Ausgleich des Informationsdefizites durch den Vorstand

---

[125] *Goette*, ZGR 2008, 436, 437 ff.

[126] BGH, Urt. v. 01.02.1988 – II ZR 75/87 –, BGHZ 103, 184, 194 ff. (Linotype) m.
Anm. *Timm*, NJW 1988, 1582; BGH, Urt. v. 20.03.1995 – II ZR 205/94 –, BGHZ 129, 136,
142 ff. (Girmes).

[127] *Kuntz*, GmbHR 2008, 121, 126 f. für Gesellschafter Geschäftsführer bei der GmbH.

[128] Auf einen Ermessensentzug stellt *Paefgen*, Unternehmerische Entscheidungen, S. 210 f.
ab.

[129] Vgl. BVerfGE 14, 263, 282.

verwiesen wird.[130] Die Entscheidung der Hauptversammlung soll auf angemessener Informationsgrundlage basieren, sofern der Vorstand selbst auf einer angemessenen Informationsgrundlage einen Beschlussvorschlag unterbreitete und diesem gefolgt wird.[131] Dies ist gerade für den Bezugsrechtsausschluss abzulehnen. Wenn man den Fall eines genehmigten Kapitals mit einer Ausschlussermächtigung zugunsten des Vorstandes betrachtet wird deutlich, dass der nun lediglich abstrakte Bericht niemals eine angemessene Informationsgrundlage für die Entscheidung der Aktionäre darstellen kann. Der Gesetzgeber hat diese Informationspflichten zwar zum Ausgleich der Apathie der Aktionäre hinsichtlich der eigenen Informationsbeschaffung etabliert.[132] Man kann hieraus aber nicht den Schluss ziehen, dass die durch den Vorstandsbericht bereitgestellten Informationen als angemessene Informationsgrundlage im Sinne der Business Judgment Rule anzusehen sind. Denn sonst würden die Kontrollierbarkeit des Hauptversammlungsbeschlusses und damit auch der Minderheitenschutz maßgeblich vom Vorstand und den durch ihn mitgeteilten Informationen abhängen, was grundlegende Kompetenzkonflikte schürt. Die Beschlussautonomie der Hauptversammlung würde gänzlich untergraben.

Nach den gewonnenen Erkenntnissen ist die Business Judgment Rule nicht auf die Entscheidungen der Hauptversammlung zu übertragen. Hierdurch erhellt sich, dass die Ausnutzungsentscheidung auf eine von der Hauptversammlung abgeleitete Kompetenz und nicht auf die Geschäftsführungsbefugnis zu stützen ist.

II. Stellungnahme zur Problematik uneinheitlicher Kontrollmaßstäbe

Bei Anwendung der Business Judgment Rule auf die Ausnutzungsentscheidung als Geschäftsführungsmaßnahme würde die Vorstandsentscheidung bei Wahrung der Voraussetzungen einer informierten und frei von Interessenkonflikten getroffenen Entscheidung im Gegensatz zu einem regulären Kapitalerhöhungsbeschluss keiner tiefgreifenden Kontrolle unterzogen.

Die Ausnutzungsentscheidung des Vorstands ist zwar eine eigenständige Entscheidung mit Beurteilungsspielraum, bleibt aber dennoch an die Vorgaben des Ermächtigungsbeschlusses gebunden.[133] Mit der „Ermächtigung" im Sinne des § 202 AktG ist gemeint, dass der Vorstand in Vertretung für das Organ der Hauptversammlung die Entscheidung über die Kapitalerhöhung trifft. Nicht gemeint sein kann, dass er in kompetenzieller Hinsicht die Hauptversammlung verdrängt.[134] Wenn

---

[130] Vgl. hierzu *Wandrey*, Materielle Beschlusskontrolle, S. 166 f.; *Verse*, Gleichbehandlungsgrundsatz, S. 277 Fn. 127.

[131] So *Wandrey*, Materielle Beschlusskontrolle, S. 166 f.; *Verse*, Gleichbehandlungsgrundsatz, S. 277 Fn. 127.

[132] Vgl. *Wandrey*, Materielle Beschlusskontrolle, S. 167.

[133] *Stöber*, in: Hdb. der AG-Finanzierung, 2. Aufl., Kap 5, Rn. 77, spricht von einer „autonome(n) Ermessensentscheidung".

[134] So aber wohl *Koch*, in: Hüffer/Koch, 13. Aufl., § 202 Rn. 6.

man nun aber auf den Vorstand als „Geschäftsführungsorgan" abstellt, wie die herrschende Ansicht dies tut, unterstellt man dem Vorstand eine originäre Kompetenz.[135] Unerklärbar wäre dann aber, dass die grundlegende Ermächtigungskompetenz weiterhin bei der Hauptversammlung verbleibt. Dem Vorstand wird durch das genehmigte Kapital im Wesentlichen allein die Entscheidung über das „ob" und den Umfang einer Kapitalerhöhung eingeräumt.[136] Die Hauptversammlung kann jedoch jederzeit über die Aufhebung der Ermächtigung entscheiden.[137] Würde man die Hauptversammlung bei einem einmal geschaffenen genehmigten Kapital durch den Vorstand als vollkommen substituiert ansehen und ihm eine originäre Kompetenz zuweisen, müsste man diesen auch gegenüber Eingriffen der Hauptversammlung schützen.[138] Die Ausnutzungsentscheidung des Vorstandes kann daher als der Umsetzungsmaßnahme im Sinne des § 83 Abs. 2 AktG ähnlich angesehen werden.[139] Eine entsprechende Ausnutzungspflicht ist zwar nicht anzunehmen, allerdings ändert dies aufgrund der Rückbindung an die Hauptversammlungsentscheidung nichts an einem gewissen Verwandtschaftsgrad. Dem Vorstand steht ein Autonomiebereich nur in dem Ausmaß zu, in dem er durch den Ermächtigungsbeschluss und das Gesetz zugelassen wird. Dieser ist kategorisch von der durch § 76 Abs. 1 AktG gewährten Leitungsautonomie und der eigenverantwortlichen Wahrnehmung der Geschäftsführungskompetenz zu unterscheiden.[140]

Zudem kann die Reichweite des dem Vorstand obliegenden Freiraums nicht größer sein als der dem übertragenden Organ, hier also der der Hauptversammlung, zustehende.[141] Denn die mögliche Ausnutzung des genehmigten Kapitals beruht einzig und allein auf der Ermächtigungsentscheidung der Hauptversammlung.[142] Diese Ermächtigung gibt den Rahmen für das Vorstandshandeln vor, ohne detaillierte Regelungen enthalten zu müssen.[143] Eine unterschiedliche Kontrolldichte ist auch nicht gerechtfertigt, denn die Kapitalerhöhung aus genehmigtem Kapital bleibt bei der auch gesetzlich intendierten einheitlichen Betrachtungsweise eine Grundlagenentscheidung über die Struktur der Aktiengesellschaft (§ 119 Abs. 1 Nr. 6 AktG). Eine einheitliche Betrachtung ist hier geboten, da allein der Ermächtigungsbeschluss

---

[135] Inklusive der Übertragung der Business Judgment Rule.

[136] *Pehrwein*, AG 2013, 10, 12.

[137] Jeweils m.w.N. *Koch*, in: Hüffer/Koch, 13. Aufl., § 202 Rn. 18; *Bayer*, in: MünchKomm/AktG, 4. Aufl., § 202 Rn. 34, der annimmt, dass der Vorstand „auf Grund seiner Kompetenz zur Geschäftsführung" entscheidet.

[138] Dies wird einhellig und zutreffend nicht angenommen, vgl. *Koch*, in: Hüffer/Koch, 13. Aufl., § 202 Rn. 18; *Bayer*, in: MünchKomm/AktG, 4. Aufl., § 202 Rn. 47 jeweils m.w.N.

[139] *Ekkenga*, in: KölnKomm/AktG, 3. Aufl., Vor § 182 Rn. 61; *Ekkenga/Jaspers*, in: Hdb. der AG-Finanzierung, 2. Aufl., Kap 4, Rn. 77.

[140] *Martens*, ZIP 1994, 669, 670.

[141] *Bayer*, ZHR 163 (1999), 505, 539; *Semler*, BB 1983, 1566, 1568; *Ekkenga*, AG 2001, 567, 669; *Cahn*, ZHR 163 (1999), 554, 566; *Maslo*, Interessenwahrung und Rechtsschutz, S. 35.

[142] *Maslo*, Interessenwahrung und Rechtsschutz, S. 36; *Ekkenga*, AG 2001, 567, 669.

[143] *Schumann*, Bezugsrecht, S. 166.

und die Ausnutzungsentscheidung sachlich an die Stelle eines Kapitalerhöhungsbeschlusses treten können.[144] Der Gesamtcharakter als Grundlagenentscheidung
bleibt damit auch beim genehmigten Kapital erhalten.[145]

Maßstab für das Vorstandshandeln muss also der Kontrollmaßstab bei Hauptversammlungsbeschlüssen sein, da der Vorstand bei der Ausnutzung des genehmigten Kapitals anstelle der Hauptversammlung tätig wird. Betrachtet man dies, so
müssen sich Zweifel an der dogmatischen Einordnung der Ausnutzungsentscheidung
als originäre Geschäftsführungsentscheidung breitmachen. Eine Qualifizierung als
Geschäftsführungsmaßnahe würde zu einem Auseinanderfallen des Umfangs der
gerichtlichen Kontrolle von regulären Kapitalerhöhungen und einer Erhöhung aus
genehmigtem Kapital führen.

III. Ergebnis

Aufgrund des vorstehend Gesagten ergibt sich, dass die Kompetenz des Vor-
standes bei der Ausnutzung der Ermächtigung eines genehmigten Kapitals lediglich
derivativer Natur ist. Man kann daher nicht davon sprechen, dass die Ausnutzung des
genehmigten Kapitals eine Geschäftsführungsmaßnahme darstellt.[146] Die dem
Vorstand zustehende begrenzte Ausführungsautonomie reicht nur so weit, wie der
Kompetenzrahmen der Hauptversammlung, aus dem sie abgeleitet wird. Dieser
Freiraum wird dem Vorstand allein aufgrund eines rechtsgeschäftlichen Aktes der
Hauptversammlung überantwortet und ist nicht mit dem Bereich der Leitung und der
Geschäftsführung gleichzusetzen. Man kann auch nicht von einem eigenen unter-
nehmerischen Ermessen des Vorstandes sprechen.[147]

Der Freiraum des Vorstandes endet in jedem Fall an dem Punkt, an dem auch die
Hauptversammlung an die Grenzen ihrer Beschlussautonomie stoßen würde.[148] Auch
die Hauptversammlung kann nur in dem Umfang delegieren, in dem ihr auch selbst
eine Entscheidung zustände.[149] Der Vorstand kann weiter nur im Rahmen der ihm
rechtsgeschäftlich übertragenen Befugnisse unter dem eingeräumten Beurteilungsspielraum entscheiden, solange die Hauptversammlung den Umfang des Ermächtigungsbeschlusses nicht abändert oder aufhebt.[150] Die Anwendung der Business
Judgment Rule ist hier nicht geboten. Zum einen aufgrund der dann unterschiedlichen Kontrollintensitäten und aufgrund der vorzuziehenden Beschränkung der

---

[144] *Hirte*, in: GroßKomm/AktG, 4. Aufl., § 203 Rn. 12.

[145] *Schürnbrand*, ZHR 171 (2007), 731, 739; *Ekkenga*, AG 2001, 567, 569; *Paefgen*, ZIP
2004, 145, 151 f.; *Schumann*, Bezugsrecht, S. 165 ff., 166; anders offenbar *Hirte*, Bezugsrechtsausschluß, S. 105.

[146] So die h.M., vgl. die Nachweise in Fn. 86.

[147] So auch *Maslo*, Interessenwahrung und Rechtsschutz, S. 116.

[148] *Ekkenga*, in: Hdb. Vorstandsrecht, § 21 Rn. 53.

[149] *Maslo*, Interessenwahrung und Rechtsschutz, S. 36.

[150] *Maslo*, Interessenwahrung und Rechtsschutz, S. 36.

Anwendbarkeit der Business Judgment Rule auf die finale Wahrnehmung der originären Leitungskompetenz.[151]

Hiervon unabhängig zu behandeln ist die Frage nach einer weitergehenden Bindung des Vorstandes an die Zustimmung der Hauptversammlung. Auf diese Frage wird im späteren Verlauf der Ausarbeitung noch zurückzukommen sein.[152] An dieser Stelle sollen die folgenden kurzen Hinweise genügen.

Eine Zustimmungspflicht der Hauptversammlung zulasten des Vorstands sollte nicht vorschnell durch unbesehene Anwendung der Holzmüller/Gelatine-Grundsätze auf die Ausübungsentscheidung angenommen werden. Diese Grundsätze statuieren eine ungeschriebene Hauptversammlungszuständigkeit für den Fall, in dem die Investitionsentscheidung der Aktionäre derart betroffen ist, dass es um die Grundfesten des Verbundes geht. Wenn man den der Holzmüller-Entscheidung zu Grunde liegenden Sachverhalt der Ausgliederung eines wesentlichen Unternehmensteils nimmt und hier die Intensität des Eingriffs in die Mitverwaltungs- und Vermögensrechte der Aktionäre einstweilen außer Betracht lässt, muss man abstrakt feststellen, dass die Ausgliederung an sich eine der Geschäftsführungsautonomie des Vorstandes unterliegende Entscheidung darstellt. Betrachtet man nun allerdings die Entscheidung über die Ausnutzung des genehmigten Kapitals, handelt es sich um eine solche der Eigenfinanzierung, die ohnehin nach § 119 Abs. 1 Nr. 6 AktG den Kompetenzbereich der Hauptversammlung fällt. Die Schaffung eines genehmigten Kapitals stellt gerade eine bewusste Delegation der entsprechenden Kompetenz an den Vorstand dar, die nicht unbesehen durch die Anwendung der genannten Grundsätze konterkariert werden darf.[153] Hiermit soll allerdings keinesfalls von vornherein ausgeschlossen werden, dass es keine Fälle gibt, in denen eine Rückverlagerung der Entscheidungskompetenz auf die Hauptversammlung vorliegen könnte.[154] Es soll für den weiteren Verlauf der Arbeit lediglich eine kritische Grundhaltung offenbart werden.

D. Folgen für den Gang der Untersuchung

Beim genehmigten Kapital liegt damit eine aktienrechtliche Sonderkonstellation vor. Der Vorstand wird in einem Bereich tätig, der originär der Hauptversammlung und damit der mitgliedschaftlichen Entscheidungsteilhabe der Aktionäre überantwortet wurde. Die Aufspaltung der Entscheidungszuständigkeiten in Ermächtigungsautonomie und Ausnutzungsautonomie lassen die weitergehende Frage aufkommen, inwieweit ein Aktionär seine Interessen im Wege des Rechtsschutzes

---

[151] *Lutter*, ZIP 2007, 841, 843; *Koch*, in: Hüffer/Koch, 13. Aufl., § 93 Rn. 40.

[152] Vgl. hierzu, S. 385 ff.

[153] Kritisch auch *Ekkenga*, in: Hdb. Vorstandsrecht, § 21 Rn. 70.

[154] Vgl. hierzu noch im Rahmen der Erörterung, ob ein mittels genehmigtem Kapital finanzierter Beteiligungserwerb Vorlagepflichten begründen kann, S. 385 ff.

wahren kann. Das Rechtsschutzsystem hat sich hierbei an der de lege lata vorgegebenen Zweiteilung zu orientieren und sich in dieses System einzufügen. Inwieweit
dies möglich ist, gilt es im weiteren Verlauf darzustellen. Hierfür wird zunächst das
Rechtsschutzkonzept hinsichtlich des Ermächtigungsbeschlusses dargestellt und auf
seine Effektivität hin überprüft (vgl. S. 59 ff.). Hierbei werden die materiellrechtlich
relevanten Anforderungen untersucht, deren Wahrung für den Schutz der mitgliedschaftlichen Aktionärsbeteiligung unerlässlich sind. Erst dann gilt es die Frage
zu untersuchen, ob der Aktionär trotz fehlender Kodifikation de lege lata eine
Möglichkeit hat, gegen die Ausnutzungsentscheidung des Vorstandes vorzugehen
(S. 162 ff.). Der Fokus liegt hier auf der Geltendmachung von vorbeugenden
Rechtsschutzmaßnahmen, die die endgültige Durchführung einer rechtswidrigen
Kapitalerhöhung (§§ 203 Abs. 1, 189 AktG) verhindern könnten.

Kapitel 2

Rechtsschutzmöglichkeiten gegen den Ermächtigungsbeschluss der Hauptversammlung

Betrachtet man zunächst den durch die Hauptversammlung gefassten Ermächtigungsbeschluss, wird deutlich, dass die allgemeinen Regeln über die Unwirksamkeit von Hauptversammlungsbeschlüssen auch auf ihn anwendbar sind. Man könnte daher verleitet sein, das Rechtsschutzbedürfnis, insbesondere das der Minderheitsaktionäre, als durch die mögliche Beschlussmängelklage ausreichend gewahrt anzusehen. Denn sie haben im Grundsatz die gleichen prozessualen Rechte, die ihnen auch sonst gegen andere Hauptversammlungsbeschlüsse zustehen und die weitgehend als ausreichend erachtet werden.[1] Dies ließe allerdings einige Besonderheiten des genehmigten Kapitals unberücksichtigt. Insbesondere die Tatsache, dass die Rechtsprechung die Anforderungen an einen Direktausschluss des Bezugsrechts oder einer Ermächtigung hierzu an den Vorstand durch die Siemens/Nold-Entscheidung verringert hat.[2] Dies entfaltet Relevanz, da der prozessuale Rechtsschutz in seiner Effektivität von den materiellen Anforderungen abhängig ist. Der Aktionär kann den Ermächtigungsbeschluss zwar weiterhin aufgrund einer fehlenden sachlichen Rechtfertigung des Bezugsrechtsausschlusses anfechten.[3] Diese wird bei Herabsenken der sachlichen Anforderungen an den Bezugsrechtsausschluss allerdings ohne weiteres gelingen. Auf die relevanten materiellen Fragestellungen wird daher im Folgenden an der Stelle eingegangen, an der sie für die Beurteilung der Effektivität des Rechtsschutzkonzeptes notwendig sind.[4]

Zur Bewahrung des Überblicks wird für die Darstellung der Rechtsschutzmöglichkeiten ein Aufbau anhand des zeitlichen Ablaufs bei der Schaffung des genehmigten Kapitals gewählt. Dementsprechend wird zu Beginn die Möglichkeit von einstweiligem Rechtsschutz gegen einen noch nicht existierenden, aber zu fassenden Hauptversammlungs-/Ermächtigungsbeschlusses untersucht (§ 1). Sodann wird gesondert auf die Fragen der Anwendung des aktienrechtlichen Beschlussmängel-

---

[1] Es werden vielmehr auch Beschränkungen der Klagemöglichkeiten diskutiert, vgl. nur m.w.N. *Baums*, in: Verhandlungen des 63. DJT, Gutachten, F 102 ff., der gleichwohl die Klagebefugnis des Einzelaktionärs beibehalten möchte.

[2] Vgl. hierzu dezidiert S. 112 ff.

[3] So schon früher, BGH, Urt. v. 13.03.1978 – II ZR 142/76 –, BGHZ 71, 40 ff. = NJW 1978, 1316 (Kali+Salz); BGH, Urt. v. 19.04.1982 – II ZR 55/81 –, BGHZ 83, 319 ff. (Holzmann) und auch jetzt noch BGH, Urt. v. 19.04.1982 – II ZR 55/81 –, BGHZ 83, 319 ff. (Siemens/Nold); *Servatius*, in: Spindler/Stilz, 4. Aufl., § 186 Rn. 51.

[4] Vgl. zu ausgesuchten Fehlerkategorien S. 96 ff.

rechts auf den Ermächtigungsbeschluss, insbesondere unter Berücksichtigung der materiellen Besonderheiten, eingegangen (§ 2). Diesen Abschnitt wird die Untersuchung der Möglichkeiten des Aktionärs zur Verhinderung der Eintragung des Ermächtigungsbeschlusses in das Handelsregister im Wege des einstweiligen Rechtsschutzes abschließen (§ 3).

§ 1 Einstweiliger Rechtsschutz vor der Beschlussfassung

A. Einstweiliger Rechtsschutz und Hauptversammlungsbeschlüsse – Problemstellung

Der einstweilige Rechtsschutz im Gesellschaftsrecht weist diverse Problemlagen auf, die zunächst nachgezeichnet werden. Nach dem Gesetz steht den Aktionären die Möglichkeit des einstweiligen Rechtsschutzes gemäß den §§ 935 ff. ZPO zur Verfügung, um ihre Interessen wirksam durchzusetzen. Hierzu muss dem Verfügungskläger ein Verfügungsanspruch zustehen, was bei jedem Klageanspruch der Fall ist.[5] Ebenfalls muss er einen Verfügungsgrund nachweisen, wozu er eine Gefährdung der Rechtsverwirklichung und Rechtsdurchsetzung im Hauptsacheverfahren zu belegen hat.[6] Denn das Ziel dieser Regelungen ist ein zeitnaher Schutz der noch ausstehenden Rechtsverwirklichung bei besonderen Gefährdungslagen.

Die effektive Verwirklichung eines im Prozess geltend zu machenden Anspruches oder die Vollstreckung eines Urteils soll nicht durch nachträgliche Veränderungen vereitelt werden.[7] Dies bedeutet, dass das Ende des Prozesses und der Vollstreckung offengehalten werden soll. Hiermit soll aber nicht der derzeitige Rechtszustand festgesetzt, sondern allein die Rechtsverwirklichung gesichert werden.[8] Damit der Rechtsschutz zeitnah erlangt werden kann, ist es gem. §§ 936, 920 Abs. 2 ZPO ausreichend, wenn der Verfügungsgrund und der Verfügungsanspruch schlüssig dargelegt worden sind und die die Darlegung stützenden Tatsachen glaubhaft gemacht werden.[9] Doch ist bei der Gewährung von effektivem Rechtsschutz, wie er für bürgerlich rechtliche Streitigkeiten von dem Rechtsstaatsprinzip in Verbindung mit

---

[5] *Drescher*, in: MünchKomm/ZPO, 5. Aufl., § 935 Rn. 6. Im Folgenden wird von dem Verfügungskläger gesprochen, da bei den hier in Frage stehenden Konstellationen eine einstweilige Verfügung tendenziell durch Urteil ergehen wird.

[6] *Drescher*, in: MünchKomm/ZPO, 5. Aufl., § 935 Rn. 15.

[7] Begr. Entwurf einer allgemeinen ZPO, abgedr. in: *Dahlmanns*, Neudrucke Zivilprozessualer Kodifikationen, Bd. 1, 1971, S. 488; *Leipold*, Grundlagen des einstweiligen Rechtsschutzes, S. 83 f.

[8] *Heinze*, ZGR 1979, 293, 303, der explizit darauf hinweist, dass der vorläufige Rechtsschutz nicht Selbstzweck, sondern Teil des umfassenden Justizgewährungsanspruches ist.

[9] *Drescher*, in: MünchKomm/ZPO, 5. Aufl., § 935 Rn. 13, 21.

Art. 2 Abs. 1 GG gewährleistet wird,[10] auch eine Berücksichtigung der jeweiligen korporationsrechtlichen Besonderheiten erforderlich. Dass einstweiliger Rechtsschutz im Kapitalgesellschaftsrecht generell möglich ist, darüber besteht heutzutage weitgehende Einigkeit.[11] Die Probleme ergeben sich vielmehr bei der Bestimmung der Reichweite und des Umfangs des einstweiligen Rechtsschutzes. Dieser ist in seinem Kern darauf gerichtet, wegen der Eilbedürftigkeit einer Entscheidung eine solche auch entsprechend zeitnah herbeizuführen.[12] Dem Ziel einer zeitnahen Entscheidung dienend, hat der Gesetzgeber auch erleichterte Anforderungen an die Darlegung der Tatsachen gestellt, die einen Verfügungsanspruch und Verfügungsgrund tragen.

Gegen die umfassende Geltung im Bereich des Kapitalgesellschaftsrechts wird insbesondere eingewandt, dass sich das einstweilige Rechtsschutzverfahren lediglich bedingt für die Regelung von schwierigen Rechtsfragen eignen würde.[13] Dem ist aber entgegenzuhalten, dass schwierige Rechtsfragen in jedem Rechtsgebiet auftreten können. Diese Gegebenheiten dürfen als dem einstweiligen Verfügungsverfahren insgesamt immanent bezeichnet werden. Es muss als ausreichend angesehen werden, die Schwierigkeiten des jeweiligen Rechtsgebietes innerhalb der einzelnen Tatbestandsmerkmale zu berücksichtigen.[14] Durch dieses Vorgehen kann die Entscheidung über den Erlass einer einstweiligen Verfügung anhand der Teleologie des Verfahrens begrenzt werden. Dies ist die Offenhaltung der Entscheidungsfähigkeit und Entscheidungsrelevanz des Hauptsacheverfahrens.[15] Dieser Aspekt ist gerade auch für aktienrechtliche Anfechtungs- und Nichtigkeitsverfahren von Relevanz, da durch die oftmals lange Verfahrensdauer und die zwischenzeitliche Durchführung des Hauptversammlungsbeschlusses Tatsachen geschaffen werden können, welche das Ergebnis des Verfahrens bereits rein faktisch präjudizieren.[16] Andererseits kann durch den Erlass einer einstweiligen Verfügung ebenfalls ein Zustand geschaffen werden, der nicht oder nur schwer rückgängig zu machen ist. Diese beiden widerstreitenden Aspekte gilt es im Einzelfall miteinander in Ausgleich zu bringen.

Bei der Schaffung eines genehmigten Kapitals durch Kapitalerhöhungsbeschluss ist einstweiliger Rechtsschutz in zwei Varianten denkbar: Ein Aktionär kann die

---

[10] BVerfG, Beschl. v. 17.06.2013 – 1 BvR 2246/11 –, NJW 2013, 2881, Tz. 11; BVerfG, Beschl. v. 25.2.2009 – 1 BvR 3598/08 –, BeckRS 2009, 32481; BVerfG, Beschl. v. 14.2.2007 – 1 BvR 1351/01 –, NJW-RR 2007, 1073, 1073 f.; BVerfG, Beschl. v. 27.1.1998 – 1 BvL 15/87 –, NJW 1998, 1475, 1478.

[11] Vgl. bereits früh v. Gerkan, ZGR 1985, 167 ff.; Schuschke, in: Schuschke/Walker, 6. Aufl., Vor § 935 Rn. 76 ff.

[12] Böttger, Bezugsrechtsausschluss beim genehmigten Kapital, S. 248.

[13] Für das Kapitalgesellschaftsrecht gibt Böttger, Bezugsrechtsausschluss beim genehmigten Kapital, S. 248 einen Überblick über die Problemlage.

[14] Böttger, Bezugsrechtsausschluss beim genehmigten Kapital, S. 250; Schlitt/Seiler, ZHR 166 (2002), 544, 551 ff.

[15] Heinze, ZGR 1979, 293, 296.

[16] Heinze, ZGR 1979, 293, 296.

Beschlussfassung als solche angreifen oder die Eintragung der Ermächtigung verhindern. Hinsichtlich der Anforderungen, die im einstweiligen Rechtsschutzverfahren zu stellen sind, ist zwischen diesen beiden zeitlich aufeinander folgenden Varianten zu unterscheiden.

Darüber hinaus kann einstweiliger Rechtsschutz gegen die Ausnutzungsentscheidung und die Eintragung der Durchführung der Kapitalerhöhung aus genehmigtem Kapital begehrt werden.[17]

B. Einstweiliger Rechtsschutz im Rahmen noch zu fassender Hauptversammlungsbeschlüsse

Zunächst gilt es, die Möglichkeiten und Grenzen des einstweiligen Rechtsschutzverfahrens für den Bereich noch zu fassender Hauptversammlungsbeschlüsse auszuloten. Die Möglichkeit auf die künftige Beschlussfassung der Hauptversammlung im Wege des einstweiligen Rechtsschutzes einzuwirken, ist nicht durchgehend innerhalb der Rechtsprechung und der Literatur anerkannt worden.[18] Ob diese Skepsis im Allgemeinen und für das Aktienrecht im Besonderen gerechtfertigt ist,[19] wird im Folgenden untersucht.[20]

I. Einleitung

Eine etwas vertiefte Auseinandersetzung mit der Thematik wurde im Recht der GmbH vorgenommen, bei der sich eine auch für die Aktiengesellschaft nutzbare

---

[17] Vgl. hierzu S. 150 ff.; für den Zeitraum vor der Ausnutzungsentscheidung gegen diese vgl. S. 392 ff. und für den Zeitraum nach erfolgter Ausnutzungsentscheidung S. 426.

[18] Kritisch insbesondere KG, Beschl. v. 19. 10. 2004 – 14 W 49/04 –, DB 2005, 279, wobei das Kammergericht zu erkennen gibt, dass in Einzelfällen eine Einwirkung auf die Beschlussfassung auch im Voraus möglich erscheint m. Praxishinweis in NJW-Spezial 2005, 30; OLG Jena, Urt. v. 4. 12. 2001 – 8 U 751/01 –, NZG 2002, 89; restriktiv auch *K. Schmidt*, in: Scholz/GmbHG, 11. Aufl., § 45 Rn. 183 m.w.N.; ebs. *Noack/Zetzsche*, in: KölnKomm/AktG, 3. Aufl. § 246 Rn. 250 f.

[19] Wegweisend waren die Untersuchungen von *Heinze*, ZGR 1979, 293 ff. und *v. Gerkan*, ZGR 1985, 167 ff.; vgl. zur AG *Hüffer/Schäfer*, in: MünchKomm/AktG, 4. Aufl., § 243 Rn. 153 ff.; restriktiv *Noack/Zetzsche*, in: KölnKomm/AktG, 3. Aufl. § 246 Rn. 250 f.; ohne Stellungnahme *K. Schmidt*, in: GroßKomm/AktG, 4. Aufl., § 246 Rn. 130; auf die Verhinderung der Eintragung der Durchführung konzentriert sich *Böttger*, Bezugsrechtsausschluss beim genehmigten Kapital, S. 247 ff.

[20] Sofern es in den folgenden Ausführungen um die Zulassung eines einstweiligen Rechtsschutzes geht, soll vorangeschickt werden, dass soweit eine Zulassung in Betracht kommt, ebenfalls die Zulassung einer vorbeugenden Unterlassungsklage mitgedacht werden soll, deren Wirksamkeit es durch das einstweilige Rechtsschutzverfahren zu sichern gilt; vgl. zu dieser auch *Baums*, in: Verhandlungen des 63. DJT, Gutachten, F 206 f. Vgl. zum Anspruch des Aktionärs auf satzungs- und gesetzesgemäße Beschlussfassung der Hauptversammlung S. 186 ff.

Linie herausgebildet hat. Ursprünglich begegnete man im GmbH-Recht einem einstweiligen Verfügungsverfahren vor der Beschlussfassung ebenfalls eher ablehnend.[21] Es ergingen allerdings einige – auch obergerichtliche – Entscheidungen, welche es den Gesellschaftern zugestehen, eine einstweilige Verfügung vor einer anstehenden Beschlussfassung zu erwirken.[22] Hervorgehoben wurde in diesen Entscheidungen die Notwendigkeit, durch eine einstweilige Verfügung nur den geringst möglichen Eingriff herbeizuführen.[23] Trotz dieser restriktiven Haltung wurde von anderen Stimmen oft eine grundsätzliche Ablehnung gegenüber einer einstweiligen Verfügung vor der Beschlussfassung zum Ausdruck gebracht.[24] Eine derartige Haltung führt allerdings zu einer wenig flexiblen Handhabung des von Gesetzes wegen zur Verfügung gestellten Instrumentariums. Es gibt gerade keinen kodifizierten Anhaltspunkt für eine Aussparung des Gesellschaftsrechts vom Anwendungsbereich der einstweiligen Verfügungen.[25]

Ohne weiteres zuzulassen ist eine einstweilige Verfügung dennoch nicht. Denn ein Eingriff durch eine einstweilige Verfügung vor der Beschlussfassung kann den Prozess der Willensbildung innerhalb der Aktiengesellschaft unterbinden oder beeinflussen.[26] Dieses Störpotential konfligiert mit der aktienrechtlichen Grundentscheidung, dass die Aktionäre sich innerhalb der Hauptversammlung mit den entscheidungserheblichen Gründen befassen sollen.[27] In diesem Prozess sollen die verschiedenen Ansichten vorgetragen werden,[28] wie auch eine eigene Ansicht der Aktionäre auf Grundlage einer umfassenden, in der Hauptversammlung existierenden Informationsgrundlage gebildet werden kann. Ob und wie diese Wertungen

---

[21] Vgl. nur OLG Celle, Urt. v. 1.4.1981 – 9 U 195/80 –, GmbHR 1981, 264 ff.; eine einstweilige Verfügung früh zulassend OLG Köln, Urt. v. 14.07.1976 – 2 U 7/76 –, BB 1977, 464 f.

[22] Angenommen wurde dies bei einem offensichtlich rechtswidrigen Ausschluss eines Gesellschafters; bei einer eindeutigen Rechtslage zugunsten des Antragstellers; bei einem Stimmrechtsverbot zulasten einer Mehrheitsgesellschafterin, deren Gesellschaftsanteile zuvor eingezogen worden sind, wobei aufgrund eines rechtshängigen Verfahrens die Einziehung noch nicht wirksam geworden ist (OLG München NZG 1999, 407, 408 f.); vgl. auch OLG Köln, Urt. v. 14.07.1976 – 2 U 7/76 –, BB 1977, 464 f.; vgl. zu diesen Bsp. auch *Buchta*, DB 2008, 913, 914 m.w.N.

[23] So OLG Stuttgart, Beschl. v. 18.12.1997 – 20 W 11/97 –, BeckRS 2008, 0617 = GmbHR 1997, 312; im Anschluss an OLG Hamm, Beschl. v. 06.07.1992 – 8 W 18/92 –, GmbHR 1993, 163 = DB 1992, 163.

[24] *Semler*, BB 1979, 1533, 1536; *Heinze*, ZGR 1979, 293, 331; OLG Celle, Urt. v. 01.04. 1981 – 9 U 195/80 –, GmbHR 1981, 264, 265; OLG Frankfurt a.M., Beschl. v. 15.12.1981 – 5 W 9/81 –, GmbHR 1982, 237.

[25] *Schlitt/Seiler*, ZHR 166 (2002), 544, 551.

[26] *Zöllner/Noack*, in: Baumbach/Hueck, 21. Aufl., Anh. § 47 Rn. 202.

[27] *Zöllner/Noack*, in: Baumbach/Hueck, 21. Aufl., Anh. § 47 Rn. 202.

[28] *Zöllner/Noack*, in: Baumbach/Hueck, 21. Aufl., Anh. § 47 Rn. 202.

zum Ausgleich gebracht werden können, wird innerhalb der folgenden Untersuchung thematisiert.[29]

Problematisch an einer einstweiligen Verfügung im Kapitalgesellschaftsrecht erscheint weiter ein mögliches Informationsdefizit auf Seiten des entscheidenden Gerichts.[30] Der Verfügungskläger muss dem Gericht die Tatsachengrundlage des Verfügungsanspruches und Verfügungsgrundes lediglich glaubhaft machen.[31] Dies scheint insbesondere bei komplexen gesellschaftsrechtlichen Fragestellungen nicht sachgerecht zu sein. Allerdings kann das Gericht gem. §§ 936, 920 Abs. 2 ZPO durch Beweisaufnahme eine tiefergehende Sachverhaltsaufklärung betreiben.[32] Hierdurch kann es ein Informationsniveau aufbauen, welches ihm eine sachgerechte Entscheidung ermöglicht. Nichtsdestotrotz wird das Gericht aufgrund des begrenzten Zeitfensters in der Praxis wohl eher nicht einen Kenntnisstand gleich dem in einem ordentlichen Erkenntnisverfahren erlangen können. Dies ist allerdings auch nicht notwendig. Der Anspruchsteller soll im einstweiligen Verfügungsverfahren lediglich die Tatsachengrundlage des Verfügungsanspruchs glaubhaft machen müssen. Hiermit ist nichts Anderes gemeint, als dass der Antragsteller im Hauptprozess wahrscheinlich obsiegen wird.[33] Der Gesetzgeber hat ein geringeres Maß an richterlicher Überzeugung gerade für ausreichend erachtet.[34] Eine Feinjustierung des Maßstabes der Glaubhaftmachung kann dennoch erfolgen. Je nachdem wie schwerwiegend der Eingriff in die Rechtsstellung der Parteien bei Erlass oder Nichterlass der einstweiligen Verfügung sein wird, kann der durch das Gericht an die Glaubhaftmachung gelegte Maßstab angepasst werden.[35] Hierdurch kann die Komplexität des Einzelfalles durch das Gericht berücksichtigt werden.

Teilweise wird angenommen, dass der Maßstab der Glaubhaftmachung auch auf die rechtlichen Voraussetzungen des materiellen Anspruches zu erstrecken sei.[36] Hierdurch würde die soeben angesprochene Problematik noch weiter ausgedehnt.

---

[29] Vgl. zum sog. Verbot der Vorwegnahme der Hauptsache S. 66 ff. und zum einstweiligen Rechtsschutz gegen einen zu fassenden Hauptversammlungsbeschluss S. 69 ff.

[30] *Damm*, ZHR 154 (1990), 413, 420 f. wies früh auf dies Problematik hin; *Böttger*, Bezugsrechtsausschluss beim genehmigten Kapital, S. 248.

[31] *Drescher*, in: MünchKomm/ZPO, 5. Aufl., § 935 Rn. 13, 21; *Damm*, ZHR 154 (1990), 413, 421.

[32] Als Beweismittel stehen den Parteien allerdings auch die für den Vollbeweis geltenden Instrumentarien zur Verfügung: Urkunden, Sachverständige, Gutachten, Zeugenbefragung; vgl. hierzu *Drescher*, in: MünchKomm/ZPO, 5. Aufl., § 920 Rn. 20.

[33] *Drescher*, in: MünchKomm/ZPO, 5. Aufl., § 935 Rn. 15.

[34] *Drescher*, in: MünchKomm/ZPO, 5. Aufl., § 935 Rn. 13.

[35] *Schlitt/Seiler*, ZHR 166 (2002), 544, 553 f.; *Drescher*, in: MünchKomm/ZPO, 5. Aufl., § 935 Rn. 14; *Krämer/Kiefner*, ZIP 2006, 301, 308.

[36] Auf eine Schlüssigkeitsprüfung gänzlich verzichtet *Leipold*, Grundlagen des einstweiligen Rechtsschutzes, S. 83 ff. zugunsten einer offenen Interessenabwägung. In extrem komplexen Rechtsfragen eine summarische Prüfung zulassend *Grunsky*, in: Stein/Jonas, 22. Aufl. § 935 Rn. 7, 10; *Damm*, ZHR 154 (1990), 413, 421.

Denn man könnte nicht nur von einem Informationsdefizit sprechen, sondern sogar von einem „Kontrolldefizit".

Entgegen diesen Stimmen bezieht sich der Maßstab der Glaubhaftmachung allein auf Tatsachen und kann nicht auch auf die rechtlichen Voraussetzungen des materiellen Anspruchs erstreckt werden.[37] Die Schlüssigkeitsprüfung des Verfügungsanspruches ist vielmehr vollumfänglich durchzuführen.[38] Denn erst aus den Voraussetzungen des Verfügungsanspruchs kann sich das Maß der Glaubhaftmachung der Tatsachen ergeben.[39] Nur so kann sichergestellt werden, dass auch tatsächlich ein Hauptsacheverfahren offen gehalten werden kann. Kann der Verfügungskläger bereits seinen Anspruch nicht schlüssig vortragen, liegt auch keine schutzwürdige prozessuale Position vor.[40] Hiervon darf auch bei besonderer Eilbedürftigkeit und Komplexität keine Ausnahme gemacht werden.[41] Die besondere Komplexität des Sachverhaltes darf eine einstweilige Verfügung weder von vornherein ausschließen,[42] noch zu einer erleichterten Erwirkungsmöglichkeit führen. Das Ergebnis einer bloß summarischen Prüfung über das Bestehen des Verfügungsanspruches oder einer summarischen Interessenabwägung könnte ein paradoxes sein. Nämlich der Schutz eines von Beginn an aussichtslosen Hauptsacheverfahrens.[43] Der Verfügungskläger muss von Gesetzes wegen eine Rechtsposition geltend machen, deren Durchsetzung abgesichert werden soll. Das einstweilige Rechtsschutzverfahren hat gerade nicht den Zweck, lediglich die Interessen eines Anderen aufgrund stark tangierender Maßnahmen zu schützen, wenn dieser keine streitbare Rechtsposition nachweisen kann.[44] Daher kann über eine einstweilige Verfügung auch nur dann positiv ent-

---

[37] *Schuschke*, in: Schuschke/Walker, 6. Aufl., § 935 Rn. 6; *Walker*, in: Schuschke/Walker, 6. Aufl., § 920 Rn. 22 (f.d. Arrest); *Baumgärtl*, AcP 168 (1968), 401, 403; für die Erstreckung der Glaubhaftmachung auf die Zulässigkeitsvoraussetzungen, *Baumgärtl*, in: FS Gaul, 1997, S. 27, 30.

[38] *Arens*, in: FS v. Caemmerer, 1978, S. 75; *Schuschke*, in: Schuschke/Walker, 6. Aufl., § 935 Rn. 6; *Drescher*, in: MünchKomm/ZPO, 6. Aufl., § 935 Rn. 12; *Piehler*, Einstweiliger Rechtsschutz, S. 286 f.; *Grunsky*, in: Stein/Jonas, 22. Aufl., § 935 Rn. 8, mit Einschränkungen bei schwierigen Rechtsfragen, § 935 Rn. 10.

[39] *Drescher*, in: MünchKomm/ZPO, 6. Aufl., § 935 Rn. 12; *Leipold*, Grundlagen des einstweiligen Rechtsschutzes, S. 83 ff.

[40] A.A. *Leipold*, Grundlagen des einstweiligen Rechtsschutzes, S. 83 ff., der eine offene Eilentscheidung zulässt; *Leipold*, ZZP 90 (1977), 266 ff.

[41] Anders *Grunsky*, in: Stein/Jonas, 22. Aufl., § 935 Rn. 6,10 i.V.m. § 916 Rn. 4, der bei komplexen Rechtsfragen eine summarische Prüfung genügen lässt; *Habscheid*, NJW 1973, 375, 376; im Ansatz auch *Damm*, ZHR 154 (1990), 413, 421.

[42] Vgl. hierzu bereits S. 63 ff.

[43] Der Schutz über § 945 ZPO würde zwar greifen, doch ist dieser nachträgliche Schutz keine Grundlage für ein von Anfang an gänzlich aussichtsloses Begehren eines Verfügungsklägers. Der Verfügungsbeklagte würde mit dem Verweis hierauf über Gebühr durch die Hinnahme der Schädigung und der anschließenden Geltendmachung belastet.

[44] So auch *Thümmel*, in: GroßKomm/ZPO, 4. Aufl., § 935 Rn. 23; *Schuschke*, in: Schuschke/Walker, 6. Aufl., § 935 Rn. 6; *Drescher*, in: MünchKomm/ZPO, 6. Aufl., § 935 Rn. 12.

schieden werden, wenn der Verfügungskläger schlüssig vorträgt, dass er tatsächlich eine Rechtsposition innehat.

Trotz dieser bestehenden Problematiken ist es nicht angebracht, den Aktionären den gesetzlich zur Verfügung gestellten Rechtsschutzrahmen grundsätzlich vorzuenthalten. Der Ausgleich der sich gegenüberstehenden Interessen kann vielmehr innerhalb des Verfügungsverfahrens stattfinden. Dies gilt auch angesichts der Tatsache, dass der Gegenstand des Erkenntnisverfahrens, der Hauptversammlungsbeschluss, gar nicht oder inhaltlich beeinflusst zur Entstehung gelangen soll.[45] Dem kann hinreichend dadurch Rechnung getragen werden, dass die Voraussetzungen der einstweiligen Verfügung bereits vor der Beschlussfassung vorliegen müssen und diesen Umstand damit einpreisen.[46] Der Gesetzgeber war sich dieser Thematik sehr wohl bewusst und hat das einstweilige Verfügungsverfahren dennoch umfassend gewährt und nicht auf einzelne Regelungsgebiete beschränkt.[47]

II. Verbot der Vorwegnahme der Hauptsache als taugliches Begrenzungskriterium?

Im Recht der Aktiengesellschaft besteht eine grundlegende Skepsis gegenüber dem einstweiligen Rechtsschutz, insbesondere wenn dieser auf die Erzwingung eines besonderen Abstimmungsverhaltens gerichtet ist. Diese beruht auf der Annahme, dass das materielle Recht die autonome Entscheidung der einzelnen Aktionäre respektiere und von außen kommende Eingriffe weder in die Willensbildung noch in die Willensbetätigung anerkenne.[48] Nach der gesetzlichen Ausgangslage sei die freie Willensbildung und Äußerung des Willens durch Stimmabgabe in der Hauptversammlung dem Gesellschaftsrecht immanent.[49] Ein erheblicher Diskussionsstand hat sich an dem Merkmal der Vorläufigkeit des hier in Rede stehenden Rechtsschutzverfahrens entwickelt.[50] Es wurde eingewandt, dass durch die einstweilige Verfügung im Rahmen noch zu fassender Hauptversammlungsbeschlüsse nicht nur vorläufige Maßnahmen getroffen werden können, sondern die Maßnahmen denknot-

---

[45] Vgl. dazu auch *Hüffer/Schäfer*, in: MünchKomm/AktG, 4. Aufl., § 243 Rn. 153; *Koch*, in: Hüffer/Koch, 13. Aufl., § 243 Rn. 67; hierzu auch noch sogleich S. 69.

[46] *Drescher*, in: Spindler/Stilz, 4. Aufl., § 243 Rn. 249.

[47] *Schlitt/Seiler*, ZHR 166 (2002) S. 544, 551.

[48] *Drescher*, in: MünchKomm/ZPO, 5. Aufl., § 935 Rn. 45; *ders.*, in: Henssler/Strohn/ GesR, 4. Aufl., § 246 AktG Rn. 53 ff.; *Zöllner/Noack*, in: Baumbach/Hueck, 21. Aufl., Anh. § 47 Rn. 202; *Semler*, BB 1979, 1533, 1536; *Lutz*, BB 2000, 833, 835; *v. Schnurbein/Neufeld*, BB 2011, 585, 590.

[49] *Drescher*, in: MünchKomm/ZPO, 5. Aufl., § 935 Rn. 45.

[50] Vergleiche zu diesem Merkmal im einstweiligen Rechtsschutzverfahren bei bereits anhängigen Anfechtungs- und Nichtigkeitsklagen *Heinze*, ZGR 1979, 293, 314 f., der die Einstweiligkeit der Maßnahmen aufgrund der zeitlichen Akzessorietät des einstweiligen Verfahrens von der anhängigen Hauptsache für grundsätzlich gegeben hält.

wendigerweise endgültige seien.[51] Diese Endgültigkeit würde der durch das vorläufige Rechtsschutzverfahren avisierten Einstweiligkeit im Kern widersprechen.[52] Sei erst einmal durch eine einstweilige Verfügung die Beschlussfassung als solche verhindert worden, so sei es nicht möglich, dass der Beschluss durch Aufhebung der einstweiligen Verfügung nachträglich zur Entstehung gelange.[53] Nicht anders sei die Situation bei der Beeinflussung von Stimmabgaben.

Diese Grundskepsis ist gerade im Kapitalgesellschaftsrecht angebracht, da die dort zur Entscheidung anstehenden Fragen häufig von äußerster rechtlicher Komplexität sind[54] sowie ein von außen kommender Eingriff in die inneren Gesellschaftsangelegenheiten von weitreichender Bedeutung sein kann. Dies ändert natürlich nichts daran, dass in bestimmten Fällen die Eilbedürftigkeit einer Entscheidung einen relevanten Faktor darstellen kann, dem gerade das einstweilige Rechtsschutzverfahren Rechnung tragen sollte. Man muss sich also fragen, ob das Verbot der Vorwegnahme derart streng gehandhabt werden sollte, dass dem Verfügungskläger der einstweilige Rechtsschutz verwehrt wird oder ob man ihm den Rechtsschutz gewährt und im Rahmen der Interessenabwägung die beiderseitig zu berücksichtigenden Belange einstellt und zum Ausgleich bringt.[55]

Letzteres ist auch unter Bezug zu den zuvor gemachten Ausführungen richtig. Die Entscheidung gegen die Gewährung von Rechtsschutz lässt außer Acht, dass der Aktionär bis zur Entscheidung in der Hauptsache gänzlich rechts- und schutzlos gestellt werden würde. So hat auch das BVerfG für den verwaltungsrechtlichen einstweiligen Rechtsschutz zum Ausdruck gebracht, dass die Effizienz des Rechtsschutzes vorrangig sei. Denn es geht bei steigender Verletzungsintensität von einer sich steigernden Prüfungsintensität, bis hin zur abschließenden Prüfung der Sach- und Rechtslage aus.[56] Die Vorläufigkeit kann, soweit es in dem konkreten Einzelfall möglich ist, durch die inhaltliche Ausgestaltung der einstweiligen Verfügung gesichert werden. Mit einer kategorischen Ablehnung einer einstweiligen Verfügung würde auch der dem Richter anheimgestellte Ermessensspielraum über das „Wie" der Entscheidung gänzlich ignoriert.[57] Der Richter soll durch diesen Ermessensspielraum die Möglichkeit haben, die einstweilige Verfügung entsprechend ihrem einstweiligen Sicherungszweck auszugestalten. Diese Möglichkeit würde bei einer gänzlichen Ablehnung genommen. Der Teleologie des einstweiligen Verfahrens, die Entscheidungsoffenheit des Hauptsacheverfahrens beizubehalten,

---

[51] *Semler*, BB 1979, 1533, 1536.

[52] *Semler*, BB 1979, 1533, 1536.

[53] OLG Frankfurt a.M., Beschl. v. 15.12.1981 – 5 W 9/81 –, GmbHR 1982, 237; OLG Celle, Urt. v. 01.04.1981 – 9 U 195/80 –, GmbHR 1981, 264, 265; *Semler*, BB 1979, 1533, 1536.

[54] *Böttger*, Bezugsrechtsausschluss beim genehmigten Kapital, S. 248.

[55] *Hartlein*, in: Kindl/Meller-Hannich/Wolf, Gesamtes Recht der Zwangsvollstreckung, 3. Aufl., § 935 Rn. 34.

[56] BVerfG, Beschl. v. 14.09.2016 – 1 BvR 1335/13 –, BeckRS 2016, 53085.

[57] So für das öffentliche Recht *Schoch*, in: Schoch/Schneider/Bier/VwGO, § 123 Rn. 146.

kann auch entsprochen werden, indem eine anhand der konkret zu treffenden Regelung orientierte Interessenabwägung vorgenommen wird. So bleibt den Verfechtern des formalen Vorwegnahmeverbotes auch nichts Anderes übrig, als in den Randbereichen Ausnahmen von diesem Verbot zu machen, um nicht gegen das grundgesetzlich gewährte Prinzip effektiven Rechtsschutzes zu verstoßen.[58] Gerade, wenn es wie in diesen Fällen um eine Unterlassungsverfügung geht, ist das Verbot der Vorwegnahme der Hauptsache als anerkanntes Institut mehr hinderlich, als dass es Klarheit bringt. Jeder einstweiligen Unterlassungsverfügung ist notgedrungen für den Zeitraum ihrer Geltung eine Endgültigkeit immanent, sodass es streng genommen keine Unterlassungsverfügungen geben dürfte.[59] Dennoch sind sie gesetzlich anerkannt, vgl. nur § 938 Abs. 2 ZPO. Es ist daher angebracht als begrenzendes Kriterium primär auf das Ergebnis einer Interessenabwägung abzustellen, nach deren Ausgang das mildeste zur Verfügung stehende Mittel einzusetzen ist.[60] Dies gilt es nun spezifiziert anhand der Rechtslage bei der Aktiengesellschaft zu untersuchen.

Besonders zu berücksichtigen ist, dass die Vornahme einer Interessenabwägung keineswegs die zuvor geforderte vollumfängliche Schlüssigkeitsprüfung des Verfügungsanspruches hinfällig werden lässt. Das Ergebnis der Interessenabwägung nimmt vielmehr Einfluss auf das geforderte Maß der Glaubhaftmachung, wenn bei Erlass der einstweiligen Verfügung zulasten des Antragsgegners Nachteile eintreten, die die des Verfügungsklägers bei Versagung bei weitem überschreiten.[61] Die Schlüssigkeitsprüfung und die Interessenabwägung weisen demnach eine symbiotische Beziehung auf.[62]

III. Konkretisierung der Anwendungsfelder des einstweiligen Rechtsschutzes im Rahmen der Beschlussfassung in der AG

Die in der Einleitung herausgestellten Prämissen können auch auf das Recht der Aktiengesellschaft übertragen werden. Im Gesellschaftsrecht und gerade im Rahmen der Beschlussfassung durch die Hauptversammlung oder die Gesellschafterver-

---

[58] So auch *Heinze*, ZGR 1979, 293, 315, 331; vgl. hierzu auch *Damm*, ZHR 154 (1990), 413, 416 f.

[59] *Schmitt*, ZIP 1992, 1212, 1215; *Liebscher/Alles*, ZIP 2015, 1, 3 (f.d. GmbH); im Ergebnis ebenso *Böttger*, Bezugsrechtsausschluss beim genehmigten Kapital, S. 253 f., hinsichtlich der Eintragung einer Kapitalerhöhung und stärkerer Gewichtung der Interessenlagen.

[60] *Damm*, ZHR 154 (1990), 413, 418, der sich gegen eine Kategorisierung der einzelnen Verfügungstitel in Regelungs-, Sicherungs- und Befriedigungsverfügung wendet und stattdessen von einem einheitlichen Gefährdungstatbestand des einstweiligen Rechtsschutzes ausgehen möchte.

[61] *Grunsky*, in: Stein/Jonas, 22. Aufl., § 935 Rn. 9; abstrakter *Baur*, Studien zum einstweiligen Rechtsschutz, S. 34.

[62] Bereits in dem Bericht der Kommission zur Verbesserung des Zivilprozeßrechts von 1977, BMJ, ZPO/Bericht, S. 215 f. wurde zugunsten einer Kodifikation des Verhältnismäßigkeitsgrundsatzes Stellung bezogen.

sammlung wird es allerdings häufig an einem Verfügungsanspruch fehlen.[63] Dies ist dem hohen Schutz der Willensbildung und Willensbetätigung geschuldet.[64] Wo ein solcher allerdings zu finden ist, gilt das Folgende:

Für ein vorläufiges Rechtsschutzverfahren gegen zu fassende Hauptversammlungsbeschlüsse sind im Wesentlichen die Folgenden Anknüpfungspunkte zu erwähnen.

- Die Verhinderung der Durchführung der Hauptversammlung als solche (1.).
- Die Einflussnahme auf bestimmte Beschlussgegenstände auf der Hauptversammlung (2.).
- Die Einflussnahme auf das potentielle zukünftige Abstimmungsverhalten der Mitaktionäre in der Hauptversammlung (3.).

1. Einstweiliger Rechtsschutz gegen einen zu fassenden Hauptversammlungsbeschluss

Die Verhinderung der Beschlussfassung durch die Hauptversammlung als solche ist als zulässig zu erachten, wenngleich die Anforderungen an das Ergehen einer entsprechenden Versagungsverfügung abstrakt sehr hoch sind.[65] Man muss sich bei solchen „Vorfeldmaßnahmen" über den schwerwiegenden Eingriff in die selbstbestimmte Verbandsinnenordnung bewusst sein.[66] Unter der Verhinderung der Beschlussfassung soll im Folgenden auch das Verlangen verstanden werden, nur über einzelne Beschlussgegenstände nicht abzustimmen.[67]

Die kontroverse Beurteilung der Zulässigkeit von einstweiligem Rechtsschutz gegen zu fassende Hauptversammlungsbeschlüsse beruht auf der Tatsache, dass der Rechtsschutz der Aktionäre sehr früh eingreifen würde, bevor überhaupt ein Abstimmungsverhalten erkennbar sei.[68] *Hüffer/Schäfer* schließen diese Rechtsschutzmöglichkeit grundsätzlich aus, da hierdurch ein noch tiefgreifender Einschnitt als bei der Vorwegnahme der Hauptsache gegeben wäre.[69] Durch Untersagung der Be-

---

[63] *Drescher*, in: MünchKomm/ZPO, 5. Aufl., § 935 Rn. 45; *Noack/Zetzsche*, in: KölnKomm/AktG, 3. Aufl. § 246 Rn. 250.

[64] *Drescher*, in: MünchKomm/ZPO, 5. Aufl., § 935 Rn. 45.

[65] OLG Frankfurt a.M., Beschl. v. 15.12.1981 – 5 W 9/81 –, ZIP 1982, 180, 181 = BB 1982, 274; OLG Koblenz Urt. v. 25.10.1990 – 6 U 238/90 –, DB 1990, 2413, 2413; *Buchta*, DB 2008, 913, 913; hier ist insbesondere eine Entscheidung des Landgerichts Dortmund hervorzuheben, in der für eine einstweilige Verfügung gegen eine Beschlussfassung die „existenzielle Bedeutung" der Sache für den Verfügungskläger für erforderlich gehalten wurde, um die Hauptsache vorwegzunehmen, vgl. LG Dortmund, Beschl. v. 29.07.2008 – 1 O 166/08 –, BeckRS 2009, 05628; Anm. *Fawzy*, VuR 2008, 431 ff.

[66] Vgl. bereits *Damm*, ZHR 154 (1990), 413, 430.

[67] Einheitliche Behandlung auch bei *Göz*, in: Bürgers/Körber, 4. Aufl., § 246 Rn. 48.

[68] *Weber/Kersjes*, Hauptversammlungsbeschlüsse vor Gericht, § 4 Rn. 3.

[69] *Hüffer/Schäfer*, in: MünchKomm/AktG, 4. Aufl., § 243 Rn. 153.

schlussfassung würde es bereits an dem Gegenstand des Hauptsacheverfahrens, nämlich dem Hauptversammlungsbeschluss selbst, fehlen.[70] Fraglich ist hier bereits, ob das aktienrechtliche Beschlussmängelverfahren als solches das Hauptsacheverfahren darstellt.[71] Treffender scheint es hier auf ein eigenständiges vorbeugendes Unterlassungsverfahren in Bezug auf die Untersagung der Fassung gesetzes- und satzungswidriger Hauptversammlungsbeschlüsse abzustellen.[72]

Teilweise wird auch darauf verwiesen, dass die einstweilige Verfügung zur Verhinderung eines Beschlusses oder zur Herbeiführung eines Beschlusses die Hauptsache vorwegnehmen würde.[73] Denn bei der Verhinderung einer Beschlussfassung durch einstweilige Verfügung würde der Beschluss mit dem Zeitpunkt des Wegfalls der Verfügung nicht zur Entstehung gelangen, sodass durch die Verfügung auch kein einstweiliger Zustand geschaffen würde. Prima facie mag dies zutreffen. Verkannt wird allerdings die weiterhin bestehende Möglichkeit der erneuten Beschlussfassung.[74] Muss ein Hauptversammlungsbeschluss innerhalb eines bestimmten Zeitraumes gefasst werden (z.B. § 175 Abs. 1 S. 2 AktG), ist dies in die Abwägungsentscheidung einzubeziehen.[75]

Man sollte sich vor der Akzeptanz eines formalen und rigiden Vorwegnahmeverbotes folgendes bewusstmachen. Würde man das oft statuierte Verbot der Vorwegnahme der Hauptsache in aller Rigidität anwenden, würde im Recht der Aktiengesellschaften teilweise die Verletzung des grundgesetzlich gewährten effektiven

---

[70] *Hüffer/Schäfer*, in: MünchKomm/AktG, 4. Aufl., § 243 Rn. 153, wobei seltene Ausnahmen für möglich erachtet werden, insbesondere bei vertragswidriger Stimmabgabe bei Konsortialverträgen.

[71] Die §§ 241 ff. AktG als abschließende Regelungen gegenüber vorbeugendem Rechtsschutz – zumindest gegenüber Kapitalerhöhungsbeschlüssen – betrachtet auch *Ekkenga*, in: KölnKomm/AktG, 3. Aufl., § 182 Rn. 117; *Ekkenga/Jaspers*, in: Hdb. der AG-Finanzierung, 2. Aufl., Kap. 4 Rn. 219.

[72] Dass ein derartiger verbandsrechtlicher Anspruch des Aktionärs existiert, ist anzuerkennen, vgl. dezidierter zur hier eingenommenen Position S. 286 ff. Hierbei ist es unschwer möglich, nicht nur das aktienrechtliche Beschlussmängelverfahren als repressives Rechtsschutzinstrument anzuerkennen, sondern bereits einen vorbeugenden Rechtsschutz auf Unterlassung einer derartigen gesetzes- oder satzungswidrigen Beschlussfassung. Eine andere Frage ist die nach der Spezialität des Beschlussmängelverfahrens gegenüber einem präventiven Verfahren, vgl. Fn. 71.

[73] OLG Koblenz, OLG Koblenz Urt. v. 25.10.1990 – 6 U 238/90 –, DB 1990, 2413; OLG Frankfurt a.M., Beschl. v. 15.12.1981 – 5 W 9/81 –, ZIP 1982, 180, 181 = BB 1982, 274; *Semler*, BB 1979, 1533, 1536.

[74] Vgl. auch *Schmitt*, ZIP 1992, 1212, 1215; *Liebscher/Alles*, ZIP 2015, 1, 3 (f.d. GmbH), die die Nachholbarkeit des Beschlusses bei untersagter Stimmrechtsabgabe auch als hinreichende Möglichkeit der nachträglichen Änderung genügen lassen; die Nachholbarkeit als nicht durchgreifend erachtend *Schmidt-Diemitz*, Einstweiliger Rechtsschutz gegen rechtswidrige Gesellschafterbeschlüsse, S. 27.

[75] Vgl. zu vertretbaren Verzögerungen *Hennrichs/Pöschke*, in: MünchKomm/AktG, 3. Aufl., § 175 Rn. 17 f.

Rechtsschutzes vorliegen.[76] Man kann der Gegenansicht insofern beipflichten, als dass die Beschlussfassung zum ursprünglichen Zeitpunkt nicht nachgeholt werden kann. Dies bedeutet allerdings noch nicht, dass das im Hauptsacheverfahren verfolgte Ziel endgültig herbeigeführt worden ist. Dieses Vorgehen ist einer Unterlassungsverfügung immanent und kann nicht wegen Vorliegens einer Willensbildung anders behandelt werden, die ebenso wie eine rein faktische Handlung nachholbar ist.[77] Rein rechtlich ist die Nachholung einer entsprechenden Beschlussfassung unproblematisch möglich.[78] Man könnte sich nun auf den Standpunkt stellen, dass ein einmal verhinderter Hauptversammlungsbeschluss auch rechtlich irreversibel sei, da der zeitlich verzögerte Hauptversammlungsbeschluss auf einem anderen Willensbildungsprozess als der ursprünglich verhinderte beruht. Hier kommt es allerdings nicht auf einen dem Beschluss zu Grunde liegenden Willensbildungsprozess zu einem bestimmten Zeitpunkt, sondern auf den Inhalt des Beschlusses, also den entsprechenden Beschlussgegenstand an. Die Auseinandersetzung mit den Beschlussgegenständen kann auch noch zu einem späteren Zeitpunkt erfolgen, sodass die zeitliche Verschiebung der Beschlussfassung durch eine einstweilige Verfügung regelmäßig möglich erscheint.[79] Ein unerschütterlicher Schutz des Antragsgegners auf bestehenbleibende „Umweltbedingungen" ist weder gesellschaftsrechtlich erklärbar noch anderweitig zu rechtfertigen.

Dem Anliegen, solche schwerwiegenden Eingriffe in die Verbandsinnenordnung zu begrenzen, kann weitgehend über den Inhalt der einstweiligen Verfügung Rechnung getragen werden. So könnte das die Verfügung erlasse Gericht nicht die Durchführung der Hauptversammlung als solche verbieten, sondern deren Abhaltung allein in zeitlicher Hinsicht bis zur Behebung oder Klärung der Konfliktlage verzögern. Dies natürlich nur unter dem Vorbehalt, dass die Voraussetzungen einer einstweiligen Verfügung tatbestandlich gegeben sind. In dieser Forderung ist inkludiert, dass der Aktionär andernfalls rechtschutzlos gestellt wird und für ihn (irreversible) Umstände geschaffen werden, die nach einer Interessenabwägung höher zu gewichten sind als die entgegenstehenden Interessen der Gesellschaft an der Beschlussfassung. Wann dies am ehesten der Fall ist, gilt es sogleich zu beleuchten.[80] Dies sorgt für einen angemessenen Ausgleich. Die Anforderungen an das Interesse des Verfügungsklägers gegen die Beschlussfassung dürfen allerdings nicht so hoch

---

[76] Vergleiche hierzu bereits S. 66.

[77] *Schmitt*, ZIP 1992, 1212, 1215; *Liebscher/Alles*, ZIP 2015, 1, 3 (f.d. GmbH); a.A. *Schmidt-Diemitz*, Einstweiliger Rechtsschutz gegen rechtswidrige Gesellschafterbeschlüsse, S. 27.

[78] *Schuschke*, in: Schuschke/Walker, 6. Aufl., § 938 ZPO Rn. 12, der bei auch rechtlicher Irreversibilität von einer kategorischen Unzulässigkeit ausgeht; *Böttger*, Bezugsrechtsausschluss beim genehmigten Kapital, S. 252 f. für die Verhinderung der Eintragung der Ausnutzung eines genehmigten Kapitals.

[79] *Schuschke*, in: Schuschke/Walker, 6. Aufl., Vor § 935 ZPO Rn. 77; *Damm*, ZHR 154 (1990), 413, 433; *Littbarksi*, Einstweiliger Rechtsschutz, S. 54; *Heinze*, ZGR 1979, 293, 313.

[80] Vgl. S. 72 ff. (Bei absehbarer Anfechtbarkeit).

ausfallen, dass sie faktisch eine gleiche Wirkung wie das unflexible Vorwegnahmeverbot entfalten.

Kritisch zu betrachten ist in diesem Zusammenhang ein Beschluss des Landgerichts Dortmund, in dem für das einstweilige Verfügungsverfahren exorbitant hohe Anforderungen gestellt worden sind.[81] Der Verfügungskläger hat nach Ansicht des Landgerichts die „existenzielle Bedeutung" einer beantragten Leistungsverfügung vorzutragen. Allein unter diesen Voraussetzungen sei das Verbot der Vorwegnahme dem Erlass einer einstweiligen Verfügung nicht hinderlich.[82] Ein solches Kriterium für die Zulassung zu wählen würde allerdings keinerlei Verbesserung zu dem Zustand der gänzlichen Ablehnung eines einstweiligen Rechtsschutzes gegenüber zu fassenden Gesellschafterbeschlüssen bedeuten. Es wird wohl eher selten vorkommen, dass die einstweilige Verfügung für den Verfügungskläger von existenzieller Bedeutung ist. Dieses Merkmal wurde zudem für einen wertungstechnisch gänzlich anderen Anspruch, nämlich einen Auskunftsanspruch entwickelt.[83] Bei diesem ist es im Gegensatz zu dem hier relevanten Fall nämlich so, dass mit der Auskunftserteilung ein endgültig irreversibler Zustand geschaffen worden ist.[84] Dies gilt sowohl für die tatsächliche als auch die rechtliche Ebene. Denn die erteilte Information kann nicht einfach vergessen werden. Unter den vom LG Dortmund herausgestellten Grundsätzen wird es nur sehr wenige Fälle geben, in denen vor Abhaltung der Hauptversammlung eine einstweilige Verfügung in Betracht käme.

Daher sollten die Grenzen der einstweiligen Verfügung für die vorliegende Arbeit nicht an dem formalen und wenig hilfreichen Merkmal des Verbots der Vorwegnahme der Hauptsache ausgerichtet werden. Es ist vielmehr im Einzelfall zu prüfen, ob nach Abwägung der beiderseitigen Interessen ein Verfügungsgrund glaubhaft gemacht werden kann.

a) Bei absehbarer Anfechtbarkeit

Problematisch erscheint die Zulassung einer einstweiligen Verfügung insbesondere bei Verstößen gegen gesellschafterschützende Normen im Rahmen der Einberufung der Hauptversammlung, die die Anfechtbarkeit des Beschlusses zur Folge hätten. Hierunter fällt unter anderem die Missachtung der Ladungsfrist gem. § 123 Abs. 1 AktG.[85] Der Aktionär könnte nach der Beschlussfassung unproblematisch die Anfechtungsklage erheben und würde hierdurch Rechtsschutz erhalten. Allerdings

---

[81]   LG Dortmund, Beschl. v. 29.07.2008 – 1 O 166/08 –, BeckRS 2009, 05628.

[82]   LG Dortmund, Beschl. v. 29.07.2008 – 1 O 166/08 –, BeckRS 2009, 05628.

[83]   Vergleiche hierzu OLG Karlsruhe, Beschl. v. 15.03.1984 – 15 W 14/84 –, NJW 1985, 1905, 1906; OLG Brandenburg, Beschl. v. 29.12.2009 – Kart W 13/09 –, BeckRS 2009, 26222; so *Fawzy*, VuR 2008, 431, 432.

[84]   Anm. zu LG Dortmund, Beschl. v. 29.07.2008 – 1 O 166/08 –, BeckRS 2009, 05628; Anm. *Fawzy*, VuR 2008, 431.

[85]   Für die GmbH *Schmitt*, ZIP 1992, 1212, 1214, der eine einstweilige Verfügung zulassen möchte.

sprechen auch gute Gründe für die Zulassung eines vorläufigen Rechtsschutzes in diesem Bereich. Denn man würde durch die Abhaltung der Hauptversammlung insoweit endgültige Zustände zulasten des Aktionärs schaffen, als dass im Fall des § 123 Abs. 1 AktG ein entgegen der gesellschafterschützenden Verfahrensvorschrift zustande gekommener Hauptversammlungsbeschluss in der Welt wäre. Auf seine inhaltliche Ausgestaltung würde es in diesem Fall nicht einmal mehr ankommen.[86] Verweist man den Aktionär nun auf die nachträgliche Anfechtungsklage, ließe man außer Betracht, dass die Aktiengesellschaft gegen die in diesem Fall wahrscheinlich hinausgezögerte Eintragung des Hauptversammlungsbeschlusses im Handelsregister mit dem Freigabeverfahren nach § 246a AktG vorgehen könnte.

Hat der Aktionär lediglich einen anteiligen Aktienbesitz im Wert von unter 1.000 € würde seine Anfechtungsklage aufgrund eines Freigabebeschlusses, der nach § 246a Abs. 2 Nr. 2 AktG zu ergehen hätte, ins Leere laufen.[87] Der Gesetzgeber hat das Freigabeverfahren in den §§ 243 ff. AktG in Bezug auf bereits gefasste Hauptversammlungsbeschlüsse eingeführt, sodass eine *unmittelbare* Sperrwirkung des Freigabeverfahrens lediglich im Hinblick auf einstweilige Verfügungen gegen die Eintragung und Durchführung eines Kapitalerhöhungsbeschlusses in Betracht zu ziehen ist.[88] Dadurch, dass nach der herrschenden Auffassung das Freigabeverfahren auch den einstweiligen Rechtsschutz gegen die Eintragung des – vorausgesetzt rechtswidrigen – Hauptversammlungsbeschlusses als lex specialis verdrängt,[89] spricht bereits viel dafür, dass dann zumindest der einstweilige Rechtsschutz vor der Beschlussfassung in größeren Umfang zugelassen werden sollte.[90] Andernfalls wäre in diesem Fall von dem auch durch das BVerfG anerkannten Grundsatz der Möglichkeit, gegen die Eintragung von Hauptversammlungsbeschlüssen im Wege des einstweiligen Rechtsschutzes vorzugehen, nicht mehr viel übrig.[91]

aa) Übertragung der Wertungen des Freigabeverfahrens?

Bevor man über eine Vorverlagerung des einstweiligen Rechtsschutzes nachdenkt, stellt sich die Frage nach der Effektivität eines derartigen Vorgehens. Wenn

---

[86] *Schmitt*, ZIP 1992, 1212, 1214 (f.d. GmbH).

[87] Vergleiche zum rechtspolitischen Hintergrund des § 246a Abs. 2 Nr. 2 AktG, *Hüffer/Schäfer*, in: MünchKomm/AktG, 4. Aufl., § 246a Rn. 23 f. m.w.N.

[88] Vergleiche zu diesem Streitstand sogleich S. 153 ff.; *Koch*, in: Hüffer/Koch, 13. Aufl., § 243 Rn. 67 f.

[89] Vgl. hierzu sogleich S. 153 ff. und *Hüffer/Schäfer*, in: MünchKomm/AktG, 4. Aufl., § 246a Rn. 39; *Buchta*, DB 2008, 913, 917 f.; *Kort*, NZG 2007, 169, 171; *Kort*, BB 2005, 1577, 1581; a.A. *Schwab*, in: K. Schmidt/Lutter, 3. Aufl., § 246a Rn. 66; *Sauerbruch*, Das Freigabeverfahren – Eine rechtsökonomische Untersuchung, S. 268 f.; *Jocksch*, Das Freigabeverfahren, S. 212 f.

[90] So *Kort*, NZG 2007, 169, 171.

[91] Vgl. dazu BVerfG, Nichtannahmebeschluss v. 13.04.2004 – 1 BvR 2303/00 –, BB 2005, 1585, 1585 f. (Tz. 8), wobei hier § 16 UmwG und damit eine gesetzlich angeordnete Registersperre relevant war.

nämlich die Gründe, die zur Einführung des Freigabeverfahrens geführt haben, auch auf den Bereich vor der Beschlussfassung auszudehnen sind, wäre die Vorverlagerung des einstweiligen Rechtsschutzes mit den gesetzgeberischen Wertungen kaum vereinbar. Vielmehr läge es nahe, bei Erfüllung der Voraussetzungen des § 246a Abs. 2 Nr. 1 – 3 AktG im Rahmen der Interessenabwägung in jedem Fall zulasten des Verfügungsklägers zu entscheiden. Diese Erwägungen greifen in der Sache allerdings nicht durch.

Das Freigabeverfahren wurde als austariertes System eingeführt, um in besonders gelagerten Fällen die Registereintragung von angefochtenen Hauptversammlungsbeschlüssen durchzusetzen.[92] Die vor Einführung des Freigabeverfahrens regelmäßig praktizierte Aussetzung des Eintragungsverfahrens durch den Registerrichter gemäß §§ 381, 21 Abs. 1 führte dazu, dass im großen Ausmaß Anfechtungsklagen eingereicht, bzw. Anfechtungsgründe in der Hauptversammlung provoziert wurden, um diese faktische Registersperre herbeizuführen. Diese faktische Registersperre wurde sodann durch räuberische Aktionäre genutzt, um sich den Lästigkeitswert ihrer Klage abkaufen zu lassen.[93] Aufgrund der immensen ökonomischen Schäden für die Aktiengesellschaften hat sich der Gesetzgeber entschlossen, diesen Praktiken ein Ende zu setzen.[94]

Nun könnte man sich auf den Standpunkt stellen, dass auch dem vorläufigen Rechtsschutz, welcher der Verhinderung der Beschlussfassung dient, ein Missbrauchspotential innewohnt. Dass diese Gefahr im Bereich des Aktienrechts grundsätzlich gegeben und von nicht geringer Bedeutung ist, haben gerade die Erfahrungen mit missbräuchlichen Anfechtungsklagen gezeigt. Auch dass ein solches missbräuchliches Verhalten nicht geduldet wird, hat der Gesetzgeber eindeutig mit der Einführung des Freigabeverfahrens zum Ausdruck gebracht. Gegen eine Übertragung auf den Zeitpunkt vor der eigentlichen Beschlussfassung spricht aber, dass das Freigabeverfahren in der Realität zwar zu einer Bekämpfung des Missbrauchs von Anfechtungsklagen geführt hat,[95] hierdurch allerdings auch das Rechtsschutzsystem zulasten der Aktionäre erheblich eingeschränkt wurde. Dies zeigt sich nicht zuletzt daran, dass Anfechtungsklagen von atomistisch beteiligten Aktionären von vornherein keinerlei Kontrollfunktion mehr entfalten können und erst recht keinen

---

[92] *Koch*, in: Hüffer/Koch, 13. Aufl., § 246a Rn. 1; vgl. auch *Bayer/Möller*, NZG 2018, 801, 803, die von einer prozessualen Entwertung des materiellen Aktionärsschutzes durch das Freigabeverfahren sprechen.

[93] Der einer Registersperre innewohnende zeitliche Verzug stellt den Lästigkeitswert dar, da häufig Maßnahmen lediglich innerhalb bestimmter Zeitabschnitte durchführbar sind. So kann die Einführung von Aktien an einer Börse scheitern, wenn mangels Kapitalerhöhung keine hinreichende Streuung der Aktien gemäß § 9 BörsZulV nachgewiesen werden kann. Es konnte daher für die Aktiengesellschaften wirtschaftlich sinnvoller sein, dem Aktionär diesen Lästigkeitswert kommerziell zu vergüten, selbst wenn die erhobene Anfechtungsklage keine besonders hohen Erfolgsaussichten hatte; *Koch*, in: Hüffer/Koch, 13. Aufl., § 245 Rn. 23.

[94] Vgl. zu den ökonomischen Schäden: *Schatz*, Der Missbrauch der Anfechtungsbefugnis, S. 23 ff.

[95] Vgl. *Bayer*, Aktienrecht in Zahlen, AG Sonderheft Okt. 2015, S. 10 ff.

nennenswerten Individualschutz mehr leisten. Man würde durch eine Übertragung der Wertungen auf einstweilige Verfügungen im Anwendungsbereich des § 246a AktG das Erfordernis eines Quorums aufstellen, für welches sich der Gesetzgeber selbst im Rahmen der Anfechtungsklage aufgrund rechtspolitischer Umstände nur mittelbar durchringen konnte.[96] Eine solche immense Einschränkung des Rechtsschutzes kann nicht in einer weiteren pauschalen Versagung von Rechtsschutzinstrumenten enden. Denn der Richter hat die vom Gesetzgeber intendierten Grundentscheidungen bei der Rechtsfortbildung zu akzeptieren.[97] Man kann in der doch mühsam erfolgten Einführung eines Freigabeverfahrens aber nicht die Entscheidung des Gesetzgebers zugunsten einer kategorischen Einschränkung der effektiven Durchsetzung von Aktionärsrechten erblicken. Dass es sich um eine Sonderregelung handelt, die allein bei gesetzlicher Kodifizierung greift, zeigt auch das gesondert geregelte Freigabeverfahren nach § 16 Abs. 3 UmwG. Vor Einführung des § 246a AktG kam eine Analogie zu dem umwandlungsrechtlichen und anderen Freigabeverfahren ebenfalls nicht in Betracht, da der Gesetzgeber die Freigabeverfahren auf die geregelten Strukturmaßnahmen beschränkte.[98] Diese Sonderstellung des Freigabeverfahrens und seiner Wertungen gilt auch für § 246a AktG, dessen Anwendungsbereich allein auf die Eintragung eines gefassten Hauptversammlungsbeschlusses beschränkt bleibt. Erklärtes Ziel der Einführung des Freigabeverfahrens war gerade nicht die Einschränkung der Aktionärsrechte, sondern die Bestandssicherung der Strukturmaßnahme.[99] Um eine Bestandssicherung kann es vor der Beschlussfassung allerdings niemals gehen, sodass sich eine Übertragung der Wertungen verbietet. Eine potentiell missbräuchliche Erwirkung einstweiligen Rechtsschutzes ist im Rahmen der Interessenabwägung zu berücksichtigen.[100]

bb) Vorverlagerung des einstweiligen Rechtsschutzes aufgrund des Freigabeverfahrens?

Einen dem vorstehenden Gedanken konträr gegenüberstehenden Gedanken hat *Kort* geäußert.[101] Soeben ging es um die Übertragung der Wertungen des Freigabeverfahrens zur Beschränkung des einstweiligen Rechtsschutzes vor der Beschlussfassung der Hauptversammlung.

Kort dahingegen stellt die abstrakte Überlegung auf, dass der vorläufige Rechtsschutz bei Kapitalmaßnahmen, welche dem Freigabeverfahren unterfallen,

---

[96] *Hüffer*, in: Hüffer/Koch, 13. Aufl., § 245 Rn. 31; sehr kritisch in Bezug auf das Schutzniveau, auf welches das Freigabeverfahren die Möglichkeiten der Aktionäre drückt, OLG Jena, Beschl. v. 12.10.2006 – 6 W 452/06 –, NZG 2007, 147, 151 f.

[97] *Bruns*, JZ 2014, 162, 164.

[98] Vgl. hierzu *Jocksch*, Das Freigabeverfahren, S. 64 m.w.N.

[99] BT-Drucks. 15/5092 S. 29.

[100] Dass § 246a AktG auch im direkten Anwendungsbereich nicht der ausschließlichen Verhinderung missbräuchlicher Rechtsschutzbegehren dient, hat der Gesetzgeber klargestellt; vgl. BT-Drucks. 15/5092 S. 29 f.

[101] *Kort*, NZG 2007, 169 ff.

generell auf die vorgeschaltete Stufe der Einflussnahme auf die Beschlussfassung vorzuverlegen sei.[102] Die Zulassung einstweiligen Rechtsschutzes vor der Beschlussfassung müsse daher großzügiger ausfallen. Dieser Gedanke findet seinen Ursprung in der nun bestehenden Möglichkeit der Aktiengesellschaft, für Maßnahmen nach den §§ 182–240 AktG Freigabebeschlüsse zu erwirken, nach deren Ergehen die Maßnahme bestandskräftig wird (§ 246a AktG). Ist die Maßnahme nun dauerhaft bestandskräftig, sei auch der gegen den einstweiligen Rechtsschutz vor der Beschlussfassung oftmals vorgebrachte Verweis auf den (einstweiligen) Rechtsschutz gegen die Durchführung eines Hauptversammlungsbeschlusses nicht mehr tragfähig. Denn bei einer ergangenen Freigabeentscheidung könne die Durchführung des Hauptversammlungsbeschlusses durch die nach der Beschlussfassung eingreifenden Rechtsschutzinstrumente nicht mehr effektiv verhindert werden.[103] Da auch der Ermächtigungsbeschluss nach den §§ 202 ff. AktG in den Anwendungsbereich des § 246a AktG fällt, könnte dem Aktionär hierüber ein größtmöglicher Einflussbereich auf die Beschlussfassung selbst gewährt werden.

Dem Gedanken von *Kort* kann nicht gefolgt werden. Ein Verweis auf ein Stufenverhältnis des Rechtsschutzes bei eintragungspflichten Hauptversammlungsbeschlüssen ist auch im Anwendungsbereich des § 246a AktG zukünftig zulässig und geboten. Gerade im Anwendungsbereich des § 246a AktG finden sich lediglich Maßnahmen, denen die Eintragung im Handelsregister als konstitutive Wirksamkeitsvoraussetzung gemein ist. Selbst wenn man annehmen würde, dass § 246a AktG lex specialis gegenüber dem einstweiligen Verfügungsverfahren gegen die Eintragung des Hauptversammlungsbeschlusses sei,[104] werden die Interessen des Aktionärs berücksichtigt. So ist nicht recht einsichtig, warum eine Freigabeentscheidung bei unzulässigen oder offensichtlich unbegründeten Klagen zu einem „Mehr" an vorgelagertem einstweiligen Rechtsschutz führen solle.[105] Ebenso wird das Aussetzungsinteresse des Aktionärs im Rahmen des § 246a Abs. 2 Nr. 3 AktG berücksichtigt.[106] Die hierin vorgenommene Interessenabwägung unterscheidet sich nun aber keineswegs von dem im einstweiligen Verfügungsverfahren darzulegenden Verfügungsgrund.[107] Der einzige problematische Punkt der Vernachlässigung von Aktionärsinteressen kann in einer nach § 246a Abs. 2 Nr. 2 AktG ergangenen Freigabeentscheidung liegen. Denn hierbei kommt es nicht auf die Interessen des Aktionärs, sondern allein auf die Erreichung des notwen-

---

[102] *Kort*, NZG 2007, 169, 171.

[103] So hat es allerdings das OLG München, Urt. v. 13. 9. 2006 – 7 U 2912/06 –, NZG 2007, 152, 153 f. entschieden; dagegen *Kort*, NZG 2007, 169, 171.

[104] Dies ist nach hiesiger Ansicht allerdings nicht der Fall, vgl. S. 155 ff.

[105] § 246a Abs. 2 Nr. 1 AktG.

[106] *Koch*, in: Hüffer/Koch, 13. Aufl., § 246a Rn. 21; sehr kritisch hinsichtlich des Ungleichgewichts der sich nach der Regierungsbegründung gegenüberstehenden Interessen, OLG Jena, Beschl. v. 12. 10. 2006 – 6 W 452/06 –, NZG 2007, 147, 151 f.

[107] *Jocksch*, Das Freigabeverfahren, S. 211; es ist allerdings zu beachten, dass das einstweilige Verfügungsverfahren nicht in dem Freigabeverfahren aufgeht, vgl. hierzu S. 155 f.

digen Quorums an.[108] Das nachgehende Freigabeverfahren müsste aber abstrakte Grundlage dafür sein, dass man die Dringlichkeit einer vor Beschlussfassung ergehenden Entscheidung nun dort annimmt, wo man sie zuvor ablehnte. Denkbar wäre dies nur für den Fall, dass der Aktionär zuvor das Unterschreiten des durch § 246a Abs. 2 Nr. 2 AktG geforderten Quorums nachweist. Man wird das Freigabeverfahren aber nicht als Grundlage für eine Vorverlagerung des Rechtsschutzes mit neuem Missbrauchspotential sehen können, sondern als vorgeprägte gesetzgeberische Entscheidung hinzunehmen haben.[109] Es ist unzulässig, eine gesetzgeberisch eingeführte Entscheidung hinsichtlich des zumindest mittelbaren Quorums allein durch eine zeitliche Vorverlagerung des Rechtsschutzes zu unterlaufen. Eine derartige Überlegung würde zugleich eine Preisgabe des Erfordernisses einer Anfechtungsbefugnis zur Erhebung einer Anfechtungsklage bei einer einstweiligen Verfügung gegen die Eintragung eines anfechtbaren Hauptversammlungsbeschlusses bedeuten.[110] Zudem lässt eine solche pauschale Forderung außer Betracht, dass die im Gesellschaftsrecht grundsätzlich gewährleistete autonome Entscheidungsfindung innerhalb der Hauptversammlung nicht angemessen berücksichtigt werden könnte.

cc) Eintragungsbedürftigkeit als Differenzierungskriterium

Bei der Zulassung einstweiligen Rechtsschutzes vor der Beschlussfassung ist im Grundsatz vielmehr zwischen eintragungsbedürftigen und nicht eintragungsbedürftigen Beschlüssen zu unterscheiden. Denn beiden Beschlussarten wohnt ein unterschiedliches Gefährdungspotential inne.[111] Ein eintragungsbedürftiger Beschluss führt die Beeinträchtigung des Aktionärs im Zweifel nicht mit seiner bloßen Existenz, sondern erst mit seiner Eintragung herbei. Dahingegen wird bei nicht eintragungsbedürftigen und vollziehungspflichtigen Beschlüssen die Beeinträchtigung im Zweifel durch die bloße Existenz des Beschlusses herbeigeführt.[112] Durch diese Differenzierung wird ein im Allgemeinen taugliches, aber keineswegs abschließendes Abgrenzungskriterium zur Überprüfung der Dringlichkeit einer einstweiligen Verfügung im Vorfeld einer Beschlussfassung bereitgestellt:

---

[108] Dies als vorgezogene gesetzliche Interessenabwägung betrachtend, *Jocksch*, Das Freigabeverfahren, S. 93.

[109] Gerade in § 246a Abs. 2 Nr. 2 AktG hat sich zumindest mittelbar ein Quorum für die Verwirklichung der Anfechtungsklage niedergeschlagen, *Koch*, in: Hüffer/Koch, 13. Aufl., § 245 Rn. 33.

[110] Vgl. zum Erfordernis einer Antragsberechtigung genauer S. 153.

[111] Diese unterschiedlichen Gefährdungspotentiale spricht soweit ersichtlich erstmals *Heinze*, ZGR 1979, 293, 312 ff. an. Er verlangt auch für nicht eintragungsbedürftige Beschlüsse primär eine Maßnahme, welche unter dem Begehren des Hauptsacheverfahrens bleibt. Er stützt dies auf das formale Verbot der Vorwegnahme der Hauptsache, wobei im Ergebnis keine Unterschiede zu der hier favorisierten Begrenzung einer einstweiligen Verfügung durch Interessenabwägung und Verweis auf das mildeste zur Verfügung stehende Mittel zu erkennen sind.

[112] Hierzu *Heinze*, ZGR 1979, 293, 301.

Treten die Rechtswirkungen bereits mit dem Hauptversammlungsbeschluss ein und werden bereits durch diesen für den Aktionär unumkehrbare Zustände geschaffen, darf einstweiliger Rechtsschutz vor der Beschlussfassung nicht verwehrt werden.[113] Steht dem Aktionär wie etwa beim genehmigten Kapital nach der Beschlussfassung noch die Möglichkeit zur Verfügung, durch einstweiligen Rechtsschutz und eine Anfechtungsklage gegen den Hauptversammlungsbeschluss vorzugehen, ist er darauf als grundsätzlich milderes Mittel zu verweisen.[114] Man kann hier gerade nicht von der Dringlichkeit einer einstweiligen Verfügung ausgehen. Insbesondere sind hier die denkbaren Maßnahmen nach den „§§ 181, 184, 195, 202 Abs. 2, 207, 223, 229 Abs. 3, 237 Abs. 2 S. 1, 263, 274 Abs. 3, 294, 295, 319 Abs. 4, 320 Abs. 1, 327 Abs. 2 AktG" zu nennen.[115] Aufgrund dieser zur Verfügung stehenden Instrumente kann gerade nicht von der Dringlichkeit einer einstweiligen Verfügung ausgegangen werden. Diese Grundsätze gelten auch für nicht eintragungsbedürftige Hauptversammlungsbeschlüsse, die erst durch ihre tatsächliche Umsetzung endgültige Zustände in der Außenwelt setzen.[116] Diese Vorgehensweise ist mit der Struktur des vorläufigen Rechtsschutzes leicht in Einklang zu bringen, da der Verfügungsgrund aufgrund des möglichen nachgehenden Rechtsschutzes als milderem Mittel entfällt. Der nachgehende Rechtsschutz ist nach hier vertretender Auffassung für den Aktionär auch nach Einführung des § 246a AktG ausreichend, da das Freigabeverfahren nicht zu einer kategorischen Verdrängung des einstweiligen Rechtsschutzes gegen die Eintragung oder Durchführung eines Hauptversammlungsbeschlusses führt.[117]

---

[113] Anders wohl *Hüffer/Schäfer*, in: MünchKomm/AktG, 4. Aufl., § 243 Rn. 154, die bei nicht eintragungsbedürftigen Beschlüssen die Zulässigkeit einer einstweilen Verfügung pauschal erst mit den Ausführungsmaßnahmen durch den Vorstand annehmen.

[114] Vergleiche zur Anfechtbarkeit wegen Verstößen gegen Stimmbindungen aus schuldrechtlichen Stimmbindungsverträgen und der Treuepflicht S. 84 ff.; zur Spezialität des Beschlussmängelrechts gegenüber vorbeugendem Rechtsschutz bei Kapitalerhöhungsbeschlüssen, vgl. *Ekkenga*, in: KölnKomm/AktG, 3. Aufl., § 182 Rn. 117; *Ekkenga/Jaspers*, in: Hdb. der AG-Finanzierung, 2. Aufl., Kap. 4 Rn. 219.

[115] *Hüffer/Schäfer*, in: MünchKomm/AktG, 4. Aufl., § 243 Rn. 133.

[116] Insoweit übereinstimmend mit *Hüffer/Schäfer*, in: MünchKomm/AktG, 4. Aufl., § 243 Rn. 154.

[117] Vgl. zum Verhältnis des § 246a AktG und dem einstweiligen Rechtsschutz gegen die Eintragung eines Hauptversammlungsbeschlusses, S. 153 ff. Nach hier vertretener Auffassung ist das einstweilige Verfügungsverfahren gegen die Eintragung eines Hauptversammlungsbeschlusses und damit auch des Ermächtigungsbeschlusses bis zum Zeitpunkt der rechtskräftigen und endgültigen Freigabeentscheidung möglich. Eine vor einem endgültigen Freigabebeschluss ergehende einstweilige Verfügung kann die Unzulässigkeit der Eintragung bis zum Ergehen einer rechtskräftigen stattgebenden Freigabeentscheidung oder der rechtskräftigen Ablehnung einer Anfechtungs- oder Nichtigkeitsklage anordnen. Bei angenommener Spezialität des Freigabeverfahrens gegenüber einstweiligem Rechtsschutz sieht *Kort*, NZG 2006, 169, 171 den pauschalen Verweis auf den Rechtsschutz gegen die Eintragung des Hauptversammlungsbeschlusses zu Recht kritisch.

Da bei dem Differenzierungskriterium der Eintragungsbedürftigkeit der Verfügungsgrund vor der Beschlussfassung im Zweifel entfällt, kann das vom Gesetzgeber vorgesehene Instrumentarium zur Sicherung der Bestandskraft und Bekämpfung von missbräuchlichen Anfechtungsklagen und einstweiligen Verfügungen eingreifen (z. B. § 246a AktG).[118] Wie gesehen sind die Wertungen des eingeführten Freigabeverfahrens aber nicht auf den einstweiligen Rechtsschutz vor der Beschlussfassung vorzuverlagern. Die Anforderungen an die Verhinderung einer rechtswidrigen Beschlussfassung werden damit nicht noch weiter verschärft. Denn durch die potentiell nachfolgende Freigabeentscheidung und der damit einhergehenden Bestandskraft werden für den Aktionär unumkehrbare Zustände herbeigeführt,[119] was eine noch weitergehende Begrenzung der Durchsetzung von Aktionärsrechten verbietet.

Im Rahmen einer Interessenabwägung bei nicht vollziehungspflichtigen und nicht eintragungspflichtigen Hauptversammlungsbeschlüssen ist zugunsten des Verfügungsklägers bei glaubhaft gemachter Tatsachengrundlage von einer erhöhten Dringlichkeit auszugehen.[120] Ein mögliches Anwendungsfeld ist hier der Auflösungsbeschluss, sofern ein Mehrheitsgesellschafter bereits vor der Beschlussfassung einen die Minderheit beeinträchtigenden Einfluss auf die Liquidation genommen hat.[121] In diesen Fällen wird ein Konflikt mit dem Freigabeverfahren nach § 246a AktG ohnehin nicht auftreten können, da sich in dem Anwendungsbereich lediglich Hauptversammlungsbeschlüsse mit konstitutivem Eintragungserfordernis befinden.

Gleichgestellt werden müssen in diesem Rahmen auch anfechtbare eintragungsbedürftige oder vollziehungsbedürftige Hauptversammlungsbeschlüsse, bei denen der Verfügungskläger glaubhaft nahegelegt hat, dass allein aufgrund der Existenz ein „belastender Rechtsschein" geschaffen wird.[122] Vor der Fassung eines Ermächtigungsbeschlusses gemäß den §§ 202 ff. AktG ist aufgrund der Eintragungsbedürftigkeit und den damit einhergehenden nachgehenden Rechtsschutzmöglichkeiten kaum ein Anwendungsfeld der einstweiligen Verfügung auszumachen.

---

[118] BT-Drucks. 15/5092 S. 29 f.

[119] Für Bestandskraft nach einem Freigabebeschluss OLG Celle, Beschl. v. 27. 11. 2007 – 9 W 100/07 –, AG 2008, 217; *Büchel*, in: Liber amicorum Happ, 2006, S. 1, 5 ff.; *Spindler*, NZG 2005, 825, 830; *Koch*, ZGR 2006, 769, 798; *Dörr*, in: Spindler/Stilz, 4. Aufl., § 246a Rn. 38; *Koch*, in: Hüffer/Koch, 13. Aufl., § 246a Rn. 11; a.A. *Schäfer*, in: FS K. Schmidt, 2009, S. 1389, 1401 f.; sympathisierend wohl *Hüffer/Schäfer*, in: MünchKomm/AktG, 4. Aufl., § 246a Rn. 15.

[120] *Kort*, NZG 2007, 169 ff., 171.

[121] Vgl. zu dieser Konstellation die Linotype-Entscheidung des BGH, Urt. v. 01.02.1988 – II ZR 75/87 –, BGHZ 103, 184 ff. = NJW 1988, 1579 ff. m. Anm. *Timm* a.a.O., S. 1582.

[122] Vgl. hierzu *Schmitt*, ZIP 1992, 1212, 1213; *Semler*, BB 1979, 2533, 2536. Als Fallgestaltung kommt hier die bei *Schmitt*, a.a.O. benannte Entscheidung des OLG Koblenz in Betracht, bei der bereits durch die Beschlussfassung zum Ausdruck gebracht worden wäre, dass sich eine Aktionärsgruppe entgegen der gesellschaftsvertraglichen Regelung durchgesetzt habe.

b) Bei absehbarer Nichtigkeit

Eine Notwendigkeit, vorläufigen Rechtsschutz gegenüber künftigen Hauptversammlungsbeschlüssen zu verlangen, könnte der Fall der absehbaren Nichtigkeit sein. Zu denken ist hier an den Fall der Einberufung der Hauptversammlung durch einen Unzuständigen.[123] Vorläufigen Rechtsschutz wird man wohl auch zu gewähren haben, wenn ein unzulänglicher Ladungsinhalt nach § 121 Abs. 3 S.1 AktG oder ein anderer Nichtigkeitsgrund nach § 241 Nr. 1 AktG vorhanden ist. In diesen Fällen wird die Rechtslage häufig zugunsten des Anfechtenden so klar sein, dass ein Verweis auf den noch zu fassenden Hauptversammlungsbeschluss und die nachträgliche Nichtigkeitsklage selbst als Vorenthaltung effektiven Rechtsschutzes gelten muss.[124] Der Aktionär muss nicht erst warten, bis ein offenkundig nichtiger Beschluss gefasst worden ist. Die Eintragungsbedürftigkeit des Hauptversammlungsbeschlusses ist allerdings auch hier in Bezug auf die Dringlichkeit des Ergehens einer einstweiligen Verfügung zu berücksichtigen. Daher sind die Fälle des Ergehens einer einstweiligen Verfügung auf den Bereich der offenkundigen Nichtigkeit und der Herbeiführung irreversibler Umstände zulasten des Aktionärs zu begrenzen. In allen anderen Fällen, in denen z. B. gerade die Frage der Einberufungszuständigkeit nicht hinreichend klar hervorsticht, ist sie im Rahmen der Nichtigkeitsklage zu erörtern.[125]

Überträgt man diese Grundsätze auf den Ermächtigungsbeschluss beim genehmigten Kapital, kann nur von einem begrenzten Anwendungsbereich der einstweiligen Verfügung zur Verhinderung der Beschlussfassung über die Schaffung eines genehmigten Kapitals ausgegangen werden. Die Praxisrelevanz dürfte sich gerade aufgrund der meist komplexen Sachverhalte in engen Grenzen halten, da diese ein offenkundiges Nichtigkeitsurteil kaum zulassen. Die genannten Beispiele werden daher eher einer abschließenden Aufzählung nahekommen.

2. Einwirkung auf Beschlussgegenstände

Möchte der Aktionär über die Schaffung eines genehmigten Kapitals einen Beschluss fassen oder ein bereits geschaffenes genehmigtes Kapital aufheben lassen, stellt sich für ihn die Frage einer möglichen Einwirkung auf die Beschlussgegen-

---

[123] Die Einberufung hat nach § 121 Abs. 1 S. 1 AktG zu erfolgen; vgl. OLG Saarbrücken, Urt. v. 09. 05. 2006 – 4 U 338/05 – 155 –, GmbHR 2006, 987 ff.; *Werner*, NZG 2006, 761, 764 (jew. f. d. GmbH); sympathisierend für die AG *Drescher*, in: Spindler/Stilz, 4. Aufl., § 243 Rn. 249.

[124] Dem einstweiligen Rechtsschutz gegen künftige nichtige Hauptversammlungsbeschlüsse kritisch gegenüberstehend *Zöllner/Noack*, in: Baumbach/Hueck, 21. Aufl., Anh. § 47 Rn. 203; in engen Grenzen zulassend, jedoch ohne Benennung von weiteren Anwendungsfeldern *Drescher*, in: Spindler/Stilz, 4. Aufl., § 243 Rn. 249, im Anschluss an *Würthwein* in der Vorauflage, Rn. 275; kritisch auch *Göz*, in: Bürgers/Körber, 4. Aufl., § 246 Rn. 48.

[125] *Göz*, in: Bürgers/Körber, 4. Aufl., § 246 Rn. 48.

stände der Tagesordnung. Damit verbunden ist auch die Frage nach der Möglichkeit bei einer dringlichen Entscheidung einstweiligen Rechtsschutz zu ersuchen.

Für den einstweiligen Rechtsschutz nach den §§ 935 ff. ZPO hinsichtlich eines Ergänzungsverlangens von Tagesordnungspunkten ist aufgrund der Abgeschlossenheit der aktienrechtlichen Regelung von vornherein kein Raum.[126] Hiervon zu unterscheiden ist das Verlangen, über einzelne Tagesordnungspunkte nicht abzustimmen. Dies richtet sich nach den zuvor benannten Kriterien.[127] Der Gesetzgeber hat in § 122 Abs. 2 S. 1 AktG sämtliche zu erfüllende Anforderungen aufgelistet. Hält ein Aktionär weniger als 5 % des Grundkapitals oder macht der gehaltene Anteil weniger als 500.000 € am Grundkapital aus, so ist einstweiliger Rechtsschutz von vornherein aufgrund der Voraussetzungen des § 122 Abs. 2 S. 1 AktG abzulehnen. Der Gesetzgeber hat die gerichtliche Durchsetzung des Ergänzungsverlangen darüber hinaus spezialgesetzlich geregelt, indem sie dem Verfahren der freiwilligen Gerichtsbarkeit unterstellt wurde.[128] Dass es gerade im Fall eines Ergänzungsverlangens von Tagesordnungspunkten auf eine schleunige Entscheidung des Gerichts ankommt, wurde bereits dadurch berücksichtigt, dass die Geltendmachung dieses Verlangens über ein Verfahren der freiwilligen Gerichtsbarkeit vorzunehmen ist. Aufgrund des dort geltenden Amtsermittlungsgrundsatzes gem. § 26 FamFG und der nicht notwendig einzuhaltenden Beweisförmlichkeiten der Zivilprozessordnung, ist es dem Gericht möglich, schnell in der Sache zu entscheiden.[129] Darüber hinaus wird in Verfahren der freiwilligen Gerichtsbarkeit durch die §§ 49 ff. FamFG die Möglichkeit von einstweiligen Anordnungen eröffnet.[130] Daher steht hier dem Aktionär unproblematisch auch aus Sicht des Gesetzgebers bei Vorliegen eines Anordnungsgrundes und eines Anordnungsanspruches einstweiliger Rechtsschutz nach dem FamFG zur Seite.

3. Einflussnahme auf die Willensbildung innerhalb der Gesellschaft

Bisher unbehandelt ist die Frage nach der Möglichkeit, durch einstweiligen Rechtsschutz auf das Abstimmungsverhalten von Mitaktionären Einfluss zu nehmen und hierdurch in den inneren Willensbildungsakt der Gesellschaft einzugreifen. Diese Frage beansprucht neben dem hier im Vordergrund stehenden Ermächti-

---

[126] *Noack/Zetzsche*, in: KölnKomm/AktG, 3. Aufl., § 122 Rn. 84; *Butzke*, in: GroßKomm/AktG, 5. Aufl., § 122 Rn. 75; *Eckardt*, in: Geßler/Hefermehl, § 122 Rn. 33.

[127] Vgl. zum einstweiligen Rechtsschutz vor der Beschlussfassung durch die Hauptversammlung S. 69 ff.

[128] *Kubis*, in: MünchKomm/AktG, 3. Aufl., § 122 Rn. 43; *Rieckers*, in: Spindler/Stilz, 4. Aufl., § 122 Rn. 48.

[129] *Kubis*, in: MünchKomm/AktG, 3. Aufl., § 122 Rn. 55.

[130] Dieses Regelungsregime ist auf das Verfahren, das gem. §§ 23a Abs. 2 Nr. 4 GVG i.V.m. 375 Nr. 3, 1 FamFG dem Regelungsregime über das Verfahren in Angelegenheiten der freiwilligen Gerichtsbarkeit unterliegt, anwendbar; *Noack/Zetzsche*, in: KölnKomm/AktG, 3. Aufl., § 122 Rn 90; *Butzke*, in: GroßKomm/AktG, 5. Aufl., § 122 Rn. 76.

gungsbeschluss nach den §§ 202 ff. AktG für sämtliche Hauptversammlungsbeschlüsse Geltung.

a) Grundsätzliche Zulässigkeit

Wie bereits bei den Ausführungen zur Verhinderung der Beschlussfassung durch
die Hauptversammlung vorgetragen wurde, wird bei einer Einflussnahme auf die
interne Willensbildung insgesamt das Verbot der Vorwegnahme der Hauptsache,
ebenso wie die vermeintliche Endgültigkeit der Regelung gegen den einstweiligen
Rechtsschutz in Stellung gebracht. Dass aus diesem vermeintlichen Prinzip keine
Rückschlüsse hinsichtlich der grundsätzlichen Zulässigkeit einer einstweiligen
Verfügung gezogen werden können, wurde bereits ausgeführt. Auch eine Befriedigungsverfügung darf gerade aufgrund des verfassungsrechtlich garantierten Gebots
effektiven Rechtsschutzes nicht von vornherein ausscheiden.[131] Eine durch kategorischen Ausschluss der einstweiligen Verfügung eintretende Rechtsverweigerung ist
daher abzulehnen. Dies beansprucht auch Geltung, sofern die Abgabe einer Willenserklärung von einem Mitaktionär im Rahmen der Hauptversammlung verlangt
wird.[132] Damit ist allerdings noch nichts darüber ausgesagt, ob auf materieller Ebene
Strukturentscheidungen des Gesetzes existieren, die gegen eine einstweilige Verfügung streiten, durch die Einfluss auf die Willensbildung innerhalb der Hauptversammlung genommen wird.[133] Insbesondere das Selbstbestimmungsrecht der
juristischen Person rückt hierbei in den Vordergrund. Dieses könnte durch die
Einflussnahme staatlicher Gerichte in den Willensbildungsakt tangiert werden.[134]
Der Willensbildungsakt der Gesellschaft, also die Entscheidungsfindung innerhalb
der Hauptversammlung, ist damit als relevanter Anknüpfungspunkt auszumachen.
Früher wurde eine Einwirkungsmöglichkeit aus den genannten Gründen generell für
unzulässig gehalten.[135]

Das Aktienrecht kennt allerdings keinen Anhaltspunkt für einen generellen
Ausschluss der einstweiligen Verfügung aufgrund des Schutzes der Willensbildung
innerhalb der Hauptversammlung.[136] Auch das Argument, dass es den Aktionären in
der Hauptversammlung möglich sein müsse, irrationale, wirtschaftlich nachteilige

---

[131] Restriktiv *Drescher*, in: MünchKomm/ZPO, 5. Aufl., § 938 Rn. 10 m.w.N.

[132] Vgl. hierzu OLG Köln, Urt. v. 07.12.1995 – 18 U 93/95 –, NJW-RR 1997, 59.

[133] Diesen Gedanken bringt soweit ersichtlich erstmals *Hartmann*, Einstweiliger Rechtsschutz gegen Organbeschlüsse, S. 51 ff. zum Ausdruck.

[134] *Hartmann*, Einstweiliger Rechtsschutz gegen Organbeschlüsse, S. 51.

[135] Siehe nur *von Schnurbein/Neufeld*, BB 2011, 585, 590; OLG Frankfurt a.M., Beschl. v.
15.12.1981 – 5 W 9/81 –, GmbHR 1982, 237; OLG Celle, Urt. v. 01.04.1981 – 9 U 195/80 –,
GmbHR 1981, 264, 265; *Semler*, BB 1979, 1533, 1536; *Lutz*, BB 2000, 833, 835; anders
v. Gerkan, ZGR 1985, 167, 179 ff.; *Damm*, ZHR 154 (1990), 413, 430 ff.; *Schmitt*, ZIP 1992,
1212, 1216; *Schlitt/Seiler*, ZHR 166 (2002), 544, 574.

[136] Wohl auch *Drescher*, in: MünchKomm/ZPO, 5. Aufl., § 935 Rn. 45, der grundsätzlich
aber den Verfügungsanspruch ablehnt.

und sonstige Stimmabgaben vorzunehmen,[137] vermag nicht zu überzeugen. Dieser Freiraum existiert zwar, er findet aber dort seine Grenze, wo ein Aktionär sich durch Stimmrechtsbindungen verpflichtet hat oder entgegen einem nach der Treuepflicht gebotenen Abstimmungsverhalten abstimmen möchte.[138] Man kann auch keinen Vergleich zu natürlichen Personen bemühen, bei denen nicht in die Willensbildung eingegriffen werden kann. Bei natürlichen Personen ist eine Einflussnahme auf die Willensbildung als psychologischer Akt faktisch unmöglich, da sie ihren Willen nicht innerhalb eines der Hauptversammlung vergleichbaren Forums bilden. Daher kann in diesem Zusammenhang keine einstweilige Verfügung in Betracht kommen.[139] Weigert sich allerdings ein z.B. nach § 894 BGB zur Abgabe der Bewilligungserklärung Verpflichteter, ist es bei bestehender Verpflichtung auch hier möglich, im Wege der Vollstreckung nach § 894 ZPO die korrekte Willenserklärung zu simulieren.[140] Die Stimmabgabe in der Hauptversammlung kann nun aber im Grundsatz nicht anders behandelt werden, da auch diese eine Willensbetätigung einer natürlichen oder auch juristischen Person darstellt. Die Betätigung eines Willens ist der uneingeschränkten Kontrolle durch die staatlichen Gerichte zugänglich[141] und auch nach § 894 ZPO vollstreckbar.[142] Dies muss auch soweit Geltung beanspruchen, als es um die Willensbetätigung im Rahmen des Willensbildungsorgans Hauptversammlung geht, sofern die weiteren Voraussetzungen einer einstweiligen Verfügung vorliegen.[143] Der Willensbildungsakt der Hauptversammlung ist damit nicht unantastbar. Über die Willensäußerung der Aktionäre ist ein auch vollstreckungsrechtlich zugängliches Einfallstor vorhanden.

---

[137] *Drescher*, in: MünchKomm/ZPO, 5. Aufl., § 935 Rn. 45.

[138] Vgl. zur Einflussnahme auf künftiges Abstimmungsverhalten im Folgenden S. 84 ff.

[139] Vgl. hierzu *Wiedemann*, Gesellschaftsrecht I, § 3 III 1 a (S. 176); *Hartmann*, Einstweiliger Rechtsschutz gegen Organbeschlüsse, S. 53.

[140] Vgl. zu dieser Parallelwertung *Hartmann*, Einstweiliger Rechtsschutz gegen Organbeschlüsse, S. 53; zur einstweiligen Verfügung zur Erwirkung von Willenserklärungen auch restriktiv *Drescher*, in: MünchKomm/ZPO, 5. Aufl., § 938 Rn. 43, 53; *Gruber*, in: MünchKomm/ZPO, 5. Aufl., § 894 Rn. 6; weitgehender OLG Köln, Urt. v. 07.12.1995 – 18 U 93/95 –, NJW-RR 1997, 59; OLG Hamburg, Urt. v. 14.6.2006 – 5 U 21/06 –, GRUR-RR 2007, 29.

[141] *Hartmann*, Einstweiliger Rechtsschutz gegen Organbeschlüsse, S. 55.

[142] Zur Vollstreckbarkeit von Stimmrechtsbindungen nach § 894 ZPO bereits BGH, Urt. v. 29.5.1967 – II ZR 105/66 –, NJW 1967, 1963 ff.; ebs. OLG Köln, Urt. v. 07.12.1995 – 18 U 93/95 –, NJW-RR 1997, 59; gänzlich ablehnend *Jauernig*, ZZP 79 (1966), 321, 341; nur bei vorläufiger Regelung und Sicherung OLG Stuttgart, Urt. v. 15.2.1973 – 10 U 106/72 –, NJW 1973, 908; zulassend, sofern die Abgabe der Willenserklärung der Sicherung eines anderen Hauptanspruchs dient, *Drescher*, in: MünchKomm/ZPO, 5. Aufl., § 938 Rn. 43.

[143] So wohl nun auch die überwiegende Auffassung m.w.N. *Zöllner/Noack*, in: Baumbach/Hueck, 21. Aufl., Anh. § 47 Rn. 202 ff.; *Drescher*, in: MünchKomm/ZPO, 5. Aufl., § 935 Rn. 45 (eher restriktiv); OLG München, Urt. v. 13.9.2006 – 7 U 2912/06 –, NZG 2007, 152, 153; OLG Düsseldorf, NZG 2005, 633, 634.

b) Einflussnahme auf ein künftiges Abstimmungsverhalten von Mitaktionären

Die Einflussnahme auf das künftige Abstimmungsverhalten von Mitaktionären ist damit im Grundsatz als zulässig zu erachten. Zu denken ist hier insbesondere an die Durchsetzbarkeit von Stimmrechtsbindungen anderer Mitaktionäre, welche sowohl kraft Treuepflicht existieren, als auch aus einer gesonderter schuldrechtlicher Vereinbarung hervorgehen können.[144]

aa) Einstweiliger Rechtsschutz bei Stimmrechtsbindung der Mitaktionäre

Grundsätzlich besteht zwar kein Anspruch auf ein bestimmtes Abstimmungsverhalten eines Mitaktionärs.[145] Ein solcher kann allerdings bei rechtswirksamen Stimmbindungsverträgen existieren. Ebenso kann sich das Stimmrecht aufgrund einer unter den Aktionären bestehenden gesellschaftsrechtlichen Treuepflicht zu einer Stimmpflicht verdichten.[146] Ist dies der Fall, so ist kein durchgreifender Grund ersichtlich eine einstweilige Verfügung kategorisch abzulehnen.[147] Ein Antrag mit derartigem Inhalt hat sich gegen den schuldrechtlich oder kraft Treuepflicht gebundenen Mitgesellschafter und nicht gegen die Gesellschaft zu richten.[148] Natürlich darf der Erlass einer einstweiligen Verfügung nicht pauschal dazu führen, dass die Verfolgung der Hauptsache für den Aktionär durch Erfüllung seiner Interessen überflüssig wird.[149] Die Ansicht, nach der ein Vorgehen im einstweiligen Rechtsschutzverfahren in jedem Fall unzulässig sein sollte, ist aber abzulehnen.[150] Steht dem Aktionär keine anderweitige Möglichkeit zur Verfügung, seinen Anspruch

---

[144] Vergleiche zu den Zulässigkeitsgrenzen und Gestaltungsschranken m.w.N. *Diregger/Tichy*, in: MünchKomm/AktG, 3. Aufl., § 136 Rn. 115 ff.

[145] OLG Düsseldorf 18.5.2005 – 15 U 202/04 –, NZG 2005, 633, 634 f.

[146] Dies muss allerdings die Ausnahme bleiben, vgl. *Stein*, in: MünchKomm/AktG, 4. Aufl., § 179 Rn. 219; *Holzborn*, in: Spindler/Stilz, 4. Aufl., § 179 Rn. 176.

[147] So auch die mittlerweile herrschende Meinung *Drescher*, in: MünchKomm/ZPO, 5. Aufl., § 935 Rn. 45; *ders.*, in: Henssler/Strohn/GesR, 4. Aufl., Rn. 53; *Grunsky*, in: Stein/Jonas, 22. Aufl., § 938 Rn. 11; OLG Hamm, Beschl. v. 6.7.1992 – 8 W 18/92 –, GmbHR 1993, 163 = DB 1992, 163; *Schmitt*, ZIP 1992, 1212 ff.

[148] *Drescher*, in: Spindler/Stilz, 4. Aufl., § 243 Rn. 252.

[149] Das Verbot der Vorwegnahme der Hauptsache kritisch in den Vordergrund stellend, *Heinze*, ZGR 1979, 293, 311. Er rät wegen des Vorwegnahmeverbotes dazu, dass der Antrag zum Erlass einer einstweiligen Verfügung nicht mit dem in der Hauptsache verfolgten Rechtsschutzziel identisch sein soll, sondern knapp unter dem Begehren der Hauptsache liegen sollte.

[150] Dies nimmt sogar *Heinze* an, der das Vorwegnahmeverbot als taugliches formales Begrenzungskriterium des einstweiligen Verfügungsverfahrens anerkennt, ZGR 1979, 293, 315, 331; für eine Zulassung ebenfalls *Herriger*, MittRhNotK 1993, 269, 279; pauschal gegen die Erwirkung der Abgabe einer Willenserklärung im Wege des einstweiligen Rechtsschutzes aufgrund der Deckung mit dem Anspruch der Hauptsache *Drescher*, in: MünchKomm/ZPO, 5. Aufl., § 938 Rn. 43; OLG Zweibrücken, Beschl. v. 11.08.2008 – 4 W 66/08 –, MDR 2009, 221. Zur Grundlage der Gewährung effektiven Rechtsschutzes bei bürgerlich rechtlichen Streitigkeiten vgl. die Nachweise bei Fn. 10.

gegenüber einem Mitaktionär auf eine bestimmte Stimmabgabe zur Geltung zu bringen, und drohen ihm hierdurch immense (irreparable) Nachteile, so ist von der Zulässigkeit einer einstweiligen Verfügung wegen des Vorliegens eines Verfügungsgrundes auszugehen.[151] Andernfalls würde man den aufgrund durch Art. 2 Abs. 1 GG i.V.m. dem Rechtsstaatsprinzip zu gewährenden effektiven Rechtsschutz gänzlich außer Acht lassen.[152] Der Hinweis auf die Herbeiführung endgültiger Zustände vernachlässigt auch hier, dass bis zum Zeitpunkt der Entscheidung in der Hauptsache in jeder einstweiligen Verfügung insoweit eine endgültige Anordnung liegt, als das bis zu ihrem Wirkungsverlust Tatsachen geschaffen werden.[153] Die Frage, ob einstweiliger Rechtsschutz gewährt wird oder nicht, hat sich daher auch hier an der Schutzbedürftigkeit des Antragstellers und an den Folgen des richterlichen Eingreifens für den Antragsgegner zu orientieren.[154]

Hierbei ist insbesondere zu berücksichtigen, dass die Untersagung einer Stimmabgabe oder einer bestimmten Stimmabgabe zu erheblichen Beeinträchtigungen bei der Gesellschaft führen kann, wenn dadurch die notwendige Beschlussmehrheit verfehlt wird.[155] Diese Auswirkungen treffen zwar nicht den Verfügungsbeklagten unmittelbar. Sie wirken allerdings vermittelt über seine Stellung als Mitglied des Verbandes gegen ihn, sodass sie bei der Überprüfung der Existenz eines Verfügungsgrundes Berücksichtigung finden müssen.[156] Berücksichtigung finden muss ebenfalls, dass die Verhinderung einer mehrheitlichen Beschlussfassung durch Geltendmachung eines Abstimmungsverbotes aufgrund der Wiederholbarkeit nicht endgültig ist.[157] So kann die Entscheidung über die Schaffung eines genehmigten Kapitals auch erneut zur Abstimmung in der Hauptversammlung gebracht werden, sofern die Wirkungen der einstweiligen Verfügung entfallen sind.

Bei einer durchzusetzenden positiven Votierungspflicht ist dies dahingegen problematischer.[158] Denn eine Möglichkeit, wonach die von der einstweiligen Verfügung abhängige Maßnahme unter den Vorbehalt einer endgültigen Entscheidung in

---

[151] Vgl. Fn. 147; OLG München, Beschl. v. 20.7.1998 – 23 W 1455/98 –, NZG 1999, 407, 407; OLG Düsseldorf, Urt. v. 18.05.2005 – I-15 U 202/04 –, NZG 2005, 633, 634; zulassend ebenfalls *K. Schmidt*, in: Scholz/GmbHG, 11. Aufl., § 47 Rn. 59.

[152] OLG München, Beschl. v. 20.7.1998 – 23 W 1455/98 –, NZG 1999, 407, 407; OLG Düsseldorf, Urt. v. 18.05.2005 – I-15 U 202/04 –, NZG 2005, 633, 634.

[153] *v. Gerkan*, ZGR 1985, 167, 169 f.; *Drescher*, in: Spindler/Stilz, 4. Aufl., § 243 Rn. 250.

[154] *Drescher*, in: Spindler/Stilz, 4. Aufl., § 243 Rn. 250; *Schmidt*, in: Scholz/GmbHG, 11. Aufl., § 47 Rn. 59.

[155] *v. Gerkan*, ZGR 1985, 167, 174.

[156] Zur Erforderlichkeit der Interessenabwägung zur Bejahung des Verfügungsgrundes bei einer Regelungsverfügung vgl. *Brox/Walker*, Zwangsvollstreckungsrecht, 11. Aufl., Rn. 1592.

[157] *Schmitt*, ZIP 1992, 1212, 1215; *Liebscher/Alles*, ZIP 2015, 1, 3 (f.d. GmbH).

[158] *Lübbert*, Abstimmungsvereinbarungen in den Aktien- und GmbH-Rechten der EWG-Staaten, der Schweiz und Großbritanniens, S. 194; anders *Herricher*, MittRhNotK 1993, 269, 279.

der Hauptsache gestellt werden kann, ist hier nicht gegeben.[159] Der Grund liegt darin, dass die Stimmabgabe in der Hauptversammlung aufgrund ihrer gestaltenden Wirkung bedingungsfeindlich ist.[160] Dennoch kann wie bereits erörtert auch aus der faktischen Endgültigkeit einer einstweiligen Verfügung nicht eine kategorische Rechtsschutzversagung resultieren.[161]

bb) Rechtsgeschäftliche und treuepflichtgestützte Stimmrechtsbindung als Differenzierungskriterium

Die Annahme eines Verfügungsgrundes wird teilweise von der dogmatischen Grundlage der Stimmbindung abhängig gemacht. Auf der einen Seite stehe die Stimmrechtsbindung aufgrund einer schuldrechtlichen Vereinbarung und auf der anderen Seite stehe die sich aus der Treuepflicht der Gesellschafter ergebende Stimmrechtsbindung. Allein die auf vertraglicher Grundlage basierende Stimmrechtsbindung könne durch eine einstweilige Verfügung entscheidungsfähig erhalten werden.[162]

Die aufgeworfene Differenzierung nach der rechtlichen Qualität der Stimmrechtsbindung ist allerdings nicht zielführend.[163] Sie beruht auf der Annahme, dass die Autonomie der Willensbildung andernfalls unantastbar sei.[164] Das materielle Recht kennt allerdings neben der Selbstaufgabe der freien Stimmrechtsausübung im Wege der Stimmrechtsbindung auch anderweitige Ausnahmen von der vollen Willensbildungsautonomie. Hierzu zählt gerade die treuepflichtgestützte Stimmrechtsbindung. Hat der Verfügungskläger einen derartigen Anspruch gegenüber dem Verfügungsbeklagten inne,[165] ist für ihn die materiellrechtliche Grundlage nicht relevant. Entscheidend ist für ihn allein die Möglichkeit, sein Recht effektiv durchzusetzen.[166] Darüber hinaus kann man einem Interesse des Verfügungsklägers an der zeitnahen Regelung bei einer durch die Treuepflicht des Mitgesellschafters

---

[159] v. Gerkan, ZGR 1985, 167, 172 ff.; Schmitt, ZIP 1992, 1.212, 1215; bei einem Vorgehen gegenüber der Gesellschaft kann beispielsweise der Hauptversammlungsbeschluss zeitlich hinausgezögert werden vgl. S. 69.

[160] Durch die Stimmabgabe erhält der Aktionär die Möglichkeit das Beschlussergebnis mitzugestalten, vgl. Heider, in: MünchKomm/AktG, 4. Aufl., § 12 Rn. 6.

[161] Dazu bereits oben S. 82 ff.; OLG Köln, Urt. v. 07.12.1995 – 18 U 93/95 –, NJW-RR 1997, 59, 60.

[162] Starke Akzentuierung auf die vertragliche Stimmrechtsbindung bei Kiethe, DStR 1993, 609, 611.

[163] Den einstweiligen Rechtsschutz ablehnend für Stimmbindungen aus der Treuepflicht OLG Koblenz, Urt. v. 25.10.1990 – 6 U 238/90 –, DB 1990, 2413; bejahend für vertragliche Stimmrechtsbindungen OLG Koblenz, Urt. v. 27.02.1986 – 6 U 261/86 –, NJW 1986, 1692, 1693.

[164] Vgl. hierzu m.w.N. Kiethe, DStR 1993, 609, 610 f.

[165] Vgl. zu Ansprüchen aus Stimmbindungsverträgen, Tröger, in: KölnKomm/AktG, 3. Aufl. § 136 Rn. 106 ff.; Hirschmann, in: Hölters/AktG, 3. Aufl., § 133 Rn. 36 ff.

[166] Vgl. OLG Hamburg, Urt. v. 28.06.1991 – 11 U 65/91 –, GmbHR 1991, 467, 468.

konkretisierten Stimmbindung nicht entgegenhalten, dass bei dieser keine klar umrissene Pflichtenstellung existiere.[167] Es wird zwar oftmals der Fall sein, dass der Mitgesellschafter nicht den genauen Inhalt der treuepflichtgestützten Stimmrechtsbindung kennt und wegen der unterschiedlichen Interessenlage auch nicht erkennen würde.[168] Man wird hier vielmehr umgekehrt davon ausgehen müssen, dass das Interesse des Verfügungsklägers an der zeitnahen Regelung durch eine einstweilige Verfügung zunimmt, sofern der Verfügungsbeklagte seine Pflichtenbindung nicht kennt und mutmaßlich auch nicht anerkennen wird.

Eine Differenzierung nach der rechtlichen Qualität der Stimmbindung kann vielmehr bloß mittelbaren Einfluss auf die Annahme eines Verfügungsgrundes zugunsten des Verfügungsklägers haben. Was unter diesem mittelbaren Einfluss zu verstehen ist, wird im Folgenden aufgezeigt.

cc) Eintragungsbedürftigkeit als Differenzierungskriterium

Auch hinsichtlich des einstweiligen Rechtsschutzes bei der Einflussnahme auf ein künftiges Abstimmungsverhalten, ist zwischen nicht eintragungsbedürftigen Beschlüssen, die durch ihre Existenz vollendete Tatsachen schaffen und eintragungs-/vollziehungsbedürftigen Beschlüssen zu differenzieren. Denn bei eintragungs-/vollziehungsbedürftigen Beschlüssen stehen den Aktionären im Grundsatz die Anfechtungsklage und die diese flankierenden einstweiligen Rechtsbehelfe als mildere Mittel zur Seite. Hinsichtlich der nachfolgenden Anfechtbarkeit bei eintragungsbedürftigen Beschlüssen erhält nun auch die rechtliche Qualifizierung des Grundes der Stimmrechtsbindung die Möglichkeit, Einfluss auf den einstweiligen Rechtsschutz schon vor der Stimmabgabe zu erlangen.

Denn nicht so leicht beiseitegeschoben werden kann der Einwand, dass der Hauptversammlungsbeschluss, sofern gegen Stimmbindungen aus der Treuepflicht verstoßen wird, zwar der Anfechtung nach den §§ 243 ff. AktG unterliegt;[169] dies aber anders ist, wenn lediglich schuldrechtlich wirkende Stimmrechtsbindungen missachtet werden.[170] Denn die Stimmabgabe in der Hauptversammlung ist vollkommen unabhängig von der bloß relativen Bindung des Aktionärs.[171] Wie bereits gesehen, bedeutet die mögliche Anfechtbarkeit eines Hauptversammlungsbeschlusses aber nicht, dass einstweiliger Rechtsschutz in jedem Fall zu verweigern ist.[172] Dem Aktionär steht in diesen Fällen lediglich ein milderes Mittel zur Ver-

---

[167] So aber OLG Koblenz Urt. v. 25.10.1990 – 6 U 238/90 –, DB, 1990, 2413.

[168] So aber OLG Koblenz Urt. v. 25.10.1990 – 6 U 238/90 –, DB, 1990, 2413.

[169] OLG Koblenz, Urt. v. 25.10.1990 – 6 U 238/90 –, DB, 1990, 2413.

[170] *Koch*, in: Hüffer/Koch, 13. Aufl., § 243 Rn. 9.

[171] *Lieder*, in: MünchHdbGesR VII § 26 Rn. 55.

[172] Vergleiche hierzu auch S. 69 ff. (Einstweiliger Rechtsschutz gegen einen zu fassenden Hauptversammlungsbeschluss).

folgung seiner Interessen zur Verfügung.[173] Bei treuepflichtwidriger Stimmabgabe durch Mitaktionäre wird daher im Regelfall der Verfügungsgrund fehlen, wenn nicht ausnahmsweise bereits durch die bloße Fassung des Hauptversammlungsbeschlusses ein den Aktionär über Gebühr belastender Rechtsschein generiert werden würde.[174]

Damit bleibt das Folgende zu konstatieren: Bei der eher seltenen Annahme eines Verfügungsanspruches gegenüber einem Mitaktionär aufgrund einer durch die Treuepflicht ausgelösten Stimmrechtsbindung, steht dem Aktionär im Regelfall ein milderes Rechtsschutzinstrument zur Verfügung. Er kann den Hauptversammlungsbeschluss bei treuwidriger Stimmabgabe im Wege der nachträglichen Beschlussanfechtung angreifen.[175] Hierdurch fehlt es in einem einstweiligen Rechtsschutzverfahren vor der Stimmabgabe regelmäßig an einem Verfügungsgrund.[176] Dies hat insbesondere dann zu gelten, wenn zur Wirksamkeit des gefassten Beschlusses die Eintragung in das Handelsregister erforderlich ist.[177]

In den Fällen einer schuldrechtlichen Stimmrechtsbindung wird man im Rahmen der Überprüfung, ob mildere Mittel, also auch die nachträgliche Beschlussanfechtung, zur Verfügung stehen, die schwierige Rechtsdurchsetzung zugunsten des

---

[173] Unterliegt ein Aktionär einem aus der Treuepflicht resultierenden Stimmverbot und wird seine Stimme bei der Feststellung des Beschlussergebnisses mitgezählt, so stellt dies einen Verfahrensfehler dar, der bei Relevanz zu einer Anfechtung führen kann. Im Regelfall wird bei einem aus der Treuepflicht resultierenden Stimmverbot der Beschluss ohnehin einen inhaltlichen Mangel aufweisen, der auch ohne Überprüfung der Relevanz zu einer Anfechtbarkeit führt. vgl. hierzu m.w.N. *Hüffer/Schäfer*, in: MünchKomm/AktG, 4. Aufl., § 243 Rn. 41, zur Anfechtung wegen Treuepflichtverstößen a.a.O. Rn. 44.

[174] Hierunter sind Fälle zu verstehen, in denen bereits durch die bloße Existenz des Hauptversammlungsbeschlusses der Einflussverlust eines Aktionärs in der Gesellschaft nach außen hin geriert wird. So bspw. in dem OLG Koblenz, Urt. v. 25. 10. 1990 – 6 U 238/90 –, DB 1990, 2413 zugrundeliegenden Fall, in dem entgegen dem Gesellschaftsvertrag durch die Gesellschafterversammlung ein den Mitgesellschaftern nicht zusagender Aufsichtsratsvorsitzender gewählt werden sollte, vgl. auch *Schmitt*, ZIP 1992, 1212, 1213 f.

[175] Vgl. nur OLG Koblenz, Urt. v. 25. 10. 1990 – 6 U 238/90 –, DB, 1990, 2413.

[176] *Drescher*, in: Henssler/Strohn/GesR, 4. Aufl., § 246 AktG Rn. 53; insbesondere bei dem Verstoß gegen schuldrechtliche Stimmbindungen besteht für den Antragsteller die Gefahr, dass durch die Beschlussfassung endgültige Zustände geschaffen werden, da die Anfechtbarkeit eines Beschlusses aufgrund derartiger Verstöße mehr als nur fraglich erscheint; vgl. hierzu: Für die GmbH hat der BGH eine Anfechtung von Gesellschafterbeschlüssen aufgrund der Verletzung von Stimmbindungsverträgen für zulässig erachtet BGH, Urt. v. 20. 01. 1983 – II ZR 243/81 –, NJW 1983, 1910, 1911; BGH, Urt. v. 27. 10. 1987 – II ZR 240/85 –, NJW 1987, 1890, 1892 (f.d. GmbH); anders dagegen entscheidet die herrschende Literatur *Koch*, in: Hüffer/Koch, 13. Aufl., § 243 Rn. 10 (für AG); *Würthwein*, in: Spindler/Stilz, 3. Aufl., § 243 Rn. 74 ff. (für AG); *Hoffmann-Becking*, ZGR 1994, 442, 450; *M. Winter*, Mitgliedschaftliche Treubindungen, S. 51 f. *ders.*, ZHR 154 (1987), 259, 268 f.; jetzt anders für die AG *Drescher*, in: Spindler/Stilz, 4. Aufl., § 243 Rn. 57 ff.; vergleiche zur Anfechtbarkeit bei Stimmbindungen aufgrund einer Treuepflicht OLG Koblenz, Urt. v. 25. 10. 1990 – 6 U 238/90 –, DB 1990, 2413; *Koch*, in: Hüffer/Koch, 13. Aufl., § 243 Rn. 9 lässt die Anfechtung zu, wenn die Stimmbindung als Satzungsbestandteil korporationsrechtlichen Charakter hat.

[177] Als zweitwichtigste Fallgruppe sind sonstige vollziehungsbedürftige Hauptversammlungsbeschlüsse zu nennen.

Verfügungsklägers einpreisen müssen.[178] Die Anfechtungsklage steht dem Aktionär zwar auch in diesen Fällen offen, allerdings ist die Verletzung des konkreten Anspruches aus dem Stimmbindungsvertrag kein Anfechtungsgrund.[179]

Denn man wird sich richtigerweise gegen die Anfechtbarkeit eines Hauptversammlungsbeschlusses wegen Verstoßes gegen schuldrechtliche Bindungen in der Aktiengesellschaft aussprechen müssen. Es wird hier eben nur eine schuldrechtliche Bindung missachtet, die keinem die Anfechtbarkeit begründenden Satzungs- oder Gesetzesverstoß gleichgestellt ist.[180] Soll sie eine Gleichstellung erfahren, kann der Vereinbarung durch die Aufnahme in die Satzung korporationsrechtlicher Charakter zugewiesen werden.[181] Haben sich die Aktionäre nicht zu der Übernahme in die Satzung entschieden, ändert auch ein unter allen Aktionären abgeschlossener Stimmrechtsbindungsvertrag nichts an der fehlenden Anfechtbarkeit.[182] Denn auch hier verfängt der vorherige Gedanke noch stärker, insbesondere für die Gesamtheit der Aktionäre wäre die Übernahme in die Satzung ein leichtes gewesen. Nur bei einer Aufnahme in die Satzung ist es legitim, eine Anfechtungsmöglichkeit anzunehmen. Kehrseite dieser zutreffenden Annahme ist nun aber gleichsam eine Interessenverstärkung auf Seiten des einstweiligen Verfügungsklägers vor der Stimmabgabe. Man hat im Rahmen einer einstweiligen Verfügung gegen den Mitaktionär ebenfalls einzupreisen, dass die Untersagung der Stimmrechtsausübung mangels milderer nachträglich zur Verfügung stehender Rechtsschutzmaßnahmen dringender geboten erscheint.[183]

Im Gegensatz dazu ist es dem Aktionär bei treuwidrigen Abstimmungen in der Hauptversammlung unstreitig möglich, im Wege der einstweiligen Verfügung vorzugehen. Er kann dem Vorstand nach der Beschlussfassung untersagen lassen, die Eintragung in das Handelsregister zu betreiben, diese zurückzunehmen oder die Eintragung für unzulässig erklären lassen.[184] Diese Sicherung ist auch ausreichend,

---

[178] Eine Entscheidung des BGH zur Aktiengesellschaft steht soweit ersichtlich noch aus. Für die GmbH wurde die nachträgliche Anfechtbarkeit aufgrund schuldrechtlicher Verträge angenommen, sofern alle Mitgesellschafter gebunden waren; BGH, Urt. v. 27.10.1986 – II ZR 240/85 –, NJW 1987, 1890, 1892; oder die Bindung als eine solche der Gesellschaft selbst betrachtet werden musste; vgl. BGH, Urt. v. 20.01.1983 – II ZR 243/81 –, NJW 1983, 1910, 1911.

[179] *Hirschmann*, in: Hölters/AktG, 3. Aufl., § 133 Rn. 39; *Englisch*, in: Hölters/AktG, 3. Aufl., § 243 Rn. 49 ff.

[180] *Koch*, in: Hüffer/Koch, 13. Aufl., § 243 Rn. 9.

[181] So *Koch*, in: Hüffer/Koch, 13. Aufl., § 243 Rn. 10.

[182] *Würthwein*, in: Spindler/Stilz, 3. Aufl., § 243 Rn. 74 ff.; *Lieder*, in: MünchHdbGesR VII, 5. Aufl., § 26 Rn. 55; *Koch*, in: Hüffer/Koch, 13. Aufl., § 243 Rn. 10, § 23 Rn. 47; a.A. BGH, Urt. v. 20.01.1983. – II ZR 243/81 –, NJW 1983, 1910, 1911; BGH, Urt. v. 27.10.1987. – II ZR 240/85 –, NJW 1987, 1890, 1892 (f.d. GmbH); *Drescher*, in: Spindler/Stilz, 4. Aufl., § 243 Rn. 57 ff. (für die AG).

[183] Insgesamt eher kritisch *Drescher*, in: MünchKomm/ZPO, 5. Aufl., § 935 Rn. 46.

[184] Im Einzelnen zum einstweiligen Rechtsschutz gegen die Eintragung des Ermächtigungsbeschlusses vgl. S. 150 ff. m.w.N.

da der Registerrichter nach § 16 Abs. 2 HGB an die einstweilige Verfügung in der dritten Variante gebunden ist.[185] Einen Verfügungsgrund wird man aber allenfalls dann annehmen können, sofern dem Aktionär bereits mit der Beschlussfassung eine endgültige Beeinträchtigung droht.[186] Es ist daher zutreffend, wenn man die Einwirkung auf die Stimmabgabe von Mitaktionären als einen Unterfall der Einwirkung auf die Beschlussfassung der Hauptversammlung selbst ansieht.[187] In beiden Fällen haben daher vergleichbare Maßstäbe zu gelten.

IV. Zwischenergebnis und Einsatzmöglichkeiten im genehmigten Kapital

Einstweiliger Rechtsschutz ist im Recht der Aktiengesellschaften auch vor der Beschlussfassung grundsätzlich zuzulassen und wird nicht durch ein vermeintliches Verbot der Vorwegnahme der Hauptsache oder die Unantastbarkeit der Willensbildungsautonomie der Aktiengesellschaft ausgeschlossen. Gleichwohl gilt es, die autonome Willensbildung der Aktiengesellschaft zu achten. Ein angemessener Ausgleich kann anhand einer Abwägung der sich gegenüberstehenden Interessen vorgenommen werden, ebenso wie über das Erfordernis des geringstmöglichen Eingriffs.

Ein tauglicher Maßstab ist hier im Grundsatz die Differenzierung anhand der Eintragungsbedürftigkeit und Vollziehungsbedürftigkeit der Hauptversammlungsbeschlüsse. Einer ausufernden Einflussnahme auf den Willensbildungsprozess der Gesellschaft kann hierdurch vorgebeugt werden.

Einstweiliger Rechtsschutz zur Verhinderung der Beschlussfassung über die Schaffung eines genehmigten Kapitals als solchem, gleich ob mit direktem Bezugsrechtsausschluss, einer Ausschlussermächtigung oder ohne diese, wird nach den herausgearbeiteten Anforderungen im Regelfall nicht in Betracht kommen. Denn der Ermächtigungsbeschluss ist ohne Zweifel eintragungspflichtig, sodass effektiver Rechtsschutz durch vorläufigen Rechtsschutz gegen die Eintragung als milderes Mittel gewährt werden kann. Lediglich bei Vorliegen der Voraussetzungen des § 241 Nr. 1 AktG liegen die hinreichenden Voraussetzungen eines Verfügungsanspruches und eines Verfügungsgrundes bei offenkundiger Rechtslage vor, sodass der Aktionär auch gegen die Schaffung des genehmigten Kapitals einstweiligen Rechtsschutz geltend machen kann. In der Praxis werden derartige Fehler aber wohl eher selten eine Rolle spielen.

Relevanter wird die Einwirkung auf die Stimmabgabe eines Mitaktionärs durch eine einstweilige Verfügung bei der Schaffung eines genehmigten Kapitals. Eine

---

[185] OLG München, Urt. v. 13.9.2006 – 7 U 2912/06 –, NZG 2007, 152, 153 f.

[186] *Fischer*, in: MünchHdbGesR VII, 5. Aufl., § 19 Rn. 25; *Drescher*, in: MünchKomm/ZPO, 5. Aufl., § 935 Rn. 46.

[187] *Kort*, NZG 2007, 169, 170.

solche wird im Regelfall zur Durchsetzung der schuldrechtlichen Stimmbindungen zuzulassen sein, sofern die Tatsachen des Verfügungsanspruches glaubhaft gemacht worden sind. Der Verfügungsgrund wird in diesem Fall trotz der Eintragungsbedürftigkeit vorliegen. Denn für den Aktionär besteht keine nachträgliche Möglichkeit, einen allein aufgrund der pflichtwidrigen Stimmabgabe zustande gekommenen Beschluss mit den Mitteln der Beschlussanfechtung anzugreifen. Daher würde auch eine später ansetzende einstweilige Verfügung zur Verhinderung der Eintragung an einem Verfügungsanspruch gegenüber der Gesellschaft scheitern.

Bei einer Stimmbindung aufgrund der mitgliedschaftlichen Treuepflicht liegt im Zweifel der Verfügungsgrund wegen der Möglichkeit des nachgehenden Rechtsschutzes nicht vor. Darüber hinaus wird es bei fehlenden Vereinbarungen über die Stimmbindung, wie sie der schuldrechtlichen Stimmbindung vorausgehen muss, schwierig sein, die Tatsachen des Verfügungsanspruches glaubhaft zu machen.[188] Der einstweilige Rechtsschutz vor der Beschlussfassung der Hauptversammlung spielt im Rahmen des genehmigten Kapitals daher eine nur untergeordnete Rolle, insbesondere auch aufgrund der Erleichterung der materiellen Beschlusskontrolle bei direktem Bezugsrechtsausschluss durch die Siemens/Nold-Entscheidung des BGH.[189]

§ 2 Rechtsschutz gegen den Ermächtigungsbeschluss

Die Möglichkeit abschließenden Rechtsschutz gegen den Ermächtigungsbeschluss zu suchen, hat für den Aktionär nicht nur für den Zeitraum vor der Ausnutzung eines genehmigten Kapitals und der Eintragung der Durchführung Bedeutung, sondern auch darüber hinaus.[190] Im Folgenden wird der Fokus allerdings auf der Erhebung der aktienrechtlichen Beschlussmängelklagen gegen Ermächtigungsbeschlüsse nach den §§ 202 ff. AktG liegen. Der besondere Schwerpunkt wird hierbei auf die an den Ermächtigungsbeschluss zu stellenden inhaltlichen Anforderungen gelegt, da deren Ausformung die Effektivität der Beschlussmängelklage für den Rechtsschutz des Aktionärs bestimmt.

---

[188] Schwierigkeiten wird auch die anschließend vorzunehmende rechtliche Einordnung des Sachverhaltes aufgrund der doch noch immer nebulösen Treuepflicht bereiten.

[189] Auf die Einzelheiten der materiellen Anforderungen wird aufgrund der höheren Relevanz im Rahmen der aktienrechtlichen Nichtigkeits- und Anfechtungsklage dort eingegangen, vgl. S. 94 ff. Besonders virulente Fallgruppen werden einer gesonderten Untersuchung zugeführt, vgl. S. 96 ff.

[190] Vgl. zur Entstehung von Mitgliedschaftsrechten bei stattgebendem Urteil nach der Eintragung der Durchführung und zur Verhinderungseignung bei stattgebendem Urteil vor der Eintragung der Durchführung, S. 488 ff. Zur Beseitigung der Mitgliedschaftsrechte bei stattgebender Beschlussmängelklage nach Eintragung der Durchführung vgl. S. 512 ff.

A. Nichtigkeit des Ermächtigungsbeschlusses der Hauptversammlung

Da auch der Ermächtigungsbeschluss der Hauptversammlung zur Schaffung eines genehmigten Kapitals einen „normalen" Hauptversammlungsbeschluss darstellt, gelten für ihn die regulären aktienrechtlich vorgesehenen Nichtigkeitsgründe, § 241 AktG. Es ist daher darauf zu achten, dass bei der Einberufung sämtliche in § 241 Nr. 1 AktG aufgezählten Normen beachtet werden. Wurde der Ort der Hauptversammlung entgegen § 121 Abs. 3 S. 1 AktG nicht benannt oder hat jemand anderes als der Vorstand zur Versammlung eingeladen, ist der Ermächtigungsbeschlusses in jedem Fall nichtig.[191] Gleiches gilt bei fehlender Bekanntgabe der Einberufung in den Gesellschaftsblättern.[192]

Für das genehmigte Kapital sind insbesondere die folgenden zwingenden inhaltlichen Vorgaben zu beachten.

Es sind Bestimmungen über die zeitliche Geltung der Ermächtigung in den Grenzen des § 202 Abs. 1, Abs. 2 AktG in den Hauptversammlungsbeschluss aufzunehmen.[193] Ebenfalls ist es zwingend erforderlich, dass die Hauptversammlung den Umfang der Ermächtigung anhand der maximalen Grenze des § 203 Abs. 3 S. 1 AktG festlegt.[194] Fehlen diesbezügliche Angaben, ist der Ermächtigungsbeschluss gemäß § 241 Nr. 3 AktG wegen Verstoßes gegen zwingende gesetzliche

---

[191] Vgl. zur Möglichkeit des einstweiligen Rechtsschutzes, S. 150.

[192] Pflichtgesellschaftsblatt ist in jedem Fall der elektronische Bundesanzeiger, sowie die weiteren in der Satzung festgesetzten, vgl. § 25 AktG; *Pentz*, in: MünchKomm/AktG, 4. Aufl., § 25 Rn. 9.

[193] Umstritten ist die Frage welche Folgen es hat, sofern der Hauptversammlungsbeschluss keine oder einen über die zulässige Höchstgrenze hinausgehenden Zeitraum festsetzt und der Ermächtigungsbeschluss dennoch in das Handelsregister eingetragen wird. Für den Fall, dass *keine* Frist im Hauptversammlungsbeschluss angegeben worden ist, wird von der überwiegenden Literatur eine Heilung gemäß § 242 Abs. 2 AktG abgelehnt; *Lutter*, in: KölnKomm/AktG, 2. Aufl., § 202 Rn. 13; *Hirte*, in: GroßKomm/AktG, 4. Aufl., § 202 Rn. 134; *Veil*, in: K. Schmidt/Lutter, 3. Aufl., § 202 Rn. 17; *Koch*, in: Hüffer/Koch, 13. Aufl. § 202 Rn. 11; *Scholz*, in: MünchHdbGesR IV, 4. Aufl., § 59 Rn. 25; für die Geltung der dann zulässigen Höchstfrist von 5 Jahren *Godin/Wilhelmi*, 4. Aufl. 1971, § 202 Anm. 2; *Schilling*, in Groß-Komm/AktG, 3. Aufl. § 202 Anm. 8 i.V.m. 11; kritisch dagegen *Bayer*, in: MünchKomm/AktG, 4. Aufl., § 202 Rn. 58. Wurde die gesetzliche Höchstfrist allerdings überschritten, wird aufgrund des darin zum Ausdruck kommenden Willens der maximalen Ausnutzung des Zeitraums durch die Hauptversammlung eine Heilung entsprechend § 242 Abs. 2 AktG auf den zulässigen Höchstrahmen von fünf Jahren zugelassen; *Lutter*, in: KölnKomm/AktG, 2. Aufl., § 202 Rn. 13; *Hirte*, in: GroßKomm/AktG, 4. Aufl. § 202 Rn. 134; *Veil*, in: K. Schmidt/Lutter, 3. Aufl., § 202 Rn. 17; *Koch*, in: Hüffer/Koch, 13. Aufl. § 202 Rn. 11; *Scholz*, in: Münch-HdbGesR IV, 4. Aufl., § 59 Rn. 25; *Bayer*, in: MünchKomm/AktG, 4. Aufl., § 202 Rn. 59.

[194] Voraussetzung ist hier, dass ein konkret bezifferter Betrag angegeben wird. Fehlt eine konkrete Bezifferung oder wird die Grenze überschritten, so kommt eine Heilung nach § 242 Abs. 2 AktG nicht in Betracht. Der Ermächtigungsbeschluss ist in diesen Fällen zu unbestimmt; *Bayer*, in: MünchKomm/AktG, 4. Aufl.; § 202 Rn. 64.

Vorschriften nichtig.[195] Jeder über den Umfang der genannten Grenzen hinausgehende Ermächtigungsbeschluss würde gegen die zwingend vorgegebene aktienrechtliche Grundordnung verstoßen. Denn auch die Beschlussautonomie der Hauptversammlung ist durch diese Grundordnung als Rahmen gemäß § 23 Abs. 5 AktG zwingend umrissen.[196] In den vorgenannten Fällen steht dem Aktionär zur Durchsetzung seiner Rechtsposition die Nichtigkeitsklage nach § 249 AktG zur Verfügung.

Hiervon zu unterscheiden ist der Fall eines unwirksamen Beschlusses. Aufgrund der in § 202 Abs. 2 S. 4 AktG in Bezug genommenen Regelung des § 182 Abs. 2 AktG ist es erforderlich, dass bei der Existenz mehrerer Aktiengattungen ein Sonderbeschluss für jede einzelne Gattung gefasst werden muss. Solange ein Beschluss für eine Aktiengattung dem Hauptversammlungsschluss nicht zustimmt, ist dieser schwebend unwirksam und bei einer ablehnenden Beschlussfassung endgültig unwirksam.[197] In diesem Fall ist der Hauptversammlungsbeschluss nicht nichtig, sondern vielmehr nicht existent. Eine Heilung nach § 242 Abs. 2 AktG ist daher ausgeschlossen.[198] Hier steht dem Aktionär lediglich die allgemeine Feststellungsklage nach § 256 ZPO zur Verfügung,[199] da § 249 AktG einen existenten Hauptversammlungsbeschluss voraussetzt. Würde der Vorstand trotz eines nicht existenten Ermächtigungsbeschlusses tätig werden, stehen dem Aktionär die später noch dezidierter zu behandelnden Klagemöglichkeiten bei kompetenzwidrigem Vorstandshandeln zur Verfügung.[200]

---

[195] *Koch*, in: Hüffer/Koch, 13. Aufl., § 202 Rn. 11; *Bayer*, in: MünchKomm/AktG, 4. Aufl., § 202 Rn. 58; *Scholz*, in: MünchHdbGesR IV, 4. Aufl., § 59 Rn. 25.

[196] *Maslo*, Interessenwahrung und Rechtsschutz, S. 134.

[197] *Servatius*, in: Spindler/Stilz, 4. Aufl., § 182 Rn. 31.

[198] Umstritten ist in diesem Zusammenhang die Rechtsfolge, sofern der Registerrichter nach Ausnutzung der fehlenden Ermächtigung durch den Vorstand die Durchführung der Erhöhung aus genehmigtem Kapital gem. § 203 Abs. 1 i.V.m. § 189 AktG in das Handelsregister einträgt. In neuerer Zeit ist eine dahin gehende Tendenz zu erkennen, dass die mitgliedschaftlichen Rechte trotz der fehlenden Ermächtigung zunächst zur Entstehung gelangen und auf die Kapitalerhöhung die Grundsätze der fehlerhaften Gesellschaft Anwendung finden sollen; vgl. hierzu *Hirte*, in: GroßKomm/AktG, 4. Aufl., § 202 Rn. 247 f.; *Veil*, in: K. Schmidt/Lutter, 3. Aufl., § 202 Rn. 25; *Scholz*, in: MünchHdbGesR IV, 4. Aufl., § 59 Rn. 75. Dies hätte zur Folge, dass die Kapitalerhöhung als für die Vergangenheit wirksam betrachtet wird und eine Rückabwicklung lediglich mit ex nunc-Wirkung erfolgen könnte. Für besonders schwerwiegende Fälle, bei denen eine Rückabwicklung nahezu unmöglich ist, wird zudem eine Bestandskraft auch für die Zukunft gefordert, vgl. m.w.N. *Scholz*, in: MünchHdbGesR IV, 4. Aufl., § 57, 199 ff.; dezidierter hierzu vgl. S. 488 f.

[199] *Austmann*, in: MünchHdbGesR IV, 4. Aufl., § 42 Rn. 13.

[200] Vgl. S. 162 ff.

B. Anfechtbarkeit des Ermächtigungsbeschlusses der Hauptversammlung

Auf den Hauptversammlungsbeschluss, der das genehmigte Kapital unter Direktausschluss des Bezugsrechts, unter Ausschlussermächtigung oder zwingend mit Bezugsrecht schafft, sind die §§ 241 ff. AktG ohne Einschränkungen anwendbar. Es handelt sich hierbei um ihr originäres Anwendungsfeld.[201] § 255 Abs. 1 AktG erklärt die Anfechtungsklage zwar nur für eine Kapitalerhöhung gegen Einlage für anwendbar, womit lediglich der erste Unterabschnitt (§§ 182–191 AktG) überschrieben ist, doch handelt es sich beim genehmigten Kapital lediglich um eine weitere Sonderform der Kapitalerhöhung gegen Einlage.[202] Gegenüber der Erhebung einer Anfechtungsklage zur Beseitigung eines Ermächtigungsbeschlusses sind damit keine Einwände zu erheben. Der Aktionär hat hierzu Anfechtungsgründe vorzubringen, § 243 AktG. Nach hergebrachten Verständnis werden die Anfechtungsgründe in Verfahrensmängel und Inhaltsmängel untergliedert.[203] Dieser Aufteilung soll auch hier gefolgt werden.

In der Praxis hat der Weg über die Anfechtung des Ermächtigungsbeschlusses durch die Aktionäre zur Erlangung effektiven Rechtsschutzes seit der Siemens/Nold-Entscheidung des BGH erheblich an Bedeutung verloren. Auf diesen Bedeutungsverlust der Anfechtungsklage und die Tragbarkeit dieses Verlustes ist an dieser Stelle näher einzugehen, um später die Relevanz der Rechtsschutzmöglichkeiten gegen Verwaltungsentscheidungen genauer nachzeichnen zu können.

I. Verfahrensmängel

Der Ermächtigungsbeschluss kann unter Beachtung weniger Besonderheiten an den gleichen Mängeln leiden, an denen auch ein sonstiger Hauptversammlungsbeschluss leiden kann. Tritt der Mangel beim Zustandekommen des Beschlusses auf, spricht man von einem Verfahrensfehler.[204] Hier kann zwischen Einberufungsmängeln und Durchführungsmängeln differenziert werden.[205] Besondere Relevanz für

---

[201] Anders zu beurteilen ist dies bei der Anwendbarkeit der §§ 241 ff. AktG auf den Vorstandsbeschluss, vgl. S. 206 ff.

[202] *Schürnbrand*, in: MünchKomm/AktG, 4. Aufl., Vorb. §§ 182 ff. Rn. 5; *Schanz*, BKR 2002, 439, 444; *K. Schmidt*, in: GroßKomm/AktG, 4. Aufl., § 255 Rn. 3; *Zöllner*, in: Köln-Komm/AktG, 1. Aufl., § 255 Rn. 12; *Koch*, in: Hüffer/Koch, 13. Aufl., § 255 Rn. 1; *Hüffer/Schäfer*, in: MünchKomm/AktG, 4. Aufl., § 255 Rn. 4; andere Ansicht *Groß*, ZIP 2002, 160, 164, der im Ergebnis allerdings eine analoge Anwendbarkeit annimmt, sofern sich der Ermächtigungsbeschluss zum Ausgabebetrag äußert. Die Festlegung bloßer Kriterien, an die der Vorstand bei der Festsetzung des Ausgabepreises gebunden ist, soll nicht genügen.

[203] Vgl. nur *Drescher*, in: Spindler/Stilz, 4. Aufl., § 243 Rn. 61 ff. (Verfahrensverstöße), 152 ff. (Inhaltsverstöße).

[204] *Drescher*, in: Spindler/Stilz, 4. Aufl., § 243 Rn. 61.

[205] Zu Ersterem zählt die Einberufung an einen unzulässigen Versammlungsort, der fehlende Hinweis auf die gerichtliche Ermächtigung bei der Einberufung durch die Minderheit, die

einen Ermächtigungsbeschluss entfaltet eine Verletzung der Berichtpflicht gem. §§ 203 Abs. 1, 186 Abs. 4 S. 2 AktG, sofern dieser unter Bezugsrechtsausschluss oder Ausschlussermächtigung gefasst wird. Eine solche Verletzung stellt unabhängig vom Erfordernis der sachlichen Rechtfertigung einen Verfahrensmangel dar, der zur Anfechtbarkeit führt.[206] Aufgrund der Abhängigkeit des Berichtsinhalts von den materiellen Anforderungen werden die an den Vorstandsbericht gem. §§ 203 Abs. 1, 186 Abs. 4 S. 2 AktG gestellten Anforderungen hier noch nicht eingehend thematisiert. Dies wird im Anschluss an die Darstellung der sachlichen Anforderungen an den Ermächtigungsbeschluss unter Bezugsrechtsausschluss oder Ausschlussermächtigung erfolgen.[207] Relevant für den Aktionärsschutz ist auch die für den Vorstand gem. § 131 Abs. 1 S. AktG bestehenden Auskunftspflicht innerhalb der Hauptversammlung. Verletzt er diese, ist eine Anfechtbarkeit wegen eines Durchführungsmangels gegeben.[208]

II. Inhaltsmängel

Über die Prüfung von Verfahrensfehlern hinaus kann der Ermächtigungsbeschluss auch daraufhin überprüft werden, ob sein Inhalt mit dem Gesetz und der Satzung in Einklang steht.[209] Hierzu zählt die Wahrung des Verbots der willkürlichen Ungleichbehandlung.[210] Ebenso wie die Überprüfung auf eine Treuepflichtverlet-

---

Nichtwahrung der Einberufungsfrist, vgl. im Einzelnen zu diesen *Hüffer/Schäfer*, in: MünchKomm/AktG, 4. Aufl., § 243 Rn. 33 ff. Zu Zweitem zählen der unberechtigte Wortentzug, unberechtigte Versammlungsverweis, vgl. im Einzelnen zu diesen *Hüffer/Schäfer*, in: MünchKomm/AktG, 4. Aufl., § 243 Rn. 37.

[206] *Hirte*, Bezugsrechtsausschluß, S. 227 ff.

[207] Vgl. zur Berichtpflicht des Vorstandes nach § 186 Abs. 4 S. 2 AktG S. 136 ff.

[208] *Kubis*, in MünchKomm/AktG, 3. Aufl., § 131 Rn. 168. Früher wurde die Anfechtbarkeit bei Verfahrensverstößen nur angenommen, wenn ein solcher kausal für das Zustandekommen des Hauptversammlungsbeschlusses war, so früher BGHZ 14, 164, 267 f., (f.d. GmbH). Anknüpfend an die Vorarbeiten Zöllners ist nun die Relevanz maßgeblich, die ein Verfahrensverstoß für das Mitgliedschafts- oder Mitwirkungsrecht entfaltet; BGH, Urt. v. 12.11.2001 – II ZR 225/99 –, BGHZ, 149, 158, 164 f. = NJW 2002, 1128, 1129; BGH, Urt. v. 17.7.2003 – IX ZR 272/02 –, NJW 2003, 3561, 3562; BGH, Urt. v. 18.10.2004 – II ZR 250/02 –, NJW 2005, 828, 830; dazu vgl. *Zöllner/Noack*, in: Baumbach/Hueck, 21.Aufl., Anh. § 47 Rn. 126; *Zöllner*, in: KölnKomm/AktG, 1. Aufl., § 243 Rn. 83; *Goette*, ZGR 2008, 436, 438. Die Relevanz ist anhand einer normativ wertenden Betrachtung der verletzten Norm festzustellen; *Koch*, in: Hüffer/Koch, 13. Aufl., § 243 Rn. 13; *Hüffer/Schäfer*, in: MünchKomm/AktG, 4. Aufl., § 243 Rn. 31 f. Telos der Regelungen ist die rechtzeitige Information der Aktionäre zur effektiven Wahrnehmung ihrer Rechte in der Hauptversammlung, sodass jegliche Missachtung der Normen, die Informations- und Partizipationsinteressen der Mitglieder berühren, Relevanz entfaltet. Da das Bezugsrecht als mitgliedschaftliches Grundrecht die Aufrechterhaltung der Beteiligungsquote sichern soll und damit von höchster Bedeutung ist, kann dies z.B. für die fehlerhafte Berichterstattung schwerlich in Zweifel gezogen werden (§ 243 Abs. 4 S. 1 AktG).

[209] *Drescher*, in: Spindler/Stilz, 4. Aufl., § 243 Rn. 152.

[210] *Hüffer/Schäfer*, in: MünchKomm/AktG, 4. Aufl., § 243 Rn. 45; *Englisch*, in: Hölters/ AktG, 3. Aufl., § 243 Rn. 34 f.

zung durch die Mitgesellschafter,[211] die insbesondere als materielle Beschlusskontrolle eine besondere Ausprägung erfahren hat.[212] Gerade für die materielle Beschlusskontrolle bei einem Bezugsrechtsausschluss/einer Ausschlussermächtigung gelten insbesondere nach der Siemens/Nold-Entscheidung für den Ermächtigungsbeschluss einige Besonderheiten, die im Folgenden besonders herauszustellen sind. Vorweg geschickt werden kann allerdings der Hinweis, dass die Siemens/Nold-Rechtsprechung zumindest bei isolierter Betrachtung der Ermächtigungsebene zu einer Relativierung der materiellen Inhaltskontrolle geführt hat.[213]

III. Besonders virulente Fehlerkategorien

Für die vorliegende Ausarbeitung werden zwei der wohl relevantesten Fehlerkategorien, die die Anfechtbarkeit des Ermächtigungsbeschlusses zur Folge haben können, herausgestellt. Hierbei sind jeweils die an den Ermächtigungsbeschluss zu stellenden Anforderungen einer genaueren Untersuchung zu unterziehen. Dies ist zum einen für die Festsetzungspflicht eines angemessenen Ausgabebetrages bei einem Bezugsrechtsausschluss und für die Rechtmäßigkeitsvoraussetzungen bei einem Bezugsrechtsausschluss/einer Ausschlussermächtigung selbst vorzunehmen.

Die im Folgenden gewonnenen Erkenntnisse haben dabei allerdings nicht nur Einfluss auf die an den Ermächtigungsbeschluss gestellten Anforderungen. Sie geben ebenfalls Aufschluss über den Umfang der Ausnutzungsautonomie des Vorstandes, der als bloßes Entscheidungssubstitut an die Grenzen der Ermächtigungsautonomie der Hauptversammlung gebunden ist.[214] Die dortigen Ausführungen werden sich daher auf die nun folgenden Erkenntnisse beziehen und auf diesen aufbauen.

1. Unangemessener Ausgabebetrag als Anfechtungsgrund nach § 255 Abs. 2 AktG

Gemäß § 255 Abs. 2 AktG ist ein Hauptversammlungsbeschluss anfechtbar, sofern das Bezugsrecht der Aktionäre ausgeschlossen und der Ausgabebetrag oder Mindestbetrag unangemessen niedrig im Erhöhungsbeschluss festgesetzt worden ist.[215]

---

[211] *Englisch*, in: Hölters/AktG, 3. Aufl., § 243 Rn. 36 f.; *Hüffer/Schäfer*, in: MünchKomm/AktG, 4. Aufl., § 243 Rn. 44.

[212] *Englisch*, in: Hölters/AktG, 3. Aufl., § 243 Rn. 38 ff.; vgl. zur Grundlage der materiellen Beschlusskontrolle *Hüffer/Schäfer*, in: MünchKomm/AktG, 4. Aufl., § 243 Rn. 54; *Ekkenga*, in: KölnKomm/AktG, 3. Aufl., § 186 Rn. 68 ff.

[213] *Hüffer/Schäfer*, in: MünchKomm/AktG, 4. Aufl., § 243 Rn. 51.

[214] Vgl. zur abgeleiteten Kompetenz des Vorstandes S. 46 ff.

[215] Dazu, dass hierunter auch ein Ermächtigungsbeschluss nach den §§ 202 ff. AktG zu fassen ist, vgl. S. 94.

a) Festsetzungspflicht

Im Gegensatz zu der jetzt wohl herrschenden Meinung zu Kapitalerhöhungsbeschlüssen bei der regulären Kapitalerhöhung leidet ein Ermächtigungsbeschluss der Hauptversammlung nach den §§ 202 ff. AktG nicht an einem formellen Fehler, wenn er keine Angabe über die Höhe des Ausgabebetrages enthält.[216] Der zur regulären Kapitalerhöhung herrschende Streitstand über die Pflicht zur Festsetzung eines Ausgabebetrages lässt sich nicht auf das genehmigte Kapital übertragen. Denn § 204 Abs. 1 S. 1 AktG weist die Entscheidungsbefugnis über die Bedingungen der Aktienausgabe dem Vorstand zu und stellt dies lediglich unter den Vorbehalt einer Regelung in der Ermächtigung. Dies bedeutet, dass die Hauptversammlung berechtigt ist, einen Ausgabebetrag festzusetzen, ohne dass eine Pflicht existiert.[217]

b) Freiwillige Festsetzung eines Ausgabe-/Mindestbetrages

Setzt die Hauptversammlung allerdings einen Ausgabebetrag fest, muss dieser sich an den gesetzlichen Bestimmungen messen lassen. Sie hat damit das Verbot der Unterpariemission (§ 9 AktG) und die Voraussetzungen des § 8 Abs. 2, 3 S. 3 AktG zu beachten.

Wird das Bezugsrecht durch die Hauptversammlung ausgeschlossen oder wird der Vorstand zum Ausschluss des Bezugsrechts ermächtigt, hat die Hauptversammlung darüber hinaus die Grenzen des § 255 Abs. 2 AktG einzuhalten.[218] Eine Festsetzungspflicht ist allerdings auch in diesem Fall nicht anzunehmen. Benennt die Hauptversammlung trotz fehlender Verpflichtung einen Ausgabebetrag, ist § 255 Abs. 2 AktG aber entsprechend zu beachten.[219]

Benennt die Hauptversammlung lediglich einen Mindestbetrag, sei auch dieser nach teilweise angenommener Auffassung an § 255 Abs. 2 AktG entsprechend zu

---

[216] Für das genehmigte Kapital BGH, Urt. v. 23.06.1997 – II ZR 132/93 –, BGHZ 136, 133, 141 = NJW 1997, 2815, 2817 (Siemens/Nold); für die Anfechtbarkeit bei der regulären Kapitalerhöhung, *Ekkenga*, in: KölnKomm/AktG, 3. Aufl., § 182 Rn. 48; dagegen *Schürnbrand*, in: MünchKomm/AktG, 4. Aufl., § 182 Rn. 61, der im Schweigen der Hauptversammlung eine Ermächtigung an die Verwaltung zur Ausgabe für den *„höchsten am Markt erreichbaren Kurs"* (Herv. im Original) plädiert, a.a.O. Rn. 60.

[217] *Koch*, in: Hüffer/Koch, 13. Aufl., § 202 Rn. 16; *Hefermehl/Bungeroth*, in: Geßler/Hefermehl, § 202 Rn. 18; Rn. 16; KG, Urt. v. 31.06.1996 – 23 U 3989/92 –, AG 1996, 421, 423.

[218] Für die Beachtungspflicht durch die Hauptversammlung analog § 255 Abs. 2 AktG, *K. Schmidt*, in: GroßKomm/AktG, 4. Aufl., § 255 Abs. 2 AktG Rn. 4; für die Beachtungspflicht durch den Vorstand analog § 255 Abs. 2 AktG BGH, Urt. v. 23.06.1997 – II ZR 132/93 –, BGHZ 136, 133, 141 = NJW 1997, 2815, 2817 (Siemens/Nold).

[219] *Koch*, in: MünchKomm/AktG, 4. Aufl., § 255 Rn. 14, 19; *Stilz*, in: Spindler/Stilz, 4. Aufl., § 255 Rn. 10 i.V.m. Rn. 6; *Heidel*, in: Heidel, Aktien- und Kapitalmarktrecht, 4. Aufl., § 255 Rn. 21 i.V.m. 9.

messen.[220] Für den Ermächtigungsbeschluss zur Einräumung eines genehmigten Kapitals sind trotz des Wortlautes von § 255 Abs. 2 AktG Zweifel angebracht.

Das genehmigte Kapital wird dem Vorstand auch bei Angabe eines Mindestbetrages gerade nicht kurzfristig eingeräumt, um einen möglichst hohen Ausgabebetrag zu erzielen.[221] Das genehmigte Kapital ist entsprechend der gesetzten Ausnutzungsfrist generell langfristig angelegt. Anders liegt es, wenn bei der regulären Kapitalerhöhung nur ein Mindestbetrag festgesetzt wird. Hierdurch wird dem Vorstand nach § 182 Abs. 3 AktG kurzfristig ein möglichst großer Entscheidungsspielraum eingeräumt, durch den ein maximaler Ausgabebetrag erzielt werden kann.[222] Die Hauptversammlung unterliegt bei der regulären Kapitalerhöhung gerade einer Festsetzungspflicht.[223] § 204 Abs. 1 AktG dahingegen bringt zum Ausdruck, dass der Entscheidungsspielraum des Vorstandes bei der Festlegung des Ausgabebetrages de lege lata grundsätzlich mit dem der Hauptversammlung übereinstimmt, sofern diese keine besonderen Bedingungen vorgibt.

Man wird daher in der Angabe eines Mindestbetrages im Ermächtigungsbeschluss durch die Hauptversammlung lediglich eine nach unten hin gerichtete Beschränkung der Festsetzungsfreiheit des Vorstandes sehen können. Denn originär ist die Hauptversammlung für das genehmigte Kapital gerade nicht zur Festsetzung eines Mindestbetrages verpflichtet, der die Verwässerungsgefahr bei Festsetzungen durch den Vorstand von sich aus beschränkt. Eine der regulären Kapitalerhöhung vergleichbare Verwässerungsgefahr ist bei einem im Ermächtigungsbeschluss festgesetzten Mindestbetrag gerade noch nicht in hinreichendem Maß gegeben. Denn die tatsächliche Festsetzung des Ausgabebetrages kann Jahre in der Zukunft liegen. Der festgesetzte Mindestbetrag kann bei entsprechender Wertentwicklung sowohl einen unangemessen niedrigen Ausgabebetrag darstellen wie auch einen faktischen Bezugsrechtsausschluss begründen.[224] Dies ist bei der regulären Kapitalerhöhung anders und auch mit Blick auf die materielle Präklusionsfrist des § 246 Abs. 1 AktG gerechtfertigt. Denn würde der Vorstand nach Ablauf der materiellen Präklusionsfrist

---

[220] *Koch*, in: MünchKomm/AktG, 4. Aufl., § 255 Rn. 14, 19; *Stilz*, in: Spindler/Stilz, 4. Aufl., § 255 Rn. 10 i.V.m. Rn. 6; *Heidel*, in: Heidel, Aktien- und Kapitalmarktrecht, 4. Aufl., § 255 Rn. 21 i.V.m. 9.

[221] Die hiermit einhergehende Verwässerungsgefahr sieht die h.M. vgl. nur *Koch*, in: MünchKomm/AktG, 4. Aufl., § 255 Rn. 19, als Grundlage der Anfechtbarkeit.

[222] Zu diesem Erfordernis: *Ekkenga*, in: KölnKomm/AktG, 3. Aufl., § 182 Rn. 43 (vermutete Verhaltensanweisung an den Vorstand zur Erlösmaximierung); *Koch*, in: Hüffer/Koch, 13. Aufl., § 255 Rn. 17; *Koch*, in: MünchKomm/AktG, 4. Aufl., § 255 Rn. 15; *Heidel*, in: Heidel, Aktien- und Kapitalmarktrecht, 4. Aufl., § 255 Rn. 19; *Stilz*, in: Spindler/Stilz, 4. Aufl., § 255 Rn. 8; *Cahn*, ZHR 163 (1999), 554, 582 f.

[223] Würde man bei der regulären Kapitalerhöhung eine Anfechtbarkeit wegen eines unangemessenen Mindestbetrages nicht zulassen, könnte der Vorstand mit abwarten der Festlegung des Ausgabebetrages bis zum Ablauf der Frist nach § 246 Abs. 1 AktG die Anfechtungsmöglichkeiten leerlaufen lassen.

[224] Vgl. zum faktischen Bezugsrechtsausschluss *Schürnbrand*, in: MünchKomm/AktG, 4. Aufl., § 186 Rn. 144; *Kuntz/Stegemann*, ZIP 2016, 2341, 2347 f.

den Ausgabebetrag entsprechend dem festgesetzten unangemessen niedrigen Mindestbetrag festlegen, würde der Aktionär seiner Rechtsschutzmöglichkeiten beraubt. Demgegenüber steht dem Aktionär gegen die Festsetzung eines unangemessen niedrigen Ausgabebetrages bei einer Ausnutzungsentscheidung ein gesondertes Rechtsschutzrepertoire zur Verfügung.[225] Erst zum Zeitpunkt der Festsetzungsentscheidung des Vorstandes kann die Angemessenheit nach § 255 Abs. 2 AktG beurteilt werden.[226] Zudem ist eine weitere Kontrolle über die Zustimmungspflicht des Aufsichtsrates gem. § 203 Abs. 1 S. 2, 1. Hs. AktG als konstitutives Wirksamkeitserfordernis vorhanden.

Dem Vorstand wird beim genehmigten Kapital durch die Nennung eines Mindestbetrages im Ermächtigungsbeschluss gerade kein unangemessener Ermessensspielraum eröffnet,[227] den er andernfalls überhaupt nicht inne hätte. Es wird vielmehr der sonst de lege lata bestehende Freiraum nach unten hin begrenzt. Mangels Steigerung der Verwässerungsgefahr bei einem langfristig angelegten genehmigten Kapital ist § 255 Abs. 2 AktG nicht einschlägig, wenn ein Mindestbetrag unterhalb des angemessenen Ausgabebetrages genannt wird. Die unterschiedliche Behandlung des Ermächtigungsbeschlusses im Verhältnis zum regulären Kapitalerhöhungsbeschluss rechtfertigt sich aus der dargelegten Organisationsstruktur des genehmigten Kapitals. Eine Anfechtbarkeit entsprechend § 255 Abs. 2 AktG kommt daher nur bei Angabe eines den Vorstand bei der Ausnutzungsentscheidung bindenden Ausgabebetrages in Betracht.[228]

Nicht hinreichend geklärt ist die Frage, an welchem Ausgangswert ein unangemessen niedriger Ausgabebetrag zu messen ist. Überwiegend wurde und wird bis dato eine Orientierung an dem tatsächlichen „inneren" Wert des Unternehmens vertreten.[229] Dies wird mit dem Ziel begründet, dass § 255 Abs. 2 AktG die Aktionäre bei einem Bezugsrechtsausschluss vor einer zusätzlichen vermögensmäßigen Verwässerung ihres Anteilswertes schützen soll.[230] Daher werden bei der Wertbe-

---

[225] Vgl. zur fehlerhaften Festsetzung eines Ausgabebetrages als Beispielsfall der Aktionärsklage S. 340 ff.

[226] Vgl. zum maßgeblichen Zeitpunkt der Überprüfung der Angemessenheit insbesondere in Zusammenhang mit einem Greenshoe S. 343 ff.; *Meyer*, WM 2002, 1106, 1112; *Groß*, ZIP 2002, 160, 162 f.

[227] Dies gerade für die reguläre Kapitalerhöhung kritisierend *Koch*, in: MünchKomm/AktG, 4. Aufl., § 255 Rn. 19.

[228] A.A. auch für Angabe eines Mindestbetrages, *Kiefner/Seibel*, AG 2016, 301, 304; *K. Schmidt*, in: GroßKomm/AktG, 4. Aufl., § 255 Abs. 2 AktG Rn. 4; *Göz*, in: Bürgers/Körber, 4. Aufl., § 255 Rn. 7.

[229] Die verwendete Terminologie wird in der Literatur nicht immer einheitlich gesehen. Teilweise wird auf den wirklichen, objektiven, vollen oder wahren Wert des Unternehmens abgestellt; *Ekkenga*, Gesellschaftsrecht in der Diskussion 2000, S. 77, 90; *Paefgen*, AG 1999, 67, 69; *Zöllner*, ZGR 1986, 288, 303; *Sinewe*, NZG 2002, 314, 315; *Hirte*, WM 1997, 1001, 1004; *K. Schmidt*, in: GroßKomm/AktG, 4. Aufl., § 255 Rn. 12; *Koch*, in: MünchKomm/AktG, 4. Aufl., § 255 Rn. 17; *Stilz*, in: Spindler/Stilz, 4. Aufl., § 255 Rn. 19.

[230] *Koch*, in: MünchKomm/AktG, 4. Aufl., § 255 Rn. 17, 2.

rechnung sowohl der innere Wert des Unternehmens als auch die stillen Reserven berücksichtigt.[231] Sofern daher in der vorliegenden Arbeit vom inneren Wert gesprochen wird, ist hierunter die Bewertung des Unternehmens unter Einbeziehung sämtlicher stiller Reserven und des inneren Unternehmenswertes zu verstehen. Betriebswirtschaftlich stehen für die Bewertung des Unternehmens diverse Bewertungsverfahren zur Verfügung, wobei überwiegend das Ertragswertverfahren und das Discounted Cash Flow-Verfahren zur Anwendung kommen.[232] Der BGH hatte erstmals im Rahmen einer Entscheidung über die Barabfindung nach der Umwandlung einer Aktiengesellschaft in eine GmbH auf den vollen Unternehmenswert abgestellt.[233] Der Börsenkurs wurde in diesem Zusammenhang gerade nicht als maßgebend betrachtet.[234] Gleiches hat der BGH in seinem Kali+Salz-Urteil wiederholt.[235] Doch haben sich auch entgegengesetzte Stimmen herausgebildet.[236] Die Problematik welcher Wert als Ausgangsbasis zur Bemessung eines unangemessen niedrigen Ausgabebetrages zugrunde zu legen ist, stellt sich in diesem Zusammenhang naturgemäß allein bei einer Börsennotierung der Aktiengesellschaft. Die Behandlung der Frage ist hier von Relevanz, da die Hauptversammlung bei Fassung des Ermächtigungsbeschlusses unter Angabe eines Ausgabebetrages an die Vorgaben des § 255 Abs. 2 AktG gebunden ist.[237]

aa) Verfassungsrechtliche Vorgaben?

Bevor auf eine teleologische Untersuchung hinsichtlich des maßgeblichen Bewertungsmaßstabes für § 255 Abs. 2 AktG eingegangen wird, ist nach vermeintlichen verfassungsrechtlichen Vorgaben zu fragen. Ihre Berechtigung erfahren diese Ausführungen aufgrund der mittelbaren Drittwirkung der Grundrechte.[238] Das Bundesverfassungsgericht hat in seiner Feldmühle-Entscheidung zwar grundsätzlich zugelassen, dass die Vermögensinteressen der Minderheitsgesellschafter im Sinne

---

[231] OLG Frankfurt, Urt. v. 01.07.1998 – 21 U 166/97 –, AG 1999, 231, 232; *Koch*, in: MünchKomm/AktG, 4. Aufl., § 255 Rn. 17.

[232] Zum nach IDW anerkannten Ertragswertverfahren *Peemöller/Kunowski*, in: Peemöller, Hdb. der Unternehmensbewertung, 6. Aufl., 277 ff.; zum Discounted Cash Flow-Verfahren *Baetge/Niemeyer/Kümmel/Schulz*, in: Peemöller, Hdb. der Unternehmensbewertung, 6. Aufl., S. 353 ff.

[233] BGH, Urt. v. 30.03.1967 – II ZR 141/64 –, NJW 1967, 1464.

[234] BGH, Urt. v. 30.03.1967 – II ZR 141/64 –, NJW 1967, 1464.

[235] BGH, Urt. v. 13.03.1978 – II ZR 142/76 –, BGHZ 71, 40, 51.

[236] Mit unterschiedlichen Ausprägungen, auf die sogleich einzugehen ist, *Rodewald*, BB 2004, 613, 616; *Stamatopoulos*, Pflichtstellung des Vorstandes, S. 189; *Johannsen-Roth/Goslar* AG 2007, 573, 578.

[237] Ebenso ist dies für den Fortgang der Arbeit von Relevanz, da auch der Vorstand nach hiesiger Ansicht bei Ausnutzung eines genehmigten Kapitals ex Bezugsrecht an die Vorgabe des § 255 Abs. 2 AktG gebunden ist. Hierzu vgl. S. 340 ff.

[238] BVerfG, Urt. v. 22.11.1958 – 1 BvR 400/51 –, BVerfGE 7, 198 Tz. 24 ff.

des Unternehmensinteresses in Grenzen zurückgestellt werden können.[239] Diese Entscheidung ist allerdings nicht unbesehen übertragbar. Es ging dort der Sache nach um ein Zwangsausscheiden von Aktionären, was das Bundesverfassungsgericht lediglich insoweit zuließ, als dass eine „volle Entschädigung" der Aktionäre gegeben sei.[240] Eine Ableitung dahin gehend, welcher Bewertungsmaßstab verfassungsrechtlich vorgegeben ist oder ob ein solcher überhaupt verfassungsrechtlich vorgegeben sein kann, ist dem Urteil nicht zu entnehmen.

Auch das DAT/Altana-Urteil lässt keine genaue Beurteilung zu. Insbesondere, da die Entscheidung nicht zu § 255 Abs. 2 AktG, sondern zu § 305 AktG und damit in einem Konzernsachverhalt ergangen ist.[241] Dort wurde festgestellt, dass die von Art. 14 GG geforderte Entschädigung in „voller Höhe"[242] niemals zu einer Entschädigung unter dem Verkehrswert führen dürfe. Bei börsennotierten Gesellschaften würde dieser Verkehrswert regelmäßig mit dem Börsenwert übereinstimmen.[243] Der Verkehrswert könne also gerade nicht ohne vollkommene Außerachtlassung des Börsenwertes bestimmt werden. Das Bundesverfassungsgericht ist allerdings auch hier nicht sonderlich klar in seinen Ausführungen. Es verlangt zum einen eine Entschädigung zum „wahren Wert" der Aktien und zum anderen eine solche nicht unter dem Verkehrswert,[244] welcher aber wiederum nicht ohne Rücksicht auf dem Börsenkurs festgestellt werden kann. Der Börsenkurs solle dabei regelmäßig die Untergrenze der Barabfindung darstellen, wobei auch eine Unterschreitung des Börsenkurses wiederum nicht gänzlich ausgeschlossen wird, sofern der Verkehrswert durch diesen nicht repräsentiert werde.[245] Hierdurch könne der Doppelstruktur des grundrechtlich geschützten Aktieneigentums Rechnung getragen werden, da der Aktionär nicht nur einen Ausgleich für den Verlust der Mitgliedschaftsrechte erhalten müsse, sondern auch für die zum Stichtag mögliche Desinvestitionsentscheidung.[246]

---

[239] BVerfG, Urt. v. 07.08.1962 – 1 BvL 16/60 –, BVerfGE 14, 263 Tz. 62 = NJW 1962, 1667, 1668.

[240] BVerfG, Urt. v. 07.08.1962 – 1 BvL 16/60 –, BVerfGE 14, 263 Tz. 68 = NJW 1962, 1667, 1669.

[241] BVerfG, Beschl. v. 27.04.1999 – 1 BvR 1613/94 –, BVerfGE 100, 289 Tz. 46 ff.

[242] Das Bundesverfassungsgericht nutzt zwar diese Terminologie, versteht hierunter allerdings nicht ein bestimmtes Bewertungskonzept, vgl. *Hüttemann*, ZGR 2001, 454, 456.

[243] BVerfG, Beschl. v. 27.04.1999 – 1 BvR 1613/94 –, BVerfGE 100, 289 Leitsatz 3c.

[244] BVerfG, Beschl. v. 27.04.1999 – 1 BvR 1613/94 –, BVerfGE 100, 289 Tz. 66; vgl. zur Terminologie Fn. 242.

[245] BVerfG, Beschl. v. 27.04.1999 – 1 BvR 1613/94 –, BVerfGE 100, 289 Tz. 66; dies kommt nur dann in Betracht, wenn einzelne Aktionäre vollkommen unmöglich gewesen wäre, ihre Beteiligung an der Börse zu veräußern, da keine ausreichende Marktbewegung vorhanden ist; BVerfG, Beschl. v. 27.04.1999 – 1 BvR 1613/94 –, BVerfGE 100, 289, 309. Teilweise wird dies nur für die DAX 100 Unternehmen bejaht, da nur hier ein hinreichend liquider Markt gegeben sei; vgl. *Wilm*, NZG 2000, 234, 238; *Aha*, AG 1997, 26, 28.

[246] BVerfG, Beschl. v. 27.04.1999 – 1 BvR 1613/94 –, BVerfGE 100, 289, 305 Tz. 56.

Der Börsenkurs sei daher lediglich die Untergrenze der Barabfindung, die nur einer unwesentlichen Unterschreitung zugänglich ist, um eine Marktplatzierung zu gewährleisten.[247] Diese Offenheit ist zu begrüßen, da das Bundesverfassungsgericht nicht als Superrevisionsinstanz die Auslegung zivilrechtlicher Normen übernehmen sollte, wie es selbst mehrfach bestätigte.[248] Ziel ist lediglich die Garantie verfassungsrechtlicher Grundstandards, sodass eine bestimmte Bewertungsmethode nicht verfassungsrechtlich vorgezeichnet ist.[249] Daher wird nun der maßgebliche Bemessungsmaßstab untersucht.

bb) Börsenwert als Einflussfaktor?

Problematisch an einer am Börsenwert orientierten Ansicht ist, dass der Markt meistens keinerlei Einblicke in den Umfang der stillen Reserven oder den tatsächlichen inneren Unternehmenswertes hat. Der Börsenwert unterliegt Schwankungen, welche dazu führen können, dass er entweder höher oder niedriger als der tatsächliche Unternehmenswert ausfällt. Natürlich kann auch eine Deckung des inneren Wert der Aktie gegeben sein. Das Problem ist allerdings die weitgehend undurchsichtige Preisbildung, die der BGH zutreffend auf das Verhältnis von Angebot und Nachfrage zurückführt. Diese sind wiederum „von der Größe oder Enge des Marktes, von zufallsbedingten Umsätzen, von spekulativen Einflüssen und sonstigen nicht wertbezogenen Faktoren wie politischen Ereignissen, Gerüchten, Informationen, psychologischen Momenten oder einer allgemeinen Tendenz [...]"[250] abhängig. Die überwiegende Literatur hat sich in die gleiche Richtung entwickelt und hält den „inneren Wert" der Aktien für den maßgeblichen Bewertungsmaßstab.[251]

In der Literatur haben sich dennoch diverse davon abweichende Ansichten entwickelt. Darüber hinaus wird dem Börsenkurs innerhalb dieser Ansichten eine unterschiedliche Relevanz zugesprochen. Teilweise wird von der alleinigen Relevanz des Börsenkurses als Bewertungsmaßstab im Rahmen des § 255 Abs. 2 AktG ausgegangen, teilweise soll der Börsenkurs lediglich eine widerlegbare Vermutung für die Angemessenheit aufstellen.[252]

---

[247] *Stamatopoulos*, Pflichtenstellung des Vorstandes, S. 187 ff. möchte die verfassungsrechtlichen Wertungen auf § 255 Abs. 2 AktG übertragen.

[248] Vgl. bereits BVerfG, Urt. v. 15.01.1958 – 1 BvR 400/51 –, BVerfGE 7, 198, 207.

[249] *Hüttemann*, ZGR 2001, 454, 458.

[250] BGH, Urt. v. 30.3.1967 – II ZR 141/64 –, NJW 1967, 1464; dieser ebs. für diesen Absatz.

[251] *Bungert*, NJW 1998, 488, 491; *Hirte*, WM 1997, 1001, 1004; *Koch*, in: MünchKomm/AktG, 4. Aufl., § 255 Rn. 17, 24; *Mülbert*, Aktiengesellschaft, 2. Aufl., S. 262 ff.

[252] Für alleinige Relevanz *Rodewald*, BB 2004, 613, 616; *Stamatopoulos*, Pflichtenstellung des Vorstandes, S. 189 ff.; für widerlegbare Vermutung *Johannsen-Roth/Goslar* AG 2007, 573, 578; dem Börsenkurs indizielle Bedeutung für die Angemessenheit beimessend OLG Koblenz, Urt. v. 16.5.2002 – 6 U 211/01 –, NZG 2003, 182, 184 = AG 2003, 453, 455, die aber als Ausgangsprämisse den „wahren Wert" betonen.

§ 255 Abs. 2 AktG gibt seinem Wortlaut nach zwar keinen Anhaltspunkt dafür, welcher Wert zugrunde zu legen ist. Anhand seines Sinns und Zwecks kann allerdings allein der „innere Wert" der Aktien maßgeblich sein. Die teilweise erhobenen Einwände gegen die Unternehmensbewertung, die prognostische Elemente beinhalte und damit ungenau sei, können nicht überzeugen.[253] Sie vernachlässigen die Tatsache, dass auch der Börsenpreis rein spekulative Elemente beinhaltet.[254] § 255 Abs. 2 zielt darauf ab, die Verwässerung des Vermögenswertes der Aktionäre einzudämmen, sofern die Voraussetzungen eines Bezugsrechtsausschlusses vorliegen. Hier kann auch nicht darauf verwiesen werden, dass der Aktionär bei einem geringeren Börsenkurs als dem inneren Wert selber nicht zur wirtschaftlichen Umsetzung in der Lage ist.[255] Es kann beim Schutz des Anteils allein um den Anteil in seiner vorliegenden Form gehen.[256]

Teilweise wird § 186 Abs. 3 S. 4 AktG bemüht, der ein allgemeines Prinzip zum Ausdruck bringe. Der Börsenkurs sei als spezieller Wertbemessungsmaßstab ausreichend, um einen hinreichenden Verwässerungsschutz zu gewährleisten.[257] Diese Norm entbindet allerdings bloß vom Erfordernis der sachlichen Rechtfertigung,[258] indem eine gesetzlich vorgeprägte Interessenabwägung zugrunde gelegt wird. § 255 Abs. 2 AktG knüpft allerdings einen Gedanken später an und setzt einen zulässigen Bezugsrechtsausschluss voraus. Es geht gerade um die Minimierung der zusätzlich eintretenden Vermögensverwässerung.[259] Selbst eine Orientierung an § 186 Abs. 3 S. 4 AktG unter bestehender Möglichkeit des Zukaufs am Aktienmarkt reicht nicht aus, um eine Ausgabe zum Börsenpreis oder jedenfalls nicht wesentlicher Unterschreitung desselben zu legitimieren.[260] Würden sämtliche Aktionäre diese Möglichkeit in Anspruch nehmen wollen, wäre dies auf dem freien Markt zu den gleichen

---

[253] So aber *Stamatopoulos*, Pflichtstellung des Vorstandes, S. 181 f.

[254] So die zutreffende Bewertung des BGH „zufallsbedingten Umsätzen, von spekulativen Einflüssen und sonstigen nicht wertbezogenen Faktoren wie politischen Ereignissen, Gerüchten, Informationen, psychologischen Momenten oder einer allgemeinen Tendenz abhängt.", Urt. v. 30.3.1967 – II ZR 141/64 –, NJW 1967, 1464; a.A. *Stamatopoulos*, Pflichtstellung des Vorstandes, S. 181 f.

[255] Vgl. hierzu noch die Ausführungen und Nachweise auf den folgenden Seiten.

[256] Hier liegt eine Parallele zu dem schadensrechtlichen Gedanken nahe, dass man den Geschädigten in der Konstitution zu akzeptieren hat, in der man ihn vorfindet.

[257] So *Stamatopoulos*, Pflichtstellung des Vorstandes, S. 190 ff.; *Martens*, in: FS Bezzenberger, 2000, S. 267, 277 f.

[258] In § 186 Abs. 3 S. 4 AktG eine gesetzgeberische Anerkennung des Sachgrunderfordernisses erblickend: *Wiedemann*, in: GroßKomm/AktG, 4. Aufl., § 186 Rn. 149; *Liebert*, Der Bezugsrechtsausschluss 2003, S. 84 f.; *Schumann*, Bezugsrecht, S. 204. Andere gehen von einer bloßen ad-hoc-Reaktion des Gesetzgebers aus: *Röhricht*, ZGR 1999, 445, 472 f.; *Henze*, ZHR 167 (2003), 1, 4 ff.; *Mülbert*, Aktiengesellschaft 2. Aufl., S. 320.

[259] *Koch*, in: MünchKomm/AktG, 4. Aufl., § 255 Rn. 21; *ders.*, in: Hüffer/Koch, 13. Aufl. § 255 Rn. 9; *Heidel*, in: Heidel, Aktien- und Kapitalmarktrecht, 4. Aufl., § 255 Rn. 13; OLG München, Urt. v. 01.06.2006 – 23 U 5917/05 –, NJW-RR 2006, 1473, 1477.

[260] *Schwab*, in: K. Schmidt/Lutter, 3. Aufl., § 255 Rn. 4.

Kursen nur schwerlich möglich.[261] Man muss vielmehr die gesetzgeberische Entscheidung akzeptieren. Der Gesetzgeber geht davon aus, dass lediglich bei Barkapitalerhöhungen um bis zu 10 % des bisherigen Grundkapitals von einer vernachlässigbaren Vermögensverwässerung ausgegangen werden kann, die gerade noch über den eigenständigen Zukauf über die Börse ausgeglichen werden könne. Nur nach diesen Vorgaben ist der Börsenkurs ein tauglicher Anknüpfungspunkt für die Bemessung eines angemessenen Ausgabebetrages, der dann auch gegenüber § 255 Abs. 2 AktG als lex specialis anzusehen ist.[262] Neben einem Verweis auf § 186 Abs. 3 S. 4 AktG wurde auch die Wertung des § 71 Abs. 1 Nr. 8 S. 4 AktG genannt, die für die Maßgeblichkeit des Börsenkurses spreche.

cc) Übertragbarkeit der Wertungen des § 71 Abs. 1 Nr. 8 S. 4 AktG?

Auf diesen Gedanken verweist *Rodewald*, der eine Anknüpfung an den inneren Wert für nicht überzeugend hält. Denn der Vorstand könne statt der Ausnutzung des genehmigten Kapitals eigene Aktien im Sinne des § 71 Abs.1 Nr. 8 AktG einsetzen, die er ebenfalls lediglich zum Börsenkurs erworben hat.[263]

Diese Sichtweise wiederum kann nicht überzeugen, da der Vorstand zum Erwerb der eigenen Aktien freies Kapital der Gesellschaft eingesetzt hat und dieses nun lediglich durch das Halten der eigenen Anteile gebunden ist. Es ist zwar zutreffend, dass die Veräußerung zum Börsenpreis über die Börse grundsätzlich nach § 71 Abs. 1 Nr. 8 S. 4 AktG möglich ist. Dies allein stellt aber kein Argument gegen die Relevanz des „inneren Anteilswertes" im Rahmen des § 255 Abs. 2 AktG dar. Es wird vielmehr verkannt, dass die Situation zwischen einer Kapitalerhöhung und der Veräußerung eigener Aktien nicht gänzlich kongruent ist.

Hinsichtlich der Beteiligungsquote findet eine Verwässerung bei der Veräußerung eigener Aktien lediglich zulasten der Aktionäre statt, welche die Aktien nach dem Erwerb der eigenen Anteile durch die Aktiengesellschaft erworben haben.[264] Diese haben ihre Investitionsentscheidung allerdings dahin gehend getroffen, dass sie von vornherein mit der Gefahr der Quotenverwässerung belastete Aktien erworben haben.[265] Ihnen konnte zumindest bewusst sein, dass sich diese Gefahr durch die Veräußerung der eigenen Aktien realisieren kann. Auch bezüglich des inneren Vermögenswertes wird lediglich der Zustand hergestellt, der vor dem Erwerb der eigenen

---

[261] *Schwab*, in: K. Schmidt/Lutter, 3. Aufl., § 255 Rn. 4.

[262] *Schüppen*, in: Handbuch der kleinen AG, 5. Aufl., Rn. 7.216; *Kiefner/Seibel*, AG 2016, 301, 309; für teleologische Reduktion *Seibt*, CFl 2011, 74, 80 f.; *Hirte*, in: GroßKomm/AktG, 4. Aufl., § 203 Rn. 97; *Schlitt/Schäfer*, AG 2005, 67, 72; dogmatische Grundlage offenlassend *Ekkenga*, in: KölnKomm/AktG, 3. Aufl., § 186 Rn. 163; a.A. *Koch*, in: MünchKomm/AktG, 4. Aufl., § 255 Rn. 21; *Koch*, in: Hüffer/Koch, 13. Aufl., § 255 Rn. 9; *Servatius*, in: Spindler/Stilz, 4. Aufl., § 186 Rn. 61.

[263] *Rodewald*, BB 2004, 613, 615.

[264] *Cahn*, in: Spindler/Stilz, 4. Aufl., § 71 Rn. 132; *Habersack*, ZIP 2004, 1121, 1124.

[265] *Broichhausen*, Zusammengesetzte Finanzierungsinstrumente der Aktiengesellschaft, 2010, S. 149 f.; *ders.*, NZG 2012, 86, 88.

Anteile durch die Aktiengesellschaft bestand. Eine Vermögensverwässerung der Anteile der Aktionäre kommt auch hier nur insoweit in Betracht, als dass die Anteile nach dem Erwerb der eigenen Aktien durch die Gesellschaft erworben worden sind. Denn zuvor ist sämtlichen Anteilen der durch den Erwerb der eigenen Aktien freigewordene Vermögenswert automatisch angewachsen. Eine darüberhinausgehende Verwässerung kann lediglich dann eintreten, wenn der Unternehmenswert bei der Veräußerung der eigenen Anteile höher war als zum Zeitpunkt ihres Erwerbs. Allein die Verwässerung dieser Differenz kann als durch die Veräußerung zum Börsenpreis als ausgeglichen angesehen werden. Durch die gem. § 40 Abs. 1 S. 2 WpHG bestehenden Veröffentlichungspflicht bei Überschreiten oder Unterschreiten der dort genannten Schwellenwerte, wird den (potentiellen) Aktionären auch eine hinreichende Informationsgrundlage zur Verfügung stehen. Sämtliche Erwerber können nach dem Erwerb der eigenen Aktien die Verwässerungsgefahr erkennen. Damit geht es hier um eine gänzlich andere Situation des vermögensmäßigen Verwässerungsschutzes als er § 255 Abs. 2 AktG vorschwebt. Hier werden ganz neue Anteile geschaffen, die Dritten zugeteilt werden und einen Teil der prozentualen Beteiligungsquote eines Altaktionärs in sich aufnehmen. Dies wird im Folgenden verdeutlicht.

(1) Risikostrukturorientiertes Vergleichsbeispiel

Als Ausgangsprämisse des folgenden Beispiels ist zugrunde zu legen, dass der innere Unternehmenswert in jedem Fall höher liegt als der kapitalisierte Börsenwert des Unternehmens. Für dieses Beispiel sind die Kursschwankungen an der Börse, die nach dem Erwerb der eigenen Aktien durch die Aktiengesellschaft auftreten nicht relevant. Dies beruht auf der Annahme, dass die Kursschwankungen in jedem Fall sämtliche Aktionäre treffen. Und zwar unabhängig davon, ob die Aktiengesellschaft eigene Aktien hält oder nicht. Auch im Fall der Existenz eines genehmigten Kapitals sind die Aktionäre den Kursschwankungen ausgesetzt. Sie können daher für diesen Fall außer Betracht bleiben und es wird sofern nicht anders gesagt von *stabilen Kursen zum Nennwert* ausgegangen.

Das Problem des durch *Rodewald* gezogenen Vergleichs beruht wie gesehen auf der Missachtung der verschiedenen Schutzstrukturen. Im Rahmen der Kapitalerhöhung aus genehmigen Kapital findet für die Altaktionäre eine wesentlich stärkere Verwässerung statt, als im Fall der Veräußerung eigener Aktien. Mit Altaktionären sind hier diejenigen gemeint, die bereits vor der Schaffung des genehmigten Kapitals oder der eigenen Aktien in der Aktiengesellschaft investiert waren.

(2) Risikostruktur bei der Veräußerung eigener Aktien

Ausgangsfall zur Erörterung der Risikostruktur: Es existiert eine AG mit einem wahren Unternehmenswert von 1 Mio. € à 100k Anteile, die wiederum einen inneren Wert von 10 € aufweisen. Der Nennwert beträgt 1 € pro Aktie. Dieses Unternehmen erwirbt rechtmäßig eigene Anteile in Höhe von 10 % zum Börsenkurs.[266]

---

[266] Börsenkurs = Nennwert, sofern nicht anders benannt.

Betrachtet man zunächst die durch jede Aktie repräsentierte Beteiligungsquote, ergibt sich folgendes Bild:

Hinsichtlich der Beteiligungsquote sind allein die zwischen Rückerwerb und Wiederveräußerung der eigenen Anteile an Nichtaktionäre erwerbenden Aktionäre beeinträchtigt. Repräsentierte vor dem Erwerb der eigenen Aktien durch die AG jede Aktie 0,001 % am Gesamtunternehmen, waren es nach dem Erwerb 0,0011 %. Wurde sodann eine Aktie erworben und die eigenen Anteile abgestoßen, sinkt der Beteiligungswert wieder auf 0,001 %. Für die Altaktionäre ist damit der status quo ante wiederhergestellt worden, allein die nachträglich erwerbenden Aktionäre werden in Höhe von 0,0001 % beeinträchtigt.[267]

Auch hinsichtlich des in der Aktie enthaltenen inneren Anteilswertes und der Partizipation an der Wertsteigerung des Unternehmens ergibt sich kein anderes Bild. Bei gehaltenen eigenen Anteilen und steigendem Unternehmenswert stellt sich die Situation für die Altaktionäre folgendermaßen dar. Werden eigene Aktien im Umfang von 10 % des Grundkapitals erworben, steigt der innere Wert der Anteile der Aktionäre auf 11 € pro Anteil (Anteile am Markt 90k)[268]. Bei unverändertem inneren Wert des Unternehmens und Veräußerung der Aktien zu stabilen Kursen über die Börse „fällt" der innere Wert der Aktie lediglich auf das Ausgangsniveau von 10 €. Sinkt der Börsenkurs und werden die eigenen Anteile veräußert, sinkt aufgrund der Absenkung des freien Aktivvermögens notgedrungen auch der innere Wert leicht (negativer Tauscherfolg: Schritt 1: Bar zu Aktie/Schritt 2: Aktie zu Bar).[269] Dieses Risiko ist allerdings jeder Transaktion am Kapitalmarkt immanent.

Steigt nach dem Erwerb der eigenen Anteile der wahre Unternehmenswert auf 1.99 Mio. € an, so steigt bei 90k marktgängigen Anteilen der innere Wert auf 20,1 €.[270] Bei Veräußerung sämtlicher eigener Anteile über die Börse zu entsprechend gestiegenen Kursen (2 €) beträgt der innere Wert der Aktien weiterhin 20,1 €.[271] Hierbei ist für die Preissteigerungsrate zu bedenken, dass die Steigerung um 0,1 € einen reinen über den steigenden Börsenkurs generierten Spekulationsgewinn darstellt.[272]

---

[267] Vgl. dazu *Cahn*, in: Spindler/Stilz, 4. Aufl., § 71 Rn. 132; *Broichhausen*, NZG 2012, 86, 88.

[268] Berechnung: 990k € (1 Mio. € – 10k € Anschaffungsaufwand)/90k Anteile = 11 €. Die eigenen Anteile sind zudem von dem gezeichneten Kapital gem. § 272 Abs. 1 a HGB abzuziehen und in einer vorgezogenen Spalte auszuweisen.

[269] Diese Gefahr wird jedoch zumindest teilweise dadurch relativiert, dass allein die Ankündigung der Aktienrückkäufe abnormale Renditen verursacht, wie in mehreren Studien nachgewiesen wurde; vgl. *Bayer/Hoffmann/Weinmann*, ZGR 2007, 457 et passim m.w.N. (vgl. zur Außerachtlassung oben).

[270] Berechnung 1.99 Mio. €/90k Anteile = 20,1 €.

[271] Berechnung: 2.01 Mio. € (1,99 Mio. € + 20k € Erlös)/100k Anteile.

[272] Dadurch, dass auch die eigenen Aktien 10k eigenen Aktien zu einem nun höheren Börsenwert veräußert werden können (2 € statt 1 €), steigt auch der Wert des Unternehmens.

Sämtliche Altaktionäre partizipieren also zu 100 % an der Wertsteigerung des Unternehmens. Sie erleiden keinen prozentualen Verlust im Verhältnis zum Zeitpunkt vor dem Erwerb der eigenen Aktien des Unternehmens (innere Wert vorher 10/ nachher 20,1). Auch hier gilt wieder die Relativierung sinkender Kurse durch die reguläre Entstehung abnormaler Renditen (s. o.).

Nur diejenigen Aktionäre, die die Anteile kurz nach dem Erwerb der eigenen Anteile durch die AG zu einem inneren Wert von 11 € erworben haben, werden bei einer Veräußerung beeinträchtigt. Sie erleiden eine Verwässerung hinsichtlich der vermögensmäßigen Beteiligung, die sich allerdings nur auf die prozentuale Wertsteigerung des inneren Wertes bezieht (von 11 € auf 20,1 €). Dieser Verlust würde allerdings in maximaler Höhe nur eintreten, sofern über die Veräußerung an der Börse keinerlei Einnahmen/Gegenleistungen generiert werden würden, die die ursprünglich von der AG gehaltenen eigenen Anteile wertmäßig abdecken. Dieses Szenario ist nahezu undenkbar und würde auf eine Verschleuderung der eigenen Anteile hinauslaufen.[273]

Damit zeigt sich, dass bei einer Steigerung des wahren Unternehmenswertes von 1 Mio. € auf 1.99 Mio. € seit dem Zeitpunkt des Erwerbs bei entsprechend gestiegenem Börsenkurs (2 €), die nachträglich erwerbenden Aktionäre lediglich eine leichte Verwässerung hinsichtlich des Wertsteigerungsanteiles hinnehmen müssten (innerer Wert dann 20,1 €).[274] Die Altaktionäre hingegen stehen weitgehend so dar, wie sie ohne den Erwerb der eigenen Aktien dagestanden hätten. Die Entwicklung ohne eigene Aktien wäre:

Mangels Einsatz von 10k € Barmitteln zum Erwerb der eigenen Anteile betrüge der gestiegene Unternehmenswert unvermittelt 2 Mio. € aufgeteilt auf 100k Anteile, was einem inneren Wert von 20 € entsprochen hätte. Sie hätten damit einen prozentualen Gewinn von 100 % vorzuweisen. Die Wertentwicklung des inneren Wertes würde für beide Konstellationen 20 € betragen.[275] Diesen haben sie auch im Fall des Erwerbs der eigenen Aktien (s. o.). Damit haben lediglich die Neuaktionäre eine prozentual geringere Wertsteigerung (innerer Wert 11 € auf 20 € = 81,81 %) vorzuweisen.

(3) Vergleich mit der Risikostruktur bei einer effektiven Kapitalerhöhung

Wird hingegen das Kapital der Aktiengesellschaft um 10 % erhöht und beträgt der Börsenkurs und Ausgabekurs 1 € und der inneren Wert beträgt (2 Mio. € à 100.000 zu 20 €), findet eine Verwässerung auch für die Altaktionäre statt.

---

[273] Die Gesellschaft hätte in diesem theoretischen Fall das Stadium der Insolvenzreife wohl bereits weit überschritten.

[274] Berechnung 2. Mio. € (urspr. innerer Wert (1.99 Mio. €) + erlangter Erlös 20k €)/100k Aktien.

[275] Für beide, da die 0,1 € Wertsteigerung einen reinen über den steigenden Börsenkurs generierte Spekulationsgewinn darstellt, der für die Vergleichbarkeit der Risikostruktur außer Betracht bleiben kann.

Dies jedoch nicht nur hinsichtlich eines geringeren Aktivtausches (s. o.) über die Börse, sondern insbesondere aufgrund der prozentualen Verlagerung der Beteiligung. Der innere Wert beträgt dann 18,27 €.[276] Hieran zeigt sich, dass eine Kapitalerhöhung auch für diejenigen, die die Anteile nach Schaffung eines genehmigten Kapitals, aber vor Ausnutzung desselben erworben haben hinsichtlich der Vermögensverwässerung schwerer wiegen.

Zudem repräsentiert eine Aktie nach der Kapitalerhöhung nicht mehr 0,001 % des Unternehmens, sondern lediglich 0,0009 %.

Nach dem Gesagten kann man die beiden Risikostrukturen der Veräußerung eigener Anteile und des genehmigten Kapitals nicht miteinander vergleichen. Da § 255 Abs. 2 AktG sämtliche Aktionäre und damit auch die Altaktionäre vor der Verwässerung ihres Vermögens schützen möchte, muss es auf den wirklichen inneren Wert ankommen und ein Vergleich mit § 71 Abs. 1 Nr. 8 AktG ist nicht zulässig. Der dort zugelassenen Veräußerung über die Börse steht nämlich nicht eine solche Vermögens- und Beteiligungsverwässerung gegenüber, wie sie bei einer bezugsrechtsfreien Kapitalerhöhung auftreten kann.

Zudem ist auch dem Erwerb eigener Aktien eine prozentuale Grenze gesetzt, denn die Aktiengesellschaft darf de lege lata auch nur so viele eigene Aktien halten, dass 10 % des Grundkapitals nicht überschritten werden. Hier greift daher auch der bei § 186 Abs. 3 S. 4 AktG angeführte Gedanke ein, dass allein bei einem solch begrenzten Volumen ein eigenständiger Ausgleichskauf der Aktionäre über die Börse möglich erscheint.

dd) Ergebnis

Daher muss der „innere Wert" der Aktie ausschlaggebend sein. Man kann sich allerdings nicht gänzlich den Marktrealitäten verschließen. Der Vorstand hat bei § 255 Abs. 2 AktG eine auf angemessenen Informationen basierende sachkundige Schätzung vorzunehmen.[277] Der Börsenkurs kann deswegen allein als Schätzungsgrundlage für den inneren Wert der Anteile herangezogen werden, sofern er nach sachkundiger Einschätzung den inneren Wert repräsentieren kann.[278] Es ist aber weiterhin erforderlich, dass der Aktionär die Möglichkeit erhält, die Unangemessenheit des endgültig festgelegten Ausgabepreises durch eine Unternehmensbewertung (Ertragswertmethode/Discounted Cash-Flow) nachzuweisen.[279] Andernfalls würde der Börsenkurs nicht nur eine Untergrenze darstellen, sondern gleich-

---

[276] Berechnung: 2.010.000 €/110.000 = 18,27 €.

[277] *Koch*, in: MünchKomm/AktG, 4. Aufl., § 255 Rn. 25, 17.

[278] So auch *Stilz*, in: Spindler/Stilz, 4. Aufl., § 255 Rn. 24.

[279] Anders *Stilz*, in: Spindler/Stilz, 4. Aufl., § 255 Rn. 22; wie hier *Koch*, in: MünchKomm/AktG, 4. Aufl., § 255 Rn. 23 f.

zeitig auch die Obergrenze.[280] Ein Abstellen auf den unter Umständen höheren inneren Unternehmenswert brächte keine Vorteile, da er nicht kontrollierbar wäre. Es ist vielmehr die Aktie als solche und der Zweck der Regelung, die den Aktionär vor einer weitergehenden beeinträchtigenden Vermögensverwässerung schützen möchten, zu betrachten. Das Eigentumsrecht des Aktionärs würde bei der Ausgabe der Aktie zum Börsenkurs verletzt, sofern ihr innerer Wert über dem Börsenkurs liegt.[281] Die Tatsache, dass der Aktionär den inneren Wert der Aktie derzeit am Markt nicht umsetzen kann, führt zu keiner anderen Beurteilung.[282]

Setzt die Hauptversammlung daher einen Ausgabebetrag fest, der den inneren Wert der Aktien nicht bloß in einem angemessenen Maß unterschreitet,[283] ist bereits der Ermächtigungsbeschluss anfechtbar.

c) Anwendbarkeit von § 255 Abs. 2 AktG trotz fehlender Betragsfestsetzung?

In der Literatur ist nahezu einhellig anerkannt, dass ein Kapitalerhöhungsbeschluss einer Anfechtung nach § 255 Abs. 2 AktG nicht unterliegen kann, wenn er sich zu dem Ausgabebetrag nicht äußert.[284] Teilweise wurde allerdings angenommen, dass § 255 Abs. 2 AktG auch einen Ermächtigungsbeschluss erfasst, in dem kein expliziter Ausgabebetrag oder Mindestbetrag festgesetzt worden ist. Dies sei anzunehmen, wenn von vornherein klar sei, dass die Ausgabe zu einem angemessenen Ausgabepreis unmöglich sei.[285] Dies hat soweit ersichtlich erstmals das KG Berlin in einem Urteil aus dem Jahre 2002 angenommen.[286] Dort ging es um die Schaffung eines genehmigten Kapitals zur Befriedigung einer dem Emissionskonsortium eingeräumten Greenshoe-Option.[287] Nach der damaligen Ansicht des KG Berlin sei die Befriedigung einer Greenshoe-Option nicht über ein genehmigtes Kapital durchführbar. Denn dieses würde offensichtlich nur ausgenutzt, sofern der Emissi-

---

[280] Ob der Börsenkurs als immanente Untergrenze auch für § 255 Abs. 2 AktG zwingende Geltung beansprucht, muss hier zunächst dahingestellt bleiben. Vgl. hierzu die Ausführungen hinsichtlich der Ausnutzung eines genehmigten Kapitals zur Bedienung eines Umtauschangebotes nach dem WpÜG S. 346.

[281] *Koch*, in: MünchKomm/AktG, 4. Aufl., § 255 Rn. 24.

[282] So *Stilz*, in: Spindler/Stilz, 4. Aufl., § 255 Rn. 23; *Cahn*, ZHR 163 (1999), 554, 584; *Schwab*, in: K. Schmidt/Lutter, 3. Aufl., § 255 Rn. 4; *Martens*, in: FS Bezzenberger, 2000, S. 267, 286; vgl. auch *Ekkenga*, AG 1994, 59, 65.

[283] Zum Begriff der Angemessenheit vgl. nur *Koch*, in: MünchKomm/AktG, 4. Aufl., § 255 Rn. 17 m.w.N.

[284] *Koch*, in: MünchKomm/AktG, 4. Aufl., § 255 Rn. 10; *Stilz*, in: Spindler/Stilz, 4. Aufl., § 255 Rn. 6.

[285] So noch KG, Urt. v. 22.8.2001 – 23 U 6712/99 –, BKR 2002, 464 ff.; dem wohl folgend *Heidel*, in: Heidel, Aktien- und Kapitalmarktrecht, 4. Aufl., § 255 Rn. 15 i.V.m. Fn. 1; aufgegeben durch KG, Urt. v. 16.11.2006 – 23 U 55/03 –, NZG 2008, 29 ff.

[286] KG, Urt. v. 22.8.2001 – 23 U 6712/99 –, BKR 2002, 464, 465.

[287] KG, Urt. v. 22.8.2001 – 23 U 6712/99 –, BKR 2002, 464 ff.

onspreis weit unter dem aktuellen Börsenkurs liege.[288] Diese Sichtweise hätte starke Auswirkungen auf das anerkannte und häufig zur Preisfindung durchgeführte Bookbuilding-Verfahren.[289] Denn im Rahmen dieses Verfahrens werden häufig zum Zwecke der Kursstabilisierung Mehrzuteilungsoptionen eingeräumt (Greenshoe). Die Emissionsbank darf hierbei mehr Aktien zuteilen, als die Haupttranche wirklich zur Verfügung stellt. Hierdurch wird das Volumen der Emission flexibler ausgestaltet, wobei die Emissionsbank das Befriedigungsrisiko trägt.[290] Um dieses Risiko der Mehrzuteilung abzusichern und die Ansprüche zu bedienen, leiht sich die Emissionsbank Aktien am Kapitalmarkt. Um anschließend die Aktienleihe befriedigen zu können, wird der Emissionsbank durch die Aktiengesellschaft eine Greenshoe-Optionen eingeräumt. Diese wiederum wird im Regelfall aus genehmigtem Kapital erfüllt. Die Emissionsbank kann sie entweder ausnutzen oder selbst über die Börse zukaufen.[291] Die Ausnutzung eines genehmigten Kapitals ist gerade dann angebracht, wenn der Ausgabepreis unter dem Börsenkurs liegt und der Zukauf über die Börse daher zu teuer würde. Für die Praxis wäre der Greenshoe unter der genannten Prämisse der Anfechtbarkeit des Ermächtigungsbeschlusses trotz fehlenden Ausgabebetrages unbrauchbar.

Einer solch ausufernden Anwendung des § 255 Abs. 2 AktG widerspricht bereits der klare Gesetzeswortlaut. Mangels Festsetzung eines Ausgabebetrages *im* Ermächtigungsbeschluss kann es von Beginn an nur um eine analoge Anwendbarkeit der Vorschrift gehen.[292] Dies gilt gerade dann, wenn der Ermächtigungsbeschluss selbst lediglich eine Ausschlussermächtigung zugunsten des Vorstandes anstatt eines Direktausschlusses enthält. Denn in diesem Fall erfüllt der Ermächtigungsbeschluss schon nicht die Eingangsvoraussetzung des § 255 Abs. 2 AktG, nämlich den sicheren Bezugsrechtsausschluss.[293] Für eine Analogie ist nach der gesetzlich beschränkten Konzeption allerdings keinerlei Spielraum. Dies auch nicht unter dem Blickwinkel des vermögensmäßigen Verwässerungsschutzes, wie ihn das Kammergericht vor Augen hatte.[294] Dieser wird auf der Ebene der Vorstandsentscheidung durch die Bindung des Vorstandes an § 255 Abs. 2 AktG gewährleistet.[295] Erst auf dieser Ebene ist auch zu überprüfen, ob der Ausgabebetrag von neu emittierten Aktien einen angemessenen im Sinne des § 255 Abs. 2 darstellt.[296] Eine andere

---

[288] KG, Urt. v. 22.8.2001 – 23 U 6712/99 –, BKR 2002, 464, 467.

[289] Dies bewusst in Kauf nehmend KG, Urteil vom 22.8.2001 – 23 U 6712/99 –, BKR 2002, 464, 467.

[290] Vgl. zu diesem Ablauf *Dautel*, DStR 2000, 891 ff.

[291] Vgl. zu diesem Ablauf *Dautel*, DStR 2000, 891 ff.

[292] BGH, Beschl. v. 21.7.2008 – II ZR 1/07 –, DStR 2009, 1213, 1213 f.

[293] *Koch*, in: MünchKomm/AktG, 4. Aufl., § 255 Rn. 9; *Groß*, ZIP 2002, 160, 164.

[294] KG, Urt. v. 22.8.2001 – 23 U 6712/99 –, BKR 2002, 464, 466.

[295] BGH, Beschl. v. 21.7.2008 – II ZR 1/07 –, DStR 2009, 1213, 1214.

[296] Vgl. zum Bestimmungszeitpunkt eines angemessenen Ausgabebetrages bei der Erfüllung einer Greenshoe-Option S. 343 ff. Der Ausgabebetrag des Greenshoe ist allerdings meist kongruent mit dem Ausgabebetrag der Haupttranche, sofern eine zeitgleiche Festsetzung er-

Ausgestaltung würde die Ermächtigungskompetenz der Hauptversammlung, die nach dem gesetzlichen Leitbild des § 204 Abs. 1 S. 1 AktG auch die Bestimmung des Ausgabebetrages erfasst, konterkarieren.[297] Wenn es dem Aktionär um den Bezugsrechtsausschluss als solchen geht, so bleibt es ihm unbenommen diesen zum Gegenstand einer Anfechtungsklage zu machen.[298]

Eine Anfechtung des Ermächtigungsbeschlusses wegen eines unangemessenen Ausgabebetrages kommt daher in der Regel nicht in Betracht. Denn die Praxis ist überwiegend dazu übergegangen, die Entscheidung über den Ausgabebetrag vollständig auf den Vorstand zu verlagern.[299]

2. Fehlerhafter Bezugsrechtsausschluss als Anfechtungsgrund

Neben der Festsetzung eines angemessenen Ausgabebetrages ist die Ermächtigungsautonomie der Hauptversammlung insbesondere durch die an die Rechtmäßigkeit eines Bezugsrechtsausschlusses/einer Ausschlussermächtigung zu stellenden formellen und materiellen Anforderungen beschränkt. Je großzügiger der Bewegungsfreiraum für die Hauptversammlung ist, desto geringer fällt die Möglichkeit der Rechtmäßigkeitskontrolle aus.[300] Allerdings findet sich bis dato hinsichtlich der Anforderungen, die an einen Ermächtigungsbeschluss unter Bezugsrechtsausschluss oder Ausschlussermächtigung zu stellen sind, noch keine durchgehende einheitliche Linie in Literatur und Rechtsprechung. Dies beansprucht insbesondere für die materiellen Anforderungen Geltung, wobei auch hinsichtlich der zu wahrenden formellen Voraussetzungen Diskrepanzen bestehen. Zunächst werden hier die materiellen Anforderungen, die an einen Ermächtigungsbeschluss gestellt werden, untersucht, da sie auf den erforderlichen Umfang des Vorstandsberichts ausstrahlen. Ausgespart bleiben hier die Treuepflicht und der Gleichbehandlungsgrundsatz als allgemeine inhaltliche Schranken der Beschlussautonomie der Hauptversammlung.[301]

---

folgt; ebs. *Bayer*, in: MünchKomm/AktG, 4. Aufl., § 204 Rn. 21; *Hoffmann-Becking*, in: FS Lieberknecht, 1997, 25, 42; *Trapp*, WM 1997, 115, 121.

[297] So schon BGH, Urt. v. 23.06.1997 – II ZR 132/93 –, BGHZ 136, 133, 141 = NJW 1997, 2815, 2817; BGH, Beschl. v. 21.7.2008 – II ZR 1/07 –, DStR 2009, 1213, 1214.

[298] Vgl. zu der Anfechtung des Ermächtigungsbeschlusses wegen eines direkten Bezugsrechtsausschlusses oder einer Ermächtigung des Vorstandes beim genehmigten Kapital S. 111 ff.; so auch *Schanz*, BKR 2002, 439, 444; *Groß*, ZIP 2002, 160, 164 f.; zur möglichen Teilanfechtung vgl. S. 148 ff.

[299] *Bayer*, in: MünchKomm/AktG, 4. Aufl., § 204 Rn. 6.

[300] *Kindler*, ZGR 1998, 35, 56.

[301] Vgl. zu diesen nur *Zöllner*, in: KölnKomm/AktG, 1 Aufl., § 243 Rn. 145 ff., 177 ff., 189 ff.; *Drescher*, in: Spindler/Stilz, 4. Aufl., § 243 Rn. 159 ff., 182 ff.; monografisch zu diesem *Hueck*, Grundsatz der gleichmäßigen Behandlung.

a) Materielle Anforderungen

Der BGH hat erstmals in der Entscheidung Kali+Salz[302] das Erfordernis der sachlichen Rechtfertigung bei Bezugsrechtsausschlüssen statuiert, wobei über die exakte Ausfüllung der Voraussetzungen Uneinigkeit in der Literatur herrscht. Der BGH forderte die Übereinstimmung des Bezugsrechtsausschlusses mit dem Gesellschaftsinteresse, die Geeignetheit, Erforderlichkeit und die Verhältnismäßigkeit im engeren Sinne (Angemessenheit). Diese Grundsätze wurden in der Holzmann-Entscheidung[303] auf den Ermächtigungsbeschluss bei einem genehmigten Kapital übertragen. In der Siemens/Nold-Entscheidung[304] vollzog der BGH allerdings eine Kehrtwende hinsichtlich der an den Ermächtigungsbeschluss der Hauptversammlung zur Schaffung eines bezugsrechtsfreien genehmigten Kapitals gestellten materiellen Anforderungen. Um die Überprüfungsmöglichkeit eines Aktionärs hinsichtlich des Ermächtigungsbeschlusses feststellen zu können, wird diese Rechtsprechung zuerst nachgezeichnet und sodann einer bewertenden Stellungnahme zugeführt.

aa) Siemens/Nold-Entscheidung

Die Siemens/Nold-Entscheidung des BGH[305] kann als Wendepunkt für die Praktikabilität des genehmigten Kapitals bezeichnet werden. In der Sache ging es um die Anfechtung des durch Hauptversammlungsbeschluss geschaffenen „genehmigten Kapitals II". Der Vorstand der AG wurde ermächtigt, das Grundkapital um nominell 300 Millionen DM gegen Geld- oder Sacheinlage zu erhöhen. Für das genehmigte Kapital II schloss die Hauptversammlung das Bezugsrecht der Aktionäre zum Zweck der Arbeitnehmerbeteiligung und zum Zweck des Beteiligungserwerbs aus.[306] Genügte der Ausschluss hinsichtlich der Arbeitnehmerbeteiligung gerade noch den Erfordernissen, die seit der Holzmann-Entscheidung an die Rechtfertigung des Bezugsrechtsausschlusses für das genehmigte Kapital gestellt worden sind,[307] war der Ausschluss zum Zwecke des Beteiligungserwerbs nicht mehr mit den Anforderungen in Einklang zu bringen.[308] Die Rechtfertigung des Bezugsrechtsausschlusses zugunsten der Ausgabe von Belegschaftsaktien konnte der BGH gerade noch unter Verweis auf die im Aktiengesetz enthaltene gesetzgeberische Wertung,

---

[302] BGH, Urt. v. 13.03.1978 – II ZR 142/76 –, BGHZ 71, 40 = NJW 1978, 1316; auf die inhaltliche Ausfüllung der Merkmale der Kali+Salz-Entscheidung wird dezidierter im Zusammenhang mit der Vorstandsentscheidung eingegangen, da dieser die Grundsätze nach hier vertretener Ansicht bei seiner Ausnutzungsentscheidung zu beachten hat. Vgl. zu den Kali+Salz-Maßstäben dezidiert die S. 356 ff.

[303] BGH, Urt. v. 19.04.1982 – II ZR 55/81 –, BGHZ 83, 319 ff.

[304] BGH, Urt. v. 23.06.1997 – II ZR 132/93 –, BGHZ 136, 133, 134.

[305] BGH, Urt. v. 23.06.1997 – II ZR 132/93 –, BGHZ 136, 133 ff. = NJW 1997, 2815.

[306] BGH, Urt. v. 23.06.1997 – II ZR 132/93 –, BGHZ 136, 133, 134.

[307] BGH, EuGH-Vorlagebeschl. v. 30.1.1995 – II ZR 132/93 –, ZIP 1995, 372, 373.

[308] *Schumann*, Bezugsrecht, S. 57.

Belegschaftsaktien unter erleichterten Bedingungen auszugeben, rechtfertigen.[309] Die Verfolgung des Zwecks des Beteiligungserwerbs war jedoch derart abstrakt, dass eine Übereinstimmung mit den Anforderungen der Holzmann-Entscheidung nicht mehr herzustellen war. Der BGH hat sodann die Möglichkeit genutzt, die bisher an den Ermächtigungsbeschluss unter Bezugsrechtsausschluss gestellten Anforderungen als nicht mehr tragbar einzustufen.[310]

Den Fokus legte der BGH bei seiner Begründung auf teleologische Gesichtspunkte und die Praktikabilität des genehmigten Kapitals.[311] Er erkannte, dass durch die seit der Holzmann-Entscheidung aufgestellten Grundsätze eine kurzfristige Entscheidung nicht mehr erfolgen konnte, wenn die Verhandlungen bei Unternehmensübernahmen erst in ein Stadium gelangt seien müssen, in dem der Hauptversammlung konkretisierte Informationen dargeboten werden können.[312] Als eher praktischer Aspekt wurde das Interesse der Beteiligten an Rechtssicherheit in den Vordergrund gestellt. Dieses konnte aufgrund der unsicheren Abgrenzung von zulässigem (konkreten) Ermächtigungsbeschluss zu unzulässigem Vorratsbeschluss bisher nicht befriedigt werden.[313] Es hätte vielmehr einer Konkretisierung des Konkretisierungsgrades bedurft, die aufgrund der Vielschichtigkeit der Praxis wohl kaum zu leisten war. Insbesondere wurde das Geheimhaltungsinteresse der Gesellschaft in den Vordergrund gerückt, gerade unter Berücksichtigung von Konkurrenzsituationen.[314] Eine frühzeitige Offenlegung der Unternehmensstrategie, wie sie durch die bisherigen Anforderungen an den Ermächtigungsbeschluss hätte getätigt werden müssen, barg die Gefahr des vollständigen Leerlaufs eines genehmigten Kapitals,[315] wie der BGH einsehen musste.

Infolgedessen hat er ausgeurteilt, dass die Voraussetzungen an einen Bezugsrechtsausschluss im Rahmen des genehmigten Kapitals mit Sacheinlagen sowohl beim Direktausschluss als auch bei der Ausschlussermächtigung nicht mehr konkret darzulegen sind.[316] Der Ermächtigungsbeschluss ist hiernach rechtmäßig gefasst,

---

[309] BGH, EuGH-Vorlagebeschl. v. 30.1.1995 – II ZR 132/93 –, ZIP 1995, 372, 373; auch unter den strengen Anforderungen derjenigen, die eine Überprüfung des Gesellschaftsinteresses ohne sozialpolitische Wertungen fordern, *Hefermehl/Bungeroth*, in: Geßler/Hefermehl § 186 Rn. 127; anders: unter starker Betonung eines gewissen Vorrangs eines „sozialpolitischen Auftrags" *Wiedemann*, in: GroßKomm/AktG, 4. Aufl., § 186 Rn. 156; *Füchsel*, Bezugsrechtsausschluß, S. 143; hierzu auch *Ekkenga*, in: KölnKomm/AktG, 3. Aufl., § 186 Rn. 96, der das Kapitalerhöhungsvolumen nicht auf den „Prüfstand" stellt; *Hirte*, Bezugsrechtsausschluß S. 61 f. sieht das Gesellschaftsinteresse als fingiert an, da in den gesetzlichen Wertungen eine Sozialbindung des Eigentums zu sehen sei.
[310] BGH, Urt. v. 23.06.1997 – II ZR 132/93 –, BGHZ 136, 133, 136 ff. (vgl. insbes. Ls. 1).
[311] BGH, Urt. v. 23.06.1997 – II ZR 132/93 –, BGHZ 136, 133 ff.
[312] BGH, Urt. v. 23.06.1997 – II ZR 132/93 –, BGHZ 136, 133, 137 (Tz. 16).
[313] BGH, Urt. v. 23.06.1997 – II ZR 132/93 –, BGHZ 136, 133, 138 (Tz. 17).
[314] BGH, Urt. v. 23.06.1997 – II ZR 132/93 –, BGHZ 136, 133, 138 (Tz. 17).
[315] *Heinsius*, WuB II A. § 186 AktG 4.93 S. 1172.
[316] BGH, Urt. v. 23.06.1997 – II ZR 132/93 –, BGHZ 136, 133, 138 f.

wenn ihm ein abstrakter Grund als Basis dient, der den Bezugsrechtsausschluss als im wohlverstandenen Interesse der Gesellschaft liegend rechtfertigt.[317] Die Deutungen der Siemens/Nold-Entscheidung gehen in diesem Punkt allerdings weit auseinander. Teilweise wird angenommen, dass der Direktausschluss nicht nur abstrakt dem wohlverstandenen Interesse der Gesellschaft dienen muss. Der abstrakte Grund müsse darüber hinaus auch noch erforderlich und angemessen im engeren Sinne sein, um den Bezugsrechtsausschluss bei der Ausnutzung des genehmigten Kapitals zu rechtfertigen.[318] Damit hätte auch der Vorstandsbericht nicht mehr konkrete Tatsachen darzulegen, die den Ausschluss des Bezugsrechts rechtfertigen. Es würde genügen, wenn er der Hauptversammlung die Maßnahmen allgemein umschreibt, zu denen der Vorstand ermächtigt werden soll.[319] Diese allgemein umschriebenen Maßnahmen müssten allerdings weiterhin im Interesse der Gesellschaft liegen.[320]

Unbehandelt ist damit allerdings noch die Frage danach, ob die Siemens/Nold-Entscheidung des BGH zu einem kategorischen Rückbau der Beschlusskontrolle und damit zu einer Aufgabe des Sachgrunderfordernisses geführt hat, wie teilweise in der Literatur behauptet wird.[321]

bb) Siemens/Nold und die Reaktionen in der Literatur

Auch nach der „klarstellenden" Rechtsprechung des BGH in der Sache Siemens/Nold hat sich in der Literatur keine einheitliche Linie für die materiellen Anforderungen bei dem dort infrage stehenden Direktausschluss; respektive der obiter dicta mit entschiedener Ausschlussermächtigung herausgebildet.

Die Unstimmigkeiten, die in der Literatur aufgetreten sind, können auf zwei grundlegende Argumentationslinien zurückgeführt werden. Zum einen wird die Teleologie des genehmigten Kapitals und dessen ökonomische Bedeutung für die Aktiengesellschaft hervorgehoben. Zum anderen geht es um den Schutz der Mit-

---

[317] BGH, Urt. v. 23.06.1997 – II ZR 132/93 –, BGHZ 136, 133, 139.

[318] Vgl. *Bayer*, in: MünchKomm/AktG, 4. Aufl., § 203 Rn. 117, der ganz pauschal annimmt, dass mit der Siemens/Nold-Entscheidung keinerlei Absenkung der Anforderungen an den Bezugsrechtsausschluss gegeben sind. Die exakten inhaltlichen Anforderungen gehen hieraus insgesamt allerdings nicht hervor; *Hirte*, in: GroßKomm/AktG, 4. Aufl., § 203 Rn. 22; auf die fehlende Ergebnisrelevanz weist *Schickerling* zu Recht hin. Sofern die Maßnahme abstrakt im Gesellschaftsinteresse liegt und einer dahin gehenden Plausibilitätsprüfung standhält, wird zum Zeitpunkt der Überprüfung des Hauptversammlungsbeschlusses wohl auch hinsichtlich der Erforderlichkeit und Angemessenheit keine andere Beurteilung folgen; *Schickerling*, Information und Rechtsschutz, S. 53 f. Relevanz kommt dem allerdings zu, sofern man bei bereits konkretisierten Plänen auch eine weitergehende Berichtspflicht und sinnigerweise auch eine sachliche Kontrolle verlangt, vgl. zum Kontrollumfang auf Ebene des Ermächtigungsbeschlusses S. 122 ff. und zur Situation bei bereits konkretisierten Plänen S. 145 f.

[319] Vgl. zum Vorstandsbericht S. 136 ff.

[320] BGH, Urt. v. 23.06.1997 – II ZR 132/93 –, BGHZ 136, 133, 139.

[321] Vgl. nur *Kindler*, ZGR, 1998, 35, 39 i.V.m. 60; *Paefgen*, Unternehmerische Entscheidungen, S. 72 ff.; *Cahn*, ZHR 163 (1999), 554, 569 ff.

verwaltungs- und Vermögensrechte der Aktionäre, welcher durch die Rechtsprechungsänderung als nicht hinreichend erachtet wurde.[322]

(1) Zustimmende Literatur

Überwiegend wurde die Abkehr von der Holzmann-Entscheidung durch die Literatur positiv aufgenommen.[323] Das genehmigte Kapital könne nur durch die Abkehr von dem Erfordernis eines konkreten Sachgrundes und der darauf aufbauenden Rechtfertigung seinen Sinn und Zweck erfüllen.[324] Einer Aktiengesellschaft sei es grundsätzlich nicht möglich, der Hauptversammlung bereits bei Schaffung des genehmigten Kapitals, konkrete Vorhaben bis zur Ausschöpfung des Maximalzeitraumes darzustellen.[325] Wollte die Aktiengesellschaft dennoch den maximalen Zeitraum ausnutzen und ein genehmigtes Kapital „auf Vorrat" schaffen, würden missbräuchliche Anfechtungsklagen durch Aktionäre stark erleichtert,[326] so der Vorwurf. Die hierdurch eintretenden Blockademöglichkeiten führten nicht allzu selten dazu, dass der Lästigkeitswert der Anfechtungsklage mit finanziellen Mitteln ausgeglichen werden musste.[327] Zudem wurde früh darauf hingewiesen, dass die Kontrolle aufgrund der meist fehlenden Informationen zum Zeitpunkt der Fassung des Ermächtigungsbeschlusses ohnehin ineffektiv und damit eine nachgelagerte Kontrolle der Vorstandsentscheidung unumgänglich sei.[328] Um diese durchführen zu können wurde vorgeschlagen, dass der Vorstand zur Erstattung eines Vorabberichts vor Ausnutzung des genehmigten Kapitals verpflichtet sei, der wiederum Grundlage

---

[322] *Schickerling*, Information und Rechtsschutz, S. 54.

[323] *Bungert*, NJW 1998, 488, 490 f.; *Heinsius*, WuB II A § 186 AktG 3.97; *Kindler*, ZGR 1998, 35 ff. (Zustimmung nur im Ergebnis).

[324] *Heinsius*, in: FS Kellermann, 1991, S. 115, 130; *Heinsius*, ZGR 1984, 383, 387.

[325] Insbesondere *Martens*, ZIP 1992, 1677, 1682 f. bezeichnete die Holzmann-Rechtsprechung als für die Praxis „untauglich"; *Martens*, in: FS Steindorff, 1990, S. 151, 171 f.; *Martens*, ZIP 1993, 512, spricht auch von einer Rechtfertigungslast, „die jenseits praktischer Vernunft liegt".

[326] Die Anforderungen an den Einwand der missbräuchlichen Erhebung einer Anfechtungsklage waren für die Gesellschaften schwer nachweisbar, vgl. BGH, Urt. v. 15.06.1992 – II ZR 173/91 –, ZIP 1992, 1391, 1394.

[327] Der der faktischen Registersperre innewohnende zeitliche Verzug stellt den Lästigkeitswert dar, da häufig Maßnahmen lediglich innerhalb bestimmter Zeitabschnitte durchführbar sind. So kann die Einführung von Aktien an einer Börse scheitern, wenn mangels Kapitalerhöhung keine hinreichende Streuung der Aktien gemäß § 9 BörsZulV nachgewiesen werden kann. Es könnte daher für die Aktiengesellschaften wirtschaftlich sinnvoll sein, dem Aktionär diesen Lästigkeitswert kommerziell zu vergüten, selbst wenn die erhobene Anfechtungsklage keine besonders hohen Erfolgsaussichten hatte; vgl. *Koch*, in: Hüffer/Koch, 13. Aufl., § 245 Rn. 23; *Martens*, ZIP 1992, 1677, 1678 f. weist auch auf den Fall hin, dass sich mit Ablauf der Ausübungsfrist von Optionsanleihen bei einer Anfechtungsklage rein faktische Zustände ergeben, die die Erledigung der Hauptsache herbeiführen.

[328] *Hirte*, Bezugsrechtsausschluß, S. 112 ff., 114.

der Sachkontrolle sei.[329] Die Entscheidung in der Sache Siemens/Nold wurde aufgrund der mit ihr einhergehenden gewonnenen Flexibilität beim Einsatz eines genehmigten Kapitals überwiegend sehr positiv aufgenommen. Sie wurde auch als ein Sanktionsurteil zulasten der missbräuchlich klagenden Aktionäre gesehen, denen der Gesetzgeber und auch die Rechtsprechung unter Maßgabe der konkreten Anforderungen der Holzmann-Entscheidung keine Einheit gebieten konnten.[330] Überwiegend wurde hierin auch keine Abkehr oder Minderung des Schutzes der Minderheitsaktionäre durch einen „Rückbau der Beschlusskontrolle" gesehen, sondern eine lediglich zeitliche Verlagerung.[331] Diese Verlagerung sei auch tragbar, da der Vorstand die Ausnutzung des genehmigten Kapitals ohnehin nur bei pflichtgemäßer Ausfüllung des Beurteilungsspielraumes vornehmen dürfe und die Umstände bei deren Konkretisierung sachgerechter einschätzen kann.[332] Insgesamt wurde die positive Aufnahme des Urteils durch die Literatur auf teleologische und ökonomische Gesichtspunkte gestützt, die der BGH als Begründungansatz zur Abkehr von seiner Holzmann-Entscheidung anführte.[333]

(2) Kritische Stimmen

Der Rechtsprechungswandel des BGH in der Sache Siemens/Nold ist allerdings nicht durchgehend auf positive Kritik gestoßen. Teilweise wurde die Rechtsprechungsänderung aufgrund ihrer Pauschalität und dem damit einhergehenden Konflikt mit dem Minderheitenschutz als zu weitgehend eingestuft.[334] Differenzierende Stimmen werfen dem BGH vor, er habe insbesondere bei der obiter dicta mitentschiedenen Konstellation der Ausschlussermächtigung die unterschiedliche Gefährdungslage zum Ausgangsfall nicht hinreichend berücksichtigt.[335]

Es gebe keinen Anlass dafür, dass dem Vorstand ohne konkrete Anhaltspunkte ein genehmigtes Kapital ohne Bezugsrecht eingeräumt werden sollte. Hierdurch würde dem Vorstand eine reine Blankettermächtigung zuteilwerden, über deren Auswirkungen die Hauptversammlung zum Zeitpunkt der Ermächtigungsentscheidung unter Direktausschluss noch gar nicht entscheiden könne. Ein konkretes Bild sei nach

---

[329] *Hirte*, Bezugsrechtsausschluß, S. 120 ff.; *Hirte*, in: GroßKomm/AktG, 4. Aufl., § 203 Rn. 84 ff.; *Hirte*, ZIP 1989, 1233, 1239 dem hat der BGH in der Commerzbank/Mangusta I-Entscheidung allerdings eine Absage erteilt, vgl. zur Vorabberichtspflicht in der Rechtsprechung allerdings S. 402 ff.

[330] *Volhard*, AG 1998, 397, 403.

[331] *Volhard*, AG 1998, 397, 402; *Schumann*, Bezugsrecht, S. 173 ff.; *Henze*, BB 2001, 53, 54. Die Zweistufigkeit des genehmigten Kapitals führe also auch zu einer abgestuften sachlichen Rechtfertigung.

[332] Auf unternehmerisches Ermessen stellt *Bungert*, NJW 1988, 488, 489 im Anschluss an das Deutsche-Bank-Urteil ab; vgl. zur Bindung des Vorstandes an die Ermächtigung und die Beschlussautonomie und zum Kontrollumfang bereits oben S. 46 ff.

[333] Vgl. zu diesen S. 112 ff.

[334] Insbesondere *Pluta*, Das Wertpapier 1997, 182 ff.

[335] *Bayer*, in: MünchKomm/AktG, 4. Aufl., § 203 Rn. 131; *Natterer*, ZIP 2002, 1672, 1678.

den Vorgaben des BGH nämlich gerade nicht mehr erforderlich.[336] Der Vorstand könnte dieses dann frei nach seiner Überzeugung hinsichtlich der konkreten Rechtfertigung im Einzelfall einsetzen. Die Gefährdungslage im Falle des Direktausschlusses sei vielmehr mit der einer ordentlichen Kapitalerhöhung zu vergleichen.[337] Es sei bereits von vornherein die Entscheidung gefallen, dass bei Ausnutzung der Ermächtigung kein Bezugsrecht der Aktionäre gegeben ist.[338] Daher sei der Bezugsrechtsausschluss bei einem Direktausschluss nur dann gerechtfertigt, wenn eine Maßnahme nach Lage der Dinge derart konkretisiert ist, dass den Aktionären ein „konkretes Bild von der sachlichen Rechtfertigung" vorliegt.[339]

Aufgrund der lediglich sinngemäßen Anwendung der Vorschriften über den Bezugsrechtsausschluss würde dieses Erfordernis deutlich. Denn es werden zum Zeitpunkt des Ermächtigungsbeschlusses zwar noch keine Bezugsrechte ausgeschlossen, da noch keine hinreichende Grundlage für die Ausgabe von Aktien existiere und damit der Ausschluss auch noch nicht endgültig feststehe.[340] Die Entscheidung über den Bezugsrechtsausschluss bei der künftigen Erhöhung des Kapitals sei allerdings bereits gefallen, sodass die gleichen Anforderungen wie bei der regulären Kapitalerhöhung erfüllt werden müssten.[341] Eine andere Beurteilung käme nicht nur der Aufgabe der Holzmüller-Grundsätze gleich, sondern auch der Aufgabe der Kali + Salz-Entscheidung.[342] Sie sehen sich durch die Hypothese bestätigt, dass es keinen Vorstand einer Aktiengesellschaft mehr geben würde, der bei der Möglichkeit der Schaffung eines bezugsrechtsfreien genehmigten Kapitals unter Angabe lediglich abstrakter Gründe, eine reguläre Kapitalerhöhung unter Bezugsrechtsausschluss durchführen würde. Denn bei dieser müsse er sich unstreitig sowohl bei der Berichtpflicht als auch bei der materiellen Rechtfertigung nach den Grundsätzen der Kali+Salz-Entscheidung ausrichten.[343]

---

[336] Hierzu *Bayer*, in: MünchKomm/AktG, 4. Aufl., § 203 Rn. 131.

[337] *Bayer*, in: MünchKomm/AktG, 4. Aufl., § 203 Rn. 131.

[338] *Bayer*, in: MünchKomm/AktG, 4. Aufl., § 203 Rn. 131.

[339] *Bayer*, in: MünchKomm/AktG, 4. Aufl., § 203 Rn. 131.

[340] Hierzu fehlt noch die Entscheidung der Verwaltung über die Ausnutzung des genehmigten Kapitals.

[341] *Natterer*, ZIP 2002, 1672, 1678. Zu einem anderen Ergebnis hinsichtlich der Gefährdungslage kommt *Maslo*. Nach ihm ist der Aktionär sowohl bei der Ausschlussermächtigung wie auch bei einem Direktausschluss aufgrund der fehlenden konkreten Gründe lediglich abstrakt gefährdet. Er erkennt zwar, dass beim Direktausschluss der Eingriff in die Mitgliedschaft schon vorgezeichnet ist, aufgrund der Ungewissheit, ob und in welchem Umfang das genehmigte Kapital genutzt werden wird, eine Verwässerung der Mitgliedschaftsrechte allerdings noch nicht konkret bestehe. Zudem weist er darauf hin, dass bei Festsetzung eines angemessenen Ausgabebetrages zumindest keine Vermögensverwässerung eintrete; *Maslo*, Interessenwahrung und Rechtsschutz, S. 84. Dies ändert an der Gefährdungslage allerdings wenig, da in jedem Fall die Verwaltungsrechte beeinträchtigt werden würden.

[342] *Natterer*, ZIP 2002, 1672, 1678.

[343] Hierzu *Natterer*, ZIP 2002, 1672, 1678.

Schickerling differenziert ebenfalls zwischen einem Direktausschluss und einer Ausschlussermächtigung. Er plädiert indessen für eine noch liberale Handhabung des Instruments der Ausschlussermächtigung. Bei dieser solle auch auf die Angabe eines abstrakten Grundes, der den Bezugsrechtsausschluss als im Gesellschaftsinteresse rechtfertigen kann, verzichtet werden.[344] Dies sei notwendig, um einen qualitativen Unterschied zwischen dem Direktausschluss und der Ausschlussermächtigung beizubehalten. Die Ausschlussermächtigung solle dem Vorstand eine noch größere Flexibilität bei der Handhabung des genehmigten Kapitals einräumen. Dadurch, dass die Delegation der Entscheidungszuständigkeit keinerlei Verknüpfung zu den Erfordernissen einer sachlichen Rechtfertigung des Bezugsrechtsausschlusses aufweise, sei es insgesamt nicht erforderlich, dass diese bereits auf Ebene der Delegationsentscheidung einsetzen muss. Die späteren Probleme prozessualer Art bei der Durchsetzung des Minderheitenschutzes können kein Grund sein, die sachliche Rechtfertigung auch auf abstraktem Niveau bereits bei der Ausschlussermächtigung greifen zu lassen.[345] Durch dieses Erfordernis würde vielmehr die zuvor zur Rechtfertigung des Rückbaus der materiellen Beschlusskontrolle bei einem Direktausschluss in den Vordergrund gestellte und gesetzgeberisch intendierte Flexibilität des genehmigten Kapitals für den Bereich der Vorratsermächtigung nicht durchgehalten.[346] Die Angabe von abstrakten Gründen sei vielmehr als ein Hemmnis zu betrachten.[347]

Andere hingegen differenzierten nicht zwischen einem Direktausschluss und einer Ausschlussermächtigung, sondern wollen die in der Siemens/Nold-Rechtsprechung aufgeführten Grundsätze lediglich auf börsennotierte Aktiengesellschaft und Kapitalerhöhungen kleineren Umfangs zulassen.[348] Dies sei gerechtfertigt, da die Aktionäre die Verwässerung ihrer Mitverwaltungs- und Vermögensrechte über einen Zukauf an der Börse egalisieren könnten. Hierfür sei auch kein vermögensmäßiger Mehraufwand zu befürchten, da bei einer Kapitalerhöhung cum Bezugsrecht ebenso finanzielle Mittel aufgewendet werden müssten, genauso wie bei einem Zukauf über die Börse.[349] Die Gesellschaft müsse sich ohnehin bei der Bemessung des Ausgabebetrages an dem Börsenkurs orientieren.[350] Wo die exakte Grenze für

---

[344] *Schickerling*, Information und Rechtsschutz, S. 68.

[345] *Schickerling*, Information und Rechtsschutz, S. 68.

[346] *Schickerling*, Information und Rechtsschutz, S. 68.

[347] *Schickerling*, Information und Rechtsschutz, S. 68.

[348] *Lutter*, JZ 1998, 50, 51 f.; *Lutter*, in: FS Zöllner, 1999, Bd. 1, S. 363, 372 ff.; sympathisierend hinsichtlich einer Anwendung lediglich auf Publikumsgesellschaften vgl. *Hüffer/Schäfer*, in: MünchKomm/AktG, 4. Aufl., § 243 Rn. 61; *Koch*, in: Hüffer/Koch, 13. Aufl., § 203 Rn. 11a, wobei keine volumenabhängige Begrenzung der Kapitalerhöhung ins Spiel gebracht wird. Anders *Lutter*, a.a.O.

[349] *Lutter*, JZ 1998, 50, 50 f.; *Lutter*, in: FS Zöllner, 1999, Bd. 1, S. 363, 374.

[350] *Lutter*, JZ 1998, 50, 50 f.; *Lutter*, in: FS Zöllner, 1999, Bd.1, S. 363, 374; dies ist nicht unkritisch zu sehen, da es bei der Vermögensverwässerung nicht primär auf die Kursverwässerung ankommt, sondern es muss auf die Minderung des inneren Anteilswertes ankommen. Es gibt keine Rechtfertigung dafür, dass in das Eigentumsrecht des Aktionärs eingegriffen wird

eine geringe Kapitalerhöhung liegt, bei der die Siemens/Nold-Grundsätze Anwendung finden können, wird nicht explizit festgestellt.[351]

Kritisch gesehen wird darüber hinaus der Rückbau des Informationsflusses an die Aktionäre.[352] Der BGH habe in der Siemens/Nold-Entscheidung primär über die verfahrensrechtliche Erleichterung in Form der Verringerung der Berichtsanforderungen entschieden, wodurch den Aktionären nunmehr allein abstrakte Gründe mitgeteilt werden müssen. Diese abstrakten Gründe reichten aber nicht aus, damit der Aktionär die ihm vom Gesetz zur Seite gestellten Rechtsschutzinstrumente wie die Anfechtungsklage ausnutzen könne.[353] Denn es wird für den Vorstand nicht sonderlich schwierig sein, abstrakte Gründe vorzubringen, welche einen Bezugsrechtsausschluss grundsätzlich als im Gesellschaftsinteresse gerechtfertigt erscheinen lassen.[354] Der Aktionär müsste bei einer Anfechtungsklage, da der Vorstand durch die Darlegung abstrakter Gründe seiner Beweislast genüge getan hätte, substantiiert darlegen, warum der Bezugsrechtsausschluss auch abstrakt nicht im Gesellschaftsinteresse liege. Andernfalls würde die Anfechtungsklage als unschlüssig abgewiesen.[355]

cc) Resümee zur materiellen Beschlusskontrolle nach der Siemens/Nold-Entscheidung

Den in der Siemens/Nold-Entscheidung angeführten Grundsätzen des BGH kann entgegen zahlreicher Literaturstimmen uneingeschränkt gefolgt werden. Diese lassen sich nicht nur mit der Teleologie des genehmigten Kapitals in Einklang bringen, sondern darüber hinaus auch mit den dogmatischen Grundlagen einer materiellen Sachkontrolle bei Bezugsrechtsausschlüssen. Gleichsam kann für das genehmigte Kapital auf dieser Basis ein umfassender Interessenausgleich zwischen den unternehmerischen Interessen und den Schutzinteressen der Aktionäre herbeigeführt werden.

(1) Teleologische Aspekte

Der Gesetzgeber hat das genehmigte Kapital mit einem Ermächtigungszeitraum von maximal fünf Jahren vorgesehen. Schließt die Hauptversammlung das Be-

---

und bei der Überprüfung der Maßstäbe der tatsächliche Wert durch den realisierbaren ausgetauscht wird, vgl. hierzu S. 108, vgl. auch *Koch*, in: Hüffer/Koch, 13. Aufl., § 255 Rn. 11.

[351] Tendenz geht wohl zu einer Orientierung an der 10%-Grenze des § 186 Abs. 3 S. 4 AktG, *Lutter*, JZ 1998, 50, 52.

[352] *Lutter*, JZ 1998, 50 ff.

[353] *Lutter*, JZ 1998, 50 ff.; kritisch hinsichtlich des Rückbaus der Klagemöglichkeiten der Minderheitsaktionäre insbesondere *Götz*, in: Verhandlungen des 63. DJT, Referat, O 39 ff., Thesen S. 49 ff.

[354] So auch *Schickerling*, Information und Rechtsschutz, S. 58.

[355] Vgl. *Meilicke/Heidel*, DB 2000, 2358, 2360, der aus diesem Grund für eine erneute Berichtspflicht vor Ausnutzung des genehmigten Kapitals plädiert, da auch eine Unterlassungsklage andernfalls als unschlüssig abgewiesen werden würde, vgl. hierzu S. 402 ff.

zugsrecht der Aktionäre bereits im Ermächtigungsbeschlusses aus und verlangt man hierfür einen konkreten Sachgrund bei der Beschlussfassung, wird in der Praxis die Ausnutzung des gesetzlich vorgegebenen maximalen Zeitraums bereits rein tatsächlich nicht möglich sein.[356] So wurde noch in der Entscheidung Holzmann formuliert: „daß bei Erteilung der Ermächtigung nach der gegenwärtigen Lage der Gesellschaft und dem Stand der Pläne für ihre Zukunft konkrete Anhaltspunkte dafür gegeben sind, es könnte sich *innerhalb der dem Vorstand eingeräumten Frist* als notwendig und auch im Hinblick auf die Interessen der betroffenen Aktionäre als vertretbar erweisen, bei der Ausgabe neuer Aktien das Bezugsrecht auszuschließen".[357] Insbesondere in einem global tätigen Unternehmen wird es häufig nicht möglich sein für fünf Jahre im Voraus sämtliche Eventualitäten konkret im Blick zu haben. Die dem Vorstand eingeräumte Frist könnte daher wohl niemals mit der gesetzlichen Maximalfrist von fünf Jahren übereinstimmen. Man denke nur an den Beteiligungserwerb, der von der Verkaufsentscheidung eines meist Dritten abhängt, die nicht antizipiert werden kann. Man könnte die Konkretisierungsanforderungen natürlich entsprechend der Länge des eingeräumten genehmigten Kapitals erhöhen oder verringern, doch würde dies ein untragbares Maß an Rechtsunsicherheit bedeuten.

Die von der Rechtsprechung in der Sache Holzmann aufgestellten Anforderungen hatten naturgemäß keinen Einfluss auf den rein faktischen Bedarf nach schnellem Eigenkapital der Aktiengesellschaften, sodass diese, wollten sie ein genehmigtes Kapital schaffen, häufig dem Risiko einer Anfechtungsklage ausgesetzt waren.[358] Durch den ausreichenden Spielraum, den das Merkmal des abstrakten Sachgrundes für die Ermächtigungskompetenz der Hauptversammlung und die Ausnutzungsentscheidung des Vorstandes gewährt, läge die Prüfung der konkreten Rechtfertigung bei dem Organ, welches diese auch fachlich durchzuführen vermag.[359]

Betrachtet man die reguläre Kapitalerhöhung unter Bezugsrechtsausschluss, so wird deutlich, dass auch hier die sachliche Rechtfertigung des Bezugsrechtsausschlusses primär auf das Know-how des Vorstandes zurückzuführen ist. Denn allein dieser avisiert die Maßnahme, deren Verwirklichung der Bezugsrechtsausschluss dienen soll. Ebenso wie er in dem nach § 186 Abs. 4 S. 2 AktG erforderlichen Bericht die Gründe für die materielle Zulässigkeit des Bezugsrechtsausschlusses anführen muss.[360]

---

[356] Kritisch hinsichtlich der unklaren Erfordernisse bereits *Martens*, ZIP 1992, 1677, 1682.

[357] BGH, Urt. v. 19.04.1982 – II ZR 55/81 –, BGHZ 83, 319, 322 (Holzmann) (Hervorhebung durch Verf.).

[358] *Martens*, ZIP 1992, 1677, 1681; *Bayer*, in: MünchKomm/AktG, 4. Aufl., § 203 Rn. 101; *Schickerling*, Information und Rechtsschutz, S. 55.

[359] *Schickerling*, Information und Rechtsschutz, S. 56; vgl. zur Problematik des Prüfungsumfangs bei der Ausnutzungsentscheidung des Vorstandes über eine bezugsrechtsfreie genehmigte Kapitalerhöhung S. 347 ff.

[360] Vgl. hierzu umfassend *Ekkenga*, in: KölnKomm/AktG, 3. Aufl., § 186 Rn. 170 ff.

Ob Anfechtungsklagen unter dem Eindruck der Holzmann-Entscheidung missbräuchlich oder rechtskonform waren, kann hier außer Betracht bleiben.[361] Bereits die Beschränkung der Ermächtigungskompetenz der Hauptversammlung war nur schwer geeignet, das Spannungsfeld der Interessen eines Minderheitsaktionärs an im Gesellschaftsinteresse liegenden Maßnahmen und dem Interesse am Schutz seiner Mitgliedschaftsrechte in Einklang zu bringen. Liegen Maßnahmen im Gesellschaftsinteresse, fördern sie also die Gewinnerzielung der Aktiengesellschaft,[362] profitiert von ihnen auch der Minderheitsaktionär.[363] Der damit verbundene Eingriff in die Bezugsrechte der Minderheitsaktionäre hingegen ist von diesen wohl eher nicht erwünscht. Es geht hier also auch um eine Abwägungsentscheidung dahin gehend, ob die im Gesellschaftsinteresse liegende Maßnahme geeignet ist, die Tangierung mitgliedschaftlicher Rechte zu legitimieren.[364] Dass das Interesse des (Minderheits)Aktionärs auf einen wirtschaftlichen Erfolg der Aktiengesellschaft gerichtet ist scheint einsichtig. Dieses Interesse wird man aber nicht allein auf bereits konkretisierte Vorhaben beschränken dürfen.[365]

Unberücksichtigt bleibt bei den kritischen Stimmen, dass auch auf Grundlage der Siemens/Nold-Rechtsprechung auf materieller Ebene ein hinreichender Minderheitenschutz gewährleistet werden kann. Die Besinnung darauf, dass der Bezugsrechtsausschluss zu einem lediglich abstrakten Zweck im Gesellschaftsinteresse liegen muss, bedeutet noch nicht, dass das Erfordernis der Verhältnismäßigkeitsprüfung insgesamt aufgegeben worden ist. Wie der BGH zu erkennen gegeben hat, wird der Schwerpunkt dieser Prüfung lediglich auf den Vorstandsbeschluss verlagert.[366] Es ist daher sehr wohl möglich, einen Interessenausgleich zwischen den Minderheitsinteressen und den ökonomischen Interessen der Aktiengesellschaft an der Schaffung eines flexibel einsetzbaren Instruments zur Eigenkapitalfinanzierung herbeizuführen.[367] Dass gerade die vorbeugende Kontrolle der Verwaltungsent-

---

[361] Hierzu *Schickerling*, Information und Rechtsschutz, S. 55; Beispiele bei *Martens*, ZIP 1992, 1677 ff.

[362] Vgl. zur Gewinnerzielung als vermutetem Formalziel des Aktiengesetzes S. 359 ff.

[363] Auf den Mittelzufluss und Effizienzgewinne durch eine kostengünstigere Finanzierung stellen *Kübler/Mendelson/Mundheim*, AG 1990, 461, 475 ab, die allerdings die Mitverwaltungsrechte in ihrem eigenständigen Wert zurückstehen lassen.

[364] Auf der Mikroebene des Aktionärs gedacht: Genügt sein Interesse an der Gewinnzielung der Gesellschaft, um seinen Anteil zu beschneiden?

[365] Auf die Interessenkongruenz weist auch *Martens*, in: FS Steindorff, 1990, S. 151, 163 hin.

[366] Nach dem BGH ist der Vorstand ebenfalls gebunden: „Die Realisierung des Vorhabens muß in Übereinstimmung mit dem nach der Satzung vorgeschriebenen Unternehmensgegenstand stehen. Sie darf nur erfolgen, wenn die zugrundeliegenden konkreten Tatsachen der abstrakten Umschreibung des Vorhabens entsprechen. Ferner darf der Vorstand von der Ermächtigung nur dann Gebrauch machen, wenn die Durchführung im wohlverstandenen Interesse der Gesellschaft liegt. Der Vorstand hat die Erfüllung dieser Voraussetzungen im Rahmen seines unternehmerischen Ermessens sorgfältig zu prüfen"; vgl. BGH, Urt. v. 23.06. 1997 – II ZR 132/9 –, BGHZ 136, 133, 140 = NJW 1997, 2815, 2817 (Siemens/Nold).

[367] So auch die überwiegende Ansicht, vgl. *Schumann*, Bezugsrecht, S. 67 ff., m.w.N.

scheidungen de lege lata keine ausdrückliche Kodifizierung erfahren hat und daher in ihren Grundlagen und ihrem Umfang einer genauen Klärung bedarf, trübt das Bild nicht. Wie gezeigt werden wird, ist auch auf Ebene der Verwaltungsentscheidung de lege lata ein effizienter vorbeugender Rechtsschutz durchführbar. Der „Rückbau der Beschlusskontrolle" auf Ebene des Hauptversammlungsbeschlusses ist daher sehr wohl auch mit dem Zweck des genehmigten Kapitals zu begründen.[368]

(2) (Kein) Eingeschränkter Kontrollumfang auf erster Stufe

Die wohl relevanteste Fragestellung in diesem Zusammenhang ist die, ob der Ermächtigungsbeschluss sich lediglich an dem Gesellschaftsinteresse messen lassen muss oder ob darüber hinaus die abstrakten Gründe auf einer ebenfalls abstrakten Ebene geeignet, erforderlich und verhältnismäßig im engeren Sinne sein müssen. Überzeugend ist es hier, auch den Ermächtigungsbeschluss am Maßstab der Verhältnismäßigkeit zu messen.[369] Dies meint wohl auch der BGH. Denn durch die Rechtsprechungsänderung wurde lediglich der Kontrollumfang im Rahmen des Hauptversammlungsbeschlusses beschränkt, nicht jedoch die Kontrollintensität. Es ist gerade nicht so, dass der BGH von seinen in der Kali+Salz-Entscheidung aufgestellten Grundsätzen abgewichen ist. Der vollständige Wegfall eines sachlichen Grundes würde zu dem Rechtszustand zurückführen, der unter dem Eindruck der Hibernia-Entscheidung des Reichsgerichts bestand.[370] Dadurch würde die gesamte Entwicklungsgeschichte, die zur Einführung eines sachlichen Grundes als Rechtmäßigkeitsvoraussetzung geführt hat, außer Acht gelassen. Dass dies auch vom BGH nicht gewollt war, ist daran zu erkennen, dass der BGH keinerlei neue dogmatische Anknüpfung hinsichtlich der Kontrolle des Ermächtigungsbeschlusses benannt hat.[371] Es geht gerade nicht um eine dogmatische Neuausrichtung der Beschlusskontrolle, respektive bei Verzicht auf das Merkmal der Verhältnismäßigkeitsprüfung um die Begründung einer bloßen Missbrauchskontrolle. Es geht allein darum, die

---

[368] Anders *Maslo*, Interessenwahrung und Rechtsschutz, S. 81 f., der die Anknüpfung der materiellen Beschlusskontrolle an die Vorstandsentscheidung mit der lediglich abstrakten Gefährdungslage bei Fassung des Hauptversammlungsbeschlusses begründet. Im Ergebnis unterscheidet sich diese Auffassung allerdings nicht von der hier verfolgten. Es ist vielmehr zweifelhaft, wie die Gefährdungslage von der Zweiaktigkeit des genehmigten Kapitals, welche wiederum lediglich aufgrund des verfolgten Zwecks eines flexibel einsetzbaren Mittels der Eigenfinanzierung existiert, zu trennen ist.

[369] Gegen eine derartige Prüfung *Cahn*, ZHR 163 (1999), 554, 569 ff.

[370] Das Reichsgericht hat in seiner Hibernia-Entscheidung keinerlei Zweifel daran gelassen, dass das Bezugsrecht der Aktionäre nur soweit existiert, wie es die Hauptversammlung nicht ausschließt. Das Bezugsrecht wurde dem Mehrheitsprinzip gänzlich untergeordnet, selbst wenn die Mehrheitsentscheidung für die Minderheit wirtschaftlich nachteilig, konträr zu ihren Interessen ist oder die Mehrheitsmacht dadurch ausgebaut wird; vgl. RG, Urt. v. 8.04.1908 – Rep. I. 595/07 –, RGZ 68, 235 ff., 245 f. (Hibernia); zur Bewertung aus damaliger Perspektive vgl. *Bondi*, DJZ 1908, 1007 ff.

[371] *Stamatopoulos*, Pflichtenstellung des Vorstandes, S. 74.

Funktionalität des genehmigten Kapitals wiederzubeleben.[372] Für diese Reanimation war es vollkommen ausreichend, die überspitzten Anforderungen an die Konkretheit der avisierten Maßnahme zurückzufahren.[373] Dem ist auch in der Sache zuzustimmen.

Man kann zwar einwenden, dass durch das Erfordernis lediglich abstrakte Gründe vorzubringen, keinerlei Ergebnisrelevanz des vorliegenden Streitstandes auf Ebene des Ermächtigungsbeschlusses gegeben sei, da die abstrakten Gründe in der Praxis regelmäßig zu einer Rechtfertigung des Bezugsrechtsausschlusses führen werden.[374] Es muss aber auch die Frage beantwortet werden was gelten soll, wenn der Vorstand im Rahmen der Hauptversammlung bereits konkretisierte Gründe für die Schaffung des genehmigten Kapitals vorbringt? Meiner Einschätzung nach ist kein sachlicher Grund ersichtlich, die Hauptversammlungsmehrheit über eine Delegation der Entscheidungsbefugnis gänzlich unkontrolliert entscheiden zu lassen. Denn in diesen Fällen besteht bereits eine konkretisierte Eingriffsmöglichkeit in die mitgliedschaftlichen Rechte der Minderheitsaktionäre. Ohne Sachkontrolle der bereits konkretisierten Gründe könnte ein bereits identifizierbarer unverhältnismäßiger Bezugsrechtsausschluss im Rahmen des Ermächtigungsbeschlusses dennoch gerechtfertigt werden, der allerdings niemals ausgenutzt werden dürfte.[375] Nimmt man, worauf sogleich noch dezidierter einzugehen ist, die Treuepflicht der Gesellschafter untereinander als dogmatische Grundlage der Beschlusskontrolle an,[376] so wird deutlich, dass die Mehrheit auch in diesem Fall in Kenntnis bereits konkretisierter Gründe, kraft ihrer Treuepflicht darauf verpflichtet ist, nach weniger einschneidenden Maßnahmen zu suchen. Die Pflichtenbindung der Aktionäre hat gerade keine Einschränkung erfahren.[377] So scheint auch der BGH seine Siemens/Nold-Entscheidung verstanden wissen zu wollen, wenn er in der Commerzbank/Mangusta II-Entscheidung darauf abstellt, dass lediglich die Flexibilität des genehmigten Kapitals

---

[372] *Schumann*, Bezugsrecht, S. 69 f. (für die Vorstandsentscheidung); *Stamatopoulos*, Die Pflichtenstellung des Vorstandes, S. 74.

[373] *Schumann*, Bezugsrecht, S. 70 (für die Vorstandsentscheidung).

[374] Auf die fehlende Ergebnisrelevanz weist *Schickerling*, Information und Rechtsschutz, S. 53 f. hin.

[375] Dies würde wohl zulassen: *Kindler*, ZGR, 1998, 35, 39 i.V.m. 60, der in der Siemens/Nold-Entscheidung des BGH eine vollkommene Abkehr von den Kali+Salz-Grundsätzen hin zu einer reinen Missbrauchskontrolle sieht; so auch *Paefgen*, Unternehmerische Entscheidungen, S. 72 ff.; insbesondere *Cahn*, ZHR 163 (1999), 554, 569 ff. stellt sich gegen eine Aufrechterhaltung der Verhältnismäßigkeitskontrolle beim Bezugsrechtsausschluss.

[376] Vgl. zur Kongruenz der Prüfungsintensität mit der dogmatischen Grundlage der materiellen Beschlusskontrolle S. 124 f.

[377] Einen rein interpretativen Argumentationsstrang bietet insoweit *Stamatopoulos* an, der primär auf den Begriff des „wohlverstandenen Interesses" abstellt. Dadurch, dass der BGH das wohlverstandene Interesse sowohl hinsichtlich des Ermächtigungsbeschlusses als auch hinsichtlich der Ausnutzungsentscheidung durch den Vorstand gebraucht, könne es von vornherein nur darum gehen entweder auf beiden Ebenen der Wegfall der materiellen Beschlusskontrolle und die reine Überprüfung auf das Gesellschaftsinteresse anzunehmen oder eben abzulehnen. Für die weitere Durchführung einer materiellen Beschlusskontrolle, *Stamatopoulos*, Die Pflichtenstellung des Vorstands, S. 74 f.

wiederhergestellt werden sollte und nicht der Schutz der Minderheitsaktionäre durch die Erweiterung des Kompetenzbereiches des Vorstandes heruntergefahren.[378] Daher ist auf Ebene des Hauptversammlungsbeschlusses weiterhin eine sachliche Kontrolle desselbigen erforderlich. In den meisten Fällen wird aufgrund der Preisgabe lediglich abstrakter Gründe der Kontrollumfang allerdings derart vermindert sein, dass eine Vorfilterung durch die Verhältnismäßigkeitsprüfung nur in eingeschränktem Maße möglich ist. Relevanz entfaltet dies allerdings dann, wenn der Vorstand bereits in der Hauptversammlung und dem Vorstandsbericht konkretisierte Planungen darlegen muss.[379]

(3) Kongruenz mit der dogmatischen Grundlage der materiellen Beschlusskontrolle

Das Erfordernis einer lediglich abstrakten Rechtfertigung des Bezugsrechtsausschlusses lässt sich auch reibungsfrei mit der dogmatischen Grundlage der materiellen Beschlusskontrolle an sich in Einklang bringen.

Sieht man wie hier die dogmatische Grundlage der über die Zweckbindungskontrolle hinausgehenden Überprüfung der Angemessenheit und Erforderlichkeit in der Treuepflicht der Gesellschafter untereinander,[380] und stellt dem die lediglich abstrakte Gefährdung der Mitgliedschaftsrechte des Aktionärs durch den Ermächtigungsbeschluss gegenüber wird deutlich, dass sich Gefährdungslage und Rechtfertigungsanforderungen entsprechen. Durch den lediglich abstrakt bevorstehenden Eingriff erfordert die Treuepflicht der Gesellschafter untereinander, eine über die Zweckbindungskontrolle hinausgehende sachliche Rechtfertigung auch nur insoweit, als dass die Schaffung der abstrakten Gefährdung für die Mitgliedschaftsrechte der Aktionäre verhältnismäßig ist. Der Hauptversammlungsbeschluss zur Schaffung des genehmigten Kapitals muss sich darüber hinaus an der beweglichen und sämtliche Gesellschaftsorgane bindenden Schranke des Gesellschaftsinteresses, als

---

[378] BGH, Urt. v. 10.10.2005 – II ZR 90/03 –, BGHZ 164, 249, 254 f. = NZG 2006, 20, 22 (Commerzbank/Mangusta II) „Maßgebliche Erwägung für die Zulassung eines derartigen gerichtlichen Rechtsschutzes gegen unrechtmäßiges, kompetenzüberschreitendes Organ handeln war, dass die durch die ‚Siemens/Nold‘-Entscheidung beabsichtigte und bewirkte Erleichterung bei der Herbeiführung eines Ermächtigungsbeschlusses zur Schaffung von genehmigtem Kapital nicht zu einer die Mitgliedschaftsrechte der Aktionäre, darunter insbesondere das Bezugsrecht, ungerechtfertigt verkürzenden, unkontrollierten Blankettermächtigung der Geschäftsleitung führen darf. Mit dem Absenken der Anforderungen an den Ermächtigungsbeschluss zur Schaffung genehmigten Kapitals wurde allein auf die *Erfordernisse des Wirtschaftslebens reagiert, Beteiligungs- und Erwerbschancen schnell und flexibel* nutzen zu können. *Keinesfalls* sollte aber der vom Gesetzgeber beabsichtigte *Schutz der Aktionäre herabgesetzt* und der Kompetenzbereich des Vorstands zu Lasten der Hauptversammlung erweitert werden." (Hervorhebungen durch den Verfasser)

[379] Vgl. zu den Berichtsanforderungen bei konkretisierten Planungen S. 145 ff.

[380] *M. Winter*, Treuebindungen, S. 43; *Lutter*, Bezugsrechtsausschluß, S. 194; *Lutter*, AcP 180 (1980), S. 84, 124 f.; *Timm*, ZGR 1987, 403, 408 f.; dies gilt auch für Zufallsmehrheiten, vgl. m.w.N.: *Hüffer/Schäfer*, in: MünchKomm/AktG, 4. Aufl., § 243 Rn. 43.

Kehrseite des Gesellschaftszwecks, messen lassen.[381] Dies ist allerdings keine Besonderheit des genehmigten Kapitals, sondern eine Frage der grundsätzlichen Grenzen der Beschlussautonomie der Hauptversammlung.[382] Damit eine dahin gehende Überprüfung überhaupt stattfinden kann, muss die Maßnahme ohnehin zumindest abstrakt umschrieben werden.[383] Ohne diese könnte die Hauptversammlung als das zuständige Organ nicht über die Zulässigkeit des Maßnahmenzweckes entscheiden. Den §§ 202 ff. AktG ist gerade nicht zu entnehmen, dass die Hauptversammlung bereits bei der Schaffung des genehmigten Kapitals nicht mehr über den Maßnahmenzweck entscheidet.[384] Die avisierte Maßnahme muss daher wie jede andere auch im Gesellschaftsinteresse gerechtfertigt sein. Eine darüberhinausgehende Eingriffskontrolle, die an den Maßstäben der Geeignetheit, Erforderlichkeit und Angemessenheit stattfinden muss, ist mangels tatsächlich vorliegendem Eingriff nicht in konkreter Gestalt notwendig, sondern lediglich anhand der abstrakt angegebenen Gründe durchzuführen.[385]

Die zunächst rein verfahrensmäßige Übertragung der Entscheidungszuständigkeit durch die Hauptversammlung auf den Vorstand muss als solche respektiert werden. Sie kann weder zu einer Verschärfung noch zu einem Ausfall der Eingriffskontrolle aufgrund der gewählten Art der Kapitalerhöhungsmaßnahme führen.[386] Die nachgehende Überprüfung der das Bezugsrecht ausschließenden Verwaltungsentscheidung auf die sachliche Rechtfertigung hin ist allein im Rahmen des Organisationsrechts zu lösen.[387] Wie sich zeigen wird, ist die Kontrolle der Verwaltungsentscheidung trotz der oft angenommenen Probleme lösbar.

(4) Unangemessener Informationsrückbau?

Auch die Kritik, die daran anknüpft, dass die Informationsrechte der Aktionäre zu stark zurückgedrängt werden und der Vorstand nun kaum noch den Weg der regulären Kapitalerhöhung unter Bezugsrechtsausschluss wählen wird, wo ihm doch die Schaffung des genehmigten Kapitals unter Direktausschluss zur Verfügung steht, verfängt nicht. Sie vernachlässigt zum einen, dass der Vorstand bei der Ausnut-

---

[381] Vgl. hierzu *Zöllner*, in: KölnKomm/AktG, 1. Aufl. § 243 Rn. 177 f.; *ders.*, ZHR 162 (1998), 235, 239 f.

[382] So wohl auch *Martens*, in: FS R. Fischer, 1979, S. 437, 456.

[383] Mit Maßnahme ist eine über die Schaffung des genehmigten Kapitals hinausgehende Zielsetzung gemeint, da die Schaffung eines genehmigten Kapitals immer nur Mittel zur Zielerreichung und niemals selbst das Ziel darstellt. So zum Beispiel zur Einführung der Aktien an anderen Börsenplätzen; unter Wahrung des § 33 WpÜG zur Abwehr feindlicher Übernahmen; als Mittel der Sanierungsfinanzierung o. ä.

[384] Vgl. zum Beurteilungsermessen bereits, *Hirte*, Bezugsrechtsausschluß, S. 222 f.

[385] Vgl. zur Frage der Prüfung der Geeignet-, Erforderlichkeit und Angemessenheit auf der Ebene des Ermächtigungsbeschlusses S. 122 f.

[386] Daher weist die h.M. zu Recht darauf hin, dass die Delegation lediglich eine „materiell rechtlich wirkungsneutrale Verfahrensentscheidung" ist; so zuerst explizit *Ekkenga*, AG 2001, 567, 572; im Anschluss daran auch: *Schickerling*, Information und Rechtsschutz, S. 68 Fn. 345.

[387] *Schickerling*, Information und Rechtsschutz, S. 68.

zungsentscheidung die materielle Kontrolle nachzuholen hat.[388] Zum anderen steht dem Vorstand das genehmigte Kapital unter Direktausschluss im Fall der bereits konkret avisierten Planung nur dann zur Verfügung, wenn er diese auch im Vorstandsbericht vor der Hauptversammlung offenlegt.[389] Dieser Offenlegungspflicht kann allerdings nur insoweit existieren, wie man den Vorstand kein Auskunftsverweigerungsrecht gemäß § 131 Abs. 3 AktG in der Hauptversammlung zugestehen müsste.[390] Denn wurde schon der Vergleich zu einer regulären Kapitalerhöhung gezogen, kann die Berichtspflicht für das genehmigte Kapital nicht umfassender sein als dort. Allgemein anerkannt ist, dass die Auskunftspflicht des Vorstands gegenüber den Teilnehmern der Hauptversammlung auch den Umfang der Berichterstattung begrenzen darf. Existieren daher konkrete Gründe, sind diese nur in den Bericht aufzunehmen, sofern sie keinem Geheimnisschutz unterliegen.[391]

Zudem kann nicht von einer vollkommenen Aushöhlung des Anfechtungsrechts des Aktionärs gesprochen werden. Dadurch, dass zumindest die abstrakten Gründe den Bezugsrechtsausschluss plausibel als im Gesellschaftsinteresse liegend erscheinen lassen müssen, können die Aktionäre bei Missachtung der Anforderung eine Anfechtungsklage erheben. Gibt eine mittelständische metallverarbeitende Aktiengesellschaft ohne inländische Börsennotierung und vernachlässigbaren globalem Handelsvolumen an, dass das genehmigte Kapital zur Platzierung an ausländischen Börsen geschaffen wird,[392] wird man für den Bezugsrechtsausschluss sagen können, dass dieser nicht im Gesellschaftsinteresse liegt, wenn die aufzubringenden Kosten ruinös wären.[393] Wie im weiteren Verlauf noch dargestellt wird, stellt die Verlagerung der sachlichen Rechtfertigung auf den Vorstand auch keine prozessuale Einschränkung der Aktionärsrechte dar. Hat sich die Hauptversammlung

---

[388] Vergleiche zur Kontrolle des Ausnutzungsbeschlusses unter Bezugsrechtsausschluss S. 354 ff.

[389] Der Vorstand darf das genehmigte Kapital in diesem Fall aufgrund der eigenen pflichtwidrigen Herbeiführung des Beschlusses nicht ausnutzen. Er würde sich sonst pflichtwidrig verhalten und für etwaige Verluste einstehen müssen. Die Verlusttragungspflicht resultiert trotz der im Grundsatz bestehenden Ermächtigung zur Kapitalerhöhung, da eine Berufung auf diese ein treuwidriges Verhalten darstellen würde. Hier verfangen dieselben Gedanken, die dem Vorstand ein im Rahmen des § 94 Abs. 4 AktG eine Berufung auf pflichtwidrig herbeigeführte Hauptversammlungsbeschlüsse versagen. Vgl. dort *Mertens/Cahn*, in: KölnKomm/AktG, 3. Aufl. § 93 Rn. 154; *Hopt/Roth*, in: GroßKomm/AktG, 5. Aufl., § 93 Rn. 488; *Fleischer*, in: Spindler/Stilz, 4. Aufl., § 93. Rn. 272.

[390] Gegen eine Veröffentlichungspflicht bei Erfüllung der Voraussetzungen des § 131 Abs. 3 AktG auch *Schumann*, Bezugsrecht, S. 64.

[391] Vgl. zur Bekanntmachungspflicht hinsichtlich des Unternehmenswertes einer AG *Ekkenga*, in: KölnKomm/AktG, 3. Aufl., § 186 Rn. 175.

[392] Vgl. zu einem derartigen Bezugsrechtsausschluss *Bungert*, WM 1995, 1 ff.

[393] Die Bindung an den Gesellschaftszweck ist zwar nur eingeschränkt kontrollierbar, da andernfalls kein Kernbereich eines unternehmerischen Beurteilungsermessens mehr existent wäre. Ist die Missachtung des Gesellschaftszwecks allerdings objektiv unproblematisch feststellbar, stellt dies einen tauglichen Anfechtungsgrund dar. Vgl. zum Beurteilungsermessen bereits, *Hirte*, Bezugsrechtsausschluß, S. 222 f.

durch Delegation ihrer Entscheidungszuständigkeit begeben, so darf der Vorstand nur im Rahmen dieser Delegation den Ausnutzungsbeschluss fassen. Dadurch, dass er die Ausnutzungsentscheidung an den gleichen materiellen Grundsätzen wie bei der Kali+Salz-Entscheidung messen lassen muss und sämtliche Überschreitungen eine Kompetenzverletzung darstellen, gegen die der Aktionär bei Verletzung seines mitgliedschaftlichen Teilhaberechts im Wege der Aktionärsklage vorgehen kann,[394] stehen diesem ausreichend prozessuale Rechtsschutzmittel zur Verfügung.

(5) Beschränkungstendenzen

Neben den bereits angesprochenen und abgelehnten Differenzierungen haben sich weitere Ansichten entwickelt, die den Rückbau der Kontrollintensität einschränken möchten.

Die Siemens/Nold-Entscheidung in ihrer obigen Analyse ist entgegen manchen Tendenzen nicht nur auf börsennotierte Gesellschaften zu beschränken.[395] Die sachliche Beschlusskontrolle muss für alle Aktiengesellschaften in ihren Grundsätzen gleich ausfallen, unabhängig davon, ob diese börsennotiert sind oder nicht. Das Aktiengesetz gibt keinen Anhaltspunkt dafür vor, dass außerhalb des § 186 Abs. 3 S. 4 AktG eine Sonderregelung hinsichtlich der sachlichen Beschlusskontrolle gewollt ist.[396] Der erleichterte Bezugsrechtsausschluss stellt eine durch den Gesetzgeber typisierte Form eines gerechtfertigten Bezugsrechtsausschlusses dar.[397] Die sachliche Rechtfertigung wurde unter Abwägung der sich gegenüberstehenden Interessen nur für den in § 186 Abs. 3 S. 4 AktG geregelten Fall durch den Gesetzgeber vorweggenommen.[398] Diese unwiderlegliche Vermutung des Gesetzgebers hat allerdings keinerlei Konsequenzen für die Anerkennung oder die Abkehr von den Erfordernissen der sachlichen Rechtfertigung.[399] Daher können auch keine Rück-

---

[394] Vgl. zur hier vertretenen Ansicht eines materiellen Schutzrechts zugunsten des Aktionärs S. 286 ff. und S. 296 ff.

[395] *Lutter*, JZ 1998, 50, 51 f.; *Lutter*, in: FS Zöllner, 1999, Bd. 1, S. 363, 372 ff.; sympathisierend hinsichtlich einer Anwendung lediglich auf Publikumsgesellschaften vgl. *Hüffer/Schäfer*, in: MünchKomm/AktG, 4. Aufl., § 243 Rn. 61; *Koch*, in: Hüffer/Koch, 13. Aufl., § 203 Rn. 11a, wobei keine volumenabhängige Begrenzung der Kapitalerhöhung ins Spiel gebracht wird.

[396] Hier einen verallgemeinerungsfähigen Rechtsgedanken sehend *Lutter*, JZ 1998, 50, 51 f.; vgl. zur Anwendung des § 186 Abs. 3 S. 4 AktG unter dem Eindruck der Holzmann-Rechtsprechung *Lutter*, AG 1994, 429, 444 f.

[397] In § 186 Abs. 3 S. 4 AktG eine gesetzgeberische Anerkennung des Sachgrunderfordernisses erblickend: *Wiedemann*, in: GroßKomm/AktG, 4. Aufl., § 186 Rn. 149; *Liebert*, Der Bezugsrechtsausschluss 2003, S. 84 f.; *Schumann*, Bezugsrecht, S. 204. Andere gehen von einer bloßen ad-hoc-Reaktion des Gesetzgebers aus: *Röhricht*, ZGR 1999, 445, 472 f.; *Henze*, ZHR 167 (2003), 1, 4 ff.; *Mülbert*, Aktiengesellschaft 2. Aufl., S. 320.

[398] *Busch*, AG 1999, 58, 59; *Ihrig/Wagner*, NZG 2002, 657, 659; *Hoffmann-Becking*, ZIP 1995, 1, 9.

[399] Hierin ebenfalls eine unwiderlegliche Vermutung sehend: *Busch*, AG 1999, 58, 59; *Ihrig/Wagner*, NZG 2002, 657, 659; *Hoffmann-Becking*, ZIP 1995, 1, 9; *Ekkenga*, in: KölnKomm/AktG, 3. Aufl., § 186 Rn. 144; *Servatius*, in: Spindler/Stilz, 4. Aufl., § 186 Rn. 61; eine

schlüsse auf die an den Ermächtigungsbeschluss zu stellenden Anforderungen bei der Schaffung eines genehmigten Kapitals gezogen werden. Die teleologischen Gesichtspunkte, die zu einem Rückbau der Kontrollintensität bei der Beschlusskontrolle auf Ebene des Hauptversammlungsbeschlusses geführt haben, gebieten keine Unterscheidung nach der Börsennotierung. Sowohl börsennotierte als auch nicht börsennotierte, sowohl familiengeführte Gesellschaften als auch Publikumsgesellschaften unterliegen im Markt weitgehend den gleichen Bedingungen, die es erforderlich machen können, schnelles Eigenkapital zu akquirieren.[400] Eine Aufgabe des Minderheitenschutzes ist mit der geringeren Kontrollintensität nicht verbunden, sondern dieser hat lediglich eine andere Ausgestaltung erfahren.[401]

Auch eine Differenzierung zwischen dem Direktausschluss und der Vorratsermächtigung kann nicht überzeugen. Dies gilt sowohl für die Forderungen, die auf den Direktausschluss weiterhin die Holzmann-Grundsätze Anwendung finden lassen möchten,[402] als auch für diejenigen, die bei einer Vorratsermächtigung über die Siemens/Nold-Grundsätze hinausgehen möchten und sogar die Angabe von abstrakten Gründen als nicht erforderlich erachten.[403]

Zunächst ist es nicht notwendig, noch größere Liberalisierungstendenzen für den Fall der Vorratsermächtigung anzuerkennen. Ohne die Angabe von zumindest abstrakten Gründen würde der Vorstandsbericht im Rahmen der Schaffung einer Vorratsermächtigung gänzlich obsolet und damit auch der in § 203 Abs. 2 AktG enthaltene Verweis auf § 186 Abs. 4 S. 2 AktG.[404] Eine hinreichende Unterscheidung zwischen der Vorratsermächtigung und dem Direktausschluss lässt sich auch ohne den gänzlichen Verzicht einer Kontrolle bei der Vorratsermächtigung erklären. Zweck der Vorratsermächtigung ist die Schaffung eines flexiblen Instruments zur Eigenkapitalbeschaffung, welches sich nicht nur auf Maßnahmen beschränken lässt,

---

Widerlegbarkeit lassen zu: *Schürnbrand*, in: MünchKomm/AktG, § 186 Rn. 82; *Wiedemann*, in: GroßKomm/AktG, 4. Aufl., § 186 Rn. 150; *Zöllner*, AG 2002, 585, 592; *Goette*, ZGR 2012, 505, 513.

[400] Auf eine Wettbewerbsverzerrung zwischen börsennotierten und nicht börsennotierten Unternehmen stellt zutreffend ab, *Schickerling*, Information und Rechtsschutz, S. 66.

[401] Auf die Grundlagen einer Abwehrposition des Aktionärs gegenüber kompetenzwidrigem Vorstandsverhalten wird noch detailliert eingegangen, vgl. S. 192 ff. und zur hier vertretenen Auffassung S. 286 ff.; die Befürchtung *Lutters*, JZ 1998, 50, 52, dass nun die „lahme Unternehmung" eines Schwiegersohnes des Mehrheitsaktionärs zur Festigung der Mehrheitsposition unproblematisch gegen den Tausch werthaltiger Aktien erworben werden kann, wird sich als nicht zutreffend herausstellen. Der Minderheitsaktionär hat auch gegen die Ausnutzungsentscheidung hinreichende Rechtsschutzmöglichkeiten zur Verfügung.

[402] *Bayer*, in: MünchKomm/AktG, 4. Aufl. § 203 Rn. 131; *Natterer*, ZIP 2002, 1672, 1678.

[403] *Schickerling*, Information und Rechtsschutz, S. 68; a.A. *Kindler*, ZGR 1998, 35, 62; *Bungert*, NJW 1998, 488, 492; *Scholz*, in: MünchHdbGesR IV, 4. Aufl., § 59 Rn. 31; *Koch*, in: Hüffer/Koch, 13. Aufl. § 203 Rn. 11 f.; *Bayer*, in: MünchKomm/AktG, 4. Aufl., § 203 Rn. 131.

[404] Vgl. zum Verweis auf die Berichtspflicht auch bei der Vorratsermächtigung S. 141 f. Zudem könnte der Maßnahmenzweck nicht mehr durch die Hauptversammlung bestimmt werden.

für die der Bezugsrechtsausschluss zwingend erforderlich ist. Es werden auch solche Maßnahmen erfasst, die mit einem Bezugsrecht durchgeführt werden können, für die aber die Abhaltung einer Hauptversammlung zeitlich nicht tunlich ist. Die Aktionäre geben dem Vorstand hierbei einen viel weitreichenderen Vertrauensvorschuss als beim Direktausschluss. Dadurch, dass das genehmigte Kapital beim Direktausschluss nur bei Erfüllung der seit der Kali+Salz-Entscheidung an die Rechtfertigung eines Bezugsrechtsausschlusses gestellten Anforderungen durch den Vorstand ausgenutzt werden darf,[405] behält sich die Hauptversammlung die Entscheidungszuständigkeit für sämtliche Maßnahmen vor, die auch cum Bezugsrecht finanziert werden könnten. Die Hauptversammlung möchte also selbst entscheiden, ob sie die avisierte Maßnahme durch Eigenkapital finanzieren möchte oder ob der Vorstand alternative Finanzierungsmethoden ausschöpfen muss.[406] Es handelt sich also um gesetzlich vorgeprägte Delegationssachverhalte. Ein nachvollziehbarer Grund für die unterschiedlichen materiellen Anforderungen an den Ermächtigungsbeschluss ist weder aus praktischer noch legislatorischer Perspektive gegeben. Ohne die Angabe zumindest abstrakter Gründe wäre auch eine Zweckbindungskontrolle, die als immanente Schranke der Beschlussautonomie zu berücksichtigen ist, nicht möglich.[407]

Die Anwendung der Holzmann-Grundsätze auf den Direktausschluss sind ebenfalls abzulehnen. Das Erfordernis konkrete Gründe darzulegen, würde eine gesetzlich vorgegebene Alternative eines bezugsrechtsfreien genehmigten Kapitals in der Praxis irrelevant werden lassen. Dies ergibt sich bereits aus den Erfahrungen, die nach der Anwendung der Holzmann-Grundsätze auf beide Alternativen des Bezugsrechtsausschlusses beim genehmigten Kapital gesammelt werden konnten. Das genehmigte Kapital unter Direktausschluss wäre hinsichtlich der materiellen Anforderungen nahezu eine reguläre Kapitalerhöhung unter Bezugsrechtsausschluss.[408] Hierdurch würde ein gesetzlich nicht vorgesehener Gleichlauf hergestellt, welcher abzulehnen ist.[409]

---

[405] Vgl. zu den materiellen Anforderungen auf Ebene des Ausnutzungsbeschlusses S. 347 ff.

[406] Hierzu zählt insbesondere die Aufnahme von Fremdkapital. Ist dies dem Vorstand nicht möglich und lehnt die Hauptversammlung die Finanzierung über Eigenkapital ab, so hat die avisierte Maßnahme zu unterbleiben. Sofern die Grenzen der Rechtsprechung in Sachen Holzmüller/Gelatine erreicht sind, ist die Hauptversammlung natürlich in jedem Fall zu beteiligen.

[407] Vgl. in diesem Zusammenhang auch S. 124 f.; vgl. dazu auch *Wandrey*, Materielle Beschlusskontrolle, S. 147 ff.

[408] *Schickerling*, Information und Rechtsschutz, S. 67.

[409] Ebenso *Koch*, in: Hüffer/Koch, 13. Aufl., § 203 Rn. 29; *Wamser*, in: Spindler/Stilz, 4. Aufl., § 203 Rn. 83 i.V.m. 80; *Stöber*, in: Hdb. der AG-Finanzierung, 2. Aufl., Kap. 5 Rn. 60; *Scholz*, in: MünchHdbGesR IV, 4. Aufl., § 59 Rn. 31: nur für die Vorratsermächtigung ebenso: *Bayer*, in: MünchKomm/AktG, 4. Aufl., Rn. 131; *Natterer*, ZIP 2002, 1672, 1678, die für den Direktausschluss allerdings die Holzmann-Grundsätze beibehalten wollen; anders mit liberaleren Tendenzen *Schickerling*, Information und Rechtsschutz, S. 68; wohl auch *Kindler*, ZGR 1998, 35, 62.

(6) Unterscheidung zwischen Bar- und Sachkapitalerhöhungen?

Da die Siemens/Nold-Entscheidung des BGH den Fall eines genehmigten Kapitals unter Einbringung einer Sacheinlage zum Gegenstand hatte, bleibt letztlich die Frage offen, ob die dort gefundenen Grundsätze auch auf ein genehmigtes Kapital gegen Bareinlagen Anwendung finden. Bereits in der Siemens/Nold-Entscheidung waren Anklänge dafür zu finden, dass sowohl die Sacheinlage als auch die Bareinlage in dieser Hinsicht gleichbehandelt werden sollten. So verwies der BGH auf die Holzmann-Grundsätze, die aufgegeben werden sollten. Der Holzmann-Entscheidung lag im Gegensatz zur Siemens/Nold-Entscheidung ein genehmigtes Kapital gegen Bareinlage zu Grunde.[410] Auch die Ausführungen, die zu einem Rückbau der Kontrollintensität der Beschlusskontrolle auf Ebene des Ermächtigungsbeschlusses geführt haben, sind nicht speziell auf den Fall einer Sacheinlage zugeschnitten. Die Argumentation dahin gehend, dass die Flexibilität des genehmigten Kapitals gewährleistet werden soll und dies nicht möglich sei, sofern konkrete Anhaltspunkte gefordert werden, trifft auch auf die Schaffung eines genehmigten Kapitals gegen Bareinlage zu.[411] Das Hauptaugenmerk ist auf die tatsächlichen Schwierigkeiten zu legen, die sich nicht wesentlich dadurch ändern, dass eine andere Einlageleistung gewählt wird. Würde der Bezugsrechtsausschluss im Fall einer Bareinlage weiterhin nach den Holzmann-Grundsätzen behandelt, würden auch die durch Siemens/Nold bemängelten Rechtsunsicherheiten für diesen Bereich wiederaufleben und das genehmigte Kapital weitgehend inhaltsleer werden lassen.

Für die Rechtspraxis hat der BGH in der Sache Commerzbank/Mangusta I eine dahin gehende Entscheidung gefällt, dass die Anforderung der Siemens/Nold-Rechtsprechung bei der Schaffung des genehmigten Kapitals sowohl für die Bar- als auch für die Sacheinlage gelten.[412] Da die obige Argumentationslinie uneingeschränkt für beide Fälle gilt, ist dem zu folgen.

(7) Fazit

Daher bleibt zu konstatieren, dass nach den gefundenen Erkenntnissen an den Ermächtigungsbeschluss unter Bezugsrechtsausschluss oder Ausschlussermächtigung keine allzu hohen Anforderungen hinsichtlich der sachlichen Rechtfertigung

---

[410] So auch *Kindler*, ZGR 1998, 35, 64; *Volhard*, AG 1998, 397, 404; *Bungert*, NJW 1998, 488, 490; *Scholz*, in: MünchHdbGesR IV, 4. Aufl., § 59 Rn. 31; *Hirte*, in: GroßKomm/AktG, 4. Aufl., § 203 Rn. 67; *Wamser*, in: Spindler/Stilz, 4. Aufl., § 203 Rn. 81; *Stöber*, in: Hdb. der AG-Finanzierung, 2. Aufl., Kap. 5 Rn. 60; *Schröer*, in: ArbHdb. HV, 3. Aufl., § 22 Rn. 27; *Liebert*, Bezugsrechtsausschluss, S. 175; *Henze*, ZHR 167 (2003), 1, 4; a.A. OLG Celle, Urt. v. 29. 6. 2001 – 9 U 89/01 –, NZG 2001, 1140 f.

[411] So wohl auch *Wamser*, in: Spindler/Stilz, 4. Aufl., § 203 Rn. 81.

[412] BGH, Urt. v. 10. 10. 2005 – II ZR 148/03 –, BGHZ 164, 241, 244 f. = NZG 2006, 18, 19; dies beansprucht unabhängig davon Geltung, ob es sich um eine Vorratsermächtigung wie im zugrundeliegenden Sachverhalt oder um einen Direktausschluss der Hauptversammlung handelt. Dies wird man schon allein aufgrund der Tatsache annehmen können, dass sich der BGH bei der dort zur Entscheidung anstehenden Frage einer Vorabberichtspflicht sowohl mit der Vorratsermächtigung als auch dem Direktausschluss befasst hat.

gestellt werden können. Die Zulässigkeit ist bereits dann gegeben, wenn der Bezugsrechtsausschluss aufgrund der abstrakten Gründe als im Gesellschaftsinteresse gerechtfertigt erscheint. Ebenso ist es notwendig, dass der Bezugsrechtsausschluss bereits bei der Entscheidung der Hauptversammlung geeignet, erforderlich und verhältnismäßig im engeren Sinne ist. Die Kontrolldichte ist allerdings aufgrund der möglichen Angabe rein abstrakter Gründe nicht sonderlich hoch.[413] Hierdurch wird auch eine Anfechtung des Ermächtigungsbeschlusses aufgrund mangelnder sachlicher Rechtfertigung in praxi keine nennenswerte Relevanz entfalten.

Der Minderheitenschutz auf materieller Ebene kann allerdings auch bei dieser Stärkung der Flexibilität des genehmigten Kapitals hinreichend berücksichtigt werden, wenn die Kali+Salz-Grundsätze bei der Ausnutzungsentscheidung durch den Vorstand erfüllt sein müssen.[414] Die bei der regulären Kapitalerhöhung mögliche Anfechtungsklage wegen unzureichender sachlicher Rechtfertigung könnte beim genehmigten Kapital durch eine noch zu untersuchende Abwehrklage des Aktionärs surrogiert werden. Eine unterschiedliche Behandlung des Hauptversammlungsbeschlusses bei Direktausschluss oder Ausschlussermächtigung ist darüber hinaus nicht legitimierbar.[415]

b) Formelle Anforderungen

Wie soeben dargelegt worden ist,[416] ist die gerichtliche Kontrolldichte und damit die Kontrolleffektivität bei der Überprüfung eines Ermächtigungsbeschlusses zur Einräumung eines bezugsrechtsfreien genehmigten Kapitals wesentlich eingeschränkter, als bei einer regulären Kapitalerhöhung nach den §§ 182 ff. AktG. Dies liegt nicht zuletzt an dem „Rückbau" der sachlichen Kontrolle und damit einhergehend auch der Berichtsanforderungen.[417]

Daher ist es umso relevanter, den Aktionärsschutz bei der Schaffung eines genehmigten Kapitals durch ein sonst formalisiertes Verfahren möglichst effektiv

---

[413] *Hirte*, in: GroßKomm/AktG, 4. Aufl., § 203 Rn. 77; *Ekkenga*, AG 2001, 567, 569 Fn. 18, 572 („Den Ursprung der Angemessenheitskontrolle in der Judikatur markiert bekanntlich das ‚Kali & Salz'-Urteil des BGH, das sich mit der sachlichen Rechtfertigung von Eingriffen in das gesetzliche Bezugsrecht des Aktionärs bei regulärer Kapitalerhöhung befasst und dessen diesbezügliche Aussagen nach wie vor auch für das genehmigte Kapital gelten."); *Stamatopoulos*, Die Pflichtenstellung des Vorstands, S. 77; anders deutet dies *Liebert*, Bezugsrechtsausschluss, S. 182 f.; *Kindler*, ZGR 1998, 35, 39 i.V.m. 60; *Paefgen*, Unternehmerische Entscheidungen, S. 72 f.; für irrelevant hinsichtlich des Ergebnisses hält dies, *Schickerling*, Information und Rechtsschutz, S. 53 f.

[414] Dies wird noch einer gesonderten Erörterung zugeführt, vgl. S. 347, 350.

[415] *Koch*, in: Hüffer/Koch, 13. Aufl., § 203 Rn. 29; *Wamser*, in: Spindler/Stilz, 4. Aufl., § 203 Rn. 83 i.V.m. 80; *Stöber*, in: Hdb. der AG-Finanzierung, 2. Aufl., Kap. 5 Rn. 60; *Scholz*, in: MünchHdbGesR IV, 4. Aufl., § 59 Rn. 31.

[416] Vgl. zur materiellen Kontrolle S. 112 ff.; zur hier vertretenen Auffassung S. 119 ff.; zum Berichtsinhalt S. 143 ff.

[417] Vgl. hierzu S. 112 ff. und sogleich zur Berichtspflicht S. 136 ff.

zugunsten der Minderheit auszugestalten.[418] Ob de lege lata bereits ein ausreichendes Schutzniveau der Mitgliedschaft vor einem Bezugsrechtsausschluss bei einem genehmigten Kapital auf formaler Ebene erreicht worden ist, gilt es sogleich zu überprüfen.

aa) Mehrheitserfordernis

Gemäß § 203 Abs. 1 S. 1 AktG gilt § 186 Abs. 3 AktG für den direkten Bezugsrechtsausschluss sinngemäß. Der Beschluss muss daher neben der einfachen Stimmenmehrheit gem. § 133 Abs. 1 AktG auch mit einer Mehrheit von drei Viertel des bei der Beschlussfassung vertretenen Grundkapitals (§ 186 Abs. 3 S. 2 AktG) gefasst werden.[419] Inhaltlich entspricht dieses Mehrheitserfordernis dem des § 202 Abs. 2 S. 2 AktG,[420] ebenso wie in beiden Normen allein eine größere Kapitalmehrheit oder weitere Erfordernisse durch die Satzung bestimmt werden können, §§ 186 Abs. 3 S. 3, 202 Abs. 2 S. 3 AktG. Vollkommen sinnentleert ist der Verweis auf § 186 Abs. 3 S. 2 und 3 AktG in § 203 Abs. 1 S. 1 AktG dennoch nicht.[421] Für den Fall der Existenz einer Satzungsbestimmung, die lediglich eine größere Kapitalmehrheit oder weitere Erfordernisse für den Bezugsrechtsausschluss vorsieht, ergibt sich aus dem Verweis, dass dies auch für einen Ausschluss im Rahmen des genehmigten Kapitals gilt.[422] Überdies kommt § 186 Abs. 3 S. 1 AktG entscheidende Bedeutung zu, der für den Fall des Direktausschlusses unmissverständlich allein eine Beschlussfassung in dem Erhöhungsbeschluss zulässt.[423] Dieser vom Gesetz bereitgestellte formelle Schutz stellt allerdings noch keinen effektiven Minderheitenschutz dar, der auch eine materielle Richtigkeitsgewähr der Entscheidung sicherstellen kann.[424] Sobald ausreichend Stimmrechte in einer natürlichen oder juristischen Person vereint sind, um auf Hauptversammlungen der Gesellschaft eine qualifizierte Mehrheit zu erreichen, läuft der Schutzzweck eines qualifizierten Mehrheitserfordernisses leer, ebenso wie in dem Fall der Bündelung der Stimmrechte in einer gleichgeschalteten Interessengruppierung.[425] Dass hierzu nicht 75 % aller

---

[418] *Lutter*, erkannte bereits früh die Notwendigkeit eines „Minderheitenschutz durch Verfahren", in: KölnKomm/AktG, 2. Aufl., § 186 Rn. 56; *Lutter*, ZGR 1979, 401, 407 f.

[419] Zur Koexistenz der einfachen Stimmenmehrheit und der Kapitalmehrheit siehe *Koch*, in: Hüffer/Koch, 13. Aufl., § 133 Rn. 13.

[420] Der für die Vorratsermächtigung mangels Verweis auf § 183 Abs. 3 S. 2, 3 AktG direkt greift; vgl. *Bayer*, in: MünchKomm/AktG, 4. Aufl., § 203 Rn. 91. Daher wird für die Vorratsermächtigung auch die nachträgliche Ermächtigungsmöglichkeit als Satzungsänderung zugelassen; vgl. *Bayer*, a.a.O.; *Koch*, in: Hüffer/Koch, 13. Aufl. § 203 Rn. 40; *Hirte*, in: GroßKomm/AktG, 4. Aufl., § 203 Rn. 58; *Lutter*, in: KölnKomm/AktG, 2. Aufl. § 203 Rn. 17.

[421] Dies nicht hinreichend berücksichtigend Hefermehl/*Bungeroth*, in: Geßler/Hefermehl, § 203 Rn. 17; *Schickerling*, Information und Rechtsschutz, S. 44.

[422] So zutreffend festgestellt von *Lutter*, in: KölnKomm/AktG, 2. Aufl., § 203 Rn. 10.

[423] *Schickerling*, Information und Rechtsschutz, S. 44.

[424] *Wiedemann*, Gesellschaftsrecht I; S. 444 f.

[425] *Wiedemann*, Gesellschaftsrecht I; S. 444 f.

stimmberechtigten Aktien gehalten werden müssen, wird durch die geringen Hauptversammlungspräsenzen deutlich. So wurde bei den im DAX30 börsennotierten Aktiengesellschaften im Jahre 2014 eine Beteiligung von 57 % der stimmberechtigten Aktien als ein neues Allzeithoch gefeiert,[426] nachdem die Beteiligungsquoten seit dem Jahre 1998 von 60,95 % auf 45,87 % im Jahre 2005[427] gefallen waren und 2007 auf 56 % stiegen.[428] Dies hat auch der Gesetzgeber durch Festlegung der Kontrollschwelle im Sinne des WpÜG bei 30 % der Stimmrechtsanteile anerkannt.[429] Die Erreichung einer stabilen qualifizierten Mehrheit durch Einzelne oder Gruppen fällt damit nicht in den Bereich des Unwahrscheinlichen. Für diejenigen Aktionäre, deren Interessen nicht Gruppenkonform sind macht es allerdings keinen Unterschied, ob ihre Interessen durch eine einfache oder qualifizierte Mehrheit übergangen werden.[430] Das Mehrheitserfordernis schützt die dissentierenden Aktionäre daher nur so lange, wie sich die Mehrheit – gleich ob einfache oder qualifizierte – nicht auch tatsächlich gebildet hat. Nichtsdestotrotz ist das Mehrheitsprinzip für die Aktiengesellschaft als gesetzlich angeordnetes Grundprinzip unausweichlich, ermöglicht es doch im Gegensatz zum Einstimmigkeitsprinzip wesentlich besser die Verfolgung des Verbandszwecks.[431] Dass die Mehrheit sich tatsächlich vom Verbandszweck leiten lässt, ist durch das Mehrheitserfordernis allein nicht gewährleistet, sodass nur eine inhaltliche Kontrolle hinreichenden Schutz gewähren kann.[432]

Wurde die erforderliche Stimmenmehrheit in Wahrheit nicht erreicht, der Ermächtigungsbeschluss allerdings dennoch durch den Hauptversammlungsleiter festgestellt und privatschriftlich protokolliert oder beurkundet, ist er dennoch konstituiert worden.[433] Damit kann er durch die Erhebung einer Anfechtungsklage

---

[426] http://www.goingpublic.de/starke-kapitalpraesenz-auf-dax30-hvs/ (zuletzt abgerufen am 20.02.2019); Wettich, AG 2014, 534, 537; Harnos/Piroth, ZIP 2015, 456; wobei dies auf einem enormen Anstieg gerade der Teilnahme von Namenspapieren (44 %) zurückzuführen ist.

[427] https://www.dsw-info.de/presse/archiv-pressemitteilungen/pressemitteilungen-2005/hauptversammlungspraesenzen-sinken-weiter/ (zuletzt abgerufen am 20.02.2019).

[428] https://www.dsw-info.de/presse/archiv-pressemitteilungen/pressemitteilungen-2007/gestiegene-hauptversammlungspraesenz-reicht-noch-nicht-aus/ (zuletzt abgerufen am 20.02.2019).

[429] Hierunter fallen sowohl unmittelbar gehaltene als auch die über § 30 WpÜG zuzurechnenden Stimmrechte.

[430] Wiedemann, Gesellschaftsrecht I; S. 444 f.

[431] Zöllner, Die Schranken mitgliedschaftlicher Stimmrechtsmacht, S. 94.

[432] Hierunter fallen als allgemeine Kontrollmaßstäbe die Überprüfung auf die Wahrung der gesellschaftsrechtlichen Treupflichten, des Gleichbehandlungsgrundsatzes und die Beachtung des Gesellschaftszwecks. Hierzu Zöllner, in: KölnKomm/AktG, 1 Aufl., § 243 Rn. 145 ff., 177 ff., 189 ff.; Drescher, in: Spindler/Stilz, 4. Aufl., § 243 Rn. 159 ff., 182 ff. Vgl. weitergehend zur besonderen inhaltlichen Sachkontrolle in Bezug auf den Ermächtigungsbeschluss unter Direktausschluss des Bezugsrechts oder Ausschlussermächtigung S. 112 ff. und für die Ausnutzungsentscheidung unter Bezugsrechtsausschluss S. 356 ff.

[433] Koch, in: Hüffer/Koch, 13. Aufl., § 241 Rn. 3; Hüffer/Schäfer, in: MünchKomm/AktG, 4. Aufl., § 243 Rn. 11, 8.

vernichtet werden. Nichts Anderes gilt auch, sofern ein notwendiger Sonderbe-schluss § 182 Abs. 2. S. 1 AktG nicht die notwendige Mehrheit aufweist, allerdings dennoch festgestellt worden ist.[434]

bb) Bekanntmachungspflicht

Um das Mitgliedschaftsrecht der Aktionäre zu schützen, ist zur Rechtmäßigkeit eines Bezugsrechtsausschlusses gem. §§ 203 Abs. 1 S. 1, 186 Abs. 4 S. 1 AktG die ausdrückliche und ordnungsgemäße Bekanntmachung der Ausschließung erfor-derlich. Diese erste Informationsstufe über das „Ob" einer Entscheidung hinsichtlich eines Bezugsrechtsausschlusses stellt eine Verwirklichung der jedem stimmbe-rechtigten Aktionär innewohnenden Herrschaftsrechte in der Gesellschaft dar,[435] die gerade bei strukturrelevanten Entscheidungen einer Verwirklichungsmöglichkeit bedürfen.[436] Die Verwirklichung der Beteiligungsrechte durch Informationen ist Teil des durch Art. 14 GG vermittelten Schutzgehaltes, denn „Informationen sind für den Gesellschafter eine unerlässliche Voraussetzung für die Wahrnehmung seiner mit-gliedschaftlichen Rechte"[437].[438] Daher hat auch die Streichung des Verweises auf § 124 Abs. 1 AktG nichts an der Bekanntmachungspflicht geändert,[439] es gelten weiterhin die allgemeinen Bekanntmachungsregelungen der §§ 121 Abs. 3, 124 Abs. 1 AktG.[440] Das Erfordernis der ausdrücklichen Bekanntmachung in § 186 Abs. 4 S. 1 AktG macht deutlich, dass der beabsichtige Bezugsrechtsausschluss eindeutig hervorzuheben ist.[441] Die Aktionäre sollen erkennen können, dass es bei der Abstimmung um die Schaffung eines genehmigten Kapitals unter der abstrakten Gefahr eines Bezugsrechtsausschlusses geht. Nicht ausreichend ist es daher, wenn der Bezugsrechtsausschluss entsprechend der Gesetzessystematik gem. § 186 Abs. 4 S. 1 AktG allein als Teil des Satzungstextest auftauchen würde (§ 124 Abs. 2 S. 3 AktG).[442] Aufgrund der bisherigen Systematik würde der Bezugsrechtsaus-schluss nicht als eigener Tagesordnungspunkt aufzuführen sein.[443] Hierdurch wäre noch kein adäquater Informationsstandard gegeben, der den möglichen tiefgrei-

---

[434] Für den Sonderbeschluss gelten die §§ 241 ff. AktG nach § 138 S. 2 AktG ebenfalls, vgl. *Schürnbrand*, in: MünchKomm/AktG, 4. Aufl., § 182 Rn. 34.

[435] *Bayer*, ZGR 1995, 613, 614 f.

[436] Der Erhöhungsbeschluss ist trotz seines vorbereitenden Charakters strukturrelevant, da er für die spätere materielle Satzungsänderung die zwingende Grundlage bildet; vgl. zur bed. Kapitalerhöhung *Frey*, in: GroßKomm/AktG, 4. Aufl., Vor §§ 192–201, Rn. 26.

[437] BVerfG, Urt. v. 20.09.1999 – 1 BvR 636/95 – , AG 2000, 74.

[438] BVerfG, Urt. v. 20.09.1999 – 1 BvR 636/95 – , AG 2000, 74.

[439] Begr. BT Drucks 16/11642 S. 37, i.V.m. 36 (Zu Nummer 25 Zu Buchstabe a).

[440] *Veil*, in: K. Schmidt/Lutter, AktG, 3. Aufl., § 186 Rn. 15.

[441] *Servatius*, in: Spindler/Stilz, AktG, 4. Aufl., § 186 Rn. 23, der zu Recht schwammige Formulierungen als nicht ausreichend erachtet.

[442] *Koch*, in: Hüffer/Koch, 13. Aufl., § 186 Rn. 22, der einen hinreichend deutlichen Hinweis verlangt.

[443] *Ekkenga/Jaspers*, in: Hdb. der AG-Finanzierung, 2. Aufl., 4. Kap. Rn. 172.

fenden Einschnitten in die Mitgliedschaft Rechnung trägt. Insoweit ist § 186 Abs. 4 S. 1 AktG eigenständige Bedeutung gegenüber den allgemeinen Bekanntmachungsregelungen beizumessen.[444] Es ist daher zu verlangen, dass die Abstimmung über den Bezugsrechtsausschluss oder die Ausschlussermächtigung eindeutig aus der Tagesordnung hervorgeht.[445] Nur so kann der Zweck einer Information der Aktionäre und einer Warnung hinsichtlich der potentiellen Beeinträchtigungen der Mitgliedschaft erfüllt werden.[446] Der Gesetzeswortlaut ist insofern unpräzise, als dass es sich noch um eine bloße Ausschließungsabsicht handelt, die bekanntzumachen ist, nicht um eine bereits beschlossene Ausschließung.[447] Die Ankündigung des avisierten Bezugsrechtsausschlusses in dem Ermächtigungsbeschluss muss zwar nicht die Terminologie des Bezugsrechtsausschlusses verwenden, wenngleich dies sicherheitshalber zu empfehlen ist.[448] Ausreichend ist, dass sich die Entscheidung über den Bezugsrechtsausschluss oder die Ausschlussermächtigung aus der Ankündigung herauslesen lässt.[449]

Einen hinreichenden Schutzstandard gewährt die reine Kenntnis über den möglichen Bezugsrechtsausschluss allerdings noch nicht, wenngleich bei Fehlen der Bekanntmachung die Anfechtbarkeit des Hauptversammlungsbeschlusses die Folge ist.[450] Der Aktionär bekommt immerhin die Möglichkeit seine ablehnende Haltung in der Hauptversammlung kundtun zu können. Denn nach § 124 Abs. 4 S. 1 AktG darf eine Beschlussfassung ohne die Bekanntgabe nicht stattfinden. Aufgrund der eminenten Bedeutung des Bezugsrechts für den Aktionär kann auch von der seit UMAG[451] erforderlichen Relevanz, die § 243 Abs. 4 S. 1 AktG für Informationspflichtverstöße verlangt, ausgegangen werden.[452] Durch § 124 Abs. 4 S. 1 AktG geht

---

[444] *Ekkenga/Jaspers*, in: Hdb. der AG-Finanzierung, 2. Aufl., 4. Kap. Rn. 172; *Servatius*, in: Spindler/Stilz, 4. Aufl., § 186 Rn. 23..

[445] *Servatius*, in: Spindler/Stilz, 4. Aufl., § 186 Rn. 23.

[446] *Servatius*, in: Spindler/Stilz, 4. Aufl.; § 186 Rn. 23; *Koch*, in: Hüffer/Koch, 13. Aufl., § 186 Rn. 22; *Schürnbrand*, in: MünchKomm/AktG, 4. Aufl., § 186 Rn. 79; *Ekkenga*, in: KölnKomm/AktG, 3. Aufl., § 186 Rn. 165.

[447] Zutreffend *Koch*, in: Hüffer, 12. Aufl., § 186 Rn. 22, auch *Kley*, Bezugsrechtsausschluß und Deregulierungsforderungen, S. 81.

[448] G.h.M. *Servatius*, in: Spindler/Stilz, 4. Aufl., § 186 Rn. 23; *Wiedemann*, in: Groß-Komm/AktG, 4. Aufl., § 186 Rn. 112; *Ekkenga*, in: KölnKomm/AktG, 3. Aufl., § 186 Rn. 166.

[449] Vgl. die Formulierungsbeispiele bei *Ekkenga*, in: KölnKomm/AktG, 3. Aufl., § 186 Rn. 166.

[450] Zur Anfechtbarkeit bei Bekanntmachungsfehlern vgl. § 243 Abs. 4 S. 1 AktG, wobei die Relevanz im Fall des Bezugsrechtsausschlusses als gegeben betrachtet werden muss. *Servatius*, in: Spindler/Stilz, 4. Aufl., § 186 Rn. 24; *Koch*, in: Hüffer/Koch, 13. Aufl. § 186 Rn. 22. Anfechtbarkeit entfällt nur bei Vollversammlung (§ 121 Abs. 6 AktG).

[451] Gesetz zur Unternehmensintegrität und Modernisierung des Anfechtungsrechts (UMAG) v. 20.09.2008, BGBl. 2005 I S. 2802.

[452] *Servatius*, in: Spindler/Stilz, 4. Aufl., § 186 Rn. 24.

bereits das Gesetz bei Bekanntmachungsmängeln von deren grundsätzlichen Bedeutung für das Teilhaberecht des Aktionärs aus.[453]

Eine weitaus größere Schutzlücke klafft für die Aktionärsstellung allerdings durch das im Aktiengesetz geltende Mehrheitserfordernis auf, nach dessen rein formaler Anwendung die Interessen der Minderheit keinerlei Berücksichtigung finden könnten.[454]

cc) Die Berichtspflicht gem. § 186 Abs. 4 S. 2 AktG

Das wohl wichtigste Schutzinstrument zugunsten der Aktionäre auf formeller Ebene ist die Schaffung einer mit Inhalt gefüllten Informationsgrundlage, auf deren Basis sich sämtliche Aktionäre nachvollziehbar einen Überblick über den Zweck des avisierten Bezugsrechtsausschlusses machen können. Um dies zu gewährleisten, hat der Vorstand gem. § 186 Abs. 4 S. 2 AktG einen Bericht über die Gründe des Bezugsrechtsausschlusses anzufertigen und ihn der Hauptversammlung vorzulegen.[455] In dem Bericht ist grundsätzlich ein Vorschlag für den Ausgabebetrag der Aktien zu unterbreiten. Dies ist beim genehmigten Kapital allerdings nur im Fall der Festsetzung des Ausgabebetrages durch die Hauptversammlung selbst sinnvoll.[456] Da eine derartige Festsetzung oftmals nicht vorgenommen wird, ist im Regelfall keine dahin gehende Begründung erforderlich.[457] Systematisch lässt sich die Berichtspflicht dem Pflichtenkreis des Vorstandes zuordnen, da dieser ihn zu erstellen und vorzulegen hat. Eine Behandlung an dieser Stelle ist allerdings aufgrund der Tatsache geboten, dass er für die Hauptversammlung erstellt wird und für diese eine relevante Fehlerquelle darstellt, die den Ermächtigungsbeschluss an sich infiziert.[458]

Wie, wie lang und ab wann der Bericht des Vorstandes der Hauptversammlung vorzulegen ist, ist hingegen nicht gesetzlich festgelegt und damit eine relevante Fehlerquelle. Das genaue Vorgehen ist mangels gesetzlicher Regelung umstritten. So wird vorgeschlagen, dass der Vorstandsbericht nur räumlich vor der Hauptversammlung zu erstatten sei.[459] Dem steht der Zweck der Regelung gegenüber, die den

---

[453] BGH, Urt. v. 12.11.2001 – II ZR 225/99 –, BGHZ 149, 158, 163 ff. = NJW 2002, 1128, 1129.

[454] Vgl. zum Mehrheitserfordernis S. 132 ff.

[455] Eingefügt bei der Umsetzung von Art. 29 Abs. 4 S. 2 der 2. EG Richtlinie vom 13.12. 1976 (77/91/EWG) abgedr. bei *Lutter*, EuropGR, S. 95 ff., 102; der durch Art. 33 Abs. 4 S. 2 der Richtlinie vom 25.10.2012 (2012/30/EU) inhaltsgleich abgelöst worden ist.

[456] *Bayer*, in: MünchKomm/AktG, 4. Aufl., § 203 Rn. 152; *Koch*, in: Hüffer/Koch, 13. Aufl., § 203 Rn. 26 jew. m.w.N.

[457] Vgl. die gesetzliche Ausgangslage nach § 204 Abs. 1 AktG, wobei die Praxis dem Vorstand die Ausgestaltung des Ausgabepreises überlässt; *Bayer*, in: MünchKomm/AktG, 4. Aufl., § 204 Rn. 6.

[458] *Servatius*, in: Spindler/Stilz, 4. Aufl., § 186 Rn. 34; dementgegen zusätzlich im Rahmen der Ausübungskompetenz behandelnd, *Maslo*, Interessenwahrung und Rechtsschutz, S. 105 ff.

[459] *Kimpler*, DB 1994, 767, 769 f., der allerdings sehr beschränkt nur auf den Wortlaut abstellt, ohne die Teleologie einzubeziehen; *Martens*, ZIP 1992, 1677, 1686 f.

Aktionär auch über das Vorliegen der Voraussetzungen der sachlichen Rechtfertigung des Bezugsrechtsausschlusses informieren möchte.[460] Der schriftliche Bericht des Vorstandes ist daher zeitlich und nicht nur räumlich *vor* der Hauptversammlung zu erstatten.[461] Eine Offenbarung erst in der Hauptversammlung würde zu einer Überforderung der Aktionäre führen, was eine besonnene und informierte Entscheidung nicht zulassen würde. Das Telos würde konterkariert, hätten die Aktionäre nicht einen angemessenen Zeitraum zur Verfügung, um die Kapitalerhöhung mit Bezugsrechtsausschluss gegenüber alternativen Finanzierungsmethoden abzugleichen.[462] Dies gilt auch bei einem lediglich mit abstrakten Gründen zu rechtfertigenden Bezugsrechtsausschluss, da die Entscheidung über eine derartige Ermächtigung auch von sonstigen „inneren und äußeren" Gegebenheiten abhängen kann.[463] Ein ausreichender Schutz der Aktionäre hinsichtlich der Wahrnehmung ihrer Teilhaberechte in der Hauptversammlung würde damit bereits hier merklich tangiert, ohne dass diese Ansicht einen effektiven Schutzausgleich auf nachgelagerten Ebenen anbieten würde. Rechtsmethodisch lässt sich eine hinreichende Information der Aktionäre folgendermaßen verwirklichen.

(1) Auslagepflicht

Der Bericht ist in einer Analogie zu den §§ 175 Abs. 2, 293f Abs. 1 Nr. 3 AktG in den Geschäftsräumen der Gesellschaft ab Einberufung der Hauptversammlung auszulegen und auf Verlangen der Aktionäre an diese zu versenden.[464] Eine Analogie ist entgegen anderslautender Stimmen durchaus geboten,[465] gerade auch mit Hinweis auf den damaligen § 340d Abs. 2 und 4 AktG a.F.[466] Der Bezugsrechtsausschluss führt durch Ausgabe der neu emittierten Aktien notwendigerweise zur quotalen Verwässerung der Mitgliedschaftsrechte (Vermögens- und Beteiligungsrechte). Dies ist weitergedacht nichts anderes als eine sukzessive Minderung der mitgliedschaftlichen Beteiligung des Aktionärs, die mit einem Ausschluss vergleichbar ist.[467]

---

[460] Denn er hat sich an den materiellen Voraussetzungen zu orientieren, *Servatius*, in: Spindler/Stilz, 4. Aufl., § 186 Rn. 27.

[461] *Becker*, BB 1981, 394, 395, *Hirte*, Bezugsrechtsausschluß, S. 124; *Stöber*, in: Hdb. der AG-Finanzierung, 2. Aufl., Kap. 5 Rn. 27 f.; a.A. *Kimpler*, DB 1994, 767, 769 f.; *Martens*, ZIP 1992, 1677, 1686 f.

[462] *Lutter*, ZGR 1979, 401, 409; einen Bericht erst während der Hauptversammlung für zulässig erachtend *Becker*, BB 1981, 394, 395.

[463] *Ekkenga/Bernau*, in: Hdb. der AG-Finanzierung, 1. Aufl., Kap. 5 Rn. 27.

[464] *Busch*, in: Marsch-Barner/Schäfer, Hdb. börsennotierte AG, 4. Aufl., § 42 Rn. 74; *Schürnbrand*, in: MünchKomm/AktG, 4. Aufl., § 186 Rn. 86; so noch *Krieger/Kraft*, in: MünchHdbGesR IV, 3. Aufl., § 56 Rn. 95; a.A. *Scholz*, in: MünchHdbGesR IV, 4. Aufl., § 57 Rn. 134; *Becker*, BB 1981, 394, 395; *Martens*, ZIP 1992, 1677, 1685 f.

[465] So z.B. *Martens*, ZIP 1992, 1677, 1686.

[466] Vgl. jetzt § 63 UmwG.

[467] Vgl. *Hefermehl/Bungeroth*, in: Geßler/Hefermehl, § 186 Rn. 85; *Hirte*, Bezugsrechtsausschluß, S. 31; dies mangels hinreichender Intensität als nicht ausreichend betrachtend *Martens*, ZIP 1992, 1677, 1686. Bei einer Fusion hingegen sei der (vollständige) Verlust der

Gerade diese Minderung ist Grundlage für die Existenz eines Bezugsrechts,[468] es ist eine Besitzstandsgarantie.[469] Umso deutlicher wird es, wenn man die Möglichkeit in Betracht zieht, dass durch Kapitalerhöhungen unter Bezugsrechtsausschluss die Minderheitenbeteiligung auf 5 % reduziert werden kann. In diesem Fall würde ein Squeeze-out gem. §§ 327a ff. AktG ermöglicht, der darüber hinaus nach zutreffender Auffassung nicht einmal einer vergleichbaren sachlichen Rechtfertigung bedarf.[470] Auch in diesem Fall existieren gem. § 327c AktG entsprechende Informationspflichten. Damit ist eine Übertragung von gesetzlichen Wertungen, die bei der Ausschließung von Aktionären anzutreffen sind, auf die Konstellation des Bezugsrechtsausschlusses gerechtfertigt und wegen der vergleichbaren Interessenlage auch notwendig.

Entgegen auch gewichtigen und kritischen Stimmen ist ein Vorstandsbericht für die Schaffung eines genehmigten Kapitals bereits vor der Hauptversammlung zu verlangen,[471] da die Beschlussfassung über einen Bezugsrechtsausschluss oder die Ausschlussermächtigung zumindest eine abstrakte Gefährdung darstellt, über die die Aktionäre nach der Wertung der zugrundeliegenden Regelung zu informieren sind.

(2) Versendungspflicht

Teilweise wird zur Schaffung einer Informationsgrundlage neben der Auslage- auch eine Versendungspflicht angenommen, um die effiziente Ausübung des Teilhaberechts zu erleichtern.[472] Dem ist entsprechend der Begründung zur angenommenen Auslagepflicht zuzustimmen. Die Aktionäre müssen die notwendigen Informationen nach der gesetzgeberischen Wertung auf möglichst einfachem Wege einholen können. Eine Versendungspflicht besteht allerdings dann nicht, sofern der Vorstandsbericht ab der Einberufung auf der Internetpräsenz der Gesellschaft zur Verfügung gestellt wird (§§ 175 Abs. 2 S. 4, 293f Abs. 3 AktG analog).[473] Zum Teil

---

Aktionärsstellung an der übertragenden Gesellschaft so intensiv, dass dies eine unterschiedliche Behandlung rechtfertigt, *Martens*, a.a.O.

[468] Vgl. *Ludewig*, Hauptprobleme der Reform des Aktienrechts, S. 55.

[469] *Wiedemann*, in: GroßKomm/AktG, 4. Aufl., § 186 Rn. 13.

[470] BGH, Urt. v. 16.03.2009 – II ZR 302/06 –, BGHZ 180, 154, 161 Tz. 14; *Grunewald*, in: MünchKomm/AktG, 4. Aufl., § 327a Rn. 17 m.w.N.

[471] Anders *Hirte*, in: GroßKomm/AktG, 4. Aufl., § 203 Rn. 72 ff.; *Martens*, ZIP 1992, 1677, 1682.

[472] *Servatius*, in: Spindler/Stilz, 4. Aufl., § 186 Rn. 31; *Koch*, in: Hüffer/Koch, 13. Aufl., § 186 Rn. 23; *Ekkenga*, in: KölnKomm/AktG, § 186 Rn. 182.

[473] *Busch*, in: Hdb. börsennotierte AG, 4. Aufl., § 42 Rn. 74 (der auf § 175 Abs. 2 S. 4 AktG verweist); *Veil*, in: K. Schmidt/Lutter, 3. Aufl., § 186 Rn. 20 (auf § 293f Abs. 3 AktG analog verweisend); a.A. wohl *Koch*, in: Hüffer/Koch, 13. Aufl., § 186 Rn. 23, bezeichnet die Einstellung als „genügend", doch verzerrt dies den Blickwinkel. Es wäre nach hiesiger Grundlage für die Gesellschaft eine normierte *zusätzliche* Anforderung, keine Erleichterung.

wird auch in diesem Fall eine Versendungspflicht angenommen.[474] Es wird bei der zeitlichen Komponente der Zugänglichmachung des Vorstandsberichtes jedoch zu stark auf § 124a AktG abgestellt, sodass insgesamt eine Veröffentlichung auf der Internetseite analog § 124a AktG alsbald nach der Einberufung „genügen" soll.[475] Dies überzeugt nicht. Die Wertungen des § 124a AktG und der §§ 175 Abs. 2, 293f Abs. 1 Nr. 3 AktG sind zwar jeweils auf die Schaffung einer hinreichenden Informationsgrundlage gerichtet, jedoch ist der Normadressat kein korrespondierender. § 124a AktG ist bereits in seinem direkten Anwendungsbereich nach dem Willen des Gesetzgebers auf börsennotierte Gesellschaften beschränkt.[476] Dies ergibt sich auch aus der Tatsache, dass es sich um die Umsetzung von Art. 5 Abs. 4 Aktionärsrichtlinie[477] handelt, die gem. Art. 1 Abs. 1 Aktionärsrichtlinie[478] auf Gesellschaften Anwendung findet, deren Aktien an einem geregelten Markt zugelassen sind. Damit enthält § 124a AktG keine allgemeingültige Aussage darüber, „wie" dem Informationsbedürfnis der Aktionäre Rechnung zu tragen ist. Eine solch allgemeingültige Aussage ist vielmehr allein den §§ 175 Abs. 2, 293f Abs. 1 Nr. 3 AktG zu entnehmen, die nur eine Zugänglichkeit *ab* der Einberufung als hinreichend erachten.[479] § 124a AktG möchte lediglich eine weitere vereinfachte Informationsgewinnung der Aktionäre ermöglichen, setzt aber nicht die zeitlichen Aspekte der anderen Regelungen, die der Ausbalancierung einer Informationsasymmetrie dienen, außer Kraft. Dies wird gerade durch den Verweis des § 124a Abs. 1 Nr. 3 AktG belegt. Auch das Anforderungsprofil an die Gesellschaft wird durch § 124a AktG nicht allgemeingültig erhöht,[480] sodass die Einstellung des Vorstandsberichtes auf der Internetseite der AG nicht verpflichtend ist. Es überzeugt daher auch nicht, die Versendungspflicht der Gesellschaft auf eine Analogie allein zu § 175 Abs. 2 S. 2 AktG zu stützen, ohne die Wertung der Gesamtregelung und damit die Ausnahmen einzubeziehen. Eine Verfügbarkeit alsbald nach der Einberufung ist nach dem Gesagten nicht ausreichend, um einer Versendungspflicht zu entgehen.[481] Aber auch die Erfüllung dieser Anforderung dürfte für die Aktiengesellschaften kein größeres Problem darstellen.

---

[474] So noch *Servatius*, in: Spindler/Stilz, 3. Aufl., § 186 Rn. 31 und *Koch*, in: Hüffer/Koch, 11. Aufl., § 186 Rn. 23; jetzt a.A. *Drescher*, in: Spindler/Stilz, 4. Aufl., § 186 Rn. 31; *Koch*, in: Hüffer/Koch, 13. Aufl., § 186 Rn. 23.

[475] *Koch*, in: Hüffer/Koch, 13. Aufl., § 186 Rn. 23.

[476] Begr. BT-Drucks. 16/11642 S. 30.

[477] RL 2007/36/EG.

[478] Vgl. Fn. 477.

[479] Vgl. hierzu *Wiedemann*, in: GroßKomm/AktG, 4. Aufl., § 186 Rn. 121 m.w.N. in Fn. 192.

[480] *Koch*, in: Hüffer/Koch, 12. Aufl., § 186 Rn. 23, vgl. zum Gebrauch des Begriffs „genügend" *Koch*, in Fn. 473.

[481] Anders wohl für börsennotierte Aktiengesellschaften *Marsch-Barner*, in: Bürgers/Körber, 4. Aufl., § 186 Rn. 25.

(3) Bekanntmachungspflicht

Entgegen der wohl (noch) herrschenden Meinung ist der wesentliche Inhalt des Vorstandsberichtes nicht nach § 124 Abs. 2 S. 2, 2 Alt. AktG analog bekanntzumachen.[482] Auch nach der Novelle durch ARUG[483], hat der Gesetzgeber die Bekanntmachungspflicht in Kenntnis der Diskussion beschränkt auf § 186 Abs. 4 S. 1 AktG beibehalten.[484] Teilweise wurde hierhin lediglich der Ausschluss der Bekanntmachungspflicht im Volltext gesehen, ohne dass es Auswirkungen auf die Analogiemöglichkeit zu § 124 Abs. 2 S. 2, 2. Alt. AktG hätte.[485] Doch fehlt es an der für die Analogie notwendigen Regelungslücke. Diese wird bereits durch die Analogie zu § 175 Abs. 2 AktG, welche dem Informationsbedürfnis der Aktionäre hinreichend Rechnung trägt,[486] geschlossen. Dies scheint auch der Gesetzgeber so gesehen zu haben, da er mit § 16 Abs. 4 S. 7 WpÜG zu erkennen gegeben hat, dass er bei Erforderlichkeit der Veröffentlichung zumindest des wesentlichen Inhalts eine positive Regelung trifft. Der Bericht nach § 186 Abs. 4 S. 2 AktG ist den Aktionären des Targets in seiner Kurzfassung im zeitlichen Zusammenhang mit der Veröffentlichung der Angebotsunterlage bekannt zu machen. Der Zweck des Vorstandsberichtes, eine ausreichende Entscheidungsgrundlage zu schaffen, verlangt hingegen, dass mit der Einberufung der Hauptversammlung ein Hinweis auf die Möglichkeit der Einsichtnahme oder die Zusendung[487], bzw. bei Veröffentlichung des Vorstandsberichtes auf der Internetseite, die Internetadresse anzugeben.[488] Ohne diese Information wäre das Ziel des Aktionärsschutzes durch Verfahrensausgestal-

---

[482] *Hüffer*, NJW 1979, 1065, 1070; *Veil*, in: K. Schmidt/Lutter, 3. Aufl., § 186 Rn. 20 offen gelassen in BGH, Urt. v. 9. 11. 1992 – II ZR 230/91 –, BGHZ 120, 141, 157.

[483] Gesetz zur Umsetzung der Aktionärsrichtlinie v. 30. Juli 2009, BGBl. Teil 1 Nr. 50 S. 2479.

[484] *Koch*, in: Hüffer/Koch, 13. Aufl., § 186 Rn. 23; so bereits OLG Bremen, Urt. v. 22. 08. 1991 – 2 U 114/90 –, AG 1992, 268, 270 (Bankverein Bremen); hiergegen *Ekkenga*, in: KölnKomm/AktG, 3. Aufl., § 186 Rn. 181.

[485] *Schürnbrand*, in: MünchKomm/AktG, 4. Aufl., § 186 Rn. 86; dem folgend *Ekkenga*, in: KölnKomm/AktG, 3. Aufl., § 186 Rn. 181.

[486] So auch *Rieckers*, in: Spindler/Stilz, 4. Aufl., § 124. Rn. 23; *Kubis*, in: MünchKomm/AktG, 3. Aufl. 2011, § 124 Rn. 23; *Koch*, in: Hüffer/Koch, 13. Aufl., § 186 Rn. 23, § 124 Rn. 12; *Hefermehl/Bungeroth*, in: Geßler/Hefermehl, § 186 Rn. 102; nur insoweit übereinstimmend *Scholz*, in: MünchHdbGesR IV, 3. Aufl., § 57 Rn. 134; a.A. vgl. noch *Krieger/Kraft*, in: MünchHdbGesR IV, 3. Aufl., § 56 Rn. 95; *Ziemons*, in: K. Schmidt/Lutter, 3. Aufl., § 124 Rn. 63; *Bosse*, ZIP 2001, 104, 105; keine eindeutige Stellung beziehend *Wiedemann*, in: GroßKomm/AktG, 4. Aufl., § 186 Rn. 121; offenlassend BGH, Urt. v. 9. 11. 1992 – II ZR 230/91 –, BGHZ 120, 141, 157, obwohl es nahezu durchgängig als h.M. zitiert wird.

[487] Diese Information kann unproblematisch im Rahmen der Bekanntmachung nach § 186 Abs. 4 S. 1 AktG erfolgen. Freiwillig, bei Veröffentlichung auf der Internetpräsenz. Eine Pflicht zur Veröffentlichung auf der Internetpräsenz besteht nämlich nur für börsennotierte Aktiengesellschaften.

[488] An der Bekanntmachungspflicht zweifelnd und allgemein mit dem Zweck argumentierend bereits *Kort*, ZIP 2002, 685, 688.

tung und Information nicht zu verwirklichen.[489] Entsprechend ist auch die analoge Anwendung der Mitteilung nach § 125 AktG, die eine Informierung der Aktionäre gem. § 128 AktG zur Folge hätte, abzulehnen.[490]

(4) Berichtserfordernis bei der Vorratsermächtigung?

Teilweise lehnt die Literatur eine Berichtspflicht des Vorstandes ab, sofern ein Ermächtigungsbeschluss unter einer Ausschlussermächtigung gefasst wird.[491] Dagegen spricht schon die Verweisungsnorm des § 203 Abs. 2 S. 2 AktG, die § 186 Abs. 4 S. 2 in Bezug nimmt, auch wenn die Berichtspflicht des Vorstandes erst nachträglich[492] eingefügt worden ist.[493] Der Hinweis darauf, dass die Richtlinie[494] in Art. 33 Abs. 5[495], der die Möglichkeit der Ausschlussermächtigung regelt, nicht auf Art. 33 Abs. 4[496] verweist, der wiederum die Berichtspflicht regelt, ist kein durchgreifender Einwand.[497] Die Regelungen einer Richtlinie sind neben der grammatikalischen auch einer teleologischen Auslegung zuzuführen, wie es auch der EuGH in ständiger Rechtsprechung praktiziert.[498] Betrachtet man dies fällt besonders ins Gewicht, dass ein Schutz der Aktionäre durch Berichtspflichten dem europäischen Gesellschaftsrecht insgesamt immanent ist.[499] Darüber hinaus ist die Ermächtigung des Vorstandes zum Bezugsrechtsausschluss nicht europaweit möglich und daher stellt sie zwar eine verbreitete Möglichkeit dar, nicht aber einen allgemeinen Regelfall.[500] Damit ist es angebracht, den fehlenden Verweis auf die Berichtspflicht für

---

[489] Hierzu bereits früh *Lutter*, in: KölnKomm/AktG, 2. Aufl., § 186 Rn. 56; *Apfelbacher/ Niggemann*, in: Hölters/AktG, 3. Aufl., § 186 Rn. 53.

[490] Vgl. die Verweise in Fn. 486.

[491] Vgl. nur *Sethe*, AG 1994, 342, 353 f.; *Kindler*, ZGR 1998, 35, 63; *Kindler*, ZHR 158 (1994), 339, 363.

[492] § 186 Abs. 4 S. 2 wurde durch das „Gesetz zur Durchführung der zweiten Richtlinie vom 13. Dezember 1978" BT-Drucks. 8/1678 eingefügt; abgedruckt in *Lutter*, Europäisches Gesellschaftsrecht, S. 106, 107.

[493] Anders *van Venrooy*, DB 1982, 735, 736; *ders.*, BB 1981, 1137 f.; *Marsch*, AG 1981, 211, 212; hiergegen zutreffend: BGH, Urt. v. 10.04.1982 – II ZR 55/81 –, BGHZ 83, 319, 326 = NJW 1982, 2444, 2445.

[494] RL 2012/30/EU (Vormals RL 77/91/EWG).

[495] Vormals Art. 29 Abs. 5 RL 77/91/EWG.

[496] Vormals Art. 29 Abs. 4 RL 77/91/EWG.

[497] So auf Ebene der Richtlinie *Kindler*, ZGR 1998, 35, 62; *ders.*, ZHR 158 (1994), 339, 360 ff.; *Kley*, Bezugsrechtsausschluß und Deregulierungsanforderungen, S. 61 ff.

[498] EuGH Urt. vom 17.11.1983 – Rs. C-292/82 –, Slg. 1983, 3781, 3792 Rn. 12 – Merck; EuGH Urt. vom 14.10.1999 – Rs. C-223/98 –, Slg. 1999-I, 7081, 7107 Rn. 23 f. – adidas.

[499] Art. 6 RL 2003/6/EG (Marktmissbrauchsrichtlinie); RL 2004/109/EG (Transparenzrichtlinie).

[500] *Hirte*, in: GroßKomm/AktG, 4. Aufl., § 202 Rn. 84; Darstellung des romanischen Rechtskreises bei *Butters*, ZBB 2001, 44 ff.; vgl. Art. 2441 Abs. 5 Codice civile für das italienische Recht, der die Entscheidung der Hauptversammlung vorbehält.

die Ausschlussermächtigung als gesetzgeberische Nachlässigkeit zu betrachten.[501] Wie auch teilweise die Vertreter der anderen Auffassung statuieren, ist kein Grund für eine Differenzierung von Direktausschluss und Vorratsermächtigung ersichtlich. Dies hat allerdings nicht zur Folge, dass die Berichtspflicht auch im Falle des Direktausschlusses entbehrlich ist,[502] sondern das sie im Fall der Ausschlussermächtigung erforderlich ist.[503]

Ziel des europäischen Gesetzgebers war es eher nicht, die Berichtspflicht für einen doch auch praktisch relevanten Fall der Kapitalerhöhung abzulehnen, sondern die Aktionärsrechte auch hier zu stärken.[504] Selbst wenn man die Forderung einer Berichtspflicht durch die Richtlinie ablehnt, ändert dies nichts daran, dass der deutsche Gesetzgeber eine solche fordert.[505] Die Richtlinie gibt gerade nur einen Mindeststandard vor, über den das innerstaatliche Recht hinausgehen darf. Es ergibt sich aber auch aufgrund der Richtlinie kein Anlass eine Berichtspflicht im Fall der Vorratsermächtigung abzulehnen.

§ 186 Abs. 4 S. 2 AktG ist direkt unanwendbar, da das Bezugsrecht im Ermächtigungsbeschluss *noch* nicht ausgeschlossen worden ist und die „Ermächtigung" gem. § 203 Abs. 1 S. 2 AktG an die Stelle des Erhöhungsbeschlusses tritt.[506] *Meilicke/Heidel*[507] sehen – wohl im Anschluss an *Lutter*[508] – in dem Verweis des § 203 Abs. 2 S. 2 AktG eine Bezugnahme auf den Hauptversammlungsbeschluss und in dem Verweis des § 203 Abs. 1 S. 1 AktG eine Bezugnahme auf die Ausübungsentscheidung. Dabei wird allerdings der Zweck des Verweises in § 203 Abs. 2 S. 2 AktG verkannt, welcher strukturbedingt notwendig ist.[509] Denn die Berichtspflicht des Vorstandes gegenüber der Hauptversammlung soll damit gerade für die Ausschlussermächtigung gewährleistet werden. Bei der Ausschlussermächtigung fehlt andernfalls gerade der notwendige Bezugsrechtsausschluss, um gem. § 203 Abs. 1 S. 1, 186 Abs. 4 S. 2 AktG zu einer Berichtspflicht zu gelangen.[510] Dies bedeutet aber nicht, dass für den Fall der Vorratsermächtigung nach § 203 Abs. 1

---

[501] *Hirte*, in: GroßKomm/AktG, 4. Aufl., § 202 Rn. 46.

[502] So auf Ebene der Richtlinie *Kley*, Bezugsrechtsausschluß und Deregulierungsanforderungen, S. 64 f.; *Hofmeister*, NZG 2000, 713, 716.

[503] *Hirte*, in: GroßKomm/AktG, 4. Aufl., § 202 Rn. 46; *Maslo*, Interessenwahrung und Rechtsschutz, S. 59 f.

[504] *Hirte*, in: GroßKomm/AktG, 4. Aufl., § 202 Rn. 46.

[505] Dies anerkennt auch *Kley*, Bezugsrechtsausschluß und Deregulierungsanforderungen, S. 148 f.

[506] *Natterer*, ZIP 2002, 1672, 1675 f.; für eine zweite Berichtspflicht *Meilicke/Heidel*, DB 2000, 2358, 2359. Siehe zur Thematik der zweiten Berichtspflicht S. 402 ff.

[507] *Meilicke/Heidel*, DB 2000, 2358, 2359.

[508] *Lutter*, BB 1981, 861, 862 f.

[509] Da ein Bezugsrechtsausschluss im technischen Sinne noch nicht vorliegt, ist auch eine Berichtspflicht nach §§ 203 Abs. 1 i.V.m. 186 Abs. 4 S. 2 AktG nicht erforderlich, vgl. *Schickerling*, Information und Rechtsschutz, S. 45.

[510] *Schickerling*, Information und Rechtsschutz, S. 45 f.

S. 1 AktG nun Bezug auf die Ausübungsentscheidung genommen wird. Unter dieser Annahme würde der Verweis des § 203 Abs. 1 S. 1 AktG je nach Konstellation (Direktausschluss/Vorratsermächtigung) einen anderen Bezugspunkt wählen (Hauptversammlungsbeschluss/Ausübungsentscheidung), ohne das hierfür im Wortlaut oder den Gesetzesmaterialien ein Hinweis gegeben wäre. Der Verweis des § 203 Abs. 1 S. 1 AktG setzt vielmehr voraus, dass sich aus den „nachfolgenden Vorschriften nichts anderes ergibt", was mit § 203 Abs. 2 S. 2 AktG hier der Fall ist. Der dortige Verweis ist damit lex specialis für die Ausschlussermächtigung.[511] Der Zeitpunkt und die Art der Bekanntmachung entsprechen den dargestellten Anforderungen an einen Direktausschluss.[512]

(5) Berichtsinhalt

Nach den gerade gewonnenen Erkenntnissen wird deutlich, dass der Aktionär ausreichende Möglichkeiten innehat, sein Informationsbedürfnis bei avisierten Bezugsrechtsausschlüssen und Ausschlussermächtigungen zu befriedigen. Erfüllt die Gesellschaft ihre dahin gehenden Verpflichtungen nicht, stehen dem Aktionär die aktienrechtlichen Beschlussmängelklagen zur Seite.[513] Um das Ausmaß der Informationserlangung, den Berichtsinhalt, wird es im Folgenden gehen. Denn neben den möglichen rein verfahrenstechnischen Abwicklungsfehlern stellt sich für den Aktionär die Frage nach der Anfechtbarkeit eines Ermächtigungsbeschlusses aufgrund inhaltlich unzureichender Berichterstattung. Wie bereits im Rahmen der materiellen Anforderungen angesprochen, gilt für den nach § 186 Abs. 4 S. 2 AktG zu erstattenden Vorstandsbericht ein grundlegend anderes Anforderungsprofil als bei der regulären Kapitalerhöhung.[514]

(a) Ausgangslage

Der Vorstand kann sich auf die Benennung abstrakter Ziele beschränken, zu deren Verwirklichung ein genehmigtes Kapital eingesetzt werden könnte.[515] Dies hat nach der hier vertretenen Auffassung sowohl für den Direktausschluss als auch die Ausschlussermächtigung zu gelten, da sich die materiellen Anforderungen decken.[516] Der Vorstand ist hierbei verpflichtet, zumindest abstrakt darzulegen, warum

---

[511] *Marsch*, AG 1981 211, 215; *Heinsius*, in: FS Kellermann, 1991, S. 115, 123 f.

[512] Vgl. S. 131.

[513] Vgl. bei Bekanntmachungsfehlern Fn. 450. Für Verstöße gegen die Auslage- oder Versendungspflicht gilt entsprechendes, vgl. *Servatius*, in: Spindler/Stilz, 4. Aufl., § 186 Rn. 34 i.V.m. 25 ff. Bei börsennotierten Gesellschaften kann eine Anfechtung gem. § 243 Abs. 3 Nr. 2 AktG nicht auf eine Verletzung der Veröffentlichungspflicht nach § 124a Abs. 1 Nr. 3 AktG gestützt werden.

[514] Vgl. zu den Berichtsanforderungen bei der regulären Kapitalerhöhung nur *Ekkenga*, in: KölnKomm/AktG, 3. Aufl., § 186 Rn. 170 ff. m.w.N.

[515] BGH, Urt. v. Urt. v. 23.06.1997 – II ZR 132/93 –, BGHZ 136, 133, 139; *Hirte*, in: GroßKomm/AktG, 4. Aufl., § 203 Rn. 109.

[516] Anders aber *Bayer*, in: MünchKomm/AktG, 4. Aufl., § 203 Rn. 145 f., 147 ff.

ein Bezugsrechtsausschluss für die abstrakt avisierte Maßnahme geeignet, erforderlich und verhältnismäßig ist. Dies darf nicht als bloßer Formalismus fehlinterpretiert werden.[517] Dem Aktionär soll nach dem Zweck des Vorstandsberichtes eine hinreichende Informationsgrundlage geschaffen werden, welche die Beurteilung sämtlicher erforderlicher Prüfungsstufen einschließt.[518] Es ist für den Aktionär unter Umständen nicht unmittelbar einsichtig, warum er auf sein Bezugsrecht für die Unterstützung einer (abstrakt) avisierten Börsenplatzierung verzichten solle. Erst wenn dem Aktionär auch auf abstrakter Ebene die Gesamtumstände vor Augen geführt werden, kann er informiert darüber entscheiden, ob er den Vorstand zu einem derartigen abstrakten Vorhaben ermächtigen möchte. Zutreffend ist daher eine Entscheidung des LG München I. In dieser verlangte es für die Rechtmäßigkeit einer Ermächtigung des Vorstands zum Bezugsrechtsausschluss bei einer globalen Neuausrichtung des Unternehmens, dass der Vorstand im Bericht Angaben über die neuen globalen Pläne und Absichten machen müsse.[519] Darüber hinaus wird dem Vorstand hierdurch selbst vor Augen geführt, ob diese abstrakten Ermächtigungen derzeit überhaupt notwendig sind. Ein den Vorstand über Gebühr belastender Arbeitsaufwand wird mit dieser Forderung nicht verbunden sein. Dies darf zumindest als kleiner Anreiz gegen die Einführung ganzer Ermächtigungskataloge verstanden werden. Eine akzessorische Abhängigkeit der Berichtstiefe mit dem Umfang des eingeräumten genehmigten Kapitals ist darüber hinaus nicht zu anzuerkennen.[520] In diesen Fällen müsste bereits auf materieller Ebene angesetzt werden und entsprechend höhere Anforderungen an die materielle Rechtfertigung gelegt werden. Hierfür gibt es allerdings weder ein Bedürfnis, noch ist dies de lege lata vorgesehen.[521] Ob 15 % oder 50 % des bisherigen Stammkapitals als genehmigtes Kapital zu Zwecken des Beteiligungserwerbes zur Verfügung gestellt werden, hat daher keinen Einfluss auf die an den Vorstandsbericht zu stellenden Anforderungen.[522]

---

[517] Kritisch *Bayer*, in: MünchKomm/AktG, 4. Aufl., § 203 Rn. 148 in Bezug auf die adidas-Entscheidung des BGH, Urt. v. 15.05.2000 – II ZR 359/98 –, NJW 2000, 2354; Bespr. *Pentz*, ZGR 2001, 901 ff.; zur Frage der Einlagefähigkeit von obligatorischen Nutzungsrechten, *Ekkenga*, ZHR 161 (1997), 599 ff.; *ders.*, in: KölnKomm/AktG, 3. Aufl., § 183 Rn. 53 ff.

[518] Anders *Koch*, in: Hüffer/Koch, 13. Aufl., § 203 Rn. 11, der allerdings auch als sachliche Rechtfertigung lediglich eine Überprüfung mit dem Gesellschaftsinteresse als ausreichend erachtet; vgl. hierzu zuvor S. 119 ff.

[519] LG München I, Urt. v. 25.01.2000 – 5HK O 12702/00 –, BB 2001, 748 f.

[520] Sympathisierend wohl *Bayer*, in: MünchKomm/AktG, 4. Aufl., § 203 Rn. 149; ablehnend *Koch*, in: Hüffer/Koch, 13. Aufl., § 203 Rn. 11.

[521] Vgl. zur Ablehnung der Tendenzen, die die Siemens/Nold-Rechtsprechung nur auf geringe Kapitalerhöhung anwenden möchten, S. 116; anders *Lutter*, JZ 1998, 50, 52.

[522] So auch der BGH Beschl. v. 21.11.2005 – II ZR 79/04 –, NZG 2006, 229, 230 Tz. 5; *Koch*, in: Hüffer/Koch, 13. Aufl., § 203 Rn. 11; wohl auch *Apfelbacher/Niggemann*, in: Hölters/AktG, 3. Aufl. § 203 Rn. 23.

(b) Konkretisierte Planungen

Anderes muss allerdings gelten, wenn bereits konkretisierte Pläne vorhanden sind, die bereits den Zweck zu dem der Vorstand das genehmigte Kapital ausnutzen möchte, nahelegen. Denn betrachtet man den Rückbau der Anforderungen an den Vorstandsbericht im Rahmen des genehmigten Kapitals, so erhellt sich eine starke Orientierung an der Schaffung eines flexibel einsetzbaren Eigenkapitalinstrumentes.[523] Die Ursache und Rechtfertigung für den Rückbau der Berichtsanforderungen und der materiellen Beschlusskontrolle beruhen auf der Tatsache, dass für den Ermächtigungszeitraum von bis zu fünf Jahren keine konkreten Angaben zu den Einsatzzwecken gemacht werden können. Wie ebenfalls dargelegt, wurde die Beschlusskontrolle auch nicht auf den Rechtsstand zu Zeiten der Hibernia-Entscheidung zurück gesetzt, sodass auch nach Siemens/Nold eine sachliche Kontrolle eines Ermächtigungsbeschlusses mit Direktausschluss/Ausschlussermächtigung nach den §§ 202 ff. AktG erforderlich ist.[524] Ist nun aber weiterhin die sachliche Kontrolle notwendig und entfällt bei konkretisierten Planungen der Rechtfertigungsmoment für einen Rückbau der Beschlusskontrolle und damit korrespondierend auch des Berichtsinhalts, darf logische Konsequenz nur die Offenlegung der konkretisierten Pläne sein.[525] Man wird hier nicht bei „abgeschlossenen" Planungen stehen bleiben dürfen.[526] Der Vorstand hat auch über solche Planungen zu berichten, die noch nicht endgültig fixiert worden sind, aber sehr wohl als ernst zu nehmende Möglichkeit in Betracht gezogen werden.[527] Die Aktionäre können eine informierte Entscheidung nur treffen, wenn ihnen der Gefährdungsgrad deutlich gemacht wird. Soll ein genehmigtes Kapital zur die Platzierung der Aktien an einer ausländischen Börse geschaffen werden und hat der Vorstand hier bereits konkrete Länder ernsthaft in Betracht gezogen, so hat er dies den Aktionären mitzuteilen. Die Grenze der Informationspflicht ist dort zu ziehen, wo es sich tatsächlich bloß um abstrakte Vorstellungen aufseiten des Vorstandes handelt, die noch in keinerlei Konkretisierungsstadium getreten sind und daher jederzeit reibungsfrei änderbar sind.[528] Der Darlegungs- und Beweislast, denen die Aktionäre hinsichtlich eines derartigen Informationspflichtverstoßes unterliegen, werden sie nur dann genüge tun können, wenn innerhalb der Beratung auf der Hauptversammlung Hinweise das Verschweigen konkreter Informationen nahe legen.[529]

---

[523] Vgl. zuvor S. 119 ff.

[524] So auch *Maslo*, Interessenwahrung und Rechtsschutz, S. 108.

[525] So auch *Cahn*, ZHR 163 (1999), 554, 559 ff.; *Maslo*, Interessenwahrung und Rechtsschutz, S. 108.

[526] So *Cahn*, ZHR 163 (1999), 554, 559–563.

[527] Auf die Schwierigkeit zwischen „abgeschlossenen" und „vorläufigen" Planungen zu unterscheiden weist *Ekkenga*, AG 2001, 615, 617 hin.

[528] *Maslo*, Interessenwahrung und Rechtsschutz, S. 109; a.A. *Cahn*, ZHR 163 (1999), 554, 559.

[529] *Ekkenga*, AG 2001, 615, 617, welcher die Darlegungs- und Beweisproblematik aufgrund der Subjektivität des Kriteriums hervorhebt.

Da es sich bei dem Vorstand um ein Kollegialorgan handelt, ist ein derartiges Informations„leck" auf der Hauptversammlung zumindest vorstellbar.

(c) Nachberichterstattung in der Hauptversammlung

Die Preisgabe der konkretisierten Informationen erst auf der Hauptversammlung ist darüber hinaus aber nicht geeignet, den vorhergehenden fehlerhaften Bericht zu heilen.[530] Weist der Bericht des Vorstandes einen inhaltlichen Mangel auf, ist es aufgrund des zwingenden Schriftformerfordernisses nicht möglich, diesen durch mündliche Erörterungen in der Hauptversammlung nachzubessern.[531] Der Vorstand könnte andernfalls zum Rückhalt relevanter Informationen für die Entscheidungsfindung bewogen werden. Dies würde eine vorherige Meinungsbildung des Aktionärs unter Rücksprache mit Sachverständigen verhindern, was den Vorabbericht nahezu obsolet machen würde.[532] Der Verweis auf einen möglichen Widerspruch des Aktionärs mit anschließender Sachverständigenberatung bezüglich einer Anfechtungsklage hilft dem Aktionär nicht weiter,[533] fällt bei konsequenter Anwendung der Heilungsmöglichkeit doch der Anfechtungsgrund des fehlerhaften Vorstandsberichtes weg. Es ist keineswegs sichergestellt, dass der Beschluss bei ausreichender Information nicht anders gefasst worden wäre, selbst wenn er sachlich gerechtfertigt wäre. Hier spielt die Möglichkeit der Weisungen an Depotbanken, welche aufgrund der Vorabinformationen ergehen, eine entscheidende Rolle. Die Aktionäre sollen bereits vor Abhaltung der Hauptversammlung sämtliche entscheidungserheblichen Umstände rechtlicher und wirtschaftlicher Art kennen, um so ihre eigene Positionierung vornehmen zu können. Kommen relevante Informationen erst in der Hauptversammlung zur Sprache, würden aufgrund des Erstberichtes nicht erschienene Aktionäre ohne sachlichen Grund benachteiligt.[534] Auch das Erfordernis der Auslage mit Einberufung der Hauptversammlung würde bei Zulassung einer Heilung konterkariert. Das gesetzliche System ist gerade auf eine Vorabinformation der Aktionäre ausgerichtet. Dies ist nicht dahin gehend falsch zu verstehen, dass jegliche fehlende Information zur Anfechtbarkeit des Kapitalerhöhungsbeschlusses führen würde. Dem Vorstand ist es unbenommen, in der Hauptversammlung Präzisierungen und Erläuterungen vorzunehmen,[535] nicht aber Ergänzungen.

---

[530] *Lutter*, ZGR 1979, 401, 410; *Koch*, in: Hüffer/Koch, 13. Aufl., § 186 Rn. 24; a.A. *Sethe*, AG 1994, 342, 356 ff.

[531] BGH, Urt. v. 29.10.1990 – II ZR 146/89 –, NJW-RR 1991, 358, 359 (f.d. Verschmelzungsbericht); OLG München OLG München, Urt. v. 06.02.1991 – 7 U 4355/90 –, ZIP 1991, 726, 729; *Koch*, in: Hüffer/Koch, 13. Aufl., § 186 Rn. 24; *Lutter*, ZGR 1979, 401, 410; differenzierend *Liebert*, Bezugsrechtsausschluss, S. 55 f.; a.A. *Becker*, BB 1981, 394, 396; *Sethe*, AG 1994, 342, 356.

[532] *Lutter*, ZGR 1979, 401, 410.

[533] So *Martens*, ZIP 1992, 1677, 1685.

[534] *Ekkenga*, in: KölnKomm/AktG, 3. Aufl., § 186 Rn. 177; a.A. *Sethe*, AG 1994, 342, 357; *Martens*, ZIP 1992, 1677, 1685.

[535] *Ekkenga*, in: KölnKomm/AktG, 3. Aufl., § 186 Rn. 177; so auch noch *Peifer*, in: MünchKomm/AktG, 3. Aufl., § 186 Rn. 67, Fn. 252.

(d) Geheimnisschutz

Hinsichtlich der Veröffentlichungspflicht gelten die Grundsätze, die auch für einen Vorstandsbericht bei der regulären Kapitalerhöhung unter Bezugsrechtsausschluss gelten. Geheimnisschutz geht also auch hier dem Informationsbedürfnis der Aktionäre vor, wenn eine Auskunft auf der Hauptversammlung nach § 131 Abs. 3 AktG verweigert werden dürfte.[536] Insbesondere für den Fall eines konkretisierten Beteiligungserwerbs dürfte die höchstrichterlich anerkannte Fallgruppe der Achtung „ungeschriebener Diskretionsgesetze" zur Vermeidung von Kontrahierungsnachteilen von äußerster Relevanz sein.[537] Würde der Einbringende bei zu frühzeitiger Kenntnis der Öffentlichkeit zum Nachteil der Aktiengesellschaft von dem Geschäft Abstand nehmen oder würde die Bekanntgabe gegen Art. 10 Abs. 1 MAR verstoßen, ist eine Aufnahme der konkretisierten Planung in den Vorstandsbericht nicht notwendig.[538] Anders ist es zu beurteilen, wenn lediglich eine Platzierung an bereits konkret avisierten ausländischen Börsenplätzen bevorsteht. Hier ist kein Grund ersichtlich, den Aktionären die Informationen vorzuenthalten. Insbesondere, da diese sich über die Folgekosten und rechtlichen Umstände auf den avisierten Börsenplätzen informieren sollten.

dd) Fazit

Betrachtet man allein die formellen Anforderungen, die an den Bezugsrechtsausschluss und die Ermächtigung hierzu im Rahmen des Ermächtigungsbeschlusses gestellt werden, wird ihr doch geringer Effekt deutlich. Die Aktiengesellschaften können die in ihren Einzelheiten zwar umstrittenen, aber doch klar strukturierten Voraussetzungen ohne größere Probleme umsetzen. Der Umfang des Rechtsschutzes, den ein (Minderheits)Aktionär erlangen könnte, hält sich daher in engen Grenzen. Die bloße Information über die bevorstehende Verwässerungsmöglichkeit hilft ihm noch nicht, diese im Fall der Rechtswidrigkeit auch tatsächlich zu verhindern. Bestehen feste Mehrheiten, wird nicht einmal ein ihm zustehender Redebeitrag auf der Hauptversammlung ein anderes Ergebnis herbeiführen können. Umso wichtiger ist es, die von außen an den Ermächtigungsbeschluss gestellten materiellen Anforderungen, durch die man den Beschluss auf seine inhaltliche Rechtmäßigkeit prüfen kann, genau zu beleuchten. Denn an der Möglichkeit der Anfechtung des Hauptversammlungsbeschlusses aufgrund von Berichts- oder Inhaltsfehlern hat sich an sich nichts geändert (§§ 203 Abs. Abs. 1, 186 Abs. 4 S. 2 AktG). Dadurch, dass nun lediglich abstrakte Gründe in den Vorstandsbericht aufgenommen werden

---

[536] Vgl. m.w.N. nur *Ekkenga*, in: KölnKomm/AktG, 3. Aufl., § 186 Rn. 175 f.

[537] BGH, Urt. v. 16. 2. 2009 – II ZR 185/07 –, BGHZ 180, 9, 31 f. Tz. 42 = DStR 2009, 537, 544 (Deutsche Bank/Kirch); *Kubis*, in: MünchKomm/AktG, 3. Aufl., § 131 Rn. 112.

[538] Unter der Prämisse, dass die Veröffentlichung von Insiderinformationen in keinem Fall der Disposition der Aktionäre unterliegen dürfe und damit keinen Weg in den Vorstandsbericht finden sollte, vgl. *Ekkenga*, in: KölnKomm/AktG, 3. Aufl., § 186 Rn. 176; ebenso *Bosse*, ZIP 2001, 104, 105; *Maslo*, Interessenwahrung und Rechtsschutz, S. 109; *Koch*, in: Hüffer/Koch, 13. Aufl., § 203 Rn. 29.

müssen, um einen Bezugsrechtsausschluss zu rechtfertigen, ist es den Aktionären nur in ganz besonderen Ausnahmefällen möglich, eine Beschlussanfechtung aufgrund dieses formellen Fehlers vorzunehmen.[539] Sofern allerdings keine Begründung oder eine reine Blankettermächtigung in dem Bericht genannt wurde, kann es auf die Relevanz des Verfahrensverstoßes nicht mehr ankommen.[540] Ansonsten sind Anfechtungsgründe nur naheliegend, wenn konkretisierte nicht geheimhaltungsbedürftige Pläne vorhanden sind, bei denen die Pflicht zur Berichterstattung einen hinreichenden Schutzstandard garantieren kann. Von der Absenkung der Anforderungen an den Berichtsinhalt nicht betroffen sind die sonstigen formellen Fehler, an denen der Hauptversammlungsbeschluss leiden kann. Hat es der Vorstand versäumt, den Bezugsrechtsausschluss dem Erfordernis des § 186 Abs. 4 S. 1 AktG entsprechend ausdrücklich und ordnungsgemäß bekannt zu machen, ist der Beschluss gem. § 243 Abs. 1 AktG anfechtbar.[541]

Die formellen und materiellen Anforderungen können dem Aktionär auf der Ermächtigungsebene daher lediglich einen minimalen Schutzstandard bieten, dessen Verletzung er mit der Anfechtungs- oder Nichtigkeitsklage rügen kann. Es wird daher im Kapitel 3 um die genaue Überprüfung der Rechtsschutzmöglichkeiten des Aktionärs gegen Verwaltungsentscheidungen gehen, insbesondere bei der Ausnutzung des genehmigten Kapitals.

c) Teilanfechtung des Bezugsrechtsausschlusses/der Vorratsermächtigung

Zuvor wird noch die im genehmigten Kapital, wie auch bei der ordentlichen Kapitalerhöhung umstrittene Frage nach der Teilanfechtbarkeit des Bezugsrechtsausschlusses thematisiert. Gerade bei der ordentlichen Kapitalerhöhung wird die Frage, ob der Bezugsrechtsausschluss isoliert angefochten werden kann, überwiegend verneint.[542] Der Wortlaut des § 186 Abs. 3 S. 1 AktG, der den Ausschluss des Bezugsrechts „nur im Beschluß über die Erhöhung des Grundkapitals" zulässt, mag zwar ein Indiz für eine Unselbstständigkeit sein. Denn zumindest für den Direktausschluss des Bezugsrechts im Hauptversammlungsbeschluss wird

---

[539] *Lutter*, in: KölnKomm/AktG, 2. Aufl., § 203 Rn. 43; *Becker*, BB 1981, 394, 396; *Quack*, ZGR 1983, 257, 266.

[540] *Koch*, in: Hüffer/Koch, 13. Aufl., § 186 Rn. 42; vgl. zu dem Streitstand, ob der Ausuferung eines Anfechtungsrechts durch das Erfordernis der potentiellen Kausalität oder der Relevanzlehre vorgebeugt werden sollte *Hüffer/Schäfer*, in: MünchKomm/AktG, 4. Aufl., § 243 Rn. 27 ff. m.w.N.

[541] *Wiedemann*, in: GroßKomm/AktG, 4. Aufl., § 186 Rn. 112; *Schürnbrand*, in: MünchKomm/AktG, 4. Aufl., § 186 Rn. 79, 147; *Servatius*, in: Spindler/Stilz, 4. Aufl., § 186 Rn. 24.

[542] *Liebert*, Bezugsrechtsausschluss, S. 245; auch noch *Peifer*, in MünchKomm/AktG, 3. Aufl., Rn. 104; LG Braunschweig Urt. v. 24.04.1992 – 22 O 95/89 –, AG 1993, 194 f.; jetzt a.A *Koch*, in: Hüffer/Koch, 13. Aufl., § 186 Rn. 42, der entgegem der Vorauflage nun eine Anwendung von § 139 BGB zulässt.

§ 186 Abs. 3 S. 1 gem. § 203 Abs. 1 S. 2 AktG direkt in Bezug genommen.[543] Explizit beinhaltet er allerdings allein die Abhängigkeit des Bezugsrechtsausschlusses vom Kapitalerhöhungsbeschluss.[544] Dass dieses Denknotwendige kodifiziert worden ist, bedeutet nicht zugleich den umgekehrten Fall, dass auch der Kapitalerhöhungsbeschluss von dem Bezugsrechtsausschluss zwingend abhängig sein soll. Dass Fälle existieren, in denen der Wille der Hauptversammlung zur isolierten Aufrechterhaltung einer Kapitalerhöhung besteht, zeigt die Holzmann-Entscheidung des BGH.[545] Der Einwand, dass bei einer Teilanfechtung von der Hauptversammlung nicht gewollte Beschlüsse durch eine Entscheidung des Gerichts konstruiert werden, greift insbesondere für das genehmigte Kapital nicht durch.[546] Diesem Risiko lässt sich mittels einer analogen Anwendung des § 139 BGB vorbeugen.[547] Der klagende Aktionär könnte hierdurch sein Kostenrisiko selbstständig einschätzen und wird nicht gezwungen, sehenden Auges eine teilweise Abweisung seiner Klage zu riskieren.[548] Denn die in § 248 Abs. 1 S. 1 AktG enthaltene Alternative der teilweisen Aufhebbarkeit des Beschlusses wäre grundsätzlich nutzbar.[549] Die isolierte Anfechtungsklage ist damit nicht bereits aufgrund der Gefahr nicht gewollter Beschlüsse als unzulässig abzuweisen.[550] Es ist eine Frage der Begründetheit der Klage, ob die Hauptversammlung den Kapitalerhöhungsbeschluss auch ohne Bezugsrechtsausschluss gewollt hat. Dies ist entsprechend § 139 BGB zu überprüfen.[551] Ist davon auszugehen, dass die Hauptversammlung den Ermächtigungsbeschluss/Kapitalerhöhungsbeschluss auch ohne den Ausschluss des Bezugsrechts gefasst hätte, ist die Anfechtungsklage

---

[543] Dies gilt schon von Beginn an nicht für die Ausschlussermächtigung, da § 203 Abs. 2 AktG lediglich auf § 186 Abs. 4 AktG und diesbezüglich auch nur auf eine sinngemäße Anwendung verweist.

[544] *Ekkenga/Sittmann*, AG 1989, 213, 213 f.

[545] BGH, Urt. v. 19.04.1982 – II ZR 55/–, BGHZ 83, 319 (insoweit nicht abgedruckt) = NJW 19982, 2444, 2446.

[546] So *Wiedemann*, in: GroßKomm/AktG, 4. Aufl., § 186 Rn. 109.

[547] *Scholz*, in: MünchHdbGesR IV, 4. Aufl., § 57 Rn. 145; *Schürnbrand*, in: MünchKomm/AktG, 4. Aufl., § 186 Rn. 148; wohl über die Einschränkung der Nichtigkeitsfolge bei Gesamtanfechtbarkeit *Wiedemann*, in: GroßKomm/AktG, 4. Aufl., § 186 Rn. 191 f.; *Ekkenga*, in: KölnKomm/AktG, 3. Aufl., § 186 Rn. 140.

[548] *Ekkenga/Jaspers*, in: Hdb. der AG-Finanzierung, 2. Aufl., Kap. 4 Rn. 207; für Heranziehung des gesamten Beschlusses zur Streitwertberechnung: OLG München, Beschl. v. 28.09.1988 – 7W 2358/88 –, AG 1989, 212 m. Anm. *Ekkenga/Sittmann*, AG 1989, 213.

[549] *Ekkenga/Jaspers*, in: Hdb. der AG-Finanzierung, 2. Aufl., Kap. 4 Rn. 207.

[550] So aber LG Braunschweig, Urt. v. 24.04.1992 – 22 O 95/89 –, AG 1993, 194, 194 ff.; auch noch *Peifer*, in: MünchKomm/AktG, 3. Aufl., § 186 Rn. 104; *Marsch-Barner*, in: Bürgers/Körber, 4. Aufl., § 186 Rn. 51; jetzt a.A. *Schürnbrand*, in: MünchKomm/AktG, 4. Aufl., § 186 Rn. 139.

[551] *Schürnbrand*, in: MünchKomm/AktG, 4. Aufl., § 186 Rn. 139; *Ekkenga*, in: KölnKomm/AktG, § 186 Rn. 140.

begründet. Ist dies nicht festzustellen, ist selbst bei Fehlerhaftigkeit des Bezugsrechtsausschlusses die Klage als unbegründet abzuweisen.[552]

Beim genehmigten Kapital unter Direktausschluss des Bezugsrechts ist allerdings eine nur schwer zu widerlegende Vermutung dahin gehend anzunehmen, dass die Hauptversammlung das genehmigte Kapital allein unter Bezugsrechtsausschluss schaffen wollte. Anders verhält es sich gerade bei der Ermächtigung des Vorstandes zum Bezugsrechtsausschluss, da die Hauptversammlung in diesem Fall von vornherein auch mit der Ausnutzung des genehmigten Kapitals cum Bezugsrecht gerechnet und diese antizipiert gebilligt hat.[553]

Eine solche Teilanfechtbarkeit wird gerade in den Fällen virulent, in denen der Vorstand aufgrund bereits konkretisierter Planung einen konkretisierten Vorstandsbericht hätte abgeben müssen, bei dem die konkretisierten Gründe nicht zu einer sachlichen Rechtfertigung ausgereicht hätten.[554]

§ 3 Einstweiliger Rechtsschutz gegen die Eintragung des Ermächtigungsbeschlusses

Wie bereits bei den Ausführungen zum vorläufigen Rechtsschutz gegen zu fassende Hauptversammlungsschlüsse oder auf ein bestimmtes Abstimmungsverhalten von Mitgesellschaftern angedeutet, wird einstweiliger Rechtsschutz gegen die Durchführung der Eintragung eines Hauptversammlungsbeschlusses regelmäßig unter erleichterten Voraussetzungen gewährt.[555] Dies gilt auch für die im Folgenden thematisierte Eintragung eines Ermächtigungsbeschlusses.

---

[552] OLG Frankfurt, Urt. v. 9.2.1993 – 5 U 31/92 –, AG 1993, 281, 283 m Anm. *Wenger*, EWiR § 186 1/93; OLG München Urt. v. 24.3.1993 – 7 U 3550/92 –, AG 1993, 283, 284; so noch *Krieger/Kraft*, in: MünchHdbGesR IV, 3. Aufl., § 56 Rn. 103; *Ekkenga*, in: KölnKomm/ AktG, 3. Aufl., § 186 Rn. 140; im Anschluss sympathisierend auch *Scholz*, in: MünchHdbGesR IV, 4. Aufl., § 57 Rn. 145.

[553] Vgl. nur den Fall OLG Nürnberg, Beschl. v. 14.02.2018 – 12 AktG 1970/17 –, ZIP 2018, 527, 528 f.; die die Zulässigkeit der Teilanfechtung dahinstehen lassen konnten, sie wohl aber präferieren.

[554] Vergleiche zum Umfang eines Vorstandsberichtes bei bereits konkretisierter Planung S. 145.

[555] Vgl. hierzu die Ausführungen auf S. 60 ff.

A. Grundlagen

Die Möglichkeit, die Ausführung eines mangelbehafteten Gesellschafterbeschlusses durch eine einstweilige Verfügung zu verhindern, hat allgemeine Anerkennung erfahren.[556] Im Folgenden geht es um die Verhinderung der nach § 181 Abs. 1, 3 AktG erforderlichen Eintragung der Satzungsänderung.[557] Zudem beanspruchen die nachfolgenden Ausführungen auch Geltung, sofern es nach der Ausnutzungsentscheidung um eine einstweilige Verfügung gegen die Eintragung der Durchführung der Kapitalerhöhung aufgrund einer gegen den Ermächtigungsbeschluss erhobenen Anfechtungs- und/oder Nichtigkeitsklage geht.[558] Denn es sind Fälle denkbar, in denen über die Beschlussmängelklage noch nicht entschieden worden ist, die Eintragung der Satzungsänderung nach §§ 181 Abs. 1, 3 AktG allerdings bereits erfolgt und eine Ausnutzungsentscheidung ergangen ist. Als Anknüpfungspunkte für die Verhinderung der Eintragung eines Hauptversammlungsbeschlusses kommen mehrere Aspekte in Betracht. Der Aktionär kann den einstweiligen Rechtsschutz dahin gehend richten, dass dem Vorstand die Stellung des Eintragungsantrages verboten wird, ein gestellter Eintragungsantrag zurückzunehmen ist oder darauf, dass die Eintragung des Hauptversammlungsbeschlusses für unzulässig erklärt wird, wobei dies die relevanteste Form ist.[559] Nur in dem zuletzt genannten Fall ist der Aktionär vor dem tatsächlichen Problem geschützt, dass der Vorstand die einstweilige Verfügung einfach missachten kann. Denn bei Ergehen einer derartigen einseitigen Verfügung liegt eine den Registerrichter bindende Entscheidung im Sinne von § 16 Abs. 2 HGB vor.[560] Der Umfang der für das Registergericht durch die einstweilige Verfügung bestehenden Bindungswirkung ist zwar akzessorisch zu der Bindungswirkung der Entscheidung im Hauptsacheverfahren, allerdings ist eine entsprechende Bindungswirkung sowohl bei der Anfechtungsklage als auch der Nichtigkeitsklage im Sinne des Aktiengesetzes gege-

---

[556] So auch durch das BVerfG, Nichtannahmebeschluss v. 13.04.2004 – 1 BvR 2303/00 –, BB 2005, 1585, 1585 f.; *Hüffer*, in: Hüffer/Koch, 12. Aufl. § 243 Rn. 67; *Damm*, ZHR 154 (1990), 413, 437 f.; *Heinze*, ZGR 1979, 293, 295 ff.; *K. Schmidt*, in: GroßKomm/AktG, 4. Aufl., § 243 Rn. 72; *Hüffer/Schäfer*, in: MünchKomm/AktG, 4. Aufl., § 243 Rn. 153; OLG München, Urt. v. 13.9.2006 – 7 U 2912/06 –, NZG 2007, 152, 153.

[557] Die einstweilige Verhinderung der Eintragung der Durchführung der Kapitalerhöhung gem. § 189 AktG ist im Rahmen des gegen die Verwaltungsentscheidung gerichteten Rechtsschutzes näher zu behandeln. Denn allein der Ermächtigungsbeschluss und die Ausnutzungsentscheidung ersetzen gemeinsam den für die Eintragung der Durchführung erforderlichen Kapitalerhöhungsbeschluss. Vgl. zum einstweiligen Rechtsschutz gegen die Eintragung der Durchführung der Kapitalerhöhung nach § 189 AktG S. 426 ff. (vorbeugende Unterlassungsverfügung), und S. 481 ff. (vorbeugende Feststellungsverfügung).

[558] Vgl. hierzu auch S. 336.

[559] Vgl. *Schmidt-Diemitz*, Einstweiliger Rechtsschutz gegen rechtswidrige Gesellschafterbeschlüsse. S. 133; *Kort*, Bestandsschutz fehlerhafter Strukturänderungen, S. 109.

[560] *Wiedemann*, in: GroßKomm/AktG, 4. Aufl., § 181 Rn. 30; *Baums*, Eintragung und Löschung von Gesellschafterbeschlüssen, S. 166; *Baur*, ZGR 1972, 421, 423; *K. Schmidt*, in: GroßKomm/AktG, 4. Aufl., § 243 Rn. 72, *Heinze*, ZGR 1979, 293, 316.

ben.[561] Nach § 938 ZPO bestimmt das entscheidende Gericht zwar nach freiem Ermessen, welche Maßnahme in seinen Augen zur Erreichung des Zweckes erforderlich sind. Besteht allerdings die Gefahr oder die Befürchtung der Missachtung einer einstweiligen Verfügung durch den Vorstand, wird das Gericht seinen Spielraum wohl nur im Sinne der dritten Variante ausfüllen können.[562]

Bei der Schaffung eines genehmigten Kapitals wird allerdings auch die Verhinderung der Eintragung des Ermächtigungsbeschlusses in das Handelsregister nur in seltenen Fällen erfolgversprechend sein. Der Aktionär müsste seinen Verfügungsanspruch zumindest glaubhaft machen. Dies wird nur insofern gelingen, als dass formelle Voraussetzungen bei der Schaffung des genehmigten Kapitals missachtet worden sind. Ein unvollständiger Vorstandsbericht wird hier in der Regel nicht gegeben sein, da bei diesem meist lediglich abstrakte, den Bezugsrechtsausschluss rechtfertigende Gründe ausreichend sind,[563] welche auch im Regelfall enthalten sein werden. Etwas Anderes kann nur dann gelten, sofern der Aktionär bereits konkretisierte nicht geheimhaltungsbedürftige Planungen nachweisen kann und dadurch die Unvollständigkeit des Berichtes rügt. Gleiches gilt für die sachliche Rechtfertigung. Auch für diese reicht es auf der Ebene des Ermächtigungsbeschlusses aus, dass die avisierte Maßnahme lediglich in ihrer abstrakten Form im Gesellschaftsinteresse liegt, geeignet, erforderlich und angemessen ist.[564]

Sollte ein Verfügungsanspruch einmal glaubhaft gemacht worden sein, darf die gesetzgeberische Wertung, dass die Erhebung einer Anfechtungs- oder Nichtigkeitsklage nicht zu einer automatischen Registersperre führt, nicht außen vorgelassen werden. Der Erlass einer einstweiligen Verfügung darf nicht pauschal an die Stelle der gesetzlich nicht von vornherein vorgesehenen Registersperre treten.[565] Der Richter hat daher genau zu untersuchen, ob ein Verfügungsgrund zugunsten des Aktionärs gegeben ist. Bei einem eingetragenen Ermächtigungsbeschluss ist die Gefährdung der Rechtsverwirklichung für den Aktionär nicht unvermittelt einsichtig. Denn neben der Ausnutzungsentscheidung des Vorstandes ist zusätzlich noch die Eintragung der Durchführung notwendig, gegen die jeweils Rechtsschutzinstrumente zur Verfügung stehen. Ist aber bereits ein Verfügungsanspruch wegen eines rechtswidrigen Bezugsrechtsausschlusses aufgrund konkretisierter Planungen gegeben, wird man von einer ausreichenden Gefährdung sprechen können. Ergeht eine entsprechende einstweilige Verfügung, wird der Registerrichter die Eintragung im Regelfall nicht gänzlich ablehnen, sondern das Verfahren gem. § 21 Abs. 1 FamFG bis zur Entscheidung in der Hauptsache aussetzen.[566]

---

[561] *Wiedemann*, in: GroßKomm/AktG, 4. Aufl., § 181 Rn. 30.

[562] So *Heinze*, ZGR 1979, 293, 316.

[563] Vgl. zum Berichtsinhalt S. 143 ff. und den materiellen Anforderungen S. 112 ff.

[564] Siehe zu den materiellen Anforderungen S. 112 ff.

[565] *Kort*, Bestandsschutz fehlerhafter Strukturänderungen, S. 111.

[566] *Stein*, in: MünchKomm/AktG, 4. Aufl., § 181 Rn. 54; *Koch*, in: Hüffer/Koch, 13. Aufl., § 181 Rn. 17.

Für den Fall, dass die einstweilige Verfügung vor Ablauf der Anfechtungsfrist gem. § 246 Abs. 1 AktG ergeht und die Anfechtungsklage durch den Aktionär nicht erhoben wird, besteht für die Gesellschaft die Möglichkeit, die einstweilige Verfügung im Wege eines Antragsverfahrens gem. §§ 936 i.V.m. 927 Abs. 1, 2 Alt. ZPO aufheben zu lassen.[567]

B. Erfordernis einer Antragsberechtigung?

Ist der Beschluss trotz der geringen Anforderungen anfechtbar, hat der Aktionär glaubhaft zu machen, dass er die Anfechtungsklage erheben wird oder erhoben hat. Denn der Hauptversammlungsbeschluss ist in diesem Fall vorübergehend wirksam und die Unwirksamkeitsfolge kann nur bei Wahrung der nach § 246 Abs. 1 AktG gesetzten Frist eintreten.[568] Der Aktionär muss daher mindestens darlegen, dass er die Voraussetzungen des § 245 AktG erfüllt oder noch erfüllen kann. Hat ein Aktionär keine Anfechtungsbefugnis im Sinne des § 245 AktG, so fehlt es bereits an einem potentiellen Hauptsacheverfahren, dessen Ausgang durch die einstweilige Verfügung gesichert werden sollte. Würde man eine einstweilige Verfügung zugunsten derjenigen Aktionäre zulassen, die den Beschluss nicht angefochten haben und dies auch nicht konnten oder können,[569] würde man die einschränkenden Voraussetzungen des Anfechtungsrechts umgehen. Das einstweilige Verfügungsverfahren würde als eigenständiges Rechtsschutzverfahren neben das Hauptsacheverfahren der Anfechtungs- und Nichtigkeitsklage gesetzt.[570] Bei einem nichtigen Hauptversammlungsbeschluss hingegen steht der einstweiligen Verfügung keinerlei zusätzliches Eingrenzungskriterium im Wege.[571]

C. Auswirkungen des § 246a AktG auf den einstweiligen Rechtsschutz des Aktionärs

I. Allgemeines

Erhebt der Aktionär gegen den Ermächtigungsbeschluss Anfechtungs- oder Nichtigkeitsklage, wird der Registerrichter im Regelfall die Eintragung des Ermächtigungsbeschlusses bis zur Entscheidung in der Hauptsache gem. §§ 381, 21

---

[567] Vgl. zum Aufhebungsverfahren, *Drescher*, in: MünchKomm/ZPO, 5. Aufl., § 927 Rn. 9 ff.

[568] *Zöllner/Noack*, in: Baumbach/Hueck, 21. Aufl., Anh. § 47 Rn. 201.

[569] So aber noch *Schilling/Zutt*, in: Hachenburg/GmbHG, 7. Aufl., Anh. § 47 Rn. 187.

[570] Dies wäre die Folge der Ansicht von *Schilling/Zutt*, in: Hachenburg/GmbHG, 7. Aufl., Anh. § 47 Rn. 187; wie hier *Zöllner/Noack*, in: Baumbach/Hueck, 21. Aufl., Anh. § 47 Rn. 201.

[571] Ebs. *Littbarski*, Einstweiliger Rechtsschutz, S. 57 f.; sehr restriktiv *Zöllner/Noack*, in: Baumbach/Hueck, 21 Aufl., Anh. § 47 Rn. 197.

Abs. 1 FamFG aussetzen.[572] Ein Antrag des Aktionärs, die Eintragung der Satzungsänderung für unzulässig zu erklären, wäre hier überflüssig.

Dieses Vorgehen des Registerrichters liegt an der für ihn bestehenden Gefahrensituation. Die Anfechtungsklage und auch die Nichtigkeitsklage führen zwar nicht zu einer gesetzlich vorgesehenen Registersperre wie im Umwandlungsrecht (§ 16 UmwG). Trägt der Registerrichter einen Ermächtigungsbeschluss zugunsten des Vorstandes in das Handelsregister ein und ist dieser fehlerhaft, so steht die Gefahr der Ausnutzung durch den Vorstand und damit der gesamten Durchführung der Kapitalmaßnahme. Diese wäre bei Erfolg der eingelegten Anfechtungs- oder Nichtigkeitsklage insgesamt rückgängig zu machen, was mit einem erheblichen finanziellen Aufwand verbunden sein würde.[573] Trägt der Registerrichter hingegen nicht ein, könnte dies zu einer faktischen Verhinderung einer durchzuführenden Maßnahme führen, welche wiederum erhebliche finanzielle Nachteile für die Gesellschaft nach sich ziehen könnte.[574] Da der Registerrichter nicht dem Privileg des Spruchrichters gemäß § 839 Abs. 2 BGB unterliegt,[575] war bei unklarer Rechtslage die Aussetzungsentscheidung zur Vermeidung des Vorwurfs einer Amtspflichtverletzung die regelmäßige Folge.[576] Die ergehende Aussetzungsentscheidung führte in praxi zu einer faktischen Blockadewirkung der Anfechtungs- und Nichtigkeitsklagen auf die Registereintragung, in dessen Folge § 246a AktG durch das UMAG eingeführt worden ist.

II. Streitstand zum Verhältnis der Verfahrensarten

Durch die Einführung des § 246a AktG wurde in seinem originären Anwendungsbereich zumindest die Frage danach, ob eine einstweilige Verfügung auf Eintragung eines nach § 21 FamFG ausgesetzten und angefochtenen Hauptversammlungsbeschlusses zulässig ist, überflüssig.[577] Es bleibt allerdings weiterhin die

---

[572] Kritisch zur Befugnis des Registerrichters die Eintragung auszusetzen, da dies zu demselben Ergebnis führen würde, wie ein einstweiliges Verfügungsverfahren, welches die Eintragung für unzulässig erklärt, ohne das ein solches durchlaufen wurde; vgl. *Baums*, Eintragung und Löschung von Gesellschafterbeschlüssen, S. 163, beschränkt dies auf solche Fälle, bei denen es nicht um die Beurteilung streitiger Rechtsverhältnisse geht; anders wegen des dadurch erfolgten Gleichlaufs von prozess- und registerrechtlicher Entscheidung, *Schmid*, ZIP 1998, 1057, 1061; auch *Jocksch*, Das Freigabeverfahren, S. 39 f.

[573] Zum Fall der Rückabwicklung bei Wegfall des Ermächtigungsbeschlusses S. 488 und dem Vorgehen im Einzelnen S. 512.

[574] *Jocksch*, Das Freigabeverfahren, S. 30 f.

[575] *Boujong*, in: FS Kellermann, 1991, S. 1, 13; *Becker*, Verwaltungskontrolle, S. 733; BGH, Urt. v. 5. 10. 2006 – III ZR 283/05 –, NJW 2007, 224, 225; allg. *Papier*, in: MünchKomm/ BGB, 6. Aufl., § 839 Rn. 324 ff.

[576] *Hirschberger/Weiler*, DB 2004, 1137, 1137; *Schmid*, ZGR 1997, 493, 494; *Schlaus*, AG 1988, 113, 114.

[577] *Hüffer/Schäfer*, in: MünchKomm/AktG, 4. Aufl., § 246a Rn. 39; vgl. zum Streitstand, ob die Aktiengesellschaft im Wege der einstweiligen Verfügung die Eintragung eines ange-

Frage bestehen, wie sich die Einführung des Freigabeverfahrens auf das durch den Aktionär eingeleitete einstweilige Rechtsschutzverfahren auswirkt.

Überwiegend wird angenommen, dass auch aus der Perspektive des Aktionärs das in § 246a AktG normierte Freigabeverfahren zum Verfahren des einstweiligen Rechtsschutzes lex specialis sei.[578] Wie weit diese Spezialität reicht, wird wiederum unterschiedlich beurteilt. Die am weitesten gehende Sperrwirkung nehmen diejenigen an, die den einstweiligen Rechtsschutz im Anwendungsfeld des § 246a AktG gänzlich ausschließen.[579] Überwiegend wird allerdings die Verdrängung des einstweiligen Rechtsschutzes erst dann angenommen, wenn die Gesellschaft einen Antrag im Sinne des § 246a AktG gestellt hat.[580] Wird der Freigabeantrag durch die Gesellschaft erst nach der Beantragung einer einstweiligen Verfügung durch den Aktionär gestellt, so soll die einstweilige Verfügung unzulässig werden, da die Spezialität des Freigabeverfahrens auch eine sachliche Dimension habe.[581] Andere wiederum erkennen keine Spezialität des Freigabeverfahrens gegenüber dem einstweiligen Rechtsschutz an, da auch die Einleitung eines Freigabeverfahrens keine Registersperre bewirkt und es dem Registerrichter unbenommen bleibe, die Eintragung des Hauptversammlungsbeschlusses vorzunehmen.[582] Der Aktionär müsse also auch weiterhin eine Entscheidung des Prozessgerichts mit Bindungswirkung für den Registerrichter herbeiführen können.

III. Stellungnahme

Betrachtet man die Historie zur Entwicklung des Freigabeverfahrens und zu der damals überwiegend verneinten Möglichkeit der Erzwingung einer Eintragung eines angefochtenen Hauptversammlungsbeschlusses durch die Gesellschaft, erhellt, dass

---

fochtenen Hauptversammlungsbeschlusses verlangen kann, *Jocksch*, Das Freigabeverfahren, S. 64 ff. m.w.N.; zur Diskussion standen eine analoge Anwendung des § 16 Abs. 2 UmwG; eine Überwindung der faktischen Registersperre im Wege der einstweiligen Verfügung; eine feststellende einstweilige Verfügung durch das Prozessgericht, zum Inhalt hatte, dass die Anfechtungs- oder Nichtigkeitsklage voraussichtlich keinen Erfolg haben würde, da eine solche Entscheidung das Registergericht ebenfalls gem. § 16 Abs. 2 HGB bindet; vgl. a.a.O.

[578] *Hüffer/Schäfer*, in: MünchKomm/AktG, 4. Aufl., § 246a Rn. 39; *Koch*, in: Staub/HGB, 5. Aufl. § 16 Rn. 43 f.; *Buchta*, DB 2008, 913, 917 f.; *Kort*, NZG 2007, 169, 171; *Kort*, BB 2005, 1577, 1581; a.A. *Schwab*, in: K. Schmidt/Lutter, 3. Aufl., § 246a Rn. 66; *Sauerbruch*, Das Freigabeverfahren – Eine rechtsökonomische Untersuchung, S. 268 f.; *Jocksch*, Das Freigabeverfahren, S. 212 f.

[579] *Casper*, in: Spindler/Stilz, 4. Aufl., Vor § 241 ff. Rn. 19; aus der Perspektive der AG *Zöllner/Noack*, in: Baumbach/Hueck, 21. Aufl., Anh. § 47 Rn. 205.

[580] Vgl. Nachweise bei Fn. 578.

[581] *Hüffer/Schäfer*, in: MünchKomm/AktG, 4. Aufl., § 246a Rn. 39; *Koch*, in: Staub/HGB, 5. Aufl., § 16 Rn. 44.

[582] *Schwab*, in: K. Schmidt/Lutter, 3. Aufl., § 246a Rn. 66; *Sauerbruch*, Das Freigabeverfahren – Eine rechtsökonomische Untersuchung, S. 268 f.; *Jocksch*, Das Freigabeverfahren, S. 212 f.

keine Spezialität des Freigabeverfahrens vor dem einstweiligen Verfügungsverfahren besteht.

Schon damals wurden Forderungen laut, nach denen zugunsten der Aktiengesellschaft ein entsprechendes Recht zur Erzwingung der Eintragung eines angefochtenen Hauptversammlungsbeschlusses eingeführt werden solle, damit eine prozessuale „Waffengleichheit" zwischen Aktionär und Gesellschaft bestehe.[583] Liegt es nun aber so, dass das Freigabeverfahren mit Eröffnung seines Anwendungsbereichs das einstweilige Verfügungsverfahren verdrängt, würde aus prozessualem Blickwinkel die damalige Situation in ihr Gegenteil verkehrt. Die Gesellschaft könnte als einzige nach § 246a AktG feststellen lassen, dass die Anfechtungsklage der Eintragung des Hauptversammlungsbeschlusses nicht entgegensteht. Der Aktionär hingegen würde darauf verwiesen, in seiner passiven Stellung geltend zu machen, dass eine Eintragung des Hauptversammlungsbeschlusses aufgrund des Überwiegens seiner Interessen zu unterbleiben habe. Selbst bei Obsiegen bedeutet dies für den Aktionär noch nicht, dass eine Eintragung des Hauptversammlungsbeschlusses unterbleibt. Im Gegensatz zum Umwandlungsrecht wird bei der Erhebung einer Anfechtungsklage gerade keine gesetzliche Registersperre angeordnet. Die fortbestehende Eintragungsmöglichkeit würde den Aktionär also auch dann, sofern die Voraussetzungen einer einstweiligen Verfügung gegeben wären, beispielsweise wegen unzumutbarer irreparabler Schäden bei Eintragung, unzumutbar belasten. Eine Spezialität könnte nur dann angenommen werden, sofern das einstweilige Verfügungsverfahren durch das Freigabeverfahren in sich aufgenommen würde.

Dies trifft bei Betrachtung mehrerer Gesichtspunkte aber nicht zu. Es besteht weder eine materielle Kongruenz der beiden Verfahrensarten in ihren Voraussetzungen und den Rechtsfolgen, noch eine prozessuale Kongruenz hinsichtlich des Umfangs der Bindungswirkung der jeweiligen Entscheidungen. Bei Erlass eines Freigabebeschlusses und entsprechender Eintragung im Handelsregister würde die Kapitalmaßnahme auch bei Obsiegen im Hauptsacheverfahren unumkehrbar werden.[584] Der Registerrichter ist an die Entscheidung des Oberlandesgerichts gemäß § 246a Abs. 3 S. 5, 1 Hs. AktG gebunden und hat den Hauptversammlungsbeschluss einzutragen, ebenso wie nach § 246a Abs. 3 S. 5, 2 Hs. AktG eine inter omnes-Wirkung statuiert wird. Das stattgebende Urteil der Hauptsache könnte dahingegen nicht mehr im Handelsregister eingetragen werden, vgl. § 242 Abs. 2 S. 5, 2 Hs. AktG, § 248 Abs. 1 S. 3 AktG. Es ist dem Aktionär nach einem ergangenen Freigabebeschluss auch nicht möglich, die Wirkungen, die durch die Eintragung der Durchführung der Kapitalerhöhung herbeigeführt werden, im Wege der Naturalre-

---

[583] *Kort*, Bestandsschutz fehlerhafter Strukturänderungen, S. 106 ff.; *Hommelhoff*, ZGR 1990, 447, 469 f.; *Schmid*, ZIP 1998, 1057, 1060; zur damaligen Tendenz der Verlagerung der Streitigkeit in das Registerverfahren, vgl. *Schlitt/Seiler*, ZHR 166 (2002), 544, 566 m.w.N.

[584] OLG Celle, Beschl. v. 27. 11. 2007 – 9 W 100/07 –, AG 2008, 217; *Koch*, ZGR 2006, 769, 798; Streit herrscht zudem um den Eintritt der Wirkungen des § 248 Abs. 1 AktG dafür: *Koch*, ZGR 2006, 769, 798; dagegen *Tielmann*, WM 2007, 1686, 1693.

stitution rückgängig machen zu lassen, § 246a Abs. 4 S. 2, 2 Hs. AktG (ewige Bestandsgarantie).[585] Betrachtet man hingegen eine Entscheidung, die im Wege des
einstweiligen Verfügungsverfahrens herbeigeführt worden ist, bleibt zumindest die
Möglichkeit bestehen, die Wirkung in rechtlicher oder tatsächlicher Hinsicht
rückabzuwickeln.[586] Zudem entfaltet eine einstweilige Verfügung keine inter omnes-
Wirkung. Die Entscheidung im Freigabeverfahren spricht somit wesentlich mehr zu,
als durch eine einstweilige Verfügung oder in der Hauptsache erreicht werden
könnte. Würde in der Hauptsache die Entscheidung gegen die Wirksamkeit des
Kapitalerhöhungsbeschlusses ausfallen, und wäre dieser vollzogen worden, so wäre
die Kapitalmaßnahme nach zutreffender herrschender Meinung über die Grundsätze
der fehlerhaften Gesellschaft ex nunc im Wege einer Teilauflösung rückabzuwickeln.[587] Für die dogmatische Einordnung bleibt es unerheblich, ob man, wie teilweise vertreten, einen dahin gehenden Antrag für zulässig hält, dass lediglich eine
Bindung des Registerrichters durch die Freigabeentscheidung erreicht wird, ohne die
dauerhafte Bestandskraft des Beschlusses herbeizuführen.[588] Das Freigabeverfahren
hält die ewige Bestandsgarantie nach zutreffender Auffassung unproblematisch
bereit.[589] Aus dem Argument, dass die Rechtskraftwirkungen der beiden Entscheidungen nicht deckungsgleich sind, lässt sich ein weiteres Argument herleiten. Wird
die einstweilige Verfügung abgelehnt, so bedeutet dies aufgrund der Unzulässigkeit
eines Schlusses vom Fehlen eines Rechts auf das Bestehen des Rechts eines anderen[590] nicht, dass damit die Freigabeentscheidung zugunsten der Gesellschaft aus-

---

[585] Die ewige Bestandsgarantie als verfehlt betrachtend, *Schäfer*, in: FS K. Schmidt, 2009,
S. 1389, 1401 f.; sympathisierend wohl *Hüffer/Schäfer*, in: MünchKomm/AktG, 4. Aufl.,
§ 246a Rn. 15.

[586] *Jocksch*, Das Freigabeverfahren, S. 78 f.

[587] *Kort*, ZGR 1994, 291 306 ff.; *Kort*, Bestandsschutz fehlerhafter Strukturänderung,
S. 203 ff.; *Schockenhoff*, DB, 1994, 2327; *Slabschi*, Rechtsmißbräuchliche Anfechtungsklage,
S. 83 ff.; *Schäfer*, Die Lehre vom fehlerhaften Verband, S. 422 ff.; vgl. für einen vernichteten
Ermächtigungsbeschluss S. 512.

[588] Gegen die Zulässigkeit eines solchen Antrages aufgrund der unmittelbaren Verknüpfung
der beiden Bindungswirkungen des Freigabebeschlusses nach der gesetzgeberischen Konzeption, *Veil*, AG 2005, 567, 573; dies unter Verweis auf die Möglichkeit der Antragenden
Partei, den Streitgegenstand durch entsprechende Formulierung des Antrages zu bestimmen;
aus rechtsökonomischer Perspektive Sauerbruch, Das Freigabeverfahren – Eine rechtsökonomische Analyse, S. 254 ff.; so noch ausdrücklich *Heidel*, in: Heidel, Aktien- und Kapitalmarktrecht, 3. Aufl., § 246a Rn. 12 a; nicht mehr so klar, *Schatz*, in: Heidel, Aktien- und
Kapitalmarktrecht, 4. Aufl., § 246a Rn. 11, 81; ebs. *Koch*, in Hüffer/Koch, 12. Aufl., § 246a
Rn. 8.

[589] OLG Celle, Beschl. v. 27.11.2007 – 9 W 100/07 –, AG 2008, 217; *Büchel*, in: Liber
amicorum Happ, 2006, S. 1, 5 ff.; *Spindler*, NZG 2005, 825, 830; *Koch*, ZGR 2006, 769, 798;
Dörr, in: Spindler/Stilz, 4. Aufl., § 246a Rn. 38; *Koch*, in: Hüffer/Koch, 13. Aufl., § 246a
Rn. 11.

[590] So hat der BGH festgestellt, „[…] dass durch die rechtskräftige Abweisung einer […]
Klage anders als umgekehrt bei Klagegattgabe nicht zugleich unter Rechtskrafterstreckung die
Anspruchsberechtigung des anderen Prätendenten festgestellt wird. Dies verbietet sich schon
deshalb, weil die Rechtskraftwirkung eines klageabweisenden Urteils durch den Inhalt der

gehen muss.[591] Diese ist gerade nicht darauf gerichtet, die vorläufige Eintragung zu verhindern, sondern darauf, die Eintragungsfähigkeit des Beschlusses festzustellen.[592] Dadurch kann nicht angenommen werden, dass das Verfahren der Freigabe ein Verfahren zur Verhinderung der Eintragung als lex specialis verdrängt. Überzeugend ist es vielmehr, auch eine einstweilige Verfügung nach Beantragung eines Freigabeverfahrens zuzulassen, sofern die Entscheidung im einstweiligen Verfügungsverfahren darauf lautet, dass die Eintragung nur bis zur *rechtskräftigen und stattgebenden Entscheidung* über das Freigabeverfahren oder der *rechtskräftigen Abweisung der Anfechtungs- oder Nichtigkeitsklage* unzulässig ist.[593] Dies hat für den gesamten Anwendungsbereich des § 246a AktG unabhängig vom Zeitpunkt der Beantragung der Freigabeentscheidung zu gelten. Hierdurch können beide Verfahrensarten und der nicht kongruent verlaufende Interessenschutz zum bestmöglichen Ausgleich gebracht werden.

IV. Ergebnis

Damit ist zu konstatieren, dass eine einstweilige Verfügung bis zum Ergehen eines stattgebenden Freigabebeschlusses durch das zuständige Oberlandesgericht zugunsten des Aktionärs mit einem dementsprechend „beschränkten" Verfügungsinhalt zulässig ist. Durch die notwendige Abhängigkeit der einstweiligen Verfügung von der stattgebenden Freigabeentscheidung werden sich widersprechende Entscheidung zwar in der Sache nicht vermeiden lassen. Es wird für den Registerrichter aber auch keine unauflösbare Situation geschaffen. Wird der Freigabeentscheidung stattgegeben, so verliert die einstweilige Verfügung ihre Wirksamkeit. Wird ihr nicht stattgegeben, bleibt die einstweilige Verfügung aufrechterhalten. Auch hier gilt es wieder, die oben angesprochenen Wertung der fehlenden gesetzlich angeordneten Registersperre zu beachten.[594] Diese ist weder für die Erhebung einer Anfechtungsnoch einer Nichtigkeitsklage, ebenso wenig wie bei Beantragung eines Freigabeverfahrens vorgesehen. Man wird der einstweiligen Verfügung allerdings nicht nur dann stattzugeben haben, wenn der Verfügungskläger darlegt, dass die Gesellschaft durch die zeitliche Verzögerung bis zum Ergehen des Freigabebeschlusses nicht

---

Entscheidungsgründe bestimmt wird (vgl. BGH, Urt. v. 01.07.1986 – VI ZR 120/85 –, NJW 1987, 371 m.w.N. = LM § 211 BGB Nr. 20).", BGH, Urt. v. 15.10.1999 – V ZR 141/98 –, NJW 2000, 291, 294.

[591] So *Jocksch*, Das Freigabeverfahren, S. 211 f.

[592] *Satzl*, Freigabe von Gesellschafterbeschlüssen im Kapitalgesellschaftsrecht, S. 142.

[593] Scheinbar auch die abweisende Entscheidung einbeziehend, *Satzl*, Freigabe von Gesellschafterbeschlüssen im Kapitalgesellschaftsrecht, S. 142, der zutreffend auf die dann unproblematische Prozesssituation hinweist. Vergleiche zum Vorschlag das einstweilige Verfügungsverfahren und das Freigabeverfahren in einem einheitlichen Verfahren zu verschmelzen, *Schwab*, in: K. Schmidt/Lutter, 3. Aufl., § 246a Rn. 66.

[594] So auch nur für erstere *Kort*, Bestandsschutz fehlerhafter Strukturänderungen, S. 111; *Kort*, BB 2005, 1577, 1581; für beide *Satzl*, Freigabe von Gesellschafterbeschlüssen im Kapitalgesellschaftsrecht, S. 142.

unverhältnismäßig beeinträchtigt wird.[595] In diesem Fall würde dem Interesse der Gesellschaft an dem Freigabeverfahren von vornherein ein größeres Gewicht beigemessen als der einstweiligen Verfügung, obwohl ein Ausschließlichkeitsverhältnis bis zur endgültigen Freigabeentscheidung nicht zu erkennen ist.

Denn sofern die Freigabeentscheidung abgelehnt worden ist, könnte der Registerrichter die Eintragung dennoch vornehmen. Ohne die Möglichkeit des Aktionärs, vorhergehenden Rechtsschutz durch eine einstweilige Verfügung zu erlangen, würde zu seinen Lasten eine nicht legitimierbare Rechtsunsicherheit aufleben. Diese Möglichkeit muss bereits für das Verhältnis der beiden Verfahrensarten mitgedacht werden, sodass der einstweiligen Verfügung des Aktionärs unter den bisher geltenden Voraussetzungen stattzugeben ist. Bezugspunkt der einstweiligen Verfügung ist gerade nicht die Verhinderung des Freigabebeschlusses, sondern die der Eintragung des Ermächtigungsbeschlusses. Die Auswirkungen der zeitlichen Verzögerung werden ipso iure bereits im Rahmen der erforderlichen Interessenabwägung mitberücksichtigt, können aber nicht zu einem Ausschlussmerkmal hochstilisiert werden. § 246a AktG gibt der Aktiengesellschaft ein Instrumentarium zur Beschleunigung an die Hand, legitimiert an sich allerdings nicht, dass das Interesse der Gesellschaft über sämtlichen anderen steht.

V. Bestandskraft des Ermächtigungsbeschlusses

In diesem Zusammenhang wird kurz auf die Bestandskraft des Ermächtigungsbeschlusses bei positiver Freigabeentscheidung eingegangen. Mit dem Ergehen einer Freigabeentscheidung nach Durchlaufen des in § 246a AktG vorgesehenen Freigabeverfahrens erwächst die eingetragene Strukturmaßnahme in Bestandskraft.[596] Hiernach bleibt der Ermächtigungsbeschluss als Grundlage für die Kompetenzverlagerung auf den Vorstand erhalten. Dies gilt selbst für die Fälle, in denen sich der Ermächtigungsbeschluss als von Anfang an nichtig herausstellt oder in Folge einer Anfechtungsklage als mit ex tunc-Wirkung nichtig angesehen werden muss, § 241 Nr. 5 AktG. Als weitgehend geklärt anzusehen ist auch die Diskussion um die Wirkung der Bestandskraft für die Zukunft.[597] § 246a Abs. 1 S. 1 AktG bezieht explizit auch das genehmigte Kapital mit ein, sodass auch insoweit von der dauerhaften Bestandskraft des Ermächtigungsbeschlusses auszugehen ist. Im Verschmelzungsrecht wurde zwar die Möglichkeit in Erwägung gezogen, analog § 1004 BGB bei Verletzung des Mitgliedschaftsrechts einen Anspruch auf „Entschmelzung" zuzulassen, durch den die rechtswidrigen Zustände mit Wirkung für die Zukunft

---

[595] So aber *Satzl*, Freigabe von Gesellschafterbeschlüssen im Kapitalgesellschaftsrecht, S. 142.

[596] Für alle: *Schatz*, in: Heidel, Aktien- und Kapitalmarktrecht, 4. Aufl., § 246a Rn. 84; *Schatz*, Der Missbrauch der Anfechtungsbefugnis, S. 115 m.w.N.

[597] *Schatz*, Der Missbrauch der Anfechtungsbefugnis, S. 117 mit umfassenden Nachweisen auch für das Umwandlungsrecht in Fn. 562.

beseitigt werden können.[598] Grundlage sei die gesetzliche Ausschlussbegrenzung der Wiederherstellung allein im Wege der Naturalrestitution.[599] Eine solche Möglichkeit ist in Übereinstimmung mit der herrschenden umwandlungsrechtlichen Literatur auch für das Aktienrecht abzulehnen.[600] Man kann dem Aktionär keinen Anspruch auf Beseitigung des (bestandsfesten) Ermächtigungsbeschlusses einräumen, sofern sich die Fehlerhaftigkeit desselben herausstellt. Die gesetzgeberische Entscheidung in § 246a Abs. 4 S. 2, 2. Hs. AktG ist derart klar formuliert, dass für die Wirkung konterkarierende Rechtsbehelfe von vornherein kein Raum bestehen kann.[601] Eine Regelungslücke tut sich hier nicht auf. Das Ergebnis bleibt zwar gerade für das genehmigte Kapital unbefriedigend. Sofern der Vorstand noch nicht den Entschluss gefasst hat das genehmigte Kapital auszunutzen, ist die dauerhafte Bestandskraft eines Freigabebeschlusses für sie keinesfalls notwendig. Denn wenn er das Kapital nicht erhöht,[602] muss er auch nicht vor der kostenintensiven Rückabwicklung bei erfolgreicher Beschlussmängelklage geschützt werden. Umgekehrt kann allerdings auch im Rahmen des genehmigten Kapitals die Ausnutzungsentscheidung des Vorstandes in einen Zeitraum fallen, in dem ein Beschlussmängelverfahren in der Schwebe ist, sodass er auf die bestandskräftige Feststellung eines Freigabebeschlusses angewiesen ist.[603] Eine für alle Konstellationen einheitliche Beantwortung der Frage nach der Bestandskraft führt daher nicht zu befriedigenden Ergebnissen. Der Gesetzgeber hat sich allerdings für eine unbeschränkte Bestandskraft entschieden. Dies gilt es zu respektieren. Dies schafft die Möglichkeit eines gerichtlich für rechtswidrig erkannten Ermächtigungsbeschlusses, dessen Wirkungen fortdauern. Ob der Vorstand einen derartigen bereits für rechtswidrig erklärten Beschluss ausnutzen darf oder ob er in diesem Fall kompetenzwidrig handeln würde, gilt es noch zu erörtern.[604]

§ 4 Zwischenergebnis

Aus den geringen Rechtfertigungsanforderungen an einen Bezugsrechtsausschluss und der fehlenden Festsetzungspflicht eines Ausgabe- oder Mindestbetrags durch die Hauptversammlung folgen geringe Erfolgsaussichten einer Anfechtungs- oder Nichtigkeitsklage gegen den Ermächtigungsbeschluss im Sinne der §§ 202 ff. AktG.

---

[598] So *Schmid*, ZGR 1997, 493, 511 f.

[599] *Schmid*, a.a.O.

[600] Vgl. nur *Noack*, ZHR 164 (2000), 274, 280 m.w.N.

[601] *Schatz*, Der Missbrauch der Anfechtungsbefugnis, S. 117.

[602] Vgl. *Sauerbruch*, Das Freigabeverfahren – Eine rechtsökonomische Untersuchung, S. 281 f., der hierbei das Rechtsschutzinteresse der Aktionäre höher gewichten möchte. Er favorisiert allerdings auch ein Konzept der nur vorläufigen Bestandskraft.

[603] *Jocksch*, Das Freigabeverfahren, S. 81 Fn. 44.

[604] Vgl. hierzu S. 337 ff.

Die Freiräume, die zugunsten der Hauptversammlung im Rahmen des genehmigten Kapitals bestehen, werden gerade mit Blick auf die zeitlich erst später folgende und dann isoliert zu kontrollierende Ausnutzungsentscheidung des Vorstandes gewährt. Sofern also eine Anfechtungsklage gegen den Hauptversammlungsbeschluss nicht fristgerecht (§ 246 Abs. 1 AktG) erfolgt oder aufgrund der Wahrung der nur rudimentären Voraussetzungen keinen Erfolg hat, ebenso wenn im Falle der Nichtigkeit eine Heilung des Hauptversammlungsbeschlusses eintritt, kann der Vorstand sich auf eine wirksame Ermächtigungsgrundlage für sein Handeln berufen.[605] Daher gilt es nach den obigen Feststellungen, den Fokus auf die gegen die Vorstandsmaßnahmen zu lenkenden Rechtsschutzmöglichkeiten zu richten. Hier werden zur Untersuchung der Effektivität eines aktienrechtlichen Minderheitenschutzes an den virulenten Stellen ebenfalls die materiellen Anforderungen, die die Ausnutzungsautonomie des Vorstandes begrenzen, untersucht.

---

[605] *Hirte*, in: GroßKomm/AktG, 4. Aufl., § 203 Rn. 124; *Lutter*, in: KölnKomm/Akt, 2. Aufl., § 203 Rn. 43; *Bayer*, in: MünchKomm/AktG, 4. Aufl., § 202 Rn. 55; *Semler*, BB 1983, 1566, 1568 f.

Kapitel 3

Rechtsschutzmöglichkeiten gegen die Ausübungsentscheidung des Vorstandes

§ 1 Einführung

Durchsucht man das Aktiengesetz nach einem dem Beschlussmängelrecht der Hauptversammlungsbeschlüsse ähnlichen Regelungsregime für Verwaltungsentscheidungen, wird man nicht fündig. Das Aktienrecht weist für Fälle, in denen der Vorstand den Ermächtigungsrahmen überschreitet, ebenso wie für Fälle, in denen nach den Holzmüller/Gelatine-Grundsätzen oder kodifiziertem Recht eine Vorlagepflicht besteht, eine eklatante Rechtsschutzlücke im kodifizierten Aktienrecht auf.[1]

Wie dargelegt, ist es zu einer Ausbreitung der unternehmerischen Handlungsfreiheit im Rahmen des genehmigten Kapitals gekommen, die zulasten der bisherigen Legitimation von Hauptversammlungsbeschlüssen geht, wodurch auch die Rechtsschutzmöglichkeiten der Aktionäre zurückgedrängt werden. Ob zwischen der neu eingeräumten Handlungsfreiheit des Vorstandes und den Interessen der Aktionäre ein Ausgleich geschaffen werde kann, gilt es nun zu untersuchen. Die Rechtsprechung verweist die Aktionäre seit ihrer Siemens/Nold-Entscheidung, die auch durch die Commerzbank/Mangusta II-Entscheidung konkretisiert wurde, auf die Möglichkeiten einer vorbeugenden Unterlassungsklage, einer Feststellungsklage, einer Schadensersatzklage und die Möglichkeit der Entlastungsverweigerung des Vorstandes in der nächsten Hauptversammlung.[2]

Der Umfang und die dogmatischen Grundlagen der Aktionärsklage können trotz der seit den Entscheidungen vergangenen Zeitspanne immer noch nicht als geklärt bezeichnet werden.[3] Ein Beitrag hierzu wird im Folgenden geleistet, wobei von den richterrechtlich geprägten Ursprüngen ausgegangen wird (§ 2). Sodann wird die aktienrechtliche Gemengelage herausgestellt und normative Anknüpfungspunkte für eine doch nicht explizit geregelte Aktionärsklage gesucht (§ 3). Hiervon ausgehend wird anschließend der Frage nach einem materiellrechtlichen Schutzrecht des Ak-

---

[1] *Rabe*, Verletzungen des Mitgliedschaftsrechts eines Kleinaktionärs, S. 93.

[2] Vgl. BGH, Urt. v. 10.10.2005 – II ZR 90/03 –, BGHZ 164, 249, 252 f. Tz. 10 = NZG 2006, 20, 21.

[3] Vgl. zu diesem Befund bereits *Habersack*, DStR 1998, 533 und zuletzt *Rabe*, Verletzungen des Mitgliedschaftsrechts eines Kleinaktionärs, S. 85.

tionärs nachgegangen. Nach der Darstellung und Auseinandersetzung mit den zu dieser Thematik entwickelten Ansätzen in der Literatur wird neben der Existenz eines materiellen Schutzrechts auch dessen dogmatische Grundlage eruiert (§ 4 – § 7).

§ 2 Kompetenzkontrolle bei Vorstandsbeschlüssen durch die Rechtsprechung

A. Grundlagen der Holzmüller-Entscheidung

Im Rahmen der Holzmüller-Entscheidung hat der BGH zum ersten Mal explizit dazu Stellung nehmen müssen, wie die Kompetenzen des Vorstands von der Grundlagenkompetenz der Hauptversammlung abzugrenzen sind, mithin wo die Grenzen der dem Vorstand vom Aktiengesetz zugewiesenen autonom wahrzunehmenden Geschäftsleitungskompetenz liegen. Dem schloss sich die weitere und für die vorliegende Arbeit wesentlich relevantere Problematik an, wie sich der Aktionär bei Missachtung der Hauptversammlungskompetenz durch den Vorstand zur Wehr setzten kann. Als Meilenstein der Entwicklung einer Aktionärsklage verdient die Holzmüller-Entscheidung daher eine genauere Analyse.

I. Sachverhalt

Der Holzmüller-Entscheidung lag folgender Sachverhalt zu Grunde. Eine Aktiengesellschaft betrieb einen Seehafenbetrieb und eine Holzumschlags- und Holzlagerungsanlage. Zur Vorbereitung einer Verselbstständigung des Seehafenbetriebes in einer Tochtergesellschaft wurde die Satzung folgendermaßen neu gefasst: „Die Aktiengesellschaft ist ferner berechtigt, andere Unternehmungen zu errichten und zu erwerben sowie sich an anderen Unternehmen zu beteiligen. Sie kann ihren Betrieb ganz oder teilweise solchen Gesellschaften überlassen."[4] In der Folge dieser Satzungsänderung wurde der Seehafenbetrieb in eine neu geschaffene KGaA überführt. Die Beteiligungsverhältnisse wurden so strukturiert, dass eine 100%ige Tochtergesellschaft in der Rechtsform einer GmbH persönlich haftende Gesellschafterin der KGaA wurde und die Muttergesellschaft gegen Einbringung des Seehafenhandelsbetriebes alleinige Kommanditaktionärin.[5]

Diesem Vorgehen trat ein Minderheitsaktionär der Muttergesellschaft klageweise entgegen, indem er beantragte

a) dass die Einbringung des Seehafenbetriebes als Sacheinlage und alle korrespondierenden Rechtsakte nichtig seien,

---

[4] BGH, Urt. v. 25.02.1982 – II ZR 174/80 –, BGHZ 83, 122, 123 (Holzmüller).

[5] Vgl. BGH, Urt. v. 25.02.1982 – II ZR 174/80 –, BGHZ 83, 122, 123f. (Holzmüller).

b) hilfsweise die Muttergesellschaft als Alleingesellschafterin der KGaA zur Rückübertragung des Seehafenbetriebes verpflichtet wird,

c) hilfsweise die Feststellung erfolge,

- dass die Muttergesellschaft als Alleinaktionärin der KGaA verpflichtet sei, zu allen Maßnahmen in der KGaA, die einer Kapitalmehrheit von ¾ bedürften, die Zustimmung der Hauptversammlung der Muttergesellschaft einzuholen.

- Dies müsse insbesondere für Kapitalerhöhungsmaßnahmen gelten, selbst bei expliziter Vorsehung durch die Satzung. Erforderlich sei die nach dem Gesetz für die jeweilige Maßnahme erforderlichen Mehrheit. Andernfalls könne eine Durchführung nicht stattfinden.[6]

Aus dem Sachverhalt ergeben sich bereits die diversen strikt zu trennenden Problemkreise der Holzmüller-Entscheidung. Zum einen geht es um die bereits angesprochene Kompetenzabgrenzung zwischen Hauptversammlung und Vorstand und zum anderen darum, wie der einzelne Aktionär sich vor übergriffigem Vorstandshandeln schützen kann. Denn betrachtet man nüchtern das Aktiengesetz, sticht ins Auge, dass der Vorstand im Innenverhältnis gem. § 76 Abs. 1 AktG vollkommen autonom die Leitungspflichten ausübt. Das Gesetz lässt in § 119 Abs. 2 AktG zwar eine Durchbrechung dieser Grundregel zu, allerdings nur, sofern der Vorstand als Organ der Hauptversammlung eine Frage der Geschäftsführung vorlegt.[7] Ein solches Verlangen ändert auch nichts an der Grundregel des § 82 Abs. 1 AktG, nach der die Vertretungsmacht des Vorstandes nach außen hin nicht beschränkbar ist.

II. Hauptantrag

Der Hauptantrag war als Feststellungsantrag nicht auf die Feststellung eines Rechtsverhältnisses zwischen dem Aktionär und der Gesellschaft gerichtet, sondern darauf, ob zwischen der Gesellschaft und einem Dritten ein Rechtsverhältnis besteht oder nicht. Der BGH hat die Zulässigkeit eines solchen Anliegens unter der Voraussetzung zugelassen, dass das in Streit stehende Rechtsverhältnis für das Verhältnis von Kläger und Beklagtem von Bedeutung ist und der Kläger ein rechtliches Interesse an der zeitnahen Klärung habe. Es dürfen aber keine aktienrechtlichen Wertungen einer solchen Feststellung von Drittrechtsverhältnissen entgegenstehen.[8] Die Relevanz der Feststellung der Nichtigkeit sämtlicher Rechtsakte hatte nach zutreffender Ansicht des BGH Konsequenzen für das Rechtsverhältnis des Klägers zur beklagten Gesellschaft. Der BGH nahm an, dass die Gesellschaftsorgane aufgrund der Feststellung die notwendigen Schlüsse ziehen würden und die Rückführung des Seehafenbetriebes betreiben, wodurch die befürchtete Negation der Mit-

---

[6] BGH, Urt. v. 25.02.1982 – II ZR 174/80 –, BGHZ 83, 122, 123 (Holzmüller).

[7] *Kubis*, in: MünchKomm/AktG, 3. Aufl. 2013, § 119 Rn. 21.

[8] BGH, Urt. v. 25.02.1982 – II ZR 174/80 –, BGHZ 83, 122, 125 f. (Holzmüller); vgl. zum feststellbaren Rechtsverhältnis S. 466 ff.

gliedschaftsrechte entfiele.[9] Alternativ sah er das Feststellungsurteil als Grundlage für nachfolgende Schadensersatzansprüche gegen die Organe an, als Grundlage der Verweigerung von Entlastungsbeschlüssen oder für die Geltendmachung konkreter Abwehrrechte.[10] Auch die Nichtigkeits- und Anfechtungsklage nach den § 241 ff. AktG schließen nach Ansicht des BGHs die Zulässigkeit einer Feststellungsklage nicht als abschließende Sonderregelungen aus.[11] Ähnlich zu der als zulässig erachteten positiven Beschlussfeststellungsklage stehe dem Aktionär auch bei gänzlichem Fehlen eines Hauptversammlungsbeschlusses der Weg über § 256 ZPO offen. Das Aktienrecht bereite für diesen Fall gerade keinen anderen hinreichenden Weg zur Durchsetzung des Aktionärsbegehrens. Der Verweis auf die Partizipation an der Willensbildung der Hauptversammlung bringe für die Holzmüller-Konstellation kein gegenteiliges Bild zum Vorschein, da der Aktionär gerade eine Kompetenzverletzung zulasten der Hauptversammlung und damit auch des Teilhaberechts anmahne.[12]

Auch der Verweis auf lediglich repressiv wirkende Schadensersatzansprüche könne dem Aktionär nicht zugemutet werden, müsse er doch sehenden Auges die Schädigung der Gesellschaft und vermittelt über die Mitgliedschaft seine Schädigung hinnehmen, wobei die Geltendmachung dieses Schadens alles andere als gesichert wäre, wenn man das Anforderungsprofil der §§ 122, 147 AktG näher betrachtet. Der BGH formulierte bemerkenswerterweise die These, dass eine materiell begründete Rechtsverfolgung nicht an fehlenden aktienrechtlichen Rechtsbehelfen scheitern darf, sondern als Ersatzordnung die allgemeinen Gesetze zur Verfügung stehen. Diese These erinnert stark an den § 89 Einl. ALR[13] nach dem demjenigen, „Wem die Gesetze ein Recht geben, dem bewilligen sie auch die Mittel, ohne welche dasselbe nicht ausgeübt werden kann". Die insoweit zulässige Feststellungsklage drang zwar auf materiellrechtlicher Ebene nicht durch, kann aber dennoch als prozessualer Fortschritt bezeichnet werden. Der BGH sah die Vollzugsakte als uneingeschränkt wirksam an und verwies auf die nach außen hin nicht beschränkbare Vertretungsmacht des Vorstandes gem. § 82 Abs. 1 AktG,[14] die nach § 23 Abs. 5 AktG zwingenden Charakter hat. Auch die Anwendbarkeit von § 361 AktG a.F.,[15] der die konstitutiv wirkende Beteiligung der Hauptversammlung zur Wirksamkeit des Außengeschäfts verlangt hätte, hat der BGH gänzlich abgelehnt.[16] Er sah zwar

---

[9] BGH, Urt. v. 25.02.1982 – II ZR 174/80 –, BGHZ 83, 122, 126.

[10] BGH, Urt. v. 25.02.1982 – II ZR 174/80 –, BGHZ 83, 122, 126.

[11] BGH, Urt. v. 13.3.1980 – II ZR 54/78 –, BGHZ 76, 191, 199 (Bindingbrauerei) = NJW 1980, 1465. (Zulässigkeit einer positiven Beschlussfeststellungsklage); BGH, Urt. v. 25.02. 1982 – II ZR 174/80 –, BGHZ 83, 122, 126.

[12] BGH, Urt. v. 25.02.1982 – II ZR 174/80 –, BGHZ 83, 122, 126.

[13] Einleitung Allgemeines Landrecht für die Preußischen Staaten 1794.

[14] BGH, Urt. v. 25.02.1982 – II ZR 174/80 –, BGHZ 83, 122, 130.

[15] Nachfolgeregelung § 179a AktG.

[16] § 361 AktG a.F. (Nachfolgeregelung § 179a AktG) war direkt nicht einschlägig, da nicht das gesamte Vermögen übertragen worden ist und auch mehr als nur unwesentliche Vermö-

einen so tiefgreifenden Eingriff in die Mitgliedschaftsrechte der Aktionäre als gegeben an, nach dessen Qualität der Vorstand bei verständiger Betrachtung nicht mehr
hätte davon ausgehen dürfen, dass er die Entscheidung über die Ausgliederung ohne
eine Beteiligung der Hauptversammlung hätte vornehmen können.[17] Doch nahm er
die Vorlagepflicht des Vorstandes als ein rein interne Angelegenheit an, die die
Regelung des § 82 Abs. 1 AktG nicht überspielen könne.[18]

III. 1. Hilfsantrag

Der erste Hilfsantrag des Aktionärs stellt eine Leistungsklage gegen die Aktiengesellschaft dar, mit dem diese verpflichtet werden sollte, den ausgegliederten
Betriebsteil wieder in die Hauptgesellschaft zurückzuführen.

Der BGH erkannte einen verbandsrechtlichen Anspruch des Aktionärs auf
Achtung seiner Mitgliedschaftsrechte durch die Gesellschaft, die alles zu unterlassen
habe, was seine Rechte über das gesetzlich und satzungsgemäß bestimmte Maß
hinaus beeinträchtige, an. Aufgrund der angenommenen internen Beteiligungs-
pflicht der Hauptversammlung und der fehlenden Vorlage habe der Vorstand als
Organ der Gesellschaft den Aktionär von der ihm rechtlich zustehenden Teilhabe
ausgeschlossen.[19] Der Aktionär könne sich wegen dieser Verletzung des zuvor
herausgestellten Anspruches unmittelbar an die Gesellschaft wenden.[20] Eine dem
verbandsrechtlichen Anspruch entgegenstehende innergesellschaftliche Ordnung
wurde nicht anerkannt. Klageziel sei gerade nicht gewesen diese zu durchbrechen,
sondern die Klage sollte der Aufrechterhaltung der innergesellschaftlichen Kompetenzverteilung dienen, nach der die Hauptversammlung zu beteiligen war. Für ein
solches Begehren stünde mangels anderweitiger aktienrechtlicher Rechtsbehelfe die
Leistungs- oder Unterlassungsklage zur Verfügung.[21] Betont wurde explizit, dass es
sich hierbei nicht um die Schaffung eines neuen eigenständigen „Ersatzaufsichtsrechts" des Aktionärs handelt, welches neben die aktienrechtliche Ausgestaltung tritt
und eingreift, sofern das primär zuständige Kontrollorgan versagt.[22] Die Klagebefugnis des Aktionärs basiere allein auf der Verletzung der mitgliedschaftlichen
Stellung.[23] Allerdings scheiterte auch dieses Begehren an der Begründetheit, da der

---

gensgegenstände, nämlich der Holzbetriebszweig, bei der Beklagten verblieben. Auch eine
analoge Anwendbarkeit war nach Ansicht des BGH nicht geboten, hätte dies doch zu un-
tragbaren Abgrenzungsschwierigkeiten hinsichtlich der Vertretungsmacht des Vorstandes geführt; BGH, Urt. v. 25.02.1982 – II ZR 174/80 –, BGHZ 83, 122, 129. Diese Unsicherheit soll
durch § 82 Abs. 1 AktG gerade unterbunden werden.

[17] BGH, Urt. v. 25.02.1982 – II ZR 174/80 –, BGHZ 83, 122, 131 f.
[18] BGH, Urt. v. 25.02.1982 – II ZR 174/80 –, BGHZ 83, 122, 132.
[19] BGH, Urt. v. 25.02.1982 – II ZR 174/80 –, BGHZ 83, 122, 133.
[20] BGH, Urt. v. 25.02.1982 – II ZR 174/80 –, BGHZ 83, 122, 134.
[21] BGH, Urt. v. 25.02.1982 – II ZR 174/80 –, BGHZ 83, 122, 134.
[22] BGH, Urt. v. 25.02.1982 – II ZR 174/80 –, BGHZ 83, 122, 135.
[23] BGH, Urt. v. 25.02.1982 – II ZR 174/80 –, BGHZ 83, 122, 135.

Aktionär die Klageerhebung rechtsmissbräuchlich verzögert habe, indem er erst 2 ½ Jahre nach der effektiven Ausgliederung Klage erhob.[24]

Der BGH hat die Aktionärsklage damit primär auf Schutzfunktionsüberlegungen aufgebaut und nicht als zusätzliches Kontrollinstrument verstanden. Dies scheint insbesondere mit Blick auf § 23 Abs. 5 AktG der einzig gangbare Weg zu sein, um der Aktionärsklage nicht von vorhinein den dogmatischen Boden zu entziehen. Betrachtet man das AktG im Ganzen, ist die Zuweisung der Kontrollfunktion an den Aufsichtsrat und nicht an den Aktionär eine grundlegende Entscheidung. Diese Kompetenzverteilung stellt einen satzungsfesten Bestandteil im Sinne des § 23 Abs. 5 AktG dar,[25] was der „Ersatzaufsichtsrechtsklage" entgegensteht.[26] Hierauf wird noch genauer einzugehen sein.[27]

IV. 2. Hilfsantrag

Dem zweiten Hilfsantrag als Feststellungsantrag wurde durch den BGH teilweise stattgegeben. Der Forderung des Klägers, die Erforderlichkeit der Zustimmung der Hauptversammlung der Muttergesellschaft zu jeder Maßnahme festzustellen, die einer ¾ Kapitalmehrheit in der KGaA bedarf, wies der BGH aufgrund der zu abstrakten Formulierung ab. Er sieht zwar ein Schutzbedürfnis der Aktionäre der Muttergesellschaft als gegeben an. Ein solches rechtfertige aber keinen kategorischen Zustimmungsvorbehalt, der auch für Maßnahmen gelte, die für die Aktionäre der Muttergesellschaft keinerlei merkliche Auswirkungen hätten.[28] Mangels Betroffenheit der Aktionäre sei hier eine Überspielung der vom Vorstand autonom auszuführenden Leitungskompetenz gem. § 76 Abs. 1 AktG nicht gerechtfertigt. Ein Zustimmungsvorbehalt könne erst dann angenommen werden, wenn der Vorstand durch Handlungen in der 100 %igen Tochtergesellschaft die Aktionärsrechte, die durch die Ausgliederung ohnehin schon einem Mediatisierungseffekt zum Opfer gefallen sind, mittelbar noch weitergehend beeinträchtigt.[29] Für die Möglichkeit der Geltendmachung eines solchen Anspruches verwies er auf seine zu dem ersten Hilfsantrag gemachten Ausführungen,[30] sodass auch diesbezüglich die Gesellschaft

---

[24] BGH, NJW 1982, 1703, 1706 (Holzmüller), insoweit nicht abgedruckt in BGH, Urt. v. 25.02.1982 – II ZR 174/80 –, BGHZ 83, 122 ff.

[25] *Leyendecker-Langner*, NZG 2012, 721, 724; *Pentz*, in: MünchKomm/AktG, 4. Aufl., § 23 Rn. 167.

[26] Gleichsinnig *Leyendecker-Langner*, NZG 2012, 721, 724 für den Fall der Kompetenzüberschreitung des Aufsichtsrates und der Frage, ob der Vorstand eine Verletzungsklage erheben muss.

[27] Hierzu S. 193 f. und S. 195 ff.

[28] BGH, Urt. v. 25.02.1982 – II ZR 174/80 –, BGHZ 83, 122, 140; wo die Firmenänderung, Sitzverlegung, Bindung des Vorstandes an Aufsichtsrat für gewisse Geschäfte als Beispiele genannt werden.

[29] BGH, Urt. v. 25.02.1982 – II ZR 174/80 –, BGHZ 83, 122, 139 f.

[30] BGH, Urt. v. 25.02.1982 – II ZR 174/80 –, BGHZ 83, 122, 140.

passender Klagegegner sei und durch ihre Organe auf die Einhaltung der Beteiligung der Hauptversammlung der Muttergesellschaft hinwirken müsse.

Diese Gefahr hat der BGH für die Fälle im zweiten Teil des zweiten Hilfsantrages angenommen, bei dem es um die Beteiligung bei Kapitalerhöhungen in der KGaA ging.[31]

V. Bewertung

Die Holzmüller-Entscheidung des BGH hat einige Fragen offengelassen, deren Beantwortung für den Rechtsschutz eines Aktionärs gegen rechtswidrige Vorstandsentscheidungen relevant ist. Der BGH spricht zwar von einem verbandsrechtlichen Anspruch des Aktionärs gegenüber der Gesellschaft satzungs- und gesetzeswidriges Verhalten zu unterlassen. Inwieweit hieraus aber eine Rechtsschutzmöglichkeit des Aktionärs resultiert, der sich einem rechtswidrigen Bezugsrechtsausschluss durch die Verwaltung gegenübersieht oder gegen einen festgesetzten unangemessenen Ausgabebetrag der Aktien vorgehen möchte, ist nicht unmittelbar verständlich. Denn ein Begründungsschwerpunkt des BGH liegt in der Statuierung einer Pflichtverletzung des Vorstandes durch das Übergehen der Hauptversammlung und damit des stimmberechtigten Mitglieds.[32] Den für die Aktionärsklage entscheidenden Satz, dass die „Klagebefugnis des Aktionärs [...] darauf (beruht), daß er [...] durch eine unzulässige Ausschaltung der Hauptversammlung in seiner eigenen Mitgliedsstellung betroffen (ist)",[33] gilt es herauszustellen. Denn aufgrund der Einpassungspflicht der Aktionärsklage in die Struktur des Aktienrechts, wird sich ihr Anwendungsbereich auch im Rahmen des genehmigten Kapitals auf die Verletzung des Aktionärs als teilhabeberechtigtes Mitglied der Hauptversammlung durch Nichteinschaltung seines Repräsentationsorganes reduzieren lassen. Durch diese Formulierung hat der BGH die Aktionärsklage als Schutzklage konstituiert und somit größere Reibungen mit der aktienrechtlich zwingenden Kompetenzordnung vermieden. Dies ist folgerichtig, denn das System der „checks and balances", in welchem dem Aufsichtsrat die Überwachung des Vorstandes obliegt, ist keineswegs lückenlos wirksam. Denn der Aufsichtsrat, der den Vorstand gegebenenfalls auf Regresszahlungen in Anspruch nimmt, muss sich zuvor immer auch die Frage stellen, ob der Vorstand nicht erst aufgrund einer fehlerhaften Überwachung die

---

[31]   BGH, Urt. v. 25.02.1982 – II ZR 174/80 –, BGHZ 83, 122, 141 ff.

[32]   BGH, Urt. v. 25.02.1982 – II ZR 174/80 –, BGHZ 83, 122, 134 f. = NJW 1982, 1703, 1706 „Wie jeder Aktionär hat der Kl. einen verbandsrechtlichen Anspruch darauf, daß die Gesellschaft seine Mitgliedsrechte achtet und alles unterläßt, was sie über das durch Gesetz und Satzung gedeckte Maß hinaus beeinträchtigt. Dieser Anspruch wird verletzt, wenn der Vorstand die Hauptversammlung und damit auch die *einzelnen Aktionäre bei einer Entscheidung von der nach der Sachlage gebotenen Mitwirkung ausschließt.*" (Hervorhebung durch Verfasser); dies kritisch hervorhebend *Ekkenga*, AG 2001, 567, 575.

[33]   BGH, Urt. v. 25.02.1982 – II ZR 174/80 –, BGHZ 83, 122, 135 Tz. 37 = NJW 1982, 1703, 1706.

Möglichkeit der Pflichtverletzung eingeräumt bekommen hat, was die Inanspruchnahme des Aufsichtsrats selbst bedeuten würde.[34] Die vom BGH für die Aktionärsklage angenommene Passivlegitimation der Gesellschaft ist nicht unproblematisch, da diese unmittelbar mit der dogmatischen Grundlage der Aktionärsklage verknüpft ist.[35]

B. Siemens/Nold-Entscheidung

Die Siemens/Nold-Entscheidung[36] ist für die hier in Rede stehende Frage im Gegensatz zur Holzmüller-Entscheidung nur wenig aufschlussreich, weswegen allein zwei relevante Aspekte hervorgehoben werden. Die Siemens/Nold-Entscheidung enthält nur zum Ende der Entscheidungsgründe obiter dicta einen Verweis auf die Möglichkeiten der Aktionäre, bei der Schaffung und Ausnutzung des genehmigten Kapitals Rechtsschutz zu suchen.[37] Danach sei es den Aktionären möglich, das Verhalten des Vorstands zum Gegenstand einer Feststellungsklage zu machen oder, soweit dies noch möglich ist, zum Gegenstand einer (vorbeugenden) Unterlassungsklage.[38]

Unter ausdrücklichem Verweis auf die Holzmüller-Entscheidung wurde in Siemens/Nold implizit kenntlich gemacht, dass eine Kompetenzüberschreitung des Vorstands auch bei der Ausnutzung eines genehmigten Kapitals möglich sei. Insgesamt deutete sich in der Entscheidung durch den Hinweis, dass der Vorstand bei rechtswidrigem Handeln gem. § 93 Abs. 2 AktG hafte, ihm die Entlastung versagt werden könne oder eine fristlose Abberufung erfolgen könne,[39] eine erhebliche Tendenz weg von einer vorgreifenden Kontrolle hin zu einer nachträglichen Kontrolle nach Ausübung des genehmigten Kapitals an. Als präventiv wirkendes Kontrollinstrument wird darauf hingewiesen, dass das Verhalten des Vorstandes durch den Aufsichtsrat auf Einhaltung der gesetzlichen und statutarischen Bindungen kontrolliert werden könne.[40] Die in Holzmüller angesprochene vorbeugende Unterlassungsklage wird ebenfalls erwähnt. Man kann sich hier des Eindrucks nicht erwehren, dass der BGH den Bedeutungsgehalt dieses Rechtsbehelfs im Rahmen des genehmigten Kapitals nicht wirklich hoch einschätzt.[41]

---

[34] So später explizit BGH, Urt. v. 23.06.1997 – II ZR 132/93 –, BGHZ 136, 133, 140f.; BGH, Urt. v. 10.10.2005 – II ZR 90/03 –, BGHZ 164, 249, 252f. Tz. 10.

[35] Vgl. S. 401.

[36] Vgl. bereits oben S. 112ff.

[37] BGH, Urt. v. 23.06.1997 – II ZR 132/93 –, BGHZ 136, 133, 140f.

[38] BGH, Urt. v. 23.06.1997 – II ZR 132/93 –, BGHZ 136, 133, 141.

[39] BGH, Urt. v. 23.06.1997 – II ZR 132/93 –, BGHZ 136, 133, 140f.

[40] BGH, Urt. v. 23.06.1997 – II ZR 132/93 –, BGHZ 136, 133, 140.

[41] BGH, Urt. v. 23.06.1997 – II ZR 132/93 –, BGHZ 136, 133, 141 Tz. 23 = NJW 1997, 2815, 2816, „daß die Pflichtwidrigkeit seines Verhaltens zum Gegenstand einer Feststellungs- oder – soweit noch möglich – einer Unterlassungsklage [...] gemacht wird".

Die Siemens/Nold-Entscheidung des BGH ist noch unter einem weiteren Aspekt interessant. Auf die später noch zu untersuchende materielle dogmatische Grundlage einer verbandsrechtlich gestützten Aktionärsklage geht der BGH zwar nicht tiefgreifend ein. Es drängt sich allerdings der Eindruck auf, dass er die Klagemöglichkeit des Aktionärs primär auf eine potentielle Verletzung des Bezugsrechts stützen möchte,[42] mithin einen individualrechtsschützenden Ansatz präferiert. Dem steht ein rein auf den Kompetenzübertritt zulasten der Hauptversammlung durch den Vorstand basierendes Rechtsschutzkonzept gegenüber.

Im Zusammenhang mit der Siemens/Nold-Entscheidung wird oft die Holzmann-Entscheidung[43] benannt, von der der BGH abgerückt sei. Dies beansprucht allerdings nur für die materiellen Anforderungen an die Rechtfertigung des Ermächtigungsbeschlusses unter Bezugsrechtsausschluss und Ausschlussermächtigung Geltung. Für die Entwicklung einer Aktionärsklage gibt der Fall Holzmann wenig her. Dort ging es allein um eine reguläre Anfechtungsklage, sodass in diesem Rahmen nicht genauer auf sie einzugehen ist.

C. Commerzbank/Mangusta II-Entscheidung

In der Commerzbank/Mangusta II-Entscheidung hat der BGH sich dezidiert mit dem Rechtsschutzkonzept des genehmigten Kapitals auseinandergesetzt, wobei die Entscheidung immer auch in Zusammenhang mit der Commerzbank/Mangusta I-Entscheidung betrachtet werden muss, in der eine Vorabberichtspflicht vor Ausnutzung eines bezugsrechtsfreien genehmigten Kapitals abgelehnt worden ist. Dies hat erhebliche Konsequenzen für den effektiven Einsatz der zur Verfügung stehenden Rechtsschutzinstrumente. Daher sind der Sachverhalt und die Entscheidungsgründe der Commerzbank/Mangusta II-Entscheidung kurz als Wegweiser darzustellen.

I. Sachverhalt

Für die Commerzbank Aktiengesellschaft wurden durch zwei Beschlüsse der Hauptversammlung vom 30. Mai 1997[44] und 21. Mai 1999[45] zwei genehmigte Kapitalien geschaffen, welche der Vorstand jeweils auch unter Ausschluss des Bezugsrechts ausnutzen konnte. Im Jahr 2000 beschloss der Vorstand, die genehmigten Kapitalien für die Ausgabe von neuen Aktien gegen Einlage auszu-

---

[42] BGH, Urt. v. 23.06.1997 – II ZR 132/93 –, BGHZ 136, 133, 140 Tz. 23 = NJW 1997, 2815, 2816, denn er bezieht hier die Möglichkeit auf die „Einhaltung dieser Bindungen", mit denen er wiederum auf das Erfordernis der sachlichen Rechtfertigung in Tz. 22. Bezug nimmt.

[43] Vgl. zum materiellen Inhalt der BGH, Urt. v. 19.04.1982 – II ZR 55/81 –, BGHZ 83, 319 ff. (Holzmann).

[44] Ermächtigungsfrist bis zum 30. April 2002.

[45] Ermächtigungsfrist bis zum 30. April 2004.

nutzen. Hierzu sollte es in zwei Fällen zu einer Ausgabe der Aktien gegen Bareinlagen und in einem Fall zur Ausgabe der Aktien gegen Sacheinlage kommen,
wobei in allen Fällen das Bezugsrecht der Aktionäre ausgeschlossen wurde. Für die
jeweiligen Ausnutzungsbeschlüsse des Vorstandes gab der Präsidialausschuss des
Aufsichtsrates seine Zustimmung ab. Die Durchführung der beiden Barkapitalerhöhungen wurde im September 2000 und die Durchführung der Sachkapitalerhöhung im Oktober 2000 in das Handelsregister eingetragen.[46] Die Mangusta
Beteiligungsgesellschaft mbH hat als Minderheitenaktionärin beantragt, die drei
Vorstandsbeschlüsse für nichtig zu erklären, ebenso wie die Zustimmungsbeschlüsse durch den Präsidialausschuss des Aufsichtsrates. In einem ersten Hilfsantrag wollte sie feststellen lassen, dass die Beschlüsse nichtig sind oder in einem
zweiten Hilfsantrag jedenfalls deren Unwirksamkeit.[47] In der Berufungsinstanz
verfolgte die Mangusta Beteiligungsgesellschaft mbH mit einem dritten Hilfsantrag die höchst hilfsweise Feststellung, dass das Verhalten sowohl des Vorstandes
als auch des Aufsichtsrates pflichtwidrig war.[48]

II. Entscheidung

Nachdem sowohl das Landgericht als auch das Oberlandesgericht sämtliche im
jeweiligen Verfahren gestellte Anträge als unzulässig abgewiesen haben,[49] kam der
BGH zu einer teilweise anderen Beurteilung. Zunächst hat sich der BGH in seinem
Urteil mit der Übertragbarkeit des aktienrechtlichen Beschlussmängelrechts für
Hauptversammlungsbeschlüsse auf Vorstandsbeschlüsse in ablehnender Weise
auseinandergesetzt.[50] Den ersten Hilfsantrag auf Feststellung der Nichtigkeit des
Vorstands- und des Aufsichtsratsbeschlusses hat der BGH unter Verweis auf die
zulässige allgemeine Feststellungsklage im Sinne des § 256 Abs. 1 ZPO zugelassen.[51] Die im September und Oktober eingetragene Durchführung der Kapitalmaßnahme hat nach Ansicht des BGH zwar zur Wirksamkeit derselben geführt, nicht
aber das Rechtsschutzinteresse auf Feststellung der Nichtigkeit der zugrunde liegenden Organbeschlüsse entfallen lassen.[52] Eine etwaige Rechtswidrigkeit der Organbeschlüsse hätte zwar nicht die Vernichtung der neu entstandenen Mitglied-

---

[46] Vgl. BGH, Urt. v. 10. 10. 2005 – II ZR 90/03 –, BGHZ 164, 249, 250 = NZG 2006, 20, 21.

[47] BGH, Urt. v. 10. 10. 2005 – II ZR 90/03 –, BGHZ 164, 249, 251 Tz. 3 = NZG 2006, 20, 21.

[48] OLG Frankfurt a. M., Urt. v. 04. 02. 2003 – 5 U 63/01 –, ZIP 2003, 1198 ff.

[49] OLG Frankfurt a. M., Urt. v. 04. 02. 2003 – 5 U 63/01 –, ZIP 2003, 1198 ff.

[50] BGH, Urt. v. 10. 10. 2005 – II ZR 148/03 –, BGHZ 164, 249, 252 f. = NZG 2006, 20, 21; vergleiche zur analogen Anwendbarkeit der §§ 243 ff. AktG auf Vorstandsbeschlüsse detail-lierter S. 206 ff.

[51] BGH, Urt. v. 10. 10. 2005 – II ZR 90/03 –, BGHZ 164, 249, 253 Tz. 14 = NZG 2006, 20, 21.

[52] BGH, Urt. v. 10. 10. 2005 – II ZR 90/03 –, BGHZ 164, 249, 253 Tz. 14 = NZG 2006, 20, 21.

schaftsrechte zur Folge, da es sich um eine reine interne Entscheidung handele, die nicht auf das Außenverhältnis durchschlage.[53] Es sei aber ebenfalls zu berücksichtigen, dass die Eintragung der Durchführung der Kapitalmaßnahme gemäß § 189 AktG nicht zu einer Heilung der Verwaltungsbeschlüsse führe.[54] Auch die Tatsache, dass es nicht um die Feststellung eines Rechtsverhältnisses zwischen dem Aktionär und dem Vorstand geht, sondern um ein sogenanntes Drittrechtsverhältnis führe nicht zur Unzulässigkeit der allgemeinen Feststellungsklage.[55] Dies liege daran, dass das Rechtsverhältnis des Aktionärs zur Aktiengesellschaft tangiert sei, denn die Verletzung seiner Aktionärsrechte hängen von der Feststellung der Pflichtwidrigkeit der Ausnutzung des genehmigten Kapitals ab.[56] Der dritte Hilfsantrag wird insoweit als überflüssig angesehen, als das nach ständiger Rechtsprechung des BGH Vorstandsbeschlüsse entweder rechtswidrig und damit nichtig oder rechtmäßig und damit wirksam seien. Die mit dem dritten Hilfsantrag begehrte Feststellung ist vielmehr bereits im ersten Hilfsantrag enthalten.[57] Nichts Anderes soll auch für den zweiten Hilfsantrag gelten, der auf die Feststellung der Unwirksamkeit der Verwaltungsbeschlüsse gerichtet ist.[58]

Die allgemeine Feststellungsklage sei insbesondere keine Umgehung der aktienrechtlich nur eingeschränkt vorgesehenen Möglichkeit der Aktionäre zur Geltendmachung von Schadensersatzansprüchen der Gesellschaft gegenüber dem Vorstand, wie sie in § 147 AktG niedergelegt ist.[59] Dies liege zum einen an den verschiedenartigen Rechtsschutzzielen, da die Feststellungsklage gerade nicht die Verfolgung von Schadensersatzansprüchen zum Gegenstand habe. Zum anderen müsse dem Aktionär bei strukturell ineffizienten Kontrollmechanismen eine hinreichende Möglichkeit zur Vorbeugung von Rechtsnachteilen zur Seite gestellt werden.[60] Denn durch die Einschaltung des eigentlichen Kontrollorgans (Auf-

---

[53] BGH, Urt. v. 10. 10. 2005 – II ZR 90/03 –, BGHZ 164, 249, 257 Tz. 23 = NZG 2006, 20, 23; als originäre Geschäftsführungsmaßnahme ordnet dies noch die Vorinstanz ein, OLG Frankfurt a.M., Urt. v. 04. 02. 2003 – 5 U 63/01 –, ZIP 2003, 1198, 1199; vgl. hierzu bereits oben S. 46 ff. (Lediglich derivative Kompetenz/Der Vorstand ist lediglich Entscheidungssubstitut/ Die Ausnutzung ist keine originäre Geschäftsführungsmaßnahme).

[54] BGH, Urt. v. 10. 10. 2005 – II ZR 90/03 –, BGHZ 164, 249, 257 Tz. 23 = NZG 2006, 20, 23.

[55] Vgl. zur Feststellungsfähigkeit von Drittrechtsverhältnissen schon *Hellwig*, System des Deutschen Zivilprozeßrechts, Bd. 1, § 107 (S. 282 f.).

[56] BGH, Urt. v. 10. 10. 2005 – II ZR 90/03 –, BGHZ 164, 249, 255 Tz. 19 = NZG 2006, 20, 21 f., 22.

[57] BGH, Urt. v. 10. 10. 2005 – II ZR 90/03 –, BGHZ 164, 249, 253, Tz. 15 und 261 Tz. 37 = NZG 2006, 20, 24.

[58] BGH, Urt. v. 10. 10. 2005 – II ZR 90/03 –, BGHZ 164, 249, 260 Tz. 36 = NZG 2006, 20, 24.

[59] BGH, Urt. v. 10. 10. 2005 – II ZR 90/03 –, BGHZ 164, 249, 258 Tz. 26 = NZG 2006, 20, 23.

[60] BGH, Urt. v. 10. 10. 2005 – II ZR 90/03 –, BGHZ 164, 249, 258 f. Tz. 27 f. = NZG 2006, 20, 23.

sichtsrat) in die Ausübung des genehmigten Kapitals liege eine Konfliktsituation vor.[61] Ebenso sieht der BGH (hier wie auch in der Holzmüller-Entscheidung) in der Zulassung einer Feststellungsklage des Aktionärs, wie sie in dem Fall Commerzbank/Mangusta II vorliegt, keine Durchbrechung der aktienrechtlichen Kompetenzordnung, da Klageziel die Erhaltung der aktienrechtliche Zuständigkeitsordnung oder deren Wiederherstellung sei.[62]

Die rechtstatsächlichen Gründe für die Zulassung der allgemeinen Feststellungsklage und auch der vorbeugenden Unterlassungsklage bei kompetenzwidriger Überschreitung der Befugnisse durch die Verwaltungsorgane sind nicht allein in der Commerzbank/Mangusta II-Entscheidung zu finden. Der BGH rekurriert im Rahmen der Zulassung ausdrücklich auf die durch die Siemens/Nold-Entscheidung eingeführte Erleichterung der Schaffung eines bezugsrechtsfreien genehmigten Kapitals und der hierdurch erschwerten Durchsetzung einer Anfechtungsklage.[63] Die durch die Siemens/Nold-Entscheidung eingeführten Erleichterungen sollten allerdings nicht dazu führen, dass für den Vorstand eine Blankettermächtigung geschaffen wird, die keiner weitergehenden Kontrolle zugänglich sei. Die Siemens/Nold-Entscheidung sei nicht als Abkehr von den Kontrollmöglichkeiten eines Aktionärs zu sehen, sondern lediglich als Reaktion auf das Wirtschaftsleben, in dem ein genehmigtes Kapital unter den Voraussetzungen der Holzmann-Entscheidung nicht effektiv genutzt werden könne.[64] Daher sei dem Aktionär bis zur Eintragung der Kapitalmaßnahme die vorbeugende Unterlassungsklage zur Seite zu stellen und insbesondere nach Eintragung der Durchführung gem. § 189 AktG die allgemeine Feststellungsklage.

Nachdem in der Siemens/Nold-Entscheidung der Fokus des Klagegrundes eher auf einer Verletzung des mitgliedschaftlichen Bezugsrechts zu liegen schien, kann man in der Commerzbank/Mangusta-Entscheidung deutliche Anhaltspunkte dafür erkennen, dass lediglich eine Aktionärsklage gewollt ist, die bloß Kompetenzübertretungen abwehrt. Gänzlich klar sind die Ausführungen hierzu allerdings nicht. Manchmal stellt der BGH auf den „in seinen Mitgliedschaftsrechten beeinträchtigte(n) Aktionär" ab, was für einen Individualrechtsschutz spricht.[65] Manchmal steht

---

[61] BGH, Urt. v. 10. 10. 2005 – II ZR 90/03 –, BGHZ 164, 249, 258 f. Tz. 27 f. = NZG 2006, 20, 23.

[62] BGH, Urt. v. 10. 10. 2005 – II ZR 90/03 –, BGHZ 164, 249, 259 Tz. 29 = NZG 2006, 20, 23.

[63] BGH, Urt. v. 10. 10. 2005 – II ZR 90/03 –, BGHZ 164, 249, 254 f. Tz. 17 = NZG 2006, 20, 22; vgl. hierzu bereits oben S. 112 ff. Wie dort gesehen, kommt es weder bei den formellen noch bei den materiellen Anforderungen darauf an, ob es sich um einen Direktausschluss des Bezugsrechts oder eine Ausschlussermächtigung handelt.

[64] BGH, Urt. v. 10. 10. 2005 – II ZR 90/03 –, BGHZ 164, 249, 254 f. Tz. 17 = NZG 2006, 20, 22.

[65] BGH, Urt. v. 10. 10. 2005 – II ZR 90/03 –, BGHZ 164, 249, 254 Tz. 16 = NZG 2006, 20, 22.

der gerichtliche „Rechtsschutz [...] gegen unrechtmäßiges, kompetenzüberschreitendes Organhandeln" im Vordergrund.[66]

§ 3 Aktienrechtliche Wertungen zur Untermauerung einer Aktionärsklage auf rechtmäßiges Vorstandshandeln

Der Bundesgerichtshof hat sich allerdings weder in der Siemens/Nold-Entscheidung noch in der Commerzbank/Mangusta II-Entscheidung und entgegen Stimmen in der Literatur auch nicht in der Holzmüller-Entscheidung,[67] auf die in der Siemens/Nold-Entscheidung und mittelbar durch die Bezugnahme von Commerzbank/Mangusta II auf Siemens/Nold auch dort verwiesen wird, zu einer klaren Stellungnahme hinsichtlich der dogmatischen Grundlage einer Aktionärsklage hinreißen lassen.[68]

Seit jeher ist die Anerkennung und insbesondere die Reichweite einer Aktionärsklage auf rechtmäßiges Verhalten der Gesellschaftsorgane umstritten. Dies ruht nicht zuletzt auf den im Aktienrecht nur rudimentär zu findenden Normen, die dem Aktionär als solchem ein Einzelklagerecht gegen die Gesellschaft, ihre Organe oder Organmitglieder einräumen.

Hier ist klarzustellen, dass strikt zwischen der actio pro societate und einer mitgliedschaftlichen Abwehrklage zu differenzieren ist. Es ist noch zu untersuchen, ob der Aktionär die actio pro societate – sofern sie, was zu eruieren ist, Anerkennung verdient – nutzen kann,[69] um gegen rechtswidriges Vorstandshandeln bei der Ausnutzung genehmigten Kapitals vorzugehen. Darüber hinaus ist noch zu untersuchen, ob ihm eine mitgliedschaftliche Abwehrklage zur Verfügung steht. Die voranzustellende Grundunterscheidung der beiden angeführten Institute ist darin zu sehen, dass der Aktionär bei der actio pro societate im absoluten Ausnahmefall allein ein Recht des Verbandes in Prozessstandschaft geltend macht.[70] Bei einer mitgliedschaftlichen Abwehrklage hingegen, soviel sei vorangestellt, macht er einen An-

---

[66] BGH, Urt. v. 10.10.2005 – II ZR 90/03 –, BGHZ 164, 249, 254 f. Tz. 17 = NZG 2006, 20, 22; ähnlich Tz. 19 „[...] tun sie dies als Organe der Gesellschaft, die sich damit Kompetenzen anmaßen [...]"; wobei im Satz zuvor wieder die Individualrechte im Vordergrund stehen „[...] als Folge davon eine Verletzung individueller Mitgliedschaftsrechte, insbesondere des Mitverwaltungs- und des Vermögensrechts, des einzelnen Aktionärs geltend gemacht wird.".

[67] Vgl. *Paefgen*, Unternehmerische Entscheidungen, S. 284 f., der in der Entscheidung eine unmittelbare Rückanknüpfung auf den Schutz eines gegenüber der Gesellschaft bestehenden Anspruchs auf satzungs- und gesetzesgemäßes Verhalten sieht; vgl. auch *Behr*, Die actio pro socio, S. 27, der von der Rückführung der Klagebefugnis auf die mitgliedschaftlichen Rechte der Aktionäre spricht.

[68] Zu den Grundlagen der Holzmüller-Entscheidung vgl. S. 163 ff.

[69] Vgl. zur actio pro societate im Aktienrecht S. 193 ff.

[70] Vgl. zur actio pro societate im Allgemeinen *Schäfer*, in: MünchKomm/BGB, 7. Aufl., § 705 Rn. 204 ff. m.w.N.

spruch aus eigenem Recht geltend. Der Schwerpunkt der Untersuchung ist hierbei auf die vorbeugenden Klagemöglichkeiten des Aktionärs zu richten, sodass die Möglichkeit der Geltendmachung von Schadensersatzansprüchen gegen die Verwaltungsorgane nach pflichtwidrigem Tätigwerden weitgehend ausgespart bleiben.[71]

Zunächst werden normative Wertungsgesichtspunkte des Aktiengesetzes in Bezug auf die Zulassung einer individuellen Klagemöglichkeit des Aktionärs herausgestellt. Bevor die Frage der dogmatischen Grundlage und der Reichweite einer möglichen Aktionärsklage genauer untersucht wird,[72] wird den Möglichkeiten eines Aktionärs nachgegangen, im Wege der actio pro societate vorzugehen. Hierbei gilt es allerdings zu beachten, dass die dargestellten Konzeptionen nicht komplett mit dem hergebrachten Verständnis der actio pro societate in Einklang zu bringen sind, sondern teilweise auch Ähnlichkeiten zur Geltendmachung individueller Rechtspositionen aufweisen können. Eine trennscharfe Differenzierung ist hier nicht möglich. Wie bereits an dem der Holzmüller-Entscheidung zugrunde liegenden Fall zu sehen ist, ist der Einsatzbereich der Aktionärsklage nicht auf das genehmigte Kapital begrenzt. Dieses stellt aufgrund des sich als defizitär herausstellenden Rechtsschutzes gegen Ermächtigungsbeschlüsse aber wohl einen großen Anwendungsbereich dar.[73] Die folgenden Ausführungen, die auf die Suche nach einer dogmatischen Grundlage gehen, gehen daher über das Regelungsregime des genehmigten Kapitals hinaus und versuchen die Grundstrukturen des Aktienrechts hinsichtlich der Zulässigkeit einer Aktionärsklage zu erfassen.

A. Normative Anknüpfungspunkte

Anhaltspunkte dafür, dass solch eine direkte Rechtsverfolgung durch ein Klagerecht der einzelnen Aktionäre möglich ist, enthält in den §§ 309 Abs. 4, 310 Abs. 4 i.V.m. 309 Abs. 4, 317 Abs. 4 i.V.m. 309 Abs. 4 und 318 Abs. 4 i.V.m. 309 Abs. 4 AktG lediglich das Konzernrecht. Hiernach ist es dem Aktionär gestattet, den Ersatzanspruch der Gesellschaft im eigenen Namen geltend zu machen.[74] Ihm ist

---

[71] Vgl. zu den Möglichkeiten, Schadensersatzansprüche geltend zu machen, die Ausführungen *Paefgens*, Unternehmerische Entscheidungen, S. 260 ff. und *Cahns*, ZHR 164 (2000), 113, 121 ff.

[72] Vgl. zu den dogmatischen Grundlagen S. 202 ff.

[73] Die Klagemöglichkeit ausdrücklich auf den Zeitraum nach Beschlussfassung zur Verhinderung der Eintragung einer regulären Kapitalerhöhung beziehend, *Ekkenga*, in: KölnKomm/AktG, 3. Aufl., § 182 Rn. 117.

[74] Die dogmatische Einordnung der entsprechenden Normen ist freilich umstritten: Zutreffend wird man sie dogmatisch als Fall der – *gesetzlichen Prozessstandschaft* – einzuordnen haben (hierfür: KG NZG 2011, 1429, 1431 f.; *Koch*, in: Hüffer/Koch, 13. Aufl., § 309 Rn. 21a; *Fett*, in: Bürgers/Körber, 4. Aufl. § 309 Rn. 22; *Hirte*, in: GroßKomm/AktG, 4. Aufl., § 309 Rn. 43; *Koppensteiner*, in: KölnKomm/AktG, 3. Aufl., § 309 Rn. 44); eine Verortung im Institut der *actio pro societate* (hierfür: *Veil*, in: Spindler/Stilz, 4. Aufl., § 309 Rn. 34; *Altmeppen*,

dadurch zwar nicht eingeräumt worden, den Ersatz in sein eigenes Vermögen zu verlangen, beschränkt § 309 Abs. 4 S. 2 AktG doch die Möglichkeit der Geltendmachung auf eine Leistung an die Gesellschaft.[75] Dies ist unmittelbar einsichtig, wenn man sich klar macht, dass der Schaden im Gesellschaftsvermögen vorhanden sein muss. Der durch die Entwertung der Mitgliedschaft vermittelte Schaden des Aktionärs wird bereits durch Ausgleichszahlung in das Gesellschaftsvermögen ausgeglichen. Die Wertminderung ist lediglich der Reflexschaden, wobei der Reflex hinsichtlich des Wertes der Mitgliedschaft sowohl einer positiven als auch einer negativen Entwicklung offen ist.[76] Betrachtet man die schadensrechtliche Restitutionsseite genauer, fällt auf, dass der Aktionär nicht immer hinsichtlich eines eigenen Schadens, den er über die mittelbare Schädigung hinaus erfährt, schutzlos gestellt ist. § 117 Abs. 1 S. 2 und § 317 Abs. 1 S. 2 gewähren den Aktionären einen Ersatzanspruch, sofern der Schaden des Aktionärs über den Schaden der Gesellschaft hinausgeht. Im Rahmen der Voraussetzungen des § 117 Abs. 2 AktG kann der Aktionär einen über den bloßen Reflexschaden hinausgehenden Schaden sogar von Vorstandsmitgliedern ersetzt verlangen, sofern in deren Person die Voraussetzungen des § 117 Abs. 1 AktG erfüllt sind.[77] Das Aktiengesetz weist dem Aktionär hierin eine ausdrückliche Möglichkeit der Klage gegen Organwalter aus eigenem Recht zu.[78]

Ursprünglich wurde die Aktionärsklage unter Verweis auf die Gefahr der Durchbrechung der aktienrechtlichen Kompetenzverteilung grundsätzlich abgelehnt. Mittlerweile (seit Holzmüller) wurde die Möglichkeit einer Gesellschafterklage durch die höchstrichterliche Rechtsprechung zwar anerkannt. Unter welchen Voraussetzungen dies der Fall sein soll, ist allerdings auch unter Berücksichtigung der Holzmüller-, der

---

in: MünchKomm/AktG, 4. Aufl., § 309 Rn. 127; *Mertens*, in: FS Fleck, 1988, S. 209, 218, der die actio pro societate wohl als Klage aus eigenem Recht der Gesellschafter einordnet) ist nur insoweit zutreffend als das diese ebenfalls als Fall der *gesetzlichen Prozessstandschaft* eingeordnet wird (vgl. hierzu im Allgemeinen: *Schäfer*, in: MünchKomm/BGB, 7. Aufl., § 705 Rn. 207 ff.; *Becker*, Verwaltungskontrolle, S. 543; *Kort*, DStR 2001, 2162, 2163; *Weipert*, in: MünchHdbGesR I, 5. Aufl., § 6 Rn. 25; *Hadding*, in: Soergel/BGB, 13. Aufl., § 705 Rn. 48 ff.). Ein Recht des Verbandsmitgliedes ist hier nur insoweit zuzuerkennen als dass aus der Mitgliedschaft lediglich eine Befugnis zur Geltendmachung eines materiellen Anspruchs des Verbandes folgt.

[75] Für *actio pro societate: Veil*, in: Spindler/Stilz, 4. Aufl., § 309 Rn. 34; *Altmeppen*, in: MünchKomm/AktG, 4. Aufl., § 309 Rn. 127; *Mertens*, in: FS Fleck, 1988, S. 209, 218 der die actio pro societate wohl als Klage aus eigenem Recht der Gesellschafter einordnet; vgl. zu dieser Diskussion *Ulmer/Schäfer*, in: MünchKomm/BGB 6. Aufl., § 705 Rn. 207 ff. und *Flume*, AT/Personengesellschaft, Band I/1 § 10 IV, S. 142 ff.; für *gesetzl. Prozessstandschaft: Koch*, in: Hüffer/Koch, 13. Aufl., § 309 Rn. 21a; *Fett*, in Bürgers/Körber, 4. Aufl. § 309 Rn. 22; *Hirte*, in: GroßKomm/AktG, 4. Aufl., § 309 Rn. 43; *Koppensteiner*, in: KölnKomm/AktG, 3. Aufl., § 309 Rn. 44.

[76] *Tretter*, in: Schüppen/Schaub, 3. Aufl., § 41 Rn. 48.

[77] *Schall*, in: Spindler/Stilz, 4. Aufl., § 117 Rn. 27; *Spindler*, in: MünchKomm/AktG, 5. Aufl., § 117 Rn. 58; *Koch*, in: Hüffer/AktG, 12. Aufl., § 117 Rn. 10.

[78] Vgl. zur Mithaftung der Organmitglieder *Spindler*, in: MünchKomm/AktG, 5. Aufl., § 117 Rn. 58 f.

Siemens/Nold- und auch der Commerzbank/Mangusta II-Entscheidung nicht gänzlich klar. Wie in der Darstellung der Entscheidungen angemerkt worden ist, lassen sich keine eindeutigen dogmatischen Grundlagen und Anknüpfungspunkte ausmachen. Die Holzmüller-Entscheidung legte den Schwerpunkt noch auf eine Missachtung der Hauptversammlungskompetenz durch die Gesellschaft/den Vorstand, wodurch der Aktionär als stimmberechtigtes Mitglied übergangen werde.[79] Die Siemens/Nold-Entscheidung stellte die Verletzung des Bezugsrechts in den Vordergrund und die Commerzbank/Mangusta II-Entscheidung war weitgehend doppeldeutig.[80] Überwiegend nicht anerkannt wird eine Gesellschafterklage aber für den Bereich der allgemeinen Geschäftsführungsbefugnisse. Die Frage, die sich für das genehmigte Kapital stellt, ist, ob auch im Rahmen der Ausübungsentscheidungen des Vorstandes die Aktionärsklage ein probates Mittel für die Minderheitsaktionäre zur Wahrung ihrer Interessen ist. Hierfür gilt es zunächst die dogmatischen Grundlagen einer Aktionärsklage herauszuarbeiten, um sodann zu ihren Einwirkungsmöglichkeiten im Rahmen des genehmigten Kapitals Stellung zu beziehen.

B. Wertungen aus der aktienrechtlichen Anfechtungsklage

Da das Aktienrecht mit den § 241 ff. AktG ein System für die Beseitigung von rechtswidrigen oder nichtigen Hauptversammlungsbeschlüssen bereithält, ist es angebracht, einen Blick auf dieses Regelungsregime auch für die vorliegende Problemlage zu werfen. Es geht primär um die Frage, ob dem Beschlussmängelrecht Wertungsaspekte zu entnehmen sind, welche insgesamt für die Zulassung einer Aktionärsklage sprechen oder eine solche aufgrund eines abschließenden Ausnahmecharakters des Anfechtungsrechts gar verbieten. Beginnt man mit der Analyse der aktienrechtlich kodifizierten Anfechtungsklage, ist diese als eine Gestaltungsklage zu qualifizieren.[81] Denn es sind aufgrund der unvermittelten rechtsgestaltenden Wirkung eines rechtskräftigen Anfechtungsurteils keine weiteren Vollstreckungsmaßnahmen notwendig.[82]

Ob einer Gestaltungsklage eine materiellrechtliche Position des Gestaltungsklägers im Allgemeinen und der Anfechtungsklage im Besonderen zugrunde liegt, war und ist Gegenstand kontroverser Diskussionen. Läge der Beschlussmängelklage eine solche Rechtsposition des Aktionärs zugrunde, wäre hierin ein erster Anhaltspunkt für die Offenheit des Aktienrechts in Bezug auf die Zulässigkeit individueller Rechtsbehelfe zu sehen, die den Aktionär gegenüber rechtswidrigen Verhaltensweisen der Gesellschaft schützen.

---

[79] Vgl. zur Holzmüller-Entscheidung bereits S. 163 ff.

[80] Zur Siemens/Nold-Entscheidung vgl. bereits S. 169 ff. und zur Commerzbank/Mangusta II-Entscheidung S. 170 ff.

[81] *Hüffer/Schäfer*, in: MünchKomm/AktG, 4. Aufl., § 246 Rn. 14.

[82] *Hüffer/Schäfer*, in: MünchKomm/AktG, 4. Aufl., § 246 Rn. 14.

I. Materielle Grundlage der Gestaltungsklage im Allgemeinen

Daher soll nun der Frage nachgegangen werden, ob die Anfechtungsklage als Gestaltungsklage auf einer individuell den Aktionär schützenden materiellen Rechtsposition ruht. Voraussetzung hierfür wäre zunächst, dass mit der Gestaltungsklage eine derartige Rechtsposition überhaupt durchsetzbar ist.

1. Aufriss der relevanten Positionen

Teilweise wird in dem auf eine Gestaltungsklage hin ergehenden Urteil der letzte erforderliche Tatbestand gesehen, der die Rechtswirkungen eines Gestaltungsrechts (des Aktionärs) herbeiführt.[83] Dort, wo die privatrechtliche Gestaltungserklärung allein nicht ausreiche, diese also zu einem bloßen Teilakt degradiert werde,[84] soll ein weiterer Teilakt in Form eines Staatsaktes die Gestaltungswirkung herbeiführen.[85] Die Gestaltungsklage würde sich in diesen Fällen aus einem Doppeltatbestand zusammensetzen und erst bei vollständiger Erfüllung zu einer Gestaltungswirkung führen. Die privatrechtliche Gestaltungserklärung könne nach dieser Ansicht nicht nur isoliert in Form einer einseitigen Willenserklärung abgegeben werden, denn dies würde für die Anfechtungsklage unvermittelt zur Folge haben, dass kein materielles Gestaltungsrecht zugrunde liegen kann, sondern die Ausübung könne auch mit einer Klageerhebung verbunden werden.[86]

Andere stehen einer Rechtsposition gegenüber dem Beklagten gänzlich ablehnend gegenüber. Der Grund einer Gestaltungsklage sei in einem gegen den Staat gerichteten Anspruch zu sehen, nach dem das entsprechende Gestaltungsergebnis herbeizuführen sei.[87] Teilweise wird angeführt, dass für vollkommene Gestaltungsklagen, wie auch die aktienrechtliche Anfechtungsklage eine sei, kein Bedürfnis dahin gehend bestehe, einen materiellen Anspruch gegen den Beklagten zu richten. Das Recht könne diesen vielmehr unvermittelt überspringen und gewähre dem Gestaltungskläger mit dem Gestaltungsklagerecht einen Vollstreckungsanspruch „materiell-rechtlich/öffentlich-rechtlicher Natur",[88] wobei die Terminologie des Vollstreckungs„anspruchs" selbst kritisch gesehen wird.[89]

Demgegenüber steht die überwiegende Ansicht, die ein Gestaltungsrecht des Gestaltungsklägers (auch des Aktionärs) ablehnt und dem Gestaltungskläger dennoch eine materiellrechtliche Position zugesteht.[90] Der Gestaltungskläger mache mit

---

[83] *Seckel*, Die Gestaltungsrechte, S. 49 ff.

[84] *Seckel*, Die Gestaltungsrechte, S. 48 f.

[85] *Seckel*, Die Gestaltungsrechte, S. 49 f.

[86] *Seckel*, Die Gestaltungsrechte, S. 50.

[87] *Henckel*, Parteilehre, S. 33 f.; vgl. *Schlosser*, Gestaltungsklagen, S. 366 ff.

[88] *Schlosser*, Gestaltungsklagen, S. 373.

[89] *Schlosser*, Gestaltungsklagen, S. 373.

[90] Vgl. nur *Koch*, in: Hüffer/Koch, 13. Aufl., § 245 Rn. 2 (Anfechtungsbefugnis).

seiner Klage einen Anspruch gegen den Beklagten auf Rechtsänderung geltend. Im funktionalen Vergleich zu einer auf Abgabe einer Willenserklärung gerichteten Leistungsklage wohnt beiden Klagen die Überwindung eines entgegenstehenden Willens des Beklagten inne, sodass zumindest von einer Funktionsähnlichkeit gesprochen werden könne.[91]

2. Stellungnahme

Überzeugen kann nur die zuletzt angeführte herrschende Meinung. Wie sich nun herausstellen wird, kann allein die Annahme einer materiellrechtlichen Rechtsposition des Gestaltungsklägers in das geltende zivilprozessuale System eingebettet werden.

a) Materielles Gestaltungsklagerecht

Gegen die Auffassung *Seckel*s vom Doppeltatbestand spricht insbesondere ein Seitenblick auf die Leistungs- und Feststellungsklagen. Die Einbindung des Richters bei den Gestaltungsklagen ist nicht anders zu beurteilen als die Einbindung des Richters bei den Leistungs- oder Feststellungsklagen. Der Richter führt in allen Fällen durch den rechtskräftigen Urteilsspruch die entsprechenden Rechtswirkungen herbei. Man käme hier nicht auf die Idee, für das materielle Bestehen des Leistungsanspruchs eines Verkäufers auf Kaufpreiszahlung den Richterspruch als zweiten Teilakt vorauszusetzen.[92]

Auch die Annahme eines gegen den Staat gerichteten subjektiv öffentlich-rechtlichen Anspruchs auf Herbeiführung des Gestaltungsergebnisses ist aus diesem Grund zurückzuweisen. Bei der Gestaltungsklage handelt der Richter vergleichbar den Leistungs- und Feststellungsklagen,[93] ohne das ein maius herauszufiltern wäre. Die Spruchtätigkeit des Richters resultiert in allen drei Fällen aus einem verfassungsmäßigen Recht des Klägers auf Rechtsschutz.[94] Der materielle öffentlich-rechtliche Anspruch wäre damit deckungsgleich mit dem allgemeinen Justizgewährungsanspruch, der jedem den Zugang zu den Gerichten zwecks Prüfung eines Streitbegehrens in einem förmlichen Verfahren gewährleistet.[95] Der Gesetzgeber hat

---

[91] *Arens*, Streitgegenstand und Rechtskraft, S. 33; *Schwab*, Gesellschaftsinterne Streitigkeiten, S. 181 f.; *Hellwig*, System des Deutschen Zivilprozeßrechts, Bd. 1, § 105 I 3 ff. (S. 274 f.).

[92] Dagegen auch *Schlosser*, Gestaltungsklagen, S. 31 f., der den Schwerpunkt auf den Aspekt der Rechtssicherheit legt.

[93] So auch *Arens*, Streitgegenstand, S. 31 f.; *Schwab*, Gesellschaftsinterne Streitigkeiten, S. 182.

[94] *Schwab*, Gesellschaftsinterne Streitigkeiten, S. 182.

[95] Vgl. zum allgemeinen Justizgewährleistungsanspruch, der nach der Auffassung des Bundesverfassungsgerichts aus dem Rechtsstaatsprinzip i.V.m. den Grundrechten (insbesondere Art. 2 Abs. 1 GG) resultiert; Beschl. v. 20. 06. 1995,1 BvR 166/93 –, BVerfGE 93, 99, 107

sich z.B. aus Rechtssicherheitsaspekten und Praktikabilitätserwägungen heraus für den Weg einer Gestaltungsklage bei (anfechtbaren) Hauptversammlungsbeschlüssen entschieden. Es wäre ihm ohne weiteres möglich gewesen, den Aktionär durch eine Leistungsklage auf Aufhebung eines gesetzes- oder satzungswidrigen Hauptversammlungsbeschlusses zu schützen. Die Klageart ist lediglich Ausfluss der Pflicht des Staates bei Inanspruchnahme des Gewaltmonopols dem Bürger Rechtsschutz innerhalb der vorgegebenen verfassungsmäßigen Ordnung zu gewährleisten.[96] Diese gemeinsame Grundlage, wobei Grundlage in diesem Zusammenhang nicht im materiellen Sinne missverstanden werden soll, kann damit kein besonderes Charakteristika der Gestaltungsklage sein.[97] Durch die Wahl einer Klageform wird lediglich die Möglichkeit festgelegt, wie der Kläger seine materielle Rechtsposition durchzusetzen vermag.[98] Bei der Gestaltungsklage findet insoweit eine Begünstigung des Klägers statt, als das der Kläger im weiteren nicht auf die Mitwirkung des Beklagten angewiesen ist und sich auf die gestaltende Wirkung des rechtskräftigen Urteils verlassen darf.[99]

Zutreffend wurde auch auf die sonst im Grundsatz den Verwaltungsgerichten obliegende Zuständigkeit hingewiesen.[100] Nach der dort herrschenden modifizierten Subjektstheorie läge bei einer solchen Annahme eine öffentlich-rechtliche Streitigkeit vor. Dies ist nämlich immer dann der Fall, wenn der Staat als Hoheitsträger Zuordnungsobjekt der streitentscheidenden Normen ist.[101] Die streitentscheidenden Normen des Anfechtungsrechts würden das Gericht in seiner hoheitlichen Funktion als Rechtssprechungsorgan verpflichten die Gestaltungswirkung herbeizuführen.[102] Dass damit ein Großteil des bürgerlichen Rechts im Grundsatz aus der originären Zuständigkeit der ordentlichen Gerichtsbarkeit herausgelöst und den Verwaltungsgerichten überantwortet würde, zeigt die Ungeeignetheit des Ansatzes.[103] Den Gestaltungsklagen liegt damit ein materielles Gestaltungsrecht des Klägers zugrunde.[104]

= NJW 1995, 3173, 3173 f.; Beschl. v. 30.04.2003 '"' 1 PBvU 1/02 '"', BVerfGE 107, 395, 406 f. = NJW 2003, 1924, 1924; *Schwab*, Gesellschaftsinterne Streitigkeiten, S. 182.

[96] *Schwab*, Gesellschaftsinterne Streitigkeiten, S. 182.

[97] *Schwab*, Gesellschaftsinterne Streitigkeiten, S. 182.

[98] *Dornbach*, Die aktienrechtliche Anfechtungsklage, S. 80.

[99] *Dornbach*, Die aktienrechtliche Anfechtungsklage, S. 80.

[100] *Rosenberg/Schwab/Gottwald*, ZPO, § 92 Rn. 3.

[101] *Unruh*, in: Fehling/Kastner/Störmer, 4. Aufl., § 40 VwGO Rn. 97.

[102] Ebenso *Rosenberg/Schwab/Gottwald*, ZPO, § 92 Rn. 3.

[103] Ebenso *Rosenberg/Schwab/Gottwald*, ZPO, § 92 Rn. 3.; *Bötticher*, in: FS Dölle, 1963, Bd. 1, S. 41, 54 ff.; *Roth*, in: Stein/Jonas, 22. Aufl., Vor. § 253 Rn. 103 ff.

[104] Für die Gestaltungsklage m.w.N.: *Häsemeyer*, AcP 188 (1988), 140, 153; *Rosenberg/Schwab/Gottwald*, ZPO, § 92 Rn. 3.

b) (Echte) Gestaltungsklagen als Sonderfall?

Teilweise ist eingewandt worden, dass bei echten Gestaltungsklagen bei denen das Gestaltungsergebnis nicht zur Disposition der Beteiligten stehe, eine materielle Position des Klägers gegenüber dem Beklagten nicht gedacht werden kann. Denn der Beklagte könne das Gestaltungsrecht des Klägers nicht erfüllen.[105] Hier wurde insbesondere auf das Ehescheidungsrecht verwiesen, wonach die Ehe auch bei vollkommener Willenskongruenz der Eheleute nicht ohne einen richterlichen Ausspruch geschieden werden könne.[106] Ein richterlicher Ausspruch ist zwar auch heute noch Voraussetzung für den Eintritt der Gestaltungswirkung, sodass es bei einem echten Gestaltungsantrag verbleibt. Auf die Ehescheidung können die Eheleute allerdings teilweise Einfluss nehmen, sodass auch bei echten Gestaltungsklagen aufgrund der teilweise innerlichen Dispositivität eine materiellrechtliche Grundlage gedacht werden kann.[107] Für die aktienrechtliche Anfechtungsklage verfängt *Pflugradt*s Argument darüber hinaus von vornherein nicht. Er stellt die aktienrechtliche Anfechtungsklage als eine echte Gestaltungsklage in Sonderfällen vor, in denen das Gestaltungsergebnis allein durch richterlichen Beschluss herbeigeführt werden könne.[108] Dies sei insbesondere der Fall, wenn der Vorstand der Hauptversammlung nach § 119 Abs. 2 AktG eine Geschäftsführungsangelegenheit zur Entscheidung vorlegt, die für diesen verbindlich wird und nur bei nochmaliger Vorlage durch den Vorstand von der Hauptversammlung beseitigt werden könne.[109] Als alternative Möglichkeit bliebe nur die Anfechtungsklage, weswegen sie hier echte Gestaltungsklage sei.[110]

Dies passt insoweit nicht, als das bei einer möglichen Anfechtungsklage eines rechtswidrigen Hauptversammlungsbeschlusses, der Beschluss nicht zwingend eine Bindungswirkung für den Vorstand entfaltet.[111] Mit Bestandskraft des Hauptversammlungsbeschlusses werden Anfechtungsgründe vorbehaltlich etwaiger Nichtigkeitsgründe für den Vorstand zwar unbeachtlich.[112] Eine zwingende Ausführungspflicht kann allerdings auch in diesen Fällen nicht angenommen werden, sofern die Ausführung dem Gesellschaftsinteresse zuwiderläuft.[113] Der Vorstand hat in diesen Fällen den Beschluss vielmehr selbst innerhalb der Anfechtungsfrist zu

---

[105] So *Pflugradt*, Leistungsklagen, S. 67 f.

[106] So *Pflugradt*, Leistungsklagen, S. 68.

[107] Vgl. dazu *Becker-Eberhard*, in: MünchKomm/ZPO, 5. Aufl., Vor § 253 Rn. 30.

[108] *Pflugradt*, Leistungsklagen, S. 68.

[109] *Pflugradt*, Leistungsklagen, S. 68.

[110] *Pflugradt*, Leistungsklagen, S. 68.

[111] *Kubis*, in: MünchKomm/AktG, 3. Aufl., § 119 Rn. 27; *Spindler*, in: K. Schmidt/Lutter, 3. Aufl., § 119 Rn. 27; *Mülbert*, in: GroßKomm/AktG, 5. Aufl. § 119 Rn. 208.

[112] *Habersack/Foerster*, in: GroßKomm/AktG, 5. Aufl., § 83 Rn. 12.

[113] *Habersack/Foerster*, in: GroßKomm/AktG, 5. Aufl., § 83 Rn. 13.

vernichten.[114] Selbst wenn er dem nicht nachkommt, ist er bei sonst drohender Schadensersatzpflicht nach § 93 AktG verpflichtet, die Ausführung zu unterlassen.[115] Man kann daher auch bei der Vorlage einer Geschäftsführungsangelegenheit nach § 119 Abs. 2 AktG nicht auf die Einordnung der Anfechtungsklage als echte Gestaltungsklage schließen. Diese Situation hat aufgrund ihres Ausnahmecharakters keinen generalisierungsfähigen Gedanken inne, zumal es auch innerhalb dieser „Sonderkonstellation" Möglichkeiten gibt, die den Eintritt des erstrebten Gestaltungsergebnisses auf anderem Wege herbeiführen (Anfechtungspflicht des Vorstandes, Pflicht desselben bei gesellschaftsschädigenden Tendenzen die Ausführung zu unterlassen). Es ist vielmehr so, dass man sich die Frage gefallen lassen muss, ob nicht der Aktionär in derartigen Fällen die Ausführung des Beschlusses im Wege einer Aktionärsklage unterbinden können muss, wenn der Beschluss rechtswidrig gefasst wurde.[116] Es bleibt daher dabei, dass dem zivilprozessualen Instrument der Gestaltungsklage eine materiellrechtliche Grundlage immanent ist. Dass dem Aktionär zumindest ein Gestaltungsklagerecht gegenüber der Gesellschaft zusteht, impliziert allerdings noch nicht die Existenz eines parallelen Anspruchs gegenüber der Gesellschaft.[117]

II. Existiert eine materiellrechtliche Grundlage der Anfechtungsklage?

Von anerkannten Teilen der Literatur wurde die aktienrechtliche Anfechtungsklage nicht als eine materiellrechtlich unterfütterte Gestaltungsklage angesehen.[118] Dem ist zuzugestehen, dass auch bei der Annahme eines materiellen Gestaltungsrechts als Grundlage der Gestaltungsklage die Frage nach der materiellrechtlichen Unterfütterung der aktienrechtlichen Anfechtungsklage noch nicht abschließend geklärt ist.[119] Das materielle Gestaltungsrecht bringt nicht das materielle Recht zum Ausdruck, dessen Geltendmachung avisiert ist, sondern weist dem Kläger lediglich ein Mittel zur prozessualen Verwirklichung zu.[120] Die hier durchaus relevantere

---

[114] Hier wird das Klagerecht aus § 245 Nr. 4, 249 AktG zu einer Klagepflicht *Spindler*, in: MünchKomm/AktG, 5. Aufl., § 83 Rn. 24; *Habersack/Foerster*, in: GroßKomm/AktG, 4. Aufl., § 83 Rn. 13; *Leuering*, ZHR 169 (2005), 648, 655; weitergehender *Servatius*, Strukturmaßnahmen als Unternehmensleitung, S. 338 ff., der grds. eine generelle Pflicht zur Geltendmachung von Beschlussmängeln durch den Vorstand vorsieht.

[115] *Habersack/Foerster*, in: GroßKomm/AktG, 5. Aufl., § 83 Rn. 13. Die Schadensersatzpflicht basiert in diesen Fällen auf der pflichtwidrigen Unterlassung der Anfechtung.

[116] Hierbei wird man ihm die Möglichkeit wohl nur zugestehen dürfen, sofern die materielle Präklusionsfrist noch nicht abgelaufen ist. Andernfalls könnte eine Inzidentprüfung des Hauptversammlungsbeschlusses erfolgen, wodurch die Wertung des § 246 Abs. 1 AktG untergraben würde.

[117] Vgl. zur möglichen Parallelität *Becker-Eberhard*, in: MünchKomm/ZPO, 5. Aufl., Vor § 253 Rn. 30.

[118] *Pflugradt*, Leistungsklagen, S. 88.

[119] *Dornbach*, Die aktienrechtliche Anfechtungsklage, S. 80 f.

[120] Vgl. dazu *Dornbach*, Die aktienrechtliche Anfechtungsklage, S. 80 m.w.N. in Fn. 404.

Frage ist, ob dem Aktionär selbst neben dem materiellen Gestaltungsrecht ein materielles Recht auf Aufhebung des Hauptversammlungsbeschlusses zusteht.[121]

Die kodifizierte Anfechtungsklage des Aktiengesetzes wurde teilweise als ein bloß objektives Rechtskontrollverfahren verstanden, welches keine individuelle Betroffenheit des Aktionärs voraussetze.[122] Die Anfechtungsklage sei nur ein „prozessualer Anstoß", der eine gerichtliche Kontrolle über materielles objektives Recht ermögliche, ohne ein subjektives Recht des Aktionärs vorauszusetzen.[123] Von anderen wird als Grundlage der aktienrechtlichen Anfechtungsklage neben dem materiellen Gestaltungsklagerecht[124] auch ein materiellrechtlicher Aufhebungsanspruch gesehen.[125]

Läge den aktienrechtlichen Beschlussmängelklagen keine materielle Rechtsposition zugrunde, spräche dies erheblich gegen die Zulassung einer Aktionärsklage. Denn wenn das Aktienrecht in seinem kodifizierten Bereich keine materiell gestützte Rechtsposition des Aktionärs anerkennt, sondern diesen lediglich als Instrument für die objektive Rechtskontrolle seines Repräsentationsorgans einsetzt, würde eine durch Rechtsfortbildung geschaffene Aktionärsklage aus eigenem Recht dieser Wertung widersprechen. Wenn der Aktionär bereits in seinem Organ keine individuellen Rechtspositionen durchsetzen kann, wo soll dann die Grundlage der Geltendmachung liegen, wenn er lediglich durch die Übergehung seines Repräsentationsorganes betroffen ist? Läge es in diesem Fall nicht nahe, den Aufsichtsrat als einziges den Vorstand kontrollierendes Organ anzuerkennen, wie auch lediglich der Aktionär die Hauptversammlung auf rechtmäßige Beschlussfassung hin kontrollieren würde? Diesen Fragen wird im Folgenden nachgegangen.

1. Anspruch des Aktionärs auf Aufhebung rechtswidriger Hauptversammlungsbeschlüsse?

Der Grundgedanke, dass der Anfechtungsklage keine subjektive materiellrechtliche Position zugrunde liegt, ist nach den Untersuchungen Windscheids,[126] die zu einer Anerkennung der Unabhängigkeit von Anspruch und prozessualer Durch-

---

[121] Vgl. auch *Dornbach*, Die aktienrechtliche Anfechtungsklage, S. 81 ff.

[122] Anders als beispielsweise bei der verwaltungsrechtlichen Anfechtungsklage, der als Gestaltungsklage ebenfalls ein materieller Aufhebungsanspruch zugrunde liegt, die allerdings nach § 42 Abs. 2 VwGO die Geltendmachung einer Verletzung in eigenen Rechten voraussetzt.

[123] *Pflugradt*, Leistungsklagen, S. 88.

[124] Vgl. zu diesem *Häsemeyer*, AcP 188 (1988), 140, 153; *Rosenberg/Schwab/Gottwald*, ZPO, § 92 Rn. 3.

[125] *K. Schmidt*, in: GroßKomm/AktG, 4. Aufl., § 246 Rn. 9, der sie als actio negatoria qualifiziert; *ders.*, Gesellschaftsrecht, 4. Aufl., § 21 V 1, 2 (S. 645 ff.); ablehnend *Dornbach*, Die aktienrechtliche Anfechtungsklage, S. 82, der einen materiellen Anspruch des Aktionärs nicht annimmt, S. 82 ff., 138 f.

[126] *Windscheid*, Die actio des römischen Civilrechts, et passim.

setzbarkeit geführt haben, kein gänzlich fremder.[127] Es kann demnach als anerkannt vorausgesetzt werden, dass jemandem eine prozessuale Durchsetzungsbefugnis zustehen kann, ohne das ihm ein Recht zustehen muss und das ihm ein Recht zusteht, ohne das er eine prozessuale Durchsetzungsmöglichkeit innehaben muss.[128] Windscheid formulierte es zutreffend: „die actio ist anstatt des Rechtes; sie ist nicht ein Ausfluß des Rechtes."[129] Ein einfacher Umkehrschluss würde sich also verbieten.[130]

Für die aktienrechtliche Anfechtungsklage wurde vorgetragen, dass sich eine fehlende materiellrechtliche Position des Aktionärs unvermittelt aus der dem Vorstand gem. § 245 Nr. 4 AktG eingeräumten Anfechtungsbefugnis ergebe.[131] Hierin würden die Entwicklungen des Beschlussmängelrechts bestätigt, wonach der Aktionär nicht mehr ausschließlich als Bewahrer der eigenen Interessen die Anfechtungsklage erheben solle, sondern dies „wie ein Organ" zu Zwecken der Aufsicht tue.[132] Der Aktionär bekomme nur die prozessuale Befugnis eingeräumt, den Hauptversammlungsbeschluss auf die Vereinbarkeit mit dem materiellen Recht überprüfen zu lassen, ähnlich einem reinen Normenkontrollverfahren.[133] Der fehlende subjektiv-rechtliche Einschlag würde darüber hinaus aus der fehlenden Voraussetzung einer Beeinträchtigung eigener Interessen des Aktionärs durch die § 241 ff. gestärkt.[134] Hierbei bleibt allerdings unberücksichtigt, dass der Gesetzgeber bei Erfüllung der Voraussetzungen der 241 ff. AktG von einer standardmäßigen Erfüllung der Beeinträchtigung von Aktionärsinteressen ausgegangen sein könnte. Daher kann aus dem reinen Fehlen der Beeinträchtigung von Aktionärsinteressen als Voraussetzung der Anfechtungsklage kein Argument gegen die Geltendmachung einer subjektiv materiellrechtlichen Position des Aktionärs durch die Anfechtungsklage hergeleitet werden.[135]

Die jetzige kodifizierte aktienrechtliche Anfechtungsklage hat als Individualrecht der Aktionäre erstmals mit der Novelle des Aktienrechts von 1884 Eingang in das Gesetz gefunden. Dies war allerdings keine vollkommen neue Einsicht des Ge-

---

[127] So auch *Dornbach*, Die aktienrechtliche Anfechtungsklage, S. 77 f.

[128] *Windscheid*, Die actio des römischen Civilrechts, S. 4.

[129] *Windscheid*, Die actio des römischen Civilrechts, S. 4; *Windscheid* bringt hier deutlich zum Ausdruck, dass das Recht und die Klagemöglichkeit auch ohne einander existieren können.

[130] *Dornbach*, Die aktienrechtliche Anfechtungsklage, S. 77 f.

[131] *Lutter*, NJW 1969, 1873, 1877 f.; *Pflugradt*, Leistungsklagen, S. 96 ff.

[132] *Lutter*, NJW 1969, 1873, 1877.

[133] *Radu*, ZIP 1992, 303, 310; *Schwab*, Gesellschaftsinterne Streitigkeiten, S. 288; auch *Pflugradt*, Leistungsklagen, S. 88, vgl. zu diesem sogleich S. 202 ff.

[134] *Radu*, ZIP 1992, 303, 310.

[135] Diesem Gedanken scheint bereits das RG in der Entscheidung RGZ 145, 336, 338 zu verfallen, wenn sie auf das aufgrund der Mitgliedschaft pauschal existierende Rechtsschutzinteresse verweisen; ebenso *Bayer/Fiebelkorn*, ZIP 2012, 2181, 2187, die allerdings dafür eintreten de lege ferenda das Erfordernis einer darüberhinausgehenden eigenen Rechtsverletzung des Aktionärs in § 243 Abs. 1 AktG zu kodifizieren. Die Anlehnung an § 42 Abs. 2 VwGO scheint hier bewusst gewählt worden zu sein.

setzgebers von 1884, sondern vielmehr die Umsetzung eines durch die Rechtsprechung bereits anerkannten Rechtsschutzinstrumentes der Aktionäre.[136] So wurde unter Verweis auf Entscheidungen des ROHG[137] in der Entwurfsbegründung auf die Möglichkeit des Aktionärs verwiesen, satzungs- und gesetzeswidrige Beschlüsse der Hauptversammlung anzugreifen.[138]

Teilweise wurde aus dieser Inbezugnahme geschlossen, dass der Gesetzgeber sich trotz der Unsicherheiten bezüglich der dogmatischen Grundlage einer Anfechtungsklage gegen Hauptversammlungsbeschlüsse, für die Einordnung als individuelle Abwehrklage gegen gesetzes- und satzungswidrige Beschlüsse entschieden habe, indem er sich das Verständnis des ROHG zu eigen gemacht habe.[139] Die Beseitigung eines gesetzes- oder satzungswidrigen Hauptversammlungsbeschlusses sei gerade das Ziel der Anfechtungsklage. Die Anfechtungsklage sei die von Gesetzes wegen bereitgestellte Möglichkeit, den vorläufig wirksamen Hauptversammlungsbeschluss zu vernichten, sofern die materielle Präklusionsfrist des § 246 Abs. 1 AktG noch nicht abgelaufen ist.[140]

Dem ist zuzustimmen. Die in der Beseitigung des Hauptversammlungsbeschlusses zum Ausdruck kommende kassatorische Wirkung der Anfechtungsklage zeigt, dass der Aktionär einen *Anspruch auf Aufhebung eines rechtswidrigen Hauptversammlungsbeschlusses* inne haben muss.[141] Anders ist auch die Dispositionsfreiheit des Aktionärs über die Erhebung, Rücknahme oder den Vergleich bezüglich der Anfechtungsklage nicht zu erklären, welche mit einer Funktion des objektiven Rechtsbewahrers in Konflikt treten würde.[142] Denn der Aktionär muss sein prozessuales Vorgehen gerade nicht danach ausrichten was für die Gesellschaft am besten wäre.[143] Die Frage danach, ob der Anfechtungsklage eine Wertung für einen allgemeinen Schutzanspruch des Aktionärs zukommt, verdichtet sich also dahin gehend, ob der der Anfechtungsklage zugrunde liegende Aufhebungsanspruch

---

[136] So wurde in der Entwurfsbegründung unter Verweis auf die Entscheidungen des ROHG 11, 118; ROHG 14, 354; ROHG 25, 307 die Möglichkeit des Aktionärs satzungs- und gesetzeswidrige Beschlüsse der Hauptversammlung anzufechten verwiesen.

[137] ROHG 11, 118; ROHG 14, 354; ROHG 25, 307.

[138] Begründung zum Entwurf eines Gesetzes, betreffend die Kommanditgesellschaften auf Aktien und die Aktiengesellschaften vom 7. März 1884, S. 467, abgedruckt in: *Schubert/Hommelhoff*, 100 Jahre deutsches Aktienrecht; *Bayer/Möller*, NZG 2018, 801, 802 f. betonen eine seit jeher bestehende Missbrauchsanfälligkeit.

[139] *Behr*, Die actio pro socio, S. 125; im Anschluss an *Weyl*, in: Handkommentar HGB 1896, § 222 S. 109; vgl. zu den Unsicherheiten des Gesetzgebers bei der dogmatischen Einordnung *Behr*, a.a.O. S. 124.

[140] *Drescher*, in Henssler/Strohn/GesR, 4. Aufl., § 246 AktG, Rn. 28; *K. Schmidt*, in: Gesellschaftsrecht, 4. Aufl., § 21 V 1 (S. 645 f.); *K. Schmidt*, in: GroßKomm/AktG, 4. Aufl., § 246 Rn. 9; für die GmbH *Raiser*, in: Hachenburg/GmbHG, 8. Aufl., Anh. § 47 Rn. 194.

[141] *Dornbach*, Die aktienrechtliche Anfechtungsklage, S. 82, 86.

[142] *Ding*, Missbräuchliche Anfechtungsklage, S. 28. m.w.N.

[143] *A. Hueck*, Anfechtbarkeit und Nichtigkeit von Generalversammlungsbeschlüssen bei Aktiengesellschaften, S. 173 f.; dem folgend *Ding*, Missbräuchliche Anfechtungsklage, S. 28.

eine dem Aktionär subjektiv zustehende Primärposition schützt. Denn den Aufhebungs- und Beseitigungsansprüchen ist im Grundsatz der Schutz eines primären Schutzgutes immanent.[144] Ob dem so ist und ob es dem Aktionär subjektiv zusteht, wird im Folgenden nachgegangen.

2. Anspruch auf gesetzes- und satzungsgemäße Beschlussfassung als schützenswerte Primärrechtsposition?

Die Frage, ob der Anspruch auf gesetzes- und satzungsgemäße Beschlussfassung eine schützenswerte Primärrechtsposition ist, ist unter Verweis auf den aus der Mitgliedschaft resultierenden *Anspruch des Aktionärs auf gesetzes- und satzungsgemäße Beschlussfassung der Hauptversammlung* zu bejahen. Dieser ist die durch die Anfechtungsklage geschützte Primärrechtsposition. Man kann bereits dem ROHG und dem RG die Anerkennung eines solchen Anspruchs der Aktionäre auf Einhaltung von Gesetz und Satzung durch die Hauptversammlung zuschreiben.[145] Zur Realisierung dieses materiellen Rechts konnte der Aktionär auch vor der Kodifizierung des Anfechtungsrechts richterliche Hilfe in Anspruch nehmen.[146]

a) Mitgliedschaftlicher Ursprung?

Dieser Anspruch ist entgegen manchen Ausführungen auch als in der Mitgliedschaft verwurzeltes Institut anzuerkennen.[147] Teilweise wurde aus der mitgliedschaftlichen Interessenlage heraus der Versuch unternommen, einen Anspruch auf gesetzes- und satzungsgemäße Beschlussfassung als obsolet darzustellen.[148] Es wurde vorgebracht, dass die Mitglieder meistens ohnehin Vermögensinteressen verfolgen würden, zu deren Schutz durch das Aktiengesetz insbesondere Vermögens- und Mitverwaltungsrechte eingeräumt worden seien. Es reiche aus, dass allein bei Beeinträchtigung dieser Rechte dem Aktionär ein Abwehranspruch eingeräumt werde. Das subjektive Recht der Mitgliedschaft setze sich daher allein aus diesen eingeräumten Rechten zur Verwirklichung der Aktionärsinteressen zusammen.[149]

---

[144] *Pflugradt*, Leistungsklagen, S. 74 (zu diesem vgl. auch S. 202 ff.); *Dornbach*, Die aktienrechtliche Anfechtungsklage, S. 82, der zutreffend darauf hinweist, dass es nicht zwingend ein eigenes Rechtsgut des Klägers sein muss, a.a.O.

[145] ROHG Urt. v. 20. 10. 1877, ROHGE 23, 273, 275, vgl. zu den Wertungen für einen Anspruch auf gesetzes- und satzungsgemäßes Verbandshandeln vgl. S. 212 ff.; RGZ 3, 123, 126, wobei das RG hier noch etwas weiter formulierte, dass der Aktionär ein Recht darauf habe, dass sich die Gesellschaftsorgane an die gesetzlichen Bestimmungen halten; enger sodann auf die Generalversammlung bezogen RGZ 7, 105, 108; weiter wieder unter Nennung der „Gesellschaftsorgane" RGZ 85, 311, 313, welches auf die langjährige Anerkennung eines solchen Rechts verweist und zur Begründung ROHGE 23, 273, 275 in Bezug nimmt.

[146] RGZ 3, 123, 126.

[147] Anders *Dornbach*, Die aktienrechtliche Anfechtungsklage, S. 103 ff.

[148] *Dornbach*, Die aktienrechtliche Anfechtungsklage, S. 103.

[149] *Dornbach*, Die aktienrechtliche Anfechtungsklage, S. 103 i.V.m. 105.

Dies impliziere aber noch nicht die Notwendigkeit, einen allgemeinen Anspruch auf satzungs- und gesetzesgemäße Beschlussfassung durch die Hauptversammlung anzuerkennen.[150]

Dies verkennt allerdings, dass das subjektive Recht eine von der Rechtsordnung verliehene Rechtsmacht zur selbstbestimmten Wahrnehmung der geschützten Interessen darstellt.[151] Der Verweis auf die im Aktiengesetz enthaltenen Regelungen zum Schutz der Vermögens- und Teilhaberechte ist daher nicht mehr als eine Umschreibung des Teilinhaltes der Mitgliedschaft als subjektives Recht.[152] Auch der abstrakte Anspruch des Aktionärs auf den (anteiligen) Bilanzgewinn nach § 58 Abs. 4 AktG stellt einen Ausfluss aus der Position des Mitgliedes dar,[153] ebenso wie der Anspruch auf den Liquidationserlös nach § 271 AktG.[154] Dies bedeutet aber doch nichts Anderes als einen anerkannten „Grundschutz" der Mitgliedschaft. Der darin zum Ausdruck kommende Schutz der Interessen der Mitglieder an den Entscheidungen des Verbandes teilzuhaben und, was bei *Dornbach* in den Vordergrund gerückt wird, ihrer Vermögensinteressen,[155] bietet vielmehr ein Indiz für einen umfassenden Schutzanspruch des Aktionärs auf rechtmäßige Beschlussfassung in der Hauptversammlung.

Darüber hinaus mag es sein, dass viele Aktionäre bei ihrer Beteiligung an einer Aktiengesellschaft primär Vermögensinteressen verfolgen. Hierauf kann es allerdings bei Beantwortung der Frage, welchen Schutz das Aktienrecht statuiert, nicht ankommen. Der Ausgangspunkt ist allein bei den aktienrechtlich vorgezeichneten Vorstellungen der Struktur der Mitgliedschaft in einer Aktiengesellschaft festzusetzen. Diese führt allerdings zu der Ausgangsprämisse eines Schutzes der Vermögensrechte und der Mitverwaltungsrechte der Aktionäre.[156]

aa) Anspruch auf gesetzes- und satzungsgemäße Beschlussfassung als Ausgleich für einen Souveränitätsverlust

Es gibt entgegen anderen Stimmen für den Aktionär sehr wohl ein Interesse an einem Abwehranspruch, der über einen bei Verletzung der eigenen Mitverwaltungs- und Vermögensrechte eingreifenden Abwehranspruch hinausgeht.[157] Die Entscheidung des Aktionärs der Aktiengesellschaft als Mitglied beizutreten ist eine privat-

---

[150] *Dornbach*, Die aktienrechtliche Anfechtungsklage, S. 105.

[151] *Larenz/Wolf*, Allgemeiner Teil, § 14 Rn. 1 (S. 239); *Wolf/Neuner*, Allgemeiner Teil, 11. Aufl., § 20 Rn. 6; weiteres im Rahmen der Untersuchung des subjektiv-rechtlichen Charakters der Mitgliedschaft auf S. 270 ff.

[152] Vgl. hierzu *Dornbach*, Die aktienrechtliche Anfechtungsklage, S. 105 und zur Frage, ob die Mitgliedschaft ein subjektives Recht darstellen kann S. 270 ff.

[153] *Bayer*, in: MünchKomm/AktG, 4. Aufl., § 58 Rn. 97.

[154] *J. Koch*, in: MünchKomm/AktG, 4. Aufl. § 271 Rn. 3.

[155] *Dornbach*, Die aktienrechtliche Anfechtungsklage, S. 105.

[156] Vgl. zur Einordnung der Mitgliedschaft als subjektives Recht, S. 270 ff.

[157] Anders *Dornbach*, Die aktienrechtliche Anfechtungsklage, S. 103 ff., 139.

autonome und zugleich verbunden mit einem gewissen Souveränitätsverlust innerhalb des Verbandes.[158] Diesen Souveränitätsverlust geht das Mitglied lediglich ein,
sofern es sichergehen kann, dass bei seiner Einordnung in das Organ Hauptversammlung, dieses allein unter Wahrung der Gesetze und der Statuten tätig wird.[159]
Denn die Unterordnung unter die Mehrheitsmacht und die hiermit einhergehende
Preisgabe des eigenen Willens für den Fall des Unterliegens, betrifft immer auch den
in der Aktiengesellschaft gebundenen Kapitalanteil des Aktionärs.[160] Als wirt-
schaftlichem Eigentümer kann dem Aktionär keine vollkommene Preisgabe seiner
Souveränität unterstellt werden, welche auch für Fälle gesetzes- und satzungswidriger Hauptversammlungsbeschlüsse gelte. Es kann überspitzt gesagt nicht angehen,
dass die Mehrheit der Hauptversammlung eine Satzungsänderung dahin gehend
beschließt, einen florierenden Handel mit Betäubungsmitteln oder Waffen zuzulassen, weil dies den Beteiligungswert sämtlicher Mitglieder exponentiell steigern
würde.[161] Andernfalls wäre auch der Schritt nicht weit, den Vorstand bei der Verpflichtung auf das Gesellschaftsinteresse zu gesetzeswidrigem aber nützlichem
Verhalten anzuhalten, ohne ihn im Innenverhältnis in Regress zu nehmen.[162] Man
würde so jeden Aktionär unter der Prämisse der Maximierung der Vermögensinteressen zu einem nicht existierenden „homo oeconomicus" hochstilisieren, wenn
man hier mangels Beeinträchtigung seiner Vermögensinteressen einen Anspruch des
Aktionärs auf gesetzes- und statutengemäße Beschlussfassung ablehnt. Es bleibt
auch hier vielmehr bei dem Satz, dass auch das, was „statuten- und gesetzeswidrig ist,
[…] nicht dadurch zulässig (wird), daß es nützlich und sittlich oder sozial geboten
ist"[163].

Der Gesetzgeber hat in diesen Fällen zwar die Nichtigkeit eines satzungsän-
dernden Beschlusses nach § 241 Nr. 3 AktG angeordnet, doch besteht für diese Fälle
weiterhin die Heilungsmöglichkeit nach § 242 Abs. 2 AktG.[164] Die Teleologie dieser

---

[158] *Wiedemann*, Übertragung und Vererbung von Mitgliedschaftsrechten, S. 29; sich dem
anschließend nun auch *Lutter*, AcP 180 (1980), 84, 144.

[159] Gegen diese These *Dornbach*, Die aktienrechtliche Anfechtungsklage, S. 106 ff. m.w.N.
in Fn. 510.

[160] So schon *Ring*, Reichsgesetz betr. KGaA und AG, Art. 222, Rn. 13.

[161] In solchen Fällen wird im Falle der doch eher unwahrscheinlichen registergerichtlich
vorgenommenen Eintragung eine Amtslöschung nach § 395 FamFG betrieben werden, doch hat
diese Tatsache keine Auswirkungen auf den der Anfechtungsgrundlage zugrundeliegenden
materiellrechtlichen Gehalt.

[162] Eine solche Annahme ist nicht haltbar und insbesondere in Bezug auf den Vorstand mit
dessen Legalitätspflicht nicht in Einklang zu bringen *Fleischer*, ZIP 2005, 141, 145 f.; *Ihrig*,
WM 2004, 2098, 2104.

[163] RG, Urt. v. 12.07.1897 – I 146/97 –, RGZ 40, 33, 35.

[164] Zur Heilbarkeit einer nach § 241 Nr. 3 AktG nichtigen Satzungsänderung bereits
Geßler, ZGR 1980, 427, 452 f.; zur Gleichbehandlung von nichtigen BGH, Urt. v. 19.6.2000
– II ZR 73/99 –, BGHZ 144, 365, 367; *Hüffer/Schäfer*, in: MünchKomm/AktG, 4. Aufl., § 242
Rn. 6, 31; § 242 Abs. 2 AktG nicht auf satzungsändernde Beschlüsse anwendend *Säcker*, in: FS
Stimpel, 1985, S. 867, 884; eine Klage gem. § 275 AktG kommt bei nachträglichen Ände-

Heilungsvorschrift belegt zusätzlich, dass dem kodifizierten aktienrechtlichen Beschlussmängelrecht ein breiter Interessenschutz des Aktionärs zugrunde liegt. Mit
der Notwendigkeit des Zeitablaufs von drei Jahren hat der Gesetzgeber gezeigt, dass
ab diesem Zeitraum kein schutzwürdiges Interesse mehr an der Beseitigung eines
nichtigen Hauptversammlungsbeschlusses besteht.[165] Die daraufhin erfolgende
Heilung als Umgestaltung der materiellen Rechtslage zeigt,[166] dass das Beschlussmängelrecht nicht allein als ein prozessuales Kontrollverfahren ausgestaltet worden
ist. Bei der rein prozessualen Möglichkeit wäre es ausreichend gewesen, auch die
Heilungsmöglichkeit auf einen rein prozessualen Bedeutungsgehalt zu reduzieren,
durch die lediglich die mögliche „actio" eingeschränkt wird.[167] Durch den gewählten
Weg wird deutlich, dass auch im Innenverhältnis hinsichtlich des „ius" der Aktionäre
Klarheit geschaffen werden sollte. Die Heilungswirkung führt rückwirkend nämlich
nicht lediglich die Wirksamkeit, sondern auch die Gesetzmäßigkeit des Hauptversammlungsbeschlusses herbei,[168] wodurch dem Anspruch des Aktionärs auf gesetz-
es- und statutenmäßige Beschlussfassung genüge getan wird. Seine Anerkennung
wird hierdurch vorausgesetzt.

bb) Verwaltungsrechtliche Vergleichsüberlegungen der Gegenposition

Dornbach hat demgegenüber versucht nachzuweisen, dass die These der Unterwerfung des Mitgliedes unter die Bindungen eines mehrheitlich gefassten
Hauptversammlungsbeschlusses lediglich dann angenommen werden könne, sofern
der Beschluss in Übereinstimmung mit Gesetz und Satzung zustande gekommen sei,
keinerlei Grundlage für einen durch die Anfechtungsklage geschützten Anspruch auf
satzungs- und gesetzesgemäße Beschlussfassung der Hauptversammlung bilden
könne.[169] Die Abwehrrechte der Aktionäre griffen ähnlich dem Verwaltungsrecht erst
dann ein, wenn bereits in Mitgliedschaftsrechte eingegriffen wurde. Mit der Bin-

---

rungen nicht in Betracht, *Koch*, in: Hüffer/Koch, 13. Aufl., § 275 Rn. 13 BayObLG, Beschl. v.
5. 12. 1984 – BReg. 3 Z 219/84 –, BayObLGZ 1984, 283, 286 f. (f. d. Genossenschaft).

[165] *Mock*, Heilung fehlerhafter Rechtsgeschäfte, S. 550.

[166] Für die materiellrechtlichen Wirkungen der Heilungsvorschrift vgl. *Casper*, Heilung
nichtiger Beschlüsse, S. 145 ff.; *Zöllner*, in: KölnKomm/AktG, 1. Aufl., § 242 Rn. 2, 44, 56;
Hüffer/Schäfer, in: MünchKomm/AktG, 4. Aufl., § 242 Rn. 19, 3; *Koch*, in: Hüffer/Koch,
13. Aufl., § 242 Rn. 7; *K. Schmidt*, in: GroßKomm/AktG, 4. Aufl., § 242 Rn. 13; den Zweck
des § 242 Abs. 2 AktG auf eine rein prozessuale Ebene beziehend *Mock*, Heilung fehlerhafter
Rechtsgeschäfte, S. 559 f., der den Grund in der bloßen Verhinderung von missbräuchlichen
Nichtigkeitsklagen sieht; zwischen Formal- und Inhaltsmängeln differenzieren *Noack/Zetz-
sche*, in: KölnKomm/AktG, 3. Aufl. § 242 Rn. 53, 67 ff.; andere sehen in § 242 Abs. 2 AktG
eine reine Beschränkung des Personenkreises, der zur Geltendmachung der Nichtigkeitsgründe
berechtigt ist: So *Mestmäcker*, BB 1961, 945, 948; *Cahn*, JZ 1997, 8, 11.

[167] Vgl. für eine prozessuale Deutungsebene *Mock*, Heilung fehlerhafter Rechtsgeschäfte,
S. 559 f.

[168] In diese Richtung BGH, Urt. v. 06. 10. 1960 – II ZR 150/58 –, BGHZ 33, 175, 176 f.;
K. Schmidt, in: GroßKomm/AktG, 4. Aufl., § 242 Rn. 13; jetzt offen gelassen BGH, Urt. v.
15. 07. 2014. –II ZB 18/13 –, BGHZ 202, 87, 89.

[169] *Dornbach*, Die aktienrechtliche Anfechtungsklage, S. 120 ff.

dungswirkung, die in beiden Rechtsbereichen existiere, habe dies allerdings nichts zu tun.[170] Hauptbeweggründe für eine Bindungswirkung von Hauptversammlungsbeschlüssen seien vielmehr ein korrekt gebildeter Verbandswille,[171] der Schutz der Vermögens- und Mitverwaltungsrechte,[172] die Sicherstellung der Fähigkeit einen Verbandswillen konstituieren zu können[173] und der Vertrauensschutz der Mitglieder,[174] der eine Bindungswirkung erfordere.

Wie bereits erwähnt, ist der Beitritt zu einem Verband eine privatautonome Entscheidung. Ein Vergleich mit dem Verwaltungsrecht, welches lediglich die Bindungswirkung rechtswidriger Verwaltungsakte kennt, verfängt nicht. Insbesondere die in Bezug genommenen Verwaltungsakte sind grundsätzlich durch ein Über- und Unterordnungsverhältnis gekennzeichnet, welches im Verhältnis zu dem Mehr- und Minderheitenkonflikt der Hauptversammlung einen erheblichen Unterschied aufweist. Die Begebung in die Aktiengesellschaft hat das Mitglied selbst in der Hand, ebenso wie die Desinvestition, wohingegen die Unterwerfung unter das Gewaltmonopol des Staates nicht unmittelbar auf einer solchen bewussten und freiwilligen Entscheidung basiert. Die entscheidenden Wertungen, die einen Ausschlag geben können, sind nicht darin zu suchen, was der Aktionär verlangen kann, sofern er Mitglied in der Aktiengesellschaft ist. Es kommt vielmehr darauf an, ob das Mitglied bereits mit Beitritt in die Aktiengesellschaft und der damit einhergehenden Bindungswirkung unter die Mehrheitsmacht ein schutzwürdiges Interesse an der Gesetzmäßigkeit der Beschlüsse hat und ob das Aktienrecht diese schützt. Die mögliche Bindungswirkung trotz der Rechtswidrigkeit des Hauptversammlungsbeschlusses ist vielmehr als Begrenzung des Anspruches auf gesetzes- und satzungsgemäße Beschlussfassung durch die Hauptversammlung zu verstehen und setzt ihn damit voraus. Denn so lässt sich auch die materielle Präklusionsvorschrift des § 246 Abs. 1 AktG besser verstehen. Diese setzt der Geltendmachung von Anfechtungsgründen nach Fristablauf eine materiellrechtlich wirkende Grenze.[175] Zudem wird in der Argumentation *Dornbachs* vorausgesetzt, dass sowohl „im – Aktien- ebenso wie im Verwaltungsrecht – eine Verletzung subjektiver mitgliedschaftlicher Mitverwaltungs- und Vermögensrechte"[176] Voraussetzung für einen Abwehranspruch seien. Hiermit wird allerdings die zu beantwortende Fragestellung, ob der Anfechtungsklage ein negatorischer Abwehranspruch zugrunde liegt, der dem Schutz eines Anspruchs auf gesetzes- und satzungsgemäße Beschlussfassung der Hauptversammlung als schützenswerte Primärposition dient, von vornherein einer ablehnenden Ausganprämisse unterstellt.

---

[170] *Dornbach*, Die aktienrechtliche Anfechtungsklage, S. 120.

[171] *Dornbach*, Die aktienrechtliche Anfechtungsklage, S. 121 ff.

[172] *Dornbach*, Die aktienrechtliche Anfechtungsklage, S. 120 f.

[173] *Dornbach*, Die aktienrechtliche Anfechtungsklage, S. 125 f.

[174] *Dornbach*, Die aktienrechtliche Anfechtungsklage, S. 126 f.

[175] *Baums*, in: Verhandlungen des 63. DJT, Gutachten, F S. 64 f.

[176] *Dornbach*, Die aktienrechtliche Anfechtungsklage, S. 120.

cc) Historisch teleologische Aspekte

Zweck der Einführung des Anfechtungsrechts war es, die bis dahin vorherrschende Nichtigkeit von mangelbehafteten Beschlüssen zu beseitigen und die Aktionäre darauf zu verpflichten, rechts- und satzungswidrige Beschlüsse innerhalb einer vorgegebenen Frist anzufechten. Ziel war es nicht, rechtswidrigen Beschlüssen zu uneingeschränkter Geltung zu verhelfen. Aufgrund der vielen missbräuchlichen Nichtigkeitsklagen sollte im Sinne der Rechtssicherheit ein gewisser Rechtsfrieden in Bezug auf die Gültigkeit des Beschlusses herbeigeführt werden.[177] Dass damit eine Zustandsänderung verbunden werden sollte, ist dahingegen nicht erkennbar. Man kann nicht davon ausgehen, dass der Aktionär sich nun dem mehrheitlich gefassten Beschluss auch bei Verletzung von Gesetz und Satzung unterwerfen solle und dieser nach außen hin, trotz gegenteiligem Abstimmungsverhalten als vom Mitglied mitgetragen erscheint.[178] Die Möglichkeit der Mitglieder bei Verletzung von Gesetz oder Satzung den Beschluss anzufechten, zeigt vielmehr in eine andere Richtung. Sie zeigt in eine Richtung, in der dem Mitglied auch weiterhin ein derartiger Anspruch zustehen soll. Die Gesetzesbegründung äußerte sich in die gleiche Richtung, denn danach müsse das Mitglied rechtswidrige Beschlüsse nicht „als einen sie verbindenden Willen gelten […] lassen".[179]

b) Ergebnis

Es kann festgehalten werden, dass dem Aktionär als Ausgleich für die Unterwerfung unter die Mehrheit, die weder schrankenlos erfolgte noch hätte erfolgen können,[180] ein mitgliedschaftlicher Anspruch auf gesetzes- und satzungsgemäße Beschlussfassung der Hauptversammlung zugestanden worden ist.[181] Es ist daher insbesondere auch unter Verweis auf das zuvor Gesagte ein Anspruch des Aktionärs auf gesetzes- und satzungsgemäße Beschlussfassung der Hauptversammlung als primäres Schutzgut der Anfechtungsklage anzunehmen.[182] Daher ist auch eine weitergehende Feststellung eines über die Satzungs- oder Rechtsverletzung hinausgehenden Rechtsschutzbedürfnisses für die Anfechtungsklage nicht erforderlich. Eine Änderung könnte nur de lege ferenda herbeigeführt werden, wobei hier eine bloße Anlehnung an die Formulierung des § 42 Abs. 2 VwGO nicht genügen

---

[177] Vgl. dazu auch *Habersack*, Mitgliedschaft, S. 227.

[178] *Habersack*, Mitgliedschaft, S. 293; *K. Schmidt*, ZZP 92 (1979), 212, 218.

[179] Begründung zum Entwurf eines Gesetzes, betreffend die Kommanditgesellschaften auf Aktien und die Aktiengesellschaften vom 7. März 1884, S. 467, abgedruckt in: *Schubert/ Hommelhoff*, 100 Jahre deutsches Aktienrecht.

[180] *Slabschi*, Rechtsmißbräuchliche Anfechtungsklage, S. 88.

[181] So auch *Slabschi*, Rechtsmißbräuchliche Anfechtungsklage, S. 95.

[182] Vgl. oben S. 186 ff.; so auch *Habersack*, Mitgliedschaft, S. 230; *Casper*, ZHR 163 (1999), 54, 68; *Noack*, Fehlerhafte Beschlüsse, S. 41 ff., insbes. S. 45; *K. Schmidt*, in: FS Stimpel, 1985, S. 217, 222; *Hoffmann-Becking*, in: Verhandlungen des 63. DJT, Eröffnung, O, S. O 8 f.; wohl auch *Behr*, Die actio pro socio, S. 127 f.

würde.[183] Denn das Recht auf gesetzes- und satzungsgemäße Beschlussfassung hat seine Grundlage im Mitgliedschaftsrecht, sodass eine dementsprechende Betroffenheit regelmäßig vorliegen würde.[184]

C. Fazit

Die vorstehenden Untersuchungen haben gezeigt, dass das Aktienrecht den Individualschutz des Aktionärs durchaus ernst nimmt. Es enthält Wertungen, die dafür sprechen, dass es Vorgehensweisen des Aktionärs akzeptiert, durch die sich dieser gegenüber seine Individualinteressen verletzendem rechtswidrigen Organhandeln zur Wehr setzen kann. Besonders hervorzuheben ist hier die aktienrechtliche Anfechtungsklage. Durch sie leitet der Aktionär nicht nur eine objektive Rechtskontrolle ein, sondern verhilft seinem eigenen materiellrechtlichen Abwehrrecht zur Geltung. Denn wie hervorgetreten ist, schützt die Anfechtungsklage als negatorische Klage den Anspruch des Aktionärs auf gesetzes- und satzungsgemäße Beschlussfassung der Hauptversammlung als primäres Schutzobjekt. Diese gesetzliche Verankerung der Anfechtungsklage ist Ausfluss des gesetzgeberischen Anliegens, den Individualrechtsschutz zugunsten des Aktionärs zu akzentuieren. Sie ist gerade keine Absage an den Schutz individueller Aktionärsrechte.

§ 4 Grundlagen einer Aktionärsklage gegen (kompetenzwidrige) Vorstandsbeschlüsse

Die Verfolgung von eigenen Rechtspositionen durch den Aktionär gegenüber der Gesellschaft ist nach den obigen Erkenntnissen in der aktienrechtlichen Anfechtungsklage anerkannt worden. Es ist daher nicht fernliegend, dass der Schutz der Mitgliedschaft des Aktionärs durch die Aktionärsklage lediglich eine Fortschreibung der aktienrechtlichen Grundwertungen darstellen würde. Das Aktienrecht zeigt damit eine bereits in der Holzmüller-Entscheidung erwähnte Schutzrichtung auch zugunsten des einzelnen Aktionärs. Inwieweit das Aktienrecht eine Aktionärsklage zulässt, wird im Folgenden untersucht. Ausgangspunkt wird nach der gewonnenen Erkenntnis die Position des Aktionärs als stimmberechtigtes Mitglied der Hauptversammlung sein. Denn als solcher ist er in das aktienrechtliche Kompetenzsystem eingebettet worden. Ihm wurden in Bezug auf die Hauptversammlung und der dort gefassten Beschlüsse Rechte und die notwendigen Instrumente zu deren Durchset-

---

[183] So aber wohl *Bayer/Fiebelkorn*, ZIP 2012, 2181, 2187.

[184] *Paefgen*, Unternehmerische Entscheidungen, S. 280, sieht diesen Anspruch ebenfalls in der Mitgliedschaft verwurzelt.

zung an die Hand gegeben.[185] Gesondert erörtert wird, inwieweit sich eine über die kodifizierten Aktionärsrechte hinausgehende Aktionärsklage mit dem Aktienrecht vereinbaren lässt.

Teilweise wurde vorgebracht, dass das Recht zur Kontrolle des Vorstandsverhaltens ausschließlich bei der Aktiengesellschaft liege und der Aktionär dies höchstens im Wege der actio pro societate durchsetzen könne.[186] Für die in dieser Ausarbeitung maßgebende Frage der Individualklagebefugnis bestehe daneben kein Raum. Bevor überhaupt auf einen potentiellen materiellen Anspruch der Gesellschaft gegenüber der Verwaltung eingegangen wird, wird zunächst der Frage nachgegangen, ob das Aktienrecht die Grundsätze der actio pro societate überhaupt anerkennt. Andernfalls wäre die Thematisierung eines durch den Aktionär nicht geltend zu machenden Anspruchs der Gesellschaft für den vorbeugenden Rechtsschutz nicht zielführend. Wird sie nicht anerkannt, kann ihr auch keine Sperrwirkung gegenüber der Mitgliedschaftsklage aus eigenem Recht zukommen.

A. Actio pro societate als Strukturentscheidung des Aktienrechts?

Von der Frage der Existenz einer Abwehrklage auf Grundlage eines eigenen Rechts des Aktionärs ist die Frage nach der Möglichkeit eines Aktionärs, in gesetzlicher oder gewillkürter Prozessstandschaft ein fremdes Recht geltend zu machen, zu unterscheiden. In diesem Bereich haben sich unterschiedliche Ansätze entwickelt, von denen die relevantesten an dieser Stelle hervorzuheben und, sofern ihnen gefolgt werden kann, auf ihre Einsatzmöglichkeiten im Rahmen des genehmigten Kapitals der Aktiengesellschaft zu untersuchen sind.

I. Der Aktionär als nachrangiges Kontrollorgan?

Früh wurde vorgebracht, dass der Aktionär gegenüber der Verwaltung eine Kontrollfunktion wahrnehmen könnte. Hier hat namentlich *Lutter* die Möglichkeit eines Aktionärs angenommen,[187] die Kontrolle von Vorstandshandeln gerichtlich herbeizuführen. Er stützte diese auf den aus dem Personengesellschaftsrecht bekannten Rechtsgedanken der actio pro societate.[188] Materiell ließen sich die

---

[185] So wird die Ausübung des Stimmrechts durch die Möglichkeit der Teilnahme flankiert, deren rechtswidrige Verhinderung wiederum durch die Anfechtungsklage geschützt wird; *Riecker*, in: Spindler/Stilz, 4. Aufl., § 123 Rn. 46; *Drescher*, in: Henssler/Strohn/GesR, 4. Aufl., § 243 AktG, Rn. 10.

[186] Vgl. hierzu im Folgenden insbesondere die Auffassung von *Lutter*, S. 193 ff.

[187] Vgl. zum folgenden den Aufsatz von *Lutter*, AcP 180 (1980), 84 ff.; zur folgenden Darstellung der Auffassung Lutters vgl. auch *Behr*, Die actio pro socio, S. 47 f.

[188] *Lutter*, AcP 180 (1980), 84, 140 ff.

Grundsätze der actio pro societate auf verbandsrechtlichen Boden stützen, sie seien sogar als „Element des Verbandsrechts" anzuerkennen, so *Lutter*.[189] Trotz Anerkennung der rigiden Zuständigkeitsordnung im Aktienrecht lässt er diese nicht in aller Rigidität durchgreifen. Er sieht die Anerkennung der Grundsätze der actio pro societate im Aktienrecht durch die konzernrechtlichen Regelungen der §§ 309 Abs. 4, 310 Abs. 4, 317 Abs. 4 und 318 Abs. 4 AktG als gegeben an.[190] Sie würden zeigen, dass an konfliktempfindlichen Stellen die Zuständigkeitsordnung auch ein Vorgehen der Mitglieder für die Gesellschaft gestatten könne. Es geht ihm zu Beginn ausdrücklich um die Begründung eines Notgeschäftsführungsrechts der Mitglieder,[191] sofern die innergesellschaftsrechtliche Kontrollorganisation versagt. Erst nachdem dies der Fall sei, sei nachrangig der Aktionär zur prozessualen Geltendmachung berufen.[192] Bei den rechtlich selbstständigen Verbänden stelle sich ebenso wie bei den Personengesellschaften ein sachlich gleiches Problem, gleichwohl in etwas anderem Gewand. Bei der Personengesellschaft sei die actio pro societate ein Instrument, welches Fehler einer versagenden Geschäftsführung eliminieren solle. Bei der Aktiengesellschaft ist dies nicht gänzlich anders, nur dass es hier um die Wahrung der binnenrechtlichen Ordnung bei mangelhafter Aufsicht ginge.[193] Im Vordergrund steht für *Lutter* nicht der Individualschutz des Mitglieds, welches seine Interessen durchzusetzen versucht, sondern die Wahrung des mitgliedschaftlichen Interesses an der Aufrechterhaltung der inneren Verbandsstruktur.[194] Ihm liegt es daher auch nicht fern, bei der Kontrolle von Vorstandsverhalten von einem „Ersatzaufsichtsrecht" zu sprechen.[195] Sofern der Zuständigkeitsbereich der Mitglieder, gemeint ist wohl vielmehr die Mitgliederversammlung/Hauptversammlung, angetastet wird, sei die Klagemöglichkeit eines Mitglieds bei Ausfall der sonstigen Kontrollen zur Aufrechterhaltung der inneren Organisation in Prozessstandschaft gegeben.[196] In der Anfechtungsklage sei eine gewisse Anerkennung der „punktuelle(n) Aufsichtsbefugnis"[197] gegeben, wobei dem das Verständnis einer fehlenden materiellen Grundlage der Anfechtungsklage zugrunde liegt.[198]

In spezifischen Konfliktfällen sei ein Ausfall der Kontrolle typisch und nicht nur ausnahmsweise gegeben. Daher müsse das Verbandsrecht ein Institut bereitstellen,

---

[189] *Lutter*, AcP 180 (1980), 84, 137.

[190] *Lutter*, AcP 180 (1980), 84, 136.

[191] *Lutter*, AcP 180 (1980), 84, 136.

[192] *Lutter*, AcP 180 (1980), 84, 138.

[193] Hierzu *Lutter*, AcP 180 (1980), 84, 142.

[194] Dazu *Lutter*, AcP 180 (1980), 84, 142.

[195] *Lutter*, AcP 180 (1980), 84, 142 f.; vgl. kritisch zu der Rechtfertigung über ein Ersatzaufsichtsrecht die Holzmüller-Entscheidung des BGH S. 163 ff., insbesondere S. 166. Der BGH legt in der Holzmüller-Entscheidung den Schwerpunkt der Begründung auch eher auf den Schutz individueller Mitgliedschaftsrechte.

[196] *Lutter*, AcP 180 (1980), 84, 142 f.

[197] *Lutter*, AcP 180 (1980), 84, 142.

[198] Vgl. hierzu *Lutter*, NJW 1969, 1873, 1877 f.

durch welches die Selbstverwaltung weiterhin aufrechterhalten bleibe.[199] Nur so
könne auch der damit einhergehende Verlust der Autonomie des einzelnen Mitglieds
legitimiert werden.[200] Die actio pro societate ist nach *Lutter* ein Teil der Mitgliedschaft in Form eines prolongierten Mitwirkungsrechts.

II. Bewertung: Der Aktionär als nachrangiges Kontrollorgan?

Für den Bereich des nach *Lutter* angenommenen Notgeschäftsführungsrechts gibt
das Aktiengesetz eine abschließende Tendenz zu erkennen. Der Aktionär bekommt
im konzernrechtlichen Rahmen de lege lata ein Einzelklagerecht durch die §§ 309
Abs. 4; 310 Abs. 4 i.V.m. 309 Abs. 4; 317 Abs. 1 S. 2 (Schaden des Aktionärs, der
über den Schaden der Gesellschaft hinausgeht); 317 Abs. 4 i.V.m. 309 Abs. 4; 318
Abs. 4 i.V.m. 309 Abs. 4 AktG eingeräumt. Mit diesen Regelungen ist der Gesetzgeber bewusst von den Voraussetzungen der §§ 147, 148 AktG abgewichen, da er in
einer abhängigen Gesellschaft eine erhöhte Gefährdungslage dahin gehend sah, dass
das erforderliche Minderheitenquorum nicht erfüllt werden kann.[201] Diese Gefährdungslage sah er allerdings allein bei der Geltendmachung von Schadensersatz-
verlangen innerhalb von Konzernsachverhalten als gegeben an. Im Rahmen des
„normalen" Aktienrechts hat der Gesetzgeber diesbezüglich keinen Handlungsbe-
darf gesehen.[202] Denn eine gänzlich andere Qualität besitzt die Möglichkeit des
Aktionärs, Geschäftsführungsmaßnahmen des Vorstandes vor ihrer Umsetzung zu
kontrollieren. Aber auch bei einem Blick auf die repressiven Ansprüche wird die
Wertung des Aktiengesetzes klar. Hier bewendet es sich mit den §§ 147 ff. AktG,
nach denen die Schadensersatzansprüche der Gesellschaft gegen ihre Organe nur
unter besonderen Voraussetzungen geltend gemacht werden können.[203] Die Verfolgung von Ersatzansprüchen ist im Aktienrecht umfassend geregelt. So ist die Geltendmachung gegenüber Aufsichtsratsmitgliedern dem Vorstand zugeschrieben
worden, wodurch zugleich eine Einflussnahme durch die Gesellschafter beschränkt
wurde.[204] Umgekehrt sind Schadensersatzansprüche gegenüber dem Vorstand nach

---

[199] *Lutter*, AcP 180 (1980), 84, 147.

[200] *Lutter*, AcP 180 (1980), 84, 144.

[201] Reg. Begr. *Kropff*, AktG 1965, S. 405; wobei die §§ 147 ff. AktG nicht verdrängt werden
und auch Ansprüche aus Konzernsachverhalten erfassen, vgl. nur *Koch*, in: Hüffer/Koch,
13. Aufl., § 147 Rn. 3 m.w.N. für den Streitstand bei Geltendmachung gegen herrschende
Unternehmen und deren Verwaltungsorgane; vgl. unstreitig für Schadensersatzansprüche aus
fehlerhafter Geschäftsführung *Bernau*, AG 2011, 894, 895.

[202] Ebenso für einen Ausnahmecharakter *Brondics*, Aktionärsklage, S. 87 f.

[203] *Zöllner*, ZGR 1988, 392, 407 f., zieht aus der Regelung ein argumentum e contrario.
Timm, AG 1980, 172, 185 f. sieht hierin keinen ausreichenden Minderheitenschutz, sodass eine
actio pro socio zulässig sei.

[204] *Habersack*, in: MünchKomm/AktG, § 116 Rn. 72, wobei die Verfolgungspflicht ent-
sprechend den Grundsätzen des BGH, Urt. v. 21.04.1997 – II ZR 175/95 –, BGHZ 135, 244 =
NJW 1997, 1926 (ARAG/Garmenbeck) anzunehmen ist; vgl. *Habersack*, in: MünchKomm/
AktG, § 116 Rn. 8; *Spindler*, in: Spindler/Stilz, 4. Aufl., § 116 Rn. 140.

§ 112 AktG durch den Aufsichtsrat geltend zu machen.[205] Die §§ 147 ff. AktG stellen diesbezüglich Ausnahmeregelungen dar und zeigen, dass der Aktionär primär durch Wahrnehmung seines Stimmrechts in der Hauptversammlung auf die Anspruchsverfolgung Einfluss nehmen soll (§ 147 AktG).[206] Zur Anspruchsverfolgung soll er nur unter strengeren Voraussetzungen im Wege eines vorgelagerten Klagezulassungsverfahren durch das Prozessgericht ermächtigt werden.[207] Ein Notgeschäftsführungsrecht der Aktionäre würde dieses Regel-Ausnahmeverhältnis durchbrechen und ist daher nicht zuzulassen. Der Gesetzgeber hat sich vielmehr ausdrücklich gegen die umfassende Einführung einer aktienrechtlichen actio pro societate ausgesprochen.[208]

Man mag zwar auch hier ein Versagen der Kontrollinstrumente darin erblicken können, dass es der Gesellschaft gem. § 148 Abs. 3 AktG jederzeit möglich ist, den *eigenen* Ersatzanspruch geltend zu machen und damit das durch die Minderheit initiierte Verfahren zu kapern. Doch zeigt dies vielmehr, dass es dem Gesetz mit der strengen internen Zuständigkeitsordnung ernst ist und diese nur im absoluten Ausnahmefall eine Durchbrechung erfahren darf. Vor verfahrenseinstellenden Maßnahmen ist die Minderheit auch bei der Übernahme des Verfahrens durch die Gesellschaft selbst geschützt. Vergleich und Verzicht sind allein unter den Voraussetzungen des § 93 Abs. 4 S. 3 AktG möglich, ebenso wie eine Klagerücknahme, wobei hier gem. § 148 Abs. 6 S. 4 AktG die dreijährige Sperrfrist des § 93 Abs. 4 S. 3 AktG nicht eingehalten werden muss.[209]

Aber auch ein „Ersatzaufsichtsrecht" der Aktionäre bei Überschreitung der Zuständigkeitsgrenzen durch den Vorstand kann nicht durch die Grundsätze der actio pro societate statuiert werden.[210] Ein solches Recht der Aktionäre anzuerkennen würde doch nichts anderes bedeuten, als die Wertung des Aktiengesetzes über die Aufsicht des Vorstandshandelns zur Disposition der Aktionäre zu stellen, was mit § 23 Abs. 5 AktG schwerlich vereinbar sein dürfte.[211] Dies gerade im Hinblick auf die Fokussierung des Schutzes der internen Organisation und nicht der individuellen Interessen des Mitglieds.[212] Die Annahme, dass es nur eine Ersatzaufsicht darstellen solle, hilft über diesen Einwand nicht hinweg. Sie macht vielmehr deutlich, dass der

---

[205] Zur Klagepflicht des Aufsichtsrates BGH, Urt. v. 21.04.1997 – II ZR 175/95 –, BGHZ 135, 244 = NJW 1997, 1926 (ARAG/Garmenbeck); vgl. zu diesem Komplex auch *Krieger*, ZHR 163 (1999), 343, 346 ff.

[206] A.A. *Wiedemann*, Organverantwortung, S. 49.

[207] *Mock*, in: Spindler/Stilz, 4. Aufl., § 148 Rn. 2.

[208] RegBegr. UMAG, BT-Drs. 15/5092 S. 20 ff.

[209] *Mock*, in: Spindler/Stilz, 4. Aufl., § 148 Rn. 144.

[210] So aber *Timm*, AG 1980, 172, 185; *Lutter*, a.a.O.; wie hier *Behr*, Actio pro socio, S. 48, mit Verweis auf die Verteigigung der mitgliedschaftlichen Mitwirkungsrechte.

[211] Gleichsinnig *Leyendecker-Langner*, NZG 2012, 721, 724 für den Fall der Kompetenzüberschreitung des Aufsichtsrates und die Frage, ob der Vorstand eine Verletzungsklage erheben muss.

[212] So aber *Lutter*, AcP 180 (1980), 84, 142.

Übertragung der actio pro societate auf diese Konstellation ein starkes rechtspolitisches Interesse zu Grunde liegt.[213] Die wichtigste Frage bleibt bei diesem Ansatz offen. Wie soll der Aktionär für die Gesellschaft den Übergriff in die Kompetenz seines Organs, der Hauptversammlung, geltend machen, wenn diesem Organ selbst das Recht nicht zusteht?[214] Das Aktiengesetz beschränkt sich hier vielmehr auf mittelbare Sanktionen bei Übergriffen in den Kompetenzbereich. Das Vorgehen des Aktionärs muss auch bei Ausfall aller Schutzmechanismen des Aktienrechts sachlich nicht der Beseitigung einer versagenden Aufsicht dienen. Die versagende Aufsicht kann vielmehr gerade eine ausgeübte Aufsicht sein, nämlich in der Form, dass ein Einschreiten oder Sanktionen im Interesse der Gesellschaft gerade nicht greifen sollen.[215]

III. Der Aktionär als besonderer Vertreter? – Representative action

Nach *Wiedemann* kann der Aktionär vermeintlich unrechtmäßiges Verhalten innerhalb der Gesellschaft auf zweierlei Grundlagen einer gerichtlichen Prüfung unterziehen lassen. Zum einen solle dem Aktionär aus subjektivem Recht eine Individualklage zugestanden werden (sog. personal action) und zum anderen soll er als Mitglied einer Gruppe (der Hauptversammlung) für diese im Prozess auftreten können (representative action).[216] Mit der personal action sei dem Aktionär die Möglichkeit eingeräumt worden, seine ihm aus der Mitgliedschaft zustehenden Rechte geltend zu machen. *Wiedemann* zählt hier die Mitwirkungsrechte und Vermögensrechte ebenso wie Auskunfts- und Austrittsrechte auf. Wo das Recht dem Aktionär eine Befugnis einräume, müsse es ihm auch den Weg zur Durchsetzung bereiten. Er stellt heraus, dass dies im Aktienrecht nicht allein damit getan sei, dass der Aktionär allein das Hauptziel gerichtlich geltend machen könne. Denn mache der Aktionär in einem Prozess allein geltend, sein Stimmrecht ausüben zu wollen, würde ihm dies keinen Mehrwert einbringen. Er benötige zunächst ein Forum zur Ausübung, nämlich die Hauptversammlung, bei der er bei Festlegung der Tagesordnungspunkte im Rahmen des § 122 AktG mitwirken könne.[217] Diese die „Hauptrechte" flankierenden „Hilfsrechte" stehen dem Aktionär kraft seiner Mitgliedschaft in der Aktiengesellschaft zu, sodass er sie aus eigenem Recht gegenüber der Gesellschaft einklagen könne.[218]

---

[213] Gleichsinnig *Zöllner*, ZGR 1988, 392, 406.

[214] *Zöllner*, ZGR 1988, 392, 424.

[215] *Kämper*, Die Aktionärsklage und die Kontrolle von Publikumsgesellschaften, S. 93.

[216] *Wiedemann*, Organverantwortung, S. 52 f.

[217] *Wiedemann*, Organverantwortung, S. 53.

[218] *Wiedemann*, Organverantwortung, S. 52 f.

Wenn es um die Überprüfung von Organhandeln auf die Konkordanz mit Satzung und Gesetz geht, geht *Wiedemann* von der sogenannten representative action aus. Der Aktionär könne mit dieser Klagemöglichkeit als Repräsentant der in der Hauptversammlung zusammengeschlossenen Aktionäre diejenigen Organakte angreifen, die den Status der Gruppe betreffen. Es gehe hierbei gerade nicht darum, die Individualinteressen des Aktionärs geltend zu machen, sodass nur Maßnahmen, die den Kompetenzbereich der Hauptversammlung verletzen, angegriffen werden können.[219] Eine darüber hinausgehende Kontrolle des Vorstandshandelns auf Rechtmäßigkeit und Zweckmäßigkeit lässt *Wiedemann* auf Grundlage seiner Auffassung konsequenterweise nicht zu. Dies erinnert stark an den besonderen Vertreter im Sinne des § 147 AktG, der gesetzlicher Vertreter der Gesellschaft und deren Organ ist.[220] Der Aktionär würde sich hier als Vertreter der Interessen einer Gruppe darstellen.

Wiedemann verzichtet hier gänzlich auf eine Anknüpfung an die Verletzung von Individualinteressen der Aktionäre, da diese nichts anderes als ein Instrument zur Beschränkung der Klagebefugnisse darstellen würden.[221] Betrachte man dies genauer falle auf, dass jede auf die Individualverletzung gestützte Klagebefugnis ebenso gut auf die Verletzung der kollektiven Zuständigkeit gestützt werden könne.[222] Im Gegensatz zur individual action macht der Aktionär hier keine originär eigene Rechtsverletzung geltend, sondern eine Verletzung der Rechte der Aktionärsgruppe, wobei die Befugnis zur Geltendmachung aus der Mitgliedschaft resultiere. Diese Vorgehensweise sei keinesfalls ein Novum. Man müsse nur die aktienrechtlichen Klagen der §§ 241 ff. auf Überprüfung von Hauptversammlungsbeschlüssen und die Feststellungsklage in der Personengesellschaft betrachten.[223] Entgegen der auch hier vertretenen überzeugenden Ansicht sieht *Wiedemann* in der gesellschaftsrechtlichen Anfechtungsklage als Gestaltungsklage allerdings nichts Anderes als eine Popularklage, der kein korrespondierendes Gestaltungsrecht des klagenden Aktionärs zugrunde liegen muss.[224]

IV. Bewertung: Der Aktionär als besonderer Vertreter? – Representative action

Diese Ausgangsprämisse ist mit der zu Recht herrschenden Ansicht abzulehnen.[225] Es haben sich zur Herleitung einer dem Gestaltungskläger zustehenden

---

[219] *Wiedemann*, Organverantwortung, S. 55.

[220] *Mock*, in: Spindler/Stilz, 4. Aufl., § 147 Rn. 121.

[221] *Wiedemann*, Organverantwortung, S. 55.

[222] *Wiedemann*, Organverantwortung, S. 55. Wie später noch zu zeigen ist, kann nicht bei jeder Verletzung einer Individualrechtsposition eine klageweise rügbare Verletzung der kollektiven Zuständigkeit angenommen werden, vgl. S. 300 ff., 310.

[223] So *Wiedemann*, Organverantwortung, S. 54.

[224] *Wiedemann*, Organverantwortung, S. 54.

[225] Vgl. dazu bereits Materielle Grundlagen einer Anfechtungsklage S. 182 ff.

materiellrechtlichen Rechtsposition unterschiedliche Rechtsansichten entwickelt, die von der Einordnung als ein materielles Recht des Privatrechts[226] bis hin zur Qualifizierung eines gegen den Staat gerichteten Klagerechts auf richterliche Gestaltung gehen[227]. Überwiegend durchgesetzt hat sich die auch hier vertretene Auffassung, dass der Gestaltungskläger zwar kein Gestaltungsrecht im engeren Sinne innehat, das er durch Erklärung ausüben kann, sondern ihm eine sonstige materiellrechtliche Rechtsposition zusteht, die durch Klage geltend gemacht werden muss.[228] Darüber hinaus schützt die Anfechtungsklage den Anspruch des Aktionärs auf satzungs- und gesetzesmäßige Beschlussfassung durch die Hauptversammlung.[229] Doch unabhängig von der bereits oben näher behandelten Streitfrage kann *Wiedemann* nicht hinreichend erklären, woher die Befugnis des Einzelaktionärs stammt, für die repräsentierte Aktionärsgruppe zu klagen.

Der Aktionär hat als solcher Mitwirkungs- und Vermögensrechte. Diese stehen ihm als Individuum zu und diese kann er aus eigenem Recht, teilweise beschränkt durch gesetzliche Voraussetzungen, geltend machen. So macht § 245 Nr. 1 AktG die Klagebefugnis des Aktionärs vom Erscheinen in der Hauptversammlung und der Erhebung eines Widerspruchs abhängig. Wurde die Hauptversammlung allerdings nicht ordnungsgemäß einberufen und hatte der Aktionär in der Folge aus Unkenntnis um die Abhaltung der Hauptversammlung nicht an der Versammlung teilgenommen, so gewährt § 245 Nr. 2 AktG auch diesem ein Anfechtungsrecht unabhängig von dem Widerspruchserfordernis des § 245 Nr. 1 AktG. Hierdurch wird deutlich, dass das aktienrechtliche Anfechtungsrecht dem Aktionär als typisiertes Schutzverfahren aufgrund vermuteter Verletzung der Mitgliedschaft bei Fehlerhaftigkeit des Hauptversammlungsbeschlusses zur Verfügung steht.[230] Die Aktionäre haben sich zur Partizipation in der Aktiengesellschaft und damit der Unterwerfung ihrer eigenen Person unter einen gebildeten Mehrheitswillens in der Hauptversammlung nämlich nur bereit erklärt, sofern sie die Möglichkeit haben, an der Willensbildung mitzuwirken (§§ 245 Nr. 1+2 AktG) und der Beschluss sich innerhalb der durch Gesetz

---

[226] *Bötticher*, in: FS Dölle, 1963, Bd. 1, S. 41, 54 ff.; *Bötticher*, in: FG Rosenberg, 1949, S. 71, 83 ff. (für den Eheprozess); *Häsemeyer*, AcP 188 (1988), 140, 153; *Seckel*, in: FG R. Koch, 1903, S. 205, 239 ff.; *H. Roth*, in: Stein/Jonas, 22. Aufl., Vor § 253 ZPO, Rn. 103; *Roth*, in: FS Schwab, 2005, S. 701, 706 f. (Fn. 32); *Reichold*, in: Thomas/Putzo, 38. Aufl., Vor § 253 ZPO Rn. 5; *Rosenberg/Schwab/Gottwald*, ZPO § 92 Rn. 3.

[227] *Müller-Freienfels*, Ehe und Recht, 1962, S. 228 ff.; *Dölle*, Familienrecht I, § 40 I 1, S. 563 f.; *Dölle*, in: FS Bötticher, 1969, S. 93, 98 f.; *Henckel*, Parteilehre, S. 31 ff.

[228] Wobei die Terminologie variiert zwischen Gestaltungsklagerecht: *Mankowsky*, Beseitigungsrechte, 2003, S. 484; *Schlosser*, Gestaltungsklagen, 1966, S. 29; Anfechtungsbefugnis: *Koch*, in: Hüffer/Koch, 13. Aufl., § 245 Rn. 2; *Zöllner*, in: Baumbach/Hueck, 21. Aufl., Anh. § 47 Rn. 135 ff. und überwiegend wird von einem Recht auf Rechtsänderung gesprochen: *Hellwig*, System des Deutschen Zivilprozeßrechts Bd. 1, § 105 I 3–5, S. 274 f.; *Arens*, Streitgegenstand und Rechtskraft, S. 33; *Schwab*, Gesellschaftsinterne Streitigkeiten, S. 181 f.; *Rosenberg/Schwab/Gottwald*, ZPO, § 92 Rn. 2 f.; *Wellenhofer*, MünchKomm/BGB, 7. Aufl., § 1599 Rn. 31 (Nachweise nach *Bartels*, ZGR 2008, 723, 726 ff.).

[229] Vgl. oben S. 186 ff.

[230] So wohl auch *Behr*, Die actio pro socio, S. 51.

gesetzten Grenzen bewegt (§ 243 AktG).[231] Woher der Aktionär nun aber die Befugnis herleiten soll, ähnlich der eines besonderen Vertreters (§ 147 AktG) für das Gesamtaktionariat zu klagen, ist nicht erklärbar.[232]

Doch selbst wenn man auf sonstige anerkannte Klagemöglichkeiten im Fremdinteresse schaut, kann die Klage des Einzelaktionärs in Prozessstandschaft für „seine" Gruppe nicht überzeugen. Wie schon gegen ein Ersatzaufsichtsrecht vorgetragen wurde, hat sich der Gesetzgeber mit § 148 AktG gegen die Einführung einer umfassenden actio pro societate im Aktienrecht entschieden und die Klage für die Gesellschaft nur unter einschränkenden Voraussetzungen und inhaltlich beschränkt auf Schadensersatzansprüche gegenüber Organmitgliedern zugelassen.[233] Dem Aktionär nach Einführung des § 148 AktG die Möglichkeit zuzugestehen, eine Klage im Namen der Aktionärsgruppe gegen die Gesellschaft geltend zu machen, würde die in § 148 AktG getroffene gesetzgeberische Entscheidung gänzlich konterkarieren.[234] Der Aktionär soll für die Gesellschaft erst nach erfolgreichem Klagezulassungsverfahren als Kontrollinstanz auftreten und gegen Vorstand oder Aufsichtsrat vorgehen. Die Möglichkeit der Hauptversammlung, auf die Kontrolle des Vorstandes einzuwirken, beschränkt sich darüber hinaus auf den über § 147 AktG bereitgestellten Weg.[235] Vorsichtshalber sei darauf hingewiesen, dass nicht impliziert werden soll, dass die Hauptversammlung als Partei im Prozess auftritt, mithin eine Klagebefugnis erhält. Diesen Punkt greift *Wiedemann* zwar auf und leitet aus ihm einen fehlenden Einfluss des § 147 AktG auf seine Grundkonzeption her.[236] Überzeugender ist es hier allerdings, ein argumentum e contrario zu ziehen.[237] Der Aktionär wurde gerade nicht einzeln dazu berufen, das Verhalten des Vorstandes einer gerichtlichen Kontrolle zuzuführen, sondern nur als Teil des Organs Hauptversammlung. Man kann den Aktionär nun allerdings nicht aus diesem Gesamtkonzept herauslösen und seine Wahrnehmungskompetenz als solche zu der eines der Hauptversammlung übergeordneten Rechtsbewahrers hochstilisieren. Diese Deutung wird nunmehr durch § 148 AktG bestätigt.[238]

---

[231] Kritisch hinsichtlich der Annahme einer Bindungswirkung des Hauptversammlungsbeschlusses allein bei Übereinstimmung mit Gesetz und Satzung, vgl. *Dornbach*, Die aktienrechtliche Anfechtungsklage, S. 115 ff.; *Behr*, Die actio pro socio, S. 128 f.

[232] Kritisch auch *Behr*, Die actio pro socio, S. 51.

[233] Vgl. hierzu bereits S. 193 ff.

[234] *Behr*, Die actio pro socio, S. 50.

[235] A.A. *Timm*, AG 1980, 172, 185 f.

[236] *Wiedemann*, Organverantwortung, S. 49 „§ 147 AktG verschafft der Minderheit keine Klagebefugnis […]. Die Klage ist keine Minderheitsklage, sondern eine normale Schadenersatzklage gegen ungetreue Organmitglieder".

[237] *Zöllner*, ZGR 1988, 392, 408; *Mertens*, in: FS R. Fischer, 1979, 461, 468 f.; *v. Gerkan*, ZGR 1988, 441, 450.

[238] Ablehnend ebenfalls *v. Gerkan*, ZGR 1988, 441, 450; *Mencke*, Beiladung im Klageverfahren nach § 148 AktG, S. 55; *Zöllner*, ZGR 1988, 392, 407 f.; *Behr*, Die actio pro socio, S. 50 f.

V. Ergebnis

Wie bereits erörtert, hat das Aktienrecht die Individualklagemöglichkeiten des Aktionärs nur in sehr eng begrenzten Fällen zugelassen. Gerade für den Bereich der actio pro societate hat der Gesetzgeber durch die Kodifizierung der §§ 147, 148 AktG zum Ausdruck gebracht, dass eine actio pro societate keinen allgemeinen auf die Aktiengesellschaft zu übertragenden verbandsrechtlichen Grundsatz darstellt.[239] Sofern es um Ansprüche der Gesellschaft geht, macht § 147 AktG deutlich, dass zur Geltendmachung von internen Ansprüchen primär die Verwaltungsorgane der Aktiengesellschaft zuständig sind.[240] Der Gesetzgeber hat sich bei Schaffung des § 148 AktG bewusst gegen die Einführung einer umfassenden actio pro societate zugunsten der Aktionäre entschieden.[241] Das, was allgemein unter der actio pro societate verstanden wird, nämlich die Geltendmachung eines Anspruchs des Verbandes durch ein Mitglied[242] passt auf die hier in Rede stehenden Konstellationen nicht.[243] Es fehlt bereits die prozessuale Grundlage für die Geltendmachung eines (und dieser sei hier unterstellt) Anspruchs der Gesellschaft gegen den Vorstand auf gesetzes- und satzungsgemäßes Verhalten.[244] Eine nähere Auseinandersetzung damit, ob der Gesellschaft ein im Wege der Leistungsklage durchsetzbarer Anspruch gegenüber dem Vorstand zusteht, kann daher für die vorliegende Ausarbeitung außer Betracht bleiben.[245] Eine hiervon zu trennende und damit noch zu behandelnde Frage ist die nach einem materiellen Anspruch des Aktionärs gegenüber dem Vorstand auf gesetzes- und satzungsgemäßes Verhalten.[246]

Die eingangs aufgeworfene Frage muss daher wie folgt beantwortet werden:

Die Verbandsordnung lässt eine Anspruchsverfolgung durch den Einzelaktionär in Prozessstandschaft für die Gesellschaft gegenüber der Verwaltung außerhalb des kodifizierten Rechts als zusätzliches Kontrollinstrument nicht zu.

---

[239] *Casper*, in: Spindler/Stilz, 4. Aufl., Vor. § 241 ff., Rn. 29; a.A. *Lutter*, AcP 180 (1980), 84, 137.

[240] *K. Schmidt*, Gesellschaftsrecht, 4. Aufl., § 21 IV 6 (S. 641).

[241] Vgl. hierzu S. 193 ff.

[242] *Adolff*, ZHR 169 (2005), 310, 316; *Kort*, in: GroßKomm/AktG, 5. Aufl., Vor § 76 Rn. 64 f.

[243] *Bartels*, ZGR 2008, 723, 753.

[244] Vergleiche zu einer Verpflichtung der Verwaltungsorgane gegenüber der Gesellschaft auf gesetzes- und satzungsgemäßes Verhalten *Zöllner*, ZGR 1988, 392, 423 ff.

[245] Ebenso *Paefgen*, Unternehmerische Entscheidungen, S. 312 f.; *Zöllner*, ZGR 1988, 392, 424.

[246] Siehe hierzu S. 236 ff.

B. Materielles Schutzrecht des Aktionärs

Damit blieb bisher die Frage unbeantwortet, ob der Aktionär ein eigenes materielles Recht innehat, mit dem er gegen die Entscheidung des Vorstandes im Wege einer Leistungsklage, in Form der Unterlassungs- oder einer Wiederherstellungsklage, vorgehen kann. Ein solches materielles Recht ist nach hergebrachtem Verständnis unerlässliche Voraussetzung, um gegen die Gesellschaft eine Leistungsklage zu erheben.[247] Es wird aber auch entgegen diesem Verständnis angenommen, dass der Aktionär eine Klagemöglichkeit auf Kontrolle des Verwaltungsverhaltens ohne einen materiellen Anspruch innehaben könne. Gemeinhin wird diese Problematik durch Rechtsprechung und Literatur unter dem Oberbegriff der „Aktionärsklage" diskutiert. Im Rahmen dieser Diskussion findet allerdings oftmals keine hinreichende Differenzierung zwischen dem materiellen Anspruch und seiner prozessualen Durchsetzbarkeit statt. Auf diesen Missstand wurde bereits früh aufmerksam gemacht,[248] ohne dass sich an ihm bis heute merklich etwas geändert hätte. In den folgenden Ausführungen geht es daher primär um die Herausarbeitung eines materiellen Anspruchs des Aktionärs auf ein Tun oder Unterlassen des Vorstandes,[249] um sich primär im Rahmen der Ausnutzung eines genehmigten Kapitals gegen rechtswidrige Verwaltungsmaßnahmen zur Wehr setzen zu können. Allerdings wird diese materielle Position von manchen nicht als notwendige Voraussetzung einer Aktionärsklage betrachtet.[250] Auf diese These wird zunächst näher eingegangen.

I. Anspruchslose Klagemöglichkeit?

Dem Aktionär solle nach teilweise vertretener Auffassung eine rein prozessuale Befugnis zustehen, durch die er die Einleitung eines objektiven Beanstandungsverfahrens vornehmen kann.[251]

1. Darstellung der Auffassung

Bei der Auslotung nach Möglichkeiten der Aktionäre, rechtmäßiges Vorstandsverhalten zu erzwingen, den Vorstand mithin zu kontrollieren, geht *Michael Pflugradt* in seiner Dissertation im Gegensatz zu den ablehnenden und kritischen

---

[247] *Münch*, in: Soergel/BGB, 13. Aufl., § 1004 Rn. 402 f.; BGH, Urt. v. 19.10.2004 – VI ZR 292/03 –, BGH NJW 2005, 594, 595 jew. für die Unterlassungsklage.

[248] So hat *Zöllner* bereits 1984 die Terminologie als „unglücklich gewählt" bezeichnet, in: KölnKomm/AktG, 1. Aufl., Einl. Rn. 47; ebenso *Brondics*, Die Aktionärsklage, S. 22 f.

[249] Um die prozessuale Durchsetzbarkeit des materiellen Rechts wird es in Kapitel 5 gehen.

[250] Vgl. hierzu im Folgenden S. 202 ff. und *Pflugradt*, Leistungsklagen, et passim; sympathisierend *G. Bezzenberger/T. Bezzenberger*, in: GroßKomm/AktG, 4. Aufl., § 148 Rn. 26.

[251] *Pflugradt*, Leistungsklagen, et passim; sympathisierend *G. Bezzenberger/T. Bezzenberger*, in: GroßKomm/AktG, 4. Aufl., § 148 Rn. 26.

Stimmen einen wesentlichen Abstrahierungsschritt weiter.[252] Er sieht ein starkes Bedürfnis des Einzelaktionärs als gegeben an, bei der Verletzung einer der Hauptversammlung zugewiesenen Kompetenz mittels einer Leistungsklage gegen den Vorstand vorzugehen, um die internen rechtmäßigen Zustände zu bewahren. Ein solches Vorgehen würde sich auch nicht an der innergesellschaftlichen Kompetenzordnung stoßen, da § 76 Abs. 1 AktG keinesfalls tangiert sei.[253] Es gehe nämlich darum, den Vorstand innerhalb des ihm gesetzlich zugewiesenen Bereichs zu halten.[254] Diesem Bedürfnis sei durch eine Klage ohne materiellen Anspruch durch den Aktionär nachzukommen. Die Existenz einer solchen Klage sieht er als durch die aktienrechtliche Anfechtungsklage belegt an. Dieser liege nach *Pflugradt* nämlich ebenfalls kein materiellrechtlicher Anspruch des Aktionärs zugrunde.[255] Ein Interesse der Aktionäre an der Beseitigung eines rechtswidrigen Beschlusses gesteht er zwar ein.[256] Einen der Anfechtungsklage zugrunde liegenden Unterlassungs- und Beseitigungsanspruch, der notwendigerweise dem Schutz einer primären Rechtsposition dienen müsse,[257] sieht er allerdings nicht als gegeben an.[258] Nimmt der Aktionär beispielsweise an einer nicht ordnungsgemäß einberufenen Hauptversammlung teil oder wird ihm der Zutritt trotz ordnungsgemäßer Einberufung rechtswidrig verweigert, basiere die Möglichkeit der Anfechtung nicht auf dem Schutz einer primären Rechtsposition. Die dargestellten Rechte seien als Forderungen nämlich nicht als ein solches primäres Schutzgut einzuordnen.[259] Auch die Mitgliedschaft als solche sei kein taugliches Schutzobjekt.[260] Die Mitgliedschaft ist nach *Pflugradt* im Innenverhältnis der Aktiengesellschaft nämlich nicht als absolut geschütztes Rechtsgut zu betrachten.[261] Aufgrund der Konstitution der Mitgliedschaft allein durch Sonderrechtsbeziehungen des Aktionärs zur Gesellschaft sei ein Innenschutz nicht möglich. Auch der sonst angestellte Vergleich mit dem Eigentum, welches auch gegenüber dem Mieter innerhalb einer schuldrechtlichen Beziehung geschützt ist, ließ außer Acht, dass das Eigentum bereits vor dem Schuldverhältnis existierte und nicht durch dieses begründet wurde.[262] Auf dieser Grundlage sieht er die Anfechtungsklage als ein

---

[252] *Pflugradt*, Leistungsklagen, et passim.

[253] *Pflugradt*, Leistungsklagen, S. 60.

[254] *Pflugradt*, Leistungsklagen, S. 60.

[255] Zu der in dieser Arbeit gegenteilig vertretenen Ansicht vgl. bereits S. 182 ff., insbesondere 186 ff.

[256] *Pflugradt*, Leistungsklagen, S. 87.

[257] *Pflugradt*, Leistungsklagen, S. 79 f.

[258] *Pflugradt*, Leistungsklagen, S. 80 ff.

[259] *Pflugradt*, Leistungsklagen, S. 80 f.

[260] *Pflugradt*, Leistungsklagen, S. 81.

[261] Vgl. zu dieser überzeugenden und für diese Arbeit ebenfalls relevanten These S. 274 ff., 286. So auch *Wagner*, in: MünchKomm/BGB, 7. Aufl., § 823 Rn. 308.

[262] *Pflugradt*, Leistungsklagen, S. 81 i.V.m. 44 f.; der Ansatz, dass die Mitgliedschaft zumindest im Innenverhältnis kein absolut zugewiesenes und damit „sonstiges Recht" ist, ist

objektives Beanstandungsverfahren an, mit dem keine subjektiv rechtliche Berechtigung korrespondiert.[263] Diese Auffassung erinnert sehr stark an die römisch rechtliche actiones, deren Aufgabe im heutigen Rechtsdenken zugunsten einer klaren Trennung zwischen Anspruch und Klage schon früh postuliert wurde.

2. Stellungnahme

Die Ansicht von *Pflugradt* würde bei konsequenter Anwendung dazu führen, dass das Vorstandsverhalten umfassend kontrolliert werden könnte. Die Leitungsautonomie des Vorstandes wäre hiernach nicht mehr als eine leere Worthülse, die schnell in Vergessenheit geraten würde. Der Aktionär könnte eine Leistungsklage gegenüber dem Vorstand auf jedes nach dem Gesetz in Betracht kommende Verhalten einklagen.[264] Diese Uferlosigkeit des Grundansatzes stellt bereits eine Gefährdung des aktienrechtlich austarierten Systems der „checks and balances" dar, die ein willkommenes Einfallstor für räuberische Aktionäre darstellen würde. Dieser Gefährdungslage ist sich *Pflugradt* offenkundig bewusst, wenn er der Gefahr, die Leitungsmacht zur Makulatur werden zu lassen, vorbeugen möchte.[265] Die Begrenzung der anspruchslosen Klage aus objektivem Recht soll ebenfalls im objektiven Recht angelegt sein. Denn Teil des objektiven Rechts sei eben auch das Kompetenzgefüge innerhalb der Aktiengesellschaft, in welches eine solche rechtsfortbildende Klage eingeordnet werden müsse.[266] Dieses nimmt er zum Anlass, um die Klagbarkeit von sekundären Organpflichten zu statuieren.[267] Die Klagbarkeit von primären Organpflichten meint er mit der Kompetenzordnung der Aktiengesellschaft nur insoweit in Einklang bringen zu können, als das diese Pflicht aus der „arbeitsteiligen Zuordnung von Funktionen der Gesellschaft an verschiedene Gesellschaftsorgane abgeleitet werden könne [...]".[268]

Doch kann diese Eingrenzung nicht über die Schwächen des Grundkonzeptes hinweghelfen. Zum einen ist *Pflugradt* nicht darin zu folgen, dass der aktienrechtlichen Anfechtungsklage kein materieller Anspruch des Aktionärs zugrunde liegt.[269] Auch die aus der Kompetenzordnung rührende Eingrenzung der Klagemöglichkeiten

---

zutreffend, S. 274 ff., 286. Dies schließt allerdings die Annahme einer (verbandsrechtlich) anspruchsgestützten Klagemöglichkeit nicht aus, S. 286 ff. Zum Erfordernis einer absolut geschützten Primärposition vgl. insbesondere S. 296 ff.

[263] Vgl. hierzu *Pflugradt*, Leistungsklagen, S. 88, 103 ff.

[264] Auf diese Gefahr ebenfalls hinweisend *Grunewald*, ZHR 156 (1992), 75 f.

[265] *Pflugradt*, Leistungsklagen, S. 107.

[266] *Pflugradt*, Leistungsklagen, S. 108.

[267] *Pflugradt*, Leistungsklagen, S. 112 f.; wobei er unter sekundären Organpflichten solche versteht, „[...] deren Erfüllung anderen Organen, Organteilen oder den Aktionären bei der Wahrnehmung ihrer Belange hilft [...]" a.a.O. S. 111; in Anlehnung an die Differenzierung von *K. Schmidt*, ZZP 1979, 212, 215.

[268] *Pflugradt*, Leistungsklagen, S. 122.

[269] Vgl. hierzu S. 183 ff. und S. 186 ff.

ist in der Sache nicht überzeugend. Zum einen wird die Klagbarkeit von sekundären Organpflichten unter starkem Fokus auf die auch sonst im Gesetz möglichen Klagen auf Informationserteilung durch Aktionäre oder durch den Aufsichtsrat hergeleitet, denen nach hergebrachter Definition des § 194 BGB ein Anspruch der Beteiligten zugrunde liegt.[270] Dies sieht *Pflugradt* an anderer Stelle ebenso.[271] Hierdurch wird die Klagbarkeit nun aber auf eben das gestützt, was zuvor mit allen Mittel versucht wurde, aus dem System der Aktionärsklage zu verdrängen. Im Kern wird hierdurch nicht der Anwendungsbereich der anspruchslosen Klage aus objektivem Recht festgelegt. In der Sache wird aus den existierenden aktienrechtlichen Ansprüchen auf Erteilung von Informationen eine Gesamtanalogie gebildet. Anders verhält es sich auch nicht bei der Eingrenzung der Klagbarkeit der primären Organpflichten. *Pflugradt* war sehr darauf bedacht, sein Konzept aus dem objektivem Recht auf Einhaltung des objektiven Rechts herzuleiten. Die Begrenzung der Klagbarkeit von primären Organpflichten auf solche, die im Wesentlichen einen Kompetenzverstoß durch den Vorstand bedeuten, stellt aber gerade dies nicht dar. Eine Klagbarkeit für den Fall, dass der Vorstand das ihm nach dem Gesetz zustehende unternehmerische Ermessen überschreitet und sich bei Ausführung der avisierten Maßnahme auch bei Anwendung der Business Judgment Rule gem. § 93 Abs. 2 AktG haftbar machen würde, stellt auch nach *Pflugradt* keinen hinreichenden Grund für eine Klagbarkeit dar.[272] Eine solche lehnt er mangels spezifischer Abgrenzbarkeit auch dann ab, wenn der Verstoß evident ist.[273] Wenn dem so ist, dann wird mit der anspruchslosen Klage allerdings nicht das objektive Recht gewahrt, sondern sie stellt sich als nichts anderes dar, als eine Klage auf Sicherung von individuellen Teilhaberechten.[274]

Damit ist eine Aktionärsklage auf Grundlage einer rein prozessualen Rechtsstellung nicht mit dem Aktienrecht in Einklang zu bringen.[275] Es wird daher nun der Frage nachgegangen, ob dem Aktionär eine materiellrechtliche Position zusteht, die ihm die Kontrolle von Verwaltungshandeln ermöglicht.

Da sich bereits ergeben hat, dass der Anfechtungsklage ein Anspruch des Aktionärs zugrunde liegt, der ihm die Aufhebung eines rechtswidrigen Hauptversammlungsbeschlusses ermöglicht, wird nun eine mögliche Übertragbarkeit untersucht. Denn mit der bloßen Anerkennung bei Hauptversammlungsbeschlüssen ist noch kein Automatismus hinsichtlich einer Übertragung auf rechtswidrige Vorstandsbeschlüsse verbunden. Eine solche Übertragung bedarf einer eigenständigen

---

[270] Vgl. nur §§ 131, 125 Abs. 2, 3, 175 Abs. 2 AktG (speziell für § 125 Abs. 3 AktG *Kubis*, in: MünchKomm/AktG, 3. Aufl., § 125 Rn. 30 a.E.).

[271] *Pflugradt*, Leistungsklagen, S. 35 a.E.

[272] *Pflugradt*, Leistungsklagen, S. 120.

[273] *Pflugradt*, Leistungsklagen, S. 121; bejahend für die Publikums-KG *Grunewald*, DB 1981, 407, 408 f.; *dies.*, Gesellschafterklagen, S. 29 ff.

[274] Andeutungsweise bereits *Grunewald*, ZHR 156 (1992), 75 f.; so auch *Schwab*, Gesellschaftsinterne Streitigkeiten, S. 15.

[275] Kritisch mit anderem Begründungsschwerpunkt *Behr*, Actio pro socio, 52.

Begründung, da Beschlüsse der Hauptversammlung und des Vorstandes nicht nur in kompetenzieller Hinsicht streng zu unterscheidende Angelegenheiten sind.

II. Analoge Anwendbarkeit der § 243 ff. AktG auf Vorstandsbeschlüsse?

Der Ansatz, den Anwendungsbereichs der Anfechtungsklage auf Entscheidungen des Vorstandes auszudehnen, ist auch nicht unvertreten geblieben. So hat insbesondere *Becker* versucht zu begründen, warum das gesetzlich für Hauptversammlungsbeschlüsse normierte Beschlussmängelrecht auch auf die sonstigen Entscheidungen der Verwaltungsorgane einer Aktiengesellschaft erstreckt werden solle.[276] Nach ihm hängt die Ausdehnungsfähigkeit eines formalisierten Beschlussmängelverfahrens grundlegend von der Wichtigkeit und Breitenwirkung der ins Auge genommenen Beschlüsse ab.[277] Nach Darlegung der historischen Bedeutung und Entwicklung der Beschlussmängelklagen gegen fehlerhafte Hauptversammlungsbeschlüsse fordert *Becker* die Wirkweise der Beschlussmängelklagen dort, wo die relevanten Entscheidungen der Gesellschaft getroffen werden.[278]

1. Befürwortende Stimmen in der Literatur

Dies könne nur durch die Geltung des Beschlussmängelrecht auch für Entscheidungen der Verwaltungsorgane der Aktiengesellschaft gewährleistet werden. Die Analogiebildung würde der Einhaltung der Kompetenzgrenzen des beschlussfassenden Verwaltungsorganen dienen, ebenso wie der Überwachung von Stimmrechtsbeschränkungen der Organmitglieder (§ 136 AktG).[279] Hierbei wird die direktere Auswirkung der Beschlüsse von Verwaltungsorganen auf Dritte argumentativ einbezogen.[280] Wegen der im Aktiengesetz 1937 eingeleiteten „Delegation wichtiger Kompetenzen" hin zu neuen Vorstandskompetenzen, dürfe es nicht zu einer Einbuße an Möglichkeiten effektiven Rechtsschutzes kommen.[281] Dies gelte insbesondere für die Einführung des genehmigten Kapitals.[282] Insbesondere Becker betrachtet hier den hypothetischen Fall, dass bei Beibehaltung der endgültigen Entscheidungszuständigkeit der Hauptversammlung die § 241 ff. AktG unvermittelt anwendbar wären, was durch die gesetzgeberisch eröffnete Delegation nicht suspendiert werden

---

[276] *Becker*, Verwaltungskontrolle, S. 485 ff. (insbes. für Aufsichtsratsbeschlüsse); S. 500 ff. (für Vorstandsbeschlüsse).

[277] *Becker*, Verwaltungskontrolle, S. 503 i.V.m. 487.

[278] *Becker*, Verwaltungskontrolle, S. 503 i.V.m. 486.

[279] *Becker*, Verwaltungskontrolle, S. 503 i.V.m. 487.

[280] *Becker*, Verwaltungskontrolle, S. 503 i.V.m. 487.

[281] *Becker*, Verwaltungskontrolle, S. 503 i.V.m. 501.

[282] *Becker*, Verwaltungskontrolle, S. 503 i.V.m. 501.

dürfe.[283] Er bemüht zudem das Vereinsrecht und versucht aus diesem einen allgemeinen Grundsatz abzuleiten. Aus der vereinsrechtlichen Verweisung des § 28 Abs. 1 BGB, der für die Beschlussfassung des Vereinsvorstandes einen Verweis auf die für die Beschlussfassung der Mitglieder des Vereins geltenden Bestimmungen enthält, sei ein allgemeiner verbandsrechtlicher Grundsatz abzuleiten.[284] Hiernach soll nur ein einheitliches Konzept körperschaftlicher Willensbildung existieren, welches nur dadurch komplettiert werden kann, dass sämtliche Rechtsschutzkonzepte einbezogen werden, die auch die Beschlüsse der Verwaltungsorgane einer Rechtsmäßigkeitskontrolle zugänglich machen.[285] Die Möglichkeit der Anfechtung von Hauptversammlungsbeschlüssen im Wege der regulären Kapitalerhöhung zeige deutlich, dass ein Verzicht auf die Überprüfung der Maßnahme und die Verweisung auf bloß nachgelagerte Schadensersatzansprüche nicht ausreichen könne. Aus dieser Möglichkeit ergebe sich vielmehr ein Bestreben des Gesetzgebers nach Rechtssicherheit, was bei einer Kapitalerhöhung aus genehmigtem Kapital nicht minder schwer zu bemessen sei. Das Finanzierungsinteresse der Gesellschaft, die Bezugsrechte der Aktionäre, die Angemessenheit des Ausgabekurses und das Interesse Dritter an der Sicherheit des Erwerbs einer Mitgliedschaft seien hier wie dort uneingeschränkt zu berücksichtigen und damit eine entsprechende Anwendung der Anfechtungsklage auf den Vorstandsbeschluss geboten.[286] Gerade beim genehmigten Kapital sei die Zerlegung in zwei Teilakte nicht der Grund, weswegen auch die Kontrolle eine Abstufung erhalten müsse.[287] Deswegen sollen auch insgesamt die §§ 241 ff. AktG entsprechend auf Entscheidungen der Verwaltungsorgane angewandt werden dürfen, wobei im Einzelfall Modifikationen der Regelungen geboten erscheinen.[288] Dem Gedanken der Rechtssicherheit verfällt auch *Paefgen*, der annimmt, dass es zu einem „unlösbarem Wirrsal" führen würde, sollte § 248 AktG nicht anwendbar sein und damit allein eine Rechtswirkung eines Urteils gegen Vorstandshandeln inter partes in Betracht kommen.[289] Er nimmt im Gegensatz zu *Becker* allerdings keine vollständige Übertragung der §§ 241 ff. AktG analog an.[290] Nach *Becker* sei es aber insbesondere möglich, die Grundstruktur der für mangelhafte Hauptversammlungsbeschlüsse anerkannten Kategorien zu übertragen (die Nichtigkeit und die bloße Vernichtbarkeit).[291]

---

[283] *Becker*, Verwaltungskontrolle, S. 503 i.V.m. 501.

[284] *Becker*, Verwaltungskontrolle, S. 503 i.V.m. 488.

[285] *Becker*, Verwaltungskontrolle, S. 503 i.V.m. 488 f.

[286] Auch zum vorstehenden *Becker*, Verwaltungskontrolle, S. 503.

[287] *Becker*, Verwaltungskontrolle, S. 503.

[288] *Becker*, Verwaltungskontrolle, S. 503 i.V.m. 489, der eine Modifikation von §§ 245 Nr. 1, 246 Abs. 1 AktG verlangt.

[289] *Paefgen*, ZIP 2004, 145, 149 f.

[290] *Paefgen*, ZIP 2004, 145, 149 f.

[291] *Becker*, Verwaltungskontrolle, S. 504.

2. Stellungnahme

Der Ansatz, die hauptversammlungsspezifischen Beschlussmängelklagen des Aktienrechts (§§ 241 ff. AktG) auf die Entscheidungen des Vorstandes zu übertragen, kann in seiner Begründung nicht überzeugen, wenngleich die Zielsetzung der Effektuierung des Rechtsschutzes Beifall verdient.[292]

Wie die Vertreter der Übertragung der Beschlussmängelklage selbst zugestehen, sind die aktienrechtlichen Vorschriften der §§ 241 ff. AktG allein auf Hauptversammlungsbeschlüsse zugeschnitten, wie sich zum einen aus der Überschrift des ersten Abschnitts des siebenten Teils des Aktiengesetzes ergibt, der mit der Formulierung „Nichtigkeit von Hauptversammlungsbeschlüssen" keinen Zweifel an dem Anwendungsbereich aufkommen lässt.[293] Zum anderen lässt sich dies aus dem Wortlaut der einzelnen Normen selbst ableiten, die als alleinigen Bezugspunkt den Hauptversammlungsbeschluss benennen (insbesondere §§ 241, 242, 243, 244, 246a und weitere).[294] Doch ist auch der klare Wortlaut anerkanntermaßen nicht die Grenze der Auslegung.[295]

a) Einschränkung der Nichtigkeitsfolge als Ausnahmefall

Weitere Zweifel an der Übertragbarkeitslösung kommen auf, wenn man wesentlich grundlegender die dogmatische Einordnung eines Vorstandsbeschlusses als Rechtsgeschäft betrachtet. Nach der Überwindung der Sozialaktstheorie, die von einer rein körperschaftlichen Willensbildung des beschlussfassenden Organs ohne jeglichen rechtsgeschäftlichen Charakter ausging,[296] wird nunmehr zutreffend von den Rechtswirkungen eines Beschlusses ausgehend, dieser als mehrseitiges Rechtsgeschäft sui generis verstanden.[297] Dies, obwohl der Beschluss aufgrund des entscheidenden Elements des Mehrheitswillens im Gegensatz zum Vertrag nicht eine Einigung mittels kongruenter Erklärungen voraussetzt. Ist man diesen Schritt gegangen, gelangt man zu der Erkenntnis, dass Beschlüsse als Rechtsgeschäfte dem

---

[292] Positiv bzgl. der Zielsetzung auch *Stamatopoulos*, Pflichtenstellung des Vorstandes, S. 272.

[293] *Stamatopoulos*, Pflichtenstellung des Vorstandes, S. 272.

[294] BGH, Urt. v. 10.10.2005 – II ZR 90/03 –, BGHZ 164, 249, 252.

[295] *Leipold*, Einführung und allgemeiner Teil, 8. Aufl., § 15 Rn. 5.

[296] So noch BGH, Urt. v. 22.9.1969 – II ZR 144/68 –, BGHZ 52, 316, 318; ebenso sah es das Reichsgericht in RGZ 122, 367, 369.

[297] BGH, Urt. v. 18.9.1975 – II ZB 6/74 –, BGHZ 65, 93, 97 f.; *Koch*, in: Hüffer/Koch, 13. Aufl., § 133, Rn. 3; *Schröer*, in: MünchKomm/AktG, 3. Aufl., § 133 Rn. 3; *Rieckers*, in: Spindler/Stilz, 4. Aufl., § 133 Rn. 3; *Hirschmann*, in: Hölters/AktG, 3. Aufl., § 133 Rn. 3; *Schilling*, in: FS Ballerstedt, 1975, S. 257, 273 ff.; *Lutter*, in: FS Quack, 1991, S. 301, 303 f.; offen formuliert der BGH nun wieder in BGH, Urt. v. 15.11.1993 – II ZR 235/92 –, BGHZ 124, 111, 122; ohne Stellungnahme *Austmann*, in: MünchHdbGesR IV, 4. Aufl., § 40 Rn. 1 ff.; Überblick bei *Axhausen*, Anfechtbarkeit aktienrechtlicher Aufsichtsratsbeschlüsse, S. 11 ff.

Regime der regulären Nichtigkeitsgründe des allgemeinen Zivilrechts unterfallen.[298] Die auf Hauptversammlungsbeschlüsse zugeschnittenen §§ 241 ff. AktG treten wegen ihrer zahlreichen Modifikationen im Verhältnis zum Beschlussmängelrecht des allgemeinen Zivilrechts an die Stelle der rigiden Folgerungen aus den §§ 134, 138 BGB.[299] Die Annahme der Surrogation des allgemein zivilrechtlichen Beschlussmängelrechts (§§ 134, 138 BGB) rechtfertigt sich für Hauptversammlungsbeschlüsse schon allein daraus, dass die in § 241 AktG enthaltenen Nichtigkeitsgründe weitgehend der Heilung gem. § 242 AktG zugänglich sind. Auch die ausdifferenzierte Einteilung in die Fehlerkategorien der Anfechtbarkeit und Nichtigkeit zeigt deutlich die Surrogation der allgemeinen zivilrechtlichen Beschlussmängel.[300] Die Heilung unwirksamer Rechtsgeschäfte ist allerdings nicht generalisierungsfähig, sondern wird vom Gesetzgeber für jeden Fall gesondert angeordnet.[301] Nichts Anderes stellt es aber dar, wenn es um die Beschränkung der sonst nach §§ 134, 138 BGB regulär eintretenden Nichtigkeitsfolge geht. Denn auch hier geht es um die Entscheidung der Aufrechterhaltung oder besser, der Beibehaltung eines mit dem Gesetz nicht in Einklang stehenden Beschlusses. Dies hat der Gesetzgeber für das Aktienrecht bereits durch die §§ 242, 256 Abs. 6 AktG hinreichend deutlich gemacht. Besondere Beachtung verdient § 256 AktG, der die Nichtigkeitsfolge des vom Vorstand und Aufsichtsrat festgestellten Jahresabschlusses betrifft. Dem Gesetzgeber war die Einschränkung der Nichtigkeitsfolge für andere Organbeschlüsse als denen der Hauptversammlung sehr wohl bekannt,[302] er hat sie allerdings nur für diesen Einzelfall geregelt.[303] Dies lässt an einer Übertragung der §§ 241 ff. AktG zumindest für den Teilausschnitt der Regelungen über die Einschränkung der Nichtigkeit von Vorstandsbeschlüssen Zweifel aufkommen.

b) (Keine) vergleichbare Interessenlage

Die den §§ 241 ff. AktG zugrundeliegende Interessenabwägung ist darüber hinaus isoliert auf die Situation der Beschlussfassung durch die Hauptversammlung vorgenommen worden. Rückschlüsse auf sonstige Beschlüsse von Organen der Aktiengesellschaft können hieraus nicht gezogen werden. Es geht bei Hauptversammlungsbeschlüssen darum, den beeinträchtigten Aktionären bei anfechtungsbegründenden Mängeln die Klagelast aufzubürden, wohingegen Nichtigkeitsgründe bis zur Grenze der Heilbarkeit nicht durch die Aktionäre hingenommen werden müssen.[304] Diese Risikoaufteilung hat der Gesetzgeber für Hauptversammlungsbe-

---

[298] *Hüffer*, ZGR 2001, 833, 835.

[299] *Hüffer*, ZGR 2001, 833, 838.

[300] *Mock*, Heilung fehlerhafter Rechtsgeschäfte, S. 478.

[301] Vgl. hierzu *Mock*, Heilung fehlerhafter Rechtsgeschäfte, S. 273, 292 (für formfehlerhafte Rechtsgeschäfte).

[302] *Rölike*, in: Spindler/Stilz, 4. Aufl., § 256 Rn. 1.

[303] *Stamatopoulos*, Pflichtenstellung des Vorstandes, S. 272.

[304] *Raiser*, in: FS Hüffer, 2010, S. 789, 792.

schlüsse zum einen mittels Aufbürdung der Anfechtungsklage als Gestaltungsklage für sämtliche nicht die Nichtigkeit begründende Mängel vorgenommen. Zum anderen durch das Erfordernis der Nichtigkeitsfeststellungsklage zur Verhinderung des Eintritts der Heilungswirkung des § 242 AktG. Dies zeigt zweierlei: Erstens verlangt der Gesetzgeber zur Rechtsgestaltung und zur Vereitelung einer Heilung ein aktives tätig werden des Aktionärs und zweitens wird die Mitwirkung der staatlichen Gerichte verlangt.

Würden diese Grundsätze nun auf Vorstandsbeschlüsse übertragen, so hätte dies nichts Anderes zur Folge, als das eine weitere Zuständigkeitsbegründung der staatlichen Gerichte stattfindet. Ob die Gerichte tätig werden dürfen, ist allerdings eine Frage, die der Gesetzgeber zu entscheiden hat, geht es doch um die Inanspruchnahme von öffentlichen Ressourcen.[305] Diese Inanspruchnahme kann auch nicht dadurch legitimiert werden, dass auf die zu leistenden Gerichtskosten verwiesen wird, decken diese doch bei Weitem nicht die staatlichen Vorhaltekosten für den Justizapparat ab.[306] Dies ist auch der Grund für den nahezu einhellig angenommenen und zutreffenden Satz, dass die Gestaltungsklagen einem numerusclausus Prinzip folgen.[307] Ausreichende und überzeugende Gründe für eine Analogie der Anfechtungsklage lassen sich nicht anführen.[308] Die Wahl der Gestaltungsklage zur Geltendmachung des Mangels zeigt vielmehr den Ausnahmecharakter, den die §§ 241 ff. AktG tragen.[309] Eine Erhebung dieses besonderen Beschlussmängelrechts zum allgemeinen Prinzip für Kollektiventscheidungen lässt sich dem Gesetz an keiner Stelle entnehmen. Der Gesetzgeber konnte sich nicht einmal für eine Normierung eines am Aktienrecht orientierten Beschlussmängelrechts für die Gesellschafterversammlung der GmbH überwinden,[310] was zumindest ein Indiz für die Zugrundelegung eines allgemeinen Prinzips gewesen wäre.[311]

c) (Keine) Aufbürdung der Klagelast

Ein Aktives tätig werden des Aktionärs im Hinblick auf die Verhinderung von rechtswidrigen Vorstandsbeschlüssen mit der sonst eintretenden Folge der materiellen Bestandskraft ist dem Aktiengesetz ebenfalls nicht zu entnehmen. Es zeichnet vielmehr das umgekehrte Bild. Die aktienrechtliche Ordnung zeigt eine deutliche Abgrenzung im Aufgabenbereich von Hauptversammlung, Vorstand und Auf-

---

[305] *Grunewald*, ZZP 101 (1988), 152, 153.

[306] *Grunewald*, ZZP 101 (1988), 152, 153.

[307] Ausführlich zur Erklärung des numerus clausus der Gestaltungsklagen *Kleinschmidt*, Delegation von Privatautonomie auf Dritte, S. 291 ff.; *G. Wagner*, Prozessverträge, S. 598 ff.

[308] Ebs. *Brondics*, Die Aktionärsklage, S. 49; *Würdinger*, Aktienrecht, 4. Aufl., S. 148.

[309] *Stamatopoulos*, Pflichtstellung des Vorstandes, S. 272.

[310] So noch der Referentenentwurf eines Gesetzes über die Gesellschaft mit beschränkter Haftung des Bundesjustizministeriums 1969, BT-Drucks. VI/3088, S. 189 ff. in den §§ 191–206; ebenso der Regierungsentwurf in den §§ 191 – 206 BT-Drucks 7/253.

[311] Ebenso *Raiser*, in: FS Hüffer, 2010, S. 789, 792.

sichtsrat.[312] Das Aktiengesetz weist dem Aufsichtsrat und – bis auf Einzelfälle der Mitwirkungsbefugnis der Hauptversammlung –[313] nicht den Aktionären die laufende Kontrolle des Vorstands zu, sowohl für ergangene als auch noch zu ergehende Geschäftsführungsmaßnahmen.[314] An dieser Erkenntnis ändert sich auch dann nichts, wenn man darauf abstellt, dass das genehmigte Kapital durch den Vorstand ausgenutzt wird und die Delegation der endgültigen Entscheidung weg von der Hauptversammlung, nicht zu einem Rechtsschutzdefizit führen dürfe.[315] Wie eingangs erörtert, existiert das Institut des genehmigten Kapitals bereits seit dem Aktiengesetz 1937 und konnte aufgrund des Grundsatzes der realen Kapitalaufbringung lediglich durch die Konstruktion einer Überleitung der Letztentscheidung auf den Vorstand umgesetzt werden.[316]

Hätte der Gesetzgeber ein aktives tätig werden im Interesse der Rechtssicherheit gewollt, hätte er, wie § 256 AktG für vom Vorstand und Aufsichtsrat festgestellte Jahresabschlüsse zeigt, eine entsprechende Regelung erlassen.[317] Der Aktionär kann hiernach gegen einen vom Vorstand und Aufsichtsrat festgestellten Jahresabschluss vorgehen. Hier bürdet der Gesetzgeber dem Aktionär die Klagelast mit dem entsprechenden Kostenrisiko auf, um die Heilung eines an sich nichtigen Rechtsgeschäfts zu verhindern. Im Zusammenspiel mit § 257 AktG zeigt sich, dass der Gesetzgeber bei Beschlüssen des Vorstandes allein von der Nichtigkeit bei Gesetzesverstößen ausgeht. § 257 AktG beschränkt die Anfechtbarkeit eines Jahresabschlusses nämlich auf solche, die von der Hauptversammlung festgestellt worden sind. Diese regelungstechnische und räumliche Nähe zu § 256 AktG, der auch von Vorstand und Aufsichtsrat festgestellte Jahresabschlüsse erfasst, allerdings nur Einschränkungen der allgemein geltenden und rigiden unheilbaren Nichtigkeitsfolge regelt, ist kein Zufall. Es zeigt vielmehr, dass der Gesetzgeber *keine* generelle Aufspaltung von Vorstands- und Aufsichtsratsbeschlüssen in anfechtbar und nichtig kennt.

Die Regelungen über Jahresabschlüsse zeigen darüber hinaus noch ein weiteres: Wäre die aktienrechtliche Beschlussmängelklage ein allgemeines organ- und verbandsübergreifendes Rechtsprinzip, wäre auch die ausdrückliche Regelung der Einschränkung der Nichtigkeitsfolge obsolet.

---

[312] *Stamatopoulos*, Pflichtenstellung des Vorstandes, S. 273.

[313] Hierunter fallen sowohl die ungeschriebenen Hauptversammlungszuständigkeiten nach den Holzmüller/Gelatine-Entscheidungen des BGH als auch die geschriebenen der §§ 179a, 293, 295, 319, 320 AktG und die Möglichkeit des Vorstandes gem. § 119 Abs. 2 AktG einen Hauptversammlungsbeschluss über eine Geschäftsführungsangelegenheit fassen zu lassen; vgl. *Weber*, in: Hölters/AktG, 3. Aufl., § 76 Rn. 37.

[314] *v. Werder*, in: Kremer, Kommentar zum DCKG, 7. Aufl., Präambel, Rn. 121 ff.; *Stamatopoulos*, Pflichtenstellung des Vorstandes, S. 272.

[315] So *Becker*, Verwaltungskontrolle, S. 502 f.

[316] Sh. Amtl. Begr. Zu §§ 169–173 AktG abgedr. in *Klausing*, AktG 1937, S. 150 f.; *Hirte*, in: GroßKomm/AktG, 4. Aufl., § 202 Rn. 3.

[317] *Stamatopoulos*, Pflichtenstellung des Vorstandes, S. 272 f.

III. Folgen für den Fortgang der Untersuchung

Wie dargelegt, kann aus den §§ 243 ff. AktG weder direkt noch im Wege einer Analogie ein materielles Schutzrecht zur Abwehr rechtswidrigen Vorstandsverhaltens hergeleitet werden.[318] Es ist daher zu überprüfen, ob dem Aktionär ein anderweitig ableitbares materielles Recht zur Verfügung steht, welches er prozessual durchzusetzen vermag. Um einen solches für das lex lata herausarbeiten zu können, gilt es zunächst einen kurzen Überblick über die historischen Verwurzelungen der im Raum stehenden Frage zu erlangen (hierzu vgl. S. 212 ff.). Sodann wird das Aktiengesetz dezidiert auf seine strukturelle Offenheit gegenüber einer materiell gestützten Aktionärsklage zur Kontrolle von Vorstandsverhalten untersucht (S. 217 ff.). Im Anschluss wird in jeweils eigenständigen Abschnitten unter Darlegung der jeweils vertretenen Auffassungen untersucht, ob der Aktionär über einen deliktsrechtlichen (S. 224 ff.) oder (gegebenenfalls sogar zusätzlich) einen verbandsrechtlichen (S. 231 ff.) materiellrechtlichen Anspruch eine Klagemöglichkeit innehat.

IV. Historische Grundlagen für ein materielles Schutzrecht des Aktionärs?

1. Historie eines klagbaren Anspruchs des Einzelaktionärs (1843–1883)

Die Frage eines klagbaren Anspruchs eines jeden Aktionärs zur Beeinflussung des Vorstandsverhaltens basiert auf einer langen Tradition. Bereits zum Aktiengesetz von 1843 kamen in der Literatur Forderungen nach einer Möglichkeit des Aktionärs auf, im Klagewege gegen den Vorstand vorzugehen, sofern dieser Satzung und Gesetz missachtete und auch die Generalversammlung in der Folge nichts unternahm.[319] In den Anfangsjahren der Aktiengesellschaft fand eine solche Forderung aufgrund des staatlich installierten Aufsichtsapparates allerdings keinerlei Beachtung. Die innergesellschaftliche Kontrolle wurde aufgrund der externen Kontrollmechanismen für überflüssig gehalten.[320] Doch auch nach offizieller Abschaffung

---

[318] Vgl. zur fehlenden Übertragbarkeit des Beschlussmängelrechts der §§ 241 ff. auf Vorstandsentscheidungen S. 206 ff.

[319] *Jolly*, Das Recht der Actiengesellschaften, Zeitschrift für deutsches Recht und deutsche Rechtswissenschaft, Bd. 11 (1847), 317, 422 f., der auf ein Untätigbleiben der statutenmäßig zur Aufsicht berufenen Behörde und der Aktionärsversammlung abstellt. Dies ist allerdings Folge des zu dieser Zeit existierenden Konzessionssystems.

[320] *Brondics*, Die Aktionärsklage, S. 22. Dies ist nicht zuletzt der Grund, warum auch das Kurfürstliche Obergericht der Provinz Fulda in einem Urteil vom. 12. August 1861 „die Rechte der Einzelnen [als] auf entsprechenden Antrag durch die Organe des Aufsichtsraths und der Generalversammlung gewahrt und verfolgt" ansah. Zitat nach *Auerbach*, Gesellschaftswesen, S. 390, Fn. 3; *Auerbach* selbst hingegen sah eine Aktionärsklage in Anklang an *Jolly* als möglich an, sofern diese nicht nur dem Zweck dient einem oder mehreren unterlegenen Einzelwillen zur Geltung zu verhelfen. Wenn sie also nicht also rechtsmissbräuchlich genutzt wird;

des Konzessionssystems durch die Aktienrechtsnovelle vom 11.6.1870[321] rückte der Fokus nicht unvermittelt auf die Aktionärsrechte.[322] In der Folgezeit fand eine tiefgreifende Auseinandersetzung mit den Konsequenzen statt, die eine ungeregelte Innenverfassung der Aktiengesellschaft zur Folge hatte. Hierzu zählte auch eine umfangreiche Diskussion zu der Einführung einer Klage des Aktionärs auf Einhaltung von Gesetz und Satzung.[323] Trotz der negativen Erfahrungen, die nicht zuletzt durch Gründung hoch risikoträchtiger Aktiengesellschaften begünstigt worden waren,[324] fanden sich vehemente Gegner, die eine solche Befugnis in den Händen des Einzelaktionärs als unverantwortlich einstuften.[325] Beachtenswert ist allerdings eine Entscheidung des Reichsoberhandelsgerichts, in dem ein Aktionär das Gericht mit dem Ziel anrief, Beschlüsse und Verträge von Aufsichtsrat, Vorstand und Hauptversammlung für nichtig, für die Gesellschaft nicht existent und für den Kläger als ohne Rechtsfolgen zu erklären.[326] Das Reichsoberhandelsgericht kam dem Ansinnen des Klägers nach, obwohl eine gesetzliche Grundlage hierfür nicht existierte. Es hat in offener Rechtsfortbildung dem Aktionär das Recht zuerkannt, notfalls mit gerichtlicher Hilfe zu verlangen, „daß der Gesellschaftswille sich entsprechend den Gesetzen und den statutarischen Bestimmungen betätige".[327]

Dieser Deutung der Entscheidung des ROHG ist teilweise widersprochen worden.[328] Die vorgetragenen Einwände gegen eine Ableitung der Anerkennung einer Aktionärsklage durch das ROHG greifen in der Sache aber nicht durch.[329] Sie geben vielmehr Grund, keinen Zweifel an der Anerkennung zu haben. Das ROHG hat lediglich festgestellt, dass noch keine allgemeinen Grundsätze über die Forderungen aufgestellt werden können, die durch „dieses Recht" gedeckt seien.[330] Dies ist aber doch keine Relativierung des Rechts auf satzungs- und gesetzmäßiges Verhalten, sondern könnte eher auf eine erneute Anerkennung unter weiser Voraussicht auf die unzähligen relevanten Fallgestaltungen hindeuten, die in einer so frühen Entwick-

---

Auerbach, Gesellschaftswesen S. 390. Es darf allein um die Behauptung eines rechts- und statutenmäßig pflichtwidrigen Verhaltens gehen. Vgl. auch *Brondics*, Aktionärsklage, S. 35.

[321] Gesetz v. 11.6.1870, BGBl. Des Norddeutschen Bundes, S. 375; abgedruckt in: *Schubert/Hommelhoff*, 100 Jahre modernes Aktienrecht, S. 107 ff.

[322] Obwohl das Anlegerpublikum von nun an eine eigenständige Bewertung der Aktiengesellschaften vorzunehmen hatte; vgl. ROHG-Gutachten, auszugsweise abgedruckt in: *Schubert/Hommelhoff*, 100 Jahre modernes Aktienrecht, S 163; *Brondics*, Die Aktionärsklage, S. 32.

[323] Verhandlungen des 11. DJT (1873), Bd. 2, S. 89 f.; Verhandlungen des 15. DJT (1880), Bd. 2, S. 234 ff.

[324] *Brondics*, Die Aktionärsklage, S. 32.

[325] Verhandlungen des 15. DJT (1880), Bd. 2, S. 234 ff.

[326] ROHG, Urt. v. 20.10.1877 – Rep. 822/77 –, ROHGE 23, 273 ff.

[327] ROHG, Urt. v. 20.10.1877 – Rep. 822/77 –, ROHGE 23, 273, 275.

[328] Vgl. zu diesen *Schulz-Gardyan*, Die sog. Aktionärsklage, S. 44.

[329] So *Schulz-Gardyan*, Die sog. Aktionärsklage, S. 44.

[330] ROHG, Urt. v. 20.10.1877 – Rep. 822/77 –, ROHGE 23, 273, 275.

lungsphase nicht antizipiert analysiert werden konnten.[331] Die letztendliche Abweisung der Klage scheint zwar eine andere Sprache zu sprechen.[332] Dies aber nur, sofern man die Tatsache ignoriert, dass eine Restitution aufgrund der zwischenzeitlich erfolgten Veräußerung der erworbenen Aktien durch die Gesellschaft unmöglich geworden ist.[333] Es wird vielmehr direkt zu Beginn klargestellt, dass die aus diesem Recht resultierenden Forderungen je nach Lage der Gesellschaft und des konkreten Falls geprüft werden müssen.[334] Denn aufgrund der unmöglichen Antizipierbarkeit des jeweiligen Forderungsinhalts sei dies zur Vermeidung einer unbestimmten inhaltlichen Ausgestaltung und der potentiell daraus resultierenden unkalkulierbaren Folgen notwendig.[335]

2. Historie eines klagbaren Anspruchs des Einzelaktionärs (1884 – heute)

Trotz der in der Literatur und der Rechtsprechung geleisteten Vorarbeiten konnte der Gesetzgeber von 1884 sich nicht dazu durchringen, die Aktionärsklage als gesetzliches Institut in das Allgemeine Deutsche Handelsgesetzbuch[336] zu implementieren. In der Gesetzesbegründung verwies er noch auf das englische, französische und belgische Aktienrecht, das den Aktionären einen Anspruch auf ordnungsgemäße Geschäftsführung mit einem entsprechendem Klagerecht gegen die Direktoren einräume.[337] Für das deutsche Aktienrecht sah der Gesetzgeber eine Klage zur Verfolgung von Ersatzansprüche der Gesellschaft durch die Aktionäre als „unlogisch" an, da er in ihr lediglich die Verfolgungsmöglichkeit eines individuellen Willens entgegen dem bereits gültig gebildetem Willen der Gesellschaft ansah, was

---

[331] Kritisch auch *Dornbach*, Die aktienrechtliche Anfechtungsklage, S. 89 f.

[332] *Schulz-Gardyan*, Die sog. Aktionärsklage, S. 44; *Dornbach*, Die aktienrechtliche Anfechtungsklage, S. 90 Fn. 450.

[333] ROHG, Urt. v. 20. 10. 1877 – Rep. 822/77 –, ROHGE 23, 273, 276 f. „Im vorliegenden Falle ist aber nicht blos der Erwerb der S.schen Actien gegen Zahlung von 80 % der Einlage seitens der Gesellschaft thatsächlich ausgeführt worden, sondern die Actien sind noch vor der Einreichung der Klage an andere Personen seitens der Gesellschaft wieder verkauft. Danach wäre die verklagte Gesellschaft gar nicht mehr in der Lage, den S zur Rückzahlung des empfangenen Betrages anzuhalten, da sie die Actien nicht zurückzugewähren vermag."; *Brondics*, Die Aktionärsklage, S. 35.

[334] ROHG, Urt. v. 20. 10. 1877 – Rep. 822/77 –, ROHGE 23, 273, 275.

[335] ROHG, Urt. v. 20. 10. 1877 – Rep. 822/77 –, ROHGE 23, 273, 275.

[336] Reichsgesetzblatt vom 18. 07. 1884, S. 123 ff.

[337] Für das englische Recht: Der Fall des sog. Acting beyond the power of the company. Hierbei kam es nicht auf das handelnde Organ an, sodass das Handeln von „company and its directors" Gegenstand sein konnte; Law of Joint Stock Companies, 1870, P. 137. Ein Interessenausgleich konnte dadurch erzielt werden, dass die Handlungsmöglichkeiten die „within the powers […] of the majority of shareholders" lagen zunächst durch den Versuch der Akquirierung einer entsprechenden Mehrheit ausgeschöpft werden mussten; vgl. *Shelford's*, Law of Joint Stock Companies, 1870, P. 137.

weder „[…] sachlich, noch prozessual durchführbar" wäre.[338] Trotz dieser pauschal ablehnenden Entscheidung des Gesetzgebers hinsichtlich eines Minderheitenschutzes durch eine Aktionärsklage wurde versucht, dem Missbrauchspotential, welches die Aktiengesellschaft als Institut bot, durch strengere Gründungs- und Haftungsvorschriften Einheit zu gebieten.[339] Das nur punktuell eingreifende Vorgehen hat allerdings auch den Zorn der Rechtswissenschaft auf sich gezogen, die dem Gesetzgeber ein realitätsfernes Bild vom idealen Einzelaktionär vorwarfen.[340] Auch die kollektiv auszuübenden Minderheitsrechte würden nicht zu einer Beeinflussung der Leitungsorgane der Aktiengesellschaft beitragen.[341] Selbst bei der Einordnung des Aktienrechts in das Handelsgesetzbuch vom 1. 1. 1900 bis zur selbstständigen Kodifikation des Aktiengesetzes von 1937 konnte man kaum nennenswerte Bewegung bei der Frage der Kodifizierung einer Aktionärsklage verzeichnen.[342] Was allerdings für die Einordnung einer Aktionärsklage im heutigen Recht Relevanz entfaltet, ist die durch das Aktiengesetz von 1937 vorgenommene Neustrukturierung des Verhältnisses von Vorstand und Hauptversammlung. Es fand nämlich eine kompetenzielle Neuverteilung statt. Im Sinne des Führerprinzips, das eine verantwortungsvolle und durchsetzungsstarke Instanz an der Spitze der Aktiengesellschaft verlangte, wurden die Kompetenzen des Vorstandes gestärkt und die der Generalversammlung beschnitten.[343] Ein Ansinnen war es, insbesondere die Einflussnahme der Generalversammlung auf die Geschäftsführung gänzlich aus dem Kompetenzkatalog zu streichen.[344] Damit wurde ein Hauptargument der vergangenen Jahrzehnte gegen die Anerkennung der Aktionärsklage obsolet. Denn seit der Aktienrechtsreform von 1937 und auch unter der Aktienrechtsreform von 1965, die an der kompetenziellen Verteilung in dieser Hinsicht keine nennenswerten Änderungen gebracht hat,[345] ist es den Aktionären gerade nicht mehr möglich, im Rahmen der

---

[338] Begründung zum Entwurf eines Gesetzes, betreffend die Kommanditgesellschaften auf Aktien und die Aktiengesellschaften vom 7. März 1884, S. 469, abgedruckt in: *Schubert/ Hommelhoff*, 100 Jahre deutsches Aktienrecht; hierzu *Brondics*, Die Aktionärsklage, S. 37.

[339] Näheres hierzu *Brondics*, Die Aktionärsklage, S. 37 f.

[340] *Klein*, Die neueren Entwicklungen in Verfassung und Recht der Aktiengesellschaften, S. 25.

[341] *Hofer*, in: Bayer/Habersack, Aktienrecht im Wandel, Bd. 1, 11. Kapitel; S. 388, 413.

[342] Zu den zu dieser Zeit relevanten Problemfeldern, insbesondere des Mehrstimmrechts vgl. *Brondics*, Die Aktionärsklage, S. 40 ff.

[343] *Kißkalt*, ZAkDR 1934, 20, 26.

[344] *Kißkalt*, ZAkDR 1934, 20, 27.

[345] Erwähnenswert ist allerdings, dass das Letztentscheidungsrecht des Vorsitzenden bei Meinungsverschiedenheiten innerhalb des Vorstands beseitigt worden ist, so noch § 70 Abs. 2 S. 2 AktG 1937. Nun konnte allein bei Stimmenparität zwischen beiden Lagern ein Entscheid durch den Vorsitzenden herbeigeführt werden, wobei auch heute noch in der Satzung oder Geschäftsordnung die Regelung möglich ist, dass bei Meinungsverschiedenheiten die Stimme des Vorsitzenden oder eines Ressortleiters den Ausschlag gibt; allgemeine Meinung BGH, Urt. v. 13. 11. 1983 – II ZR 33/83 –, BGHZ 89, 48, 59; *Koch*, in: Hüffer/Koch, 13. Aufl., § 77 Rn. 11; *Spindler*, in: MünchKomm/AktG, 5. Aufl., § 77 Rn. 14; *Bürgers*, in: Bürgers/Körber, 4. Aufl., § 77 Rn. 9; *Kort*, in: GroßKomm/AktG, 5. Aufl., § 77 Rn. 26.

Hauptversammlung Einfluss auf die laufenden Geschicke der Gesellschaft zu nehmen.[346] Als Ausgleich wurden zwar die Einflussmöglichkeiten des Aufsichtsrates gestärkt. Diesem ist es nun möglich, dem Vorstand eine Geschäftsordnung zu geben, in denen Zustimmungserfordernisse zu Geschäftsführungsmaßnahmen statuiert werden konnten. Diese konnte der Vorstand ab dem AktG 1965 auch nicht mehr so leichtgängig durch Anrufung der Hauptversammlung überspielen, die hierzu unter dem AktG 1937 einen Beschluss mit lediglich einfacher Mehrheit fassen musste.[347] Gemäß § 111 Abs. 4 S. 4 AktG 1965 wurden die damaligen Streitpunkte im positives Recht weitgehend geklärt und der Vorstand konnte den Aufsichtsrat allein mit einer Mehrheit von drei Viertel der abstimmenden Aktionäre übergehen.[348] Die Aktionärsklage als solche fand im Aktiengesetz von 1965 allerdings keinen Platz mehr, sodass es bis heute an einer positiven Kodifikation fehlt und allein punktuelle Schutzrechte der Aktionäre existieren.

3. Erkenntnisse aus der Historie

Es wird deutlich, dass die reichsobergerichtlich anerkannte Aktionärsklage in einem Aktienrecht aufgegangen ist, das durch Implementierung der Anfechtungs- und Nichtigkeitsklage und einer größeren Einflussnahmemöglichkeit der Generalversammlung auf die Geschicke der Geschäftsführung einen durchaus ausgeglichenen Rechtsschutz gewährleisten konnte.[349] Die jetzigen § 241 ff. haben sich aus den Grundsätzen der Aktionärsklage entwickelt,[350] was den oben bereits angenommenen materiellrechtlichen Kern stützt.[351] Mit der kompetenzrechtlichen Umstrukturierung durch das AktG 1937 hat sich dieses kodifizierte rechtsschutzspezifische Verhältnis jedoch noch weiter zum Nachteil der Aktionäre verändert.[352] Ob und inwieweit eine Aktionärsklage außerhalb des hauptversammlungsspezifischen

---

[346] Denn der Aktionär konnte nun nicht mehr über die Hauptversammlung auf den Geschäftsführungsbereich einwirken; vgl. hierzu *Brondics*, Die Aktionärsklage, S. 42, der im Anschluss an *Ritter* von der Hauptversammlung als „Entthronten König" spricht.

[347] Im Einzelnen herrschten auch unter dem Aktiengesetz 1937 mangels ausdrücklicher Kodifikation Streitpunkte vor; *Schnorr*, Historie und Recht des Aufsichtsrats, S. 109.

[348] *Schnorr*, Historie und Recht des Aufsichtsrats, S. 109.

[349] Daher verwundert es nicht, dass seit 1884 die Ansicht vorherrschte, dass die Aktionärsklage durch die hauptversammlungsspezifischen Beschlussmängelklagen obsolet geworden sei, vgl. m.w.N. *Brondics*, Die Aktionärsklage, S. 60 f.

[350] Anfechtungsregelung damals Art. 222 ADHGB 1894; vgl. *K. Schmidt*, in: GroßKomm/AktG, 4. Aufl., § 241 Rn. 1.

[351] Vgl. hierzu auch *K. Schmidt*, in: GroßKomm/AktG, 4. Aufl., § 241 Rn. 4; dezidiert zur Entwicklung *Brondics*, Die Aktionärsklage, S. 29 ff.; wegweisend *Knobbe-Keuk*, in: FS Ballerstedt, 1975, 239 ff.

[352] Die auch weiterhin bestehenden Gefährdungen durch tatsächliches rechtswidriges Verhalten des Vorstandes oder Aufsichtsrates fließen hier mit ein. Auch das Risiko, dass der Vorstand trotz des Bedürfnisses eines Hauptversammlungsbeschlusses diesen nicht einholt, bestand seit den Anfängen des Aktienrechts und dauert bis in die heutige Zeit an.

Beschlussmängelrechts Anerkennung verdient, ist daher mit dieser „neuen" Kompetenzordnung abzustimmen.

V. Die Aktionärsklage:
Ablehnende Stimmen in der Literatur

Es kann aufgrund der Entwicklungsgeschichte nicht verwundern, dass sich auch unter dem AktG von 1965 gegenüber einer Aktionärsklage kritische und gänzlich ablehnende Auffassungen herausgebildet haben. Diese gehen teilweise von einer Rechtsausübung des Aktionärs allein in der Hauptversammlung aus, wobei die Möglichkeit der Einleitung eines Beschlussmängelverfahrens als abschließendes Instrument betrachtet wird.[353] Eine hierüber hinausgehende materielle Rechtsposition erkennen sie nicht oder nur eingeschränkt an.

1. § 118 Abs. 1 AktG als Leitentscheidung gegen Aktionärsklagen?

Eine gänzlich ablehnende Haltung gegenüber einer Aktionärsklage hinsichtlich der Kontrolle von Vorstandsverhalten nimmt insbesondere *Herbert Roth* ein.[354] Die Auffassung von *Herbert Roth* basiert primär auf der These, dass § 118 Abs. 1 AktG für die Rechtsausübung des Aktionärs abschließenden Charakter aufweise.

a) Die Aktionärsklage als aktienrechtlicher Fremdkörper?

Er sieht in der Struktur des Aktienrechts keinen weiteren gestalterischen Freiraum gegeben, der es ermöglichen würde, eine nicht ausdrücklich kodifizierte Aktionärsklage anzunehmen. Seine Ausführungen bauen auf der Fragestellung auf, ob die Institute des allgemeinen Privatrechts auch im Rahmen der Aktiengesellschaft Anwendung finden können oder ob in diesem multilateralen Organisationsmodell Anpassungen oder sogar neue Regelungssysteme zu implementieren seien, die das Althergebrachte abschaffen.[355] Hierbei kommt er zu dem Ergebnis, dass das Aktienrecht sich gänzlich von der privatrechtlichen Zweiteilung eines materiellen Anspruchs und seiner prozessualen Durchsetzbarkeit verabschiedet hätte.[356] Für die Rechte der Aktionäre geht er sogar so weit zu sagen, dass sich aus § 118 Abs. 1 AktG herleiten ließ, dass die Aktionäre ihre Rechte allein in der Hauptversammlung und nicht darüber hinaus ausüben können.[357] Der Wortlaut gebe klar zu erkennen, dass die „[...] Aktionäre [...] ihre Rechte in den Angelegenheiten der Gesellschaft in der

---

[353] Vgl. *Roth*, in: FS Henckel, 1995, S. 707 ff.
[354] *Roth*, in: FS Henckel, 1995, S. 707, 708.
[355] *Roth*, in: FS Henckel, 1995, S. 707, 708.
[356] *Roth*, in: FS Henckel, 1995, S. 707, 712.
[357] *Roth*, in: FS Henckel, 1995, S. 707, 712.

Hauptversammlung aus(üben), soweit das Gesetz nichts anderes bestimmt."[358] Mit dieser Regelung sei nicht nur eine endgültige Abkehr des Aktienrechts vom Anspruchssystem, sondern auch von der Möglichkeit verbunden, als Aktionär prozessuale Rechtsbehelfe wahrzunehmen.[359] Diese Schlussfolgerungen basieren auf einer von *Roth* im Verhältnis zum Verfahrensrecht vorgenommenen Einteilung des Aktienrechts in vier eigenständige Gruppen.[360] In der ersten Gruppe vermag er noch keine Unterschiede zum Privatrecht zu erkennen, denn in diese ordnet er Ansprüche des Aktionärs im Sinne des § 194 BGB ein, die regulär mit der Leistungsklage geltend gemacht werden können.[361] Hierzu zählen nach ihm in Anklang an *Pflugradt*[362] „[…] das Recht des Aktionärs auf Übersendung von Mitteilungen und auf Erteilung der Abschriften von Vorlagen für die Hauptversammlung […]"[363], ebenso wie der Dividendenauszahlungsanspruch.[364] In der zweiten Fallgruppe vermag er bereits einen qualitativen Unterschied zu erkennen. In diese ordnet er das Auskunftsrecht des Aktionärs nach § 131 AktG ein, welches diesem in der Hauptversammlung zusteht. Dessen Durchsetzung sei nämlich gem. § 132 AktG im Wege eines Streitverfahrens der freiwilligen Gerichtsbarkeit vorzunehmen, anstatt der sonst gegebenen Leistungsklage.[365] Hierin sieht er eine Verdrängung des streitigen Zivilprozesses durch das Aktienrecht. Die wesentlichen Gedanken zur Abkehr vom althergebrachten Anspruchsdenken leitet er allerdings aus seiner dritten Fallgruppe ab, in der er die aktienrechtliche Anfechtungsklage ansiedelt.[366] In dieser sieht er entgegen der überzeugenderen Auffassung lediglich eine prozessuale Befugnis des Aktionärs, ohne das diesem ein materielles Gestaltungsrecht oder ein Aufhebungsanspruch zustehe.[367] Der objektive Gesetzes- oder Satzungsverstoß, der mit der Anfechtungsklage geltend gemacht wird, könne durch den Aktionär ohne die Geltendmachung einer Betroffenheit in seinen individuellen Mitgliedschaftsrechten geltend gemacht werden. § 245 Nr. 1–3 AktG kenne eine solche Voraussetzung nicht. Dies sei auch der Grund, warum dem Aktionär kein Anspruch auf gesetzes- und satzungsgemäßes Verhalten der Hauptversammlung zustünde.[368]

---

[358] *Roth*, in: FS Henckel, 1995, S. 707, 711, „Deutlicher als im Wortlaut dieser Bestimmung läßt sich die Abkehr des Aktienrechts von Anspruchsmodell des Bürgerlichen Rechts wohl nicht beschreiben."

[359] *Roth*, in: FS Henckel, 1995, S. 707, 711 f.

[360] *Roth*, in: FS Henckel, 1995, S. 707 ff.

[361] *Roth*, in: FS Henckel, 1995, S. 707, 709 f.

[362] Vgl. zu diesem S. 202 ff.

[363] *Roth*, in: FS Henckel, 1995, S. 707, 709.

[364] *Roth*, in: FS Henckel, 1995, S. 707, 709.

[365] *Roth*, in: FS Henckel, 1995, S. 707, 710; *Koch*, in: Hüffer, 12. Aufl., § 132 Rn. 1; *Siems*, in: Spindler/Stilz, 4. Aufl., § 132 Rn. 1; *Kubis*, in: MünchKomm/AktG, 3. Aufl., § 132 Rn. 1.

[366] *Roth*, in: FS Henckel, 1995, S. 707, 710 f.

[367] *Roth*, in: FS Henckel, 1995, S. 707, 710; vgl. oben S. 183 ff. und S. 186 ff.

[368] Zum vorherigen *Roth*, in: FS Henckel, 1995, S. 707, 711; vgl. dazu auch die Darstellung von *Behr*, Die actio pro socio, S. 53 f.

b) Stellungnahme

Die ablehnende Haltung *Herbert Roths* kann nicht überzeugen. Das Aktienrecht enthält gerade keine gänzliche Abkehr von den Instituten des allgemeinen Privatrechts und dies kann auch dem Gesetzgeber nicht unterstellt werden. *Roths* Auffassung läuft darauf hinaus, dass der einzelne Aktionär gänzlich schutzlos gestellt ist. Bereits in § 132 AktG ist keine gänzliche Abkehr von der prozessualen Durchsetzbarkeit von Aktionärsrechten zu sehen. Der Gesetzgeber hat ausweislich der Gesetzesbegründung die Durchsetzung des aus § 131 AktG resultierenden Auskunftsanspruchs der freiwilligen Gerichtsbarkeit aus Gründen der Beschleunigung überlassen.[369] An dieser Motivationslage, welche allein für die vorliegende Fragestellung Relevanz entfaltet, ändern auch die teilweise zu Recht vorgetragenen Bedenken gegen die Praxistauglichkeit dieser „Beschleunigungsregelung" nichts.[370] Zuzustimmen ist *Roth* insoweit, als dass das Aktienrecht nicht nur bipolare Verhältnisse beinhaltet. Es hat als Verbandsorganisation multilaterale Beziehungen zu berücksichtigen, sodass eine isolierte Betrachtung der Verhältnisse nicht angebracht erscheint. Dies wird auch in der Anfechtungsklage deutlich, deren Wirkung nicht bei dem klagenden Aktionär haltmacht, sondern gem. § 248 Abs. 1 S. 1 AktG Rechtswirkungen inter omnes herbeiführt. Dies ändert aber nichts daran, dass auch der Anfechtungsklage eine materielle Position des Aktionärs zugrunde liegt.[371] *Roths* Annahme, dass der Aktionär nicht auch subjektiv Betroffen sein kann, zieht er aus einem nicht zulässigen Rückschluss. Er meint hierfür müsse ein „allgemeines Recht auf gesetzes- und satzungsgemäßes Verhalten der Hauptversammlung" existieren, was nur der Fall wäre, wenn durch die Anfechtungsklage eine Betroffenheit in individuellen Rechten geltend gemacht werden würde.[372] Dies weist er kurzerhand mit einem Verweis auf § 245 Nr. 1–3 AktG zurück, die eine solche Betroffenheit nicht verlangen.[373] Weshalb er auch einen durch das Anfechtungsrecht geschützten Anspruch des Aktionärs nicht anerkennt.

Die Tatsache, dass § 245 AktG in den Nummern eins bis drei kein Erfordernis der Betroffenheit in individuellen Mitgliedschaftsrechten statuiert, sagt wie an anderer Stelle dargelegt nichts über die Klagemöglichkeit des Aktionärs aus. Die Anfechtungsklage kann dennoch als eine auf der Verletzung mitgliedschaftlicher Rechte typisierte Klage eingeordnet werden.[374] Daher kann auch nicht unvermittelt der

---

[369] Reg. Begr. *Kropff*, AktG 1965, S. 189.

[370] Vgl. hierzu *Decher*, in: GroßKomm/AktG, 4. Aufl., § 132 Rn. 1; kritisch wohl auch *Kubis*, in: MünchKomm/AktG, 3. Aufl., § 132 Rn. 1, der auf OLG Frankfurt, Beschl. v. 06.01. 2003 – 20 W 449/93 –, AG 2003, 335 f. verweist, bei dem eine sofortige Beschwerde 10 Jahre in Anspruch nahm.

[371] Vgl. hierzu S. 182 ff.

[372] *Roth*, in: FS Henckel, 1995, S. 707, 710 f.

[373] *Roth*, in: FS Henckel, 1995, S. 707, 711, a.A. *Behr*, Actio pro socio, S. 54.

[374] Vgl. hierzu S. 186 ff. Der herausgestellte Anspruch auf satzungs- und gesetzesgemäße Beschlussfassung der Hauptversammlung ist das primäre Schutzgut der Anfechtungsklage.

Schluss gezogen werden, dass kein Anspruch des Aktionärs auf gesetzes- und satzungsgemäßes Verhalten der Hauptversammlung bestehe. Die Ausführungen gehen vielmehr bereits von vornherein davon aus, dass ein solches Aktionärsrecht nicht existiert.[375]

Darüber hinaus lässt sich eine ablehnende Haltung gegenüber einer Aktionärsklage nicht auf § 118 Abs. 1 S. 1 AktG stützen.[376] Betrachtet man den Wortlaut von § 118 Abs. 1 S. 1 AktG genauer, wird deutlich, dass es keinesfalls Sinn und Zweck der Vorschrift gewesen sein kann, gesetzlich gewährte Rechtspositionen unter Verweis auf die alleinige Wahrnehmung in der Hauptversammlung leer laufen zu lassen.[377] Dass manchen Rechtspositionen außerhalb der Hauptversammlung notfalls gerichtlich zur Geltung verholfen werden kann, wird vielmehr vorausgesetzt, wenn es heißt, „[…] soweit das Gesetz nichts anderes bestimmt".[378] Dem Aktionär wäre für sein gem. Art. 14 Abs. 1 GG verfassungsrechtlich geschütztes Anteilseigentum nahezu jeglicher Rechtsschutz abgeschnitten, was mit Blick auf den verfassungsrechtlich verankerten allgemeinen Justizgewährungsanspruch mehr als nur bedenklich erscheint.[379] In der Holzmüller-Entscheidung wurde daher zu Recht darauf hingewiesen, dass der Aktionär nicht gänzlich schutzlos gestellt werden dürfe, wenn die aktienrechtlichen Rechtsschutzsysteme versagen.[380] Dem Aktionär ist nicht damit geholfen, dass nach Antragsstellung zunächst die Hauptversammlung beschließen muss.[381] Fraglich erscheint bereits, worauf der Antrag des Aktionärs lauten soll. Die Hauptversammlung möge beschließen, der Vorstand habe die avisierte Maßnahme zu unterlassen oder er verletze bei ihrer Ausführung die Kompetenz der Hauptversammlung?[382] Es ist in der Praxis schwerlich vorstellbar, dass der Vorstand ohne Kenntnis und Billigung eines Mehrheitsaktionärs agiert und die Kompetenz der Hauptversammlung verletzt. Würde man nun einen Hauptversammlungsbeschluss fordern, besteht für den Einzelaktionär oder für eine kleine Gruppe (Minderheitenaktionariat) keine reale Möglichkeit der Durchsetzung eines solchen Antrages. Hierdurch würden die Wertungen der Hibernia-Entscheidung des Reichsgerichts auf der Ebene der Rechtsverfolgung eingeführt und die Minderheit müsste sich ohne weitergehende Kontrolle der Mehrheitsentscheidung unterwerfen. Man könnte natürlich auch hier auf die Treuepflichten der Aktionäre, das Gleichbehandlungsgebot,

---

[375] Das dem nicht so ist, vgl. bereits die vorherigen Ausführungen S. 182 ff.

[376] *Roth*, in: FS Henckel, 1995, S. 707, 711; bereits RG JW 1927, 1677; für die Vorgängervorschrift bereits *Teichmann/Köhler*, AktG 3. Aufl., § 102 Rn. 2.

[377] *Brondics*, Die Aktionärsklage, S. 131.

[378] *Brondics*, Die Aktionärsklage, S. 131.

[379] Vgl. zu diesem bei bürgerlich rechtlichen Streitigkeiten die Nachweise in Kap. 2, Fn. 10.

[380] BGHZ 83, 122, 127 (Holzmüller), wobei diese Ausführungen auf die erhobene Feststellungsklage bezogen worden sind. Hier ist in Übereinstimmung mit *Roth*, in: FS Henckel, 1995, S. 707, 720 die Geltung durch einen Erst Recht-Schluss auch auf die in Frage stehende Aktionärsklage zu erstrecken.

[381] So *Roth*, in: FS Henckel, 1995, S. 707, 720.

[382] So versteht es scheinbar *Behr*, Die actio pro socio, S. 53.

Stimmrechtsbindungen und Zustimmungspflichten zu sprechen kommen, die mittels einer mit der Anfechtungsklage des ablehnenden Beschlusses verbundenen positiven Beschlussfeststellungsklage geltend gemacht werden könnten.[383] Doch würde auch dies zu einem Mediatisierungseffekt hinsichtlich der Rechtsschutzmöglichkeiten führen, der nicht zu rechtfertigen wäre.

2. § 122 AktG als abschließender Teilhabeschutz der Aktionäre?

Nur unwesentlich aufgeschlossener steht *Schulz-Gardyan* einer Klage des Aktionärs gegenüber Verwaltungshandeln gegenüber. Der Schutz, den Aktionäre erlangen können, richte sich ausschließlich nach den einzelnen, den Aktionären nach dem Aktiengesetz zustehenden subjektiven Rechten. Allein nach einer Analyse dieser könne ausgemacht werden, ob der Aktionär wegen einer Verletzung derselben vorgehen könne.[384] Ursache dieser Haltung ist die Untersuchung *Schulz-Gardyans* hinsichtlich des subjektiv rechtlichen Charakters der Mitgliedschaft eines Aktionärs. Im Anschluss an die Untersuchungen *Dörners*[385] wird das subjektive Recht als eine monopolisierte Verhaltensberechtigung verstanden.[386] Die Mitgliedschaft als Ganzes stellt nach *Schulz-Gardyan* gerade kein subjektives Recht dar, welches es zu schützen gilt. Sie sei allein eine Positionsbeschreibung, in der die vielfältigen dem Aktionär aus dem Rechtsverhältnis zum Verband zustehenden subjektiven Einzelrechte zusammengefasst werden.[387] Diese Bündelung nennt er „Mitgliedschaft im weiteren Sinne", wobei sie nicht mit der gesamten Rechtsstellung des Aktionärs verwechselt werden dürfe.[388] Hiervon wird sodann die Position, also das Mitgliedschaftsrecht als solches unterschieden, welches allein ein Rechts- und Pflichtenbündel sei und damit gerade kein subjektives Recht.[389] Man könne daher eine Aktionärsklage nicht auf die Mitgliedschaft stützen, sondern habe für jede „monopolisierte Verhaltensberechtigung" isoliert die Klagbarkeit zu untersuchen. Die reine Kompetenzverletzung der Hauptversammlung durch den Vorstand könne gerade nicht klageweise geltend gemacht werden, da sich aus § 122 Abs. 1 S. 1 AktG ein Quorumserfordernis ergebe,

---

[383] *Hüffer/Schäfer*, in: MünchKomm/AktG, 4. Aufl., § 246 Rn. 84; *Koch*, in: Hüffer/Koch, 13. Aufl., § 246 Rn. 42; *Zöllner*, Die Schranken mitgliedschaftlicher Stimmrechtsmacht, 405 ff.; BGH, Urt. v. 13.3.1980 – II ZR 54/78 –, BGHZ 76, 191, 197 ff.= NJW 1980, 1465 (Bindingbrauerei).

[384] Ein solches Vorgehen des Aktionärs verneint *Schulz-Gardyan* insbesondere für den Fall, dass der Vorstand die Hauptversammlungskompetenz verletzt hat, da § 122 Abs. 1 S. 1 AktG für die Einberufung der Hauptversammlung und damit die Kompetenzausübung eine Minderheit von 5 % vorsehe. Wenn der Aktionär die Hauptversammlung nicht einberufen darf, dürfe er auch nicht auf die Kompetenzwahrung klagen, Die sog. Aktionärsklage, S. 112 ff., 115.

[385] Vgl. hierzu die Ausführungen zu *Dörner*, S. 256.

[386] *Schulz-Gardyan*, Die sog. Aktionärsklage, S. 65.

[387] *Schulz-Gardyan*, Die sog. Aktionärsklage, S. 66.

[388] *Schulz-Gardyan*, Die sog. Aktionärsklage, S. 66 f.

[389] *Schulz-Gardyan*, Die sog. Aktionärsklage, S. 67.

welches nicht umgangen werden dürfe.[390] Hiernach wäre eine Aktionärsklage insbesondere im Rahmen der Ausnutzung eines genehmigten Kapitals nicht als probates Rechtsschutzinstrument einsetzbar.

Dieser ablehnenden Haltung kann aufgrund ihres Ansatzes nicht gefolgt werden. Wie an anderer Stelle auszuführen ist, stellt auch die Position des Mitgliedes als Ganzes ein subjektives Recht und nicht allein ein Rechts- und Pflichtenbündel dar, deren Verletzung durch den Aktionär gerügt werden darf.[391] Die Konzeption kommt aufgrund der Aufspaltung der Mitgliedschaft in Einzelrechte nur zu einem Schutzniveau auf zweiter Stufe, welches die Kompetenzordnung des Aktienrechts nach teilweise erfolgter Analyse auf das strengste wahrt,[392] aber auch zu dessen Einhaltung bei Übertretungen wenig beiträgt.[393] Diese Auffassung ist untrennbar mit der Einordnung der Mitgliedschaft als bloße Verhaltensberechtigung verbunden, der hier nicht gefolgt werden soll.[394]

3. Kein Rechtsfortbildungsbedürfnis zugunsten einer Aktionärsklage

Waclawik führt sehr kritisch an, dass es keinerlei Rechtsfortbildung hinsichtlich einer individuellen Aktionärsklage bedürfe, da das aktienrechtliche Schutzsystem eine solche insbesondere beim genehmigten Kapital nicht vorsehe.[395] Es wird bereits im Ansatz eine Regelungslücke im Aktienrecht verneint.[396] Danach hätte der Gesetzgeber bei den zahlreichen Novellen der letzten Jahre die Feststellungs- und auch die Unterlassungsklage bei in seinen Augen bestehender Notwendigkeit sehr wohl kodifiziert, dies insbesondere mit Blick auf die Änderungen des § 147 und Einfügung des § 148 AktG.[397] Neben der Möglichkeit zur Geltendmachung von Schadensersatzklagen sei eine darüber hinausgehende Klage zugunsten des Aktionärs lediglich eine neu eröffnete Missbrauchsmöglichkeit.[398]

Das aktienrechtliche Kontrollsystem, welches den Vorstand bei der Ausübung des genehmigten Kapitals in gewisser Weise von dem Zustimmungsbeschluss des

---

[390] *Schulz-Gardyan*, Die sog. Aktionärsklage, S. 113 ff., eine teleologische Reduktion des § 122 AktG wird hier abgelehnt.

[391] Vgl. zu dieser Auffassung S. 270 ff.

[392] *K. Schmidt*, ZHR 157 (1993), 87, 90. Ob eine Einbettung in die Kompetenzordnung bei einer derartigen Fokussierung auf die Einzelrechte wirklich machbar ist, ist allerdings nicht ganz unzweifelhaft. Vgl. zu den möglichen Folgen eines am Individualrechtsschutz orientierten Systems S. 310 ff.

[393] Sympathisierend in Bezug auf die Besinnung auf Einzelrechte *Behr*, Die actio pro socio, S. 56. Vgl. zur obigen Darstellung insgesamt auch *Behr*, a.a.O., S. 54 ff.

[394] Vgl. zu diesem Kritikpunkt *K. Schmidt*, ZHR 157 (1993), 87, 89; zur Einordnung der Mitgliedschaft als subjektives Recht, vgl. S. 270 ff.

[395] *Waclawik*, ZIP 2006, 397, 403.

[396] *Waclawik*, ZIP 2006, 397, 402.

[397] *Waclawik*, ZIP 2006, 397, 402.

[398] *Bungert*, BB 2005, 2757, 2758.

Aufsichtsrates abhängig macht und diese bei Pflichtwidrigkeit zu einer Art Haftungsgemeinschaft zusammenschließt, ist entgegen *Waclawik* sehr wohl fehleranfällig.[399] Man kann hier natürlich auf die bloß repressiv wirkende Schadensersatzverpflichtung auch des Aufsichtsrates hinweisen.[400] Doch ist es nicht im originären Interesse des Aufsichtsrates, einen Schadensersatzanspruch gegen den Vorstand geltend zu machen, da dies seine eigene Inanspruchnahme zumindest faktisch fördert. Hier hilft es auch nicht, wenn man ihn nach der ARAG/Garmenbeck-Entscheidung dazu verpflichtet, den Schadensersatzanspruch gegenüber dem Vorstand zu prüfen und geltend zu machen. Der Schadensumfang bei einer nachträglichen Inanspruchnahme des Aufsichtsrates aufgrund mangelnder Inanspruchnahme des Vorstandes wird sich in diesen Fällen meist nicht merklich vergrößern, wenn man davon ausgeht, dass der Aufsichtsrat bereits bei der Ausnutzung des genehmigten Kapitals schadensersatzpflichtig geworden ist. Dieser Interessenkonflikt kann auch nicht durch die Abberufungsmöglichkeit des Aufsichtsrates durch die Hauptversammlung gelöst werden.[401] Das gegebene Kontrollsystem als quasi bewusste gesetzgeberische Entscheidung hoch zu stilisieren liefe darauf hinaus, den Aktionär gänzlich von der Verwaltung abhängig zu machen. Es gäbe kaum noch die Möglichkeit der Aktionärskontrolle. Ob diese von *Waclawik* und auch *Bungert* in Kauf genommene Folge durchzuhalten ist, wird sich im Folgenden zeigen.

C. Zwischenergebnis:
Keine systematisch bedingte Verschlossenheit des Aktienrechts gegenüber einem materiellen Aktionärsschutzrecht

Eine gänzlich systematisch bedingte Ablehnung eines materiellen Schutzrechts des Aktionärs gegenüber der Gesellschaft lässt sich nach den gewonnenen Erkenntnissen nicht hinreichend begründen. Die hauptversammlungsspezifischen Beschlussmängelklagen lassen sich nach den obigen Erkenntnissen zwar nicht auf das gesamte Aktienrecht und insbesondere nicht auf Vorstandsbeschlüsse übertragen. Die Historie einer Aktionärsklage zeigt allerdings, dass ihre Grundidee nahezu so alt ist wie das Aktienrecht selbst. Insbesondere aufgrund der kompetenziellen Neuordnung des Aktiengesetzes von 1937 kann ein gesteigertes Bedürfnis für eine Aktionärsklage ausgemacht werden. Wie im Rahmen der vorhergehenden Untersuchungen dargelegt, weist das Aktiengesetz sehr wohl Strukturen auf, die die Rechtsdurchsetzung von Individualpositionen gegenüber dem Verband kennen und

---

[399] So wohl auch die überwiegende Ansicht *Krieger*, ZHR 163 (1999), 343, 345; *Busch*, NZG 2006, 81, 85; *Paschos*, WM 2005, 356, 364; *Cahn*, ZHR 164 (2000), 113, 119; *Ulmer*, ZHR 163 (1999), 290, 296 f.; a.A. *Waclawik*, ZIP 2006, 397, 403, der in dem repressiven Sanktionssystem gegenüber dem Vorstand und Aufsichtsrat ein hinreichendes Schutzniveau erblickt.

[400] So *Waclawik*, ZIP 2006, 397, 402 f.

[401] *Waclawik*, ZIP 2006, 397, 403.

damit auch anerkennen. Diese strukturelle Offenheit hat aber nicht notwendigerweise zur Folge, dass ein materiellrechtlicher Abwehranspruch auch aus dem geltenden Recht hergeleitet werden kann. Ein solcher Bedarf einer dezidierten Begründung, nicht zuletzt, da sich aus den Grundlagen eines solchen Abwehranspruches Konsequenzen für dessen sachliche Reichweite ergeben können. Zur Begründung dessen haben sich in der Literatur verschiedene Ansätze entwickelt, wobei einige eine materielles Abwehrrecht rein verbandsrechtlich, andere hingegen kumulativ auch deliktsrechtlich begründen wollen.

Die unterschiedlichen Begründungsstränge haben im Ergebnis die Kontrolle von fehlerhaftem Vorstandsverhalten zum Ziel, unterscheiden sich aber nicht nur in ihrer Begründung erheblich voneinander, sondern auch hinsichtlich ihrer Rechtsfolgen (Passivlegitimation, sachliche Reichweite).[402] Erst nachdem die dogmatischen Grundlagen herausgestellt worden sind, lässt sich die Frage der Fruchtbarmachung gegen pflichtwidriges Vorstandsverhalten im Rahmen des genehmigten Kapitals beantworten.

Im Folgenden werden daher ausgewählte deliktsrechtlich und verbandsrechtliche orientierte Ansätze kritisch dargestellt.

§ 5 Materielles Schutzrecht auf deliktsrechtlicher Grundlage?

Es werden zunächst ausgewählte und die Fülle der Literatur repräsentierende Ansätze einer deliktsrechtlichen Lösung dargestellt und kritisch bewertet. Eine abschließende Beurteilung und die eigene Auffassung folgen der kritischen Darstellung der verbandsrechtlich orientierten Lösungsstränge nach.[403] Im Folgenden wird auch für den vorbeugenden Rechtsschutz des Aktionärs weitgehend von einem deliktsrechtlichen Ansatz die Rede sein, was der Relevanz des Merkmals des „sonstigen Rechts" im Sinne des § 823 Abs. 1 BGB für den quasinegatorischen Rechtsschutz im Sinne des § 1004 BGB analog geschuldet ist.

A. § 823 Abs. 1 BGB als Lösungskonzept des Aktionärsschutzes?

Teilweise wurde ein Schutzkonzept der Mitgliedschaft ausschließlich auf dem Boden des Deliktsrechts begründet.[404] Dem Aktionär stehe die Mitgliedschaft als ein „sonstiges Recht" im Sinne des § 823 Abs. 1 BGB zu, welches somit auch den

---

[402] Vgl. dazu S. 275 ff.

[403] Vgl. zur hier vertretenen Auffassung S. 248 ff. und zu sonstigen verbandsrechtlichen Ansätzen S. 231 ff.

[404] *Mertens*, in: FS R. Fischer, 1979, 461, 468 ff.; *ders.*, AG 1978, 309 ff.

deliktischen Schutz verdiene und zwar auch dann, wenn nicht allein der rechtliche Bestand der Mitgliedschaft betroffen sei.[405] Denn aus der Anerkennung der Mitgliedschaft des Aktionärs als „sonstiges Recht" folge nicht nur der Bestandsschutz, sondern auch der Schutz der ihr innewohnenden „Herrschafts-, Teilhabe- und Vermögensrechte".[406] Diesem Schutzanliegen könne auch nicht der Einwand entgegengehalten werden, dass das Gesellschaftsrecht das Innenverhältnis zwischen den Gesellschaftern zur Gesellschaft und zur Geschäftsführung abschließend regele.[407] Denn nach *Mertens* besteht zwischen dem Leitungsorgan und dem Mitglied gerade keine schuldrechtliche Sonderrechtsbeziehung, die es für eine Überlagerung des § 823 Abs. 1 BGB bedürfte.[408] Dem kann nur insoweit zugestimmt werden, als das *Mertens* die fehlende Sonderrechtsbeziehung zwischen dem Leitungsorgan, bei der AG also dem Vorstand, und dem Gesellschafter in den Fokus rückt. Die dieser Feststellung vorgelagerte Frage muss allerdings danach ausgerichtet sein, wer bei einer deliktsrechtlichen Abwehrklage im Recht der Aktiengesellschaft passiv legitimiert ist.[409] Dies beantwortet *Mertens* nachgelagert mit der unmittelbaren Passivlegitimation des Verletzers, wobei nach ihm andere Gesellschafter als auch der Geschäftsführer einer GmbH und einzelne Vorstandsmitglieder in Betracht kämen.[410] Eine direkte Inanspruchnahme der Gesellschaft durch ein Mitglied sei ausgeschlossen, da andernfalls die den Gläubigern zur Verfügung stehende Kapitalgrundlage angegriffen würde.[411] Daher sei das Deliktsrecht nur insoweit durch das Gesellschaftsrecht verdrängt, als das ein Verhalten des Vorstandes oder der Vorstandsmitglieder nicht über § 31 BGB der Gesellschaft zugerechnet werden dürfe oder die Gesellschaft die Haftung aus § 831 BGB treffen könne.[412] Eine Anwendung des § 831 BGB muss allerdings von Beginn an ausscheiden. Die Vorstandsmitglieder in einer Aktiengesellschaft können mangels Weisungsabhängigkeit gerade nicht als Verrichtungsgehilfen im Sinne dieser Norm eingeordnet werden, sodass diesbezüglich kein Konfliktpotential existieren kann.[413] Ob eine Haftung der Gesellschaft über die Zurechnungsnorm des § 31 BGB aufgrund des Vorranges des Grundsatzes der Kapitalerhaltung (§ 57 AktG) auszuscheiden hat, lässt sich demgegenüber nicht vorschnell beantworten. Dies zeigt bereits die Diskussion um Schadensersatzan-

---

[405] *Mertens*, in: FS R. Fischer, 1979, 461, 469.

[406] *Mertens*, in: FS R. Fischer, 1979, 461, 469.

[407] *Wiedemann*, Übertragung und Vererbung von Mitgliedschaftsrechten, S. 39 f.; *Reuter*, in: FS Lange, 1992, S. 707, 721 ff.; a.A. *Mertens*, in: FS Fischer, 1979, 461, 470; BGH, Urt. v. 12. 03. 1990 – II ZR 179/89 –, BGHZ 110, 323, 328 = NJW 1990, 2877, 2878.

[408] *Mertens*, in: FS Fischer, 1979, 461, 469.

[409] Vgl. hierzu S. 401. Die Beantwortung dieser Frage wiederum hängt unmittelbar mit der dogmatischen Grundlage der Aktionärsklage zusammen.

[410] *Mertens*, AG 1978, 309, 309 (gegen Vorstandsmitglieder); *Mertens*, in: FS Fischer, 1979, 461, 470 (gegen Geschäftsführer und Mitgesellschaft).

[411] *Mertens*, in: FS Fischer, 1979, 461, 470.

[412] *Mertens*, in: FS Fischer, 1979, 461, 470.

[413] *Hadding*, in: Soergel/BGB, 13. Aufl., § 31 Rn. 3, 9; *Werner/Saenger*, Die Stiftung, Rn. 542.

sprüche bei durch Täuschung herbeigeführten nichtigen Zeichnungserklärungen und bei Veräußerungs- und/oder Erwerbsbeeinflussung durch Falschangaben der Gesellschaft.[414] Hieran bestehen zumindest für den Fall der Verhinderung der Durchführung der Kapitalerhöhung Zweifel, da mangels Registereintrag noch kein für die Gläubiger relevantes Garantiekapital geschaffen wurde. Für die hier in Frage stehende Aktionärsklage spielt dies allerdings erst eine nachgelagerte Rolle, sofern eine deliktische Grundlage in Betracht kommt und dann auch nur, sofern die Kapitalgrundlage tatsächlich beeinträchtigt wird.

B. Actio negatoria

Nach *K. Schmidt* steht jedem Aktionär auf Grundlage des subjektiven Rechts der Mitgliedschaft ein negatorischer Anspruch zu, sofern der Aktionär in diesem Recht verletzt ist. Die Mitgliedschaft sei aufgrund ihres Charakters als Herrschaftsrecht ein sonstiges Recht im Sinne von § 823 Abs. 1 BGB und damit gegenüber Eingriffen geschützt. Hierdurch finde auch § 1004 BGB analog zum vorbeugenden Schutz der Mitgliedschaft Anwendung, sodass jedem Mitglied ebenfalls Abwehransprüche gegen Eingriffe zuzugestehen seien.[415] Der Schutz der Mitgliedschaft als absolutem Recht sei aber keineswegs selbst absolut.[416] Den Umfang des Schutzes, den die Mitgliedschaft über den deliktsrechtlichen Ansatz erhält, bestimmt K. Schmidt anhand des Zuweisungsgehaltes des „absoluten Rechts".[417] Zutreffend verweist er hier auf die auch bei den anderen sonstigen Rechten nur begrenzte „Schutzzone".[418] Um diese zu bestimmen, seien die reinen mitgliedschaftlichen Interessen von dem absolut rechtlichen Gehalt der Mitgliedschaft abzugrenzen. Als äußere Schutzgrenze sei das Substrat des absoluten Rechts als geschützt aufzufassen. Sofern die Mitgliedschaft in ihrem Bestand vernichtet wird oder ein Entzug derselbigen stattfindet, könne kein Zweifel an einer rechtswidrigen und abwehrbaren Beeinträchtigung vorliegen.[419] Eine reine Beeinträchtigung des Gesellschaftsvermögens könne dahingegen noch keinen Eingriff in die Mitgliedschaft darstellen, selbst wenn die Mitgliedschaft reflexartig in ihrem Wert gemindert würde.[420] Eine Beeinträchtigung zwischen diesen beiden Extrempositionen sei dann anzunehmen, sofern in die der

---

[414] Zu Ersterem *Zöllner/Winter*, ZHR 158 (1994), 59, 77 f.; Überblick zu Zweitem *Cahn/v. Spannenberg*, in: Spindler/Stilz, 4. Aufl., § 57 Rn. 47 ff.; die obiter dicta gemachten Ausführungen des BGH hinsichtlich der bisher von der herrschenden Meinung vorgenommenen Differenzierung nach der Art des Erwerbs enthalten einen kritischen Ton, BGH, Urt. v. 9.5. 2005 – II ZR 287/02 –, BKR 2005, 411, 413; bestätigt in BGH, Beschl. v. 26.6.2006 – II ZR 153/05 –, NZG 2006, 269, 270.

[415] *K. Schmidt*, JZ 1991, 157, 158; vgl. auch *K. Schmidt*, ZGR 2011, 108, 115.

[416] *K. Schmidt*, ZGR 2011, 108, 116.

[417] *K. Schmidt*, JZ 1991, 157, 159; *ders.*, ZGR 2011, 108, 116 f.

[418] *K. Schmidt*, ZGR 2011, 108, 116 f.

[419] *K. Schmidt*, JZ 1991, 157, 159.

[420] *K. Schmidt*, JZ 1991, 157, 159.

Mitgliedschaft immanenten Herrschaftsrechte eingegriffen würde. Dies sieht *K. Schmidt* als erfüllt an, sofern das Teilhaberecht des Aktionärs oder die Vermögenszuständigkeiten konterkariert werden. Im Anschluss an *Mertens* verlangt er allerdings nicht nur eine Substratbeeinträchtigung,[421] sondern einen Eingriff in den organisationsrechtlichen Charakter des absoluten Rechts. Dies setze aber voraus, dass die Eingriffshandlung selbst eben einen solchen organisationsrechtlichen Charakter aufweise.[422] Ausgeschlossen wird daher ein Anspruch des Mitglieds auf Unterlassung – oder Beseitigung gegenüber dem Vorstand aus § 1004 BGB analog wegen einer mangelhaften Geschäftsführung.[423] Diese sei dem Mitglied nämlich gerade nicht als absoluter Gehalt der Mitgliedschaft zugewiesen, vielmehr zeigt § 76 Abs. 1 AktG die Vorenthaltung des Geschäftsführungsbereiches vor der Hauptversammlung und damit auch den Aktionären.[424] Ein Eingriff liege demgegenüber sehr wohl dann vor, wenn der Vorstand in die Kompetenzen der Hauptversammlung eingreife, da diese auch einen Eingriff in das Teilhaberecht des Aktionärs als Mitglied der Hauptversammlung darstelle. Greift der Vorstand in dieser Weise in die Mitgliedschaft des Aktionärs ein, so sei dieser gem. § 823 Abs. 1 BGB unvermittelt haftbar und auch der Anspruch aus § 1004 BGB analog hat sich gegen den Vorstand/ bzw. das Vorstandsmitglied direkt zu richten. Eine schadensersatzrechtliche Inanspruchnahme der Aktiengesellschaft komme allerdings über die Zurechnungsnorm des § 31 BGB in Betracht, die sodann gem. § 840 BGB mit dem Vorstand/dem Vorstandsmitglied gesamtschuldnerisch einzustehen habe.[425] Der Anspruch auf Beseitigung und Unterlassung gem. § 1004 BGB analog setzt nach *K. Schmidt* allerdings dreierlei voraus. Es müsse eine rechtswidrige Beeinträchtigung bevorstehen oder bestehen, die dem Verband zuzurechnen ist und das Mitglied subjektiv-rechtlich betrifft.[426]

Damit sei allerdings noch nicht ausgeschlossen, dass der Aktionär als Mitglied aufgrund schlechter Geschäftsführung niemals einen eigenen Anspruch gegenüber dem Vorstand innehaben könne. Die Mitgliedschaft sei nämlich nicht nur subjektives und absolut geschütztes Recht, sondern ebenfalls ein Rechtsverhältnis zwischen dem Mitglied und dem Verband.[427] Für ihn stellt die Schärenkreuzer-Entscheidung des

---

[421] *Mertens*, in: FS Fischer, 1979, S. 461, 469.

[422] *K. Schmidt*, JZ 1991, 157, 159; kritisch *Jung*, Unternehmergesellschafter, S. 391 f.

[423] *K. Schmidt*, ZGR 2011, 108, 117.

[424] *K. Schmidt*, ZGR 2011, 108, 117, dies ist nicht Teil der „mitgliedschaftlichen Schutzzone"; vgl. zur Bedeutung des § 76 Abs. 1 AktG auch die Ausführungen zu der Ansicht von *Paefgen*, der einen Anspruch des Aktionärs auf gesetzes- und satzungsmäßiges Verhalten des Vorstandes annimmt, S. 236 ff.

[425] *K. Schmidt*, JZ 1991, 157, 160. Eine Inanspruchnahme der Gesellschaft lässt *Mertens* dahingegen nicht zu, der dies auf die Wahrung der den Gläubigern zur Verfügung stehenden Haftungsmasse stützt, in: FS R. Fischer, 1979, S. 461, 470.

[426] *K. Schmidt*, Gesellschaftsrecht, 4. Aufl., § 21 V 1 (S. 646).

[427] Vgl. zur Mitgliedschaft als Rechtsverhältnis S. 267 ff. und zur Frage der Mitgliedschaft als subjektives Recht S. 270 ff.

BGH[428] entgegen den dortigen Ausführungen keinen Fall des Eingriffs in die Mitgliedschaft als subjektives absolutes Recht, sondern einen Fall der positiven Vertragsverletzung dar (heute §§ 280 I, 241 Abs. 2 BGB).[429] Von diesem Anspruch ausgehend sei es dem Aktionär möglich, auch reine Vermögensschäden gegenüber dem Verein als Partner der Sonderrechtsbeziehung zu liquidieren.[430] Einer Ausuferung des Schadensersatzbegehrens von Aktionären gegenüber der Gesellschaft soll durch das Instrumentarium der Schutzpflichten vorgebeugt werden. Nur wenn eben eine solche gegenüber dem Aktionär verletzt würde, könne auch ein Schadensersatzanspruch angenommen werden.[431] Hierdurch sei eine hilfreiche Plastizität in der Anwendung gegeben.[432] Im Rahmen des genehmigten Kapitals der Aktiengesellschaft könnte dieser Ansatz fruchtbar gemacht werden, sofern der Vorstand bei der Ausnutzungsentscheidung in den Kompetenzbereich der Hauptversammlung übergreift. Dem Aktionär stünde in diesem Fall ein Unterlassungsanspruch gem. § 1004 BGB analog zur Abwehr der beeinträchtigenden Maßnahme zur Verfügung.

Die Berufung auf die Mitgliedschaft, als das verletzte absolute Recht führt vom Ansatz her zu einer extrem weit gefassten Haftungsgrundlage, die erst nachgehend durch Schutzbereichsbegrenzungen eingedämmt werden soll.[433] Es wird sodann auf den Zuweisungsgehalt des Teilausschnittes der Mitgliedschaft abgestellt. Die Kritik, dass man in diesem Fall direkt einen Anspruch auf satzungs- und gesetzesgemäßes Gebaren der Gesellschaft annehmen könne, scheint nichts destotrotz etwas weitgehend.[434] Die Begrenzung des Schutzbereiches ist selbst bei unterstellter Einordnung der Mitgliedschaft als im Innenverhältnis deliktisch geschütztes Recht keinesfalls ein Novum und auch nicht unmöglich. Man kann daher auch hier keine grenzenlose Klagemöglichkeit unterstellen. Welcher Mehrwert zu einem direkten Schutz des Einzelrechts erzielt wird, bleibt allerdings fraglich. Es scheint hier sogar die Gefahr gegeben, dass durch die nachträgliche Fokussierung bei dem deliktisch geschützten Bereich auf die Einzelrechte die gleichen Inkonsistenzen auftreten, wie sie bei einem rein die Individualrechte schützenden Konzept.[435] Gänzlich ausräumen lässt sich der Vorwurf eines außerordentlich großen Missbrauchpotentials aufgrund

---

[428] BGH, Urt. v. 12.03.1990 – II ZR 179/89 –, BGHZ 110, 323 (Schärenkreuzer).

[429] *K. Schmidt*, Gesellschaftsrecht, 4. Aufl., § 21 V 4. (S. 652); *K. Schmidt*, JZ 1991, 157, 160.

[430] *K. Schmidt*, JZ 1991, 157, 160.

[431] *K. Schmidt*, JZ 1991, 157, 160; vgl. zum Ganzen auch die Darstellung bei *Behr*, Actio pro socio, S. 82 f.

[432] *K. Schmidt*, JZ 1991, 157, 160, der hierdurch dem Vorwurf der Uferlosigkeit zuvorzukommen versucht.

[433] Kritisch zum Umfang *Hoffmann-Becking*, ZHR 167 (2003), 357, 363.

[434] So aber *Hoffmann-Becking*, ZHR 167 (2003), 357, 363.

[435] Vgl. zu diesen Problemen im Rahmen der eigenen Stellungnahmen zugunsten eines verbandsrechtlichen Ansatzes S. 310 ff.

der Möglichkeit der abstrakten Berufung auf die Verletzung der Mitgliedschaft allerdings nicht.[436]

C. Deliktischer Schutz „mitgliedschaftlicher Befugnisse"

Habersack baut nach einer umfassenden Untersuchung der dogmatischen Struktur der Mitgliedschaft, an deren Ende er diese als ein subjektives Recht und ein sonstiges Recht im Sinne des § 823 Abs. 1 BGB qualifiziert,[437] die Schutzmöglichkeiten der Aktionäre sowohl auf deliktischen als auch auf verbandsrechtlichen Überlegungen auf. Der Schutzumfang, den *Habersack* auf diesem Ansatz aufbaut, erinnert stark an den umfassenden Schutzanspruch des Aktionärs gegenüber der Verwaltung, den *Paefgen* durch einen Anspruch auf gesetzes- und satzungsgemäßes Verhalten gegenüber dem Vorstand annimmt, wobei dieser einen rein verbandsrechtlichen Ansatz wählt.[438]

Die deliktsrechtliche Grundlage eines Abwehranspruchs des Aktionärs, beziehungsweise die Grundlage eines negatorischen Anspruchs sind nach *Habersack* in Übereinstimmung mit *K. Schmidt* in der Qualifizierung der Mitgliedschaft als subjektivem und sonstigem Recht zu sehen. Zwischen beiden Konzeptionen besteht allerdings ein erheblicher Unterschied. Die von *K. Schmidt* vorgenommene Eingrenzung des Schutzumfanges anhand des absoluten Zuweisungsgehalts des Mitgliedschaftsrechts sieht *Habersack* in seiner Konzeption nicht vor. Nach ihm stellt es keine Besonderheit des Gesellschaftsrechts dar, dass die auf das Deliktsrecht und auf das Verbandsrecht gestützte Klagebefugnis aufeinander abzustimmen sei, sondern dies sei ein allgemein bekanntes zivilrechtliches Problem, welches auftritt, sofern das Deliktsrecht durch ein Sonderrechtsverhältnis überlagert wird.[439] Gemein sei beiden Möglichkeiten die Herleitung aus einem allgemeinen Grundsatz des Verbandsrechts.[440] Eingreifen können diese Abwehrrechte des Aktionärs als Sekundäransprüche, sobald in die durch die Verbandsordnung und Gesetz konkretisierte Mitgliedschaft eingegriffen worden sei.[441] Der Schutzumfang richte sich daher nach den dem Aktionär eingeräumten mitgliedschaftlichen Befugnissen.[442] Dieser nicht ausdrücklich kodifizierte Rechtsbehelf habe als Schutzinstrument zugunsten der Minderheit allerdings die primär kodifizierten Schutzinstrumente zu achten, was auch eine Sperrwirkung bedeuten könne. Daher könne die allgemeine Abwehrklage nicht

---

[436] So *Hoffmann-Becking*, ZHR 167 (2003), 357, 363.

[437] Vgl. die Nachweise bei der Untersuchung der Mitgliedschaft als subjektives Recht S. 270 ff. Vgl. zur hier eingenommenen Position gegenüber der Mitgliedschaft als sonstigem Recht S. 274 ff.

[438] Vgl. zu diesem noch sogleich S. 236 ff.

[439] *Habersack*, DStR 1998, 533, 534; *Habersack*, Mitgliedschaft, S. 172 ff.

[440] *Habersack*, DStR 1998, 533, 534.

[441] *Habersack*, DStR 1998, 533, 534 f.

[442] *Habersack*, DStR 1998, 533, 535.

bei Hauptversammlungsschlüssen Platz greifen, für die das Aktienrecht die Beschlussmängelklagen nach §§ 241 ff. AktG bereithält.[443] Der deliktische Schutzumfang wird nach *Habersack* im Anklang an den strukturellen Schutz von Sachen- und Immaterialgüterrechten bestimmt, weswegen jeder Eingriff „in die mitgliedschaftlichen Teilhaberechte [...] (durch die) das Mitglied um einzelne Bestandteile und Ausprägungen des Herrschaftsrechts gebracht wird", einen Abwehranspruch auslöse.[444] Durch die Einordnung des Verbandes als Objekt der Mitgliedschaft sieht *Habersack* auch keinerlei grundsätzliche Probleme darin, einen Schutz der Mitgliedschaft bei Wertminderung des Anteils durch Minderung des Gesellschaftsvermögens für möglich zu erachten, wenngleich er einen deliktischen Anspruch diesbezüglich mit Verweis auf den Verband als eigenständiges Zuordnungsobjekt und damit außerhalb des Schutzbereichs der Mitgliedschaft liegend ablehnt.[445] Dass hierdurch ein wesentlicher vom Verfasser hinzugezogener Vergleichsaspekt mit dem Eigentumsrecht entfällt, nämlich der Grundfall des Eingriffs in das Eigentumsrecht, der sich auf den Gegenstand bezieht, wird nicht weiter thematisiert.[446] Denn nach *Habersack* ist die Vergleichbarkeit gerade deshalb vorhanden, da die Mitgliedschaft als Recht über die Körperschaft/den Verband als Objekt existiert.[447]

Habersacks These von einem umfassenden deliktsrechtlichen Schutz auch der mitgliedschaftlichen Befugnisse, gemeint sind sämtliche dem Mitglied zugewiesenen Herrschafts- und Nutzungsrechte, führt zu einer sehr starken Ausweitung der Klagemöglichkeiten durch Aktionäre.[448] Dies ist insbesondere aufgrund der gerade auch außerhalb des Aktienrechts bestehenden Gestaltungsfreiheit bedenklich.[449] Der Einwand, dass Unsicherheiten hinsichtlich des Schutzbereiches bestehen, wird mit dem Argument beiseitegeschoben, dass es auch beim Eigentumsrecht als allgemein anerkanntes Institut Unsicherheiten bei der Bestimmung des Schutzbereichs gebe.[450] Da sich der deliktische Schutz eines Teilhaberechts aber primär im Innenverhältnis bewege, wäre der Umfang des Schutzbereichs für die Beteiligten sehr leicht ersichtlich.[451] Die Frage ist allerdings, ob die innere Erkennbarkeit des Schutzumfanges zur Begründung des Deliktsschutzes der Mitgliedschaft genügt.[452]

---

[443] *Habersack*, DStR 1998, 533, 534; *Habersack*, Mitgliedschaft, S. 226 ff.

[444] *Habersack*, Mitgliedschaft, S. 162, Klammereinfügung nicht im Originaltext.

[445] *Habersack*, Mitgliedschaft, S. 157; diese Annahmen passen nach hier vertretener Auffassung nicht zusammen und sprechen gegen einen deliktischen Schutz der Mitgliedschaft zumindest im Innenverhältnis, vgl. S. 283 f.

[446] Kritisch auch *Wagner*, AcP 193 (1993), 319, 322, 328.

[447] *Habersack*, Mitgliedschaft, S. 143 f.

[448] Kritisch *Reuter*, AcP 197 (1997), 322 ff.; *Behr*, Die actio pro socio, S. 84.

[449] Vgl. dazu auch *Winter*, Mitgliedschaftliche Treubindungen, S. 54 f., der einen Schutz ausschließlich über verbandsrechtliche Sondernormen präferiert.

[450] *Habersack*, Mitgliedschaft, S. 163.

[451] *Habersack*, Mitgliedschaft, S. 163.

[452] Dies einbeziehend *Habersack*, Mitgliedschaft, S. 163.

Auch hinsichtlich des Eigentums ist bereits deutlich darauf hingewiesen worden, dass beispielsweise das Merkmal der „sozialtypischen Offenkundigkeit" der Begrenzung des deliktischen Schutzumfanges dient und nicht zur Begründung eines Schutzes taugt.[453] Zur Begründung eines Deliktsschutzes bedarf es nach hergebrachter Auffassung vielmehr einer Anerkennung der Rechtsposition durch Rechtsnormen außerhalb des Deliktsrechts als absolutem Recht.[454] Aus der Tatsache allein, dass die Mitgliedschaft ein subjektives Recht und ein Rechtsverhältnis darstelle, kann bis hierhin noch nicht auf einen Deliktsschutz im Innenverhältnis geschlossen werden. Entscheidend ist, dass der Mitgliedschaft eine Zuweisungs-/ Nutzungsfunktion und eine Ausschlussfunktion immanent sind, um als absolutes Recht qualifiziert zu werden.[455] Die Umfassung jedes rechtlich anerkannten Interesses durch das Deliktsrechts würde die gesetzgeberische Entscheidung gegen eine Generalklausel nahezu konterkarieren.[456] Dies gilt es sogleich näher zu beleuchten.[457]

§ 6 Materielles Schutzrecht auf verbandsrechtlicher Grundlage?

Neben den soeben kritisch dargestellten deliktsrechtlichen Ansätzen, die teilweise mit verbandsrechtlichen Schutzrechten gepaart werden, haben sich zur Begründung einer materiellrechtlichen Position des Aktionärs gegenüber Entscheidungen des Vorstandes diverse Ansätze herausgebildet, die primär auf dem Verbandsrecht aufbauen. Gemein ist ihnen die Suche nach der Grundlage in dem Verhältnis des Mitgliedes zum Verband. Erhebliche Unterschiede finden sich allerdings bei dem jeweiligen Schutzumfang, welcher von der Erfassung bloßer Kompetenzverstöße über die Beanstandung von Eingriffen in subjektive Individualrechtspositionen bis hin zu einer Kontrolle sämtlicher Geschäftsführungsmaßnahmen geht.[458] Daher wird im Folgenden eine kritische Darstellung einiger relevanter Positionen aus dem Schrifttum erfolgen. Soweit angebracht und möglich, wird bereits eine abschließende Bewertung vorgenommen.

---

[453] So explizit *Hüffer*, ZHR 161 (1997), 867, 869; *Reuter*, AcP 197 (1997), 322, 326; *Habersack*, Mitgliedschaft, S. 129 f. versucht hier unnötigerweise darzulegen, dass dieses Merkmal für die Bestimmung keine Relevanz entfalten könne.

[454] *Wagner*, in: MünchKomm/BGB, 6. Aufl., § 823 Rn. 205.

[455] *Wagner*, in: MünchKomm/BGB, 7. Aufl., § 823 Rn. 267; hierzu sogleich S. 274 ff.

[456] *Spickhoff*, in: Soergel/BGB, 13. Aufl., § 823 Rn. 86.

[457] Vgl. S. 274 ff.

[458] Die Darstellung der folgenden Auffassungen wird anhand ihres zeitlichen Erscheinens erfolgen.

A. Der Anspruch auf gesetzes- und satzungsgemäße Betätigung der Gesellschaft

Oft wird apodiktisch ein Anspruch des Aktionärs auf gesetzes- und satzungsgemäßes Verhalten angeführt, ohne das eine hinreichende Kontrolle seiner dogmatischen Grundlagen durchgeführt wird. Diese Grundlagen – vorausgesetzt er existiert überhaupt – sind allerdings essentiell, um die Frage nach der Fruchtbarmachung als Grundlage einer Klage gegen rechtswidriges Vorstandshandeln zu beantworten. Zuvor wurde bereits angenommen, dass ein Mitgliedschaftsrecht des Aktionärs auf satzungs- und gesetzesgemäße Beschlussfassung der Hauptversammlung existiert, welches als zu schützende Primärposition auch der Anfechtungsklage zugrunde liegt.[459] Darüber hinausgehend ist insbesondere aufbauend auf den Arbeiten von *Knobbe-Keuk* angenommen worden, dass ein Anspruch des Mitglieds auf rechtmäßiges Verhalten des gesamten Verbandes existiere.[460] Rückführend auf die Rechtsprechung des ROHG hat *Knobbe-Keuk* ein Recht des Gesellschafters darauf, dass sich die Gesellschaft im Rahmen der Satzung hält, versucht zu begründen.[461] Es wird anhand des Beispiels der faktischen Änderung des Unternehmensgegenstandes durch den Vorstand darauf hingewiesen, dass die Rechte des Aktionärs, welche ihm im Fall eines rechtswidrigen Hauptversammlungsbeschlusses zur Änderung des Unternehmensgegenstandes zustehen, wirkungslos wären, sofern der Vorstand die Hauptversammlung überginge.[462] Das Recht auf gesetzes- und satzungsgemäße Betätigung der Hauptversammlung sei lediglich eine Erscheinungsform eines darüber hinausgehenden Anspruchs auf gesetzes- und satzungsmäßige Betätigung der Gesellschaft.[463] Dies wird mit guten Gründen unter Verweis auf zwei Entscheidungen des Reichsoberhandelsgerichtes belegt, welches ebenfalls eine Klage gegen die Gesellschaft aufgrund von rechtswidrigem Vorstandsverhalten anerkannt hatte.[464] Eine allgemeine Anerkennung eines solch weitgehenden Anspruchs war allerdings auch zu Zeiten vor Kodifizierung der Anfechtungsklage nicht gegeben.[465] Denn insbesondere auf dem 15. Deutschen Juristentag ergriffen vehemente Gegner eines solch weitgehenden Individualrechts das Wort, sodass von einer Anerkennung keine Rede sein konnte.[466] Eine gewisse Skepsis ist auch dem ROHG

---

[459] Vgl. oben Materielle Grundlage der Anfechtungsklage? S. 182.

[460] *Knobbe-Keuk*, in: FS Ballerstedt, 1975, S. 239 ff.; *Paefgen*, AG 2004, 245, 250 f.; *Paefgen*, Unternehmerische Entscheidungen, S. 294 ff., 311 ff.; *Becker*, Verwaltungskontrolle, S. 75 ff.

[461] *Knobbe-Keuk*, in: FS Ballerstedt, 1975, S. 239, 244 ff.

[462] *Knobbe-Keuk*, in: FS Ballerstedt, 1975, S. 246.

[463] *Knobbe-Keuk*, in: FS Ballerstedt, 1975, S. 248.

[464] ROHG, Urt. v. 20. 10. 1877 – Rep. 822/77 –, ROHGE 23, 273; vgl. zu den Entscheidungen und den ihnen immanenten Wertungen bereits oben S. 212 ff.; ROHG, Urt. v. 09. 09. 1897 – Rep. 657/79 –, ROHGE 25, 307, 310 f.

[465] Anders *Knobbe-Keuk*, in: FS Ballerstedt, 1975, S. 250 f.; Einschätzung hier wie bei *Brondics*, Die Aktionärsklage, S. 45 f.

[466] Verweis Fn. 325; *Brondics*, Die Aktionärsklage, S. 34 Fn. 105.

im Urteil vom 20. Oktober 1877 [467] immanent, wenn es darauf aufmerksam macht, dass sich die Aufgabe des Richters nicht allein darauf konzentriert, dem Aktionärsverlangen nachzugeben. [468] Denn die Kompetenzverteilung innerhalb der Gesellschaft kann nicht gänzlich unberücksichtigt bleiben. [469]

Knobbe-Keuk möchte dem Aktionär unter Annahme eines solch „anerkannten" Rechts unter Verweis auf § 89 Einl. Preuß. ALR ebenfalls ein Klagerecht zur Seite stellen, da jedem dem ein Recht gebühre auch dessen Durchsetzung zuzugestehen sei. [470] Die beim ROHG angelegte Skepsis gegen ein umfassendes Klagerecht eines Aktionärs aus kompetenziellen Gesichtspunkten greift sodann auch *Knobbe-Keuk* auf und versagt dem Aktionär die Möglichkeit einer Klage gegen reine Geschäftsführungsmaßnahmen des Vorstandes. [471] Die Klage scheint sie allein in Bezug auf kompetenzübergreifende Maßnahmen zulassen zu wollen, wie den Erörterungen anhand des Beispiels der faktischen Änderung des Unternehmensgegenstandes zu entnehmen ist. [472] Man fragt sich nun allerdings, warum dem Aktionär zunächst ein so weitgehendes Recht zugestanden wird, um ihm sogleich einen erheblichen Anwendungsraum zu entreißen.

Dieser Ansatz übergeht, dass dem Aktionär der Anspruch auf gesetzes- und satzungsgemäße Beschlussfassung der Hauptversammlung als Mitglied des Organs Hauptversammlung zuzusprechen ist. Einem darüberhinausgehenden Anspruch steht insbesondere die in der Aktiengesellschaft herrschende Kompetenzordnung entgegen. Die Geschäftsführung wurde ausschließlich dem Vorstand zur eigenverantwortlichen Wahrnehmung zugewiesen. Die Hauptversammlung als solche hat hierauf keinen Einfluss. Dies wird bestärkt durch die Existenz von § 119 Abs. 2 AktG, der ebenfalls dem Vorstand die Entscheidung überantwortet, ob er die Hauptversammlung zu einer bestimmten Frage der Geschäftsführung befragen möchte. Kann aber die Hauptversammlung als Organ der Aktionäre kein Selbsteintrittsrecht in Stellung bringen, liegt es mehr als nur fern den Aktionären ein solches zuzugestehen. Zu einem derartigen Recht des Aktionärs ist im Rahmen der nachfolgenden Auseinandersetzung mit der Auffassung von *Paefgen* noch dezidierter einzugehen. [473]

---

[467] ROHG, Urt. v. 20.10.1877 – Rep. 822/77 –, ROHGE 23, 273.

[468] ROHG, Urt. v. 20.10.1877 – Rep. 822/77 –, ROHGE 23, 273, 278 f.

[469] *Schubel*, Verbandssouveränität und Binnenorganisation, S. 301.

[470] *Knobbe-Keuk*, in: FS Ballerstedt, 1975, S. 251.

[471] *Knobbe-Keuk*, in: FS Ballerstedt, 1975, S. 252.

[472] Vgl. bereits *K. Schmidt*, ZZP 92 (1979), 212, 218; gleiche Deutung bei *Stamatopoulos*, Pflichtenstellung des Vorstands, S. 276; *Behr*, Actio pro socio, S. 57.

[473] Vgl. S. 236 ff.

B. Materiellrechtlicher Anspruch auf Schutz der Mitgliedschaft als subjektivem Recht

Brondics sieht einen materiellen Schutzanspruch des Aktionärs in der Mitgliedschaft als subjektivem Recht begründet, dem bei Beeinträchtigungen ein Abwehr- und Beseitigungsanspruch immanent sei.[474] Die Mitgliedschaft sei ein in der Rechtsordnung so weit konkretisiertes Rechtsgebilde, das den Schutz als subjektives Recht beanspruchen könne.[475] Kritische Stimmen nehmen allerdings Anstoß an der zustimmenden Äußerung *Brondics'*, dass die Mitgliedschaft lediglich ein Bündel aus Rechten und Pflichten sei.[476,477] Dies ist nicht zielführend, da er allein die Begrifflichkeit der Mitgliedschaft präzisiert, in der er eine Zusammenfassung der im Verband bestehenden Rechte und Pflichten sieht.[478] *Brondics* scheint die Mitgliedschaft allerdings systemwidrig in ein zweigleisiges Schwert verwandeln zu wollen, wenn er im Anschluss an die außerhalb des Verbandes wirkende Einordnung als subjektivem Recht die Frage aufwirft, ob die Mitgliedschaft auch im Verbandsinnenverhältnis ein schützenswertes subjektives Recht darstelle, wenngleich er dies letztendlich bejaht und damit einen Gleichlauf herstellt.[479] Die Annahme, dass ein Schutz der Mitgliedschaft im Innenverhältnis existiere nimmt er unter Verweis darauf an, dass auch im Innenverhältnis eingeräumte Rechte leer laufen würden, sofern nicht auch die Beachtung dieser sichergestellt würde.[480] Hieraus leitet er sodann ein Beeinträchtigungsverbot über das im Gesetz und in der Satzung gedeckte Maß hinaus ab, wobei auch hier bereits sehr deutlich die Tendenz zur Annahme einer Durchsetzbarkeit im Klagewege durchleuchtet.[481] Zugleich erinnert dieses Beeinträchtigungsverbot sehr stark an die Grundkonzeption *Knobbe-Keuks*,[482] die dem Grunde nach einen Anspruch auf gesetzes- und satzungsgemäßes Verhalten annimmt.[483] *Brondics* gründet einen Schutzanspruch des Aktionärs auf eine sehr breite Grundlage der aktienrechtlichen Wertungen und schlägt hierdurch eine verbandsrechtliche Grundlage für die Aktionärsklage vor. So wird auf den Schutz der Aktionäre durch § 216 Abs. 1 S. 1 AktG verwiesen, der verhindern solle, dass die Beteiligung der Minderheits-

---

[474] *Brondics*, Die Aktionärsklage, S. 79 ff.

[475] *Brondics*, Die Aktionärsklage, S. 81.

[476] In Anlehnung an *Reinhardt*, ZBernJV 103 (1967), 329, 340, der von der Mitgliedschaft als „Rechts- und Pflichtenbündel" spricht.

[477] Kritisch *Schulz-Gardyan*, Die sog. Aktionärsklage, S. 57 Fn. 2.

[478] So *Brondics*, Die Aktionärsklage, S. 80.

[479] *Brondics*, Die Aktionärsklage, S. 82; kritisch auch *Schulz-Gardyan*, Die sog. Aktionärsklage, S. 53 f.

[480] *Brondics*, Die Aktionärsklage, S. 81.

[481] Wobei im weiteren Verlauf ein allgemeiner Anspruch auf rechts- und satzungsgemäßes Verwaltungshandeln abgelehnt wird und die Klage auf die Berücksichtigung und Wiederherstellung der Rechtsposition bezogen wird, vgl. *Brondics*, Die Aktionärsklage, S. 106 f.

[482] *Knobbe-Keuk*, in: FS Ballerstedt, 1979, S. 239 ff.

[483] Vgl. zu dem wohl auch nach *Knobbe-Keuk* eingeschränkten klagbaren Bereich S. 232 ff.

aktionäre beeinträchtigt wird.[484] Ebenso wie auf den Schutz der quotalen Beteiligung durch das gesetzlich gewährleistete Bezugsrecht nach § 186 AktG verwiesen wird.[485] Auch die Ausformung der Stellung von Vorzugsaktionären dient ihm als Anschauungsmaterial für die gesetzgeberische Tendenz, Minderheitsaktionäre vor Beeinträchtigungen ihrer Mitgliedschaft zu schützen. Denn bei den Vorzugsaktionären würden die Nachteile des fehlenden Stimmrechts durch Vorteile auf der Vermögensseite ausgeglichen und die Nachteile würden nach dem lex lata eliminiert, sofern die Vorteile nicht gewährt werden; § 140 Abs. 2 S. 2 AktG.[486] Dem Umfang nach sei dem Aktionär insbesondere der Schutz von Mitverwaltungsrechten als auch Vermögensrechten einzuräumen.[487] Maßgebend für den Schutz sei allein, dass das konkrete Recht dem „Aktionär als Träger eines selbstständigen Individualwillens aus der Mitgliedschaft gegen die Gesellschaft" zustehe.[488] Hierdurch würde ein durchaus umfassendes Schutzkonzept für die Bewahrung mitgliedschaftlicher Rechte statuiert.

Der sodann folgende Versuch einer verfassungsrechtlichen Abstützung einer Aktionärsklage über die Eigentumsgarantie geht nicht darüber hinaus, dass die Aktie als von der Eigentumsgarantie des Art. 14 Abs. 1 S. 1 GG umfasst anzusehen ist.[489] Der Verweis auf ein zu § 361 AktG a.F.[490] ergangenes Urteil des BGH,[491] in welchem Verfügungen gegen den Willen des Rechtsinhabers durchgesetzt worden sind, gibt für die Grundlage der Aktionärsklage nichts her.[492] Es wird verkannt, dass es gerade nicht um Verfügungen hinsichtlich der Mitgliedschaft geht, sondern um die Verpflichtung des Unternehmens, die Mitgliedschaft zu achten. Hinsichtlich dieser Frage hat das Mitglied im Rahmen der Beschlussfassung allerdings hinreichende Möglichkeiten Einfluss zu nehmen und gegebenenfalls den Zustimmungsbeschluss nach § 241 ff. AktG anzufechten oder für nichtig erklären zu lassen.[493] Die Einordnung der Beschränkungen der Mitgliedschaft als Inhalts- und Schrankenbestimmung wird sodann zwar vorgenommen.[494] Dies allerdings mit einer zweifelhaften Schlussfolgerung. Die zuvor herausgearbeitete minderheitsschützende Ten-

---

[484] *Brondics*, Die Aktionärsklage, S. 89; wobei er dies pauschal auf Kapitalerhöhungen zu beziehen scheint und die Einschränkung auf Kapitalerhöhungen aus Gesellschaftsmitteln außer Betracht lässt.

[485] *Brondics*, Die Aktionärsklage, S. 89.

[486] *Brondics*, Die Aktionärsklage, S. 90.

[487] *Brondics*, Die Aktionärsklage, S. 104 ff. mit nachfolgender Auflistung der klagbaren Rechte.

[488] *Brondics*, Die Aktionärsklage, S. 105.

[489] *Brondics*, Die Aktionärsklage, S. 91.

[490] Abgelöst durch § 179 a AktG.

[491] BGH, Urt. v. 16.11.1981 – II ZR 150/80 –, BGHZ 82, 188, 192.

[492] So aber *Brondics*, Die Aktionärsklage, S. 86.

[493] *Holzborn*, in: Spindler/Stilz, 4. Aufl., § 179a Rn. 23.

[494] *Brondics*, Die Aktionärsklage, S. 91 f.; ebenso BGH, Urt. v. 16.11.1981 – II ZR 150/80 –, BGHZ 82, 188, 192.

denz des Aktienrechts sei für eine Herausnahme weiterer Einschränkungen der Mitgliedschaft aus der erlaubten Eigentumsbindung fruchtbar zu machen.[495] Damit befindet man sich auf der Suche nach einer Grundlage der Aktionärsklage allerdings wieder am Anfang, nämlich bei den bloßen Tendenzen des Aktiengesetzes die Minderheitsrechte zu schützen.[496]

C. Recht auf gesetzes- und satzungsgemäßes Verhalten aus einem Sozialkontrakt?

Paefgen baut seine Ansicht einer Aktionärsklage auf einem umfassenden Anspruch des Aktionärs auf gesetzes- und satzungsmäßiges Handeln der Gesellschaft auf. Dies, nachdem er zutreffend die Möglichkeit einer actio pro societate durch den Aktionär in gesetzlicher Prozessstandschaft abgelehnt hat.[497] Hierbei kritisiert er den von der überwiegenden Ansicht in Stellung gebrachten Gedanken des Kompetenzkonfliktes zwischen Vorstand und Hauptversammlung. Seiner Ansicht nach sei es paradox, dass eine Klagebefugnis, welche gerade dem Zweck dient, die Kompetenzbereiche zu wahren, unter Verweis auf eben diese abzulehnen.[498]

Hier bleibt allerdings die Frage offen, ob eine Aktionärsklage, die auf einen umfassenden Anspruch auf gesetzes- und satzungsgemäßes Verhalten der Gesellschaft gestützt wird, ausschließlich den Zweck verfolgt, die Kompetenzordnung innerhalb der Aktiengesellschaft zu wahren. Dies scheint mit Blick auf eine Erfassung des gesamten Geschäftsführungsbereichs und der Wertung des § 76 Abs. 1 AktG fragwürdig.[499]

Der Aktionär sei, so *Paefgen*, durch seine Mitgliedschaft eine Bindung nur eingegangen, sofern sich die Zweckverfolgung, für die er sein Kapital eingesetzt hat, an die gesetzlichen und statutarisch festgesetzten Grenzen hält. Der Anspruch gegen den Verband sei gerade die Kehrseite dieser Pflichtenbindung,[500] welche der Aktionär mit dem Sozialkontrakt eingegangen sei.[501] Der Kompetenzbereich, welcher

---

[495] *Brondics*, Die Aktionärsklage, S. 92.

[496] Gegen die Tendenz Art. 14 GG zu einer „Allzweckwaffe" des Privatrechts zu transformieren *Leuschner*, NJW 2007, 3248 ff.

[497] *Paefgen*, Unternehmerische Entscheidungen, S. 313.

[498] *Paefgen*, Unternehmerische Entscheidungen, S. 308.

[499] Zum Zweck des § 76 Abs. 1 AktG siehe sogleich.

[500] *Paefgen*, Unternehmerische Entscheidungen, S. 315.

[501] Dieser Gedankengang ist bereits in der frühen Geschichte der Aktiengesellschaft zu finden. So ging schon das ROHG, in Urt. v. 09. 09. 1897 – Rep. 657/79 –, ROHGE 25, 307, 310 davon aus, dass „Die in der Actiengesellschaftsform sich vollziehende Kapitalvereinigung erfolgt und muß erfolgen auf eine bestimmte vereinbarte Grundverfassung hin. […] Nur innerhalb der durch die Grundverfassung und das Gesetz bestimmten Grenzen kann von einer gewollten Unterordnung des einzelnen Actionärs in Betreff seiner Einwirkung auf seinen beigetragenen Kapitalsantheil wie auf das Gesellschaftsvermögen überhaupt unter den Willen

der Verwaltung zugewiesene ist, sei von dem Anspruch des Aktionärs nicht auszusparen.[502] Hieraus ergebe sich vielmehr eine Art Zustimmungsvorbehalt zulasten der Verwaltung, die für ein Tätigwerden einer Ermächtigungsgrundlage bedürfe. Eine derartige Grundlage könne sich aus den „organisationellen und materiellen Vorgaben für die Leitung der Gesellschaft durch das Aktiengesetz und die Satzung" ergeben.[503]

Jeder Aktionär bedürfe zur Durchsetzung dieses Anspruchs einer Klagemöglichkeit gegenüber rechtswidrigen Akten der Verwaltung. Hierfür beruft sich auch *Paefgen* auf § 89 Einl. Preuß. ALR.[504] Dem Einwand, dass der Kompetenzbereich des Vorstandes als Leitungsorgan von dem der Hauptversammlung zu unterscheiden sei, entgeht *Paefgen* durch die Annahme, dass die Leitungspflicht ein für alle Gesellschaftsorgane geltendes Prinzip sei.[505] Jedes Organ der Aktiengesellschaft treffe bei der Wahrnehmung der jeweiligen Kompetenzen unternehmerische Entscheidungen. Um den Organen einen nicht justiziablen Ermessensspielraum zu gewähren, sei die Business Judgment Rule des § 93 Abs. 1 S. 2 AktG auch auf die Hauptversammlung zu übertragen.[506] Nur bei Vorliegen der Voraussetzungen der Business Judgment Rule soll der Hauptversammlung ein unternehmerisches Ermessen zugestanden werden.[507] Andernfalls finde ein Ermessensentzug statt.[508] Aufgrund dieser Uniformität sei gegen einen allgemeinen Anspruch des Aktionärs, der sich auch unmittelbar gegen das Leitungsorgan wendet, nichts einzuwenden. Denn ein besonderer Schutz vor „Übergriffe(n) in das unternehmerische Ermessen" sei nicht notwendig.[509] Im Bereich der Ermessensentscheidungen werde der Anspruch des Aktionärs dadurch begrenzt, dass er lediglich einen Anspruch auf korrekte Ermessensausübung gegenüber dem Vorstand innehabe.[510] Eine darüberhinausgehende Zweckmäßigkeitskontrolle finde allerdings nicht statt. *Paefgen* sieht in dem von ihm vertretenen Anspruch das verbandsrechtliche Pendant zu der Gesetzesbindung der Verwaltung nach Art. 20 Abs. 3 GG.[511]

---

der Gesamtheit der Actionäre, wie er in dem verfassungsmäßigen Mehrheitsbeschluß in der H.V. zu Tage tritt, gesprochen werden."

[502] *Paefgen*, Unternehmerische Entscheidungen, S. 315.

[503] *Paefgen*, Unternehmerische Entscheidungen, S. 316.

[504] *Paefgen*, Unternehmerische Entscheidungen, S. 318.

[505] *Paefgen*, Unternehmerische Entscheidungen, S. 318.

[506] *Paefgen*, Unternehmerische Entscheidungen, S. 171–256; vgl. hierzu bereits oben S. 49 ff.

[507] *Paefgen*, Unternehmerische Entscheidungen, S. 171–256, der die BJR als organübergreifende Regelung ansieht; *Wallisch*, Unternehmerische Entscheidungen der HV, S. 79 ff.; *Wandrey*, Materielle Beschlusskontrolle, 165 f.

[508] *Paefgen*, Unternehmerische Entscheidungen, S. 210 f.

[509] *Paefgen*, Unternehmerische Entscheidungen, S. 318.

[510] *Paefgen*, Unternehmerische Entscheidungen, S. 320.

[511] *Paefgen*, Unternehmerische Entscheidungen, S. 316.

Unangebracht scheint es *Paefgen* unvermittelt eine Missachtung des Grundsatzes der Satzungsstrenge vorzuwerfen.[512] Denn nach der oben genannten Ausgangsprämisse *Paefgens* wäre eine umfassende Kontrollbefugnis des Aktionärs sehr wohl als von § 23 Abs. 5 AktG gedeckt denkbar. Es geht gerade darum, ob sich eine materiellrechtlich umfassende Kontrollbefugnis des Aktionärs begründen ließe, was bei Annahme der Leitungspflicht aller Organe nicht unmöglich erscheint.

Anzuzweifeln ist vielmehr die Ausgangsprämisse *Paefgens* selbst, wonach auch die Hauptversammlung als Leitungsorgan unternehmerische Entscheidungen treffe. Dem liegt ein funktionaler Begriff der Leitung zugrunde, der nicht auf den Bereich der unmittelbar durch den Vorstand wahrgenommenen Geschäftsführung nach § 76 Abs. 1 AktG beschränkt ist, sondern alle relevanten Entscheidungen zur Unternehmensführung erfasst.[513] Ein solcher ist mit dem geltenden Aktienrecht allerdings nicht in Einklang zu bringen. § 76 Abs. 1 AktG weist dem Vorstand die Leitung der Aktiengesellschaft in eigener Verantwortung zu. Hiermit ist eine ausdrückliche Kompetenzzuweisung an den Vorstand verbunden,[514] die gegen die von *Paefgen* angeführte uniforme Leitungsstruktur spricht. Unter der Leitung ist mit der zutreffenden Ansicht ein herausgehobener Teil der Geschäftsführung zu verstehen.[515] Im Leitungsbegriff ist die politische Führung der Gesellschaft und die zur Durchsetzung dieser Unternehmenspolitik zu schaffende Organisation zusammengefasst, wohingegen der Begriff der Geschäftsführung als diesen Bereich mitumfassender Termini, sämtliche rechtsgeschäftliche und tatsächliche Handlungen des Vorstandes umfasst.[516] Dass § 76 Abs. 1 AktG mehr als nur eine funktionale Bedeutung hat, wird nicht zuletzt durch die Stellung der Norm im Abschnitt über die „Verfassung der Aktiengesellschaft" deutlich. Sie dient als Norm des Binnenrechts der exakten Abgrenzung der Zuständigkeitsbereiche der Gesellschaftsorgane zueinander.[517] Dies schwebte auch dem Gesetzgeber des AktG 1965 vor, der in der Norm eine Zuständigkeitsabgrenzung sah.[518] Dies wird belegt durch eine Nachzeichnung der historischen Entwicklung der Norm. War es unter dem ADHGB von 1861 bis zu dem ADHGB von 1897 für die Generalversammlung noch möglich, Entscheidungen auch

---

[512] So aber *Behr*, Die actio pro socio, S. 78. Dem ist nur im Ergebnis zuzustimmen. Dies kann nur aufgrund der Widerlegung der Ausgangsprämisse von *Paefgen* angenommen werden. Denn unter Beachtung des von *Paefgen* angenommenen Leitungsbegriffes kann sich ein Anspruch auf gesetzes- und satzungsgemäßes Verhalten in die Ausgestaltung des aktienrechtlichen Eigentums durch den Gesetzgeber im Sinne des Art. 14 Abs. 1 S. 2 GG einfügen. Vgl. zu diesem Begründungsstrang *Behr*, Die actio pro socio, S. 79.

[513] *Paefgen*, Unternehmerische Entscheidungen, S. 15 f.

[514] Anders *Möslein*, Grenzen unternehmerischer Leitungsmacht, S. 22; *Paefgen*, Unternehmerische Entscheidungen, S. 16 ff.; *Böttcher/Blasche*, NZG 2006, 569, 571.

[515] *Kort*, in: GroßKomm/AktG, 5. Aufl., § 76 Rn. 28 ff.; *Mertens/Cahn*, in: KölnKomm/ AktG, 3. Aufl. § 76 Rn. 4; *Koch*, in: Hüffer/Koch, 13. Aufl., § 76 Rn. 8; *Fleischer*, ZIP 2003, 1, 3.

[516] *Herwig*, Leitungsautonomie, S. 49 f.

[517] *Mülbert*, Aktiengesellschaft, 2. Aufl., S. 284; *Herwig*, Leitungsautonomie, S. 73.

[518] Reg. Begr. *Kropff*, AktG 1965, S. 95.

in Geschäftsführungsangelegenheiten zu treffen und dem Vorstand Weisungen zu erteilen,[519] wurde dies mit dem Aktiengesetz von 1937 durch § 70 Abs. 1 AktG 1937 abgeschafft.[520] Daher bleibt es weiter bei dem zutreffenden Gedanken, dass eine umfassende Möglichkeit des Aktionärs im Klagewege direkt gegen den Vorstand vorzugehen, die gesetzlichen Kompetenzzuordnungen innerhalb der Aktiengesellschaft konterkariert. Die privatautonome Delegation von Verfügungs- und Herrschaftsbefugnissen durch die Aktionäre kann hierüber nicht hinweghelfen,[521] da die Aktionäre dem Verband in seiner gesetzlich vorgegebenen Struktur beitreten. Diese Struktur weist nun aber für den Bereich der Geschäftsführung nicht die Hauptversammlung oder den einzelnen Aktionär als allzuständigen Rechtsbewahrer aus, sondern sie weist die Geschäftsführung dem Vorstand in eigener Verantwortung zu, deren Ausübung durch den Aufsichtsrat kontrolliert wird.

Ein weiterer zu berücksichtigender Aspekt, der gegen die Zulassung der umfassenden Klagemöglichkeit spricht, ist die Tatsache, dass *Paefgen* die Aktionärsklage zu einer Popularklage mutieren lässt,[522] die dem Aktionär mehr Rechte einräumt als „seinem" Organ. Hierüber hilft auch nicht hinweg, dass *Paefgen* die Beschlussmängelklagen als Beispiel anführt, in welcher der Aktionär keine eigene Betroffenheit nachweisen müsse und bei der der Hauptversammlung als Organ auch kein eigenständiges Klagerecht zustehe, dem Aktionär allerdings gem. §§ 245 Nr. 1–3 AktG schon.[523] Der Unterschied zu der hier in Rede stehende Konstellation ist, dass sich diesbezüglich gesetzliche Regelungen finden, die wie gesehen nicht auf Vorstandsentscheidungen anwendbar sind.[524] Das fehlende Klagerecht der Hauptversammlung bei Beschlussmängelklagen lässt zudem keinerlei Rückschlüsse zu. Es geht hier um eine organinterne Ordnung durch diejenigen, die durch ihr Organ in der Aktiengesellschaft tätig werden, in einem der Hauptversammlung zugewiesenen Kompetenzbereich. Ein Klagerecht der Hauptversammlung selbst wäre hier also obsolet. Anders ist es, wenn der Aktionär *neben* „seinem" Organ in der Aktiengesellschaft tätig werden möchte, da er in diesem Fall den ihm grundsätzlich zugewiesenen Einflussbereich verlässt. Hier wäre es angebracht nachzuweisen, warum er einen größeren Einfluss als sein ihm „übergeordnetes Sprachrohr", die Hauptversammlung haben sollte.

---

[519] Nach Art. 221 Abs. 1 ADHGB 1861 konnte die Hauptversammlung auch in Sachen der Geschäftsführung entscheiden und in Art. 231 Abs. 1 ADHGB 1861 waren Weisungen gegenüber dem Vorstand vorgesehen; vgl. zur Geschichte der aktienrechtlichen Gesetzgebung m.w.N. *Fleckner*, in: Aktienrecht im Wandel, Bd. 1, S. 999 ff., 1045 ff.

[520] Vgl. Art. 221 Abs. 1, Art. 231 Abs. 1 ADHGB 1861, die bis auf sprachliche Anpassungen bis zum ADHGB 1884 inhaltlich und numerisch erhalten blieben. Die Generalversammlung war hiernach das *einflussreichste und bedeutendste* Organ in allen Angelegenheiten.

[521] So aber *Paefgen*, Unternehmerische Entscheidungen, S. 317.

[522] So *Hoffmann-Becking*, ZHR 167 (2003), 357, 361.

[523] *Paefgen*, Unternehmerische Entscheidungen, S. 320.

[524] Vgl. zur ablehnenden Haltung einer analogen Anwendung der §§ 241 ff. AktG auf Vorstandsentscheidungen S. 206 ff.

Zur Unterstützung des verbandsrechtlich angenommenen Zustimmungsvorbehaltes, dem der Vorstand unterliegen solle, wird zudem ein Vergleich mit der Gesetzesbindung der Verwaltung gezogen.[525] Das Verwaltungshandeln werde durch den privatautonomen Sozialkontrakt und die materiellen und organisationellen Anforderungen an die Leitung legitimiert, ähnlich einer Ermächtigungsgrundlage im öffentlichen Recht.[526] Bei dem Verweis auf Art. 20 Abs. 3 GG wird allerdings verkannt, dass es sich bei dieser Norm nach herrschendem Verständnis im öffentlich rechtlichen Schrifttum nicht um eine Norm handelt, die dem Bürger als solchem ein subjektives (öffentliches) Recht auf Einhaltung der Gesetze durch die Verwaltung zusteht.[527] Art. 20 Abs. 3 wird vielmehr als eine die Verwaltung verpflichtende Norm betrachtet. Auch im öffentlichen Recht steht dem Bürger eine Klagebefugnis nur zu, sofern er den Nachweis erbringt, dass die durch die Verwaltung verletzte Norm auch dem Schutz seiner subjektiven Interessen dient.[528]

Die Gefahr durch solch eine umfassende Klagemöglichkeit in den laufenden Geschäftsbetrieb einzugreifen, wäre wohl ungemein größer als sie durch die Erhebung missbräuchlicher Anfechtungsklagen jemals war. Selbst bei Berücksichtigung des weiten Ermessensspielraums der Gesellschaftsorgane durch die Gerichte, würde eine Ausbreitung des laufenden Geschäftsbetriebes im Prozess eine schier lähmende Wirkung haben. Der Aktionär würde bei der Annahme eines derartigen Rechts zum Bewahrer des objektiven Rechts werden, womit sodann in den Aufgabenbereich des Aufsichtsrates eingegriffen wird. Für das genehmigte Kapital würde dies bedeuten, dass eine Ausnutzung bereits dann durch den Aktionär verhindert werden könnte, wenn die Aufsichtsratszustimmung nach § 202 Abs. 3 S. 2 AktG aus Unachtsamkeit noch nicht eingeholt worden ist,[529] wobei dies auch nach Stellung eines Eintragungsantrages unproblematisch nachgeholt werden könnte. Zu beachten ist hier insbesondere die Möglichkeit des Registerrichters durch eine Zwischenverfügung die Beseitigung des Mangels aufzugeben. Diese könnte durch den Aktionär genommen werden, wenn dieser mittels einer einstweiligen Verfügung erwirkt, dass die Eintragung der Durchführung als unzulässig zurückzuweisen wäre. Unter den dargestellten Umständen kann der Auffassung aufgrund eines Verstoßes gegen die aktienrechtliche Kompetenzordnung und damit auch wegen Verstoßes gegen § 23 Abs. 5 AktG nicht gefolgt werden.

---

[525] *Paefgen*, Unternehmerische Entscheidungen, S. 316.

[526] *Paefgen*, Unternehmerische Entscheidungen, S. 316.

[527] *Hoffmann-Becking*, ZHR 167 (2003), 357, 362 Fn. 30 m.w.N.; *Adolff*, ZHR 169 (2005), 310, 320 f.

[528] *Hoffmann-Becking*, ZHR 167 (2003), 357, 362; *Adolff*, ZHR 169 (2005), 310, 320 f.

[529] Eigenständige Bedeutung erlangt § 202 Abs. 3 S. 2 AktG nur für den Fall, dass der Vorstand den Inhalt der auszugebenden Aktien nicht festlegt, da dann nach § 204 AktG die Aufsichtsratszustimmung Wirksamkeitsvoraussetzung ist.

D. Verbandsklage als Individualrechtsschutz?

Hoffmann-Becking sieht die Grundlage der Aktionärsklage ebenfalls im Verbandsinnenrecht der Aktiengesellschaft angesiedelt. Das Mitglied solle allerdings nicht aufgrund einer jeden in Betracht kommenden Verletzung des subjektiven Rechts der Mitgliedschaft[530] einen Anspruch innehaben, sondern die Klagebefugnis sei ihm nur bei der Verletzung individueller Einzelrechte zu gewähren.[531] Nun kommt er darauf, indem er primär auf die Mitgliedschaft als Sammelrecht der Vermögens- und Verwaltungsrechte innerhalb der Gesellschaft abstellt, ohne aber die subjektiv rechtliche Qualität der Mitgliedschaft zu leugnen.[532]

In der Tat hat *Hoffmann-Becking* Recht, wenn er postuliert: „Ist das Mitgliedschaftsrecht per se verletzt, wenn ein Organ der Gesellschaft rechtswidrig handelt? Im Ergebnis kann das nicht richtig sein.".[533] Dies liegt aber nicht daran, dass sich das eigenständige subjektive Recht der Mitgliedschaft aus einem Bündel von Einzelrechten zusammensetzt, sondern man muss sich die Frage stellen, inwieweit die Verbandsverfassung, von der das Mitgliedschaftsrecht nicht losgelöst werden kann, eine Aktionärsklage zulässt.

E. Kompetenzschutzklage

Martin Schwab hat in seiner Habilitationsschrift eine Klage des Aktionärs gegen den Vorstand bei einer Kompetenzüberschreitung für möglich gehalten.[534] Er ordnet dieses Rechtsschutzinstrument, bei dem der Gesellschafter allein die Verletzung eigener Mitwirkungsrechte geltend mache, unter die Begrifflichkeit der „Kompetenzschutzklage" ein. Diese abstrakte Formulierung ist der rechtsformübergreifenden Untersuchung *Schwabs* geschuldet und soll keinerlei Zweifel an der hier verwandten Terminologie der Aktionärsklage aufkommen lassen.[535]

Die materielle Grundlage des Begehrens eines Aktionärs bei der Kompetenzschutzklage sieht *Schwab* in der Behauptung, dass der Aktionär bei einer Maßnahme des Vorstands in seinem Entscheidungsteilhaberecht beeinträchtigt worden sei, welches er über sein ihm im Rahmen der Hauptversammlung zustehendes Stimmrecht ausübe.[536] Er erteilt unverblümt eine Absage an all diejenigen, die auch bei der „Kompetenzschutzklage" eine dogmatische Verwandtschaft zu der hier nicht vertretenen Ansicht erkennen, wonach Anfechtungs- und Nichtigkeitsklage rein ob-

---

[530] Vgl. oben Mitgliedschaft als subjektives Recht S. 270.

[531] *Hoffmann-Becking*, ZHR 163 (2003), 357, 363 f.

[532] *Hoffmann-Becking*, ZHR 163 (2003), 357, 363.

[533] *Hoffmann-Becking*, ZHR 163 (2003), 357, 363.

[534] Vgl. für die folgende Darstellung *Behr*, Die actio pro socio, S. 61 ff.

[535] *Schwab*, Gesellschaftsinterne Streitigkeiten, S. 7.

[536] *Schwab*, Gesellschaftsinterne Streitigkeiten, S. 8.

jektive Beanstandungsverfahren ohne materiellrechtliche Position der Aktionäre seien.[537] Aber auch bei Annahme einer der Anfechtungsklage zugrunde liegenden materiellrechtlichen Position weiße die Kompetenzschutzklage eine andere dogmatische Grundlage auf.[538] Der „Kompetenzschutzklage" liege vielmehr ein dem Teilhaberecht der Aktionäre korrespondierender Anspruch zugrunde, der den Vorstand dazu verpflichte

- gefasste Hauptversammlungsbeschlüsse auszuführen,[539]

- ablehnende Beschlüsse zu akzeptieren und die entsprechenden Maßnahmen zu unterlassen,[540]

- Tätigkeiten zu unterlassen, die in die Beschlusskompetenz der Hauptversammlung fallen[541]

- und sämtliche Maßnahmen rückgängig zu machen, die entgegen den vorherigen Bindungen ausgeführt worden sind.[542]

Schwab ordnet das Teilhaberecht des Aktionärs als ein diesem zustehendes subjektives Recht ein. Durch die Zuweisung in die Individualrechtssphäre des Aktionärs gebe es ihm die Möglichkeit verlangen zu können, dass Beschlossenes ausgeführt und nicht Beschlossenes oder Abgelehntes unterlassen wird.[543] Die Kompetenzschutzklage fußt damit auf einem eigenen Recht des Aktionärs. Er habe einen eigenen „Befolgungsanspruch" im Sinne des § 194 BGB.[544] Des Weiteren

---

[537] *Schwab*, Gesellschaftsinterne Streitigkeiten, S. 16.

[538] *Schwab*, Gesellschaftsinterne Streitigkeiten, S. 16.

[539] *Schwab* hebt hier insbesondere die Bindung des Vorstandes an die Entscheidungen der Gesellschafter hervor, die bei regulären im Zuständigkeitsbereich der Hauptversammlung liegenden Beschlüssen auch aus der Durchführungspflicht nach § 83 Abs. 2 AktG geschlossen werden kann, wie auch über § 119 Abs. 2 AktG über der Hauptversammlung vorgelegte Geschäftsführungsangelegenheiten, Gesellschaftsinterne Streitigkeiten, S. 11.

[540] Anders sieht dies *Winnefeld*, DB 1972, 1053, 1054; wobei *Schwab* auf das Urteil des OLG Hamm, Urt. v. 24.06.1992 – 8 U 82/92 –, BB 1993, 165 f. verweist, welches einen Unterlassungsanspruch nur zugunsten eines nicht geschäftsführungsbefugten Gesellschafters einer Personenhandelsgesellschaft betraf. Um von einem solchen auf den eines Aktionärs zu schließen ist es allerdings ein weiterer Weg.

[541] Für einen darauf gerichteten Anspruch des Aktionärs vgl. m.w.N. *Schwab*, Gesellschaftsinterne Streitigkeiten, S. 11 Fn. 40.

[542] Vgl. insgesamt zu den Bindungen des Vorstandes *Schwab*, Gesellschaftsinterne Streitigkeiten, S. 11 f. und hinsichtlich der Herleitung eines eigenen „Befolgungsanspruches" der Gesellschafter S. 16 ff.

[543] *Schwab*, Gesellschaftsinterne Streitigkeiten, S.17; dagegen unter der Prämisse, dass allein das Organ Hauptversammlung verletzt worden ist und damit allein die Entscheidung über ein Vorgehen gegen den Vorstand innehabe *Häsemeyer*, AcP 188 (1988), 140, 161; *Pflugradt*, Leistungsklagen, S 39; *Roth*, ZZP 103 (1990), 365, 369; *Littbarski*, Einstweiliger Rechtsschutz, S. 157; *Roth*, in: FS Henckel, 1995, S. 707, 717, den Aktionären hingegen steht keinerlei Anspruch auf rechtmäßiges Gebaren des Vorstandes zu.

[544] *Schwab*, Gesellschaftsinterne Streitigkeiten, S. 38 ff. zu dem Befolgungsanspruch als primärem Erfüllungsanspruch.

stehe dem Aktionär zusätzlich ein Ersatzaufsichtsrecht aus eigenem Recht zu, welches allerdings kein subjektives Recht sei, sondern ein Organrecht des Aktionärs als stimmberechtigtes Mitglied der Hauptversammlung.[545] Es geht ihm also im Unterschied zu *Lutter* nicht darum, ein Recht der Gesellschaft oder des Organs durch den Aktionär in Prozessstandschaft geltend machen zu lassen, sondern um die Bewahrung einer eigenen Rechtsposition.[546] Dem Aktionär stünden damit zweierlei kompetenzielle Grundlagen zur Verfügung, um eine Kompetenzverletzung durch den Vorstand zulasten der Hauptversammlung geltend zu machen.[547]

Eine Grundlage des Befolgungsanspruches sei allerdings keinesfalls im System des Deliktsrechts zu finden, da die Mitgliedschaft als Ganzes nicht unter den Deliktsschutz passe,[548] wobei *Schwab* eine strikte Trennung zwischen der Mitgliedschaft als Rechtsverhältnis und der Mitgliedschaft als subjektivem Recht vornimmt und diese niemals gleichzeitig durch die Mitgliedschaft repräsentiert werden könnten.[549] Er ordnet die Mitgliedschaft vielmehr als den Inbegriff der Einzelrechte ein und diese allein seien es, die ein subjektives Recht darstellen können.[550] Daher verfällt er auch im Rahmen seiner ablehnenden Argumentation vielfach in eine Struktur, die sich allein aus der Prämisse ergibt, dass die Mitgliedschaft als solche kein subjektives Recht darstelle. Dies ist kritisch zu betrachten. Ob der Ausgangspunkt der strikten Trennung von Rechtsverhältnis und subjektivem Recht durchzuhalten ist, gilt es im Rahmen der eigenen Stellungnahme dezidiert zu untersuchen.[551]

Die Klagemöglichkeit des Aktionärs derart verstanden, würde aus der Kompetenzschutzklage der im Rahmen des genehmigten Kapitals relevanteste Fall eines rechtswidrigen Bezugsrechtsausschlusses ausscheiden.[552] Der sachlich nicht gerechtfertigte und damit rechtswidrige Bezugsrechtsausschluss stelle bei angenommener rechtmäßiger Ermächtigung durch die Hauptversammlung nach *Schwab* keine Kompetenzverletzung dar. Es sei nur eine Verkürzung materieller Aktionärsrechte

---

[545] *Schwab*, Gesellschaftsinterne Streitigkeiten, S. 18 f.

[546] Vgl. zur Konzeption *Lutters*, S. 193 ff.

[547] Die Geltendmachung des Ersatzaufsichtsrechts sei, da der Aktionär dieses nur als Organrecht in seiner Funktion als Entscheidungsträger innerhalb der Hauptversammlung inne hat, auf die Geltendmachung von Kompetenzverstößen der Hauptversammlung beschränkt. Kompetenzüberschreitungen des Aufsichtsrates hingegen seien nicht umfasst, *Schwab*, Gesellschaftsinterne Streitigkeiten, S. 19.

[548] *Schwab*, Gesellschaftsinterne Streitigkeiten, S. 19 ff.

[549] *Schwab*, Gesellschaftsinterne Streitigkeiten, S. 21 f.; anders *Habersack*, Mitgliedschaft, S. 69; *K. Schmidt*, Gesellschaftsrecht, § 19 I 3 (S. 549); *ders.*, ZGR 2011, 108, 115 ff.

[550] *Schwab*, Gesellschaftsinterne Streitigkeiten, S. 22.

[551] Vgl. S. 267 ff. Das Ergebnis sei an dieser Stelle kurz vorwegzunehmen. Der Ausgangsprämisse ist nicht zu folgen. Die Einordnung als subjektives Recht und als Rechtsverhältnis schließt sich nach den nachfolgend gewonnenen Erkenntnissen keineswegs aus, sodass auch der Ansicht *Schwabs* nicht gefolgt werden kann.

[552] So *Schwab*, Gesellschaftsinterne Streitigkeiten, S. 520 f.

gegeben, die von einer auf einem primären Erfüllungsanspruch aufbauenden Aktionärsklage nicht erfassbar sei.[553] Dies ist allerdings kritisch zu betrachten, denn wenn der Bezugsrechtsausschluss nicht von der Ermächtigung gedeckt ist,[554] kann nach hier vertretener Ansicht kaum von einer die materiellen Rechte des Aktionärs verkürzenden aber kompetenzwahrenden Maßnahme der Verwaltung ausgegangen werden.[555]

F. Negatorischer Rechtsschutz von relativen Aktionärsrechten als grundrechtsfunktionalen Abwehrrechten?

Behr versucht in seiner Dissertation ein verbandsrechtliches Schutzkonzept ähnlich dem von *Hoffmann-Becking* zu entwickeln, wobei er die mitgliedschaftlichen Rechte des Aktionärs als grundrechtsfunktionale Abwehrrechte versteht.[556] Er sieht die Grundlage für ein Schutzkonzept in dem Verhältnis des Aktionärs zur Aktiengesellschaft und stellt bei den Einzelrechten primär auf deren Abwehrfunktion in Bezug auf das Mitwirkungsrecht ab.[557] *Behr* geht im Anschluss an *Hadding* bei der Mitgliedschaft von der bloßen Stellung des Mitglieds im Verhältnis zwischen ihm und der Aktiengesellschaft aus, wobei nicht klar wird, ob er unter der Mitgliedschaft auch ein subjektives Recht verstehen möchte. Er verweist hier nämlich auf die Positionen von *Hadding* und *K. Schmidt*, die sich konträr gegenüberstehen.[558] Die Klagebefugnis des Aktionärs sieht *Behr* als gegeben an, sofern ein Eingriff in ein unter die beiden Oberbegriffe der Mitwirkungs- und Vermögensrechte subsumierbares Recht des Aktionärs gegeben sei.[559] Aufgrund der Fokussierung auf die Einzelrechte des Aktionärs scheint die Grundauffassung *Behrs* für die Aberkennung des subjektiv rechtlichen Charakters der Mitgliedschaft zu streiten. Sodann wird insbesondere anhand des Teilhaberechts des Aktionärs dargelegt, dass durch das Aktiengesetz den Aktionärsrechten grundsätzlich auch Schutzrechte zur Seite gestellt wurden.[560] Im Anschluss an *Wilhelm* und *Picker* sieht er durch die Rechtsordnung

---

[553] *Schwab*, Gesellschaftsinterne Streitigkeiten, S. 520 f.; unter Bezug auf *Ekkenga*, AG 2001, 567, 575.

[554] Hierunter ist auch die fehlende sachliche Rechtfertigung eines Bezugsrechtsausschlusses zu verstehen, da die äußere Grenze der Beschlussautonomie der Hauptversammlung auch die äußere Grenze der Ermächtigungsautonomie ist und die davon akzessorisch abhängige Ausnutzungsautonomie des Vorstandes begrenzt; vgl. S. 46 ff. und S. 56 ff.

[555] Vgl. S. 300 ff. Zur Abgrenzung der dieser Arbeit zugrundeliegenden Konzeption von der Auffassung *Schwabs*, vgl. S. 296 f.

[556] *Behr*, Die actio pro socio, S. 139 ff.

[557] *Behr*, Die actio pro socio, S. 114 ff.

[558] *Behr*, Die actio pro socio, S. 114 Fn. 489.

[559] *Behr*, Die actio pro socio, S. 115.

[560] *Behr*, Die actio pro socio, S. 117 f. (Teilnahmerecht an der Hauptversammlung, Informationsrechte); S. 119 (Schutzrechte für Teilnahme- und Informationsrechte); S. 121 f. (Vermögensrechte/-schutzrechte).

einen für relative Rechte gewährten Schutzstandard als gegeben an, welcher dem der absoluten Rechte entspreche.[561] Der deliktische, bereicherungsrechtliche und negatorische Schutz der absoluten Rechte, wie er durch die §§ 812 ff., 823 ff., 1004 BGB gewährt wird, finde auch bei den relativen Rechten sein Pendant. Denn es bestehe kein gravierender Unterschied zwischen absoluten und relativen Rechten, die beide ein Objekt zuordnen und bei denen lediglich ein unterschiedlicher Umfang der Zuordnungswirkung bestehe.[562] Ein qualitativ gleichwertiger Schutz gegenüber dem relativ Verpflichteten sei daher essentiell.[563] Der Deliktsschutz werde durch die §§ 280 ff. gewährleistet und für die relativen Rechte sei eine Analogie zu § 1004 BGB zulässig und notwendig.[564] Hinsichtlich der negatorischen Seite sieht er eine analoge Anwendung des § 1004 BGB als Grundlage für den Schutz relativer Rechte an. Die Norm sei aufgrund der Ursurpationstheorie, nach der jemand sich ein fremdes Recht zu eigen macht und dieses zu unterlassen habe, unproblematisch auf relative Rechte übertragbar. Aktiv legitimiert soll danach der Inhaber des relativen Rechts und passiv legitimiert nur der Verpflichtete sein.[565]

Sodann kommt *Behr* auf einen absoluten Gehalt relativer Rechte und hierbei auf das Recht an einem Recht zu sprechen. Er sieht eine solche Position als eine gegenüber jedermann absolut zugeordnete Position an. In der Folge sei es nach *Behr* auch unproblematisch, dass das „Recht an der mitgliedschaftlichen Stellung"[566] dem Aktionär absolut gegenüber jedermann zugeordnet sei.[567] Dem Aktionär stehe sogar zusätzlich der deliktische Schutz der absolut geschützten Rechtsposition zur Seite.[568] Problematisch erscheint in diesem Zusammenhang allerdings, dass die Mitgliedschaft als Herrschaftsrecht abgelehnt und der von ihm so genannten „Verabsolutierungstheorie" im Innenverhältnis eine Absage erteilt wurde.[569] Demgegenüber soll nun neben den relativen Rechten auch der Stellung des Mitgliedes ein absoluter Gehalt zukommen.[570]

Überzeugen kann all dies nicht. Spricht man dem Aktionär insoweit eine absolut geschützte Rechtsposition zu, als dass ihm die mitgliedschaftliche *Stellung* als solche

---

[561] *Behr*, Die actio pro socio, S. 130 ff.

[562] *Behr*, Die actio pro socio, S. 130 f.

[563] So, *Behr*, Die actio pro socio, S. 131.

[564] *Behr*, Die actio pro socio, S. 132 f.

[565] *Behr*, Die actio pro socio, S. 133 f.

[566] *Behr*, Die actio pro socio, S. 148. Er stimmt hierbei sogar der Einordnung eines Geschäftsanteils als „sonstiges Recht" durch das RG zu.

[567] *Behr*, Die actio pro socio, S. 147 f. Explizit wird die „Inhaberschaft an der mitgliedschaftlichen Stellung nicht nur deliktisch, sondern auch negatorisch [...] und bereicherungsrechtlich [...]" geschützt, *Behr*, Die actio pro socio, S. 149.

[568] *Behr*, Die actio pro socio, S. 148.

[569] *Behr*, Die actio pro socio, S. 86, 112 f.

[570] Konsequent schließt er sich auch denjenigen an, die den Schutz der Forderungszuständigkeit über § 823 Abs. 1 BGB fordern, *Behr*, Die actio pro socio, S. 134 f.

zugeordnet sei, muss man diese Stellung auch als ein „*mehr*" ansehen.[571] Mit mehr ist hier zumindest ein subjektiv rechtlicher Charakter der Mitgliedschaft gemeint, denn nur so bekäme sie eine rechtliche eigenständige Struktur.

Ein solches „mehr" scheint *Behr* allerdings gerade nicht anzunehmen, wenn er die Verabsolutierungstheorie unter Verweis auf die Mitgliedschaft als eine „Dauerrechtsstellung alle(r) mitgliedschaftlichen Rechte und Pflichten des Gesellschafters" ablehnt[572] und von der „Mitgliedschaft als Gesamtheit der mitgliedschaftlichen Rechte" spricht.[573] Daher kann es keinen Schutz eines Rechts an der mitgliedschaftlichen Stellung geben. Diese sogenannte Stellung wäre nicht mehr als eine Worthülse, die die Gläubigerstellung bei vielen einzelnen Ansprüchen beschreiben würde. Ihr käme damit kein eigener rechtlicher Mehrwert zu. Es dürfte daher unter der Prämisse von *Behr* konsequenterweise allein hinsichtlich jedes einzelnen relativen Forderungsrechts, beziehungsweise präziser des Rechts an der Forderung, eine absolut geschützte Position des Aktionärs geben.[574] Ein darüberhinausgehendes Recht an der Stellung „Mitgliedschaft" dürfte allerdings nicht existieren.

Zudem ist schwer einsichtig, warum nun gerade die absolute Rechtsposition der Inhaberschaft der mitgliedschaftlichen Stellung gegenüber dem Vorstand im Innenverhältnis keinem Deliktsschutz unterliegen solle. Dies hätte über die vorgenannten Probleme hinaus einer weiteren Begründung bedurft.[575] Denn bei einem absoluten Zuweisungsgehalt könnte man annehmen, dass dieser auch im Innenrecht gegenüber dem Vorstand gegeben sei. Andernfalls wäre er gerade nicht absolut, wenn man davon ausgeht, dass das Vorliegen von Sonderrechtsverhältnissen das Deliktsrecht gerade nicht überdeckt.[576] Es müsste vielmehr dargelegt werden, wieso das Deliktsrecht im Innenrecht des Verbandes nicht greift, obwohl ein absoluter Gehalt vorhanden ist. Da der Verfasser sich bei der Ablehnung der Verabsolutierungstheorie gerade gegen den absoluten Gehalt der Mitgliedschaft entschieden hat, müsste hier eine erneute Ausdifferenzierung in Bezug auf das Recht an der Mitgliedschaft erfolgen. Dies ist allerdings nicht überzeugend durchführbar. Hat man sich bereits gegen die Mitgliedschaft als subjektives Recht entschieden, ist es schwerlich nachvollziehbar ein Recht an der Stellung anzuerkennen. Selbst wenn man den subjektiv-rechtlichen Charakter bejaht, kann man nicht das subjektive Recht der

---

[571] Dies nimmt *Behr*, Die actio pro socio, S. 114 gerade nicht an. „Der Begriff der Mitgliedschaft umfasst somit im Sinne einer einheitlichen Dauerrechtsstellung alle mitgliedschaftlichen Rechte und Pflichten des Gesellschafters", a.a.O.

[572] *Behr*, Die actio pro socio, S. 114, 130, 147.

[573] *Behr*, Die actio pro socio, S. 148.

[574] *Behr*, Die actio pro socio, S. 148 nimmt dies auch konsequent an.

[575] *Behr*, Die actio pro socio, S. 147. Vergleiche die ablehnende Haltung für die Mitgliedschaft als sonstigem Recht *Behr*, Die actio pro socio, S. 86.

[576] Nach hier vertretener Auffassung wird die Mitgliedschaft erst durch die Verbandsverfassung konstituiert und ihr fehlt daher ein taugliches Zuordnungsobjekt, um sie als sonstiges absolut geschütztes Recht zumindest innerhalb des Verbandes anzuerkennen, vgl. dazu S. 283.

Mitgliedschaft von der Zuständigkeit für dieses Recht trennen.[577] Gleiches gilt für sämtliche aus der Mitgliedschaft folgenden relativen Rechte wie das Teilhaberecht des Aktionärs. Auch diese verlieren ihren relativen Charakter nicht dadurch, dass man nun die Zuständigkeit für diese Rechte von denselben abspaltet.

Bildlich für die hier relevanten Forderungen gesprochen, sind die relativen Rechte doch nichts Anderes als eine zwei Rechtssubjekte als Ankerpunkte verbindende Leine. Diese Leine kann allein auf Spannung gehalten werden, solange sie dem einen Ankerpunkt (Person des Gläubigers) unmittelbar zugeordnet ist. Löst man nun das Ende der Leine, verliert sie ihre Verknüpfung zur Person des Gläubigers und schwebt im luftleeren Rechtsraum. In der Folge kann es streng genommen keine Zuständigkeit für dieselbe mehr geben.[578]

Nicht überzeugen kann daher auch eine zu § 1004 BGB analog gestützte negatorische Klage zugunsten der Aktionäre.[579] Der Norm des § 1004 Abs. 1 S. 2 BGB als Unterlassungsanspruch des Eigentümers liegt richtigerweise der Gedanke zu Grunde, dass eine drohende Rechtsüberschreitung zulasten des Eigentümers verhindert werden soll,[580] ebenso wie nach § 1004 Abs. 1 S. 1 BGB nur ein dem Eigentum inhaltlich widerstreitender Zustand eine Beeinträchtigung bilden kann.[581] Nun ist es zutreffend, dass ganz überwiegend ein quasi-negatorischer Anspruch für sämtliche über das Deliktsrecht geschützten Rechtsgüter und Interessen angenommen wird.[582] Für relative Rechtsbeziehungen kann ein solcher Schutz allerdings gerade nicht überzeugen.

Als Negativbeispiel führt *Behr* an, dass der Käufer gegen Beeinträchtigungen der Speziesschuld durch den Eigentümer nach dem gängigen Schuldrecht keinerlei Abwehransprüche zur Verfügung hätte, da die herrschende Meinung unselbstständige Unterlassungspflichten nach § 241 BGB als nicht klagbar ansieht.[583] Dies ist allerdings nicht als Nachteil zu sehen, sondern die Konsequenz des dem deutschen Recht immanenten Trennungs- und Abstraktionsprinzips. Durch das Kausalgeschäft wird die Eigentümerstellung des Verkäufers (sofern vorhanden) nicht berührt. Man kann schwerlich behaupten, dass durch den Vertragsschluss bereits Teilzuständigkeiten aus dem Eigentum entgegen dem Publizitätsprinzip herausgelöst werden. Der Verkäufer bleibt schlicht Eigentümer der Sache. Im Fall der Veräußerung fremder Sachen würde die Auffassung *Behrs* zu einer merkwürdigen Dopplung von Unterlassungsansprüchen führen. Auf kausaler Ebene würde sich in beiden Fällen zu-

---

[577] Vgl. für die Forderung und die Forderungszuständigkeit *Medicus/Petersen*, Bürgerliches Recht, Rn. 610.

[578] So auch für die Ablehnung eines deliktsrechtlichen Schutzes der Forderungszuständigkeit *Hammen*, AcP 199 (1999), 591, 614; Medicus/*Petersen*, Bürgerliches Recht, Rn. 610.

[579] Vgl. *Behr*, Die actio pro socio, S. 132 f.

[580] *Gursky*, in: Staudinger (2012) § 1004 Rn. 210.

[581] *Gursky*, in: Staudinger (2012) § 1004 Rn. 4.

[582] *Katzenmeier*, in: Dauner-Lieb/Langen, 3. Aufl., Vorb. § 823 Rn. 79.

[583] *Behr*, Die actio pro socio, S. 133.

nächst keinerlei nennenswerte Änderung ergeben. Nun hätte aber nach der Auffassung *Behrs* sowohl der Käufer als auch der tatsächliche Eigentümer Ansprüche aus § 1004 BGB, der Käufer allerdings nur durch die gezogene Analogie. Der Anspruch des Käufers müsste nun darauf lauten, es dem Verkäufer zu untersagen, den Anspruch des Eigentümers aus § 985 BGB direkt zu erfüllen, da sonst der Anspruch aus § 433 Abs. 1 S. 1 BGB bei einer Speziesschuld untergehen würde (§ 275 BGB). Der des Eigentümers richtet sich auf das genaue Gegenteil, sodass der Schuldner beider Ansprüche aus § 1004 BGB in einer unauflösbaren Zwangslage wäre. Dieses Ergebnis entbehrt jeglicher Grundlage. Zudem führt es zu Vermischung der schadensrechtlichen Trennung des Erfüllungs- und Integritätsinteresses. Das Integritätsinteresse wird erst geschützt, sofern die Forderung erfüllt wurde, aber auch dies würde hier vorverlagert.

Bei relativen Rechten ändert sich an der Zuordnung vor Durchsetzung derselben gerade noch nichts, sodass der Rechtsgedanke des § 1004 BGB, der lediglich Eingriffe in ein dem Berechtigten zugewiesenes Recht umfasst, nicht greifen kann. Eine Anwendung von § 1004 BGB analog würde sämtliche erst durch den Vollzug eintretenden Zuordnungsentscheidungen vorwegnehmen, ohne das normative Anknüpfungspunkte vorhanden sind. Der Schuldner ist vielmehr auf die ihm sodann zustehenden Sekundäransprüche verwiesen. Er hat gerade darauf zu warten, bis er die Erfüllung verlangen darf. Erst wenn diese dann nicht erfolgt, kann er die vorgesehenen Ansprüche geltend machen.

§ 7 Stellungnahmen und eigene Auffassung

Nachdem einige Begründungsversuche auch namhafter Stimmen der Literatur kritisch dargestellt worden sind, wird nun eine abschließende Stellungnahme folgen, die zu einer eigenen hier vertretenen Konzeption des materiellen Schutzrechtes führen wird, welches der Aktionär gegen Maßnahmen des Vorstandes bei der Ausnutzung eines genehmigten Kapitals in Stellung bringen kann.

A. Mitgliedschaft als abwehrrelevante Primärposition

Die divergierenden Begründungsstränge weisen überwiegend eine Gemeinsamkeit auf. Sie gehen von einem zugunsten des Aktionärs existierenden Primärrecht aus, bei dessen Beeinträchtigung nach den Grundlagen des eingreifenden Sanktionsrecht differenziert wird.[584]

---

[584] Vgl. zu dieser relevanten Unterscheidung auch *K. Schmidt*, ZHR 157 (1993), 87, 89.

Hierin wird die der Aktionärsklage meist zugeschriebene immanente Struktur als reaktives Abwehrrecht deutlich.[585] Als zu schützendes Primärrecht soll hier zunächst einmal nur die Mitgliedschaft des Aktionärs als subjektives Recht in Betracht kommen. Ob bei Beeinträchtigungen von dem Aktionär zustehenden Einzelrechten eine Aktionärsklage ausgelöst werden kann, wird an anderer Stelle näher behandelt.[586] Da die Ansätze, die die Einzelrechte in den Vordergrund stellen, überwiegend den subjektiven Charakter der Mitgliedschaft ablehnen und die anderen ihn annehmen, ist dieser vorgezogen zu untersuchen. Wird sich die Mitgliedschaft als subjektives Recht einordnen lassen, ist damit allerdings noch gänzlich offen, nach welchem Regelungsregime sich das Sanktionsrecht richtet. Sowohl das Verbandsrecht auf Grundlage eines subjektiven Rechts Mitgliedschaft, welchem seine klageweise Geltendmachung immanent zu seien scheint[587] als auch das allgemeine Deliktsrecht könnten entsprechende Mechanismen bereitstellen.

Bevor eine dahin gehende Entscheidung getroffen werden kann, ist zu erörtern, ob der Mitgliedschaft als solcher eine abwehrrechtliche Dimension zukommt, die der Aktionär mit den Mitteln des Rechts geltend machen kann. Denn erst, wenn man dem Aktionär eine wehrfähige Rechtsposition zugeordnet hat und deren Dogmatik herausarbeitet, kann man sich über die Verteidigung derselben Gedanken machen. Andernfalls käme man mit der bereits dargestellten Ansicht von *Schulz-Gardyan* wohl nicht umhin, einen Aktionärsschutz allein an aktienrechtlich kodifizierten Individualrechten aufzubauen.[588] Die Verteidigungsfähigkeit und ihr Umfang werden maßgeblich von dem Schutzobjekt präjudiziert, sodass zunächst hierauf eingegangen werden soll. Gemeinhin wird die Mitgliedschaft ohne große Diskussion als subjektives Recht und auch als ein sonstiges Recht im Sinne des § 823 Abs. 1 BGB eingeordnet, ohne das gänzlich klar wird, was unter den nebulösen Begrifflichkeiten verstanden wird.[589] Dem gegenüberstehend wird die Mitgliedschaft teilweise als Rechtsträgerschaft aufgrund eines Rechtsverhältnisses betrachtet, welches die Rechts- und Pflichtenbündelung beschreibt.[590]

---

[585] So auch *K. Schmidt*, Gesellschaftsrecht, 4. Aufl., § 21 V 3 (S. 649); anders allerdings *Schwab*, der die Kompetenzschutzklage als Klage zur Erfüllung eines Befolgungsanspruches als Primäranspruch versteht, vgl. S. 241 ff.

[586] Bei der weiteren Untersuchung wird sich herausstellen, dass ein auf den Schutz der Individualrechte aufbauendes Schutzkonzept nicht mit dem geltenden Aktienrecht in Einklang zu bringen ist (S. 300, 310) und daher eine Aktionärsklage lediglich eingreifen kann, sofern der Vorstand in den Kompetenzbereich der Hauptversammlung übergreift und dadurch das in der konkreten Sachfrage bestehende mitgliedschaftliche Teilhaberecht verletzt (S. 316).

[587] *Röhl*, Allgemeine Rechtslehre, 3. Aufl., § 46 II (S. 381); dem folgend *Jacobs*, Gegenstand des Feststellungsverfahrens, S. 189.

[588] Vgl. zu dieser Position S. 221 f.

[589] Vgl. aber die eingehende Untersuchung von *Habersack*, Mitgliedschaft, et passim.

[590] *Hadding*, in: FS Reinhardt, 1972, S. 249 ff.; *Hadding*, in: FS Steindorff, 1990, S. 31, 37 ff.; *Heinrichs*, ZIP 1995, 794, 794 „Denn nach richtiger Ansicht ist die Mitgliedschaft kein einzelnes subjektives Recht und damit kein ‚Gegenstand' […], sondern vielmehr die Stellung als Beteiligter des Gesellschaftsverhältnisses".

Bevor der Begriff der Mitgliedschaft als relevanter Ausgangspunkt der Aktionärsklage in die Rechtskategorien des subjektiven, des sonstigen Rechts oder des Rechtsverhältnisses eingegliedert wird, wird zunächst der Versuch der Systematisierung der Begriffe unternommen. Hierbei wird der Frage nachgegangen, ob das subjektive Recht eine einheitliche Struktur aufweist (I.), deren Anforderungen die Mitgliedschaft in der Kapitalgesellschaft erfüllen muss. Dem folgend wird der Versuch unternommen, die teilweise als kontradiktorisch gegenüberstehende Qualifizierung der Mitgliedschaft als Rechtsverhältnis aufzulösen (II.).

I. Subjektives Recht: Eine einheitlich strukturierte Rechtskategorie?

Es soll im Folgenden untersucht werden, ob zur Qualifizierung der Mitgliedschaft als ein subjektives Recht verschiedene gesetzlich vorgeprägte Merkmale erfüllt werden müssen. Hierfür wird erörtert, ob de lege lata eine einheitliche Struktur des subjektiven Rechts existiert, aus der zu erfüllende Merkmale isolierbar sind.

Für die Darstellung dessen, was man gemeinhin unter einem subjektiven Recht zu verstehen hat, ist zunächst darauf hingewiesen worden, dass jedes subjektive Recht eine von der objektiven Rechtsordnung verliehene Rechtsposition darstelle.[591] Die objektive Rechtsordnung bildet damit die Quelle der subjektiven Rechte.[592] Durch diese Definition ist allerdings noch nicht geklärt, wann eine Rechtsposition als subjektives Recht qualifiziert werden kann. Hierzu bedarf es einer Untersuchung der abstrakten Struktur subjektiver Rechte, um sodann die Mitgliedschaft eines Aktionärs auf Strukturähnlichkeiten zu untersuchen.[593]

1. Savigny/Windscheid und Jhering

Bereits vor Erlass des Bürgerlichen Gesetzbuches standen sich zwei Lehren gegenüber, die den Begriff des subjektiven Rechts einer Definition zuführen wollten. Die einen verstanden das subjektive Recht als eine von der Rechtsordnung verliehene Willensherrschaft des Einzelnen,[594] von anderen wurde das subjektive Recht als ein rechtlich geschütztes Interesse angesehen.[595] Eine dezidiertere Auseinandersetzung mit den angeführten Auffassungen würde den Rahmen der vorliegenden Arbeit

---

[591] *Brox/Walker*, BGB AT, § 28 Rn. 10; *Schumann*, Rechtswissenschaft, S. 88.

[592] *Enneccerus/Nipperdey*, Bürgerliches Recht I, § 72, S. 429, die richtigerweise feststellen, dass das subjektive Recht und die objektive Rechtsordnung parallel entstanden sind. Denn nur die Existenz der objektiven Rechtsordnung als Gerüst macht es möglich, eine dem Einzelnen zustehende geschützte Rechtsmacht auszumachen; *dies.*, Fn. 2.

[593] Vgl. zu den nachfolgenden Ausführungen und der gewählten Struktur *Habersack*, Die Mitgliedschaft, S. 21 ff.

[594] *Savigny*, Römisches Recht I, § 4, S. 7; *Windscheid*, Pandektenrecht I, § 37, S. 97 f.

[595] *v. Jhering*, Geist des römischen Rechts, § 60, S 317 ff.

sprengen, sodass nach einem kurzen Überblick auf die bereits hinreichend geführte Diskussion zu verweisen ist,[596] welche im Folgenden nur zusammengefasst wird.

Windscheid hat aufbauend auf den Vorarbeiten von *Savigny* herausgestellt, dass dem Rechtssubjekt durch ein subjektives Recht ein Willensfreiraum zugewiesen worden sei, in dem sich allein sein Wille gegenüber anderen durchzusetzen vermag.[597] *Jhering* hingegen warf *Savigny* und *Windscheid* vor, dass ihre Auffassung zu einer fehlenden Zweckbindung führe, da das Recht eine Position nie um seiner selbst willen zuweise, sondern immer einen bestimmten Zweck mit der Zuweisung verfolge.[598] Dieser könne aber nur in der Befriedigung menschlicher Interessen liegen.[599] *Hauck* hat herausgestellt, dass der Grundvorwurf *Jherings* vermutlich nicht auf die fehlende Zweckbindung abzielte, denn diese sei durch die Sicherung eines Freiheitsraumes sehr wohl gegeben, sondern auf die vielmehr philosophische Frage, warum überhaupt subjektive Rechte eingeräumt werden,[600] was *Jhering* allein zu der Befriedigung menschlicher Interessen gerechtfertigt sieht.

Relevant für die vorliegende Arbeit ist allerdings die aus den beiden gegensätzlichen Theorien herauszuarbeitende Übereinstimmung: Unter einem subjektiven Recht ist eine dem Einzelnen von der Rechtsordnung verliehene Rechtsmacht – ein Machtkreis – zur Befriedigung der geschützten Interessen zu verstehen.[601] Es ist bei der Herleitung der Struktur subjektiver Rechte also nicht allein auf einen den Einzelnen schützenden Rechtssatz abzustellen oder allein auf eine mögliche Willensbetätigung. Denn auch ein den Einzelnen schützendes Gebot oder Verbot impliziert noch kein korrelierendes Recht darauf, die Einhaltung durch den Verpflichteten nach dem Willen des Individuums durchzusetzen.[602] Umgekehrt ist die bloße Möglichkeit der Willensbetätigung für ein Individuum wohl notwendige aber keinesfalls hinreichende Bedingung, um von einem subjektiven Recht sprechen zu können.[603] Es ist vielmehr konkret durch Orientierung an der Rechtsordnung eine Analyse dahin gehend zu betreiben, ob dem Individuum eine Macht bewusst mit Blick auf sein geschütztes Interesse zugedacht ist. [604] Wichtig ist daher, nicht auf das geschützte

---

[596] Ausführlich zu dieser Diskussion vgl. *Hauck*, Nießbrauch an Rechten, S. 146 ff.; *Dörner*, Dynamische Relativität, S. 15 ff. m.w.N.; *Chelidonis*, Jura 2010, 726, 728 f.

[597] *Savigny*, Römisches Recht I, § 4, S. 7; *Windscheid*, Pandektenrecht I, § 37, S. 97 f.; entgegen teilweise vorgebrachten Einwänden liegt beiden Auffassungen eine Zweckbindung der subjektiven Rechte zugrunde, nämlich die Sicherung eines Freiheitsraums des Rechtssubjektes; vgl. *Hauck*, Nießbrauch an Rechten, S. 146 f.; anders *Wolf/Neuner*, Allgemeiner Teil, 11. Aufl., § 20 Rn. 4.

[598] *v. Jhering*, Geist des römischen Rechts, § 60 S. 332.

[599] *v. Jhering*, Geist des römischen Rechts, § 60 S. 331 ff.

[600] *Hauck*, Nießbrauch an Rechten, S. 150.

[601] *Regelsberger*, Pandekten I, § 14 S. 76 f.

[602] So schon *Enneccerus/Nipperdey*, Bürgerliches Recht I, § 72, S. 431, der eine „Polizeiordnung über Straßenreinigung" als Beispiel nennt.

[603] *Enneccerus/Nipperdey*, Bürgerliches Recht I, § 72, S. 431.

[604] *Enneccerus/Nipperdey*, Bürgerliches Recht I, § 72, S. 431.

Interesse für die Herleitung eines subjektiven Rechts abzustellen, sondern allein auf die rechtlich ausgeformte Position, durch die das Interesse geschützt wird.[605] Dies ist mit anderen Worten die Abgrenzung zu den Normen des objektiven Rechts, die als abstrakte Vorschriften Verhaltensanweisungen geben und generelle Geltung beanspruchen.[606]

2. Bedeutung des objektiven Rechts für die Qualifizierung subjektiver Rechte

Trotz der Rückführung der subjektiven Rechte auf die objektive Rechtsordnung ist nicht näher, sondern im Folgenden lediglich überblicksartig auf den rechtstheoretischen Streitstand der Darstellung zur Natur der Rechtssätze zu verweisen. Die Anhänger der Imperativentheorie erkennen einen Rechtssatz als solchen nur an, sofern dieser Gebote oder Verbote statuiert.[607] *Thon* formulierte explizit, dass das „ganze Recht [...] nichts als ein Komplex von Imperativen" sei.[608]

Demgegenüber steht die Ansicht, nach der die Rechtsordnung nicht nur aus Imperativen bestehe, sondern auch aus Rechtssätzen, die gestattenden Charakter aufweisen können.[609] Die auf Grundlage der Imperativentheorie herausgearbeiteten Strukturen der subjektiven Rechte bauen auf einer Prämisse auf, die insbesondere im Anschluss an *Larenz* als nicht haltbar gelten muss.[610] Geltung ist das Schlagwort, auf das sich *Larenz'* These stützt. Er hat herausgearbeitet, dass Rechtssätze auch solche sind, die eine „Geltungsanordnung" treffen, mithin, dass bei Vorliegen eines normativ umschriebenen Sachverhaltes (dem Tatbestand) eine festgelegte Rechtsfolge eintritt, die „[...] fortan ‚gilt' [...]".[611] Diese „Geltungsanordnung" sei nicht mit einem Imperativ gleichzusetzen, denn diese seien auf die Steuerung eines bestimmten Verhaltens, nämlich ein Tun oder Unterlassen gerichtet. Dahingegen existieren auch Rechtssätze, deren Regelungsgehalt sich darin ausdrückt, dass allein die genannte Rechtsfolge fortan „gilt".[612] Es geht bei diesen also nicht um eine Verhaltenssteuerung, sondern um die „Bestimmung"[613] eines Rechtszustandes, was die Aufnahme eines bestimmten menschlichen Verhaltens in den Tatbestand nicht

---

[605] *Larenz/Wolf*, Allgemeiner Teil, § 14 Rn. 14 (S. 43).

[606] *Larenz/Wolf*, Allgemeiner Teil, § 14 Rn. 1 (S. 239); vgl. zur Interaktion von subjektivem und objektivem Recht bereits *v. Gierke*, Deutsches Privatrecht I, § 27 S. 251.

[607] Vgl. *Thon*, Kelsen, Reine Rechtslehre, S. 25 ff., 73 ff.; *Aicher*, Das Eigentum als subjektives Recht, S. 17 f.; *Bucher*, Das subjektive Recht als Normsetzungsbefugnis, S. 17 f.

[608] *Thon*, Rechtsnorm und subjektives Recht, S. 8.

[609] *Enneccerus/Nipperdey*, Bürgerliches Recht I, § 31, S. 200.

[610] Vgl. ausführlich *Larenz*, in: FS Engisch, 1969, S. 150 ff.; *ders.*, in: FG Sontis, 1977, S. 129, 137.

[611] *Larenz*, in: FS Engisch, 1969, S. 150, 154.

[612] *Larenz*, in: FS Engisch, 1969, S. 150, 155.

[613] Im Anschluss an *Adolf Reinach*, Phänomenologie des Rechts, S. 165 ff. verwendet *Larenz* die Terminologie von „Bestimmungen und Bestimmungssätzen" sowie „Befehlen und Befehlssätzen".

ausschließt.[614] Ein Vorrang von imperativen Rechtssätzen vor den, um in der Terminologie von *Larenz* zu bleiben, „Bestimmungssätzen" als den einzig wahren Rechtssätzen, soll für die vorliegende Arbeit allerdings nicht angenommen werden. Der hierfür auch maßgebliche rechtsphilosophische Diskurs um die Teleologie des Rechts soll hier vorausgesetzt werden und unter Recht gerade nicht nur ein die individuellen Handlungen begrenzendes Instrument verstanden werden,[615] sondern auch die Möglichkeit der Gewährung eines eigenen Handlungsraumes.[616]

Denn wie anderen Orts hinreichend untersucht worden ist, bilden diese gegensätzlichen Auffassungen im Kern einen rein terminologischen Konflikt ab, der in der Sache keine relevanten Auswirkungen hat.[617] Bezeichnet die Imperativentheorie die Möglichkeit des Berechtigten, etwas verlangen zu können, lediglich als Reflex, klammert sie dessen Verhaltensweise aus dem Begriff des „Rechts" aus.[618] Dementgegen zieht die herrschende Meinung durch die Umfassung sämtlicher Verhaltensweisen, darunter auch diejenigen des Berechtigten, den Begriff des „Rechts" weiter.[619] Die beiden Verhaltensseiten sind allerdings beiden Konzeptionen bekannt, sodass eine rein terminologische Diskrepanz nicht den Blick auf das Wesentliche vernebeln darf. Für die vorliegende Arbeit soll als Arbeitshypothese die überzeugendere Ansicht der herrschenden Meinung als Grundlage dienen, sodass unter den Begriff der objektiven Rechtsordnung auch gewährende Rechtssätze zu fassen sind.

3. Subjektive Rechte als Normsetzungsbefugnis oder Klagebefugnis?

a) Normsetzungsbefugnis als Voraussetzung eines subjektiven Rechts?

Auf der Imperativentheorie aufbauend hat *Bucher* das subjektive Recht dahin gehend definiert, dass es als unterste Ebene einer an *Kelsen* erinnernden Abstufung der Rechtsordnung,[620] dem Adressaten eine Normsetzungsbefugnis verleihe.[621] *Bucher* sieht in den Rechtsnormen selbst nichts anderes als einen im vorgegebenen Verfahren gebildeten Willen, die Rechtsordnung ist mithin ein bestimmter Wil-

---

[614] *Larenz*, in: FS Engisch, 1969, S. 150, 155.

[615] *v. Jhering*, Der Zweck im Recht I, S. 320 ff.

[616] So auch *Larenz*, in: FS Engisch, 1969, S. 150, 159.

[617] *J. Schmidt*, RTh 1979, 71 ff.; vgl. ebenso. *ders.*, Aktionsberechtigung und Vermögensberechtigung, S. 25 ff.

[618] *Dörner*, Dynamische Relativität, S. 28.

[619] *Dörner*, Dynamische Relativität, S. 28.

[620] Denn auch für *Kelsen* ist das subjektive Recht keine vom objektiven Recht zu unterscheidende Kategorie, sondern ein Bestandteil desselben; Reine Rechtslehre, S. 130 f.; *Kelsen* versteht in seinem Werk, Reine Rechtslehre, S. 139, unter einem subjektiven Recht die einem Rechtssubjekt eröffnete Möglichkeit die Nichterfüllung eines einem anderen aufgebürdeten Gebotes oder Verbotes im Klagewege geltend zu machen.

[621] *Bucher*, Das subjektive Recht als Normsetzungsbefugnis, S. 55.

lensinhalt.[622] Maßgebend sei der Wille, der auch durch einen Einzelnen gebildet werden könne. Der Rechtsordnung sei es überantwortet zu entscheiden, ob und unter welchen Voraussetzungen der Individualwille in die Rechtsordnung implementiert werden soll.[623] Das subjektive Recht gewähre demnach erst die Möglichkeit Ansprüche zu erschaffen.[624] Dass ein Anderer aufgrund dieser Gebote oder Verbote etwas darf, ist nach ihnen lediglich ein Reflex der Verpflichtung des Anderen.[625] Ein Rechtssatz, der etwas gestattet, ist hiernach etwas gänzlich Obsoletes, da er nichts anderes als „die Negation eines Gebotes oder Verbotes" darstelle.[626] Dieses Verständnis geht allerdings am lex lata vorbei, welches die Verpflichtung des Schuldners bereits aufgrund eines gesetzlich oder vertraglichen Schuldverhältnisses als gegeben ansieht, ohne das der Gläubiger die Verpflichtung durch einen erneuten Willensakt, in der Terminologie *Buchers* „Anspruchserhebung",[627] erschaffen muss.[628] Die Verpflichtung des Schuldners eine Forderung zu erfüllen, existiert bereits vor einem erneuten Willensakt des Gläubigers. Ergäbe § 397 BGB andernfalls doch keinen Sinn, wenn er zur Aufhebung der Verpflichtung einen Willensakt des Schuldners voraussetzt.[629] Der Bereich der „potentiellen Pflichten"[630] kollidiert zudem mit dem Institut des Gläubigerverzuges. Besteht für den Schuldner zuvor noch keine „aktuelle Pflicht", da diese noch zu konkretisieren ist, ist nicht erklärbar wie der Schuldner nach § 294 BGB die Leistung „wie sie zu bewirken ist" anbieten soll. Denn nach *Bucher* ist die Verpflichtung ohne erneute Aufforderung gerade noch nicht zu bewirken. Die Auffassung *Buchers* kann daher nicht mit der geltenden Rechtsordnung in Einklang gebracht werden und somit keine einheitliche Beschreibung subjektiver Rechte leisten.

b) Klagebefugnis als Voraussetzung eines subjektiven Rechts

Dem Vorwurf gegen *Bucher* entgeht *Aicher* zwar, indem er das subjektive Recht *nicht* als von der Rechtsordnung verliehene Normsetzungsbefugnis definiert. Nach ihm zeichnet sich die Struktur eines subjektiven Rechts auf der Grundlage der Imperativentheorie durch eine Anordnung von zwei Normsätzen aus. Erstens müsse ein Rechtssubjekt Adressat eines Gebotes oder Verbotes sein.[631] Der schon angesprochene „Rechtsreflex", der gemeinhin als Recht des anderen bezeichnet wird und aus

---

[622] *Bucher*, Das subjektive Recht als Normsetzungsbefugnis, S. 66.

[623] *Bucher*, Das subjektive Recht als Normsetzungsbefugnis, S. 66.

[624] *Bucher*, Das subjektive Recht als Normsetzungsbefugnis, S. 67.

[625] *Aicher*, Das Eigentum als subjektives Recht, S. 68; *Kelsen*, Reine Rechtslehre, S. 133 f.

[626] *Aicher*, Das Eigentum als subjektives Recht, S. 53 f.

[627] *Bucher*, Das subjektive Recht als Normsetzungsbefugnis, S. 66 ff.

[628] *Aicher*, Das Eigentum als subjektives Recht, S. 42 f.; *Larenz*, in: FG Sontis, 1977, S. 129, 133 f.

[629] *Aicher*, Das Eigentum als subjektives Recht, S. 43 f.

[630] *Bucher*, Das subjektive Recht als Normsetzungsbefugnis, S. 67 f.

[631] *Aicher*, Das Eigentum als subjektives Recht, S. 24 ff.

dieser Verpflichtung des Individuums resultiere, ist nach *Aicher* allerdings erst dann ein subjektives Recht, wenn dem Berechtigten durch die Rechtsordnung, also durch eine zweite Norm, die „Rechtsmacht" verliehen wird, die Nichterfüllung der Verpflichtung im Klagewege geltend zu machen.[632] Eine Einordnung von Gestaltungsrechten als subjektive Rechte ließ sich auf dieser Grundlage mangels Einklagbarkeit allerdings nicht vornehmen, sodass auch *Aichers* Ansatz als Erklärungsmodell einer Struktur subjektiver Rechte ausscheiden muss.[633]

4. Subjektives Recht: Zwischen Freiheitsrecht, Verhaltensberechtigung und Generalverbot

Neben den zuvor genannten Versuchen kamen weitere auf, die die Rechtsordnung auf eine einheitliche Struktur der subjektiven Rechte hin analysierten. Die Untersuchungen konzentrierten sich hierbei auf die Erarbeitung einer formalen Struktur des subjektiven Rechts.

a) Subjektives Recht: Freiheitsrecht und Generalverbot

Nach *Jürgen Schmidt* weisen subjektive Rechte eine Dopplung auf. Zum einen weist sich nach *J. Schmidt* ein subjektives Recht dadurch aus, dass es ein Rechtssubjekt berechtigt und zum anderen alle anderen Rechtssubjekte ausgeschlossen werden. Es müsse also durch die Rechtsordnung ein Bereich geschaffen worden sein, in dem ausschließlich der Wille des Berechtigten maßgeblich sei, er also „(: Tatbestände setzen) darf" und „alle anderen die gleichen Tatbestände nicht setzen dürfen".[634] Erst das Zusammenspiel dieser beiden Normen, der „Freiheitsermächtigung" und dem „Generalverbot" zeichne ein subjektives Recht aus. Dass sich zwar absolute Herrschaftsrechte wie beispielsweise das Eigentum unter diese Definition des subjektiven Rechts fassen lassen wird gemeinhin anerkannt. Der Auffassung kritisch gegenüber steht *Larenz*. Denn ihre Grenze finde *J. Schmidts* Auffassung in der Erklärung von Forderungen, Gestaltungsrechten und dem Persönlichkeitsrecht als subjektivem Rechten.[635] Forderungen wiesen gerade kein Generalverbot auf, da es hier um eine Leistung gehe, die der Schuldner leisten soll und der Gläubiger verlangen kann.[636] Diese Struktur sei allerdings allein ein Perspektivenwechsel bei ein und demselben rechtlichen Sachverhalt. *Larenz* schließt aus seinen Überlegungen zum subjektiven Recht auf einen bloßen Rahmenbegriff, der grundsätzlich nicht mehr zum Ausdruck bringe als das dem Berechtigten „etwas" zustehe.[637] Eine

---

[632] *Aicher*, Das Eigentum als subjektives Recht, S. 25 f.

[633] *Larenz*, in: FG Sontis, 1977, S. 129, 136 f.; *Habersack*, Mitgliedschaft, S. 26.

[634] *J. Schmidt*, Aktionsberechtigung und Vermögensberechtigung, S. 17 (Hervorhebungen im Original).

[635] Insbes. *Larenz*, in: FG Sontis, 1977, S. 129, 141 ff.

[636] *Larenz*, in: FG Sontis, 1977, S. 129, 141 ff.

[637] *Larenz*, in: FG Sontis, 1977, S. 129, 147 f.

weitergehende Konkretisierung des Begriffes wäre nicht möglich, sondern es müsse für jede einzelne Rechtsposition eine gesonderte Untersuchung auf einen subjektiv rechtlichen Charakter erfolgen. Das „etwas" könne auf Grundlage der These einer auch gewährenden Rechtsordnung sein „[…] die Achtung, Nichtverletzung seiner eigenen Person und um die ausschließliche Verfügung über bestimmte ‚Persönlichkeitsgüter', um einen ihm allein vorbehaltenen Handlungsspielraum […] der Mitwirkung an der Willensbildung einer Körperschaft oder Personenmehrheit."[638]

b) Subjektives Recht: Verhaltensberechtigung und Generalverbot

Heinrich Dörner hat auf Basis der Ansicht von *J. Schmidt* versucht, die Einwände von *Larenz* auszuräumen, indem er das „subjektive Recht" als ein aus zwei Normenkomplexen (wie J. Schmidt) gebildetes Rechtskonstrukt ansieht. *Dörner* verlangt die Zuweisung einer Verhaltensberechtigung[639] und die generelle Versagung eines bestimmten Verhaltens zulasten aller, außer des Begünstigten. Die Verhaltensberechtigung kann sich nach *Dörner* in der Form darstellen, dass das Rechtssubjekt durch eine „Erlaubnisnorm" zu einem rein tatsächlichen Verhalten berechtigt wird oder durch eine „Ermächtigungsnorm" zu einem rechtlichen Handeln ermächtigt wird.[640] Eine gewisse Justierung sollte im zweiten Element, dem „Generalverbot" erfolgen. Dieses Element könne sowohl durch eine präventiv wirkende „Inkompetenznorm" als auch durch ein repressives „Störungsverbot" gegeben sein.[641] Unter der „Inkompetenznorm" wird insoweit der Ausschluss der Berechtigung aller anderen verstanden, die dem einzelnen Rechtssubjekt zugewiesene Berechtigung, rechtliche Veränderungen herbeizuführen, auszuüben.[642] Die Wirkung der „Inkompetenznorm" würde insbesondere bei den rechtlichen Handlungsmöglichkeiten gewährenden „Ermächtigungsnormen" relevant. Hier liegt der zu *J. Schmidt* herauszustellende Hauptunterschied. Ein Generalverbot sei nicht die einzige Möglichkeit des Schutzes, sondern die fehlende Gewährung an alle anderen außer dem ermächtigten Rechtssubjekt könne eine faktische und rechtlich gleich-

---

[638] *Larenz*, in: FG Sontis, 1977, S. 129, 147 f.; der aufgrund der Mannigfaltigkeit der Sachverhalte auch den Begriff der „Willensmacht" in der Definition der herrschenden Meinung als bloß verdeckende Terminologie ablehnt. Zum Absatz auch *Habersack*, Die Mitgliedschaft, S. 23.

[639] *Dörner*, Dynamische Relativität, S. 34 ff., 46 ff., 52 ff.

[640] *Dörner*, Dynamische Relativität, S. 35; hier unterscheidet er sich von *J. Schmidt*, Aktionsberechtigung und Vermögensberechtigung, S. 33, der seine Theorie allein anhand der „Erlaubnisnormen" aufbaut; vgl. hierzu *Schulz-Gardyan*, Die sog. Aktionärsklage, S. 64 f.

[641] Die Alternativität wird explizit erwähnt und den Wertungen des Gesetzgebers anheimgestellt; vgl. *Dörner*, Dynamische Relativität, S. 50: „Der Schlüssel zum Verständnis des Forderungsschutzes liegt vielmehr in der Erkenntnis, daß sowohl für die Wahl der Schutztechnik – Präventiv- oder Sanktionsschutz – als auch für die Festsetzung der Reichweite von Inkompetenznorm und Störungsverbot allein die Wertungen des Gesetzgebers bestimmend sind."

[642] Vgl. *Dörner*, Dynamische Relativität, S. 43 f.

wertige Wirkung haben.[643] Aufgrund der fehlenden Effektivität einer Inkompetenznorm zur Verhinderung rein faktischer Verhaltensweisen, sei allerdings insbesondere für den Bereich der Erlaubnisnormen ein Störungsverbot erforderlich, um
von einer dem Rechtssubjekt als solchem zugeordneten subjektiven Rechtsposition
sprechen zu können.[644] Unter dieser Prämisse weist das Recht keine absoluten und
relativen Rechte auf, haben die bisher angenommenen „relativen Rechte" nach
Dörner doch ebenfalls absolut wirkende Bestandteile (Die Forderung und Gestaltungsrechte in Form der „Inkompetenznorm").[645]

c) Bewertung

Diese angenommene strukturelle Einheit[646] ist es, die die Konzeption nicht
stimmig erscheinen lässt.[647] Das Konstrukt der „Inkompetenznorm" stellt nichts
Anderes dar, als einen Schluss von der Zuweisung zu einem Rechtssubjekt auf den
Ausschluss aller anderen Rechtssubjekte.[648] Betrachtet man dies genauer, so bedeutet
es doch Folgendes: Die Bedeutung des zweiten Normkomplexes eines subjektiven
Rechts, nämlich des „Generalverbotes", bewegt sich in einer logischen Tautologie. In
der Zuweisung einer Verhaltensermächtigung an ein bestimmtes Rechtssubjekt, kann
nach *Dörner* nichts anderes, als der Ausschluss aller anderen Rechtsubjekte gesehen
werden.[649] *Dörner* bestreitet an anderer Stelle zwar ausdrücklich, dass von der Zuweisung von Verhaltensbefugnissen nicht auf einen bestimmten Schutzstandard
geschlossen werden kann.[650] Allerdings ist gerade der präventive Schutz durch die
„Inkompetenznorm" als Schutzstandard instrumentalisiert worden, wenn man ihn als
Folge der angenommenen endgültigen Zuweisung einer Verhaltensberechtigung
ansieht.

Hierdurch hat *Dörner* für den Bereich der Ermächtigungsnormen, bei denen er
den Schutz durch eine „Inkompetenznorm" als zumeist hinreichend für die Einordnung als subjektives Recht betrachtet, eine sich selbst erfüllende Prophezeiung

---

[643] *Dörner*, Dynamische Relativität, S. 52, Fn. 185.

[644] *Dörner*, Dynamische Relativität, S. 49.

[645] *Dörner*, Dynamische Relativität, S. 52 f.; ebenso *Schulz-Gardyan*, Aktionärsklage,
S. 64 f.; hierzu auch *Bork*, Allgemeiner Teil des Bürgerlichen Gesetzbuch, 4. Aufl., Rn. 288,
280 ff.; kritisch *Habersack*, Mitgliedschaft, S. 24.

[646] Nach *Dörner* ist die Differenzierung zwischen relativen und absoluten Rechten ein
„zweihundertjähriger Irrweg"; Dynamische Relativität, S. 53. Er greift die Terminologie allerdings auf bezieht die Relativität und Absolutheit auf die vom Gesetzgeber genutzten
Rechtsschutztechniken; *Dörner*, Dynamische Relativität, S. 60 f.

[647] Ebenso *Habersack*, Mitgliedschaft, S. 24 f.

[648] Dies ist auch für die Abgrenzung eines absoluten vom relativen Recht unbrauchbar, vgl.
Schmolke, Organwalterhaftung, S. 70; *Hammen*, AcP 199 (1999), 591, 600.

[649] Das gleiche Verständnis scheint *Habersack*, Mitgliedschaft, S. 23 zu haben, wenn er
sagt, dass „[...] die allein dem Gläubiger bzw. Berechtigten kraft materiellen Rechts zugewiesene Kompetenz [...]" mit einer „Ausschließlichkeitsermächtigung" verbunden ist.

[650] *Dörner*, Dynamische Relativität, S. 63.

statuiert.[651] Sowohl anhand des Eigentums als auch anhand der Forderung ist auszumachen, dass eine solche „Inkompetenznorm" als Generalverbot zulasten aller anderen, außer des Berechtigten, nicht aus der Zuweisung an nur ein bestimmtes Rechtssubjekt hergeleitet werden kann. Die Zuweisungsfunktion in § 903 BGB sagt gerade nichts über das Verhältnis zu Dritten aus (Der Eigentümer kann nach Belieben mit der Sache verfahren).[652] Erst das zweite Element des § 903 BGB, welches die Befugnis, Dritte von der Einwirkung auf die Sache auszuschließen explizit aufführt, ist der Grund, warum Dritte rechtswidrig in das Eigentum eingreifen können.[653] Das drittausschließende Element ist es auch, welches für die Einordnung als sonstiges Recht im Sinne des § 823 Abs. 1 BGB Relevanz entfaltet.[654] Durch die Annahme der „Inkompetenznorm" wird nun der zugewiesenen Berechtigung zugleich ein Ausschlusscharakter attestiert, der sodann zu der Annahme verleitet, dass § 823 Abs. 1 BGB eingreift.[655] Dieser Schluss würde nun aber das Abgrenzungskriterium des „sonstige[n] Recht[s]" in § 823 Abs. 1 BGB, leerlaufen lassen, da das subjektive Recht immer einem Rechtssubjekt, dem Berechtigten zugewiesen ist.[656] Dass dieses Element in unzulässiger Weise aus der Zuordnung einer Berechtigung zu einem Rechtssubjekt hergeleitet wird und hierdurch jedes subjektive Recht eine Ausschlussfunktion inne hätte und damit den Schutz des § 823 Abs. 1 BGB genießen würde, wird übergangen. Die Konzeption *Dörners* ist daher nur schwer mit der dargelegten Systematik in Einklang zu bringen.

Dies scheint auch mit ein Grund zu sein, warum *J. Schmidt* die „norm's of competence" nicht unter den Begriff der „Freiheitsermächtigung" subsumierte, sondern sie lediglich als „Funktionen des Inhaltes der Berechtigung, nicht aber als Grundlage(n) der formellen Struktur"[657] ansah.[658] Durch diesen Kunstgriff umging *J. Schmidt* das Problem, dass auch andere als der Gläubiger auf die Forderung einwirken und diese beeinträchtigen konnten, – wobei nicht die Grundproblematik zu vergessen ist, dass *J. Schmidt*s Ansatz allein absolute Herrschaftsrechte erklären konnte.[659] Unabhängig davon ist die Behauptung eines „absoluten" Schutzes von Ermächtigungsnormen durch „Inkompetenznormen" insbesondere bei der Forde-

---

[651] Ansatzweise *Habersack*, Mitgliedschaft, S. 23.

[652] *Hammen*, AcP 199 (1999), 591, 596.

[653] *Hammen*, AcP 199 (1999), 591, 596.

[654] *Hammen*, AcP 199 (1999), 591, 595 f.

[655] *Dörner*, Dynamische Relativität, S. 62 ff., 65 nimmt hier auch einen Schutz an, sofern es nicht um das „Forderungssubstrat" geht; vgl. gegen einen solchen Schutz nur *Medicus/Petersen*, Bürgerliches Recht, Rn. 610 m.w.N.

[656] *Hammen*, AcP 199 (1999), 591, 600; vgl. zur Problematik subjektloser Rechte, *Lübtow*, in: FS Wolf, 1985, S. 421, 431.

[657] *J. Schmidt*, Aktionsberechtigung und Vermögensberechtigung, S. 33.

[658] Dies kritisiert *Schulz-Gardyan*, Die sog. Aktionärsklage, S. 64 f. mit dem Verweis darauf, dass *J. Schmidt* allein das Eigentum im Fokus hat und die Forderungen und Gestaltungsrechte ausklammern würde.

[659] Vgl. S. 255 f.

rung nicht einsichtig.[660] Es dürfte unbestritten sein, dass Dritte auch entgegen der „Inkompetenznorm" auf den Bestand der Forderung einwirken können.[661] Nicht zu Unrecht wird in diesem Zusammenhang auf den beinahe ewig dauernden Streit um den Schutz der Forderung über § 823 Abs. 1 BGB verwiesen, der in dieser Form bei hinreichendem Schutz durch eine Inkompetenznorm wohl nie derart aufgeflammt wäre.[662]

Dies sieht scheinbar auch *Dörner* und relativiert seine These von einem „Generalverbot" entweder durch eine „Inkompetenznorm" oder ein „Störungsverbot" wieder, wenn er bei Forderungen danach fragt, ob der Schutz der Gläubigerbefugnisse, nach den positiven Vorschriften des BGB durch den Präventivschutz als ausreichend gesichert erachtet wurde oder ob auch ein „sanktionsbewehrtes Störungsverbot" in das BGB installiert wurde.[663] Mit dieser normativen Relativierung wird die Ansicht *Dörners* durch ihn selbst teilweise aufgeweicht. War Prämisse der Ausführungen eine einheitliche Struktur der subjektiven Rechte herauszuarbeiten und wurde diese in einer „Verhaltensermächtigung" und einem „Generalverbot" erblickt, ist klar, dass auch die Ansicht *Dörners* Forderungen nicht überzeugend als subjektive Rechte erklären kann.[664]

Denn welchen Mehrwert hat eine herausgearbeitete vermeintlich „einheitliche Struktur", deren Inhalt doch vollkommen verschieden und unstrukturiert ist. Die Annahme eines forderungsspezifischen „Störungsverbotes" „[...] nach den §§ 816 Abs. 2 und 687 Abs. 2, 681, 667 BGB bzw. 687 Abs. 2, 678 BGB [...]"[665] als Teilaspekt des Generalverbotes zeigt doch, dass die Struktureinheit der Rechte mehr ein Wunsch als Realität ist. Diese Normen befassen sich mit der Beeinträchtigung der Forderung an sich, wohingegen der Störungsschutz dinglicher Rechte wie dem Eigentum über § 823 Abs. 1 BGB auch die mittelbare Rechtsgutsverletzung abdeckt.[666] Den bereits angesprochenen Einziehungsschutz der Forderung gegenüber Drittbeeinträchtigungen, den *Dörner* vertritt, stellt er kurzerhand aufgrund der Existenz des forderungsspezifischen Störungsverbotes fest und fragt nur noch nach einer möglichen teleologischen Reduktion, um aus dem Anwendungsbereich des § 823 Abs. 1 BGB zu entkommen, was er im Ergebnis nicht annimmt.[667] Damit wird nichts anderes zum Ausdruck gebracht, als das der Schutz der Rechtsordnung zugunsten einer

---

[660] So *Dörner*, Dynamische Relativität, S. 50; a.A. *Habersack*, Mitgliedschaft, S. 24.

[661] So kann der redliche Schuldner auch gegenüber dem bisherigen Gläubiger gem. § 407 Abs. 1 BGB die Forderung mit befreiender Wirkung tilgen.

[662] *Habersack*, Mitgliedschaft, S. 24; vgl. zum Streitstand m.w.N. *Hammen*, AcP 199 (1999), 591 ff.

[663] *Dörner*, Dynamische Relativität, S. 51.

[664] *Schulz-Gardyan*, Die sog. Aktionärsklage, S. 64 f. schließt sich allerdings der Ansicht Dörners an und kommt auf dieser Grundlage nicht zur Einordnung der Mitgliedschaft als subjektives Recht; a.a.O., S. 65 ff.

[665] *Dörner*, Dynamische Relativität, S. 52.

[666] Ebs. *Habersack*, Mitgliedschaft, S. 25.

[667] *Dörner*, Dynamische Relativität, S. 64 unten, 65 f.

Forderung gerade nicht umfassend ist und hiermit eine Vorzugsstellung eines Gläubigers ebenfalls nicht existent ist.[668] Daher würde hiernach die Forderung eigentlich aus den subjektiven Rechten ausscheiden, was ebenfalls die Ungeeignetheit des Ansatzes belegt. *Dörner* selbst hat gesagt, dass für den Umfang des Schutzes durch „Inkompetenznorm" und „Störungsverbot" allein die Wertungen des Gesetzgebers entscheidend seien.[669] Dass diese allerdings keine einheitliche Struktur der subjektiven Rechte hervorgebracht haben, wurde soeben festgestellt.

5. Fazit: Heterogenität subjektiver Rechte

Die vorherigen Ausführungen haben gezeigt, dass es aufgrund der Mannigfaltigkeit der subjektiven Rechte keine einheitliche Struktur derselben geben kann. Insbesondere die Einebnung der Unterscheidung von relativen und absoluten Rechten führt zu einer Konterkarierung der gesetzgeberischen Wertungen. § 903 BGB ordnet die Ausschluss- und Nutzungsfunktion dem gem. § 823 Abs. 1 BGB geschützten Eigentum explizit zu. Der rein terminologische Unterschied der Verhaltensberechtigung zur Nutzungsbefugnis und der Inkompetenznorm zur Ausschlussbefugnis verdeckt dies nicht.[670] In Anknüpfung an *Larenz* wird daher unter „subjektivem Recht" ein ausfüllungsbedürftiger Rahmenbegriff verstanden, dessen Ausfüllung durch das Gesetz bei den unterschiedlichen subjektiven Rechten eine andere Struktur aufweisen kann und darf.[671] Es geht hier also allein darum, dass die Rechtsordnung einem Rechtssubjekt etwas zugewiesen hat, was ihm rechtmäßig zukommen oder gebühren soll.[672]

II. Die Mitgliedschaft und die Frage nach ihrer dogmatischen Einordbarkeit

Im Folgenden wird die Mitgliedschaft dahin gehend untersucht, unter welche Rechtskategorie sie zu fassen oder gerade nicht zu fassen ist.

Betrachtet man die reine Begrifflichkeit „Mitgliedschaft", so versteht man hier mit unterschiedlichen Nuancen die Rechtstellung einer Person kraft ihrer Zugehörigkeit zu einem Verband.[673] Diese doch sehr abstrakt gehaltene Definition beantwortet allerdings nicht die Frage danach, wie die Mitgliedschaft rechtlich verfasst und damit, wie sie dogmatisch einzuordnen ist. Gemeinhin standen sich zwei als

---

[668] Ebs. *Habersack*, Mitgliedschaft, S. 24.

[669] *Dörner*, Dynamische Relativität, S. 50.

[670] *Habersack*, Mitgliedschaft, S. 23 ff.

[671] *Larenz*, in: FG Sontis, 1977, S. 129, 148.

[672] *Larenz*, in: FG Sontis, 1977, S. 129, 148.

[673] *K. Schmidt*, Gesellschaftsrecht, 4. Aufl., § 19 I 1, S. 547; *Wiedemann*, Übertragung und Vererbung von Mitgliedschaftsrechten, S. 23 ff.; *Lutter*, AcP 180 (1980), 84, 86; *Müller-Erzbach*, Das Private Recht der Mitgliedschaft, S. 23 ff.

kontradiktorisch verstandene Thesen gegenüber. Einerseits wurde die Mitgliedschaft als Rechtsträgerschaft aufgrund eines Rechtsverhältnisses zur Gesellschaft eingeordnet, aus welchem Rechte und Pflichten für das Mitglied resultieren.[674] Bereits deswegen könne sie kein subjektives Recht darstellen, da sich Rechtsverhältnis und subjektives Recht ausschließen würden. Andererseits wurde unter der Mitgliedschaft selbst ein subjektives Recht verstanden, diese mithin selbst zum verfügbaren Rechtsobjekt.[675] Verbreitet hat sich allerdings die Auffassung, wonach die Mitgliedschaft nicht nur eines von beiden sein kann, sondern unter dem Begriff der Mitgliedschaft beides verstanden werden kann.[676]

Bevor die Mitgliedschaft abschließend auf die Qualität als abwehrfähiges Primärrecht überprüft werden kann, gilt es die aufgestellte These der Kontradiktorietät von subjektivem Recht und Rechtsverhältnis auf ihre Haltbarkeit nach den de lege lata geltenden Maßstäben zu überprüfen.[677]

1. Die Mitgliedschaft als bloße Stellung im Rechtsverhältnis?

Zuvor wird eine kurze Annäherung an den Begriff des Rechtsverhältnisses erfolgen, ohne welche nicht auszumachen ist,[678] was exakt dem subjektivem Recht konträr gegenüberstehen soll.[679]

a) Der Begriff des Rechtsverhältnisses

Man differenziert gemeinhin zwischen zwei Arten von Rechtsverhältnissen. Das Rechtsverhältnis „im weiteren Sinne" und das Rechtsverhältnis „im engeren Sinne".[680] Ganz allgemein ist hierunter ein zwischen zwei oder mehreren Rechts-

---

[674] Insbes. *Hadding*, in: FS Reinhardt, 1972, S. 249 ff.; *Hadding*, in: FS Steindorff, 1990, S. 31, 37 ff.; *Heinrichs*, ZIP 1995, 794, 794.

[675] *Wiedemann*, Gesellschaftsrecht I, S. 95.

[676] *Habersack*, Mitgliedschaft, S. 62 ff.; *K. Schmidt*, Gesellschaftsrecht, 4. Aufl., § 19 I 3 a (S. 549); vgl. zur Mitgliedschaft bereits früh *Flume*, AT/Juristische Person, Band 1/2, § 8 I (S. 258 ff.).

[677] So *Hadding*, in: FS Steindorff, 1990, S. 31, 34.

[678] So wurde der Begriff des Rechtsverhältnisses sogar als Zentralbegriff des Privatrechts klassifiziert, vgl. *Habersack*, Mitgliedschaft, S. 66.

[679] Der nachfolgende Aufbau ist an *Habersack*, Die Mitgliedschaft, S. 62 ff. angelehnt, um eine kritische Auseinandersetzung mit denjenigen zu ermöglichen, die eine Kontradiktorietät zwischen subjektiven Recht und Rechtsverhältnis bei der Mitgliedschaft annehmen, vgl. insbesondere S. 265 ff.

[680] Vgl. zu der Frage, ob ein Rechtsverhältnis auch in einem Verhältnis zwischen Subjekten und Objekten liegen kann unten Fn. 694; ablehnend: *Wolf/Neuner*, Allgemeiner Teil, 11. Aufl., § 19 I 2 (S. 221); *Hadding*, JZ 1986, 926 ff.; *Schapp*, JuS 1992, 537, 544; *Larenz/Wolf*, Allgemeiner Teil, § 13 Rn. 8 (S. 228); *Jacobs*, Gegenstand des Feststellungsverfahrens, S. 242: ein solches erkennt an: *v. Thur*, Allgemeiner Teil Bd. 1, § 5 I 1 (S. 123); *Bork*, Der Vergleich, S. 204 f.

subjekten von der Rechtsordnung anerkanntes und geregeltes Lebensverhältnis zu verstehen.[681] Die Differenzierung, ob es sich um ein solches im „weiteren oder engeren Sinne" handelt, muss anhand der von dem Rechtsverhältnis erfassten Rechtsbeziehungen vorgenommen werden. Meint man das rechtliche Gesamtgebilde mit allen zwischen den beiden Rechtssubjekten bestehenden Rechtsbeziehungen, so spricht man in diesem Fall von dem Rechtsverhältnis „im weiteren Sinne".[682] Für den Kaufvertrag als schuldrechtlichem Vertrag spricht man präzisierter, vom Schuldverhältnis „im weiteren Sinne".[683] Konkretisiert man stärker und isoliert die einzelnen Leistungsbeziehungen zwischen den Rechtssubjekten heraus, so spricht man von dem Schuldverhältnis „im engeren Sinne".[684] Eine solche isolierbare Leistungsbeziehung ist das Recht des Verkäufers, die Kaufpreiszahlung zu verlangen und die damit korrespondierende Pflicht des Käufers, den Kaufpreis zu zahlen. Diese für das Schuldverhältnis eingängige und allgemein genutzte Terminologie trifft auch zu, wenn man sich auf die Metaebene des materiellen Rechtsverhältnisses begibt und die mannigfaltigen Rechte und Pflichten der Rechtssubjekte als Rechtsverhältnis „im weiteren Sinne" und die aus dem Rechtsverhältnis „im weiteren Sinne" herrührenden Einzelrechte, beispielsweise Ansprüche, als Rechtsverhältnis „im engeren Sinne" begreift.[685] Denn das Schuldverhältnis stellt nichts anderes als eine unter den Begriff des Rechtsverhältnis fallende Kategorie dar.[686] Nachdem die Begrifflichkeiten definiert sind, wird nun die These der Kontradiktorietät von subjektivem Recht und Rechtsverhältnis einer Prüfung unterzogen.

b) Rechtsverhältnis „im engeren Sinne" und subjektives Recht

Betrachtet man zu Beginn das Forderungsrecht des Verkäufers, ist dieses unproblematisch als dessen subjektives Recht konzipiert worden. Die Einbeziehung der korrespondierenden Verpflichtung des Käufers, dieses Forderungsrecht zu erfüllen, stellt das Rechtsverhältnis „im engeren Sinne" dar.[687] Mithin ist das subjektive Recht nur das eine Ende der die zwei Rechtssubjekte verbindenden gedanklichen Leine und damit Teilinhalt des Begriffs Rechtsverhältnisses „im engeren Sinne". Ohne die Zuweisung eines „Rechts" zu einem Rechtssubjekt gäbe es keine korrespondierende Verpflichtung und damit würde auch ein „Verhältnis" zwischen diesen beiden nicht bestehen können.[688]

---

[681] *Schapp*, Methodenlehre und System des Rechts, S. 21.

[682] So schon *v. Thur*, Allgemeiner Teil, Bd. 1, § 5 II 3 (S. 125 f.).

[683] W.N. in *Habersack*, Mitgliedschaft, S. 67 Fn. 30; *Larenz/Wolf*, Allgemeiner Teil, § 13 I 1 c (S. 227) bezeichnen diese als komplexes Rechtsverhältnis.

[684] W.N. Fußnote 31 in *Habersack*, Mitgliedschaft, S. 67.

[685] *Jacobs*, Gegenstand des Feststellungsverfahrens, S. 244.

[686] *Jacobs*, Gegenstand des Feststellungsverfahrens, S. 244.

[687] *Habersack*, Mitgliedschaft, S. 67.

[688] *Larenz/Wolf*, Allgemeiner Teil, § 13 Rn. 1 (S. 225 f.); *Jacobs*, Gegenstand des Feststellungsverfahrens, S. 241.

Die Aussage, dass der einzige Unterschied der Begriffe des subjektiven Rechts und des Rechtsverhältnisses auf einer rein „sprachpsychologische[n]" Ebene liegt, trifft nicht zu.[689] Denn bei dem Rechtsverhältnis „im weiteren Sinne" ist das subjektive Recht zwar auch Teilinhalt. Hier bestehen aber nicht nur korrespondierende Pflichten, sondern parallel verlaufende Rechtsbeziehungen, die jeweils für sich wieder subjektive Rechte sein können, aber nicht müssen.[690] Der Satz sollte daher dahin gehend präzisiert werden, dass ein sprachpsychologischer Unterschied nur zwischen dem subjektiven Recht und dem Rechtsverhältnis „im engeren Sinne" besteht.[691] Der Begriff des Rechts bezeichnet damit nur die herrschende Stellung des Inhabers etwas verlangen zu dürfen, wohingegen das Rechtsverhältnis die untergeordnete Seite des Verpflichtenden mit einbezieht.[692]

Hat man nun die Begrifflichkeit des Rechtsverhältnisses auf zwei Bedeutungsgehalte reduziert, lässt sich die Kontradiktorietät zwischen der Einordnung als subjektives Recht und als Rechtsverhältnis als nicht gänzlich zutreffend belegen. Denn wenn das subjektive Recht Teilinhalt des Begriffs Rechtsverhältnis „im engeren Sinne" ist, besteht vielmehr eine Teilkongruenz als eine Kontradiktorietät.[693]

c) Latentes Rechtsverhältnis und subjektives Recht

Hiervon terminologisch zu unterscheiden ist ein „latentes Rechtsverhältnis", wie es das Eigentum begründet.[694] Das Eigentum als subjektiv dingliches Recht kann nämlich nicht exakt unter die oben herausgebildeten Begriffe des Rechtsverhältnisses, gleich ob „im engeren oder weiteren Sinne" subsumiert werden.[695] Denn dem subjektiven Recht Eigentum fehlt zum Gebrauch der zuvor herausgearbeiteten Terminologie mindestens eine durch den Eigentümer konkrete und durchsetzbare korrespondierende Verpflichtung eines anderen Rechtssubjektes.[696]

Diese Problematik tritt allerdings nur auf, sofern man nicht annimmt,[697] dass die personenbezogenen subjektiven Rechte eine durch eine „Doppelnorm" zugewiesene und geschützte Verhaltensberechtigung „janusköpfig" vereinen und dingliche sub-

---

[689] So bereits *v. Thur*, Allgemeiner Teil Bd. 1, § 5 II 1 (S. 125); dem folgend: *Habersack*, Mitgliedschaft, S. 67; *Jacobs*, Gegenstand des Feststellungsverfahrens, S. 241.

[690] So können auch Obliegenheiten existieren.

[691] Eine Gleichsetzung des Begriffs subjektives Recht und Rechtsverhältnis „im engeren Sinne" nimmt, *Bork*, Der Vergleich, S. 199 an.

[692] *v. Thur*, Allgemeiner Teil Bd. 1, § 5 II 3 (S. 127).

[693] *Habersack*, Mitgliedschaft, S. 68.

[694] So die verwendete Terminologie von *Larenz/Wolf*, Allgemeiner Teil, § 13 I 2 b Rn. 11 (S. 228); ebenso: *Hadding*, JZ 1986, 926 ff.; *Jacobs*, Gegenstand des Feststellungsverfahrens, S. 242; *Schapp*, JuS 1992, 537, 544; *Henke*, JA 1987, 465, 466.

[695] *Schapp*, JuS 1992, 537, 544; *Jacobs*, Gegenstand des Feststellungsverfahrens, S. 241.

[696] *Jacobs*, Gegenstand des Feststellungsverfahrens, S. 242.

[697] Vgl. zur ablehnenden Haltung in dieser Arbeit S. 256 ff.

jektive Rechte rein sachbezogenen Charakter haben können.[698] Danach käme es auf eine Verpflichtung eines anderen Rechtssubjektes nämlich gar nicht an, da das Eigentum ein Rechtsverhältnis zwischen dem Rechtssubjekt und der Sache begründen könnte.

Dem ist wie angedeutet nicht zu folgen,[699] da das Eigentumsrecht für den Inhaber ein gänzlich obsoletes wäre, wenn es sich nicht im Verhältnis zu anderen Rechtssubjekten auswirken kann. Es bringt dem Eigentümer nichts, wenn man sagt, dass ein Rechtsverhältnis zu dem in seinem Eigentum stehenden Stein bestehen würde. Von diesem kann kein Eingriff in die dem Eigentümer auch nach *Bork* und *Dörner* zugewiesene und durch das Generalverbot geschützte Verhaltensberechtigung ausgehen. Ohne fremde Rechtssubjekte ist die Zuweisung der Verhaltensberechtigung an den Eigentümer irrelevant. *Larenz/Wolf* haben dies passend anhand folgenden Beispiels verifiziert: „Robinson Cruso braucht kein Eigentum, solange er allein auf seiner Insel ist, weil niemand ihm den Gebrauch der Sache streitig machen kann."[700] Das Eigentum wirkt zwar absolut gegenüber jedermann, allerdings besteht für alle anderen nicht mehr als eine abstrakte Pflicht, den Eigentümer nicht zu beeinträchtigen.[701] Diese Stellung enthält daher noch keine durch den Eigentümer konkret durchsetzbare Pflicht eines jeden, die zur Einordnung zumindest als Rechtsverhältnis „im engeren Sinne" erforderlich wäre.[702] Eine solche konkret fassbare Pflicht entsteht erst dann, wenn eine Eigentumsverletzung unvermittelt droht oder bereits eingetreten ist.[703] Erst dieses Ereignis sorgt dafür, dass dem subjektiven Recht (Eigentum) eine korrespondierende Pflicht gegenübersteht und damit ein Rechtsverhältnis zu einem anderen Rechtssubjekt identifiziert werden kann. Das Eigentum erfüllt die Voraussetzungen eines die Rechtssubjekte materielle bindenden Rechtsverhältnisses also erst mit der Konkretisierung des latenten Rechtsverhältnisses.[704] Dieses nun „konkretisierte Rechtsverhältnis" wiederum wird im Regelfall auch ein

---

[698] So aber *Bork*, Der Vergleich, S. 198 ff. im Anschluss an *Dörner*, Dynamische Relativität, insbes. S. 55; hiergegen *Jacobs*, Gegenstand des Feststellungsverfahrens, S. 241 f.

[699] Hierzu S. 256 ff.

[700] *Larenz/Wolf*, Allgemeiner Teil, § 13 I 2 b Rn. 11 (S. 228); ebenso *Hadding*, JZ 1986, 926 ff.; *Jacobs*, Gegenstand des Feststellungsverfahrens, S. 242; *Schapp*, JuS 1992, 537, 544; *Henke*, JA 1987, 465, 466.

[701] *Jacobs*, Gegenstand des Feststellungsverfahrens, S. 241.

[702] *Larenz/Wolf*, Allgemeiner Teil, § 13 I 2 b (S. 228).

[703] *Jacobs*, Gegenstand des Feststellungsverfahrens, S. 243; wobei in diesem Fall die Entstehung eines Rechtsverhältnisses „im weiteren Sinne" mit einhergehen kann.

[704] Die Terminologie des latenten Rechtsverhältnisses geht zurück auf *Larenz/Wolf*, Allgemeiner Teil, § 13 I 2 b (S. 228); dem folgend auch *Habersack*, Mitgliedschaft, S. 68; von allgemeinen und besonderen Rechtsverhältnissen sprechen *Henke*, DÖV 1980, 621, 624 und *Bauer*, DVBl 1986, 208, 624, wobei in der Sache durch beide gebildeten Begriffspaare (latente und konkretisierte/allgemeine und besondere) hinreichend deutlich wird, dass zwischen dem in den Worten *Achterbergs* „ „unbestimmten" Rechtsverhältnis, das – durch das absolute Recht vermittelt – zwischen Rechtsinhaber und allen sonstigen Rechtssubjekten entsteht, und dem „konkreten Störverhältnis" „ zu differenzieren ist; vgl. *Achterberg*, in: GS Küchenhoff, 1987, S. 13, 21.

Rechtsverhältnis „im weiteren Sinne" begründen, da insbesondere durch die §§ 987 ff. BGB ein gesetzliches Schuldverhältnis gebildet wird.[705]

Dies bedeutet aber nicht, dass das Eigentum gar kein Rechtsverhältnis darstellt. Auch das Eigentum weist eine Rechte- und Pflichtenbeziehung auf. Die Pflichten das Eigentum nicht zu stören bestehen für alle anderen wenn auch in noch sehr „allgemeiner Art"[706]. Damit ist dem Recht eine weitere Kategorie bekannt in der das subjektive Recht und ein Rechtsverhältnis sich nicht kategorisch ausschließen.

Es hat sich aus den zuvor gemachten Ausführungen ergeben, dass die These einer Kontradiktorietät von subjektivem Recht und Rechtsverhältnis keineswegs der Gesetzessystematik immanent ist, vielmehr hat man das Gegenteil festzuhalten. Ob dies konkret auch für die Mitgliedschaft gilt, wird sich sogleich herausstellen.

d) Zwingende Kontradiktorietät bei der dogmatischen Einordnung der Mitgliedschaft?: Subjektives Recht oder Rechtsverhältnis?

Bevor darauf einzugehen ist, ob die Mitgliedschaft ein Rechtsverhältnis und ein subjektives Recht darstellen kann, ist zu eruieren, ob nach dem vorher gesagtem eine Kontradiktorietät hinsichtlich des Rechtsverhältnisses der Mitgliedschaft bestehen kann. Die Mitgliedschaft erzeugt andauernd „konkretisierte" Rechtsbeziehungen zwischen dem Mitglied und dem Verband und Mitmitgliedern, die sich anders als beim Eigentum nicht konkretisieren müssen.[707] Betrachtet man die Mitgliedschaft, gibt es aufgrund heranzuziehender Parallelwertungen gute Gründe für die Ablehnung der Kontradiktorietätsthese. Denn die Stellung eines am Rechtsverhältnis Beteiligten Rechtssubjektes wird auch bei beschränkt dinglichen Rechten als subjektives Recht anerkannt, obwohl zwischen diesem und dem Eigentümer – oder Besteller – ein gesetzliches Rechtsverhältnis „im weiteren Sinne" existiert.[708] *Habersack* hat nachgewiesen, dass eine gedankliche Trennung der Stellung des Berechtigten des latenten Rechtsverhältnisses zu allen Anderen[709] und der in dem gesetzlichen Rechtsverhältnisses zu dem Eigentümer – oder Besteller – zwar möglich, allerdings nicht mit der Gesetzessystematik vereinbar ist.[710] Diese spricht vielmehr für eine umfassende Rechtsstellung als Inhaber des beschränkt dinglichen Rechts. Der Übergang der Stellung eines Beteiligten im gesetzlichen Schuldverhältnis er-

---

[705] Mot. III S. 400 f. = Mugdan III S. 223; *Stadler*, in: Soergel/BGB, 13. Aufl., § 985 Rn. 2 m.w.N.

[706] So *Larenz/Wolf*, Allgemeiner Teil, § 13 I 2 b (S. 228); *Habersack*, Mitgliedschaft, S. 69.

[707] *Habersack*, Mitgliedschaft, S. 68 f.

[708] Dies hat soweit ersichtlich erstmals *Habersack*, Mitgliedschaft, S. 70 f. untersucht; vgl. zu dem zwischen Eigentümer und beschränkt dinglich Berechtigten bestehendem gesetzlichen Schuldverhältnis: *Baur/Stürner*, Sachenrecht, S. 330 f.; BGHZ 95, 99 f.; wohl auch *Stürner*, AcP 194 (1994), 265, 280 ff.

[709] Durch die Inhaberschaft des beschränkt dinglichen Rechts, vgl. *Habersack*, Mitgliedschaft, S. 71.

[710] *Habersack*, Mitgliedschaft, S. 71 f.

folgt nämlich nach der Gesetzeslage unvermittelt mit der Übertragung des Eigentums und damit auch mit der Entstehung des latenten Rechtsverhältnisses.[711]

Die gegen diese Einordnung vorgebrachten Einwände können nicht überzeugen. Eine strikte Trennung von der Einordnung als Rechtsverhältnis und der als subjektivem Recht ist dem Gesetz für keines der genannten Rechtsverhältnisse zu entnehmen.[712] Überwiegend wird eingewandt, dass ein Vergleich mit dem Pfandrecht oder dem Nießbrauch als Rechtsverhältnisse, deren bloße Existenz die Einordnung der Stellung des Pfandrechts oder des Nießbrauches als subjektive Rechte nicht ausschließt, nicht tragfähig sei.[713] Denn man könne die aus dem Rechtsverhältnis resultierenden Rechte von dem zugrundeliegenden Rechtsverhältnis unterscheiden.[714] So sei das Verwertungsrecht des Pfandgläubigers von dem Bestellungsakt des Pfandrechts unproblematisch unterscheidbar.

Hieraus kann allerdings kein Argument gegen die Einordnung der Mitgliedschaft als subjektivem Recht gezogen werden. Die Aussage deutet vielmehr darauf hin, auch bei den beschränkt dinglichen Rechten wie dem Pfandrecht oder dem Nießbrauch nicht die beschränkt dingliche Gesamtrechtsposition als solche, als ein subjektives Recht einzuordnen, sondern jeweils allein die aus ihnen resultierenden Einzelrechte. Diese Konsequenz wird allerdings zutreffenderweise nicht gezogen. Die Qualifizierung der Mitgliedschaft als subjektives Recht schließt gerade nicht aus, dass die aus dem zugrunde liegenden Rechtsverhältnis resultierenden Einzelrechte nicht isoliert werden können. So ist die Mitgliedschaft als subjektives Recht einordbar und der mitgliedschaftliche Anspruch auf Feststellung des Jahresabschlusses aus dem Rechtsverhältnis isolierbar,[715] ebenso wie das Bezugsrecht des Aktionärs unselbstständiger Bestandteil der Mitgliedschaft ist. Es geht auch nicht um die Frage der Unterscheidbarkeit von Rechten aus dem Rechtsverhältnis und dem Recht als Ganzen, gleich ob dies das Pfandrecht, der Nießbrauch oder die Mitgliedschaft ist. Es geht darum, die Existenzberechtigung der Einordnung des Rechts als Ganzem neben der Existenz eines Rechtsverhältnisses zu begründen. Dass aus dem Recht als Ganzem weitere Rechte resultieren können, ist damit aber nicht ausgeschlossen. Das Pfandrecht als subjektives Recht existiert neben dem Rechtsverhältnis des Pfandrechtsgläubigers zu dem Eigentümer. Wenn dem so ist, so kann die Strukturverwandtheit bei der Mitgliedschaft doch gleichfalls vorliegen. Das mitgliedschaftliche Rechtsverhältnis zwischen dem Mitglied und dem Verband kann neben der Stellung der Mitgliedschaft als subjektivem Recht existieren.

---

[711] *Habersack*, Mitgliedschaft, S. 71, ebenso wie ein neuer Pfandrechtsgläubiger nach § 1251 Abs. 2 BGB in das gesetzliche Schuldverhältnis eintritt.

[712] So aber *Hadding*, in: FS Steindorff, 1990, S. 31 (33 ff.); *ders.*, in: FS Kellermann, 1991, S. 91 (103 ff.), im Anschluss auch *Schwab*, Gesellschaftsinterne Streitigkeiten, S. 20 f.

[713] *Schwab*, Gesellschaftsinterne Streitigkeiten, S. 21.

[714] *Schwab*, Gesellschaftsinterne Streitigkeiten, S. 20 f.

[715] Vgl. zu diesem bspw. BGH, Urt. v. 14. 9. 1998 – II ZR 172/97 –, BGHZ 139, 299, 303 = DStR 1998, 1688, 1689.

e) Mitgliedschaft als Rechtsverhältnis und subjektives Recht?

Legt man von hier aus den Fokus auf die Mitgliedschaft, ist Einigkeit grundsätzlich dort gegeben, wo es um die Einordnung der Mitgliedschaft als Rechtsverhältnis geht. Dies geht schon aus der Eingangs aufgeführten Definition des Rechtsverhältnisses hervor. Denn die Mitgliedschaft, gleich ob originär durch Gesellschaftsvertrag begründet oder derivativ[716] erworben, stellt eine durch die Rechtsordnung anerkannte Verbindung des Mitglieds zu dem Verband und mithin ein Rechtsverhältnis dar.[717] Würde man bei der eingangs erwähnten These der Kontradiktorietät zwischen der Einordnung der Mitgliedschaft als Rechtsverhältnis oder subjektivem Recht stehen bleiben, wäre die Entscheidung gefallen. Doch so wie sich das subjektive Recht und das Rechtsverhältnis „im engeren Sinne" nicht kontradiktorisch gegenüberstehen, so ist eine solche auch beim Rechtsverhältnis „im weiteren Sinne" nicht anzuerkennen. Wie soeben dargelegt wurde, ist dem Recht auch die Parallelität der Einordnung von subjektivem Recht und Rechtsverhältnis nicht gänzlich fremd.[718] Das Eigentum als solches stellt ein subjektives Recht dar und ist ein „latentes/allgemeines" Rechtsverhältnis,[719] wie auch von den Verfechtern der Kontradiktorietätsthese anerkannt.[720] Wenn also dieses in seinen Pflichten sehr allgemein gehaltene latente Rechtsverhältnis und das sehr konkrete Rechtsverhältnis „im engeren Sinne" einen solchen gegenseitigen Ausschluss von Rechtsverhältnis und subjektivem Recht nicht kennen, fragt man sich, wieso ein solcher unbedingt bei der Mitgliedschaft als komplexem Rechtsverhältnis „im weiteren Sinne" gegeben sein soll.[721]

Ein Vergleich allein mit dem Eigentum als subjektivem Recht und Rechtsverhältnis scheint für die Begründung bei der Mitgliedschaft nicht auszureichen, wobei dem Vergleich indizielle Wirkungen beizumessen sind.[722] Denn die Mitgliedschaft ist als schuldrechtliches Rechtsverhältnis ein solches, das unvermittelt zwischen dem Mitglied und dem Verband – oder auch den anderen Mitgliedern – konkret durchsetzbare Rechte und Pflichten erzeugt, wohingegen das Eigentum nur „allgemeine Pflichten" erzeugt.[723]

---

[716] Hier ist es gleich, ob durch rechtsgeschäftlichen Erwerb oder kraft Universalsukzession erlangt.

[717] So auch *Lutter*, AcP 180 (1980), 84, 97.

[718] Vgl. hierzu *Lutter*, AcP, 180 (1980), 84, 102; *K. Schmidt*, ZGR 2011, 108, 114 f.; *Habersack*, Mitgliedschaft, S. 66 ff.; bezüglich der Teilkongruenz des subjektiven Rechts und dem Rechtsverhältnis „im engeren Sinne" vgl. bereits S. 261.

[719] Vgl. hierzu S. 263.

[720] So legt auch *Hadding* dar, dass das Eigentum als absolutes subjektives Recht ein Rechtsverhältnis nur im Verhältnis zu anderen Rechtssubjekten darstellen kann, JZ 1986, 926, 927.

[721] Vergleiche hierzu sogleich S. 269 ff.

[722] So *Habersack*, Mitgliedschaft, S. 69 f.

[723] *Habersack*, Mitgliedschaft, S. 69 f.

aa) Mitgliedschaft als Stellung im Rechtsverhältnis

Insbesondere *Hadding* hat sich gegen die Einordnung der Mitgliedschaft als subjektives Recht ausgesprochen. Hierbei legt er nicht nur hinsichtlich der Terminologie eine differenzierende Betrachtung bei der dogmatischen Einordnung der Mitgliedschaft an. Die Mitgliedschaft selbst sei kein Rechtsverhältnis. Man müsse vielmehr zwischen dem „Gesellschaftsverhältnis"[724] als einem Rechtsverhältnis zwischen dem Mitglied und dem Verband und der „Mitgliedschaft", die nichts anderes als die Stellung des Mitgliedes innerhalb des Rechtsverhältnisses zwischen Mitglied und Verband beschreibt, differenzieren.[725] Der Mitgliedschaft fehle für die Einordnung als Rechtsverhältnis die Beziehung zu einem anderen Rechtssubjekt, wenngleich die als Mitgliedschaft beschriebene Stellung nicht ohne das Rechtsverhältnis existieren könne.[726] Sie sei auch kein subjektives Recht des Mitgliedes, sondern nur „eine Gesamtheit mehrerer Mitgliedschaftsrechte und Mitgliedschaftspflichten",[727] die aus dem Gesellschaftsverhältnis herrühren. Aufgrund dieser Mannigfaltigkeit könne die Mitgliedschaft lediglich eine Gesamtheit aber nicht Gegenstand des Rechts und damit auch nicht subjektives Recht an sich sein.[728] Er versteht zusammenfassend unter dem Begriff der Mitgliedschaft,

- die Stellung des Mitgliedes in dem Gesellschaftsverhältnis,

- die das Gesamtgebilde der aus diesem Rechtsverhältnis resultierenden Mitgliedschaftsrechte und Mitgliedschaftspflichten erfasst.

Andererseits könnte man die Ausführungen *Haddings* auch so verstehen, dass er von seiner Prämisse aus konsequenterweise nicht zu einem anderen Ergebnis kommen darf, wenn er prinzipiell davon ausgeht, dass lediglich das Rechtsverhältnis existiere.[729] Dafür spricht insbesondere, dass die Mitgliedschaft die Stellung als Beteiligter des Rechtsverhältnisses sei. Für eine danebenstehende rechtlich eigenständige Position der Mitgliedschaft scheint *Hadding* von vornherein keinen Raum zu lassen, wenngleich diesbezüglich die Formulierung etwas missverständlich anmutet, dass aus dem Rechtsverhältnis „Rechte und Pflichten entstanden sind und

---

[724] So bezeichnet er das zwischen dem Gesellschafter und der Gesellschaft oder anderen Gesellschaftern bestehende Rechtsverhältnis, wobei es vorliegend nicht auf die Beziehungen der Gesellschafter untereinander ankomme; vgl. *Hadding*, in: FS Steindorff, 1990, S.31, 37.

[725] *Hadding*, in: FS Steindorff, 1990, S. 31, 37; dem folgend *Jacoby*, Das private Amt, S. 484.

[726] *Hadding*, in: FS Steindorff, 1990, S. 31, 37.

[727] *Hadding*, in: FS Steindorff, 1990, S. 31, 38.

[728] *Hadding*, in: FS Steindorff, 1990, S. 31, 38; konsequent geht *Hadding* sodann von der Übertragung der Mitgliedschaft durch Vertragsübernahme aus und sieht die GmbH und aktienrechtlichen Regelungen zur Abtretbarkeit der Mitgliedschaft als Sonderregelungen im Liquiditätsinteresse der Gesellschafter und Aktionäre durch erleichterte Veräußerbarkeit, in: FS Steindorff, 1990, S. 31, 39 ff.

[729] *Hadding*, in: FS Steindorff, 1990, S. 31, 37.

entstehen können, die insgesamt jene Stellung bilden."[730] Damit ist die dem Begriff der Mitgliedschaft von *Hadding* beigemessene Bedeutung aber doch nichts anderes als die Stellung des Rechtssubjektes im Gesellschaftsverhältnis selbst. Daher macht es den Anschein, als diene die Begrifflichkeit Mitgliedschaft lediglich zur Umschreibung der Position des dem Verband gegenüberstehenden Rechtssubjektes. Bei dieser Grundprämisse kann man allerdings nicht stehen bleiben. Es werden hierdurch die Maßstäbe etwas verschoben. Denn wenn sonst von der Mitgliedschaft gesprochen wird, versteht man hierunter einmal das Mitgliedschaftsverhältnis als das Rechtsverhältnis, welches von *Hadding* als Gesellschaftsverhältnis bezeichnet wird und das Mitgliedschaftsrecht als eigenständiges subjektives Recht. Es kann bis hierin festgehalten werden, dass in Bezug auf die Frage der Existenz eines Rechtsverhältnisses zwischen Mitglied und Verband keine gravierenden Unterschiede zwischen *Hadding* und denjenigen bestehen, die ein subjektives Recht annehmen; außer eben Terminologische.[731]

bb) Stellungnahme

Diese insbesondere von *Hadding* vorgenommene Erfassung der Mitgliedschaft als Beschreibung der reinen Stellung des Mitglieds in dem Rechtsverhältnis,[732] die die Gesamtposition aus Mitgliedschaftsrechten und Mitgliedschaftspflichten erfasst, stellt eine eher künstliche Aufspaltung dar. Wenn man sich diese Beschreibung genauer anschaut wird deutlich, dass die Mitgliedschaft verstanden als Beschreibung der Stellung des Mitgliedes in dem Gesellschaftsverhältnis, in dem zweiten Bedeutungsgehalt aufgeht und diesen nicht andersherum sprachlich umfasst.[733] Es ist daher nicht ratsam, die Position innerhalb des Rechtsverhältnisses von diesem sprachlich zu trennen. Die Position in dem Gesellschaftsverhältnis lässt sich nämlich nicht von der Inhaberschaft der aus diesem herrührenden Rechte und Pflichten trennen, sondern sie bestimmt vielmehr vorher, dass das Mitglied Berechtigter oder Verpflichteter dieses Rechtsverhältnisses und damit Zuordnungssubjekt sein kann. Denn andernfalls müsste eine Verbindungslinie zwischen der Stellung in dem Rechtsverhältnis, die von diesem scheinbar derart isoliert sein soll, dass sie selbst nicht Teil desselbigen sei und der Legitimation des Stellungsinhabers als Zuordnungsobjekt der aus dem Rechtsverhältnis herrührenden Rechte und Pflichten ge-

---

[730] *Hadding*, in: FS Steindorff, 1990, S. 31, 37.

[731] Anders im Anschluss an *Hadding* auch *Klink*, Die Mitgliedschaft als „sonstiges Recht", S. 131.

[732] Auf die Ablehnung des subjektiv-rechtlichen Charakters der Mitgliedschaft läuft auch die Ansicht *Schulz-Gardyans* hinaus, obwohl er von einem „subjektiven Recht im weiteren Sinne" spricht; *Schulz-Gardyan*, Die sog. Aktionärsklage, S. 66 f.; gleiche Einschätzung bei *K. Schmidt*, ZHR 157 (1993), 87, 89.

[733] So aber *Hadding*, in: FS Steindorff, 1990, S. 31, 36 f. wenn er sagt „Die *Mitgliedschaft* ist die Stellung eines Beteiligten als Mitglied im Rechtsverhältnis zu der Gesellschaft [...]. *Sie umfaßt* (aktuell) die Gesamtheit der einzelnen Mitgliedschaftsrechte und Mitgliedschaftspflichten, die durch Beteiligung [...] aus dem Rechtsverhältnis zu der Gesellschaft [...] entstanden sind." (Kursives durch Verfasser hervorgehoben).

spannt werden. Dies wäre ohne Kunstgriff wohl nicht zu leisten, denn es geht bei der Mitgliedschaft um die Zugehörigkeit zu einem Verband,[734] die hiermit in Frage gestellt werden würde. Die Stellung des Mitglieds zu dem Verband kann allein über das Mitgliedschaftsverhältnis als Rechtsverhältnis hergestellt werden.[735] Daher ist Einigkeit doch insofern gegeben, als das ein Rechtsverhältnis zwischen Mitglied und Verband existiert.

Gravierende Unterschiede sind allerdings bei der Ausklammerung des subjektiv rechtlichen Charakters auszumachen. *Hadding* klammert durch die Annahme, dass die Gesamtheit der Rechte und Pflichten nie mehr als eine Gesamtheit sein könne von vornherein die subjektiv rechtliche Seite aus.[736] Damit lässt er aber die entscheidende Frage unbeantwortet, ob eine solche Gesamtrechtsstellung nicht eine Struktur aufweisen kann, die es ermöglicht von einem eigenständigen subjektiven Recht zu sprechen. Ob dem so ist, ist sogleich zu beantworten.[737] Der reine Verweis auf die umfassende Rechtsstellung als Argument gegen eine Einordnung als subjektives Recht würde dazu führen, dass auch die Existenz anderer allgemein anerkannter subjektiver Rechte in Zweifel gezogen werden könnte.[738] *Hadding* sieht insgesamt die Existenz der gebündelten Rechte aus dem Mitgliedschaftsverhältnis als Wirkung, das Rechtsverhältnis selbst als Ursache an.

2. Die Mitgliedschaft als subjektives Recht?

Nach den gewonnenen Erkenntnissen kann abschließend auf die Frage der Qualifizierung der Mitgliedschaft in einer Kapitalgesellschaft als subjektivem Recht eingegangen werden.

Konnte die Kontradiktorietätsthese nicht überzeugen, muss man sich abschließend fragen, ob die Mitgliedschaft aufgrund ihrer Struktur ein subjektives Recht darstellt. Da keine einheitliche Struktur der subjektiven Rechte herausgebildet werden kann,[739] ist nun in gebotener Weiße die rechtliche Stellung des Mitgliedes auf einen subjektiv rechtlichen Charakter hin zu untersuchen.

Die Position „Mitgliedschaft" erlangt das Mitglied durch originäre Teilhabe am Abschluss des Gesellschaftsvertrages oder durch einen späteren derivativen Erwerb. Die durch die Mitgliedschaft vermittelte Stellung ist allerdings viel mehr als die bloße Position als Vertragspartei eines Gesellschaftsvertrages oder die spätere Einrückung in dieselbe. Wäre dem so, könnte eine Unterscheidung zu der Position in

---

[734] So *K. Schmidt*, Gesellschaftsrecht, 4. Aufl., § 19 I 3 a (S. 549); *Lutter*, AcP 180 (1980), 84, 88.

[735] So *K. Schmidt*, Gesellschaftsrecht, 4. Aufl., § 19 I 3 a (S. 549).

[736] *Hadding*, in: FS Steindorff, 1990, S. 31, 37.

[737] Vgl. hierzu S. 270 ff.

[738] So treffend *Hauck*, Nießbrauch an Rechten, S. 360, der die mannigfaltigen Rechte auch am Beispiel des Eigentums untersucht hat, vgl. hierzu *Hauck*, Nießbrauch an Rechten, S. 90 ff.

[739] Vgl. S. 250 ff., und S. 260 f.

einem reinen Schuldverhältnis „im weiteren Sinne" nicht ausgemacht werden, was erheblich gegen den subjektiv rechtlichen Charakter spräche.[740] Der Gesellschaftsvertrag statuiert zwar mannigfaltige Rechtsbeziehungen zwischen den einzelnen Mitgliedern, doch spiegelt diese Seite allein den schuldrechtlichen Charakter des Gesellschaftsvertrages wieder.[741] Der Gesellschaftsvertrag weist darüber hinaus als essentielle Gründungsvoraussetzung für die Schaffung eines rechtlich verselbstständigten Verbandes eine organisationsrechtliche Komponente auf.[742] Er gestaltet bei der Aktiengesellschaft im Rahmen des § 23 Abs. 5 AktG die innergesellschaftlichen Angelegenheiten und durch ihn wird auch die Zuständigkeitsordnung eines Verbandes akzeptiert.[743] Dies bedeutet aber auch, dass für die gesamte Dauer der Mitgliedschaft eine Beziehung zwischen dem Verband und dem Mitglied existiert.[744] Der Verband ist gerade nicht ohne die Mitglieder zu denken,[745] denn die Willensbildung innerhalb des Verbandes folgt anhand der Stimmrechtsausübung, in der Aktiengesellschaft innerhalb der Hauptversammlung durch ihre Mitglieder.[746] Diese Teilhabemöglichkeit ist untrennbar mit der Mitgliedschaft verbunden und macht gerade den Unterschied zu einer Position in einem reinen Schuldverhältnis aus.[747]

Habersack hat die Sonderstellung der Mitgliedschaft anhand seiner Überlegungen zur Übertragbarkeit derselben hervorgehoben.[748] Denn nach allgemeiner und zutreffender Auffassung unterliegen die Schutz- und Teilhaberechte der Mitglieder einem Abspaltungsverbot, sodass es bei Ablehnung der subjektiv rechtlichen Stellung des Mitgliedes allein ein Rechtsverhältnis geben würde, dessen Einzelrechte außerhalb der vermögensmäßigen Rechte nicht übertragbar wären.[749] Dies wäre ein

---

[740] *Habersack*, Mitgliedschaft, S. 77.

[741] *Arnold*, in: KölnKomm/AktG, 3. Aufl., § 23 Rn. 9; *Pentz*, in: MünchKomm/AktG, 4. Aufl., § 23 Rn. 10; *Koch*, in: Hüffer/Koch, 13. Aufl., § 23 Rn. 7 (für die AG); *Habersack*, Mitgliedschaft, S. 77; vgl. für die Personengesellschaften m.w.N. *Ulmer/Schäfer*, in: MünchKomm/BGB, 6. Aufl., § 705 Rn. 155 ff.

[742] Die Einordnung des Gesellschaftsvertrages als ein Vertrag sui generis mit schuldrechtlichen und organisationsrechtlichen Komponenten hat mittlerweile einhellige Anerkennung erfahren. Auf die Differenzen zwischen der Normentheorie und der Vertragstheorie ist daher nicht weiter einzugehen; vgl. hierzu m.w.N. *Arnold*, in: KölnKomm/AktG, 3. Aufl., § 23 Rn. 9.

[743] *Habersack*, Mitgliedschaft, S. 77 weist hier auf eine Festlegung der Zuständigkeiten hin, wobei bei der Aktiengesellschaft aufgrund der Existenz des § 23 Abs. 5 AktG eine Differenzierung dahin gehend sinnvoller erscheint, dass die gesetzlich vorgegebene Struktur akzeptiert wird.

[744] *Lutter*, AcP 180 (1980), 84, 88 f.

[745] So hat *Lutter* präzise darauf hingewiesen, dass der Verband nie zur Stiftung wird, AcP 180 (1980), 84, 89.

[746] *Lutter*, AcP 180 (1980), 84, 89.

[747] *Habersack*, Mitgliedschaft, S. 78, der aufgrund der dauerhaften Gestaltungsbefugnis auf eine Vergleichbarkeit zu den Sachenrechten hinweist.

[748] *Habersack*, Mitgliedschaft, S. 79 ff.

[749] *Habersack*, Mitgliedschaft, S. 80.

Novum, da die Einzelrechte in einem regulären Schuldverhältnis „im weiteren Sinne" unproblematisch Verfügungsgegenstand und damit gemäß § 398 BGB übertragbar sind.[750] Im Anschluss an insbesondere *Larenz* ist sodann deutlich hervorzuheben, dass die fehlende Übertragbarkeit nicht aufgrund eines rein gesellschaftsspezifischen Abtretungsverbot fehlt, sondern diese in der Rechtsnatur der Schutz- und Teilhaberechte selbst angelegt ist.[751] Denn sie sind ihrer Struktur nach von dem Rechtsverhältnis, hier dem mitgliedschaftlichem Rechtsverhältnis, akzessorisch abhängige Rechte, die Ähnlichkeiten zu den Gestaltungsrechten aufweisen.[752] Eine vollkommene Übereinstimmung mit diesen ist allerdings primär aufgrund der fehlenden Gestaltung eines bestimmten Rechtsverhältnisses, wie es mit Ausübung eines Gestaltungsrechts erfolgen müsste, nicht gegeben.[753] Das Mitglied bekommt vielmehr nur die Möglichkeit eingeräumt, im Rahmen der Beschlussfassung gestalterisch mitzuwirken, wobei sein ausgeübter Wille sich nicht mit dem gebildeten Willen der Hauptversammlung decken muss.[754] Doch ist dieser Unterschied der Verbandsverfassung geschuldet, in der sich das Mitglied einem Teil seiner Autonomie begibt, um den Verbandszweck mit mehreren gemeinsam durch anteilsmäßige Einflussmöglichkeiten zu verfolgen. Die Schutz- und Teilhaberechte können daher auch nur gemeinsam mit der Mitgliedschaft übergehen. Dass die Mitgliedschaft Gegenstand einer Verfügung sein kann, hat auch der Gesetzgeber anerkannt, wenn man nur § 15 GmbHG oder § 67 AktG für die Namensaktie betrachtet.[755] Der Einwand, dass diese Normen, die die Abtretbarkeit kodifizieren, gegen den subjektiv rechtlichen Charakter sprechen, da sie andernfalls überflüssig wären, ist entschieden zurückzuweisen.[756] Denn § 38 BGB, der die Nichtübertragbarkeit anordnet und dispositiven Charakter aufweist, wäre ebenfalls überflüssig, wenn man bereits im Vorfeld davon ausginge, dass die Mitgliedschaft nicht als eigenständiges Recht übertragbar ist.[757] Ausschlaggebend ist vielmehr, dass die Position des Mitglieds erst durch die aus dem Rechtsverhältnis fließenden subjektiven Rechten und Pflichten gebildet wird. Diese bilden eine so komprimierte Einheit, dass

---

[750] *Habersack*, Mitgliedschaft, S. 80.

[751] *Larenz/Wolf*, Allgemeiner Teil, § 15 VI 2 b Rn. 86 (S. 273); *Habersack*, Mitgliedschaft, S. 80.

[752] Vgl dazu *Larenz/Wolf*, Allgemeiner Teil, § 15 VI 2 b Rn. 86 (S. 273); *Habersack*, Mitgliedschaft, S. 80.

[753] *Larenz/Wolf*, Allgemeiner Teil, § 15 VI 2 b Rn. 86 (S. 273).

[754] *Larenz/Wolf*, Allgemeiner Teil, § 15 VI 2 b Rn. 86 (S. 273); zu ergänzen ist, dass das Mitglied bei Ausübung seiner Rechte sich nicht gänzlich frei bewegen kann, sondern seine Stimmrechtsmacht begrenzenden Treuepflichten unterliegt; vgl. hierzu et passim *Zöllner*, Die Schranken mitgliedschaftlicher Stimmrechtsmacht.

[755] *Leuschner*, in: MünchKomm/BGB, 8. Aufl., § 38 Rn. 4; vorher schon *Arnold*, in: MünchKomm/BGB, 7. Aufl., § 38 Rn. 10.

[756] So *Hadding*, in: FS Steindorff, 1990, S. 31, 39, der die Übertragung der Mitgliedschaft konsequent nur über eine Vertragsübernahme zulässt.

[757] So mit Recht *Arnold*, in: MünchKomm/BGB, 7. Aufl., § 38 Rn. 10.

die Rechtsposition des Mitgliedes als eine verselbstständigte Struktur verstanden werden muss.[758]

Auch die Existenz der übertragbaren vermögensmäßigen Ansprüche der Mitglieder hat keine Gegenimplikationen hinsichtlich des subjektiv rechtlichen Charakters der Mitgliedschaft zur Folge.[759] Denn die vermögensmäßigen Ansprüche, gleich ob der Anspruch auf Gewinnbeteiligung oder der auf den Liquidationserlös, sind die Wirkung der Ursache Mitgliedschaft. Das Mitglied hat kraft seiner Mitgliedschaft lediglich einen Anteil an der Körperschaft in Form einer Kapitalgesellschaft.[760] Das gerade im Aktienrecht strikt umgesetzte Trennungsprinzip weist der Aktiengesellschaft mit eigenständiger Rechtspersönlichkeit das Gesellschaftsvermögen zu und ist strikt von dem Zuordnungsobjekt „Gesellschafter" zu unterscheiden.[761] Kraft des mitgliedschaftlichen Verhältnisses steht dem Aktionär allerdings das Recht auf Gewinnbeteiligung nach § 58 Abs. 4 AktG als wohl wichtigstes mitgliedschaftliches Vermögensrecht zu.[762] Hierdurch wird für die Aktiengesellschaft deutlich, dass jedem Aktionär kraft seiner Mitgliedschaft ein neben den erst später entstehenden konkreten Dividendenauszahlungsanspruch tretendes Gewinnstammrecht zusteht.[763] Nicht anders ist auch das Bezugsrecht der Aktionäre zu beurteilen, welches durch ein dauerhaftes und abstraktes Bezugsstammrecht mit mitgliedschaftlichem Ursprung existiert und aus diesem erst im konkreten Fall der Kapitalerhöhung ein Bezugsanspruch resultiert.[764] Beide Stammrechte sind derart eng mit der Mitgliedschaft verbunden, dass sie nicht aus ihr herausgelöst und selbstständig übertragen werden können.[765] Daraus ergibt sich, dass die Mitglied-

---

[758] So auch die h.M. *Habersack*, Mitgliedschaft, S. 62 ff.; *K. Schmidt*, Gesellschaftsrecht, 4. Aufl., § 19 I 3 a (S. 549), *Lutter*, AcP 180 (1980), 84, 89.

[759] So und teilw. zum folgenden auch *Habersack*, Mitgliedschaft, S. 82 ff.

[760] *Heider*, in: MünchKomm/AktG, 4. Aufl., § 1 Rn. 13; bei den Personen(handels)gesellschaften hält das Mitglied nach der überzeugenden herrschenden Meinung lediglich einen Anteil an der Gesamthand, nicht jedoch unmittelbar einen Anteil an dem Gesellschaftsvermögen.

[761] *Heider*, in: MünchKomm/AktG, 4. Aufl., § 1 Rn. 47; die Restriktionen der strikten Trennung wie beispielsweise ein potentieller Haftungsdurchgriff ändern an der Grundstruktur des Aktienrechts und damit der Mitgliedschaft nichts.

[762] Hier ist das Gewinnstammrecht allgemein anerkannt, aus dem sich erst der konkrete Anspruch auf Dividendenzahlung ergeben kann; vgl. *Bayer*, in: MünchKomm/AktG, 4. Aufl., § 58 Rn. 97 ff.; *Koch*, in: Hüffer/Koch, 13. Aufl., § 58 Rn. 26.

[763] Ebs. *Habersack*, Mitgliedschaft, S. 86.

[764] *Rebmann*, in: Heidel, Aktien- und Kapitalmarktrecht, 4. Aufl., § 186 Rn. 8; *Ekkenga*, in: KölnKomm/AktG, 3. Aufl., § 186 Rn. 17 f. und *Habersack*, Mitgliedschaft, S. 86, heben eine Vergleichbarkeit mit dem Gewinnbezugsrecht hervor.

[765] Für das Gewinnstammrecht: BGH, Urt. v. 08. 12. 1997 – II ZR 203/96 –, ZIP 1998, 384; *Drygala*, in: KölnKomm/AktG, 3. Aufl., § 58 Rn. 112; *Henze*, in: GroßKomm/AktG, 4. Aufl., § 58 Rn. 86; *Fleischer*, in: K. Schmidt/Lutter, 3. Aufl., § 58 Rn. 44; *Bayer*, in: MünchKomm/AktG, 4. Aufl., § 58 Rn. 100; für das Bezugsstammrecht: *Wiedemann*, in: GroßKomm/AktG, 4. Aufl., § 186 Rn. 64; *Rebmann*, in: Heidel, Aktien- und Kapitalmarktrecht, 4. Aufl., § 186 Rn. 8; *Ekkenga*, in: KölnKomm/AktG, 3. Aufl., § 186 Rn. 17 f.; vgl. zu der abzulehnenden

schaft natürlich eine Vielzahl von Rechten und Pflichten beinhaltet und aus dieser auch weitere resultieren können. Diese weisen allerdings eine derart wabenartige Struktur auf, die durch einfache Herauslösung einzelner Elemente wie den Teilhaberechten, dem Gewinnstammrecht, dem Bezugsrecht nicht aufgelöst werden kann, ohne dass sie ihre Identität verlieren würde. Richtigerweise ist anzunehmen, dass die Mitgliedschaft auch an einer Kapitalgesellschaft nicht nur Stellung im Rechtsverhältnis, sondern als Ganzes auch ein subjektives Recht und damit einen Rechtsgegenstand darstellt.[766] Mithin ist für die vorliegende Arbeit davon auszugehen, dass die Mitgliedschaft des Aktionärs sowohl Rechtsverhältnis als auch ein subjektives Recht ist.[767]

3. Ergebnis

Es hat sich herausgestellt, dass die subjektiven Rechte aufgrund der Heterogenität der anerkannten subjektiven Rechte keine einheitliche Struktur aufweisen. Die Mitgliedschaft des Aktionärs ist aufgrund der gesetzlichen Ausgestaltung als ein subjektives Recht einzuordnen. Sie steht dem Aktionär daher als abwehrrelevente Rechtsposition zur Verfügung.

B. Stellungnahme zu den deliktsrechtlichen Ansätzen

Konnte eruiert werden, dass es sich bei der als Mitgliedschaft beschriebenen Position des Aktionärs um ein subjektives Recht handelt, ist die Frage der materiellrechtlichen Grundlage eines Abwehrrechts noch nicht beantwortet. Den deliktsrechtlichen Ansätzen gemein ist das Erfordernis der zusätzlichen Qualifizierung des subjektiven Rechts der Mitgliedschaft als ein „sonstiges Recht", welches auch innerhalb des Verbandes abwehrfähig sei. Grundlegend für die Komponente des vorbeugenden Rechtsschutzes ist hier die allgemein anerkannte Analogie zu § 1004 BGB bei den durch § 823 Abs. 1 BGB geschützten Rechtspositionen.[768] Könnte die Mitgliedschaft als sonstiges Recht qualifiziert werden und würde der Vorstand bei der Ausnutzung des genehmigten Kapitals die Rechtsstellung beeinträchtigen, würde

---

Auffassung der isolierten Übertragbarkeit des Gewinnstammrechts als einer aus den einzelnen vermögenswerten Rechten gebildeten eigenständigen Rechtsposition die Ausführungen von *Habersack*, Mitgliedschaft, S. 90 ff.

[766] Ebenso *Habersack*, Mitgliedschaft, S. 98 ff.; *K. Schmidt*, ZGR 2011, 108, 115; *ders.*, Gesellschaftsrecht, 4. Aufl., § 19 I 3 a (S. 549 f.); *Lutter*, AcP 180 (1988) 84, 102; *Leuschner*, in: MünchKomm/BGB, 8. Aufl., § 38, Rn. 4.

[767] Ebenso *Habersack*, Mitgliedschaft, S. 98 ff.; *Hermes*, Nießbrauchrecht an Mitgliedschaften, S. 37; *K. Schmidt*, ZGR 2011, 108, 115; *ders.*, Gesellschaftsrecht, 4. Aufl., § 19 I 3 1 (S. 549 f.); *Lutter*, AcP 180 (1988) 84, 102; *Leuschner*, in: MünchKomm/BGB, 8. Aufl., § 38, Rn. 4.

[768] Seit RG, Urt. v. 05.01.1905 – Rep. VI. 38/04 –, RGZ 60, 6, 7 ff.

mit § 1004 BGB analog ein probates Schutzinstrument zugunsten des Aktionärs zur Verfügung stehen.

Möchte man eine Einordnung vornehmen, kommt es trotz der Entwicklungsoffenheit des § 823 Abs. 1 BGB und dem Begriff des „sonstigen Rechts" darauf an, ob man eine systematische Nähe zu den in § 823 Abs. 1 BGB aufgezählten „Persönlichkeitsgütern" oder dem „Sacheigentum" sucht.[769] Dazu sei bemerkt, dass sich die folgenden Ausführungen allein mit dem hier relevanten *deliktsrechtlichen Innenschutz der Mitgliedschaft* beschäftigen.

I. Relevanz der Entscheidung

Bevor eine Entscheidung für oder gegen einen deliktsrechtlichen Ansatz ergehen kann, muss man sich die Frage nach der Relevanz eben dieser Entscheidung gefallen lassen.[770]

Zunächst ist die Relevanz der Entscheidung für oder gegen einen deliktsrechtlichen Schutz im Innenverhältnis darin zu sehen, dass der Aktionär das Organmitglied unmittelbar in Anspruch nehmen könnte.[771] Das von *Behr* vorgebrachte Gegenargument der Bevorzugung der Aktionäre im Verhältnis zu anderen relativ gegenüber der Aktiengesellschaft berechtigten Gläubigern, die sich ebenfalls nur an die Aktiengesellschaft halten können, baut auf einer Prämisse auf, die bei Annahme eines angenommenen Deliktsschutzes nicht gegeben wäre.[772] Der Aktionär steht dem Vorstand dann vielmehr wie ein Eigentümer gegenüber, nicht wie von Behr angenommen, wie ein relativ Berechtigter.[773] Denn ihm stünde die Mitgliedschaft als sonstiges schützenswertes Recht zu. Verletzt der Vorstand bei seiner Aufgabenwahrnehmung das Eigentum eines Dritten, hat dieser ebenso einen Anspruch gegenüber der Aktiengesellschaft wie auch dem Vorstand. Man müsste also vielmehr eine Begründung finden, warum das Deliktsrecht trotz der bis hierhin noch zu unterstellenden Annahme eines sonstigen Rechts nicht anwendbar wäre. Dass *Behr* dies nicht vornimmt, mag an seiner Ablehnung des subjektiv rechtlichen Charakters der Mitgliedschaft liegen. Entbehrlich ist dies für das von ihm vorgebrachte Argument gegen einen fehlenden Mehrwert eines Deliktsschutzes allerdings nicht.

Im Hinblick auf die internationale Zuständigkeit ergeben sich wohl nur prima facie Unterschiede, was eines genaueren Blickes bedarf. Befasst man sich nämlich mit einer allgemeinen Leistungsklage – bzw. in der hier vorrangig relevanten Ausformung der vorbeugenden Unterlassungsklage – des Aktionärs gegenüber der

---

[769] *Schwab*, Gesellschaftsinterne Streitigkeiten, S. 28.

[770] So stellt sie beispielsweise *Behr*, Die actio pro socio, S. 87.

[771] A.A. *Behr*, Die actio pro socio, S. 87; zur Möglichkeit der direkten Inanspruchnahme vgl. *Habersack*, Die Mitgliedschaft, S. 172 f., 201 ff.

[772] Anders aber *Behr*, Die actio pro socio, S. 87.

[773] A.A. *Behr*, Die actio pro socio, S. 87.

Gesellschaft oder den Organmitgliedern, ist die internationale Zuständigkeit nicht von Art. 24 Nr. 2 EuGVVO[774] erfasst.[775] Die internationale Zuständigkeit bestimmt sich in diesen Fällen nach den Artt. 4 ff. EuGVVO. Bei Annahme eines verbandsrechtlichen Ansatzes würde sich die internationale Zuständigkeit anhand von Art. 7 Nr. 1 a EuGVVO bestimmen lassen. Nach einer für das Gesellschaftsrecht richtungsweisenden Entscheidung des EuGH werden Ansprüche aus dem Binnenverhältnis einer Gesellschaft bei der Bestimmung der internationalen Zuständigkeit den Ansprüchen aus Vertragsverhältnissen unterstellt, auch wenn das Mitgliedschaftsverhältnis kein typisches Vertragsverhältnis darstellt.[776] Dies wurde auch explizit für Binnenansprüche in einer Aktiengesellschaft ausgeurteilt.[777] Deswegen ist die internationale Zuständigkeit für den verbandsrechtlichen Ansatz anhand des Erfüllungsortes zu bestimmen.

Bei der unerlaubten Handlung ist die internationale Zuständigkeit dem Grunde nach anhand von Art. 7 Nr. 2 EuGVVO zu bestimmen, womit auf den Handlungs- und Erfolgsort der unerlaubten Handlung abzustellen wäre.[778] Nach Ablösung des EuGVÜ durch die EuGVVO wird dies nun auch explizit für eine deliktisch gestützte vorbeugende Unterlassungsklage deutlich, die dem Aktionär in den hier relevanten Fällen zur Verfügung stünde. In Art. 7 Nr. 2 EuGVVO wurde durch den europäischen Gesetzgeber explizit der Fall des drohenden Eintritts eines schädigenden Ereignisses aufgenommen, sodass die noch unter dem EuGVÜ umstrittene Frage nun positivrechtlich entschieden wurde.[779]

Bei der Auslegung der internationalen Gerichtsstände ist allerdings ein autonomer Maßstab anzulegen, der nicht zwingend mit der nationalrechtlichen Einordnung übereinstimmen muss. Man wird nach der Brogsitter-Entscheidung des EuGH nunmehr auch für eine nationalrechtlich deliktsrechtlich gestützte Aktionärsklage einen vertraglichen Gerichtsstand im Sinne des Art. 7 Nr. 1a EuGVVO annehmen müssen. In dieser Entscheidung hat der EuGH die Auslegung des vertragsrechtlichen Gerichtsstandes extensiv vorgenommen, wonach nun alles das vertraglich ist, was an

---

[774] Die Artikel der Textfassung beziehen sich soweit nichts anderes bestimmt, auf die Fassung Brüssel Ia-VO/VO (EU) Nr. 1215/2012 (Inkrafttreten am 10.01.2015).

[775] *Gottwald*, in: MünchKomm/ZPO, 4. Aufl., Art. 22 EuGVO Rn. 28 f.; *Gebhardt*, in: MünchHdbGesR VII, 5. Aufl., § 20 Rn. 14; auch für eine allgemeine Feststellungsklage hinsichtlich der Wirksamkeit von Organbeschlüssen ist keine Sicherheit bei der Anwendung von Art. 24 Nr. 2 EuGVO gegeben, da deren Anwendung teilweise unter Verweis auf die fehlende erga omnes-Wirkung abgelehnt wird; vgl. hierzu m.w.N. *Gebhardt*, in: MünchHdbGesR VII, 5. Aufl., § 20 Rn. 13.

[776] EuGH Rs. 34/82 *Peters/Sui Nederlande Aanemers Vereniging*, EuGHE 1983, 987 Rn. 13 ff. für die Beitragsverpflichtung in einen niederländischen Verein; *Leible*, in: Rauscher/EuZPR/EuIPR, Art. 7 Brüssel Ia VO, Rn. 26.

[777] EuGH Rs. 214/89 *Duffryn* EuGHE 1992 I 1769, Rn. 16; *Leible*, in: Rauscher/EuZPR/EuIPR, Art. 7 Brüssel Ia VO, Rn. 26.

[778] *Leible*, in: Rauscher/EuZPR/EuIPR, Art. 7 Brüssel Ia VO, Rn. 117.

[779] *Leible*, in: Rauscher/EuZPR/EuIPR, Art. 7 Brüssel Ia VO, Rn. 115.

einen Vertrag oder Ansprüche aus einen Vertrag anknüpft.[780] Dies dürfte auch bei einer deliktsrechtlichen Grundlage der Aktionärsklage der Fall sein, da diese an die Mitgliedschaft anknüpft und der EuGH bereits früh auch Streitigkeiten innerhalb eines Vereins, die auf dem Mitgliedschaftsverhältnis basieren, aufgrund der vergleichbaren faktischen und artverwandten Bindung vertraglich eingeordnet hat.[781]

Einer höchstrichterlichen Entscheidung ist diese Frage im konkreten allerdings noch nicht zugeführt worden. Würde eine solche zu dem Ergebnis gelangen, dass die internationale Zuständigkeit entgegen den vorherigen Ausführungen bei einem verbandsrechtlichen und einem deliktischen Ansatz zu unterschiedlichen Gerichtsständen käme, so wäre anschließend allein die Frage, ob unter dem Deliktsgerichtsstand auch unter Art. 7 Nr. 1 a EuGVVO fallende Ansprüche geltend gemacht werden können, durch den EuGH positiv im Sinne einer ablehnenden Entscheidung entschieden worden.[782] Ob andersherum deliktische Ansprüche im Sinne einer Annexkompetenz unter einem Vertragsgerichtsstand geltend gemacht werden können, ist derzeit vom EuGH noch nicht entschieden und soll auch hier keiner Entscheidung zugeführt werden.[783] Relevant würde dies insbesondere, sofern Vorstandsmitglieder unmittelbar persönlich in Anspruch genommen werden sollen. Dies ist allein auf deliktsrechtlicher Grundlage möglich. All dies zeigt, dass gerade aufgrund der Unsicherheit eine Entscheidungserheblichkeit besteht. Ob ein deliktsrechtlicher Ansatz, ein verbandsrechtlicher oder beide überzeugen können, wird sich im Folgenden zeigen.

II. Strukturentscheidung des AktG

Das Ansinnen, einen deliktischen Schutzstandard aufzubauen, ist ansatzweise nachvollziehbar, sofern es um den Schutz vor Eingriffen Dritter geht.[784] Zumindest im Verbandsinnenverhältnis ist einem solches Ansinnen allerdings skeptisch zu begegnen.

Im Innenverhältnis sprechen einige entscheidende Argumente gegen die Zulassung eines deliktsrechtlichen Abwehranspruches des Aktionärs. Betrachtet man nämlich die aktienrechtliche Strukturentscheidung, fällt auf, dass direkte Ansprüche des Aktionärs gegenüber dem Vorstand eine weitgehende Unbekannte darstellen.

---

[780] EuGH, Urt. v. 13.3.2014 – C-548/12 –, NJW 2014, 1648.

[781] *Gottwald*, in: MünchKomm/ZPO, 5. Aufl., 5. Aufl. 2017, Brüssel Ia-VO Art. 7 Rn. 8; EuGH Rs. 34/82 *Peters/Sui Nederlande Aanemers Vereniging*, EuGHE 1983, 987 Rn. 13 ff. = BeckRS 2004, 70879 für die Beitragsverpflichtung bei einen niederländischen Verein; *Leible*, in: Rauscher/EuZPR/EuIPR, Art. 7 Brüssel Ia VO, Rn. 26.

[782] BGH, Urt. v. 07.12.2004 – XI ZR 366/03 –, NJW-RR 2005, 581, 583; EuGH Rs C-51/97 Réunion européenne/Spliethoff's Bevrachtingskantoor EuGHE 1998 I 6511 Rn. 50.

[783] Vgl. hierzu *Leible*, in: Rauscher/EuZPR/EuIPR, Art. 7 Brüssel Ia VO, Rn. 115.

[784] Vgl. in diesem Zusammenhang umgekehrt auch zur Eigenhaftung des Vorstandes gegenüber Dritten *Fleischer*, in: Spindler/Stilz, 4. Aufl., § 93 Rn. 307 ff.

Diese müssten allerdings zugelassen werden, sofern § 823 Abs. 1 BGB und damit einhergehend auch § 1004 BGB analog im Innenverhältnis eingreifen.[785]

Betrachtet man das Aktiengesetz, fällt die in § 118 AktG niedergelegte Wertentscheidung auf, nach welcher der Aktionär seine Rechte grundsätzlich nur im Rahmen der Hauptversammlung ausüben solle. Auch für den Vorstand trifft das Aktiengesetz eine Entscheidung, indem dem Vorstand ein Aufgabenbereich zur eigenverantwortlichen und weitgehend unbeeinflussten Wahrnehmung zugewiesen wird.[786] Bereits das AktG 1937 wies dem Vorstand der AG die Leitungskompetenz erstmalig unter eigener Verantwortung zu,[787] was auch durch das AktG 1965 und bis heute nicht geändert worden ist.[788] Diese abgegrenzten Kompetenzbereiche von Vorstand und Hauptversammlung sind als Grenze der (auch richterlichen) Rechtsfortbildung anzusehen.[789] Wie zu Beginn im Rahmen der Suche nach normativen Anknüpfungspunkten festgestellt wurde, finden sich selbst im Konzernrecht keine Normen, die es dem Aktionär ermöglichen, unmittelbar aus eigenem Recht gegen Organmitglieder vorzugehen.[790] § 147 AktG gibt den Aktionären ebenfalls kein eigenständiges Klagerecht, sondern weist nur die zuständigen Organe zum Tätigwerden an und ermöglicht unter den Voraussetzungen von § 147 Abs. 2 AktG die Einsetzung eines besonderen Vertreters. Die einzigen gewichtigen Normen, die für eine unmittelbare Inanspruchnahme des Vorstandsmitgliedes durch die Aktionäre streiten, sind §§ 148 und 117 Abs. 2 i.V.m. Abs. 1 AktG. Durch die Vorschaltung eines Klagezulassungsverfahrens, dessen erfolgreiche Durchführung nur zu einer Geltendmachung von Schadensersatzansprüchen der Gesellschaft in gesetzlicher Prozessstandschaft durch eine Aktionärsminderheit führt, wird allerdings erneut deutlich, dass ein Vorgehen der Aktionäre unmittelbar gegen das Organmitglied erst auf letzter Stufe steht. Dies ergibt sich insbesondere aus der expliziten Regelung des § 148 Abs. 3 S. 1 AktG, der der Gesellschaft die jederzeitige Übernahmemöglichkeit gewährt und die daraufhin folgende Unzulässigkeit der Minderheitsklage festlegt.

Hervorzuheben ist, dass die Vorstandsmitglieder gegenüber dem Aktionär nicht als Dritte tätig werden, sondern ihre Zugriffsmöglichkeiten allein aufgrund der Organkompetenz existieren. Der Einwand einer unzulässigen Vermengung von Organpflichten und dem persönlichen Lebensbereich des Organwalters liegt daher

---

[785] Vgl. hierzu bereits zur Entscheidungserheblichkeit aufgrund dieser Wirkung S. 275.

[786] § 76 Abs. 1 AktG drückt gerade die unabhängige „Stellung des Vorstands" aus; *Spindler*, in: MünchKomm/AktG, 5. Aufl., § 76 Rn. 1.

[787] §§ 70, 103 AktG 1937.

[788] §§ 76, 119 AktG.

[789] BGH, Urt. v. 26. 4. 2004 – II ZR 155/02 –, NJW 2004, 1860, 1862 erkennt diese in seiner Gelatine-Entscheidung ausdrücklich an, wenn er sagt, dass „Die – angesichts der wohlaustarierten Kompetenzverteilung in der Aktiengesellschaft […] nur ausnahmsweise in Betracht kommende – Einschaltung der Hauptversammlung […]" nicht den Regelfall darstellen darf; ebs. *Adolff*, ZHR 169 (2005), 310, 314.

[790] Vgl. dazu S. 175 f. Es handelt sich lediglich um die Möglichkeit eines Aktionärs die Ansprüche der Gesellschaft im Wege der actio pro societate geltend zu machen.

nahe.[791] Er kann mit Blick auf § 93 AktG allerdings nicht gänzlich überzeugen, der auch hinsichtlich der Organstellung verhaltenssteuernde Elemente beinhaltet.[792] Für die strukturelle Zulassung eines deliktsrechtlichen Ansatzes könnte weiter § 117 AktG streiten, der die direkte Inanspruchnahme des Vorstandes durch Aktionäre zulässt. Der Vorstand haftet bei Vorliegen der Voraussetzungen des § 117 Abs. 1 S. 2, 2 AktG den Aktionären unmittelbar für Schäden,[793] die nicht zugleich darauf beruhen, dass die Gesellschaft geschädigt worden ist.[794] Hierdurch wird aber auch ein großer Teil eines direkten Schadensersatzverlangens (für Gesellschaftsschäden) unmittelbar ausgeschlossen. Weitere Möglichkeiten der direkten Inanspruchnahme kämen nur bei Erfüllung der engen Voraussetzungen des § 826 BGB in Betracht.[795,796]

Nun zeigt dies, dass es nicht gänzlich ausgeschlossen ist, ein unmittelbares Vorgehen der Aktionäre gegen ein Vorstandsmitglied zuzulassen. § 117 Abs. 1 S. 2, Abs. 2 AktG ist allerdings kein verallgemeinerungsfähiger Rechtsgedanke immanent, sondern vielmehr ein Ausnahmetatbestand. Insbesondere, da für den Schadensersatzanspruch nur solche Schadensposten übrigbleiben, die außerhalb der Mitgliedschaft angesiedelt sind und primär fehlerhafte Investitions- oder Desinvestitionsentscheidungen des Aktionärs betreffen.[797] Um eine Beeinträchtigung der Mitgliedschaft selbst kann es bei dieser Norm auch nicht gehen.

Das gesamte Aktienrecht ist auf eine Geltendmachung der Aktionärsrechte ausgelegt, die sich nicht unvermittelt gegen den Vorstand richten. Man schaue sich nur die Einführung der Business Judgment Rule in § 93 Abs. 1 S. 2 AktG genauer an, die im Interesse der diversifizierten Aktionäre dem Vorstand auch risikobehaftete Geschäfte ermöglichen soll.[798] Würde nun angenommen, dass jeder Aktionär einen deliktsrechtlichen Anspruch gegenüber den Geschäftsleitern hat, wobei natürlich der Schutzumfang eine Rolle spielt, hätte dies erhebliche verhaltenssteuernde Konsequenzen. Aufgrund seiner in den Randbereichen doch unscharfen Konturierung würden die Geschäftsleiter allein aus Gründen des Prozessrisikos zu einer gewissen

---

[791] Vgl. *Häsemeyer*, ZHR 144 (1980), 265, 270 f.

[792] *Teichmann*, in: FS Mühl, 1981, S. 663, 675 f.

[793] *Spindler*, in: MünchKomm/AktG, 5. Aufl., § 117 Rn. 58.

[794] *Spindler*, in: MünchKomm/AktG, 5. Aufl., § 117 Rn. 52.

[795] *Adolff*, ZHR 169 (2005), 310, 314; vgl. BGH, Urt. v. 19.7.2004 – II ZR 218/03 –, BGHZ 160, 134 (Infomatec I); BGH, Urt. v. 19.7.2004 – II ZR 402/02 –, BGHZ 160, 149 (Infomatec II); vgl. auch BGH, Urt. v. 4.6.2007 – II ZR 147/05 –, NJW 2008, 76 ff. (ComROAD IV).

[796] Die Diskussion der deliktischen Haftung der Gesellschaft hat sich primär anhand von Verstößen gegen kapitalmarktrechtliche Informationspflichten entwickelt, die Einfluss auf die Investitions- oder Deinvestitionsentscheidung genommen haben. Ob dies auch für rein fehlerhafte Geschäftsführungsmaßnahmen innerhalb des Verbandes zu gelten hat, kann bezweifelt werden.

[797] *Koch*, in: Hüffer/Koch, 13. Aufl., § 117 Rn. 9, z. B. Schäden aufgrund einer Entscheidung zum Kauf oder Verkauf bei fehlerhafter ad-hoc-Berichterstattung.

[798] Vgl. zur Business Judgment Rule *Jungmann*, in: FS K. Schmidt, 2009, S. 831 ff.

Risikoaversion gedrängt.[799] Dies ganz abgesehen von den Blockademöglichkeiten, die einem Aktionär an die Hand gegeben würde.[800]

Das aktienrechtliche Struktur- und Wertegeflecht lässt daher enorme Bedenken aufkommen, die einen strukturbedingten Ausschluss des Deliktsstatutes für das Innenrecht nahelegen. Die herausgestellten Wertungen des Aktienrechts sind nicht die einzigen Punkte, die Bedenken an einem Deliktsschutz aufkommen lassen. Auch die Mitgliedschaft selbst scheint nicht derart verfasst zu sein, dass ein absoluter Schutz gerechtfertigt wäre. Denn erst das Verbandsrecht statuiert die Mitgliedschaft in den gesetzlich und satzungsgemäßen Vorgaben, sodass es zweifelhaft ist, ob unabhängig vom Verbandsrecht ein absolutes subjektives Recht – ein sonstiges Recht gem. § 823 Abs. 1 BGB – bestehen kann.[801]

III. Ausschluss- und Nutzungsfunktion als prägende Merkmale des „sonstigen Rechts"?

Namhafte Vertreter eines deliktsrechtlichen Ansatzes, namentlich *K. Schmidt* und *Habersack*, gehen für die Begründung der Mitgliedschaft als sonstiges Recht zunächst von dem Sacheigentum aus und versuchen darzulegen, dass der Mitgliedschaft in Übereinstimmung mit dem herrschenden deliktsrechtlichen Meinungsbild eine Ausschluss- und Nutzungsfunktion zukomme.[802]

Es ist in der Sache zwar umstritten, ob die Qualität als sonstiges Recht allein durch einen strukturellen Vergleich mit dem Sacheigentum oder auch durch einen Vergleich zu den Persönlichkeitswerten ermittelt werden kann.[803] Betrachtet man die durch § 823 Abs. 1 BGB als sonstige Rechte geschützten familienrechtlichen Institute wie den Eheschutz gegenüber Dritten oder die elterliche Sorge, fällt ein Vergleich mit dem Sacheigentum schwer, denn diese sind gerade keine Herrschaftsrechte und lassen sich wohl nur durch Rückbindung an die Persönlich-

---

[799] So wären Klagen denkbar, die sich auf die Behauptung eines pflichtwidrigen, satzungswidrigen oder gesetzwidrigen Verhalten stützen.

[800] *Häsemeyer*, ZHR 144 (1980) 265, 27.

[801] Gegen einen deliktsrechtlich gestützten Innenschutz bspw. *Wiedemann*, Gesellschaftsrecht I, S. 464.

[802] Vgl. Nachweise bei den Positionen von *Habersack* S. 229 ff. und *K. Schmidt* S. 226 ff.; zur deliktsrechtlichen Literatur; *Wagner*, in: MünchKomm/BGB, 7. Aufl., § 823 Rn. 265 ff. und für die Mitgliedschaft vgl. Rn. 306 ff., in der *Wagner* einem deliktischen Innenschutz ablehnend gegenübersteht; *Larenz/Canaris*, Schuldrecht II/2 § 76 I 1 b, c (S. 374 f.).

[803] Für die herrschende Meinung, die eine Orientierung am Sacheigentum präferiert vgl. *Wagner*, in: MünchKomm/BGB, 7. Aufl., § 823 Rn. 265, m.w.N. in Fn. 1061; dafür, dass eine reine Orientierung an dem Sacheigentum nicht zur abschließenden Beurteilung der Qualität als sonstiges Recht geeignet ist, vgl. *Adolphsen*, Internationale Dopingstrafen, S. 227 ff. m.w.N. und unter Bezugnahme auf *Zeuner*, Karlsruher Forum 1983, S. 196, der die Gesetzgebungsmaterialien auswertete; ebs. *Reuter*, in: FS Lange, 1992, S. 707 ff.

keitswerte erklären.[804] Dies kann hier in der Sache allerdings dahin gestellt bleiben.

Die Mitgliedschaft stellt wie *Schwab* überzeugend anhand der elterlichen Sorge herausgestellt hat, gerade bei einem Vergleich mit den Persönlichkeitswerten des § 823 Abs. 1 BGB, namentlich bei Verletzung von Leben, Körper, Gesundheit und Freiheit kein sonstiges Recht dar. Er erkennt in der elterlichen Sorge ein reines Pflichtrecht, welches dem in rechtlicher Hinsicht unabhängigen Interesse des Kindes dient und allein durch die Eltern an diesem auszurichen ist.[805] Betrachtet man nun die Mitgliedschaft, hat der Gesellschafter sein (Abstimmungs-)Verhalten zwar auch am Gesellschaftsinteresse auszurichten, was allerdings in der Sache einen erheblichen Unterschied zur elterlichen Sorge aufweist.[806] Die Verfolgung des Gesellschaftsinteresses ist gerade nicht rein fremdnützig wie bei der elterlichen Sorge motiviert. Das Mitglied verfolgt immer auch eigennützige Ziele, denn durch seinen Beitritt hat es sich unter Autonomieverlust zur Verfolgung eines gemeinsamen Zweckes mit anderen in der Aktiengesellschaft zusammengefunden. *Schwab* hat klar herausgestellt, dass diese Zweckverfolgung bei einem alleinigen Vorgehen durch den Aktionär Teil der Ausübung der allgemeinen Handlungsfreiheit wäre, die gerade nicht von § 823 Abs. 1 BGB geschützt wird.[807] Bekommt er nun für seine Entscheidung unter teilweisen Autonomieverlust mit anderen einen Zweck zu verfolgen die Mitgliedschaft, suggeriert diese bei der Interessenverfolgung lediglich den Teil der allgemeinen Handlungsfreiheit, der für die alleinige Zweckverfolgung stünde. Motivation bleibt damit kein altruistisches Interesse des Aktionärs.[808]

Teilweise wird bei einer Orientierung an den Persönlichkeitsgütern gefordert, diese müssten auf eine dem Sacheigentum ebenbürtige Ebene gehoben werden.[809] Es müsste ein „Zuweisungsgehalt und Ausschlussfunktion" gegeben sein.[810]

So sei die Ausschlussfunktion bei Rechtspositionen teilweise explizit kodifiziert worden. Hierzu zählten die beschränkt dinglichen Rechte, bei denen auf die für das Eigentum geltenden Vorschriften verwiesen werde, oder die Ausschlussfunktion

---

[804] Überzeugend *Schwab*, Gesellschaftsinterne Streitigkeiten, S. 28 f., der allerdings *Reuter*, in: FS Lange, 1992, S. 707, 710 fälschlicherweise die Einordnung von Pflichtrechten wie der elterlichen Sorge als Herrschaftsrechte unterstellt. Dieser stellt vielmehr explizit fest, dass die „Anerkennung einer Rechtsposition als sonstiges Recht im Sinne des § 823 I BGB […] folgerichtig nicht voraus(setzt), daß sie mit den in § 823 I BGB benannten Rechtspositionen […] den Herrschaftscharakter teilt.", a.a.O. S. 711.

[805] *Schwab*, Gesellschaftsinterne Streitigkeiten, S. 29.

[806] *Schwab*, Gesellschaftsinterne Streitigkeiten, S. 29.

[807] *Schwab*, Gesellschaftsinterne Streitigkeiten, S. 30.

[808] *Schwab*, Gesellschaftsinterne Streitigkeiten, S. 29 f.

[809] *Spickhoff*, in: Soergel/BGB, 13. Aufl., § 823 Rn. 86.

[810] *Spickhoff*, in: Soergel/BGB, 13. Aufl., § 823 Rn. 86; richtigerweise wird man den Persönlichkeitsgütern allerdings nicht über eine ihnen immanente Herrschaftsbefugnis zu einem sonstigen Recht verhelfen können.

werde durch genuine Unterlassungsansprüche gesetzlich fixiert.[811] Nun fehlt bei der Mitgliedschaft eine gesetzliche Regelung, die über die Ausschlussfunktion Aufschluss geben könnte. Nicht unsympathisch scheint es daher, die Ausschlussfunktion als Rechtsfolge des deliktsrechtlichen Schutzes anzusehen und den Fokus auf die Nutzungsfunktion zu legen.[812] Denn andernfalls würde die Entwicklungsoffenheit des Tatbestandsmerkmales weitgehend sinnentleert.[813]

Gegen diesen Gedanken wird eingewandt, dass für die Beschreibung der Ausschluss- und der Nutzungsfunktion praktisch ein und dieselbe Formel verwandt werde.[814] Dies geht allerdings an der Sache vorbei. Denn beschreibt man die Nutzungsfunktion damit, dass das Mitglied die mitgliedschaftlichen Rechte ausüben kann und versteht man unter der Ausschlussfunktion, dass niemand anderer diese Rechte ausüben kann,[815] so ist dies im Verhältnis zum Eigentum keine Besonderheit. Auch beim Eigentum findet eine Verquickung von positiven und negativen Befugnissen statt.[816] Der Eigentümer kann in seinem Sinne mit der Sache verfahren oder eine Nutzung gänzlich unterlassen und alle anderen von der Einwirkung auf die Sache ausschließen.[817] Dies spricht noch nicht gegen die Einordnung der Mitgliedschaft als sonstiges Recht. Zutreffend ist es dagegen, mehr als nur die Nutzungsfunktion einer Rechtsposition für die Einordnung als sonstigem Recht zu fordern.[818] Bei der Untersuchung der Mitgliedschaft als subjektives Recht hat sich ergeben, dass insbesondere die Schutz- und Teilhaberechte des Mitglieds den Kern der Mitgliedschaft ausmachen und daher mit Recht einem Abspaltungsverbot unterliegen.[819] Die hiermit verbundene Zuweisung der Befugnisse an das Mitglied beinhaltet gleichsam die Nutzungsbefugnis des Mitglieds. Der Aktionär hat die Möglichkeit an der Hauptversammlung teilzunehmen, sein Stimmrecht auszuüben oder dieses zu unterlassen.

Dies ist allerdings kein mitgliedschaftliches Spezifikum, sondern der durch ein subjektives Recht geschaffene Bewegungsfreiraum korrespondiert notwendiger-

---

[811] *Wagner*, in: MünchKomm/BGB, 7. Aufl., § 823 Rn. 265 f.

[812] M.w.N. *Habersack*, Mitgliedschaft, S. 130 f. Auf die isolierte Abstellung der Nutzungsfunktion wird sogleich zurückzukommen sein. Bei der reinen Anwendung dieses Grundsatzes würde es zu einem circulus vitiosus führen, welcher jedes subjektive Recht als sonstiges Recht qualifizieren würde, vgl. hierzu den Text zu Fn. 825.

[813] So *Habersack*, Mitgliedschaft, S. 131.

[814] So *Schwab*, Gesellschaftsinterne Streitigkeiten, S. 23.

[815] So *Schwab*, Gesellschaftsinterne Streitigkeiten, S. 23.

[816] *Säcker*, in: MünchKomm/BGB, 6. Aufl., § 903 Rn. 5; *Fritzsche*, in: BeckOK/BGB, 48. Ed., § 903 Rn. 20.

[817] *Säcker*, in: MünchKomm/BGB, 6. Aufl., § 903 Rn. 5; *Fritzsche*, in: BeckOK/BGB, 48. Ed., § 903 Rn. 20.

[818] *Schwab*, Gesellschaftsinterne Streitigkeiten, S. 24.

[819] Vgl. S. 270 ff.

weise mit einer entsprechenden Nutzungsbefugnis.[820] Wenn es auch nicht für die Herausbildung einer genuinen Struktur der subjektiven Rechte taugt, so ist doch auf den ethischen Rückbezug des subjektiven Rechts zu einem eigenverantwortlichen Rechtssubjekt zu verweisen.[821] Diesem soll nämlich anheimgestellt werden „unter Einsatz ihrer Rechte nach ihren individuellen Vorstellungen in der Gemeinschaft"[822] ihre Stellung zu behaupten.[823] Von diesem, den subjektiven Rechten immanenten Grundgedanken, sei er auch noch so abstrakt, ist es nicht allzu weit entfernt, von einer Nutzungsfunktion zu sprechen.[824] Dies erhellt, dass die Nutzungsfunktion isoliert nicht zur Gleichstellung mit dem Sacheigentum genügen kann, denn andernfalls hätte der Gesetzgeber in § 823 Abs. 1 BGB nicht jedes „sonstige Recht" sondern jedes „subjektive Recht" einem deliktischen Schutz unterstellt.[825]

IV. Erforderlichkeit einer Subjekt-Objekt-Beziehung für das „sonstige Recht"

Bei einer Orientierung am Sacheigentum gelangt man zu einer hervorgehobenen Stellung eines subjektiven Rechts nur, sofern man einen außerhalb des Rechts stehenden Bezugspunkt hat, der mittels eines subjektiven Rechts einem Rechtssubjekt zur Herrschaft zugeordnet wird.[826] Doch entgegen der oftmals vertretenen These fehlt es bei der Mitgliedschaft an einem Bezugsobjekt, welches durch die Rechtsordnung vorgegeben ist.[827] Begutachtet man das Eigentum, fällt auf, dass die Sache etwas der Rechtsordnung tatsächlich Vorgegebenes ist. Erst aufgrund der Existenz der Sache stellt sich die Frage nach ihrer rechtlichen Zuordnung, die durch die rechtliche Ausgestaltung der Position „Eigentum" vorgenommen wird. *Schwab* hat es treffend dahin gehend formuliert, dass dem Sacheigentum ein „präexistentes" Objekt vorgegeben ist.[828] Erst die Beziehung eines Rechtssubjektes zu einem Rechtsobjekt ist es, die eine Rechtfertigung für die Verortung der Rechtsposition als

---

[820] *Schwab*, Gesellschaftsinterne Streitigkeiten, S. 24; *Hommelhoff*, ZHR 143 (1979), 288, 302.

[821] Hervorgehoben durch *Hommelhoff*, ZHR 143 (1979), 288, 302.

[822] *Hommelhoff*, ZHR 143 (1979), 288, 302.

[823] *Hommelhoff*, ZHR 143 (1979), 288, 302.

[824] So auch *Schwab*, Gesellschaftsinterne Streitigkeiten, S. 24.

[825] *Schwab*, Gesellschaftsinterne Streitigkeiten, S. 24; *Habersack*, Mitgliedschaft, S. 131 f. geht hierauf nicht ein, sondern stellt unvermittelt die Grundlage der positiven Seite (der Nutzungsfunktion) in einer Subjekt-Objekt-Beziehung fest.

[826] *Schwab*, Gesellschaftsinterne Streitigkeiten, S. 26; *Habersack*, Mitgliedschaft, S. 131 f.

[827] *Schwab*, Gesellschaftsinterne Streitigkeiten, S. 28; so auch *Behr*, Die actio pro socio, S. 86 f., der allerdings irrtümlicherweise darauf abstellt, dass: „Ein ebensolches tatsächlich existentes Rechtsobjekt [...] die Mitgliedschaft nicht (ist)." S. 86), wobei die Frage ist, ob durch die Mitgliedschaft dem Aktionär ein Rechtsobjekt zugewiesen wird; a.A. Nachweise bei den Positionen von *Habersack*, Mitgliedschaft S. 229 ff. und *K. Schmidt* S. 226 ff.

[828] *Schwab*, Gesellschaftsinterne Streitigkeiten, S. 26.

sonstigem Recht liefert.[829] Betrachtet man nun die Mitgliedschaft, fragt man sich, wo das Zuordnungsobjekt liegen soll. Denn es ist insbesondere für die hier relevante Aktiengesellschaft anerkannt, dass es sich bei dieser um eine Körperschaft mit eigener Rechtspersönlichkeit und somit um ein eigenständiges Rechtssubjekt (§ 1 Abs. 1 AktG) handelt.[830] Damit ist der Gedanke, dass der Mitgliedschaft das Zuordnungsobjekt fehlt und sie deswegen keinen Herrschaftscharakter aufweisen kann, nicht gänzlich fernliegend. Er ist sogar überzeugend,[831] denn auch die Gegenauffassung hält die Einteilung des Verbandes als angeblich zugeordnetes Objekt nicht stringent durch.

Denn *Habersack* betrachtet den Verband selbst als durch die Mitgliedschaft zugeordnetes Objekt, womit impliziert wird, dass der Verband auch einen dem Mitglied zugeordneten Vermögensgegenstand darstelle.[832] Der Verband wird sogar ausdrücklich als Gegenstand erster Ordnung bezeichnet. Eine überzeugende Begründung kann allerdings nicht in dem Verweis auf den historisch überholten Ansatz des Kindes als Gegenstand der elterlichen Gewalt liegen.[833] Rechtsobjekt und Rechtssubjekt sind vielmehr streng voneinander zu unterscheiden, da nur Zweites rechtsobjektbezogene Rechte und Pflichten innehaben kann.[834]

Da der Verband nach *Habersack* ein zuordenbarer Gegenstand sei, solle, wie auch beim Eigentumsrecht auf die Wertminderung des entsprechenden Gegenstandes abgestellt werden können. Mithin sei eine Verletzung der Mitgliedschaft bereits dann möglich, wenn der Anteilswert des Mitgliedes durch eine Beeinträchtigung des Verbandes eintritt.[835] Diese Annahme ist bei der vorgenommenen Gleichstellung des Verbandes mit einem zugeordneten Gegenstand konsequent. Unstimmigkeiten treten allerdings auf, wenn nun die Eigenständigkeit des Rechtssubjektes – der Aktiengesellschaft – in den Vordergrund gerückt wird.

Denn nach *Habersack* sei der durch § 823 I BGB geschützte Bereich der Mitgliedschaft nicht auf derartige Wertbeeinträchtigungen zu erstrecken.[836] Dies ergebe sich daraus, dass das Gesellschaftsvermögen allein der Gesellschaft als eigenständigem Rechtssubjekt zugeordnet sei, sodass die getrennten Vermögenssphären bei der Auslotung des Schutzbereichs der Mitgliedschaft akzeptiert werden müssten.[837]

---

[829] *Schwab*, Gesellschaftsinterne Streitigkeiten, S. 26; so auch *Habersack*, Mitgliedschaft, S.144f., der allerdings den Begriff des Gegenstandes hierfür einer Modifikation unterzieht.

[830] *Fock*, in: Spindler/Stilz, 4. Aufl., § 1 Rn. 12; *Heider*, in: MünchKomm/AktG, 4 Aufl., § 1 Rn. 25ff.

[831] So auch *Wagner*, in: MünchKomm/BGB, 7. Aufl., § 823 Rn. 307f.; *Schwab*, Gesellschaftsinterne Streitigkeiten, S. 26f.; vgl. auch *Reuter*, in: FS Lange, 1992, S. 707, 710ff.

[832] Vgl. zum Gegenstandsbegriff nach *Habersack*, Mitgliedschaft, S. 144.

[833] *Habersack*, Mitgliedschaft, S. 144.

[834] *Bork*, Allgemeiner Teil des Bürgerlichen Gesetzbuch, 4. Aufl., Rn. 230, 240.

[835] *Habersack*, Mitgliedschaft, S. 157.

[836] *Habersack*, Mitgliedschaft, S. 158.

[837] *Habersack*, Mitgliedschaft, S. 158.

Zugestimmt werden kann dem nur, wenn auf die eigene Rechtspersönlichkeit des Verbandes als Zuordnungssubjekt des Gesellschaftsvermögens abgestellt wird. Die Schlussfolgerung muss aber lauten, dass die Mitgliedschaft den Verband aufgrund seiner eigenen Rechtspersönlichkeit nicht dem Aktionär zuordnet. Denn entweder wird die Rechtssubjektivität der Aktiengesellschaft wie § 1 AktG sie vorsieht anerkannt oder sie wird contra legem geleugnet und damit die Aktiengesellschaft als zuordenbares Rechtsobjekt betrachtet. Nach hiesiger Auffassung kann nur Ersteres richtig sein.

Diese Zuordnung allein verdeutlicht, dass das Innere der Verbandsverfassung den Schutzumfang einer Abwehrklage bestimmen muss. Dasjenige, was vor Eingriffen des Gesellschaftsorgans – Vorstand – geschützt werden soll, ist niemals etwas Anderes als durch das Gesellschaftsstatut originär begründet wurde.[838] Die Mitgliedschaft inklusive der einzelnen mitgliedschaftlichen Rechte. Für einen umfassenden deliktsrechtlichen Ansatz im Innenverhältnis der Aktiengesellschaft wäre es unerlässlich zu bestimmen, was anhand von Gesetz und Satzung zu den originären, dem Aktionär zugewiesenen – nach *Habersack* mitgliedschaftlichen – Befugnissen gehört.[839] Dass Abgrenzungsschwierigkeiten nicht dazu führen können, eine gänzliche Ablehnung des Ansatzes zu statuieren, sollte als selbstverständlich gelten. Doch ist die Abgrenzbarkeit gerade für den Bereich des Deliktschutzes im Inneren einer Aktiengesellschaft durch besondere Schwierigkeiten geprägt. Denn die Mitgliedschaft ist vertraglichen Ursprungs.

Nun ist es zutreffend, dass die Rückführung einer Rechtsposition auf eine vertragliche Grundlage nicht zum Ausschluss des Deliktsschutzes führt, wie die Ehe und beschränkt dingliche Rechte zeigen.[840] Doch auch im Rahmen vertraglicher Beziehungen ist das absolut geschützte Rechtsgut bereits als solches vorgegeben.[841] Die mögliche Ausgestaltung der Position der Mitgliedschaft kann unabhängig von der Rechtsform zu einer schier unüberschaubaren Fülle an sogenannten – mitgliedschaftlichen Befugnissen – führen. Dass eine solche Ausdehnungsmöglichkeit des gesetzlichen Schutzumfanges im Interesse der Rechtsordnung nicht tolerierbar ist, scheint auf der Hand zu liegen. § 823 Abs. 1 BGB ist nämlich gerade nicht der privatautonomen Ausgestaltung zugänglich, sondern mit dem „sonstigen Recht" wurde nur eine eingegrenzte Entwicklungsoffenheit, orientiert am Beispiel der kodifizierten Rechte, festgelegt.[842] Nun ist es im Aktienrecht aufgrund des herrschenden Grundsatzes der Satzungsstrenge gem. § 23 Abs. 5 AktG durchaus nicht unbegrenzt möglich, einen Interessenschutz des Aktionärs durch Zuweisung in den

---

[838] *Zöllner*, ZGR 1988, 392, 430.

[839] *Reuter*, AcP 197 (1997), 322, 328.

[840] Zum Deliktsschutz *Wagner*, in: MünchKomm/BGB, 6. Aufl., § 823 Rn. 209 ff.; vgl. auch *Habersack*, Mitgliedschaft, S. 145 f.; *Mertens*, in: FS R. Fischer, S. 461, 469.

[841] Abstrakt *Teichmann*, in: FS Mühl, 1981, S. 663, 677.

[842] *Heck*, Grundriß des Schuldrechts, S. 450 f.; *Wagner*, in: MünchKomm/BGB, 7. Aufl., § 823 Rn. 265.

mitgliedschaftlichen Bereich auch über das Deliktsrecht zu eröffnen. Aber auch eine nur potentielle privatautonome Ausgestaltung der Mitgliedschaft darf nicht zu einer Deliktshaftung führen, da § 823 Abs. 1 BGB gerade nicht der Disposition Einzelner unterliegt. Eine Qualifizierung der Mitgliedschaft als sonstiges Recht unter Bezugnahme auf eine ähnliche Struktur, wie die des Eigentums als Herrschaftsrecht, ist daher wenig überzeugend. Eine auf deliktsrechtlicher Grundlage basierende Aktionärsklage im Innenverhältnis ist nach den gewonnenen Erkenntnissen nicht anzuerkennen.[843]

V. Ergebnis

Neben den strukturbedingten Bedenken einer Anwendung des Deliktsstatutes zum Schutz der Mitgliedschaft im Innenverhältnis der Aktiengesellschaft lässt sich die Mitgliedschaft als wehrhaftes „sonstiges Recht" im Sinne des § 823 Abs. 1 BGB nicht erklären. Die reine Nutzungsfunktion reicht für eine derartige Qualifizierung nicht aus und auch der Verband selbst, in dessen Verfassung die Mitgliedschaft konstituiert wird, ist kein dem Aktionär durch die Mitgliedschaft zugewiesenes Herrschaftsobjekt. Daher kommt eine analoge Anwendbarkeit des § 1004 BGB, der nach allgemeiner und zutreffender Ansicht auf sämtliche sonstigen Rechte im Sinne des § 823 Abs. 1 BGB Anwendung findet,[844] nicht zum Tragen. Zur ablehnenden Haltung der Anwendbarkeit von § 1004 BGB analog auf relative Rechte wurde bereits oben Stellung bezogen.[845] Der vorbeugende Rechtsschutz des Aktionärs lässt sich materiellrechtlich nicht durch einen deliktsrechtlichen Ansatz verwirklichen.

C. Eigene Positionierung

Konnte ein deliktsrechtlicher Ansatz nicht überzeugen, so sieht es bei der Aktionärsklage auf Grundlage eines rein verbandsrechtlichen Ansatzes gänzlich anders aus. Das Deliktsrecht ist wie gesehen nicht mit der aktienrechtlichen Binnenordnung in Einklang zu bringen.[846] Eine Aktionärsklage im Innenverhältnis kann und muss allerdings auf das Verhältnis des Mitgliedes zum Verband gestützt werden. Das Verbandsrecht räumt dem Aktionär mit der Mitgliedschaft eine subjektive Rechtsposition auch gegenüber dem Verband ein, die nach den bereits herausgearbeiteten aktienrechtlichen Wertungen mit wehrhaften Elementen versehen ist. Dies unterscheidet die Annahme der Mitgliedschaft als ein subjektives Recht von der Einordnung als bloße Stellung im Rechtsverhältnis, die keine rechtlich relevante Po-

---

[843] Ebenso *Wiedemann*, Gesellschaftsrecht I, S. 464.

[844] Seit RGZ 60, 6, 7 ff.; vgl. *Henckel*, AcP 174 (1974), 97 ff.

[845] Vgl. zur abgelehnten Anwendbarkeit des § 1004 BGB analog auf relatives Recht S. 244 ff.

[846] *Brondics*, Die Aktionärsklage, S. 87.

sition darstellt. Denn das subjektive Recht ist klagbar.[847] Die Einordnung der Mitgliedschaft als subjektives Recht allein ist aber noch nicht ausreichend, um auch den Umfang der Klagbarkeit zu bestimmen. Es ist zutreffend, dass das Prozessrecht die Durchsetzbarkeit dort sicherstellen muss, wo das materielle Recht ein Recht zuweist, wenn dies nicht ausdrücklich ausgeschlossen wurde.[848] Die Frage muss nun aber lauten, in welchem Umfang die materielle Rechtsposition der Mitgliedschaft ein solches Recht gewährt, damit der althergebrachte Leitsatz des Art. 89 Einl. Preuß. ALR gilt: „Wem die Gesetze ein Recht geben, dem bewilligen sie auch die Mittel, ohne welche dasselbe nicht ausgeübt werden kann". Diese Antwort kann nur unter Beachtung der Gesamtkonzeption der Verbandsverfassung gegeben werden.[849] Durch das Aktienrecht wurde ein eigenständiges Schutzsystem für die Mitgliedschaft etabliert. Dieses stellt das speziellere Abwehrinstrument gegenüber einer umfassenden auf einen abstrakten Eingriff in das Mitgliedschaftsrecht gestützten „Mitgliedschaftsklage" dar. Die Verbandsstruktur und das in ihr enthaltene Schutzsystem könnten daher als implizite Ausschlüsse einer umfassenden Klagbarkeit verstanden werden.[850] Man könnte auch von einem Ausschluss durch Gestaltung sprechen.

Welche diversen Schutzinstrumente das Aktienrecht dem Aktionär zur Seite stellt und inwieweit die Aktionärsklage für ein austariertes Schutzsystem erforderlich ist, gilt es im Folgenden zu untersuchen. Erst dann kann endgültig festgestellt werden, in welchem Umfang das Aktienrecht eine klagbare materiellrechtliche Position aufgrund eines Eingriffs in die Mitgliedschaft zulässt.

I. Genuin verbandsrechtliche Grundlage eines Schutzrechts

Wie bereits angedeutet wurde, kann allein eine genuin aus dem Verbandsrecht entwickelte Aktionärsklage überzeugen. Diese weist im Ergebnis eine parallele zu dem für das Eigentum geltenden § 1004 BGB auf,[851] hat aber nicht die gleichen dogmatischen Wurzeln. Es wurde festgestellt, dass der Aktionär bei Satzungs- und Gesetzesverstößen durch Hauptversammlungsbeschlüsse eine starke Rechtsposition innehat, welcher ein historisch gewachsener materiellrechtlicher Anspruch auf gesetzes- und satzungsgemäße Beschlussfassung der Hauptversammlung zugrunde

---

[847] Vgl. *Röhl*, Allgemeine Rechtslehre, 3. Aufl., S. § 46 II (381 f.), der dies allerdings als Voraussetzung, nicht als Folge annimmt.

[848] *Hommelhoff*, ZHR 143 (1979), 288, 305.

[849] So auch *Brondics*, Die Aktionärsklage, S. 121.

[850] Dass das Aktienrecht eine Mitgliedschaftsklage nicht kategorisch ausschließt, sondern eine gewisse strukturelle Offenheit aufweist, wurde bereits im Rahmen der Auseinandersetzung mit den einer Aktionärsklage gänzlich ablehnend und sehr kritisch gegenüberstehenden Auffassungen dargelegt, vgl. S. 217 ff. und das Ergebnis auf S. 223.

[851] § 1004 BGB gilt (analog) allein für absolut geschützte Rechtspositionen, die es innerhalb der Aktiengesellschaft auch nicht in Form der Rechtszuständigkeit gibt.

liegt.[852] Außerhalb der Beschlussfassung durch die Hauptversammlung hat der einzelne Aktionär allerdings kaum Möglichkeiten, gegenüber dem Handeln des Vorstandes tätig zu werden. Entweder es handelt sich um überwiegend konzernspezifische Sondertatbestände, die eine Geltendmachung von Gesellschaftsansprüchen im Wege der actio pro societate gegenüber dem Vorstand ermöglichen, oder um nur vereinzelt gebliebene Sondertatbestände wie dem § 117 Abs. 1 S. 2, Abs. 2 AktG, der für einen lediglich als rudimentär zu bezeichnenden Bereich direkte Ansprüche des Aktionärs gegenüber dem Vorstand anerkennt.[853]

Das Aktienrecht schließt den Aktionär gerade von der Geschäftsführung und der Einflussnahme auf diese aus. Diese gesetzliche Kompetenzordnung gilt es einzuhalten, denn sie stellt ein System zum Ausgleich der verschiedenen Interessen dar.[854] Es kann nicht Ziel der Rechtsfortbildung sein, unter dem Deckmantel des Minderheitenschutzes die komplette Kompetenzordnung des Aktienrechts aus den Angeln zu heben, indem man einen umfassenden Anspruch auf gesetzes- und satzungsmäßiges Verbandshandeln annimmt.[855] Der Gesetzgeber hat sich für ein Aktienrecht entschieden, in dem den Aktionären primär im Rahmen und im Zusammenhang mit der Hauptversammlung Rechte zugesprochen werden.[856] Eine Aktionärsklage die dies berücksichtigt kann nur an den Schaltpunkten eingreifen, an denen tatsächlich auch eine legislativ offen gelassene Rechtsschutzlücke besteht.[857] Diese Lücke besteht nun aber gerade nicht im Bereich der Geschäftsführung.

II. Hauptversammlungsspezifisches Schutzsystem

So steht es dem Aktionär bei Erfüllung der jeweiligen Voraussetzungen zu, nach § 122 Abs. 1 AktG die Hauptversammlung einzuberufen, nach § 122 Abs. 2 AktG die Tagesordnung zu ergänzen, nach § 126 Abs. 1 AktG Gegenanträge zu stellen, nach § 127 Abs. 1 AktG Wahlvorschläge zu unterbreiten, nach § 131 Abs. 1 AktG Fragen in der Hauptversammlung zur Tagesordnung zu stellen oder nach §§ 50 oder 93 Abs. 4 S. 3, 116, 117 Abs. 4; 302 Abs. 3 S. 3, 309 Abs. 3 S. 1 ggf. i.V.m. 310 Abs. 4 oder 317 Abs. 4 oder 318 Abs. 4 oder 323 Abs. 1 S. 2 AktG einen Verzicht und Vergleich zu verhindern.[858] Sofern der Beschluss der Hauptversammlung gegen

---

[852] Vgl. zur materiellen Grundlage der Anfechtungsklage S. 182 ff.

[853] Vgl. zur Strukturentscheidung des Aktienrechts S. 277 f.; *Casper*, in: Spindler/Stilz, 4. Aufl., Vorb. §§ 241 ff. Rn. 18 sieht in § 117 AktG als deliktsrechtlicher Norm den Beleg für eine Anwendung des Deliktsrechts im Innenverhältnis als gegeben an.

[854] *Teichmann*, in: FS Mühl, 1981, S. 663, 671.

[855] So aber *Paefgen*, vgl. Nachweise S. 236 ff.

[856] *Adolff*, ZHR 169 (2005), 310, 314; vgl. bereits das RG, JW 1927, 1677, 1678 f., welches das Wesen der AG in der Begrenzung der Rechte eines Einzelaktionärs auf die Hauptversammlung ausmachte.

[857] *Rabe*, Verletzungen des Mitgliedschaftsrechts eines Kleinaktionärs, S. 85.

[858] Teilweise ist zur Ausübung der entsprechenden Rechte ein Quorum zu erfüllen, weswegen teilweise auch von Minderheitenrechten die Rede ist. Präziser scheint allerdings die

das Gesetz oder die Satzung verstößt, steht dem Aktionär die Anfechtung desselben nach § 246 AktG zu oder die Nichtigkeitsfeststellungsklage, sofern die Schwellen des § 241 AktG überschritten sind. Gleichsam kann der Aktionär bei bezugsrechtsfreien Kapitalerhöhungen mit einem unangemessen festgesetzten Ausgabebetrag nach § 255 Abs. 2 AktG anfechten,[859] ebenso wie im Fall einer bezugsrechtsfreien Sachkapitalerhöhung § 255 Abs. 2 AktG analog anzuwenden ist.[860] Die unmittelbare Überwachung des Vorstandes hingegen hat der Gesetzgeber ausdrücklich dem Aufsichtsrat überantwortet.[861] Ein Verzicht auf die Einrichtung des Aufsichtsrates als Organ ist nicht zuletzt unter dem Blickwinkel des § 23 Abs. 5 AktG unmöglich, sondern insbesondere mit Blick auf die durch das Aktiengesetz zwingend vorgesehene Kompetenzordnung.[862] Bereits vor dem AktG 1965 und den darin enthaltenen Kompetenzabgrenzungen galt der Aufsichtsrat als zwingendes, den Vorstand kontrollierendes Organ der Aktiengesellschaft.[863] Eine sonstige direkte Möglichkeit der Inanspruchnahme des Vorstandes durch die Aktionäre als Kontrollorgan sieht das Aktiengesetz nicht vor und dies wäre auch mit § 23 Abs. 5 AktG nicht in Einklang zu bringen.[864] Es ist daher zutreffend, dass der BGH in seiner Holzmüller-Entscheidung eine Aktionärsklage gerade nicht als eine Ersatzaufsichtsbefugnis verstanden hat.[865]

Betrachtet man dies isoliert, spricht einiges gegen eine erweiterte Möglichkeit der Aktionärsklage gegenüber Vorstandsverhalten, denn die Aktionäre sollen sich allein im Rahmen der Hauptversammlungszuständigkeiten an den Geschicken der Aktiengesellschaft beteiligen. Unzutreffend scheint daher die These, dass der Aktionär bei reinen Geschäftsführungsmaßnahmen, die in seine originären Mitgliedschaftsrechte eingreifen, deswegen klagen können muss, da der Vorstand zuvor den Ordnungsrahmen der Aktiengesellschaft verlassen habe und der Aktionär diesen bloß

Terminologie der Individualrechte mit Ausübungsbeschränkung, vgl. *Hommelhoff*, Konzernleitungspflicht, S. 465, der eine Trennung zwischen Individualrecht und der Ausübung vornimmt; dem folgend *Behr*, Die actio pro socio, S. 116.

[859] Vgl. *Stilz*, in: Spindler/Stilz, 4. Aufl., § 255 Rn. 6 ff.; vgl. zu den Anforderungen im Rahmen des Ermächtigungsbeschlusses S. 96 ff. und der Ausnutzungsentscheidung S. 340 ff.

[860] Eine analoge Anwendbarkeit ist aufgrund der mangelnden Angabe eines Ausgabebetrages im Sachkapitalerhöhungsbeschluss geboten *Stilz*, in: Spindler/Stilz, 4. Aufl., § 255 Rn. 12. Aufgrund dessen ist für die Unangemessenheit des Ausgabebetrages nach zutreffender Ansicht auf das Verhältnis des Einbringungswertes der Sacheinlage zu den auszugebenden Beteiligungswerten abzustellen, vgl. *Ekkenga*, in: KölnKomm/AktG, 3. Aufl., § 183 Rn. 100; *Heer*, ZIP 2012, 2325, 2328; *Priester*, in: FS Lutter, 2000, S. 617, 631.

[861] *Schüppen*, in: Schüppen/Schaub, 3. Aufl., § 23 Rn. 2; *Koch*, in: Hüffer/Koch, 13. Aufl., § 111 Rn. 1; *Habersack*, in: MünchKomm/AktG, 5. Aufl., § 111 Rn. 1.

[862] *Spindler*, in: Spindler/Stilz, 4. Aufl., § 95 Rn. 4.

[863] RG Urt. v. 27.02.1901 – Rev. 359/00 –, RGZ 48, 40, 42; *Spindler*, in: Spindler/Stilz, 4. Aufl., § 95 Rn. 4.

[864] Vgl. bereits S. 277 f.; *Hirte*, Bezugsrechtsausschluß, S. 212; RG, Urt. v. 14.11.1933 – II 163/33 –, RGZ 142, 223, 227 f.

[865] BGH, Urt. v. 25.02.1982 – II ZR 174/80 –, BGHZ 83, 122, 135 (Holzmüller).

wiederherstelle.[866] Denn handelt es sich um eine Geschäftsführungsmaßnahme, ist die Aufsicht hierüber originär dem Aufsichtsrat zugewiesen. Nicht einmal die Hauptversammlung als Organ hat eine Ersatzaufsichtsbefugnis inne. Bereits die bloße Behauptung der Verletzung der Mitgliedschaft durch eine Geschäftsführungsmaßnahme würde zu einer umfassenden Kontrollmöglichkeit führen, die nicht lediglich unter Verweis auf die Ungeeignetheit des Aufsichtsrates als Kontrollinstanz legitimierbar ist.[867]

Wie bereits hinreichend deutlich festgestellt worden ist, ist ein Ersatzaufsichtsrecht des Aktionärs nicht mit der Struktur des Aktienrechts vereinbar.[868] Man darf aber nicht nur vor der Terminologie der Ersatzaufsichtsbefugnis haltmachen, sondern dies muss sich auch im potentiellen Anwendungsbereich einer Aktionärsklage widerspiegeln. Sie darf auch inhaltlich nicht zu einem Ersatzaufsichtsrecht über den Bereich der Geschäftsführung werden, ganz gleich wie man sie bezeichnet. Das materielle Schutzrecht des Aktionärs kann daher nicht in den dem Vorstand zugewiesenen Bereich der Geschäftsführung hineinreichen. Den Bereich, für den ein materielles Schutzrecht des Aktionärs existiert, gilt es nun zu präzisieren.

III. Rechtsschutzlücke: Schutz des aktienrechtlichen Teilhaberechts?

Das diffizile aktienrechtliche Schutzsystem, welches um und innerhalb der Hauptversammlung aufgebaut worden ist, kann seine Wirkung allerdings nur dann entfalten, wenn die Hauptversammlung auch tatsächlich tätig wird. Mit Tätigwerden ist insoweit aber auch nur der Bereich gemeint, für den der Hauptversammlung eine Zuständigkeit zukommt. Übergeht nun der Vorstand oder ein anderes Organ die Kompetenzen der Hauptversammlung, wird hierdurch unmittelbar auch das Mitgliedschaftsrecht des Aktionärs auf Entscheidungsteilhabe an der in die Hauptversammlungskompetenz fallenden Beschlussfassung verletzt.[869] Hierbei kann eine Rechtsschutzlücke nicht nur hinsichtlich der Holzmüller-Konstellationen und einer von der Ermächtigung im Sinne der §§ 202 ff. AktG nicht mehr gedeckten Ausnutzung ausgemacht werden,[870] sondern auch hinsichtlich kodifizierter Hauptversammlungszuständigkeiten. Der Gesetzgeber hat es unterlassen, ein Instrumentarium zu implementieren, welches der Wahrung der klar abgegrenzten Kompetenzbereiche dient. Das kodifizierte hauptversammlungsspezifische Schutzsystem kann allerdings nicht eingreifen, wenn keine Hauptversammlung mit entsprechender Beschlussfassung vorbereitet und abgehalten würde. Das Aktiengesetz begnügt sich

---

[866] *Brondics*, Die Aktionärsklage, S. 125.

[867] So aber *Brondics*, Die Aktionärsklage, S. 126 ff.

[868] Vgl. dazu insbesondere die Ausführungen auf S. 195 ff.

[869] Vgl. auch *Hommelhoff*, Konzernleitungspflicht, S. 460 ff.; *Adolff*, ZHR 167 (2005), 310 et passim; *Rabe*, Verletzungen des Mitgliedschaftsrechts eines Kleinaktionärs, S. 86, der isoliert feststellt, dass weder Holzmüller-Konstellationen noch Ausübungen von Ermächtigungen durch die §§ 243 ff. AktG erfasst werden.

[870] So *Rabe*, Verletzungen des Mitgliedschaftsrechts eines Kleinaktionärs, S. 86.

mit der bloßen Festlegung von Kompetenzbereichen, die an sich nicht mehr als konkrete Aufgaben zuweisen, und lässt bei Überschreitungen durch die Organe lediglich repressive Maßnahmen wie die Abberufungsmöglichkeiten zu (§§ 84 Abs. 3, 103 AktG).[871] Der BGH hat zwar anerkannt, dass die Kompetenzgrenzen eine Bindungswirkung auch bei der Rechtsfortbildung entfalten,[872] darüber hinaus fordern sie aber auch in ihrem Rahmen zur Rechtsfortbildung auf. Die Errichtung eines kodifizierten präventiven Systems zur Verhinderung derartigen Gebarens wurde sträflich vernachlässigt. Es kann allerdings de lege lata auf Grundlage der Verletzung des mitgliedschaftlichen Entscheidungsteilhaberechts des Aktionärs durch die Gesellschaft aufbauen.

1. Mitgliedschaftliches Entscheidungsteilhaberecht

Die mangelnde ausdrückliche Kodifikation des mitgliedschaftlichen Entscheidungsteilhaberechts[873] stellt nach gefestigter Auffassung für dessen Anerkennung keinerlei Problem dar.[874] Jedem Aktionär wird vermittelt durch die Aktie ein Stimmrecht (§ 12 AktG) eingeräumt,[875] welches dieser in der Hauptversammlung ausüben kann (§ 118 Abs. 1 AktG). Wird das Stimmrecht außerhalb der Hauptversammlung ausgeübt, hat dies keinerlei Wirkung auf gefasste oder zu fassende Beschlüsse.[876] Ohne die Abhaltung der Hauptversammlung würde mithin das in verwaltungstechnischer Hinsicht wichtigste Hauptrecht des Aktionärs gänzlich obsolet werden.[877] Um dieses und die anderen Schutz- und Teilnahmerechte wahrnehmen zu können, hat der Aktionär ein individuelles Teilhaberecht inne. Dieses dient beispielsweise der Sicherung der physischen Teilnahme bei Abhaltung einer Hauptversammlung oder des Anspruchs auf ganz oder teilweise Ausübung seiner Rechte auf elektronischem Wege, sofern die Satzung dies vorsieht,[878] und der Sicherung des Rede- und Stimmrechts. Der Aktionär soll durch das Teilhaberecht an der Willensbildung der Hauptversammlung beteiligt werden, weswegen das Teilhaberecht nicht nur Selbstzweck zur Willensbildung im Verband, sondern auch mitglied-

---

[871] *Bork*, ZGR 1989, 1, 18.

[872] BGH, Urt. v. 26.4.2004 – II ZR 155/02 –, BGHZ 159, 30, 39 f. Tz. 41 = AG 2004, 384, 388 (Gelatine).

[873] Sofern im weiteren Verlauf der Arbeit von dem Teilhaberecht des Aktionärs als Grundlage der Aktionärsklage gesprochen wird, ist darunter immer das Recht auf Entscheidungsteilhabe zu verstehen.

[874] Anders sehen dies diejenigen, die, wie bereits zuvor behandelt, von der Möglichkeit einer Klage des Aktionärs für sein Organ, der Hauptversammlung, ausgehen, S. 193 ff.; hierzu *Lutter*, AcP 180 (1980), 84 ff.; S. 197 ff.; hierzu *Wiedemann*, Organverantwortung, S. 52 ff.; S. 202 ff.; hierzu *Pflugradt*, Leistungsklagen, S. 39.

[875] *Heider*, in: MünchKomm/AktG, 4. Aufl., § 12 Rn. 6.

[876] *Kubis*, in: MünchKomm/AktG, 3. Aufl., § 118 Rn. 37.

[877] *Heider*, in: MünchKomm/AktG, 4. Aufl., § 12 Rn. 18.

[878] *Hoffmann*, in: Spindler/Stilz, 4. Aufl., § 118 Rn. 12; *Kubis*, in: MünchKomm/AktG, 3. Aufl., § 118 Rn. 65; *Hommelhoff*, Konzernleitungspflicht, S. 460.

schaftliches Individualrecht der Aktionäre ist.[879] Dass die Entscheidungsteilhabe des Aktionärs diesem als Individualrecht zusteht, wird nicht zuletzt durch die in § 245 Nr. 1 AktG geschaffene Voraussetzung des Widerspruchs in der Hauptversammlung deutlich, in der die Berechtigung desselben zur Teilnahme an der Hauptversammlung vorausgesetzt wird. Dies insbesondere in Kombination mit der Anfechtungsmöglichkeit nach § 245 Nr. 2 AktG.[880] Denn der Aktionär wird hier wegen Eingriffs in das Entscheidungsteilhaberecht so gestellt, wie er mutmaßlich ohne diesen stehen würde, womit ein individualschützender Sanktionsmechanismus existiert.[881]

2. Teilhaberecht als Ausgleich des Autonomieverlustes

Dieses ureigene der Mitgliedschaft immanente Recht des Mitglieds ist ihm gerade als Ausgleich für den mit dem Beitritt verbundenen Autonomieverlust eingeräumt worden.[882] Das Mitglied hat sich von Beginn an einer Ordnung untergliedert, die ihm überwiegend im Rahmen der Hauptversammlungskompetenzen die Möglichkeit gegeben hat, auf die Geschicke der Gesellschaft Einfluss zu nehmen. Wenn dem nun aber so ist und das Mitglied sich dieser Situation vor Beitritt oder Gründung bewusst werden kann, so erscheint es inkonsequent, später ein umfassendes Rechtsschutzinstrument auch für die das Individuum beeinträchtigenden aber für das Kollektiv nützliche Verwaltungsmaßnahmen zu statuieren,[883] die nicht in den Kompetenzbereich der Hauptversammlung fallen.[884] Für einen außerhalb der Hauptversammlungszuständigkeiten liegenden Bereich wird gerade keine direkte Einflussnahmemöglichkeit auf den Willensbildungsprozess der Gesellschaft eingeräumt. Der durch den Beitritt erlittene Autonomieverlust wird durch das Entscheidungsteilhaberecht gerade nicht voll kompensiert, sondern nur für ausgewählte „strukturrelevante" Bereiche.[885] Auf diesen Bereich muss sich auch die Aktionärsklage beschränken, da sie nach hier verstandener Auffassung lediglich ein den bereits bereitgestellten aktienrechtlichen Schutz *ergänzendes* Instrument darstellen kann.

Die avisierte Beschränkung der Aktionärsklage auf den Bereich der Teilhabeberechtigung hat auch nichts mit einem Minderheitenschutz oder der Postulierung einer uneingeschränkten Mehrheitsmacht nach „Hibernia"[886] zu tun. Der Kompetenzkonflikt, um den es hier in der Sache gehen muss, ist vollkommen losgelöst von

---

[879] *Hommelhoff*, Konzernleitungspflicht, S. 459 f.; *Habersack*, Die Mitgliedschaft, S. 311 f.; anders vgl. die in Fn. 874 genannten.

[880] *Habersack*, Die Mitgliedschaft, S. 320 f.

[881] *Habersack*, Die Mitgliedschaft, S. 321.

[882] Vgl. S. 270 ff.

[883] Vgl. in diesem Zusammenhang auch zur Ungeeignetheit des Unterschiedsprinzips S. 361 ff.

[884] Anders *Paefgen* vgl. S. 236 ff.; *Brondics*, Die Aktionärsklage, S. 125.

[885] Vgl. zum Kompensationsgedanken *Habersack*, Die Mitgliedschaft, S. 311, der allerdings eine Beschränkung dieses Kompensationsgedankens vermissen lässt.

[886] RG, Urt. v. 8.04.1908 – Rep. I. 595/07 –, RGZ 68, 235 ff. (Hibernia).

dem Mehr- und Minderheitenkonflikt innerhalb der Hauptversammlung zu verstehen. Denn für diesen Konflikt gibt es ein eigenes internes hauptversammlungsspezifisches Regelungsregime. Dieses „interne" Regime kann selbst Fälle erfassen, in denen der Vorstand selbst tätig wird. Wenn er beispielsweise einem Paketaktionär außerhalb der Hauptversammlung Informationen zuträgt, sind diese in der nächsten Hauptversammlung nach § 131 Abs. 4 AktG auch den übrigen (Minderheits-)Aktionären offen zu legen. Bei der Durchsetzung eines materiellen Schutzrechts durch die Aktionärsklage geht es dahingegen allein um den Schutz des „äußeren" Kompetenzrahmens.

Durch die Zuweisung einer Hauptversammlungskompetenz wurde gleichsam ein legislatorisch schützenswerter Bereich geschaffen, in dem der Aktionär seine Mitglieds- und Vermögensrechte durchzusetzen vermag.[887] Für alle anderen Bereiche ist es gerade die Uridee für die Aktiengesellschaft, die Geschäfte auf professionelle Verwalter zu übertragen, die sich im Rahmen des Unternehmensgegenstandes der Aktiengesellschaft wesentlich besser auskennen als die Aktionäre.[888] Sie sind für diesen Bereich gerade dem Gesellschafts- und nicht dem individuellen Aktionärsinteresse verhaftet.[889] Das Gesellschaftsinteresse umzusetzen wäre der Verwaltung allerdings unmöglich, wenn sie bei der Geschäftsführung verbandsintern sämtlichen individuellen Beeinträchtigungen aus Rücksicht vor einer dann folgenden direkten Inanspruchnahme durch Aktionäre vorbeugen müsste. Dies wäre aber wohl die Folge, wenn dem Aktionär für sämtliche drohenden Beeinträchtigungen der Individualrechte ein Abwehrrecht gegenüber Geschäftsführungsmaßnahmen zustünde.[890] In seinem Kern nichts Anderes ist es auch, was der BGH in seiner Holzmüller-Entscheidung ausgeurteilt hat. Er hat sich obiter dicta zwar zu einer missverständlichen, da viel zu weitgehenden Äußerung hinreißen lassen, indem er dem Aktionär einen „verbandsrechtlichen Anspruch darauf, dass die Gesellschaft seine Mitgliedsrechte achtet und alles unterlässt, was sie über das Gesetz und Satzung gedeckte Maß hinaus beeinträchtigt"[891] zugestand.[892] Insgesamt geht es in den Urteilsgründen aber um die Achtung des Kompetenzbereichs der Hauptversammlung.[893] Auf diesen Kernbereich besinnt sich der BGH trotz mancher Unklarheiten

---

[887] *Adolff*, ZHR 160 (2005), 310, 325.

[888] *Adolff*, ZHR 160 (2005), 310, 322.

[889] *Spindler*, in: MünchKomm/AktG, 5. Aufl., § 76 Rn. 75; für das Unternehmensinteresse als Verhaltensmaxime *Krämer*, Das Unternehmensinteresse als Verhaltensmaxime, et passim, S. 205.

[890] Vgl. zu den Inkonsistenzen eines Schutzes sämtlicher Individualrechte, S. 310 ff. und die dortigen Verweise.

[891] BGH, Urt. v. 25.02.1982 – II ZR 174/80 –, BGHZ 83, 122, 133 = NJW 1982, 1703, 1706 (Holzmüller).

[892] Vgl. zur Holzmüller-Entscheidung S. 163 ff.; sogar *Paefgen*, Unternehmerische Entscheidungen, S. 304 f.; *Adolff*, ZHR 160 (2005), 310, 320.

[893] Vgl. BGH, Urt. v. 25.02.1982 – II ZR 174/80 –, BGHZ 83, 122, 133 ff. = NJW 1982, 1703, 1706; *Adolff*, ZHR 160 (2005), 310, 320.

auch in seiner Commerzbank/Mangusta II-Entscheidung, in dem er wieder die Überschreitung des Kompetenzbereichs durch den Vorstand als Anknüpfungspunkt wählt.[894] Doch darf es hier nicht vordringlich um den Kompetenzbereich der Hauptversammlung gehen, sondern es muss um die mit diesem einhergehende individuelle Berechtigung des Aktionärs zur Entscheidungsteilhabe gehen. Allein die Organkompetenz der Hauptversammlung in den Vordergrund zu stellen reicht noch nicht für die Legitimation einer individuellen materiellrechtlichen Klageposition des Aktionärs aus.[895]

Es ist ein Gedanke mit einer langen Historie, wonach die Aktionäre allein im Rahmen der Zuweisung von Hauptversammlungskompetenzen Einfluss nehmen sollen. Außerhalb des Kompetenzbereichs soll dem Vorstand ein weitgehender Freiraum verbleiben. Denn bereits seit dem Aktiengesetz von 1937[896], die politischen Umstände der damaligen Zeit und das der Kompetenzverlagerung auf den Vorstand zugrundeliegende „Führerprinzip" einmal bei Seite gelassen,[897] hat sich an dem Know-how der Hauptversammlung und der Grundsatzentscheidung des Gesetzgebers, bis in die heutige Zeit nichts geändert. Dem Vorstand als dem versierten Organ sind die laufenden Geschäfte der Aktiengesellschaft übertragen worden.[898] Bereits *Geßler* konstatierte: „Die Masse der Aktionäre war auf der Generalversammlung überhaupt nicht vertreten. Wenn sie aber vertreten war, so fehlte ihr jeder Einblick in die schwierigen Fragen der Leitung, und sie musste ihre Beschlüsse nach Gutdünken fassen."[899] Auch dem Gesetzgeber von 1965 war dieser Gedanke nicht fremd. Er sprach den in der Hauptversammlung vertretenen Aktionäre die Übersicht über die Geschäftsführungsfragen nicht zuletzt aufgrund mangelndem Zeitinvestment ab,[900] was den meisten Aktionären zum einen nicht möglich und auch nicht zumutbar sei. Das stark globalisierte Geschäftsfeld auf dem sich die Aktiengesellschaften überwiegend bewegen müssen, um wettbewerbsfähig zu bleiben, macht es der Hauptversammlung nicht leichter, über die täglichen Geschäfte zu entscheiden oder diese einzuschätzen. Daher hat der Gesetzgeber es für besser befunden, wenn die Ge-

---

[894] BGH, Urt. v. 10.10.2005 – II ZR 90/03 –, BGHZ 164, 249, 254 Tz. 16: „Hat der Vorstand mit Zustimmung des Aufsichtsrats bei der Ausnutzung des genehmigten Kapitals mit Bezugsrechtsausschluss unter *Überschreitung der ihm eingeräumten Kompetenzen* Entscheidungen getroffen […]" (Hervorhebungen durch den Verfasser); vgl. zu den Anhaltspunkten in den Urteilsgründen, die einen weitergehenden Individualschutz nahelegen könnten, Fn. 66 und den dazugehörigen Textabschnitt.

[895] Insoweit zutreffend *Wiedemann*, Organverantwortung, S. 52 ff. (vgl. zu diesem S. 197 ff.); *Pflugradt*, Leistungsklagen, S. 39 (vgl. zu diesem S. 202 ff.). Man hat allerdings bereits dem mitgliedschaftlichen Teilhaberecht subjektiven individualschützenden Charakter zuzusprechen, vgl. S. 291 f.; *Hommelhoff*, Konzernleitungspflicht, S. 459 ff.

[896] Gesetz über Aktiengesellschaften und Kommanditgesellschaften auf Aktien (Aktiengesetz) RGBl. 1937 I Nr. 15 S. 107–165; kommentiert in *Klausing*, AktG 1937.

[897] Vgl. hierzu bereits S. 214 ff. und die dortigen Nachweise.

[898] Vgl. hierzu bereits S. 214 ff. und die dortigen Nachweise.

[899] *Geßler*, JW 1937, 63.

[900] Allg. Begr. RegE zum AktG 1965, abgedr. in *Kropff*, AktG, 1965, S. 96.

schäfte der Aktiengesellschaft nur durch wenige fachkundige Personen geführt werden.[901] Diese Entscheidungen wurden durch die vorgegebene Kompetenzordnung und die Teilhabeberechtigung des Aktionärs nur bei strukturrelevanten Maßnahmen umgesetzt. Sie gilt es zu achten.

3. Lückenfüllung durch ungeschriebene Hauptversammlungszuständigkeiten

Erst an dem Punkt, an dem durch das Vorgehen der Verwaltung die Grundlagen der Investitionsentscheidung eines Aktionärs berührt werden, erst dann ist es dem Aktionär nicht mehr zumutbar, die Entscheidungen des Vorstandes außerhalb der Hauptversammlung zu akzeptieren.[902] Dies meint den Fall, das seine Entscheidung unter Autonomieverlust mit anderen gemeinsam unter der Flagge der Aktiengesellschaft einen gemeinsamen Zweck zu verfolgen und die sich hieraus bietenden Chancen, wie auch Risiken gegen eine Einflussnahme in der Aktiengesellschaft allein über die Hauptversammlung einzugehen, tangiert wird.[903] Dieser Bereich löst sodann allerdings eine ungeschriebene Zuständigkeit der Hauptversammlung aus.[904] Sollte der Vorstand die Maßnahme, die sich in diesem Bereich bewegt, nicht der Hauptversammlung vorlegen, ist dem Aktionär ebenso wie in Fällen der geschriebenen Hauptversammlungskompetenzen die Möglichkeit einzuräumen, im Wege der verbandsrechtlichen Aktionärsklage eine drohende oder eingetretene Verletzung des mitgliedschaftlichen Teilhaberechts des Aktionärs zu rügen. Hierdurch wird dem Aktionär ein hinreichender Weg des Rechtsschutzes bereitet, welcher mit der inneren aktienrechtlichen Kompetenzstruktur übereinstimmt. Denn das Aktienrecht selbst stellt die Teilhabeberechtigung des Aktionärs innerhalb der in der Hauptversammlungskompetenz liegenden Entscheidungen in den Vordergrund.[905] Ist diese Schwelle noch nicht überschritten und handelt der Vorstand bloß im Rahmen seiner Geschäftsführungsbefugnis pflichtwidrig, zeigt § 93 Abs. 2 S. 1 AktG die bloß repressive Sanktionierung bei Schädigung der Gesellschaft durch eine Schadensersatzverpflichtung allein gegenüber der Gesellschaft.[906] Eine weitergehende Inanspruchnahme des Vorstands wegen einer bloß reflexartigen Minderung des An-

---

[901] Allg. Begr. RegE zum AktG 1965, abgedr. in *Kropff*, AktG, 1965, S. 96.

[902] *Adolff*, ZHR 160 (2005), 310, 323.

[903] In diese Richtung scheinbar auch *Fleischer*, NJW 2004, 2335, 2336, der die ungeschriebene Hauptversammlungskompetenz nach der Gelatine-Rechtsprechung des BGH auf eine Veränderung des Investmentkontraktes zwischen der Gesellschaft und dem Aktionär aufbaut.

[904] Vgl. nur BGH, Urt. v. 25.02.1982 – II ZR 174/80 –, BGHZ 83, 122 ff. (Holzmüller); BGH, Urt. v. 26.4.2004 – II ZR 155/02 –, BGHZ 159, 30, 39 f. Tz. 41 = AG 2004, 384, 388 (Gelatine).

[905] Hierzu sogleich S. 303 ff. für den Bezugsrechtsausschluss; S. 306 ff. für den Anspruch auf den Bilanzgewinn und S. 309 ff. im Allgemeinen für ausführungspflichtige Beschlüsse.

[906] *Fleischer*, in: Spindler/Stilz, 4. Aufl., § 93. Rn. 307 f.; wie zuvor bereits gesehen ist ein deliktischer Schutz der Mitgliedschaft im Innenverhältnis gerade abzulehnen; ebenso *Wagner*, in: MünchKomm/BGB, 7. Aufl., § 823 Rn. 308.

teilwertes aus § 823 Abs. 1 BGB ist gerade ausgeschlossen.[907] Die durch § 93 Abs. 2 AktG bewirkte Konzentration in Form einer repressiv ausgerichteten Innenhaftung nur gegenüber der Gesellschaft ist für organschaftliche Pflichtverletzungen als aktienrechtliche Wertentscheidung anzuerkennen.[908] Der Ausbau einer direkten Inanspruchnahme von Organmitgliedern durch eine Klagebefugnis der Aktionäre wird zwar de lege ferenda erwogen, sollte allerdings durchaus kritisch hinterfragt werden.[909]

IV. Teilhaberechtsverletzung als Klagegrundlage

Nach den soeben gewonnenen Erkenntnissen besteht eine zu schließende strukturelle Rechtsschutzlücke zumindest hinsichtlich der Verteidigung des durch die Mitgliedschaft als subjektivem Recht vermittelten Teilhaberechts. Eine Rechtfertigung für einen sonstigen Übergriff in den Bereich der Geschäftsführung lässt sich de lege lata nicht finden, ganz im Gegenteil. Überschreitet der Vorstand die satzungs- oder gesetzesmäßigen Grenzen eines gefassten Ermächtigungsbeschlusses oder trifft er eine Entscheidung, die nach der kompetenziellen Ordnung des Aktienrechts in den Zuständigkeitsbereich der Hauptversammlung fällt, leugnet und verletzt er das Recht des Aktionärs auf Entscheidungsteilhabe. Dass das Teilhaberecht auch durch eine abwehrrechtliche Dimension geschützt wird, hat auch der Gesetzgeber anerkannt. Dies, indem dem Aktionär bei einem Nichterscheinen, welches durch einen Fehler in der Sphäre der Gesellschaft begründet liegt,[910] die auch im Teilhaberecht wurzelnde Anfechtungsmöglichkeit gegenüber Hauptversammlungsbeschlüssen eingeräumt wird.[911]

Die Aktionärsklage findet ihre Grundlage daher in einer Rechtsverletzung. Entgegen anderen Stimmen in der Literatur kann man die Grundlage der Aktionärsklage daher gerade nicht auf einen „primären Erfüllungsanspruch" stützen.[912] Es handelt sich hierbei vielmehr um die Verletzung des materiellen Inhalts des mitgliedschaftlichen Teilhaberechts, mithin um eine Abwehrklage des Aktionärs. Betrachtet man die Teilhabeberechtigung des Aktionärs genauer, lässt sich hieraus nicht notwendigerweise ein korrespondierender Anspruch gegenüber der Gesellschaft auf

---

[907] Zu diesem Ergebnis kommen auch diejenigen, die den Schutz der Mitgliedschaft über § 823 Abs. 1 BGB annehmen; vgl. dazu nur *Habersack*, Mitgliedschaft, S. 158.

[908] Vgl. auch *Fleischer*, in: Spindler/Stilz, 4. Aufl., § 93. Rn. 307 f.

[909] Vgl. dazu das Gutachten von *Habersack*, in: Verhandlungen des 69. DJT, Gutachten, E 91 ff., der das Klagezulassungsverfahren und das Quorumserfordernis des § 148 Abs. 1 S. 1 AktG ad acta legen möchte; kritisch zu diesem Vorschlag *Roth*, NZG 2012, 881, 996, der eine rechtsvergleichend belegte Missbrauchsgefahr sieht.

[910] *Hüffer/Schäfer*, in: MünchKomm/AktG, 4. Aufl., § 245 Rn. 41.

[911] *K. Schmidt*, in: GroßKomm/AktG, 4. Aufl., § 245 Rn. 11, der das Anfechtungsrecht als Teil der Mitgliedschaft beschreibt; vgl. auch *Habersack*, Die Mitgliedschaft, S. 320 f., der aus § 245 Nr. 2 AktG zutreffend den individualschützenden Charakter des Teilhaberechts ableitet.

[912] So aber *Schwab*, Gesellschaftsinterne Streitigkeiten, S. 38 f.

Abhaltung der Hauptversammlung über den entsprechenden Beschlussgegenstand herleiten.[913]

Der Aktionär hat lediglich ein Recht darauf, bei Einberufung an einer entsprechenden Hauptversammlung teilzunehmen oder unter den im Aktienrecht aufgezählten Möglichkeiten diese selbst einzuberufen (§ 122 Abs. 1 AktG).[914] Diese Regelungen würden übergangen, wenn dem Aktionär bei der Überschreitung einer Kompetenz ein Erfüllungsanspruch zur Seite gestellt werden würde.[915] Denn Kompetenzen an sich definieren durch Aufgabenzuweisung primär das Organ, sind aber selbst keine subjektiven wehrfähigen Rechte.[916] Wenn nun eingewandt wird, dass § 122 Abs. 1 AktG dem nicht im Wege stehe, da der „Befolgungsanspruch" allein auf das Unterlassen der Maßnahme und nicht auf Abhaltung der Hauptversammlung gerichtet sei, spricht dies umso mehr für die Annahme einer Abwehrklage.[917] Es geht hier um die negative Seite des mitgliedschaftlichen Teilhaberechts des Aktionärs, welches gewährleistet, dass in ihren Zuständigkeitsbereich fallende Entscheidungen nicht ohne ihre Beteiligung getroffen werden. Dies hat aber doch keine Anklänge eines Erfüllungsanspruches,[918] sondern ist eine originäre Abwehrklage. Die Gesellschaft hat die Leugnung und Verletzung des mitgliedschaftlichen Teilhaberechts zu unterlassen.

1. Klage nur bei Teilhaberecht in gleicher Sache

Nicht ausreichend ist es allerdings eine Aktionärsklage mit dem pauschalen Hinweis auf eine Verletzung des mitgliedschaftlichen Teilhaberechts zu begründen. Das mitgliedschaftliche Teilhaberecht muss eine innere Verbindung zu der konkret zu verhindernden Verwaltungsentscheidung aufweisen. Eine derartige Verbindung kann allein dann angenommen werden, wenn der Aktionär in der konkreten Sache

---

[913] Bspw. über den Bezugsrechtsausschluss, die Gewinnverwendung, eine Festsetzung des Ausgabepreises.

[914] Zur Frage, ob § 122 Abs. 1 AktG abschließend ist vgl. S. 318 ff.

[915] So in der Grundtendenz *Schwab*, Gesellschaftsinterne Streitigkeiten, S. 39, insbes. für den Unterlassungsanspruch: „auch der Anspruch auf Unterlassung einer Maßnahme vor Befragung des Mitgliedsorgans trägt diese Rechtsnatur; er findet seine Parallele im Anspruch des Auftraggebers bzw. des Geschäftsherren gegen den Beauftragten bzw. den Geschäftsführer, vor bestimmten Handlungen seine Entschließung einzuholen, (§§ 665 S. 2, 681 S. 1 BGB), und dient dazu, einen Beschluß herbeizuführen, dessen Befolgung dann primäre Erfüllungspflicht des Verbandes ist.", *Schwab*, a.a.O.; diesen Einwand ablehnend, *Schwab*, Gesellschaftsinterne Streitigkeiten, S. 40 f., da es nur ein Anspruch auf Unterlassung der Maßnahme zwischen Aktionär und Vorstand sei, nicht auf Abhaltung der Versammlung zwischen Aktionär und Hauptversammlung.

[916] *Bork*, ZGR 1989, 1, 18, der allerdings von subjektiven Rechten im weiteren Sinne spricht, wenngleich er die geringe Relevanz erkennt; gegen die durch *Bork* zugrunde gelegte Definition einer Strukturierung des subjektiven Rechts nach *Dörner*, vgl. oben S. 256.

[917] Anders *Schwab*, Gesellschaftsinterne Streitigkeiten, S. 40 f., 43 f.

[918] So im Ganzen auch *Behr*, Die actio pro socio, S. 63.

entscheiden dürfte. Die zu verhindernde Verwaltungsentscheidung muss nach hiesiger Auffassung zielgerichtet die Aufgabe betreffen, die der Hauptversammlung durch eine Kompetenz zugewiesen worden ist.

Abstrakt gesprochen kann eine Aktionärsklage nach hiesigem Muster in folgendem Fall nicht zugelassen werden. Dies wäre der Fall, wenn ein mitgliedschaftliches Teilhaberecht des Aktionärs durch eine Verwaltungsmaßnahme konterkariert wird, die selbst von der Vorstandskompetenz umfasst ist und sich nicht zielgerichtet mit der dem Aktionär durch das beeinträchtigte Teilhaberecht zugewiesenen Entscheidung beschäftigt. Denn eine die Kompetenzordnung der Aktiengesellschaft wahrende Aktionärsklage kann immer nur dann eingreifen, wenn die Verwaltung die Kompetenzordnung als „Aufgabenzuordnungsordnung" durch die Befassung mit einer ihr nicht zugewiesenen Aufgabe untergräbt. Ist die Aufgabenwahrnehmung dagegen der Verwaltung zugewiesen und macht sie in einer Weise davon Gebrauch, die auf andere Aufgabenbereiche einwirkt,[919] ist diese Folge hinzunehmen. Auch hier gilt wieder, dass der Aktionär erst ab dem Zeitpunkt durch individuelle Rechtsbehelfe geschützt ist, ab dem die das (akzessorische) Entscheidungsteilhaberecht beeinträchtigende oder vernichtende Verwaltungsentscheidung die Holzmüller/Gelatine-Schwelle überschreitet.

Die akzessorische Abhängigkeit mancher isoliert betrachtet selbst durch die Aktionärsklage schützenswerter Rechtspositionen des Aktionärs, von einer Entscheidung der Verwaltung, die die Kompetenzgrenzen wahrt, ist damit anzuerkennen.

Der mit der hiesigen Aktionärsklage abgebildete Schutz der Kompetenzordnung des Aktienrechts ist daher ein beweglicher. Erst mit Überschreiten der materiellen Holzmüller/Gelatine-Schwelle greift die Aktionärsklage ein. Zuvor kann die Entscheidung der Verwaltung, die ein akzessorisches Teilhaberecht beeinträchtigt zwar pflichtwidrig sein. Solange diese aber nur pflichtwidrig und nicht kompetenzwidrig ist, ist der Aktionär auf die §§ 147 ff. AktG und die Tätigkeit des Aufsichtsrates zu verweisen. In welchem Bereich diese Sichtweise Auswirkungen hat, wird sogleich in abstrakter Form zusammengefasst und anschließend konkreter dargestellt.[920]

Nicht möglich ist daher die Geltendmachung der Verletzung eines mitgliedschaftlichen Teilhaberechts, sofern dessen Existenz von Maßnahmen abhängt, die in die Entscheidungszuständigkeit der Verwaltung fallen. Die Verhinderung eben dieser das Teilhaberecht vernichtenden Verwaltungsmaßnahme kann nicht mit der Strukturentscheidung des Aktiengesetzes in Einklang gebracht werden. Derartige bis hierher noch kryptisch anmutende Konstellationen sind insbesondere in Konzernsachverhalten möglich.[921] Denn wenn das Entscheidungsteilhaberecht eines (Mutter-)

---

[919] Hier relevant ist allein der Bereich der Hauptversammlung, für welchen sodann auch das mitgliedschaftliche Teilhaberecht des Aktionärs greift.

[920] Zu den konkreten Auswirkungen vgl. S. 311 ff.

[921] Diese Einschränkung gilt es sogleich noch zu präzisieren, vgl. S. 311 ff.

Aktionärs durch eine kompetenzgemäße Entscheidung eines (Mutter-)Vorstands beeinträchtigt oder vernichtet werden kann, so ist diese Folge für das (konkretisierte und latente) Entscheidungsteilhaberecht als der Kompetenzordnung der Muttergesellschaft immanent zu betrachten. Erst wenn die konkrete Entscheidungsmöglichkeit des Aktionärs durch den Vorstand beeinträchtigt wird, kann die Aktionärsklage greifen.

Als kurzes Beispiel mag folgender Fall dienen: Es ist nicht möglich, die Aktionärsklage mit Verweis auf die Beeinträchtigung des Teilhaberechts hinsichtlich eines erforderlichen Zustimmungsbeschlusses in der Muttergesellschaft zu erheben, sofern hierdurch die vollständige Veräußerung der Beteiligung an der Tochtergesellschaft verhindert werden soll. Denn hinsichtlich der Veräußerungsentscheidung steht dem Aktionär grundsätzlich keine Teilhabeberechtigung zu und das Teilhaberecht hinsichtlich des Zustimmungsbeschlusses für eine strukturrelevante Maßnahme in der Tochtergesellschaft, ist nicht mit der Veräußerungsentscheidung der Verwaltung in Verbindung zu bringen.[922] Es ist vielmehr so, dass das Teilhaberecht für den/die Zustimmungsbeschluss/-beschlüsse akzessorisch von der an der Tochtergesellschaft gehaltenen Beteiligung abhängt. Die Beteiligungsveräußerung an sich kann zwar pflichtwidrig sein, doch bleibt bis zum Einsetzen einer ungeschriebenen Hauptversammlungskompetenz der Aktionär auf die sonstigen aktienrechtlichen Rechtsbehelfe verwiesen.[923] Anders liegt es, wenn der Vorstand der Mutter ohne den erforderlichen Zustimmungsbeschluss in der Hauptversammlung der Tochter tätig werden möchte. Hier greift die Aktionärsklage ein.

2. (Fehlende) Schützenswerte Primärrechtsposition?

Man kann gegen die Durchsetzung des materiellen Schutzrechts durch eine Abwehrklage in Form einer Unterlassungs-/Beseitigungsklage nach hiesigem Muster nicht einwenden, dass es keine primär zu schützende absolute Rechtsposition des Aktionärs gebe, welche Voraussetzung einer jeden Unterlassungs- und Beseitigungsklage sei.[924] Nach hier vertretener Ansicht steht dem Aktionär im Innenverhältnis mit der Mitgliedschaft zwar keine absolut geschützte Rechtsposition zu. Dies hindert allerdings nicht die Annahme eines Unterlassungs- und Beseitigungsanspruches. Das aus der Mitgliedschaft fließende Teilhaberecht sichert jedem Aktionär ein eigenständig wahrnehmbares Tätigkeitsfeld in der Aktiengesellschaft, dessen Ausübung allein ihm zugewiesen ist. Dieses Tätigkeitsfeld wird im Innenverhältnis von dem Tätigkeitsbereich der anderen Aktionäre und Organe abgegrenzt.

---

[922] Gegen die Erforderlichkeit eines Zustimmungsbeschlusses bei vollständiger Beteiligungsveräußerung: BGH, Beschl. v. 20. 11. 2006 – II ZR 226/05 –, DStR 2007, 586; *Hofmeister*, NZG 2008, 47 ff.; wohl auch; *Hoffmann-Becking*, ZHR 172 (2008), 231 ff.; a.A. *Lutter/Leinekugel*, ZIP 1998, 225, 229 f.; *Lutter/Leinekugel*, ZIP 1998, 805, 811; *Henze*, in: FS Ulmer, 2003, S. 211, 230 f.

[923] Genannt seien nur: §§ 147 ff., 93 Abs. 2 AktG, Entlastungsverweigerung, Abberufung.

[924] Vgl. *Pflugradt*, Leistungsklagen, S. 80 f.

Hier kann eine Parallele zum Wettbewerbsrecht gezogen werden. Auch dort grenzen Verhaltensregeln den Spielraum der Marktteilnehmer ein, ohne dass bei der Überschreitung dieser Regelungen ein absolutes Recht der Konkurrenz verletzt würde.[925] Es genügt vielmehr, dass in einen Bereich eingedrungen wird, der nach materiellem Recht gerade einem anderen (dem teilhabeberechtigten Aktionär) zugewiesen ist.[926] Dies wird nun gesetzgebersich mit Kodifizierung des zuvor bereits gewohnheitsrechtlich anerkannten Anspruchs in § 8 Abs. 1 S. 1, 1 Alt. UWG bestätigt.[927] Der verbandsrechtliche Abwehranspruch des Aktionärs ist gerade unabhängig von § 1004 BGB anzuerkennen und rechtfertigt sich aus der auch gem. § 23 Abs. 5 AktG zwingenden Kompetenzordnung des Aktienrechts, die einen Übergriff in den „Verantwortungsbereich" des Aktionärs verbietet. Materielle Unterlassungsansprüche dienen gerade nicht nur dem Schutz absoluter Rechtspositionen, sondern auch dem Interesse an der Wahrung von Verhaltensvorgaben.[928] Eine derartige Verhaltensvorgabe ist dem Aktienrecht immanent, indem es den verschiedenen Organen die Aufgaben zur alleinigen Wahrnehmung zugewiesen hat, sofern nichts Anderes bestimmt ist.[929]

Daher lässt sich bis hierher eine Aktionärsklage auf die Verletzung der Mitgliedschaft nur dann stützen, sofern die Beeinträchtigung eines konkreten mitgliedschaftlichen Teilhaberechts geltend gemacht wird. Die Ausgestaltung der Verbandsverfassung reduziert die Wehrhaftigkeit der Mitgliedschaft auf diesen Teilbereich. Dies wird sich im Folgenden noch weiter erhellen.

V. Weitergehender Schutz subjektiver Rechte?

Ein weitergehender Schutz mitgliedschaftlicher (subjektiver) Aktionärsrechte ist darüber hinaus nicht erforderlich und auch nicht geboten.[930] Wie sogleich zu zeigen sein wird, stellt auch das Aktienrecht nicht die dem Aktionär zustehenden relativen Rechte in den Vordergrund, sondern baut ein auf dem mitgliedschaftlichen Teilhaberecht des Aktionärs basierendes Schutzkonzept auf. Es ist zur Ausfüllung des Rechtsschutzsystems ausreichend, dem Aktionär ein Instrument nur für die Fälle zur Seite zu stellen, in denen das System auch wirklich einen Schutz des Aktionärs erfordert und zulässt. Dies tut es nur, sofern es um den Aktionär als teilhabeberechtigtes Mitglied der Hauptversammlung geht. Darüber hinaus hat *Adolff* zutref-

---

[925] *Herrmann*, in: GroßKomm/UWG, 2. Aufl., § 12 Rn. 444.

[926] Vgl. *Herrmann*, in: GroßKomm/UWG, 2. Aufl., § 12 Rn. 444.

[927] Zur gewohnheitsrechtlichen Anerkennung vgl. BGH, Urt. v. 25. 1. 2001 – I ZR 120/98 –, GRUR 2001, 420, 422; BGH, Urt. v. 04. 02. 1993 – I ZR 42/91 –, GRUR 1993, 556, 558; *Herrmann*, in: GroßKomm/UWG, 2. Aufl., § 12 Rn. 444 jew. m.w.N.

[928] *Fritzsche*, in: MünchKomm/Lauterkeitsrecht, 2. Aufl. § 8 UWG Rn. 14.

[929] So z. B. die Zustimmungsvorbehalte zugunsten des Aufsichtsrates im Innenverhältnis gem. § 111 Abs. 4 AktG.

[930] Die Aktionärsklage primär auf die reine Kompetenzverletzung durch den Vorstand aufbauend, *Reichert/Senger*, DK 2006, 338, 344.

fend darauf hingewiesen, dass ein über den Kompetenzschutz hinausgehender Schutz subjektiver Positionen der Aktionäre in den meisten Fällen zu dem gleichen Ergebnis führen würde.[931] Bleiben wir im Rahmen des genehmigten Kapitals, lässt sich dies am Beispiel des Bezugsrechtsausschlusses[932] exemplifizieren.

Auch nach der Abkehr von der seit der Holzmann-Entscheidung praktizierten Rechtsprechung durch die Siemens/Nold-Entscheidung muss der Vorstand bei Ausnutzung des genehmigten Kapitals im Rahmen einer Ausschlussermächtigung prüfen, ob die Maßnahme im Gesellschaftsinteresse liegt sowie erforderlich und angemessen ist.[933] Hält der Vorstand die ihm hier gesetzten Grenzen nicht ein, hat er die ihm allein derivativ zustehende Entscheidungszuständigkeit überschritten und hierdurch gleichsam in den Kompetenzbereich der Hauptversammlung und in das Entscheidungsteilhaberecht des Aktionärs eingegriffen.[934] Denn allein die Hauptversammlung ist außerhalb der nur im Rahmen des genehmigten Kapitals möglichen Übertragung der Letztentscheidungszuständigkeit für bezugsrechtsfreie Kapitalerhöhungen zuständig.[935] Es bleibt damit der Hauptversammlung überlassen ein weiteres genehmigtes Kapital mit einer Ausschlussermächtigung und einem, sofern in der konkreten Situation zulässig, breiteren Handlungsrahmen zu erschaffen oder die Kapitalerhöhung eigenständig im Wege einer bezugsrechtsfreien regulären Kapitalerhöhung durchzuführen.[936] Zum gleichen Ergebnis gelangt man bei der Annahme, dass in das Bezugsrecht der Aktionäre eingegriffen wird.[937]

1. Klagbarkeit bei (hypothetisch) auch rechtswidriger Hauptversammlungsentscheidung?

Man kann dem nun nicht entgegenhalten, dass es beispielsweise bei der Bezugsrechtsverletzung nicht um eine Kompetenzverletzung geht, da die Hauptversammlung ebenfalls keinerlei Zuständigkeit dahin gehend innehabe, ein Bezugsrecht

---

[931] *Adolff*, ZHR 160 (2005), 310, 325, der allerdings die prozessrechtliche und materiellrechtliche Ebene vermengt, a.a.O. S326; vgl. sogleich S. 310 ff.

[932] Vgl. zu dem auch beim Bezugsrechtsausschluss und dem Anspruch auf den Bilanzgewinn im Vordergrund stehenden Schutz des Teilhaberechts S. 303 ff.; und S. 306 ff.

[933] Vgl. zu dieser Verpflichtung später noch S. 347 ff.

[934] So auch *Paefgen*, ZIP 2004, 145, 149; anders hingegen *Krieger*, ZHR 163 (1999), 343, 357; *Stamatopoulos*, Pflichtenstellung des Vorstandes, S. 279, die annehmen, dass es sich bei der Überschreitung der eingeräumten Ermächtigung lediglich um eine Verletzung des Anspruchs eines Aktionärs auf Achtung des Bezugsrechts handelt.

[935] *Adolff*, ZHR 160 (2005), 310, 324 f.

[936] *Adolff*, ZHR 160 (2005), 310, 325, der allerdings allein auf die reguläre Kapitalerhöhung abstellt.

[937] So *Hoffmann-Becking*, ZHR 167 (2003), 357, 360; *Habersack*, DStR 1998, 533, 537; *Schürnbrand*, ZHR 171 (2007), 731, 734, der die Kompetenzverletzung als „gekünstelt" qualifiziert.

rechtswidrig auszuschließen.[938] Denn dem Aktionär steht das mitgliedschaftliche Teilhaberecht in der Hauptversammlung auch zu, um seiner ablehnenden Auffassung nach eine die Beschlussautonomie der Hauptversammlung überschreitende Maßnahmen zu verhindern. Für den Fall, dass seine Auffassung dennoch durch einen Mehrheitsbeschluss übergangen wird, steht es dem Aktionär frei, den Hauptversammlungsbeschluss zum Gegenstand der speziellen Anfechtungsklage zu machen. Die Möglichkeit der gerichtlichen Überprüfung einer Mehrheitsentscheidung steht hier im Vordergrund. Es ist auch Ausfluss der Teilhabeberechtigung des Aktionärs im Anschluss an die Beschlussfassung die materielle Rechtmäßigkeit des Mehrheitsbeschlusses durch staatliche Gerichte klären zu lassen, § 245 Nr. 1, 2 AktG. Ein anderes Ergebnis wäre auch weitgehend paradox, denn dann würde man den klagbaren Bereich aufgrund einer „zu" rechtswidrigen Entscheidung der Verwaltung verlassen, die nicht einmal die Hauptversammlung treffen dürfte.[939] Würde die Hauptversammlung sie aber dennoch treffen, wird durch das aktienrechtliche Beschlussmängelrecht der §§ 241 ff. AktG deutlich, dass die (rechtswidrige) Mehrheitsentscheidung eine judizierbare ist.

Schaut man sich als Kontrollbeispiel die faktische Änderung des Unternehmensgegenstandes an, wird dies deutlich. Geht eine solche Änderung dahin, dass der faktische Unternehmensgegenstand mit dem geltenden Recht nicht in Einklang zu bringen ist,[940] würde es für den Aktionär schwierig, den Vorstand aufgrund der Verletzung eines eigenen Rechts im Wege der Aktionärsklage in Anspruch zu nehmen. Man fragt sich, worin der Aktionär beeinträchtigt sein soll, insbesondere wenn die faktische Änderung des Unternehmensgegenstandes der Gesellschaft florierende Gewinne beschert. Auf eine Treuepflichtverletzung des Vorstandes gegenüber dem Aktionär wird man hier mangels Existenz derselben nicht abstellen können.[941,942] Die Legalitätspflicht des Vorstandes existiert als organspezifische

---

[938] Die nachfolgenden Ausführungen beanspruchen auch für sämtliche anderen Fälle wie einen unangemessenen Ausgabebetrag Geltung.

[939] Denn wäre der Bezugsrechtsausschluss sachlich zu rechtfertigen, überschreitet er aber dennoch die Ermächtigungsgrundlage, könnte aufgrund der dann existierenden Hauptversammlungskompetenz eine Aktionärsklage nach hiesigem Vorbild geltend gemacht werden; ebenso *Schumann*, Bezugsrecht, S. 166.

[940] Vgl. zum Verbot gesetzeswidrige oder gegen die guten Sitten verstoßende Unternehmensgegenstände *Pentz*, in: MünchKomm/AktG, 4. Aufl., § 23. Rn. 69.

[941] Der Vorstand wird gerade nicht als Treuhänder der Aktionäre tätig, sondern ist auf das Wohl der Gesellschaft verhaftet, vgl. dezidierte Darstellung zur überkommenen Auffassung der treuhänderischen Verwaltung bei *Schubel*, Verbandssouveränität und Binnenorganisation, S. 146 ff.; vgl. historisch auch *Jolly*, Das Recht der Actiengesellschaften, Zeitschrift für deutsches Recht und deutsche Rechtswissenschaft, Bd. 11 (1847), 317 ff.; ebenso *Schwab*, Gesellschaftsinterne Streitigkeiten, S. 39.

[942] Eine Behelfslösung könnte lediglich in der Verletzung einer nebulösen Treuepflicht der Aktiengesellschaft gegenüber dem Aktionär gesucht werden. Ähnlich den Fällen der Verdichtung eines Entscheidungsermessens auf null bei der Zustimmung bei vinkulierten Namensaktionen nach § 68 Abs. 2 AktG. Der BGH lässt dies zu, wenn der Verkauf für den Ak-

Pflicht gegenüber der AG und kann durch den Aktionär nicht gerügt werden.[943] Andernfalls würde ein umfassender Anspruch auf gesetzes- und satzungsgemäßes Gebaren des Verbandes existieren, was wie gesehen nicht der Fall ist, womit auch dieser Ansatzpunkt scheitert.[944] Über die Verletzung der Mitgliedschaft in der wehrhaften Ausformung des mitgliedschaftlichen Entscheidungsteilhaberechts hingegen ist es dem Aktionär möglich, gegenüber der Gesellschaft eine Aktionärsklage zu erheben. Denn der Vorstand hat die Kompetenz der Hauptversammlung über die Entscheidung – die auch ablehnend gegenüber der Änderung des Unternehmensgegenstandes ausfallen kann – hinsichtlich des Unternehmensgegenstandes und damit das mitgliedschaftliche Teilhaberecht des Aktionärs verletzt. Der Aktionär könnte im Nachgang der Beschlussfassung durch die Hauptversammlung, selbst wenn sie einer Änderung zu einem gesetzes- oder sittenwidrigen Unternehmensgegenstand zustimmt, die Nichtigkeitsfeststellungsklage nach § 249 AktG erheben.[945] Ohne diesen Begründungsstrang ständen die Aktionäre – nicht nur der Minderheitsaktionär – rechtsschutzlos dar, da auch § 275 AktG nicht analog auf die faktische Überschreitung des Unternehmensgegenstandes anwendbar ist.[946]

Stellt man, um bei dem obigen Beispiel zu bleiben, auf die Verletzung des Bezugsrechts der Aktionäre ab, ließ man einen relevanten Aspekt des Aktienrechts außen vor. Das Aktienrecht stellt auch beim sehr relevanten Bezugsrechtsausschluss nicht das Individualrecht in den Vordergrund, sondern die Entscheidungskompetenz innerhalb der Hauptversammlung. Dies soll nun näher belegt werden.

2. Teilhabeschutz beim Bezugsrechtsausschluss

Wird das Bezugsrecht der Aktionäre rechtswidrig ausgeschlossen, hat dies keinerlei Auswirkungen auf das mitgliedschaftliche Bezugsstammrecht eines Aktionärs. Ausgeschlossen wird allein der in dem Bezugsstammrecht wurzelnde Bezugsanspruch,[947] welcher mit Fassung des Kapitalerhöhungsbeschlusses[948] oder im Falle des genehmigten Kapitals mit der Entscheidung des Vorstandes, das geneh-

---

tionär zwingend ist, BGH, Urt. v. 01.12.1986 – II ZR 287/85 –, NJW 1987, 1019, 1020; *Wienecke*, in: Bürgers/Körber AktG, 4. Aufl., § 68 Rn. 21.

[943] Vgl. zu dieser *Spindler*, in: MünchKomm/AktG, 5. Aufl., § 93 Rn. 86 ff.

[944] Vgl. zur Ablehnung eines umfassenden Anspruchs auf gesetzes- und satzungsgemäßes Verhalten des Verbandes oben S. 236 ff.

[945] *Koch*, in: MünchKomm/AktG, 4. Aufl., § 275 Rn. 24.

[946] *Sailer-Coceani*, in: MünchHdbGesR IV, 4. Aufl., § 9 Rn. 21; vgl. auch zur Klagemöglichkeit des Aktionärs wegen einer faktischen Änderung des Unternehmensgegenstandes: *Knobbe-Keuk*, in: FS Ballerstedt, 1979, S. 239 ff. (auch wegweisend für die Aktionärsklage).

[947] *Ekkenga*, in: KölnKomm/AktG, 3. Aufl., § 186 Rn. 17.

[948] *Ekkenga*, in: KölnKomm/AktG, 3. Aufl., § 186 Rn. 19; *Schürnbrand*, in: MünchKomm/AktG, 4. Aufl., § 186 Rn. 26; *Wiedemann*, in: GroßKomm/AktG, 4. Aufl., § 186 Rn. 61; *Koch*, in: Hüffer/Koch, 13. Aufl., § 186 Rn. 6, der mit dem Zeitpunkt der Veröffentlichung des Bezugsangebotes sympathisiert.

migte Kapital auszunutzen, entsteht.[949] Das Zustimmungserfordernis nach § 204 Abs. 1 S. 2, 1 Hs. AktG ist als Wirksamkeitsbedingung zur Entstehung des Bezugsanspruches zwingend einzuhalten,[950] nicht hingegen das des § 202 Abs. 3 S. 2 AktG.[951] Macht der Vorstand die Ausnutzung allerdings von der Zustimmung abhängig, entsteht der Bezugsanspruch nicht vor derselben.[952] Bei dem Bezugsanspruch handelt es sich um ein von dem mitgliedschaftlichen Bezugsstammrecht vollkommen losgelöstes relatives Recht des Aktionärs gegenüber der Aktiengesellschaft.[953] Dies ist den Aktionären von Gesetzes wegen zur Seite gestellt worden, um der Verwässerung ihrer mitgliedschaftlichen Rechte bei Kapitalerhöhungen vorzubeugen.[954] Dies bedeutet nun aber nicht, dass das Bezugsstammrecht und der daraus erwachsende Bezugsanspruch grenzenlos gewährleistet werden. Es steht vielmehr insoweit zur Disposition der Mehrheit, als das es in den Grenzen des § 186 Abs. 3, 4 AktG ausgeschlossen werden kann.[955] Diese Entscheidung treffen die Aktionäre im Rahmen der Hauptversammlung nach eingehender Beratung und Erhalt der entsprechenden Vorabinformationen. Beim genehmigten Kapital sieht dies nicht anders aus als im Rahmen der regulären Kapitalerhöhung. Natürlich können die Aktionäre die konkrete Maßnahme noch nicht vorhersehen, allerdings ist es gerade im Fall der Ausschlussermächtigung eine autonome und auch ernst zu nehmende Entscheidung, wenn sie den Vorstand hierzu ermächtigen. Diese Entscheidung hat der Vorstand in ihrem Umfang zu respektieren.[956] Dass dies der relevante Punkt ist, lässt sich anhand weiterer Konstellation exemplifizieren.

Wurde ein genehmigtes Kapital mit einer Ausschlussermächtigung geschaffen und der mögliche Einsatzzweck der Ermächtigung sehr eng gefasst, ist der Einsatz eines bezugsrechtsfreien genehmigten Kapitals auch dann unzulässig, wenn der Bezugsrechtsausschluss bei einer zum gleichen Zeitpunkt stattfindenden regulären

---

[949] *Lutter*, in: KölnKomm/AktG, 2. Aufl., § 203 Rn. 8; *Koch*, in: Hüffer/Koch, 13. Aufl., § 203 Rn. 7.

[950] *Lutter*, in: KölnKomm/AktG, 2. Aufl., § 203 Rn. 8; *Koch*, in: Hüffer/Koch, 13. Aufl., § 203 Rn. 7.

[951] Vgl. zur Folge einer fehlenden Zustimmung, *Wamser*, in: Spindler/Stilz, 4. Aufl., § 202 Rn. 93. Soll das Bezugsrecht aufgrund einer Ausschlussermächtigung ausgeschlossen werden, ist der Zustimmungsbeschluss des Aufsichtsrates konstitutiv, wie sich aus §§ 203 Abs. 1 S. 2, 2 Hs. i.V.m. 203 Abs. 2 AktG ergibt. Auch bei der Ausnutzung eines direkt ohne Bezugsrecht geschaffenen genehmigten Kapitals gilt die konstitutive Wirkung des Zustimmungsbeschlusses, vgl. a.a.O.

[952] *Lutter*, in: KölnKomm/AktG, 2. Aufl., § 203 Rn. 8.

[953] *Ekkenga*, in: KölnKomm/AktG, 3. Aufl., § 186 Rn. 18; *Schürnbrand*, in: MünchKomm/AktG, 4. Aufl., § 186 Rn. 26 („unabhängiges Gläubigerrecht"); *Koch*, in: Hüffer/Koch, 13. Aufl., § 186 Rn. 6.

[954] Vgl. hierzu *Bayer*, in: MünchKomm/AktG, 4. Aufl., § 203 Rn. 48 ff.; *Schürnbrand*, in: MünchKomm/AktG, 4. Aufl., § 186 Rn. 17; *Hermanns*, in: Henssler/Strohn/GesR, 4. Aufl., § 186 Rn. 4.

[955] *Ekkenga*, in: KölnKomm/AktG, 3. Aufl., § 186 Rn. 17.

[956] Ähnlich, wenngleich dem Aktionär einen primären Erfüllungsanspruch zusprechend *Schwab*, Gesellschaftsinterne Streitigkeiten, S. 12.

Kapitalerhöhung als zulässig und wohl auch notwendig zu bezeichnen wäre.[957] Wurde das genehmigte Kapital gleich ob unter direktem Bezugsrechtsausschluss oder einer Ausschlussermächtigung zur Einführung von Aktien an einer ausländischen Börse geschaffen,[958] darf der Vorstand es nicht zur Gewinnung von spezifischen Investoren oder Sanierern einsetzen.[959] Nicht anders verhält es sich, sofern das genehmigte Kapital nicht ausdrücklich zur Übernahmeabwehr eingesetzt werden darf, der Vorstand dies allerdings beabsichtigt.[960] In all diesen Fällen geht es um die Achtung der in der Hauptversammlung durch die Aktionäre getroffenen Entscheidung. Diese gilt es zu sichern.

Dass der Fokus des Aktienrechts auf der Aufrechterhaltung einer autonom durch die Hauptversammlung getroffenen Entscheidung basiert, zeigt auch die herrschende Meinung zur Teilanfechtbarkeit einer rechtswidrigen bezugsrechtsfreien regulären Kapitalerhöhung. Diese wird nämlich auch unter Hinweis auf die Gefahr der Ersetzung eines autonom gebildeten Willens der Hauptversammlung durch einen gänzlich anderen Beschluss überwiegend abgelehnt.[961] Da es allerdings um die Wahrung der Entscheidung der Hauptversammlung, die durch die Teilhabe der Aktionäre ermöglich wird, geht, sollte entsprechend § 139 BGB auch dort eine größere Offenheit für die Teilanfechtbarkeit vorherrschen. All dies verdeutlicht, dass es nicht um das dem Aktionär eingeräumte Bezugs(stamm)recht oder den Bezugsanspruch geht, sondern darum, dass den Aktionären die Teilhabe an einer informierten Entscheidung über den potentiellen Ausschluss vorenthalten worden ist.

Es geht also auch hier nicht um die grenzenlose Gewährleistung des Individualrechts des Aktionärs in Form des Bezugsrechts, sondern um die Möglichkeit der

---

[957] So ist wohl auch *Böttger*, Bezugsrechtsausschluss beim genehmigten Kapital, S. 108 f. zu verstehen; vgl. in diesem Rahmen auch S. 387 f. zur Umstandsänderung als Fallgruppe einer (erneuten) Vorlagepflicht.

[958] So wurde im dem Siemens/Nold-Urteil zugrundeliegenden Sachverhalt das Bezugsrecht direkt durch die Hauptversammlung ausgeschlossen, vgl. BGH, Urt. v. 23.06.1997 – II ZR 132/93 –, BGHZ 136, 133= BGH NJW 1997, 2815.

[959] Der Bezugsrechtsausschluss zu diesen Zwecken wird im Rahmen der regulären Kapitalerhöhung im großen Rahmen für zulässig erachtet, wobei dennoch Unterschiede im Detail auftreten; *Scholz*, in: MünchHdbGesR IV, 4. Aufl., § 57 Rn. 119e; *Liebert*, Bezugsrechtsausschluss, S. 125; *Schürnbrand*, in: MünchKomm/AktG, § 186 Rn. 119; *Koch*, in: Hüffer/Koch, 13. Aufl., § 186 Rn. 31; *Martens*, in: FS Fischer, 1979, S. 437; *Timm*, DB 1982, 211, 212; *Priester*, DB 1980, 1925, 1929; *Wiedemann*, in: GroßKomm/AktG, 4. Aufl., § 186 Rn. 172; Ekkenga/*Jaspers*, in: Hdb. der AG-Finanzierung, 2. Aufl., Kap. 4 Rn. 191; *Krause*, in: Habersack/Mülbert/Schlitt, Unternehmensfinanzierung am Kapitalmarkt, 4. Aufl., § 6 Rn. 22.

[960] Vgl. zum genehmigten Kapital in Übernahmesachverhalten dezidiert S. 372 ff.

[961] Vgl. hierzu auch S. 148 (Teilanfechtung); *Wiedemann*, in: GroßKomm/AktG, 4. Aufl., § 186 Rn. 109; diesen Aspekt zutreffend für die Zulassung einer Teilanfechtung aufgreifend *Ekkenga*, in: KölnKomm/AktG, 3. Aufl., § 186 Rn. 140 f. Im Rahmen des genehmigten Kapitals hat der BGH in der Holzmann-Entscheidung die Teilanfechtung unproblematisch unter Verweis auf den Willen der Hauptversammlung zugelassen, BGH, Urt. v. 19.04.1982 – II ZR 55/81 –, NJW 1982, 2444, 2448 (insoweit nicht in BGHZ 83, 319, 327 abgedruckt).

Geltendmachung von Informations- und Mitspracherechten im Rahmen der Ausschlussentscheidung als teilhabeberechtigtes Mitglied der Hauptversammlung.[962]

3. Teilhabeschutz beim Anspruch auf den Bilanzgewinn (§ 58 Abs. 4 AktG)

Der aktienrechtlich im Vordergrund stehende Teilhabeschutz des Aktionärs lässt sich nicht nur am Beispiel des Bezugsrechtsausschlusses, sondern auch im Rahmen der Schaffung des Anspruchs auf den Bilanzgewinn nach § 58 Abs. 4 AktG belegen. Bei diesem sind bei einer Verletzung aufgrund gesonderter gesetzlicher Wertungen allerdings Besonderheiten hinsichtlich des potentiellen Anspruchsumfanges zu berücksichtigen. Hierauf wird gleich zurückzukommen sein.

a) Grundlage des Teilhabeschutzes

Der kodifizierte allgemeine Anspruch auf den Bilanzgewinn des Aktionärs gem. § 58 Abs. 4 AktG ist streng von dem konkreten Anspruch auf die festgestellte Dividende zu unterscheiden.[963] Auch bei diesem als gemeinhin wichtigstem dem Aktionär zustehendem Vermögensrecht[964] hat das Aktiengesetz ein diffiziles, die Entscheidung der Hauptversammlung in Bezug nehmendes Schutzkonzept entwickelt. Der Aktionär hat lediglich einen konkreten Anspruch auf Auszahlung einer Dividende, sofern die Hauptversammlung gem. § 174 Abs. 1 AktG unter Einhaltung der Voraussetzungen des § 58 Abs. 3 AktG über die Verwendung des Bilanzgewinns in einem Gewinnverwendungsbeschluss abgestimmt hat. Das Aktienrecht stellt also auch bei diesem Aktionärsgrundrecht nicht das einzelne dem Aktionär relativ zustehende Recht in den Vordergrund, sondern begnügt sich mit der Einräumung von Hauptversammlungskompetenzen. Ohne einen Beschluss über die Gewinnverwendung, kann unter keinen Umständen der relative Anspruch entstehen. Die Entscheidung der Hauptversammlung ist also hier, wie auch beim Bezugsrechtsausschluss, dort allerdings unter umgekehrten Vorzeichen, ein notwendiger Zwischenschritt für die Rechtsentstehung.

Das Aktiengesetz hat demnach die Entscheidungen in den Fällen in die Zuständigkeit der Hauptversammlung gelegt, in denen die Aktionärsstellung einer latenten Gefährdung unterliegt. Daher ist dem Aktionär exakt auf dieser Grundlage die Möglichkeit einer Klage gegen die Gesellschaft einzuräumen, sofern sein Teilhaberecht, welches mit den Hauptversammlungszuständigkeiten korrespondiert, beeinträchtigt worden ist. Hat der Aufsichtsrat den vom Vorstand vorgeschlagenen

---

[962] Vgl. auch These 12 bei *Behr*, Die actio pro socio, S. 205, der den Bezugsrechtsausschluss im Rahmen des genehmigten Kapitals als die einzige Möglichkeit ansieht, durch die der Vorstand durch Beschluss unmittelbar in ein Mitgliedschaftsrecht eingreifen kann.

[963] *Bayer*, in: MünchKomm/AktG, 4. Aufl., § 58 Rn. 102; *Drygala*, in: KölnKomm/AktG, 3. Aufl., § 58 Rn. 112.

[964] Dieser Ausdrucksweise aufgrund der rechtspolitisch umstrittenen Einordnung kritisch gegenüberstehend *Bayer*, in: MünchKomm/AktG, 4. Aufl., § 58 Rn. 96.

Jahresabschluss nach § 172 Abs. 1 AktG nicht gebilligt und greift demgemäß § 173 Abs. 1, 2. Alt. AktG ein, ist ebenfalls ein primär hauptversammlungsspezifisches Schutzsystem gegeben.[965]

Der Vorstand hat als originär zuständiges Organ die Hauptversammlung zur Beschlussfassung über den Gewinnverwendungsbeschluss einzuberufen.[966] Gegebenenfalls auch zur Feststellung über den Jahresabschluss.[967] Unterlässt er dies, so erlangt der Aufsichtsrat zum Wohl der Gesellschaft in der Regel die Ersatzzuständigkeit zur Einberufung nach § 111 Abs. 3 AktG.[968] Die Aktionäre können über den Weg des Minderheitsverlangens nach § 122 AktG im Zweifel durch gerichtliche Ermächtigung die Einberufung verlangen.

Unterlässt der Vorstand und der Aufsichtsrat die turnusgemäße Einberufung, ist dem Aktionär ein Klagerecht aus der Abwehrklage zur Seite zu stellen. Ging die Zuständigkeit zur Feststellung des Jahresabschlusses auf die Hauptversammlung über, so gilt dies neben dem Gewinnverwendungsbeschluss auch hinsichtlich der Beteiligung an der Feststellung des Jahresabschlusses.[969] Die Klage ist gegen die Gesellschaft auf Einberufung der Hauptversammlung zur Beschlussfassung oder auf Ergänzung der Tagesordnung zu richten.[970] Dies stellt keine Klage auf die Feststellung eines entsprechenden Beschlusses dar, denn auf einen bestimmten Beschlussinhalt kann dem Aktionär gegenüber der Gesellschaft kein Anspruch zugestanden werden.[971] Auch ein Anspruch auf die konkrete Dividende wird ausdrücklich vom Aktiengesetz erst auf einer zweiten Ebene statuiert (Dividendenanspruch) und kann nicht durch einen Abwehranspruch geltend gemacht werden. Dieses Klagerecht würde mit der gesetzgeberischen Wertung, dass bei Uneinigkeit zwischen Vorstand

---

[965] Vgl. etwa *Zöllner*, ZGR 1988, 392, 417, der eine Klage auch auf Feststellung eines Jahresabschlusses zulassen möchte; zu den Einschränkungen der Aktionärsklage in diesem Fall unten S. 296 ff.; anders *Behr*, Die actio pro socio, S. 145, der keine Klage in Bezug auf die Feststellung des Jahresabschlusses zulassen will, wohl aber auch auf Einberufung.

[966] Vgl. §§ 175 Abs. 1 S. 1, 121 Abs. 2 AktG; *Ekkenga*, in: KölnKomm/AktG, 3. Aufl., § 175 Rn. 4; *Schürnbrand*, in: MünchKomm/AktG, 4. Aufl., § 175 Rn. 11.

[967] § 175 Abs. 3 S. 1, Abs. 1 S. 1, 121 Abs. 2 AktG.

[968] *Schürnbrand*, in: MünchKomm/AktG, 4. Aufl., § 175 Rn. 11.

[969] Für den Gewinnverwendungsbeschluss *Drygala*, in: KölnKomm/AktG, 3. Aufl., § 58 Rn. 127; *Hoffmann-Becking*, in: MünchHdbGesR IV, 4. Aufl., § 47 Rn. 27; *Koch*, in: Hüffer/Koch, 13. Aufl., § 58 Rn. 26; *Bayer*, in: MünchKomm/AktG, 4. Aufl., § 58 Rn. 99; für beides *Zöllner*, ZGR 1988, 392, 417.

[970] Hiervon zu trennen ist die nachfolgende Frage, ob eine weitere positive Beschlussfeststellungsklage bei einer Pattsituation in der Hauptversammlung möglich ist; hierfür *Schüppen*, in: FS Röhricht, 2005, S. 571, 575 ff.; *Cahn/v. Spannenberg*, in: Spindler/Stilz, 3. Aufl. 2015, § 58 Rn. 92; *Drygala*, in: KölnKomm/AktG, 3. Aufl., § 58 Rn. 128.

[971] *Drygala*, in: KölnKomm/AktG, 3. Aufl., § 58 Rn. 127; vgl. aber *Zöllner*, ZGR 1988, 392, 417 (f.d. GmbH), der dies in Grenzen anerkennt. Dem kann nach hiesiger Konzeption nicht gefolgt werden. Es geht allein um die Verletzung des Teilhaberechts durch die Gesellschaft. Fällt die Entscheidung über den Jahres-/Gewinnverwendungsbeschluss in die Kompetenz der Hauptversammlung, fehlt es gerade noch nicht an der Mitwirkung durch diese, was für eine Vergleichbarkeit mit § 315 BGB erforderlich wäre.

und Aufsichtsrat die Kompetenz auf Feststellung des Jahresabschlusses auf die Hauptversammlung übergeht, übereinstimmen.[972] Die hier angenommene Klagemöglichkeit hat also nichts damit zu tun, dass das Recht auf den Bilanzgewinn beeinträchtigt wird. Dieses Klagerecht resultiert aus der Verletzung des mitgliedschaftlichen Teilhaberechts des Aktionärs.

b) „Modifikationen" des Anspruchsumfanges

Die Besonderheit liegt in der gesetzlich zwingend vorgeschriebenen Abhaltung der Beschlussfassung über die Feststellung des Jahresabschlusses und des Gewinnverwendungsbeschlusses innerhalb der ersten acht Monate des Geschäftsjahres, § 175 Abs. 1 AktG. Für den Jahresabschluss darf dies allerdings nur dann gelten, und dies sei hervorgehoben, sofern die Voraussetzungen für den Kompetenzübergang der Feststellung des Jahresabschlusses auf die Hauptversammlung vorliegen und die fristgemäße Einberufung missachtet wird. Gleiches hat bei festgestelltem Jahresabschluss für den Gewinnverwendungsbeschluss zu gelten, der originär in die Kompetenz der Hauptversammlung fällt, § 174 AktG. Bei (drohender) Missachtung der fristgemäßen Einberufung oder Beschlussfassung greift die auf dem Teilhaberecht ruhende Abwehrklage des Aktionärs.[973] Dass die Abwehrklage in diesem Bereich eine beseitigende Komponente aufweist, ist systemgerecht.

Denn die abwehrrechtliche Dimension der Aktionärsklage kann aufgrund der gesetzlichen Ausgestaltung variieren. Sieht das Gesetz vor, dass die Entscheidung im Zuständigkeitsbereich der Hauptversammlung zwingend erfolgen muss, wie dies beim Gewinnverwendungsbeschluss der Fall ist, tritt eine Beeinträchtigung des mitgliedschaftlichen Teilhaberechts bereits im Unterlassen der gesetzlich gebotenen und fristgemäßen Einberufung der Hauptversammlung oder der Aufnahme eines entsprechenden Tagesordnungspunktes ein.[974] Nur, sofern das Aktienrecht für einen Beschlussgegenstand zwingend die Befassung der Hauptversammlung innerhalb angemessener Frist vorschreibt, wie in den oben benannten Fällen, wird der Schutz des Mitwirkungsrecht graduell verbreitet und ein Unterlassen ist taugliche Verletzungshandlung.[975] In diesen Fällen deckt sich der Inhalt des Unterlassungsanspruchs streng genommen mit dem Beseitigungsanspruch des Aktionärs.[976] Dies ist allerdings unausweichlich, denn die Beeinträchtigung ist in diesen Sonderkonstellationen

---

[972] Vgl. dazu *Hennrichs/Pöschke*, in: MünchKomm/AktG, 3. Aufl., § 173 Rn. 20.

[973] Allein für den Gewinnverwendungsbeschluss *Behr*, Die actio pro socio, S. 178; Gewinnverwendungsbeschluss *Drygala*, in: KölnKomm/AktG, 3. Aufl., § 58 Rn. 127; *Hoffmann-Becking*, in: MünchHdbGesR IV, 4. Aufl., § 47 Rn. 27; *Koch*, in: Hüffer/Koch, 13. Aufl., § 58 Rn. 26; *Bayer*, in: MünchKomm/AktG, 4. Aufl., § 58 Rn. 99.

[974] Gleiches gilt für Entlastungsbeschlüsse, vgl. § 120 Abs. 1 AktG.

[975] Dies erinnert nicht zuletzt an die Voraussetzungen der Haftung für Unterlassen nach Deliktsrecht; RG Urt. v. 24.10.1919 – III 151/19 – , RGZ 97, 11 ff.

[976] Die mögliche Kongruenz von Unterlassungs- und Beseitigungsanspruch ist kein Novum, *Schmitz-Fohrmann/Schwab*, in: Götting/Nordemann/UWG, 3. Aufl., § 8 Rn. 3.

bereits durch eine unterlassene Handlung eingetreten.[977] Das fehlende Tätigwerden ist in diesem Fällen deckungsgleich mit der fortgesetzten Beeinträchtigung. In diesen Konstellationen ist auch der Unterlassungsanspruch ausnahmsweise auf eine positive Handlung gerichtet.[978]

Es bleibt also festzustellen, dass das Aktiengesetz selbst den Fokus nicht primär auf die Individualrechte der Aktionäre legt, die gerade nicht grenzenlos gewährleistet werden, sondern bei besonders einschneidenden Maßnahmen den Aktionären im Rahmen der Hauptversammlung ein Mitentscheidungsrecht zur Verfügung stellt. Für Unterlassen haftet die Gesellschaft allerdings nur dann, sofern das Gesetz die zwingende Pflicht zum Tätigwerden enthält.

4. Teilhabeschutz bei ausführungspflichtigen Beschlüssen

Unter diesem Gesichtspunkt ist auch eine Aktionärsklage auf Ausführung eines wirksam gefassten Hauptversammlungsbeschlusses zu sehen. Missachtet der Vorstand die gem. § 83 Abs. 2 AktG bestehende Ausführungspflicht, missachtet er den durch Teilhabe gebildeten Verbandswillen. Es geht hier vergleichbar einer zwingend einzuberufenden Hauptversammlung um eine „Achtungskomponente". Das Verbandsrecht hat durch § 83 Abs. 2 AktG deutlich zum Ausdruck gebracht, dass die Teilhabeberechtigung nicht lediglich eine statische Momentaufnahme darstellt. Die hiernach ergangenen Hauptversammlungsbeschlüsse bedürfen zur vollumfänglichen Entfaltung des Teilhaberechts vielmehr der Umsetzung.[979] Dieser Achtungszusammenhang besteht nicht allein hinsichtlich der zustimmenden Aktionärsmehrheit, sondern auch zugunsten der Dissidenten. Denn auch diesen gegenüber gilt der wirksame und bestandskräftige Hauptversammlungsbeschluss als ein sie bindender und repräsentierender Wille. Denn durch die Begebung unter die Mehrheitsmacht haben sich sämtliche Aktionäre mit dem Ergebnis eines wirksam oder bestandskräftigen Beschlusses einverstanden erklärt,[980] mindestens aber abgefunden.[981] Die hiesige Aktionärsklage steht dem Aktionär also auch bei unterlassener Umsetzung eines wirksamen Beschlusses gegenüber der Gesellschaft zur Seite. Gleiches gilt,

---

[977] Vgl. zum Zeitpunkt der Rechtsbeeinträchtigung im Rahmen des genehmigten Kapitals S. 396 ff. Zur aktienrechtlichen Zulässigkeit einer Beseitigungsklage sogleich S. 517 ff.

[978] BGH, Urt. v. 22. 10. 1992 – IX ZR 36/92 –, BGHZ 120, 73 = NJW 1993, 1076; *Brox/Walker*, Zwangsvollstreckungsrecht, 11. Aufl., Rn. 1093; *Goldmann*, in: Harte-Bavendamm/Henning-Bodewig/UWG § 8 Rn. 7.

[979] *Zöllner*, ZGR 1988, 392, 416 f. mit starkem Fokus auf den Kompetenzübertritt; *Binge*, Gesellschafterklagen, S. 119 mit Bezug auf das Teilhaberecht.

[980] So für zustimmend Votierende bei einer ablehnenden Entscheidung, *Hommelhoff*, Konzernleitungspflicht, S. 475; im Anschluss *Habersack*, Mitgliedschaft, S. 340.

[981] *Baltzer*, Der Beschluß als rechtstechnisches Mittel organschaftlicher Funktion im Privatrecht, S. 91 ff., denn die Rechtssphäre der Aktionäre steht in Verbindung zu der übergeordneten Einheit der Hauptversammlung S. 92 f.

unproblematisch, falls eine Maßnahme durchgeführt werden soll, bezüglich derer bereits eine ablehnende Beschlussfassung vorliegt.[982]

5. Inkonsistenzen eines weitergehenden Schutzes von Individualrechten

Wie schon bei der Frage nach der Relevanz eines deliktsrechtlichen Ansatzes zum Schutz von Aktionären stellt sich auch hier die Frage, inwieweit ein weitergehender Schutz von Individualrechten überhaupt von Vorteil sein könnte. Es wurde bereits angesprochen, dass es sowohl bei einer auf Kompetenz-/Teilhaberechtsverletzung gestützten Aktionärsklage in den meisten Fällen zu einem Ergebnis kommt, wie auch eine Klage kommen würde, die auf dem besonderen Schutz allein der jeweiligen Individualrechte aufbaut. Ein weitergehender Anwendungsbereich bleibt für das Schutzkonzept der Individualrechte richtigerweise nur, wenn man sich außerhalb von denen der Hauptversammlung ausdrücklich zugeschriebenen Kompetenzen und unterhalb der durch die Gelatine-Entscheidung konkretisierten Holzmüller-Grundsätze bewegt.[983] Hat man nun aber auf der materiellrechtlichen Ebene festgestellt,[984] dass der Eingriff in die mitgliedschaftliche Stellung des Aktionärs nicht so tiefgreifend ist, dass eine ungeschriebene Hauptversammlungskompetenz anzunehmen ist, würde man sich in Widerspruch hierzu setzen, sofern man einen durch eine Abwehrklage rügbaren Eingriff in ein Individualrecht prüft und annimmt.[985] Durch die Einordnung des Aktionärs unter die Verbandsstruktur des Aktiengesetzes hat er sich den Entscheidungen der Verwaltung, die diese eigenverantwortlich wahrnehmen, untergeordnet. Dies auch unter Einschluss der Gefahr, dass er nur bei strukturrelevanten Maßnahmen eine Mitentscheidungsbefugnis innehat. Diese Austarierung auf der materiellen Kompetenzebene darf nicht durch die Einräumung weitergehender materieller Abwehransprüche unterlaufen werden.

Es handelt sich hier entgegen anderen Stimmen allerdings nicht um eine Form, in der das Prozessrecht das materielle Recht unterlaufen würde. Es geht vielmehr um die Frage, in welchem Umfang sich ein Abwehranspruch in das materielle Verbandsrecht integrieren lässt.[986] Die Frage des Anspruchsumfanges ist eine rein materiellrechtliche. Würde man weitergehende Individualrechte der Aktionäre durch die Abwehrklage für streitbar betrachten, müssten also keine „prozessualen Holzmüller-Schwellen" gefunden werden.[987] Man müsste vielmehr für jedes einzelne Aktionärsrecht untersuchen, ob ein Eingriff in dieses durch eine Abwehrklage des Aktionärs verhindert, beseitigt oder in sonstiger Weise geltend gemacht werden

---

[982] Hierzu *Hommelhoff*, Konzernleitungspflicht, S. 475; im Anschluss *Habersack*, Mitgliedschaft, S. 340.

[983] Zutreffend *Adolff*, ZHR 169 (2005), 310, 325 f.

[984] Auf diese Ebene beziehen sich die Gelatine/Holzmüller-Grundsätze.

[985] *Adolff*, ZHR 169 (2005), 310, 326 f.

[986] *Adolff*, ZHR 169 (2005), 310, 326 f. sieht das Problem darin, dass das Prozessrecht dazu führen würde, Unstimmigkeiten mit dem materiellen Recht herbeizuführen.

[987] So aber *Adolff*, ZHR 169 (2005), 310, 326 f.

kann, die nicht im Widerspruch zur Verbandsverfassung steht. Dies wird nun aber doch bereits durch die Holzmüller/Gelatine-Grundsätze oder eine gesetzlich angeordnete Hauptversammlungskompetenz getan. Die Erschaffung neuer systemkonformer Abgrenzungsmaßstäbe ist weder erforderlich noch leistbar. Eine derartige individualrechtliche Abwehrklage stünde im Widerspruch zum herausgearbeiteten hauptversammlungsspezifischen Schutzsystem des Aktiengesetzes, welches sonstige Übergriffe in den Leitungs- und Geschäftsführungsbereich nicht zulässt (§ 23 Abs. 5 AktG). Systemkonform ergänzt wird dieses Schutzsystem bereits durch die Annahme ungeschriebener Hauptversammlungszuständigkeiten. Überschreitet eine Maßnahme diese materielle Schwelle nicht, da sie die Individualrechte nur in vernachlässigbarer Weise beeinträchtigt, gilt es den kompetenziellen Freiraum des Vorstandes zu schützen. Genauer sollte hier auch auf die Beeinträchtigung der mitgliedschaftlichen Stellung abgestellt werden. Es ist in den Fällen, in denen die Holzmüller/Gelatine-Schwelle nicht erreicht wird nun keineswegs so, dass die Aktionäre gar keinem Schutz unterliegen. Insbesondere der Weg über die §§ 147, 148 AktG steht dem Aktionär offen. Der Unterschied ist allein, dass das Verwaltungshandeln nicht durch die Initiation eines einzelnen Aktionärs einer gerichtlichen Überprüfung unterzogen werden kann, sofern diesem über sein mitgliedschaftliches Teilhaberecht nicht ein Einfallstor in Bezug auf die konkrete Entscheidung zur Seite steht. Das Aktienrecht gibt hierfür nichts her.

a) Der Fall der Beteiligungsveräußerung

Als Beispiel für diese Inkonsistenz eines auf einem Individualrecht aufbauenden Abwehrklagekonzeptes kann das in der Literatur umstrittene Beispiel einer Hauptversammlungskompetenz bei Beteiligungsveräußerungen dienen. Diese bereits zuvor angeführte Konstellation würde nach einem das Individualrecht in den Vordergrund stellenden Ansatz zu nicht sachgerechten Lösungen führen.

Betrachtet man zunächst die vollständige Beteiligungsveräußerung an einer bisherigen Tochtergesellschaft, so wird von der herrschenden Lehre und der Rechtsprechung eine Hauptversammlungszuständigkeit der Muttergesellschaft mangels Mediatisierungseffektes der Aktionärsrechte überwiegend abgelehnt.[988] Dem liegt oftmals der Gedanke zugrunde, dass anstelle der Beteiligung der dann erzielte Erlös unvermittelt in den Zuständigkeitsbereich der Organe der nun ehemaligen Mutter gelangt.[989] Gelangt man hier also zu dem Ergebnis, dass auf materiellrechtlicher Ebene keine Kompetenz der Hauptversammlung der Mutter für die Veräußerung der Anteile und damit auch kein Mitwirkungsrecht des Aktionärs ge-

---

[988] BGH, Beschl. v. 20.11.2006 – II ZR 226/05 –, DStR 2007, 586; *Hofmeister*, NZG 2008, 47 ff.; wohl auch *Hoffmann-Becking*, ZHR 172 (2008), 231 ff.; a.A. *Lutter/Leinekugel*, ZIP 1998, 225, 229 f.; *Lutter/Leinekugel*, ZIP 1998, 805, 811; *Henze*, in: FS Ulmer, 2003, S. 211, 230 f.

[989] OLG Köln, Urt. v. 15.1.2009 – 18 U 205/07 –, ZIP 2009 1469, 1472 (Strabag); bestätigt durch das BVerfG, Beschl. v. 07.09.2011 – 1 BvR 1460/10 –, ZIP 2011, 2094.

geben ist, würde dies für den individualrechtlichen Ansatz keinen Ausschluss der Aktionärsklage bedeuten.[990] Denn sie gehen von der Möglichkeit einer Aktionärsklage bei Tangierung konkreter Mitgliedschaftsrechte auch ohne Kompetenzüberschreitung aus.[991]

Soll ein Unternehmensvertrag der Tochter mit einem Dritten geschlossen werden, der in der Regel eine Zustimmungspflicht der Mutterhauptversammlung auslöst und möchte die Mutter ihre Beteiligung an der Tochter sodann vollständig an einen Dritten veräußern,[992] würde das bereits konkretisierte Teilhaberecht des Aktionärs in Bezug auf den Zustimmungsbeschluss in der Hauptversammlung nicht nur verletzt, sondern vernichtet. Eine die Individualrechte schützende Aktionärsklage wäre also denkbar, obwohl der Vorstand bei der Veräußerungsentscheidung in seinem Kompetenzrahmen tätig wird.[993] Gleiches würde bei Kapitalerhöhungen der Tochter als Hauptanwendungsfall der Zustimmungspflicht gelten.[994]

Die Kompetenzordnung ist der Rahmen, in den sich die Aktionärsklage einfügen muss.[995] Auf Grundlage des Individualschutzes würde man sie nun aber selbst gestalten können. Hat sich ergeben, dass die vollständige Beteiligungsveräußerung als reguläre Geschäftsführungsmaßnahme keiner Zustimmungspflicht unterliegt, ist gleichsam über das Schicksal der durch die gehaltene Beteiligung vermittelten Einflussnahmemöglichkeiten (erforderliche Zustimmungsbeschlüsse in der Mutter) entschieden worden. Man muss es in diesen Fällen als der Kompetenzordnung immanent betrachten, dass die Verwaltung durch vollständige Beteiligungsveräußerungen auch über konzernweite Mitentscheidungsbefugnisse der Aktionäre disponieren darf.

---

[990] *Habersack*, DStR 1998, 533, 535 ff. kommt hierauf allerdings nicht mehr zu sprechen, da er die Beteiligungsveräußerung aufgrund der Rückgängigmachung des Mediatisierungseffektes nicht als Problem ansieht. Nimmt man das zuvor gesagte allerdings beim Wort, müsste ein Ausschluss des Schutzes des Teilhaberechts dezidierter begründet werden. Denn auch hinsichtlich des Bezugsrechts wird von einer Verletzung des „Primäranspruchs auf *Achtung des Bezugsrechts*" gesprochen; a.a.O. S. 537.

[991] *Hoffmann-Becking*, ZHR 167 (2003), 357, 360, vgl. zu diesem auch S. 241 f.; *Habersack*, DStR 1998, 533, 537.

[992] *Liebscher*, in: MünchKomm/GmbHG, 3. Aufl., Anh. § 13 Rn. 754, nimmt bei Existenz von außenstehenden Dritten in der Tochter-GmbH eine Zustimmungspflicht auf Tochterebene sogar dann an, wenn die Mutter mit einer (Ur-)Enkelgesellschaft einen Unternehmensvertrag abschließen möchte. Grundlage sei die Qualifikation als außergewöhnliche Geschäftsführungsmaßnahme und bei Erreichen einer 75 %-Schwelle die Holzmüller-Grundsätze; *Pentz*, DB 2004, 1543, 1546 f. (anders f.d. Tochter-AG): nur wenn der Abschluss mit der Enkelgesellschaft die Holzmüller-Schwelle für das Tochterunternehmen überschreitet, S. 1547 f.d. Tochter-GmbH).

[993] Diese Konstellation spart *Habersack*, DStR 1998, 533, 535 f. aus. Er geht lediglich von einer Kompetenzüberschreitung durch Unterschreitung des Unternehmensgegenstandes aus.

[994] BGH, Urt. v. 25. 02. 1982 – II ZR 174/80 –, BGHZ 83, 122, 142 f. Tz. 55 ff. NJW 1982, 1703, 1708 (Holzmüller).

[995] Vgl. S. 290 f. und BGH, Urt. v. 26. 4. 2004 – II ZR 155/02 –, BGHZ 159, 30, 39 f. Tz. 41 = AG 2004, 384, 388 (Gelatine).

Dieser äußere Kompetenzrahmen darf nicht von innen heraus beeinträchtigt werden, indem verbandsinterne Einzelrechtspositionen zur Einschränkung des Kompetenzrahmens der Verwaltung streitbar gemacht werden. Denn nichts Anderes würde es darstellen, wenn man aufgrund der Verletzung des bereits konkretisierten Mitentscheidungsrechts für die Maßnahme in der Tochtergesellschaft, der Verwaltung die Veräußerung der vollständigen Beteiligung untersagen könnte. Man kann nun nicht einfach einwenden, dass es nicht angehen könne, dass der Vorstand pflichtwidrig handeln dürfe. Die Folge wäre keineswegs eine Gestattung, sondern lediglich das Eingreifen des sonstigen aktienrechtlichen Sanktionssystems. Dieses statuiert bei regulären pflichtwidrigen Geschäftsführungsmaßnahmen Schadensersatzpflichten, deren Durchsetzung für den Aufsichtsrat verpflichtend ist,[996] und den Aktionären unter den Voraussetzungen der §§ 147 ff. AktG obliegen kann.[997] Hierdurch werden die Bedürfnisse des Aktionärs hinreichend gewahrt, sodass bei einer den Kompetenzrahmen schützenden Klage von einer im gesetzgeberischen Sinne erforderlichen Einschränkung der Aktionärsrechte gesprochen werden kann, um für eine „sachkundige entschlußfähige Geschäftsführung" zu sorgen.[998] Nur wenn ein Entscheidungsteilhaberecht in gleicher Sache zu der zu verhindernden Verwaltungsmaßnahme existiert, ist der Einzelaktionär zur Wahrung der dann tatsächlich gefährdeten aktienrechtlichen Kompetenzordnung berufen.[999]

Nicht anders ist es, sofern man auf das latente Teilhaberecht abstellt. Dieses meint das Recht der Mutteraktionäre im Rahmen von wesentlichen Entscheidungen der Tochter über Zustimmungsbeschlüsse mitzuentscheiden.[1000] Auch dieses würde durch die Veräußerung einer wesentlichen aber nicht die Zustimmungsbedürftigkeit auslösenden Beteiligungsveräußerung seinem Umfang nach beeinträchtigt. Dies stellt auch keinen unzulässigen Zirkelschluss dar, da das Teilhaberecht des Mutteraktionärs für wesentliche Maßnahmen im Konzern vor der Beteiligungsveräußerung unstreitig als Teil seiner Mitgliedschaft bestand[1001] und umfanggemäß auch wesentliche Entscheidungen in der Tochter erfasste. Die Frage, ob die Beteiligungsveräußerung einer Zustimmung der Hauptversammlung der Mutter bedarf, ist

---

[996] BGH, Urt. v. 21.04.1997 – II ZR 175/95 –, BGHZ 135, 244 (256) = NJW 1997, 1926, 1927 (ARAG/Garmenbeck).

[997] Nach *Adolff*, ZHR (169) 2005, 310, 322 stellen die §§ 147 ff. AktG das wichtigste nachträgliche Sanktionierungsinstrument für die Aktionäre dar.

[998] Allg. Begr. RegE zum AktG 1965, abgedr. in *Kropff*, AktG 1965 S. 14 f.; dies hinsichtlich des materiellen Gehalts der Holzmüller-Rechtsprechung erkennend *Assmann*, in: GroßKomm/AktG, 4. Aufl., Einl. Rn. 262.

[999] Vgl. bereits oben zu diesem Erfordernis S. 296 ff.

[1000] Im Einzelnen bedarf hier zwar noch vieles der Klärung, doch kann als gesichert gelten, dass bei Kapitalmaßnahmen, die einen wesentlichen Eingriff in die Mitgliedsrechte im Sinne eines Mediatisierungseffektes zur Folge haben, ein Mitwirkungsrecht besteht; *Schürnbrand*, in: MünchKomm/AktG, 4. Aufl., § 182 Rn. 85 f.; *Habersack*, in: Emmerich/Habersack, 8. Aufl. 2016, Vor § 311 Rn. 33 ff.

[1001] *Apfelbacher/Niggemann*, in: Hölters/AktG, 3. Aufl., § 182 Rn. 84; *Busche*, in: FS Reuter, 2010, S. 939, 944.

gänzlich getrennt von der Frage zu behandeln, ob der Mutteraktionär vor der Beteiligungsveräußerung über die Hauptversammlung der Muttergesellschaft Einfluss auf die Tochter nehmen konnte.

Dieses Beispiel veranschaulicht das Paradoxon, in welches der individualrechtliche Ansatz führen kann. Wurde einmal ein Recht des Aktionärs vermittelt durch die Einräumung einer Hauptversammlungskompetenz angenommen, so könnte dies ein vollkommen autarkes Eigenleben erlangen. Dies ließ die Aspekte, die zur Einräumung einer ungeschriebenen Hauptversammlungskompetenz geführt haben außer Betracht. Man kann nun aber ein aufgrund der Mediatisierung von Aktionärsrechten geschaffenes Recht nicht entgegen dem ihm zugrundeliegenden Gedanken, gegen den actus contrarius, nämlich die Rückführung des Vermögens in die Mutter in Stellung bringen.[1002] Das Aktiengesetz hat, worauf der BGH zutreffend hingewiesen hat, die Kompetenz der Hauptversammlung erst wieder bei Erfüllung der Voraussetzungen des § 179a AktG eingeräumt.[1003]

Zur Wahrung der Kompetenzordnung muss daher isoliert auf die Entscheidungen und Maßnahmen der Verwaltung geschaut werden und darauf, ob diese konkret in die Entscheidungszuständigkeit der Hauptversammlung fallen. Ist dies nicht der Fall, kann nicht unter Hinweis auf sonstige Verletzungen von Individualrechten eine Aktionärsklage gegen die Verwaltung zugelassen werden. Der Aktionär hat sich in diesem Bereich der Verbandsordnung untergliedert und ist auf die dann zur Verfügung gestellten Instrumente angewiesen. Stellt die vollständige Veräußerung der Beteiligung an einer Tochter eine Pflichtverletzung dar, verbleibt es bei der Abberufungsmöglichkeit (§ 84 Abs. 3 AktG) und den repressiven Schadensersatzverpflichtungen des Vorstandes. Die sehr wohl anzuerkennende Rechtsbeeinträchtigung hat der Aktionär aufgrund des hingenommenen Autonomieverlustes zu ertragen und die aktienrechtlich bereitgestellten Instrumente zu nutzen (§§ 147 ff. AktG).

Ein individualrechtsschützender Ansatz würde bei einem Verzicht auf das Erfordernis der Kompetenzverletzung selbst geeignet sein, die Kompetenzordnung durch Übergriffe von Einzelaktionären in den Geschäftsführungsbereich zu verletzen.

[1002] Vgl. zur nahezu einhelligen Ablehnung einer ungeschriebenen Hauptversammlungszuständigkeit die in Fn. 988, 989 Genannten.

[1003] Ein ähnliches Ergebnis ergibt sich, wenn man mit denjenigen geht, die aufgrund eines eintretenden Mediatisierungseffektes bei der Schaffung einer wesentlichen Drittbeteiligung in einer zuvor 100-prozentigen Tochtergesellschaft eine Zuständigkeit der Hauptversammlung annehmen (*Liebscher*, ZGR 2005, 1, 24; *ders.*, in: Henssler/Strohn/GesR, 4. Aufl., § 119 Rn. 14; *Reichert*, in: BeckHdbAG, 3. Aufl., § 5 Rn. 37). So ist denknotwendigerweise bereits auf der materiellen Ebene zu prüfen, ob die Schwelle einer wesentlichen Beeinträchtigung der Aktionärsstellung überschritten worden ist. Kommt man hierbei zu dem Ergebnis, dass diese Schwelle knapp noch nicht überschritten worden ist, würde man auf Basis eines individualrechtlichen Schutzansatzes dennoch zu einer Abwehrklage durch einen Einzelaktionär kommen können. Denn auch in diesem Fall könnte das dem Aktionär zustehende Teilhaberecht, vermittelt über die Notwendigkeit der Zustimmung der Hauptversammlung der Mutter tangiert sein.

b) Der Fall des § 33 WpÜG

Die gleiche Problematik ergibt sich, wenn man sich im Rahmen des WpÜG befindet. Versucht der Vorstand im Rahmen einer feindlichen Übernahme Abwehrmaßnahmen zu ergreifen, die gemäß § 33 WpÜG nicht in den Zuständigkeitsbereich der Hauptversammlung fallen, sondern vielmehr lediglich der Zustimmung des Aufsichtsrates bedürfen, könnte ein Einzelaktionär unter Verweis auf die Verletzung einer gegenüber den Aktionären bestehenden Neutralitätspflicht eine Abwehrklage erheben.[1004] Hierdurch würde doch nun nichts anderes geschehen, als die legislatorische Entscheidung mehr als nur in ihr Gegenteil zu verkehren. Wie bereits erörtert, ist der Aktionär innerhalb der Aktiengesellschaft primär als Teil der Hauptversammlung anzusehen, in der er seine Rechte ausübt. Dadurch, dass der Gesetzgeber in § 33 Abs. 1, 3. Alt. WpÜG die Möglichkeit eröffnet hat, dass der Vorstand nicht nur über originär in seiner Zuständigkeit liegende Maßnahmen und solche nach § 33 Abs. 2 WpÜG qualifizierten Vorratsbeschlüssen unterfallenden Abwehrmaßnahmen befinden darf,[1005] hat er die Einflussnahmemöglichkeiten der Aktionäre über ihre Hauptversammlung teilweise beschnitten. Soll nun aber schon nicht die Hauptversammlung entscheiden, ist es nicht recht einzusehen, auf welcher Grundlage dem Einzelaktionär mehr Rechte als seinem Organ zustehen sollen.[1006]

c) Beteiligungserwerb

Unstimmigkeiten könnten sich auch im Rahmen von Beteiligungserwerben ergeben. Teilweise wird von Beginn an die Anwendung der Holzmüller/Gelatine-Grundsätze auf den Beteiligungserwerb sowohl durch den Einsatz von Bar-, als auch von Aktien als Akquisitionswährung abgelehnt.[1007]

Nach einer erstarkenden Ansicht in der Literatur sei es aber möglich, die Holzmüller/Gelatine-Grundsätze auf den Erwerb von Unternehmensbeteiligungen gegen Aktien anzuwenden, sofern durch den Beteiligungserwerb ein der Holzmüller-Konstellation ähnlicher Mediatisierungseffekt hinsichtlich des Aktionärszugriffs auf das Vermögen einhergeht.[1008] Für die hier in Frage stehende Problematik kann die Beantwortung der Frage, ob die Schwelle durch den Einsatz eines genehmigten

---

[1004] Dahingehend kritisch *Adolff*, ZHR (169) 2005, 310, 327; *Bayer*, NJW 2000, 2609, 2611, lässt unter Bezugnahme auf das Mannesmann-Urteil des LG Düsseldorf eine Abwehrklage zu.

[1005] *Schaefer/Eichner*, NZG 2003, 150, 154.

[1006] So auch *Adolff*, ZHR (169) 2005, 310, 327.

[1007] Vgl. m.w.N. *Kiefner*, ZIP 2011, 545, 547 f.

[1008] Vgl. *Lutter/Leinekugel*, ZIP 1998, 805, 806; *Geßler*, in: FS Stimpel, 1985, S. 771, 786 f.; allgemeiner zu den „Organzuständigkeiten in einem Konzern" vgl. *Lutter*, in: FS Stimpel, 1985, S. 825 ff., 848 ff. Unproblematisch ist eine Hauptversammlungskompetenz gegeben, wenn durch den Erwerb der Unternehmensgegenstand verlassen wird. Durch die Abstimmung über die Erweiterung des Unternehmensgegenstandes wird mittelbar auch über den avisierten Beteiligungserwerb entschieden, vgl. hierzu auch *Decher*, in: FS U. H. Schneider, 2011, S. 261, 262 f.

Kapitals überschritten werden kann und dies nicht lex specialis zur Holzmüller-Doktrin sei, allerdings dahingestellt bleiben, da es nur um die Fälle geht, in denen die Schwelle zur ungeschriebenen Hauptversammlungskompetenz nicht überschritten worden ist.[1009]

In diesen Fällen könnte auf Grundlage der individualrechtsschützenden Aktionärsklage dennoch ein Vorgehen der Aktionäre möglich sein. Der Aktionär könnte sich in diesen Fällen auf den Standpunkt stellen, dass er in seiner Mitgliedschaft insoweit beeinträchtigt sei, als das die Liquiditätslage und damit auch Ausschüttungen an die Aktionäre durch die erwerbende Gesellschaft beeinträchtigt würden.[1010] Dies würde insbesondere dann gelten, wenn der Erwerbspreis über der erworbenen Beteiligung läge und damit freie Gesellschaftsmittel verschwendet würden. Dieser Bereich unterfällt allerdings der Investitionspolitik, die wiederum bis zur Erreichung der genannten Schwellenwerte im Kompetenzbereich des Vorstandes liegt.[1011] Es darf nicht durch Verweis auf die Beeinträchtigung des Vermögenswertes der Mitgliedschaft ein Einflussbereich zugunsten der Aktionäre geschaffen werden. Eine parallele Regelung zu § 255 Abs. 2 AktG für Investitionsentscheidungen des Vorstandes existiert gerade nicht. Die Mittelverwendung ist eine Maßnahme der dem Vorstand obliegenden Investitionspolitik. Dies muss sie nach geltendem Aktienrecht auch bleiben.

6. Ergebnis

Materielle Grundlage einer verbandsrechtlichen Aktionärsklage ist nach den gewonnenen Erkenntnissen das subjektive Recht der Mitgliedschaft, dessen Wehrhaftigkeit mit der Verbandsordnung nur insofern in Einklang zu bringen ist, als das die Verletzung des dem Aktionär vermittelt über die Hauptversammlungszuständigkeit zustehenden mitgliedschaftlichen Entscheidungsteilhaberechts im Raum steht. Die Aktionärsklage schützt damit den Aktionär in seinem unmittelbaren Recht, innerhalb der Hauptversammlung beteiligt zu werden, was wiederum in mittelbarer Weise einen Schutz vor den Entscheidungen beinhaltet, die in der Hauptversammlung gefasst werden.[1012] Die Aktionärsklage kann von Beginn an nur innerhalb des Kompetenzbereiches der Hauptversammlung greifen, sodass dieser den äußersten

---

[1009] Kritisch wohl *Bayer*, in: MünchKomm/AktG, 4. Aufl., § 202 Rn. 56; vgl. auch die Ausführungen auf S. 385 ff.; auch *Kiefner*, ZIP 2011, 545, 548.

[1010] Vgl. zur mediatisierenden Wirkung auch durch Einsatz von Barmitteln auf die Liquiditätslage, die Ausschüttungen beeinträchtigt *Priester*, AG 2011, 654, 658; LG Frankfurt, a.M., Urt. v. 15. 12. 2009 – 3 – 5 O 208/09 –, ZIP 2010, 429 ff. (abgeändert durch OLG Frankfurt, a.M. Urt. v. 07. 12. 2010 – 5 U 29/10 –, ZIP 2011, 75 ff.); gegen die Relevanz der Erhöhung der Verschuldensgrades unter dem Gesichtspunkt der Holzmüller/Gelatine-Grundsätze *Decher*, in: FS U. H. Schneider, 2011, S. 261, 267 f.

[1011] *Ekkenga*, AG 2001, 567, 568.

[1012] *Großfeld*, JZ 1981, 234 ff.; *Großfeld/Brondics*, JZ 1982, 589, 590; *Hirte*, Bezugsrechtsausschluß, S. 212; *K. Schmidt*, ZZP, 92 (1979), 212, 218 ff.; 231 ff.

Begrenzungsrahmen bildet. Ein weitergehender Schutz der individuellen Rechte ist aufgrund der potentiell ausufernden Kontrolle von originären Geschäftsführungsmaßnahmen nicht haltbar. Rechtssicherheit gewährende Kriterien für die Identifizierung der einzelnen durch die Aktionärsklage zu schützenden Individualrechte sind wohl kaum auszumachen. Sie sind allein in den durch die Gelatine-Entscheidung konkretisierten Holzmüller-Grundsätzen, die eine ungeschriebene Hauptversammlungskompetenz statuieren zu erblicken. Man kann in der hier herausgearbeiteten Möglichkeit einer Aktionärsklage nicht ausschließlich ein Instrument des Minderheitenschutzes erkennen, da auch der Mehrheitsaktionär in Fällen der Kompetenzwidrigkeit der Maßnahme ein Interesse an der klageweisen Beanstandung innehat.[1013]

Klargestellt sei an dieser Stelle, dass mit der hier vertretenen Ausformung der Aktionärsklage kein Ausschluss der sonstigen aktienrechtlichen Rechtsbehelfe bei Verletzung von Individualrechten verbunden ist. Hier sei nur der Fall genannt, dass die Aktiengesellschaft trotz eines gesetzlichen Bezugsrechts einen Zeichnungsvertrag mit dem Aktionär nicht abschließt. Ist die Geltendmachung eines Erfüllungsanspruches (auf Abschluss des Zeichnungsvertrages) nicht mehr möglich, steht dem Aktionär ein Schadensersatzanspruch aus §§ 280 Abs. 1, 3, 283 BGB oder, sofern man § 186 AktG als Schutzgesetz qualifiziert, aus § 823 Abs. 2 BGB zur Seite.[1014]

Für die Aktionärsklage und das genehmigte Kapital gilt daher Folgendes:

Durch die Einräumung eines genehmigten Kapitals wird innerhalb der Hauptversammlungskompetenzen ein eigenständiger Freiraum für den Vorstand geschaffen, in dessen Rahmen er als Substitut der Hauptversammlung tätig werden kann. Bei Überschreitung desselben, greift sodann die Aktionärsklage. Dies mag die nun folgende Abbildung verdeutlichen:

[1013] Holzmüller als einen Schutz des Gesamtaktionariat verstehend, *Martens*, GmbHR 1984, 265 ff.; *Ekkenga*, AG 2001, 567, 577.

[1014] Vgl. nur m.w.N. *Ekkenga*, in: KölnKomm/AktG, § 186 Rn. 47; gegen einen Schutzgesetzcharakter *Schürnbrand*, in: MünchKomm/AktG, 3. Aufl., § 186 Rn. 59; zur Schadensersatzpflicht aus positiver Vertragsverletzung (jetzt §§ 280 ff. BGB) bei rechtswidrigem Bezugsrechtsausschluss, vgl. *Cahn*, ZHR 164 (2000), 113, 136 ff.; ebenso *Hirte*, in: GroßKomm/AktG, 4. Aufl., § 203 Rn. 145 i.V.m. § 186 Rn. 133; vorrangig ist hier allerdings die Beseitigungsklage, vgl. zu dieser S. 510 ff. und zu ihrer Zulässigkeit im Besonderen S. 517 ff.; ebenso *Hirte*, Bezugsrechtsausschluß, S. 236.

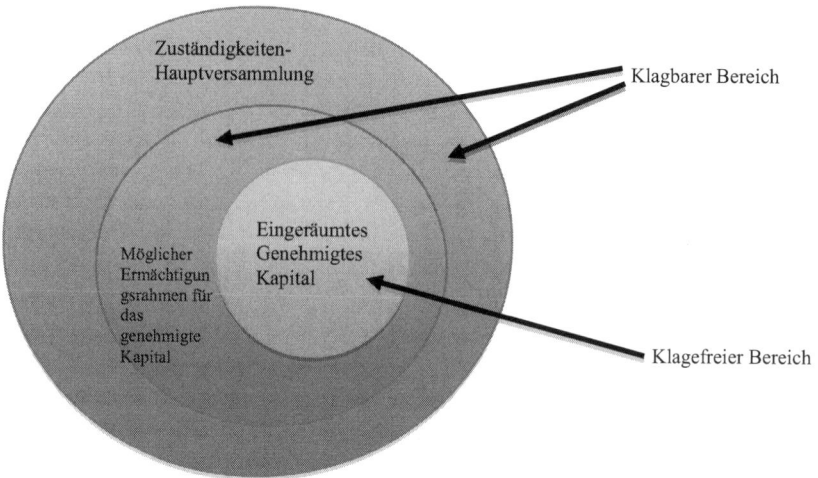

VI. (Kein) Konfliktpotential des § 122 AktG

Ein wirklicher Konflikt mit § 122 AktG kann für die hier vertretene Form der Aktionärsklage ohnehin nur dann auftreten, sofern das Unterlassen der Rechtsverletzung die Einberufung der Hauptversammlung erfordert.[1015] In allen anderen Fällen richtet sich die Abwehrklage gerade nur auf das Unterlassen der in den Entscheidungsbereich der Aktionäre fallenden Maßnahme. Denn der in Rede stehende verbandsrechtliche Anspruch ist ein Abwehrrecht gegenüber einem Eingriff in das Individualrecht der Teilhabe am Willensbildungsprozess der Aktiengesellschaft.[1016] § 122 AktG kann daher in diesem Bereich auch nicht mit der Aktionärsklage kollidieren, denn es geht nicht, wie teilweise angeführt worden ist, allein um die dem Willensbildungsorgan selbst zugeordnete Kompetenz.[1017] Die Kompetenz der Hauptversammlung und das individuelle Teilhaberecht des Aktionärs sind zwar untrennbar miteinander verknüpft.[1018] Würde man aber in § 122 AktG mehr als eine Ausübungsbeschränkung des Individualrechts sehen, würde der Eingriff der Verwaltung weitgehend folgenlos bleiben können.[1019]

[1015] Vgl. zu einer solchen seltenen Konstellation den Teilhabeschutz im Rahmen des Anspruchs auf den Bilanzgewinn auf S. 306 ff.

[1016] Hierzu vgl. S. 296 ff.; *Hommelhoff*, Konzernleitungspflicht, S. 460 f.; *Habersack*, Die Mitgliedschaft, S. 320 f.

[1017] So aber: S. 193 ff.; hierzu *Lutter*, AcP 180 (1980), 84 ff.; S. 197 ff.; hierzu *Wiedemann*, Organverantwortung, S. 52 ff.; und S. 202 ff.; hierzu *Pflugradt*, Leistungsklagen, S: 39.

[1018] *Hommelhoff*, Konzernleitungspflicht, S. 460 ff., 464.

[1019] *Habersack*, Die Mitgliedschaft, S. 320.

Man könnte geneigt sein, § 122 AktG als Spezialregelung allein für die Fälle der möglichen Erzwingung der Hauptversammlungseinberufung zu betrachten.[1020] Dem ist auch für den Großteil der Fälle zu folgen, in denen der Vorstand die Hauptversammlung nicht einberuft, obwohl die avisierte Maßnahme in ihren Zuständigkeitsbereich fällt.[1021] Nach hier vertretener Auffassung ist dies allerdings obsolet, da die Abwehrklage nur bei gesetzlich zwingend vorgeschriebener (turnusgemäßer) Einberufung ein derartiges Konfliktpotential entfaltet. Die Aktionärsklage als Abwehrklage ist gerade nicht auf die Ausübung des Teilhaberechts gerichtet, sondern auf die Abwehr/Sanktion von Eingriffen.

Man muss für die seltenen Fälle der Verpflichtung zur Einberufung allerdings eine Ausnahme machen, in denen eine Abstimmung durch den Gesetzgeber bei der Rechtseinräumung mit der Möglichkeit der Rechtsnutzung unterblieben ist. Spricht das Gesetz dem einzelnen Aktionär eine zwingende Entscheidungsbefugnis zu, wie teilweise bei den Entlastungs- und zwingend bei den Gewinnverwendungsbeschlüssen, liegt hierin zugleich eine gesetzgeberische Wertung über die Relevanz des Entscheidungsgegenstandes. Versagt das aktienrechtliche Schutzkonzept, mithin auch die Einberufungspflicht des Aufsichtsrates,[1022] muss der Aktionär in der Lage sein, Gegenstände, über die zwingend zu entscheiden ist, auf die Tagesordnung zu setzen. In einem derart eng begrenzten Feld des Konfliktpotentials zwischen der Aktionärsklage nach hiesigem Muster und § 122 AktG kann auch nicht von einer Steigerung der „Kontrollaufgaben von Aktionären ins Unendliche" gesprochen werden.[1023] In den Vordergrund zu rücken ist die Verletzung der Teilhabebefugnisse der Aktionäre, nicht die sonstige Zuständigkeitsordnung für die Einberufung,[1024] die gerade ebenfalls missachtet wird. Die Einberufungsordnung wird für die Fälle aufrechterhalten, in denen die Befassung der Hauptversammlung fakultativ ist. Die Aktionäre sollen in den zwingend zur Abstimmung zu stellenden Tagesordnungspunkten eine Debatte führen können.[1025] Denn auch die Mitteilung des Grades der Zufriedenheit trägt zum Aktionärsschutz bei. Es ist widersinnig, dem Vorstand mit entsprechender Begründung einen Anspruch auf Beschlussfassung zuzugestehen,[1026] den Aktionär allerdings schutzlos zu stellen. Die Pflicht zur Einberufung ist gerade bei einem Versagen der sonstigen Schutzinstrumente durch die Aktionärsklage

---

[1020] Vgl. zum Spezialitätscharakter *Schulz-Gardyan*, Die sog. Aktionärsklage, S. 114 f., wobei hier gerade die beim genehmigten Kapital erhöhte Gefährdung der kompetenzwidrigen Entscheidung außer Betracht gelassen wird.

[1021] Insoweit übereinstimmend mit *Schulz-Gardyan*, Die sog. Aktionärsklage, S. 115.

[1022] Für die Entlastungsbeschlüsse vgl. *Kubis*, in: MünchKomm/AktG, 3. Aufl., § 122 Rn. 4.

[1023] So *Schulz-Gardyan*, Die sog. Aktionärsklage, S. 115.

[1024] A.A. die h.M. *Kubis*, in: MünchKomm/AktG, 3. Aufl., § 120 Rn. 5; *Drinhausen*, in: Hölters/AktG, 3. Aufl., § 120 Rn. 20; *Mülbert*, in: GroßKomm/AktG, 5. Aufl., § 120 Rn. 72; wie hier wohl *Behr*, Die actio pro socio, S. 181.

[1025] Vgl. nur *Hoffmann*, in: Spindler/Stilz, 4. Aufl., § 120 Rn. 1.

[1026] *Beuthien*, GmbHR 2014, 799, 799 m.w.N. in Fn. 13.

umzusetzen. Eine Übertragung des Quorums auf die Geltendmachung der Aktionärsklage stellt eine Anspruchsbeschränkung dar, die nicht auf eine vergleichbare Interessenlage gestützt werden könnte.[1027] Sie ist daher abzulehnen.[1028]

VII. Aktivlegitimation/Vorliegen einer rügbaren Teilhaberechtsverletzung

Die Aktionärsklage wird hinsichtlich der Voraussetzungen der Aktivlegitimation gerade im Bereich des genehmigten Kapitals kritisch betrachtet. Dies wurzelt weitgehend in der Angst vor ihrem missbräuchlichen Einsatz.[1029] Diese Angst ist nachvollziehbar, handelt es sich doch um ein nicht explizit kodifiziertes Institut. Bei der hiesigen Annahme einer um das mitgliedschaftliche Teilhaberecht des Aktionärs aufgebauten Aktionärsklage ist diese Befürchtung allerdings unangebracht, wie im Folgenden zu zeigen ist. Erheben kann die Aktionärsklage nach hiesigem Muster auch ein Vorzugsaktionär ohne Stimmrecht. Denn auch diesem steht hinsichtlich der in der Hauptversammlung anstehenden Entscheidungen ein Entscheidungsteilhaberecht zu. Der Ausschluss von der Stimmabgabe hindert ihn nicht an der Geltendmachung seiner sonstigen durch das Teilhaberecht geschützten Auskunfts- und Rederechte. Nicht möglich ist dies für einen Aktionär, dessen Rechte aus den Aktien nach §§ 44 WpHG, 59 WpÜG untergegangen sind. Den angeordneten Rechtsverlust hat man ernst zu nehmen.[1030] Obwohl die Aktionärsrechte bei Nachholung der zu erfüllenden Pflicht lediglich mit ex nunc-Wirkung zurückkehren,[1031] ist gerade im Rahmen des genehmigten Kapitals die Nachholung der geforderten Meldung eine opportune Möglichkeit, die Möglichkeit der Aktionärsklage wieder zu erlangen. Dies gilt, sofern der Rechtsverlust vor der tatsächlichen Rechtsbeeinträchtigung endet.[1032] Denn in diesem Fall liegt weiterhin die drohende Rechtsverletzung vor. Erst wenn der Rechtsverlust über die tatsächliche Rechtsbeeinträchtigung hinaus

---

[1027] Ebenso *Markwardt*, WM 2004, 211, 214.

[1028] Stark sympathisierend *Krieger*, ZHR 163 (1999), 343, 356, wobei er das Organrecht in den Vordergrund stellt.

[1029] *Hirte*, Bezugsrechtsausschluß, S. 215 ff., zu diesem noch sogleich S. 324 ff.; kritische Darstellung bei *Böttger*, Bezugsrechtsausschluss beim genehmigten Kapital, S. 217 f.

[1030] So auch *Bayer*, in: MünchKomm/AktG, 4. Aufl., § 28 WpHG Rn. 18 (jetzt § 44 WpHG) hinsichtlich der Aktien erhaltender oder ersetzender Rechte; konkret hinsichtlich des Bezugsrechts *Kremer/Oesterhaus*, in: KölnKomm/WpHG, 2. Aufl., § 28 Rn. 69 f. (jetzt § 44 WpHG).

[1031] *Bayer*, in: MünchKomm/AktG, 4. Aufl., § 21 WpHG Rn. 46 (jetzt § 33 WpHG).

[1032] Vgl. zum Zeitpunkt der Rechtsbeeinträchtigung bei durch die Aktionärsklage geltend zu machenden Kompetenzüberschreitungen im Rahmen des genehmigten Kapitals, S. 396 ff. Sofern ein genehmigtes Kapital cum Bezugsrecht ausgeübt wird und ein Rechtsverlust besteht, bleibt der Aktionär dem endgültig verlustig, sofern der Rechtsverlust über den Zeitpunkt der Entstehung des konkreten Bezugsrechtsanspruchs existiert, vgl. zur Entstehung des Bezugsrechtsanspruchs S. 303; Fn. 949, 950, 951.

existiert, ist der Aktionär auch an der Geltendmachung einer Beseitigungsklage endgültig gehindert.[1033]

VIII. Beeinträchtigung aktionärssensibler Bereiche als Begrenzungsmaßstab

Teilweise wird befürchtet, dass bei Anerkennung einer jeden Pflichtwidrigkeit des Vorstandes bei der Ausnutzung des genehmigten Kapitals als Verletzung der Hauptversammlungszuständigkeit und damit des mitgliedschaftlichen Teilhaberechts, eine zu starke Klageausweitung erfolge.[1034] In der Konsequenz stelle dies nichts Anderes dar, als einen umfassenden Anspruch des Aktionärs auf satzungs- und gesetzesgemäßes Verhalten des Vorstandes im Rahmen des genehmigten Kapitals.[1035] Dass ein solch umfassendes klagbares Recht im Allgemeinen nicht existiert, wurde bereits an anderer Stelle dargelegt.[1036] Insbesondere auf dem Gebiet der Erhöhung aus genehmigtem Kapital sind verschiedene begrenzende Merkmale in die wissenschaftliche Diskussion eingeführt worden, um eine missbräuchliche Aktionärsklage zu verhindern. So solle eine Klagemöglichkeit nur bei Beeinträchtigung eines „aktionärssensiblen Bereichs" möglich sein.[1037]

Diese Befürchtungen sind darüber hinaus an dieser Stelle nicht angebracht. Es geht in diesem Zusammenhang anders als bei der Frage eines umfassenden Anspruchs auf satzungs- und gesetzesgemäßes Verhalten der Verwaltungsorgane nicht darum, den Autonomiebereich des Vorstandes für Geschäftsführungsmaßnahmen zu schützen. Den abgeleiteten Autonomiebereich hat der Vorstand durch die Überschreitung des ihm durch die Hauptversammlung freigestellten Kompetenzbereichs bereits selbst verlassen. Man kann bei der Bestimmung einer Kompetenzüberschreitung auch nicht danach differenzieren, ob eine ausdrückliche Vorgabe des Ermächtigungsbeschlusses missachtet wurde oder ob nur „satzungsmäßige oder gesetzliche Vorgaben missachtet wurden, die keinen Niederschlag in der Ermächtigung gefunden haben".[1038] Die satzungsmäßigen und gesetzlichen Vorgaben beschränken wie gesehen genauso die Ausnutzungsautonomie des Vorstandes, wie es ausdrückliche Beschränkungen des Ermächtigungsbeschlusses tun.[1039]

[1033] Vgl. zur Möglichkeit der Beseitigungsklage später, S. 510 ff., und zu ihrer aktienrechtlichen Zulässigkeit S. 517 ff.

[1034] In dieser Tendenz wohl der BGH, Urt. v. 10. 10. 2005 – II ZR 90/03 –, BGHZ 164, 249 = NZG 2006, 20 ff.; gleiche Einschätzung bei *Krämer/Kiefner*, ZIP 2006, 301, 304.

[1035] *Krämer/Kiefner*, ZIP 2006, 301, 304.

[1036] Vgl. die Ausführungen zur These *Paefgens* S. 236 ff.

[1037] *Krämer/Kiefner*, ZIP 2006, 301, 304, wobei nicht immer gänzlich klar wird, ob es um die materielle Ebene des Schutzrechts oder dessen prozessuale Durchsetzbarkeit geht.

[1038] *Krämer/Kiefner*, ZIP 2006, 301, 304.

[1039] Vgl. zur derivativen Entscheidungszuständigkeit des Vorstandes, S. 46 ff.

Es liegt beim genehmigten Kapital in der Natur der bloß derivativen Entscheidungszuständigkeit, dass eine als bloße „Pflichtwidrigkeit" des Vorstandes wahrgenommene Übertretung eine Kompetenzverletzung darstellt. Es wird in der Sache oftmals der Eindruck vermittelt, dass dem Aktionär bei dieser Konzeption ein „Mehr" an Rechtsschutz zur Verfügung stünde, welches die Aktiengesellschaft über Gebühr beeinträchtige.[1040] Dem ist allerdings bei genauem Hinsehen nicht so. Der Aktionär kann an sachlichen Mängeln nichts rügen, was er nicht auch bei Hauptversammlungsbeschlüssen mittels einer Beschlussmängelklage rügen könnte. Das einzige, was ihm als vermeintliches „Mehr" zur Verfügung steht, ist die klageweise Bewahrung der Kompetenzgrenzen. Nach den bisherigen Erkenntnissen kann man dies allerdings nicht als ein „Mehr" bezeichnen, sondern die Durchsetzung der Kompetenzbereiche durch Abwehr einer Verletzung des mitgliedschaftlichen Teilhaberechts ist mit der aktienrechtlichen Struktur in Einklang zu bringen.[1041] Es macht in der Sache keinen Unterschied, ob die Grenze durch eine faktische Änderung des Unternehmensgegenstandes überschritten worden ist oder durch Missachtung gesetzlicher Vorgaben bei der Ausnutzung eines genehmigten Kapitals.

Vor den Folgen einer Kompetenzüberschreitung muss der Vorstand auch nicht dadurch geschützt werden, dass lediglich dann eine Aktionärsklage zuzulassen ist, wenn ein mitgliedschaftliches oder aktionärssensibles Recht verletzt worden ist. Zum einen ist das Teilhaberecht auch ein solches, wenngleich dies implizit ausgeblendet wird, sofern die reine Kompetenzüberschreitung als nicht ausreichend für die Auslösung einer Aktionärsklage angesehen wird.[1042] Allein dies ist es aber, was funktional in das aktienrechtliche Schutzsystem integriert werden kann, ohne zu wertungstechnischen Inkonsistenzen zu führen.[1043] Die Aktionärsklage stellt faktisch das Pendant zu der aktienrechtlichen Beschlussmängelklage dar, die auch bei Beschlüssen der Hauptversammlung außerhalb ihres Kompetenzbereiches eine Be

---

[1040] *Krämer/Kiefner*, ZIP 2006, 301, 304 „Für die Fälle, in denen sich die Verwaltung über die ausdrücklichen Vorgaben der Hauptversammlung hinwegsetzt, leuchtet dies unmittelbar ein, ist doch die Zuständigkeit der Verwaltung beim genehmigten Kapital derivativer Natur. Bei Verstößen gegen satzungsmäßige oder gesetzliche Vorgaben, die keinen Niederschlag in der Ermächtigung gefunden haben, erscheint der Gedanke einer anspruchsauslösenden Kompetenzüberschreitung hingegen nicht ohne weiteres nachvollziehbar. Denn der von der Verwaltung von Gesetzes wegen zu beachtende Pflichtenkatalog setzt ja eine wirksame Kompetenzdelegation und somit die Zuständigkeit der Verwaltung voraus."; gleiche Tendenz bei *Kubis*, DStR, 2006, 188, 191.

[1041] Vgl. insbesondere S. 290 ff.; S. 296 ff.; S. 303 ff.; S. 306 ff.

[1042] *Kubis*, DStR, 2006, 188, 191; *Krämer/Kiefner*, ZIP 2006, 301, 304. Es ist nun aber widersprüchlich die Verletzung des Bezugsrechts mangels sachlicher Rechtfertigung als klageweise rügbare zu betrachten, ebenso wie die Festsetzung eines unangemessenen Ausgabebetrages, die Verletzung des Teilhaberechts aber nicht. So wird man *Kubis*, a.a.O. und *Krämer/ Kiefner*, a.a.O. wohl zu verstehen haben, die die Kompetenzverletzung als irrelevant ansehen.

[1043] Vgl. die Ausführungen, die die Inkonsistenzen bei einem Schutz sämtlicher Individualrechte des Aktionärs belegen S. 310 ff.

schlussmängelklage zulässt.[1044] Gerade im Rahmen des genehmigten Kapitals ist der Vorstand in seiner Entscheidungstätigkeit nur als Substitut der Hauptversammlung tätig und nicht als Geschäftsführungsorgan. Man kann daher eine Ausnutzungskontrolle nicht damit zurückweisen, dass es sich nicht um das „eigene Organ" des Aktionärs handele.[1045]

Die Grundlage der Kompetenzverletzung/Teilhaberechtsverletzung ist auch dazu geeignet, ipso iure die missbräuchliche Ausweitung der Aktionärsklage zu verhindern. Denn das Teilhaberecht innerhalb der Hauptversammlung steht den Aktionären zur Interessenwahrung zu.[1046] Deswegen ist durch die Missachtung der Hauptversammlungskompetenz immer auch der „aktionärssensible" Bereich[1047] betroffen.[1048] Weder im Aktienrecht noch im Verwaltungsrecht ist eine gänzlich objektive Rechtskontrolle anerkannt,[1049] diese wird aber auch auf Grundlage der mitgliedschaftlichen Teilhaberechtsverletzung als materiellrechtliche Grundlage des Abwehranspruches nicht eingeführt.[1050] Der Vorteil der hiesigen Sichtweise liegt darin, dass der Aktionär zunächst einmal die Aktionärsklage erheben kann, wie er auch im Rahmen einer regulären Kapitalerhöhung die Anfechtungsklage erheben kann.[1051]

Der Aktionär hat dafür seine Aktionärsstellung zu beweisen, ebenso wie er zu beweisen hat, dass der durch die Verwaltungsorgane ergangene Beschluss sein in der gleichen Sachfrage bestehendes Teilhaberecht verletzt, also in den Zuständigkeitsbereich der Hauptversammlung fällt. Die wichtigste Einschränkung zur Wahrung der Kompetenzordnung liegt in dem Erfordernis eines inneren Zusammenhangs zwischen der zu verhindernden oder sanktionierenden Verwaltungsmaßnahme und der Kompetenz und damit dem Teilhaberecht des Aktionärs. Nur wenn eine Entscheidung in gleicher Sache zulasten des aktionärsschützenden Teilhaberechts gegeben ist, kann die Aktionärsklage durchgreifen.[1052]

[1044] *Koch*, in: Hüffer/Koch, 13. Aufl., § 241 Rn. 17, § 93 Rn. 73; *Spindler*, in: Münch-Komm/AktG, 5. Aufl., § 93 Rn. 270; *Fleischer*, in: Spindler/Stilz, 4. Aufl., § 93 Rn. 269.

[1045] *Krämer/Kiefner*, ZIP 2006, 301, 304.

[1046] Vgl. zu möglichen Stimmrechtsbindungen, *Zöllner*, Die Schranken mitgliedschaftlicher Stimmrechtsmacht, et passim.

[1047] Vgl. die Terminologie auch bei *Krämer/Kiefner*, ZIP 2006, 301, 304.

[1048] *Krämer/Kiefner*, ZIP 2006, 301, 304, gehen demgegenüber von dem Eingriff in die einzelne Rechtsposition als materielle rechtliche Grundlage der Aktionärsklage aus.

[1049] Für das Verwaltungsrecht vergleiche *Schmidt-Kötters*, in: BeckOK/VwGO, 47. Ed., § 42 Rn. 109; ebenso liegt der aktienrechtlichen Anfechtungsklage eine subjektiv-rechtliche Position des Aktionärs in Form eines Anspruchs auf satzungs- und gesetzesgemäße Beschlussfassung der Hauptversammlung zu Grunde, vgl. hierzu die S. 186 ff.

[1050] So wohl die Befürchtung von *Krämer/Kiefner*, ZIP 2006, 301, 304.

[1051] Vgl. zu der Bindung der Feststellungsklage im Innenrecht der Aktiengesellschaft an die Voraussetzungen des herausgearbeiteten materiellen Schutzrechts über das Merkmal des Feststellungsinteresses S. 475 ff.

[1052] Vgl. hierzu bereits S. 297 ff. und als Beispielsfall S. 311 ff.

IX. Einschränkungen de lege ferenda?

In der Literatur wurde zur Eindämmung potentiell missbräuchlicher Klagen gegen Vorstandsentscheidungen aufgrund ihres Missbrauchspotentials auch die Einschränkung der Klagebefugnis de lege ferenda vorgeschlagen. Ob die Einschränkung der Klagebefugnis eines Aktionärs in Bezug auf die Aktionärsklage gegen Verwaltungsentscheidungen in der hier vertretenen Ausformung angebracht ist, wird nun nachgegangen.

1. Quorumserfordernis bei Verletzung von Herrschaftsrechten, bei Börsennotation und Publikumsgesellschaften?

Zu nennen ist insbesondere *Hirte*, der früh dafür eintrat, dass de lege ferenda die Klagebefugnis in den Fällen eingeschränkt werden müsse, in denen der Aktionär eine fehlende sachliche Rechtfertigung, die allein die Herrschaftsrechte schützt, rügt.[1053] Nicht jedoch wenn das Vermögensinteresse beeinträchtigt sei, da dies auch durch nachträgliche Geldzahlungen kompensiert werden könne. Daher benötige allein das Herrschaftsrecht eines tatsächlichen Schutzes.[1054] Gemeint ist hier wohl nicht nur ein präventiver, wenn sogleich auch von dem Verlangen der Rückgängigmachung einer Maßnahme gesprochen wird.

Die durch die Einschränkung der Klagebefugnis vorzubeugende Gefährdungslage für die Aktiengesellschaft solle nur bei Klagen bestehen, die sich auf die fehlende sachliche Rechtfertigung der Maßnahme berufen, um die Maßnahme zu verhindern oder rückgängig zu machen. Bei Klagen zur Kompensation von Vermögensbeeinträchtigungen sei ein geringeres Gefährdungspotential gegeben, da hier nicht die Wirksamkeit der Maßnahme an sich angegriffen würde.[1055]

Nach *Hirte* solle derjenige, der die fehlende sachliche Rechtfertigung einer Vorstandsmaßnahme rügt, zum Nachweis seiner Klagebefugnis darlegen, dass zumindest eine Verletzung seiner Herrschaftsrechte möglich erscheint.[1056] Wenn die Möglichkeit der Verletzung von Herrschaftsrechten fehle, soll dies nach *Hirte* der Nachweis der missbräuchlichen Klage darstellen, mit der verbandsfremde Interessen verfolgt würden. Indiz für die fehlende Beeinträchtigung von Herrschaftsrechten sei beispielsweise eine nahezu verschwindend geringe Kapitalbeteiligung, bei der Herrschaftsrechte nahezu nicht existieren könnten.[1057] *Hirte* möchte diese Ein-

---

[1053] Zutreffenderweise geht er hiervon nur bei einer Gleichschaltung mit der Anfechtungsklage aus, um Wertungswidersprüche zu vermeiden, *Hirte*, Bezugsrechtsausschluß, S. 218 f.

[1054] *Hirte*, Bezugsrechtsausschluß, S. 215.

[1055] *Hirte*, Bezugsrechtsausschluß, S. 215.

[1056] *Hirte*, Bezugsrechtsausschluß, S. 215.

[1057] *Hirte*, Bezugsrechtsausschluß, S. 216; vgl. auch zutreffend gegen einen Schluss von einer geringen Kapitalbeteiligung auf die Missbräuchlichkeit einer Klage KG, Urt. v. 29. 10. 2010 – 14 U 96/09 –, NZG 2011, 146, 147.

schränkung der Klagebefugnis wiederum auf Aktiengesellschaften beschränken, die eine gewisse Größe überschritten haben oder deren Aktien am Kapitalmarkt gehandelt werden. Die Beschränkung auf den Kapitalmarkt rechtfertige sich dadurch, dass hier aufgrund des existierenden Handelsmarktes ein Überwiegen des reinen Anlage- und Vermögensinteresses mehr als wahrscheinlich ist und die Herrschaftsrechte für den Aktionär in den Hintergrund treten. Die Beschränkung auf Aktiengesellschaften, die eine bestimmte Größenordnung überschreiten lege ebenfalls diese Vermutung nahe, da die relative Herrschaftsmacht abnehme.[1058]

Sodann differenziert *Hirte* danach, dass bei kleinem Aktionärsbestand auch eine kleine Beteiligung einen so hinreichenden Einfluss gewähren kann, dass Herrschaftsrechte verletzt sein könnten.[1059] Doch auch außerhalb solcher Verbände will er eine Klagebefugnis zulassen, wenn der innere Wert der Aktien eines Klägers die Revisionssumme (heute 20.000 €) erreicht.[1060] *Hirte* stellt dies dar, als seien es Erleichterungen hinsichtlich der Rechtsschutzmöglichkeiten. Den klagenden Aktionären wird hier aber eine Interessenverfolgung unterstellt, die zur Ablehnung jeglicher Rechtsschutzmöglichkeiten führt. Es ist zwar dem Aktienrecht nicht fremd, in gewissen Bereichen die Anspruchsverfolgung von Mindestbeteiligungen abhängig zu machen. Die Frage lautet aber, ob dies auch für den Fall der Verletzung von Teilhaberechten des Aktionärs, die die Mitbestimmung in der Hauptversammlung ermöglichen sollen,[1061] übertragbar ist.[1062] Immerhin will *Hirte* die Klagebefugnis zulassen, wenn mehrere Klein- oder Kleinstaktionäre gemeinschaftlich in ihren Herrschaftsrechten betroffen sind, beispielsweise wenn ihre Interessen von Aktionärsvereinigungen oder Depotbanken wahrgenommen werden.[1063]

2. Stellungnahme

Der Differenzierung nach der Börsennotierung, der Größe der Gesellschaft oder der Beanstandung der Verletzung von Herrschaftsrechten kann nicht gefolgt werden. Hierdurch würden Vermutungen angestellt, die gerade beim Bezugsrechtsausschluss zu einer sich selbst erfüllenden Prophezeiung werden können. Bei diesem ist der abnehmende Einfluss gerade Konsequenz der fortschreitenden Verbreiterung des Aktionärsbestandes. Durch den Bezugsrechtsausschluss wird die Beteiligung und damit die Herrschaftsmacht kontinuierlich verringert. Dies ist es, wovor der Aktionär geschützt werden muss. Die Frage, ob es missbräuchlich ist, gegen eine Kapitalmaßnahme vorzugehen, wurde in diesen Fällen bereits implizit in der Frage be-

---

[1058] *Hirte*, Bezugsrechtsausschluß, S. 216.

[1059] *Hirte*, Bezugsrechtsausschluß, S. 216.

[1060] *Hirte*, Bezugsrechtsausschluß, S. 217.

[1061] Vergleiche zur Grundlage der Aktionärsklage, S. 286 ff.

[1062] *Hirte*, stellt insofern auf die direkte Verletzung von mitgliedschaftlichen Befugnissen ab.

[1063] *Hirte*, Bezugsrechtsausschluß, S. 217 f.

antwortet, ob der Bezugsrechtsausschluss verhältnismäßig ist. Die subjektive Zielrichtung einer Klage kann vollkommen unabhängig von den genannten Maßstäben sein. Sämtliche Aktionäre von Publikums- oder börsennotierten Aktiengesellschaften unter Generalverdacht zu stellen und den Rechtsschutz von Beginn an zu versagen, scheint nicht sachgerecht.[1064] Noch weniger überzeugend ist diese Annahme für die Pflicht des Aktionärs, bei der Geltendmachung der Verletzung von Herrschaftsrechten die Möglichkeit der Verletzung von diesen zur Erhebung der Klagebefugnis nachzuweisen. Herrschaftsrechte sind de lege lata jeder Aktie immanent und nicht von einer Mindestanzahl abhängig.

Die Aktionärsklage würde bei Erfüllung dieser Forderungen in den großen und relevanten Aktiengesellschaften von einem Quorum abhängig gemacht, welches nicht zwingend erforderlich erscheint. Die Klagegrundlage ist allein in der Person des Aktionärs zu finden, dem als solchem vom Aktienrecht Herrschafts- und Vermögensrechte zugewiesen worden sind, auf deren Existenz er über die Hauptversammlung Einfluss nehmen kann. Insbesondere beim Bezugsrechtsausschluss soll gerade die Stimmrechtsverwässerung einer *jeden* Aktie verhindert werden. Denn jede Einzelne mit einem Stimmrecht ausgestattete Aktie gewährt ein Herrschaftsrecht. Man würde durch eine solche Einschränkung den Minderheitenschutz durch einen Mindestbeteiligungsschutz ersetzen. Es ist aber gerade nicht ausgeschlossen, dass auch im Rahmen einer Minderheitsbeteiligung die Verfolgung von Herrschaftsinteressen gegeben ist. Dies auch außerhalb einer unter Umständen vorhandenen Sperrminorität.

Es geht hier in der Sache um die Gefährdung der Aktiengesellschaft durch missbräuchliche Klagen gegen Vorstandsentscheidungen. Die Frage muss daher lauten, ob die Beurteilung des Bestehens einer Gefährdungslage für die Aktiengesellschaft Rückschlüsse auf das verfolgte Interesse der Aktionäre zulässt und eine belastbare Grundlage für eine Differenzierung der Klageanforderungen darstellen kann. Dies ist zu verneinen.

Die Verhinderung einer missbräuchlichen Klage ist auch de lege lata hinreichend möglich. Bei der Beschränkung der verbandsrechtlich vorgegebenen Aktionärsklage auf die Verletzung des mitgliedschaftlichen Teilhaberechts, welches dem Aktionär eine Mitentscheidungsbefugnis für konkrete Maßnahmen gibt, die beispielsweise in seine ihm aktienrechtlich zugewiesenen Befugnisse eingreifen, wird missbräuchlichen Klagen bereits durch den eng begrenzten klagbaren Bereich vorgebeugt. Eine solche Begrenzung muss auch nicht erst de lege ferenda eingeführt werden, sondern sie rechtfertigt sich aus der aktienrechtlichen Ordnung. Diese weist dem Aktionär grundsätzlich keinerlei Einflussnahmemöglichkeiten gegenüber Verwaltungsmaßnahmen zu. Die Ausfüllung von Schutzlücken, wie sie im Rahmen des genehmigten Kapitals gegeben ist, muss aber nicht in einem Übermaß, welches die Kompetenz-

---

[1064] Vgl. zur Diskussion um das Quorumserfordernis bei der Anfechtungsklage *Englisch*, in: Hölters/AktG, 3. Aufl., § 246a Rn. 26 ff. m.w.N. und den möglicherweise verfassungsrechtlichen Bedenken, a.a.O. Rn. 27.

ordnung sprengt, vorgenommen werden. Die Klage muss vielmehr wie oben geschehen in die Lücke eingebettet werden.[1065] Diese Lücke besteht nun aber für jeden Aktionär.[1066]

Rechtspolitisch mag eine andere Beurteilung hinsichtlich des erforderlichen Schutzumfangs des Aktionärs durchaus gewollt sein. Es gilt aber auch hier zu bedenken, dass in Fällen, in denen eine sachliche Rechtfertigung der Maßnahme gefordert wird, auf materieller Ebene die Interessen des Einzelnen Aktionärs gegenüber den Interessen der Gesellschaft abgewogen werden. Bei einer weitergehenden Beschränkung der Klagemöglichkeiten würde es zu einer übermäßigen Gewichtung des Gesellschaftsinteresses an der Durchführung der Maßnahme trotz möglicher Kompetenzwidrigkeit kommen. Dies wäre eine Dopplung zugunsten des Schutzes des Gesellschaftsinteresses, für die es keine zwingende Grundlage gibt. Dass der Gesetzgeber dies im Rahmen des hauptversammlungsspezifischen Beschlussmängelrechts zulässt, hat er durch § 246a AktG gezeigt.[1067] Sollte sich der Gesetzgeber dennoch zu einer bereits die Klagebefugnis beschränkenden Regelung verleiten lassen, müsste zur Wahrung der Einheitlichkeit § 245 AktG entsprechend abgeändert werden und ein Quorum auch für die Beschlussmängelklagen eingeführt werden.[1068] Sinniger erscheint allerdings die Kodifizierung eines Beschlussmängelrechts auch für teilhaberechtsverletzende Verwaltungsentscheidungen, für die ein entsprechendes Freigabeverfahren installiert werden könnte.

X. Beweislast

Die Beweislast für die Geltendmachung einer verbandsrechtlichen Aktionärsklage obliegt nach den allgemeinen zivilprozessualen Grundsätzen demjenigen, dem die Tatsache nützt.[1069] Der Aktionär muss also die Tatsachen dafür vortragen und beweisen, dass das Verwaltungsorgan den ihm zustehenden Kompetenzbereich überschritten hat. Speziellere Vorschriften für die Darlegungs- und Beweislast lassen sich mangels Kodifikation denknotwendigerweise nicht finden. Dies spiegelt im

---

[1065] Vgl., wenn auch unter anderer Grundlage *Pflugradt*, Leistungsklagen, S. 108.

[1066] Denn bei tatsächlicher Übergehung des mitgliedschaftlichen Teilhaberechts der Aktionäre durch den Vorstand kommt es in der Sache nicht mehr auf eine Mehr- oder Minderheitenposition an.

[1067] Hierbei ist allerdings der Schadensersatzanspruch des Aktionärs als Ausgleichskomponente hervorzuheben, § 246 Abs. 4 S. 1 AktG.

[1068] So i. Erg. auch *Hirte*, Bezugsrechtsausschluß, S. 218 f.; dementsprechende Vorschläge sind allerdings bereits in der Vergangenheit in kein weiterentwickeltes Stadium vorgedrungen, vgl. *Mertens*, AG 1990, 49, 55; *Heuer*, WM 1989, 1401, 1408; gegen die Vorschläge auch *Böttger*, Bezugsrechtsausschluss beim genehmigten Kapital, S.218 f.; *Brondics*, Die Aktionärsklage, S. 94 f.

[1069] *Rosenberg/Schwab/Gottwald*, ZPO, § 116 Rn. 7; *Schumann*, Bezugsrecht, S. 144 (f.d. sachl. Rechtfertigung des Bezugsrechtsausschlusses).

Grundsatz auch die Beweislastverteilung bei der Anfechtungsklage wider, deren Schutzlücken durch die Aktionärsklage gefüllt werden.[1070]

Bleiben wir bei einem Bezugsrechtsausschluss, so hat im Rahmen der Anfechtungsklage nicht der Aktionär darzulegen, dass ein Eingriff in seine mitgliedschaftlichen Rechte nicht sachlich gerechtfertigt ist.[1071] Diese Beweislast liegt vielmehr bei der Aktiengesellschaft, da der Ausschluss des Bezugsrechts durch das ungeschriebene Tatbestandselement der sachlichen Rechtfertigung nur in Ausnahmefällen gerechtfertigt ist.[1072] Eine solche Beweislastverteilung ist für die Aktionärsklage auch als sachgerecht zu bezeichnen. In der Kali+Salz-Entscheidung hat der BGH zwar erstmalig die Darlegungs- und Beweislast zwischen dem Aktionär und der Gesellschaft aufgeteilt, um das Vertrauen außenstehender in den Bestand des Hauptversammlungsbeschlusses zu stärken. Eine solche Grundannahme kann schon für die Anfechtungsklage und erst recht nicht für die Aktionärsklage insgesamt überzeugen. Es ist nicht einsichtig, warum Außenstehende in ihrem Vertrauen auf den Bestand des Vorstandsbeschlusses und der rechtmäßigen Durchführung der genehmigten Kapitalerhöhung zu schützen sind, sofern die Eintragung der Durchführung noch nicht erfolgt ist. Ein Interessenschutz auf bevorstehende Kapitalerhöhungen existiert gerade nicht. Wird eingetragen und stellt sich später die Kapitalmaßnahme als ex nunc vernichtbar dar, ist ein ausreichender Drittschutz über die Anwendung der Grundsätze fehlerhafter Organisationsakte gewährleistet.[1073] Ein anderweitiger Grund für die Überlagerung allgemeiner zivilprozessualer Grundsätze durch Drittinteressen müsste erst noch gefunden werden. In den meisten praktisch relevanten Fällen geht es ohnehin nicht um die Ausermittlung des Tatsachenstoffes, sondern die rechtliche Würdigung stellt das eigentliche Problem dar.[1074] Stellt es aber ein Problem dar, so kann im Einzelfall nach dem Prinzip der Tatsachennähe eruiert werden, ob die Darlegungs- und Beweislast des Klägers nicht zulasten der Gesellschaft, deren interne Abläufe nur selten offen hervortreten, verkürzt werden kann.[1075]

[1070] Unter der Schutzlücke der Anfechtungsklage ist hier die Voraussetzung eines Hauptversammlungsbeschlusses zu sehen, der bei Übergehung der Kompetenzordnung nicht vorliegen kann; zur Darlegungs- und Beweislast bei der Anfechtungsklage, vgl. *Hüffer/Schäfer*, in: MünchKomm/AktG, 4. Aufl., § 246 Rn. 142 ff.

[1071] H.M. *Servatius*, in: Spindler/Stilz, 4. Aufl., § 186 Rn. 51; *Schürnbrand*, in: MünchKomm/AktG, 4. Aufl., § 186 Rn. 111; *Koch*, in: Hüffer/Koch, 13. Aufl., § 186 Rn. 38; *Hirte*, Bezugsrechtsausschluß, S. 220 f.; *Lutter*, ZGR 1979, 401, 413; *Hüffer*, in: FS Fleck, 1988, S. 151, 166 f.

[1072] Vgl. *Servatius*, in: Spindler/Stilz, 4. Aufl., § 186 Rn. 51; *Schürnbrand*, in: MünchKomm/AktG, 4. Aufl., § 186 Rn. 111; *Koch*, in: Hüffer/Koch, 13. Aufl., § 186 Rn. 38; *Hirte*, Bezugsrechtsausschluß, S. 220 f.; *Lutter*, ZGR 1979, 401, 413; *Hüffer*, in: FS Fleck, 1988, S. 151, 166 f.

[1073] Vgl. zu den Möglichkeiten, die ausgegebenen Anteile bei einer fehlerhaften Kapitalerhöhung aus genehmigtem Kapital zu vernichten, S. 511 ff.

[1074] *K. Schmidt*, in: GroßKomm/AktG, 4. Aufl., § 246 Rn. 82.

[1075] *K. Schmidt*, in: GroßKomm/AktG, 4. Aufl., § 246 Rn. 82.

Für den auch im Rahmen des genehmigten Kapitals relevanten Fall des Bezugsrechtsausschlusses ist schon nach der Normentheorie die Gesellschaft darlegungs- und beweisbelastet, da das Bezugsrecht den Regelfall und der Ausschluss die zu rechtfertigende Ausnahme darstellen.[1076] In der Praxis wird wohl primär im Wege des einstweiligen Rechtsschutzes vorgegangen, bei dem die Beweislast sich allerdings auch nach den allgemeinen Grundsätzen richtet.[1077] Macht der Aktionär hingegen einen unangemessen niedrigen Ausgabebetrag geltend, hat er den Verstoß gegen betriebswirtschaftliche Grundsätze bei der Bewertung darzulegen und zu beweisen.[1078]

XI. Nachträgliche (bestätigende) Beschlussfassung

Erhebt ein Aktionär die verbandsrechtlich gestützte Abwehrklage gegenüber einer kompetenzwidrigen Verwaltungsmaßnahme, kann diese nur so lange aufrechterhalten bleiben, wie nicht ein bestätigender nachträglicher Beschluss der Hauptversammlung vorliegt.[1079] Hierfür kommt es von Beginn an nicht auf die Anfechtbarkeit oder Nichtigkeit des bestätigenden oder freigebenden Hauptversammlungsbeschlusses an. Für diesen greift unmittelbar das kodifizierte aktienrechtliche Beschlussmängelrecht mit den entsprechenden Pflichten des Vorstandes. Eine vorbeugende Unterlassungsklage müsste in diesen Fällen als unbegründet abgewiesen werden. Denn die Gefahr der Beeinträchtigung des Entscheidungsteilhaberechts durch die Verwaltung, die mit Eintragung der Durchführung der Kapitalerhöhung aus genehmigtem Kapital eintreten würde,[1080] ist durch den nachträglich

---

[1076] *K. Schmidt*, in: GroßKomm/AktG, 4. Aufl., § 246 Rn. 82; *Schumann*, Bezugsrecht, S. 144; anders der BGH, der eine Aufteilung der Darlegungs- und Beweislast vornimmt BGH, Urt. v. 13.03.1978 – II ZR 142/76 –, BGHZ 71, 40, 48 f. (Kali + Salz); anders offenbar *Krämer/Kiefner*, ZIP 2006, 301, 307, die scheinbar die komplette Darlegungs- und Beweislast für den präventiven und einstweiligen Rechtsschutz auf den Aktionär ablegen möchten. Der Grund soll in der ansonsten erforderlichen Notwendigkeit der Hinterlegung einer Schutzschrift bestehen, die einen „Quasi Vorabbericht" darstellen würde. Da die sachliche Rechtfertigung allerdings der AG nützt, ist diese nach allgemeinen Grundsätzen belastet. Es müsste also umgekehrt begründet werden, wieso die Lastentragung nun bei dem Aktionär liegen soll.

[1077] OLG Naumburg, Urt. v. 21.11.2013 – 1 U 105/13 –, GmbHR 2014, 714, 715; *Drescher*, in: MünchKomm/ZPO, 6. Aufl., § 920 Rn. 5; die Beweislast für das einstweilige Verfügungsverfahren beim Aktionär sehend *Krämer/Kiefner*, ZIP 2006, 301, 307. Aufgrund eines erforderlichen Vorabberichts wäre dies allerdings auch für den Aktionär nicht notwendig, vgl. den Diskussionsstand zum Vorabbericht auf S. 402 ff. und auf S. 411 ff. die eigene Auffassung.

[1078] OLG Frankfurt a.M., Urt. v. 1.7.1998 – 21 U 166/97 –, NZG 1999, 119, 121; vgl. die Revision unter BGH II ZR 233/98.

[1079] *Hommelhoff*, ZHR 151 (1987), 493, 514; *Hommelhoff*, Konzernleitungspflicht, S. 468 f.; *Habersack*, Die Mitgliedschaft, S. 332, geht nicht von einem automatischen Vorbehalt der Aktionärsklage aus, sondern verlangt von der Gesellschaft die Geltendmachung des nachgeholten Hauptversammlungsbeschlusses als Einwand oder im Wege der Vollstreckungsgegenklage (§ 767 ZPO).

[1080] Vgl. zum Eintritt der Rechtsbeeinträchtigung S. 396 ff.

gefassten Hauptversammlungsbeschluss entfallen. Der Aktionär hatte bereits im Rahmen des Bestätigungsbeschlusses die Möglichkeit, in der konkreten Sache zu entscheiden.[1081] Es ist hier in Erinnerung zu rufen, dass der Aktionär nicht in allen Fällen auch die Maßnahme als solche verhindern kann, denn es steht keineswegs fest, dass die kompetenzwidrige Maßnahme auch grundlegend rechtswidrig ist. Er macht daher lediglich den temporär bis zur Beschlussfassung durch die Hauptversammlung liegenden Eingriff in *sein* Teilhaberecht geltend.[1082] Sämtliche avisierten Ausführungsmaßnahmen des Vorstandes werden durch einen nachgeholten Bestätigungsbeschluss auf eine neue kompetenzwahrende Grundlage gestellt. Rechtstechnisch ließe sich diese Möglichkeit bei einer vorbeugenden Unterlassungsklage abbilden, indem ein Zwischenfeststellungsurteil ergeht, welches die Kompetenzwidrigkeit der Maßnahme feststellt und die Möglichkeit zur Bestätigung gibt. Der klagende Aktionär könnte die Sache in der Folge für erledigt erklären.[1083] Ist ein Unterlassungsurteil ergangen und ergeht ein Bestätigungsbeschluss, so bleibt wegen dem Wegfall der materiellen Unterlassungspflicht nur der Weg über § 767 ZPO.[1084] Bei einer repressiven Beseitigungsklage hingegen könnte die Stattgabe nur für den Fall erfolgen, dass bis zu einem genannten Zeitpunkt kein Bestätigungsbeschluss vorliegt.[1085] Hierdurch wird dem Interesse der Gesellschaft zur Bewahrung der durchgeführten Maßnahme hinreichend Rechnung getragen. Nach erfolglosem Fristablauf hat der Vorstand der Verpflichtung, die Maßnahme zwingend rückgängig zu machen, zu folgen. Der Gesellschaft ist allerdings der allgemeine Rechtsbehelf aus § 767 ZPO bei verspätetem Bestätigungsbeschluss nicht vollständig abgeschnitten.[1086] Dies gilt allerdings nur, sofern der Bestätigungsbeschluss erst nach Abschluss der mündlichen Verhandlung ergangen ist, da andernfalls eine Einbringung durch den Vorstand bereits im ersten Prozess hätte erfolgen müssen.[1087] Leitet der Vorstand die entsprechenden Schritte zur Bestätigung nicht ein, ist die Gesellschaft an ein der Aktionärsklage stattgebendes Urteil gebunden.

[1081] *Hommelhoff*, Konzernleitungspflicht, S. 468.

[1082] BGH, Urt. v. 25. 02. 1982 – II ZR 174/80 –. BGHZ 83, 122, 135 = NJW 1982, 1703, 1706; *Hommelhoff*, ZHR 151 (1989), 493, 514; *Hommelhoff*, Konzernleitungspflicht, S. 468.

[1083] In diesem Fall würde die Kostenlast bei der Gesellschaft liegen.

[1084] Eine Abänderungsklage analog § 323 ZPO ist unstatthaft, BGH, Urt. v. 14. 3. 2008 – V ZR 16/07 –, NJW 2008, 1446, 1447 Tz. 14 ff.; *Preuß*, in: BeckOK/ZPO, 31. Ed., § 767 Rn. 19.

[1085] So *Hommelhoff*, ZHR 151 (1989), 493, 514; *Rehbinder*, ZGR 1983, 92, 107.

[1086] So auch *Binge*, Gesellschafterklagen, S. 178; *Habersack*, Die Mitgliedschaft, S. 332 nennt diesen.

[1087] *Binge*, Gesellschafterklagen, S. 178 f.

XII. Folgen für das genehmigte Kapital im Überblick[1088]/Ergebnis

1. Rechtswidriger Bezugsrechtsausschluss

Hat der Vorstand bei der Ausnutzung des genehmigten Kapitals das Bezugsrecht ohne die Erfüllung der Voraussetzungen der sachlichen Rechtfertigung ausgeschlossen und hierdurch seine abgeleitete Kompetenz überschritten, kann der Aktionär aufgrund der Verletzung seines mitgliedschaftlichen Teilhaberechts im Wege der Aktionärsklage vorgehen. Allein der Verweis auf die Verletzung des durch das gesetzliche System der Hauptversammlungszuständigkeit für eine Entscheidung vermittelte Teilhaberecht und nicht der Verweis auf die einzelnen sonstigen relativen oder mitgliedschaftlichen Rechte, die dem Aktionär gegenüber der Gesellschaft zustehen, kann mit dem aktienrechtlich vorgesehenen Schutzsystem in Einklang gebracht werden.

2. Unangemessener Ausgabebetrag

Hat der Vorstand bei der Ausnutzung des genehmigten Kapitals einen im Sinne des § 255 Abs. 2 AktG unangemessen niedrigen Ausgabebetrag festgesetzt,[1089] kann der Aktionär ebenfalls im Wege einer Aktionärsklage gegen das Verhalten der Verwaltungsorgane vorgehen. In diesem Fall liegt der Klagegrund darin, dass § 255 Abs. 2 AktG bereits die Beschlussautonomie der Hauptversammlung begrenzt und damit eine Übertragung auf den Vorstand in einem weiteren Kompetenzumfang nicht möglich ist.[1090] Die originäre Festsetzungskompetenz obliegt nämlich der Hauptversammlung, die eine Delegation bei fehlenden Angaben zum Ausgabebetrag nur im gesetzlich zulässigem Umfang vorgenommen hat.[1091] Wird dieser Umfang überschritten, liegt hierin eine Missachtung der Mehrheitsentscheidung, die im Aktienrecht auch den ablehnend Votierenden zuzurechnen ist.[1092] Den Grund dieser Zurechnung hat man in der freiwilligen Unterwerfung des Aktionärs unter die Mehrheitsmacht zu sehen. Damit liegt bei der Missachtung von § 255 Abs. 2 AktG eine Verletzung der Hauptversammlungskompetenz und auch die des Teilhaberechts eines Aktionärs vor.[1093] Der Schutz der Mitgliedschaft in vermögensrechtlicher Hinsicht liegt hier offen zutage. Nicht zuletzt aufgrund der Schutzrichtung gilt

---

[1088] Vgl. zu den einzelnen relevanten Fallgruppen S. 485 ff.

[1089] Vergleiche zu der Gebundenheit des Vorstands bei der Ausnutzung des genehmigten Kapitals an § 255 Abs. 2 AktG S. 340 und der Relevanz des inneren Wertes der Aktien S. 96 ff. (Ergebnis S. 108).

[1090] Vergleiche zur derivativen Natur der übertragenen Kompetenz, S. 46 ff.

[1091] *Koch*, in: Hüffer/Koch, 13. Aufl., § 204 Rn. 2; *Bayer*, in: MünchKomm/AktG, 4. Aufl. § 204 Rn. 5.

[1092] Zum Zurechnungsgedanken ohne Begründung *Habersack*, Mitgliedschaft, S. 293.

[1093] So auch *Busch*, NZG 2006, 81, 84; *Krämer/Kiefner*, ZIP 2006, 301, 304; *Kubis*, DStR 2006, 188, 191 allerdings unter anderer Ausgangsprämisse; im Ergebnis ebenso *Stamatopoulos*, Pflichtenstellung des Vorstands, S. 279 f., der allerdings § 255 Abs. 2 AktG fälschlicherweise als Zulässigkeitsvoraussetzung für einen Bezugsrechtsausschluss einordnet. § 255 Abs. 2 AktG, setzt einen solchen zulässigen Bezugsrechtsausschluss bereits voraus.

es auch im Rahmen der bezugsrechtsfreien regulären Kapitalerhöhung, einen angemessenen Mindestbetrag im Sinne des § 255 Abs. 2 AktG anzugeben, der bei unterschreiten der Anforderung die Anfechtbarkeit des Hauptversammlungsbeschlusses zur Folge hätte.[1094] Dem Aktionär steht im Rahmen der Hauptversammlung ein Entscheidungsrecht hinsichtlich des Ausgabebetrages zu, durch welches der Vermögenswert seines Anteils geschützt werden soll. Unterschreitet der festgesetzte Ausgabebetrag die gesetzlichen Anforderungen, steht dem Aktionär ein Anfechtungsrecht zur Seite. Dies gilt nach oben gesagtem gleichermaßen für den Fall einer Aktionärsklage bei Festsetzung eines unangemessenen Ausgabebetrages durch den Vorstand im Rahmen des genehmigten Kapitals,[1095] wodurch ein kongruentes Schutzniveau erreicht wird.

3. Nichtiger oder angefochtener Ermächtigungsbeschluss

Liegt ein innerhalb der Heilungsfrist des § 242 Abs. 2 AktG festgestellter nichtiger oder erfolgreich angefochtener Ermächtigungsbeschluss vor und möchte der Vorstand ein dennoch eingetragenes genehmigtes Kapital ausnutzen, ist dem Aktionär ebenfalls die Aktionärsklage zur Seite zu stellen. In diesen Fällen existiert keine Grundlage, von der aus der Vorstand eine Kompetenz zur Erhöhung des Grundkapitals ableiten kann. Da in diesen Fällen allerdings bereits das Urteil in das Handelsregister einzutragen ist (§ 248 Abs. 1 S. 3, 4 AktG), wird ein Registerrichter in jedem Fall die Eintragung der Durchführung ablehnen. Sollte es wieder erwarten dennoch auch zur Eintragung der Durchführung der Kapitalerhöhung kommen, entstehen keine neuen Mitgliedschaftsrechte. Die Vertretungsmacht des Vorstandes für den Abschluss der Zeichnungsverträge ist aufgrund der internen Kompetenzordnung de lege lata ohnehin begrenzt, sodass eine Berufung auf § 82 Abs. 1 AktG nicht möglich ist.[1096] Nur sofern noch kein Urteil ergangen ist, würden die Mitgliedschaften nach erfolgter Eintragung der Durchführung gleichwohl nach den Grundsätzen fehlerhafter aber in Vollzug gesetzter Organisationsakte entstehen und nur mit ex nunc-Wirkung beseitigt werden können. Hierauf wird zurückzukommen sein.[1097]

[1094] Vgl. BGH, Urt. v. 27. 9. 1956 – II ZR 144/55 –, BGHZ 21, 354, 357 (Minimax I); BGH, Urt. v. 13. 03. 1978 – II ZR 142/76 –, BGHZ 71, 40, 51 (Kali+Salz); *Ekkenga/Jaspers*, in: Hdb. der AG-Finanzierung, 2. Aufl., Kap. 4 Rn. 115.

[1095] Eine Klage lassen ebenfalls zu *Sinewe*, Der Ausschluß des Bezugsrechts, 172 f., *Schumann*, Bezugsrecht, S. 170, *Stamatopoulos*, Pflichtenstellung des Vorstandes, S. 279; *Reichert/Senger*, DK 2006, 338, 344; ablehnend *Liebert*, Bezugsrechtsausschluss, S. 279, da kein Eingriff in das Mitgliedschaftsrecht vorliege.

[1096] *Spindler*, in: MünchKomm/AktG, 5. Aufl., § 82 Rn. 18; *Fleischer*, in: Spindler/Stilz, 4. Aufl., § 82 Rn. 9; *Reichert*, ZGR 2015, 1, 18 f.; *Ekkenga*, in: KölnKomm/AktG, 3. Aufl., § 185 Rn. 86.

[1097] Vgl. dazu S. 487 ff. und zur materiellrechtlich zulässigen Rückabwickelbarkeit S. 511 ff.

4. Jahresabschluss/Gewinnverwendungsbeschluss

Nichts anderes gilt zur Verdeutlichung auch für das bereits angeführte Beispiel der Feststellung des Jahresabschlusses. Wenn der Vorstand es unterlässt, bei Übergang der Entscheidungszuständigkeit gem. § 173 Abs. 1, 2. Alt. AktG eine Hauptversammlung über die Feststellung des Jahresabschlusses einzuberufen oder den dementsprechenden Punkt auf die Tagesordnung zu setzen. Durch die Feststellung des Jahresabschlusses wird zwar kein unmittelbares aktionärssensibles Interesse geschützt. Durch die Feststellung wird zunächst allein der die Aktiengesellschaft gemäß § 242 HGB treffenden Verpflichtung zur Aufstellung desselbigen genügt. Das Aktiengesetz zeigt auch, dass das Teilhaberecht zum Schutz von Aktionärsinteressen primär auf der Ebene des nachgelagerten Gewinnverwendungsbeschlusses existiert. Denn erst für diesen kommt der Hauptversammlung gemäß § 174 AktG originär die Entscheidungszuständigkeit zu. Erst wenn dieser wirksam gefasst worden ist, bringt er einen Erfüllungsanspruch hinsichtlich der Dividende hervor.[1098] In diesem Fall kann der Gewinnverwendungsbeschluss allerdings allein auf Grundlage eines festgestellten Jahresabschlusses ergehen. Das dem Aktionär nach dem Übergang der Zuständigkeit gem. § 173 Abs. 1, 2. Alt. AktG zustehende Teilhaberecht ist in diesem Fall auch Grundlage für eine Klage gegen die Gesellschaft auf Feststellung des Jahresabschlusses.[1099] Denn die Verletzung des Teilhaberechts tritt nach der gesetzlichen Wertung bereits mit der unterlassenen fristgemäßen Beschlussfassung ein. Die nachfolgende Frage des Inhalts eines Klagerechts des Aktionärs auf Feststellung des Jahresabschlusses kann hier außer Betracht bleiben, da dies für die Anerkennung eines Klagerechts nicht von Relevanz ist.[1100]

Durch diese Konzeption wird auch der beizupflichtenden Zielsetzung, die der BGH in Commerzbank/Mangusta II-Entscheidung niedergelegt hat, Rechnung getragen. Denn das zugunsten der Aktionäre bestehende Schutzniveau wird nicht noch weiter heruntergefahren.[1101]

[1098] G.h.M. BGH, Urt. v. 28.10.1993 – IX ZR 21/93 –, BGHZ 124, 27, 32; *Bayer*, in: MünchKomm/AktG, 4. Aufl. § 58 Rn. 103.

[1099] *Raiser*, ZHR 153 (1989), 1, 34; *Zöllner*, ZGR 1988, 392, 416 (Klage aus eigenem Recht); nun jew. f.d. GmbH: *Bayer*, in: Lutter/Hommelhoff/GmbHG, 19. Aufl., § 46 Rn. 7; ohne dogmatische Begründung, *Zöllner/Noack*, in: Baumbach/Hueck, 21. Aufl., § 46 Rn. 12 f.; *Liebscher*, in: MünchKomm/GmbHG, 3. Aufl., § 46 Rn. 23; *Römermann*, in: Michalski/GmbHG, 3. Aufl., § 46 Rn. 49.

[1100] Vergleiche zu den dort existierenden Problemen, sofern sich ein Mehrheitsaktionär oder sonstige Aktionäre weigern, einen Jahresabschluss festzustellen, m.w.N. *Liebscher*, in: MünchKomm/GmbHG, 3. Aufl., § 46 Rn. 23.

[1101] BGH, Urt. v. 10.10.2005 – II ZR 90/03 –, BGHZ 164, 249, 255 Tz. 19 = NZG 2006, 20, 22.

Kapitel 4

Einsatzmöglichkeiten im Rahmen des genehmigten Kapitals

Im Folgenden werden einige praktisch relevante Konstellationen dargestellt, in denen das materielle Schutzrecht des Aktionärs beim genehmigten Kapital Relevanz entfallten könnte. Dies, indem es durch eine als Abwehrklage ausgestaltete Aktionärsklage durchgesetzt wird. Die Ausführungen werden sich auf den Zeitraum vor Eintragung der Durchführung der Kapitalerhöhung beschränken. Um das Einsatzfeld nachzuzeichnen ist für die einzelnen Konstellationen auch auf den Umfang der Ausnutzungsautonomie des Vorstandes einzugehen, um Kompetenzüberschreitungen durch ihn feststellen zu können. Es werden daher die der Ausnutzungsautonomie des Vorstandes immanenten Beschränkungen herausgestellt. Begonnen wird hierbei mit der Abhängigkeit der Ausnutzungsautonomie von der durch die Hauptversammlung geschaffenen Ermächtigungsgrundlage.[1] Dem folgend wird die Bindung des Vorstandes bei der Festsetzung eines Ausgabebetrages, ebenso wie die zu wahrenden materiellen Anforderungen an einen Bezugsrechtsausschluss und die Möglichkeiten und Grenzen der Ausnutzung eines genehmigten Kapitals in Übernahmesachverhalten untersucht.

§ 1 Fehlende Ermächtigungsgrundlage

Bei der Mangelhaftigkeit eines Ermächtigungsbeschlusses, in dessen Folge die Nichtigkeitsklage oder Anfechtungsklage erhoben werden können, sind für die unzulässige Ausnutzung des genehmigten Kapitals im wesentlichen folgende Fallgestaltungen auseinander zu halten. Zum einen sind Fälle denkbar, in denen der Ermächtigungsbeschluss bereits vor Eintragung der Durchführung als nichtig festgestellt oder als nichtig ausgeurteilt worden ist (A.). Zum anderen kann die Anfechtungs- und Nichtigkeitsklage erhoben worden sein, ohne das ein Endurteil bereits ergangen wäre (B.). Weiterhin besteht die Möglichkeit einer Kollision eines derartigen Urteils mit einer ergangenen Freigabeentscheidung (C.). Hierbei soll zunächst allein die Möglichkeit der Aktionäre zur Erhebung einer aktienrechtlichen Abwehrklage dargestellt werden. Die jeweiligen Auswirkungen, die die verschiedenen Fehlerquellen auf die potentielle Rückabwicklung eines genehmigten Kapitals

---

[1] Zur Abhängigkeit der Ausnutzungsautonomie des Vorstandes von der Ermächtigungsgrundlage aufgrund des derivativen Charakters vgl. S. 46 ff.

haben, werden nur am Rande erwähnt und an gesonderter Stelle genauer dargestellt (vgl. für die geltend gemachten Mängel auf Ebene des Ermächtigungsbeschlusses S. 487 und auf Ebene der Ausnutzungsentscheidungen S. 495).

A. Nichtiger, vernichteter und nicht existenter Ermächtigungsbeschluss

Wurde ein Ermächtigungsbeschluss im Sinne der §§ 202 ff. AktG wirksam mit einer Beschlussmängelklage vernichtet, entfällt die Grundlage der Delegation der Letztentscheidungsbefugnis auf den Vorstand, sodass dieser nicht mehr berechtigt ist, eine Kapitalerhöhung, die nach § 119 Abs. 1 Nr. 6 AktG im Grundsatz der Hauptversammlung obliegt, durchzuführen. Für diesen Fall entfällt die Ermächtigungsgrundlage mit Wirkung ex tunc, sodass auch eine bereits eingeleitete Erhöhung aus genehmigtem Kapital durch den Vorstand zu stoppen ist. Für die Aufrechterhaltung der Ausnutzungskompetenz aus Vertrauensschutzerwägungen besteht von vornherein kein Raum.[2] Die Grenze ist erst mit der publizitätserzeugenden Eintragung der Durchführung der Erhöhung aus genehmigtem Kapital nach § 189 AktG erreicht. Gleiches gilt, wenn die Nichtigkeit eines Ermächtigungsbeschlusses nach durchgeführter Nichtigkeitsfeststellungsklage festgestellt worden ist. Das sodann abgeschlossene aktienrechtliche Beschlussmängelverfahren stellt auch keinen spezielleren Rechtsbehelf gegenüber einer Aktionärsklage nach hiesigem Muster mehr dar.[3] Bei sämtlichen dem abgeschlossenen Beschlussmängelverfahren nachfolgenden Fällen geht es nicht mehr um die Missachtung eines – dann nicht mehr existierenden – Ermächtigungsbeschlusses oder dessen Anfechtbar- oder Nichtigkeit, sondern allein um die Missachtung des originären mitgliedschaftlichen Teilhaberechts des Aktionärs, über Kapitalmaßnahmen zu entscheiden. Der Aktionär könnte seine Rechtsposition daher nicht mit einer Beschlussmängelklage durchsetzen.[4]

Möchte der Vorstand die Kapitalerhöhung aus dem genehmigten Kapital dennoch initiieren, steht dem Aktionär die Möglichkeit einer vorbeugenden Unterlassungsklage gegenüber dem Vorstand zur Durchsetzung des herausgearbeiteten verbandsrechtlichen Abwehranspruches zur Verfügung. Diese Möglichkeit steht dem Aktionär auch offen, sofern ein nach § 182 Abs. 2 AktG erforderlicher Sonderbeschluss fehlt und der Ermächtigungsbeschluss daher erst gar nicht existent ist. Erging ein Anfechtungs- oder Nichtigkeitsurteil vor der Eintragung der Durchführung der Kapitalerhöhung oder fehlt ein notwendiger Sonderbeschluss, können aufgrund der

---

[2] Vgl. in diesem Zusammenhang auch für einzelne Mängel des Zeichnungsvertrages *Ekkenga*, in: KölnKomm/AktG, 3. Aufl., § 185 Rn. 143 m.w.N.; hinsichtlich eines entfallenen Kapitalerhöhungsbeschlusses *Ekkenga*, in: KölnKomm/AktG, 3. Aufl., § 189 Rn. 44; *Zöllner*, AG 1993, 68, 73 f.

[3] *Casper*, in: Spindler/Stilz, 4. Aufl., Vor § 241 ff. Rn. 19; zum Vorrang des aktienrechtlichen Beschlussmängelrechts allgemein *Habersack*, Mitgliedschaft, S. 226 ff.

[4] *Casper*, in: Spindler/Stilz, 4. Aufl., Vor § 241 ff. Rn. 19.

dann fehlenden privatautonomen Grundlage der Kapitalerhöhung auch die Grundsätze der fehlerhaften Gesellschaft keine Anwendung finden, sodass eine ex nunc Rückabwicklung bei dennoch erfolgter Durchführung ausscheidet.[5] Es können bereits von Beginn an keine Mitgliedschaftsrechte entstehen.

Etwas Anderes gilt für eine vollständig durchgeführte Erhöhung aus genehmigtem Kapital, sofern der Ermächtigungsbeschluss nachträglich durch Anfechtungs- oder Nichtigkeitsklage mit inter omnes-Wirkung gem. § 248 Abs. 1 S. 1 AktG für unwirksam erklärt wird. In diesen Fällen wird auch der der Ausnutzung zugrundeliegende Ermächtigungsbeschluss bis zum Ergehen des Urteils als wirksam betrachtet.[6] Die Kapitalmaßnahe als solche wird dann nach den Grundsätzen der fehlerhaften Gesellschaft lediglich mit ex nunc-Wirkung rückabgewickelt.[7]

B. Erhobene Anfechtungs- und/oder Nichtigkeitsfeststellungsklage

Ist der Hauptversammlungsbeschluss von Anfang an nichtig, stünde dem Aktionär im Grundsatz die vorbeugende Unterlassungsklage gegen die Ausnutzung des genehmigten Kapitals bis zur möglichen Heilung zur Verfügung. Denn der Vorstand kann sich auf keinerlei abgeleitete Zuständigkeit zur Kapitalerhöhung berufen. In diesem Fall ist allerdings keine Regelungslücke vorhanden, sondern der Aktionär ist auf die Erhebung der aktienrechtlichen Nichtigkeitsfeststellungsklage gem. § 249 AktG zu verweisen, um die fehlende Ermächtigungsgrundlage in Stellung zu bringen. Dieses Hauptsacheverfahren kann er sodann im Wege einer einstweiligen Verfügung sichern,[8] mit der er die Untersagung der Eintragung der Durchführung der Kapitalerhöhung herbeiführen kann.[9] Für diese beanspruchen die gleichen Grundsätze Geltung, die bereits für die Verhinderung der Eintragung der Satzungsänderung dargelegt worden sind.[10]

---

[5] Hierzu und zu den Ausnahmen von der Anwendbarkeit der Lehre von der fehlerhaften Gesellschaft beim genehmigten Kapital dezidiert S. 493 ff.

[6] Vgl. *Kort*, Bestandskraft fehlerhafter Strukturänderungen, S. 205.

[7] Vgl. hierzu S. 488 ff.

[8] Auf die Anfechtungsklage als Hauptsacheverfahren abstellend *Hüffer/Schäfer*, in: MünchKomm/AktG, 4. Aufl., § 243 Rn. 154; eine parallele Unterlassungsklage neben der Beschlussmängelklage auf Verhinderung der Ausführung des Beschlusses lässt *Casper*, in: Spindler/Stilz, 4. Aufl., Vor § 241 ff. Rn. 19 zu, wobei ihre Erforderlichkeit nicht gänzlich klar wird. Aufgrund des abschließenden Beschlussmängelrechts, welches auch die Verhinderung der Ausführung des angegriffenen Beschlusses herbeiführen kann, wird es an einem Rechtsschutzinteresse für eine eigenständige Unterlassungsklage fehlen. Der Anspruch auf satzungs- und gesetzesgemäße Beschlussfassung der Hauptversammlung wird nach Ergehen eines Beschlusses gerade abschließend durch das Beschlussmängelrecht geschützt.

[9] *Zöllner/Noack*, in: Baumbach/Hueck, 21. Aufl., Anh. § 47 Rn. 197.

[10] Vgl. zum einstweiligen Rechtsschutz gegen die Eintragung des Ermächtigungsbeschlusses bereits oben S. 150 ff.

Gleiches gilt für eine bereits erhobene Anfechtungsklage gegenüber dem Ermächtigungsbeschluss. Auch hierfür gilt, dass das aktienrechtliche Beschlussmängelrecht abschließend ist und der Aktionär die spätere Eintragung der Durchführung der Kapitalerhöhung durch eine einstweilige Verfügung sichern kann. Die Geltendmachung einer fehlerbehafteten Ermächtigungsgrundlage durch eine inzidente Prüfung bei Kontrolle der Ausnutzungsentscheidung im Wege einer Aktionärsklage ist damit ausgeschlossen.

Nicht geltend gemacht werden können daher auch Mängel des Ermächtigungsbeschlusses, die bereits durch die Anfechtungsklage geltend gemacht werden konnten, aber nicht geltend gemacht wurden. Leidet der Ermächtigungsbeschluss an einem Fehler, der nach Ablauf der Frist des § 246 Abs. 1 AktG nicht mehr durch den Aktionär geltend gemacht werden kann, ist dies auch für die Ausnutzungsentscheidung maßgebend. Durch die materielle Präklusionsfrist nicht immunisiert werden allerdings eigenständige inhaltliche Mängel der Vorstandsentscheidung, auch wenn diese in der Sache mit präkludierten Mängeln des Ermächtigungsbeschlusses übereinstimmen können.[11]

C. Ausnutzungsbefugnis bei sich widersprechendem Beschlussmängelurteil und Freigabebeschluss

Problematisch erscheint der Fall, in dem der Ermächtigungsbeschluss nach Ergehen eines Freigabebeschlusses gem. § 246a AktG in das Handelsregister eingetragen worden ist und nachträglich ein dem Freigabebeschluss entgegenstehendes stattgebendes Anfechtungs- oder Nichtigkeitsurteil ergangen ist. Die Wahrscheinlichkeit von sich widersprechenden Entscheidungen im Freigabe- und Hauptsacheverfahren ist zwar als relativ gering einzustufen.[12] Dies insbesondere aufgrund des Rückbaus der materiellen Anforderungen bei einem Bezugsrechtsausschluss oder einer Ausschlussermächtigung, sowie den leicht zu wahrenden formellen Anforderungen.[13] Ausgeschlossen ist dies allerdings nicht, insbesondere wenn die erhöhten Rechtfertigungs- und Berichtsanforderungen bei konkretisierten Planungen nicht beachtet worden sind.[14] Gerade für das genehmigte Kapital wurde vorgebracht, dass die dauerhafte Bestandskraft des Ermächtigungsbeschlusses für die Verwaltung nicht von herausgehobener Relevanz sei, sofern nicht zeitnah eine Ausnutzung

---

[11] Möglich erscheint dies insbesondere bei Bezugsrechtsausschlüssen. Ist schon die abstrakte Umschreibung des Bezugsrechtsausschlusses auf Ermächtigungsebene nicht mit dem Unternehmensgegenstand in Einklang zu bringen, kann eine nachfolgende Ausnutzungsentscheidung auch angegriffen werden, wenn der Ermächtigungsbeschluss nicht angegriffen worden ist.

[12] *Decher*, AG 1997, 388, 395 (f. § 16 UmwG).

[13] Vgl. hierzu S. 91 ff.

[14] Vgl. zu den Anforderungen bei konkretisierten Planungen S. 145 f.

avisiert wäre.[15] Daher stellt sich die Frage, was mit der Ausnutzungsautonomie des Vorstandes geschieht, sofern im Anschluss an das Freigabeverfahren eine rechtliche Klärung durch ein Urteil herbeigeführt worden ist.

In seiner Grundstruktur erinnert dieser Fall dem ersten Anschein nach sehr stark an die Ausführungspflicht des Vorstandes nach § 83 Abs. 2 AktG bei anfechtbaren aber durchführungspflichtigen Hauptversammlungsbeschlüssen. Man nimmt auch dort eine Ausführungspflicht des Vorstandes an, sofern der Beschluss aufgrund seiner Unanfechtbarkeit oder Heilung bestandskräftig und hierdurch auch gesetzmäßig geworden ist.[16] Dieser Fall unterscheidet sich allerdings in einem erheblichen Punkt von der vorliegenden Problematik. Es existiert *keine* entgegenstehende gerichtliche Entscheidung. Darüber hinaus geht es im Rahmen des § 83 Abs. 2 AktG um die Umschreibung einer Ausübungspflicht, wohingegen hier die Frage einer Ausnutzungsberechtigung im Raum steht.

Einem dem Freigabebeschluss potentiell entgegenstehendem Anfechtungs- oder Nichtigkeitsurteil wird man allerdings keine durchschlagende Bedeutung für eine Ablehnung der Ausnutzungsmöglichkeiten des Vorstandes zusprechen können. Denn der Freigabebeschluss hat nach der ihm gesetzgeberisch beigemessenen Wirkung den Ermächtigungsbeschluss in dauerhafte Bestandskraft wachsen lassen. Seine materielle Wirksamkeit bleibt daher von dem entgegenstehenden Urteil unberührt.[17] Man hat dem Vorstand daher weiterhin die Zuständigkeit zur Durchführung der Kapitalerhöhung zuzusprechen, denn dies ist die Wirkung, die von der Eintragung des Ermächtigungsbeschlusses als Satzungsänderung hervorgerufen wird.[18] Sachlich ersetzen zwar nur der Ermächtigungsbeschluss und die Ausnutzungsentscheidung den Kapitalerhöhungsbeschluss.[19] Bei einem ergehenden Freigabebeschluss wird man allerdings entsprechend der durch § 246a AktG getroffenen Entscheidung die fortdauernden Wirkungen des freigegebenen Ermächtigungsbeschlusses und die Ausnutzungsentscheidung als ausreichende sachliche Grundlage der Kapitalerhöhung betrachten müssen. Das stattgebende Urteil läuft aufgrund der ewigen Bestandsgarantie für die Wirkungen des Ermächtigungsbeschlusses ins Leere, sodass man dem Vorschlag des DAV hätte folgen können und eine Umstellung der Anfechtungsklage auf eine bloße, in Anlehnung an die verwaltungsrechtliche

---

[15] *Sauerbruch*, Das Freigabeverfahren – Eine rechtsökonomische Untersuchung, S. 254, 282.

[16] *Fleischer*, in: Spindler/Stilz, 4. Aufl., § 83 Rn. 14 ff.; *Fleischer*, BB 2005, 2025, 2027; *Spindler*, in: MünchKomm/AktG, 5. Aufl., § 83 Rn. 21; *Haertlein*, ZHR 168 (2004), 437, 446; a.A. *Mertens/Cahn*, in: KölnKomm/AktG, 3. Aufl., § 93 Rn. 155, wobei sie nur hinsichtlich nichtiger Beschlüsse abweichen; kategorisch a.A.: *Hefermehl*, in: FS Schilling, 1973, S. 159, 168; *Stein*, ZGR 1994, 472, 480 f.

[17] *Koch*, in: Hüffer/Koch, 13. Aufl., § 246a Rn. 11; *Koch*, ZGR 2006, 769, 798; für die Nichtigerklärung mit inter omnes-Wirkung *Tielmann*, WM 2007, 1686, 1693.

[18] *Marsch-Barner*, in: Bürgers/Körber, 4. Aufl., § 203 Rn. 16.

[19] *Hirte*, in: GroßKomm/AktG, 4. Aufl., § 203 Rn. 12.

Terminologie, „Fortsetzungsfeststellungsklage" hätte zulassen sollen.[20] Denn § 246a Abs. 4 S. 2 AktG ordnet ausdrücklich an, dass die Mangelhaftigkeit des zugrunde-liegenden Beschlusses die Durchführung unberührt lässt. Für den Anwendungsbe-reich des § 83 Abs. 2 AktG, also die reguläre Kapitalerhöhung bedeutet dies sogar, dass der Vorstand seiner hieraus folgenden Durchführungspflicht nachzukommen hat.[21] Würde man dem Vorstand die Ausnutzung eines genehmigten Kapitals nach einem stattgebenden entgegenstehenden Anfechtungsurteil versagen, hätte die an-geordnete Bestandskraft der Freigabeentscheidung für den Ermächtigungsbeschluss zur Einräumung genehmigten Kapitals bloß temporäre Wirkung. Mit dem Ergehen eines stattgebenden entgegenstehenden Anfechtungs- oder Nichtigkeitsurteils würde der Ermächtigungsbeschluss seiner Wirkungen beraubt. Es käme zu einer umfas-senden Beschränkung der Ausnutzungsautonomie des Vorstandes, welche § 246a Abs. 4 S. 2 AktG gerade ablehnt. Dies gilt gem. § 246a Abs. 1 S. 1 AktG auch für den Ermächtigungsbeschluss des genehmigten Kapitals. Man wird dem Vorstand daher weiterhin die Ausnutzungsmöglichkeit zusprechen müssen.

In derartigen Konstellationen kann man auch nicht von einer nachträglichen Änderung der Umstände sprechen, die den Vorstand verpflichten, bei einem rechtskräftigen dem Freigabeentschluss entgegenstehenden Urteil von der Ausnut-zung des genehmigten Kapitals Abstand zu nehmen, wie es für die Ausführungs-pflicht des § 83 Abs. 2 AktG vertreten wird.[22] Die gesetzliche Anordnung des § 246a Abs. 4 S. 2 AktG hat man dahin gehend zu verstehen, dass dem Freigabebeschluss entgegenstehende Urteile keine Berücksichtigung finden dürfen. Ihr Ergehen ist mithin gänzlich außer Acht zu lassen und darf deswegen auch keinen „anderweitigen Umstand" bilden, der als Umstandsänderung die Ausnutzungsbefugnis entfallen lässt. Damit kann auch der Aktionär nicht mittels einer vorbeugenden Unterlas-sungsklage gegen die Ausnutzung des genehmigten Kapitals unter Verweis auf die fehlende Ermächtigung des Vorstandes vorgehen.[23]

Dies bedeutet nun aber keineswegs, dass der Vorstand mit dem genehmigten Kapital in der Hand ohne gesetzliche und satzungsgemäße Bindungen durch die Lande ziehen kann. Dem Aktionär ist einzig die Möglichkeit abgeschnitten, eine Ausnutzung des genehmigten Kapitals aufgrund einer unwirksamen Ermächti-gungsgrundlage zu verhindern. Die sonstigen Bindungen, denen der Vorstand un-terliegt, greifen auf Ebene der Vorstandsentscheidung vollständig durch und sorgen für einen hinreichenden Schutz.

Ist in dem freigegebenen bestandskräftigen Ermächtigungsbeschluss eine Aus-schlussermächtigung nach § 203 Abs. 2 AktG enthalten, hat der Vorstand regulär die

---

[20] *DAV Handelsrechtsausschuss*, NZG 2004, 555, 565.

[21] *Schatz*, in: Heidel, Aktien- und Kapitalmarktrecht, 4. Aufl., § 246a Rn. 83; *Schwab*, in: K. Schmidt/Lutter, 3. Aufl., § 246a Rn. 57; *Jocksch*, Das Freigabeverfahren, S. 196.

[22] Vgl. *Spindler*, in: MünchKomm/AktG, 5. Aufl., § 83 Rn. 19; *Fleischer*, in: Spindler/Stilz, 4. Aufl., § 83 Rn. 17.

[23] Aus denselben Gründen ist auch eine einstweilige Verfügung abzulehnen vgl. S. 431.

sachliche Rechtfertigung des Bezugsrechtsausschlusses, die Übereinstimmung mit dem Unternehmensgegenstand und dem Ermächtigungsbeschluss zu überprüfen. Treten hierbei oder bei der Festsetzung des Ausgabebetrages Kompetenzüberschreitungen auf, steht dem Aktionär die aktienrechtliche Abwehrklage zur Seite.

§ 2 Fehlerhafte Festsetzung des Ausgabebetrages

Die originäre Zuständigkeit zur Festsetzung des Ausgabebetrages liegt bei der Hauptversammlung. Hat die Hauptversammlung keine Angaben zum Ausgabebetrag gemacht, obliegt es dem Vorstand nach § 204 Abs. 1 AktG den Ausgabebetrag entsprechend der gesetzlichen Vorgaben festzusetzen.[24] In jedem Fall der Ausnutzung eines genehmigten Kapitals hat der Vorstand die gemäß § 9 Abs. 1 AktG gesetzte Grenze einzuhalten.[25] Besteht ein Bezugsrecht oder ein mittelbares Bezugsrecht ist der Vorstand wie auch die Hauptversammlung bei der Festsetzung eines Ausgabepreises nahezu vollkommen frei.[26] Die Grenze ist erst erreicht, wenn die Gestaltung der Ausgabebedingungen die Voraussetzungen eines faktischen Bezugsrechtsausschlusses erfüllt, welcher wiederum an den Voraussetzungen eines regulären Bezugsrechtsausschlusses zu messen wäre.[27] Ansonsten ist der Vorstand an die Vorgaben des Hauptversammlungsbeschlusses gebunden.

A. Bindung des Vorstandes an § 255 Abs. 2 AktG?

Möchte er allerdings ein bezugsrechtsfreies genehmigtes Kapital ausnutzen oder das Bezugsrecht durch eigene Entscheidung ausschließen, hat er die gleichen Voraussetzungen wie auch die Hauptversammlung zu beachten. Diesbezüglich kann auf die bereits gewonnenen Erkenntnisse Bezug genommen werden.[28] Die die Beschlussautonomie der Hauptversammlung begrenzende Norm des § 255 Abs. 2 AktG begrenzt insoweit auch die Entscheidungsfreiheit des Vorstandes.[29] Nur

---

[24] *Koch*, in: Hüffer/Koch, 13. Aufl., § 204 Rn. 2 f.; *Bayer*, in: MünchKomm/AktG, 4. Aufl. § 204 Rn. 5.

[25] BGH, Beschl. v. 21. 7. 2008 – II ZR 1/07 –, DStR 2009, 1213, 1214 f.; bei einem Verstoß gegen das Verbot der Unterpariemission hat der Registerrichter die Eintragung der Durchführung der Kapitalerhöhung abzulehnen; *Bayer*, in: MünchKomm/AktG, 4. Aufl., § 204 Rn. 28.

[26] *Koch*, in: Hüffer/Koch, 13. Aufl., § 204 Rn. 5.

[27] *Koch*, in: Hüffer/Koch, 13. Aufl., § 186 Rn. 43; *Ekkenga*, in: KölnKomm/AktG, 3. Aufl., § 186 Rn. 121.

[28] Vgl. zum Anfechtungsgrund des § 255 Abs. 2 AktG bereits oben S. 96 ff.

[29] Dies hat auch der BGH in der Entscheidung Siemens/Nold anerkannt BGH, 23. 06. 1997 – II ZR 132/93 –, BGHZ 136, 133, 141; bestätigt in BGH, Beschl. v. 21. 7. 2008 – II ZR 1/07 –, DStR 2009, 1213, 1214 f.; *Koch*, in: Hüffer/Koch, 13. Aufl., § 204 Rn. 5.

so kann dem Schutzbedürfnis der Aktionäre vor einer Verwässerung des inneren Anteilswerts hinreichend Rechnung getragen werden.[30] Denn die Situation unterscheidet sich für die Aktionäre nicht von der einer regulären Kapitalerhöhung. In beiden Fällen würde bei einem Bezugsrechtsausschluss und einem unangemessen niedrigen Ausgabebetrag mit Eintragung der Durchführung der innere Anteilswert durch die Entstehung der neuen Mitgliedschaftsrechte verwässert.[31] Trotz der nahezu einhellig anerkannten Bindung des Vorstandes bei der Ausnutzungsentscheidung an § 255 Abs. 2 AktG hat sich im Hinblick auf die Zulassung einer Aktionärsklage bei Verstößen gegen diese keine einheitliche Linie entwickelt. Diese gilt es nun nach der hier favorisierten Ausprägung einer Aktionärsklage herauszustellen.

B. Angemessener Ausgabebetrag bei einer Kapitalerhöhung aus einem genehmigten Kapital außerhalb von Sonderkonstellationen

Wird das genehmigte Kapital einer Aktiengesellschaft unter Ausschluss des Bezugsrechts ausgenutzt und liegt keine der im Anschluss noch zu thematisierenden „Sonderkonstellationen" vor, ist trotz der Bindungswirkungen des § 255 Abs. 2 AktG keine Einigkeit über die Möglichkeit einer Aktionärsklage gegeben. Eine Zulassung der Aktionärsklage ist allerdings zutreffenderweise auch hier anzunehmen.

Die Bindungswirkung des § 255 Abs. 2 AktG, der der Vorstand unterliegt, ist nicht einfach als Begrenzung der Geschäftsführungsautonomie abzutun. Dies würde man allerdings, wenn man die klageweise Geltendmachung durch den Aktionär mittels einer Aktionärsklage ablehnt.[32] Es geht in diesen Fällen gerade nicht um die Implementierung eines Ersatzaufsichtsrechts, sondern um die Wahrung der Kompetenzgrenzen und die Achtung der teilhabeberechtigten Aktionäre. Die Zulässigkeit und Begründetheit der Aktionärsklage ruhen hier im Kern auf der lediglich derivativen Natur der Kompetenzwahrnehmung durch den Vorstand, wie sie nach der Schaffung eines genehmigten Kapitals gegeben ist.[33] Da § 255 Abs. 2 AktG bereits der Beschlussautonomie der Hauptversammlung Grenzen setzt, gilt dies auch für die Ermächtigungsautonomie. Die Ermächtigungskompetenz der Hauptversammlung ist zwar nicht deckungsgleich mit der sonstigen Beschlussautonomie, wie schon die

---

[30] BGH, BGH, Beschl. v. 21.7.2008 – II ZR 1/07 –, DStR 2009, 1213, 1214 f.; *Meyer*, WM 2002, 1106, 1111.

[31] *Stamatopoulos*, Die Pflichtbindung des Vorstandes, S. 173; eine Bindung nimmt wohl auch noch *Tretter*, in: Schüppen/Schaub, 3. Aufl., § 41 Rn. 21 an, der bei der Klagbarkeit allerdings eine ablehnende Haltung einnimmt. Ebenfalls beeinträchtigt wird die quotale Beteiligung.

[32] So ausdrücklich *Tretter*, in: Schüppen/Schaub, 3. Aufl., § 41 Rn. 21; ablehnend auch *Liebert*, Bezugsrechtsausschluss, S. 279.

[33] Vgl. zur derivativen Kompetenz S. 46 ff.

§§ 202 ff. AktG zeigen. Die Beschlussautonomie geht sogar weit darüber hinaus, wenn man allein die Möglichkeit der Erhöhung des Grundkapitals um 100 % oder mehr betrachtet. Die Beschlussautonomie ist aber als äußerste Grenze der Ermächtigungsautonomie auszumachen. Überschreitet der Vorstand die ihm durch die Beschlussautonomie der Hauptversammlung gesteckten Grenzen, liegt aufgrund der zwingenden Akzessorietät des eingeräumten derivativen Kompetenzumfanges eine Verletzung der Hauptversammlungskompetenz vor.[34] Damit liegt in jedem Fall auch eine im Wege der Aktionärsklage rügbare Verletzung des mitgliedschaftlichen Teilhaberrechts des Aktionärs in der gleichen Sachfrage vor.[35] Bei Überschreitung der durch § 255 Abs. 2 AktG gesteckten Grenzen handelt der Vorstand ultra vires, mithin in einem Bereich, der auch nicht mehr durch § 204 Abs. 1 AktG gedeckt ist. Die Befassung der Hauptversammlung wäre zwingende Voraussetzung.

Denn der verbandsrechtliche Schutz der Mitgliedschaft in vermögensrechtlicher Hinsicht durch das mitgliedschaftliche Teilhaberecht liegt hier offen zutage. Nicht zuletzt aufgrund dieser Schutzrichtung gilt es auch im Rahmen der bezugsrechtsfreien regulären Kapitalerhöhung einen angemessenen Mindestbetrag im Sinne des § 255 Abs. 2 AktG anzugeben, der bei unterschreiten der Anforderung die Anfechtbarkeit des Hauptversammlungsbeschlusses zur Folge hätte.[36] Hierdurch steht dem Aktionär im Rahmen der Hauptversammlung ein Entscheidungsrecht hinsichtlich des Mindestausgabebetrages zu, durch welches der Vermögenswert seines Anteils geschützt werden soll. Unterschreitet der festgesetzte Ausgabebetrag die gesetzlichen Anforderungen, steht dem Aktionär ein Anfechtungsrecht zur Seite. Dies gilt nach oben gesagtem gleichermaßen für den Fall einer Aktionärsklage bei Festsetzung eines unangemessenen Ausgabebetrages durch den Vorstand im Rahmen des genehmigten Kapitals,[37] wodurch ein kongruentes Schutzniveau erreicht wird. Nicht einwenden kann man hier, dass der Hauptversammlung keine Zuständigkeit für die Festsetzung eines unangemessenen Ausgabebetrages zukommt,[38] denn die klageauslösende Beeinträchtigung des mitgliedschaftlichen Teilhaberechts

---

[34] Vergleiche zur derivativen Natur der übertragenen Kompetenz, S. 46 ff.

[35] So auch *Krämer/Kiefner*, ZIP 2006, 301, 304; *Kubis*, DStR 2006, 188, 191 allerdings unter anderer Ausgangsprämisse; im Ergebnis ebenso *Stamatopoulos*, Pflichtenstellung des Vorstands, S. 279 f., der allerdings § 255 Abs. 2 AktG fälschlicherweise als Zulässigkeitsvoraussetzung für einen Bezugsrechtsausschluss einordnet. § 255 Abs. 2 AktG, setzt einen solchen allerdings zulässigen Bezugsrechtsausschluss bereits voraus; a.A. *Tretter*, in: Schüppen/Schaub, 3. Aufl., § 41 Rn. 21, der dies als Einführung eines Ersatzaufsichtsrechts ansieht; auch ablehnend *Liebert*, Bezugsrechtsausschluss, S. 279, da kein Eingriff in das Mitgliedschaftsrecht vorliege.

[36] Vgl. BGH, Urt. v. 27.9.1956 – II ZR 144/55 –, BGHZ 21, 354, 357 (Minimax I), Anm. *Mestmäcker*, JZ 1957, 179; BGH, Urt. v. 13.03.1978 – II ZR 142/76 –, BGHZ 71, 40, 51 (Kali+Salz); *Ekkenga/Jaspers*, in: Hdb. der AG-Finanzierung, 2. Aufl., Kap. 4 Rn. 115.

[37] Eine Klage lassen ebenfalls zu *Sinewe*, Der Ausschluß des Bezugsrechts, 172 f., *Schumann*, Bezugsrecht, S. 170, *Stamatopoulos*, Pflichtenstellung des Vorstandes, S. 279; *Reichert/Senger*, DK 2006, 338, 344; ablehnend *Liebert*, Bezugsrechtsausschluss, S. 279; *Tretter*, in: Schüppen/Schaub, 3. Aufl., § 41 Rn. 21.

[38] Dazu bereits oben S. 301 ff.

liegt in der Übergehung der Einflussnahmemöglichkeit. Dieses Teilhaberecht gewährt ihm auch die Möglichkeit der nachfolgenden Anfechtung eines unter Umständen rechtswidrigen Beschlusses.[39] Zudem kann nicht unbesehen unterstellt werden, dass die Hauptversammlung eine inhaltsgleiche rechtswidrige Bestimmung getroffen hätte und selbst wenn, würde das spezielle Anfechtungsrecht eingreifen. Dies zu gewährleisten ist Aufgabe der Aktionärsklage, wie schon § 245 Nr. 2 AktG als auf dem Teilhaberecht des Aktionärs fußende Anfechtungsbefugnis zeigt.[40]

Durch die Verlagerung der Entscheidungszuständigkeit kann eine Übergehung des in § 255 Abs. 2 AktG geregelten Vermögensverwässerungsschutzes daher nicht herbeigeführt werden.[41] Hieraus erhellt sich die funktional vergleichbare Wirkweise der Aktionärsklage zu den Beschlussmängelklagen, die beide hauptversammlungsspezifisch ausgerichtet sind und dies aufgrund des aktienrechtlichen Schutzsystems auch sein müssen.

C. Angemessener Ausgabebetrag bei der Erfüllung einer Greenshoe-Option durch die Ausnutzung eines genehmigten Kapitals

Wie bereits erörtert wurde, ist es in der Praxis unüblich, dass die Hauptversammlung im Rahmen des Ermächtigungsbeschlusses detaillierte Festsetzungen über den Ausgabebetrag bei der Ausnutzung eines genehmigten Kapitals vornimmt. Hierdurch würde aufgrund des maximal fünfjährigen Ermächtigungszeitraumes eine Ausnutzung des genehmigten Kapitals nicht mit der notwendigen Flexibilität erfolgen können, insbesondere wenn der innere Wert der Aktie sinkt und dadurch eine Platzierung am Markt zu einem überhöhten Ausgabepreis unmöglich wird. Die Anwendung des § 255 Abs. 2 AktG wurde daher auf Ebene des Ermächtigungsbeschlusses auch für den Fall ausgeschlossen, dass das genehmigte Kapital zur Bedienung von Mehrzuteilungsoptionen, einem sogenannten Greenshoe, geschaffen wird und keine Betragsfestsetzungen enthält.[42]

Bei der Bedienung einer Greenshoe-Option ist nach der gewählten Vorgehensweise zwischen dem Emittenten und dem Emissionskonsortium zu differenzieren. Wurde die Haupttranche und die Greenshoe-Option aus einem genehmigten Kapital generiert, wird in der Regel die Ausnutzung des genehmigten Kapitals im Wege einer

---

[39] Vgl. dazu auch *Habersack*, Die Mitgliedschaft, S. 231 ff. zum abschließenden Schutz des Rechts auf Teilnahme an der Hauptversammlung durch die Anfechtungsklage; a.a.O., S. 337.

[40] *Habersack*, Die Mitgliedschaft, S. 231 ff., 237.

[41] *Sinewe*, Der Ausschluß des Bezugsrechts, S. 172. Zum Verwässerungsschutz des Bezugsrechts i.V.m. § 255 Abs. 2 AktG zugunsten des Aktionärs im Gegensatz zu der Annahme eines bloßen Reflexschadens, vgl. *Schickerling*, Information und Rechtsschutz, S. 154 ff., 157 f.

[42] Vgl. zu dieser Problematik bereits oben S. 109 ff.

bis-zu-Kapitalerhöhung durchgeführt.[43] Der Vorstand beschließt in diesem Fall die Ausnutzung eines genehmigten Kapitals in einer bestimmten Höhe (einheitlicher Ausnutzungsbeschluss), dessen Zeichnung er allerdings in zwei Tranchen auftrennt. Die Haupttranche stellt den tatsächlich avisierten Emissionserlös dar (100 %), wobei die zweite Hilfstranche der nachträglichen Kursstabilisierung (meist bis zu 15 % der Haupttranche) dienen soll.[44] Hier steht es dem Vorstand frei, das Gesamtvolumen der Erhöhung nicht nur in zwei Zeichnungstranchen aufzuteilen, sondern diese auch – sofern gewollt – verschiedenen Ausschlussverfahren zuzuordnen.[45]

Nutzt der Vorstand ein genehmigtes Kapital aus, um eine vorher gewährte Greenshoe-Option zu bedienen,[46] hat er sich an die de lege lata vorgegebenen Beschränkungen zu halten, §§ 255 Abs. 2, 9 Abs. 1 AktG. Da die Ausgabe der Aktien zur Bedienung einer eingeräumten Greenshoeoption erst nach der Ausgabe der Haupttranche erfolgt, stellt sich die in der Praxis relevante Frage nach dem für § 255 Abs. 2 AktG maßgeblichen Bemessungszeitpunkt. Wird der Ausgabebetrag der Greenshoe-Tranche wie üblich kongruent zu dem der Haupttranche festgesetzt und wäre für diese ein anderer Bemessungszeitpunkt relevant, könnte bei negativer Veränderung der Werthaltigkeit eine Kompetenzüberschreitung auf Seiten des Vorstandes vorliegen.

Setzt der Vorstand den Emissionspreis der Aktie unter Billigung des Aufsichtsrates für die gesamte Tranche des ausgenutzten genehmigten Kapitals fest, so ist für die Bemessung der Angemessenheit des Ausgabepreises der Zeitpunkt der letzten Verwaltungsentscheidung über den Ausgabebetrag maßgeblich, unabhängig davon, zu welchem Zeitpunkt die zweite Tranche gezeichnet und die Durchführung diesbezüglich in das Handelsregister eingetragen worden ist.[47] Die teilweise in diesem Zusammenhang vorgebrachten Differenzierungen können nicht überzeugen. Insbesondere kann es nicht auf den Zeitpunkt der Einräumung einer Kaufoption zu-

---

[43] *Schanz*, BKR 2002, 439, 443.

[44] *Groß*, ZIP 2002, 160, 162.

[45] So kann der Vorstand das Bezugsrecht für die Greenshoe Tranche, nach § 186 Abs. 3 S. 4 AktG ausschließen, sofern diese nicht mehr als 10 % des Grundkapitals beträgt und das der Haupttranche nach § 186 Abs. 3, 4 AktG. Relevant dürfte dies indes kaum werden, da bei einer Rechtfertigung des Bezugsrechtsausschlusses der Haupttranche auch der Bezugsrechtsausschluss bei einer Greenshoe-Option zum Zwecke der Kursstabilisierung gerechtfertigt sein dürfte, *Groß*, ZIP 2002, 160, 162; vgl. zur Aufteilungsmöglichkeit für die reguläre Kapitalerhöhung *Ekkenga*, in: KölnKomm/AktG, 3. Aufl., § 186 Rn. 151 f.

[46] Vgl. zum Mechanismus einer Greenshoe-Option bereits oben S. 109 ff.

[47] *Meyer*, WM 2002, 1106, 1112; *Groß*, ZIP 2002, 160, 162 f.; *Sinewe*, DB 2002, 313, 315 Anm. zu KG, Urt. v. 22. 8. 2001 – 23 U 6712/99 –, BKR 2002, 464 ff., stellen irreführenderweise auf den Tag der Zuteilung durch die Bank ab; vgl. für die Bemessung bei der Rechtmäßigkeit eines vereinfachten Bezugsrechtsausschlusses bei der Ausnutzung einer Greenshoe-Option und damit auch ausnahmsweise zur Frage nach dem relevanten Zeitpunkt des Börsenkurses als lex specialis zu § 255 Abs. 2 AktG *Hoffmann-Becking*, in: FS Lieberknecht, 1997, S. 25, 42, der zu Recht auf die letzte Verwaltungsentscheidung abstellt; im Anschluss an *Hein*, WM 1996, 1, 7; *Schanz*, BKR 2002, 439, 444 f. i.V.m. Fn. 28 stellt auf die Einräumung der Kaufoption ab.

gunsten des Emissionskonsortiums durch den Vorstand und den Aufsichtsrat an-kommen.[48] Die Entscheidung über die Kaufoption kann dem eigentlichen Preis-findungsverfahren – insbesondere dem im Rahmen des Bookbuildingverfahren er-mittelten Preis- und Platzierungsverfahren vorausgehen, sodass sämtliche Betei-ligten einer zeitlich über Gebühr belastenden Stillhalteposition unterlägen. Der Vorstand würde sich bereits vor der sicheren Ausnutzung des genehmigten Kapitals seines Ermessensspielraums hinsichtlich der Festsetzung des Ausgabebetrages be-geben und hierdurch Gefahr laufen, bei steigenden Kursen die Gewinne für die Greenshoe-Tranche nicht akquirieren zu können. Dies ist nicht mit § 255 Abs. 2 AktG in Einklang zu bringen. Selbst wenn die Eingehung der Verpflichtung zeitgleich oder nach der Ausnutzungsentscheidung erfolgt, kann hierauf nicht ab-gestellt werden. Der originäre Anwendungsbereich des § 255 Abs. 2 AktG ist der Hauptversammlungsbeschluss, der wie festgestellt im Rahmen des genehmigten Kapitals nun einmal aus praktischen Gründen kaum Festsetzungen über den Aus-gabebetrag enthält. Dadurch, dass die derivative Kompetenz des Vorstandes nicht weiterreichen kann als die der Hauptversammlung, ist eine Bindung des Vorstandes angenommen worden.[49] Als funktionales Äquivalent zum Hauptversammlungsbe-schluss, der den Ausgabebetrag festsetzt, existiert häufig lediglich die Ausnut-zungsentscheidung des Vorstandes. Alternativ kann noch eine gesonderte Ent-scheidung über den Inhalt der Aktienrechte existieren. Allein auf diese Festset-zungsentscheidung kann es ankommen, sofern § 255 Abs. 2 AktG auf die Vor-standsentscheidung angewandt wird.[50]

Die Ausgabepreise hinsichtlich der Haupttranche, sowie der Greenshoe-Tranche laufen aufgrund der meist zeitgleichen Entscheidung grundsätzlich kongruent zu-einander, sofern sie zum selben Zeitpunkt durch Vorstandsentscheidung festgesetzt worden sind.[51] Liegt daher die Festlegung eines unangemessen niedrigen Ausga-bebetrages vor, kann der Aktionär sowohl die Haupt- als auch die Greenshoe-Tranche mittels einer Aktionärsklage in Form der vorbeugenden Unterlassungsklage ver-hindern. Wie noch dezidiert darzulegen ist, ist ihm auch die Möglichkeit einzu-räumen, wegen der durch die kompetenzwidrige Vorstandsentscheidung herbeige-führten Verletzung des mitgliedschaftlichen Teilhaberechts, die Nichtigkeit der Ausnutzungsentscheidung feststellen zu lassen.[52] Setzt der Vorstand den Ausgabe-betrag der Greenshoe-Tranche allerdings zu einem anderen Zeitpunkt als zu dem der Haupttranche fest, so hat er unter geänderten Umständen auch die geänderten

---

[48] So aber *Schanz*, BKR 2002, 439, 444 f. i.V.m. Fn. 28.

[49] Vgl. zur Bindung des Vorstandes an § 255 Abs. 2 AktG S. 340.

[50] *Meyer*, WM 2002, 1106, 1112.

[51] Bei der Entscheidung über die Veranlassung der Eintragung der Durchführung ist der Vorstand bis zur Grenze des § 185 Abs. 1 S. 3 Nr. 4 AktG frei. *Meyer*, WM 2002, 1106, 1112; *Hirte*, in: GroßKomm/AktG, 4. Aufl., § 203 Rn. 33.

[52] Diese Möglichkeit ist bei sämtlichen folgenden Fallgruppen einzubeziehen, vgl. zur Zulässigkeit einer (vorbeugenden) Feststellungsklage S. 464 ff.

Wertigkeiten zu berücksichtigen. Dies dürfte in der Praxis aufgrund der fehlenden Planungssicherheit wohl nicht vorkommen.

D. Angemessener Ausgabebetrag bei der Finanzierung von Umtauschangeboten durch ein genehmigtes Kapital

Von den angelegten Maßstäben bei § 255 Abs. 2 AktG kann auch nicht dann abgewichen werden, wenn das genehmigte Kapital zur Begebung von Tauschaktien im Rahmen eines Übernahmeangebotes ausgenutzt werden soll. Problematisch ist in diesem Zusammenhang, ob die durch das Bundesverfassungsgericht in der DAT/Altana-Entscheidung aufgestellten Grundsätze des Börsenkurses als Untergrenze auf den Anwendungsbereich des § 255 Abs. 2 AktG übertragen werden müssen,[53] sodass der Kompetenzrahmen des Vorstandes de lege lata beschränkt wäre.[54] Die praktischen Folgen eines Börsenkurses als Untergrenze wäre wohl eine Sedierung des Übernahmemarktes.[55] Der Bieter muss ein Angebot unterbreiten, das für die Aktionäre des zu übernehmenden Unternehmens attraktiv ist und die Voraussetzungen der §§ 4 ff. WpÜG-AngebotVO erfüllt. Hierfür ist es in der Praxis üblich und erforderlich eine Prämie zu zahlen, mithin einen weit über dem tatsächlichen Wert der zu erwerbenden Anteile liegenden Betrag.[56] Eine starre Untergrenze im Rahmen des § 255 Abs. 2 AktG würde daher die Risiken der Undurchführbarkeit einer Übernahme gegen Tauschaktien erheblich ansteigen lassen. Dies widerstrebt vor allem den im Rahmen der Übernahmeangebote vorherrschenden Interessenlagen.[57] Der Bieter und seine Aktionäre sind übereinstimmend an einer lukrativen Übernahme interessiert,[58] sodass die der DAT/Altana-Entscheidung zu Grunde liegende Risikostruktur nicht vorhanden ist. Dort ging es um die Verhinderung einer Benachteiligung der Aktionäre einer abhängigen Gesellschaft, bei einer Desinvestition.[59] Bei der Veröffentlichung der Übernahme ist das Interesse regelmäßig breiter angelegt, nämlich auf die Herbeiführung von Synergieeffekten,[60] Erschließung von Marktzugängen oder Ähnlichem. Es ist eine Gesamtbetrachtung hinsichtlich der

---

[53] So *Schwab*, in: K. Schmidt/Lutter, 3. Aufl. § 255 Rn. 4, der eine unwesentliche Unterschreitung zulassen möchte; ausschließliche Maßgeblichkeit des Börsenkurses *Sinewe*, NZG 2002, 314, 317.

[54] Hiervon ist die bereits zugunsten des inneren Anteilswerts entschiedene Frage des relevanten Bewertungsmaßstabes zu unterscheiden, vgl. hierzu oben S. 97 ff.

[55] *Johannsen-Roth/Goslar*, AG 2007, 573, 577 f.

[56] *Drinkuth*, in: Hdb. börsennotierte AG, 4. Aufl., § 60 Rn. 263.

[57] *Kremer/Oesterhaus*, in: KölnKomm/WpÜG, 2. Aufl., § 31 Anh. – § 7 AngebotVO, Rn. 9 *Drinkuth*, in: Hdb. börsennotierte AG, 4. Aufl., § 60 Rn. 263.

[58] *Krause*, in: Assmann/Pötzsch/Schneider, 2. Aufl., § 7 WpÜG AngebotVO, Rn. 15, *Kremer/Oesterhaus*, in: KölnKomm/WpÜG, 2. Aufl., § 31 Anh. – § 7 AngebotVO, Rn. 9.

[59] *Decher*, in: FS Wiedemann, 2002, S. 787, 796 ff.; *Kremer/Oesterhaus*, in: KölnKomm/WpÜG, 2. Aufl., § 31 Anh. – § 7 AngebotVO, Rn. 9.

[60] *Decher*, in: FS Wiedemann, 2002, S. 787, 797.

Angemessenheit anzulegen, die gerade auch die Einbeziehung des Einlagegegenstandes zulässt.[61] Objektiv muss die Wertbemessung für den Aktionär noch hinnehmbar und nicht nach vernünftiger kaufmännischer Betrachtung verfehlt sein.[62] Das eine solche Verfehlung bei § 255 Abs. 2 AktG nicht vorliegt, sofern eine Übernahmeprämie gezahlt wird, ist wohl weitgehend anerkannt und zeigt die fehlende Relevanz des Börsenkurses als starre Untergrenze.[63] Die rechnerische Unterschreitung des Börsenkurses durch das Umtauschverhältnis stellt nicht ipso iure eine Kompetenzüberschreitung durch den Vorstand dar, die mittels einer vorbeugenden Unterlassungsklage/einstweiligen Unterlassungsverfügung verhindert werden kann.

Sollte die Prämie bei der Ausnutzung des genehmigten Kapitals einmal derart hoch ausfallen, dass die Voraussetzungen des § 255 Abs. 2 AktG erfüllt sind, so haben die Aktionäre aufgrund der zwingenden Festsetzung in der Angebotsunterlage und deren Veröffentlichung ausreichend Zeit,[64] um im Wege des einstweiligen Rechtsschutzes tätig zu werden.[65]

§ 3 Bezugsrechtsausschluss

Die Ausnutzungsentscheidung des Vorstands unter Bezugsrechtsausschluss kann bei genauer Betrachtung auf vier verschiedenen Ermächtigungsvarianten basieren. Der Vorstand kann durch Schaffung eines genehmigten Kapitals unter Direktausschluss des Bezugsrechts oder unter Erteilung einer Vorratsermächtigung zur Entscheidung über den Bezugsrechtsausschluss in der Gründungssatzung ermächtigt

---

[61] *Stilz*, in: Spindler/Stilz, 4. Aufl., § 255 Rn. 19; *Koch*, in: Hüffer/Koch, 13. Aufl., § 255 Rn. 7; *Koch*, MüchKomm/AktG, 4. Aufl., § 255 Rn. 18.

[62] *Koch*, in: Hüffer/Koch, 13. Aufl., § 255 Rn. 5.

[63] Vgl. zur Anerkennung einer Prämie *Martens*, in: FS Peltzer, 2001, S. 279, 290; *Marsch-Barner*, in: Baums/Thoma WpÜG, § 31 Rn. 60; *Kremer/Oesterhaus*, in: KölnKomm/WpÜG, 2. Aufl., § 31 Anh. – § 7 AngebotVO, Rn. 9; *Decher*, in: FS Wiedemann, 2002, S. 787, 797 ff.; a.A. *Sinewe*, NZG 2002, 314, 317 der den Börsenkurs im Rahmen des § 255 Abs. 2 AktG als maßgeblich betrachtet.

[64] *Drinkuth*, in: Hdb. börsennotierte AG, 4. Aufl., § 60 Rn. 263; *Herfs/Wyen*, in: FS Hopt Bd. 1, 2010, S. 1955, 1978.

[65] Der Bieter darf das Risiko der Behinderung der Durchführung der Kapitalerhöhung aus genehmigtem Kapital durch eine einstweilige Unterlassungsverfügung eingehen; *Krause*, in: Assmann/Pötzsch/Schneider, 2. Aufl., § 13 Rn. 71. Das Eintragungsrisiko durch Klagen der Aktionäre allein für das genehmigte Kapital für zulässig erachtend, sofern sich die Ausnutzung im Rahmen der Ermächtigung hält; *Marsch-Barner*, in: Baums/Thoma/WpÜG, § 13 Rn. 95. Denn die Durchführung kann aufgrund des Volleinzahlungsprinzips des Aktienrechts bei der Erhöhung gegen Sacheinlagen noch nicht eingetragen worden sein, vgl. hierzu *Wackerbarth*, in: MünchKomm/AktG, 3. Aufl., § 13 WpÜG Rn. 13a. Dem Risiko des Erfolgs der Aktionärsklage sollte der Bieter dadurch vorbeugen, dass er das Angebot unter die Bedingung der Eintragung der Durchführung der Kapitalerhöhung stellen darf, § 18 WpÜG. Für den Fall der Anfechtungsklage, *Krause*, in: Assmann/Pötzsch/Schneider, 2. Aufl., § 13 Rn. 46.

worden sein. Die gleichen Varianten stehen zur Verfügung, sofern durch eine Satzungsänderung ein genehmigtes Kapital geschaffen wird. Wie oben bereits festgestellt, ist im Anschluss an den BGH von den Holzmann-Grundsätzen im Rahmen der Ermächtigungsentscheidung durch den Hauptversammlungsbeschluss nur nach den folgenden Maßgaben abzuweichen. Es müssen nun lediglich abstrakte Gründe den Bezugsrechtsausschluss als im Gesellschaftsinteresse erforderlich, geeignet und angemessen erscheinen lassen. Klärungsbedürftig ist darüber hinaus, inwiefern die Entscheidung des Vorstandes einer sachlichen Kontrolle unterliegt. Der BGH hat, obwohl es in der Sache Siemens/Nold lediglich um die Anfechtung des Hauptversammlungsbeschlusses ging, im zweiten Leitsatz der Entscheidung zwei Voraussetzungen aufgezählt, die für eine rechtmäßige Ausnutzungsentscheidung des Vorstands unerlässlich seien.[66] Die Ermächtigung dürfe der Vorstand nur ausnutzen, sofern das konkrete Vorhaben mit der abstrakten Umschreibung übereinstimmt und auch weiterhin im „wohlverstandenem Interesse" der Gesellschaft liege.[67] In seinen Entscheidungsgründen stellt er darüber hinaus darauf ab, dass die Maßnahme lediglich dann realisiert werden darf, wenn sie mit dem Unternehmensgegenstand übereinstimmt.[68]

A. Deckung durch den Unternehmensgegenstand als allgemeine Begrenzung der Ausnutzungsautonomie?

Der Unternehmensgegenstand fixiert den Bereich in dem die Gesellschaft den statuarischen Satzungszweck -in der Regel die Gewinnerzielung-[69] verfolgt und wird bereits zur Definition dessen, was im Gesellschaftsinteresse liegt, genutzt. Man fragt sich daher, welchen Mehrwert eine Kongruenzprüfung der Vorstandsentscheidung haben soll. Von großer Relevanz ist die Tatsache, dass der Unternehmensgegenstand einen zwingenden Satzungsbestandteil darstellt und gegenüber Dritten deutlich machen soll, in welchem Tätigkeitsfeld sich die Geschäfte der Aktiengesellschaft bewegen.[70] Durch den Unternehmensgegenstand wird auch der Autonomiebereich des Vorstandes in Geschäftsführungsangelegenheiten umrissen.[71] Für sämtliche über

---

[66] BGH, Urt. v. 23.06.1997 – II ZR 132/93 –, BGHZ 136, 133 = NJW 1997, 2815 „Der Vorstand darf von der Ermächtigung zur Kapitalerhöhung und zum Bezugsrechtsausschluß nur dann Gebrauch machen, wenn das konkrete Vorhaben seiner abstrakten Umschreibung entspricht und auch im Zeitpunkt seiner Realisierung noch im wohlverstandenen Interesse der Gesellschaft liegt. Er hat diesen Umstand im Rahmen seines unternehmerischen Ermessens sorgfältig zu prüfen."

[67] BGH, Urt. v. 23.06.1997 – II ZR 132/93 –, BGHZ 136, 133 = NJW 1997, 2815.

[68] BGH, Urt. v. 23.06.1997 – II ZR 132/93 –, BGHZ 136, 133, 140 = NJW 1997, 2815, 2816.

[69] Vgl. hierzu S. 359 ff.

[70] Pentz, in: MünchKomm/AktG, 4. Aufl., § 23 Rn. 69; Koch, in Hüffer/Koch, 12. Aufl., § 23 Rn. 21, Kindler, ZGR 1998, 35, 57.

[71] Koch, in: Hüffer/Koch, 13. Aufl., § 23 Rn. 21; § 82 Rn. 9.

das Tätigkeitsfeld, welches durch den Unternehmensgegenstand umschrieben wird, hinausgehende Maßnahmen bedarf es einer Satzungsänderung, die wiederum in die Kompetenz der Hauptversammlung fällt.[72]

Da die Ausnutzungsentscheidung des Vorstandes keine originäre Geschäftsführungsmaßnahme im Sinne des § 77 AktG darstellt, ist es nicht unmittelbar einsichtig, worin die dogmatische Funktion der Begrenzung durch den Unternehmensgegenstand im Rahmen der Ausnutzung des genehmigten Kapitals liegen könnte. Teilweise wurde vorgebracht, dass der BGH versucht hätte, durch den Verweis auf den Unternehmensgegenstand eine jedem Ermächtigungsakt immanente Begrenzung einzuziehen, die die Ausübungsautonomie des Vorstandes begrenze.[73]

I. Änderungsrelevanz des Ermächtigungsbeschlusses bei Überschreitung des Unternehmensgegenstandes

In der Literatur hat *Maslo* eine differenzierende Betrachtung hinsichtlich des vom BGH ins Feld geführten Merkmals der Kongruenz mit dem Unternehmensgegenstand angelegt und zwei Fallkonstellation unterschieden.[74]

Sollte sich die abstrakt im Ermächtigungsbeschlusses genannte Maßnahme innerhalb des Unternehmensgegenstands halten, so misst er dem Tatbestandsmerkmal keine eigenständige Bedeutung bei. Dadurch, dass die Vorstandsentscheidungen ohnehin im Rahmen der Ermächtigungsentscheidung ergehen muss, bedeute dies, dass auch die Vorstandsentscheidung notgedrungen im Rahmen des Unternehmensgegenstands bleiben muss. Jede Übertretung dessen würde nicht nur eine Verletzung des Unternehmensgegenstandes, sondern auch eine Verletzung hinsichtlich der übertragenen Kompetenzen bedeuten.[75] In beiden Fällen liege ein Kompetenzverstoß vor, wobei im ersten Fall primär auf die Perspektive der Überschreitung der Geschäftsführungskompetenz abgestellt wird und im zweiten Fall auf die Überschreitung der derivativen Kompetenz zur Ausnutzung eines genehmigten Kapitals. Eine Bedeutung des Merkmals sieht er nur für den auch seiner Ansicht nach eher theoretischen Fall als gegeben an, dass das konkrete Vorhaben dem Unternehmensgegenstand nicht mehr entspricht, allerdings der äußerst abstrakt gehaltenen Ermächtigung.[76]

Für den zweiten Fall, dass die abstrakt im Ermächtigungsbeschlusses genannte Maßnahme nicht mit dem Unternehmensgegenstand in Einklang zu bringen ist, könne in dem Ermächtigungsbeschluss vielmehr eine stillschweigende Änderung

---

[72] Als zwingender Satzungsbestandteil (§ 23 Abs. 3 Nr. 2 AktG) ergibt sich dies aus § 119 Nr. 5 AktG.

[73] So scheint *Maslo*, Interessenwahrung und Rechtsschutz, S. 99, den BGH zu interpretieren.

[74] *Maslo*, Interessenwahrung und Rechtsschutz, S. 99 f.

[75] Vgl. *Maslo*, Interessenwahrung und Rechtsschutz, S. 99 f.

[76] *Maslo*, Interessenwahrung und Rechtsschutz, S. 100.

des Unternehmensgegenstandes gesehen werden.[77] In diesen Fällen müsse sich der Wille der Hauptversammlung zur Kapitalerhöhung durchsetzen, da andernfalls die gänzliche Unwirksamkeit der Maßnahme notwendige Folge wäre.[78] Die Voraussetzung einer notwendigen Satzungsänderung scheint *Maslo* im Regelfall als gegeben anzusehen, da gemäß § 202 Abs. 2 S. 2 AktG für das genehmigte Kapital ohnehin eine qualifizierte Mehrheit erforderlich wäre, wie auch für die Satzungsänderung.[79]

II. Stellungnahme

Es sei zunächst vorangestellt, dass es einen Fall, in dem sich eine Maßnahme innerhalb der abstrakten Ermächtigung hält, aber nicht vom Unternehmensgegenstand gedeckt ist, meiner Einschätzung nach kaum geben kann. Der Grund liegt darin, dass der Ermächtigungsbeschluss die Satzung der Aktiengesellschaft ändert. Die Satzung ist, da es sich um eine die körperliche Struktur der Aktiengesellschaft betreffende Bestimmung handelt, aus sich selbst heraus und damit objektiv auszulegen, um ein einheitliches Auslegungsergebnis unbeeinflusst von öffentlich nicht wahrnehmbaren Interessen der Gesellschafter zu garantieren.[80] In Fällen der genannten Art wird aufgrund der – bis zu seiner Änderung – zwingenden Vorgabe des Unternehmensgegenstandes, als Bestandteil der Satzung (§ 23 Abs. 3 Nr. 2 AktG) zu dem Ergebnis zu kommen sein, dass lediglich innerhalb des Unternehmensgegenstandes anzusiedelnde Maßnahmen von der Ermächtigung umfasst sein sollen.[81] Sollte ein Ermächtigungsbeschluss einmal derart weit gefasst sein, dass er Maßnahmen außerhalb des Unternehmensgegenstandes abdeckt, befindet man sich unvermittelt in der zweiten Konstellation.[82] Er selbst wäre dann nicht mehr von dem Unternehmensgegenstand erfasst.

Auch den Konsequenzen, die *Maslo* aus der zweiten gebildeten Fallgruppe zieht, kann nicht gefolgt werden. Eine implizite Änderung des Unternehmensgegenstandes durch die Schaffung eines genehmigten Kapitals erfüllt nicht die notwendigen Anforderungen. Als eigentliche Basis, die hier als Änderungsgrundlage des Unternehmensgegenstandes herangezogen wird, sollen lediglich abstrakt umschriebene Gründe dienen, nach denen das Bezugsrecht ausgeschlossen werden darf. Dem

---

[77] *Kindler*, ZGR 1998, 35, 58.

[78] *Kindler*, ZGR 1998, 35, 58; *Maslo*, Interessenwahrung und Rechtsschutz, S. 100.

[79] *Maslo*, Interessenwahrung und Rechtsschutz, S. 100.

[80] BGH, Urt. v. 9. 6. 1954 – II ZR 70/53 –, BGHZ 14, 25, 36 f.; vgl. hierzu und zum Streitstand insgesamt noch *Brändel*, in: GroßKomm/AktG, 4. Aufl., § 2 Rn. 54 ff.

[81] Ansatzweise *Cahn*, ZHR 163 (1999), 554, 569.

[82] Denn dann verletzt der Ermächtigungsbeschluss eine nur im förmlichen Verfahren (*Pentz*, in: MünchKomm/AktG, 4. Aufl., § 23 Rn. 85) änderbare Satzungsbestimmung, die wie ein Gesetzesverstoß zur Anfechtbarkeit führt; *Hüffer/Schäfer*, in: MünchKomm/AktG, 4. Aufl., § 243 Rn. 20.

Beschluss der Hauptversammlung liegt damit von Beginn an eine andere Zielrichtung zugrunde.

Zudem reicht es für die Änderung des Unternehmensgegenstandes nicht aus, dass im Rahmen der Anmeldung des genehmigten Kapitals die Bestimmungen der Kapitalmaßnahme ebenfalls in das Handelsregister eingetragen werden. Diese Eintragung kann nicht den Erfordernissen, die § 181 Abs. 2 AktG an die Eintragung der Änderung eines zwingenden Satzungsbestandteils stellt, entsprechen. Für die Änderung des Unternehmensgegenstands ist es erforderlich, dass aus der Anmeldung der konkrete Inhalt hervorgeht.[83] Auch die Eintragung selbst erfordert, dass bei Gegenständen des § 39 AktG die Satzungsänderung ihrem Inhalt nach unzweifelhaft aus der Eintragung hervorgeht.[84]

Wird daher bei der Schaffung eines genehmigten Kapitals, bei dem der abstrakte Grund außerhalb des Unternehmensgegenstandes liegt, nicht eingetragen, dass der Unternehmensgegenstand dahin gehend geändert wird, dass die Gesellschaft von nun an auch außerhalb des Bereichs des eingetragenen Unternehmensgegenstandes tätig ist, fehlt es an einer konstitutiven Eintragung. Denn ohne diese präzise Formulierung geht die Änderung der Satzung nicht unzweifelhaft aus der Eintragung hervor. Will beispielsweise ein dem Unternehmensgegenstand nach reines Industrieunternehmen nun auch das Erwerben, Halten und Veräußern von Beteiligungen betreiben, ist dies öffentlichkeitswirksam im Handelsregister kundzutun. Eine Erweiterung des Unternehmensgegenstandes ist andernfalls nach § 181 Abs. 3 AktG sowohl im Innenverhältnis als auch im Außenverhältnis nicht wirksam.[85]

Ein Verweis auf das Erfordernis der Eintragung der Bestimmungen über ein genehmigtes Kapital im Handelsregister nach § 39 Abs. 2 AktG führt zu keiner anderen Beurteilung.[86] Zum einen fehlt es an der soeben benannten inhaltlich eindeutigen Eintragung. Zum anderen wird die notwendige Publizitätswirkung schon allein deshalb nicht hervorgerufen, da die Änderungen des Unternehmensgegenstandes gem. § 43 Nr. 2 lit. c HRV in der zweiten Spalte der Abteilung B eingetragen werden und die Angaben zum genehmigten Kapital gem. § 43 Nr. 6 lit b, hh HRV in der sechsten Spalte der Abteilung B.[87] Mangels wirksamer Änderung des Unternehmensgegenstandes durch die Anmeldung allein des genehmigten Kapitals, stellt auch die Ausnutzung auf Grundlage einer nicht vom Unternehmensgegenstand gedeckten Ermächtigung der Hauptversammlung einen eigenständigen Kompe-

---

[83] *Koch*, in: Hüffer/Koch, 13. Aufl., § 181 Rn. 6.

[84] *Koch*, in: Hüffer/Koch, 13. Aufl., § 181 Rn. 20.

[85] Anders scheint dies *Maslo*, Interessenwahrung und Rechtsschutz, S. 100 zu sehen; gleichsinnig *Cahn*, ZHR 163 (1999), 554, 568 f., der darüber hinaus zutreffend darauf hinweist, dass der Vorstand bereits pflichtwidrig handelt, sofern er der Hauptversammlung ein bezugsrechtsfreies genehmigtes Kapital unter Überschreitung des Unternehmensgegenstandes vorschlägt, hinsichtlich des Unternehmensgegenstandes selbst aber keine eigenständige Änderung vorschlägt.

[86] So aber *Maslo*, Interessenwahrung und Rechtsschutz, S. 101 f.

[87] *Cahn*, ZHR 163 (1999), 554, 568.

tenzverstoß durch den Vorstand zulasten des mitgliedschaftlichen Teilhaberechts dar.[88] Allein ein solcher eröffnet dem Aktionär die Möglichkeit, im Wege der Aktionärsklage antizipiert gegen die Kapitalerhöhung vorzugehen. Darüber hinaus ist in diesen Fällen bereits der Ermächtigungsbeschluss mit einer Beschlussmängelklage angreifbar.[89] Der Ermächtigungsbeschluss ist in diesem Fall sogar als zustandsbegründende Satzungsdurchbrechung nichtig, auch wenn ein genehmigtes Kapital nur einen temporären Zustand darstellen würde.[90]

Dies bestätigt sich, wenn man die von *Maslo* gemachte Ausnahme betrachtet. Diese soll vorliegen, wenn der Zweck der Ermächtigung nicht zum Inhalt des Beschlusses gemacht worden ist.[91] In diesem Fall soll scheinbar keine Änderung des Unternehmensgegenstandes angenommen werden, da die notwendigen Angaben lediglich in dem Vorstandsbericht enthalten seien und nicht mit der Anmeldung eingereicht worden sind.[92] Dies sieht er selbst eher als theoretischen Fall an, da in diesen Fällen bereits ein Beschlussvorschlag des Vorstandes, der außerhalb des Unternehmensgegenstands liegt, pflichtwidrig sei, weswegen auch der Ermächtigungsbeschluss mindestens anfechtbar sei.[93] Diese angenommene Pflichtwidrigkeit trifft im Kern zu, hilft in der Sache allerdings nicht weiter,[94] da sie auch für Fälle gilt, in denen der Zweck der Ermächtigung Satzungsbestandteil wird und außerhalb des Unternehmensgegenstandes liegt.[95] Der Beschluss ist in diesen Fällen aber bereits wegen Verstoßes gegen materielles Satzungsrecht nichtig.[96]

Die abgelehnte Ausnutzungskompetenz aufgrund der pflichtwidrigen Unterbreitung des Beschlussvorschlags ist zudem nicht ausreichend,[97] um dem Aktionär

---

[88] Für die Änderung des Unternehmensgegenstandes sind allein die teilhabeberechtigten Aktionäre innerhalb ihres Forums Hauptversammlung zuständig.

[89] Wurde eine Beschlussmängelklage nach den §§ 241 ff. AktG nicht erhoben, so hindert dies die Aktionärsklage nicht. Der Unternehmensgegenstand begrenzt auch die Ausnutzungsautonomie des Vorstandes, sodass ein Verweis auf den bestandskräftigen Ermächtigungsbeschluss nicht hinderlich ist. Die Entscheidung leidet zwar an einem in der Sache mit dem Hauptversammlungsbeschluss identischen aber eigenständigen Mangel. Der Mangel hat gerade deshalb eine eigenständige Bedeutung auf der Ausnutzungsebene.

[90] BGH, Urt. v. 07.06.1993 – II ZR 81/92 –, BGHZ 123, 15, 19 = NJW 1993, 2246, 2247.

[91] *Maslo*, Interessenwahrung und Rechtsschutz, S. 102.

[92] *Maslo*, Interessenwahrung und Rechtsschutz, S. 103.

[93] *Maslo*, Interessenwahrung und Rechtsschutz, S. 103.

[94] So aber *Maslo*, Interessenwahrung und Rechtsschutz, S. 102.

[95] Man kann richtigerweise auch diesen Beschluss mittels einer Beschlussmängelklage beseitigen; vgl. zur Bindungswirkung des Unternehmensgegenstandes auch gegenüber den Gesellschaftern *Pentz*, in: MünchKomm/AktG, 4. Aufl., § 23 Rn. 86. Nur für den Beschluss, der den Ermächtigungszweck nicht enthält, nimmt dies *Maslo*, Interessenwahrung und Rechtsschutz, S. 103 an.

[96] BGH, Urt. v. 07.06.1993 – II ZR 81/92 –, BGHZ 123, 15, 19 = NJW 1993, 2246, 2247; zum Unternehmensgegenstand als materielles Satzungsrecht *Pentz*, in: MünchKomm/AktG, 4. Aufl., § 23 Rn. 85 i.V.m. Rn 40.

[97] Sympathisierend scheinbar *Maslo*, Interessenwahrung und Rechtsschutz, S. 102.

die Aktionärsklage zur Seite zu stellen.[98] Neben der Begründungsschwäche führt der Ansatz auch zu unvertretbaren Ergebnissen. Nach der Lösung von *Maslo* würde die für die meisten Fälle angenommene wirksame Änderung des Unternehmensgegenstandes dazu führen, dass der Vorstand bei unterbliebener Anfechtung im Rahmen seiner derivativen Kompetenzen handeln würde, obwohl er den Beschluss selbst pflichtwidrig herbeigeführt hat. Dies entspräche faktisch einer mittelbar selbst herbeigeführten Kompetenzerweiterung durch Einleitung der Schaffung eines genehmigten Kapitals. Dies widerspricht sämtlichen zuvor bereits benannten aktienrechtlichen Grundwertungen, die eine nur publizitätswirksame Änderung des Unternehmensgegenstandes ausreichen lassen. Die Anforderungen, die an eine zustandsbegründende Satzungsdurchbrechung zu stellen sind, sind gerade nicht erfüllt.[99]

Die Überprüfung der Kongruenz der avisierten Maßnahme mit dem Unternehmensgegenstand hat damit entgegen anderslautenden Stimmen für den Fall, dass sich die Ermächtigung außerhalb des Unternehmensgegenstandes bewegt eigenständige Bedeutung.[100] Die Übereinstimmung mit dem Unternehmensgegenstand ist daher als Beschränkung der Ermächtigungskompetenz der Hauptversammlung und auch als allgemeine Begrenzung der Ausnutzungsautonomie des Vorstandes aufzufassen.[101] Dies bedeutet auch, dass sich der Vorstand nicht nur für den Fall des Bezugsrechtsausschlusses innerhalb des Unternehmensgegenstandes bewegen muss.

B. Kongruenz mit der Ermächtigungsgrundlage

Zudem ist es in jedem Fall unerlässlich, dass der Vorstand genau prüft, ob er sich bei der Ausnutzungsentscheidung im Rahmen der ihm übertragenen Ermächtigung hält. Da es sich bei der Ermächtigung des Vorstandes lediglich um eine abgeleitete Wahrnehmungskompetenz handelt und der Vorstand lediglich Substitut der Hauptversammlung ist, stellt die Übertragungsgrundlage (der Hauptversammlungsbeschluss) die originäre Grenze des rechtmäßigen Vorstandsverhaltens dar.[102]

Der Vorstand hat also zu überprüfen, ob die nun konkret ins Auge gefasste Maßnahme mit der abstrakt angegebenen Maßnahme im Ermächtigungsbeschluss übereinstimmt. Wurde die Ermächtigung zum Zwecke des Beteiligungserwerbes erteilt, ist es dem Vorstand nicht gestattet, diese zum Zwecke eines IPO (Initial Public

---

[98] Vgl. zur hier vertretenen Ausformung der Aktionärsklage S. 286 ff.

[99] Vgl. zu zustandsändernden Satzungsdurchbrechungen auch *Fleck*, ZGR 1988, 104, 126 f.; BGH, Urt. v. 07.06.1993 – II ZR 81/92 –, BGHZ 123, 15, 19 = NJW 1993, 2246, 2247; a.A. *Maslo*, Interessenwahrung und Rechtsschutz, S. 100 ff.

[100] Anders *Kindler*, ZGR 1998, 35, 58; dem folgend *Maslo*, Interessenwahrung und Rechtsschutz, S. 99 ff.; wie hier *Cahn*, ZHR 163 (1999), 554, 568 f.

[101] *Cahn*, ZHR 163 (1999), 554, 569.

[102] So auch *Cahn*, ZHR 163 (1999), 554, 565 f.; *Kindler*, ZGR 1998, 35, 59. *Hirte*, in: GroßKomm/AktG, 4. Aufl., § 203 Rn. 78; *Ekkenga*, in: Hdb. Vorstandsrecht, § 21 Rn. 54 f.

Offering) auszunutzen.[103] Für eine solche Entscheidung steht dem Vorstand lediglich ein Beurteilungsspielraum auf Tatbestandsseite zu, nicht jedoch ein unternehmerisches Ermessen auf Rechtsfolgenseite.[104] Der in der Siemens/Nold-Entscheidung angeführte Ermessensspielraum ist im Hinblick darauf zu verstehen, dass der Vorstand überprüft, ob die Maßnahme mit dem Gesellschaftsinteresse vereinbar ist.[105] Denn es ist mehr als unwahrscheinlich und auch richtig, dass der BGH von seiner erst kurz zuvor getroffenen Entscheidung in Sachen ARAG/Garmenbeck abweichen wollte.[106]

Der Vorstand muss überprüfen, ob die tatsächliche Sachlage mit der abstrakt im Ermächtigungsbeschluss genannten Sachlage übereinstimmt. Es geht damit von vornherein nicht um eine Entscheidung auf Rechtsfolgenseite, sondern um eine reine Subsumtionsprüfung.[107] Diese ist im Streitfall einer umfassenden gerichtlichen Überprüfung zugänglich. Wurde dem Vorstand im Ermächtigungsbeschlusses allerdings durch unbestimmte Rechtsbegriffe ein Beurteilungsspielraum zugestanden, so ist dieser Beurteilungsspielraum auch bei der gerichtlichen Überprüfung zu berücksichtigen.[108]

C. Kongruenz mit dem „wohlverstandenen Gesellschaftsinteresse"

I. (Kein) eingeschränkter Kontrollumfang auf zweiter Stufe

Wie bereits im Rahmen des Ermächtigungsbeschlusses angedeutet, besteht auch bei der Ausnutzungsentscheidung Streit darüber, ob das Erfordernis sachlicher Rechtfertigung des Bezugsrechtsausschlusses als materielle Voraussetzung existiert und, wenn man dies annimmt, in welchem Umfang es existiert.

Teilweise wurde vorgebracht, dass im Anschluss an Siemens/Nold nun lediglich eine Übereinstimmung der avisierten Maßnahme mit dem Gesellschaftsinteresse zu prüfen sei. Eine weitergehende Überprüfung sei nun nicht mehr zuzulassen.[109] Konsequenterweise will insbesondere *Kindler* die hier gefundenen Ergebnisse auch

---

[103] *Cahn*, ZHR 163 (1999), 554, 565; *Stamatopoulos*, Pflichtstellung des Vorstandes, S. 87.

[104] *Maslo*, Interessenwahrung und Rechtsschutz, S. 103.

[105] *Cahn*, ZHR 163 (1999), 554, 566.

[106] So übereinstimmend *Kindler*, ZHR 1998, 35, 59; *Cahn*, ZHR 163 (1999), 554, 565 f.; *Maslo*, Interessenwahrung und Rechtsschutz, S. 103.

[107] Vgl. die treffende Überschrift bei *Kindler*, ZGR 1998, 35, 59.

[108] Zurückhaltend, was den Beurteilungsspielraum innerhalb des Erkenntnisbereichs anbelangt BGH, Urt. v. 21.04.1997 – II ZR 175/95 –, ZIP 1997, 883, 886.

[109] Es seien lediglich Ausnahmen für die Fälle des Missbrauches zugelassen, die weiterhin überprüft werden können; vgl. *Kindler*, ZGR 1998, 35, 39, 60; so schon vorher *Martens*, ZIP 1992, 1677,1687; *Kindler*, ZHR 158 (1994), 339, 367.

auf die Fälle der regulären Kapitalerhöhung übertragen,[110] sodass zumindest dem Grundsatz der Einheitlichkeit der materiellen Anforderungen genüge getan wäre. Es wird also neben einer Abkehr von der Holzmann-Entscheidung auch eine Abkehr von der Kali+Salz-Entscheidung angenommen.[111] Die Begründung dieser Abkehr ruht überwiegend auf der fehlenden Erwähnung der Erforderlichkeit, Geeignetheit und Angemessenheit in der Siemens/Nold-Entscheidung.[112] Dem ist mit der überzeugenden Gegenansicht entgegenzutreten, wie auch schon hinsichtlich des angeblichen Rückbaus der Beschlusskontrolle auf Ebene des Ermächtigungsbeschlusses.[113] Auch nicht überzeugen kann eine Differenzierung dahin gehend, ob ein bereits bezugsrechtsfreies genehmigtes Kapital geschaffen worden ist oder der Vorstand zum Ausschluss ermächtigt worden ist.[114]

Auch der BGH hat in der Commerzbank/Mangusta II-Entscheidung klargestellt, dass „[m]it dem Absenken der Anforderungen an den Ermächtigungsbeschluß [...] [k]einesfalls ... der vom Gesetzgeber beabsichtigte Schutz der Aktionäre herabgesetzt"[115] werden sollte.[116]

Hier ist hervorzuheben, dass die Gefährdungslage für die Mitgliedschaftsrechte der Aktionäre zum Zeitpunkt der Ausnutzung eines genehmigten Kapitals im Gegensatz zum Zeitpunkt des Hauptversammlungsbeschlusses konkreter wird.

Eine Differenzierung dahin gehend, ob es sich um einen Direktausschluss oder um eine Ausschlussermächtigung handelt, ist nicht angebracht. Wurde das genehmigte Kapital bereits frei vom Bezugsrecht geschaffen, und fällt die sachliche Prüfung negativ aus, hat der Vorstand die Ausnutzung des genehmigten Kapitals im Ganzen zu unterlassen. Die Hauptversammlung als Träger der originären Kompetenz konnte den Vorstand im Wege der Delegation der Entscheidung nur insoweit ermächtigen, wie sie selber hätte entscheiden können. Der Vorstand muss sich also auch hier an die der Hauptversammlung gesetzten Grenzen halten. Die Eingriffskontrolle bei Beeinträchtigung der Mitgliedschaftsrechte ist damit nicht nur eine Begrenzung der Beschlussautonomie,[117] sondern auch eine immanente Begrenzung für die Ausnutzungsautonomie des Vorstandes.

---

[110] *Kindler*, ZGR 1998, 35, 39, 60.

[111] Eine ausdrückliche Abstandnahme vermisst scheinbar *Kindler*, ZGR 1998, 35, 39.

[112] *Kindler*, ZGR 1998, 35, 39, 60; in gleicher Richtung interpretiert *Lutter*, JZ 1998, 50, 51 das Siemens/Nold-Urteil.

[113] *Wymeersch*, AG, 1998, 382, 390; *Rodloff*, ZIP 2003, 1076, 1079; *Henze*, ZHR 167 (2003), 1, 3 f.; *Ekkenga*, AG 2001, 567, 572 f.; die Sachkontrolle allein auf die zweite Stufe beziehend *Hirte*, in: GroßKomm/AktG, 4. Aufl., § 203 Rn. 73 f.

[114] So wohl auch *Bayer*, in: MünchKomm/AktG, 4. Aufl., § 203 Rn. 115 ff. i.V.m. 127, der allerdings auch auf Ebene des Hauptversammlungsbeschlusses differenziert *Bayer*, in: MünchKomm/AktG, 4. Aufl., § 203 Rn. 131.

[115] BGH, Urt. v. 10.10.2005 – II ZR 90/03 –, BGHZ 164, 249, 254 f.

[116] *Bayer*, in: MünchKomm/AktG, 4. Aufl., § 203 Rn. 116.

[117] Vgl. zur Eingriffskontrolle als Grenze auch *Ekkenga*, in: KölnKomm/AktG, 3. Aufl., § 186 Rn. 65.

Die Hauptversammlung als solche kann das Bezugsrecht der Aktionäre lediglich dann ausschließen, sofern ein Zweck verfolgt wird, der im Gesellschaftsinteresse liegt und der Bezugsrechtsausschluss zur Erreichung geeignet, erforderlich und angemessen ist. Ein Verzicht auf die sachliche Kontrolle würde zu einem Ungleichgewicht hinsichtlich des Schutzstandards der Bezugsrechte von Aktionären führen. Die Aktionärsmehrheit hätte es durch die gewählte Art der Kapitalerhöhung in der Hand, den Schutzstandard zugunsten oder wohl eher zulasten der Minderheitsaktionäre selbst zu bestimmen.[118] Diesen Einwand kann man lediglich entkräften, indem man das Absenken der Anforderung auf sämtliche Arten der Kapitalerhöhung überträgt und auch bei der regulären Kapitalerhöhung nur noch eine Überprüfung auf das Gesellschaftsinteresse hin verlangt.[119] Dies kann allerdings nicht überzeugen.

Betrachtet man die Entscheidung des BGH, fällt auf, dass er zum einen von der Kali+Salz-Entscheidung nicht ausdrücklich Abstand genommen und sich zum anderen auch den Urteilsgründen eine solche Abstandnahme nicht entnehmen lässt. Es geht in den Entscheidungsgründen allein um die Aufrechterhaltung des genehmigten Kapitals als flexiblem Instrument der Eigenmittelfinanzierung. Diese Flexibilität wurde durch das Absenken der Berichtsanforderungen im Rahmen des Ermächtigungsbeschlusses erreicht. Eine dogmatisch begründete Abkehr von der materiellen Beschlusskontrolle als solcher wurde in der Entscheidung weder benannt, noch ist sie in dieser stillschweigend angelegt.[120] Wurde die Entscheidung über den Bezugsrechtsausschluss dem Vorstand überlassen, so gilt dies gleichsam. Liegen die Voraussetzungen für eine sachliche Rechtfertigung des Bezugsrechtsausschlusses nicht vor, kann der Vorstand das genehmigte Kapital lediglich cum Bezugsrecht ausnutzen.

Eine Eingriffskontrolle nach den hergebrachten Kali+Salz-Grundsätzen muss aufgrund der obigen Erkenntnisse auch auf der Ebene der Ausnutzungsentscheidung erfolgen.[121] Diese für den Vorstand bindenden Maßstäbe sollen daher an dieser Stelle konkretisiert werden.

II. Kali+Salz-Maßstäbe

Der BGH verlangt zur sachlichen Rechtfertigung des Bezugsrechtsausschlusses seit seiner Rechtsprechung in der Sache Kali+Salz,[122] dass der Ausschluss des Bezugsrechtes mit dem Gesellschaftsinteresse vereinbar ist, geeignet, erforderlich und angemessen ist. Was hierunter im Einzelnen zu verstehen ist, wird sich aus den nachfolgenden Ausführungen ergeben.

---

[118] *Schumann*, Bezugsrecht, S. 70.

[119] So konsequent *Kindler*, ZGR 1998, 35, 39, 60.

[120] *Schumann*, Bezugsrecht, S. 68 ff.

[121] Vgl. im Übrigen die Gründe und Nachweise zur Stellungnahme bei der Abkehr von der Beschlusskontrolle beim Hauptversammlungsbeschluss S. 119 ff.

[122] BGH, Urt. v. 13.3.1978 – II ZR 142/76 –, BGHZ 71, 40 ff. = NJW 1978, 1316 ff.

1. Übereinstimmung des Bezugsrechtsausschlusses mit dem Gesellschaftsinteresse

Eine Übereinstimmung mit dem Gesellschaftsinteresse ist dann gegeben, wenn der Bezugsrechtsausschluss im Rahmen des Unternehmensgegenstandes der Förderung des Gesellschaftsziels dient.[123] Mit der zutreffenden erstarkten Ansicht setzt sich der Gesellschaftszweck aus zwei Komponenten zusammen. Hierzu zählt der Unternehmensgegenstand, welcher das Mittel beschreibt, mit welchem die zweite Komponente, das Formalziel erreicht werden soll.[124] Die Formel scheint durch ihre Einfachheit auf den ersten Blick zu überzeugen. In Wahrheit ist es bis heute beim Versuch der Konkretisierung des Begriffs des „Gesellschaftsinteresses" geblieben.[125] Insbesondere ungeklärt ist, welche Gruppen bei der Bestimmung des Interesses berücksichtigt werden. [126] Streit herrscht auch darüber, ob das Gesellschaftsinteresse kongruent mit dem Unternehmensinteresse ist oder sich von diesem unterscheidet.[127] Die abschließende Konkretisierung des Gesellschaftsinteresses ist auch nicht Anspruch der vorliegenden Arbeit, weswegen der Versuch nicht unternommen wird. Zu erörtern sind allerdings die allgemeinen Anforderungen, die die Handhabung des Merkmals für den Vorstand praktikabel werden lassen.

In Anklang an *Zöllner* ist unter dem Gesellschaftsinteresse in der vorliegenden Arbeit all das zu verstehen, „was den Bestand, die Funktionsfähigkeit und die Aufgabenerfüllung des Verbands im Hinblick auf den Zweck des Verbands begünstigt und gewährleistet".[128] Das Gesellschaftsinteresse ist im Sinne eines überindividuellen Interesses zu verstehen, wobei überindividuell nicht dahin gehend missverstanden werden darf, dass die Interessen der Gesellschafter irrelevant sind.[129] Das Gesellschaftsinteresse setzt sich vielmehr aus den gebündelten Interessen der

---

[123] *Hefermehl/Bungeroth*, in: Geßler/Hefermehl, § 186 Rn. 112.

[124] Wie hier *Zöllner*, Die Schranken mitgliedschaftlicher Stimmrechtsmacht, S. 27; *Lutter*, AcP 180 (1980) 84, 90; *Jürgenmeyer*, Unternehmensinteresse, S. 128 f.; *Füchsel*, Bezugsrechtsausschluß, S. 82; *Pentz*, in: MünchKomm/AktG, 4. Aufl., § 23 Rn. 76, mit Darstellung der Ansichten Rn. 70 ff.; a.A. *Heinrich*, in: Heidel, Aktien- und Kapitalmarktrecht, 4. Aufl., § 23 Rn. 20; *Eckhard*, in: Geßler/Hefermehl, § 23 Rn. 64.

[125] Vgl. *Wiedemann*, in: GroßKomm/AktG, 4. Aufl., § 186 Rn. 139, der auf das von Einzelinteressen bereinigte *objektive* Interesse der Aktionärsgesamtheit abstellt; ganz anders *Teubner*, ZHR 149 (1985), 470 ff., der den „corporate actor" als eigenständigen Interessenträger ansieht. W.N. zu Konzeptionen des Gesellschaftsinteresses bei *Semler*, Leitung, S. 34 ff. (Fn. 94).

[126] Zum „Shareholde Value-Ansatz" *Mülbert*, ZGR 1997, 129 ff.; *Kübler*, in: FS Zöllner, 1999, Bd. 1, S. 321 ff.; vgl. *Henze*, BB 2000, 209, 212, der den BGH „eindeutig" dem „Stakeholder Value-Ansatz" zugeneigt sieht.

[127] Für eine Differenzierung *Zöllner*, Die Schranken mitgliedschaftlicher Stimmrechtsmacht, 73 ff.; *Raiser*, in: FS R. Schmidt, 1976, S. 101, 111 f.

[128] *Zöllner*, in: KölnKomm/AktG, 1. Aufl., Einl-Reg. Rn. 107.

[129] *Mülbert*, Aktiengesellschaft, 2. Aufl., S. 139 f.

Gesellschafter zusammen.[130] Eine vollkommene Kongruenz der Interessen der einzelnen Gesellschafter ist hierzu allerdings keine Voraussetzung, sie zu bejahen wäre ohnehin eine reine Scheinkonstruktion.[131] So können Aktionäre wirtschaftliche, kulturelle, religiöse, andere ideelle oder sonstige Ziele verfolgen, die Mehrheit andere als die Minderheit, und vieles mehr. Der Pluralität an Interessen sind keine Grenzen gesetzt und doch hindern uns all diese Möglichkeiten nicht daran, dass Gesellschaftsinteresse als ein aus „Komponenten mit verschiedenen Vorzeichen zusammengesetztes"[132] Gebilde zu erblicken. Denn ein Konflikt, der innerhalb dieser Gemengelage höchstwahrscheinlich auftritt, ist im Wege der praktischen Konkordanz zu einem gemeinsamen Interesse aufzulösen.[133] Dieses gemeinsame Interesse wird durch den Unternehmensgegenstand und dem der Verbindung der Gesellschafter zugrundeliegende Formalziel des Verbandes konkretisiert. Das Formalziel kann in der Satzung niedergelegt werden. Falls dies nicht ausdrücklich geschehen ist, streitet eine Vermutung dafür, dass sich die Gründer für das einer Aktiengesellschaft normativ zugrunde gelegte Ziel entschieden haben.[134] Wie sogleich näher darzulegen ist, gibt die normative Struktur der Aktiengesellschaft die Gewinnerzielung als Formalziel vor.[135]

Die Beurteilung, ob eine Maßnahme im Gesellschaftsinteresse liegt, richtet sich nach der Sichtweise des handelnden Gesellschaftsorgans. Diesem muss zum Zeitpunkt der Entscheidung ein überwiegendes Gesellschaftsinteresse plausibel erscheinen.[136] Dies ist nicht erst dann anzunehmen, sofern es um eine Existenzgefährdung der Gesellschaft geht.[137] Wegen der Zweckbezogenheit des Gesellschaftsinteresses[138] ist dies bereits dann anzunehmen, wenn nach reiflicher Abwägung unter Ausschluss gesellschaftsfremder Erwägungen dem Zweck gedient wird.[139] Die Gesellschaftsorgane haben bei der Verfolgung des Gesellschaftsinteresses einen nicht justiziablen Beurteilungsspielraum, der aufgrund der Zukunftsbezogenheit und den damit einhergehenden prognostischen Unsicherheiten für eine Unternehmensleitung und auch im Rahmen der Ausnutzung eines bezugsfreien

---

[130] *Kort*, in: GroßKomm/AktG, 4. Aufl., § 76 Rn. 53; *Mülbert*, Aktiengesellschaft, 2. Aufl., S. 141.

[131] *Mülbert*, Aktiengesellschaft, 2. Aufl., S. 141 f.

[132] *Kort*, in: GroßKomm/AktG, 4. Aufl., § 76 Rn. 53.

[133] *Bürgers*, in: Bürgers/Körber, 4. Aufl., § 76 Rn. 13.

[134] *Mülbert*, Aktiengesellschaft, 2. Aufl., S. 155 ff.

[135] So ebenfalls *Metten*, Corporate Governance, S. 72 Fn. 454.

[136] *Zöllner*, Die Schranken mitgliedschaftlicher Stimmrechtsmacht, S. 321; BGH, Urt. v. 13.03.1978 – II ZR 142/76 –, BGHZ 71, 40, 50; *Schockenhoff*, AG 1994, 45, 49.

[137] *Semler*, BB 1983, 1566, 1668; allgemein zum Gesellschaftsinteresse *Schürnbrand*, in: MünchKomm/AktG, 4. Aufl., § 186 Rn. 98 ff.

[138] Vgl. die Arbeiten *Zöllners*, der das Gesellschaftsinteresse als „siamesischen Zwillingsbruder", Die Schranken mitgliedschaftlicher Stimmrechtsmacht, S. 318, oder als „Kehrseite" des Verbandszwecks, in KölnKomm/AktG, 1. Aufl., § 243 Rn. 178, bezeichnet.

[139] *Stamatopoulos*, Pflichtenstellung des Vorstandes, S. 35.

genehmigten Kapitals notwendig ist.[140] Dieser Freiraum hat dem Vorstand ebenso zuzustehen, wie der übertragenden Hauptversammlung.[141] Der in der Kali + Salz-Entscheidung liegenden Absage an einen objektiven Maßstab ist uneingeschränkt Beifall zu klatschen. Bei Anlegung objektiver Kriterien würden die Gerichte zu den wahren Unternehmenslenkern und auch diese könnten wegen den der Prognose-entscheidung immanenten Unsicherheiten ebenso wenig wie die Gesellschaftsor-gane, die aus Sicht des Gesellschaftsinteresses richtige Entscheidung treffen.[142] Diese immer noch abstrakt bleibenden Anforderungen waren immer wieder Ge-genstand wissenschaftlicher Konkretisierungsversuche. Einige dieser Versuche sind nun darzustellen und auf ihre Stichhaltigkeit hin zu überprüfen. Bevor es nun aber um die Konkretisierung des Gesellschaftsinteresses gehen kann, ist zu erörtern, welches Formalziel eine Aktiengesellschaft im konkreten Einzelfall nach Auslegung der Satzung verfolgt.[143]

a) Gewinnerzielung als vermutetes Formalziel

Die Satzung ist, da es sich um eine die körperliche Struktur der Aktiengesellschaft betreffende Bestimmung handelt, aus sich selbst heraus und damit objektiv auszu-legen, um ein einheitliches Auslegungsergebnis unbeeinflusst von öffentlich nicht wahrnehmbaren Interessen der Gesellschafter zu garantieren.[144] Wenn sich aus der Satzung keine Anhaltspunkte entnehmen lassen, ist davon auszugehen das die Ak-tiengesellschaft den Zweck der Gewinnerzielung verfolgt.[145] Dies wird im Aktien-gesetz zwar nicht ausdrücklich festgesetzt, allerdings implizit vorausgesetzt. Das Aktiengesetz zeigt mit den §§ 58 Abs. 4, 174, 254 AktG, dass die Struktur der Aktiengesellschaft auf Gewinnerzielung ausgerichtet ist.[146] Dass diese Vorschriften einen auszuschüttenden Gewinn voraussetzen, ihn jedoch nicht vorschreiben, ändert nichts an dem den Normen mittelbar zugrundeliegenden Gewinnerzielungsgedan-ken.[147]

---

[140] Allgemein anerkennend: *Zöllner*, Die Schranken mitgliedschaftlicher Stimmrechts-macht, S. 328; *Lutter*, ZGR 1979, 401, 407; *Paefgen*, AG 2004, 245 ff.; *Wandrey*, Materielle Beschlusskontrolle, S. 157.

[141] Vgl. zur Hauptversammlung *Ekkenga*, in: KölnKomm/AktG, 3. Aufl., § 186 Rn. 70.

[142] Vgl. auch *Schockenhoff*, Gesellschaftsinteresse, S. 17 ff., der bei Anlegung objektiver Maßstäbe zu Recht eine Verletzung der Verbandsautonomie beklagt.

[143] *Wandrey*, Materielle Beschlusskontrolle, S. 144; vgl. zum Folgenden auch *Stamato-poulos*, Pflichtenstellung des Vorstandes, S. 35.

[144] BGH, Urt. v. 9.6.1954 – II ZR 70/53 –, BGHZ 14, 25, 36 f.; vgl. hierzu und zum Streitstand insgesamt *Brändel*, in: GroßKomm/AktG, 4. Aufl., § 2 Rn. 54 ff.

[145] *Westermann*, in: FS Schnorr v. Carolsfeld, 1972, S. 517, 523 f.; *Paefgen*, Unterneh-merische Entscheidungen, S. 40.

[146] *Westermann*, in: FS Schnorr v. Carolsfeld, 1972, S. 517, 523; *Westermann*, in: FS Schnorr v. Carolsfeld, 1972, S. 517, 523; *Wandrey*, Materielle Beschlusskontrolle, S. 144.

[147] Ebenso, *Paefgen*, Unternehmerische Entscheidungen, S. 40; *Westermann*, in: FS Schnorr v. Carolsfeld, 1972, S. 517, 523.

Großmann ist dem mit der Begründung entgegengetreten, dass die Gewinnver-
teilungsregelungen des AktG nicht mehr als die Minderheit schützende Vorschriften
seien, die das Innenverhältnis der Aktionäre untereinander betreffen. Der Mehrheit
werden Begrenzungen auferlegt, damit diese nicht durch Rücklagenbildungen und/
oder Ausschüttungen an Dritte eine Ausschüttung an die Minderheit verhindere.[148]
Die Gewinnverwendungsregelungen seien reine Rechenregeln, die der Bestimmung
der Ober- und Untergrenzen des zur Ausschüttung kommenden Betrages dienen.[149]
Zum Beleg zieht *Großmann* einen Vergleich zu den Regelungen des Genossen-
schaftsrechts. Auch nach dem GenG wird über die Gewinnverwendung durch die
Generalversammlung (§ 48 Abs. 1 GenG) beschlossen und den Genossen steht
vorbehaltlich einer statutarischen Beseitigung (§ 20 GenG) ein Gewinnanspruch zu
(§ 19 Abs. 1 S. 1 GenG). Dies, obwohl § 1 GenG deutlich zu erkennen gebe, dass die
Genossenschaft nicht primär auf das Streben nach Gewinnerzielung angelegt sein
darf.[150] Hieraus leitet er ab, dass Gewinnverwendungsregelungen gerade keine
Aussage über Gewinnerzielungsabsichten zu entnehmen seien.

Einerseits ist *Großmann* dahin gehend zuzustimmen, dass die Gewinnverwen-
dungsregeln minderheitsschützend sind und der Bestimmung von Ober- und Untergrenzen dienen. Doch ist dies kein tragender Einwand. Der auf *Westermann* zu-
rückgehende Ansatz sagt gerade nicht, dass diese Vorschriften „unmittelbar" die
Gewinnerzielung fordern. Die Tatsache, dass es die Vorschriften über die Gewinnverwendung und einen Gewinnanspruch der Aktionäre gibt, zeigt, dass der Grund-
typus der AG auf Gewinnerzielung angelegt ist. Die Kritik *Großmanns* setzt insoweit
einen Gedanken zu spät an. Der Vergleich mit dem Recht der Genossenschaften ist
konträr zu *Großmann* gerade ein Beweis für *Westermanns* Annahme der Gewinnerzielung. Das Genossenschaftsrecht sieht in § 1 Abs. 1 GenG einen deutlichen
vorrangig zu verfolgenden Zweck vor. Daraus wird von der g.h.M. geschlossen, dass
die Gewinnerzielung lediglich gestattete Nebenfolge ist.[151] Eine entsprechende
Regelung ist dem Aktiengesetz gerade nicht zu entnehmen und würde auch der
Konzeption einer Aktiengesellschaft widersprechen. Die Genossenschaft und die
Aktiengesellschaft unterscheiden sich in ihren Grundzügen bereits seit den Anfängen
ihrer Entwicklung. So war die Genossenschaft von Beginn an auf die Förderung des
Erwerbs, der Wirtschaft, der sozialen oder kulturellen Belange ihrer Mitglieder durch
gemeinschaftlichen Geschäftsbetrieb gerichtet.[152] Die Aktiengesellschaft zeichnete
sich dahingegen dadurch aus, dass sie der Sammlung von Kapital dient und den

---

[148] *Großmann*, Unternehmensziele, S. 65.

[149] *Großmann*, Unternehmensziele, S. 67.

[150] *Großmann*, Unternehmensziele, S. 68.

[151] Vgl. hierzu *Pleyer/Arndt*, in: FS Westermann, 1974, S. 461, 469; sie darf vielmehr nur
Mittel zur Förderung des Förderzwecks sein, *Fandrich*, in: Pöhlmann/Fandrich/Bloehs/GenG,
4. Aufl., § 1 Rn. 6.

[152] *Geibel*, in: Henssler/Strohn/GesR, 4. Aufl., § 1 GenG Rn. 3.

Gesellschaftern die Teilhabe an der Rendite ermöglichen soll.[153] Dem steht die Genossenschaft konträr gegenüber, bei der die Sammlung von Kapital vielmehr eine Folge der persönlichen Beteiligung eines Genossen an „seiner" Genossenschaft war, nicht jedoch das Ziel.[154] Die Übertragung der genossenschaftlichen Wertungen ist mithin nicht möglich,[155] weswegen die Gewinnerzielung als vermutetes Formalziel anzuerkennen ist.

Nachdem durch die Ermittlung des Formalziel das Merkmal des Gesellschaftsinteresses etwas handhabbarer wird, weist es immer noch einen sehr hohen Abstrahierungsgrad auf. Daher wurden in der Literatur weitergehende Vorschläge unterbreitet, durch welche das Merkmal des Gesellschaftsinteresses einer Konkretisierung zugeführt werden solle.

b) Das Unterschiedsprinzip als Verteilungsmaßstab

Insbesondere *Schockenhoff* sieht die Anwendung des Gesellschaftsinteresses als Kontrollmaßstab nicht als ausreichendes Instrument des Minderheitenschutzes an. Die Minderheit könnte auch im Fall eines im Gesellschaftsinteresse liegenden Bezugsrechtsausschlusses Nachteile in Kauf nehmen müssen.[156] Der Minderheitenschutz wird durch *Schockenhoff* noch stärker in den Vordergrund gerückt, als es bereits durch die Kali+Salz-Entscheidung geschah. Der Blick wird auf das Kriterium der „Verteilungsgerechtigkeit" gelenkt. *Schockenhoff* sieht in den Kriterien der Kali+Salz-Entscheidung die Problematik angelegt, dass trotz Förderung des Gesellschaftsinteresses der Verteilungsschlüssel unter den Beteiligten Gesellschaftern, insbesondere bei selektiven Bezugsrechtsausschlüssen, zum Nachteil einiger weniger verändert wird und die Gesellschaft so ihre Funktion als Kapitalsammelstelle nicht erfüllen kann. Sollten in diesen Fällen nicht mehrere „gleichwertige Handlungsmöglichkeiten" für die Gesellschaft zur Verfügung stehen, könnten auch die Merkmale der Erforderlichkeit und Verhältnismäßigkeit nicht zu einer gerechten Verteilung unter den Gesellschaftern führen.[157]

---

[153] Vgl. Allg. Begr. RegE zum AktG 1965, abgedr. in *Kropff*, AktG 1965, S. 14 ff.; *Wiedemann*, Gesellschaftsrecht I, S. 338; *Fleischer*, ZIP 2006, 451, 451.

[154] Arbeitsberichte der Akademie für Deutsches Recht, Nr. 16, S. 18, abgedr. in: Akademie für Deutsches Recht, GenR, S. 986.

[155] I.Erg. ebenso *Paefgen*, Struktur, S. 52, der das Ergebnis im Anschluss an *Miegel*, Der Unternehmensbegriff des AktG 1965, S. 97 ff., 115 ff. zusätzlich auf die Parallelität des Unternehmensbegriffs zum Begriff des Handelsgewerbes hinweist. Dies setzt voraus, dass man im Rahmen des Gewerbebegriffs die Gewinnerzielungsabsicht als de iure für erforderlich hält. Dies ist in Zweifel zu ziehen, siehe hierzu jeweils m.w.N. *Canaris*, Handelsrecht, 2006, § 2 Rn. 4, 14; *K. Schmidt*, in: MünchKomm/HGB, 4. Aufl., § 1 Rn. 31; *Kindler*, in: E/B/J/S, 3. Aufl., § 1 Rn. 26 ff.; *Körber*, in: Oetger/HGB, 4. Aufl., § 1 Rn. 28 ff.

[156] Den Minderheitenschutz als übergeordnetes durch *Schockenhoff* verfolgtes Dogma kritisiert insbesondere *Mülbert*, Aktiengesellschaft, 2. Aufl., S. 336.

[157] *Schockenhoff*, Gesellschaftsinteresse, S. 36 f.

Gerechtigkeit sei hier nicht gänzlich starr zu verstehen, denn auch weiterhin kann sich der Verteilungsschlüssel unter den Gesellschaftern ändern. Als Prüfungsmaßstab stehe dabei nicht nur die Lage der Minderheit bei Fehlen der zu prüfende Maßnahme zur Verfügung, sondern auch die Situation bei Durchführung hypothetischer Alternativkonzepte.[158] Gefordert wird, dass immer diejenige Maßnahme zu wählen sei, die aus dem Blickwinkel des Gesellschaftsinteresses etwas nachteiliger ist, aber der Minderheit zumindest einen gewissen, wenn auch minimalen Vorteil verschaffe.[159] Hierbei wird auf das durch *J. Rawls* entwickelte „Difference Principle"[160] rekurriert, jedoch nur in seinen Auswüchsen. Die philosophische Begründung dieses Prinzips sieht auch *Schockenhoff* als nicht auf das Aktienrecht übertragbar an, es soll vielmehr nur das Ergebnis zur Füllung einer gesetzlichen Lücke herangezogen werden.[161] Doch auch dies ist in Zweifel zu ziehen, zumal *Rawls* selbst die Übertragung seines Ansatzes auf das Aktienrecht nicht vorsah. Seine Arbeit ist auf die Erklärung eines gesamtgesellschaftlichen Phänomens gerichtet, nämlich warum Menschen eine bestimmte gesellschaftliche Ausgestaltung als gerecht akzeptieren.[162] Der Hinweis darauf, dass sämtliche Aktionäre bei Eintritt in eine Aktiengesellschaft von einer gerechten Verteilung ausgehen, ist keine tragfähige Grundlage für die Implementierung des Prinzips in der materiellen Beschlusskontrolle. Aus bloßen Forderungen der klagenden Partei den Bezugsrechtsausschluss wegen einer Benachteiligung gegenüber Mitaktionären für unzulässig zu erklären, ist kein allgemeingültiger Grundsatz für die Anerkennung eines gerechten Verteilungsschlüssels als materielles Kontrollkriterium zu ziehen.[163]

Ein solcher Kontrollmaßstab hat sich vielmehr in die sonstige normative Struktur des Aktienrechts einzubetten. Dies wäre nach dem Ansatz von *Schockenhoff* nicht der Fall. Nach dieser Konzeption würde es zu einer Umkehrung der Machtverhältnisse innerhalb der Aktiengesellschaft kommen, die der Minderheit eine permanente Sperrminorität in Bezug auf nahezu alle Maßnahmen der Gesellschaft einräumt. Leitfaden der Entscheidungen wäre nach *Schockenhoff* nur noch das Interesse der Minderheit, welchem zur bestmöglichen Verwirklichung verholfen werden muss. Doch verträgt sich diese exzessive Herangehensweise nicht mit dem im Aktiengesetz niedergelegten Mehrheitsprinzip. Die Aktionäre sind sich bei Eintritt in eine Aktiengesellschaft durchaus darüber bewusst, dass sie im Falle einer Minderheitsbeteiligung einen lediglich beschränkten Einfluss haben. Der Gesetzgeber hat das Mehrheitsprinzip im Aktiengesetz gerade auch wegen der strukturellen Besonderheit der AG als mitgliedstarke Vereinigung bewusst niedergelegt, damit überhaupt zu

---

[158] *Schockenhoff*, AG 1994, 45, 52.

[159] *Schockenhoff*, Gesellschaftsinteresse, S. 63.

[160] *Rawls*, A Theory of Justice, S. 76 ff.

[161] *Schockenhoff*, Gesellschaftsinteresse, S. 66 f.; dies aber als maßgeblichen Grund für die Ablehnung betrachtend *Stamatopoulos*, Pflichtenstellung des Vorstands, S. 37.

[162] *Rawls*, A Theory of Justice, S. 4 ff.

[163] So aber *Schockenhoff*, Gesellschaftsinteresse, S. 67 i.V.m. S. 45 f.

Entscheidungen gelangt werden kann.[164] Dass das Mehrheitsprinzip als solches auch einer Einschränkung und Rechtfertigung bedarf, um willkürliche Entscheidungen zulasten der Minderheit zu verhindern, ist heutzutage nahezu unbestritten. Doch führt *Schockenhoffs* Ansatz dazu, dass das gesetzlich niedergelegte Mehrheitssystem unterwandert wird und keine Beschlussgegenstände mehr bestehen, die ohne oder gegen die Minderheit durchgesetzt werden können. Dass dies nicht dem Interesse des Gesetzgebers entspricht, zeigt sich deutlich in der Begründung zum RegE zur Einführung des Anfechtungsrechts der Minderheit bei „Aushungerung" durch die Mehrheit gem. § 254 AktG.

Hier wird ausdrücklich darauf verwiesen, dass das Anfechtungsrecht „[...] an verhältnismäßig strenge Voraussetzungen [zu knüpfen ist], weil der Minderheitenschutz nicht so weit gehen darf, daß die Minderheit die Rücklagenpolitik der Gesellschaft bestimmt."[165] Es ist dem niedergelegten Mehrheitsprinzip gerade immanent, dass es Bereiche gibt, in denen die Minderheitsinteressen nicht berücksichtigt werden können, beziehungsweise überlagert werden. Daher müsste nun unter umgekehrter Rolle gefragt werden, was es rechtfertige, die der Mehrheit eingeräumten Befugnisse so weitgehend zu unterlaufen. Eine tragfähige Begründung hierfür führt *Schockenhoff*, wegen der Fokussierung auf die Minderheit nicht an. Es wird kein Interessenkonflikt gelöst, sondern unter umgekehrten Vorzeichen ein neuer herbeigeführt. Unschlüssig ist auch die Annahme, dass sämtliche Gründer/Aktionäre bei Gründung/Eintritt von einem gerechten Verteilungsschlüssel ausgehen. Würde dies zutreffen, müsste jeder davon ausgehen, dass er sich in einer Minderheitenposition wiederfindet.[166] Dass dies nicht der Fall sein kann, zeigt doch bereits die Existenz eines Mehrheiten-Minderheiten Konflikts. Die Mehrheitsgesellschafter haben gerade kein Interesse an der Geltung eines „vollständigen Unterschiedsprinzips", würde es doch Maßnahmen ausklammern, die dem Gesellschaftszweck am dienlichsten sind.[167] Dies hätte zur Folge, dass die Gesellschaftsinteressen nicht optimal verfolgt würden, wodurch kein Anreizsystem zur Investition geschaffen wird, sondern vielmehr zum „exit". Die nur rudimentäre Verfolgung des Gesellschaftsinteresses würde die Chancen auf einen hohen Ertrag minimieren und damit die Bereitschaft zur Investition.[168] Durch das Merkmal des Gesellschaftsinteresses selbst, beziehungsweise durch die Bindung der Aktionäre an den Gesellschaftszweck, wird bereits auf dieser Ebene ein hinreichender Interessenausgleich zwischen den vorhandenen Interessen gefördert.[169]

---

[164] *Bischoff*, BB 1987, 1055 f.

[165] Abgedruckt bei *Kropff*, AktG 1965, S. 340 (Einfügung [] durch den Verfasser).

[166] Kritisch *Verse*, Gleichbehandlungsgrundsatz, S. 291.

[167] *Verse*, Gleichbehandlungsgrundsatz, S. 291; *Mülbert*, Aktiengesellschaft 2. Aufl., S. 336.

[168] Diesbezüglich auch kritisch *Mülbert*, Aktiengesellschaft 2. Aufl., S. 336.

[169] *Mülbert* nennt es plastisch „Schiedsrichterfunktion", Aktiengesellschaft 2. Aufl., S. 336.

c) Objektive Vorhersehbarkeit als Konkretisierungsinstrument

Auch *Hirte* unternahm den Versuch, die Bindung an das Gesellschaftsinteresse konkreter zu fassen. Es sollte nur das im Gesellschaftsinteresse liegen, was in der Satzung angelegt ist *und* „zusätzlich aus der tatsächlichen Entwicklung des Unternehmens" erkennbar würde.[170] Hiernach wäre das tatsächliche Betätigungsfeld des Unternehmens ein objektiver Konkretisierungsfaktor, der einer gerichtlichen Kontrolle zugänglich wäre.[171] Damit würde der unternehmerisch erforderliche Freiraum erheblich eingeschränkt. Denn wenn ein vom Unternehmensgegenstand abgedeckter Bereich aus einer unternehmerisch sinnvollen Entscheidung heraus nicht mehr betrieben wurde, könnte dieser nicht mehr „wieder" eröffnet werden, wenn dies nicht mehr vorhersehbar wäre.

Aber nicht nur deswegen ist die Forderung nach dem zusätzlichen Erfordernis der Vorhersehbarkeit abzulehnen. Es fehlt an einer ausreichenden Rechtfertigung für die Einschränkung eines durch die Satzung bestimmbaren Gesellschaftsinteresses, was auch im Interesse der Minderheit ist. Die Satzung gibt einen klaren Anhaltspunkt, wohingegen das Gesamtbild eines Verhaltens nur schwer greifbar erscheint. Will die Gesellschaft z. B. in eine weitere Unternehmung investieren, so ist durch die negative Auslese nach der objektiven Vorhersehbarkeit die Frage nicht positiv beantwortet, ob sie im Gesellschaftsinteresse liegt.[172] Der Gesellschaft würde weitgehend die wirtschaftliche Bewegungsfreiheit geraubt, die gerade in schnelllebigen Marktsegmenten essentiell ist.[173] Eine faktische Eingrenzung des Unternehmensgegenstandes führt auch nicht zu mehr Rechtsklarheit, denn es müssten eindeutige objektive Kriterien hergeleitet werden, nach denen sich die Vorhersehbarkeit im Einzelfall bestimmen ließ. Die „objektive" Vorhersehbarkeit an sich ist nämlich auch nur eine leere Hülle, die im Einzelfall der Auffüllung bedürfte.[174] Es würde zu zusätzlichen und unnötigen Abgrenzungsschwierigkeiten innerhalb des satzungsmäßigen Unternehmensgegenstandes kommen.[175] Zusätzlich, da neben der allgemeinen Frage der Übereinstimmung mit dem satzungsmäßigen Unternehmensgegenstand die Frage beantwortet werden müsste, ob das verfolgte Ziel anhand der Unternehmensentwicklung objektiv vorhersehbar war.[176] Dieses Kriterium führt zu nichts

---

[170] *Hirte*, Bezugsrechtsausschluß, S. 27.

[171] *Hirte*, Bezugsrechtsausschluß, S. 28 f.

[172] *Schockenhoff*, Gesellschaftsinteresse, S. 25.

[173] Ausführlich *Schockenhoff*, Gesellschaftsinteresse, S. 23 ff.; dies nimmt Hirte offensichtlich hin, wenn er sagt „Nur Evolution, nicht Revolution hinsichtlich der Geschäftsentwicklung ist möglich", Bezugsrechtsausschluß, S. 28.

[174] Anders *Hirte*, ZHR 154 (1990), 374, 376; wie hier *Schockenhoff*, Gesellschaftsinteresse, S. 25 f.; *Stamatopoulos*, Pflichtenstellung des Vorstandes, S. 36.

[175] Dahingegen wegen der fehlenden Erweiterungsmöglichkeit des Unternehmensgegenstandes kritisch *Stamatopoulos*, Pflichtenstellung des Vorstandes, S. 36.

[176] Der Hinweis darauf, dass Abgrenzungsprobleme bei jedweder gerichtlicher Kontrolle und insbesondere bei Generalklauseln auftreten, ändert nichts an der Potenzierung der Abgrenzungsschwierigkeiten durch den Vorschlag von *Hirte*, ZHR 154 (1990), 374, 376.

anderem als einer Einschränkung des Unternehmensgegenstandes, also zu einer faktischen Satzungsänderung contra legem.[177] Der Geschäftsleitung würde dadurch die Möglichkeit eröffnet, durch langwierige nicht vollständige Ausfüllung des Unternehmensgegenstandes die Satzungshoheit der Gesellschafter zu beschneiden. Die langfristige Betätigung innerhalb eines begrenzten Bereichs des Unternehmensgegenstandes kann zwar durchaus gewollt sein. Hieraus kann sich aber keinesfalls herleiten lassen, dass Investitionsmöglichkeiten in anderen unter den Unternehmensgegenstand fallenden, aber wegen der „tatsächlichen Entwicklung des Unternehmens" nicht vorhersehbaren Unternehmungen beschnitten werden. Die Festlegung des Unternehmensgegenstandes soll gerade andersherum der Geschäftsführungsbefugnis des Vorstandes äußere Grenzen setzen.[178]

Es scheint hier vielmehr ins Bewusstsein zu dringen, dass das, was im Gesellschaftsinteresse liegt, keiner allgemeingültigen Aussage unterliegen kann. Die Überprüfung sollte immer anhand des konkreten Einzelfalles erfolgen, wobei der äußere Rahmen durch den Gesellschaftszweck und den Unternehmensgegenstand, in dessen Rahmen sich die Zweckverfolgung zu halten hat, abgesteckt wäre. Damit würden Maßnahmen die sich innerhalb des Unternehmensgegenstandes bewegen und den Unternehmenszweck verfolgen mit dem Gesellschaftsinteresse in Einklang stehen.[179]

Es ist daher an dem eingangs Gesagten festzuhalten. Konkretisierungsversuche in Bezug auf das Gesellschaftsinteresse sind wenig erfolgversprechend und führen teilweise neue und wohl auch komplexere Abgrenzungsfragen herbei. Dem Gesellschaftsinteresse ist bereits dann genüge getan, sofern der Bezugsrechtsausschluss der Verfolgung des Gesellschaftszwecks dient.[180]

2. Die Geeignetheit und Erforderlichkeit

Geeignet ist die Maßnahme, sofern das mit ihr verfolgte Ziel durch sie zumindest erreichbar ist.[181] Wie bereits aus der Definition offenkundig wird, hat das Merkmal der Geeignetheit nahezu keine Begrenzungsfunktion.[182] Es sind schwerlich Konstellationen denkbar, bei denen die Erreichung des Ziels durch Bezugsrechtsausschluss nicht möglich erscheint. Das Merkmal allein ist daher nicht ausreichend, um einen Schutz der Minderheit zu gewährleisten. Dies muss es auch nicht sein, ergibt sich das materielle Schutzkonzept doch erst durch das Zusammenspiel der in der

---

[177] Kritisch *Stamatopoulos*, Pflichtenstellung des Vorstandes, S. 36; vgl. zur Bindungswirkung des Unternehmensgegenstandes, *Pentz*, in: MünchKomm/AktG, 4. Aufl., § 23 Rn. 85.

[178] *Pentz*, in: MünchKomm/AktG, 4. Aufl., § 23 Rn. 78.

[179] *Hefermehl/Bungeroth*, in: Geßler/Hefermehl, § 186 Rn. 112.

[180] Vgl. m.w.N. *Koch*, in: Hüffer/Koch, 13. Aufl., § 186 Rn. 26; *Ekkenga*, in: KölnKomm/AktG, 3. Aufl., § 186 Rn. 77 ff.

[181] *Schürnbrand*, in: MünchKomm/AktG, 4. Aufl., § 186 Rn. 101.

[182] Hinsichtlich des geringen Bedeutungsgehaltes vgl. auch *Servatius*, in Spindler/Stilz, 4. Aufl., § 186 Rn. 47, „sollte aufgegeben werden"; *Schürnbrand*, in: MünchKomm/AktG, 4. Aufl., § 186 Rn. 101; *Zöllner*, AG 2002, 585, 588 erwähnt es nicht einmal.

Kali+Salz-Entscheidung genannten Anforderungen. Unter diesem Aspekt ist auch das Kriterium der Erforderlichkeit zu betrachten, dessen definitionsgemäße Fassung umstritten ist. Die strengste Auffassung fordert, dass der Bezugsrechtsausschluss das einzige zur Zweckerreichung zur Verfügung stehende Mittel darstellen darf.[183] Dieser sehr strenge und den Bezugsrechtsausschluss für die Praxis nahezu vernichtende Maßstab wurde teilweise abgemildert. Dies geschah, indem der Bezugsrechtsausschluss nicht mehr nur das einzige, sondern das „deutlich bessere Mittel" zur Zweckerreichung darstellen müsse.[184] Anklänge dieser Sichtweise fanden sich auch in der Kali + Salz-Entscheidung selbst, wenn der BGH die Prüfung darauf erstreckt, dass das verfolgte Ziel „auf normalen gesetzlichen Wege, d. h. mit einem Bezugsrecht, nicht erreichbar" seien darf.[185] Doch können diese strengen Anforderungen nicht überzeugen. Sie fügen sich nicht in das immer kleinschrittiger werdende Prüfungssystem ein. Würde man die Erforderlichkeit in dem Sinne verstehen, dass der Bezugsrechtsausschluss das einzige zur Zweckerreichung zur Verfügung stehende Mittel darstellen darf, so würde dem Bezugsrechtsausschluss nahezu jeglicher Anwendungsbereich bei Barkapitalerhöhungen genommen.

Durch die Hintertür würde die Zielrichtung, die das Merkmal des Gesellschaftsinteresses verfolgt, nämlich die bestmögliche Zielverfolgung unter bestmöglicher Berücksichtigung der pluralistischen Interessenlage, konterkariert. Ziel ist es, die bestmögliche im Gesellschaftsinteresse liegende Maßnahme zu wählen und diese auch im Interesse des Minderheitenschutzes auf ihre Verhältnismäßigkeit zu überprüfen. Die Maßnahme des Bezugsrechtsausschlusses würde bei dieser Form allerdings herausfallen und damit einseitig die Interessen der Minderheit bevorzugen.[186] Die Gesellschaft wäre darauf verwiesen, auf weniger zielstrebige Maßnahmen mit Bezugsrecht auszuweichen, wodurch eine Eigenschädigung hinzunehmen wäre. Eine Konkretisierung des Merkmals der Erforderlichkeit in dem Sinne, dass eine Maßnahme erforderlich ist, wenn nicht mindestens gleich geeignete, allerdings weniger belastende Maßnahmen zur Verfügung stehen,[187] hätte umgekehrt allerdings nicht zur Folge, dass die Minderheit nicht hinreichend geschützt wird.[188] Der Schutz

---

[183] *Füchsel*, Bezugsrechtsausschluß, S. 148; *Schockenhoff*, Gesellschaftsinteresse, S. 34; beide formulieren „das einzige Mittel ist"; vgl. noch *Lutter/Schneider*, ZGR 1975, 182, 198 die von einem „unabdingbaren Interesse der Gesellschaft selbst" sprechen.

[184] *Harrer/Grabowski*, DZWiR 1995, 10, 12; *Ekkenga*, in: KölnKomm/AktG, 3. Aufl., § 186 Rn. 84 f.; *Stamatopoulos*, Pflichtenstellung des Vorstandes, S. 41; *Zöllner*, Die Schranken mitgliedschaftlicher Stimmrechtsmacht, S. 353.

[185] BGH, Urt. v. 13. 03. 1978 – II ZR 142/76 –, BGHZ 71, 40, 44 f.; wiederholt in BGH, Urt. v. 19. 04. 1982 – II ZR 55/81 –, BGHZ 83, 319, 323; wobei er seine Entscheidung im BGH, Urt. v. 07. 03. 1978 – II ZR 52/93 –, BGHZ 125, 239, 244 offengelassen hat; hierzu auch *Stamatopoulos*, Pflichtenstellung des Vorstandes, S. 41 f.

[186] Dass eine einseitige Bevorzugung nicht zulässig sein kann, wurde bereits festgestellt, vgl. zur Ablehnung des Unterschiedsprinzips S. 361 ff.

[187] Ebenso *Wiedemann*, in: GroßKomm/AktG, 4. Aufl., § 186 Rn. 144; *Liebert*, Bezugsrechtsausschluss, S. 93.

[188] Diese Befürchtung stellt *Schockenhoff*, Gesellschaftsinteresse, S. 35 auf.

der Minderheit ergibt sich nicht allein aus dem Kriterium der Erforderlichkeit, sondern aus der Prüfung der Übereinstimmung mit dem Gesellschaftsinteresse und der Verhältnismäßigkeit insgesamt. Betrachtet man die Interessen der ausgeschlossenen Aktionäre, so richten sie sich auf den Bestand der derzeitigen Beteiligungsstruktur in der Gesellschaft. Sie richten sich aber ebenso auf die Erreichung des angestrebten Zwecks.[189] In Fällen des Bezugsrechtsausschlusses sind diese beiden Interessen nicht gänzlich kongruent. Da nun auch in der Stellung der Minderheitenaktionäre, verschiedenartige Interessenrichtungen auftauchen, die zu einem Ausgleich zu bringen sind, kann es nicht Aufgabe der Erforderlichkeit sein, einem Interesse des Minderheitenaktionärs den Vorrang einzuräumen.[190]

3. Die Verhältnismäßigkeit (im engeren Sinne)

Bei der Prüfung der Verhältnismäßigkeit im engeren Sinne ist abzuwägen, ob das Gesellschaftsinteresse an einer Kapitalerhöhung mit Bezugsrechtsausschluss schwerer oder geringer im Verhältnis zum Interesse der ausgeschlossenen Aktionäre am Erhalt ihrer derzeitigen Rechtsposition zu gewichten ist.[191] Zu berücksichtigen ist die Intensität des Eingriffs in die Mitgliedschaftsrechte, insbesondere der Umfang der Verwässerung von Vermögens- und Beteiligungsrechten. Um dies zu gewährleisten, sind in einem ersten Schritt die Betroffenen Interessen zu ermitteln und in einem zweiten Schritt sind die ermittelten Interessen zu gewichten.[192] Hierbei ist mit einzustellen, ob sich durch den Bezugsrechtsausschluss Begleiterscheinungen auftun, die mit einer Ungleichbehandlung der Aktionäre verbunden sind.[193] Sind flankierende Maßnahmen möglich, die die Einbußen der ausgeschlossenen Gesellschafter zumindest teilweise kompensieren können, sind auch diese und ihre Durchführbarkeit in die Bewertung der Interessenlage hereinzuziehen.[194] Daraufhin sind die Interessen in einem dritten Schritt einander gegenüberzustellen und abzuwägen. Je größer die zu berücksichtigenden Interessen der Aktionäre sind, desto

---

[189] Wie zuvor festgestellt, wird dies in den meisten Fällen die Gewinnerzielung sein.

[190] Vgl. mit Beispielen zur Sach- und Barkapitalerhöhung *Ekkenga*, in: KölnKomm/AktG, 3. Aufl., § 186 Rn. 85 f.

[191] *Maslo*, Interessenwahrung und Rechtsschutz, S. 64; vgl. zu den zu berücksichtigenden Interessen *Liebert*, Bezugsrechtsausschluss, S. 95 ff. (i.Erg. nur das der nicht zustimmenden und an der Hauptversammlung teilnehmenden Aktionäre).

[192] *Schürnbrand*, in: MünchKomm/AktG, 4. Aufl., § 186 Rn. 103 ff.; den Dreischritt als überkonstruiert beschreibend, vgl. *Ekkenga*, in: KölnKomm/AktG, 3. Aufl., § 186 Rn. 87.

[193] *Ekkenga*, in: KölnKomm/AktG, 3. Aufl., § 186 Rn. 87, kritisch in Bezug auf ein „dreistufiges" Abwägungsverfahren.

[194] So führt *Maslo* eine flankierende Barkapitalerhöhung mit Bezugsrechtsausschluss des Sacheinlegers und zugunsten der bei der Sacheinlage ausgeschlossenen Aktionären an; *Maslo* Interessenwahrung und Rechtsschutz, S. 64 f.; dies ist allerdings nur dann möglich, sofern der Sacheinleger bereits zuvor Aktionär der Gesellschaft war. Anderenfalls lässt sich eine Verwässerung der Altaktionäre nicht vermeiden, *Groß*, AG 1993, 449, 453 Fn. 48; *Ekkenga*, in: KölnKomm/AktG, 3. Aufl., § 186 Rn. 116.

größer muss das Interesse der Gesellschaft an der Durchführung der Maßnahme sein.[195] An diesem Punkt geht es nun nicht mehr um einen Abgleich der abstrakten Maßnahmen mit den Interessen der Aktionäre oder mit dem Gesellschaftsinteresse, sondern die konkrete Maßnahme stellt den Prüfungsgrund dar. Bei einer regulären Kapitalerhöhung unter Bezugsrechtsausschluss wurde teilweise die Forderung erhoben,[196] wonach lediglich die Interessen der dissentierenden und nicht diejenigen der zustimmenden oder abwesenden Aktionäre in die Interessenabwägung eingestellt werden müssen.[197] Die Rechtfertigung wird darin gesehen, dass die anwesenden Aktionäre durch die Zustimmung zum Bezugsrechtsausschluss ihr Einverständnis für den Eingriff in ihr Mitgliedschaftsrecht erklärt hätten.[198] Gleiches sei konkludent für die nicht erschienenen Aktionäre anzunehmen, da diese aufgrund des umfassenden und konkreten Vorstandsberichtes mit der Möglichkeit des Bezugsrechtsausschlusses einverstanden waren.[199]

Diese Frage lässt sich auch für das genehmigte Kapital stellen und lautet präzise: Die Interessen welcher Aktionäre sind in die Abwägung, ob die Verfolgung der *konkreten* Maßnahme im Gesellschaftsinteresse schwerer wiegt, einzubeziehen?

Für das genehmigte Kapital können die für die reguläre Kapitalerhöhung angestellten Gedanken keinesfalls fruchtbar gemacht werden. Die Aktionäre haben niemals dafür gestimmt, dass sie mit dem konkreten Bezugsrechtsausschluss einverstanden sind. Sie hatten für eine solche Entscheidung aufgrund der nun ausreichenden abstrakten Rechtfertigung auch keinerlei hinreichende Informationsgrundlage.[200] Es ging ihnen primär darum, den Kompetenzrahmen des Vorstandes zu erweitern, damit dieser im Interesse der Gesellschaft auf Marktchancen reagieren kann. Wurde also ein genehmigtes Kapital unter Bezugsrechtsausschluss oder einer Ermächtigung hierzu geschaffen, bedeutet dies nur, dass der Vorstand unter Berücksichtigung aller Aktionärsinteressen das genehmigte Kapital auch ohne Bezugsrecht ausnutzen darf. Die Aktionäre konnten gerade noch nicht wissen, für welche konkreten Maßnahmen sich der Vorstand in dem Maximalzeitraum von fünf

---

[195] BGH, Urt. v. 13.03.1978 – II ZR 142/76 –, BGHZ 71, 40, 45; *Koch*, in: Hüffer/Koch, 13. Aufl., § 186 Rn. 28.

[196] Vergleiche m.w.N. *Liebert*, Bezugsrechtsausschluss, S. 95 ff.

[197] *Martens*, ZIP 1992, 1677, 1688 ff., der unter Verweis auf ein Urteil des LG München auch der zustimmenden Mehrheit ein gewisses Gewicht geben möchte, wenngleich eine alleinige Relevanz den „Schutz des Einzelaktionärs allzusehr vernachlässigt", *Martens*, ZIP 1992, 1677, 1689; im Anschluss daran auch *Cahn*, ZHR 163 (1999), 554, 579 f., der es dem Einzelaktionär verwehrt den Verlust einer relevanten Position eines anderen Gesellschafters in Stellung zu bringen, der dies hingenommen habe.

[198] *Liebert*, Bezugsrechtsausschluss, S. 95 ff.

[199] *Liebert*, Bezugsrechtsausschluss, S. 95 ff.

[200] *Schumann*, Bezugsrecht, S. 73; für das genehmigte Kapital auch *Liebert*, Bezugsrechtsausschluss, S. 193 f.

Jahren entscheiden würde. Ein Grund für die Akzeptanz eines Eingriffs in Mitgliedschaftsrechte lässt sich hieraus nicht herleiten.[201]

An diesem Punkt gilt es noch einen Blick auf die zeitliche Verlagerung der sachlichen Rechtfertigung zu werfen.[202] Für diese ist nun der Zeitpunkt der Vorstandsentscheidung relevant (ex ante), d. h. der Vorstand wägt ab, ob das Aktionärsinteresse oder das Gesellschaftsinteresse schwerer wiegt.[203] Ob ein Aktionär den Bezugsrechtsausschluss nun akzeptiert, könnte der Vorstand lediglich durch eine vorhergehende Befragung der Aktionäre in Erfahrung bringen. Ein solches Szenario ist allerdings derart praxisfern,[204] dass der Vorstand im Regelfall die Interessen sämtlicher Aktionäre in die Abwägungsentscheidung einzustellen hat. Dies gilt sodann auch für die gerichtliche Überprüfung der Vorstandsentscheidung.[205]

Die Entscheidung über die Verhältnismäßigkeit im engeren Sinne des Bezugsrechtsausschlusses ist als rein rechtliches Problem allein vom Richter vorzunehmen, sodass er eine vollumfängliche Kontrolle der Verhältnismäßigkeit vornehmen darf.[206] Mit der Zeit haben sich hier zahlreiche zulässige und unzulässige Fallgruppen in Rechtsprechung und Lehre herauskristallisiert, die im Rahmen dieser Ausarbeitung nicht erörtert werden können.[207]

4. Kontrollumfang in toto

Der Kontrollumfang hat sich nach den vorherigen Feststellungen also am Maßstab der Verhältnismäßigkeit im weiteren Sinne auszurichten. Nach diesem ist die Maßnahme geeignet, sofern der verfolgte Zweck durch sie überhaupt erreichbar ist.[208] Die Erforderlichkeit ist jedenfalls dann zu bejahen, wenn der Bezugsrechts-

---

[201] Hierzu *Liebert*, Bezugsrechtsausschluss, S. 194.

[202] Diesen unter dem Aspekt der Verringerung des Umfangs der Angemessenheitsprüfung ins Spiel bringend, *Maslo*, Interessenwahrung und Rechtsschutz, S. 104.

[203] *Schumann*, Bezugsrecht, S. 73.

[204] Dies selbst bei der hier angenommenen Vorabberichtspflicht des Vorstandes. In jedem Fall ausgeschlossen ist eine Wertung dahin gehend, dass der Aktionär nach Erhalt eines Vorabberichts aktiv gegen den Bezugsrechtsausschluss demonstrieren muss, damit sein Interesse zu berücksichtigen ist.

[205] Das Gericht wird bei der Kontrolle, ob die Interessenabwägung fehlerfrei vorgenommen worden ist, auf Beurteilungsspielräume keine Rücksicht nehmen; *Schürnbrand*, in: MünchKomm/AktG, § 186 Rn. 109; *Mülbert*, in: FS Schwark, 2009, S. 553, 565; *Ekkenga*, in: KölnKomm/AktG, 3. Aufl., § 186 Rn. 87.

[206] *Ekkenga*, in: KölnKomm/AktG, 3. Aufl., § 186 Rn. 70, 87.

[207] Für diese sei verwiesen auf die Darstellungen bei *Liebert*, Bezugsrechtsausschluss, S. 110 ff. (reguläre Kapitalerhöhung), S. 205 ff. (genehmigte Kapitalerhöhung) und *Ekkenga*, in: KölnKomm/AktG, 3. Aufl. § 186 Rn. 94 ff.

[208] *Schürnbrand*, in: MünchKomm/AktG, 4. Aufl., § 186 Rn. 101.

ausschluss unter mehreren zur Verfügung stehenden Mitteln das geeignete Mittel darstellt.[209]

Für die Ausnutzungsentscheidung des Vorstands bei einem Bezugsrechtsausschluss wurde vorgebracht, dass es nicht mehr um einen Vergleich der konkret avisierten Maßnahme mit dem Gesellschaftsinteresse gehen könne.[210] Unausgesprochen wird dies scheinbar durch die Prüfung der Übereinstimmung des abstrakten Grundes mit dem Gesellschaftsinteresse als abgegolten betrachtet. Es würde also keine dahin gehende Prüfung stattfinden, ob eine Sachkapitalerhöhung zum Zwecke des Beteiligungserwerbs überhaupt notwendig ist oder ob die Beteiligung nicht auch durch Barmittel beschafft werden könne.[211] Aus der zeitlichen Verlagerung der sachlichen Kontrolle an sich lässt sich richtigerweise kein Argument für eine reine „Nützlichkeitsprüfung" entnehmen.[212] Die zeitliche Aufspaltung ist lediglich das Mittel, um den Zweck zu erreichen, nämlich die Flexibilisierung des genehmigten Kapitals. Es würde verkannt, dass die Verwirklichung des Maßnahmentypus sehr wohl noch zur Entscheidung des Vorstands steht.[213] Der Vorstand allein hat das Entschließungsermessen, ob das genehmigte Kapital zu dem Zweck ausgenutzt wird.[214] Allein aufgrund des zeitlichen Faktors kann sich bei einem genehmigten Kapital die Situation derart verändern, dass die abstrakte Maßnahme damals noch im Gesellschaftsinteresse lag, die konkrete Umsetzung mit diesem aber nun nicht mehr vereinbar ist. Die Angabe der abstrakten Gründe und damit auch des Maßnahmenzwecks auf der Ebene des Ermächtigungsbeschlusses soll die Aktionäre vor unkalkulierbaren Situationen in der Zukunft schützen.[215] Hierdurch soll aber keine partiell kontrollfreie Kapitalerhöhung unter Bezugsrechtsausschluss außerhalb der Zweckbindung ermöglicht werden.[216] Denn die Begrenzung der Beschlussautonomie der Hauptversammlung stellt zugleich die Grenze der Ausnutzungsautonomie des Vorstandes dar.[217] Zudem ist dadurch, dass die dogmatische Grundlage der sachli-

---

[209] Vergleiche zu den anderen Auffassungen, die die Erforderlichkeit im strengsten Fall nur dann als gegeben ansehen, wenn der Bezugsrechtsausschluss das einzige zur Verfügung stehenden Mittel darstellt; S. 365.

[210] *Maslo*, Interessenwahrung und Rechtsschutz, S. 104.

[211] Bsp. von *Maslo*, Interessenwahrung und Rechtsschutz, S. 104, Fn. 311.

[212] Anders *Maslo*, Interessenwahrung und Rechtsschutz, S. 104.

[213] Anders *Maslo*, Interessenwahrung und Rechtsschutz, S. 104.

[214] Dies ist sowohl beim Direktausschluss als auch bei einer Ausschlussermächtigung der Fall.

[215] *Liebert*, Bezugsrechtsausschluss, S. 191.

[216] Zur Zweckbindung einer bezugsrechtsfreien Kapitalerhöhung vgl. auch *Liebert*, Bezugsrechtsausschluss, S. 191 i.V.m. 79 ff.; grundlegend *Zöllner*, Die Schranken mitgliedschaftlicher Stimmrechtsmacht, S. 320 ff.; *Wandrey*, Materielle Beschlusskontrolle, S. 147 ff.; für die Bindung der Geschäftsführung im Aktienkonzernrecht vgl. *Zöllner*, ZHR 162 (1998), 235, 240.

[217] Zur Begrenzung der Beschlussautonomie durch die Zweckbindung *Zöllner*, Die Schranken mitgliedschaftlicher Stimmrechtsmacht, S. 320 ff.; vgl. *Zöllner*, ZHR 162 (1998), 235, 240.

chen Rechtfertigung auf der zweiten Stufe mit derjenigen auf der ersten Stufe übereinstimmt,[218] auch die Vorstandsentscheidung dahin gehend zu überprüfen, ob die Ausnutzung des bezugsrechtsfreien genehmigten Kapitals tatsächlich zur Erreichung des avisierten Ziels geeignet, erforderlich und angemessen ist.

D. Die Ausnutzungsentscheidung ohne Bezugsrecht bei einem durch Gründungssatzung geschaffenen genehmigten Kapital

Wie bereits in den vorhergehenden Ausführungen angedeutet, ist die Entscheidung des Vorstandes zur Ausnutzung des genehmigten Kapitals sowohl beim Direktausschluss als auch bei der Ausnutzung der Ermächtigung der Entscheidung über den Bezugsrechtsausschluss jeweils anhand der Kriterien, die der BGH in seiner Kali+Salz-Entscheidung anerkannt hat, zu überprüfen. Dies hat auch dann zu gelten, wenn das genehmigte Kapital gleich unter Direktausschluss oder unter Ermächtigung des Vorstandes zum Bezugsrechtsausschluss in der Gründungssatzung geschaffen wurde.[219] Denn auch zu diesem Zeitpunkt war noch nicht klar, für welche konkrete Maßnahme der Vorstand das genehmigte Kapital ausnutzen wird. Die Aufnahme eines genehmigten Kapitals in die Gründungssatzung würde andernfalls zu einer grundlegenden Umstrukturierung der Schutzstandards führen. Da bei der Gründungssatzung keine Sachkontrolle durchgeführt werden kann, wären die Aktionäre vor Eingriffen in ihre Mitgliedschaftsrechte bei Ablehnung einer Sachkontrolle der Vorstandsentscheidung gänzlich ungeschützt.[220]

Es ist zwar zutreffend, dass bei der Schaffung des genehmigten Kapitals in der Gründungssatzung alle Gründer zustimmen müssen.[221] Dies bedeutet allerdings nicht, dass ein weitergehender inhaltlicher Schutz nicht notwendig ist. Hier verfangen die gleichen Argumente, die eine sachliche Kontrolle der Vorstandsentscheidung unter Einbeziehung der Interessen aller Aktionäre notwendig machen.[222] Die Aktionäre hatten keinerlei Möglichkeit eine Interessenabwägung hinsichtlich der konkret beeinträchtigten Interessen ihrerseits gegen die Förderung des Gesellschaftsinteresses vorzunehmen. Dies gilt erst recht für die nachträglich hinzugekommenen Aktionäre, wobei diese ihren Anteil so wie sie ihn erworben haben akzeptieren müssten. Der konkrete Eingriff in die Mitgliedschaftsrechte erfolgt erst durch den effektiven Ausschluss mit der Ausnutzung des genehmigten Kapitals ohne

---

[218] Vgl. dazu auch S. 124 f.

[219] *Hirte*, in: GroßKomm/AktG, 4. Aufl., § 203 Rn. 22, 73, 119; *Groß/Fischer*, in: Heidel, Aktien- und Kapitalmarktrecht, 4. Aufl., § 203 Rn. 15; *Bayer*, in: MünchKomm/AktG, 4. Aufl., § 203 Rn. 85.

[220] *Hirte*, in: GroßKomm/AktG, 4. Aufl., § 203 Rn. 73.

[221] *Koch*, in: Hüffer/Koch, 13. Aufl., § 203 Rn. 22.

[222] Vgl. hierzu oben S. 367 ff.

Bezugsrecht. Für diesen Bereich gilt aufgrund der lediglich derivativen Kompetenz des Vorstandes die Eingriffskontrolle als immanente Begrenzung der Ausnutzungsautonomie.

E. Ergebnis

Hält der Vorstand die dargestellten materiellen Grenzen seiner Ausnutzungsautonomie nicht ein, ist es jedem Aktionär unbenommen, über die Aktionärsklage seinen verbandsrechtlichen Unterlassungsanspruch zu verwirklichen. Dies ruht auf der Verletzung seines mitgliedschaftlichen Teilhaberechts.[223] Wie bereits herausgestellt worden ist, kann allein der Verweis auf die Verletzung des Teilhaberechts mit dem aktienrechtlich vorgesehenen Schutzsystem in Einklang gebracht werden.

§ 4 Einsatz eines genehmigten Kapitals in Übernahmesachverhalten

Wurde dem Vorstand ein genehmigtes Kapital eingeräumt, kann die Ausnutzung desselben in ein Konfliktfeld mit § 33 WpÜG geraten, wobei hier genau zu untersuchen ist, ob ein Verstoß gegen die Vorschrift eine für die Aktionärsklage notwendige Verletzung des mitgliedschaftlichen Teilhaberechts des Aktionärs bedeutet. Hierfür ist der Regelungsgehalt und der durch die Tatbestandsvoraussetzungen umrissene Umfang des Regelungsbereiches von § 33 WpÜG zu identifizieren.

A. Regelungsgehalt des § 33 WpÜG

§ 33 WpÜG ist nach der gesetzlichen Intention lex specialis gegenüber den allgemein aktienrechtlichen Regelungen (§§ 76, 93 AktG), sofern eine Entscheidung über ein Übernahmeangebot veröffentlicht worden ist.[224] Der zeitliche Anwendungsbereich erfasst das gesamte Übernahmeverfahren bis hin zur Veröffentlichung des Ergebnisses nach § 23 Abs. 1 S. 1 WpÜG.[225] Der Vorstand hat nach der Regelungsintention das Letztentscheidungsrecht der Aktionäre hinsichtlich der Übernahme zu achten.[226] Die hier relevante Frage bezieht sich auf das genehmigte Kapital

---

[223] Vgl. zum Teilhabeschutz beim Bezugsrechtsausschluss S. 303 ff.; hinsichtlich des potentiellen Einwandes der fehlenden Zuständigkeit der Hauptversammlung für rechtswidrige Bezugsrechtsausschlüsse vgl. bereits oben S. 301 ff.

[224] *Steinmeyer*, in: Steinmeyer/WpÜG, 3. Aufl., § 33 Rn. 6.

[225] *Steinmeyer*, in: Steinmeyer/WpÜG, 3. Aufl., § 33 Rn. 10.

[226] *Hirte*, in: KölnKomm/WpÜG, 2. Aufl., § 33 Rn. 26, ebenfalls zu der unglücklichen Terminologie der „Neutralitätspflicht".

als Abwehrinstrument einer feindlichen Übernahme. Kapitalerhöhungen als solche haben grundsätzlich eine objektiv geeignete Verhinderungswirkung zur Folge, sodass auch eine Erhöhung aus einem geschaffenen genehmigten Kapital dem Verbot des § 33 Abs. 1 S. 1 WpÜG unterliegen würde.[227] Denn der Bieter hat aufgrund der größeren Zahl der Aktien einen größeren finanziellen Kraftakt vor sich.[228] Entsprechend dem Regelungszweck der Norm wird man hinsichtlich des Eingreifens von § 33 Abs. 1 S. 1 WpÜG bei der Ausnutzungsentscheidung zwar danach zu unterscheiden haben, um welchen Prozentsatz das Grundkapital erhöht wird, da nicht jeder geringfügigen Ausgabe neuer Aktien pauschal eine objektive Eignung immanent ist.[229] Da in § 33 Abs. 1 S. 1 WpÜG aber bewusst lediglich auf eine objektive Verhinderungs*eignung* abgestellt wurde, wird man die Schwellenwerte streng zu bemessen haben, da auch eine Kapitalerhöhung um wenige Prozentpunkte, je nachdem in welchen Dimensionen sich das Grundkapital bewegt, Beeinträchtigungen mit objektiver Verhinderungseignung nach sich ziehen können. Wurde das Grundkapital um mehr als 1 % erhöht, müssen besondere Anhaltspunkte vorliegen, die gegen eine Erheblichkeit sprechen. Hierzu ließ sich beispielsweise eine Bezugsrechtsemission zählen, da hier zumindest die bisherigen Anteile des Bieters nicht verwässert werden, ebenso wie ein geringes Grundkapital der Zielgesellschaft.[230] Bei einer hierunter liegenden Erhöhung wird man pauschal von einer fehlenden Erheblichkeit ausgehen können.[231] Ab einer Erhöhung um 5 % sollte

---

[227] *Hirte*, in: KölnKomm/WpÜG, 2. Aufl., § 33 Rn. 60; *Schlitt/Ries*, in: MünchKomm/ AktG, 3. Aufl., § 33 WpÜG, Rn. 82 f.

[228] Vgl. die RegBegr. BT-Drucks. 14/7034 S. 57; *Hirte*, in: KölnKomm/WpÜG, 2. Aufl., § 33 Rn. 60, der dies zusätzlich auf die gleiche Bewertung der neu emittierten Aktien im Verhältnis zu den Altaktien stützt.

[229] So hat schon die Gesetzesbegründung auf eine „nicht unerhebliche" Anzahl abgestellt, Begr. RegEntw. BT-Drucks. 14/7034 S. 57; ebenso *Steinmeyer*, in: Steinmeyer/WpÜG, 3. Aufl., § 33 Rn. 88 a.E., für die Bezugsrechtsemission, aber ohne feste Prozentangabe. Steinmeyer möchte auf den Einzelfall abstellen, a.a.O. Fn. 193; ebenso *Brandi*, in: Angerer/ Geibel/Süßmann, 3. Aufl., § 33 Rn. 20. Pauschal aufgrund von Abgrenzungsschwierigkeiten lässt *Hirte*, in: KölnKomm/WpÜG, 2. Aufl., § 33 Rn. 60 das Verhinderungsverbot eingreifen; für eine maximal *5 %-Grenze: Schwennicke*, in: Geibel/Süßmann, 2. Aufl., § 33 Rn. 25; *Maier-Reimer*, ZHR 165 (2001), 258, 267 Fn. 49; *10 %-Grenze: Ekkenga*, in: Ehricke/Ekkenga/ Oechsler/WpÜG, § 33 Rn. 96; *Maslo*, Interessenwahrung und Rechtsschutz, S. 128, wobei die Parallele zu § 186 Abs. 3 S. 4 AktG wegen der dieser Norm zugrundeliegenden Nachkaufmöglichkeit am Kapitalmarkt bis zur Grenze von 10 % auf diesen Fall nicht passt. Ebenso wird hier faktisch der Finanzaufwand der regulären Aktionäre lediglich vom Bezugspreis zum Marktpreis verlagert, nicht jedoch ein erhöhter Finanzaufwand geschaffen. *1 %-Grenze: Schlitt/ Ries*, in: MünchKomm/AktG, 3. Aufl., § 33 WpÜG, Rn. 86 f. (unter zusätzlicher Einzelfallbetrachtung); *Grunewald*, in: Baums/Thoma WpÜG, § 33 Rn. 30; ohne klare Angabe auch *Möslein*, Grenzen unternehmerischer Leitungsmacht, S. 514.

[230] Die Finanzkraft des Bieters hat außen vor zu bleiben, da das Gesetz diesbezüglich keine Unterscheidung trifft.

[231] Zwar können die Summen erhebliche Dimensionen erreichen, wenn man nur das gezeichnete Kapital der Deutschen Bank von 5.239 Mrd. € (Stand 31.12.2018 https://www.db. com/ir/de/informationen-zur-aktie.htm, zuletzt abgerufen am 21.02.2019) betrachtet. Eine Erhöhung um 0,09 % würde bereits ein Mindestvolumen des gezeichneten Kapitals nach dem

pauschal von einer Verhinderungseignung ausgegangen werden, ohne dass besondere Fallgestaltungen zu berücksichtigen sind.

B. Ausnutzungskompetenz im Angebotszeitraum: Anforderungen des § 33 WpÜG an einen Ermächtigungsbeschluss

Wurde ein genehmigtes Kapital bereits vor der Veröffentlichung der Entscheidung zur Abgabe eines Angebotes durch den Bieter geschaffen, stellt sich die Frage, ob der Vorstand das genehmigte Kapital allein unter Wahrung der Voraussetzungen des § 33 Abs. 1 S. 2 WpÜG ausnutzen darf, oder ob an den Ermächtigungsbeschluss auch die zusätzlichen Voraussetzungen des § 33 Abs. 2 WpÜG zu stellen sind. Erst nachdem klargestellt worden ist, welche Voraussetzungen zu erfüllen sind, kann man sich anschließend die Frage stellen, ob bei einem Verstoß durch den Vorstand der Anwendungsbereich der oben herausgestellten verbandsrechtlichen Abwehrklage eröffnet ist.

Teilweise wird vertreten, dass der Vorstand von einer derivativ von der Hauptversammlung abgeleiteten Kompetenz Gebrauch machen darf, sofern allein die Voraussetzungen des § 33 Abs. 1 S. 2 WpÜG vorliegen.[232] Sogar der Finanzausschuss des Bundestages sei davon ausgegangen, dass § 33 Abs. 2 WpÜG den bereits eingebrachten Kompetenzbereich des Vorstandes nicht einschränke.[233] Andere hingegen sehen in § 33 Abs. 2 WpÜG eine Regelung, die lex specialis gegenüber § 33 Abs. 1 WpÜG sei. Die Ausnutzung eines genehmigten Kapitals im Angebotszeitraum sei daher nur dann zulässig, sofern bereits der Ermächtigungsbeschluss die Voraussetzungen des § 33 Abs. 2 WpÜG erfülle.[234]

Die Materialien des Gesetzgebers mögen zwar als Orientierungshilfe fruchtbar gemacht werden, dienen allerdings nicht als verbindliche Auslegungshilfe. Betrachtet man die Systematik des § 33 WpÜG, so erhellt sich, dass es nicht darauf

---

Mindestnennbetrag von 476.2 Mio. € ausmachen. Man hat hier allerdings allein das prozentuale Verhältnis der Erhöhung des gezeichneten Kapitals in die Abwägung einzubeziehen.

[232] *Schlitt/Ries*, in: MünchKomm/AktG, 3. Aufl., § 33 WpÜG Rn. 140; *Krause*, BB 2002, 1053 ff.; *Koch*, in: Hüffer/Koch, 13. Aufl., § 76 Rn. 45; *Bürgers/Holzborn*, ZIP 2003, 2273, 2276; *Schwennicke*, in: Geibel/Süßmann, 2. Aufl., § 33 Rn. 75.

[233] *Schlitt/Ries*, in: MünchKomm/AktG, 3. Aufl., § 33 WpÜG Rn. 140; Begr. Finanzausschuss BT-Drucks. 14/7477 S. 53: „Im Übrigen schränkt die Möglichkeit zur Ermächtigung von Abwehrmaßnahmen durch die Hauptversammlung nach Absatz 2 das Recht des Vorstands zur Durchführung von Maßnahmen im Rahmen von § 33 Abs. 1 S. 2 nicht ein. Maßnahmen des Vorstands, die auf Ermächtigungen nach anderen Rechtsvorschriften beruhen – wie zum Beispiel die Ausnutzung eines genehmigten Kapitals nach § 202 AktG oder der Rückkauf von Aktien nach § 71 Abs. 1 Nr. 8 AktG – können daher vom Vorstand auch während eines Angebots durchgeführt werden, sofern die Anforderungen von § 33 Abs. 1 S. 2 WpÜG eingehalten werden.".

[234] *Hirte*, in: KölnKomm/WpÜG, 2. Aufl., § 33 Rn. 92, 67; *Bayer*, ZGR 2002, 588, 617.

ankommen kann, ob Abs. 2 sämtliche Fallgestaltungen des Abs. 1 S. 2 erfasst.[235] § 33 Abs. 2 AktG wäre gerade für die aktienrechtlich zulässigen Kompetenzverlagerungen wie dem genehmigten Kapital gänzlich irrelevant, sofern man auch eine allgemeine Ermächtigung ausnutzen könnte.[236] Die Zustimmung des Aufsichtsrates bedarf es ohnehin in jedem Fall (§ 33 Abs. 2 S. 4 WpÜG), ebenso wie ein Ermächtigungsbeschluss der Hauptversammlung notwendig ist. Der Unterschied liegt vielmehr darin, dass bei einem Vorrang des § 33 Abs. 2 WpÜG die Hauptversammlung bewusst über die Nutzung eines genehmigten Kapitals als Verhinderungsmaßnahme abstimmen müsste.[237]

Es kann allerdings ebenfalls nicht darauf ankommen, ob in die Aktionärsstruktur eingegriffen wird.[238] Der Teleologie des § 33 WpÜG entsprechend, soll die Letztentscheidung bei den Aktionären liegen, sie mithin offengehalten werden. Über einen möglichen Eingriff in die Aktionärsstruktur hat die Hauptversammlung bereits abgestimmt, sofern sie ein genehmigtes Kapital unter einer Ausschlussermächtigung oder Direktausschluss gefasst hat und dies seinem originären Zweck nach ausgenutzt wird.[239] Entscheidend ist vielmehr allein die Zielrichtung, die die Hauptversammlung mit ihrem Ermächtigungsbeschluss verfolgt hat, und ob der Einsatz des Vorstandes mit diesem in Einklang steht.

Hat die Hauptversammlung ein genehmigtes Kapital ohne Wahrung der Voraussetzungen des § 33 Abs. 2 WpÜG geschaffen, so steht es dem Vorstand im Rahmen seiner abgeleiteten Kompetenz frei, über die Ausnutzung desselben zu entscheiden. Hier ist § 33 Abs. 1 S. 2 WpÜG die einzige einzuhaltende Zulässigkeitsschwelle für die Wahrung der Rechtmäßigkeit. Es ist zwar zutreffend, dass die Kapitalerhöhung niemals den Grundlagencharakter verliert, doch hat sich die Hauptversammlung trotz dieses Grundlagencharakters entschieden, dem Vorstand im Rahmen der übertragenen Ermächtigung freie Hand zu lassen. Sofern der Vorstand diese Ermächtigung im Angebotszeitraum ausnutzen möchte und dies im Rahmen des regulären Geschäftsbetriebes tut, spricht nichts dafür, dass Aktionäre hiervor anders zu schützen sind, als vor anderen dann in den originären Kompetenzbereich des Vorstandes fallenden Maßnahmen.[240] Dem kann auch nicht entgegengehalten werden, dass es lediglich auf die objektive Verhinderungseignung der

---

[235] So aber *Schlitt/Ries*, in: MünchKomm/AktG, 3. Aufl., § 33 WpÜG Rn. 140.

[236] Insoweit zutreffend *Bayer*, ZGR 2002, 588, 613.

[237] Klar hervorgehoben durch *Bayer*, ZGR 2002, 588, 614.

[238] So aber *Bayer*, ZGR 2002, 588, 614, differenziert danach, ob ein Kompetenzvorrang der Hauptversammlung existiere, der bei Eingriffen in die Aktionärsstruktur gegeben sein soll.

[239] *Bayer*, ZGR 2002, 588, 614, der die Ausnutzung des genehmigten Kapitals unter Bezugsrecht nicht von § 33 Abs. 2 WpÜG erfasst sieht.

[240] So wohl auch *Ekkenga*, in: Ehricke/Ekkenga/Oechsler/WpÜG, § 33 Rn. 45, 50, der von abwehrgeeigneten im Gegensatz zu abwehrgerichteten Maßnahmen spricht. Notwendig sei allerdings nicht die Wahrung der Voraussetzungen des § 33 Abs. 2 WpÜG, *Ekkenga*, in: Ehricke/Ekkenga/Oechsler/WpÜG, § 33 Rn. 67 i.V.m. 89; a.A. *Bayer*, ZGR 2002, 588, 614 ff., 617.

Maßnahme und nicht auf den Maßnahmenzweck ankomme.[241] Die objektive Verhinderungseignung ist lediglich Eingangsvoraussetzung des § 33 WpÜG und bestimmt, ab welchem Grad der Einflussnahme die Entscheidungsfreiheit der Aktionäre zu schützen ist.

Hiervon unabhängig ist aber der Grad des Schutzes, der sich nach den Abs. 1 und 2 richtet. § 33 Abs. 2 S. 1 WpÜG gibt mit dem Regelungsgehalt, dass der Vorstand Maßnahmen nach § 33 Abs. 1 S. 1 WpÜG, zu denen er vor dem genannten Zeitraum ermächtigt worden ist, „um den Erfolg von Übernahmeangeboten zu verhindern"[242], unverdrossen die Zulässigkeit der Hinzunahme von subjektiven Zielsetzungen hinsichtlich der konkreten Maßnahme zu erkennen. Da § 33 Abs. 1 WpÜG eine verhaltenssteuernde Wirkung entfalten soll,[243] kann die Zulässigkeit nicht losgelöst von der intendierten Zielsetzung behandelt werden. Andernfalls wäre es einem Bieter möglich, den regulären Geschäftsablauf einer Zielgesellschaft durch ein Übernahmeangebot zu behindern.[244]

Insoweit wird man § 33 Abs. 2 WpÜG als inhaltliche Beschränkung der Ausnutzungsautonomie des Vorstandes aufzufassen haben. Diese stellt die zielgerichtete Abwehr von Übernahmeangeboten durch eine derivative Wahrnehmungskompetenz des Vorstandes unter einen ausdrücklichen Zulässigkeitsvorbehalt im Ermächtigungsbeschluss. So behält § 33 Abs. 2 WpÜG auch seinen Anwendungsbereich, nämlich für die Fälle in denen das genehmigte Kapital zielgerichtet als Abwehrinstrument eingesetzt werden soll.[245]

§ 33 WpÜG stellt gerade keine Begrenzung der regulären Ausnutzungsautonomie des Vorstandes und umgekehrt auch nicht der Ermächtigungsautonomie der Hauptversammlung in dem Umfang dar, dass keine Übernahmeangebote eintreten. Dies wäre allerdings der Fall, wenn andernfalls ein „reguläres" genehmigtes Kapital im Zeitraum zwischen Veröffentlichung der Angebotsentscheidung und Ablauf der Frist nach § 23 Abs. 1 S. 1 Nr. 2 WpÜG nicht zu den im Ermächtigungsbeschluss vorgesehenen Zwecken erfolgen dürfte.[246] Es läge hiermit eine nicht zu rechtfertigende Substitution der bereits erfolgten Hauptversammlungsentscheidung vor. Die Entwurfsfassung, die den Vorstand hinsichtlich der Fortführung der bereits laufenden Geschäfte vom Verhinderungsverbot freistellte ist gerade nicht Gesetz geworden.[247] Dies gilt es zu respektieren.

---

[241] So aber *Hirte*, in: KölnKomm/WpÜG, 2. Aufl., § 33 Rn. 92 a.E.

[242] Wortlaut § 33 Abs. 2 S. 1, 3 Hs. WpÜG.

[243] Hierzu auch *Krause/Pötzsch/Stephan*, in: Assmann/Pötzsch/Schneider, 2. Aufl., § 33 Rn. 1.

[244] Kritsch diesbezüglich auch *Hopt*, in: FS Lutter, 2000, S. 1361, 1390.

[245] Diesen Aspekt kritisch hervorhebend auch *Winter/Harbarth*, ZIP 2002, 1,12.

[246] So aber in der Konsequenz *Hirte*, in: KölnKomm/WpÜG, 2. Aufl., § 33 Rn. 92, 67; *Hirte*, ZGR 2002, 623, 641; *Bayer*, in ZGR 2002, 588, 612 ff.

[247] So auch *Schlitt/Ries*, in: MünchKomm/AktG, 3. Aufl., § 33 WpÜG Rn. 140; einen anderen Schluss zieht *Bayer*, ZGR 2002, 588, 616 f.

C. Folgerungen für die Ausnutzungskompetenz des Vorstandes

Dem Vorstand ist es in dem Zeitraum eines laufenden Übernahmeangebotes nicht kategorisch verwehrt, ein die Voraussetzungen des § 33 Abs. 2 WpÜG nicht erfüllendes genehmigtes Kapital auszunutzen. Damit der Vorstand sich in diesem Fall im Rahmen seiner Ausnutzungskompetenz hält, ist es wichtig, dass er das genehmigte Kapital *nicht* zielgerichtet zur Abwehr eines Übernahmeangebotes einsetzt. Überschreitet er diese Grenze und möchte er das „reguläre" genehmigte Kapital zur Abwehr eines Übernahmeangebotes nutzbar machen, so ist dies nicht mehr von der Ermächtigung umfasst. § 33 Abs. 2 AktG legt die Entscheidung über Abwehrmaßnahmen, die den originären Kompetenzbereich der Hauptversammlung berühren, ausdrücklich in die Zuständigkeit der Hauptversammlung.[248]

In dem Fall, in dem der Vorstand ein die Voraussetzungen des § 33 Abs. 2 WpÜG nicht erfüllendes genehmigtes Kapital im Rahmen des regulären Geschäftsbetriebes ausnutzt, hat er sich weiterhin an die allgemeinen aktienrechtlichen Vorgaben bei der Ausnutzung des genehmigten Kapitals zu halten (angemessener Ausgabepreis bei Bezugsrechtsausschluss, sachliche Rechtfertigung).

Der Vorstand hat hierbei nachzuweisen, dass er die Erhöhung des Grundkapitals aus genehmigtem Kapital allein aufgrund des gängigen Geschäftsverkehrs der Gesellschaft vornimmt, bspw. zum Erwerb einer zwingend notwendigen Sacheinlage, zur Umsetzung eines bereits avisierten Finanzierungskonzeptes.[249] In diesen Fällen genügt die Zustimmung des Aufsichtsrates nach § 33 Abs. 1 S. 2 WpÜG. Bei sämtlichen direkt das Übernahmeangebot beeinträchtigenden Maßnahmen, die in diesem Zusammenhang in Betracht kommen, hat der Vorstand diese zu unterlassen und die Entscheidung der Hauptversammlung zu einer ad-hoc-Maßnahme zu respektieren.[250]

---

[248] *Brandi*, in: Angerer/Geibel/Süßmann, 3. Aufl., § 33 Rn. 76; *Maslo*, Interessenwahrung und Rechtsschutz, S. 130; unklar, *Schlitt/Ries*, in: MünchKomm/AktG, 3. Aufl., § 33 WpÜG Rn. 140, ob das genehmigte Kapital auch zielgerichtet zu Abwehrzwecken eingesetzt werden darf; viel zu weitgehend dahingegen *Schaefer/Eichner*, NZG 2003, 150, 154, die scheinbar auch eine Ausnutzung eines den Anforderungen des § 33 Abs. 2 WpÜG nicht entsprechenden Ermächtigungsbeschlusses zu Abwehrzwecken nach § 33 Abs. 1 S. 2, 3 Alt. WpÜG zulassen wollen, wenn sie formulieren, dass dies auch gilt, „ohne dass es sich um die Fortführung einer bereits eingeschlagenen Unternehmensstrategie handelt.".

[249] Vorausgesetzt sei hier natürlich, dass eine Sachkapitalerhöhung durch den Ermächtigungsbeschluss gedeckt ist.

[250] § 33 Abs. 2 WpÜG regelt an sich zwar nur Vorratsbeschlüsse, was allerdings nicht den Umkehrschluss zulässt, dass ad-hoc-Beschlüsse unzulässig sind. Die Zulässigkeit solcher Beschlüsse hat vielmehr breite Anerkennung erfahren; vgl. schon den Begr. RegE. BT-Drucks. 14/7034, S. 58 „Beschlüsse, in denen die Hauptversammlung den Vorstand zu Abwehrmaßnahmen ermächtigt, können zum einen *anlässlich eines aktuellen Angebots* erfolgen. Hier sieht § 16 Abs. 4 wesentliche Erleichterungen vor im Zusammenhang mit der Vorbereitung derartiger Hauptversammlungen, die eine sofortige Reaktion der Zielgesellschaft ermöglichen sollen." (Hervorhebung durch Verfasser); *Schlitt/Ries*, in: MünchKomm/AktG, 3. Aufl., § 33

D. Rechtsschutzmöglichkeiten im Überblick

Aus den vorstehenden Erkenntnissen lassen sich die folgenden Fehlerquellen bei der Ausnutzung eines genehmigten Kapitals während eines laufenden Übernahmeangebotes ausdifferenzieren, wobei nicht jeder Mangel zur Verletzung des mitgliedschaftlichen Teilhaberechts führt und hierdurch eine Aktionärsklage eröffnet.

I. „Reguläre" Überschreitung des Ermächtigungsbeschlusses

Zunächst ist der Fall denkbar, in dem der Vorstand im Rahmen einer Ausnutzung des genehmigten Kapitals die allgemeinen Grenzen bei der Ausnutzung eines genehmigten Kapitals überschreitet und hierdurch den ihm eingeräumten Kompetenzbereich überschreitet. Eine dadurch verursachte Verletzung des mitgliedschaftlichen Teilhaberechts des Aktionärs kann dieser im Wege der allgemeinen Unterlassungsklage gegenüber der Gesellschaft in Stellung bringen, wodurch er die Maßnahme des Vorstandes verhindern kann. Hierbei kommt es nicht darauf an, ob es sich um eine Maßnahme handelt, die nach den obigen Kriterien unter § 33 Abs. 1 oder Abs. 2 WpÜG fällt oder die erst durch eine ad-hoc-Ermächtigung geschaffen wurde. Das Rechtsschutzkonzept richtet sich in diesem Fall nach den allgemeinen aktienrechtlichen Grundsätzen.[251] Gleichsam steht ihm nach obigen Grundsätzen die Geltendmachung einer einstweiligen Verfügung zur Seite.

II. Verstoß gegen § 33 Abs. 1 WpÜG bei nicht zielgerichtetem Einsatz des genehmigten Kapitals als Abwehrinstrument

Verletzt der Vorstand bei der Ausnutzung des genehmigten Kapitals, welches in den Anwendungsbereich des § 33 Abs. 1 WpÜG fällt,[252] allein das Verhinderungsverbot, ist fraglich, ob dies eine Kompetenzüberschreitung durch den Vorstand zum Nachteil des mitgliedschaftlichen Teilhaberechts darstellt. Hierfür gilt es zu untersuchen, welche Rechtsqualität § 33 Abs. 1 WpÜG zukommt.

Ein „bloßer" Verstoß gegen die Neutralitätspflicht läge dann vor, wenn die Maßnahme in den Zuständigkeitsbereich des Vorstandes fällt, worunter auch derivative Kompetenzen zu verstehen sind, und dieser entgegen § 33 Abs. 1 S. 2 WpÜG

WpÜG Rn. 189; *Krause/Pötzsch/Stephan*, in: Assmann/Pötzsch/Schneider, 2. Aufl., § 33 Rn. 188; *Winter/Harbarth*, ZIP 2002 1, 13.

[251] Soweit noch einhellig *Krause/Pötzsch/Stephan*, in: Assmann/Pötzsch/Schneider, 2. Aufl. 2013, § 33 Rn. 304 f.; *Hirte*, in: KölnKomm/WpÜG, 2. Aufl., § 33 Rn. 147; *Ekkenga*, in: Ehricke/Ekkenga/Oechsler/WpÜG, § 33 Rn. 41; *Grunewald*, in: Baums/Thoma/WpÜG, § 33 Rn. 104; *Röh*, in: Haarmann/Schüppen/WpÜG, 3. Aufl., § 33 Rn. 128; *Brandi*, in: Angerer/Geibel/Süßmann WpÜG, § 33 Rn. 94.

[252] Nach obigen Maßstäben ist dies nur der Fall, sofern *keine* Maßnahme, die der Übernahmeabwehr dient, vorliegt.

eine Maßnahme vornimmt.[253] Beispielhaft werden solche Fallgestaltungen angeführt, die gerade so noch nicht unter die Holzmüller/Gelatine-Grundsätze fallen und
damit keine ungeschriebene Hauptversammlungskompetenz auslösen und ohne
Aufsichtsratszustimmung durchgeführt werden.[254] Hierunter zu fassen ist nach den
obigen Erkenntnissen allerdings auch ein nicht gezielt zur Übernahmeabwehr ein-
gesetztes genehmigtes Kapital.

Teilweise wird angenommen, dass es sich bei § 33 Abs. 1 WpÜG um eine Zu-
ständigkeitsregelung handelt,[255] wobei dem die herrschende Meinung gegenübersteht, die in § 33 Abs. 1 WpÜG lediglich eine Organpflicht sehen.[256] Überzeugen
kann nach der Gesetz gewordenen Fassung allein die These der Einordnung als
Organpflicht. Die noch im Entwurf enthaltene Textfassung, die einen Zustimmungsvorbehalt der Hauptversammlung für sämtliche Abwehrmaßnahmen vorsah,
ist gerade nicht Gesetz geworden.[257] Man kann dem nicht entgegenhalten, dass eine
derartige semantische Auslegung nicht zwingend sei.[258] Wie soll es anders zu erklären sein, dass der Gesetzgeber die Maßnahmen des Vorstandes gerade nicht mehr
von der Ermächtigung durch die Hauptversammlung nach § 33 Abs. 1 S. 2 WpÜG
abhängig gemacht hat, sondern bloß einen Aufsichtsratsbeschluss fordert.[259] Alles
andere würde eine generelle Hauptversammlungskompetenz im Zeitraum des
Übernahmerechts statuieren, die dem Aktienrecht an sich unbekannt ist.[260] Daher ist
auch § 33 Abs. 2 WpÜG in dem Sinne zu interpretieren, dass die aktienrechtliche
Kompetenzordnung adaptiert wurde.[261]

Hält der Vorstand bei einer Entscheidung nach § 33 Abs. 1 S. 1 WpÜG die
Voraussetzungen des § 33 Abs. 1 S. 2 WpÜG nicht ein, liegt hierin lediglich ein

---

[253] *Steinmeyer*, in: Steinmeyer/WpÜG, 3. Aufl., § 33 Rn. 14 a.E. i.V.m. Rn. 52.

[254] Vgl. beispielhaft *Röh*, in Haarmann/Schüppen/WpÜG, 3. Aufl., § 33 Rn. 129, der die
Veräußerung von Vermögensgegenständen benennt.

[255] *Hirte*, in: KölnKomm/WpÜG, 2. Aufl., § 33 Rn. 28; *Röh*, in: Haarmann/Schüppen/
WpÜG, 3. Aufl., § 33 Rn. 30 ff.; *Winter/Harbath*, ZIP 2002, 1, 17; *Habersack*, in: Emmerich/
Habersack, 8. Aufl. 2016, Vor § 311 Rn. 23.

[256] *Krause/Pötzsch/Stephan*, in: Assmann/Pötzsch/Schneider, 2. Aufl., § 33 Rn. 87;
Steinmeyer, in: Steinmeyer/WpÜG, 3. Aufl., § 33 Rn. 9, 18, 58; *Süßmann*, in: Assmann/
Schütze, Hdb. des Kapitalanlagerechts, 4. Aufl. 2015, § 15 Rn. 87; *Glade*, in: Heidel, Aktien-
und Kapitalmarktrecht, 4. Aufl., § 33 Rn. 25.

[257] § 33 Abs. 1 S. 1 WpÜG Entwurf „Nach Veröffentlichung der Entscheidung zur Abgabe
eines Angebots bis zur Veröffentlichung des Ergebnisses nach § 23 Abs. 1 S. 1 Nr. 2 bedürfen
Handlungen des Vorstands und des Aufsichtsrats der Zielgesellschaft, durch die der Erfolg des
Angebots verhindert werden könnte, der Ermächtigung der Hauptversammlung." Reg. Entw. v.
11. 07. 2001, Drucksache 14/7034 S. 16 abgedr. in ZIP 2001, 1262 ff.

[258] *Röh*, in: Haarmann/Schüppen/WpÜG, 3. Aufl., § 33 Rn. 32.

[259] *Grunewald*, in: Baums/Thoma/WpÜG, § 33 Rn. 57.

[260] Vgl. *v. Falkenhausen*, NZG 2007, 97, 99 f.; *Ekkenga*, in: Ehricke/Ekkenga/Oechsler/
WpÜG, § 33 Rn. 78.

[261] *Bürgers/Holzborn*, ZIP 2003, 2273, 2276; *Noack/Zetzsche*, in: Schwark/Zimmer
KMRK, 4. Aufl., § 33 WpÜG Rn. 26; *Ekkenga*, in: FS Kümpel, 2003, S. 95, 104.

Verstoß gegen eine Organpflicht, die den Zuständigkeitsbereich der Hauptversammlung und damit auch ein mitgliedschaftliches Teilhaberecht nicht tangiert.[262] Dem Aktionär steht aufgrund dessen bei einem isolierten Verstoß gegen die Neutralitätspflicht durch den Vorstand nicht die Möglichkeit zu, im Wege der herausgestellten vorbeugenden verbandsrechtlichen Aktionärsklage vorzugehen.[263] Hierfür wäre ein weitergehender nach aktienrechtlichen Maßstäben zu beurteilender Eingriff in das Entscheidungsteilhaberecht notwendig.[264]

III. Verstoß gegen § 33 Abs. 2 WpÜG bei zielgerichtetem Einsatz des genehmigten Kapitals als Abwehrinstrument

Nutzt der Vorstand ein bereits existentes genehmigtes Kapital zum Zwecke der Abwehr eines Übernahmeangebotes aus und sind die Voraussetzungen des § 33 Abs. 2 WpÜG nicht erfüllt, so liegt unzweifelhaft eine Kompetenzüberschreitung vor. § 33 Abs. 2 AktG weist dem Aktionär für diesen Fall ein Entscheidungsteilhaberecht zu, welches der Vorstand zu achten hat. Der Aktionär hat die Möglichkeit im Wege einer vorbeugenden Unterlassungsklage die Missachtung seines Teilhaberechts zu verhindern. Er wird nach hier vertretener Ansicht auch regelmäßig die notwendigen Informationen zur Verfügung haben, da in diesen Fällen eine ad-hoc-Publizitätspflicht für die Zielgesellschaft nahezu unausweichlich erscheint und bei der Zuteilung an einen white-knight wegen des Bezugsrechtsausschlusses ein Vorstandsbericht zu erstatten ist.[265]

§ 5 Genehmigte Kapitalerhöhung gegen Sacheinlage

Wurde der Vorstand in dem Ermächtigungsbeschluss dazu ermächtigt, das genehmigte Kapital auch unter Einbringung von Sacheinlagen erhöhen zu können (§ 205 Abs. 1 AktG), hat er bei der Ausnutzungsentscheidung die erforderlichen Festsetzungen nach § 205 Abs. 2 AktG zu treffen.[266] Diese Entscheidungsautonomie steht ihm allerdings vergleichbar der Regelung des § 204 Abs. 1 AktG nur dann zu, wenn der Ermächtigungsbeschluss keine eigenen spezifischen Regelungen ent-

---

[262] Anders *Hirte*, in: KölnKomm/WpÜG, 2. Aufl., § 33 Rn. 147.

[263] *Krause/Pötzsch/Stephan*, in: Assmann/Pötzsch/Schneider, 2. Aufl., § 33 Rn. 304; *Steinmeyer*, in: Steinmeyer/WpÜG, 3. Aufl., § 33 Rn. 56; LG Düsseldorf, Beschl. v. 14.12. 1999 – 10 O 495/99 –, AG 2000, 233 ff.; anders *Bayer*, NJW 2000, 2609, 2611 (Fn. 31 f.).

[264] A.A. *Hirte*, in: KölnKomm/WpÜG, 2. Aufl., § 33 Rn. 147.

[265] Vgl. zum Erfordernis eines Vorabberichts S. 411 ff.

[266] *Schürnbrand*, in: MünchKomm/AktG, 4. Aufl., § 205 Rn. 14; *Koch*, in: Hüffer/Koch, 13. Aufl., § 205 Rn. 4 f.; soll ein dementsprechendes genehmigtes Kapital bereits bei der Gründung geschaffen werden, haben die Gründer § 206 AktG zu beachten, welcher einer verdeckten Sachgründung vorbeugen soll; vgl. hierzu *Wamser*, in: Spindler/Stilz, 4. Aufl., § 206 et passim.

hält.[267] Missachtet der Vorstand etwaige Festsetzungen der Hauptversammlung, kann der Aktionär seinem materiellen Schutzrecht mittels der Aktionärsklage zur Geltung verhelfen.

Besondere Aufmerksamkeit verdient im Zusammenhang mit einer Sachkapitalerhöhung ein Bezugsrechtsausschluss zulasten der Altaktionäre, der insbesondere hier in Betracht kommt.[268] Wurde von der Möglichkeit des Bezugsrechtsausschlusses in zulässiger Weiße Gebrauch gemacht, hat der Vorstand aufgrund seiner Bindung an § 255 Abs. 2 AktG darauf zu achten, dass der Einbringungswert der Sacheinlage mit dem inneren Beteiligungswert der emittierten Anteile übereinstimmt.[269] Andernfalls liegt eine rügbare Teilhaberechtsverletzung zulasten der Aktionäre vor. Problematisch erscheint indes, dass der Vorstand bei der Ausnutzung des genehmigten Kapitals gegen Einbringung einer Sacheinlage nicht ausdrücklich zur Festlegung eines Ausgabebetrages und der Aufnahme im Zeichnungsschein verpflichtet ist, da § 205 Abs. 2 AktG nichts entsprechendes verlangt.[270] Man wird dies auch nicht unter dem Aspekt des Minderheitenschutzes verlangen können, indem man dem Aktionär die Angemessenheitsprüfung nach § 255 Abs. 2 AktG ermöglichen möchte.[271] Denn es kommt hierbei darauf an, den Einbringungswert der Sacheinlage ins Verhältnis zu den Beteiligungswerten zu setzen.[272] Entsprechend der Teleologie des Vorstands-

---

[267] *Wamser*, in: Spindler/Stilz, 4. Aufl., § 205 Rn. 13.

[268] Die Behandlung der sich herausgebildeten Fallgruppen würde den Rahmen der vorliegenden Arbeit überschreiten, weswegen auf die spezifischen und dezidierten Auseinandersetzungen in der Literatur verwiesen werden soll, vgl. *Ekkenga*, in: KölnKomm/AktG, 3. Aufl., § 186 Rn. 109 ff.

[269] Hier ist § 255 Abs. 2 AktG analog anzuwenden, da dort lediglich von einem angemessenen Ausgabebetrag die Rede ist; BGHZ 71, 41, 50 f. = NJW 1978, 1316, 1318 (Kali+Salz); OLG Frankfurt AG 1999, 231, 232; *Koch*, in: MünchKomm/AktG, 4. Aufl., § 255 Rn. 12; *K. Schmidt*, in: GroßKomm/AktG, 4. Aufl., § 255 Rn. 6; *Schwab*, in: K. Schmidt/Lutter, 3. Aufl., § 255 Rn. 6; *Heer*, ZIP 2012, 2325, 2328.

[270] *Wamser*, in: Spindler/Stilz, 4. Aufl., § 205 Rn. 15; *Stöber*, in: Hdb. der AG-Finanzierung, 2. Aufl., Kap. 5 Rn. 141; a.A. *Bayer*, in: MünchKomm/AktG, 4. Aufl., § 205 Rn. 13; im Sinne eines transparenten Verfahrens vorschlagend *Hirte*, in: GroßKomm/AktG, 4. Aufl., § 205 Rn. 9; *Marsch-Barner*, in: Bürgers/Körber, 4. Aufl., § 205 Rn. 5.

[271] So aber *Bayer*, in: MünchKomm/AktG, 4. Aufl., § 205 Rn. 13; vgl. zur parallelen Überlegung für die reguläre Kapitalerhöhung *Wiedemann*, in: GroßKomm/AktG, 4. Aufl., § 183 Rn. 51.

[272] BGH, Urt. v. 13.3.1978 – II ZR 142/76 –, BGHZ 71, 41, 50 f. = NJW 1978, 1316, 1318 (Kali+Salz); OLG Frankfurt a.M., Urt. v. 1.7.1998 – 21 U 166/97 –, AG 1999, 231, 232; *Koch*, in: MünchKomm/AktG, 4. Aufl., § 255 Rn. 12; *K. Schmidt*, in: GroßKomm/AktG, 4. Aufl., § 255 Rn. 6; *Schwab*, in: K. Schmidt/Lutter, 3. Aufl., § 255 Rn. 6; *Heer*, ZIP 2012, 2325, 2328; anders *Wiedemann*, in: GroßKomm/AktG, 4. Aufl., § 183 Rn. 51 der als Vergleichsmaßstab auf den nach ihm verpflichtend festzusetzenden Ausgabebetrag auch bei der Sacheinlage abstellt (dort f. d. reg. Kapitalerhöhung); anders *Ekkenga*, in: KölnKomm/AktG, 3. Aufl., § 183 Rn. 100, der als Kontrollmaßstab auf den Einbringungswert abstellt. Es wird aber dennoch zugelassen, dass der Sacheinlage durch Festsetzung eines unter dem Einbringungswert liegenden Ausgabebetrages mehrere Kausalgeschäfte zugeordnet werden können, *Ekkenga*, a.a.O. 99, 226.

berichtes, den Aktionären eine Überprüfungsmöglichkeit hinsichtlich der Wertde-
ckung im Sinne des § 255 Abs. 2 AktG zu ermöglichen, ist der Vorabbericht des
Vorstandes entsprechend anzupassen und der Einbringungswert der Sacheinlage in
diesem zu erörtern.[273] Hierdurch stehen dem Aktionär die notwendigen Informationen zur Verfügung, um seine Rechtsstellung durchzusetzen. Wurde der Maßstab
nicht gewahrt, steht dem Aktionär aufgrund der Kompetenzüberschreitung des
Vorstandes die Abwehrklage zur Verfügung. Dass der Einbringungswert stets
identisch mit dem Ausgabebetrag sein müsse, ist nichtsdestotrotz abzulehnen.[274] Das
Volleinzahlungsgebot bei der Sacheinlage enthält keinerlei Indizien über die Möglichkeit des Vorstandes bei der Festsetzung der Sacheinlage, auch verschiedene
Kausalverhältnisse anzuerkennen.[275] Dem Vorstand steht es also frei, einen Ausgabebetrag festzusetzen. Obligatorisch ist eine Festsetzung für den Vorstand allerdings
nicht.[276] Wird die Bindung des § 255 Abs. 2 AktG missachtet, kann der Aktionär dies
klageweise rügen.

Gleiches hat zu gelten, sofern er eine Sacheinlage ohne entsprechenden Ermächtigungsbeschluss festsetzt oder die in dem Hauptversammlungsbeschluss gesetzten Grenzen überschreitet. Will der Vorstand entgegen einer qualitativen Einschränkung der Ermächtigung z. B. nur Unternehmensbeteiligungen als Sacheinlagen aufzunehmen, sachliche Betriebsmittel mittels Sacheinlage einbringen, steht
dem Aktionär gleichsam die vorbeugende Unterlassungsklage zur Seite. Flankiert
wird sie von der möglichen Erwirkung einer einstweiligen Unterlassungsverfügung.
Der Vorstand überschreitet hierbei den durch den Ermächtigungsbeschluss abgesteckten und an ihn delegierten Kompetenzrahmen zulasten der Entscheidungsmöglichkeit der Aktionäre.

Die Durchführung einer genehmigten Kapitalerhöhung kann durch den Aktionär
mittels Aktionärsklage auch dann verhindert werden, wenn eine den Grundsätzen der
verdeckten Sacheinlage entsprechende Einlage durch einen Aktionär eingebracht
werden soll.[277]

---

[273] Für die reguläre Kapitalerhöhung *Priester*, in: FS Lutter, 2000, S. 617, 631, ohne § 186
Abs. 4 S. 2 AktG zu erwähnen.

[274] Vgl. *Priester*, in: FS Lutter, 2000, S. 617, 630; vgl. zur Annahme der generellen Ent-
behrlichkeit des Ausgabebetrages für die Festlegung des Umfanges der Leistungspflicht *Maier-
Reimer*, in: FS Bezzenberger, 2000, S. 253, 257, der in der Folge § 54 Abs. 1 AktG für unanwendbar hält. *Maier-Reimer*, a.a.O. lässt allerdings einen Barausgleich bei statutarischer
Festlegung zu; dagegen mit Recht *Hoffmann-Becking*, in: FS Wiedemann, 2002, S. 999, 1001,
nach dem der Ausgabebetrag bei der Sacheinlage bedeutet, „[…] dass der Sacheinleger einen
entsprechend höheren Wert der einzulegenden Sache verspricht."; *Ekkenga*, in: KölnKomm/
AktG, 3. Aufl., § 183 Rn. 99, 226.

[275] *Ekkenga*, in: KölnKomm/AktG, 3. Aufl., § 183 Rn. 99; *Hoffmann-Becking*, in: FS
Wiedemann, 2002, S. 999, 1001.

[276] *Wamser*, in: Spindler/Stilz, 4. Aufl., § 205 Rn. 15; a.A. (f.d. reg. Kapitalerhöhung)
Ekkenga, in: KölnKomm/AktG, 3. Aufl., § 183 Rn. 99.

[277] Vgl. zu dieser *Bayer*, in: MünchKomm/AktG, 4. Aufl., § 205 Rn. 65 m.w.N.

§ 6 Related party transactions (de lege ferenda)

Der Vorschlag der Europäischen Kommission zur Änderung der Aktionärsrechterichtlinie vom 9.4.2014 sah in Art. 9 c II UAbs. 1 S. 1 ursprünglich vor, dass bei Transaktionen mit nahestehenden Unternehmen und Personen,[278] „die mehr als 5 % des Vermögens des Unternehmens betreffen" oder deren Auswirkungen auf den Umsatz oder Gewinn erheblich sind, der Zustimmung der Hauptversammlung bedürfen.[279] Hiervon wären nach derzeitigem Stand auch bezugsrechtsfreie Kapitalerhöhungen zugunsten eines herrschenden Aktionärs erfasst.[280] Damit kann diese Frage de lege ferenda auch für das genehmigte Kapital virulent werden. Nach der Konzeption des Kommissionsvorschlages müsste im innerstaatlichen Recht eine Hauptversammlungskompetenz statuiert werden, bei deren Missachtung durch den Vorstand die Aktionärsklage nach hiesigem Muster ausgelöst werden würde. Nach mehr als ablehnenden Stellungnahmen insbesondere aus der deutschen Rechtswissenschaft,[281] wurden mehrere Kompromissentwürfe vorgelegt. Der wohl am meisten wahrgenommene war der unter italienischer Ratspräsidentschaft, der zwar an der grundsätzlichen Zustimmungspflicht zu Transaktionen mit nahestehenden Personen keine Änderung vornahm. Nach diesem würde dem deutschen Gesetzgeber die Möglichkeit eröffnet, den Zustimmungsvorbehalt nicht zugunsten der Hauptversammlung, sondern des Aufsichtsrates vorzusehen.[282] Dieser Vorschlag wurde sogar vom europäischen Parlament angenommen, wobei hier zusätzlich allein von wesentlichen Transaktionen, ohne feste prozentuale Grenze die Rede war. Durch den Verzicht auf eine prozentuale Grenze würde ein noch weitergehender Gestaltungs-

---

[278] Die Begriffsbestimmung soll nach Art. 1 Abs. 2 lit. j des Kommissionsvorschlag COM (2014), 0213 final nach der Definition der International Accounting Standards (IAS) 24, die durch die Verordnung (EG) Nr. 1606/2002 übernommen wurde, erfolgen; zu Recht sehr kritisch hierzu *Lutter*, EuZW 2014, 687 f.

[279] Kommissionsvorschlag COM (2014), 0213 final (RICHTLINIE DES EUROPÄISCHEN PARLAMENTS UND DES RATES zur Änderung der Richtlinie 2007/36/EG im Hinblick auf die Förderung der langfristigen Einbeziehung der Aktionäre sowie der Richtlinie 2013/34/EU in Bezug auf bestimmte Elemente der Erklärung zur Unternehmensführung).

[280] *Bayer/Selentin*, NZG 2015, 7, 12; *Ekkenga*, in: KölnKomm/AktG, 3. Aufl., Vor § 182 Rn. 64.

[281] *Selzner*, ZIP 2015, 753, 758; *Schneider*, EuZW 2014, 641; *Wiersch*, NZG 2014, 1131 ff.; *Fleischer*, BB 2014, 2691, 2698 f.; *Bayer/Seletin*, NZG 2015, 7 ff.; *Drygala*, AG 2013, 198; *Tröger*, AG 2015, 53, 66; *Seibt*, DB 2014, 1910, 1914 „Der auf dem Regelungsmodell von LR 11 basierende neue Regulierungsvorschlag der Kommission steht in einem eklatanten Widerspruch zu Grundprinzipien des deutschen Aktienrechts, insb. des deutschen Aktienkonzernrechts.".

[282] Art. 9 c Abs. 2 UAbs. 1 S. 1 Presidency compromise text Dok. 13758/14: „Member States shall ensure that material transactions with related parties representing more than 5 % of the companies' assets or transactions which can have a significant impact on profits or turnover are approved submitted to a vote by the shareholders *or by the administrative or supervisory bodies of the company* according to procedures which prevent a related party from taking advantage of its position and provide adequate protection for the minority shareholders' interests." (Hervorhebung durch den Verfasser).

spielraum eröffnet.[283] Durchsetzen konnte sich dieser Vorschlag allerdings ebenfalls nicht.[284] Nach einem informellen Trilog wurde ein Kompromissvorschlag unterbreitet, der an der Möglichkeit der Bundesrepublik Deutschland, den Aufsichtsrat als Kontrollorgan einzusetzen nichts ändert.[285] Diese Wahlmöglichkeit floss nunmehr in die durch das EU-Parlament gebilligte und vom Rat angenommene Aktionärsrechterichtlinie (EU) 2017/828 (ARUG II) ein, die einer Umsetzung bis zum 10. Juni 2019 bedarf.

Macht der Gesetzgeber de lege ferenda von der Möglichkeit Gebrauch den Aufsichtsrat als Kontrollorgan einzusetzen,[286] so wird mangels Hauptversammlungskompetenz auch das hiervon akzessorisch abhängige mitgliedschaftliche Teilhaberecht des Aktionärs bei fehlender Zustimmung nicht übergangen. Von dieser Wahl ist wohl auch nach bisherigem Stand auszugehen, denn der bisherige Referentenentwurf des Bundesministeriums der Justiz sieht in seinem § 111b EntwAktG allein einen Zustimmungsvorbehalt zugunsten des Aufsichtsrates vor.[287]

Der Aktionär kann in diesen Fällen lediglich auf Schadensersatzansprüche verwiesen werden, sofern nicht lediglich ein Reflexschaden bei ihm eintritt.[288]

§ 7 Beteiligungserwerb und Teilhaberechte

A. Nicht durch den Unternehmensgegenstand gedeckter Beteiligungserwerb

Sofern der Erwerb einer Unternehmensbeteiligung unter Einsatz der durch Ausnutzung eines genehmigten Kapitals geschaffenen Aktien als Akquisitionswährung außerhalb des Unternehmensgegenstandes liegt, steht dem Aktionär die Aktionärsklage zur Seite. Der Vorstand muss vor der Abwicklung des Geschäfts auf

---

[283] Art. 9 c Abs. 2 UAbs. 1 S. 1 Angenommene Texte Dok. P8_TA (2015)0257 (Abänderungen des Europäischen Parlaments vom 8. Juli 2015 zu dem Vorschlag für eine Richtlinie des Europäischen Parlaments und des Rates zur Änderung der Richtlinie 2007/36/EG im Hinblick auf die Förderung der langfristigen Einbeziehung der Aktionäre sowie der Richtlinie 2013/34/ EU in Bezug auf bestimmte Elemente der Erklärung zur Unternehmensführung (COM (2014) 0213 – C7-0147/2014 – 2014/0121(COD)).

[284] *Spindler/Seidel*, AG 2017, 169, 170 m.w.N. zu den anderen Vorschlägen in Fn. 11.

[285] Vgl. Proposal for a Directive of the European Parliament and of the Council on amending Directive 2007/36/EC as regards the encouragement of long-term shareholder engagement and Directive 2013/34/EU as regards certain elements of the corporate governance statement; EU Dok. 15248/16 (Brussel v. 13.12.2016).

[286] Für die Zuständigkeit des Aufsichtsrates plädieren *Spindler/Seidel*, AG 2017, 169 ff.

[287] https://www.bmjv.de/SharedDocs/Gesetzgebungsverfahren/Dokumente/RefE_Aktionaersrechterichtlinie_II.pdf;jsessionid=1DA971DCF5360E234947076E8FB1EF0F.1_cid324?__blob=publicationFile&v=2 (zuletzt abgerufen am 20.02.2019).

[288] Vgl. zu den derzeitigen Schutzinstrumenten für Related party transactions überblicksartig *Selzner*, ZIP 2015, 753, 755 ff.

die Änderung des Unternehmensgegenstandes durch die Hauptversammlung hinwirken, §§ 119 Abs. 1 Nr. 5, 179 Abs. 2 S. 2, 23 Abs. 3 Nr. 2 AktG.[289] Die Übergehung dessen verletzt als faktische Satzungsänderung die aktienrechtliche Kompetenzordnung und damit als die Klage auslösendem Moment die Teilhabeberechtigung des Aktionärs. Ein derartiger Fall der Überschreitung des Unternehmensgegenstandes durch einen Beteiligungserwerb lag einem Urteil des LG Regensburg zugrunde. In diesem hatte die Aktiengesellschaft ihren Betrieb bereits eingestellt und nun lediglich Aktiva in Höhe von ca. 25,5 Mio. €, von denen 10 Mio. € zum Zwecke des Beteiligungserwerbs eingesetzt werden sollten.[290] Bei einer derartigen Größenordnung kann nicht mehr von einer bloßen Kapitalanlage, sondern von einer faktischen Änderung des Unternehmensgegenstandes gesprochen werden. Es kommt bei derartigen Fällen auch nicht darauf an, ob Geld oder Aktien als Gegenleistung genutzt werden, da die mitgliedschaftliche Teilhabeberechtigung an der Hauptversammlungsentscheidung über die Änderung des Unternehmensgegenstandes tangiert ist.

B. Durch den Unternehmensgegenstand und die Ermächtigung gedeckter Beteiligungserwerb

Bewegt sich der Vorstand sowohl innerhalb des Unternehmensgegenstandes als auch der Ermächtigung und nutzt allein ein genehmigtes Kapital zur Schaffung von Akquisitionsaktien aus, ist eine Aktionärsklage nach hiesigem Muster nicht einschlägig. Klagevoraussetzung wäre die Auslösung einer ungeschriebenen Hauptversammlungszuständigkeit durch die Investitionsentscheidung des Vorstandes, die Beteiligung als Sacheinlage einbringen zu lassen.

I. Ungeschriebene Hauptversammlungskompetenz nach Holzmüller?

Für eine ungeschriebene Hauptversammlungskompetenz nach den Holzmüller- und Gelatine-Grundsätzen ist beim genehmigten Kapital von Beginn an kein Raum.[291] Dies wird sich am Beispiel des Beteiligungserwerbs zeigen. Der Einsatz eines genehmigten Kapitals zu Akquisitionszwecken setzt voraus, dass der Erwerb von Beteiligungen bereits im Ermächtigungsbeschluss vorgesehen ist, sowie die Erhöhung gegen Sacheinlage unter Bezugsrechtsausschluss enthalten sein muss. Hält der Vorstand sich innerhalb der Ermächtigungsvorgaben, inklusive der sachlichen Rechtfertigung, erscheint es schwer einsichtig, für die Ausnutzung des ge-

---

[289] *Decher*, in: FS U. H. Schneider, 2011, S. 261, 262 f.; zur Relevanz des Unternehmensgegenstandes auch *Kiefner*, ZIP 2011, 545, 547.

[290] LG Regensburg, Beschl. v. 5.11.2001 – 1 HK O 2291/01 –, (nicht veröffentlicht) zitiert nach *Markwardt*, WM 2004, 211, 216.

[291] *Scholz*, in: MünchHdbGesR IV, 4. Aufl., § 59 Rn. 46; *Busch*, in: Hdb. börsennotierte AG, 4. Aufl. § 43 Rn. 29.

nehmigten Kapitals erneut eine ungeschriebene Hauptversammlungskompetenz anzunehmen. Die Hauptversammlung hat sich mit der Möglichkeit des Beteiligungserwerbes durch den Einsatz von Akquisitionsaktien bereits befasst. Dass sie das konkrete Geschäft noch nicht vor Augen gehabt hat, ist kein stichhaltiger Einwand.[292] Dieses, wenn man es so nennen mag, Risiko, ist die Hauptversammlung eingegangen. Die Hauptversammlung hat sich für ein Tätigwerden des Vorstands im abstrakt abgesteckten Ermächtigungsrahmen entschieden und ihm die derivative Entscheidungszuständigkeit übertragen.[293] Diese Übertragungsentscheidung, die bereits de lege lata Beschränkungen unterliegt,[294] würde durch die Zulassung einer ungeschriebenen Hauptversammlungskompetenz gänzlich ignoriert. Es geht mitnichten mehr um die Vorlagepflicht des Vorstandes für eine Geschäftsführungsmaßnahme, sondern um einen faktischen Widerruf der Einräumung einer Entscheidungsbefugnis über eine Grundlagenkompetenz.[295] Diese wollte die Hauptversammlung allerdings zur Steigerung einer effektiven Eigenkapitalbeschaffung *nicht* selbst wahrnehmen.[296] Hat sie es versäumt einen engen Handlungsrahmen im Ermächtigungsbeschluss vorzusehen, ist es nicht einsichtig, ihr die wohl gemerkt eigene Entscheidung wieder vorzulegen.[297] Wenn ein genehmigtes Kapital im Umfang von 50 % des Grundkapitals zum Zwecke des Beteiligungserwerbs geschaffen worden ist, sollte man sich auch bei fusionsähnlichen Wirkungen nicht auf den Standpunkt stellen, dass dies nicht von der Ermächtigung umfasst sei.[298] Bei einem derartig hohen Volumen sind diese Folgen vielmehr als regelmäßige zu betrachten, wenn das genehmigte Kapital vollständig ausgenutzt wird. Die Hauptversammlung hat ihren Willen in der konkreten Situation nicht zu entscheiden gerade auch durch den prozentualen Umfang des genehmigten Kapitals zum Ausdruck gebracht. Die Zustimmung durch den Aufsichtsrat muss daher als einzig erforderliches Kriterium betrachtet werden. Eine Überschreitung der durch die Gelatine-Entscheidung stark angehobenen quantitativen Anforderungen wird aufgrund der

---

[292] So aber *Priester*, AG 2011, 654, 660; eine Zustimmungspflicht hält auch *Happ*, in: FS Ulmer, 2003, S. 175, 184 f. für möglich.

[293] *Decher*, in: FS U. H. Schneider, 2011, S. 261, 270 f.; a.A. wohl *Priester*, AG 2011, 655, 660, der allerdings aufgrund der strengen quantitativen Anforderungen und der gesetzlichen Begrenzung ein Überschreiten der Holzmüller/Gelatine-Schwelle für unwahrscheinlich hält; offen gelassen *Bayer*, in: MünchKomm/AktG, 4 Aufl. 2016, § 202 Rn. 56.

[294] Maximal 50 % des Grundkapitals für maximal 5 Jahre, §§ 202 Abs. 1, 2, 3 AktG.

[295] *Ekkenga*, AG 2001, 567, 577 f.; *Röck*, Zweckfortfall beim genehmigten Kapital, S. 96 f.; vgl. zur Beurteilung der Ausnutzung als Grundlagenentscheidung auch *Paefgen*, ZIP 2004, 145, 151 f.; *Schumann*, Bezugsrecht, S. 165 ff., 166; *Schürnbrand*, ZHR 171 (2007), 731, 739.

[296] *Cahn*, ZHR 163 (1999), 554, 581 f. geht von einer Vorlagepflicht für Fälle aus, mit denen die die Hauptversammlung durch den Vorstandsbericht nicht rechnen musste; vgl. auch für die Fälle des Bezugsrechtsausschlusses *Ekkenga*, in: Hdb. Vorstandsrecht, § 21 Rn. 70.

[297] *Apfelbacher/Niggemann*, in: Hölters/AktG, 3. Aufl., § 202 Rn. 38; ebenso *Renner*, NZG 2002, 1091, 1093; *Ebenroth/Daum*, DB 1991, 1105, 1109.

[298] So aber *Happ*, in: FS Ulmer, 2003, S. 175, 185.

gesetzlichen Begrenzung des genehmigten Kapitals auf 50% des Grundkapitals ohnehin schwer überbietbar sein.[299]

Abstrakter formuliert kann für weitere Fälle festgehalten werden, dass die Hauptversammlung sich an die einmal im Ermächtigungsbeschluss getroffene abstrakte Entscheidung solange festhalten lassen muss, bis diese durch einen Aufhebungsbeschluss eliminiert wird.

II. Vorlagepflicht auslösende Umstandsänderung?

Auch eine Vorlagepflicht bei der Änderung von Umständen, die der Hauptversammlung nicht vorlagen und die nicht vorhersehbar waren, muss ausscheiden.[300] Die flexiblere Eigenkapitalbeschaffung, die das genehmigte Kapital bieten soll, wird gerade für die Fälle erforderlich, mit denen die Hauptversammlung aufgrund eines schnelllebigen Marktes nicht rechnen konnte. Etwas Anderes gilt dann, sofern die Umstandsänderung dazu führt, dass der Ermächtigungsrahmen verlassen wird.[301] Dies ist allerdings kein Spezifikum eines Holzmüller-Falles, sondern eine der abgeleiteten Entscheidungszuständigkeit immanente Autonomiebegrenzung. Das Ausnutzungsverbot muss in diesem Fall auch dann gelten, sofern eine Nichtausnutzung des genehmigten Kapitals nachteilig für die Aktiengesellschaft wäre.[302] Denn man hat das genehmigte Kapital zu ignorieren, da es nur eine begrenzte Delegation bewirkt. Andernfalls wäre der Weg nicht weit, dem Vorstand bei einem gänzlich fehlenden genehmigten Kapital eine Notzuständigkeit einzuräumen, sofern andernfalls eine Schädigung der Gesellschaft droht. Dieses Szenario muss den Vergleichsfall bilden. Ist also nach Auslegung des Ermächtigungsrahmens die Maßnahme nicht mehr gedeckt, hat die Erhöhung aus dem genehmigten Kapital zu unterbleiben. Der Vorstand hat in diesem Fall schnellstmöglich die Entscheidung der Hauptversammlung herbeizuführen.[303]

Raum für die Holzmüller-Doktrin bleibt auch nicht, sofern ein nach § 186 Abs. 4 S. 2 AktG erforderlicher Vorstandsbericht Rahmenbedingungen enthält, von deren

---

[299] *Scholz*, in: MünchHdbGesR IV, 4. Aufl., § 57 Rn. 46; vgl. auch *Bayer*, in: MünchKomm/ AktG, 4. Aufl., § 202 Rn. 76; nicht gänzlich ausschließend *Decher*, in: FS U. H. Schneider, 2011, S. 261, 270; auf die doch großzügigere Rechtsprechung verweisend nimmt dies auch *Reichert*, ZGR 2015, 1, 16 an; vgl. zu dieser OLG Schleswig, Urt. v. 08.12.2005 – 5 U 57/04 –, WM 2006, 231, 232.

[300] Anders *Ekkenga/Bernau*, in: Hdb. der AG-Finanzierung, 1. Aufl., Kap. 5 Rn. 103; nun auch *Stöber*, in: Hdb. der AG-Finanzierung, 2. Aufl., Kap. 5 Rn. 103, der die Holzmüller-Doktrin stärker betont..

[301] Vgl. *Ekkenga*, AG 2001, 569, 578.

[302] Anders *Ekkenga*, AG 2001, 569, 578.

[303] A.A. *Ekkenga*, AG 2001, 567, 568.

Bestand die Hauptversammlung lediglich ausgegangen ist.[304] Hält der Vorstand sich nicht innerhalb dieser Rahmenbedingungen, wie sich schon anhand des Inhalts des erforderlichen Vorabberichts zeigen wird, ist eine Wiedervorlagepflicht nach *Holzmüller* nicht notwendig, da der Vorstand bei Aufnahme der Gründe in die Satzung außerhalb der Ermächtigung handeln würde.[305] Soll der Vorstand an dementsprechende Vorstellungen gebunden sein, so hat die Hauptversammlung die Möglichkeit, einen Ermächtigungsbeschluss nur unter den im Vorstandsbericht genannten inhaltlichen Beschränkungen zu fassen. Das Interesse von Aktionärsminderheiten gebietet hier keine andere Beurteilung. Die verwaltungs- und vermögensrechtlichen Komponenten ihrer Mitgliedschaft werden durch die sonstigen Voraussetzungen hinreichend gewahrt.[306] Für die Bestimmung des Investitionszwecks zeigt die Existenz des genehmigten Kapitals die legislatorisch gewollte Übertragungsmöglichkeit auf den Vorstand bis zur Grenze einer mit § 23 Abs. 5 AktG konfligierenden Generalermächtigung.[307]

III. Vorlagepflicht bei kombiniertem Einsatz von Barmitteln und Akquisitionsaktien

Auch sofern die quantitativen Grenzen des genehmigten Kapitals ausgenutzt und die Anschaffung zusätzlich mit Barmitteln erfolgte, ist diese Kombination in der Regel nicht geeignet, eine Vorlagepflicht zu begründen.[308] Eine Gesamtbetrachtung verbietet sich hier aus den bereits im vorhergehenden Abschnitt genannten Gründen. Hinsichtlich der Aktien als Akquisitionswährung lag eine Vorbefassung der Hauptversammlung vor. Eine Vorlagepflicht ließe sich nur begründen, sofern die Barkomponente einen derart großen Anteil ausmacht, dass diese allein die quantitativen *Holzmüller/Gelatine*-Grundsätze erfüllt.[309] Denn durch den Beteiligungserwerb werden Barmittel dem Zugriff der Aktionäre entzogen, wodurch der Zugriff auf die Barmittel mediatisiert wird.[310] Diese gehören ebenso zum Aktivvermögen der

---

[304] Dies als wohl überbleibenden Fall betrachtend *Ekkenga*, AG 2001, 567, 579; vgl. zur Annahme eines Wegfalls der Ermächtigungsgrundlage bei der regulären Kapitalerhöhung a.a.O., Fn. 103.

[305] Gegen die Relevanz des Vorstandsberichts als Prüfungsgrundlage aufgrund der Verneinung einer Vorabberichtspflicht *Sinewe*, Der Ausschluß des Bezugsrechts, S. 256 f.; *Sinewe*, EWiR 2002, 133, 134.

[306] Vgl. die Möglichkeit der Aktionärsklage bei rechtswidrigem Bezugsrechtsausschluss, Verstoß gegen § 255 Abs. 2 AktG oder § 33 Abs. 2 WpÜG S. 334 ff.

[307] M.w.N. *Lutter/Leinekugel*, ZIP 1998, 805, 815 „Ein Vorratsbeschluss für unternehmerische Konzepte, die noch nicht einmal bis ins Planungsstadium gediehen sind ('Wir wissen noch nicht, was wir tun, sorgen aber dafür, dass wir es dürfen') ist unzulässig."

[308] Strikt *Scholz*, in: MünchHdbGesR IV, 4. Aufl., § 59 Rn. 46.

[309] Kritisch aufgrund des fehlenden Mediatisierungseffektes bei dem Einsatz von Barmitteln *Decher*, in: FS U. H. Schneider, 2011, S. 261, 272 f.; ebenso *Scholz*, in: MünchHdbGesR IV, 4. Aufl., § 57 Rn. 46.

[310] *Hofmeister*, NZG 2008, 47, 51.

Gesellschaft wie auch Betriebszweige.[311] Eine unterschiedliche Behandlung zum Fall der Ausgliederung von Betriebsteilen als Teil des Gesellschaftsvermögens ist daher nicht sachgerecht.[312] Die erworbenen Beteiligungsrechte werden ebenso wie bei der Ausgliederung eines Betriebsteiles in eine Tochter durch den Vorstand ausgeübt, sodass ein Mediatisierungseffekt zulasten der Aktionäre auftritt.[313] Der vorhandene Vermögensbestand der Aktiengesellschaft wird dem Aktionärseinfluss entzogen. Bei der Aufnahme von Fremdmitteln sieht dies nicht anders aus, da hinsichtlich dieser Mittel eine gestreckte Mediatisierung stattfindet.[314] Zum statischen Zeitpunkt der Aufnahme des Fremdkapitals findet hinsichtlich des Aktionärszugriffs auf den ausschüttbaren Gewinn zwar keine Mediatisierung statt. Denn bilanziell steht den neuen Mitteln ein sie deckender Passivposten gegenüber. Der Vorstand trifft mit Aufnahme der Fremdmittel aber eine Entscheidung, die künftige Gewinne bindet und damit dem Zugriff der Aktionäre entzieht.[315] Denn ohne die Rückführungspflicht hinsichtlich der Forderung wären diese Gewinne ausschüttbare.[316] Rein tatsächlich wird eine solche Bartranche allerdings nur schwerlich die in quantitativer Hinsicht strenge Schwelle überschreiten. Diese strenge Handhabung wirkt auch der Gefahr einer pauschalen „Mittelverwendungskontrolle" durch die Hauptversammlung und damit einer Beeinträchtigung der Leitungsmacht des Vorstandes entgegen.[317]

§ 8 Überschreitung des Unternehmensgegenstandes im Allgemeinen

Wie bereits bei nicht vom Unternehmensgegenstand gedeckten Beteiligungserwerben ist eine Aktionärsklage bei sämtlichen, den Unternehmensgegenstand überschreitenden Maßnahmen für die Aktionäre das taugliche Rechtsschutzinstru-

---

[311] *Hofmeister*, NZG 2008, 47, 51.

[312] So auch *Hofmeister*, NZG 2008, 47, 51; a.A. *Krieger*, in: MünchHdbGesR IV, 4. Aufl., § 70 Rn. 10.

[313] *Liebscher*, ZGR 2005, 1, 23 f.; dies anerkennend, aber mit anderem Ergebnis *Kubis*, in: MünchKomm/AktG, 3. Aufl., § 119 Rn. 10.

[314] Anders *Decher*, in: FS U. H. Schneider, 2011, S. 261, 272; ebenso *Hofmeister*, NZG 2008, 47, 51, der darauf abstellt, dass eine Zahlung auch in diesem Fall aus dem Vermögen der AG erfolgt.

[315] Dies gilt auch unter Berücksichtigung der bloß avisierten zusätzlichen Einnahmen aus der erworbenen Beteiligung. Nur wenn gesichert wäre, dass die Forderung *allein* aus den Beteiligungsgewinnen getilgt wird, kann Gegenteiliges gelten.

[316] *Hofmeister*, NZG 2008, 47, 51.

[317] Dies kritisch sehend, *Kubis*, in: MünchKomm/AktG, 3. Aufl., § 119 Rn. 71; *Renner*, NZG 2002, 1091, 1093; *Bungert*, BB 2004, 1345, 1350; *Ebenroth/Daum*, DB 1991, 1105, 1109; *Timm*, ZIP 1993, 114, 117 (Anm. zu OLG Köln, Urt. v. 24. 11. 1992 – 22 U 72/92 –, ZIP 1993, 110 ff.) möchte für den Zustimmungsvorbehalt pauschal danach differenzieren, ob liquide Mittel aus dem Umlaufvermögen oder Sachmittel des Anlagevermögens verwendet werden; zutreffende a.A. *Hofmeister*, NZG 2008, 47, 51.

ment. Dies gilt insbesondere dann, wenn zur Umsetzung dieser Maßnahme das genehmigte Kapital eingesetzt wird und damit die auch nur beschränkt übertragbare derivative Kompetenz durch den Vorstand überspannt wird. Denn zur Änderung des Unternehmensgegenstandes sind nach der aktienrechtlichen Kompetenzordnung allein die teilhabeberechtigten Aktionäre durch Abstimmung in ihrem Organ, der Hauptversammlung berufen.

Kapitel 5

Prozessuale Durchsetzung
des verbandsrechtlichen Abwehranspruchs

Es wurde festgestellt, dass der Aktionär bei einem die Kompetenz überschreitenden Handeln durch den Vorstand im Rahmen des genehmigten Kapitals einen verbandsrechtlichen Abwehranspruch zum Schutz seines in der Hauptversammlung auszuübenden mitgliedschaftlichen Teilhaberechts innehat. Eine andere Frage ist nun aber, wie das prozessuale Gegenstück dieser materiellrechtlichen Position des Aktionärs aussieht. Mithin, mit welcher Klageart er die Durchsetzung seines Ziels prozessual verfolgen kann. Mangels Anwendbarkeit der aktienrechtlichen Beschlussmängelklagen auf Verwaltungsentscheidungen ist auf das allgemeine Zivilprozessrecht zurückzugreifen.[1] Hiermit ist noch nicht gesagt, dass die Übertragung von Wertungen der aktienrechtlichen Beschlussmängelklage gänzlich ausgeschlossen sein soll.

Nach dem Zivilprozessrecht kann eine Klage auf jedes zulässige Rechtsschutzziel gerichtet sein.[2] Es wird anders als im Verwaltungsrecht von der grundsätzlichen Statthaftigkeit der Klagearten ausgegangen. Allein die Gestaltungsklage soll im Zivilprozessrecht nur bei gesetzlicher Anordnung die statthafte Klageart darstellen.[3] Da die Ausnutzungsentscheidung bei Verletzung des Teilhaberechts in jedem Fall nichtig und nicht lediglich anfechtbar ist,[4] kommt ein gegen diese gerichtetes Vorgehen mittels einer Gestaltungsklage ohnehin nicht in Betracht.

---

[1] Vgl. zur ablehnenden Haltung bezüglich einer analogen Anwendung der §§ 241 ff. AktG bereits S. 206 ff. (Analoge Anwendbarkeit der § 243 ff. AktG auf Vorstandsbeschlüsse?).

[2] *Bacher*, in: BeckOK/ZPO, 31. Ed., § 253 Rn. 2.

[3] Für eine Übertragung des Gedankens die Statthaftigkeit einer Klage, auch im Zivilprozess als Urteilsvoraussetzung einzuführen, *Lüke*, JuS 1969, 301, 303 f.

[4] Vgl. hierzu die Stellungnahme zur Frage der Übertragbarkeit der Anfechtungs-/Nichtigkeitsklage auf Vorstandsbeschlüsse S. 208 ff. Ein Vorstandsbeschluss ist entweder rechtmäßig und damit wirksam oder rechtswidrig und damit nichtig. Die Kategorie der Anfechtbarkeit ist auf diese nicht übertragbar.

§ 1 Rechtsschutz vor Eintragung der Durchführung der Kapitalerhöhung

A. (Einstweiliger) Rechtsschutz vor der Verwaltungsentscheidung

Wie auch beim Einsatz vor der Beschlussfassung einer Hauptversammlung existieren kritische Stimmen hinsichtlich des präventiven Rechtsschutzes in Bezug auf einen einstweiligen Rechtsschutz vor der Verwaltungsentscheidung.

Es wird angeführt, dass das Rechtsschutzsystem der Anfechtungsklage einen Begrenzungsmaßstab auch für den einstweiligen Rechtsschutz vor Verwaltungsentscheidungen bilde.[5] Hier wie dort sei einstweiliger Rechtsschutz abzulehnen. Dass dem bereits für Hauptversammlungsbeschlüsse nur eingeschränkt gefolgt werden kann, wurde bereits dargelegt.[6] Gleiches hat auch für den Zeitpunkt vor der Ausnutzungsentscheidung zu gelten.

Die verbandsrechtlich gestützte Aktionärsklage stellt zwar das Mittel dar, um den gerade durch den Rückbau der Anforderungen an den Bezugsrechtsausschluss beim genehmigten Kapital herbeigeführten Bedeutungsverlust der Anfechtungsklage zu kompensieren. Die Möglichkeiten, die dem Aktionär mittels der Anfechtungsklage zur Verfügung stehen, sind aber maximal ein Orientierungspunkt auch für die Entscheidung darüber, ob dem Aktionär einstweiliger Rechtsschutz vor der Entscheidung der Verwaltungsorgane zu gewähren ist.[7] Auch im Rahmen des genehmigten Kapitals ist dem Aktionär die Möglichkeit einzuräumen, bereits vor der Beschlussfassung des Vorstandes mit der Aktionärsklage die Wahrung seiner Rechte durchzusetzen, sofern die an die Zulassung des einstweiligen Rechtsschutzes bei zu fassenden Hauptversammlungsbeschlüssen gestellten restriktiven Anforderungen erfüllt sind.[8] Oberster Maßstab muss auch hier sein, dass jeglicher nachgehender Rechtsschutz für den Aktionär zu spät käme und daher nicht effektiv wäre. Die Erfüllung dieser Voraussetzungen lässt sich allerdings auch theoretisch nur schwer denken. Denn der Aktionär hat im Zweifel die Möglichkeit, die Eintragung der Durchführung der Erhöhung aus genehmigtem Kapital nach der Beschlussfassung mittels einer einstweiligen Verfügung zu untersagen. Ein Beispiel für die Relevanz eines einstweiligen Rechtsschutzes vor der Beschlussfassung durch den Vorstand bilden allerdings Lock-up Vereinbarungen.

---

[5] *Schickerling*, Information und Rechtsschutz, S. 167.

[6] Vgl. zum einstweiligen Rechtsschutz vor der Beschlussfassung durch die Hauptversammlung S. 60 ff.

[7] Anders *Schickerling*, Information und Rechtsschutz, S. 167, der aufgrund einer zu weit gefassten Annahme der Verdrängung der Anfechtungsklage gegenüber dem vorläufigen Rechtsschutz auch für die Aktionärsklage jeglichen Rechtsschutz vor der Beschlussfassung ablehnt. Vergleiche zur Möglichkeit des vorläufigen Rechtsschutzes im Rahmen zu fassender Hauptversammlungsbeschlüsse, S. 60 ff.

[8] Vgl. zu diesen oben S. 60 ff.

Hat der Vorstand im Rahmen einer *Lock-up* Vereinbarung die Verpflichtung der Gesellschaft übernommen, innerhalb der Lock-up Frist, die in der Regel 6 bis 12 Monate beträgt, keine neuen Aktien auszugeben, ist ein Anwendungsfeld des einstweiligen Rechtsschutzes vor der Beschlussfassung durch den Vorstand eröffnet. Hat die Gesellschaft ein genehmigtes Kapital zu dem Zwecke der Platzierung an einer in- oder ausländischen Börse oder einem sonstigen Grund geschaffen,[9] könnte die Vereinbarung einer Lock-up Klausel durch den Vorstand mit dieser Zielsetzung kollidieren. Wäre innerhalb des in der Lock-up Vereinbarung genannten Zeitraums eine Erhöhung aus genehmigtem Kapital nicht nur zulässig, sondern sogar geboten, ist es mehr als nur wahrscheinlich, dass der Vorstand die Ausnutzung aufgrund des drohenden Haftungspotentials der Lock-up Klausel unterlässt.

Die Hauptversammlung hat dem Vorstand nun aber nicht ein genehmigtes Kapital für X – den Lock-up Zeitraum eingeräumt, sondern ein solches über den Zeitraum X. In diesem soll dem Vorstand die nötige Bewegungsfreiheit zustehen. Die Frage des Umfangs der Zulässigkeit von Vereinbarungen, die ohne die Zustimmung der Hauptversammlung durch den Vorstand mit Aktionären oder Dritten geschlossen worden sind, sind in diesem Zusammenhang nicht weiter zu thematisieren. Für die hier geltenden Überlegungen soll es ausreichen, von der zuvor festgestellten Unwirksamkeit einer solchen Klausel auszugehen.[10] Der Vorstand würde hier insoweit eine Kompetenzverletzung begehen, als er die Entscheidung der Hauptversammlung zur Einräumung eines genehmigten Kapitals durch Delegation der Letztentscheidungsbefugnis ignoriert und sich seiner Entscheidungsbefugnis begibt. Für eine Aufhebung oder Beschränkung des genehmigten Kapitals ist allerdings die Hauptversammlung zuständig, durch die die teilhabeberechtigten Aktionäre sprechen.[11]

Der Aktionär kann dann im Wege des einstweiligen Rechtsschutzes feststellen lassen, dass die mit einem Gesellschafter oder Dritten geschlossene Lock-up Vereinbarung der Ausnutzung des genehmigten Kapitals nicht im Wege steht.[12] Es geht in der Sache zwar um die negative Feststellung eines nicht bestehenden Drittrechtsverhältnisses. Die Feststellung von Drittrechtsverhältnissen ist allerdings insoweit zulässig, als dass das Rechtsverhältnis zwischen Aktionär und

---

[9] Vgl. hierzu auch die Anmerkung zu BGH, Urt. v. 07.03.1994 – II ZR 52/93 –, DStR 1994, 714 von *Goette*, DStR 1994, 716; ebs. Anm. *Wiedemann*, EWiR § 186 1/94 und *Lutter*, JZ 1994, 914.

[10] Vgl. zu der Problematik dezidiert und überzeugend *Kuntz*, AG 2016, 101, 111 ff., 114 ff. m.w.N.; vgl. zur Unwirksamkeit einer Vereinbarung, durch die der Vorstand bei der Ausnutzung eines genehmigten Kapitals an die Zustimmung des herrschenden Gesellschafters gebunden wird, LG München I, Urt. v. 5.4.2012 – 5 HK O 20488/11 –, NZG 2012, 1152, 1153, Bespr. *Nordhues*, GWR 2012, 274.

[11] *Kuntz*, AG 2016, 101, 112.

[12] Vgl. zur Zulassung eines negativen Feststellungsantrags im einstweiligen Verfügungsverfahren *Bernreuther*, WRP 2010, 1191 et passim und sogleich zur Zulässigkeit von Feststellungsverfügungen S. 481.

Gesellschaft von dem Bestehen oder Nichtbestehen dieses Rechtsverhältnisses tangiert wird.[13]

So läge es auch in diesem Fall. Der Vorstand hat bereits durch den Abschluss der Lock-up Vereinbarung die Kompetenz der Hauptversammlung missachtet, die im Rahmen des genehmigten Kapitals genannten Zeiträume für die Ermächtigung zu beschränken. Man kann dem nicht entgegenhalten, dass der Vorstand unproblematisch die Ausübung des genehmigten Kapitals hätte unterlassen können, wozu ihn gerade die Hauptversammlung ermächtigt hat. Hier geht es nicht darum, dass der Vorstand diese Möglichkeit hat. Es geht darum, dass der Vorstand die freie Entscheidung darüber innehat,[14] ob er zum Zeitpunkt der Maßnahmen von dem genehmigten Kapital Gebrauch machen möchte oder nicht.[15] Der Vorstand kann ebenso wenig, wie er eine faktische Änderung des Unternehmensgegenstandes vornehmen darf, faktisch die ihm übertragene derivative Kompetenz aufheben oder beschränken.[16]

Würde man den Aktionären hier nicht zugestehen, im Wege des einstweiligen Rechtsschutzes feststellen zu lassen, dass eine solche Vereinbarung der Ausnutzung des genehmigten Kapitals nicht im Wege steht, würde allein durch den natürlichen Zeitablauf eine faktische Verkürzung des Ermächtigungszeitraums perpetuiert.[17] Der Aktionär hat bei Feststellung der weiterhin existierenden Möglichkeit der ungebundenen Ausübung des genehmigten Kapitals eine begründete Aussicht darauf, dass sich die Gesellschaftsorgane daran halten und auch innerhalb der Lock-up Frist eine „gebotene" Ausnutzung vornehmen.[18] Man kann in diesen Fällen nicht darauf verweisen, dass zunächst der Vorstandsbeschluss abgewartet werden muss. Es geht gerade darum, dass die übertragende Ermächtigung weiterhin uneingeschränkt die Beschlussfassung zulässt.[19] Anders ist dies im Grundsatz bei der Konstellation einer

---

[13] So auch der BGH, Urt. v. 10.10.2005 – II ZR 90/03 –, BGHZ 164, 249, 255 Tz. 18 = NZG 2006, 20, 22, wenn er sagt, „dass zwischen der beklagten Partei und einem Dritten ein Rechtsverstoß bestehe oder nicht bestehen, wenn dies zugleich für die Rechtsbeziehungen der Parteien untereinander von Bedeutung ist, der Kläger an einer alsbaldigen Klärung dieses Drittverhältnisses ein rechtliches Interesse hat und das Aktienrecht für die Austragung eines solchen Streits keine abschließende Regelung trifft." Vergleiche zur Feststellbarkeit von Drittrechtsverhältnissen, S. 466 ff.

[14] Vgl. nur *Lutter*, in: KölnKomm/AktG, 2. Aufl., § 202 Rn. 10; *Hirte*, in: GroßKomm/AktG, 4. Aufl., § 202 Rn. 21.

[15] *Bayer*, in: MünchKomm/AktG, 4. Aufl., § 202 Rn. 35, der einer schuldrechtlichen Bindung die Anerkennung durch das Recht versagen möchte.

[16] Vgl. *Kuntz*, AG 2016, 101, 112.

[17] Der Ablauf eines regulären Feststellungsverfahrens würde hier regelmäßig zu lange dauern.

[18] Zur Zulässigkeit der Annahme, dass sich die Gesellschaftsorgane nach Feststellung pflichtgemäß verhalten vgl. auch BGH, Urt. v. 10.10.2005 – II ZR 90/03 –, BGHZ 164, 249, 255 Tz. 18 = NZG 2006, 20, 22. (Commerzbank/Mangusta II)

[19] Irrelevant ist es hier, ob hinsichtlich des Ermächtigungsbeschlusses ein stattgebendes Freigabeverfahren durchlaufen worden ist und ein dem widersprechendes Anfechtungsurteil

Beschlussmängelklage gegen eintragungs- und vollziehungsbedürftige Hauptversammlungsbeschlüsse.[20]

Demgegenüber nicht zulässig ist die inhaltliche Einflussnahme auf die Ausübungsentscheidung des Vorstandes. Diesbezüglich muss es dabei bleiben, dass der Aktionär diese erst abzuwarten hat und sodann klageweise gegen diese vorgehen kann.

B. Allgemeine (vorbeugende) Unterlassungsklage

I. Allgemeines

Der Aktionär wird vor der Ausnutzung oder der Eintragung der Durchführung einer Erhöhung aus genehmigtem Kapital durch die Möglichkeit der Erhebung einer vorbeugenden Unterlassungsklage, mit der er seinen oben herausgearbeiteten Abwehranspruch prozessual geltend macht, geschützt.[21] Hat der Aktionär also erfahren, dass der Vorstand bei der Ausnutzung des genehmigten Kapitals die Bindung des § 255 Abs. 2 AktG oder das Erfordernis der sachlichen Rechtfertigung eines Bezugsrechtsausschlusses missachtet, kann er von der Gesellschaft im ersten Fall verlangen, dass die Aktien nicht zu einem unangemessen niedrigen Ausgabebetrag ausgegeben werden dürfen und im zweiten Fall kann er verlangen, dass die Aktien nicht an Dritte ausgegeben werden dürfen.[22] Nicht verlangen kann der Aktionär bei einer Ausschlussermächtigung, dass die Ausgabe von Aktien, die aus dem genehmigten Kapital geschaffen werden, insgesamt unterlassen wird,[23] da die Ausnutzung cum Bezugsrecht im Grundsatz keine Kompetenzüberschreitung darstellt. Etwas Anderes kann nur dann gelten, wenn die Ausgabebedingungen derart gestaltet werden, dass von einem faktischen Bezugsrechtsausschluss gesprochen werden muss.[24]

---

ergeht. Der Freigabebeschluss hat die Ermächtigung immunisiert (vgl. S. 337 ff.). Es geht hier allein um die Frage der Aufhebung der Ermächtigung, für die die Hauptversammlung auch trotz bestehender Freigabeentscheidung zuständig ist.

[20] Hierzu vgl. bereits S. 60 ff.

[21] So die allg. BGH, Urt. v. 23. 06. 1993 – II ZR 132/93 –, BGHZ 136, 133, 141; BGH, Urt. v. 10. 10. 2005 – II ZR 90/03 –, BGHZ 164, 249 = NZG 2006, 20; *Hirte*, Bezugsrechtsausschluß, S. 207 f.; *Hirte*, in: GroßKomm/AktG, 4. Aufl., § 203, Rn. 130; *Hirte*, EWiR 2006, 65, 66 (§ 203 AktG 2/06); *Kindler*, ZGR 1998, 35, 66; *Knobbe-Keuk*, in: FS Ballerstedt, 1979 S. 239, 246 ff.; *Lutter*, AcP 180 (1980), 84,140; *Busch*, NZG 2006, 81, 85; *Lutter*, in KölnKomm/AktG, 2. Aufl. § 203 Rn. 44; *Baums*, in: Verhandlungen des 63. DJT, Gutachten, F 205, F 211 f.

[22] Vgl. *Stamatopoulos*, Pflichtenstellung des Vorstandes, S. 281.

[23] Anders wohl *Stamatopoulos*, Pflichtenstellung des Vorstandes, S. 281.

[24] Vgl. zum faktischen Bezugsrechtsausschluss *Ekkenga*, in: KölnKomm/AktG, 3. Aufl. § 186 Rn. 121 f.; *Kuntz/Stegemann*, ZIP 2016, 2341 monografisch *Maier*, Faktischer Bezugsrechtsausschluss, et passim.

II. Zeitpunkt der Rechtsbeeinträchtigung

Nicht gänzlich klar unterschieden wird oftmals der Zeitpunkt des Eintritts der Störung des zu schützenden Rechts, mithin, wann aus der vorbeugenden Unterlassungsklage eine Beseitigungsklage werden muss. In Betracht zu ziehen ist beim genehmigten Kapital zum einen der reine Vorstandsbeschluss als Beeinträchtigung des mitgliedschaftlichen Teilhaberechts des Aktionärs,[25] ebenso wie die Eintragung der Durchführung der Kapitalerhöhung.[26]

Betrachtet man dies genauer, muss man zu dem Schluss kommen, dass die Verwaltungsentscheidung an sich noch nicht ausreichend ist, um von einer endgültigen Beeinträchtigung des mitgliedschaftlichen Teilhaberechts des Aktionärs zu sprechen. Zum einen werden hier noch nicht sämtliche in Betracht kommenden, die Kompetenz möglicherweise verletzenden Entscheidungen durch den Vorstand getroffen. Zum anderen kann hinsichtlich derer, die in der Ausnutzungsentscheidung mitgetroffen werden, noch keine Störung ausgehen.

Dies wird jedoch nicht einheitlich so gesehen. Nach teilweise vertretener Auffassung soll für die Bestimmung des Zeitpunktes der Rechtsbeeinträchtigung der Zeitpunkt der Verwaltungsentscheidung maßgeblich sein. Um dies zu belegen, wird ein rechtswidriger Bezugsrechtsausschluss als Beispiel bemüht. Bei diesem würde bereits durch die Ausnutzungsentscheidung zum Ausdruck gebracht, dass die Gesellschaft pflichtwidrig den Erfüllungsanspruch des Aktionärs auf Abschluss eines Zeichnungsvertrages nicht erfüllen möchte und hierdurch der „relative Bestand der Mitgliedschaft [...] gefährde(t) (würde)".[27] Orientiert man sich an der auch im Rahmen des § 1004 BGB genutzten Terminologie, tritt eine Beeinträchtigung erst an dem Punkt ein, an dem ein dem Inhalt des Rechts widerstrebender tatsächlicher Zustand geschaffen worden ist.[28] An der von *Schickerling* genutzten Terminologie

---

[25] So *Schickerling*, Information und Rechtsschutz, S. 172, der allerdings zusätzlich zu dem verbandsrechtlichen Ansatz auch einen deliktsrechtlichen zulässt, vgl. a.a.O., S. 164 f.

[26] So der BGH, wenn er in seiner Commerzbank/Mangusta II-Entscheidung sagt, dass „gerichtliche[r] Rechtsschutz gegenüber der Gesellschaft in Gestalt einer (vorbeugenden) Unterlassungsklage *hinsichtlich der Eintragung der Maßnahme in das Handelsregister*" denkbar ist, BGH, Urt. v. 10.10.2005 – II ZR 90/03 –, BGHZ 164, 249, 252 Tz. 10 (Commerzbank/Mangusta II); und „Vor allem aber steht es der Zulässigkeit der Feststellungsklage nach § 256 ZPO – *anders als etwa der vorbeugenden Unterlassungsklage* – nicht entgegen, dass die Kapitalerhöhung mit *der Eintragung in das Handelsregister wirksam geworden ist*" BGH, Urt. v. 10.10.2005 – II ZR 90/03 –, BGHZ 164, 249, 257 Tz. 23 = NZG 2006, 20, 23 (Commerzbank/Mangusta II) (Hervorhebungen durch den Verfasser); wohl auch schon BGHZ 136, 133, 141 (Siemens/Nold).

[27] *Schickerling*, Information und Rechtsschutz, S. 173; anders wenn auch ohne Begründung *Maslo*, Interessenwahrung und Rechtsschutz, S. 174 „Ist die Durchführung der Kapitalerhöhung [...] bereits eingetragen, besteht [...] nur die Möglichkeit der repressiven Mitgliedschaftsklage".

[28] BGH, Urt. v. 19.12.1975 – V ZR 38/74 –, BGHZ 66, 37, 39; Mugdan III S. 218 bzw. 236.

der Gefährdung wird bereits deutlich,[29] dass es sich gerade noch nicht um einen derart fortgeschrittenen beeinträchtigenden Zustand handeln kann. Der Vorstand ist weiterhin in der Lage die kompetenziellen Grenzen zu wahren, indem er von dem dann ohnehin nichtigen Ausnutzungsbeschluss Abstand nimmt. Hiernach kann er entweder der Hauptversammlung die in ihre Kompetenz fallende Sachlage vorlegen und dem Aktionär die Teilhabe ermöglichen oder selbst einen seine Kompetenz wahrenden Beschluss fassen. Erst wenn die Durchführung der Kapitalerhöhung eingetragen worden ist, wurde das mitgliedschaftliche Teilhaberecht des Aktionärs endgültig übergangen. Dies ergibt sich auch aus der Tatsache, dass selbst bei Festsetzung einer unterbewerteten Sacheinlage, der Sacheinleger keinen Anspruch auf Eintragung der Durchführung der Kapitalerhöhung innehat, die erstmals den Kompetenzübertritt in der Außenwelt verbindlich manifestiert.[30]

Der Ausnutzungsbeschluss bzw. die Ankündigung desselben durch einen Vorabbericht (vgl. hierzu im Folgenden), sind allerdings keineswegs irrelevant. Sie belegen die für die vorbeugende Unterlassungsklage notwendige Erstbegehungsgefahr. Diese Einschränkung ist als dem verbandsrechtlichen Anspruch des Aktionärs immanent zu betrachten, da die vorbeugende Unterlassungsklage andernfalls zu einer die aktienrechtliche Kompetenzordnung konterkarierenden Popularklage verkommen könnte.[31] Durch eine solche würde der mitgliedschaftlichen Sonderverbindung zwischen dem Aktionär und dem Verband nicht hinreichend Rechnung getragen.[32]

III. Streitwertbestimmung und Zuständigkeit

Da die vorbeugende Unterlassungsklage als „allgemeiner" Rechtsbehelf zu verstehen ist, richtet sich im Grundsatz auch die Bestimmung des Streitwertes nach den allgemeinen Grundsätzen, da für die vorbeugende Unterlassungsklage in ihrer Reinform keinerlei spezialgesetzliche Regelung existiert. Bevor daher überhaupt eine Klagezustellung erreicht werden kann, müsste der Aktionär gem. § 12 Abs. 1 S. 1 GKG die Zahlung der allgemeinen Gebühren vorgenommen haben. Diese richten sich ebenso wie die Berechnung des Zuständigkeitsstreitwertes nach dem

---

[29] *Schickerling*, Information und Rechtsschutz, S. 173 „Maßgeblich für die Frage der Beeinträchtigung des in der Mitgliedschaft verankerten Bezugsrechts dürfte sein, dass die Aktiengesellschaft durch die rechtswidrige Verwaltungsentscheidung [...] den relativen Bestand der Mitgliedschaft [...] gefährde(t)".

[30] Dies gilt gleichsam für die Bareinlage, da grundsätzlich kein Anspruch auf Eintragung der Durchführung aus dem Zeichnungsvertrag resultiert, vgl. *Ekkenga*, in: KölnKomm/AktG, 3. Aufl., § 185 Rn. 125; *Veil*, in: K. Schmidt/Lutter, 3. Aufl., § 185 Rn. 4; *Scholz*, in: MünchHdb.AG IV, 4. Aufl., § 57 Rn. 166; *Servatius*, in: Spindler/Stilz, 4. Aufl., § 185 Rn. 12.

[31] Vgl. *Baldus*, in: MünchKomm/BGB, 7. Aufl., § 1003 Rn. 293; *Spindler/Volkmann*, in: Spindler/Schuster § 1004 BGB Rn. 65 f. (§ 1004 BGB).

[32] *Baldus*, in: MünchKomm/BGB, 7. Aufl., § 1004 Rn. 293; auch unter Verweis auf *Medicus*, AcP 174 (1974), 313, 315, der die Zweckmäßigkeit der Anspruchsbejahung thematisiert.

Gebührenstreitwert. Dieser hat sich gem. §§ 2, 3 ZPO, auf die § 12 GKG[33] verweist, ohne abweichende Regelungen nach dem Angreiferprinzip und damit dem Gesellschafterinteresse zu richten.[34]

1. Streitwertbestimmung

Da auch ein Aktionär mit lediglich einer Aktie zur Klageerhebung befugt ist, würde der Gebührenstreitwert dementsprechend gering ausfallen, da die zu erwartende Verwässerung der Stimm- und Vermögensrechte nicht ins Gewicht fallen würde. Geht es allein um einen Verstoß gegen die Bindungen des § 255 Abs. 2 AktG, würde eine Berücksichtigung von Stimmrechtsverwässerungen ohnehin nicht in Betracht kommen. Nach den allgemeinen Grundsätzen würde das Interesse der Gesellschaft an der Durchführung der Kapitalerhöhung nicht widergespiegelt werden können, obwohl dieses entsprechend dem Gesamtvolumen der Kapitalerhöhung oder sonstigen synergetischen Effekten exorbitant höher ausfallen wird.[35] Da der Gebührenstreitwert auch für die sachliche Zuständigkeit Bedeutung entfaltet, wäre bei Unterlassungsklagen mit einem Streitwert von unter 5000 € „lediglich" das Amtsgericht sachlich zuständig, §§ 1 ZPO i.V.m. 23 Nr. 1 GKG, was der rechtlichen und ökonomischen Bedeutung der Sache nicht hinreichend Rechnung tragen würde.[36] Ganz abgesehen davon, dass bei Kleinststreitwerten die amtsgerichtliche Entscheidung bei mangelnder Zulassung der Berufung auch die letzte anrufbare Instanzenentscheidung darstellen würde.[37]

Würde man bei diesem Ergebnis stehen bleiben, wäre die vorbeugende Unterlassungsklage tatsächlich geeignet, ein eklatantes Missbrauchspotential zu entfalten, welches den Einsatz des genehmigten Kapitals und damit die gesamte Rechtsentwicklung hin zu einem flexiblen Instrument der Eigenkapitalbeschaffung torpedieren könnte.[38] Da die Aktionärsklage das strukturbedingte Pendant zur allgemeinen Anfechtungsklage darstellt, scheint es angebracht, die Streitwertregelung des

---

[33] *Cahn*, in: ZHR 164 (2000), 113, 116.

[34] *Wöstmann*, in: MünchKomm/ZPO, 5. Aufl., § 3 Rn. 5, *Cahn*, in: ZHR 164 (2000), 113, 116.

[35] *Cahn*, in: ZHR 164 (2000), 113, 116 f.

[36] Kritisch auch *Cahn*, in: ZHR 164 (2000), 113, 117.

[37] *Cahn*, in: ZHR 164 (2000), 113, 117, denn eine Wertberufung kann gem. § 511 Abs. 1 Nr. 1 ZPO erst ab einem Streitwert von 600,01 € eingelegt werden; vgl. *Wulf*, in: BeckOK/ZPO, 31. Ed., § 511 Rn. 31.

[38] Vor dem Missbrauchspotential einer Aktionärsklage warnend *Bungert*, BB 2005, 2757, 2758; einen gewissen Gegenanreiz setzt allerdings die Haftungsandrohung bei missbräuchlichem Einsatz der Unterlassungsklage des § 826 BGB. Vgl. zu dieser bei rechtsmissbräuchlichen Anfechtungsklagen, *Wagner*, in: MünchKomm/AktG, 7. Aufl., § 826 Rn. 193 f.; *Förster*, in: BeckOK/BGB, 48. Ed. § 826 Rn. 102 ff. Diese Schadensersatzandrohung muss auch auf die Fälle der missbräuchlichen Unterlassungsklage ausgedehnt werden, die sich in das aktienrechtliche Rechtsschutzsystem einbettet und ein vergleichbares Missbrauchspotential bietet.

§ 247 AktG auch auf diese zu übertragen.[39] Hierdurch könnten die Gesamtumstände in die Schätzung des Streitwertes einbezogen werden, was auch das Interesse der Gesellschaft an der Durchführung der Kapitalmaßnahme einschließt, vgl. § 247 Abs. 1 S. 1 AktG. Dies würde zwar zu einer Erhöhung des Streitwertes insgesamt führen, also auch für den klagenden Aktionär. Gemäß § 247 Abs. 1 S. 2 AktG werden allerdings Obergrenzen für die gerichtliche Ermessenseinschätzung gezogen, indem der Streitwert nicht über 10 % des Grundkapitals liegen darf und wenn dieser 500.000 € überschreiten sollte, ist eine Überschreitung nur gerechtfertigt, sofern die Sache aus Sicht des Klägers von höherer Bedeutung ist. Dies bedeutet ab dieser Schwelle eine Wiedereinführung des Angreiferprinzips.[40] Die Begrenzung des Einflusses des Gesellschaftsinteresses ist jedoch nicht die einzige Möglichkeit des Aktionärs, Einfluss auf den Streitwert zu nehmen. Er könnte gem. § 247 Abs. 2 AktG glaubhaft machen, dass die mit einem hohen Streitwert einhergehenden hohen Prozesskosten ihn in seiner wirtschaftlichen Lage erheblich gefährden würden, wonach das Gericht den Streitwert für den Kläger absenken könnte.

Häufig wird vorgebracht, dass es sich bei § 247 AktG ausweislich der Gesetzesbegründung um eine Schutznorm zugunsten der wirtschaftlich schwächeren Partei handele.[41] Betrachtet man es genauer, führt § 247 Abs. 1 S. 1 AktG durch die Hinzunahme des Gesellschaftsinteresses zu einer Benachteiligung der meistens wirtschaftlich schwächeren Partei, dem Aktionär. Es ist also eine Haftungsverschärfung im Verhältnis zu der sonst maßgeblichen Wertschätzung nach dem Angreiferprinzip. Für Aktionäre mit einer besonders hohen Beteiligung macht die Hinzunahme des Gesellschaftsinteresses aufgrund der Wiedereinführung des Angreiferprinzips ab der Schwelle von 500.000 € keinen Unterschied aus.[42] Daher kann bei einer Übertragung auch nicht von einer Reduzierung der „Kostenwagnis für den klagewilligen Aktionär" gesprochen werden.[43] Es geht hier vielmehr um eine Beschränkung der Effektivität einer Aktionärsklage, die allerdings gerechtfertigt ist. Der Schwerpunkt der Rechtfertigung ist auf das in § 247 AktG verankerte Ziel der Findung „*angemessener Regelstreitwerte*" zu legen.[44] Dieses Ziel ist auch bei der

---

[39] So schon *Knobbe-Keuk*, in: FS Ballerstedt, S. 239, 254; *Brondics*, Die Aktionärsklage, S. 174; *K. Schmidt*, in: GroßKomm/AktG, 4. Aufl., § 241 Rn. 6 (Fn. 30); *Hirte*, in: GroßKomm/AktG, 4. Aufl., § 203 Rn. 132 der dies jedenfalls für den Zuständigkeitsstreitwert annimmt; anders *Krieger*, ZHR 163 (1999), 343, 355.

[40] *Hüffer/Schäfer*, in: MünchKomm/AktG, 4. Aufl., § 247 Rn. 17; *Dörr*, in: Spindler/Stilz, 4. Aufl., § 247 Rn. 14.

[41] Allg. Begr. RegE zum AktG 1965, abgedr. in *Kropff*, AktG 1965, S. 334; *Stamatopoulos*, Pflichtenstellung des Vorstandes, S. 298.

[42] Vgl. ältere statistische Erhebungen, wonach der Streitwert von 500.000 € nur selten überschritten wurde. *Baums/Vogel/Tacheva*, ZIP 2000, 1649, 1655. Allerdings hat eine Untersuchung aus dem Jahre 2011 gezeigt, dass eine Überschreitung gerade bei sehr engagierten Klägern nicht unüblich ist, vgl. *Baums/Drinhausen/Keinath*, ZIP 2011, 2329, 2347, die Einschätzung auf a.a.O. 2346.

[43] So aber *Stamatopoulos*, Pflichtenstellung des Vorstandes, S. 298.

[44] *Koch*, in: Hüffer/Koch, 13. Aufl., § 247 Rn. 1.

Aktionärsklage gegen die Ausnutzung eines genehmigten Kapitals angebracht,[45] da nur so der Bedeutung der Sache angemessene Beachtung geschenkt werden kann. Dies geschieht nicht nur durch die dann bereits de lege lata regelmäßig folgende Zuweisung zu den Landgerichten, sondern auch durch eine Eindämmung von missbräuchlichen Klageerhebungen aufgrund des Negativanreizes des Kostenrisikos. Es ist zwar zutreffend, dass es in der Sache um den Schutz der Teilhabeberechtigung des Aktionärs geht.[46] Aber auch dieses ist in das hauptversammlungsspezifische Schutzsystem des Aktienrechts eingebettet, welches in § 247 AktG das Ziel der „angemessenen Regelstreitwerte" verfolgt. Hier wie auch bei der regulären Kapitalerhöhung geht es nämlich um Strukturentscheidungen, für die bei der regulären Kapitalerhöhung § 247 AktG eingreift.[47] Die durch § 247 AktG gesetzten Anreize sind aufgrund des dortigen austarierten Systems, welches die Aktionärsinteressen hinreichend berücksichtigt allerdings nicht als so negativ zu bewerten, dass der Aktionär zu einer Abstandnahme bei einer erfolgversprechenden Klage bewogen würde.[48]

2. Zuständigkeit

Ist nun ausgemacht, dass § 247 AktG analog auf die Streitwertbestimmung anzuwenden ist, kann zunächst die grundsätzliche sachliche Zuständigkeit der Landgerichte angenommen werden.[49] Eine Streitwertbestimmung bei der Ausnutzung eines genehmigten Kapitals, die unter der Marke von 5000,01 € liegen wird, ist unter den hier genannten Prämissen eher praxisfern. Damit ist allerdings noch nichts über die örtliche Zuständigkeit ausgesagt. Nach § 17 ZPO ist das Landgericht am Sitz der Gesellschaft als deren allgemeiner Gerichtsstand örtlich zuständig. Nach hier angenommener Auffassung kann die Abwehrklage nicht auf eine unerlaubte Handlung gestützt werden, sodass auch § 32 ZPO nicht anwendbar ist. Hierdurch findet bereits de lege lata nach den allgemeinen Vorschriften eine Klagekonzentration an dem Landgericht statt, in dessen Bezirk der Sitz der Gesellschaft liegt. Die erhobenen Abwehrklagen können sodann nach § 147 ZPO verbunden werden.[50] Im Sinne der Prozessökonomie sollte allerdings eine analoge Anwendung von § 246 Abs. 3 S. 1, 2, 6 AktG bevorzugt werden. Die Nähe zu den aktienrechtlichen Beschlussmän-

---

[45] Vgl. allgemein *Hirte*, in: FS Bezzenberger, 2000, S. 133 ff., 144.

[46] So *Krieger*, ZHR 163 (1999), 343, 355.

[47] Vgl. auch *Maslo*, Interessenwahrung und Rechtsschutz, S. 258.

[48] *Koch*, in: Hüffer/Koch, 13. Aufl., § 203 Rn. 39; a.A. *Ulmer*, ZHR 163 (1999), 290, 338 der diese Regelung nicht mit dem „fremdnützigen" Charakter der Aktionärsklage in Einklang zu bringen sieht; *Krieger*, ZHR 163 (1999), 343, 355.

[49] *Hirte*, in: GroßKomm/AktG, 4. Aufl., § 203 Rn. 132 nimmt die analoge Anwendung mindestens für die Zuständigkeitsbestimmung an.

[50] Denn sie entspringen einem innerlich verbundenen einheitlichen Lebensverhältnis und weisen daher einen rechtlichen Zusammenhang auf; *Stadler*, in: Musielak/Voit/ZPO, 15. Aufl., § 147 Rn. 2 i.V.m. § 33 Rn. 2; vgl. auch OLG Brandenburg, Urt. v. 18. 8. 1998 – 6 U 223/97 –, NZG 1999, 219, 220, welches wohl von der Möglichkeit der Verbindung einer Feststellungsklage und aktienrechtlichen Beschlussmängelklagen ausgeht.

gelklagen ist unverkennbar, sodass eine bei einem Landgericht gebildete Handelskammer als versierterer Spruchkörper gelten muss.[51] Dass eine solche Konzentrationswirkung für innerverbandliche Prozesse auch im Interesse des Gesetzgebers liegt, hat dieser mehrmals zum Ausdruck gebracht. Hier seien die sachnahen Normen des §§ 246 Abs. 3 S. 1, 2, 6; AktG, § 16 SpruchG genannt, sowie die konzentrierten Zuständigkeiten bei den Verfahren nach den §§ 98, 99, 142, 148 AktG.[52] Aufgrund der fehlenden Kodifikation der Abwehrklage ist auch von einer zu schließenden planwidrigen Regelungslücke auszugehen.

IV. Passivlegitimation

Die Klage hat sich gegen die Aktiengesellschaft als juristische Person zu richten. Eine Klage gegen den Vorstand als Organ kommt bereits aufgrund der unterentwickelten innergesellschaftlichen Parteifähigkeit desselben nicht in Betracht.[53] Vielmehr wird der Gesellschaft das Handeln ihrer Organe zugerechnet. Handelt der Vorstand entgegen der gesetzlichen Kompetenzordnung, so wird auch dieses pflichtwidrige Verhalten der Gesellschaft als solcher zugerechnet. Die Aktionärsklage stellt gerade das rechtstatsächliche Pendant zu den gegen die Gesellschaft zu richtenden hauptversammlungsspezifischen Beschlussmängelklagen dar, sodass oftmals auf die Vergleichbarkeit und deswegen auf die naheliegende parallel laufende Passivlegitimation verwiesen wird.[54] Dies liegt insofern nahe, als dass die Gesellschaft sich in diesen Fällen auch das Verhalten der Hauptversammlung zurechnen lassen muss.[55] Ausschlaggebender für die Passivlegitimation der Gesellschaft ist nach der hier zugrunde gelegten verbandsrechtlichen Grundlage der Aktionärsklage die allein zwischen dem Aktionär und der Gesellschaft bestehende rechtliche Verbindung. Allein die Gesellschaft ist es, die in das mitgliedschaftliche Teilhaberecht des Aktionärs eingreift.[56] Der Vorstand als solcher ist zwar handelndes Organ, handelt allerdings nicht für sich selbst, sondern lediglich für die Gesellschaft.[57] Auf dieser Grundlage kommt ein direktes Vorgehen der Aktionäre gegen den Vorstand nicht in Betracht.

---

[51] Diese Forderung als de lege ferenda wünschenswert betrachtend *Brondics*, Die Aktionärsklage, S. 160.

[52] Vgl. *Mertens/Cahn*, in: KölnKomm/AktG, 3. Aufl., § 97–99 Rn. 43.

[53] Kritisch hinsichtlich der ablehnenden Haltung der Parteistellung bei Interorganstreitigkeiten *Schwab*, Gesellschaftsinterne Streitigkeiten, S. 581 ff.; vgl. auch m.w.N. *Koch*, in: Hüffer/Koch, 13. Aufl., § 90 Rn. 18 f.

[54] So schon *Hirte*, Bezugsrechtsausschluß, S. 211; *Maslo*, Interessenwahrung und Rechtsschutz, S. 176.

[55] Vgl. auch *Böttger*, Bezugsrechtsausschluss beim genehmigten Kapital, S. 224.

[56] A.A. *Raiser*, ZHR 153 (1989), 1, 12 f., der von einer treuhänderischen Beziehung der Organmitglieder und den Gesellschaftern ausgeht und hierüber zu Direktansprüchen kommt.

[57] A.A. *Lutter*, AcP 180 (1980), 84, 142, der allerdings von der Konzeption eines Ersatzaufsichtsrechts ausgeht; anders BGH, Urt. v. 25.02.1982 – II ZR 174/80 –, BGHZ 83, 122, 134 (Holzmüller); *Knobbe-Keuk*, in: FS Ballerstedt, 1975, S. 239, 253.

V. Faktische Durchsetzbarkeit

Hat man dem Aktionär einen präventiven Rechtsbehelf in der Form eingeräumt, dass er die seine Kompetenz verletzende Durchführung einer Kapitalerhöhung aus genehmigtem Kapital untersagen kann, bedeutet dies noch nicht, dass er dies auch faktisch kann. Für die Einreichung einer solchen Klage bedarf es eines relevanten Zwischenschrittes. Der Aktionär muss Kenntnis von der bevorstehenden Ausnutzung des genehmigten Kapitals und den Umständen erhalten. Nur hierdurch kann dieser die Rechtmäßigkeit der avisierten Maßnahme einschätzen und gegebenenfalls einer gerichtlichen Prüfung zuführen. Hier bewendet es bei dem alten Sprichwort, dass auch das Wissen selbst eine Macht ist.[58]

Um diesen Fragenkreis dreht sich auch die Problematik, ob der Vorstand einer Aktiengesellschaft vor der Ausnutzung eines bezugsrechtsfreien genehmigten Kapitals einer Vorabberichtspflicht gegenüber den Aktionären unterliegt. Ein derartiges Vorabberichtserfordernis würde für die Aktionäre eine hinreichende Informationsgrundlage schaffen, auf deren Basis sie das Verhalten des Vorstandes auf seine Rechtmäßigkeit hin überprüfen können. Die folgenden Ausführungen beziehen sich sowohl auf die Fälle des Direktausschlusses des Bezugsrechts durch die Hauptversammlung bei Schaffung des genehmigten Kapitals als auch auf den Fall der Ermächtigung des Vorstandes zum Bezugsrechtsausschluss, da in beiden Fällen der Vorstand die Voraussetzungen der sachlichen Rechtfertigung bei der Ausnutzungsentscheidung zu berücksichtigen hat.[59] Darüber hinaus werden kapitalmarktrechtliche Informationspflichten bei der Ausnutzung eines genehmigten Kapitals in den Blick genommen.[60]

1. Vorabberichtspflicht in der Rechtsprechung

In der höchstrichterlichen Rechtsprechung hat sich der BGH in Sachen Siemens/ Nold lediglich mit einer nachgehenden Informationspflicht des Vorstandes auf der nächsten Hauptversammlung auseinandergesetzt,[61] ohne jedoch hinsichtlich einer eventuellen Vorabberichtspflicht Stellung zu beziehen.[62]

---

[58] *Francis Bacon*, in Meditationes Sacræ, Art. 11/OF HERESIES „[…] knowledge itself is a power […]".

[59] Vgl. zu den an den Vorstandsbeschluss zu stellenden materiellen Anforderungen S. 354 ff.

[60] Hierzu bei Börsennotation der Aktiengesellschaft S. 418 ff.

[61] Vgl. zu der Berichtspflicht auf der nächsten Hauptversammlung und den möglichen Auswirkungen auf ein neu geschaffenes genehmigtes Kapital *Born*, ZIP 2011, 1793 ff., zugl. Bespr. V. OLG Frankfurt a.M. Urt. v. 05.07.2011 – 5 U 104/10 –, ZIP 2011, 1613 ff.

[62] BGH, Urt. v. 23.06.1997 – II ZR 132/93 –, BGHZ 136, 133, 140 = NJW 1997, 2815, 2818 (Siemens/Nold).

Mit der Vorabberichtspflicht hat sich der BGH in der Commerzbank/Mangusta I-Entscheidung erstmals in einer für die Praxis höchst relevanten Weiße auseinandergesetzt.[63]

Der Sachverhalt entspricht weitgehend dem der Commerzbank/Mangusta II-Entscheidung. Auf die Ausführungen zu dieser wird hiermit verwiesen.[64] Der Unterschied liegt darin, dass die Mangusta Beteiligungsgesellschaft mbH geltend gemacht hat, dass der Vorstand der Commerzbank vor den Ausnutzungsentscheidungen verpflichtet gewesen wäre, den Aktionären einen Vorabbericht zu erstatten, der über den Bezugsrechtsausschluss und die diesen rechtfertigenden Sachgründe informiert.[65]

Der BGH ist diesem Ansinnen jedoch nicht beigetreten und hat eine Vorabberichtspflicht im Fall des Bezugsrechtsausschlusses abgelehnt.[66] Das insoweit ursprünglich mit der vorbeugenden Unterlassungsklage begehrte Ziel, dass das genehmigte Kapital nur noch mit einer zuvor erfüllten Vorabberichtspflicht ausgenutzt werden darf, hat der BGH auch nach Umstellung des Antrags auf Feststellung desselbigen als von Anfang an unbegründet eingestuft.[67] Er schloss sich durch dieses Urteil der wohl auch in der Literatur überwiegenden Ansicht an.[68] Er rechtfertigt seine Ansicht damit, dass das Gesetz eine solche Berichtspflicht vor der Ausnutzungsentscheidung nicht vorsehe. Denn die in § 186 Abs. 4 S. 2 AktG niedergelegte Berichtspflicht sei allein auf die Hauptversammlungskompetenz zugeschnitten und würde bereits dadurch eingehalten, dass der Vorstand bei Einberufung der Hauptversammlung zur Schaffung eines genehmigten Kapitals kraft der Verweisungsnorm des § 203 Abs. 1 AktG einen entsprechenden Bericht vorlegen muss, der sowohl bei einem Direktausschluss als auch bei einer Ausschlussermächtigung notwendig sei.[69] Eine (nochmalige) nachgehende Berichtspflicht sei in den Normen nicht angelegt und lasse sich auch nicht mit der historischen Auslegung des § 186 Abs. 4 S. 2 AktG

---

[63] BGH, Urt. v. 10.10.2005 – II ZR 148/03 – , BGHZ 164, 241 ff. = NZG 2006, 18 ff. (Commerzbank/Mangusta I).

[64] Vgl. zur Commerzbank/Mangusta II-Entscheidung S. 170 ff.

[65] BGH, Urt. v. 10.10.2005 – II ZR 148/03 –, BGHZ 164, 241 ff. = NZG 2006, 18 ff. (Commerzbank/Mangusta I).

[66] BGH, Urt. v. 10.10.2005 – II ZR 148/03 –, BGHZ164, 241 ff. = NZG 2006, 18 ff. (Commerzbank/Mangusta I).

[67] BGH, Urt. v. 10.10.2005 – II ZR 148/03 –, BGHZ 164, 241, 243 = NZG 2006, 18, 19 (Commerzbank/Mangusta I).

[68] OLG Frankfurt a.M., Urt. v. 5.7.2011 – 5 U 104/10 –, AG 2011, 713, 714; *Wilsing*, ZGR 2006, 722, 724 ff.; *Sinewe*, ZIP 2001, 403, 405; *van Venrooy*, DB 1982, 735, et passim; *Heinsius*, in: FS Kellermann, 1991, S. 115, 123; *Volhard*, AG 1998, 397, 402; *Natterer*, ZIP 2002, 1672, 1676; *Bosse*, ZIP 2001, 104, 106; *Kübler/Mendelson/Mundheim*, AG 1990, 461, 463; *Marsch-Barner*, in: Bürgers/Körber, 4. Aufl. § 203 Rn. 31; *Krieger*, in: FS Wiedemann, 2002, S. 1081, 1087 ff.; Cahn ZHR 164 (2000), 113, 118.

[69] BGH, Urt. v. 10.10.2005 – II ZR 148/03 –, BGHZ 164, 241, 245 f. = NZG 2006, 18, 19.

vereinbaren.[70] Der Gesetzgeber habe sich in den Materialen auf die zweite Gesell-schaftsrechtsrichtlinie bezogen,[71] die eine Berichtspflicht allein in Bezug auf den unmittelbaren Bezugsrechtsausschluss durch die Hauptversammlung vorsah, Art. 29 Abs. 4 S. 2 RL 77/91/EWG.[72] Dies habe sich auch in der Neufassung des Art. 33 Abs. 4 S. 2 RL 2012/30/EU nicht geändert, ebenso wie Art. 33 Abs. 5 RL 2012/30/EU die Berichtspflicht nicht in Bezug nimmt.[73] Darüber hinaus wird gegen die er-neute Vorabberichtspflicht die Teleologie des genehmigten Kapitals angeführt, was Ähnlichkeiten zu der in Siemens/Nold genutzten Argumentation zur Verringerung des Kontrollumfangs aufweist. Das genehmigte Kapital würde durch eine solche Berichtspflicht seiner Flexibilität beraubt, da die notwendige Bewegungsfreiheit zur Ergreifung von Marktchancen konterkariert würde.[74] Diese gelte es gerade mit Blick auf den Erwerb von anderen Unternehmen oder Beteiligungen, die in praxi grund-sätzlich gegen Ausgabe von Aktien erfolgen, zu bewahren.[75]

Stark praxisorientiert ist auch der Verweis auf die Geheimhaltungsinteressen der Gesellschaft, die durch eine Vorabberichtspflicht ignoriert werden würden. Allein diese Art der „Indiskretion" hätte das Potential, die Finanzierung ernsthaft zu be-hindern.[76] Starke Bedenken hat der BGH auch hinsichtlich des Lästigkeitswerts von Aktionärsklagen, die in Folge einer Informationserteilung gegen die Ausnutzung des genehmigten Kapitals erhoben werden könnten. Der BGH sieht sich hier als nahezu dazu verpflichtet an, dieses Missbrauchspotential im Keim zu ersticken.[77] Es wird anerkannt, dass durch dieses Vorgehen eine erhebliche Eindämmung des Vorab-kontrollrechts der Aktionäre erfolgt, wobei dieses Defizit durch die mögliche Nachkontrolle als ausgeglichen angesehen wird.

Der Verweis des BGH auf die fehlende Geheimhaltung auch bei Vorliegen schutzwürdiger Belange im Sinne von § 131 Abs. 3 Nr. 1 AktG kann ebenfalls nicht

---

[70] BGH, Urt. v. 10.10.2005 – II ZR 148/03 –, BGHZ 164, 241, 246 = NZG 2006, 18, 19 (Commerzbank/Mangusta I).

[71] Zweite Richtlinie des Rates vom 13. Dezember 1976 (77/91/EWG) Amtsblatt Nr. L 026 vom 31/01/1977, S. 0001–0013; nun ersetzt durch die Neufassung der Richtlinie 2012/30/EU des Europäischen Parlaments und des Rates vom 25.10.2012 Amtsblatt L 315/74.

[72] BGH, Urt. v. 10.10.2005 – II ZR 148/03 –, BGHZ 164, 249, 246 = NZG 2006, 18, 19 (Commerzbank/Mangusta I); „Das Erfordernis eines schriftlichen Berichts des Vorstandes an die Hauptversammlung (§ 186 IV 2 AktG) beruht auf Art. 29 IV der Richtlinie" BT-Drucks. 8/1678, S. 18.

[73] BGH, Urt. v. 10.10.2005 – II ZR 148/03 –, BGHZ 164, 249, 246 = NZG 2006, 18, 21, noch für die in dieser Hinsicht wortgleiche RL 77/91/EWG (Commerzbank/Mangusta I).

[74] BGH, Urt. v. 10.10.2005 – II ZR 148/03 –, BGHZ 164, 249, 246 f. = NZG 2006, 18, 19 f. (Commerzbank/Mangusta I).

[75] BGH, Urt. v. 10.10.2005 – II ZR 148/03 –, BGHZ 164, 249, 246 = NZG 2006, 18, 19 f. (Commerzbank/Mangusta I).

[76] BGH, Urt. v. 10.10.2005 – II ZR 148/03 –, BGHZ 164, 249, 247 = NZG 2006, 18, 20. (Commerzbank/Mangusta I).

[77] BGH, Urt. v. 10.10.2005 – II ZR 148/03 –, BGHZ 164, 249, 247 ff. = NZG 2006, 18, 19 f. (Commerzbank/Mangusta I).

überzeugen. Wie schon bei der regulären Berichtspflicht fallen solche Informationen, die der Vorstand auch innerhalb der Hauptversammlung geheim halten dürfte, nicht unter die Berichtspflicht.[78]

2. Stimmen in der Literatur

Lange vor der Entscheidung des BGH in Sachen Commerzbank/Mangusta I war die Frage einer Vorabberichtspflicht im Rahmen des genehmigten Kapitals einer sehr starken Kontroverse in der Literatur ausgesetzt.

a) Zustimmende Literatur

Insbesondere *Lutter* und *Hirte* haben sich schon früh für die Verpflichtung des Vorstandes ausgesprochen, einen Vorabbericht zu erstellen.[79] Die Offenlegung gegenüber den Aktionären vor der Ausnutzungsentscheidung sei essentiell, da die Aktionäre diejenigen sind, die durch einen pflichtwidrigen Bezugsrechtsausschluss und einen zu geringen Ausgabepreis benachteiligt werden.[80] Hier sei eine parallele Wertung zu rechtswidrigen Hauptversammlungsbeschlüssen notwendig, bei denen auch die Aktionäre als Betroffene tätig werden könnten. Insbesondere *Hirte* sieht die Verpflichtung zum Vorabbericht bereits im europäischen Recht verankert.[81] Er bleibt nicht dem Wortlaut verhaftet, der auch nach seiner Auffassung nicht zwingend zu einer Übertragung der Berichtspflicht auf einen Bezugsrechtsausschluss durch den Vorstand führen müsse,[82] sondern legt den Schwerpunkt auf die Teleologie der Berichtspflicht. Ziel könne es nicht gewesen sein, einen praktisch sehr relevanten Fall der Kapitalerhöhung in Europa von einer Berichtspflicht auszunehmen.[83] Diese Annahme scheint für *Hirte* konsequent, da er aufgrund der lediglich abstrakten Gefährdung der Aktionärsinteressen zum Zeitpunkt des Ermächtigungsbeschlusses auf den Vorstandsbericht gänzlich verzichtet.[84]

---

[78] Vgl. zur Begrenzung der Berichtspflicht durch § 131 Abs. 3 AktG, *Koch*, in: Hüffer/Koch, 13. Aufl., § 186 Rn. 24; *Ekkenga*, in: KölnKomm/AktG, 3. Aufl., § 186 Rn. 175; *Ekkenga/Jaspers*, in: Hdb. der AG-Finanzierung, 2. Aufl., Kap. 4 Rn. 176; *Apfelbacher/Niggemann*, in: Hölters/AktG, 3. Aufl., § 186 Rn. 53.

[79] *Hirte*, in: GroßKomm/AktG, 4. Aufl., § 203 Rn. 84 ff.; *Hirte*, Bezugsrechtsausschluß, S. 120; *Lutter*, in KölnKomm/AktG, 2. Aufl., § 203 Rn. 31; *Lutter*, BB 1981, 861, 863; *Lutter*, JZ 1998, 50, 52.

[80] *Hirte*, in: GroßKomm/AktG, 4. Aufl., § 203 Rn. 85; zustimmend *Bayer*, in: FS Ulmer, 2003, S. 21, 28 ff.

[81] *Hirte*, in: GroßKomm/AktG, 4. Aufl., § 203 Rn. 88 i. V.m. § 202 Rn. 46 f.

[82] *Hirte*, in: GroßKomm/AktG, 4. Aufl., § 202 Rn. 46.

[83] *Hirte*, in: GroßKomm/AktG, 4. Aufl., § 202 Rn. 46; dagegen der BGH, Urt. v. 10. 10. 2005 – II ZR 148/03 –, BGHZ 164, 241 ff. = NZG 2006, 18 ff.; kritisch gegenüber diesem Begründungsansatz auch *Stamatopoulos*, Pflichtenstellung des Vorstandes, S. 151 f.

[84] *Hirte*, in: GroßKomm/AktG, 4. Aufl., § 203, Rn. 87 i.V.m. 72 ff.

Demgegenüber steht eine schutzzweckbasierte Argumentationslinie, bei der der Zweck des Vorabberichtes in der frühzeitigen Kontrolle durch die Aktionäre gesehen wird.[85] Nur durch einen Vorabbericht sei es möglich, einen Schutzstandard zu gewährleisten, der vergleichbar mit dem der regulären Kapitalerhöhung ist. Der Vorstand würde durch eine solche Berichtspflicht zwar hinsichtlich der Ausnutzung einer zeitlichen Verzögerung unterliegen, dies sei jedoch aufgrund der tiefgreifenden Eingriffe in die Mitgliedschaft zulässig.[86] Der Vorabbericht würde auch nicht zu einem „Mehr" an Schutz führen, da im Rahmen des Ermächtigungsbeschlusses im Zweifel lediglich abstrakte Gründe genannt worden sind. Die Konkretisierung und Offenlegung dieser Gründe zeitlich vor dem Vorstandsbeschluss füllt den Erstbericht lediglich mit konkreten Informationen auf.[87]

Ohne einen Vorabbericht würde die gesetzlich angeordnete Berichtspflicht des § 186 Abs. 4 S. 2 zur Farce werden, da abstrakte Gründe in der Regel die Zulässigkeit eines Direktausschlusses oder einer Ausschlussermächtigung belegen können.[88]

Etwas formaljuristischer gehen *Meilicke/Heidel* bei der Begründung der Vorabberichtspflicht unter Bezugnahme auf die Verweisungen des §§ 203 Abs. 1 und 2 AktG vor. Nach ihnen soll sich aus der sinngemäßen Geltung des § 186 AktG nach § 203 Abs. 1 AktG ergeben, dass zum Zeitpunkt der Ausgabe der neuen Aktien die Berichtspflicht eingreift und der Verweis des § 203 Abs. 2 S. 2 i.V.m. § 186 Abs. 4 S. 2 AktG ergäbe die Berichtspflicht zum Zeitpunkt des Ermächtigungsbeschlusses.[89] Die angeordnete sinngemäße Anwendung des § 186 Abs. 4 S. 2 AktG könne nichts anderes bedeuten, als das auch ein zweiter Vorstandsbericht vor der Ausnutzungsentscheidung erforderlich sei.[90] Insbesondere der Ausgabepreis wird grundsätzlich erst vom Vorstand festgelegt, sodass bei ablehnender Haltung gegenüber der Vorabberichtspflicht über diesen niemals berichtet würde.[91] Auch sie sehen den Zweck der Berichtspflicht nur bei einer Vorabberichtspflicht als erfüllt an. Der Bericht solle die Ausgangslage für einen etwaigen Prozess bieten, indem er den maßgeblichen Prüfungsstoff enthält. Auf der Basis dieser Informationsgrundlage sollen die Aktionäre eine Entscheidung über die Sinnhaftigkeit des Bezugsrechtsausschlusses und etwaiger Alternativmodelle herbeiführen können.[92]

---

[85] *Lutter*, in: KölnKomm/AktG, 2. Aufl., § 203 Rn. 31; *Lutter*, BB 1981, 861, 863.

[86] *Lutter*, in: KölnKomm/AktG, 2. Aufl., § 203 Rn. 31.

[87] *Timm*, DB 1982, 211, 216; *Hirte*, Bezugsrechtsausschluß, S. 121.

[88] Ansatzweise *Meilicke/Heidel*, DB 2000, 2358, 2359 f.

[89] *Meilicke/Heidel*, DB 2000, 2358, 2359.

[90] *Meilicke/Heidel*, DB 2000, 2358, 2359.

[91] *Meilicke/Heidel*, DB 2000, 2358, 2359.

[92] *Meilicke/Heidel*, DB 2000, 2358, 2359.

b) Ablehnende Stimmen

Demgegenüber gab es auch schon lange vor der Commerzbank/Mangusta I-Entscheidung kritische Stimmen, die die Vorabberichtspflicht des Vorstandes kategorisch ablehnten. Die Verweisung auf § 186 Abs. 4 S. 2 AktG könne nur in dem Sinne verstanden werden, dass der Vorstand einen Bericht hinsichtlich des Inhalts des Ermächtigungsbeschlusses zum Bezugsrechtsausschluss bereitstellen müsse.[93] Eine darüberhinausgehende gesetzliche Grundlage für eine Vorabberichtspflicht sei nicht ersichtlich und der Gesetzgeber hätte diese systematisch im Zusammenhang mit § 204 AktG einführen müssen,[94] da es hier um die Ausgabebedingungen gehe.

Einer Berichtspflicht kritisch steht auch *Ekkenga* gegenüber. Er nimmt an, dass das Minderheitsinteresse noch keinen Nachteil erleide, sofern allein die Bestimmung des Vorstandes über den Ausschlussgrund vorliege, auch wenn hiergegen noch kein Rechtsmittel zur Verfügung stehe. Denn eine inzidente Überprüfung des Grundes sei möglich, sofern der Bezugsrechtsausschluss selbst zum Überprüfungsgegenstand gemacht würde.[95] Allein für den Fall, dass eine Holzmüller-Konstellation durch die Ausübung des genehmigten Kapitals herbeigeführt wird,[96] sei den Aktionärsinteressen durch die erneute Vorlagepflicht an die Hauptversammlung genüge getan. Eine Ausweitung der Berichtspflicht sei allerdings hierfür nicht notwendig.[97] Als Beispiel einer solchen Vorlagepflicht wird ein Absinken des Börsenkurses unter den für § 255 Abs. 2 AktG relevanten inneren Anteilswert angeführt, da dann eine zu starke Verwässerung des Vermögenswertes eines jeden Anteils zu befürchten sei.[98] Es wird hier eine Mikrobetrachtung vollzogen, die für den Vorstand ein Ausübungshindernis darstellen soll.

Gegen eine Vorabberichtspflicht hat sich auch *Paschos* gewandt, da nach seiner Auffassung das Aktienrecht weder dem Wortlaut noch der Teleologie nach eine solche verlange. Der Gesetzgeber sei bei der Einführung der Berichtspflicht aufgrund

---

[93] *Bosse*, ZIP 2001, 104, 106.

[94] *Bosse*, ZIP 2001, 104, 106; so auch *Natterer*, ZIP 2002, 1672, 1676; *Paschos*, WM 2005, 356, 360.

[95] *Ekkenga*, AG 2001, 615, 618; jetzt kritischer unter Verweis auf die Aufrechterhaltung der Position des BGH nur bei Etablierung eines ausreichenden Gesellschafterschutzes *Ekkenga/ Bernau*, in: Hdb. der AG-Finanzierung, 1. Aufl., Kap. 5 Rn. 105; vgl. nun restriktiver *Stöber*, in: Hdb. der AG-Finanzierung, 2. Aufl. Kap. 5 Rn. 105 ff.

[96] Ob nach der mittlerweile ergangenen Gelatine-Entscheidung des BGH im Rahmen des genehmigten Kapitals die Schwellenwerte für eine ungeschriebene Hauptversammlungskompetenz überschritten werden können, darf bezweifelt werden. Allerdings finden sich obergerichtliche Entscheidungen, die auch nach der Konkretisierung des BGH eher großzügige Maßstäbe anlegen; vgl. das OLG Schleswig, Urt. v. 08. 12. 2005 – 5 U 57/04 –, WM 2006, 231, 232, welches das wesentliche Überschreiten der Bilanzsumme genügen lässt. Treffende Einschätzung nach *Reichert*, ZGR 2015, 1, 16.

[97] *Ekkenga*, AG 2001, 615, 618.

[98] *Ekkenga*, AG 2001, 615, 621, vergleiche dort auch die Annahme, dass § 186 Abs. 3 S. 4 lex specialis gegenüber § 255 Abs. 2 AktG ist.

der fehlenden Änderung der Verweisungsnorm des § 203 Abs. 2 S. 2 AktG ohnehin über das europarechtlich gesetzte Ziel hinausgegangen und habe eine Berichtspflicht auch im Fall der Ausschlussermächtigung eingeführt. Hieraus noch weitergehende Schlussfolgerungen zu ziehen verbiete sich.[99] Die Begründung des Ausgabebetrages, die § 186 Abs. 4 S. 2 AktG vorsieht, beschränke sich zudem auf die reguläre Kapitalerhöhung, da explizit nur der vorgeschlagene Ausgabebetrag erfasst wird. Ein solcher Vorschlag ist für das genehmigte Kapital allerdings nach § 124 Abs. 3 S. 1 AktG nicht zwingend, sodass insbesondere der Einwand von *Meilicke/Heidel* nicht verfange.[100] Primär ruht seine Auffassung auf Schutzzweckerwägungen. Er sieht hier insbesondere einen Konflikt mit dem erleichterten Bezugsrechtsausschluss gegeben. Denn der Gesetzgeber habe den Bericht an die Hauptversammlung als weniger wichtig erachtet und eine erneute Berichtspflicht würde die Erleichterungen des § 186 Abs. 3 S. 4 AktG konterkarieren.[101] Im Anschluss an die Siemens/Nold-Entscheidung des BGH stellt auch *Paschos* die durch das genehmigte Kapital avisierte Bewegungsfreiheit in den Vordergrund. Ökonomisch sinnvoll sei der Bezugsrechtsausschluss ohnehin, da der Zeitrahmen für das Bezugsangebot entfällt und sich regelmäßig auch attraktivere Marktkonditionen und bessere Platzierungschancen an internationalen Finanzmarktplätzen bieten.[102] Die durch die Siemens/Nold-Entscheidung materiellrechtlich erreichten Errungenschaften seien nicht durch übermäßige formelle Anforderungen, zu denen eine erneute Berichtspflicht zähle, rückgängig zu machen. Denn durch sie drohten wirtschaftlich nachteilige Klagen von Minderheitsaktionären. Diese Flexibilitätsbegrenzung stehe dem Gesetzeszweck des genehmigten Kapitals höchst feindlich gegenüber, denn ausdrücklich ergebe sich an keiner Stelle, dass der Aktionär die Möglichkeit zur Erhebung einer Unterlassungsklage erhalten müsse.[103]

3. Kritische Betrachtung

Formaljuristisch kann man aus der Verweisungsstrategie des Gesetzgebers eher keinen Schluss zugunsten der Zulässigkeit eines Vorabberichts ziehen.[104] Der Gesetzgeber hat den Verweis in § 203 Abs. 1 AktG auf § 186 AktG unter den Vorbehalt keiner anderweitigen Regelung gestellt. Als eine solche wird man § 203 Abs. 2 S. 2 AktG allerdings anzusehen haben. Durch § 203 Abs. 2 AktG wird die Möglichkeit eröffnet, auch den Vorstand zum Ausschluss des Bezugsrechts zu ermächtigen. Allein auf diese Alternative des Bezugsrechtsausschlusses ist der Verweis in § 203 Abs. 2 S. 2 AktG bezogen. Würde man mit *Meilicke/Heidel* annehmen, dass sich der Verweis in § 203 Abs. 1 AktG allein auf die Ausgabe von Aktien bezieht,

[99] *Paschos*, WM 2005, 356, 359.

[100] *Paschos*, WM 2005, 356, 360.

[101] *Paschos*, WM 2005, 356, 361.

[102] *Paschos*, WM 2005, 356, 362 f.

[103] Hierzu *Paschos*, WM 2005, 356, 363.

[104] So aber *Meilicke/Heidel*, DB 2000, 2358, 2359.

würde dies konsequenterweise zu dem Ergebnis führen, dass bei einem Direktausschluss des Bezugsrechts durch die Hauptversammlung keine Berichtspflicht vor der Hauptversammlung erfolgen müsste. Diese Ungleichbehandlung der Ermächtigungsbeschlüsse hinsichtlich der Berichtspflicht ist aufgrund des beim Direktausschluss doch leicht erhöhten Gefährdungspotentials nicht sachgerecht. Überzeugender ist es daher, den Verweis in § 203 Abs. 1 AktG auf den Fall des Direktausschlusses zu beziehen und den Verweis des § 203 Abs. 2 S. 2 AktG auf den Fall der Ausschlussermächtigung.[105]

Andererseits ist der Vorwurf, dass der Vorabbericht dem Aktionär wieder die Entscheidungsbefugnis über das „Ob" der Kapitalerhöhung zuspielt, nicht zielführend.[106] Möchte der Vorstand das Bezugsrecht ausnutzen und liegen die Voraussetzungen hierfür nicht vor, so muss man den Aktionären das Primat der Entscheidung nicht erst zuschieben. In diesem Fall liegt es bereits kraft Gesetzes bei ihnen, da allein diese über einen Bezugsrechtsausschluss entscheiden können, der nicht von dem Ermächtigungsrahmen des genehmigten Kapitals gedeckt ist. Zu denken ist hier insbesondere an den Fall, dass der Bezugsrechtsausschluss nicht aufgrund einer mangelnden sachlichen Rechtfertigung rechtswidrig wäre, sondern einfach nicht von der abstrakten Ermächtigung gedeckt ist.

Bei der Annahme, dass das Minderheitsinteresse hinreichend geschützt ist, wenn der Vorstand nach den Holzmüller-Grundsätzen einer Vorlagepflicht unterliegt,[107] schließt sich die Frage an, wie der Aktionär dies hinreichend kontrollieren könnte. Wenn er von der Ausnutzung und dem Bezugsrechtsausschluss an sich keine Kenntnis hat, ist dies praktisch nicht machbar. Die Frage ist doch gerade, ob der Vorstand sich innerhalb des ihm gewährten Kompetenzbereiches bewegt oder ob er diesen überschreitet. Für den Aktionär macht es keinen Unterschied, ob aufgrund des rechtswidrigen Bezugsrechtsausschlusses der auch gesetzlich niedergelegte Kompetenzbereich verlassen wird,[108] oder, ob der Vorstand den Kompetenzbereich aufgrund der Außerachtlassung einer eigenständigen Vorlagepflicht aller Holzmüller verlässt. Es kann hier zu Überlappungen in der Sache kommen. Diese sind allerdings nicht notwendigerweise vorhanden,[109] sodass der Aktionär gänzlich auf den nachgelagerten auch weniger ökonomischen Schutz verwiesen wäre. Der Flexibilität des genehmigten Kapitals wären sowohl die Vorabberichtspflicht als auch die Vorlagepflicht abträglich.[110] Es müssten Grenzen aufgestellt werden, ab denen der Vor-

---

[105] Vgl. hierzu *Stamatopoulos*, Pflichtenstellung des Vorstandes, S. 147, wobei er hier mit dem Argument der „sinngemäßen Anwendung" sympathisiert; dagegen auch BGH, Urt. v. 10.10.2005 – II ZR 148/03 –, BGHZ 164, 241, 245 f. = NZG 2006, 18, 19.

[106] So *Krämer/Kiefner*, ZIP 2006, 301, 306.

[107] Vgl. *Ekkenga*, AG 2001, 615, 617, 621; gegen Vorlagepflicht *Röck*, Zweckfortfall beim genehmigten Kapital, S. 93 ff.

[108] Vgl. zu den materiellen Anforderungen, die die Ausnutzungsentscheidung erfüllen muss S. 347 ff.

[109] *Cahn*, ZHR 163 (1999), 554, 582; *Maslo*, Interessenwahrung und Rechtsschutz, S. 229.

[110] Kritisch auch *Cahn*, ZHR 163 (1999), 554, 582.

stand einer solchen Vorlagepflicht unterläge, wobei seit der Gelatine-Entscheidung des BGH angezweifelt werden darf, ob eine solche Grenze durch das genehmigte Kapital in quantitativer Hinsicht überschritten werden kann.[111] Allein mit einer Betrachtung auf der Mikroebene des Aktionärs ließ sich eine solche Grenze statuieren.[112] Hierdurch wird allerdings die Gefahr der Lähmung des genehmigten Kapitals stark erhöht, da für den Vorstand starke Anreize für eine Haftungsfreizeichnung nach § 93 Abs. 4 S. 1 AktG mittels eines Zustimmungsbeschlusses geschaffen würden.[113] Der Aktionär könnte in diesem Fall zwar mit der Anfechtungsklage gegen den Beschluss vorgehen, dies ändert allerdings an der Aushebelung des genehmigten Kapitals nichts.

Zutreffend ist der Einwand, dass die Hauptversammlung der Leichtsinnigkeit erlegen ist, dem Vorstand aufgrund einer bloß abstrakten Informationsgrundlage ein bezugsrechtsfreies genehmigtes Kapital oder ein solches mit einer Ermächtigung im Sinne des § 203 Abs. 2 AktG einzuräumen.[114] Die Frage lautet nun aber, was wären die der Hauptversammlung zur Verfügung stehenden Alternativen? Da die Aktionäre an einer florierenden und auch wachsenden Gesellschaft interessiert sind, sind sie sich wohl auch darüber im Klaren, dass ein genehmigtes Kapital erforderlich ist. Oder präziser, eine zeitnahe Eigenkapitalfinanzierung erforderlich werden kann. Dies auch dann, wenn zu dem Zeitpunkt der Hauptversammlung noch nicht klar ist, für welchen exakten Zweck es eingesetzt wird. Dies bedeutet aber noch nicht, dass ein rational denkender Aktionär sich mit dem vorab kontrollfreien Ausschluss des Bezugsrechts abfindet. Gerade aufgrund der Tatsache, dass dies leichtsinnig wäre, kann man es ihm nicht unterstellen.

Es zeigt sich vielmehr, dass die Flexibilität des genehmigten Kapitals nicht als übergesetzliches Mantra über den Dingen steht. Die ökonomischen Vorteile, die eine bezugsrechtsfreie Emission auch für die Aktionäre haben soll,[115] lässt sich in dem Maße ökonomisch nicht zweifelsfrei nachweisen, da sich nach Ankündigung des Bezugsrechtsausschlusses ein Kursverlust einstellt, der den Verwässerungseffekt der Mitgliedschaften abbildet.[116]

Einen Konflikt der Vorabberichtspflicht mit den Erleichterungen des § 186 Abs. 3 S. 4 AktG kann entgegen *Paschos* ebenfalls nicht angenommen werden. Auch der erleichterte Bezugsrechtsausschluss bei der regulären Kapitalerhöhung macht es

---

[111] Kritisch auch *Bayer*, in: MünchKomm/AktG, 4. Aufl., § 202 Rn. 56, der allerdings eine Grenze von 75 % des Grundkapitals für überzogen hält.

[112] Eine solche scheint *Ekkenga*, AG 2001, 615, 618 vorzunehmen.

[113] *Cahn*, ZHR 163 (1999), 554, 581.

[114] *Ekkenga*, AG 2001, 615, 617.

[115] *Paschos*, WM 2005, 356, 362 f.

[116] Vgl. kritisch insbesondere in Bezug auf den vereinfachten Bezugsrechtsausschluss *Rammert*, ZfbF 1998, 703 ff.; monografisch *Terstege*, Bezugsrechte bei Kapitalerhöhungen – Eine ökonomische Analyse, et passim. Zudem sind die Transaktionskosten im Durchschnitt 3 % höher als bei einer Bezugsrechtsemission, vgl. *Kaserer/Bühner*, FB 2000, 483, 492.

erforderlich, dass ein Bericht erstellt wird. Dass dieser inhaltlich von einem „regulären" Bericht abweicht, sei hier vorausgesetzt.[117] Die „erleichterten" Anforderungen könnten auf das genehmigte Kapital übertragen werden, sofern der Vorstand den Weg eines vereinfachten Bezugsrechtsausschlusses bei einer Barkapitalerhöhung wählt. Ginge man dementsprechend vor, wäre kein systemimmanentes Konfliktpotential erkennbar. § 186 Abs. 3 S. 4 AktG macht gerade nicht den Bericht entbehrlich, sondern stellt lediglich eine unwiderlegliche Vermutung hinsichtlich der sachlichen Rechtfertigung auf.

4. Stellungnahme

Beginnt man traditionell mit einer Wortlautanalyse, stößt man bei der Frage der Vorabberichtspflicht schnell an ihre Grenzen. Der Wortlaut des § 203 Abs. 1 und 2 AktG kann wie gesehen in die eine oder die andere Richtung interpretiert werden.[118] Bei genauerer Betrachtung kann allerdings nur die Auffassung überzeugen, die eine Vorabberichtspflicht des Vorstandes dem Wortlaut nach ablehnt.[119] Denn die Verweisungstechnik des § 203 Abs. 1 und 2 AktG behandelt der Sache nach lediglich die Voraussetzungen, die an den Ermächtigungsbeschluss gestellt werden. Die angeordnete sinngemäße Geltung kann daher vor dem Hintergrund betrachtet werden, dass § 186 Abs. 4 S. 2 AktG sonst den Erhöhungsbeschluss vor Augen hat, dieser allerdings aufgrund des Vorliegens eines Ermächtigungsbeschlusses bei der Schaffung des genehmigten Kapitals von diesem surrogiert wird.[120] Betrachtet man die europarechtliche Ausgangslage, so lässt sich dieser zwar das Erfordernis einer Berichtspflicht zum Zeitpunkt des Ermächtigungsbeschlusses sowohl für den Direktausschluss als auch die Ausschlussermächtigung entnehmen.[121] Eine Vorabberichtspflicht kann man mangels ausdrücklicher Bezugnahme des Art. 33 Abs. 5 RL 2012/30/EU auf das Berichtserfordernis in Art. 33 Abs. 4 RL 2012/30/EU für die Vorstandsentscheidung allerdings nicht europarechtlich begründen.[122]

Damit ist allerdings noch nicht gesagt, dass eine Vorabberichtspflicht des Vorstandes kategorisch abzulehnen ist. Diese kann sich vielmehr aus einer analogen Anwendung des § 186 Abs. 4 S. 2 AktG ergeben.[123] Durch das Absenken der Berichtsanforderungen im Rahmen des Ermächtigungsbeschlusses wäre vor der

---

[117] Vgl. hierzu m.w.N. *Ekkenga*, in: KölnKomm/AktG, 3. Aufl., § 186 Rn. 186 f.

[118] Nach *Timm*, Konzernspitze, S. 77, bleibt „Die Verweisung in § 203 II auf § 186 IV, der ‚sinngemäß' gelten soll, […] dunkel."

[119] So auch *Bayer*, in: FS Ulmer, 2003, S. 21, 29 f.

[120] So auch *Bosse*, ZIP 2001, 104, 106; *Bayer*, in: MünchKomm/AktG, 4. Aufl., § 203 Rn. 157.

[121] Vgl. zur Diskussion eines Berichtserfordernisses bei der Vorratsermächtigung S. 141 ff.

[122] *Bayer*, in: MünchKomm/AktG, 4. Aufl., § 203 Rn. 157; *Bayer*, in: FS Ulmer, 2003, S. 21, 29 f.

[123] Kritisch hinsichtlich des stark zurückgebauten Rechtsschutzes *Bayer*, in: MünchKomm/AktG, 4. Aufl., § 203 Rn. 158 ff.

Durchführung der Kapitalerhöhung keinerlei ernst zu nehmende Verteidigungsmöglichkeit des Aktionärs gegeben, um diese zu verhindern.[124] Die Möglichkeit der Unterlassungsklage und der Flankierung dieser mit einstweiligen Maßnahmen steht zwar abstrakt zur Verfügung. Ohne konkrete Informationen über das zu avisierende Klageziel sind sie allerdings obsolet. Nahezu ebenso obsolet wie der rein abstrakte Vorstandsbericht im Rahmen des Ermächtigungsbeschlusses. Der Rückbau auf dieser Ebene ist zwar angemessen, um das genehmigte Kapital einsatzfähig zu halten. Eine Ablehnung der Ausgleichung des vorerst akzeptierten Informationsdefizites ist damit allerdings nicht zu rechtfertigen. Das Bezugsrecht als aktienrechtlich gewachsenes Instrument des Minderheitenschutzes hat auch in den Gedanken des historischen Gesetzgebers im Grundsatz nicht dem Finanzierungsinstrument des genehmigten Kapitals zu weichen. Das Bezugsrecht war schon dem § 242 ADHGB 1897 bekannt und wurde im Aktiengesetz von 1937 mit der Neuschaffung des genehmigten Kapitals implementiert.[125] Die zunächst gesetzlich vorgesehene Kompetenz des Vorstandes, auch ohne gesonderte Ermächtigung im Rahmen des genehmigten Kapitals das Bezugsrecht auszuschließen, wurde sodann im Interesse der Aktionäre zugunsten einer Hauptversammlungsentscheidung geändert. Auch das in der Rechtsprechung entwickelte Sachgrunderfordernis hat der Gesetzgeber implizit akzeptiert.[126] Im Sinne einheitlicher Schutzstandards bei Kapitalmaßnahmen ist es daher notwendig, dass das Informationsdefizit der Aktionäre nachträglich durch einen Vorabbericht wieder beseitigt wird. Dies ist für die Aktiengesellschaft auch nicht unangemessen. Es findet lediglich eine zeitliche Verlagerung statt. Die Grundlage für ein Absenken der Berichtsanforderungen beim Ermächtigungsbeschluss war im Kern rein tatsächlicher Natur. Die Aktiengesellschaft verfügte noch nicht über die entsprechenden Informationen für einen Ermächtigungszeitraum von maximal fünf Jahren. Eine Kundgabe war daher weder möglich noch sachgerecht durchführbar, wie der Bedeutungsverlust des genehmigten Kapitals nach der Holzmann-Entscheidung eindrücklich belegte. Diese Grundlage ist bei Ausnutzungsreife entfallen, sodass man die reduzierten Berichtsanforderungen an den Ermächtigungsbeschluss nicht als endgültig eliminiert anzusehen hat, sondern vielmehr als aufschiebend bedingt ausgesetzt.

---

[124] Kritisch auch *Schickerling*, Information und Rechtsschutz, S. 213 ff.; *Groß/Fischer*, in: Heidel, Aktien- und Kapitalmarktrecht, 4. Aufl., § 203 Rn. 97.

[125] Erstmalige gesetzliche Erwähnung findet das Bezugsrecht in Art. 215a Abs. 4 ADHGB 1884; erstmalige Kodifikation eines Bezugsrechts als neues Recht fand durch § 282 HGB 1897 statt. Die Abbedingung war unter dem Eindruck der Rechtsprechung in der Sache „Hibernia" durch Mehrheitsbeschluss unproblematisch möglich, RGZ 68, 235, 245. Dies änderte sich erst wieder unter der Victoria-Rechtsprechung, welche erstmals eine Rücksichtnahmepflicht auf die Minderheitsinteressen verlange, RGZ 68, 235, 245.

[126] *Wiedemann*, in: GroßKomm/AktG, 4. Aufl., § 186 Rn. 149; *Liebert*, Der Bezugsrechtsausschluss 2003, S. 84 f.; *Schumann*, Bezugsrecht, S. 204. Andere gehen von einer bloßen ad-hoc-Reaktion des Gesetzgebers aus: *Röhricht*, ZGR 1999, 445, 472 f.; *Henze*, ZHR 167 (2003), 1, 4 ff.; *Mülbert*, Aktiengesellschaft 2. Aufl., S. 320.

Nur in diesem Sinne verstanden kann auch ein Berichtserfordernis seine Funktion erfüllen. Sein Zweck ist die Beseitigung von Informationsasymmetrien zwischen Vorstand und Hauptversammlung, da der Vorstand als das sachnähere Organ notwendigerweise einen Wissensvorsprung hat. Dieser soll sich durch die Abfassung des Berichts selbst kontrollieren können und auch den Aktionären eine solche Kontrolle ermöglichen.[127] Aufgrund der konkreten Anforderungen an den Berichtsinhalt bei der regulären Kapitalerhöhung können sie dort unproblematisch erfüllt werden. Beim genehmigten Kapital kann dies allerdings nur dann erfolgen, wenn der Vorstand den Erstbericht durch einen Zweiten inhaltlich auffüllt.[128] Wie bereits angeführt stellt dies auch kein „Mehr" im Gegensatz zur regulären Kapitalerhöhung dar, sondern lediglich eine funktionale Aufteilung des Berichtserfordernisses.[129] Da der Vorstand ohnehin die Prüfung der sachlichen Anforderungen vornehmen muss, stellt dies auch keine Behinderung seiner Tätigkeit dar. Insbesondere wenn es sich um eine unter die ad-hoc-Publizitätspflicht des Art. 17 Abs. 1 VO (EU) Nr. 596/2014 fallende Aktiengesellschaft handelt, ist eine Vorabberichtspflicht nicht als Effektivitätshemmnis zu betrachten.[130] Auch die zeitliche Verzögerung durch den Vorabbericht wird als nicht entscheidend betrachtet werden können, da man bei entsprechender Anwendung des § 186 Abs. 1 S. 2 AktG eine nur geringfügige Verzögerung herbeiführt.[131] Es schien dem BGH auch mehr um die Verhinderung eines Durchführungshindernisses durch präventive Rechtsschutzinstrumente gegangen zu sein,[132] als um den zeitlichen Aspekt. Derartigen Bedenken kann einerseits durch die stimmige Ausgestaltung der Aktionärsklage innerhalb des Kompetenzgefüges begegnet werden, wodurch kein allumfassendes Störpotential durch Aktionärsklagen generiert wird. Andererseits ist auch der Gesetzgeber aufgerufen. Er könnte der Aktiengesellschaft entsprechend dem Vorbild des § 246a AktG ein Freigabeverfahren zur Seite stellen. Dem Aktionär de lege lata schützenswerte Informationsrechte aufgrund rechtspolitisch getragener Argumentationen abzuerkennen ist kein legitimer Weg. Weder die einseitige Bevorzugung der Gesellschaftsinteressen noch der Aktionärsinteressen, sondern allein ein diese In-

---

[127] *Maslo*, Interessenwahrung und Rechtsschutz, S. 230 f., dagegen für eine reine Informationsmitteilung *Kley*, Bezugsrechtsausschluß und Deregulierungsanforderungen, S. 38 f.

[128] So auch *Maslo*, Interessenwahrung und Rechtsschutz, S. 234; *Stamatopoulos*, Pflichtenstellung des Vorstandes, S. 154.

[129] Den Erstbericht und den Zweitbericht als funktionale Einheit verstehend, *Stamatopoulos*, Pflichtenstellung des Vorstandes, S. 154.

[130] Vgl. für eine unter der Prämisse der Rechtsprechung zu einer kapitalmarktrechtlich zulässigen unverzüglichen Anschlussberichterstattung uno-actu mit der ad-hoc-Meldung nach Art. 17 MMVO, *Stöber*, in: Hdb. der AG-Finanzierung, 2. Aufl., Kap. 5 Rn. 107.

[131] *Groß/Fischer*, in: Heidel, Aktien- und Kapitalmarktrecht, 4. Aufl., § 203 Rn. 97, die von einer „ganz unwesentlichen Verzögerung" sprechen; vgl. sogleich zur Durchführung im Einzelnen S. 415 ff.

[132] So auch *Groß/Fischer*, in: Heidel, Aktien- und Kapitalmarktrecht, 4. Aufl., § 203 Rn. 97.

teressen in Ausgleich bringendes Verfahren ist geeignet, die Effektivität des genehmigten Kapitals zu wahren.

Eine Vorabberichtspflicht des Vorstandes vor der Ausnutzung des genehmigten
Kapitals ist aufgrund der vorhergehenden Ausführungen auch entgegen der Rechtsprechung des BGH in Sachen Commerzbank/Mangusta I anzuerkennen. Dem
Gesetzgeber wäre gut daran getan, dies auch durch eine nach hiesigem Verständnis
deklaratorische Kodifikation einer Vorabberichtspflicht klarzustellen.[133]

5. Restriktionen

Der Sorge des BGH, dass eine erneute Vorabberichtspflicht die Finanzierungs-
möglichkeiten aufgrund von Indiskretionen zerstört, kann nicht gefolgt werden.[134]
Die Vorabberichtspflicht im hier verstandenen Sinne ist lediglich die Auffüllung des
Inhalts des Ursprungsberichtes. Der Inhalt des Vorabberichts darf und muss daher
nicht über diesen hinausgehen. Betrachtet man den regulären Bericht im Sinne des
§ 186 Abs. 4 S. 2 AktG, steht es dem Vorstand zu, solche Tatsachen nicht mit in den
Bericht aufzunehmen, die er auch innerhalb der Hauptversammlung nach § 131
Abs. 3 AktG nicht preisgeben muss.[135] Der Schutz vor der Informationserlangung
durch Konkurrenzunternehmen wird durch die Analogie zu § 131 Abs. 3 Nr. 1 AktG
hinreichend abgefedert.[136] Gleiches gilt für die Gefahr, das die Finanzierungsmög-
lichkeit insgesamt drohen würde wegzubrechen. Ausreichend hierfür darf allerdings
nicht nur der pauschale Hinweis auf die Commerzbank/Mangusta I-Entscheidung
sein, welche die abstrakte Gefährdungslage als ausreichend für die Ablehnung eines
Vorabberichts statuiert. Sinnigerweise muss die Auskunft geeignet sein, die Gefährdungslage „bei verständiger Würdigung aufgrund wissenschaftlicher Erkenntnisse oder Erfahrungswissen mit objektiv hinreichender Wahrscheinlichkeit bei
ungehindertem Ablauf (vorliegend: bei Erteilen der Auskunft) in überschaubarer
Zukunft (Abgrenzung: entfernte Möglichkeit) nach einer ex-ante-Prognose"[137]
herbeizuführen.

---

[133] Möglich wäre die Einfügung eines neuen § 204 Abs. 2 S. 1 AktG: „Der Vorstand ist
verpflichtet, den Aktionären einen schriftlichen Bericht über den Grund für den teilweisen oder
vollständigen Ausschluss des Bezugsrechts zugänglich zu machen; in dem Bericht ist der
vorgeschlagene Ausgabebetrag zu begründen. Der Bericht ist mit der Entscheidung über den
Ausschluss des Bezugsrechts bekanntzumachen. Der Antrag nach § 188 AktG darf vor Ablauf
von zwei Wochen nicht gestellt werden"; für ein Spruchverfahren de lege ferenda bei einem
Bezugsrechtsausschluss zur Einbringung einer Sacheinlage, vgl. *Bayer*, in: MünchKomm/
AktG, 4 Aufl., § 203 Rn. 160.

[134] BGH, Urt. v. 10. 10. 2005 – II ZR 148/03 –, BGHZ 164, 241, 247= NZG 2006, 18, 20
(Commerzbank/Mangusta I).

[135] *Koch*, in: Hüffer/Koch, 13. Aufl., § 186 Rn. 24; *Ekkenga*, in: KölnKomm/AktG,
3. Aufl., § 186 Rn. 175; *Ekkenga/Jaspers*, in: Hdb. der AG-Finanzierung, 2. Aufl., Kap. 4
Rn. 176; *Apfelbacher/Niggemann*, in: Hölters/AktG, 3. Aufl., Rn. 53.

[136] *Siems*, in: Spindler/Stilz, 4. Aufl., § 131 Rn. 38.

[137] *Siems*, in: Spindler/Stilz, 4. Aufl., § 131 Rn. 40.

Hierunter fallen auch Insiderinformationen, die nach Artikel 14 Buchstabe c Verordnung (EU) Nr. 596/2014 unrechtmäßig offengelegt werden würden,[138] da § 119 Abs. 3 Nr. 3 WpHG die unbefugte Veröffentlichung unter Strafe stellt, ebenso wie § 120 Abs. 1 Nr. 2 WpHG einen Verstoß gegen die vorherige Übermittlungspflicht des § 26 Abs. 1 WpHG an die Bundesanstalt für Finanzdienstleistungsaufsicht, an die Geschäftsführungen der Handelsplätze, an denen seine Finanzinstrumente zum Handel zugelassen oder in den Handel einbezogen sind, als Ordnungswidrigkeit mit einem Bußgeld bewehrt.[139] Die Aufnahme in einen Vorabbericht des Vorstandes würde ohne vorherige ad-hoc-Publizität der Information jedenfalls einen bußgeldbewerten Verfahrensverstoß nach sich ziehen, sodass diese Information nach § 131 Abs. 3 Nr. 5 AktG analog nicht in den Vorabbericht aufzunehmen sind.[140]

6. Durchführung im Einzelnen

Der Vorabbericht des Vorstandes hat sich an den auch sonst für § 186 Abs. 4 S. 2 AktG aufgestellten Anforderungen im Rahmen einer regulären Kapitalerhöhung zu orientieren.[141] Wie sogleich noch genauer herauszustellen ist, hat der Vorstand auch im Rahmen der Ausnutzungsentscheidung zu prüfen, ob der Bezugsrechtsausschluss im Gesellschaftsinteresse liegt, geeignet, erforderlich und verhältnismäßig im engeren Sinne ist.[142] Dies hat er auch im Vorstandsbericht darzulegen, ebenso wie er nachzuweisen hat, dass er sich im Rahmen der Ermächtigung der Hauptversammlung bewegt und den Unternehmensgegenstand nicht überschreitet, wobei zumindest die beiden letzteren Punkte keinen energieintensiven Begründungsaufwand erfordern dürften.[143] Dass die Hauptversammlung zum Zeitpunkt der Berichterstattung nicht als solche zusammengesetzt oder einzuberufen ist, hindert die Durchführung nicht. Vielmehr ist der Bericht nun den einzelnen Aktionären zugänglich zu machen. Hierfür ist eine Auslage des vollständigen Berichts in den Geschäftsräumen der Aktiengesellschaft gem. §§ 175 Abs. 2, 179a Abs. 2, 293f Abs. 1 Nr. 3; 327c Abs. 3 AktG; § 63 Abs. 1 UmwG analog zu fordern.[144] Ebenfalls

---

[138] *Kubis*, in: MünchKomm/AktG, 3. Aufl., § 131 Rn. 128; *Siems*, in: Spindler/Stilz, 4. Aufl., § 131 Rn. 50.

[139] Von § 131 Abs. 2 Nr. 5 AktG werden auch Ordnungswidrigkeiten erfasst, *Siems*, in: Spindler/Stilz, 4. Aufl., § 131 Rn. 48.

[140] So auch *Siems*, in: Spindler/Stilz, 4. Aufl., § 131 Rn. 50; *Ekkenga*, in: KölnKomm/AktG, 3. Aufl., § 186 Rn. 176 für den regulären Vorstandsbericht.

[141] Vgl. zum Inhalt *Ekkenga*, in: KölnKomm/AktG, 3. Aufl., § 186 Rn. 170 ff.; *Servatius*, in: Spindler/Stilz, 4. Aufl., § 186 Rn. 27 ff.; *Rebmann*, in: Heidel, Aktien- und Kapitalmarktrecht, 4. Aufl., § 186 Rn. 38 f.; *Schürnbrand*, in: MünchKomm/AktG, 4. Aufl., § 186 Rn. 81 ff.

[142] Hierzu bereits S. 354 ff.

[143] Vgl. zu den Anforderungen an die Vorstandsentscheidung S. 347 ff.

[144] *Hirte*, in: GroßKomm/AktG, 4. Aufl., § 203 Rn. 112, dem folgend *Maslo*, Interessenwahrung und Rechtsschutz, S. 244 f.; vgl. für den originären Bericht nach § 186 Abs. 4 S. 2 AktG *Servatius*, in: Spindler/Stilz, 4. Aufl., § 186 Rn. 31; *Veil*, in: K. Schmidt/Lutter, 3. Aufl., § 186 Rn. 20 (verlangt Auslage bereits *vor* Einberufung); a.A. *Koch*, in: Hüffer/Koch,

ist der Bericht den Aktionären bei Anforderung unverzüglich analog §§ 179a Abs. 2 S. 2, 293f Abs. 2; 327c Abs. 4 AktG; § 63 Abs. 3 UmwG zuzusenden, wobei mangels entgegenstehenden kundgetanen Willens eine elektronische Zusendung genügt. Diese Verpflichtung entfällt analog §§ 175 Abs. 2 S. 4, 293f Abs. 3 AktG; 63 Abs. 4 UmwG, sofern die Aktiengesellschaft den Bericht auf ihrer Internetpräsenz veröffentlicht.[145] Für die Bekanntmachung des Berichtes steht es der Aktiengesellschaft offen, ob sie den Vorabbericht entsprechend § 124 Abs. 2 S. 2, 2. Alt. AktG in verkürzter Form in den Gesellschaftsblättern bekannt macht oder ob sie den vollständigen Vorabbericht per Einschreiben an die Aktionäre analog § 124 Abs. 1 S. 3 i.V.m. 212 Abs. 4 S. 1 AktG sendet.[146] Dies ist notwendig, da aufgrund einer fehlenden Einberufung der Hauptversammlung keine Bekanntmachung des avisierten Bezugsrechtsausschlusses nach §§ 186 Abs. 4 S. 1 AktG notwendig ist. Dem Informationsbedürfnis der Aktionäre hinsichtlich der Einsichtnahme- und Zusendungsmöglichkeit wird im Fall der inhaltlichen Ausgestaltung des Erstberichtes nur durch eine gesonderte Bekanntmachung Rechnung getragen.

Die größte Schwierigkeit bereitet die Frage nach dem Zeitpunkt der Berichterstattung, da das zeitliche Element am stärksten die Flexibilität des genehmigten Kapitals tangieren kann. So wurde eine Analogie zu § 246 Abs. 1 AktG vorgeschlagen,[147] ebenso wie die bloß formelle Überprüfung des Vorliegens eines Berichts durch den Registerrichter.[148] Teilweise wurde nicht nur die Fristenregelung des § 246 Abs. 1 AktG übernommen, sondern zugleich die materielle Präklusionswirkung nach ihrem Ablauf. Die Monatsfrist wurde als „Warteobliegenheit" verstanden, bei deren Verstreichen die Rechtswidrigkeit des Bezugsrechtsausschlusses mangels sachlicher Rechtfertigung nicht mehr geltend gemacht werden könne.[149] Im Sinne eines Ausgleiches zwischen der Wahrung der Flexibilität und dem Rechtsschutzinteresse der Aktionäre ist eine Vorlaufzeit von zwei Wochen als angemessen zu

---

12. Aufl., § 186 Rn. 23; *Scholz*, in: MünchHdbGesR IV, 4. Aufl. § 57 Rn. 134 die alsbaldige Auslage nach Einberufung genügen lassen; noch restriktiver: *Martens*, ZIP 1992, 1677, 1685 f.; *Marsch*, AG 1981, 211, 213; *Becker*, BB 1981, 394, 395.

[145] *Hirte*, in: GroßKomm/AktG, 4. Aufl., § 203 Rn. 112, dem folgend *Maslo*, Interessenwahrung und Rechtsschutz, S. 244 f.; vgl. für den originären Bericht nach § 186 Abs. 4 S. 2 AktG *Reger/Stenzel*, NZG 2009, 1210, 1211; *Marsch-Barner*, in: Bürgers/Körber, 4. Aufl., § 186 Rn. 25 m.w.N.; *Bayer*, ZHR 168 (2004), 132, 153; ablehnend bisher *Servatius*, in: Spindler/Stilz, 3. Aufl., § 186 Rn. 31; jetzt ebenso *Servatius*, in: Spindler/Stilz, 4. Aufl., § 186 Rn. 31.

[146] *Wiedemann*, in: GroßKomm/AktG, 4. Aufl., § 203 Rn. 112.

[147] *Lutter*, BB 1981, 861, 863; *Hirte*, Bezugsrechtsausschluß, S. 122; *Timm*, DB 1982, 211, 216; *Wilsing*, ZGR 2006, 722, 744 f.; *Kubis*, DStR 2006, 188, 192.

[148] *Kimpler*, DB 1994, 767, 768; *Kimpler*, Die Abgrenzung der Zuständigkeiten von Hauptversammlung und Vorstand bei der Kapitalerhöhung, S. 89.

[149] *Sethe*, AG 1994, 342, 353 f.; *Hirte*, in: GroßKomm/AktG, 4. Aufl., § 203 Rn. 86; *Maslo*, Interessenwahrung und Rechtsschutz, S. 250 f.; *Groß/Fischer*, in: Heidel, Aktien- und Kapitalmarktrecht, 4. Aufl., § 203 Rn. 98.

betrachten.[150] Hierdurch würde ein akzeptabler Gleichlauf mit § 186 Abs. 1 S. 2 AktG hergestellt. Denn durch die Regelung des § 186 Abs. 1 S. 2 AktG wird dem Aktionär eine Bedenkzeit eingeräumt, innerhalb der er sich für sein Bezugsrecht entscheiden muss. Hier wäre es nicht anders, denn der Aktionär hat sich innerhalb der zwei Wochen zu entschließen, ob er sein Bezugsrecht gerichtlich geltend machen möchte. Der Beginn der Frist sollte auf den Zeitpunkt der Fassung der Ausnutzungsentscheidung durch den Vorstand gelegt werden, wobei der Ablauf nicht auch als Ausschlussfrist zu verstehen ist.[151] Der Beginn der Frist mit der Ausnutzungsentscheidung rechtfertigt sich beim genehmigten Kapital dadurch, dass erst zu diesem Zeitpunkt die tatsächliche Gefährdung des Bezugsrechts beginnt. Mit Fristablauf kann der Vorstand den Eintragungsantrag zum Handelsregister stellen, wobei er innerhalb des Fristlaufs die notwendigen Vorbereitungen treffen kann, um die nachfolgende Eintragung schnellstmöglich herbeizuführen.[152] Ein das genehmigte Kapital lähmender Zeitverlust ist bei dem dargestellten Vorgehen nicht zu befürchten.[153]

Die Übertragung der materiellen Präklusion dahingegen ist mangels ausdrücklicher gesetzlicher Regelung abzulehnen. Zuvorderst widerspricht dem allerdings, dass Vorstandsbeschlüsse nicht wie Hauptversammlungsbeschlüsse in die Kategorie der Anfechtbarkeit- oder Nichtigkeit eingeteilt werden können. Dies setzt allerdings § 246 Abs. 1 AktG voraus, der mangels Verweis in § 249 Abs. 1 AktG allein für anfechtbare Beschlüsse eine materielle Präklusionsfrist enthält.[154] Es ist für eine Übertragung schon keine Regelungslücke auszumachen, da allgemeine Grundsätze existieren, die die Lücke ausfüllen. Der Aktionär kann sich nicht unbegrenzte Zeit auf den Mangel berufen, sondern hat unter Verwirkungsgesichtspunkten nach angemessener Überlegungszeit keine Möglichkeit mehr, den Anspruch gegenüber der Gesellschaft durchzusetzen.[155] Die Frage der Verwirkung wird allerdings primär im Rahmen der nachgehenden allgemeinen Feststellungsklage wie auch einer Beseitigungsklage virulent werden, da der Zeitraum zwischen der Ausnutzung selbst und der Eintragung der Durchführung nicht derart lang sein wird, dass eine Verwirkung in

---

[150] Maximal eine Woche Zeit lässt *Stamatopoulos*, Pflichtenstellung des Vorstandes, S. 154; zwei bis vier Wochen lässt *Lutter*, BB 1981, 861, 863.

[151] Anders im direkten Anwendungsbereich des § 186 Abs. 1 S. 2 AktG, *Koch*, in: Hüffer/ Koch, 13. Aufl., § 186 Rn. 16.

[152] Abstimmungen mit dem Registergericht; Sammlung von Zeichnungserklärungen, ohne dass hier schon der Vertragsabschluss herbeigeführt werden sollte.

[153] Es wäre nach dem Ablaufplan von *Heinsius*, in: FS Kellermann, 1991, S. 115, 124 f. eine Verlängerung von ca. 3 Tagen.

[154] *Zöllner*, ZGR 1988, 392, 432.

[155] Vgl. nur zum parallel gelagerten Problem bei Personenhandelsgesellschaften, *Ulmer*, in: GroßKomm/HGB § 119 Rn. 93.

Betracht kommt.[156] Das genehmigte Kapital soll gerade einer zeitnahen Eigenkapitalbeschaffung dienen.

7. Kapitalmarktrechtliche Veröffentlichungspflichten

Doch nicht nur für den Fall eines Bezugsrechtsausschlusses stehen dem Aktionär Informationskanäle zur Verfügung, die ihn mit den notwendigen Informationen versorgen. Nach der nunmehr unmittelbaren Geltung der Marktmissbrauchsverordnung (EU) Nr. 596/2014 des Europäischen Parlaments und des Rates vom 16. April 2014 können ausweislich des Art. 7 Abs. 3 auch Zwischenschritte als Insiderinformationen angesehen werden, sofern sie selbst die Voraussetzungen des Art. 7 Abs. 1 erfüllen. Die früher vertretene herrschende Meinung, die eine ad-hoc-Publizitätspflicht bereits nach der Entscheidung des Vorstandes über die Ausnutzung des genehmigten Kapitals abgelehnt hat, da der mehrstufige Ausnutzungsprozess noch die Zustimmung des Aufsichtsrates verlangte, kann unter dem nunmehr geltenden Regime nicht mehr aufrecht erhalten werden.[157] Denn bereits die Entscheidung des Vorstandes, das Eigenkapital mittels der Ausnutzung eines genehmigten Kapitals zu erhöhen, hat das von Art. 7 Abs. 1 Buchstabe a VO (EU) Nr. 596/2014 geforderte notwendige Potential die Kurse der börsennotierten Aktiengesellschaft erheblich zu beeinflussen.[158] Hier ist im Einzelfall zwar vom quantitativen Umfang der Ausnutzung ausgehend eine genaue Betrachtung erforderlich, ebenso wie einzubeziehen ist, ob es sich um ein anfänglich bezugsrechtsfreies genehmigtes Kapital oder eines unter Ausschluss des Bezugsrechts erst durch den Vorstand handelt.[159] Eine sodann ausgelöste ad-hoc-Publizitätspflicht im Sinne des Art. 17 Abs. 1 VO (EU) Nr. 596/2014 kann den Aktionären einer börsennotierten Aktiengesellschaft als Informationsgrundlage für die Geltendmachung von Unterlassungsansprüchen dienen. Dies zeigt auch, dass gerade bei börsennotierten Aktiengesellschaften, die bei der Ausnutzungsentscheidung des genehmigten Kapitals einer ad-hoc-Publizitätspflicht unterliegen, die Flexibilität des genehmigten Kapitals nicht wesentlich stärker durch einen Vorabbericht als durch die ad-hoc-Publizitätspflicht beeinträchtigt wird. Insgesamt bettet sich diese Regelung nahtlos in die Informationspflicht nach § 49 Abs. 1 S. 1 Nr. 2 WpHG ein, wonach der Emittent bereits mit der Schaffung des genehmigten Kapitals über einen Bezugsrechtsausschluss oder eine

---

[156] Eine Dauer von maximal 11 Tagen ab dem Tag der Ausnutzungsentscheidung bis zur Eintragung der Durchführung im Handelsregister scheint realistisch, *Heinsius*, in: FS Kellermann, 1991, S. 115, 124 f.; *Terstege*, Bezugsrechte bei Kapitalerhöhungen – Eine ökonomische Analyse, S. 196; *Seibert*, ZIP 1994, 247, 253 geht von 2 bis maximal 11 Tagen aus.

[157] *Assmann*, in: Assmann/Schneider/WpHG, 7. Aufl., Art. 17 MAR Rn. 37; bereits zur alten Rechtslage a.a.O., 6. Aufl., § 15 Rn. 60 (jetzt § 26 WpHG) (auch ein bloßer Vorstandsplan kann eine Veröffentlichungspflicht auslösen); *Happ/Semler*, ZGR 1998, 116, 138 (Veröffentlichungspflicht erst nach Zustimmungsbeschluss des Aufsichtsrates); vage *Koch*, in: Hüffer/Koch, 13. Aufl., § 202 Rn. 20 i.V.m. § 170 Rn. 3.

[158] So schon *Hirte*, in GroßKomm/AktG, 4. Aufl., § 202 Rn. 216.

[159] *Bayer*, in: MünchKomm/AktG, 4. Aufl., § 202 Rn. 89.

Ermächtigung hierzu an den Vorstand zu berichten hat.[160] Der relevante Zeitpunkt ist hier die Eintragung des Ermächtigungsbeschlusses nach § 184 AktG.[161] Sollte die Ausnutzungsentscheidung des Vorstandes einmal nicht die notwendige Relevanz auf den Börsenkurs haben, so ist zumindest im Fall des Bezugsrechtsausschlusses eine Bekanntmachung nach § 49 Abs. 1 S. 1 Nr. 2 WpHG als Fall der Ausübung vorzunehmen.[162] Diese Frage ist trotz der Schwierigkeiten, die eine stärker am Wortlaut orientierte Auslegung aufwirft, durch die Auslegungspraxis der BaFin für die Praxis als geklärt zu betrachten.[163] Dies gilt so lange, wie der Emittent nicht ein berechtigtes Interesse im Sinne von Art. 17 Abs. 4 MAR nachweisen kann. Ein derartiger Nachweis wäre erbracht, sofern die Veröffentlichung des Zwischenschrittes ohne das eine Letztentscheidung in der Sache gegeben wäre, die korrekte Beurteilung der veröffentlichten Information durch die Öffentlichkeit gefährden würde.[164] Wird die Veröffentlichung hiernach aufgeschoben, ist die Letztentscheidung schnellstmöglich herbeizuführen.[165] Dies kann allerdings beim genehmigten Kapital nur bis zu einer wirksamkeitsrelevanten Entscheidung des Aufsichtsrates angenommen werden, sodass eine Veröffentlichung immer noch vor der Eintragung der Durchführung erfolgen müsste. Die ad-hoc-Publizitätspflicht ist daher trotz der Selbstbefreiungsmöglichkeit zumindest bei börsennotierten Gesellschaften als geeignetes Informationsbeschaffungsinstrument zu betrachten.[166]

Teilweise wurde vorgetragen, dass die Veröffentlichung der ad-hoc zu publizierenden Tatsache die Voraussetzungen des Vorabberichts erfüllt und dieser nicht gesondert erforderlich sei.[167] Die kapitalmarktrechtliche Informationserteilung solle in diesem Falle die gesellschaftsrechtliche überlagern.[168] Die Informationserteilung im Rahmen von Art. 17 Abs. 1 VO (EU) Nr. 596/2014 ist allerdings darauf zugeschnitten zu vereiteln, dass kein ungerechtfertigter Vorteil zum Nachteil Dritter durch die Ausnutzung von Insiderinformationen erlangt werden darf.[169] Es geht also um die Herbeiführung einer notwendigen Glattstellung des Informationsniveaus des

---

[160] *Mülbert*, in: Assmann/Schneider/WpHG, 7. Aufl., § 49 Rn. 13; BaFin, Emittentenleitfaden 2013, S. 170 f. (IX 3.4.3.); a.A. *Heidelbach*, in: Schwark/Zimmer, 4. Aufl., § 30b Rn. 12, *Rieckers*, ZIP 2015, 700, 701.

[161] BaFin, Emittentenleitfaden 2013, S. 170 f. (IX 3.4.3.); a.A. *Heidelbach*, in: Schwark/Zimmer, 4. Aufl., § 30b Rn. 12.

[162] BaFin, Emittentenleitfaden 2013, S. 170 f. (IX 3.4.3.); a.A. wohl auch *Heidelbach*, in: Schwark/Zimmer, 4. Aufl., § 30b Rn. 12.

[163] Vgl. hierzu die Einschätzung *Rieckers*, ZIP 2015, 700, 701.

[164] *Franke/Schulenberg*, in: Umnuß, Corporate Compliance Checklisten, Kapitel 3. Börsen- und Kapitalmarktrecht Rn. 117.

[165] *Franke/Schulenberg*, in: Umnuß, Corporate Compliance Checklisten, Kapitel 3. Börsen- und Kapitalmarktrecht Rn. 117.

[166] Anders sieht dies *Schürnbrand*, ZHR 171 (2007), 731, 735 (noch unter § 15 Abs. 3 WpHG).

[167] *Hirte*, in: GroßKomm/AktG, 4. Aufl., § 203 Rn. 113.

[168] *Hirte*, in: GroßKomm/AktG, 4. Aufl., § 203 Rn. 113.

[169] Vgl. Erwägungsgrund (23) der VO (EU) Nr. 596/2014.

Marktes und die Herstellung hinreichender Markttransparenz.[170] Hierauf ist auch der Inhalt der ad-hoc-Mitteilung nach § 4 WpAIV zugeschnitten. Dementgegen ist die Berichtspflicht des § 186 Abs. 4 S. 2 AktG darauf zugeschnitten, den Aktionären neben dem Ausgleich der Informationsasymmetrien eine Informationsgrundlage zur Kontrolle der Ausnutzungsentscheidungen zu liefern.[171] Da dies der originäre Zweck der entsprechenden Anwendung des § 186 Abs. 4 S. 2 AktG darstellt, kann die Erteilung der ad-hoc-Information nicht als ausreichend für die Erfüllung der Vorabberichtspflicht angesehen werden.[172] Der Berichtsinhalt des § 186 Abs. 4 S. 2 AktG ist ein anderer als der einer ad-hoc-Mitteilung.

8. Fazit

Dem Aktionär steht aufgrund der Vorabberichtspflicht bei der Ausnutzung eines bezugsrechtsfreien genehmigten Kapitals und den kapitalmarktrechtlichen Informationspflichten bei einer börsennotierten Gesellschaft eine beachtliche Informationsgrundlage zur Verfügung, um in besonders virulenten Fällen eine vorbeugende Unterlassungsklage gegen die Ausnutzung des genehmigten Kapitals erheben zu können.

VI. Urteilswirkungen

Eine überaus relevante Frage, die oftmals im Zusammenhang mit der vorbeugenden Feststellungsklage untersucht worden ist, aber auch für den Fall der vorbeugenden Unterlassungsklage virulent ist, ist die nach den Rechtskraftwirkungen eines auf die vorbeugende Unterlassungsklage hin ergehenden Endurteils.

Ob eine vorbeugende Unterlassungsklage als Leistungsklage überhaupt mit den Wirkungen des § 248 Abs. 1 S. 1 AktG in Einklang zu bringen ist, darf allerdings bezweifelt werden. Denn in materielle Rechtskraft erwächst lediglich die konkret gerügte Verletzungsform, welche bei der Ausnutzung eines genehmigten Kapitals die Verpflichtung, die Betreibung der Eintragung der Durchführung der Kapitalerhöhung aus genehmigtem Kapital zu unterlassen, darstellt.[173] Denn die konkret rügbare Beeinträchtigung des mitgliedschaftlichen Teilhaberechts erfolgt erst mit Eintragung der Durchführung der Kapitalerhöhung durch die Gesellschaft, nicht bereits mit Ergehen der Ausnutzungsentscheidung.[174] Nicht in Rechtskraft erwächst

---

[170] *Royé/Fischer zu Cramburg*, in: Heidel: Aktien- und Kapitalmarktrecht, 4. Aufl., § 15 WpHG Rn. 1 (jetzt § 26 WpHG).

[171] *Ekkenga*, in: KölnKomm/AktG, 3. Aufl., § 186 Rn. 169.

[172] *Maslo*, Interessenwahrung und Rechtsschutz, S. 240; anders *Hirte*, in: GroßKomm/AktG, 4. Aufl., § 203 Rn. 113; *Aubel*, Der vereinfachte Bezugsrechtsausschluß, S. 112 ff.

[173] Vgl. zur materiellen Rechtskraft bei Unterlassungsurteilen *Musielak*, in: Musielak/Voit/ ZPO, 15. Aufl., § 322 Rn. 47; *Ahrens*, in: Der Wettbewerbsprozess, 8. Aufl. S. 670 ff.

[174] Zum Zeitpunkt der Rechtsbeeinträchtigung siehe S. 396 ff.

daher die Feststellung der Nichtigkeit der Ausnutzungsentscheidung des Vorstandes. Hierfür wäre die Erhebung einer Zwischenfeststellungsklage gem. § 256 Abs. 2 ZPO erforderlich.[175]

Die Mitaktionäre könnten auch bei angenommener Erweiterung der inter omnes-Wirkung auf die Leistungskomponente bei einer stattgegebenen vorbeugenden Unterlassungsklage keinerlei Vorteile hieraus ziehen, da das Gericht entsprechend dem Klageantrag nur die Unterlassungspflicht gegenüber dem klagenden Aktionär tenorieren kann. Vollstreckungsversuchen sämtlicher Aktionäre braucht die AG bei einer vorbeugenden Unterlassungsklage aufgrund des Individualisierungserfordernisses des § 750 ZPO nicht fürchten, da Vollstreckungsgläubiger nur der Titelgläubiger sein kann, vgl. § 890 ZPO.[176] Aufgrund der Bindungswirkung des Registerrichters nach § 16 Abs. 2 HGB bei Erlass einer einstweiligen Unterlassungsverfügung zugunsten eines Aktionärs, profitieren die beeinträchtigten Mitaktionäre ohnehin.[177] Für eine darüber hinausgehende Geltendmachung der Unterlassungsansprüche der Mitaktionäre fehlt einem Aktionär die Prozessführungsbefugnis. Für eine Erweiterung der Rechtskraft eines Unterlassungsurteils gibt es insgesamt keinen Grund. Selbst da, wo das Gesetz eine inter omnes-Wirkung annimmt, erstreckt es diese nicht auf Leistungsklagen, sondern die Erwirkung eines vollstreckungsfähigen Titels obliegt dem Einzelaktionär (vgl. nur §§ 13, 16 SpruchG; jetzt auch vergleichbar bei der Musterfeststellungsklage § 613 ZPO).[178] Mit Eintragung der Durchführung der Kapitalerhöhung aus genehmigtem Kapital hat sich diese ohnehin in der Hauptsache erledigt, sodass der Aktionär auf die (nachträgliche) Feststellungsklage umstellen müsste. Dies zeigt, dass insgesamt kein Analogiebedürfnis existiert. Wie sich die Situation bei der Feststellungsklage darstellt, ist dort gesondert zu erörtern.[179]

---

[175] Die Erhebung einer Zwischenfeststellungsklage ist dem Aktionär anzuraten, da das Feststellungsurteil inter omnes wirkt und Grundlage für die Rückabwicklung der Strukturmaßnahme darstellen kann, vgl. S. 513 ff.

[176] Die allgemeinen Vollstreckungsvoraussetzungen müssen auch bei einer Vollstreckung wegen eines Unterlassungstitels erfüllt sein, vgl. *Lackmann*, in: Musielak/Voit/ZPO, 15. Aufl., § 890 Rn. 8.

[177] Vgl. zur einstweiligen Unterlassungsverfügung folgend S. 426 ff. Die Bindung tritt allerdings nur ein, sofern die Eintragung der Durchführung für unzulässig erklärt wird. Nicht ausreichend ist die Untersagung der Stellung des Eintragungsantrages oder dessen Rücknahme.

[178] Vgl. *Koch*, in: Hüffer/Koch, 13. Aufl., § 13 SpruchG Rn. 3; *Drescher*, in: Spindler/Stilz, 4. Aufl., § 13 SpruchG Rn. 5; zur dortigen Konzentrationswirkung auch für die Leistungsklage siehe § 16 SpruchG.

[179] Zu den Urteilswirkungen bei der Feststellungsklage S. 477 ff.

VII. Klagefrist bei der (vorbeugenden) Unterlassungsklage?

Da es sich bei der hier in Rede stehenden vorbeugenden Unterlassungsklage um eine allgemeine zivilprozessuale Klageart handelt, unterliegt diese, sofern nicht ausdrücklich etwas Anderweitiges geregelt worden ist, keiner Klagefrist.

1. § 246 Abs. 1 AktG analog?

Teilweise soll von diesem allgemeinen Grundsatz eine Ausnahme gemacht werden, da die Klage in der Ausformung der Aktionärsklage funktional an die Stelle einer Anfechtungsklage trete.[180] Dies ist der Grund, weswegen die zum Zeitpunkt der Vorabberichterstattung geführte Diskussion durch Literaturstimmen ähnlich auch für die fristgemäße Geltendmachung einer vorbeugenden Unterlassungsklage geführt wird, sodass eine Klagefrist in Analogie zu § 246 Abs. 1 AktG von einem Monat für tunlich gehalten wird.[181] Hieran ergeben sich allerdings Zweifel.

Oftmals wird der Beginn der Frist auf die Erlangung der Kenntnis durch den Aktionär gelegt, wobei hier keine bewusste Kenntnisnahme erforderlich sei, sofern der Vorstand einen Vorabbericht entsprechend § 186 Abs. 4 S. 2 AktG erstattet hat.[182] Wenn eine dementsprechende Bekanntmachung unterblieben ist, soll es auf die konkrete Kenntnis des Aktionärs ankommen.[183] Doch auch hinsichtlich der Unterlassungsklage kann ebenso wenig wie hinsichtlich des Zeitpunktes der Vorabberichterstattung § 246 Abs. 1 AktG analog herangezogen werden. Die vorbeugende Unterlassungsklage weist mangels gestalterischem Element wohl eine etwas größere Schnittmenge mit der Nichtigkeitsfeststellungsklage des § 249 AktG, die gerade nicht auf § 246 Abs. 1 AktG verweist, als mit der Anfechtungsklage auf.[184] Man kann daher nicht davon sprechen, dass das aktienrechtliche Beschlussmängelrecht den vergleichbaren Fall unter die matcrielle Präklusionsfrist des § 246 Abs. 1 AktG stellt.[185] Auch die Rechtssicherheit wird durch eine Analogiebildung nicht gestärkt. Unterlässt es der Vorstand einen Vorabbericht zu erstatten oder wäre er nicht notwendig,[186] käme es auf ein nicht nachweisbares Internum bei den Aktionären an.[187]

---

[180] *Groß/Fischer*, in: Heidel, Aktien- und Kapitalmarktrecht, 4. Aufl., § 203 Rn. 126.

[181] *Hirte*, in: GroßKomm/AktG, 4. Aufl., § 203 Rn. 132; die Monatsfrist als Orientierungspunkt betrachtend, *Groß/Fischer*, in: Heidel, Aktien- und Kapitalmarktrecht, 4. Aufl., § 203 Rn. 126; *Baums*, in: Verhandlungen des 63. DJT, Gutachten, F. 217 f.

[182] *Lutter*, BB 1981, 861, 864; *Hirte*, Bezugsrechtsausschluß, S. 209 f.; *Lutter*, in: KölnKomm/AktG, 2. Aufl., § 203 Rn 44.

[183] *Hirte*, Bezugsrechtsausschluß, S. 209 f.

[184] Für die fehlende Gestaltungswirkung der Klage nach § 249 AktG vgl. *Hüffer/Schäfer*, in: MünchKomm/AktG, 4. Aufl., § 249 Rn. 4 m.w.N.; a.A. *K. Schmidt*, in: GroßKomm/AktG, 4. Aufl. § 249 Rn. 4 f. m.w.N.

[185] Ähnlich *Maier*, Einsatz des genehmigten Kapitals, S. 143; a.A. *Hirte*, in: GroßKomm/ AktG, 4. Aufl., § 203 Rn. 132.

[186] Der Vorabbericht ist de lege lata allein im Fall des Bezugsrechtsausschlusses erforderlich, vgl. S. 402 ff. Bei börsennotierten Gesellschaften könnte noch auf den Zeitpunkt der ad-

Es wird der Gesellschaft wohl kaum gelingen, den konkreten Zeitpunkt der Kenntniserlangung durch den Aktionär nachzuweisen, sofern dieser einen fristgemäßen benennt.[188] Sowohl die (vorbeugende) Unterlassungsklage als auch § 256 ZPO kennen als allgemeine Rechtsbehelfe gerade keine Klagefrist und erst Recht keine materielle Präklusionsfrist,[189] die einer Wiedereinsetzung in den vorherigen Stand kategorisch entgegenstehen würde.[190] Denn, wenn man § 246 Abs. 1 AktG wirklich einer analogen Anwendung zuführen müsste, müsste man nach Fristablauf das Abwehrrecht als materiell präkludiert betrachten.[191] Für eine rein prozessuale Klagefrist gibt § 246 Abs. 1 AktG nichts her und die Einführung würde eine doppelte Analogiebildung erfordern.[192]

2. Die positive Beschlussfeststellungsklage als wertungstechnischer Parallelfall?

Die oftmals zitierte Bindingbrauereientscheidung des BGH gibt für die Übertragbarkeit der Frist des § 246 Abs. 1 AktG ebenfalls nichts her.[193] Hier geht es um die Verbindung einer Anfechtungsklage mit einer positiven Beschlussfeststellungsklage, die zwingend an die Anfechtungsklage gebunden ist.[194] Es geht hier also um eine parallel zur Anfechtungsklage zugelassene Feststellungsklage.[195] Dort wird der speziellen Anfechtungsklage eine allgemeine Feststellungsklage zur Seite gestellt, um dem Aktionär die Möglichkeit der Durchsetzung des korrekten Beschlussergebnisses einzuräumen. Dies ist aber nicht nur eine reine Feststellungsklage im Sinne des § 256 ZPO, sondern sie beinhaltet aufgrund der Festsetzung eines Beschlussergebnisses, welches so vorher nicht existierte, auch gestaltungsrechtliche

---

hoc-Meldung abgestellt werden, allerdings käme es bei nicht börsennotierten Gesellschaften und einem anderweitigen Kompetenzübertritt auf die nicht nachweisbare subjektive Kenntnis an.

[187] Diesbezüglich auch kritisch *Baums*, in: Verhandlungen des 63. DJT, Gutachten, F. 217 f.

[188] Näher würde es hier noch liegen, auf den objektiv feststellbaren Zeitpunkt der Eintragung der Durchführung der Kapitalerhöhung abzustellen, wobei dann der Beginn der Klagefrist und Erledigung der (vorbeugenden) Unterlassungsklage parallel verlaufen würden.

[189] Gerade auch bei der GmbH wird § 246 AktG analog nicht auf nicht festgestellte Gesellschafterbeschlüsse angewandt, BGH, Urt. v. 28.1.1980 – II ZR 84/79 –, BGHZ 76, 154, 156 f., NJW 1980, 1527; BGH, Urt. v. 11.2.2008 – II ZR 187/06 –, DStR 2008, 684, 686.

[190] Diese Wirkungen dem jetzigen § 246 Abs. 1 AktG bereits zusprechend das RG, Urt. v. 04.12.1928 – II 226/28 –, RGZ 123, 204, 207; vgl. auch *Koch*, in: Hüffer/Koch, 13. Aufl., § 246 Rn. 20; LG München I, Urt. v. 27.11.2008 – 5 HK O 3928/08 –, NZG 2009, 226, 227.

[191] So *Groß/Fischer*, in: Heidel, Aktien- und Kapitalmarktrecht, 4. Aufl., § 203 Rn. 97 a.E. und 98.

[192] Erstens, um die Frist überhaupt auf die vorbeugende Unterlassungsklage zu übertragen. Zweitens, um eine rein prozessuale Frist anzunehmen.

[193] Vgl. BGH, Urt. v. 13.3.1980 – II ZR 54/78 –, BGHZ 76, 191, 199 (Bindingbrauerei) = NJW 1980, 1465.

[194] *Heer*, ZIP 2012, 803, 808.

[195] *Zöllner*, ZGR 1982, 623, 625 f.

Elemente, die die Anwendung des § 246 Abs. 1 AktG für diesen konkreten Fall legitimieren.[196] Sie stellt eine sich an die aktienrechtliche Anfechtungsklage anschließende Fortzeichnung dar,[197] sodass die Anfechtungsfrist als lex specialis anzusehen ist und die allgemeinen Grundsätze einer regulären Feststellungsklage ohne gestaltungsrechtliche Elemente überlagert.[198] Eine Anwendung von § 246 Abs. 1 AktG bei der einen Klage und eine Außerachtlassung bei der Anderen würde in diesem Spezialfall dazu führen, dass zwei sich ausschließende Beschlüsse in der Welt sein könnten.[199] Ein ursprünglich ablehnender Beschluss und ein gerichtlich festgestellter zustimmender Beschluss.

Die hiesige Situation ist aber doch eine gänzlich andere. Es geht um eine Analogiebildung, die die Normen des Beschlussmängelrechts übertragen möchte. Allerdings weisen bei der Durchsetzung des materiellen Schutzrechts weder die allgemeine Unterlassungsklage, noch die allgemeine Feststellungsklage gestalterische Elemente auf, die eine Analogie nahelegen. Ebenso wenig würden sich widersprechende Beschlüsse existieren, deren Vermeidung allein durch die Anwendung von § 246 Abs. 1 AktG sichergestellt werden könnte.

Auch bei einem nicht festgestellten Gesellschafterbeschluss in der GmbH, der hierdurch vergleichbar einer nichtigen Ausnutzungsentscheidung keinerlei vorläufige Bindungswirkung entfaltet, wird im Sinne der Rechtssicherheit keine Analogie zu § 246 Abs. 1 AktG für die allgemeine Feststellungsklage angenommen.[200] Es ist nun aber hier nicht anders. Es geht gerade nicht um die Frage, ob der Beschluss des Vorstandes mittels einer kassatorischen Klage kassiert werden soll und bis dahin verbindlich gilt. Sondern es geht darum, ob ein solcher überhaupt rechtswirksam, da die Kompetenz wahrend, zustande kommen konnte.[201] Bei der Durchsetzung des materiellrechtlichen Abwehranspruchs durch die Unterlassungsklage steht die Frage der drohenden Beeinträchtigung des Teilhaberechts im Vordergrund. Diese Fallkonstellation schwebt § 246 Abs. 1 AktG gerade nicht vor.[202]

---

[196] Zöllner, ZGR 1982, 623, 628.

[197] Kaufmann, NZG 2015, 336, 337; Schwab, in: K. Schmidt/Lutter, 3. Aufl., § 246 Rn. 47.

[198] Kaufmann, NZG 2015, 336, 337; Schwab, in: K. Schmidt/Lutter, 3. Aufl., § 246 Rn. 47; BGH, Urt. v. 13. 3. 1980 – II ZR 54/78 –, BGHZ 76, 191, 199 (Bindingbrauerei) = NJW 1980, 1465.

[199] Dieses Paradoxon träte ein, wenn die Beschlussfeststellungsklage nach Ablauf der Anfechtungsfrist gegen einen den Antrag ablehnenden Beschluss erhoben und positiv entschieden würde.

[200] Zuletzt BGH, Beschl. v. 14. 4. 2016 – IX ZR 161/15 –, AG 2016, 581, 586; BGH, Urt. v. 28. 1. 1980 – II ZR 84/79 –, BGHZ 76, 154, 156 f. = NJW 1980, 1527; BGH v. 1. 3. 1999 – II ZR 205/98 –, DStR 1999, 769; BGH, Urt. v. 11. 2. 2008 – II ZR 187/06 –, DStR 2008, 684, 686; OLG Hamm, Urt. v. 21. 12. 2015 – 8 U 67/15 –, RNotZ 2016, 188.

[201] Im Rahmen des genehmigten Kapitals geht es erst danach explizit um die Frage, ob die Kapitalerhöhung allein aufgrund der Grundsätze der fehlerhaften Gesellschaft als wirksam betrachtet und ex nunc rückabzuwickeln ist. Vgl. zu den Folgen S. 496, 498.

[202] Vgl. auch BGH, Urt. v. 1. 3. 1999 – II ZR 205/98 –, DStR 1999, 769 f., m. Anm. Goette, S. 770.

3. Allgemeines zivilprozessuales Begrenzungsinstrumentarium

Die allgemeinen Rechtsbehelfe unterliegen vielmehr einem eigenen Begrenzungsinstrumentarium, insbesondere der Verwirkung.[203] Diese ist eine Fallgruppe des treuwidrigen Verhaltens und sanktioniert den Aktionär, sofern die Erhebung einer Leistungsklage treuwidrig geschehen würde.[204] Man kann hier aber nicht von der Verwirkung der Klagebefugnis sprechen, da eine solche Sichtweise die prozessuale und die materiellrechtliche Seite vermengen würde. Sofern ein Recht nicht durchsetzbar sein soll, so besteht für eine prozessuale Verwirkungsregelung aufgrund der materiellrechtlichen Verwirkung kein Bedürfnis.[205] Für den Unterlassungsanspruch des Aktionärs kann es aber von Beginn an nicht um eine materiellrechtliche Verwirkung gehen, da die Verwirkung nur Ansprüche bei begangener Rechtsverletzung betreffe.[206] Man kann daher zumindest für die Leistungsklage nicht davon sprechen, dass „(d)ie Verwirkung der Klagebefugnis […] dann ein(tritt), wenn neben einem Zeitablauf besondere Umstände vorliegen, aus denen sich für den Gegner ein selbständiger prozessualer, sich also gerade auf die Klageerhebung erstreckender Vertrauenstatbestand ergibt und das Erfordernis des Vertrauensschutzes für den Gegner derart überwiegt, daß das Interesse des Berechtigten an der sachlichen Prüfung […] zurücktreten muß".[207] Die dort eingängig genannten Voraussetzungen sind allerdings für die Bestimmung einer treuwidrigen Klageerhebung fruchtbar zu machen, sodass sich im Ergebnis allein der dogmatische Anknüpfungspunkt ändert. Denn auch das Zivilprozessrecht steht unter dem Grundsatz von Treu und Glauben als allgemeinem Rechtsprinzip.[208]

Man wird für diesen speziellen Fall nicht allzu hohe Hürden aufbauen dürfen, denn das Bedürfnis der Gesellschaft, der Gesellschafter und auch außenstehender Dritter an einer zweifelsfreien Rechtslage ist ebenso zweifelsohne gegeben. Aufgrund der besonderen Bindung der Gesellschafter durch die Treuepflicht, wird man ein Aktives tätig werden in einem angemessenen Zeitrahmen erwarten können.[209] Dieser kann nicht pauschal festgesetzt werden, sondern sollte anhand der rechtlichen Komplexität des Sachverhaltes und dem Verhalten des Aktionärs vor/während und nach der Ausnutzung des genehmigten Kapitals abhängig gemacht werden. Die einmonatige Frist nach § 246 Abs. 1 AktG kann hierfür als Anhaltspunkt dienen,

---

[203] BGH, Urt. v. 28.01.1980 – II ZR 84/79 –, BGHZ 76, 154, 156 f., NJW 1980, 1527.

[204] *Brehm*, in: Stein/Jonas, 22. Aufl., Vor § 1 Rn. 235; BGH, Urt. v. 21.02.1990 – VIII ZR 216/89 –, ZIP 1990, 511, 512.

[205] *Brehm*, in: Stein/Jonas, 22. Aufl., Vor § 1 Rn. 235; BGH, Urt. v. 21.02.1990 – VIII ZR 216/89 –, ZIP 1990, 511, 512.

[206] BGH, Urt. v. 6.2.2014 – I ZR 86/12 –, GRUR 2014, 363 ff.

[207] BAG, Urt. v. 02.11.1961 – II ZR 66/61 –, NJW 1962, 463 (Klammereinschub durch den Verfasser), wobei es hier um eine Feststellungsklage ging; anders auch *Bacher*, in: BeckOK/ZPO, 31. Ed. § 253 Rn. 19; BGH, Urt. v. 21.02.1990 – VIII ZR 216/89 –, ZIP 1990, 511, 512.

[208] *Brehm*, in: Stein/Jonas, 22. Aufl., Vor § 1 Rn. 221 ff.

[209] *Eckardt*, NZG 1999, 499, 500 f. Anm. zu BGH, Urt. v. 1.3.1999 – II ZR 205/98 –, NZG 1999, 498 = DStR 1999, 769 f.

keineswegs aber starr gehandhabt werden. Dies aber auch nur dann, sofern ein Vorstandsbericht oder eine ad-hoc-Mitteilung veröffentlicht worden ist. In allen anderen Fällen wird man aufgrund mangelnder Informationserlangung durch die Aktionäre erst auf die Eintragung der Durchführung abstellen können,[210] sodass diese Problematik erst für die Beseitigungsklage Relevanz entfaltet.

Unabhängig von dem zuvor benannten Zeitfaktor kann entsprechend der Rechtsprechung zu missbräuchlich Anfechtungsklagen auch ein früheres missbräuchliches Verhalten des Aktionärs ein weiteres Indiz für die Treuwidrigkeit darstellen, wobei ein solches keinen eindeutigen Rückschluss auf eine erneute Missbräuchlichkeit zulässt.[211] Je enger die Koinzidenz der erhobenen Klage mit einer früheren missbräuchlichen Klageerhebung in zeitlicher Hinsicht ausfällt, je stärker kann man dieses Indiz werten.[212] Wie bereits im Rahmen der Diskussion um Beschränkungsmöglichkeiten bei der Erhebung der Aktionärsklage de lege ferenda angedeutet, kann de lege lata kein Schluss von einer geringen Kapitalbeteiligung auf die Missbräuchlichkeit einer Klage gezogen werden.[213] Dies widerspräche bereits für die Anfechtungsklage der gesetzgeberischen Entscheidung, nur in § 246a Abs. 2 Nr. 2 AktG ein nur mittelbares Quorum zu implementieren. Für die Aktionärsklage kann es keine andere Beurteilung geben.

C. Einstweilige Unterlassungsverfügung

Es wurde schon vielfach darauf hingewiesen, dass der Zeitraum von der Entscheidung bis zur Eintragung der Durchführung der Kapitalerhöhung nur sehr knapp bemessen ist, wobei nach hier vertretener Ansicht zwischen Kenntnisnahme und der Antragstellung mindestens zwei Wochen vergehen sollten.[214] Auch wenn der Zustimmungsbeschluss des Aufsichtsrates und die Anmeldung der Eintragung der Durchführung zum Handelsregister im Anschluss an den Vorstandsbeschluss erfolgen, wird das Hauptsacheverfahren der vorbeugenden Unterlassungsklage gerade in diesem komplexen Bereich eine wesentlich größere Zeitspanne in Anspruch nehmen,[215] sodass das Rechtsschutzbedürfnis des Unterlassungsklägers mit Eintra-

---

[210] Etwas eingeschränkt auf den Fall des Bezugsrechtsausschlusses daher *Groß/Fischer*, in: Heidel, Aktien- und Kapitalmarktrecht, 4. Aufl., § 203 Rn. 126.

[211] *Wardenbach*, ZGR 1992, 563, 569 ff.; OLG Frankfurt a.M., Urt. v. 13.1.2009 – 5 U 183/07 –, NZG 2009, 222, 225; OLG Stuttgart, Beschl. v. 24.06.2010 – 20 W 2/09 –, ZIP 2010, 1641, 1644; besonders kritisch hinsichtlich des Indizes der Missbräuchlichkeit, wenn diverse vorhergehende Verfahren durch einen Vergleich beendet worden sind KG, Urt. v. 29.10.2010 – 14 U 96/09 –, NZG 2011, 146, 147.

[212] *Wardenbach*, ZGR 1992, 563, 670.

[213] So auch KG, Urt. v. 29.10.2010 – 14 U 96/09 –, NZG 2011, 146, 147.

[214] Vgl. zur Erfüllung der Vorabberichtspflicht im Einzelnen S. 415 ff.

[215] *Bayer*, in: MünchKomm/AktG, 4. Aufl., § 203 Rn. 171; *Koch*, in: Hüffer/Koch, 13. Aufl., § 203 Rn. 39; *Schürnbrand*, ZHR 171 (2007), 731, 735; *Krämer/Kiefner*, ZIP 2006, 301, 307 f. *Hirte*, in: GroßKomm/AktG, 4. Aufl., § 203 Rn. 133; *Hirte*, ZIP 1989, 1233, 1244.

gung der Durchführung der Kapitalerhöhung unterginge. Allein mit der die Unterlassungsklage flankierenden Möglichkeit einer einstweiligen Unterlassungsverfügung kann dem Aktionär ein Verfahren mit einer vorläufig vollstreckbaren Entscheidung zur Seite gestellt werden, an die der Registerrichter nach § 16 Abs. 2 HGB gebunden ist.[216] Die Zulässigkeit einer einstweiligen Unterlassungsverfügung kann auch in diesem Fall nicht unter Hinweis auf das Verbot der Vorwegnahme der Hauptsache in Zweifel gezogen werden.[217] Zum einen ist das prozessuale Merkmal eines Verbots der Vorwegnahme wie dargelegt nicht tragfähig. Zum anderen kommt bei der Verhinderung der Durchführung der Einwand des Eingriffs in die Beschlussautonomie der Hauptversammlung oder des Vorstandes aufgrund der abgeschlossenen Willensbildung nicht zum Tragen.[218] Wie bereits hinsichtlich der Anmeldung der Eintragung der Satzungsänderung nach § 181 Abs. 1, 3 AktG gesehen, kann auch hinsichtlich der Anmeldung der Eintragung der Durchführung der Kapitalerhöhung der Unterlassungsantrag darauf gerichtet sein, die Anmeldung nicht zu stellen, sie zurückzunehmen oder die Eintragung für unzulässig zu erklären.[219]

I. Verfügungsvoraussetzungen

Der Aktionär hat seinen Verfügungsanspruch glaubhaft zu machen. Er hat mithin nachzuweisen, dass ihm eine Aktionärsklage zur Durchsetzung des materiellrechtlichen Abwehranspruchs zur Seite steht.[220] Er muss daher darlegen, warum durch die Verwaltungsentscheidung(en) über die Ausnutzung des genehmigten Kapitals die Kompetenzen der Hauptversammlung verletzt worden sind und damit einhergehend auch sein in dieser Sache bestehendes mitgliedschaftliches Teilhaberecht.[221] Dies wird ihm dann gelingen, wenn der Vorstand beim Bezugsrechtsausschluss den nach hier vertretener Auffassung erforderlichen Vorabbericht veröffentlicht. Als Alternative hierzu können die notwendigen Informationen auch aus einer ad-hoc zu veröffentlichenden Mitteilung hervorgehen. Der nachzuweisende Verfügungsgrund ergibt sich in der Großzahl der Fälle aus der Unmöglichkeit der Durchsetzung des verbandsrechtlich garantierten Unterlassungsanspruches, sofern die Eintragung der Durchführung der Kapitalerhöhung im Handelsregister erfolgt ist.

---

[216] Zutreffend *Schürnbrand*, ZHR 171 (2007), 731, 735; *Wiedemann*, in: GroßKomm/AktG, 4. Aufl., § 181 Rn. 30; *Baums*, Eintragung und Löschung von Gesellschafterbeschlüssen, S. 166; *Baur*, ZGR 1972, 421, 423; *K. Schmidt*, in: GroßKomm/AktG, 4. Aufl., § 243 Rn. 72, *Heinze*, ZGR 1979, 293, 316; *Drinkuth*, AG 2006, 142, 143 f.

[217] Vgl. hierzu bereits oben S. 66 (Vorwegnahme der Hauptsache als taugliches Begrenzungskriterium?).

[218] *Stamatopoulos*, Pflichtenstellung des Vorstandes, S. 283.

[219] Vgl. *Schmidt-Diemitz*, Einstweiliger Rechtsschutz gegen rechtswidrige Gesellschafterbeschlüsse, S. 133; *Kort*, Bestandsschutz fehlerhafter Strukturänderungen, S. 109.

[220] Vgl. zum materiellrechtlichen Abwehranspruch S. 286 ff.; S. 316.

[221] Insbesondere hat er darzulegen, dass ihm das Teilhaberecht hinsichtlich der gleichen Sachentscheidung zusteht, vgl. S. 296 ff.

II. Antragsbefugnis

Im Gegensatz zur Verhinderung der Eintragung der Satzungsänderung im Sinne des § 181 Abs. 1, 3 AktG durch eine einstweilige Verfügung ist grundsätzlich jeder Aktionär antragsbefugt, da auch die Aktionärsklage in Ausformung der Unterlassungsklage jedem in seinem Teilhaberecht beeinträchtigten Aktionär zusteht.[222] Fraglich erscheint, ob etwaige Besonderheiten je nach Art des geltend gemachten Mangels bestehen. Hier wird man zu differenzieren haben.

1. Aufrechterhaltung einer Beschlussmängelklage

Beantragt der Aktionär eine einstweilige Unterlassungsverfügung hinsichtlich der Eintragung der Durchführung der Kapitalerhöhung und verweist er auf eine bestehende Anfechtungs- oder Nichtigkeitsklage, ist er nur antragsbefugt, sofern er die Anfechtungs- oder Nichtigkeitsklage erhoben hat oder noch erheben kann.[223] Gleiches gilt, wenn er auf die grundsätzlich bestehende Anfechtbarkeit oder Nichtigkeit des Ermächtigungsbeschlusses verweist.

Denn an der Wertung, dass das einstweilige Verfügungsverfahren kein eigenständiges Rechtsschutzverfahren ist, welches parallel zu den aktienrechtlichen Beschlussmängelklagen gegen Hauptversammlungsbeschlüsse existiert, gilt es auch hier festzuhalten. Die Grundlage der einstweiligen Verfügung mit einem derartigen Bezugspunkt ist eindeutig die Sicherung der Anfechtungs- oder Nichtigkeitsklage.

Ist der Ermächtigungsbeschluss bereits nach §§ 181 Abs. 1, 3 AktG eingetragen worden, ist eine einstweilige Verfügung zur Sicherung der Anfechtungs- und Nichtigkeitsklage notwendigerweise auf die Untersagung der weiteren Eintragung der Durchführung der Kapitalerhöhung zu richten.[224] Dies ändert sich auch dann nicht, wenn es sich um ein genehmigtes Kapital handelt. Das Problem liegt hier also darin, dass mit diesem Verfügungsantrag nicht der verbandsrechtliche Unterlassungsanspruch entscheidungsoffen gehalten werden soll, sondern die Anfechtungs- und Nichtigkeitsklage. Für eine dahin gehende einstweilige Verfügung kommt es aber auf die Anfechtungsbefugnis des Aktionärs an. Hier kann auf die Ausführungen zu den entsprechenden Voraussetzungen bei der Verhinderung der Eintragung der Satzungsänderung mittels einer einstweiligen Verfügung verwiesen werden.[225]

Betrachtet man zusammenfassend den Zeitpunkt vor dem Ergehen eines Urteils im Sinne des § 248 Abs. 1 S. 1 AktG und vor der Eintragung der Durchführung der

---

[222] Vergleiche zu den Möglichkeiten eines Aktionärs, dessen Rechte durch nach §§ 44 WpHG oder 59 WpÜG gesperrt sind, bereits S. 320 f.

[223] Diese Situation ist vergleichbar mit der einstweiligen Verfügung gegen die Eintragung der Satzungsänderung selbst, vgl. S. 150 ff.

[224] Diesen Übergang klar herausstellend *Raiser*, in: Hachenburg/GmbHG, 8. Aufl., Anh. § 47 Rn. 258.

[225] Vgl. dazu S. 150 ff.

Kapitalerhöhung, schneidet § 246 Abs. 1 S. 1 AktG dem nicht mehr anfechtungsbefugten Aktionär eine einstweilige Verfügung ab, welche die Mangelhaftigkeit des Ermächtigungsbeschlusses in Stellung bringt.[226] Es ist in diesem Fall hinzunehmen, dass sich der nicht – mehr – anfechtungsbefugte Aktionär im Rahmen der einstweiligen Verfügung lediglich auf Kompetenzüberschreitungen und damit Teilhaberechtsverletzungen durch die Verwaltung berufen kann;[227] ihm die Berufung auf einen Mangel des Ermächtigungsbeschlusses aber abgeschnitten ist. Denn hinsichtlich des Ermächtigungsbeschlusses ist das aktienrechtliche Beschlussmängelrecht abschließend.[228] Anfechtungs- oder Nichtigkeitsgründe können daher nicht über eine Inzidentprüfung im Rahmen der Aktionärsklage oder einer diese entscheidungsoffen haltenden einstweiligen Verfügung geltend gemacht werden. Dies verstieße gegen § 246 Abs. 1 AktG. Etwas Anderes ist es, sofern die Ausnutzungsentscheidung an dem inhaltlich gleichen, aber einem sachlich eigenständigen Fehler krankt, wie es bei sachlich nicht gerechtfertigten Bezugsrechtsausschlüssen möglich erscheint.[229] Aufgrund der geringen Anforderungen, die an den Ermächtigungsbeschluss gestellt werden, dürfte eine praktische Relevanz einer einstweiligen Verfügung mit einem derartigen Bezugspunkt aber gering ausfallen.

Eine einstweilige Verfügung, die die Entscheidung eines Beschlussmängelprozesses offen halten soll, ist gänzlich ausgeschlossen, sofern ein stattgebender Freigabebeschluss nach § 246a AktG ergangen ist. Denn durch die Freigabeentscheidung wurden die Rechtswirkungen des Ermächtigungsbeschlusses der Hauptversammlung „immunisiert" und auch für die Zukunft bestandskräftig.[230] Die Wirkungen des Freigabebeschlusses erfassen in diesem Fall sowohl die bereits erfolgte Eintragung der Satzungsänderung als auch die kommende Eintragung der Durchführung der Kapitalerhöhung. Denn die potentiellen Mängel des Ermächtigungsbeschlusses stehen einer Eintragung gerade nicht mehr entgegen, § 246a Abs. 1 S. 1 AktG. Die zeitliche Diskrepanz zwischen diesen beiden Eintragungen kann zwar beträchtlich sein, ist aber aufgrund der Entscheidung des Gesetzgebers, wonach auch der Ermächtigungsbeschluss des genehmigten Kapitals als strukturändernde Maßnahme von § 246a Abs. 1 S. 1 AktG erfasst ist, zu akzeptieren.[231]

---

[226] Vgl. zum Erfordernis der erhobenen oder zumindest möglichen Erhebung der Anfechtungsklage zur Verhinderung der Eintragung der Satzungsänderung mittels einstweiliger Verfügung S. 153 und zur Verhinderung der Eintragung der Durchführung der Kapitalerhöhung mittels einstweiliger Verfügung S. 428 ff.

[227] Dazu sogleich S. 430 f.

[228] *Casper*, in: Spindler/Stilz, 4. Aufl., Vor § 241 ff. Rn. 19.

[229] Ist schon die abstrakte Umschreibung des Bezugsrechtsausschlusses auf Ermächtigungsebene nicht mit dem Unternehmensgegenstand in Einklang zu bringen, kann eine dem folgende Ausnutzungsentscheidung auch angegriffen werden, wenn der Ermächtigungsbeschluss nicht angegriffen worden ist.

[230] *Schatz*, in: Heidel, Aktien- und Kapitalmarktrecht, 4. Aufl., § 246a Rn. 84; *Schatz*, Der Missbrauch der Anfechtungsbefugnis, S. 115.

[231] Vgl. zur Bestandskraft des Ermächtigungsbeschlusses nach einer Freigabeentscheidung S. 159 ff.

Da auch ein Anspruch des Aktionärs auf Beseitigung der Rechtswirkungen der Ermächtigung analog § 1004 BGB nicht in Betracht kommt,[232] kann auch eine einstweilige Verfügung mangels sicherbarem Hauptsacheanspruch nicht durchdringen, die dem Vorstand die Ausnutzung der Ermächtigung untersagen soll.

2. Aufrechterhaltung der Aktionärsklage

Wird hingegen der Erlass einer einstweiligen Unterlassungsverfügung zur Sicherung des verbandsrechtlichen Unterlassungsanspruches beantragt, kommt es nicht darauf an, ob der Aktionär anfechtungsbefugt war oder nicht. Maßgeblich hierfür ist allein, ob aufgrund der kompetenzwidrigen Ausnutzungsentscheidung das mitgliedschaftliche Teilhaberecht bei Eintragung der Durchführung verletzt werden würde. Eine weitere Einschränkung ist anders als bei den Beschlussmängelklagen nicht angebracht, da bereits festgestellt worden ist, dass § 246 Abs. 1 AktG für den verbandsrechtlichen Abwehranspruch weder als materielle Präklusionsfrist noch als prozessuale Ausschlussfrist eingreift.[233] Auch eine Kollision mit den Grundsätzen der treuwidrigen Rechtsdurchsetzung kommt bei der einstweiligen Verfügung nicht in Betracht, da eine derartige Verzögerung bereits den Verfügungsgrund entfallen ließ.[234]

Dem Aktionär ist daher anzuraten, den Bezugspunkt der beantragten einstweiligen Verfügung sehr klar kenntlich zu machen, da andernfalls eine Sicherung seiner Rechte gefährdet sein könnte. Relevante Unterschiede ergeben sich allerdings allein für den Fall, dass der Ermächtigungsbeschlusses anfechtbar war, dem Aktionär allerdings die Anfechtungsbefugnis fehlt und der darüber hinaus bestehenden Möglichkeit eine Aktionärsklage zu erheben.

3. Auswirkungen eines stattgebenden Beschlussmängelurteils vor Eintragung der Durchführung der Kapitalerhöhung

Besondere Beachtung verdient der Fall, dass aufgrund einer Beschlussmängelklage ein stattgebendes Urteil bereits vor der Eintragung der Durchführung einer Kapitalerhöhung aus einem genehmigten Kapital ergangen ist.

---

[232] Vgl. zu der ablehnenden Haltung gegenüber einem derartigen Anspruch, welcher primär für das umwandlungsrechtliche Freigabeverfahren vertreten wurde S. 159 ff.

[233] Vgl. zur analogen Anwendbarkeit von § 246 Abs. 1 AktG als Klagefrist m.w.N. S. 422 ff.; zur materiellen Präklusionsfrist bei Anwendbarkeit auf den Vorabbericht des Vorstandes vgl. S. 415 ff.

[234] Vgl. zu diesen für das Hauptsacheverfahren S. 425 ff.

a) Ohne vorhergehenden Freigabebeschluss gem. § 246a AktG

Nachdem ein Urteil im Sinne des § 248 Abs. 1 S. 1 AktG ergangen ist, kann sich auch ein zuvor nicht mehr anfechtungsbefugter Aktionär auf die fehlende „Grundkompetenz" des Vorstandes zur Ausnutzung eines genehmigten Kapitals berufen. Denn ab dem Zeitpunkt des Urteils steht dem Aktionär wieder das uneingeschränkte Teilhaberecht über die Erhöhung des Grundkapitals zur Verfügung. Es handelt sich in diesem Fall streng genommen nicht mehr um die Ausnutzung eines genehmigten Kapitals, dessen Ermächtigungsbeschluss mittels einer Beschlussmängelklage angegriffen wird. Es geht der Sache nach um eine eigenmächtige Kapitalerhöhung aus einem „genehmigten Kapital", welches mangels eines Ermächtigungsbeschlusses nicht existent ist. Es kann also in der Konsequenz auch nicht mehr um die Aufrechterhaltung eines speziellen Beschlussmängelprozesses gehen. In diesem Fall kann daher jeder Aktionär mittels einer einstweiligen Unterlassungsverfügung die Eintragung der Durchführung verhindern, selbst wenn er an dem vorhergehenden Beschlussmängelverfahren nicht beteiligt war.

b) Mit vorhergehendem Freigabebeschluss gem. § 246a AktG

Ausgeschlossen ist diese Möglichkeit aber dann, wenn die Wirkungen des Ermächtigungsbeschlusses andauern (abgeleitete Vorstandskompetenz),[235] da er durch einen Freigabebeschluss immunisiert worden ist. In diesem Fall kann zwar weiterhin ein stattgebendes Beschlussmängelurteil ergehen. Die Mängel des Ermächtigungsbeschlusses stehen einer Eintragung und auch den Wirkungen des Ermächtigungsbeschlusses in diesem Fall allerdings nicht mehr entgegen, § 246 Abs. 1 S. 1 AktG. Der Vorstand ist in diesem Fall materiellrechtlich weiterhin befugt, die Ermächtigung auszunutzen, sofern er sich an die Grenzen seiner Ausnutzungsautonomie hält.[236] Eine einstweilige Verfügung zur Verhinderung der Eintragung der Durchführung aufgrund des Wegfalls der Ermächtigung ist in diesem Fall ausgeschlossen. Andere teilhaberechtsverletzende Überschreitungen bei der Ausnutzung des genehmigten Kapitals können dahingegen weiterhin geltend gemacht werden.

III. § 945 ZPO als Rechtsschutzhemmnis oder als Instrument der Missbrauchsprävention?

Oftmals einem Damoklesschwert gleichgesetzt, wird § 945 ZPO in die Diskussion der Effektivität eines einstweiligen Unterlassungsrechtsschutzes gegenüber

---

[235] Denn „die Zuständigkeit des Vorstandes zur Durchführung der Kapitalerhöhung wird erst mit der Eintragung des Ermächtigungsbeschlusses begründet" *Marsch-Barner*, in: Bürgers/ Körber, 4. Aufl., § 203 Rn. 16.

[236] Vgl. m.w.N. zur Bestandskraft des Ermächtigungsbeschlusses S. 159 ff. und zur Ausnutzungsbefugnis bei sich widersprechenden Entscheidungen im Beschlussmängel- und Freigabeverfahren S. 337 ff.

Verwaltungsentscheidungen eingebracht.[237] Es wird angenommen, dass § 945 ZPO einen Anreiz gibt, ein einstweiliges Rechtsschutzverfahren gerade nicht zu betreiben.[238]

Betrachtet man die Regelung genauer, stellt sie eine materiellrechtliche Vorschrift des deliktischen Schadensersatzrechts dar und ist im dogmatischen Regelungszusammenhang der § 823 ff. BGB anzusiedeln.[239] Die Nähe zum einstweiligen Verfügungsverfahren ist gleichwohl kraft Sachzusammenhangs gerechtfertigt.[240] Die Besonderheit des Tatbestandes liegt darin, dass die Schadensersatzverpflichtung auch dann eingreift, wenn dem Verfügungskläger keinerlei Verschuldensvorwurf gemacht werden kann. Auch die Rechtswidrigkeit muss nicht vorliegen.[241] Daher ist die einstweilige Verfügung tatsächlich unter ein haftungsrechtliches „Damoklesschwert" gestellt worden, was aber nicht zwingend negativ konnotiert ist.[242] Durch die Regelung wird nichts Anderes zum Ausdruck gebracht, als das die Einstweiligkeit des einstweiligen Rechtsschutzes auch als solche aufzufassen ist und bei fehlender Berechtigung das Restitutionsinteresse des Verfügungsbeklagten überwiegt.[243] Diese Haftungsfolge hat aber dazu geführt, dass gerade eine einstweilige Unterlassungsverfügung im Aktienrecht als unattraktiv angesehen wurde, insbesondere wenn sie zur Verhinderung der Eintragung der Durchführung einer Kapitalerhöhung eingesetzt wird.[244] Der normale Aktionär sei durch die oftmals hohen Schadenssummen nicht gewillt, ein derartiges Rechtsschutzersuchen einzuleiten. Auf die Berechtigung dieses Punktes wird im weiteren Verlauf noch einzugehen sein. Zuvor wird zum besseren Verständnis des drohenden Haftungspotentials der Tatbestand betrachtet.

1. Voraussetzungen der Schadensersatzpflicht

Die Schadensersatzpflicht des § 945 ZPO greift für jeden denkbaren Fall einer einstweiligen Verfügung ein. Irrelevant ist aufgrund welcher Rechtsgrundlage die einstweilige Verfügung erlassen worden ist. Um das Drohpotential aufzuzeigen, werden daher die Merkmale der Gefährdungshaftung kurzerhand umrissen.

---

[237] *Horbach*, BB 2001, 893, 894; *Schürnbrand*, ZHR 171 (2007), 731, 735; *Cahn*, ZHR 164 (2000), 113, 118; *Liebert*, Bezugsrechtsausschluss, S. 272.

[238] *Liebert*, Bezugsrechtsausschluss, S. 272.

[239] *Drescher*, in: MünchKomm/ZPO, 5. Aufl., § 945 ZPO Rn. 1.

[240] *Drescher*, in: MünchKomm/ZPO, 5. Aufl., § 945 ZPO Rn. 1.

[241] *Drescher*, in: MünchKomm/ZPO, 5. Aufl., § 945 ZPO Rn. 3.

[242] Anders die in Fn. 237 genannten.

[243] *Drescher*, in: MünchKomm/ZPO, 5. Aufl., § 945 ZPO Rn. 2.

[244] *Schürnbrand*, ZHR 171 (2007), 731, 735; *Drinkuth*, AG 2006, 142, 144; *Cahn*, ZHR 164 (2000), 113, 118; *Cahn*, ZHR 163 (1999), 554, 574 f.; *Krieger*, ZHR 163 (1999), 343, 355; *Schumann*, Bezugsrecht, S. 148.

a) Tatbestand

Die Schadensersatzpflicht trifft den Verfügungsgläubiger, sofern die einstweilige Verfügung von Anfang an ungerechtfertigt war, § 945 ZPO. Anknüpfungspunkt ist die Sichtweise eines zum Erlasszeitpunkt objektiv korrekt entscheidenden Richters.[245] Ungerechtfertigt ist sie, wenn weder ein Anordnungsanspruch noch ein Anordnungsgrund objektiv gegeben waren.[246] Stellt sich demnach heraus, dass dem Aktionär der verbandsrechtliche Unterlassungsanspruch gegenüber der Aktiengesellschaft nicht zustand, greift die Haftung des § 945 ZPO ein. Gleiches gilt, wenn sich herausstellt, dass nach den Umständen zum Zeitpunkt des Erlasses der einstweiligen Verfügung keine Erschwerung der möglichen Rechtsverfolgung zu befürchten war.[247] Vorteilhaft für den Aktionär ist die Tatsache, dass bereits bei Vorliegen eines materiellrechtlichen Unterlassungsanspruchs die Schadensersatzpflicht nach § 945 ZPO entfallen dürfte.[248] An einem Verfügungsgrund wird es in diesen Fällen nämlich oftmals nicht mangeln. Denn bei der Verhinderung der Eintragung der Durchführung der Kapitalerhöhung im Wege der einstweiligen Verfügung ist aufgrund der rechtlichen Umstände angezeigt, dass die Rechtsverfolgung erschwert wird. Der Registerrichter ist in diesen Fällen auch bei formloser Mitteilung über eine erhobene vorbeugende Unterlassungsklage nicht verpflichtet, die Eintragung der Durchführung der Kapitalerhöhung abzulehnen.[249] Mit dieser wird nun aber die Kapitalerhöhung endgültig wirksam und sie kann lediglich mit ex nunc-Wirkung wieder beseitigt werden. Dies ist der Grund, warum der Verfügungsgrund bei der hier infrage stehenden Unterlassungsverfügung grundsätzlich anzunehmen ist,[250] womit die einstweilige Verfügung bei angenommenem Verfügungsanspruch nicht von vornherein ungerechtfertigt sein kann. Wurde dahingegen die Unterlassungsklage in der Hauptsache rechtskräftig als unbegründet abgewiesen, ist der Richter im Rahmen eines Schadensersatzprozesses an die Entscheidung im Hauptsacheverfahren gebunden.[251] Wird damit auch der verbandsrechtliche Abwehranspruch abgelehnt, droht dem Aktionär wohl unvermittelt die Inanspruchnahme aus § 945 ZPO.

---

[245] BGH, Urt. v. 07.06.1988 – IX ZR 278/87 –, NJW 1988, 3268, 3269; BGH, Urt. v. 28.11. 1991 – I ZR 297/89 –, NJW-RR 1992, 998, 1001; *Baur*, Studien zum einstweiligen Rechtsschutz, S. 105.

[246] *Mayer*, in: BeckOK/ZPO 31. Ed., § 945 Rn. 9; vgl. zu den Fällen einer Aufhebung nach § 926 Abs. 2 oder § 942 Abs. 3 ZPO *Walker*, in: Schuschke/Walker, 6 Aufl., § 945 Rn. 26 bis 30.

[247] *Drescher*, in: MünchKomm/ZPO, 5. Aufl., § 945 Rn. 10; *Mayer*, in: BeckOK/ZPO 31. Ed., § 945 Rn. 15.

[248] So zu pauschal *Mayer*, in: BeckOK/ZPO 31. Ed., § 945 Rn. 9 (ohne Begründung).

[249] Vergleichbar zu dem Fall einer regulären Kapitalerhöhung zur Begleitung einer Anfechtungsklage; kritisch in Bezug auf die Verlagerung des Konflikts auf das Registerverfahren in diesem Zusammenhang *Schlitt/Seiler*, ZHR 166 (2002), 544, 564 ff.

[250] So auch *Maslo*, Interessenwahrung und Rechtsschutz, S. 260.

[251] BGH, Urt. v. 01.04.1993 – I ZR 70/91 –, BGHZ 122, 172, 175 = NJW 1993, 2685, 2686; *Drescher*, in: MünchKomm/ZPO, 5. Aufl., § 945 Rn. 14.

b) Vollziehungsschaden

Ersatzfähig ist nach § 945 ZPO allein der Schaden, der dem Schuldner aus der Vollziehung der einstweiligen Verfügung entsteht.[252] Ausgelöst wird die Schadensersatzpflicht nach § 945 bereits zu dem Zeitpunkt, zu dem die Vollziehung der Anordnung begann. Vollziehung meint hier gem. §§ 936 i.V.m. 928 ZPO die Vollstreckung der einstweiligen Verfügung.[253] Nicht notwendig ist es bei einer wie hier in Betracht kommenden einstweiligen Unterlassungsverfügung, dass der Verfügungsgläubiger gegen den Schuldner unter Anwendung sämtlicher Zwangsmittel vollstreckt hat.[254] Im Grundsatz ist es ausreichend, wenn mit der Vollziehung begonnen worden ist und hierdurch ein Vollziehungsdruck auf den Schuldner aufgebaut wurde.[255] Bei der Unterlassungsverfügung besteht nun die Besonderheit der unmöglichen zwangsweisen Durchsetzung der zu unterlassenen Handlung, da die Vollstreckungsmaßnahme erst bei aktiv werden des Schuldners und damit primär repressiv gegenläufig wirken kann.[256]

Es hat sich um diesen Fall ein Streit aufgebaut, innerhalb dessen darüber diskutiert wird, wann ein hinreichender Vollziehungsdruck auf den Schuldner bei einer Unterlassungsverfügung aufgebaut wird. Insbesondere, wenn dieser sich der einstweiligen Verfügung zur Verhinderung von Zwangsmitteln im Sinne des § 890 ZPO freiwillig beugt. Diese Frage stellt als Startpunkt der Haftung für den Aktionär die wohl relevanteste Frage dar, sofern es um das mit dem einstweiligen Rechtsschutz einhergehende Risiko geht. Man wird bei der Beantwortung dieser Frage richtigerweise zwischen Beschlussverfügungen und Urteilsverfügungen differenzieren müssen.[257]

Erforderlich, um eine gebotene Unterlassung mittels Einsatz von Vollstreckungsmitteln durchzusetzen, ist eine vorhergehende Androhung gem. § 890 Abs. 2 ZPO.[258] Ist in der einstweiligen Verfügung hinsichtlich der Unterlassung der Durchführung der Kapitalmaßnahme bereits eine entsprechende Androhung enthalten, wovon im Regelfall auszugehen sein wird, so entsteht für den Schuldner bereits mit Wirksamwerden der einstweiligen Verfügung ein realer Vollstre-

---

[252] *Walker*, in: Schuschke/Walker, 6. Aufl., § 945 ZPO Rn. 39 ff.

[253] *Walker*, in: Schuschke/Walker, 6. Aufl., § 945 ZPO Rn. 40.

[254] Soweit einheitliche Meinung OLG Koblenz, Urt. v. 2.10.1979 – 9 U 347/79 –, NJW 1980, 948, 949; *Drescher*, in: MünchKomm/ZPO, 5. Aufl., § 945 ZPO Rn. 7 m.w.N.; für die Gegenposition *Mayer*, in: BeckOK/ZPO, 31. Ed., § 945 Rn. 26 f.

[255] *Walker*, in: Schuschke/Walker, 6. Aufl., § 945 ZPO Rn. 41.

[256] *Gruber*, in: MünchKomm/ZPO, 5. Aufl. § 890 Rn. 1; vgl. zum Überwiegen der repressiven Seite bei der Erzwingung von Unterlassungen; *Lackmann*, in: Musielak/Voit/ZPO, 15. Aufl., § 890 Rn. 1; *Brehm*, in: Stein/Jonas, 22. Aufl., § 890 Rn. 3; *Schilken*, ZZP 102 (1989), 503, 505 f.

[257] Vgl. auch *Walker*, in: Schuschke/Walker, 6. Aufl., § 945 ZPO Rn. 47.

[258] BGH, Urt. v. 22.10.1992 – IX ZR 36/92 –, BGHZ 120 73 = NJW 1993, 1076; *Gruber*, in: MünchKomm/ZPO, 5. Aufl., § 890 Rn. 25; *Lackmann*, in: Musielak/Voit/ZPO, 15. Aufl., § 890 Rn. 7.

ckungsdruck, da bereits bei jeder erstmaligen Zuwiderhandlung Ordnungsmittel drohen.[259] Diese drohen jedoch erst ab dem Zeitpunkt, ab dem die im Beschlusswege ergangene Verbotsverfügung dem Schuldner förmlich zugestellt worden ist.[260] Denn erst wenn die einstweilige Verfügung gem. §§ 936 i.V.m. 922 Abs. 2 ZPO dem Schuldner auf Betreiben der Partei im Sinne von § 191 ZPO zugestellt worden ist, ist diese wirksam geworden und kann Grundlage der Vollziehung sein.[261] Die Zustellung im Parteibetrieb einer mit einer Androhung im Sinne des § 890 Abs. 2 ZPO versehenen einstweiligen Verfügung genügt damit, um die aus der Unterlassung entstehenden Schadensposten als ersatzfähigen Vollziehungsschaden zu qualifizieren.[262]

Teilweise wurde vorgebracht, dass sich die Schadensersatzpflicht auch dann realisiere, wenn die einstweilige Verfügung nicht mit einer Ordnungsmittelandrohung nach § 890 Abs. 2 ZPO versehen ist, da der Tatbestand des § 945 ZPO einer weiten Auslegung bedürfe.[263] Die Auslegung ergibt allerdings Gegenteiliges. § 945 ZPO weist dem Gläubiger das Risiko zu, dass dieser von der einstweiligen Verfügung Gebrauch macht, ohne dass eine endgültige Entscheidung über seinen Unterlassungsanspruch herbeigeführt worden ist.[264] Ohne eine auch nur ansatzweise aufgebaute Zwangsandrohung kann von einem Gebrauch machen der eingeräumten Befugnis nicht gesprochen werden. Für die bloße Möglichkeit etwas zu tun kann § 945 ZPO keinerlei Risikozuweisung entnommen werden. Die dem Gläubiger aufzubürdende Gefahrgeneigtheit kommt erst mit der Androhung der Zwangsmittel zum Ausdruck,[265] da diese als zwingende Voraussetzung der Vollstreckung den Willen des Gläubigers zur zwangsweisen Durchsetzung manifestiert.[266]

---

[259] *Walker*, in: Schuschke/Walker, 6. Aufl., § 945 ZPO Rn. 48.

[260] *Walker*, in: Schuschke/Walker, 6. Aufl., § 945 ZPO Rn. 48; nicht ausreichend ist die Zustellung von Amts wegen durch das Gericht BGH, Urt. v. 22.10.1992 – IX ZR 36/92 –, BGHZ 120 73 = NJW 1993, 1076.

[261] *Mayer*, in: BeckOK/ZPO, 31. Ed., § 922 Rn. 11;

[262] BGH Urt. v. 10.7.2014 – I ZR 249/12 –, NJW-RR 2015, 541 ff. stellt ausdrücklich fest, dass dem Nachkommen auf die formlose Zustellung einer einstweiligen Unterlassungsverfügung hin keinerlei schadensrechtliche Bedeutung für § 945 ZPO zukommt; *Mayer*, in: BeckOK/ZPO, 31. Ed., § 922 Rn. 11; BGH, Urt. v. 02.11.1995 – IX ZR 141/94 –, BGHZ 131, 141, 143 f. = NJW 1996, 198, 199; BGH, Urt. v. 20.07.2006 – IX ZR 94/03 –, BGHZ 168, 352, 357 f. = MMR 2007, 42, 43; *Walker*, in: Schuschke/Walker, 6. Aufl., § 945 Rn. 48.

[263] *Drescher*, in: MünchKomm/ZPO, 5. Aufl., § 945 Rn. 7; OLG München MDR 1995, 1167; a.A. BGH, Urt. v. 02.11.1995 – IX ZR 141/94 –, BGHZ 131, 141, 143 f. = NJW 1996, 198, 199.

[264] BGH, Urt. v. 02.11.1995 – IX ZR 141/94 –, BGHZ 131, 141, 143 f. = NJW 1996, 198, 199; BGH, Urt. v. 20.07.2006 – IX ZR 94/03 –, BGHZ 168, 352, 357 f. = MMR 2007, 42, 43.

[265] So wohl auch die überwiegende Auffassung *Mayer*, in: BeckOK/ZPO, 31. Ed., § 945 Rn. 26; *Walker*, in: Schuschke/Walker, 6. Aufl., § 945 ZPO Rn. 48; BGH, Urt. v. 02.11.1995 – IX ZR 141/94 –, BGHZ 131, 141, 143 f. = NJW 1996, 198, 199; *Borck*, WRP 1993, 374, 375, 378; *Bork*, WRP 1989, 360, 366; dagegen *Pastor*, WRP 1978, 67; *Baur*, Studien zum einstweiligen Rechtsschutz, S. 108, der einen Vollzug für überflüssig hält, da man vom Schuldner andernfalls Ungehorsam gegenüber einer richterlichen Anordnung verlangen würde.

[266] BGH, Urt. v. 02.11.1995 – IX ZR 141/94 –, BGHZ 131, 143 f. = NJW 1996, 198, 199.

Eine Diskussion über eine über die Ordnungsmittelandrohung hinausgehende Voraussetzung hat sich primär im Bereich der einstweiligen Unterlassungsverfügungen entzündet, die im Urteilswege ergangen sind.

Es ist vorgetragen worden, dass ein notwendiger Vollstreckungsdruck erst dann aufgebaut wäre, sofern der Gläubiger eine Initiative zur Vollziehung gezeigt habe.[267] Es genüge daher nicht, dass das Urteil mit seiner Verkündung nach § 310 Abs. 1 ZPO wirksam werde, sondern der Gläubiger müsse über eine gesonderte Handlung, wie der Zustellung des Titels im Parteiverfahren oder der Beantragung der Festsetzung von Ordnungsmitteln zu erkennen geben, dass er einen Vollziehungswillen habe.[268]

Dies wird nicht einhellig so gesehen. Andere gehen davon aus, dass im Fall einer Urteilsverfügung ein ausreichender Vollstreckungsdruck aufgebaut worden ist, sofern das Urteil dem Schuldner von Amts wegen gem. § 317 Abs. 1 ZPO zugestellt worden sei.[269] Dieser Vollstreckungsdruck sei dem bei einer Beschlussverfügung vergleichbar. Hierdurch würde dem Gläubiger auch nicht die Entscheidung aus der Hand genommen, ob er von der einstweiligen Verfügung Gebrauch machen möchte oder nicht.[270] Denn der Gläubiger könne die Haftungsandrohung des § 945 ZPO durch einen zumindest zeitweiligen aber rechtswirksamen Verzicht auf die Vollziehung der einstweiligen Verfügung gegenüber dem Schuldner aussetzen.[271]

Dem ist nicht zu folgen. Die Schadensersatzpflicht soll erst dann greifen, wenn die Möglichkeit wahrgenommen wird und nicht bereits bei ihrer bloßen Existenz. Würde die Amtszustellung ausreichen, hätte der Verfügungsgläubiger keine effektive Möglichkeit auf die Vollziehung einzuwirken.[272] Er kann sie nämlich nicht verhindern. Stellt man auf einen rechtswirksamen Verzicht auf die Vollziehung der einstweiligen Verfügung durch den Unterlassungskläger ab,[273] muss man sich die Frage stellen, wann dieser erfolgen müsste. Um die Entstehung der Schadensersatzpflicht von Beginn an auszuschließen, müsste dies vor der Amtszustellung erfolgen und damit noch bevor die einstweilige Urteilsverfügung wirksam wird. Der

---

[267] *Altmeppen*, WM 1989, 1157, 1163 f.; *Borck*, WRP 1977, 556, 561.

[268] Sympathisierend wohl bereits BGH, Urt. v. 13. 04. 1989 – IX ZR 148/88 –, NJW 1990, 122, 123 f.; *Borck*, WRP 1977, 556, 561; jetzt BGH, Urt. v. 22. 10. 1992 – IX ZR 36/92 –, BGHZ 120 73 = NJW 1993, 1076.

[269] *Walker*, in: Schuschke/Walker, 6. Aufl., § 945 Rn. 48, 49, nicht ganz klar scheint hier zu sein, ob nicht doch mindestens eine Ordnungsmittelandrohung gem. § 890 Abs. 2 ZPO verlangt wird. Eine solche verlangt jedenfalls OLG Koblenz, 16. 05. 1991 – 6 U 1679/90 –, WRP 1991, 671, 673.

[270] OLG Koblenz, 16. 05. 1991 – 6 U 1679/90 –, WRP 1991, 671, 672 f. Dies hervorhebend *Ahrens*, Wettbewerbsverfahrensrecht, S. 183.

[271] OLG Koblenz, 16. 05. 1991 – 6 U 1679/90 –, WRP 1991, 671, 673; *Walker*, in: Schuschke/Walker, 6. Aufl., § 945 Rn. 49; OLG Bremen, WRP 1779, 791, 792; *Teplitzky*, Wettbewerbsrechtliche Ansprüche und Verfahren, Kap. 36 Rn. 32.

[272] Dies für durchgreifend erachtend auch OLG Koblenz, Urt. v. 2. 10. 1979 – 9 U 347/79 –, NJW 1980, 948, 949.

[273] So *Walker*, in: Schuschke/Walker, 6. Aufl., § 945 Rn. 49.

Aktionär müsste also bereits vor der Entstehung der Möglichkeit, von der einstweiligen Verfügung im Sinne des § 945 ZPO Gebrauch machen zu können, aktiv gegensteuern, um dies zu verhindern. Dies ist mit der Risikozuweisung des § 945 ZPO nicht mehr in Einklang zu bringen. Diese weist dem Kläger erst das Risiko zu, sofern er von der wirksamen einstweiligen Verfügung tatsächlich Gebrauch macht. Die Risikohaftung verlangt, dass der Verfügungskläger die risikobehaftete Wirkung in Anspruch nimmt. Hierfür ist mehr zu verlangen, als das Abwarten im Verfügungsprozess. Auch die Annahme, dass der Verfügungsbeklagte zum Ungehorsam gegenüber einer Unterlassungsverfügung im Urteilswege gedrängt wird,[274] damit er seinen Schadensersatzanspruch nicht verliert, kann nicht gefolgt werden. Er müsste nicht das komplette Vollstreckungsverfahren abwarten, sondern lediglich den Start der Vollziehung durch den Vollstreckungskläger.[275] Erst bei einer den Willen des Verfügungsschuldners beugenden Maßnahme überwiegt sein Restitutionsinteresse. Ohne einen gläubigerseitigen Einfluss auf die Willensbetätigung des Verfügungsschuldners greift die Wertung des § 945 ZPO nicht ein. Der zuerst genannten Ansicht ist daher zuzustimmen, sodass eine weitere Maßnahme des Gläubigers hinzukommen muss, um einen die Risikohaftung auslösenden Vollstreckungsdruck aufzubauen. Hierzu zählt beispielsweise ein Antrag des Gläubigers auf Festsetzung des Ordnungsmittels.[276] Hierunter wird man auch ein Verhalten des Aktionärs fassen müssen, durch welches er die einstweilige Verfügung dergestalt nutzt, dass er ihren Inhalt dem Registerrichter zur Einhaltung des nach § 16 Abs. 2 HGB bestehenden Verbots der Eintragung zur Kenntnis gereicht.[277]

Hieraus wird deutlich, dass die drohende Schadensersatzverpflichtung des Gläubigers tatsächlich in erhöhtem Maße existiert. Denn die die Schadenersatzpflicht auslösenden Tatbestandsmerkmale setzen keine sehr hohen Hürden. Dadurch, dass sie aber zwingend ein Tätigwerden des Verfügungsgläubigers verlangen, kann er auch nach Ergehen der Verfügung noch hinreichend Einfluss auf ein mögliches Haftungspotential nehmen. Man kann aufgrund dessen nicht pauschal von einer vollkommenen Abschreckungswirkung vor der Einleitung eines einstweiligen Rechtsschutzverfahrens sprechen.

2. Anwendbarkeit und Auswirkungen auf die Effektivität des Rechtsschutzkonzeptes

Gegen die Effektivität einer einstweiligen Unterlassungsverfügung zur Sicherung des verbandsrechtlichen Unterlassungsanspruches wird häufig auf die durch § 945

---

[274] So *Walker*, in: Schuschke/Walker, 6. Aufl., § 945 Rn. 49.

[275] BGH, Urt. v. 22.10.1992 – IX ZR 36/92 –, NJW 1993, 1076, 1078.

[276] BGH, Urt. v. 13.04.1989 – ZR 148/88 –, NJW 1990, 122, 123 f.; *Altmeppen*, WM 1989, 1557, 1163 f.

[277] Eine einstweilige Verfügung reicht im Rahmen des § 16 Abs. 2 HGB aus, da ihr die Vollstreckbarkeit immanent ist; vgl. zur vorläufigen Vollstreckbarkeitserklärung bei Urteilen insgesamt und zur einstweiligen Urteilsverfügung *Gottwald*, JA 1997, 486 ff.

ZPO drohende Gefahr der verschuldensunabhängigen Inanspruchnahme auf Schadensersatz bei von Anfang an unberechtigter einstweiliger Verfügung hingewiesen.[278] *Hirte* sieht demgegenüber in § 945 ZPO keinerlei Abschreckungspotential, da er die einstweilige Verfügung bei der Sicherung einer vorbeugenden Unterlassungsklage nicht unter das Damoklesschwert des § 945 ZPO stellen möchte.[279] Als Begründung führt er an, dass dies aus teleologischen Gesichtspunkten erforderlich sei, um gleichwertige Überprüfungsmöglichkeiten wie bei der Anfechtungsklage zu erhalten.[280] Dies kann allerdings näherer Betrachtung nicht standhalten. Der anzulegende Vergleichsmaßstab ist eine Schadensersatzpflicht des Aktionärs nach § 945 ZPO im Fall der Flankierung einer Anfechtungs- oder Nichtigkeitsklage durch eine von Anfang an unberechtigte einstweilige Verfügung. Erwirkt der Aktionär in diesen Fällen die Unterlassung der Ausführung von Hauptversammlungsbeschlüssen durch eine einstweilige Verfügung,[281] so ist kein Grund ersichtlich, warum er bei Vorliegen der Voraussetzungen nicht auch nach § 945 ZPO in Anspruch genommen werden sollte. Denn weder bei dem Vorgehen gegen einen Hauptversammlungsbeschluss noch bei einer Unterlassungsklage gegen die Verwaltungsmaßnahmen wird eine rechtliche Registersperre angeordnet, sodass die Durchführung der Kapitalmaßnahme erst sicher durch eine den Registerrichter nach § 16 Abs. 2 HGB bindende einstweilige Verfügung verhindert werden kann.

Gegen die Anwendbarkeit des § 945 ZPO spricht auch nicht die Wertung des § 247 AktG, wonach das Prozesskostenrisiko für einzelne Aktionäre minimiert werden solle.[282] Das Prozesskostenrisiko wurde für die Anfechtungs- und Nichtigkeitsklage minimiert, die nach erfolgreichem Abschluss zu einer ex nunc Rückabwicklung einer Kapitalmaßnahme führen können, wenn aufgrund der fehlenden Registersperre dennoch eingetragen worden ist. Durch das Erwirken einer einstweiligen Verfügung wurden durch den Aktionär über die Anfechtungs- und Nichtigkeitsklage hinausgehende Risiken bewusst geschaffen. Auch die Möglichkeit der Eintragung durch den Registerrichter wurde durch die einstweilige Verfügung beseitigt, unabhängig davon, ob tatsächlich eingetragen worden wäre. Für diesen Fall lässt sich § 247 AktG keine Wertung entnehmen. § 247 Abs. 1 AktG zeigt darüber hinaus, dass das Interesse beider Parteien maßgeblich ist. Bei einer ablehnenden Haltung gegenüber der Anwendbarkeit des § 945 ZPO würde allerdings das Interesse

---

[278] *Schürnbrand*, ZHR 171 (2007), 731, 735; *Drinkuth*, AG 2006, 142, 144; *Cahn*, ZHR 164 (2000), 113, 118; *Cahn*, ZHR 163 (1999), 554, 574 f.; *Krieger*, ZHR 163 (1999), 343, 355; *Schumann*, Bezugsrecht, S. 148; mit anderer Akzentuierung *Paefgen*, ZHR 172 (2008), 42, 80, der in § 945 ZPO auf der Grundlage seines weitgehenden Anspruchs des Aktionärs gegen den Vorstand ein Begrenzungsinstrument sieht, vgl. zu diesem S. 236 ff.

[279] *Hirte*, in: GroßKomm/AktG, 4. Aufl., § 203 Rn. 133; *Hirte*, in: KölnKomm/WpÜG, 2. Aufl., § 33 Rn. 149; dem folgend *Maslo*, Interessenwahrung und Rechtsschutz, S. 260.

[280] *Hirte*, in: GroßKomm/AktG, 4. Aufl., § 203 Rn. 133.

[281] Vgl. zur Möglichkeit OLG München, Urt. v. 13. 9. 2006 – 7 U 2912/06 –, NZG 2007, 152 ff.; *Drescher*, in: Spindler/Stilz, 4. Aufl., § 243 Rn. 253.

[282] So aber *Maslo*, Interessenwahrung und Rechtsschutz, S. 260.

der Gesellschaft gänzlich ignoriert. Daher sind auch gegen das Eingreifen des § 945 ZPO für die Flankierung der verbandsrechtlich vorbeugenden Unterlassungsklage durch eine einstweilige Verfügung keine Bedenken zu erheben.[283] Es ist allerdings zu erkennen, dass § 945 ZPO in einem Spannungsverhältnis zum Schutz der Minderheit steht, da diese geneigt sein könnte ihre Minderheitsrechte nicht auszuüben. Ein ähnliches Problem existiert allerdings auch für die Flankierung des aktienrechtlichen Beschlussmängelrechts, sodass dies nicht überbewertet werden darf.[284] Es stellt sich daher die Frage, ob und welche Möglichkeiten den Aktionären zur Verfügung stehen, um das Haftungsrisiko zu minimieren.

3. Maßnahmen zur Risikominimierung

Die haftungsrechtlichen Folgen des § 945 ZPO kann der Aktionär zumindest dadurch abmildern, dass er auf die Aufnahme der Androhung von Ordnungsmitteln Einfluss nehmen kann. Stellt er während des einstweiligen Verfügungsverfahrens keinen Antrag auf Androhung von Ordnungsmitteln, nimmt das Prozessgericht auch eine solche Androhung nicht in den Titel auf.[285] Hierdurch kann er nach hier vertretener Ansicht den Aufbau eines die Haftung aus § 945 ZPO auslösenden Vollstreckungsdrucks verhindern. Die Androhung von Ordnungsmitteln kann zudem jederzeit durch Beantragung nachgeholt werden, sodass dem Aktionär keinerlei Nachteile entstehen.[286]

a) Schadensumfangsminimierung analog § 247 AktG?

Heinze hat vorgeschlagen, die Schadensersatzverpflichtung nach § 945 ZPO dem Umfang nach gem. § 247 AktG analog einzuschränken.[287] § 247 AktG zeige deutlich, dass das Prozesskostenrisiko des Aktionärs minimiert werden solle, was auch Ausstrahlungswirkung auf das einstweilige Verfügungsverfahren habe.[288] So sei insbesondere die Vorschrift zur Sicherungsleistung (§ 921 Abs. 2 S. 2 ZPO) nicht anwendbar, wobei Ausnahmen möglich erscheinen. *Heinze* verkennt hierbei aber, dass § 247 AktG die Prozesskostenminimierung nicht auch auf Fälle des einstwei-

---

[283] Von der Anwendbarkeit gehen auch aus *Krieger*, ZHR 163 (1999), 141, 155; *Cahn*, ZHR 163 (1999), 544, 575; *Cahn*, 164 (2000), 113, 118; *Schlitt/Seiler*, ZHR 166 (2002), 544, 579; *Drinkuth*, AG 2006, 142, 144; *Schumann*, Bezugsrecht, S. 148.

[284] Vgl. hierzu *Ding*, Missbräuchliche Anfechtungsklage, S. 170 ff., der sogar für eine größere Relevanz des einstweiligen Rechtsschutzes und der Schadensersatzpflicht des § 945 ZPO plädiert. Die „faktische" Registersperre solle im Gegenzug gänzlich abgeschafft werden.

[285] *Kießling*, in: Saenger/Ullrich/Siebert/ZPO Formular, 3. Aufl., § 890 Rn. 5; *Kießling*, in: Saenger/ZPO, 7. Aufl., § 890 Rn. 15 f.

[286] Vgl. zu den Voraussetzungen *Brehm*, in: Stein/Jonas, 22. Aufl., § 890 Rn. 14; *Gruber*, in: MünchKomm/ZPO, 5. Aufl., § 890 Rn. 26.

[287] *Heinze*, ZGR 1979, 293, 320 f.

[288] *Heinze*, ZGR 1979, 293, 321.

ligen Rechtsschutzes erstreckt. Das einstweilige Rechtsschutzverfahren und das Hauptsacheverfahren sind gerade nicht deckungsgleich, sondern der Aktionär schafft durch die Erwirkung einer einstweiligen Verfügung ein über die Anfechtungs- und Nichtigkeitsklage hinausgehendes Undurchführbarkeitsrisiko. Dieses Risiko soll bei einer von Anfang an unberechtigten einstweiligen Verfügung kompensiert werden. Trägt der Registerrichter einen Kapitalerhöhungsbeschluss oder dessen Durchführung mit Verweis auf die schwebende Anfechtungs- oder Nichtigkeitsklage nicht in das Handelsregister ein, so ist eine fehlende Schadensersatzverpflichtung treffend festgestellt worden.[289] Dieser Fall ist aber nicht mit dem Erlass einer einstweiligen, den Registerrichter nach § 16 Abs. 2 HGB bindenden Verfügung vergleichbar. Nichts Anderes gilt, wenn der Vorstand verpflichtet wird, die Antragstellung zu unterlassen. Die Einschätzungsprärogative des Registerrichters wird hier gerade übergangen. Daher spricht schon wertungsgemäß alles gegen eine Analogiebildung. Zudem ist § 247 AktG in seinem originären Anwendungsbereich für den Kleinstaktionär eine Kostenintensivierung, da das Prozesskostenrisiko durch die Übergehung des sonst geltenden Angreiferprinzips erhöht wird.[290] Hier soll dieser Wirkungsbereich nun gerade für den Kleinstaktionär umgekehrt werden, der andernfalls den Rechtsschutz nicht wahrnehmen würde. § 247 AktG ist vielmehr ein Beweis dafür, dass die Interessen der Gesellschaft bei der Streitwertbestimmung relevant sind. Ein minimierender Eingriff in den ersatzfähigen Schadensumfang zulasten der Gesellschaft ist de lege lata nicht vorgesehen und auch nicht begründbar.[291]

b) Mitverschulden der Aktiengesellschaft

Als materiellrechtliche Schadensersatznorm kann der Aktionär der Gesellschaft den Einwand des Mitverschuldens gem. § 254 BGB entgegenhalten,[292] sofern diese denn ein Mitverschulden trifft. Wird die Eintragung der Durchführung auf eine einstweilige Verfügung unter Ordnungsmittelandrohung durch die Gesellschaft unterlassen, kann hierhin noch kein Mitverschulden der Gesellschaft gesehen werden.[293] Nachteilig für den Schuldner wirkt sich bereits die Struktur des § 945 ZPO als verschuldensunabhängige Schadensersatzpflicht aus, da die hiermit bezweckte Risikoverteilung bei der Bemessung eines etwaigen Mitverschuldens zu berücksich-

---

[289] *Heinze*, ZGR 1979, 293, 320.

[290] Vgl. zur Streitwertbestimmung bereits S. 398 ff.

[291] *Baums*, Eintragung und Löschung von Gesellschafterbeschlüssen, S. 166; *Koch*, in: Staub/HGB, 5. Aufl., § 16 Rn. 47.

[292] Vgl. bereits RG, Urt. v. 08.01.1934 – VI 274/33 –, RGZ 143, 118, 122; BGH, Urt. v. 9.5. 1978 – VI ZR 212/76 –, BGH NJW 1972, 2024 f.; *Ekkenga/Kuntz*, in: Soergel/BGB, 13. Aufl., § 254 Rn. 13.

[293] BGH, Urt. v. 20.7.2006 – IX ZR 94/03 –, BGHZ 168, 152, 366, Tz. 40 = NJW 2006, 2767, 2770; *Drescher*, in: MünchKomm/ZPO, 5. Aufl., § 945 Rn. 26.

tigen ist.[294] Daher wird auch zutreffend angenommen, dass lediglich ein alleiniges Verschulden des Verfügungsschuldners gem. § 254 BGB zum vollständigen entfallen einer Schadensersatzpflicht führen kann.[295] Die Aktiengesellschaft müsste also im Grundsatz voll verantwortlich sein.

Ein derartiges Mitverschulden kann allerdings anzunehmen sein, sofern der Aktionär im Laufe des Verfahrens nicht auf einen besonders hohen Schaden, der durch die unterlassene Durchführung der Kapitalmaßnahme entsteht, hingewiesen worden ist.[296] § 945 ZPO weist das Risiko des Vollziehungsschadens zwar dem Verfügungsgläubiger zu, hier hat allerdings allein die Gesellschaft eine hinreichende Informationsgrundlage, um die Auswirkungen einer Verzögerung der Kapitalmaßnahme zu erkennen. Diese Hinweispflicht hinsichtlich des Schadensumfanges findet allerdings auch dort ihre Grenze, wo die Berichtspflicht nach § 186 Abs. 4 S. 2 AktG ihre Grenze findet. Denn andernfalls könnte das einstweilige Verfügungsverfahren als Auskunfts(erzwingungs)verfahren missbraucht werden. Man wird der Aktiengesellschaft auch zumuten können, dass sie gegen eine einstweilige Verfügung einen vielversprechenden Einspruch gem. §§ 936, 924 Abs. 1 ZPO erhebt.[297] Da das Freigabeverfahren nach § 246a AktG bei der hier in Rede stehenden Frage keinen Anwendungsbereich hat, kann auch das Unterlassen der Durchführung kein zu berücksichtigendes Mitverschulden begründen. Würde sich der Gesetzgeber allerdings dazu durchringen, das Freigabeverfahren auch auf die Erhebung einer Unterlassungsklage gegen die Ausnutzung eines genehmigten Kapitals de lege ferenda zu erstrecken, würde eine fehlende Durchführung des Freigabeverfahrens einen Mitverschuldensvorwurf begründen können.[298] Da der Aktionär hierauf allerdings keinen Einfluss nehmen kann, wird der mögliche Mitverschuldenseinwand nur einen geringen Anreiz für oder gegen die Beantragung einer einstweiligen Verfügung haben. Der Schritt zur Beantragung muss erst gegangen worden sein, damit der Aktionär vor der Vollziehung der einstweiligen Verfügung das für das Mitverschulden relevante Verhalten der Gesellschaft abschätzen kann.

---

[294] BGH, Urt. v. 22.03.1990 – IX ZR 23/89 –, NJW 1990, 2689; *Walker*, Der einstweilige Rechtsschutz im Zivilprozess und arbeitsgerichtlichen Verfahren, § 10 Rn. 473 (S. 311).

[295] BGH, Urt. v. 22.03.1990 – IX ZR 23/89 –, NJW 1990, 2689; *Walker*, Der einstweilige Rechtsschutz im Zivilprozess und arbeitsgerichtlichen Verfahren, § 10 Rn. 473 (S. 311); *Grunsky*, JuS 1976, 277, 285.

[296] *Walker*, in: Walker/Schuschke, 6. Aufl., § 945 Rn. 34; diesen Aspekt nennt auch der BGH als berücksichtigenswert BGH, Urt. v. 22.03.1990 – IX ZR 23/89 –, NJW 1990, 2689, 2690.

[297] OLG München, Urt. v. 07.03.1996 – 29 U 2314/95 –, WRP 1996, 784, 785; *Walker*, in: Walker/Schuschke, 6. Aufl., § 945 Rn. 34.

[298] Vgl. hinsichtlich der aktienrechtlichen Anfechtungs-Nichtigkeitsklage *Koch*, in: Staub/ HGB, 5. Aufl., § 16 Rn. 47.

c) Der Einsatz eines Prozessvehikels

Eine in der Praxis ebenfalls mögliche Minimierung des Prozessrisikos liegt im Einsatz sogenannter Prozessvehikel, durch die der Gesellschafter mit seinem persönlichen Vermögen nicht an vorderster Front steht.[299] Hierfür könnte eine mit lediglich dem Mindeststammkapital ausgestattete Beteiligungs-GmbH eingesetzt werden, die als Verfügungsklägerin gegenüber der Aktiengesellschaft auftritt. In der Sache scheint diese Möglichkeit prima facie vielversprechend, um die Haftungssumme auf das Mindeststammkapital der GmbH zu beschränken. Doch könnte diese Überlegung durch die haftungsrechtlichen Institute des GmbH-Rechts zunichtegemacht werden. Als Kehrseite dieser Überlegungen geht es allerdings auch darum, die Möglichkeiten auszuloten, inwieweit man dem missbräuchlichen Einsatz von Prozessvehikeln durch haftungsrechtliche Anreizsysteme vorbeugen kann. Bei den folgenden Ausführungen wird als Prämisse unterstellt, dass es um Kapitalerhöhungen in einem Umfang geht, der auch das Potential entfalten kann, existenzbedrohend zu sein.

aa) Haftung wegen existenzvernichtenden Eingriffs nach GmbH-Recht

(1) Materielle Unterkapitalisierung als existenzvernichtender Eingriff?

Nach der höchstrichterlichen Rechtsprechung des BGH hat ein GmbH-Gesellschafter gem. § 826 BGB für ein existenzvernichtendes Verhalten, welches in missbräuchlicher Weiße eine Schädigung des zur Gläubigerbefriedigung zweckmäßig gebundenen Gesellschaftsvermögens zur Folge hat, zu haften.[300] Die Frage ist, ob die Nutzung eines Prozessvehikels unter die von der Rechtsprechung geprägte Fallgruppe des existenzvernichtenden Eingriffs zu fassen ist.[301] Wichtig für diese Überlegungen ist die Annahme des BGH, dass die wegen eines die Insolvenz verursachenden oder vertiefenden existenzvernichtenden Eingriffs ausgelöste Gesellschafterhaftung zur Schließung der nach dem Kapitalerhaltungsrecht offengebliebenen Schutzlücke dient.[302]

Notwendig sei daher auch ein Zugriff auf das den Gläubigern zur Verfügung stehende Gesellschaftsvermögen, in dessen Folge dieses gemindert wird.[303] Der Fall, in dem eine GmbH von Beginn an mit zu wenig Kapital ausgestattet worden ist, um

---

[299] *Bungert*, BB 2005, 2757, 2759; *Waclawik*, ZIP 2006, 397, 404; *Hopt/Fleckner/Kumpan/Steffeck*, WM 2009, 821, 827, unter Hinweis auf ausländische Gesellschaften.

[300] BGH, Urt. v. 16. 07. 2007 – II ZR 3/0 –, BGHZ 173, 246 = NJW 2007, 2689 (Trihotel); BGH, Urt. v. 28. 04. 2008 – II ZR 264/06 –, BGHZ 176, 204 = NJW 2008, 2437 (Gamma); BGH, Urt. v. 09. 02. 2009 – II ZR 292/07 –, BGHZ 179, 344 = NJW 2009, 2127 (Sanitary).

[301] Vgl. zur Entwicklung der Rechtsprechung *Lieder*, in: Michalski/GmbHG, 3. Aufl., § 13 Rn. 421 ff.

[302] BGH, Urt. v. 28. 4. 2008 – II ZR 264/06 –, BGHZ 176, 204, 211 Tz. 13 = NJW 2008, 2437, 2438 (Gamma).

[303] BGH, Urt. v. 28. 4. 2008 – II ZR 264/06 –, BGHZ 176, 204, 211 f. Tz. 13 = NJW 2008, 2437, 2438 (Gamma).

die laufenden Verbindlichkeiten zu bedienen, soll die Fallgruppe gerade nicht abdecken.[304] Die Gesellschafter griffen hier nicht aktiv in das Vermögen der Gesellschaft ein, sie statten sie von Beginn an bereits mit zu wenig finanziellen Mitteln aus (anfängliche Unterkapitalisierung). Es sei daher von Beginn an kein den Kapitalerhaltungsvorschriften unterfallendes Vermögen vorhanden, welches es durch das durch Rechtsfortbildung entstandene Institut des existenzvernichtenden Eingriffes zu schützen gilt.[305]

Unter diesen Ausgangsprämissen ist es nicht zwingend, eine gering kapitalisierte Beteiligungsgesellschaft mbH, die eine einstweilige Verfügung hinsichtlich des Unterlassens der Durchführung einer Kapitalerhöhung beantragt hat, von dem Haftungsinstitut des existenzvernichtenden Eingriffs erfassen zu lassen, sofern sie durch die Aktiengesellschaft in Regress genommen wird. Es geht im Kern nämlich nicht darum, dass der Gesellschafter der GmbH den Gläubigern zur Verfügung stehendes Vermögen entzieht, sondern darum, dass er den Gläubigern durch die Gründung einer GmbH überhaupt erst keine ausreichende Haftungsmasse zur Verfügung stellt.

Doch ist in der Gründung einer von Beginn an maßlos unterkapitalisierten GmbH, bei der kein aktiver Vermögensentzug stattgefunden hat, nicht der einzige Anknüpfungspunkt für eine Existenzvernichtungshaftung. Oftmals wird allerdings allein dieser Aspekt in den Vordergrund gestellt.[306] Die abgelehnte Haftung wegen eines existenzvernichtenden Eingriffs bei einer anfänglich unterkapitalisierten GmbH ist folgerichtig. Man würde andernfalls eine Sanktion für ein zu geringes Stammkapital einführen, die das Gesetz aufgrund des Mindeststammkapitals von 25.000 € nicht vorsieht.[307] Es obliegt nicht zuletzt aufgrund der Publizität der Kapitalausstattung auch den Gläubigern der GmbH, angemessene Sicherungsleistungen einzufordern.[308] Nicht ausgeschlossen ist damit allerdings die Haftung der Gesellschafter bei absolut missbräuchlichem Einsatz einer GmbH, gerade auch wegen einer missbräuchlichen Gestaltung,[309] die zum Forderungsausfall der Gläubiger führen muss.[310]

---

[304] BGH, Urt. v. 28.4.2008 – II ZR 264/06 –, BGHZ 176, 204, 211 f. Tz. 13 = NJW 2008, 2437, 2438 (Gamma); *Liebscher*, in: MünchKomm/GmbHG, 3. Aufl., Anh. § 13 Rn. 533.

[305] Vgl. zu dieser Tendenz aufgrund mangelnder „abstrakter Mindestkapitalziffer" bereits früh BGH, Urt. v. 04.05.1977 – VIII ZR 298/75 –, BGHZ 68, 312, 316 ff.; hierzu *Schall*, Kapitalgesellschaftsrechtlicher Gläubigerschutz, S. 215 f.

[306] Kritisch diesbezüglich auch *Liebscher*, in: MünchKomm/GmbHG, 3. Aufl., Anh. § 13 Rn. 537.

[307] *Raiser*, in: GroßKomm/GmbHG, 2. Aufl., § 13 Rn. 140.

[308] Bei Übertragung einer nicht mehr überlebensfähigen GmbH auf eine Aschenputtel-GmbH eine Existenzvernichtungshaftung zulasten des Inferenten annehmend, *Casper*, in: GroßKomm/GmbHG, 2. Aufl., § 77 Rn. 139.

[309] *Schall*, Kapitalgesellschaftsrechtlicher Gläubigerschutz, S. 214.

[310] Vgl. hierzu S. 449 ff.

(2) Hochrisikogeschäfte als existenzvernichtender Eingriff?

Die Haftung der Gesellschafter kann sich aber auch in Fällen der unverhältnismäßigen Risikoeingehung zulasten der Gesellschaft ergeben.[311] Teilweise wird dies kritisch gesehen, da Managementfehler keine Haftung auslösen sollten und die Gesellschaft selbst durch riskante Geschäfte nicht in ihrem Vermögen geschädigt sei.[312] Bei genauerem Hinsehen kann es allerdings keinen Unterschied machen, ob das Gesellschaftsvermögen entzogen wird oder das Gesellschaftsvermögen zu einem derart spekulativen Zweck eingesetzt wird, dass die Insolvenzantragspflicht als notgedrungene Folge erscheint.[313] Es geht bei den hier in Rede stehenden exorbitanten Risiken um solche, bei denen lediglich der Erfolgseintritt aus faktischen Gründen noch auf sich warten lässt (z. B. zeitliche Inanspruchnahme des geradezu zwingend folgenden Schadensersatzprozesses).

Dies lässt sich allerdings allein anhand einer Gesamtbetrachtung der Umstände eruieren, wobei auch hier wieder nicht ausreichend ist, dass das Risiko allein durch eine anfängliche Unterkapitalisierung geschaffen wird.[314] Gänzlich ausgeblendet werden kann dies allerdings auch nicht, denn die Risikostruktur einer Maßnahme kann nicht ohne Berücksichtigung der Eigenkapitalausstattung der GmbH analysiert werden. Ist diese größer, kann sie notgedrungen auch größere Risiken abfedern, ohne das Haftkapital der Gläubiger bis zur Insolvenzreife zu gefährden.[315] Bei dieser Gesamtbetrachtung ist ein besonderes Gewicht auf das unternehmerische Ermessen der Geschäftsleiter zu legen, welches hinreichend zu berücksichtigen ist.[316] In der Erhebung einer missbräuchlichen Klage gegenüber der Aktiengesellschaft zur Verhinderung der Durchführung einer genehmigten Kapitalerhöhung kann ein solches Hochrisikogeschäft gesehen werden. Im Unterschied zur Gamma-Entscheidung des BGH,[317] bei der lediglich die Remanzkosten nicht abgesichert worden waren, kann ein Prozessvehikel bewusst in einen Zivilprozess verwickelt werden, dessen

---

[311] *Liebscher*, in: MünchKomm/GmbHG, 3. Aufl., Anh. § 13 Rn. 556; *Henze*, NZG 2003, 649, 659; *Vogt*, in: Beck'sches Handbuch GmbH, 5. Aufl., C. II. 2. f. bb. (Rn. 330).

[312] *Altmeppen*, in: Roth/Altmeppen/GmbHG, 9. Aufl., § 13 Rn. 82, 86.

[313] Vgl. nur den Sacherhalt von OLG Köln, Beschl. v. 14.5.2004 – 16 W 11/04 –, NZG 2004, 1009 f. „Der Ast. führt im Wesentlichen an, dass die Ag. die Rechtsfigur der juristischen Person missbraucht hätten, indem sie die Gesellschaft mit einem Grundkapital von nur 50000 Euro übernommen hätten, obwohl der Aufbau einer Produktionsanlage mit Gesamtinvestitionen von 30 Mio. Euro geplant gewesen und mit dem Vorstand ein dreijähriger Dienstvertrag mit einem Jahresbruttogehalt in Höhe von 175000 Euro abgeschlossen worden sei."

[314] Vgl. BGH, Urt. v. 28.04.2008 – II ZR 264/06 –, BGHZ 176, 204, 211 ff. Tz. 13 ff. = NJW 2008, 2437, 2438 (Gamma); *Liebscher*, in: MünchKomm/GmbHG, 3. Aufl., Anh. § 13 Rn. 556.

[315] Dieser Gedanke scheint auch dem OLG Köln, Urt. v. 03.04.2006 – 7 U 31/05 –, ZIP 2007, 28, 30 nicht fremd zu sein.

[316] *Liebscher*, in: MünchKomm/GmbHG, 3. Aufl., Anh. § 13 Rn. 543 f.

[317] BGH, Urt. v. 28.04.2008 – II ZR 264/06 –, BGHZ 176, 204 ff. = NJW 2008, 2437 ff. (Gamma).

erfolgreicher Ausgang mehr als ungewiss, wenn nicht sogar von vornherein aussichtslos und auch gar nicht avisiert war. Für die Gesellschaft wird hier also aktiv ein schadensgeneigter Kausalverlauf in Gang gesetzt und ein solcher nicht lediglich akzeptiert.[318]

Dass die Einleitung eines gerichtlichen Verfahrens an sich zwar nicht mit dem Schein der Unrechtmäßigkeit belastet ist, ändert hieran nichts. Gerade im Rahmen der aktienrechtlichen Anfechtungsklagen wurde zurecht anerkannt, dass auch die Erhebung einer gesetzlich zugelassenen Klage missbräuchlich geschehen kann. Die ist der Fall, sofern der Aktionär die Gesellschaft in grob eigennütziger Weiße zu einer Leistung veranlassen möchte, auf deren Erbringung er keinen Anspruch innehat und die er billigerweise nicht verlangen kann.[319] Steht etwa allein der Lästigkeits- oder Blockadewert im Vordergrund und soll die Beteiligungs-GmbH allein das Haftungsrisiko (auch) des § 945 ZPO abfedern, steht der Anwendung der Grundsätze des existenzvernichtenden Eingriffes nichts im Wege.[320] Bei der missbräuchlichen Erwirkung einer einstweiligen Unterlassungsverfügung sind die zuvor herausgestellten Voraussetzungen des Schadensersatzanspruches aus § 945 ZPO als grundsätzlich gegeben anzusehen. Daneben tritt die allgemeine verschuldensabhängige Haftung aus § 826 BGB wegen missbräuchlicher Klageerhebung.[321] Die Prozess GmbH wäre jeweils passiv legitimiert.

Geht man von der bloßen Mindestkapitalausstattung der Beteiligungs-GmbH aus und den gehaltenen Aktien als einzigem Vermögenswert, liegt in der Eingehung derartiger Verfahren oftmals ein Risiko, welches die Eigenkapitalausstattung der GmbH bei weitem übersteigt.[322] Denn insbesondere bei börsennotierten Aktiengesellschaften können durch die zeitliche Verzögerung der Eintragung der Durchführung der Kapitalerhöhung enorme Schäden entstehen. In diesem Fall kann nicht mehr von einer durch das unternehmerische Ermessen gedeckten Chancenwahr-

---

[318] *Ekkenga*, in: MünchKomm/GmbHG, 3. Aufl., § 30 Rn. 29, 24, „Allein das ‚Geschehenlassen' des Kausalverlaufs bis hin zur Insolvenz einer fremdnützig ausgerichteten, unterkapitalisierten ‚Aschenputtel-Gesellschaft' (→ Rn. 24) vermag die Existenzvernichtungshaftung dagegen nicht auszulösen.".

[319] BGH, Urt. v. 22.05.1989 – II ZR 206/88 –, BGHZ 107, 296, 311 = NJW 1989, 2689 ff.; OLG Frankfurt a.M., Urt. v. 13.01.2009 – 5 U 183/07 –, NJW 2009, 222, 223 (Nichtzulassungsbeschwerde zurückgewiesen durch BGH, Beschl. v. 10.8.2010 – VI ZR 47/09 –, NJW Spezial 2007, 657).

[320] Anders wohl *Altmeppen*, in: Roth/Altmeppen/GmbHG, 9. Aufl., § 13 Rn. 86.

[321] Vgl. zu dieser Haftung bei rechtsmissbräuchlichen Anfechtungsklagen, *Wagner*, in: MünchKomm/AktG, 7. Aufl., § 826 Rn. 193 f.; *Förster*, in: BeckOK/BGB, 42. Ed. § 826 Rn. 102 ff. Diese Schadensersatzandrohung muss auch auf die Fälle der missbräuchlichen Unterlassungsklage ausgedehnt werden, die sich in das aktienrechtliche Rechtsschutzsystem einbettet und ein vergleichbares Missbrauchspotential bietet.

[322] Vgl. dazu auch OLG Köln, Urt. v. 3.04.2006 – 7 U 31/05 –, ZIP 2007, 28, 30.

nehmung zugunsten des Prozessvehikels gesprochen werden.[323] Liegen die strengen Voraussetzungen des existenzvernichtenden Eingriffs hingegen nicht vor, so wird keine interne Schadensersatzpflicht der GmbH-Gesellschafter ausgelöst. Die zur missbräuchlichen Anfechtungsklage entwickelten Maßstäbe können demnach eine Renaissance erfahren. Ist die veranlasste Klageerhebung und einstweilige Verfügung missbräuchlich eingesetzt worden und haftet die GmbH auf Schadensersatz, kann dieser an die Gesellschafter intern „weitergereicht" werden. Gleiches hat zu gelten, sofern der Wille zur rechtswidrigen Erlangung von Sondervorteilen erst nachträglich gebildet und verfolgt wird.[324]

(3) Erfüllung der Voraussetzungen eines existenzvernichtenden Eingriffs
    durch missbräuchliche Rechtsschutzbegehren?

Tatbestandlich werden die materiellen Voraussetzungen der Existenzvernichtungshaftung erfüllt sein. Der BGH verlangt seit seiner Trihotel-Entscheidung den vorsätzlichen Entzug von primär der Gläubigerbefriedigung dienendem und zweckgebundenem Gesellschaftsvermögen, dem keine Erlangung eines kompensierenden Gegenwertes gegenübersteht.[325] Die Vermögensentziehung müsse die Solvenz der Gesellschaft beseitigen und unmittelbar oder mittelbar dem Vorteil des Gesellschafters oder eines Dritten dienen.[326] Ein kompensierender Ausgleich im Fall der missbräuchlichen Klageerhebung ist nicht auszumachen, insbesondere nicht in einem Vergleich, durch den der Delinquent den erstrebten Sondervorteil erlangt. Ein solcher ist nichtig und der erlangte Vorteil zurückzugewähren.[327]

Die bloß geringfügig mit Kapital ausgestattete Gesellschaft wird bei Geltendmachung des Schadensersatzanspruches durch die AG nach § 945 ZPO die materielle Insolvenzreife erreichen.[328] Dies ist ausreichend, da die Insolvenz nicht unmittelbar durch die Klageerhebung herbeigeführt werden muss.[329] Die Klageerhebung ist mindestens als mitursächlich zu betrachten.[330]

---

[323] Vgl. neben den Chancen der Klage ist auch die Frage nach der erkennbaren Existenzgefährdung im Fall des Unterliegens zu berücksichtigen, *Liebscher*, in: MünchKomm/GmbHG, 3. Aufl., Anh. § 13 Rn. 556.

[324] BGH, Urt. v. 14. 10. 1991 – II ZR 249/90 –, NJW 1992, 569, 571.

[325] BGH, Urt. v. 24. 06. 2002 – II ZR 300/00 –, BGHZ 151, 181, 187 = NJW 2002, 3024, 3025 „[…] oder kein ausreichender Ausgleich in das Gesellschaftsvermögen erfolgt […]"; *Foerster*, in: BeckOK/BGB, 48. Ed. § 826 Rn. 109; *Röhricht*, Festschr. 50 Jahre BGH, 2000, S. 83, 93 ff., 105 ff.

[326] BGH, Urt. v. 16. 07. 2007 – II ZR 3/04 –, BGHZ 173, 246, 258 f. Tz. 30 (Trihotel).

[327] Vgl. zu der Problematik *Feltkamp*, Anfechtungsklage und Vergleich im Aktienrecht, et passim.

[328] Vgl. zum Erfordernis der Insolvenzverursachung BGH, v. 16.7.2007 – II ZR 3/04 –, BGHZ 173, 246, 252 Tz. 16 = NZG 2007, 667, 668, Tz. 16 (Trihotel); *Vogt*, in: Beck'sches Handbuch der GmbH, 5. Aufl., C. II. 2. f. bb. (Rn. 331).

[329] Dazu *Wiedemann*, ZGR 2003, 283, 293 f.; *Liebscher*, in: MünchKomm/GmbHG, 3. Aufl., Anh. § 13 Rn. 564; *Drygala*, GmbHR 2003, 729, 737.

Sofern die Klageerhebung missbräuchlich geschah, ist die Erfüllung des Überschuldungstatbestandes bereits mit der Berücksichtigungspflicht einer Rückstellung für ungewisse Verbindlichkeiten realistisch. Denn aufgrund der ernsthaft drohenden Inanspruchnahme ist die Schadensersatzforderung bereits vor der rechtskräftigen Entscheidung in der Überschuldungsbilanz zu berücksichtigen.[331] Die Beträge, um die es in der Sache gehen wird, werden gerade aufgrund des nur eingeschränkt für die Überschuldungsbilanz der GmbH geltenden Vorsichtsprinzips als existentiell zu bewerten sein.[332] Eine positive Fortführungsprognose kann einer allein zu Klagezwecken eingerichteten GmbH schwerlich ausgestellt werden. Durch die missbräuchliche Geltendmachung der einstweiligen Unterlassungsverfügung gegenüber der AG hat der Gesellschafter die Schädigung des Prozessvehikels auch vorsätzlich herbeigeführt, wobei die billigende Inkaufnahme ausreichen würde.[333] Es wird in diesen Fällen meist sogar originäres Ziel sein, die bevorstehende schadensrechtliche Inanspruchnahme auf die vermögenslose Zwischengesellschaft zu lenken.

(4) Ergebnis: Haftungsfolgen für missbräuchlich über Prozessvehikel klagende Aktionäre

Die GmbH Gesellschafter könnten nach den gefundenen Ergebnissen auch im Fall des Unterliegens in der Hauptsache und dem dann sehr wahrscheinlichen Fall der Inanspruchnahme der Prozess-GmbH durch die Aktiengesellschaft auf den Vollziehungsschaden nach § 945 ZPO in Anspruch genommen werden. Gleiches gilt für den Schadensersatzanspruch der Aktiengesellschaft gegenüber der GmbH aus § 826 BGB.[334] Die Geltendmachung wird der Insolvenzverwalter zugunsten der Insolvenzmasse übernehmen (§ 80 Abs. 1 InsO).[335] Die Aktiengesellschaft wird sich in diesen Fällen mit der dann zur Verfügung stehenden Insolvenzmasse zufriedengeben müssen. Dies ist allerdings kein erheblicher Nachteil, da auch ohne Zwischenschaltung des Prozessvehikels allein das Aktionärsvermögen als Haftungsmasse zur Verfügung stünde. Dieses wird sodann von der „aufgefüllten" Insolvenzmasse abgebildet.[336] Ein Pfändungs- und Überweisungsbeschluss in Bezug auf den der GmbH zustehenden Schadensersatzanspruch wird daher nach der Eröffnung des Insolvenzverfahrens nicht in Betracht kommen. Gerade für den Fall des Einsatzes einer

---

[330] Mitursächlichkeit genügt, BGH, Urt. v. 24.7.2012 – II ZR 177/11 –, DStR 2012, 2025, 2027.

[331] Zur Passivierung einer ungewissen Verbindlichkeit bei drohender Inanspruchnahme BGH, Urt. v. 22.9.2003 – II ZR 229/02 –, NJW 2003, 3629, 3631; *Mock*, in: Uhlenbruck/InsO, 15. Aufl., § 19 Rn. 158.

[332] Kritisch hinsichtlich der Bewertung *Drukarczyk/Schüler*, in: MünchKomm/InsO, 3. Aufl., § 19 Rn. 122.

[333] *Fastrich*, in: Baumbach/Hueck, 21. Aufl., § 13 Rn. 70.

[334] Vgl. zu diesem Anspruch bereits oben Fn. 321.

[335] *Gottwald*, Insolvenzrechts-Handbuch, 5. Aufl., § 92 Rn. 372 f.

[336] Unter der aufgefüllten Insolvenzmasse ist das Sondervermögen nach der Geltendmachung und Durchsetzung des Schadensersatzanspruches gegenüber dem/n GmbH-Gesellschafter/n zu verstehen.

GmbH als Prozessvehikel sollten allerdings die vom BGH in der Gamma- und Trihotel-Entscheidung offen gelassenen Möglichkeiten der direkten Inanspruchnahme des Gesellschafters durch die betroffene Aktiengesellschaft in Betracht gezogen werden.[337] Dies lässt sich für den Anspruch aus existenzvernichtendem Eingriff nach Trihotel rechtfertigen, wenn die Aktiengesellschaft den einzigen Gläubiger neben einem rechtsanwaltlichen Beistand darstellt.[338] In diesem Fall wird man selbst bei einem über die GmbH eröffneten Insolvenzverfahren, dem einzigen Gläubiger die Geltendmachung der Forderung überlassen können. Zwar wurde vor dem Innenhaftungsmodell nach Trihotel analog § 93 InsO die Geltendmachung der Außenhaftungsansprüche aus existenzvernichtendem Eingriff dem Insolvenzverwalter übertragen.[339] Die hierfür angestellte Begründung, dass alle Gläubiger von der Geltendmachung betroffen seien, greift für den Fall nur eines Gläubigers nun aber gerade nicht ein.[340]

Der Einsatz einer GmbH als Prozessvehikel minimiert das Risiko der Aktionäre also nur in den Fällen, in denen diese die Aktionärsklage, Beschlussmängelklage und den einstweiligen Rechtsschutz nicht missbräuchlich einsetzen. Denn es existiert eine Haftungsandrohung gegenüber den Gesellschaftern wegen existenzvernichtenden Eingriffes aufgrund der Eingehung eines exorbitanten Risikos, welches in keinem Verhältnis zur Eigenkapitalausstattung der GmbH steht. Durch die Haftung wegen existenzvernichtenden Eingriffs als Innenhaftung kann zudem ein Gläubigerwettlauf weitgehend vermieden werden und dem gesellschaftsrechtlich anerkannten Grundsatz der Kanalisierung der Haftung in der Gesellschaft als effizientester Form des Gläubigerschutzes wird hinreichend Rechnung getragen.[341] Durch diese Folgen wird darüber hinaus auch der Einsatz der einstweiligen Unterlassungsverfügung gegen die Durchführung der Kapitalerhöhung durch räuberische Aktionäre vorgebeugt. Das oftmals angeführte Missbrauchspotential der einstweiligen Verfügung kann durch § 945 ZPO zumindest teilweise auch beim Einsatz eines Prozessvehikels in der Rechtsform der GmbH eingedämmt werden. Demgegenüber ist der redliche Einsatz eines Prozessvehikels eine opportune Möglichkeit, das Haftungsrisiko zu begrenzen.

---

[337] BGH, Urt. v. 16.7.2007 – II ZR 3/04 –, BGHZ 173, 246, 260 Tz. 33 = NJW 2007, 2689, 2693 Tz. 33 (Trihotel); weitgehender scheinbar BGH, Urt. v. 28.4.2008 – II ZR 264/06 –, BGHZ 176, 204 = NJW 2008, 2437 Leitsatz 2; vgl. *Schall*, Kapitalgesellschaftsrechtlicher Gläubigerschutz, S. 241 f.

[338] Vgl. zur Möglichkeit der Außenhaftung bei nur einem Gläubiger Trihotel BGH, Urt. v. 16.7.2007 – II ZR 3/04 –, BGHZ 173, 246, 260 Tz. 33 = NJW 2007, 2689, 2693 Tz. 33 (Trihotel).

[339] BGH, Urt. v. 25.7.2005 – II ZR 390/03 –, BGHZ 164, 50, 62 f. = NJW 2005, 3137, 2140 f.

[340] BGH, Urt. v. 25.7.2005 – II ZR 390/03 –, BGHZ 164, 50, 62 f. = NJW 2005, 3137, 2140 f.

[341] *Wilhelm*, Rechtsform und Haftung bei juristischen Personen, S. 330 ff.

bb) Vorsätzliche sittenwidrige Schädigung der Aktiengesellschaft

(1) Möglichkeit deliktischer Außenhaftung der GmbH-Gesellschafter

Daneben wurde durch den BGH in der Gamma-Entscheidung eine weitere Haftungsmöglichkeit zulasten der GmbH Gesellschafter für möglich erachtet, die gerade für eine GmbH als Prozessvehikel für missbräuchliche Klagen relevant wird. Die Frage ist, ob der Gesellschafter einem Schadensersatzanspruch der Aktiengesellschaft aus § 826 BGB direkt ausgesetzt sein kann. Es handelt sich hier gerade nicht um den Versuch eine generelle gesellschaftsrechtliche Haftung von GmbH-Gesellschaftern wegen materieller Unterkapitalisierung zu statuieren, wie sie der BGH im Grundsatz abgelehnt hat.[342] Es geht vielmehr um eine direkte Inanspruchnahme des GmbH-Gesellschafters aufgrund eines eigenen deliktischen Verhaltens seinerseits, welches einer differenzierten Betrachtung bedarf. Eine solche kann § 826 BGB leisten.[343] Es geht auch nicht um die erneute Rückführung der Existenzvernichtungshaftung auf eine Außenhaftung, die auf die Fälle eines einzigen Gläubigers beschränkt bleiben sollte.[344]

Der BGH hat in seiner Gamma-Entscheidung deutlich gemacht, dass der grundsätzlich gewährte Freiraum hinsichtlich der Kapitalausstattung der GmbH seine Grenze allein in dem Verbot der vorsätzlichen sittenwidrigen Schädigung der Gläubiger finden kann.[345] In der Sache muss hier aber eingestanden werden, dass der Umweg über § 826 BGB in gewisser Weise eine Aufrechterhaltung der gesellschaftsrechtlichen Haftung für materielle Unterkapitalisierung darstellen kann.[346] Der Umweg über § 826 BGB sollte daher mit Bedacht gewählt werden, um nicht aufgrund deliktischer Haftungsanreize eine gesellschaftsrechtliche Obliegenheit zur „angemessenen Kapitalausstattung" einer GmbH zu statuieren.[347] Dieser durch den BGH nicht gänzlich zugemauerte Eingang in das Deliktsrecht ist mit der gebotenen Zurückhaltung zu betrachten. Man mag auf den ersten Blick nicht recht einsehen, warum die materielle Unterkapitalisierung für die gesellschaftsinterne Existenzvernichtungshaftung keine Relevanz entfalten soll, als Außenhaftung aber möglich

---

[342] BGH, im Urt. v. 28.4.2008 – II ZR 264/06 –, BGHZ 176, 204 = NJW 2008, 2437 (Gamma), zu beachten gilt die Entwicklungsoffenheit, die der BGH in Leitsatz 2. statuiert hat.

[343] *Raiser*, in: GroßKomm/GmbHG, 2. Aufl., § 13 Rn. 143.

[344] BGH, Urt. v. 16.7.2007 – II ZR 3/04 –, BGHZ 173, 246, 260 Tz. 33 = NJW 2007, 2689, 2693 Tz. 33 (Trihotel).

[345] BGH im Urt. v. 28.4.2008 – II ZR 264/06 –, BGHZ 176, 204, 216 Tz. 25 = NJW 2008, 2437, 2440 (Gamma); so auch die Einschätzung von *Altmeppen*, ZIP 2008, 1201, 1205.

[346] Dies daher ablehnend *Waclawik*, DStR 2008, 1486, 1490 f., der kritisch konstatiert: „Das Haftungsinstitut der materiellen Unterkapitalisierung ist nach Gamma nicht wirklich tot. Es ist nur scheintot. Sein Zustand währt nur so lange, bis der Senat die Grablege wieder öffnet und es, gewandet in das Kleid des § 826 BGB, ihr aufs Neue entsteigt. Vor dieser Tat kann man den Senat nur warnen: Ob man das Haftungsinstitut ‚gesellschaftsrechtlich fundiert' oder auf § 826 BGB stützt, macht im praktischen Ergebnis keinen grundlegenden Unterschied."

[347] Konkrete Maßstäbe hierfür lassen sich ohnehin nicht finden, vgl. m.w.N. *Kleindiek*, NZG 2008, 686, 688.

bleiben soll.[348] Denn die Argumentation des BGH zur Ablehnung einer Innenhaftung für materielle Unterkapitalisierung aufgrund der fehlenden gesetzlichen Normierung eines „angemessenen" Stammkapitals könnte unbesehen übertragen werden.[349] Nichtsdestotrotz lässt sich ein derartiger Schadensersatzanspruch durchaus begründen. Es geht in der Sache nämlich nicht um die Füllung einer nach dem Kapitalerhaltungsrecht existierenden Lücke, sondern um die Sanktionierung eines missbräuchlichen Einsatzes einer juristischen Person als Klagevehikel, welches als mit zu wenig Stammkapital ausgestattete GmbH Teil einer übergeordneten Planung ist, um die Aktiengesellschaft zu schädigen.[350] Die gebotene Zurückhaltung bei der Anwendung des § 826 BGB ist zudem nicht als gesellschaftsrechtliche Besonderheit zu bezeichnen, sondern auch dem allgemeinen Zivilrecht durchaus bekannt.[351]

(2) Schadensersatzanspruch aus § 826 BGB bei missbräuchlichem Einsatz eines Prozessvehikels

Ein direkter Schadensersatzanspruch gegenüber dem GmbH Gesellschafter aus § 826 BGB kann dann in Betracht kommen, wenn der Schaden notgedrungen den Gläubiger der GmbH treffen muss und soll.[352] Eine solche Direkthaftung könnte in der hier relevanten Konstellation allein im Fall des missbräuchlichen Einsatzes eines Prozessvehikels als Haftungsfreiraum angenommen werden. Setzt ein GmbH-Gesellschafter seine Beteiligungs-GmbH bewusst als Prozessvehikel ein, um eine Kapitalmaßnahme der Aktiengesellschaft zu behindern und macht er über die GmbH beispielsweise durch ein direkt vorgelegtes Vergleichsangebot deutlich, dass es allein um die Generierung eines Schadens bei der Aktiengesellschaft oder eines Lästigkeitswertes geht, begeht er eine vorsätzliche sittenwidrige Schädigung.[353] Denn die Nutzung der GmbH zur Erhebung einer Klage mit dem Ziel, „die verklagte Gesellschaft in grob eigennütziger Weise zu einer Leistung zu veranlassen, auf die (die GmbH) keinen Anspruch hat und billigerweise auch nicht erheben kann",[354] stellt einen Missbrauch der Rechtsform als Haftungsfreiraum zulasten der Gläubiger dar,

---

[348] Ebenfalls kritisch *Wagner*, in: MünchKomm/BGB, 7. Aufl., § 826 Rn. 180.

[349] Vgl. die hierzu die Ausführungen des BGH, Urt. v. 28.4.2008 – II ZR 264/06 –, BGHZ 176, 204, 215 f. Tz. 23= NJW 2008, 2437, 2440 Tz. 23 (Gamma).

[350] Vgl. dazu auch im Zusammenhang mit der Haftung der Gesellschafter von europäisch ausländischen oder diesen gleichgestellten Gesellschaften *Aukhatov*, Durchgriffs- und Existenzvernichtungshaftung, S. 190 m.w.N.

[351] Vgl. zur restriktiven Handhabung insbesondere aufgrund der „strengen" Tatbestandsvoraussetzungen, *Wagner*, in: MünchKomm/AktG, 7. Aufl., § 826 Rn. 1 ff.

[352] BGH, Urt. v. 28.4.2008 – II ZR 264/06 –, BGHZ 176, 204, 217 f. = NJW 2008, 2437, 2440 Tz. 27 ff. (Gamma).

[353] Vgl. für den Fall der Schadensersatzverpflichtung bei Erhebung einer missbräuchlichen Anfechtungsklage OLG Frankfurt a.M., Urt. v. 13.1.2009 – 5 U 183/07 –, NZG 2009, 222, 223 (Nichtzulassungsbeschwerde zurückgewiesen durch BGH, Beschl. v. 10.8.2010 – VI ZR 47/09 –, NJW Spezial 2007, 657).

[354] BGH, Urt. v. 22.05.1989 – II ZR 206/88 –, BGHZ 107, 296, 311 = NJW 1989, 2689, 2692 (Klammereinschub durch den Verfasser).

sofern die GmbH sämtliche Risiken trägt und der Gesellschafter die potentiell akquirierten Gewinne für sich beansprucht.[355] Denn dann würde der Gesellschafter potentielle Zahlungen, die die GmbH zur Klagerücknahme bewegen sollen, in sein Vermögen überführen, die GmbH wäre nun aber zum Nachteil der Gläubiger außerstande, die drohenden Schadensersatzverpflichtungen zu erfüllen, sodass diese Forderungen ausfallen.[356]

Grundsätzlich gilt zwar für Verbindlichkeiten der GmbH, dass lediglich die Vermögensmassen der Gesellschaft als Haftungsgrundlage zur Verfügung stehen und das Gesellschaftervermögen von diesem zu trennen ist, § 13 Abs. 2 GmbHG. Wurde die Klageerhebung im Namen der Gesellschaft mbH zu diesem Zwecke eingesetzt und die GmbH bewusst der Haftung aus § 826 BGB gegenüber der Aktiengesellschaft ausgesetzt, so muss der Gesellschafter nach hiesiger Auffassung bereits gegenüber der GmbH nach den Grundsätzen der Existenzvernichtung haften. Doch selbst wenn eine Haftung aufgrund der hochrisikoträchtigen Klageerhebung einmal nicht in Betracht kommen sollte, kann der Gesellschafter bei Missbrauch der Rechtsform in Anspruch genommen werden.

Denn nicht nur eine interne Haftung gegenüber der Gesellschaft, sondern auch eine externe gegenüber dem Gläubiger, der Aktiengesellschaft, greift bei einem solchen Verhalten aus § 826 BGB ein.[357] Der Aktiengesellschaft wird ein im Verhältnis zu den meist hohen Schadensersatzsummen vermögensloser Schuldner präsentiert, womit ihre Forderungen ausfallen müssen. Die durch die Beeinträchtigung der Kapitalmaßnahme zugefügten Nachteile blieben also nicht ausgleichbar, sofern man allein eine Haftung der GmbH annehmen würde.

Hält der Gesellschafter die Gesellschaft mbH bewusst vermögenslos und setzt sie nur ein, um den Gläubigern einen direkten Zugriff auf sein Vermögen zu verwehren, kann schlechterdings keine andere Beurteilung greifen, als das er aus § 826 BGB haftet.[358] Die Geschäftstätigkeit der Gesellschaft beschränkt sich in derartigen Fällen

---

[355] Vgl. zum Begründungsschwerpunkt einer Direkthaftung aus § 826 BGB im Fall des Missbrauchs der Rechtsform auch *Schall*, Kapitalgesellschaftsrechtlicher Gläubigerschutz, S. 242 f.

[356] OLG Naumburg, Urt. v. 9. 4. 2008 – 6 U 148/07 –, BeckRS 2008, 12854 (Revision wurde aufgrund der tragenden Hilfsbegründung, die sich auf § 826 BGB gestützt hat, zurückgewiesen, BGH, Urt. v. 27. 04. 2009 – II ZR 133/08 –, BGH Beschl. v. 27. 4. 2009 – II ZR 133/08, BeckRS 2009, 22504).

[357] Ähnlich zu dem hier behandelten Fall, kam im Rahmen der Gamma-Entscheidung auch eine Schadensersatzpflicht des Bekl. zu 1 (Gesellschafter-Geschäftsführer) in Betracht, vgl. *Waclawik*, DStR 2008, 1486, 1491.

[358] Ein ähnlicher Fall lag der Entscheidung des BGH, Urt. v. 25. 4. 1988 – II ZR 175/87 –, NJW-RR 1998, 1181 ff. zugrunde, bei der ein Gesellschafter ein eigens gekauftes Grundstück bebauen, die Verträge mit den Handwerkern allerdings allein über eine GmbH abschließen ließ. Durch diese Gestaltung sollte den Handwerkern der Zugriff auf das Gesellschaftervermögen und die darin enthaltenen generierten Verkaufserlöse vermieden werden, vgl. hierzu auch *Kindler*, in: FS Jayme Bd. I, 2004, S. 409, 413.

meist auf missbräuchliche Klagen.[359] Bei diesen ist die Verwerflichkeit sogar noch größer als bei einer vermögenslosen Gesellschaft mbH, die die Honorarbelastung privatautonom geschlossener Handwerkerverträge abfedern soll.[360] Für derartige Fälle hat der BGH die Direkthaftung bereits vor der Gamma-Entscheidung zugelassen.[361] Für die Aktiengesellschaft ist die Situation noch prekärer, da sie meist keine Handhabe hat, den Erwerb der auf Zirkulation ausgelegten Aktien durch ein Klagevehikel zu verhindern. Sie kann sich daher auch nicht antizipiert vor derartigen Klagegesellschaften schützen. Bei der geringen Kapitalausstattung ist es oftmals von Beginn an klar, dass die Aktiengesellschaft ihre aus der zeitlichen Verzögerung resultierenden Schäden bei der GmbH mangels ausreichender Vermögensmasse nicht hätte kompensieren können. Dies als Ziel avisiert stellt einen Sittenverstoß dar. Hiergegen spricht auch nicht, dass die GmbH nach der gesetzgeberischen Wertung lediglich mit einem Mindeststammkapital von 25.000 € ausgestattet sein muss. Denn die Voraussetzungen des Mindeststammkapitals stellen keinen Freibrief dahin gehend aus, dass der Gesellschafter oder Geschäftsführer zu treu- und sittenwidrigem Verhalten zulasten der Gläubiger berechtigt wird.[362] Dieser Weg ist auch nach der Gamma-Entscheidung noch offen, da der BGH die Haftung nach § 826 BGB explizit für die „Nachteile aus der Geschäftstätigkeit (, die) notwendig die Gläubiger der Gesellschaft treffen mussten" offengelassen hat.[363]

Haftet ein Gesellschafter-Geschäftsführer, könnten daneben existierende Gesellschafter zudem über § 830 BGB in die Haftung einbezogen werden.[364] Denn auch der GmbH Gesellschafter-Geschäftsführer hätte in diesen Fällen einseitig seine Interessen oder die eines Dritten ohne Rücksicht auf die Gesellschaft und unmittelbar zum Nachteil der Gläubiger verfolgt.[365] In diesen Fällen dürfte aber bereits die weiterhin denkbare Eigenhaftung der übrigen Gesellschafter aus § 826 BGB eingreifen.

Abzugrenzen ist diese Haftung von der allgemeinen Durchgriffshaftung, bei der die Gesellschafter neben der GmbH für die Verbindlichkeiten der Gesellschaft haften.[366] Nach den Entscheidungen des BGH in Sachen Trihotel und Gamma, kann für die Praxis des GmbH-Rechts das Institut der allgemeinen Durchgriffshaftung als

---

[359] Vernachlässigt werden kann in diesen Fällen das Halten der Beteiligungen, was nur eine Eingangsvoraussetzung zur Klageerhebung darstellt.

[360] BGH, Urt. v. 25.4.1988 – II ZR 175/87 –, NJW-RR 1998, 1181 ff.

[361] Vgl. *Wagner*, in: MünchKomm/BGB, 7. Aufl., § 826 Rn. 179.

[362] BGH, Urt. v. 16.03.1992 – II ZR 152/91 –, NJW 1992, 1061, 1062: *Kindler*, in: MünchKomm/BGB, 7. Aufl., Internationales Handels- und Gesellschaftsrecht, Rn. 620 m.w.N.

[363] Einschätzung auch bei *Wagner*, in: MünchKomm/BGB, 7. Aufl., § 826 Rn. 179; er hätte sie auch nicht schließen können, da dies gerade der originäre Anwendungsfall des § 826 BGB direkt ist *Schall*, Kapitalgesellschaftsrechtlicher Gläubigerschutz, S. 242; *Altmeppen*, ZIP 2008, 1201, 1205 f., 1207.

[364] *Waclawik*, DStR 2008, 1486, 1491.

[365] Zu diesem Merkmal BGH, Urt. v. 30.11.1978 – II ZR 204/76 –, NJW 1979, 2104, 2105.

[366] Vgl. zur ihren Grundlagen *Müller-Freihenfels*, AcP 156 (1957), 522 ff.

begraben gelten. Es wurde hinreichend dargelegt, dass der Schutz der Gläubiger über ein Modell der Innenhaftung gewährleistet werden kann, indem die GmbH vor dem kompensationslosen Vermögensentzug durch Gesellschafter geschützt wird.[367] Die oben statuierte Haftung reduziert aber gerade nicht die juristische Person in ihrer eigenständigen Form, sondern knüpft allein an ein eigenes vorsätzliches und sittenwidriges Verhalten des Gesellschafters an. Er haftet also nicht für eine die GmbH treffende Verbindlichkeit neben dieser, sondern für eine eigene deliktisch relevante Verhaltensweise. Daher kann in diesem Fall nicht von einer Durchgriffshaftung gesprochen werden.

cc) Zwischenergebnis

Durch den Einsatz eines Prozessvehikels in der Rechtsform einer deutschen GmbH kann der Aktionär sein Prozesskosten- und Restitutionsrisiko angemessen begrenzen, sofern ihm nicht der Einwand des Rechtsmissbrauchs vorgeworfen werden kann. Ein regulär seine Interessen verfolgender Aktionär, der für die avisierte Klage realistische Erfolgsaussichten erwartet, wird sich von diesem Missbrauchseinwand eher nicht dazu bewegen lassen von einer Klage mittels eines Prozessvehikels Abstand zu nehmen. Bei einer realistischen Betrachtung wird man allerdings in der Praxis häufig eher professionelle Berufskläger oder Investoren als mit einer Prozess-GmbH ausgestattet vorfinden können, da der Schritt zur Einrichtung einer solchen, die Aktien haltenden GmbH mit enormen Recherche und Energieaufwand verbunden ist. Diesen wird der „Normalaktionär" häufig scheuen. Hat er allerdings den Schritt getan, steht mit einer die Beteiligungen haltenden GmbH ein probates Instrument zur Risikominimierung zur Verfügung.

d) Einsatz von europäischen/ausländischen Gesellschaften als Heilmittel

Insbesondere für räuberische Berufskläger ist die Frage entscheidend, ob durch den Einsatz von ausländischen Prozessvehikeln das Risiko der Inanspruchnahme aus § 826 BGB und nach den Grundsätzen des existenzvernichtenden Eingriffs minimiert werden kann.[368] Dies hat Implikationen darauf, ob die oben aufgeführte Möglichkeit der Unterlassungsklage gegen kompetenzwidrige Vorstandsentscheidungen zu einer Lähmung der Aktiengesellschaften führen könnte, da Berufskläger nur einem abgefederten schadensrechtlichen Risiko der Inanspruchnahme unterlägen. Für die folgenden Ausführungen soll davon ausgegangen werden, dass die

---

[367] *Wilhelm*, Rechtsform und Haftung bei juristischen Personen, S. 330, dem folgend *Altmeppen*, in: Roth/Altmeppen/GmbHG, 9. Aufl., § 13 Rn. 132.

[368] Benannt seien stellvertretend für sonstige Kapitalgesellschaften der Europäischen Länder; Frankreich (Société à responsabilité limitée/SARL), Spanien (Sociedad Limitada/S.L.); England (Limited Privat Company/Ltd.) nimmt derzeit aufgrund des nach Art. 50 AEUV am 29. 03. 2017 eingereichten Austrittsgesuchs Großbritanniens aus der Europäischen Union eine Sonderstellung ein.

(europäisch) ausländische Gesellschaft ihren Verwaltungssitz innerhalb der Bundesrepublik Deutschland hat.

Es kommt zunächst darauf an, welches Gesellschaftsstatut für die Beurteilung der in Rede stehenden Frage zur Anwendung kommt. Handelt es sich um nicht europäisch ausländische Gesellschaften oder um solche Gesellschaften, für die keinerlei staatsvertragliche Abkommen gelten, richtet sich das Gesellschaftsstatut nach der Sitztheorie.[369] Nach dieser kommt das Gesellschaftsstatut desjenigen Ortes zur Anwendung, an dem die tatsächliche Verwaltung der Gesellschaft vonstatten geht, mithin, wo die Verwaltung der Gesellschaft das Tagesgeschäft abwickelt.[370] Sofern nach diesen Grundsätzen das Gesellschaftsstatut der Bundesrepublik Deutschland zur Anwendung kommt, gelten die oben gemachten Ausführungen, sofern die Gesellschaft im Handelsregister eingetragen ist. Andernfalls handelt es sich im Zweifel um eine Personengesellschaft, für die der Gesellschafter nach § 128 HGB (analog) haftet oder bei nur einer Person, um eine regulär persönliche haftende natürliche Person.[371]

Anders verhält es sich bei Kapitalgesellschaften aus anderen europäischen Mitgliedsstaaten. Für diese ist nach gefestigter Rechtsprechung des EuGH grundsätzlich das Gesellschaftsstatut des Gründungssitzes anzuwenden.[372] Gleiches gilt für Gesellschaften, mit denen die Bundesrepublik Deutschland einen zweiseitigen Staatsvertrag abgeschlossen hat, welcher den Schutz der ausländischen Gesellschaften auch dann vorsieht, wenn der Verwaltungssitz nicht im Heimatstaat liegt.[373] Im Folgenden soll es darum gehen, ob dennoch für derartige europäische oder eine diesen gleichgestellte ausländische Gesellschaft das oben herausgearbeitete Haftungsrecht bei missbräuchlichem Einsatz eines Prozessvehikels eingreift.

aa) Haftung aus vorsätzlicher sittenwidriger Schädigung

Zunächst soll es um die Frage gehen, ob die direkte Inanspruchnahme eines Gesellschafters durch die Aktiengesellschaft aus § 826 BGB möglich ist. Im Vor-

---

[369] Vgl. zur Bestimmung *Kindler*, in: MünchKomm/BGB, 7. Aufl., Internationales Handels- und Gesellschaftsrecht, Rn. 455 ff.; so auch nach der BGH, Urt. v. 27. 10. 2008 – II ZR 158/06 –, BGHZ 178, 192, 196 Tz. 20 ff. (Trabrennbahn), wo eine schweizerische Aktiengesellschaft bei fehlender Eintragung im Handelsregister und Verwaltungssitz im Inland lediglich als rechtsfähige Personengesellschaft anzuerkennen ist.

[370] *Kindler*, in: MünchKomm/BGB, 7. Aufl., Internationales Handels- und Gesellschaftsrecht, Rn. 455 i.V.m. Fn. 1914, 1917.

[371] BGH, Urt. v. 27. 10. 2008 – II ZR 158/06 –, BGHZ 178, 192, 199 Tz. 23 (Trabrennbahn).

[372] EuGH, Urt. v. 9. 3. 1999 – Rs C-212/97 –, Slg. 1999, I-1459, NZG 1999, 298 ff. m. Anm. *Leible*, NZG 1999, 300 ff. (Centros); EuGH, Urt. v. 5. 11. 2002 – Rs. C-208/00 –, Slg. 2002, I-9919 = NZG 2002, 1164 ff. (Überseering BV/Nordic Construction Company Baumanagement GmbH EuGH); EuGH, Urt. v. 30. 9. 2003 – Rs. C-167/01 –, Slg. 2003 I-10155 = NZG 2003, 1064 ff. (Inspire Art).

[373] Vgl. *Kindler*, in: MünchKomm/BGB, 7. Aufl., Internationales Handels- und Gesellschaftsrecht, Rn. 426.

dergrund steht dabei die gemeinschaftsrechtliche Zulässigkeit einer Haftung wegen vorsätzlicher sittenwidriger Schädigung der Aktiengesellschaft durch den Einsatz eines europäischen Prozessvehikels.

Bei europäisch ausländischen Gesellschaften oder diesen durch bilaterale Abkommen gleichgestellten Gesellschaften ist anhand der Niederlassungsfreiheit zu untersuchen,[374] inwieweit das Gesellschaftsstatut des Gründungsstaates anzuwenden ist. Mithin, inwieweit § 826 BGB gegenüber dem Gesellschafter zugunsten der Aktiengesellschaft eingreifen darf. Dies insbesondere, nachdem der EuGH in der Entscheidung „Überseering" ausgeurteilt hat, dass Gesellschaften aus EU Staaten auch in einem anderen Mitgliedsstaat von der Niederlassungsfreiheit Gebrauch machen können und dieser Staat neben der Rechtsfähigkeit auch die Haftungsbeschränkung anzuerkennen hat.[375] Grundsätzlich ist daher auf das Gesellschaftsstatut des Gründungsstaates abzustellen, denn die Umgehung des vermögensmäßigen Trennungsprinzips kann das Gesellschaftsstatut, welches die Trennung anordnet, am besten beurteilen.[376]

Wichtig ist hier, dass es primär um die Haftung des Gesellschafters für eigenes Verhalten geht. Die Niederlassungsfreiheit schützt vor eigener deliktsrechtlicher Inanspruchnahme eines Gesellschafters einer europäisch ausländischen Gesellschaft gerade nicht.[377] Auch nach der Rechtsprechung des EuGH kann in einer Inanspruchnahme eines Gesellschafters aufgrund seines eigenen Verhaltens keine Beschränkung der Niederlassungsfreiheit erblickt werden, welche eine europäisch ausländische Gesellschaft primär vor Eingriffen in ihre innere Struktur schützt.[378] Der EuGH hat für die Übergehung des Gesellschaftsstatuts des Gründungsstaates bereits in der Centros-Entscheidung klar gemacht, dass eine Anknüpfung an innerstaatliche Normen und Rechtsinstitute die Niederlassungsfreiheit nicht rechtswidrig beeinträchtigen, wenn es um ein rechtsmissbräuchliches Verhalten geht.[379] Er

---

[374] Im Folgenden werden textlich lediglich die europäisch ausländischen Gesellschaften erwähnt, mitgemeint sind aber immer auch die ihnen durch bilaterale Abkommen gleichgestellten Gesellschaften.

[375] EuGH, Urt. v. 5.11.2002 – Rs. C-208/00 –, Slg. 2002, I-9919 = NZG 2002, 1164, 1169 f. (Überseering BV/Nordic Construction Company Baumanagement GmbH EuGH).

[376] BGH, Urt. v. 05.11.1980 – VIII ZR 230/79 –, BGHZ 78, 318, 334 = NJW 1981, 522, 525 f.

[377] Richtig *Goette*, ZIP 2006, 541, 545 im Anschluss an: BGH, Urt. v. 14.03.2005 – II ZR 5/03 –, ZIP 2005, 805, 806; kritisch dazu *Eidenmüller*, NJW 2005, 1618, 1621.

[378] *Kindler*, in: MünchKomm/BGB, 7. Aufl., Internationales Handels- und Gesellschaftsrecht, Rn. 618; EuGH, Urt. v. 21.10.2010 – Rs. C-81/09 –, EuGH Slg. 2010, I-10161 = NZG 2011, 183 (Idryma Typou AE/Ypourgos Typou kai Meson Mazikis Enimerosis).

[379] EuGH, Urt. v. 9.3.1999 – Rs C-212/97 –, Slg. 1999, I-1459, NZG 1999, 298, 299 (Tz. 24) m. Anm. *Leible*, NZG 1999, 300 ff. (Centros).

stellt hierbei auch die eingeräumten Gemeinschaftsrechte unter den Vorbehalt, dass sich niemand missbräuchlich auf diese berufen darf.[380]

Bei den hier in Rede stehenden Fällen, bei denen die Haftung wegen des missbräuchlichen Einsatzes der europäisch ausländischen Gesellschaft zum Nachteil der Gläubiger regelmäßig den deliktsrechtlichen Tatbestand in der Person des Gesellschafters erfüllt, steht die Niederlassungsfreiheit einer Haftung von Beginn an nicht im Wege.[381] Es handelt sich gerade nicht um eine echte Durchgriffshaftung für Verbindlichkeiten der Gesellschaft, sondern um eine unechte Durchgriffshaftung für eigenes deliktsrechtlich relevantes Verhalten. Die deliktsrechtliche Anknüpfung der Haftung ist gerade keine Beeinträchtigung des Gesellschaftsstatuts des Gründungsstaates und unabhängig von der Niederlassungsfreiheit möglich.[382] Eine Anwendung des innerstaatlichen Rechts käme darüber hinaus selbst dann in Betracht, wenn man die Haftung der Gesellschafter einer Mehrfachqualifikation im Sinne einer delikts- und gesellschaftsrechtlichen Haftung zuführt.[383] Zu beachten ist aber auch hierbei, dass der BGH eine generelle gesellschaftsrechtliche Haftung für eine materielle Unterkapitalisierung innerstaatlich abgelehnt hat.[384] Es kann daher um eine Haftung nur in den bereits herausgestellten Fällen der missbräuchlichen Klage gehen.[385]

Daher kann auch der Einsatz einer europäisch ausländischen Gesellschaft als Prozessvehikel einen missbräuchlich klagenden Gesellschafter nicht vor einer direkten Inanspruchnahme nach dem Deliktsrecht schützen. Greifen die Voraussetzungen des § 830 BGB, ist auch eine Mithaftung der übrigen Gesellschafter möglich.[386]

bb) Haftung wegen existenzvernichtenden Eingriffs

Gesondert zu untersuchen ist die Frage für die Fallgruppe der Haftung wegen existenzvernichtenden Eingriffes. Hier haftet nach innerstaatlichem Recht der Ge-

---

[380] *Leible*, NZG 1999, 300, 300 (l.c.); so schon EuGH, Urt. v. 1.3.1983 – Rs. C-250/78 – Slg. 1983, 421 = BeckEuRS 1983, 105180 Tz. 15 – DEKA/EWG; *Kindler*, NZG 2003, 1086, 1090.

[381] Vgl. auch *Kindler*, in: MünchKomm/BGB, 7. Aufl., Internationales Handels- und Gesellschaftsrecht, Rn. 620.

[382] *Kindler*, in: MünchKomm/BGB, 7. Aufl., Internationales Handels- und Gesellschaftsrecht, Rn. 620 i.V.m. Rn. 619.

[383] *Kindler*, in: FS Jayme Bd. I, 2004, S. 409, 414, da sich bereits aus dem Deliktsstatut die Anwendbarkeit innerstaatlichen Rechts ergeben würde. Handlungsort ist nämlich hier die Nutzung der einstweiligen Unterlassungsverfügung gegenüber der Aktiengesellschaft im Inland, ebenso wie der Erfolgsort der Schädigung der Aktiengesellschaft als Gläubigerin im Inland liegen wird.

[384] BGH, Urt. v. 28.4.2008 – II ZR 264/06 –, BGHZ, 176, 204 = NJW 2008, 2437 (Gamma).

[385] Vgl. dazu die Ausführungen auf S. 449 f. und insbesondere S. 450 ff.

[386] Vgl. *Waclawik*, DStR 2008, 1486, 1491.

sellschafter als solcher gegenüber der GmbH aus § 826 BGB.[387] Die vom BGH vorgenommene Einordnung der Existenzvernichtungshaftung als deliktische Haftung bedeutet allerdings noch nicht, dass im Fall einer ausländischen Gesellschaft auch das innerstaatliche Haftungsregime Anwendung finden kann. Denn unter dem Eindruck der Niederlassungsfreiheit ist immer nach dem Konfliktpotential der Haftung mit dieser zu fragen und im Anschluss daran, ob eine Ausnahme eingreift.[388]

(1) Problemlage

Wird eine ausländische Gesellschaft mit einem außer Verhältnis stehenden Risiko der schadensrechtlichen Inanspruchnahme in ein missbräuchliches Rechtsschutzverfahren geführt, ist zu fragen, wie die Haftung kollisionsrechtlich einzuordnen ist. Würde man den existenzvernichtenden Eingriff wegen Vermögensentzugs durch ein Hochrisikogeschäft als rein gesellschaftsrechtlich einordnen, würde man auf dem Boden der seit „Überseering" herrschenden Gründungstheorie wohl auf das Gesellschaftsstatut des Gründungsstaates abzustellen haben.[389] Von besonderem Interesse ist hier bisher noch der Fall der englischen Limited, da bei dieser Gesellschaftsform kein nennenswertes Vermögen bei der Gründung geschaffen werden muss. Die kollisionsrechtliche Literatur hat verschiedene Strategien vorgeschlagen, wie man mit der Fallgruppe der Existenzvernichtungshaftung umzugehen hat, in welchen Fällen also das Recht des Zuzugstaates zur Anwendung kommen dürfe. Seit der Überseering-Entscheidung wurden in der Literatur andere Vorschläge unterbreitet, um zu einer Anwendbarkeit der Existenzvernichtungshaftung auf europäisch ausländische Gesellschaften zu gelangen. Von diesen werden kurz die Wichtigsten skizziert, um sodann für den hiesigen Fall Stellung zu beziehen.

(2) Meinungsbild

Bei der Frage der Anwendbarkeit der Grundsätze der Existenzvernichtungshaftung hat sich ein diffuses Meinungsbild herausgebildet.

Einerseits wird vorgetragen, dass unter dem Blickwinkel der Haftung des Gesellschafters wegen existenzvernichtenden Eingriffs nach deutschem Muster die Wahl einer ausländischen Gesellschaft nicht kategorisch die Haftung des Gesellschafters hindere.[390] Teilweise wurde die Existenzvernichtungshaftung dem Gesellschaftsstatut zugewiesen und eine Anwendbarkeit auf europäisch ausländische Gesellschaften wegen einer Beeinträchtigung der Niederlassungsfreiheit katego-

---

[387] Dazu bereits S. 442 ff.

[388] Sehr klar *Goette* ZIP 2006, 541, 545 f.

[389] *Ego*, in: MünchKomm/AktG, 4. Aufl., Europäisches Aktienrecht B. 1. Rn. 415, der seit der Überseering-Entscheidung des BGH auch eine Tendenz zur Anwendung des Gründungsstatutes erblickt.

[390] LG Stuttgart, Urt. v. 10. 8. 2001 – 5 KfH O 76/01 –, NZG 2002, 240 ff.; *Zimmer*, NJW 2003, 3585, 3589; *Weller*, DStR 2003, 1800, 1803 f.

risch abgelehnt.[391] Dem steht bei gleicher Einordnung kritisch *Altmeppen* gegenüber, der in der Niederlassungsfreiheit keine Gewähr für die ausschließliche Behandlung nach dem Recht des Gründungsstaates sieht.[392] Andere sehen dies wiederum kritisch. Um eine Ausnahme von der Niederlassungsfreiheit zu machen, müsse nach dem Vier-Kriterien-Test auch die Erforderlichkeit eines Rechtsschutzes gegeben sein,[393] welche hier fehle.[394] Auch ein ausländisches Gründungsstatut gewährleiste einen ausreichenden Gläubigerschutz. Es sei daher als umfassendes Gesellschaftsstatut anzuerkennen.[395] Neuerdings wird verstärkt einer insolvenzrechtlichen Einordnung der Existenzvernichtigungshaftung das Wort geredet, da der Insolvenzeintritt zwingende Anspruchsvoraussetzung sei.[396] Hierdurch komme man unproblematisch über die Anwendung der Europäischen Insolvenzverordnung zur Anwendbarkeit der Existenzvernichtungshaftung nationalen Rechts auf europäisch ausländische Kapitalgesellschaften mit einem inländischen Verwaltungssitz.[397]

(3) Stellungnahme

Betrachtet man den skizzierten Streitstand, wird nur eines deutlich, nämlich die Heterogenität des Meinungsbildes. Man muss allerdings eine Haftung der Gesellschafter einer ausländischen Gesellschaft in der hier relevanten Konstellation annehmen müssen. Dies wird umso deutlicher, als das der EuGH in einer insolvenzrechtlich geprägten Entscheidung primärrechtliche Erwägungen angestellt hat, die die Übertragung der Existenzvernichtungshaftung bei missbräuchlichem Einsatz

---

[391] *Just*, ZIP 2006, 1251, 1253 f. (Anm. zu LG Kiel, Urt. v. 20. 04. 2006 – 10 S 44/05 –, ZIP 2006, 1248) *Schanze*, NZG 2007, 681, 685 f.; a.A. *Altmeppen*, NJW 2004, 97, 101 f. Vergleiche für weitere ablehnende Haltungen auch auf Grundlage einer anderen kollisionsrechtlichen Einordnung *Ego*, in: MünchKomm/AktG, 4. Aufl., Europäisches Aktienrecht, B. 1. Rn. 420 Fn. 218.

[392] *Altmeppen*, NJW 2004, 97, 101 f.

[393] Zum Vier-Kriterien-Test Nichtdiskriminierung, Allgemeininteresse, Geeignetheit und Erforderlichkeit vgl. EuGH, Urt. v. 09. 03. 1999 – Rs C-212/97 –, ZIP 199, 438 ff.

[394] *Kuntz*, NZI 2005, 424, 432; *Ulmer*, NJW 2004, 1201, 1203 ff.; kritisch auch *Goette*, ZIP 2006, 541 ff.; *Ego* macht deutlich, dass die Prüfung des Missbrauchs der Niederlassungsfreiheit in der Frage nach der Beschränkung der Niederlassungsfreiheit und der potentiellen Rechtfertigung aufgeht, in: MünchKomm/AktG, 4. Aufl., Europäisches Aktienrecht, B. 1. Rn. 158.

[395] *Kuntz*, NZI 2005, 424, 432; *Ulmer*, NJW 2004, 1201, 1208 f. (außer das Gründungsstatut kennt keinen vergleichbaren Haftungstatbestand).

[396] *Lieder*, DZWiR 2008, 145, 148 (zugleich Besprechung von BGH, Urt. v. 7. 1. 2008 – II ZR 314/05 –, DZWiR 2008, 174 und Urt. v. 13. 12. 2007 – IX ZR 116/06 –, DZWiR 2008, 172); *Goette*, DStR 2005, 197, 201; *J. Lieder*, DZWIR 2005, 309, 309 ff.; *Kindler*, IPRax 2009, 189, 193; *Kühnle/Otto*, IPRax 2009, 117, 120 f.

[397] Deutlich *Lieder*, DZWiR 2008, 145, 148; zur seit dem 26. 06. 2017 geltenden EuInsVO vgl. *Kindler*, in: MünchKomm/BGB, 7. Aufl., Internationales Handels- und Gesellschaftsrecht, Rn. 596 i.V.m. Rn. 434.

einer ausländischen Gesellschaft überaus wahrscheinlich erscheinen lassen.[398] Dort wurde die Haftung zur Sicherung der Masse nicht in ein Konfliktverhältnis zur Niederlassungsfreiheit gestellt, da sie lediglich auf die Tätigkeit der Gesellschaft abstelle, die Niederlassung der Gesellschaft als solche und ihre Rechtsfähigkeit allerdings unberücksichtigt lasse.[399] Die Möglichkeit der Haftung kommt also insbesondere bei der Anknüpfung an ein verbandsorientiertes Verhalten nach der Gründung in Betracht.[400]

Doch auch vor der genannten Entscheidung des EuGH wurde sogar unter gesellschaftsrechtlicher Einordnung der Existenzvernichtungshaftung angenommen, dass die Haftung dann in Betracht komme, wenn dem Gesellschafter nachgewiesen werden kann, dass die ausländische Rechtsform nur zum Zwecke der Gläubigerbenachteiligung gewählt wurde.[401] In diesem Fall sei ein Eingriff in die Niederlassungsfreiheit, die unter dem Vorbehalt des missbräuchlichen Verhaltens, unter dem auch die Berufung auf Gemeinschaftsrecht steht, gerechtfertigt.[402] Es wurde darauf hingewiesen, dass der EuGH hier explizit den Missbrauch der Niederlassungsfreiheit verlangt und nicht den Missbrauch der juristischen Person an sich.[403] Dieser Einwand ist zutreffend, doch verfängt er gegen die Effektivität der Missbrauchslösung in Fällen der vorliegenden Art nicht, da die europäisch ausländische Gesellschaft, bei einem hier interessierenden Einsatz als Klagevehikel nicht nur als Rechtsform missbraucht wird, sondern explizit auch dafür, das inländische Gesellschaftsstatut zu umgehen.[404] Daher kann die innerstaatliche Existenzvernichtungshaftung unter dem vom EuGH aufgestellten Missbrauchskriterium auch auf europäisch ausländische Gesellschaften angewandt werden, ohne das die Niederlassungsfreiheit dem im Wege steht. Zu beachten ist, dass die materiellen Voraussetzungen der Existenzvernichtungshaftung und die Begründung des Missbrauchs der Niederlassungsfreiheit weitgehend parallel laufen, sodass ein zusätzlicher Begründungsaufwand für die Regress nehmende Gesellschaft nicht zu erwarten ist.[405]

---

[398] Optimistisch auch *Ego*, in: MünchKomm/AktG, 4. Aufl., Europäisches Aktienrecht, B. 1. Rn. 420.

[399] EuGH, Urt. v. 10.12.2015 – C-594/14 –, DStR 2016, 262 ff. (Kornhaas./.Dithmar) Vorabentscheidungsersuchen des BGH v. 02.12.2014. Nachgehend BGH, Urt. v. 15.03.2016 – II ZR 119/14 –, DStR 2016, 1120 f.

[400] *Ego*, in: MünchKomm/AktG, 4. Aufl., Europäisches Aktienrecht, B. 1. Rn. 420.

[401] LG Stuttgart, Urt. v. 10.8.2001 – 5 KfH O 76/01 –, NZG 2002, 240, 243.

[402] LG Stuttgart, Urt. v. 10.8.2001 – 5 KfH O 76/01 –, NZG 2002, 240.

[403] *Schilling*, ZVglRWiss 106 (2007), 299, 305; *Goette*, ZIP 2006, 541, 542.

[404] Vgl. den Fall LG Stuttgart, Urt. v 10.8.2001 – 5 KfH O 76/01 –, NZG 2002, 240.

[405] Wird nach Art. 3 Abs. 1 EuInsVO innerhalb der BRD ein Insolvenzverfahren eröffnet, hat der Insolvenzverwalter den nach den Grundsätzen der Existenzvernichtungshaftung ohnehin nachzuweisen und durchsetzen. In diesem Zusammenhang kann er sodann auch die fehlende Tangierung der Niederlassungsfreiheit belegen, die sich im Grundsatz aus den gleichen Sachgründen ergibt. Missbräuchliche Gründung einer europäischen Kapitalgesellschaft zur missbräuchlichen Klageerhebung.

Teilweise wurde vorgeschlagen, dass die Existenzvernichtungshaftung nicht dem Gesellschaftsstatut zuzuordnen sei,[406] sondern dem Insolvenzstatut[407] oder dem Deliktsstatut.[408] Wie bereits zuvor festgestellt wurde, hindert eine Einordnung unter das Gesellschaftsstatut die innerstaatlichen Gerichte nicht an der Anwendung des innerstaatlichen Rechts, da zum einen der Missbrauchseinwand greift und zum anderen die Anknüpfung an das Verhalten der Gesellschafter keinerlei Beeinträchtigung der europäisch ausländischen Gesellschaft in ihrer Struktur darstellt.[409] Nimmt man eine Einordnung unter das Deliktsstatut oder das Insolvenzstatut vor, so wird im Grundsatz ohnehin innerstaatliches Recht zur Anwendung kommen. Denn zum einen werden „die Person, deren Haftung geltend gemacht wird, und die Person, die geschädigt wurde, zum Zeitpunkt des Schadenseintritts ihren gewöhnlichen Aufenthalt in demselben Staat (haben), so(dass) […] die unerlaubte Handlung dem Recht dieses Staates (unterliegt)."[410] Und auch nach Art. 7 Verordnung (EU) 2015/ 848 (EuInsVO) wird es zu einer Anwendung des Rechts der Bundesrepublik Deutschland kommen.[411,412]

cc) Zwischenergebnis

Die gewonnenen Erkenntnisse zeigen, dass es keinen haftungsrechtlichen Unterschied macht, ob ein Aktionär seine Beteiligungen an einer Aktiengesellschaft in eine Prozess-GmbH einbringt, in eine europäisch ausländische oder eine einer europäisch ausländischen gleichgestellten Kapitalgesellschaft einbringt. Sofern er die Niederlassungsfreiheit und die Rechtsform der Kapitalgesellschaft mit einem Verwaltungssitz im Inland dazu benutzt, um ein missbräuchliches Rechtsschutzverfahren zum Schaden der Aktiengesellschaft einzuleiten, haftet er sowohl nach den Grundsätzen der Existenzvernichtungshaftung als auch für eigenes deliktisches

---

[406] *Zimmer*, NJW 2003, 3585, 3588 f., mit Untersuchung der insolvenzrechtlichen Anknüpfung.

[407] *Wackerbarth*, ZIP 2005, 887, 885 f., der schon zu dieser Zeit der Existenzvernichtungshaftung außerhalb des § 826 BGB ablehnend gegenüberstand; *Weller*, IPRax 2003, 207, 210; *Kindler*, in: MünchKomm/BGB, 7. Aufl., Internationales Handels- und Gesellschaftsrecht, Rn. 622.

[408] *Bayer*, BB 2003, 2357, 2365.

[409] *Kindler*, in: MünchKomm/BGB, 7. Aufl., Internationales Handels- und Gesellschaftsrecht, Rn. 623.

[410] Art. 4 Abs. 2 VO (EG) 864/2007 (ROM II VO).

[411] *Kindler*, in: MünchKomm/BGB, 7. Aufl., Internationales Handels- und Gesellschaftsrecht, Rn. 596 i.V.m. Rn. 434.

[412] Der Vollständigkeit halber sei jedoch darauf hingewiesen, dass auch andere europäische Rechtsordnungen eine Haftung der Gesellschafter bei missbräuchlicher Inanspruchnahme von Kapitalgesellschaften zum Zwecke der Gläubigerbenachteiligung kennen, sodass auch für den Fall, dass nach obigen Maßstäben einmal eine Anwendbarkeit des innerstaatlichen Rechts nicht in Betracht kommt, eine Haftung der Gesellschafter nicht grundsätzlich ausscheiden muss und hierdurch ein gewisser Gläubigerschutz gewährleistet werden kann; vgl. zur Situation bei der englischen Limited *Schilling*, ZVglRWiss 106 (2007), 299, 310 ff.

Verhalten aus § 826 BGB. Nutzt er eine ausländische Kapitalgesellschaft, für die die Gründungstheorie nicht eingreift, haftet er bei fehlender Eintragung im Handelsregister ohnehin nach innerstaatlichem Recht persönlich mit seinem gesamten Vermögen. Der Einsatz einer Kapitalgesellschaft als Prozessgesellschaft ergibt also nur Sinn, sofern es sich um eine solche handelt, für die die Gründungstheorie gilt und die nicht missbräuchlich genutzt wird.

D. Zwischenergebnis zur (vorbeugenden) Unterlassungsklage und Unterlassungsverfügung

Der Aktionär kann sein verbandsrechtlich begründetes Abwehrrecht gegenüber der Aktiengesellschaft bis zur Eintragung der Durchführung der Kapitalerhöhung aus genehmigtem Kapital als Unterlassungsklage geltend machen. Erst mit Eintragung der Durchführung findet die Rechtsbeeinträchtigung statt, die allein durch eine Beseitigungsklage gerügt werden kann. Die notwendige Kenntnis erlangt der Aktionär bei vorgenommenem Bezugsrechtsausschluss durch den mit der Ausnutzungsentscheidung notwendigen Vorabbericht und bei börsennotierten Aktiengesellschaften aufgrund der kapitalmarktrechtlichen Publizitätspflichten. Ein auf die vorbeugende Unterlassungsklage hin ergehendes Endurteil hat keine inter omnes-Wirkung, ist allerdings nach einer vorzugswürdigen Analogiebildung zu § 246 Abs. 3 S. 1, 2, 6 AktG und zu § 247 AktG am Landgericht des Sitzes der Gesellschaft anhängig zu machen. In der Praxis wird der Abwehranspruch des Aktionärs nur durch eine einstweilige Unterlassungsverfügung effektiv gesichert werden können. Die drohende Inanspruchnahme gem. § 945 ZPO beinhaltet Abschreckungspotential, welches aufgrund der Verhinderungsmöglichkeiten des Aktionärs (kein Aufbau eines Vollstreckungsdruckes) kalkulierbar ist und auch dem aktienrechtlich kodifizierten Beschlussmängelrecht immanent ist. Dem missbräuchlichen Einsatz einer Unterlassungsverfügung wird auch bei Einsatz einer Kapitalgesellschaft als Prozessvehikel ausreichend vorgebeugt. Außerhalb dieser Fälle stellt sie ein opportunes Mittel der Haftungsbeschränkung dar.

E. Allgemeine (vorbeugende) Feststellungsklage vor Eintragung der Durchführung

Weitgehend ohne Interesse geblieben ist die Frage, ob der Aktionär vor der Eintragung der Durchführung der Kapitalerhöhung aus genehmigtem Kapital auch eine allgemeine Feststellungsklage erheben kann oder ob er auf die Unterlassungs- oder Beseitigungsklage verwiesen werden muss. Auch die neuere Rechtsprechung des BGH in Sachen Commerzbank/Mangusta hat diesen Zusammenhang noch nicht hinreichend geklärt. Dies war allerdings auch nicht notwendig, da das Verfahren einen etwas anders gelagerten Sachverhalt, nämlich die bereits erfolgte Eintragung der Durchführung der Kapitalerhöhung zum Gegenstand hatte.[413] Ob aber insbesondere der allgemein anerkannte Subsidiaritätsgrundsatz hinsichtlich der Feststellungsklage gegenüber der Leistungsklage eingreift und wenn ja, ob eine Ausnahme zu machen ist, wird im Folgenden thematisiert.

I. Statthaftigkeit der allgemeinen Feststellungsklage gegen Vorstandsbeschlüsse

Die Rechtsprechung hat im Aktienrecht gerade bei der Feststellung der Kompetenzwidrigkeit von Vorstandsbeschlüssen ein weites Anwendungsfeld der allgemeinen Feststellungsklage geschaffen. Im Gegensatz zum Beschlussmängelrecht für Hauptversammlungsbeschlüsse gibt es im Aktienrecht in Bezug auf Vorstandsbeschlüsse keinerlei Regelungen, denen eine abschließende Wirkung beigemessen werden könnte. Dies beansprucht insbesondere bei der abzulehnenden Übertragung der §§ 241 ff. AktG auf die Kontrolle von Vorstandsbeschlüssen Geltung.[414]

Die vorgetragene Kritik, dass es sich bei der Feststellungsklage gegenüber Vorstandsbeschlüssen um eine „prozessuale Krücke" handele, kann nicht gänzlich geteilt werden.[415] Es ist nicht neu, dass bei Fehlen spezieller Regelungen auf das allgemeine Prozessrecht zurückgegriffen werden muss. Dass anderweitig, insbesondere im Personengesellschaftsrecht analog den §§ 241 ff. AktG, auf vertraglicher Basis ein eigenständiges Rechtsschutzsystem geschaffen werden könnte, kann als rechtspolitisch gewolltes Argument dienen,[416] nicht jedoch von vornherein die Effektivität und strukturelle Zulässigkeit der allgemeinen Feststellungsklage infrage stellen. Der BGH hat sich bereits früh in der Holzmüller-Entscheidung zu der Annahme der Statthaftigkeit einer allgemeinen Feststellungsklage hinreißen lassen, die er auch in der Siemens/Nold-Entscheidung in Bezug genommen hat.[417] Auch die Holzmüller-Entscheidung behandelte eine Kompetenzüberschreitung des Vorstandes zulasten der Hauptversammlung, wobei die Grundtendenz des BGH zur Zulassung einer Feststellungsklage auch hier schon erkennbar war.[418] Es ging dort wie auch in der Commerzbank/Mangusta II-Entscheidung zwar um eine Feststellungsklage nach Eintragung der Durchführung der Kapitalerhöhung. Doch ergeben sich hinsichtlich der grundlegenden Statthaftigkeit keinerlei Unterschiede. Offener ist vielmehr die Entscheidung darüber, ob bei einer nachträglichen Feststellungsklage

---

[413] BGH, Urt. v. 10. 10. 2005 – II ZR 90/03 –, BGHZ 164, 249 = BGH NZG 2006, 20 ff.; vgl. auch *Schickerling*, Information und Rechtsschutz, 167 f.

[414] Vgl. zur hier eingenommenen ablehnenden Haltung S. 206 ff.; so auch BGH, Urt. v. 10. 10. 2005 – II ZR 90/03 –, BGHZ 164, 249, 253 Tz. 13 f.

[415] So *Hirte*, EWiR 2006, 65, 66 (§ 203 AktG 2/06).

[416] *Hirte*, EWiR 2006, 65, 66 (§ 203 AktG 2/06).

[417] BGH, Urt. v. 25. 02. 1982 – II ZR 174/80 –, BGHZ 83, 122, 125 f.; kritisch *Waclawik*, ZIP 2006, 397, 401, der die allgemeine Statthaftigkeit hieraus nicht ableiten möchte, da sich diese allein auf Kompetenzüberschreitungen beziehen.

[418] BGH, Urt. v. 25. 02. 1982 – II ZR 174/80 –, BGHZ 83, 122, 125 f.

noch ein Feststellungsinteresse eines Aktionärs verbleibt. In der Literatur wurden erhebliche Bedenken gegen ein solches Interesse angemeldet, die allerdings primär auf die generelle Abneigung gegenüber einem individuell einklagbaren Abwehrrecht zurückgehen.[419] Sie bezogen sich daher auch überwiegend auf die Feststellungs- und die Unterlassungsklage als Formen der Individualklage und erhoben primär strukturelle Einwände. Wie bereits bei den Ausführungen zur Existenz eines materiellen Schutzrechts des Aktionärs festgestellt wurde, können die gegen dieses Recht vorgebrachten Einwände nicht durchgreifen und in der Folge ebenso wenig die gegen eine generelle Unstatthaftigkeit der allgemeinen zivilprozessualen Rechtsbehelfe vorgebrachten Einwände. Zwar wurde insbesondere in der Einführung des § 148 AktG durch das Gesetz zur Unternehmensintegrität und Modernisierung des Anfechtungsrechts (UMAG) eine gesetzgeberische Wertung gegen die Klagemöglichkeit des Einzelaktionärs gesehen.[420] Handele ein Organ pflichtwidrig, sei die Verfolgung durch den Aktionär auf dieses gesetzlich vorgegebene System beschränkt.[421] Eine systematische Begrenzung durch die §§ 147 f. AktG ist allerdings nur möglich, sofern sich die Anwendungsbereiche zumindest teilweise überschneiden und es zu Wertungswidersprüchen kommen würde. Dies ist indes nicht der Fall, da es im Fall der §§ 147 ff. um die Geltendmachung fremder Rechte, nämlich solcher der Gesellschaft gegenüber dem Vorstand geht und im Fall der Aktionärsklage macht der Aktionär eine eigene Rechtsposition gegenüber der Gesellschaft geltend.[422]

Die in Siemens/Nold angelegte Tendenz des BGH zugunsten einer Feststellungsklage ist daher zutreffend. Da es keine verdrängenden Sonderregelungen für die Geltendmachung eigener Rechte gibt, steht dem Aktionär grundsätzlich jede zivilprozessual vorgesehene Klagemöglichkeit zur Verfügung. Dies insbesondere im Hinblick auf die systembedingte Gefahr der nur oberflächlichen Kontrolle durch den Aufsichtsrat, da dieser in die Entscheidungsstruktur bei der Ausnutzung des genehmigten Kapitals eingebunden ist.[423] Man kann sich hier die Frage stellen, ob bei einer erhobenen allgemeinen Feststellungsklage alle Sachentscheidungsvoraussetzungen erfüllt sind. Dies ist allerdings eine andere Frage als die nach der systembedingten Unstatthaftigkeit einer allgemeinen Feststellungsklage. Diese ist im Aktienrecht nicht erkennbar und es müsste eine Argumentationslinie dahin gehend aufgebaut werden, warum dem Aktionär die allgemeine zivilprozessual vorgesehene Feststellungsklage *nicht* zur Verfügung steht. Eine Durchbrechung des aktien-

---

[419] Vgl. insbesondere *Waclawik*, ZIP 2006, 397, 402 f.

[420] *Bungert*, BB 2005, 2757, 2758; kritische Grundhaltung auch *Krämer/Kiefner*, ZIP 2006, 301, 304; *Paschos*, DB 2005, 2731, 2732.

[421] *Bungert*, BB 2005, 2757, 2758; kritische Grundhaltung auch *Krämer/Kiefner*, ZIP 2006, 301, 304; *Paschos*, DB 2005, 2731, 2732.

[422] Treffend *Wilsing*, ZGR 2006, 722, 737.

[423] Vgl. hierzu bereits oben S. 222 f.

rechtlichen Kompetenzgefüges kann bei korrekter Prüfung der Sachurteilsvoraus-setzungen nicht entdeckt werden.[424] Dies wird im Folgenden deutlich.

II. Subsidiarität der allgemeinen Feststellungsklage

Im Zivilprozessrecht wurde die allgemeine Feststellungsklage in den Fällen als nicht zulässig angesehen, in denen der Kläger sein Interesse auch mit einer direkt erhobenen Leistungsklage verfolgen kann, mithin ein späterer Prozess aus pro-zessökonomischen Gründen vermieden werden kann.[425] Dies soll immer dann der Fall sein, sofern es dem Kläger möglich ist, durch eine Leistungsklage ein unver-mittelt vollstreckbares Urteil zu erlangen und ihm dies zur Befriedigung seines Feststellungsinteresses zumutbar ist.[426] Hiervon wiederum macht die Rechtspre-chung weitreichende Ausnahmen, insbesondere wenn absehbar ist, dass sich der Feststellungsbeklagte an das Feststellungsurteil halten wird.[427]

Der BGH hat in der Commerzbank/Mangusta II-Entscheidung eine Ausnahme von dem grundsätzlich anerkannten Subsidiaritätsgrundsatz zugelassen, da die Zu-lassung der Feststellungsklage gerade auf die Schließung einer Rechtsschutzlücke abziele und daher essentiell für die Gewährung von Rechtsschutz sei.[428] In der Sache trat aber bereits kein Konflikt auf, da es um eine nachträgliche Feststellungsklage ging, bei welcher der BGH über keine parallel zugelassene Leistungsklage zu ent-scheiden hatte. Dies ist hier anders. Nach der hier herausgearbeiteten und vertretenen Auffassung hat der Aktionär die Möglichkeit, vor der Eintragung der Durchführung der Kapitalerhöhung eine vorbeugende Unterlassungsklage zu erheben. Es tritt daher ein echter Konfliktfall auf. Bereits jetzt sei darauf hingewiesen, dass ein solcher nach hier vertretener Auffassung auch nach der Eintragung der Kapitalerhöhung auftritt, da eine fehlerhafte Erhöhung aus genehmigtem Kapital reversibel ist und der Ak-tionär dies mittels einer Beseitigungsklage durchzusetzen vermag. Dies scheint unter Anwendung des hergebrachten Subsidiaritätsdogmas zunächst gegen die Zulassung einer allgemeinen vorbeugenden Feststellungsklage zu sprechen.[429] Auch im hauptversammlungsspezifischen Beschlussmängelrecht wird die allgemeine Fest-stellungsklage nach § 256 ZPO zumindest für die Organmitglieder als durch die aktienrechtliche Beschlussmängelklage verdrängt angesehen. Der Kläger könne aufgrund der leges specialis zur Verfügung stehenden Rechtsschutzmittel kein an-

---

[424] *Bartels*, ZGR 2008, 723, 736 ff.; *Wilsing*, ZGR 2006, 722, 737.

[425] *Becker-Eberhard*, in: MünchKomm/ZPO, 5. Aufl., § 256 Rn. 54; BGH, Urt. v. 03.04. 1996 – VIII ZR 3/95 –, NJW 1996, 2097, 2098 f.

[426] *Foerste*, in: Musielak/Voit/ZPO, 15. Aufl., § 256 Rn. 12.

[427] BGH, Urt. v. 29.04.1958 – VIII ZR 198/57 –, BGHZ 27, 190, 195 f.; BGH, Urt. v. 27.06. 1995 – XI ZR 8/94 –, BGHZ 130, 115, 120.

[428] BGH, Urt. v. 10.10.2005 – II ZR 90/03 –, BGHZ 164, 249, 259 Tz. 30 (Commerzbank/ Mangusta II).

[429] Vgl. zur Unterlassungsklage S. 395 ff. und zur Möglichkeit einer Beseitigungsklage sogleich S. 510 ff. und zu deren aktienrechtlichen Zulässigkeit S. 517 ff.

erkennenswertes Feststellungsinteresse nachweisen. Denn aufgrund des § 248 Abs. 1 S. 1 AktG gewährleistet die aktienrechtliche Anfechtungs- und Nichtigkeitsfeststellungsklage einen weit über die allgemeine Feststellungsklage hinausgehenden Rechtsschutz.[430] Etwas Anderes mag gelten, wenn Dritte die Nichtigkeit des Hauptversammlungsschlusses feststellen lassen möchten, sofern ein Feststellungsinteresse im Sinne von § 256 ZPO besteht.[431]

Auch hier könnte man einwenden, dass der Aktionär vielmehr die effektivere verbandsrechtliche Unterlassungs- und Beseitigungsklage gegenüber der Gesellschaft erheben müsse.[432] Diesbezüglich ist auch die Commerzbank/Mangusta II-Entscheidung des BGH nicht eindeutig, da es in der Entscheidung nicht mehr um die Frage der präventiven Feststellung der Pflichtwidrigkeit des Vorstandsbeschlusses ging, sondern um die nach Eintragung der Durchführung weiterhin mögliche Feststellung. Es ist allerdings allgemein anerkannt, dass sich von diesem Subsidiaritätsgrundsatz dahin gehende Ausnahmen nicht verbieten, bei denen die Feststellungsklage unter Wahrung der Prozessökonomie sinnvolle Entscheidungen hervorbringt.[433] Dies ist immer dann der Fall, wenn eine endgültige Klärung der zwischen den Prozessparteien existierenden Streitpunkte abzusehen ist, diese sich mithin bereits an das „bloße" Feststellungsurteil halten.[434] Man kann einen derartigen Befolgungswillen im Grundsatz annehmen, wenn es sich bei dem Feststellungsbeklagten um „öffentlich rechtliche Körperschaften und Anstalten handelt,[435] Versicherungen,[436] Banken,[437] und Insolvenzverwalter[438]".[439]

Man könnte im Vorfeld der Eintragung darüber nachdenken, ob der Aktionär die Feststellungsklage erheben darf, da die Aktiengesellschaft als Beklagte die notwendigen Schlüsse aus dieser zieht und die Eintragung der Durchführung der Kapitalerhöhung bei Feststellung der Pflichtwidrigkeit unterlässt.[440] Gute Gründe sprechen insbesondere bei börsennotierten Aktiengesellschaften dafür, da zu er-

---

[430] *Koch*, in: Hüffer/Koch, 13. Aufl., § 249 Rn. 12; *Bartels*, ZGR 2008, 723, 724 f.; OLG Hamburg, Urt. v. 31.05.1995 – 11 U 183/94 –, ZIP 1995, 1513, 1514 f. für die Feststellungsklage gegenüber einem Mitaktionär bei möglicher Nichtigkeitsklage gem. § 249 AktG.

[431] *Koch*, in: Hüffer/Koch, 13. Aufl. § 249 Rn. 12.

[432] In Bezug auf die zeitliche Ausdehnung der Feststellungsklage wegen auch möglicher Schadensersatzklagen *Paschos*, DB 2005, 2731, 2732 und *Busch*, NZG 2006, 81, 85.

[433] BGH, Urt. v. 10.5.1978 – VIII ZR 166/77 –, NJW 1978, 1520, 1521; BGH, Urt. v. 04.06. 1996 – VI ZR 123/95 –, NJW 1996, 2725, 2726; OLG Düsseldorf, Urt. v. 1.7.2004 – 7 UF 227/ 03 –, NJW-RR 2005, 1.

[434] *Foerste*, in: Musielak/Voit/ZPO, 15. Aufl., § 256 Rn. 13.

[435] BGH, Urt. v. 4.10.2000 – VIII ZR 289/99 –, NJW 2001, 445, 447 f.

[436] BGH, Urt. v. 9.3.2004 – VI ZR 439/02 –, NJW-RR 2004, 883, 883 f.

[437] BGH, Urt. v. 03.06.1997 – XI ZR 133/96 –, NJW 1997, 2320, 2321.

[438] BGH, Urt. v. 14.12.2006 – IX ZR 102/03 –, NJW 2007, 1588, 1589.

[439] Zit. nach *Foerste*, in: Musielak/Voit/ZPO, 15. Aufl., § 256 Rn. 13.

[440] So auch *Stamatopoulos*, Pflichtenstellung des Vorstandes, S. 287; *Hirte*, Bezugsrechtsausschluß, 207.

warten ist, dass der Markt anhaltende rechtswidrige Zustände mit Abschlägen straft. Aber auch für nicht börsennotierte Aktiengesellschaften ist es mehr als legitim anzunehmen, dass sich der Vorstand und der Aufsichtsrat an ein rechtskräftiges Urteil halten werden, da die Außerachtlassung an sich schon eine Pflichtwidrigkeit des Vorstandes mit den entsprechenden haftungsrechtlichen Folgen darstellen könnte.[441] Daher ist dem Aktionär unabhängig von der Möglichkeit einer Leistungsklage, beispielsweise in Form einer hier angenommenen vorbeugenden Unterlassungsklage, die Möglichkeit zuzugestehen, eine Klärung zunächst im Wege der allgemeinen vorbeugenden Feststellungsklage herbeizuführen.[442]

Wie im Folgenden noch deutlich wird, rechtfertigt sich die Zulässigkeit der vorbeugenden Feststellungsklage noch aus einem anderen Grund, nämlich den Urteilswirkungen.[443]

Die folgenden Ausführungen zur vorbeugenden Feststellungsklage gelten entsprechend für eine im Rahmen des Unterlassungsprozesses erhobene Zwischenfeststellungsklage.[444]

III. Feststellbares (Dritt)Rechtsverhältnis

Allein aus der Statthaftigkeit der allgemeinen Feststellungsklage ergibt sich noch nicht deren gesamte Zulässigkeit. Hierfür ist es nach § 256 ZPO zwingend notwendig, dass der Feststellungskläger das Bestehen oder Nichtbestehen eines Rechtsverhältnisses begehrt. Die Rechtsprechung versteht unter einem Rechtsverhältnis „eine bestimmte rechtlich geregelte Beziehung einer Person zu einer anderen Person oder Gegenständen".[445] Aus der erhobenen Klage muss sich klar ergeben, aus

---

[441] Pauschaler *Koch*, in: Hüffer/Koch, 13. Aufl., § 203 Rn. 39; *Lutter*, in: KölnKomm/AktG, 2. Aufl. § 203 Rn. 45; *Hirte*, Bezugsrechtsausschluß, S. 207; *Lutter*, BB 1981, 861, 864; *Wilsing*, ZGR 2006, 722, 744.

[442] Anders *Schickerling*, Information und Rechtsschutz, S. 1169, 174 f., der den Vorrang der Unterlassungsklage annimmt und den Aktionär bei Erledigung der Unterlassungsklage auf eine Klageänderung gem. § 263 ZPO verweist. Die Rechtsprechung lässt bei Erhebung einer Zwischenfeststellungsklage die Möglichkeit der Bedeutung des Rechtsverhältnisses für einen über den Streitgegenstand hinausgehenden Sachverhalt ausreichen, BGH, Urt. v. 5.5.2011 – VII ZR 179/10 –, NJW 2011, 2195, 2196 Tz. 21; BGH, Urt. v. 23.4.2012 – II ZR 75/10 –, NJW-RR 2012, 1312, 1316 Tz. 41; kritisch *Becker-Eberhard*, in: MünchKomm/ZPO, 5. Aufl., § 256 Rn. 86.

[443] Vgl. hierzu S. 477 ff.

[444] Die Nichtigkeitsfeststellung des Vorstandsbeschlusses aufgrund der Kompetenzüberschreitung ist essentiell für die Annahme der Unterlassungspflicht.

[445] *Roth*, in: Stein/Jonas, 22. Aufl., § 256 Rn. 21; hiernach zitiert „RGZ 44, 54; BGHZ 22, 43, 47; BAG, NZA 1989, 687, 687 f., OLG München, NJW-RR 1987, 925, 926; *Rosenberg/Schwab/Gottwald*, ZPO, § 91 Rn. 6; *Hellwig*, System des Deutschen Zivilprozeßrechts, Bd. 1, § 107 (S. 281 ff.)".

welchem rechtlichen Sachverhalt sich das hinreichend konkrete Rechtsverhältnis ergeben oder eben nicht ergeben soll.[446]

1. Einleitung

Bei der Ausnutzung des genehmigten Kapitals ist es zunächst mehr als fraglich, auf welches Rechtsverhältnis der Aktionär abzielt, wenn der er die Feststellung der Nichtigkeit eines Beschlusses der Verwaltungsorgane zum Gegenstand seiner Feststellungsklage macht. Denn zwischen dem einzelnen Aktionär und den Verwaltungsorganen als solchen existiert kein Rechtsverhältnis.[447] Dies ist, wie der BGH auch in der Commerzbank/Mangusta II-Entscheidung deutlich gemacht hat, allerdings kein kategorischer Hinderungsgrund.[448] Zwischen dem Aktionär und der Aktiengesellschaft als Verband besteht ein Rechtsverhältnis in Form des mitgliedschaftlichen Rechtsverhältnisses.[449] Ebenso besteht zwischen der Aktiengesellschaft und den Verwaltungsorganen ein feststellbares Rechtsverhältnis.[450] Die Pflichten des Vorstandes gegenüber der Aktiengesellschaft können unabhängig von dem Streitstand der Rechts- und Parteifähigkeit von Organen der Aktiengesellschaft im Rahmen von internen Streitigkeiten[451] als feststellbares Rechtsverhältnis angesehen werden.[452] Denn das Aktiengesetz erkennt auch den Vorstand als Gesamtorgan als Pflichtenadressaten an, wie schon durch § 76 Abs. 1 AktG zum Ausdruck gebracht wird.[453] Wenn dem so ist und man unter dem Regime des § 256 ZPO auch einzelne Pflichten feststellen lassen kann, hat man das Rechtsverhältnis zwischen Vorstand und Gesellschaft auch als feststellungsfähig anzusehen.[454]

Richtigerweise wird man beide Rechtsverhältnisse als taugliche Gegenstände für die Feststellungsklage ansehen können. Häufig wird unmittelbar eine Beeinträch-

---

[446] BGH, Urt. v. 22.01.1987 – III ZR 26/85 –, BGHZ 99, 344, 356; *Roth*, in: Stein/Jonas, 22. Aufl., § 256 Rn. 21.

[447] BGH, Urt. v. 25.02.1982 – II ZR 174/80 – , BGHZ 83, 122, 134.

[448] BGH, Urt. v. 10.10.2005 – II ZR 90/03 –, BGHZ 164, 249, 255 Tz. 18 = BGH NZG 2006, 20, 22 (Commerzbank/Mangusta II); so schon zuvor in BGH, Urt. v. 25.02.1982 – II ZR 174/80 –, BGHZ 83, 122, 125 ff. = NJW 1982, 1703, 1704 (Holzmüller).

[449] Vgl. zur Mitgliedschaft als Rechtsverhältnis oben S. 267 ff.

[450] *Bartels*, ZGR 2008, 723, 739; a.A. *Behr*, Die actio pro socio, S. 170, der eine rechtliche Unselbstständigkeit des Vorstandes in den Vordergrund rückt; vgl. hierzu sogleich S. 466 ff.

[451] Vgl. hierzu *K. Schmidt*, Gesellschaftsrecht, 4. Aufl., § 14 IV 2 (S. 421 ff.); aufgrund dessen auch ablehnend *Behr*, Die actio pro socio, S. 170 f.

[452] *Bartels*, ZGR 2008, 723, 739 f.

[453] *Spindler*, in: MünchKomm/AktG, § 76 Rn. 11, 7; *Dreher*, in: FS Hopt Bd. 1, 2010, S. 517, 518; BGH, Urt. v. 12.11.2001 – II ZR 225/99 –, BGHZ 149, 158 = NJW 2002, 1228 ff.; anders *Behr*, Die actio pro socio, S. 170, der die fehlende Rechtsfähigkeit des Vorstandes in den Vordergrund rückt.

[454] Zur Feststellungsfähigkeit einzelner Pflichten, BGH, Urt. v. 24.3.2010 – VIII ZR 304/08 –, NJW 2010, 2793, 2794; *Foerste*, in: Musielak/Voit/ZPO, 15. Aufl., § 256 Rn. 2; *Roth*, in: Stein/Jonas, 22. Aufl., § 256 Rn. 26; dies erkennt auch *Behr*, Die actio pro socio, S. 169 an.

tigung des Mitgliedschaftsverhältnisses als Rechtsverhältnisses angenommen, wie etwa bei einem rechtswidrigen Bezugsrechtsausschluss.[455] Hier wird die Ausnutzungsentscheidung des Vorstandes und des Aufsichtsrates unmittelbar in Verbindung mit dem zwischen der Aktiengesellschaft und dem Aktionär bestehenden Rechtsverhältnisses gebracht.[456] Hier soll wohl implizit vorausgesetzt werden, dass das Handeln der Verwaltungsorgane unmittelbar als solches der Aktiengesellschaft gilt.[457] Dies ist zutreffend, allerdings allein über eine analoge Anwendung des § 31 BGB zu erreichen.[458] Das kompetenzüberschreitende Handeln des Vorstandes wird der Aktiengesellschaft zugerechnet, welche deswegen selbst für den Eingriff in die Rechtsstellung des Aktionärs als teilhabeberechtigtes Subjekt einstehen muss. Macht der Aktionär dieses Rechtsverhältnis zum Gegenstand der allgemeinen Feststellungsklage geht es nicht um die Feststellung eines Drittrechtsverhältnisses.[459]

2. Vorstandsbeschluss als Drittrechtsverhältnis

Die soeben benannte Konstellation lag der hier als Beispiel dienenden Commerzbank/Mangusta II-Entscheidung des BGH allerdings nicht zugrunde. Hätte die Mangusta Beteiligungsgesellschaft mbH dies feststellen lassen wollen, so hätte sie ihren Klageantrag auch dementsprechend formulieren müssen.

Ihr ging es isoliert um den Ausnutzungsbeschluss der Verwaltungsorgane, zu denen gerade kein direktes Rechtsverhältnis besteht. Ein der Gesellschaft zugerechnetes Verhalten wurde gerade nicht zum Gegenstand des Verfahrens gemacht. Möchte der Aktionär die Beschlusstätigkeit der Verwaltungsorgane zum Gegenstand seiner allgemeinen Feststellungsklage machen, geht es für ihn um die Feststellung eines Drittrechtsverhältnisses.[460] Dies ist insoweit zulässig, als das die Feststellung für ein zwischen den Prozessparteien bestehendes Rechtsverhältnis von Relevanz ist,[461] der Kläger mithin ein Feststellungsinteresse nachweisen kann. Der Vorwurf von *Busch*, dass es „zweifelhaft" sei, warum durch den BGH hinsichtlich des Ver-

---

[455] *Kubis*, DStR 2006, 188, 191.

[456] *Kubis*, DStR 2006, 188, 191 „betrifft die Ausnutzungsentscheidung von Vorstand und Aufsichtsrat ausschließlich das Rechtsverhältnis zwischen dem klagenden Mitglied und dem in das individuelle Bezugsrecht eingreifenden Verband.".

[457] Ausdrücklich *Reichert/Senger*, DK 2006, 338, 345.

[458] Vgl. auch *Zöllner*, ZGR 1988, 392, 432 f.; so wohl auch *Behr*, Die actio pro socio, S. 170.

[459] Insoweit zutreffend, *Reichert/Senger*, DK 2006, 338, 345; *Kubis*, DStR 2006, 188, 191; *Busch*, NZG 2006, 81, 85, wobei die jeweilige Berufung auf den BGH unzutreffend ist; vgl. dazu im Folgenden; *Behr*, Die actio pro socio, S. 170 f.

[460] Die Stellung als Dritter lehnt *Behr*, Die actio pro socio, S. 170 f. ab. Da es sich um einen verbandsinternen Streit um die Pflichtbindung des Vorstandes durch die Kompetenzordnung als eigenständiges Organ der AG handelt, wird man die fehlende Rechts- und Parteifähigkeit nicht zur Voraussetzung machen können. Die verbandsintern mögliche Rechtsbindung als Organ ist für ein feststellbares Drittrechtsverhältnis als ausreichend zu betrachten.

[461] So explizit der BGH, Urt. v. 10. 10. 2005 – II ZR 90/03 –, BGHZ 164, 249, 255 Tz. 18 = BGH NZG 2006, 20, 22 (Commerzbank/Mangusta II).

waltungshandelns ein Rechtsverhältnis zwischen Aktionär und Verband geleugnet wird, um sodann „zu der richtigen Erkenntnis zu gelangen, dass der Bezugsrechtsausschluss den Kläger in ‚dessen Stellung als Aktionär und damit sein Rechtsverhältnis zur Gesellschaft' berührt", ist daher unangebracht.[462] Das Rechtsverhältnis zwischen Aktionär und der Aktiengesellschaft wird lediglich zum Nachweis des Feststellungsinteresses bemüht, da der Klageantrag nicht auf dieses gerichtet war.

Rein tatsächlich wird zutreffend darauf hingewiesen, dass es dem Aktionär auch bei der Feststellungsklage hinsichtlich des Drittrechtsverhältnisses zwischen Aktiengesellschaft und Vorstand, nicht primär um das Bestehen oder das Nichtbestehen eines Rechtsverhältnisses geht, sondern um die Rechtswidrigkeit der Ausnutzungsentscheidung.[463] Dies ist für die hier infrage stehenden Fälle problematisch, da überwiegend angenommen wird, dass einzelne Vorfragen oder Rechtselemente eines Rechtsverhältnisses nicht feststellungsfähig seien.[464] Hierzu gehört auch die Frage der Rechtswidrigkeit eines Verhaltens.[465] Die Pflichtwidrigkeit des Vorstandsbeschlusses würde mithin als Unterfall der Verletzung der gegenüber der Aktiengesellschaft bestehenden Pflicht zu gesetzes- und satzungsgemäßen Verhalten[466] aus dem Kreis der feststellungsfähigen Elemente herausfallen.[467]

Dieser restriktiven Lesart des Begriffes Rechtsverhältnis liegt das Begehren zugrunde, dass eine unüberschaubare Vermehrung von Prozessen vorgebeugt werden solle.[468] Die Möglichkeit einen einheitlichen prozessualen Sachverhalt in mehrere Etappen aufzuteilen solle es auch im Sinne der Prozessökonomie nicht geben. Doch wird hierbei übersehen, dass die Eingrenzung solcher Aufteilungstaktiken sehr wohl über das gesondert nachzuweisende Interesse an der Feststellung erfolgen kann.[469] Die Eingrenzung über das Rechtsverhältnis ist dogmatisch keinesfalls zwingend und führt auch keine Erleichterung herbei. Denn die schwierige Frage der Abgrenz-

---

[462] So aber *Busch*, NZG 2006, 81, 85.

[463] *Jacobs*, Gegenstand des Feststellungsverfahrens, S. 398; dem folgend *Bartels*, ZGR 2008, 723, 740; richtigerweise kritisch der BGH, Urt. v. 10.10.2005 – II ZR 90/03 –, BGHZ 164, 249, 260 f. Tz. 36 f.= BGH NZG 2006, 20, 24 (Commerzbank/Mangusta II), der der Pflichtwidrigkeit aufgrund der zwingenden Nichtigkeitsfolge bei Verstößen gegen Satzung oder Gesetz keine Bedeutung beimisst.

[464] BGH, Urt. v. 8.11.2005 – KZR 37/03 –, NJW 2006, 377, 378; *Rosenberg/Schwab/Gottwald*, ZPO, § 91 Rn. 7; dagegen *Roth*, in: Stein/Jonas, 22. Aufl., § 256 Rn. 27.

[465] BGH, Urt. v. 03.05.1977 – VI ZR 36/74 –, BGHZ 68, 331, 332; BGH, Urt. v. 19.4.2000 – XII ZR 332/97 –, NJW 2000, 2280, 2281; vgl. zur Folge der Rechtswidrigkeit für den Beschluss BGH, Urt. v. 10.10.2005 – II ZR 90/03 –, BGHZ 164, 249 260 f. Tz. 36 f. = BGH NZG 2006, 20, 24.

[466] Vgl. zur dieser Pflicht des Vorstandes gegenüber der Aktiengesellschaft *Schulz-Gardyan*, Die sog. Aktionärsklage, S. 94.

[467] Vgl. zum Problem der Feststellungsfähigkeit des Schuldnerverzugs als Unterfall der Verletzung der Leistungspflicht durch rechtswidrige Verzögerung, BGH, Urt. v. 19.4.2000 – XII ZR 332/97 –, NJW 2000, 2280, 2281.

[468] BGH, Urt. v. 12.12.1994 – II ZR 269/93 –, NJW 1995, 1097 f.

[469] Treffend *Roth*, in: Stein/Jonas, 22. Aufl., § 256 Rn. 27a.

barkeit von bloßen Vorfragen eines Rechtsverhältnisses zu eigenständigen Teilrechtsverhältnissen würde der Rechtssicherheit abträgliche Unklarheiten entstehen lassen.[470] Insbesondere im Fall der allgemeinen Feststellungsklage wird eine Rechtsschutzlücke geschlossen, deren Schließung nicht an einer nicht zwingenden restriktiven Wortlautgrenze scheitern darf.[471] Man kann und sollte bei der hier in Rede stehenden allgemeinen Feststellungsklage zwar präziser auf die Nichtigkeit des zugrunde liegenden Vorstandsbeschlusses zur Ausnutzung des genehmigten Kapitals abstellen.[472] Die Feststellungsfähigkeit des Vorstandsbeschlusses sollte man aber alles in allem anerkennen.[473]

Insbesondere im Gesellschaftsrecht wurde der Beschluss als mehrseitiges Rechtsgeschäft sui generis[474] als feststellungsfähig anerkannt.[475] Dem ist auch für die vorliegende Arbeit zu folgen. Es ist widersinnig, auf die einzelnen Rechtsbeziehungen abzustellen, die der Beschluss begründen oder auf die er einwirken könnte, ihn selbst aber nicht als ein Rechtsverhältnis im Sinne des § 256 ZPO zu betrachten.[476] Durch die Entfaltung von Wirkungen oder die Einwirkung auf andere Rechtsverhältnisse und -positionen ist auch der Beschluss als solcher immer auch auf die Herbeiführung eines rechtlich verbindlichen Erfolgs gerichtet.[477] Insgesamt bleibt dem Begriff des Rechtsverhältnisses aber auch hier eine gewisse Konturenlosigkeit immanent.[478] Dieser Graubereich ist allerdings nicht als ungewollt anzusehen, sondern der notwendigen Offenheit des Begriffes geschuldet, da nur hierdurch existierende Rechtsschutzlücken geschlossen werden können. Daher hat man auch die Nichtigkeit des Vorstandsbeschlusses als tauglichen Feststellungsgegenstand

---

[470] *Becker-Eberhard*, in: MünchKomm/ZPO 5. Aufl., § 256 Rn. 27; *Roth*, in: Stein/Jonas, 22. Aufl., § 256 Rn. 27 f.

[471] *Becker-Eberhard*, in: MünchKomm/ZPO 5. Aufl., § 256 Rn. 27.

[472] So BGH, Urt. v. 10.10.2005 – II ZR 90/03 –, BGHZ 164, 249, 253 f. – NZG 2006, 20, 21 f.

[473] Anders *Behr*, Die actio pro socio, S. 170 f., der nur das Rechtsverhältnis zwischen Aktionär und Aktiengesellschaft als feststellungsfähig betrachtet.

[474] BGH, Urt. v. 18.9.1975 – II ZB 6/74 –, BGHZ 65, 93, 97 f.; *Koch*, in: Hüffer/Koch, 13. Aufl., § 133, Rn. 3; *Schröer*, in MünchKomm/AktG, 3. Aufl., § 133 Rn. 3; *Rieckers*, in: Spindler/Stilz, 4. Aufl., § 133 Rn. 3; *Hirschmann*, in: Hölters/AktG, 3. Aufl., § 133 Rn. 3; *Schilling*, in: FS Ballerstedt, 1975, S. 257, 273 ff.; *Lutter*, in: FS Quack, 1991, S. 301, 303 f.; offen formuliert der BGH nun wieder in BGH, Urt. v. 15.11.1993 – II ZR 235/92 –, BGHZ 124, 111, 122; ohne Stellungnahme *Austmann*, in: MünchHdbGesR IV, 4. Aufl., § 40 Rn. 1 ff.; Überblick bei *Axhausen*, Anfechtbarkeit aktienrechtlicher Aufsichtsratsbeschlüsse, S. 11 ff.

[475] BGH, Urt. v. 21.10.1991 – II ZR 211/90 –, NJW-RR 1992, 227; BGH, Urt. v. 10.10.2005 – II ZR 90/03 –, BGHZ 164, 249, 253 f. = NZG 2006, 20, 21 f. (Commerzbank/Mangusta II); BGH, Urt. v. 9.4.2013 – II ZR 3/12 –, NZG 2013, 664 f. (f.d. PersGes); *Bayer/Möller*, NZG 2018, 801, 809 f., die die Möglichkeit der Gesetzmäßigkeitskontrolle durch den Aktionär im Wege der Feststellungsklage bei unmittelbarer Verletzung des Mitgliedschaftsrechts annehmen.

[476] BGH, Urt. v. 21.10.1991 – II ZR 211/90 –, NJW-RR 1992, 227 f. (f.d. PersGes.).

[477] *Jacobs*, Der Gegenstand des Feststellungsverfahrens, S. 263; für den Aufsichtsratsbeschluss vgl. S. 268.

[478] Zutreffend kritisch *Bartels*, ZGR 2008, 723, 741.

anzusehen, sofern aus dieser konkrete Rechtsfolgen abgeleitet werden können.[479] Dies wäre bei der kompetenzwidrigen Ausnutzungsentscheidung beim genehmigten Kapital der Fall, sofern ebenfalls in das mitgliedschaftliche Teilhaberecht eingegriffen wird. Denn dies würde wiederum die ex nunc Rückabwicklung der Kapitalerhöhung nach den Grundsätzen der fehlerhaften Gesellschaft nach sich ziehen.[480]

Dem Aktionär bleibt es bei der Antragsformulierung unbenommen entweder die Pflichtwidrigkeit des Verwaltungsverhaltens oder die Nichtigkeit der Ausnutzungsbeschlüsse zum Gegenstand einer allgemeinen vorbeugenden Feststellungsklage zu machen.

3. Feststellungsanträge

a) Mitgliedschaftsverhältnis als festzustellendes Rechtsverhältnis

Das Gericht möge feststellen, dass das Mitgliedschaftsverhältnis des Aktionärs zum Verband unverändert fortbesteht, da die Beschlüsse zur Ausnutzung des genehmigten Kapitals mit dem entsprechenden Inhalt nichtig sind.

b) Pflichtwidrigkeit der Ausnutzungsbeschlüsse als festzustellendes Rechtsverhältnis

Das Gericht möge feststellen, dass die Entscheidungen zur Ausnutzung des genehmigten Kapitals (mit dem entsprechenden Inhalt) pflichtwidrig und damit nichtig sind.

IV. Feststellungsinteresse

Neben dem Erfordernis eines feststellbaren Rechtsverhältnisses kann der Aktionär die allgemeine Feststellungsklage lediglich dann erfolgreich erheben, wenn er an der Feststellung des Bestehens oder Nichtbestehens eines Rechtsverhältnisses ein schützenswertes Interesse hat. Dies unterscheidet den Rechtsschutz gegenüber der Vorstandsentscheidung wesentlich von der hauptversammlungsspezifischen Nichtigkeitsfeststellungsklage gem. § 249 AktG, bei der der Aktionär ein besonderes Feststellungsinteresse nicht mehr nachzuweisen hat.[481] Der Kläger muss demnach

---

[479] So wohl auch *Roth*, in: Stein/Jonas, 22. Aufl., § 256 Rn. 27a; a.A. wohl BGH, Urt. v. 10.10.2005 – II ZR 90/03 –, BGHZ 164, 249, 260 f. = NZG 2006, 20, 24.

[480] Vgl. zu dieser Möglichkeit S. 513 ff. und zur aktienrechtlichen Zulässigkeit der Beseitigungsklage S. 517 ff.

[481] Anders *Kimpler*, Die Abgrenzung der Zuständigkeiten von Hauptversammlung und Vorstand bei der Kapitalerhöhung, S. 237 der unter Verweis auf § 249 AktG auch hier kein besonderes Feststellungsinteresse verlangt; stark sympathisierend *Brondics*, Die Aktionärsklage, S. 187; ein Feststellungsinteresse verlangend dahingegen die wohl h.M. vgl. *Stamatopoulos*, Pflichtenstellung des Vorstandes, S. 285.

ein rechtliches Interesse nachweisen, welches regelmäßig dann vorliegt, sofern eine gegenwärtige Gefahr der Unsicherheit für ein Recht oder eine Rechtslage droht und ein Feststellungsurteil zur Gefahrbeseitigung geeignet ist.[482] Gefährdungen sind immer dann gegeben, wenn ein Recht gegenüber dem Kläger in Stellung gebracht wird oder ein Recht des Klägers geleugnet wird.[483] Unumgänglich ist, dass es ein eigenes Klägerinteresse ist.[484] Denn originäres Ziel ist die Beseitigung der bestehenden Unsicherheit für ein Recht oder eine Rechtslage zulasten des Feststellungsklägers.

1. Bei Ausnutzung des genehmigten Kapitals durch die Verwaltungsorgane

Für die allgemeine Feststellungsklage bei Verwaltungsentscheidungen bedeutet dies, dass ein Recht des Aktionärs durch die Verwaltungsentscheidung gefährdet werden müsste. Bei der Ausnutzung eines genehmigten Kapitals durch den Vorstand stellt die Darlegung des Feststellungsinteresses im Zweifel kein größeres Hindernis für den Aktionär dar.

Lautet der Klageantrag des Aktionärs auf die Feststellung der Beeinträchtigung des zwischen ihm und der Aktiengesellschaft bestehenden Rechtsverhältnisses, so genügt für den Nachweis des Feststellungsinteresses nach teilweise vertretener Ansicht bereits die Tatsache, dass der Aktionär Partei des Rechtsverhältnisses der Mitgliedschaft sei.[485] Dies würde allerdings für eine Feststellungsklage im Rahmen des Verbandsrechts einer Aktiengesellschaft zu weit gehen. Ließe man allein den Verweis auf die Mitgliedschaft als subjektives Recht und Rechtsverhältnis genügen, wäre eine allgemeine Feststellungsklage gegenüber der Gesellschaft in einem unbeschränkten Maße möglich.[486] Hierdurch könnte sich der Aktionär zum Ersatz-

---

[482] Allg. Ansicht BGH, Urt. BGH, Urt. v. 08.12.1954 – II ZR 291/53 –, BGHZ 15, 382, 390 = NJW 1955, 221; BGH, Urt. v. 21.12.2005 – VIII ZR 108/04 –, NJW-RR 2006, 637, 638; BGH, Urt. v. 20.5.2011 – V ZR 175/10 –, NJW-RR 2011, 1232, 1232 Tz. 11; *Becker-Eberhard*, in: MünchKomm/ZPO, 5. Aufl., § 256 Rn. 39; *Foerste*, in: Musielak/Voit/ZPO, 15. Aufl., § 256 Rn 8.

[483] *Becker-Eberhard*, in: MünchKomm/ZPO, 5. Aufl., § 256 Rn. 42.

[484] *Foerste*, in: Musielak/Voit/ZPO, 15. Aufl., § 256 Rn 8.

[485] Vgl. auch *Wiedemann*, Gesellschaftsrecht II, 2004, § 3 III 6. B. aa. (S. 287 f.) f.d. PersGes., der insbesondere einen Rückgriff auf das Recht auf gesetzes- und satzungsgemäßen Verhalten, wie auch auf einen behaupteten Eingriff in die Mitgliedschaftsrechte ablehnt; vgl. auch *Wiedemann*, Gesellschaftsrecht I, § 8 IV. 2. a. (S. 464 f.); für die AG scheinbar auch *Bartels*, ZGR 2008, 723, 745, wenn er annimmt, dass sich das Feststellungsinteresse für die übliche Feststellungsklage die Störung eigener Rechte bereits aus der Rechtsstellung als Partei des Rechtsverhältnisses ergibt; *Bayer/Möller*, NZG 2018, 801, 809 f., die die Möglichkeit der Gesetzmäßigkeitskontrolle durch den Aktionär im Wege der Feststellungsklage bei unmittelbarer Verletzung des Mitgliedschaftsrechts annehmen.

[486] Kritisch auch *Krieger*, ZHR 163 (1999), 343, 356, der unter dem Mitgliedschaftsrecht ein zu breites „Schlagwort" versteht; ebenso *Hoffmann-Becking*, ZHR 167 (2003), 357, 363. *Krieger* weist in impliziter Form zutreffend auf die Beachtung der Regelung seiner hauptversammlungsspezifischen Rechte hin. Nach hier vertretener Auffassung ist hierdurch die

aufsichtsorgan über Geschäftsführungsmaßnahmen neben dem Aufsichtsrat erheben, was wie gesehen mit der Strukturentscheidung des Aktienrechts nicht vereinbar ist. Es käme zudem zu erheblichen Missbrauchsmöglichkeiten durch eine derartige allgemeine Feststellungsklage. Daher haben sich Ansichten verbreitet, die im Verbandsinnenrecht der Aktiengesellschaft strengere Anforderungen an das Feststellungsinteresse stellen. Auf diese Ansichten wird im Anschluss zurückzukommen sein, insbesondere da sich auf der hier angenommenen Grundlage keine überhöhte Missbrauchsgefahr durch die Feststellungsklage im Verbandsinnenrecht ergibt, die die aktienrechtliche Strukturentscheidung konterkarieren würde.[487] Für das genehmigte Kapital spielen sie eine untergeordnete Rolle, da bei der die Kompetenz verletzenden Ausnutzungsentscheidung der notwendige Eingriff in das mitgliedschaftliche Teilhaberecht vorliegt.[488]

Der Aktionär hat bei Erhebung einer Feststellungsklage nachzuweisen, dass durch die Beschlussfassung das mitgliedschaftliche Teilhaberecht des Klägers in gleicher Sache berührt wird.[489] Das schutzwürdige Feststellungsinteresse ist also in jedem Fall dann gegeben, wenn eine Kompetenzübertretung durch den Vorstand zulasten dieses Rechts geltend gemacht wird.[490] Die zuvor herausgearbeitete zwingende aktienrechtliche Kompetenzordnung erhält über das Merkmal der Schutzwürdigkeit Einfall in die allgemeine Feststellungsklage, deren Einsatz die Geltendmachung des verbandsrechtlichen Abwehranspruches flankieren kann.[491]

Erhebt der Aktionär Feststellungsklage aufgrund einer pflichtwidrigen Verwaltungsentscheidung, beziehungsweise der Nichtigkeit des Ausnutzungsbeschlusses muss er *zusätzlich* nachweisen, dass das Drittrechtsverhältnis auch für das zwischen den Parteien existierende Rechtsverhältnis Relevanz entfaltet.[492] Dies wird dem Aktionär im Regelfall ebenso gelingen.

Kritisch für die Annahme eines Feststellungsinteresses stellt sich zwar dar, dass der Vorstand aus einem stattgebenden Feststellungsurteil noch nicht rechtskräftig

---

Schutzwürdigkeit allerdings bei einer Teilhaberechtsverletzung in gleicher Sache gegeben (vgl. S. 296 ff.), da § 122 AktG diesbezüglich keine Sperrwirkung entfaltet (vgl. S. 318 ff.).

[487] Dazu sogleich S. 475 ff.

[488] So schon BGH, Urt. v. 25.02.1982 – II ZR 174/80 –, BGHZ 83, 122, 133 ff. (Holzmüller).

[489] Aufgrund der Annahme einer die Individualrechte schützenden Klage verstehen *Krämer/Kiefner*, ZIP 2006, 301, 304 unter dem Nachweis, dass ein „aktionärssensiblen Bereich" berührt wird, die Beeinträchtigung diverse Einzelrechte; nur hinsichtlich des Beschlussausführungsverhaltens *Bartels*, ZGR 2008, 723, 769, anders in Bezug auf die „übliche Feststellungsklage" hinsichtlich des Vorstandsbeschlusses, *Bartels*, a.a.O. S. 745.

[490] *Stamatopoulos*, Pflichtenstellung des Vorstandes, S. 285.

[491] Der verbandsrechtliche Abwehranspruch wird präventiv in Form der Unterlassungsklage geltend gemacht und repressiv über die Beseitigungsklage durchgesetzt, vgl. zu Erstem S. 395 ff. und zu Zweitem S. 510.

[492] *Roth*, in: Stein/Jonas, 22. Aufl., § 256 Rn. 33; BGH, Urt. v. 25.02.1982 – II ZR 174/80 –, BGHZ 83, 122, 125 (Holzmüller); BGH, Urt. v. 5.12.2003 – V ZR 447/01 –, NJW 2004, 1798, 1799 (dort fehlend).

verpflichtet ist, die notwendigen Konsequenzen zu ziehen, ebenso wie keine Rechtskrafterstreckung auf den Vorstand stattfindet. Er kommt in diesem Prozess auch nicht als passiv Legitimierter oder als Prozesspartei in Betracht. Als Organ der Aktiengesellschaft hat er sich allerdings unmittelbar an gegen die AG ergehende Urteile zu halten.[493] Dies alles führt allerdings nicht zum Wegfall des Feststellungsinteresses.[494]

Die das Feststellungsinteresse tragende Gefahr besteht für den Aktionär bereits dadurch, dass das mitgliedschaftliche Teilhaberecht des Aktionärs, an der eigentlich durch die Hauptversammlung zu treffenden Entscheidung mitzuwirken, durch die Verwaltungsorgane geleugnet wird.[495] Wird die Hauptversammlung nicht einberufen, kann dies bereits als ausdrückliche Leugnung gesehen werden. In jedem Fall aber als ein Verhalten, aufgrund dessen der Aktionär befürchten muss, dass sein Recht geleugnet wird, was als ausreichend für die Annahme eines Feststellungsinteresses zu betrachten ist.[496] Durch dieses Verhalten wird auch unmittelbar die Stellung des Aktionärs im Rechtsverhältnis mit der Gesellschaft berührt,[497] da das Verhalten der Organe dieser analog § 31 BGB zuzurechnen ist.[498] Das Feststellungsinteresse ist darüber hinaus bereits dann gegeben, wenn der Dritte das Urteil wahrscheinlich befolgen wird.[499] Hier beanspruchen die gleichen Argumente Geltung, die gegen die Subsidiarität der allgemeinen (vorbeugenden) Feststellungsklage gegenüber der vorbeugenden Unterlassungsklage streiten.[500]

Wird die Eintragung der Durchführung der Kapitalerhöhung aus genehmigtem Kapital trotz entgegenstehendem Urteil vorgenommen, stellt ein stattgebendes Feststellungsurteil mit inter omnes-Wirkung nach § 248 Abs. 1 S. 1 AktG analog[501] zudem eine hinreichende Grundlage für die nachfolgende Zwangseinziehung der Mitgliedschaftsanteile nach §§ 237 ff. AktG analog dar.[502] Ein fehlendes Feststellungsinteresse wird den Aktionär daher nicht an der Geltendmachung hindern.

---

[493] *A. Hueck*, Anfechtbarkeit und Nichtigkeit von Generalversammlungsbeschlüssen bei Aktiengesellschaften, S. 196, eine andere Sichtweise sei praktisch ausgeschlossen.

[494] *Roth*, in: Stein/Jonas, 22. Aufl., § 256 Rn. 35.

[495] Ähnlich *Bartels*, ZGR 2008, 723, 742.

[496] BGH, Urt. v. 13.1.2010 – VIII ZR 351/08 –, NJW 2010, 1877, 1879.

[497] BGH, Urt. v. 10.10.2005 – II ZR 90/03 –, BGHZ 164, 249, 255 Tz. 18 f. = BGH NZG 2006, 20, 22 (Commerzbank/Mangusta II), wobei dort auf den rechtswidrigen Bezugsrechtsausschluss abgestellt wird. Nach hiesiger Auffassung ist allerdings das allein die Übergehung eines mitgliedschaftlichen Teilhaberechts Klagegrundlage, vgl. S. 296 ff.

[498] *Wiesner*, in: MünchHdbGesR IV, 4. Aufl., § 23 Rn. 33.

[499] *Roth*, in: Stein/Jonas, 22. Aufl., § 256 Rn. 53 i.V.m. 35.

[500] Vgl. S. 464.

[501] Vgl. zur analogen Anwendung des § 248 AktG sogleich S. 477 ff.

[502] Vgl. zur Möglichkeit der Zwangseinziehung bei kompetenzverletzender Vorstandsentscheidung S. 513 ff. und zur aktienrechtlichen Zulässigkeit der Beseitigungsklage S. 517 ff.

2. Die allgemeine Feststellungsklage als Allheilmittel der Vorstandskontrolle durch die Aktionäre?

Wie zuvor schon angedeutet, ist bei der allgemeinen Feststellungsklage gegenüber Verwaltungsentscheidungen im Aktienrecht umstritten, ob diese einem allgemeinen Rechtsbehelf gleicht, der gegenüber sämtlichen Entscheidungen in Stellung gebracht werden kann, oder ob einschränkende Voraussetzungen notwendig sind.

Teilweise wird angenommen, dass die allgemeine Feststellungsklage gegenüber Verwaltungsentscheidungen nur dann Platz greifen könne, wenn es sich um eine Frage des Kompetenzübergriffes durch die Verwaltung handele.[503] Sie rekurrieren auf die Commerzbank/Mangusta II-Entscheidung, bei der der BGH den Kompetenzübergriff der Verwaltung als Zulässigkeitsvoraussetzung eingeführt habe.[504] Andere verweisen insgesamt auf die Verletzung von Mitgliedschaftsrechten durch die Verwaltung.[505] Teilweise werden keinerlei weitergehende Zulässigkeitsvoraussetzungen verlangt.[506]

Wie bereits zuvor für die allgemeine Feststellungsklage speziell im Rahmen der Ausnutzung eines genehmigten Kapitals vertreten, kann der bloße Verweis auf die Mitgliedschaftsstellung nicht als ausreichend angesehen werden, da andernfalls eine Universalkontrolle von Verwaltungsentscheidungen die Folge wäre.[507] Der Aktionär muss bei einem Klageantrag, der auf die Feststellung der Beeinträchtigung des unmittelbaren Rechtsverhältnisses zwischen ihm und der Gesellschaft abzielt, geltend machen, dass er in seiner aus der Mitgliedschaft resultierenden Rechtsstellung als teilhabeberechtigtes Mitglied gefährdet sei, nach der ihm die Mitwirkung in der konkreten Sachentscheidung gewährt ist.[508] Nicht ausreichend ist der bloße Nachweis der Mitgliedschaft. Eine gewisse Einschränkung muss die allgemeine Feststellungsklage im Kontext des aktienrechtlichen Verbandsinnenrechts erhalten, da andernfalls die Kompetenzordnung tangiert werden würde. Denn der Leitungsbereich des Vorstandes hat frei von äußeren Aktionärseinflüssen zu bleiben. Würde man jegliche Auswirkungen auf den Kapitalmarktwert der Anteile oder die Dividende

---

[503] *Reichert/Senger*, DK 2006, 338, 351.

[504] Hier insbesondere auf die Passage „Maßgebliche Erwägung für die Zulassung eines derartigen gerichtlichen Rechtsschutzes gegen unrechtmäßiges, *kompetenzüberschreitendes* Organhandeln war [...]" (Hervorhebung durch Verfasser) in BGH, Urt. v. 10.10.2005 – II ZR 90/03 –, BGHZ 164, 249, 254 f. Tz. 17 = NZG 2006, 20, 22 (Commerzbank/Mangusta II); so *Reichert/Senger*, DK 2006, 338, 351.

[505] *Krämer/Kiefner*, ZIP 2006, 301, 304 „Geltungsgrund für das aus Unterlassungs- und Feststellungsklage bestehende Rechtsschutzsystem sind, [...], die Gefahren, die eine rechtswidrige Ausnutzung des genehmigten Kapitals unter Bezugsrechtsausschluss für die Mitgliedschaftsrechte der Aktionäre", die eine Begrenzung auf die Verletzung von „aktionärssensiblen" Gesetzes- und Satzungsbestimmungen erreichen möchten.

[506] *Bartels*, ZGR 2008, 723, 745.

[507] *Krieger*, ZHR 163 (1999), 343, 356; *Hoffmann-Becking*, ZHR 167 (2003), 357, 363.

[508] *Krämer/Kiefner*, ZIP 2006, 301, 304.

ausreichen lassen,[509] würden nahezu sämtliche gesellschaftspolitischen Leitentscheidungen, ebenso wie sämtliche Geschäftsführungsmaßnahmen erfasst.[510] Denn ein Einfluss auf den Kapitalmarktwert lässt sich den meisten Managemententscheidungen nicht gänzlich absprechen, das Gegenteil wird vielmehr zutreffen. Für eine solche umfassende Rechtmäßigkeitskontrolle des Vorstandsverhaltens durch den Aktionär im Wege der allgemeinen Feststellungsklage ist das Aktienrecht allerdings nicht offen genug. Die Aufsichtstätigkeit hinsichtlich der Geschäftsführung obliegt primär dem Aufsichtsrat und nicht dem Einzelaktionär. Dieser kann lediglich über sein Teilhaberecht und besonders über sein in der Hauptversammlung auszuübendes Stimmrecht Einfluss nehmen.[511] Man hat daher die allgemeine vorbeugende Feststellungsklage hinsichtlich der Zulässigkeit an die vorbeugende Unterlassungsklage zur Durchsetzung des verbandsrechtlichen Abwehranspruchs zu binden. Gemeint ist hiermit der Nachweis eines schutzwürdigen Feststellungsinteresses, indem ein möglicher Kompetenzübertritt zulasten des mitgliedschaftlichen Teilhaberechts durch die Verwaltung nahegelegt wird. Die Strukturierung der Kompetenzordnung durch das Aktiengesetz, die bei der Herausarbeitung eines materiellen Abwehranspruchs gegen Übergriffe in das mitgliedschaftliche Teilhaberecht herausgestellt worden ist, zeigt gleichsam, dass das Aktienrecht ein schutzwürdiges Interesse des Aktionärs nur dann anerkennt, sofern seine Einflussnahme in der konkreten Sachfrage durch das mitgliedschaftliche Teilhaberecht gesichert werden soll. In allen anderen Fällen ist kein *rechtlich geschütztes* Interesse daran anzuerkennen, Geschäftsführungsmaßnahmen einer gerichtlichen Klärung zu unterziehen.[512] Nicht ausreichend ist daher auch der Verweis auf die Gefährdung eines sonstigen Individualrechts. Für diese ist ein schutzwürdiges Interesse erst anzuerkennen, sofern die Gefährdung so schwer wiegt, dass nach den Holzmüller/Gelatine-Grundsätzen eine ungeschriebene Hauptversammlungskompetenz ausgelöst wird.[513]

---

[509] So *Bartels*, ZGR 2008, 723, 745.

[510] Die aktienrechtliche Kompetenzordnung, die eine Einflussnahme in diese für den Aktionär „Fremdbereiche" verbietet, bringt damit gleichsam zum Ausdruck, dass diesbezügliche Interessen von der Rechtsordnung als zumindest für das Verbandsinnenrecht nicht schutzwürdig angesehen werden.

[511] Hierfür stehen ihm die zu erstattenden Berichte als vom Aktienrecht angesehen hinreichende Informationsgrundlage zur Verfügung; vgl. zu diesen *Rodewig*, in: ArbHdb HV, 3. Aufl., § 10 Rn. 30.

[512] Hat der Vorstand nicht kompetenzwidrig, aber u. U. pflichtwidrig gehandelt, kann ein rechtliches Interesse an der Feststellung nicht unvermittelt angenommen werden.

[513] Vgl. gegen den Schutz sonstiger Individualrechte im Aktienrecht S. 310 ff.

V. Klagefrist bei der (vorbeugenden) Feststellungsklage

Die Beschränkung der vorbeugenden Feststellungsklage durch eine Klagefrist ist aus denselben Gründen abzulehnen wie die Beschränkung einer vorbeugenden Unterlassungsklage durch eine solche.[514]

VI. Urteilswirkungen

1. Inter Omnes-Wirkung des Feststellungsurteils?

Da sich die Aktionärsklage nach den allgemeinen zivilprozessualen Klagemöglichkeiten richtet, ist der Ausgangspunkt auch die dort geregelte grundsätzliche Wirkung der materiellen Rechtskraft nur zwischen den Prozessbeteiligten.[515] Eine Wirkung inter omnes wird demgegenüber nur für konkrete Fälle gesetzlich angeordnet und stellt damit die Ausnahme dar.[516] Gerade im Fall der hier in Streit stehenden allgemeinen Feststellungsklage, die sich in das aktienrechtliche Verbandsrecht einbetten muss, scheint die Rechtskraftwirkung inter partes aber nicht geeignet zu sein, sodass eine Analogie zu § 248 Abs. 1 S. 1 AktG geboten erscheint.[517] Die vorbeugenden Klagearten des Aktionärs, mit deren Hilfe kompetenzwidrige Eingriffe des Vorstandes in das mitgliedschaftliche Teilhaberecht verhindert werden sollen, komplettieren den Schutz der Anfechtungs- und Nichtigkeitsklagen, welche die Befassung der Hauptversammlung voraussetzen, ohne sie selbst zu schützen. Dies gilt nicht nur für den Fall der kompetenzwidrigen Ausnutzung des genehmigten Kapitals durch den Vorstand als Substitut der Hauptversammlung, sondern in sämtlichen Fällen kompetenzwidrigen Handelns. Die Gründe, die zur Einführung der inter omnes-Wirkung bei der Anfechtungsklage geführt haben, sind auch im Fall der hiesigen Aktionärsklage einschlägig. Es sollte vermieden werden, dass eine Rechtszersplitterung durch die Klagen verschiedener Aktionäre mit sich widerstreitenden Endurteilen eintritt.[518] Es geht verbandsintern um die Beurteilung der Rechtmäßigkeit einer einzigen – kompetenzwidrigen – (Kapital)Maßnahme, die entweder gegeben oder nicht gegeben ist. Dass alles andere „in der Mehrzahl der Fälle zu unlösbarem Wirrsal" führen würde, sah für einen ähnlichen Fall schon das

---

[514] Vgl. zur Klagefrist bereits bei der vorbeugenden Unterlassungsklage S. 422 ff.

[515] *Gottwald*, in: MünchKomm/ZPO, 5. Aufl., § 325 Rn. 1.

[516] Vgl. § 248 Abs. 1 S. 1 AktG, § 13 Abs. 1 S. 2 SpruchG.

[517] *Paefgen*, ZIP 2004, 145, 152; *Liebert*, Bezugsrechtsausschluss, S. 277; kritisch gegenüber der inter omnes-Wirkung BGH, Urt. v. 10. 10. 2005 – II ZR 90/03 –, BGHZ 164, 249, 254 f. Tz. 10 = NZG 2006, 20, 21; diesbezüglich zustimmend *Waclawik*, ZIP 2006, 397, 400 f.; vgl. auch *Koch*, in: Verhandlungen des 63. DJT, Gutachten, F. 98, der die inter omnes-Wirkung de lege ferenda für ein auf der Anfechtungslösung basierendes Beschlussmängelrecht der Gesellschaftsorgane vorsieht.

[518] *Hüffer/Schäfer*, in: MünchKomm/AktG, 4. Aufl., § 248 Rn. 3.

Reichsgericht.[519] Gerade im Aktienrecht soll es nicht zu einer derartigen Rechtszersplitterung kommen, sondern die materielle Rechtskraft soll sich auf sämtliche
Aktionäre erstrecken, wie auch § 13 S. 2 SpruchG und § 99 Abs. 5 S. 2 AktG für
feststellende oder gestaltende Klagen zeigen.[520] Die hier vorgenommene unterschiedliche Behandlung der Urteilswirkungen von Feststellungsklage und der
Leistungsklage findet ihre Rechtfertigung in einer gesetzlichen Grundentscheidung
des SpruchG.[521] Nach dem SpruchG wird von dem Aktionär die eigenständige
Durchsetzung eines Leistungsanspruches im Wege der Leistungsklage verlangt,[522]
wobei das entscheidende Gericht an ein zuvor mit inter omnes-Wirkung ausgestattetes und ergangenes Feststellungsurteil gebunden ist.[523] Die inter omnes-Wirkung stellt nach Ansicht des Gesetzgebers eine durch die Praxis bewährte Möglichkeit zur Verhinderung der Rechtszersplitterung dar.[524] Bestätigt wurde dies
kürzlich durch die Einführung der Musterfeststellungsklage, die nach § 613 ZPO
hinsichtlich des Feststellungsurteils eine Bindungswirkung für Folgeprozesse, insbesondere also Leistungsklagen, anordnet.[525] Diese Wirkung von gegen den Verband
gerichteten, die verbandsinterne Ordnung betreffende Feststellungsklagen ist als der
verbandsrechtlichen Klagestruktur immanent zu betrachten. Das festzustellende
Rechtsverhältnis kann entweder gegenüber allen existieren, oder eben nicht. Der
Gesetzgeber hat die Schwierigkeiten gesehen, die getrennte Verfahren innerhalb des
Verbandes hervorrufen und durch großzügige Erstreckung der materiellen Rechtskraft im Sinne des Rechtsfriedens und der Rechtssicherheit gelöst. Im Vordergrund
steht daher nicht der in die Kategorie anfechtbar und nichtig unterteilbare Hauptversammlungsbeschluss, sondern die mögliche Sedierung der inneren Verbandsstruktur durch sich widersprechende Endurteile. Die gegen die Übertragung der
Anfechtungs- und Nichtigkeitsklage vorgebrachten Einwände verfangen an dieser
Stelle gerade nicht. Da die hier angenommene Aktionärsklage die vom Gesetzgeber
offen gelassene Rechtsschutzlücke bei kompetenzwidrigen Maßnahmen schließt und
damit ein Parallelprogramm zu den Beschlussmängelklagen darstellt, ist eine
Rechtskrafterstreckung geboten. Dass § 248 AktG mit entsprechender Begründung
analogiefähig ist, hat auch der BGH bereits anerkannt. Er wendet § 248 AktG analog

---

[519] RG, Urt. v. 09. 10. 1914 – II 223/14 –, RGZ 85, 311, 313 f. (Nichtigkeitsfeststellung in GmbH).

[520] Eine derartige Rechtskrafterstreckung für Leistungsurteile ist dem Gesetz fremd. Den Leistungstitel hat jeder Aktionär auch nach dem Spruchgesetz eigenständig durchzusetzen; *Koch*, in: Hüffer/Koch, 13. Aufl., § 13 SpruchG Rn. 3; *Drescher*, in: Spindler/Stilz, 4. Aufl., § 13 SpruchG Rn. 5; vgl. zur dortigen Konzentrationswirkung auch für die Leistungsklage § 16 SpruchG.

[521] Eine solche scheint ohne weitere Begründung auch *K. Schmidt*, in: GroßKomm/AktG, 4. Aufl., § 241 Rn. 6 a.E. vorzuschweben.

[522] *Koch*, in: Hüffer/Koch, 13. Aufl., § 13 SpruchG Rn. 3.

[523] § 248 Abs. 1 S. 1 AktG.

[524] Vgl. BT-Drucks. 15/371 S. 11.

[525] Vgl. dazu und zur Reichweite *Röthemeyer*, in: Musterfeststellungsklage, ZPO § 613 Rn. 15 ff.

an, sofern es um eine positive Beschlussfeststellungsklage geht, bei der eine Rechtszersplitterung zu vermeiden ist.[526]

2. Informationsdefizite als Hinderungsgrund?

Eine fehlende Kenntnis der Mitaktionäre bereitet allerdings erhebliche Bedenken gegen die Annahme der inter omnes-Wirkung. Denn ohne Beteiligungsmöglichkeit der Mitaktionäre könnte über ihren Kopf hinweg ein sie bindendes Endurteil mit materieller Rechtskraft ergehen, was den grundgesetzlichen Anspruch auf rechtliches Gehör verletzen würde. Dem kann nur begegnet werden, sofern man neben der Analogie zu § 248 Abs. 1 S. 1 AktG auch eine solche zu § 246 Abs. 4 S. 1 AktG annimmt. In diesen Fällen könnten sich andere Aktionäre als Nebenintervenienten an dem Prozess beteiligen,[527] oder eine eigene Feststellungsklage erheben, die dann allerdings nach § 246 Abs. 3 S. 6 AktG analog zu einer gemeinsamen Klage zu verbinden wäre.

Im Sinne der Prozessökonomie ist darüber hinaus auch § 246 Abs. 3 S. 1, 2 AktG analog anzuwenden. Eine derartige Erstreckung ist auch sachgerecht, denn die Handlungsfähigkeit der Gesellschaft könnte durch die Verstreuung unzähliger Aktionärsklagen erheblich beeinträchtigt werden.[528] Dies liegt weder im Interesse der Aktionäre noch im Interesse der Gesellschaft. Dass die Entscheidung allein eines Gerichts bei verbandsinternen Verfahren mit einer derartigen Breitenwirkung auch gesetzlich gewollt ist, wird bereits durch diese Konzentrationsnorm deutlich.[529] Dass sich widersprechende Entscheidungen in einer Sache vermieden werden sollen, hat der Gesetzgeber erneut durch die Einfügung des § 2 Abs. 1 S. 2 SpruchG i.V.m. § 2 Abs. 1 FamFG deutlich gemacht, ebenso wie dies schon die Rechtsprechung vor Inkrafttreten des SpruchG durch eine analoge Anwendung des § 4 FGG anerkannt hat.[530]

Dass es sich bei der vorbeugenden Feststellungsklage nicht um eine Gestaltungsklage handelt, steht einer Analogie zu § 248 AktG nicht im Wege. Denn historisch ist die Anfechtungsklage gegen Hauptversammlungsbeschlüsse originär eine

---

[526] BGH, Urt. v. 13.3.1980 – II ZR 54/78 –, BGHZ 76, 191 199 f. = NJW 1980, 1465, 1467; OLG München, Urt. v. 27.03.1996 – 7 U 6037/95 –, NJW-RR 1997, 988, 988 f.

[527] Entweder auf Kläger oder Beklagtenseite. Eine Nebenintervention auf Beklagtenseite wird nur in den seltensten Fällen in Betracht kommen, da der Aktionär ein eigenes Interesse am Obsiegen der Gesellschaft nachweisen müsste. Im Fall der Ausnutzung des genehmigten Kapitals scheint dies insbesondere dann machbar, wenn es um die Insolvenzvermeidung und damit auch um die rechtliche Stellung im Verband geht.

[528] Eine solche wäre aufgrund der Anwendbarkeit des § 17 ZPO und der angenommenen Analogie zu § 247 AktG zwar eher unwahrscheinlich, vgl. bereits S. 400 f. Aber auch den Ausnahmefällen sollte aufgrund der dort gleichen Interessenlage Rechnung getragen werden.

[529] Vgl. zu dieser *Hüffer/Schäfer*, in: MünchKomm/AktG, 4. Aufl., § 246 Rn. 70 ff.

[530] LG Dortmund, Beschl. v. 10.09.1999 – 20 AktE 7/99 –, ZIP 1999, 1711 (Krupp/Thyssen); *Bungert*, DB 2000, 2051 f.; *App* BB 1995, 267 f.

Feststellungsklage gewesen, deren Ausgestaltung als Gestaltungsklage erst später vorgenommen worden ist.[531] Nicht zuletzt zeigt die in Bezugnahme durch § 249 AktG als Sonderform der allgemeinen Feststellungsklage, dass es auf eine Gestaltungswirkung einer Klage nicht ankommt, wenn es um eine inter omnes-Wirkung geht.[532] Die inter omnes-Wirkung eines auf die Aktionärsklage hin ergehenden Endurteils ist daher anzunehmen.

Hinsichtlich der vorbeugenden Feststellungsklage ergeben sich nach dem oben gesagten keine weiteren Zweifel. Vielmehr ist entsprechend den Erkenntnissen zur aktienrechtlichen Nichtigkeitsklage die inter omnes-Wirkung wie bei den Gestaltungsurteilen nicht nur auf die materielle Rechtskraft, sondern auch auf die Feststellungskomponente zu übertragen.[533] Diese Erstreckung ist notwendig, da es nach Ausurteilung allein auf die das Teilhaberecht verletzende materiellrechtliche Kompetenzwidrigkeit des Vorstandsverhaltens ankommt.[534]

Für die Klage abweisende Urteile gilt § 248 AktG analog entsprechend dem originären Anwendungsbereich nicht. Bei einer Abweisung der Feststellungsklage durch Sachurteil erfasst die Bindungswirkung allein die Parteien.[535]

VII. § 248a AktG analog?

Entsprechend den vorgehend festgestellten Urteilswirkungen der allgemeinen Feststellungsklage scheint es nur sachgerecht, auch in Bezug auf § 248 a AktG eine Analogie zuzulassen. § 248a AktG sollte in seinem originären Anwendungsbereich missbräuchlichen Anfechtungsklagen und deren Beendigung durch Vergleichszahlungen mittels vollständiger Transparenz vorbeugen.[536] Parallel eingeführt wurde auch die Publizitätspflicht in Bezug auf die rechtskräftige Zulassung und Beendigung des Klagezulassungsverfahrens nach § 148 AktG. Betrachtet man diesen Präventionszweck der Regelungen, trifft er auch auf eine Feststellungsklage zu, mit der die Nichtigkeit des Verwaltungshandelns mit inter omnes-Wirkung festgestellt wird. Zwar wurde vorgehend festgestellt, dass durch die verbandsrechtlichen Wertungen allein ein Feststellungsinteresse schutzwürdig ist, welches eine Berührung des mitgliedschaftlichen Teilhaberechts durch eine Kompetenzübertretung nachzuweisen imstande ist. Doch hindert dies nicht die Einleitung eines subjektiv missbräuchlichen Klageverfahrens mit dem ausschließlichen Ziel der Generierung

---

[531] Vgl. RGZ 3, 123, 128; *Hüffer/Schäfer*, in: MünchKomm/AktG, 4. Aufl., § 248 Rn. 7.

[532] *Hüffer/Schäfer*, in: MünchKomm/AktG, 4. Aufl., § 248 Rn. 7 f.

[533] BGH, Urt. v. 13.10.2008 – II ZR 112/07 –, NZG 2008, 911, 912 (Tz. 8); *Hüffer/Schäfer*, in: MünchKomm/AktG, 4. Aufl., § 249 Rn. 25.

[534] *Koch*, in: Hüffer/Koch, 13. Aufl., § 249 Rn. 17.

[535] Vgl. im originären Anwendungsbereich *Hüffer/Schäfer*, in: MünchKomm/AktG, 4. Aufl., § 248 Rn. 26.

[536] Ausweislich der Begr. des Gesetzesentwurfs der BReg. BR-Drucks. 3/05, S. 62 i.V.m. 50; *Hüffer/Schäfer*, in: MünchKomm/AktG, 4. Aufl., § 248a Rn. 2.

eines Lästigkeitswertes,[537] bei dem die Sachentscheidungsvoraussetzungen grundsätzlich erfüllt sind.[538] Da die allgemeine Feststellungsklage die durch das Verbandsrecht nicht ausgefüllte Lücke des Kompetenzschutzes verschließt und damit eine Komplettierung der aktienrechtlichen (Beschluss)mängelklagen herbeiführt, liegt eine Anwendbarkeit in der Teleologie des § 248a AktG.[539] Neben dem eigentlichen Präventionszweck vor missbräuchlichen Klagen gibt es einen weiteren einsichtigen Grund für eine Analogiebildung. Die Mitaktionäre müssen neben der Einleitung eines Verfahrens, das ein mit inter omnes-Wirkungen ausgestattetes Feststellungsurteil bewirken kann, auch von dessen Beendigung und den damit einhergehenden Folgen erfahren. § 248a AktG reiht sich hier in eine Reihe mit der Publizitätspflicht des § 246 Abs. 4 S. 1 AktG ein,[540] die gerade auch im Gegensatz zu § 248 Abs. 1 AktG abweisende Urteile erfasst. Ohne eine Anwendung würde der Informationsstand der Aktionäre diesbezüglich in der Schwebe bleiben. Eine analoge Anwendung ist daher geboten.[541] Die Beschränkung auf börsennotierte Gesellschaften ist de lege lata hinzunehmen, allerdings kritisch zu bewerten. Der Grund liegt nach der entsprechenden Gesetzesbegründung darin, dass bei einem überschaubaren Aktionariat häufig auch ohne gesetzliche Verpflichtung ein ausreichender Informationsfluss stattfinden würde.[542] Dies wird man wohl eher als spekulativen Wunsch ansehen dürfen. Denn wer außer dem Kläger, Vorstand und Aufsichtsrat könnte über verfahrensbeendigende Maßnahmen informieren und wieso sollen diese bei kleinen Gesellschaften ein größeres Interesse daran haben als bei börsennotierten? Durch diesen Verzicht ist die Bekanntmachungspflicht zudem auch nicht als Wirksamkeitsvoraussetzung für einen Vergleich anzusehen, sodass bei nicht börsennotierten Gesellschaften eine Missbrauchsprävention durch Transparenz fehlschlägt.[543] De lege ferenda wäre die Streichung des Merkmals der Börsennotation anzuraten.

F. Einstweilige Feststellungsverfügung

Ob ein einstweiliges Verfügungsverfahren auch zur Flankierung der vorbeugenden Feststellungsklage statthaft ist, ist in Rechtsprechung und Wissenschaft

---

[537] *Wilsing*, ZGR 2006, 722, 746 Fn. 111, sieht auch trotz eines erhöhten Begründungsaufwandes die Gefahr für gegeben an.

[538] Diese Gefährdungslage lehnt *Bartels*, ZGR 2008, 723, 749 f. ab.

[539] *Wilsing*, ZGR 2006, 722, 745 f.

[540] Einen Zusammenhang erblicken auch *Hüffer/Schäfer*, in: MünchKomm/AktG, 4. Aufl., § 248a Rn. 3.

[541] Dies gilt auch angesichts der Tatsache, dass die Feststellung zum Zeitpunkt vor der Eintragung der Durchführung der Kapitalerhöhung aus genehmigtem Kapital eine präjudizielle Tatsache für potentielle Unterlassungsklage darstellt.

[542] Vgl. nur RegE BT-Drucks. 15/5092 S. 24 (UMAG).

[543] Kritisch auch *Paschos/Neumann*, DB 2005, 1779, 1785 f.

überwiegend ablehnend entschieden worden. Der Zivilprozessordnung ist eine Kodifikation einer einstweiligen Feststellungsverfügung nicht bekannt. Sie beschränkt sich auf die Regelung der Sicherungs- und der Regelungsverfügung, §§ 935, 940 ZPO.[544] Die ablehnenden Stellungnahmen basieren primär auf dem angenommenen Verbot der Vorwegnahme der Hauptsache, was zu einer grundsätzlichen Unzulässigkeit einer einstweiligen Feststellungsverfügung führen solle.[545] Andere konzentrieren sich auf den Verfügungsgrund, welcher in den virulenten Fällen nur äußerst selten vorliege.[546] Die Forderung nach einer genauen Abwägung der Interessen und einer damit einhergehenden präzisen Handhabung des Merkmals eines Verfügungsgrundes ist positiv zu bewerten.[547] Gerade auf dem Gebiet des Gesellschaftsrechts sind aber Fallgestaltungen möglich, die ein dringendes Bedürfnis nach einstweiliger Feststellung begründen.[548] Andere stellen darauf ab, dass es bei einer einstweiligen Feststellungsverfügung nicht ersichtlich sei, wie die materielle Rechtslage vorläufig gesichert werden solle.[549]

Ist allerdings im Hauptsacheverfahren ein Feststellungsverfahren zulässig, kann der Feststellungsverfügung auch bis zum Ergehen der Entscheidung in der Hauptsache eine Sicherungswirkung zukommen. Der Erlass der einstweiligen Verfügung hat eine präjudizierende Wirkung insofern, als das die Rechtslage bis zur Hauptsache verbindlich festgelegt wird.[550] Von einem fehlenden Sicherungszweck kann daher nicht gesprochen werden. Allein aufgrund der richterlichen Autorität kann der Feststellungsverfügung eine Warnfunktion zugesprochen werden.[551] Wurde schon der einstweiligen Verfügung stattgegeben, spricht dies dem Anschein nach auch für Chancen des Klägers in der Hauptsache. Da das Verbot der Vorwegnahme der

---

[544] Vgl. zur unklaren Frage der Abgrenzbarkeit *Huber*, in: Musielak/Voit/ZPO, 15. Aufl., § 935 Rn. 2.

[545] *Jauernig*, ZZP 79 (1966), 321, 325; *Thümmel*, in: GroßKomm/ZPO, 4. Aufl., § 940 Rn. 18; *Leipold*, Grundlagen des einstweiligen Rechtsschutzes, S. 150 (für den Fall der Feststellung der Berechtigung zum Getrenntleben); *Dütz*, BB 1980, 533, 534.

[546] OLG Celle, Urt. v. 09.10.1989 – 9 U 186/89 –, NJW 1990, 582, 583.

[547] VGH, Beschl. v. 27.02.1992 – HPV TL 2246/91 –, ESVGH 42, 216 Tz. 25, der den Vergleich zu anderen einstweiligen Verfahren bemüht und unausgleichbare Folgen verlangt. Vgl. zu den Voraussetzungen im Einzelnen VGH, a.a.O. Tz. 31; zulassend auch BVerfG, Beschl. v. 18.12.1985 – 2 BvR 1167/84 –, NJW 1986, 1483, 1486. Sogar für endgültige Feststellung durch einstweilige Verfügung OVG Münster, Beschl. v. 14.10.1991 – 1 B 1690/91.PVL –, NWVBl 1992, 95 ff. (f.d. öffentliche Recht) OLG Celle, Urt. v. 09.10.1989 – 9 U 186/89 –, NJW 1990, 582, 583.

[548] So z.B. bei einer Feststellungsverfügung hinsichtlich der Nichtigkeit eines Aufsichtsratsbeschlusses nach § 111 Abs. 4 S. 2 AktG, LG Hannover, Urt. v. 27.06.1989 – 7 O 214/89 –, ZIP 1989, 1330, 1333 (strenger hinsichtlich des Verfügungsgrundes die Berufungsinstanz OLG Celle, Urt. v. 09.10.1989 – 9 U 186/89 –, NJW 1990, 582, 583.)

[549] *Dütz*, BB 1980, 533, 534; *Berger*, ZZP 110 (1997), 287, 289.

[550] *Kohler*, ZZP 103 (1990), 184, 191; *Jocksch*, Das Freigabeverfahren, S. 28.

[551] *Jocksch*, Das Freigabeverfahren, S. 28; *Kohler*, ZZP 103 (1990), 184, 205 f.; *Jacobs*, Gegenstand des Feststellungsverfahrens, S. 99 spricht von einer „Bindungswirkung unterhalb der Rechtskraft".

Hauptsache an sich nicht geeignet ist, um einen kategorischen Ausschluss von einstweiligen Rechtsschutzinstrumenten zu begründen, kann auch für die Feststellungsverfügung nichts Anderes gelten.[552]

Durchaus kritischer ist der Einwand zu betrachten, wonach die Zulässigkeit der einstweiligen Feststellungsverfügung aufgrund des mangelnden vollstreckungsfähigen Inhaltes bezweifelt werden müsse.[553] Denn das originär mit einer einstweiligen Verfügung verfolgte Ziel ist die alsbaldige Vollziehung der durch die Verfügung angeordneten Maßnahme.[554]

Man muss sich hier nun aber die Frage gefallen lassen, warum das Gebot der Parallelität einer Feststellungs- und einer Leistungsklage nicht auch auf die Ebene des einstweiligen Rechtsschutzverfahrens vorverlagert werden sollte. Denn hier wie dort besteht die Möglichkeit, dass der Schuldner einer einstweiligen Feststellungsverfügung sein Verhalten an dem dort festgestellten Inhalt ausrichtet.[555] Eine derartige einstweilige Feststellungsverfügung würde zwar einstweilen einen Sachverhalt perpetuieren, der so in der Hauptsache noch nicht endgültig geklärt ist. Dies ist allerdings keineswegs ungewöhnlich, da auch „Leistungsverfügungen" eine Endgültigkeit in gewissem Rahmen immanent ist. Denn auch dort werden bis zur Aufhebung oder Erlass eines Endurteils endgültige Zustände geschaffen, die allein ihren Folgen nach behoben werden können. Damit ist eine endgültige Regelung kein vollkommen unbekanntes Terrain auf dem Feld des einstweiligen Rechtsschutzes.[556]

Dies hilft allerdings noch nicht über den durch § 929 ZPO zum Ausdruck gebrachten Gedanken hinweg, dass das einstweilige Verfügungsverfahren eine Sicherung des Verfügungsgläubigers durch avisierte Vollziehungsmaßnahmen herbeiführen soll.[557] Überträgt man die Parallelität zwischen Leistungs- und Feststellungsverfahren auf das einstweilige Rechtsschutzverfahren, könnte man sich dem Vorwurf ausgesetzt sehen, dass der Verfügungsgläubiger das Unterlassen der Eintragung der Durchführung des Schuldners bei Vollziehung nur gegen die Veranlassungshaftung des § 945 ZPO eingeräumt bekäme.[558] Diese Überlegung wird man allerdings nicht als durchgreifend zu betrachten haben, da auch bei Leistungsverfügungen die Verfügung an sich noch nicht ausreicht, um die Veranlassungshaftung des § 945 ZPO auszulösen. Es ist wie gesehen der Aufbau eines Vollstreckungs-

---

[552] Vgl. zum Vorwegnahmeverbot als Begrenzungskriterium S. 66 ff.

[553] OLG Frankfurt a.M., Urt. v. 15.11.1996 – 24 W 37/96 –, OLGR 1997, 23 f.; *Kohler*, ZZP 103 (1990), 184, 186.

[554] OLG Frankfurt a.M., Urt. v. 15.11.1996 – 24 W 37/96 –, OLGR 1997, 23 f.

[555] So *Jocksch*, Das Freigabeverfahren, S. 29.

[556] Dies für die Feststellungsverfügung und Leistungsverfügungen explizit gegenüberstellend VGH, Beschl. v. 27.02.1992 – HPV TL 2246/91 –, ESVGH 42, 216 Tz. 30.

[557] OLG Frankfurt a.M., Urt. v. 15.11.1996 – 24 W 37/96 –, OLGR 1997, 23 f. Tz. 17, wobei auch die systematische Stellung im 8. Buch der ZPO angeführt wird.

[558] Vgl. dazu auch *Jacobs*, Gegenstand des Feststellungsverfahrens, S. 98 f.; auf die feststellende Verfügung ist § 945 ZPO nicht anwendbar, *Grunsky*, in: Stein/Jonas, 22. Aufl., § 945 Rn. 4.

drucks notwendig,[559] sodass auch dort bei freiwilliger Befolgung durch den Schuldner ohne Vollstreckungsdruck keinerlei Haftungsfolgen auftreten. Daher ist es unschädlich, dass ein Vollstreckungsdruck bei der einstweiligen Feststellungsverfügung nicht aufbaubar ist. Es ist vielmehr eine Trennung zwischen dem Erlass der einstweiligen Verfügung und deren nachfolgendem Vollzug vorhanden. Nur wenn der Anspruch eines Gläubigers oder ein Rechtsverhältnis durch eine einstweilige Verfügung gesichert oder geregelt worden ist, kann über die anschließende zwangsweise durchzusetzende Vollstreckung nachgedacht werden.[560] Auf den fehlenden vollstreckungsfähigen Inhalt kommt es daher für die Statthaftigkeit der einstweiligen Feststellungsverfügung nicht an.[561]

Zu weit geht allerdings die Forderung danach, eine Feststellungsverfügung zuzulassen, sofern eine Leistungsverfügung unnötig erscheint, da sich der Schuldner auch an eine einstweilige Feststellungsverfügung halten würde.[562]

Eine deckungsgenaue Übertragung der Zulässigkeit einer Feststellungsverfügung, sofern eine Leistungsverfügung unnötig erscheint und damit wohl auch der Verfügungsgrund fehlt, wird man nicht begründen können. In der Sache geht es bei diesem Gedanken für das Hauptsacheverfahren um Schuldner, die sich der Autorität eines bindenden Richterspruches nach eingehender Prüfung unterwerfen. Das Merkmal der eingehenden und umfassenden Prüfung wird aber gerade bei einstweiligen Verfügungen häufig nicht erfüllt sein. Auf Seiten des Schuldners besteht deswegen eine gewisse Gefahrgeneigtheit, das eigene Urteil über die feststellende Verfügung zu stellen und diese zu ignorieren. Dies hindert die Zulässigkeit allerdings nicht insgesamt, sondern der Vollstreckungsgläubiger muss in Bezug auf die Befolgungsbereitschaft ein „Mehr" im Verhältnis zur Zulässigkeit der Feststellungsklage im Hauptsacheverfahren darlegen. Dort nimmt die Rechtsprechung die Zulässigkeit bereits dann an, sofern der Schuldner eine gewisse Qualifikation aufweist (Insolvenzverwalter/Körperschaft d.ö.R.).[563] Man wird dem Aktionär trotz der grundsätzlichen Statthaftigkeit nur eher in seltenen Fällen ein Rechtsschutzbedürfnis hinsichtlich einer einstweiligen Feststellungsverfügung zusprechen können.[564]

---

[559] Vgl. zum Erfordernis des Vollstreckungsdrucks S. 434 ff.

[560] So bereits VGH, Beschl. v. 27.02.1992 – HPV TL 2246/91 –, ESVGH 42, 216 Tz. 24.

[561] Anders OLG Frankfurt a.M., Urt. v. 15.11.1996 – 24 W 37/96 –, OLGR 1997, 23 f. Tz. 17.

[562] *Jocksch*, Das Freigabeverfahren, S. 29.

[563] So schon früh BGH, Urt. v. 09.06.1983 – III ZR 74/82 –, NJW 1984, 1118, 1119; BGH, Urteil vom 26.6.2003 – III ZR 245/98 –, NJW 2003, 3488, 3488 (Teil A nicht abgedr. in BGHZ 155, 279).

[564] Anders *Jocksch*, Das Freigabeverfahren, S. 29, der die Feststellungsverfügung immer dann zulassen möchte, sofern der Verfügungsschuldner sich mutmaßlich der einstweiligen Verfügung beugen würde.

Denkbar ist eine derartige Situation eher im Fall der „nachträglichen" Feststellungsverfügung.[565]

Die endgültige Feststellung kann in diesen Fällen meist aufgrund des Zeitmangels nicht mehr im ordentlichen Verfahren erfolgen.[566] Ebenfalls denkbar ist eine Feststellungsverfügung hinsichtlich der Frage, ob der Vorstand durch Lock-up Vereinbarungen verpflichtet ist, das eingeräumte genehmigte Kapital nicht auszunutzen.[567]

G. Zwischenergebnis zur (vorbeugenden) Feststellungsklage und Feststellungsverfügung

Der Aktionär kann zum Schutz seines mitgliedschaftlichen Teilhaberechts bis zur Eintragung der Durchführung der Kapitalerhöhung eine vorbeugende Feststellungsklage erheben, die nicht subsidiär hinter der vorbeugenden Unterlassungsklage zurücktritt. Hierbei kann er sein Feststellungsbegehren sowohl auf die Feststellung eines eigenen Rechtsverhältnisses zur Gesellschaft als auch auf ein Drittrechtsverhältnis der Gesellschaft zum Vorstand stützen. Das Feststellungsverfahren ist analog § 246 Abs. 3 S. 1, 2, 6 AktG am Landgericht des Sitzes der Gesellschaft anhängig zu machen, unterliegt hierbei allerdings allein der Verwirkungsbeschränkung. Ein stattgebendes Feststellungsurteil entfaltet analog § 248 Abs. 1 AktG inter omnes-Wirkung. Einstweilige Feststellungsverfügungen sind zulässig und stellen eine Rechtslage bis zur Hauptsache verbindlich fest. Die Ausnahmen zur Zulässigkeit der Feststellungsklage trotz einer möglichen Leistungsklage sind allerdings nicht deckungsgleich auf das einstweilige Verfügungsverfahren zu übertragen.

---

[565] Vgl. dazu das Bsp. in Fn. 548. Relevant könnte dies ebenfalls sein, wenn man mit dem BGH eine Vorabberichtspflicht generell ablehnt und die Entscheidung über die Entlastung in der anschließenden Hauptversammlung als Teil des Repressiven Rechtsschutzkonzeptes erblickt. Dann kann es für den Aktionär sinnvoll sein, vor der Abstimmung über die Entlastung der Verwaltungsorgane nach § 120 AktG einstweilen die Nichtigkeit der Ausnutzungsbeschlüsse feststellen zu lassen (Dazu BGH, Urt. v. 10. 10. 2005 – II ZR 90/03 –, BGHZ 164, 249, 256 Tz. 26). Nach hier vertretener Auffassung kann ein Feststellungsinteresse hierauf nicht gestützt werden, vgl. dazu S. 506.

[566] *Schuschke*, in: Schuschke/Walker, 6. Aufl., Vorb. § 935 Rn. 84; LG Hannover, Urt. v. 27. 06. 1989 – 7 O 214/89 –, ZIP 1989, 1330, 1331 ff. (aufgehoben durch OLG Celle, 09. 10. 1989 – 9 U 186/89 –, ZIP 1989, 1552).

[567] Vgl. zur hierdurch vorliegenden Kompetenzüberschreitung des Vorstandes bereits oben S. 392 ff.

§ 2 Rechtsschutz nach Eintragung der Durchführung der Kapitalerhöhung

Zur Wahrung der Vollständigkeit wird im Folgenden noch die Möglichkeit einer allgemeinen Feststellungsklage (B.) sowie einer Beseitigungsklage (C.) nach Eintragung der Durchführung der Kapitalerhöhung aus einem genehmigten Kapital erörtert, um für die auf der verbandsrechtlichen Abwehrklage des Aktionärs beruhenden Rechtsbehelfe ein abschließendes Bild darzustellen. Die potentiellen Schadensersatzansprüche des Aktionärs werden hier nur erwähnt, sofern sie von Relevanz sind.

Vorangestellt werden sollen die Auswirkungen der Eintragung der Durchführung der Kapitalerhöhung aus genehmigtem Kapital auf der materiellen Ebene (A.). Hierbei gilt es zwischen Fehlern innerhalb der Ermächtigungsebene und der Ausnutzungsebene zu unterscheiden, um ein Bild zu gewinnen, auf welche materiellen Gegebenheiten ein Rechtsschutzsystem nach Eintragung der Durchführung zu reagieren hat.

A. Entstehung von Mitgliedschaftsrechten bei der fehlerhaften Kapitalerhöhung aus einem genehmigten Kapital

Das Rechtsschutzsystem, welches dem Aktionär nach der Eintragung der Durchführung der Kapitalerhöhung zur Verfügung stehen muss, kann mit letzter Konsequenz erst dann durchdrungen werden, sofern man sich die materiellen Konsequenzen der Eintragung nach § 189 AktG vor Augen führt. Hier gilt es wiederum zwischen den verschiedenen Stadien der Schaffung des genehmigten Kapitals und der Ausnutzung desselben zu unterscheiden, und jeweils die Mangelfolgen zu untersuchen.

Würde am Ende die Erkenntnis stehen, dass überhaupt keine neuen Mitgliedschaftsrechte zur Entstehung gelangen und daher die Kapitalerhöhung ohne rechtliche Folgen für die Beteiligungsquoten der Aktionäre wäre, müsste man sich die Frage gefallen lassen, welches über die reine Feststellung hinausgehende rechtlich schützenswerte Interesse einem Aktionär in diesem Zusammenhang für eine Klage gegen die Gesellschaft zustehen soll. Die Diskussion um die Notwendigkeit einer Beseitigungsklage und die Möglichkeiten ihrer Durchsetzung würden sich erledigen.[568]

---

[568] Hierzu allerdings sogleich S. 510 ff. und S. 517 ff.

I. Fehlerhaftigkeit des Ermächtigungsbeschlusses

1. Ausnutzungsbefugnis vor der Eintragung der Durchführung nach § 189 AktG

Leidet der Ermächtigungsbeschluss an einem Mangel, der zur Nichtigkeit oder zur Anfechtbarkeit desselbigen führt, stellt sich zunächst die Frage, ob der Vorstand diesen ausnutzen darf. Der Vorstand hat allerdings von der weiteren Ausnutzung des genehmigten Kapitals Abstand zu nehmen, sofern er sich nicht gegenüber seiner Gesellschaft pflichtwidrig verhalten möchte.[569] Dies muss zumindest so lange gelten, wie er noch nicht geheilt oder unanfechtbar ist. Andererseits würde er seiner Verpflichtung für rechtmäßige Zustände in der Aktiengesellschaft zu Sorgen nicht hinreichend Rechnung tragen.

Fraglich ist, ob er den Ermächtigungsbeschluss ausnutzen darf, wenn er nicht oder nicht rechtzeitig angefochten oder gem. § 242 AktG geheilt worden ist. Denn de lege lata tritt nach Ablauf der jeweiligen Zeiträume die Bestandskraft des Beschlusses ein. Wurde der Ermächtigungsbeschluss mangels Anfechtbarkeit bestandskräftig, so tritt auch die Gesetzmäßigkeit des Beschlusses ein.[570] Da es für den Vorstand allerdings keine Ausführungspflicht im Sinne des § 83 Abs. 2 AktG bei der Ausnutzung des genehmigten Kapitals gibt, kann er sich bei Ausnutzung eines rechtswidrig geschaffenen genehmigten Kapitals auch nicht ohne Weiteres auf die Ausnahmevorschrift des § 93 Abs. 4 S. 1 AktG berufen, um sich von seiner internen Haftung zu befreien. Sinnigerweise sollte man in diesem Zusammenhang auf die Wertungen des § 246 Abs. 1 AktG abstellen, die nach Ablauf der Anfechtungsfrist endgültige Rechtssicherheit herbeiführen möchte. Ist der Ermächtigungsbeschluss daher nicht nichtig und bestandskräftig, ist es dem Vorstand im Grundsatz gestattet, die Ermächtigung auszunutzen. Die Vorstandsentscheidung für sich genommen muss allerdings weiterhin rechtmäßig sein.[571]

Es kann für den Vorstand in manchen Fällen dennoch eine Pflicht darstellen, die Rechtswidrigkeit zu beachten und von der Ausnutzung abzusehen.[572] Dies gilt unabhängig davon, dass er bei jeder Ausnutzungsentscheidung das Gesellschaftsinteresse als originäre Bindung zu beachten hat.[573] Eine Ausnahme sollte für die Fälle gelten, in denen der Vorstand bereits aufgrund seiner gesellschaftsschädigenden

---

[569] *Wamser*, in: Spindler/Stilz, 4. Aufl., § 202 Rn. 120; wohl auch *Ekkenga*, in: Hdb. Vorstandsrecht, § 21 Rn. 42.

[570] *Hopt/Roth*, in: GroßKomm/AktG, 5. Aufl. § 93 Rn. 488 f.

[571] Festsetzung eines angemessenen Aufgabebetrages; sachliche Rechtfertigung des Bezugsrechtsausschlusses; Kongruenz mit dem Ermächtigungsbeschluss.

[572] *Hirte*, in: GroßKomm/AktG, 4. Aufl., § 203 Rn. 124 m.w.N.

[573] *Hirte*, in: GroßKomm/AktG, 4. Aufl., § 203 Rn. 124 m.w.N.; *Stamatopoulos*, Pflichtenstellung des Vorstandes, S. 262.

Eignung zur Anfechtung des Ermächtigungsbeschlusses verpflichtet war.[574] Denn die Verpflichtung des Vorstandes das Gesellschaftsinteresse zu verfolgen gilt über die Bestandskraft des Beschlusses hinaus.[575] Gleiches hat zu gelten, wenn aufgrund eines pflichtwidrig erstellten Vorstandsberichtes ein bezugsrechtsfreies genehmigtes Kapital geschaffen worden ist. In diesem Fall hat der Vorstand die Anfechtbarkeit des Ermächtigungsbeschlusses auch nach Eintritt der Bestandskraft zu beachten.[576]

Der Registerrichter wird aufgrund seiner eigenen Prüfungskompetenz die Eintragung ohnehin dann ablehnen, wenn die Anfechtbarkeit nicht nur auf einer im Interesse der Aktionäre existierenden Schutznorm basiert, sondern auf einer auch im öffentlichen Interesse liegenden Schutznorm.[577]

2. Situation nach Eintragung der Durchführung

Wird die Durchführung der Kapitalerhöhung aus genehmigtem Kapital trotz der Nichtigkeit des Ermächtigungsbeschlusses oder der erfolgreichen Anfechtung des Ermächtigungsbeschlusses eingetragen, unterliegen die materiellen Auswirkungen einer kontroversen Diskussion in der Wissenschaft.[578]

a) (Keine) Entstehung von Mitgliedschaftsrechten?

Teilweise wird angenommen, dass bei einem von Anfang fehlendem Ermächtigungsbeschluss keine Mitgliedschaftsrechte zur Entstehung gelangen können, weswegen auch die Neuaktionäre keinerlei Mitgliedschaftsrechte ausüben könnten.[579] Das Gleiche habe zu gelten, wenn der Ermächtigungsbeschluss durch Zeitablauf seine Wirkung verliere oder angefochten werde.[580] Einigkeit wird auch suggeriert, sofern die Nichtigkeit innerhalb der Heilungsfrist des § 242 Abs. 2 AktG festgestellt würde.[581] Es fehle von vornherein an einer Grundlage für die spätere

---

[574] Bei gesellschaftsschädigenden Beschlüssen, *Koch*, in: Hüffer/Koch, 13. Aufl., § 243 Rn. 50; *Koch*, in: Hüffer/Koch, 13. Aufl., § 245 Rn. 36.

[575] *Hirte*, in: GroßKomm/AktG, 4. Aufl., § 203 Rn. 124.

[576] So wohl *Ekkenga*, AG 2001, 569, 578 f.

[577] *Wamser*, in: Spindler/Stilz, 4. Aufl., § 202 Rn. 120; vgl. zu den Risiken, die einen Registerrichter bei erhobener Anfechtungsklage regelmäßig zur Aussetzung der Eintragung bewegen werden S. 153.

[578] Hierunter sind auch die Fälle zu fassen, in denen der Vorstand den im Ermächtigungsbeschluss festgesetzten Nennbetrag überschreitet; *Marsch-Barner*, in: Bürgers/Körber, 4. Aufl., § 202 Rn. 14; *Busch*, in: Hdb. börsennotierte AG, 4. Aufl. § 43 Rn. 46.

[579] *Lutter*, in: KölnKomm/AktG, 2. Aufl., § 202 Rn. 22, unter Herausnahme der Überschreitung von „fakultativen *inhaltlichen* Schranken", a.a.O. Rn. 21.

[580] *Maslo*, Interessenwahrung und Rechtsschutz, S. 145 ff., 150.

[581] *Maslo*, Interessenwahrung und Rechtsschutz, S. 145; vgl. nur m.w.N. *Kort*, Bestandsschutz fehlerhafter Strukturänderungen, S. 228 ff. (reguläre Kapitalerhöhung) S. 230 f. (genehmigte Kapitalerhöhung).

Kapitalerhöhung. Ein gutgläubiger Erwerb der Beteiligung sei insofern nicht möglich.[582] Dem Fehlen einer Ermächtigung stünde es zudem gleich, wenn der Vorstand den im Ermächtigungsbeschluss genannten Nennbetrag überschreitet.[583]

Die langsam im Vordringen befindliche Gegenauffassung möchte bei Nichtig- oder Anfechtbarkeit des Ermächtigungsbeschlusses neue Mitgliedschaftsrechte zur Entstehung gelangen lassen. Diese seien aber nicht dauerhaft bestandsfest.[584] Es geht also vielmehr um die Einschränkung der de lege lata angeordneten Nichtigkeitsfolge ex tunc. Die Kapitalerhöhung sei vielmehr nach den Grundsätzen über die fehlerhafte Gesellschaft rückabzuwickeln, sofern die Ermächtigungsgrundlage nichtig war oder angefochten worden ist.[585]

b) Aufbereitung der Problemlage

Zutreffend wird angeführt, dass die Ermächtigung für die Erhöhung aus genehmigtem Kapital eine zentrale Bedeutung einnimmt, da diese nach § 203 Abs. 1 S. 2 AktG an die Stelle des Erhöhungsbeschlusses tritt.[586] Richtig ist es auch, dass die Verwaltung ohne einen wirksamen Ermächtigungsbeschluss keinerlei Kompetenz zu einer Kapitalerhöhung innehat.[587] Doch vernachlässigt dies die Zweiteilung des genehmigten Kapitals, die auch bei der Untersuchung der Rechtsfolgen Geltung beanspruchen muss. Hat im Rahmen der regulären Kapitalerhöhung der Registerrichter einen nichtigen Hauptversammlungsbeschluss eingetragen oder wurde ein Hauptversammlungsbeschluss erfolgreich angefochten, entstehen nach überwiegender Ansicht unproblematisch neue Mitgliedschaften, die erst ex nunc nach den Grundsätzen über die fehlerhafte Gesellschaft rückabgewickelt werden.[588] Im Sinne eines die Grundsätze der fehlerhaften Gesellschaft überwiegenden Gemeininteresses

---

[582] *Würdinger*, Aktienrecht, 4. Aufl., S. 185; *Baumbach/Hueck*, AktG 1965, 13. Aufl. § 202 Rn. 8; *Lutter*, in: KölnKomm/AktG, 2. Aufl., § 202 Rn. 22; schon damals a.A. *Schlegelberger/ Quassowski*, 3. Aufl., § 169 Rn. 11; *Godin/Wilhelmi*, 4. Aufl. 1971, § 202 Rn. 3.

[583] Vgl. hierzu *Marsch-Barner*, in: Bürgers/Körber, 4. Aufl. § 202 Rn. 14; *Busch*, in: Hdb. börsennotierte AG, 4. Aufl. § 43 Rn. 46.

[584] *Koch*, in: Hüffer/Koch, 13. Aufl., § 202 Rn. 19.

[585] *Koch*, in: Hüffer/Koch, 13. Aufl., § 202 Rn. 19; *Wamser*, in: Spindler/Stilz, 4. Aufl., § 202 Rn. 124; *Hirte*, in: GroßKomm/AktG, 4. Aufl., § 202 Rn. 247; *Kort*, ZGR 1994, 291, 306.

[586] *Lutter*, in: KölnKomm/AktG, 2. Aufl., § 202 Rn. 22.

[587] *Lutter*, in: KölnKomm/AktG, 2. Aufl., § 202 Rn. 22; außer es findet sich eine Ermächtigung in der Gründungssatzung.

[588] *Scholz*, in: MünchHdbGesR IV, 4. Aufl., § 57 Rn. 199; *Schürnbrand*, in: MünchKomm/ AktG, 4. Aufl., § 185 Rn. 76; § 189 Rn. 23 ff.; *Koch*, in: Hüffer/Koch, 13. Aufl., § 185 Rn. 27; *Busch*, in: Hdb. börsennotierte AG, 4. Aufl., § 42 Rn. 120. Um die betroffenen Aktien nachträglich erkennen zu können, wird vorgeschlagen, dass die Aktien aus der Kapitalerhöhung in einer eigenen Globalurkunde verbrieft und mit einer eigenen International Securities Identification Number (ISIN)/früher Wertpapierkennnummer (WKN) versehen werden sollten, vgl. *Busch*, in: Hdb. börsennotierte AG, 4. Aufl., § 42 Rn. 121; dem Folgend: *Koch*, in: Hüffer/ Koch, 13. Aufl., § 185 Rn. 27; *Schumann*, Bezugsrecht, S. 163 Fn. 532; speziell für sammelverwahrte junge Aktien, *Zöllner/Winter*, ZHR 158 (1994), 59, 97 ff.

können zwar auch hier Ausnahmen zugelassen werden.[589] Diese sind allerdings durchaus restriktiv zu handhaben und können sich gerade nicht an den Kategorien der Anfechtbarkeit und Nichtigkeit orientieren.[590] Nun ließe sich auch für die Entstehung von Mitgliedschaftsrechten bei der regulären Kapitalerhöhung unproblematisch behaupten, dass für die Ausgabe der jungen Aktien jegliche Grundlage fehle, nämlich ein wirksamer Kapitalerhöhungsbeschluss.[591] Dies wird offenkundig nicht getan.[592]

Es erscheint nicht unmittelbar einsichtig, dies im Fall des genehmigten Kapitals anders zu sehen, da auch hier zunächst ein Ermächtigungsbeschluss im Handelsregister eingetragen worden ist. Ebenso wie bei der regulären Kapitalerhöhung der Kapitalerhöhungsbeschluss im Handelsregister eingetragen worden ist. Der grundlegende Unterschied ist darin zu sehen, dass dem Vorstand bei einem nichtigen Ermächtigungsbeschluss die „Grund"kompetenz für die Kapitalerhöhung von Anfang an fehlte und bei der bloßen Anfechtbarkeit ex tunc entfällt, während die Hauptversammlung bei der regulären Kapitalerhöhung im Gegensatz dazu die Kompetenz kraft originärer Zuständigkeit grundsätzlich innehat, § 119 Abs. 1 Nr. 6 AktG.[593] Aus der abstrakt bestehenden Kompetenz allein wird allerdings noch keine konkret umgesetzte Maßnahme legitimiert.

Eine Differenzierung aufgrund dieses Zustandes ist daher untragbar. Durch den eingetragenen Ermächtigungsbeschluss wird ein vergleichbarer Schein der kompetenzgemäßen Wahrnehmung auch an die Gläubiger gesendet, der in Verbindung mit der eingetragenen Durchführung ähnlich stark dem bei einer regulären Kapitalerhöhung ist. Das Gesetz setzt die eingetragene Ermächtigung zudem expressis verbis mit dem Kapitalerhöhungsbeschluss gleich.[594] Es macht nun aber keinen Unterschied, ob ein Ermächtigungsbeschluss entfällt oder ein regulärer Kapitalerhöhungsbeschluss, da diese in beiden Fällen die wesentliche rechtsgeschäftliche Grundlage für die Kapitalerhöhung bilden.[595] Zudem treten auch bei der fehlerhaften

---

[589] Vgl. *Schürnbrand*, in: MünchKomm/AktG, 4. Aufl., § 189 Rn. 24 m.w.N.

[590] So aber scheinbar *Maslo*, Interessenwahrung und Rechtsschutz, S. 145 f.; a.A. *Schürnbrand*, in: MünchKomm/AktG, 4. Aufl., § 189 Rn. 24.

[591] Es ist hier ohnehin zu beachten, dass jeder Hauptversammlungsbeschluss der für die Entfaltung seiner Rechtsfolgen einer konstitutiven Eintragung im Handelsregister Bedarf zunächst nur ein unvollständiger Beschluss (decretum imperfectum) ist; *Bartels*, ZGR 2008, 723, 726; *Koch*, in: Hüffer/Koch, 13. Aufl., § 181 Rn. 25.

[592] In diesem Zusammenhang wird die Auffassung der Nichtigkeit der gesamten Kapitalmaßnahme als „heute überwunden" bezeichnet, vgl. *Schürnbrand*, in: MünchKomm/AktG, 4. Aufl., § 189 Rn. 23.

[593] Zu diesem Gedanken auf Ebene des Vorstandsbeschlusses *Wiedemann*, in: GroßKomm/AktG, 4. Aufl., § 202 Rn. 245. Diesen Unterschied als ausreichend für die Leugnung von Mitgliedschaftsrechten erachtend *Maslo*, Interessenwahrung und Rechtsschutz, S. 149.

[594] *Wiedemann*, in: GroßKomm/AktG, 4. Aufl., § 202 Rn. 248.

[595] Dies nur für das genehmigte Kapital hervorhebend und deswegen die Entstehung von Mitgliedschaftsrechten für den Fall ablehnend, *Maslo*, Interessenwahrung und Rechtsschutz, S. 149.

Ermächtigung zur Einräumung eines genehmigten Kapitals die gleichen Rückabwicklungsschwierigkeiten auf, wie sie bei der regulären Kapitalerhöhung auftreten können, sofern die Eintragung der Durchführung erfolgte.[596]

Doch nicht nur die Rückabwicklungsschwierigkeiten sprechen für die Anwendung der Lehre von der fehlerhaften Gesellschaft, sondern auch gesellschaftsinterne Interessenlagen. So müsste bei der Annahme niemals entstandener Mitgliedschaftsrechte auch jede gesellschaftsinterne Beschlussfassung, die unter Mitwirkung der nicht stimmberechtigten Nichtaktionäre zustande gekommen ist, überprüft werden.[597] Deswegen spricht viel dafür, auch bei Eintragung der Durchführung einer Kapitalerhöhung aus genehmigtem Kapital, welchem ein nichtiger oder anfechtbarer Hauptversammlungsbeschluss zugrunde lag, bis zur abschließenden gerichtlichen Klärung dieses Zustandes, die Mitgliedschaftsrechte zeitlich begrenzt zur Entstehung gelangen zu lassen und als voll wirksam zu betrachten.[598]

c) Die Lehre von der fehlerhaften Gesellschaft und der vernichtete Ermächtigungsbeschluss beim genehmigten Kapital

Dass Hauptversammlungsbeschlüsse, welche die Kapitalmaßnahmen einleiten, im Grundsatz ex nunc rückgängig zu machen sind, lässt sich auch dem relativ neu eingefügten § 246a AktG entnehmen. Dies gilt gerade für den Fall, dass sie an einem Nichtigkeitsgrund oder Anfechtungsgrund leiden und dieser durch Urteil festgestellt worden ist.[599] Eine dauerhafte Bestandskraft soll einem Hauptversammlungsbeschluss, der in den Anwendungsbereich des § 246a AktG fällt lediglich dann zukommen, wenn eine gerichtliche Entscheidung im vorgesehenen Freigabeverfahren hierüber ergangen ist.[600] Ist allerdings der Ermächtigungsbeschluss der Hauptversammlung bei Erhebung einer Anfechtungsklage zum Gegenstand eines Freigabeverfahrens gemacht worden und wurde positiv festgestellt, dass die Erhebung der Klage der Eintragung nicht im Wege steht, so erwächst auch die Erhöhung aus genehmigtem Kapital in dauerhafte Bestandskraft, wenn nachträglich über die Anfechtungs- oder Nichtigkeitsfeststellungsklage stattgebend entschieden wird.[601] Würde nun angenommen, dass mit Eintragung der Durchführung keine Mitglied-

---

[596] *Kort*, Bestandskraft fehlerhafter Strukturänderungen, S. 231; *Hirte*, in: GroßKomm/ AktG, 4. Aufl., § 202 Rn. 247.

[597] Vgl. hierzu und zur regulären Kapitalerhöhung *Ekkenga*, in: KölnKomm/AktG, 3 Aufl., § 189 Rn. 40 ff. m.w.N.

[598] *Koch*, in: Hüffer/Koch, 13. Aufl., § 202 Rn. 19; *Wamser*, in: Spindler/Stilz, 4. Aufl., § 202 Rn. 124; *Hirte*, in: GroßKomm/AktG, 4. Aufl., § 202 Rn. 247; *Busch*, in: Hdb. börsennotierte AG, 4. Aufl., § 43 Rn. 47.

[599] Denn auch § 249 Abs. 1 S. 1 AktG erklärt § 246a AktG für entsprechend anwendbar.

[600] *Schürnbrand*, ZHR 171 (2007), 731,741.

[601] Vgl. zur Bestandskraft des Ermächtigungsbeschlusses nach einer Freigabeentscheidung S. 159 ff.

schaftsrechte entstehen,[602] wäre es schwierig zu erklären, woher die Mitgliedschaften denn nun mit Ergehen eines der erfolgten Eintragung nachgehenden Freigabebeschlusses kommen sollen.[603] Gleiches gilt, wenn es sich um einen nichtigen Hauptversammlungsbeschluss handelt.

Die Möglichkeit eines „nachgehenden" Freigabebeschlusses besteht in jedem Fall für den Zeitraum nach einer Eintragung gem. § 184 AktG,[604] aber auch für den Zeitraum einer nach § 188 AktG erforderlichen Eintragung (§ 189 AktG),[605] da nur durch den Freigabebeschluss die notwendige Bestandskraft herbeigeführt werden kann. Denn sogar nach hier eingenommener Position kann sich die dauerhafte Bestandskraft allein noch nicht aus der Eintragung der Durchführung ergeben, da eine Rückabwicklung ex nunc zu befürchten wäre. Ein derartiger dauerhafter Bestandsschutz kann allein durch einen Freigabebeschluss nach § 246a AktG herbeigeführt werden.[606] Denn dem Freigabeverfahren liegt der Gedanke zugrunde, dass auch die Wirkungen der Maßnahmen (die entstandenen Mitgliedschaftsrechte) nicht mehr beseitigt werden können, auch nicht durch Naturalrestitution. Es wird also normativ unterstellt, dass die Hauptversammlungsbeschlüsse zumindest im Anwendungsbereich des § 246a AktG Wirkungen entfalten. Dies gilt gerade für anfechtbare und nichtige Beschlüsse. Da der zeitliche Anwendungsbereich auch auf bereits erfolgte Eintragungen zu erstrecken ist, müssen auch die Mitgliedschaftsrechte bereits vorher entstanden sein. Es muss neben der Anwendbarkeit des Freigabeverfahrens auch von bereits entstandenen Mitgliedschaftsrechten ausgegangen werden.[607]

Einen nachgehenden Entstehungstatbestand für die Mitgliedschaft liefert der Freigabebeschluss nämlich nicht. Dies müsste er aber insbesondere dann, wenn es um einen nichtigen Beschluss geht, bei dem gerade von Beginn an keine Mit-

---

[602] Vgl. *Marsch-Barner*, in: Bürgers/Körber, 4. Aufl., § 202 Rn. 14.

[603] Zur Zulässigkeit eines Freigabebeschlusses bei bereits erfolgter Eintragung *Koch*, in: Hüffer/Koch, 13. Aufl., § 246a Rn. 4.

[604] LG München, Urt. v. 12.01.2006 – 5 HK O 24795/05 –, BB 2006, 459 ff.; m. Anm. *Aha/ Hirschberger*, BB 2006, 460; dem folgend *Dörr*, in: Spindler/Stilz, 4. Aufl., § 246a Rn. 8; *Hüffer/Schäfer*, in: MünchKomm/AktG, 4. Aufl., § 246a Rn. 7; *Koch*, in: Hüffer/Koch, 13. Aufl., § 246a Rn. 4.

[605] So wohl auch *Hüffer/Schäfer*, in: MünchKomm/AktG, 4. Aufl., § 246a Rn. 7; vgl. zum Freigabeverfahren bei eingetragenem und von Amts wegen gelöschtem Ermächtigungsbeschluss bei Teilanfechtung der Ausschlussermächtigung und hilfsweisen Gesamtanfechtung, OLG Nürnberg, Beschl. v. 14.02.2018 – 12 AktG 1970/17 –, ZIP 2018, 527.

[606] Diesen Gedanken ausdrücklich hervorhebend OLG Frankfurt a.M., Beschl. v. 13.3.2008 – 5 W 4/08 –, BeckRS 2008, 17167 „Denn der Freigabebeschluss bezweckt auch den Bestandschutz der erfolgten Eintragung (vgl. Hüffer, AktG, 7. Aufl., § 246a, Rz. 1), der mit der bloßen Eintragung gerade noch nicht erreicht werden kann (vgl. OLG Celle, a.a.O.; stillschweigend bejaht von OLG Köln, Beschl. v. 8.8.2007 – 18 W 71/0 –, zitiert nach Juris, nicht veröffentlicht)".

[607] Vgl. zu ähnlich gelagertem Fall eines bereits eingetragenen Beherrschungs- und Gewinnabführungsvertrages auch OLG Düsseldorf, Beschl. v. 15.12.2008 – 6 W 24/08 –, NJW-Spezial 2008, 208 f.

gliedschaftsrechte zur Entstehung gelangen.[608] Es lässt sich auch schwer vertreten, dass für das genehmigte Kapital dennoch keine Mitgliedschaftsrechte entstehen, denn dann liefe die Aufnahme der §§ 202 ff. AktG in den Anwendungsbereich des § 246a AktG durch den Gesetzgeber weitgehend leer. Die Möglichkeit eines nachgehenden Freigabebeschlusses würde nach einer Eintragung der Durchführung entfallen, obwohl die genannten teleologischen Erwägungen für diese Möglichkeit streiten.

Relevant ist in diesem Zusammenhang noch, dass diese Bestandskraft nicht nur für diejenigen Mängel zu gelten hat, die Gegenstand des Freigabeverfahrens waren. Anders als in Bezug auf die Bindungswirkung des Registergerichts durch die Freigabeentscheidung, die nur so weit reicht, wie in den Freigabeverfahren der Sache nach entschieden worden ist,[609] ist ein aufgrund des Freigabebeschlusses einmal eingetragener Ermächtigungsbeschluss insgesamt und dauerhaft bestandskräftig und kann nicht, auch nicht für die Zukunft, rückabgewickelt werden.[610] Dies ergibt sich aus § 246a Abs. 4 S. 2, 2 Hs. AktG, der eine Rückabwicklung auch nicht im Wege der Naturalrestitution zulässt.[611]

Damit entstehen auch im Fall eines durch eine Anfechtungs- oder Nichtigkeitsklage angegriffenen Ermächtigungsbeschlusses mit der Eintragung der Durchführung der Kapitalerhöhung zumindest temporär vollwertige Mitgliedschaftsrechte.

d) Ausnahmen der Anwendbarkeit der Lehre von der fehlerhaften Gesellschaft beim genehmigten Kapital

Die grundsätzliche Annahme der Entstehung temporär vollwirksamer Mitgliedschaftsrechte bei erfolgter Anfechtungs- oder Nichtigkeitsklage bedeutet allerdings noch nicht, dass nicht Fallgestaltungen denkbar sind, in denen die Entstehung von Mitgliedschaftsrechten nicht sachgerecht ist.

---

[608] *Lutter*, in: Köln/Komm/AktG, 2. Aufl., § 202 Rn. 22.

[609] Vgl. hierzu *Jocksch*, Das Freigabeverfahren nach § 246a AktG, S. 185 ff.

[610] *Schatz*, in: Heidel, Aktien- und Kapitalmarktrecht, 4. Aufl., § 246a Rn. 84; *Koch*, in: Hüffer/Koch, 13. Aufl., § 246a Rn. 12; vgl. auch S. 159 ff.

[611] Teilweise wurde vorgebracht, dass bei einem genehmigten Kapital keine derartige Dringlichkeit im Sinne des § 246a AktG gegeben sei, sodass den Rechtsschutzinteressen der Aktionäre ein höheres Gewicht beizumessen wäre; vgl. *Sauerbruch*, Das Freigabeverfahren – Eine rechtsökonomische Untersuchung, S. 282. Oberflächlich ist die Dringlichkeit dem Anschein nach tatsächlich nicht gegeben, solange eine Nutzung des genehmigten Kapitals nicht avisiert oder notwendig ist. Das Telos des Freigabeverfahrens ist allerdings darauf gerichtet, der Verwaltung ein *flexibles* Instrument der Eigenkapitalbeschaffung an die Hand zu geben. Dies würde wegfallen, wenn der Vorstand auf Grundlage eines angefochtenen Ermächtigungsbeschlusses handeln sollte, wenn das Freigabeverfahren mangels Dringlichkeit abgewiesen wurde. Die gewollte dauerhafte Möglichkeit der Ausnutzung sorgt vielmehr für eine latente Dringlichkeit; vgl. auch *Jocksch*, Das Freigabeverfahren, S. 81 Fn. 44.

Eine solche Ausnahme muss angenommen werden, wenn das Anfechtungs- oder Nichtigkeitsurteil bereits vor der Eintragung der Durchführung der Kapitalerhöhung ergangen ist. Denn dann Fehlen die Voraussetzungen für die Anwendung der Lehre von der fehlerhaften Gesellschaft. Mit der gem. § 248 Abs. 1 S. 1 AktG mit inter omnes-Wirkung ausgestatteten rechtskräftigen Entscheidung ist die rechtsgeschäftliche Rückbindung an die Hauptversammlung entfallen, sobald das Urteil ergangen ist. Auf eine Eintragung kommt es gerade nicht an, wie sogleich näher dargelegt wird.

Durch das Beschlussmängelurteil wird der für die Aufrechterhaltung nach den Grundsätzen der fehlerhaften Gesellschaft erforderliche Willensakt der Gesellschaft rechtsverbindlich vernichtet.[612] Die Tatsache, dass die durch das Anfechtungsurteil ausgeurteilte Nichtigkeit nur ein Nichtigkeitsgrund i.S.v. § 241 Nr. 5 AktG ist und auch ein nichtiger Beschluss mit Eintragung der Durchführung nur ex nunc abgewickelt werden soll, kann hiergegen nicht eingewandt werden. Denn auch dort ist der relevante Zeitpunkt der Rückabwicklung das inter omnes wirkende Urteil, welches die Sach- und Rechtslage abschließend klärt. Wurde dies bereits vor der Eintragung der Durchführung vorgenommen, fehlt es an den Voraussetzungen für eine „weitere" Aufrechterhaltung der Kapitalmaßnahme.[613] Auf die publizitätswirkende Eintragung im Sinne des § 248 Abs. 1 S. 3 AktG in das Handelsregister kommt es dagegen nicht an, da die Wirkungen des Urteils unabhängig hiervon eingreifen.[614] Das Urteil vernichtet ipso iure den für die Anwendbarkeit der Grundsätze der fehlerhaften Gesellschaft notwendigen Vertrauensschutz und die hinreichende Willensverbindung zur Hauptversammlung.[615]

Ausgenommen werden müssen auch Überschreitungen der zeitlichen Grenzen und des Nennbetrages des Ermächtigungsbeschlusses oder das gänzliche Fehlen eines Ermächtigungsbeschlusses.[616] Unter einem fehlenden Ermächtigungsbeschluss sind auch die Fälle zu fassen, in denen der nach § 182 Abs. 2 AktG erforderliche Sonderbeschluss fehlt. Denn in diesen Fällen ist die Ermächtigung nicht existent.[617] Für eine derartige Überschreitung kann auch die Eintragung des in diesen Fällen nur unter Umständen fehlerbehafteten Ermächtigungsbeschlusses keine ausreichende rechtsgeschäftliche Rückanknüpfung an den Willen der Hauptversammlung bilden. Es handelt sich hier vielmehr um ein aliud zu dem eingetragenen genehmigten Kapital.[618]

---

[612] *Kort*, Bestandsschutz fehlerhafter Strukturänderungen, S. 203.

[613] Vgl. dazu auch *Kort*, Bestandsschutz fehlerhafter Strukturänderungen, S. 203 ff.

[614] Die Wirkung tritt grds. mit formeller Rechtskraft unabhängig von der Eintragung ein; *Hüffer/Schäfer*, in: MünchKomm/AktG, 4. Aufl., § 248 Rn. 5.

[615] Hierzu sogleich S. 501 ff.

[616] So auch *Wiedemann*, in: GroßKomm/AktG, 4. Aufl., § 203 Rn. 248 a.E.

[617] *Koch*, in: Hüffer/Koch, 13. Aufl., § 189 Rn. 4.

[618] Die Behandlung ist vergleichbar mit den Fällen der regulären Kapitalerhöhung, bei der die Eintragung nicht deckungsgleich mit dem Kapitalerhöhungsbeschluss ist; *Schürnbrand*, in: MünchKomm/AktG, 4. Aufl., § 189 Rn. 19; *Koch*, in: Hüffer/Koch, 13. Aufl., § 189 Rn. 4.

e) Ergebnis

Die Erhöhung der Grundkapitalziffer aufgrund der Ausnutzung eines genehmigten Kapitals, dem ein nach Eintragung der Durchführung der Kapitalerhöhung durch Beschlussmängelurteil vernichteter Ermächtigungsbeschluss zugrunde liegt, ist damit ex nunc rückabzuwickeln, sofern keine der genannten Ausnahmen eingreifen oder ein Freigabebeschluss existiert.[619] Hierfür streiten neben der Vergleichbarkeit zur regulären Kapitalerhöhung und den mit der Eintragung der Durchführung einhergehenden Interessenlagen auch die durch das Freigabeverfahren kodifizierten gesetzlichen Wertungen.

II. Fehlerhaftigkeit des Vorstandsbeschlusses

Durchwachsen sind auch die Auffassungen hinsichtlich der Entstehung von Mitgliedschaftsrechten, sofern der Ausnutzungsbeschluss des Vorstandes mangelbehaftet war.

1. Vor Eintragung der Durchführung

Liegt eine fehlerbehaftete und damit nichtige Vorstandsentscheidung vor oder fehlen notwendige Zustimmungsbeschlüsse des Aufsichtsrates oder wurde der Ermächtigungsbeschluss wirksam angefochten, so hat der Registerrichter die Eintragung der Durchführung der Kapitalerhöhung abzulehnen.[620] Hier ergeben sich keine nennenswerten Besonderheiten.[621]

2. Nach Eintragung der Durchführung

Anders liegt dies bei der Frage nach den Rechtsfolgen, die eintreten, sofern die Durchführung der Kapitalerhöhung aus genehmigtem Kapital in das Handelsregister eingetragen worden ist.

a) Mängel der Verwaltungsentscheidungen
als verbandsinnenrechtliches Problem?

Gänzlich anders als bei einem fehlerhaften Ermächtigungsbeschluss steht die herrschende Meinung der Entstehung von Mitgliedschaftsrechten gegenüber, wenn es um Mängel des Vorstandsbeschlusses bei der Ausnutzung des genehmigten Kapitals geht. In diesem Fall soll der Feststellung der Fehlerhaftigkeit der Ausnut-

---

[619] Vgl. zu dem Vorgehen sogleich S. 512.

[620] *Busch*, in: Hdb. börsennotierte AG, 4. Aufl., § 43 Rn. 46.

[621] Die Einteilung von Vorstandsbeschlüssen in die Kategorien der Anfechtbarkeit und Nichtigkeit wird in der vorliegenden Arbeit nicht angenommen. Vgl. hierzu genauer S. 206 ff.

zungsentscheidung keinerlei Außenwirkung zukommen, weswegen auch die auf dieser Grundlage ausgegebenen Anteile dauerhaft bestandskräftige Mitgliedschaftsrechte verbriefen.[622] Der Grund hierfür soll darin liegen, dass gutgläubige Zeichner nicht mit gesellschaftsinternen Risiken belastet werden sollen, auf die sie keinen Einfluss haben. Die Hauptversammlung habe durch die teilweise spekulative Entscheidung, den Vorstand zu einer genehmigten Kapitalerhöhung zu ermächtigen, das Risiko einer fehlerhaften Entscheidung desselben in Kauf genommen und dürfe dies nun nicht auslagern.[623] Dieser Schutz sei auch legitim, da zumindest die gesetzlichen Mindestvoraussetzungen des genehmigten Kapitals vorliegen.[624] Die Kapitalmaßnahme sei dann mit Eintragung der Durchführung vollumfänglich wirksam und auch nicht nach den Grundsätzen der fehlerhaften Gesellschaft rückabzuwickeln.[625] Hat der Vorstand das genehmigte Kapital ohne ein Bezugsrecht ausgenutzt und fehlt die sachliche Rechtfertigung oder wäre ein unangemessen niedriger Ausgabepreis festgesetzt worden, würde dies nach dieser Auffassung dazu führen, dass die Kapitalerhöhung dauerhaft bestandskräftig wäre.[626]

b) Stellungnahme

Diese Auffassung kann nicht überzeugen. Es liegen keineswegs die Mindestvoraussetzungen dafür vor, dass die Mitgliedschaftsanteile, die aufgrund der rechtswidrigen Ausnutzung des genehmigten Kapitals entstanden sind, in dauerhafte Bestandskraft erwachsen sollten. Die Erhöhung des gezeichneten Kapitals tritt auch beim genehmigten Kapital erst dann ein, wenn ein rechtmäßiger Vorstandsbeschluss gefasst worden ist, der im Zusammenspiel mit dem Ermächtigungsbeschluss die Grundlage für die neu geschaffenen Anteile bildet und sodann nach § 203 Abs. 1 i.V.m. § 189 AktG die Durchführung der Kapitalerhöhung in das Handelsregister eingetragen wird. Erst das Zusammenspiel dieser beiden Beschlüsse ersetzt im Sinne des § 203 Abs. 1 S. 2 AktG den Beschluss über die Erhöhung des Grundkapitals.[627] Dies erhellt auch, worum es bei der Vorstandsentscheidung in Wirklichkeit geht. Es ist gerade keine originäre Geschäftsführungsmaßnahme, sondern der Vorstand wird

---

[622] *Koch*, in: Hüffer/Koch, 13. Aufl., § 202 Rn. 19, § 204 Rn. 8 f.; *Veil*, in K. Schmidt/Lutter, 3. Aufl., § 202 Rn. 26; *Lutter*, in: KölnKomm/AktG, 2. Aufl., § 204 Rn. 24; *Scholz*, in: MünchHdbGesR IV, § 59 Rn. 76; *Bayer*, in: MünchKomm/AktG, § 203 Rn. 32; dies auch für ein auf der Anfechtungslösung basierendes Beschlussmängelrecht der Gesellschaftsorgane de lege ferenda fordernd, *Koch*, in: Verhandlungen des 72. DJT, Gutachten, F. 98.

[623] *Behr*, Die actio pro socio, S. 159.

[624] *Bayer*, in: MünchKomm/AktG, 4. Aufl., § 203 Rn. 32.

[625] BGH, Urt. v. 10.10.2005 – II ZR 90/03 –, BGHZ 164 249, 257 = NZG 2006, 20, 23; *Bayer*, in: MünchKomm/AktG, 4. Aufl., § 203 Rn. 32.

[626] So sagt Bayer explizit, dass das insbesondere auch „für den Fall, dass das Bezugsrecht gesetzwidrig ausgeschlossen wurde" gelte, *Bayer*, in: MünchKomm/AktG, 4. Aufl., § 203 Rn. 32.

[627] So auch *Lutter*, in: KölnKomm/AktG, 2. Aufl., Vor § 202 Rn. 4; *Hirte*, in: GroßKomm/AktG, 4. Aufl., § 203 Rn. 12.

lediglich als Substitut der Hauptversammlung tätig.[628] Es wird ausschließlich das letztentscheidende Organ substituiert. Aus der Delegation der Entscheidungszuständigkeit von der Hauptversammlung auf den Vorstand kann man nun aber nicht schließen, dass der Ausnutzungsentscheidung eine andere Qualität zukommen solle, als dass sie eine Grundlagenentscheidung darstellt.[629] Es ist gerade nicht nur ein Geschäftsführungsmangel, der bloß im Innenverhältnis wirkt.[630] Der Vorstandsbeschluss ist vielmehr essenzielle Voraussetzung dafür, dass die Kapitalerhöhung als Maßnahme der Gesellschaft nach außen hin wirksam wird.[631] Es mutet paradox an, Außenstehenden nur aufgrund des Entscheidungsorgans einen Vertrauensschutz zukommen lassen zu wollen, ohne die inhaltliche Ausgestaltung der Entscheidung zu berücksichtigen. Gerade dadurch, dass die Hauptversammlung lediglich eine abstrakte Ermächtigung schafft, kann hierauf aufbauend noch kein konkretes und schutzwürdiges Vertrauen aller Außenstehenden existieren.[632] Die Grundlage für die Kapitalerhöhung als Strukturänderung stellt vielmehr ein zusammengesetztes Rechtsgeschäft aus Ermächtigungsbeschluss und Ausnutzungsentscheidung dar, die die essenzielle Grundlage für die wirksame Strukturänderung bilden.[633]

Man hat den Blick darauf zu richten, dass es sich um eine Kapitalerhöhung in der Gesellschaft handelt, die einen Einzelaspekt hinsichtlich der Bewertung der Bestandskraft darstellt.[634] Es kommt nach außen hin nicht darauf an, in welcher Form im Innenverhältnis die Grundlage für die Kapitalerhöhung gelegt worden ist. Das genehmigte Kapital ist trotz der Anforderung, dass ein Ermächtigungsbeschluss und ein Vorstandsbeschluss notwendig sind, nach außen hin als Einheit zu betrachten. Andernfalls würde die Verlagerung der Entscheidungszuständigkeit auf den Vorstand zu einer Änderung der Eingriffsfolgen für den Aktionär führen.[635] Schließt die Hauptversammlung ohne sachlichen Grund das Bezugsrecht der Aktionäre bei einer regulären Kapitalerhöhung aus, greifen nach allgemeiner Ansicht die Grundsätze der fehlerhaften Gesellschaft und zumindest die quotale Beteiligungsverwässerung wird rückgängig gemacht. Da auch der Vorstand das genehmigte Kapital unter Bezugsrechtsausschluss nur bei Vorliegen einer sachlichen Rechtfertigung ausnutzen darf,[636] würde bei Fehlen dieser Voraussetzung der Maßnahme nach obiger Ansicht eine dauerhafte Bestandskraft zukommen.[637] Dies bedeutet, dass der Vorstand un-

---

[628] Zur Terminologie des Vorstandes als „Funktionsvertreter" vgl. *Ekkenga*, in: Hdb. der AG-Finanzierung, 1. Aufl., Kap. 5 Rn. 78.

[629] So schon *Ekkenga*, AG 2001, 567, 569; *Paefgen*, ZIP 2004, 145, 151 f.; *Schumann*, Bezugsrecht, S. 165 ff., 166; *Schürnbrand*, ZHR 171 (2007), 731, 739.

[630] So aber *Scholz*, in: MünchHdbGesR IV, 4. Aufl., § 59 Rn. 76.

[631] *Schumann*, Bezugsrecht, S. 166.

[632] So aber scheinbar *Behr*, Die actio pro socio, S. 159.

[633] Vgl. *Schäfer*, Die Lehre von fehlerhaften Verband, S. 380.

[634] *Schumann*, Bezugsrecht, S. 166.

[635] So auch *Stamatopoulos*, Die Pflichtenstellung des Vorstandes, 291.

[636] Vgl. S. 354 ff.

[637] *Schumann*, Bezugsrecht, S. 166.

abhängig von dem neu eingeführten § 246a Abs. 4 S. 2 AktG unbedingt bestandskräftige Anteile schaffen könnte. Für den (Alt)Aktionär ändert sich an der Fehlerhaftigkeit der Kapitalmaßnahme wegen der mangelnden sachlichen Rechtfertigung allerdings nichts. Ebenso wenig ist eine derart andere Situation der außenstehenden gutgläubigen Zeichner gegeben, wenn man einen Vergleich zu der regulären Kapitalerhöhung zieht, die den gleichen wie den hier angenommenen Rechtsfolgen unterliegt. Auch bei der regulären Kapitalerhöhung kann der gutgläubige Zeichner nicht vorhersehen, ob die Gegebenheiten auf deren Grundlage die Hauptversammlung den Bezugsrechtsausschluss beschlossen hat, den Anforderungen des sachlichen Grundes genügen.

Die Kapitalmaßnahme leidet bei einem rechtswidrigen und damit nichtigen Vorstandsbeschluss vielmehr an einem nach außen wirkenden Mangel, der durch die Aktionäre mittels einer Beseitigungsklage geltend gemacht werden kann. Der Aktionär muss nach den zuvor herausgearbeiteten Voraussetzungen eines individuellen verbandsrechtlichen Abwehranspruches allerdings nachweisen, dass der Vorstand seine Kompetenz zulasten seines in der Hauptversammlung auszuübenden Teilhaberechts überschritten hat. Nicht ausreichend wäre die fehlende Zustimmung des Aufsichtsrates, da dies keine Kompetenzverletzung zulasten der Aktionäre darstellt.[638]

c) Anwendbarkeit der Lehre von der fehlerhaften Gesellschaft

Die Entscheidung des Vorstandes ist in den genannten Fällen nicht nur anfechtbar, sondern nach auch hier vertretener vorzugswürdiger Ansicht von vornherein nichtig.[639] Dieser Mangel erfasst die gesamte Kapitalmaßnahme als solche.[640] Die zuvor zum fehlerhaften Ermächtigungsbeschluss gemachten Ausführungen, die für eine Anwendbarkeit der Grundsätze der fehlerhaften Gesellschaft plädieren, sofern das Beschlussmängelurteil nach Eintragung der Durchführung ergangen ist, können auch bei einer fehlerhaften und kompetenzwidrigen Ausübungsentscheidung des Vorstandes Geltung beanspruchen.

Es gelten hier allerdings einige Besonderheiten. Die Lehre von der fehlerhaften Gesellschaft dämmt in ihrem originären Anwendungsbereich lediglich die Folgen einer ex tunc anfechtbaren Entscheidung ein, indem sie dieser aufgrund der erheblichen Rückabwicklungsschwierigkeiten und aufgrund von Drittinteressen vorläu-

---

[638] Vgl. zur möglichen Beseitigungsklage sogleich S. 510 ff. und zu ihrer aktienrechtlichen Zulässigkeit S. 517 ff.

[639] *Schürnbrand*, ZHR 171 (2007), 731, 739 f.; *Spindler*, in: MünchKomm/AktG, 5. Aufl., § 77 Rn. 29; *Kort*, in: GroßKomm/AktG, 5. Aufl., § 77 Rn. 18; a.A. *Paefgen*, ZIP 2004, 145, 149 f., geht beim genehmigten Kapital aufgrund der Substitution der Hauptversammlung durch den Vorstand scheinbar von der Anfechtbarkeit aus.

[640] *Schürnbrand*, ZHR 171 (2007), 731, 741 f.; *Schumann*, Bezugsrecht, S. 166 f., denn der Vorstandsbeschluss ist essenzieller Bestandteil der Kapitalmaßnahme.

figen Bestandsschutz gewährt und lediglich eine Rückabwicklung ex nunc zulässt.[641] Dies ist bei Hauptversammlungsbeschlüssen, die in nichtige und anfechtbare Beschlüsse kategorisierbar sind unproblematisch denkbar. Vorstandsentscheidungen, die pflichtwidrig sind, lassen sich demgegenüber nicht in diese Kategorien einteilen, sondern sind von Anfang an nichtig und damit rechtlich niemals existent.[642] Da dies wie angeführt richtigerweise auch auf die Kapitalmaßnahme als solche wirkt und diese mithin zumindest in Teilbereichen nicht existent ist, erscheint es fragwürdig, ob über die Lehre der fehlerhaften Gesellschaft nicht nur die Eindämmung der Anfechtungsfolgen herbeigeführt werden kann, sondern darüber hinaus auch ein temporärer Bestandsschutz für die Kapitalmaßnahme.

Betrachtet man den Ermächtigungsbeschluss als zwingende Grundlage, ist dieser als Satzungsänderung, sofern man sich im Stadium der Durchführung befindet, bereits im Handelsregister eingetragen.[643] Unabhängig davon, ob er anfechtbar, nichtig oder uneingeschränkt wirksam ist, vermittelt er bereits kraft seiner Eintragung eine rechtserhebliche Grundlage für die Ausnutzungsentscheidung. Denn wie festgestellt verliert eine solche lediglich aufgrund einer Delegation nicht den Charakter als Grundlagenentscheidung.[644] Fehlt nun der Vorstandsbeschluss aufgrund seiner anfänglichen Nichtigkeit und wird die Durchführung der Kapitalerhöhung dennoch gem. §§ 203 Abs. 1 S. 1 i.V.m. 189 AktG in das Handelsregister eingetragen, unterscheidet sich die Situation nicht wegweisend von der der Eintragung eines regulären Kapitalerhöhungsbeschlusses.

Es geht auch bei einem genehmigten Kapital für Außenstehende, Gläubiger und potentielle Neuaktionäre/Zeichner allein um die Maßnahme der Kapitalerhöhung. Die Eintragung der Durchführung aufgrund eines Ermächtigungsbeschlusses in Verbindung mit einem, wenn auch nichtigen, Vorstandsbeschluss signalisiert un-

---

[641] Eine schlüssige Erklärung für den Bestandsschutz einer Maßnahme bei unterlassener Anfechtung liefert die Lehre von der fehlerhaften Gesellschaft allerdings nicht allein. Die Schlüssigkeit des Bestandsschutzkonzeptes ergibt sich bereits aus der Kategorie der Anfechtbarkeit, da diese die Wirksamkeit der Maßnahme vorübergehend unberührt lässt und allein mit Ausübung des Gestaltungsrechts die Unwirksamkeit bei gesetzlicher Anordnung ex tunc herbeiführt. Die Lehre von der fehlerhaften Gesellschaft sorgt vielmehr dafür, dass die eigentlich gesetzliche Anordnung der ex tunc-Wirkung aufgrund überlagernder Interessen nicht durchgreift, was wiederum die Möglichkeit erklärt, aufgrund „noch" schützenswerter Interessen die Lehre von der fehlerhaften Gesellschaft nicht anzuwenden. Anders scheinbar *Schumann*, Bezugsrecht, S. 167, der annimmt, dass: „[…] die Lehre von der fehlerhaften Gesellschaft […] nur die Folgen der Anfechtung mildert, indem sie diese auf die Zukunft beschränkt, und die zugleich die schlüssige Erklärung dafür liefert, warum ein anfechtbarer Beschluß endgültigen Bestandsschutz genießt, also wirksam bleiben kann, wenn die Aktionäre trotz materiellrechtlicher Mängel auf eine Anfechtung verzichten.", a.a.O.

[642] *Schumann*, Bezugsrecht, S. 167 f.

[643] Anders kann dies bei der regulären Kapitalerhöhung sein, bei der eine Anmeldung des Kapitalerhöhungsbeschlusses und der Eintragung der Durchführung gemeinsam erfolgen kann, § 188 Abs. 4 AktG.

[644] *Schürnbrand*, ZHR 171 (2007), 731, 739; *Ekkenga*, AG 2001, 567, 569; *Paefgen*, ZIP 2004, 145, 151 f.; *Schumann*, Bezugsrecht, S. 165 ff., 166.

missverständlich die Erhöhung des Grundkapitals.[645] Die Lehre von der fehlerhaften Gesellschaft hat gerade auch für von Anfang an nichtige Hauptversammlungsbeschlüsse Anerkennung erfahren,[646] bei denen es ebenfalls nicht nur um die Eindämmung der Anfechtungsfolgen, sondern um die Herbeiführung temporärer Bestandskraft aufgrund von unabwägbaren Mangelfolgen geht.[647] Die faktischen Auswirkungen einer nur schwer reversiblen Strukturmaßnahme, die einen Teil der Grundlage für die Anerkennung der Lehre vom fehlerhaften Organisationsakt bilden, beanspruchen für beide Fälle Geltung. Gleichfalls stellen sich Gläubiger ebenso auf das erhöhte Grundkapital ein wie ein unter Umständen existierender Kapitalmarkt.

Daher ist auch bei einer rechtswidrigen und damit nichtigen Vorstandsentscheidung die Kapitalmaßnahme erst mit Wirkung ex nunc zum Zeitpunkt der gerichtlichen Feststellung rückabzuwickeln.[648] Wie bei einem nichtigen Kapitalerhöhungsbeschluss ist nicht nur die Kapitalmaßnahme nach den Grundsätzen des fehlerhaften Organisationsaktes wirksam, sondern gleichsam die Ausnutzungsbeschlüsse sind als temporär wirksam zu betrachten. Denn nach der hier angenommenen einheitlichen Betrachtung des Erhöhungsvorganges beim genehmigten Kapital gilt auch hier ein „Fehlerfolgengleichlauf von Strukturänderungsbeschl(üssen) und Strukturänderung(en)".[649] Für die dann folgende Rückabwicklung finden nach mittlerweile allgemein anerkannter und zutreffender Auffassung analog die Regelungen über die Zwangseinziehung § 237 ff. AktG Anwendung.[650]

d) Immunisierung der fehlerhaften Ausnutzungsentscheidung analog § 246a AktG?

Die drohende Rückabwicklung der Kapitalmaßnahme ist nicht zuletzt ein erhebliches finanzielles Risiko für die Aktiengesellschaft, sodass sich die Frage nach einer Immunisierung der genehmigten Kapitalerhöhung bei fehlerhafter Ausnutzungsentscheidung ergibt.[651] Hier scheint eine entsprechende Anwendung des § 246a AktG für die Gesellschaft interessengerecht zu sein.

---

[645] *Wiedemann*, in: GroßKomm/AktG, 4. Aufl., § 189 Rn. 4; *Kort*, Bestandsschutz fehlerhafter Strukturänderungen, S. 194.

[646] *Hüffer/Schäfer*, in: MünchKomm/AktG, 4. Aufl., § 241 Rn. 89; *Ekkenga*, in: Köln-Komm/AktG, 3. Aufl., § 189 Rn. 40 f., 4; *Kort*, Bestandsschutz fehlerhafter Strukturänderungen, S. 193 ff., 205 f.; anders noch RGZ 144, 138, 141; wohl folgend *Koch*, in: Hüffer/Koch, 13. Aufl., § 189 Rn. 4.

[647] Vgl. nur *Schürnbrand*, in: MünchKomm/AktG, 4. Aufl., § 189 Rn. 20, 23 ff. m.w.N.; *Schumann*, Bezugsrecht, S. 169.

[648] So auch *Schumann*, Bezugsrecht, S. 169; vgl. für die Ausgestaltung des Verfahrens der gerichtlichen Feststellung S. 511 ff.

[649] *Kort*, Bestandsschutz fehlerhafter Strukturänderungen, S. 205; *Hommelhoff*, ZHR 158 (1994), 11, 17 f., der von einer Rechtseinheit von Gesellschafterbeschluss und Strukturänderung spricht.

[650] *Wiedemann*, in: GroßKomm/AktG, 4. Aufl., § 189 Rn. 41; *Kort*, ZGR 1994, 291, 314 ff.

[651] Vgl. *Schürnbrand*, ZHR 107 (2007) 731, 742 f.

Eine analoge Anwendung des § 246a AktG, was zu einer dauerhaften Bestandskraft der Kapitalmaßnahme trotz pflichtwidrigen Vorstandsbeschlusses führen könnte, kommt aber ebenso wenig in Betracht wie die Anfechtung von Vorstandsbeschlüssen analog §§ 243 ff. AktG.[652] Das Freigabeverfahren bezieht sich in seinem originären Anwendungsbereich ebenfalls allein auf Hauptversammlungsbeschlüsse, die einer aktienrechtlichen Beschlussmängelklage ausgesetzt sind. Die Beseitigung der durch Beschlussmängelklagen herbeigeführten faktischen Registersperre lässt sich nicht auf die Entscheidung des Vorstandes übertragen. Zum einen ist es rechtstatsächlich nur schwer vorstellbar, dass ein solches Szenario einmal existiert. *Schürnbrand* hat treffend darauf hingewiesen, dass der Anknüpfungspunkt für ein solches Freigabeverfahren de lege ferenda lediglich eine vor der Eintragung erhobene Klage des Aktionärs sein sollte,[653] wobei hier wohl primär eine mit inter omnes ausgestattete Feststellungsklage in Betracht käme, anstatt eine Anfechtungsklage nach dem Vorbild er §§ 243 ff. AktG.[654] Für einen Gleichlauf mit dem direkten Anwendungsbereich des § 246a AktG müsste sodann allerdings auch eine Freigabemöglichkeit nach Eintragung der Durchführung eingeräumt werden. Die Einschränkung der Rechtsschutzmöglichkeiten, die rechtswidrige Maßnahme zumindest mit Wirkung ex nunc rückabzuwickeln und dieser nicht dauerhafte Bestandskraft zukommen zu lassen, würde die Grenze der Rechtsfortbildung überschreiten und ist daher abzulehnen. Einen so tief greifenden Einschnitt in die Verbandsstruktur durch Legalisierung an sich rechtswidriger Zustände kann nur dem Gesetzgeber überantwortet werden. Möchte dieser einen unumkehrbaren Bestandsschutz auch bei rechtswidrigen Vorstandsentscheidungen im Rahmen des genehmigten Kapitals einführen, bleibt ihm dies unbenommen.[655]

e) Handeln ohne Ermächtigung als Ausnahme von den Grundsätzen der fehlerhaften Gesellschaft?

Schumann hat für die Anwendbarkeit der Lehre von der fehlerhaften Gesellschaft nach der Schwere des Mangels differenziert und solche Fälle von der lediglich ex nunc erfolgenden Rückabwicklung ausgenommen, bei denen eine Ermächtigung überhaupt fehlt oder der Umfang oder die zeitlichen Grenzen überschritten worden sind.[656] Dies trifft in seinem Kern zu, ist allerdings im Grundsatz keine Einschränkung der Lehre vom fehlerhaften Organisationsakt. Es fehlt in diesen Fällen vielmehr bereits an der auch für die Herbeiführung der temporären Bestandskraft einer ordentlichen aber vernichtbaren Kapitalerhöhung erforderlichen rechtsgeschäftlichen

---

[652] Vgl. hierzu S. 206 ff.

[653] *Schürnbrand*, ZHR 107 (2007) 731, 745, vor Eintragung, da er eine fristgebundene Klage im Anschluss an einen Vorstandsbericht bevorzugt.

[654] Für Anfechtungsklage gegen Vorstansbeschluss ähnlich den §§ 241 ff. *Schürnbrand*, ZHR 107 (2007) 731, 745; vgl. auch *Koch*, in: Verhandlungen des 72. DJT, Gutachten, F. 95 ff.

[655] Dies fordert *Henze*, in: FS Priester, 2007, S. 201, 219, 220.

[656] *Schumann*, Bezugsrecht, S. 169 f.

Rückbindung der Eintragung der Durchführung an die Entscheidung der Hauptversammlung.[657]

Die Fälle, in denen eine Ermächtigung überhaupt fehlt, sind weiter auszudifferenzieren. Ist die durch die Hauptversammlung geschaffene Ermächtigung nichtig, fehlt streng genommen eine solche. Dies hindert allerdings nicht die Anwendung der Grundsätze vom fehlerhaften Organisationsakt, da wie bereits oben angeführt, Mängel des Ermächtigungsbeschlusses ebenfalls nur zur Rückabwicklung ex nunc führen.[658] Der Grund liegt darin, dass auch der nichtige Beschluss im Kern eine privatautonome Entscheidung enthält.[659]

Etwas Anderes gilt nur für die Fälle, in denen tatsächlich gar kein Ermächtigungsbeschluss existiert, was in der Praxis wohl kaum die Möglichkeit der Eintragung der Durchführung eines genehmigten Kapitals außerhalb von betrügerisch erschlichenen Eintragungen nach sich ziehen dürfte. Eine näherliegende Gestaltung wäre ein fehlender Sonderbeschluss nach § 182 Abs. 2 AktG, dessen Fehlen die Nichtexistenz eines Ermächtigungsbeschlusses zur Folge hätte.[660] Wie bei der regulären Kapitalerhöhung fehlt dann auch beim genehmigten Kapital der „entscheidende privatautonome Akt",[661] der für die Wirkungen des § 189 AktG unumgänglich ist.[662]

Wie bereits zu den Mängeln des Ermächtigungsbeschlusses dargelegt, hat Gleiches zu gelten, wenn bereits vor der Durchführung der Kapitalerhöhung ein Urteil mit den Wirkungen des § 248 Abs.1 S. 1 AktG ergangen ist und durch dieses die Nichtigkeit des Ermächtigungsbeschlusses ausgeurteilt oder festgestellt worden ist.

Die Herausnahme der Überschreitung des Ermächtigungszeitraumes oder des Umfanges ist ebenfalls keine Ausnahme von den Grundsätzen der fehlerhaften Gesellschaft. Die Formulierung der Überschreitung des Zeitrahmens oder des Umfangs der Ermächtigung[663] verschließt ein wenig den Blick auf das Wesentliche. Es handelt sich in diesen Fällen gerade nicht um eine Verletzung des ursprünglichen Ermächtigungsbeschlusses durch den Vorstand. Er handelte niemals auch nur im entferntesten als Substitut der Hauptversammlung, weswegen die oben angeführten

---

[657] *Schürnbrand*, in: MünchKomm/AktG, 4. Aufl. § 189 Rn. 19; *Ekkenga*, in: KölnKomm/AktG, 3. Aufl., § 189 Rn. 4.

[658] Siehe hierzu oben S. 488 ff.; *Hüffer/Schäfer*, in: MünchKomm/AktG, 4. Aufl., § 241 Rn. 89; *Ekkenga*, in: KölnKomm/AktG, 3. Aufl., § 189 Rn. 40 f., 4; *Kort*, Bestandsschutz fehlerhafter Strukturänderungen, S. 193 ff., 205 f.; anders noch RG, Urt. v. 13.03.1934 – II 225/33 –, RGZ 144, 138, 141; wohl folgend *Koch*, in: Hüffer/Koch, 13. Aufl., § 189 Rn. 4.

[659] Zu diesem Rückbindungserfordernis vgl. *Schürnbrand*, in: MünchKomm/AktG, 4. Aufl., § 189 Rn. 19.

[660] *Servatius*, in: Spindler/Stilz, 4. Aufl., § 182 Rn. 31.

[661] *Schürnbrand*, in: MünchKomm/AktG, 4. Aufl., § 189 Rn. 19.

[662] *Schürnbrand*, in: MünchKomm/AktG, 4. Aufl., § 189 Rn. 19; *Ekkenga*, in: KölnKomm/AktG, 3. Aufl., § 189 Rn. 4.

[663] So *Schumann*, Bezugsrecht, S. 169 f.

Argumente für die Lehre vom fehlerhaften Organisationsakt in diesem Fall nicht verfangen. Er handelt vielmehr in Überschreitung seiner Geschäftsführungsbefugnisse, was auch außerhalb der fehlenden rechtsgeschäftlichen Rückbindung allein niemals Grundlage für die Bestandskraft einer „Kapitalmaßnahme" sein kann. Die vorgenommenen Handlungen stellen gerade ein aliud zu einer eingetragenen Ermächtigung dar.[664] Die rechtsgeschäftliche Rückbindung, die durch den im Handelsregister eingetragenen Ermächtigungsbeschluss herbeigeführt worden ist, kann nur bestehen, sofern sich der Vorstand innerhalb des zeitlichen und quantitativen Rahmens bewegt. Außerhalb dessen kann kein durch das Handelsregister legitimierter Vertrauensschutz greifen.

3. Ergebnis

Da die Entscheidungen des Vorstandes bei materieller Fehlerhaftigkeit nicht dazu führen, dass die Eintragung der Durchführung der Kapitalerhöhung aus genehmigtem Kapital von dauerhafter Bestandskraft ist, hat die Aktionärsklage nicht nur vor der Eintragung, sondern auch nach der Eintragung als Beseitigungsklage ein originäres Anwendungsfeld.[665] Die Geltendmachung derartiger Mängel durch den Aktionär ist allerdings zu beschränken. Die Möglichkeit besteht entsprechend dem herausgearbeiteten materiellen Abwehrrecht des Aktionärs nur in Fällen der Verletzung des mitgliedschaftlichen Teilhaberechts in einer konkreten Sachfrage durch die Verwaltung.[666]

B. Allgemeine (nachträgliche) Feststellungsklage

Nicht nur vor Eintragung der Durchführung ist es diskussionswürdig, ob die allgemeine Feststellungsklage dem Aktionär als statthafte Klageart zur Seite zu stellen ist. So hat das Oberlandesgericht Frankfurt am Main als dem BGH vorgehende Berufungsinstanz in Sachen „Commerzbank/Mangusta II" die nachträgliche Feststellungsklage noch als unzulässig betrachtet.[667] Im Kern hält das OLG Frankfurt die Klage zwar für statthaft, es sprich dem Kläger allerdings aufgrund der mittlerweile eingetretenen Eintragung der Durchführung der Kapitalerhöhung das notwendige Feststellungsinteresse ab.[668] Es nimmt in diesem Zusammenhang Bezug auf den ersten Hilfsantrag, die Nichtigkeit der Beschlüsse feststellen zu lassen. Da dieses Begehren auf die Rückgängigmachung der gesamten Kapitalmaßnahme gerichtet

---

[664] Die Behandlung ist vergleichbar mit den Fällen der regulären Kapitalerhöhung bei der die Eintragung nicht deckungsgleich mit dem Kapitalerhöhungsbeschluss ist; *Schürnbrand*, in: MünchKomm/AktG, 4. Aufl., § 189 Rn. 19; *Koch*, in: Hüffer/Koch, 13. Aufl., § 189 Rn. 4.

[665] Vgl. zur Existenz dieser im Folgenden S. 510 ff.

[666] Dazu S. 286 ff.

[667] OLG Frankfurt a.M., Urt. v. 4. 2. 2003 – 5 U 63/00 –, NZG 2003, 331, 332.

[668] OLG Frankfurt a.M., Urt. v. 4. 2. 2003 – 5 U 63/00 –, NZG 2003, 331, 332.

sei, sei das Feststellungsinteresse des Aktionärs auch mit endgültigem Wirksamwerden der Kapitalmaßnahme entfallen. Das Feststellungsinteresse des Aktionärs könne nur so lange existieren, wie auch die Möglichkeit der Reversibilität bestehe.[669] Auch die Literatur hat die Klagemöglichkeiten des Aktionärs teilweise so verstanden, dass die Feststellungsklage lediglich bis zur Eintragung der Durchführung der Kapitalerhöhung neben einer Leistungsklage in Betracht komme, da sich die Gesellschaft wohl rechtmäßig verhalten wird.[670] Hierauf wird im Folgenden eingegangen.

I. Feststellungsinteresse

1. Feststellungsinteresse bei angenommener Reversibilität

Folgt man der hier vertretenen Ansicht, dass sowohl bei der Vernichtung eines Ermächtigungsbeschlusses als auch bei einer pflichtwidrigen Ausnutzungsentscheidung des Vorstandes die Kapitalmaßnahme nach den Grundsätzen der fehlerhaften Gesellschaft mit ex nunc-Wirkung rückabgewickelt werden kann,[671] könnte man verleitet sein, allein schon auf dieser Grundlage ein fortbestehendes Interesse des Aktionärs an der Feststellung der Pflichtwidrigkeit anzunehmen. Dies insbesondere aufgrund der Annahme, dass sich der Vorstand an das Feststellungsurteil halten wird.[672] Ein noch deutlicheres Feststellungsinteresse ergibt sich allerdings unter der Annahme, dass das Feststellungsurteil mit seiner analog § 248 Abs. 1 S. 1 AktG inter omnes entfaltenden Wirkung die Grundlage für die Zwangseinziehung der kompetenzwidrig ausgegebenen Anteile nach §§ 237 ff. AktG darstellen kann.[673]

Aber auch sofern man mit der Rechtsprechung annimmt, dass diese Möglichkeit nicht gegeben ist, soll es insbesondere diverse Interessen der Aktionäre geben, die für ein fortgeltendes Feststellungsinteresse streiten.[674] Dem wird im Folgenden nachgegangen, um die Effektivität der allgemeinen Feststellungsklage als Rechtsschutzinstrument nach dem Konzept der Rechtsprechung zu beleuchten.

---

[669] OLG Frankfurt a.M., Urt. v. 4.2.2003 – 5 U 63/00 –, NZG 2003, 331, 332.

[670] *Cahn*, ZHR 164 (2000), 113, 118, sieht die Unterlassungs- und Feststellungsklage ausdrücklich als regelmäßig zu spät an, da die Durchführung der Kapitalerhöhung bereits eingetragen sei; *Lutter*, in: KölnKomm/AktG, 2. Aufl., § 203 Rn. 45, hält die allgemeine Feststellungsklage neben der Unterlassungsklage für möglich, nach Eintragung der Durchführung spricht er allerdings nur noch die Schadensersatzklage an, *Lutter*, in: KölnKomm/ AktG, 2. Aufl., § 203 Rn. 47.

[671] Vgl. hierzu oben S. 486 ff.

[672] Vgl. hierzu auch die Ausführungen zur Ausnahme von der Subsidiarität der Feststellungsklage S. 464 ff.

[673] Vgl. hierzu sogleich S. 513 ff.

[674] So auch der BGH in Sachen Commerzbank/Mangusta II, BGH, Urt. v. 10.10.2005 – II ZR 90/03 –, BGHZ 164, 249, 257 = NZG 2006, 20, 23.

2. Feststellungsinteresse bei angenommener Irreversibilität

Ist das Feststellungsinteresse bei der allgemeinen vorbeugenden Feststellungsklage noch relativ naheliegend unter Verweis auf die vermutlich eintretende Selbstregulierung der Verwaltung bei pflichtwidriger Ausnutzung zu bejahen, stand nach der überwiegenden Literatur dies nicht ohne Weiteres auch bei der durchgeführten Kapitalerhöhung fest.[675] Sowohl der BGH als auch die ihm folgende Literatur gingen allerdings auch nach der Eintragung der Durchführung von einem fortbestehenden Feststellungsinteresse aus. Dieses resultiere aus der Tatsache, dass das Feststellungsurteil unter anderem eine Grundlage für nachträgliche Sekundäransprüche schaffen könne.[676] Zudem sei die Entscheidung für die Aktionäre relevant, wenn es um die Entlastungsbeschlüsse in der Hauptversammlung geht oder um die Wiederwahlentscheidung.[677]

Wie im Folgenden gezeigt wird, reichen die vom BGH angeführten Begründungen größtenteils nicht aus, um ein Feststellungsinteresse auch nach Eintragung der Durchführung der Kapitalerhöhung bei angenommener Irreversibilität der Kapitalerhöhung bei Mängeln auf der Ausnutzungsebene zu begründen. Dies nährt die bereits erörterten Zweifel am Rechtsschutzkonzept der Rechtsprechung, die den Rechtsschutz vor Eintragung der Durchführung der Kapitalerhöhung gerade auch unter Verweis auf die nachgehende Feststellungsklage beschnitt.

a) Nachgehendes rechtmäßiges Verwaltungsverhalten

Betrachtet man zunächst die Vorstellung des BGH, dass die Verwaltung bei stattgebender Feststellungsklage die notwendigen Schlüsse ziehe,[678] meint dies nichts anderes als einen Anreiz für künftiges Verhalten zu setzen. Dies betont der BGH ausdrücklich, wenn er sagt, dass es „Sache der Gesellschaft (sei), durch ihre Organe Abhilfe zu schaffen und den betroffenen Aktionären dadurch Genüge zu tun, dass entweder – sofern noch möglich – eine (erneute) künftige Verletzung ihrer durch Art. 14 GG geschützten Mitgliedschaftsrechte bei einer etwaigen weiteren Ausschöpfung der erteilten Ermächtigung unterbleibt".[679] Die allgemeine Feststellungsklage ist ihrer dogmatischen Grundlage nach allerdings darauf gerichtet, eine gegenwärtige Gefahr für das Rechtsverhältnis des Klägers einem klärenden Rich-

---

[675] So wurde nach der Siemens/Nold-Entscheidung die allgemeine Feststellungsklage ebenfalls nur in der Form als vorbeugende Klage verstanden, vgl. nur *Paefgen*, ZIP 2004, 145, 152; *Cahn*, ZHR 164 (2000), 113, 118.

[676] BGH, Urt. v. 10.10.2005 – II ZR 90/03 –, BGHZ 164, 249, 257 = NZG 2006, 20, 23 (Commerzbank/Mangusta II).

[677] *Koch*, in: Hüffer/Koch, 13. Aufl., § 203 Rn. 39.

[678] BGH, Urt. v. 10.10.2005 – II ZR 90/03 –, BGHZ 164, 249, 256 = NZG 2006, 20, 22 (Commerzbank/Mangusta II) „hat der Aktionär begründete Aussicht, dass die Gesellschaftsorgane hieraus die notwendigen Folgerungen ziehen".

[679] BGH, Urt. v. 10.10.2005 – II ZR 90/03 –, BGHZ 164, 249, 256 = NZG 2006, 20, 22 (Commerzbank/Mangusta II).

terspruch zuzuführen.[680] Ein künftiges Verhalten des Vorstandes bei Kapitalerhöhungen aus genehmigtem Kapital begründet allerdings noch keine gegenwärtige Gefährdung des Rechtsverhältnisses des Klägers. Hier kommt es auch nicht darauf an, ob es um eine erneut mögliche Ausnutzung des gleichen oder eines künftigen genehmigten Kapitals geht. Auch zwischen der ersten und einer erneuten Ausnutzung des gleichen genehmigten Kapitals können bei Ausreizung der fünfjährigen Maximalfrist Jahre liegen. Betrachtet man den meist relevanten Bezugsrechtsausschluss, fällt Folgendes auf.

Die Erleichterungen an die Schaffung des genehmigten Kapitals unter Direktausschluss oder einer Ermächtigung zum Ausschluss des Bezugsrechts wurden gerade mit den ungewissen zukünftigen Entwicklungen gerechtfertigt. Diese Ungewissheit mache es zum Zeitpunkt der Schaffung noch nicht möglich vorherzusehen, wofür exakt das genehmigte Kapital eingesetzt wird. Gerade diese Ungewissheit mache es notwendig, die Flexibilität des genehmigten Kapitals weitgehend zu bewahren. Diese Ungewissheit ist es nun aber auch, die das Feststellungsinteresse gerichtet auf die Verhinderung künftigen vermeintlich pflichtwidrigen Verhaltens nicht legitimierbar macht. Der BGH hat selbst festgestellt, dass „die Möglichkeit allein, daß sich bei einer derzeit nicht einmal in ihren Grundlagen überschaubaren Entwicklung die festzustellenden Ansprüche ergeben können [...], das *gegenwärtige* Rechtsverhältnis nicht *ersetzt.*"[681] Das angeführte Feststellungsinteresse bezieht sich nun gerade nicht mehr auf die in Streit stehende Beeinträchtigung des gegenwärtigen Rechtsverhältnisses, sondern auf einen künftigen Sachverhalt und reicht damit zur Annahme eines Feststellungsinteresses nicht aus.[682]

b) Vorbereitung von Entlastungsbeschlüssen

Ähnlich liegt die Situation hinsichtlich der Überlegungen, dass das Feststellungsurteil dem Kläger bei Entlastungsbeschlüssen ein Mittel an die Hand gibt, um diese zu verhindern. Doch inwiefern der Kläger für die Ablehnung eines Entlastungsbeschlusses durch die Hauptversammlung eines Feststellungsurteils bedarf, bleibt fraglich.[683] Die Feststellungsklage muss geeignet sein, die Rechtsunsicherheit

---

[680] *Foerste*, in: Musielak/Voit ZPO, 14. Aufl., § 256 Rn. 10.

[681] BGH, Urt. v. 22. 3. 1983 – VI ZR 13/81 –, BeckRS 1983 30389528. Hiernach zitiert: „st. Rspr. vgl. BGHZ 4, 133, 135; BGH, Urteile vom 12. Januar 1960 – I ZR 30/58 = MDR 1960, 371; vom 16. Mai 1962 – IV ZR 215/61 = NJW 1962, 1723; vom 13. Juni 1966 – III ZR 258/67 – VersR 1966, 875, 877; vom 20. November 1975 – KZR 1/75 = MDR 1976, 472, 473; *Stein/ Jonas/Schumann/Leipold*, ZPO, 19. Aufl., § 256 Anm. II 4; *Zöller/Stephan*, ZPO, 13. Aufl., § 256 A II 1; *Rosenberg/Schwab*, Zivilprozeßrecht, 13. Aufl. § 94 II 3; *Baumbach/Hartmann*, ZPO, 41. Aufl. § 256 Anm. 2 D"; bestätigt durch BGH, Urt. v. BGH, Urteil vom 13. 3. 2001 – VI ZR 290/00 –, NJW-RR 2001, 957, 957.

[682] Anders *Reichert/Senger*, DK 2006, 338, 346, die allerdings die Großzügigkeit mit dem Umgang des Kriteriums des rechtlichen Interesses freimütig einräumen; wohl auch *Bartels*, ZGR 2008, 723, 748.

[683] Kritisch auch *Busch*, NZG 2006, 81, 85.

hinsichtlich der Gefährdung eines Rechts zu beseitigen.[684] Wenn die allgemeine Feststellungsklage nun im Hinblick auf den künftigen Entlastungsbeschluss in Stellung gebracht wird, scheint es schon an der Geeignetheit zu fehlen. Das Feststellungsurteil hat selbst nach der hier angenommenen inter omnes-Wirkung keinerlei bindende Wirkung auf das Abstimmungsverhalten der Aktionäre bei einer Entlastungsentscheidung und kann deswegen lediglich als reine Informationsbroschüre dienen. Natürlich steht hinter dem Urteil das Ansehen des Rechtsprechungsapparates. Die Autorität desselben strahlt aber nicht auf die Beschlussfassung über die Entlastung aus. Bei dieser kann der Aktionär allein aus bloßen Zweckmäßigkeitsgesichtspunkten eine Zustimmung verweigern.[685] Die rein faktische Möglichkeit der leichteren Verhinderung einer für den Entlastungsbeschluss erforderlichen Mehrheit oder die Chance, ein für die §§ 147, 148 AktG erforderliches Quorum zu akquirieren, stellen lediglich tatsächliche Erleichterungen dar und können ein rechtliches Interesse nicht begründen.[686]

c) Vorbereitung von Sekundäransprüchen

Die notwendigen Schlüsse, die die Verwaltungsorgane ziehen sollten, richtet der BGH weiter auf die Annahme, dass die Gesellschaft etwaige Schädigungen der Aktionäre bei pflichtwidriger Erhöhung des genehmigten Kapitals kompensiere. Ebenso könne das Feststellungsurteil bei einer Aufrechterhaltung der rechtswidrigen Zustände Grundlage für weitere Sekundäransprüche sein.[687] Macht der Aktionär die Nichtigkeit oder Pflichtwidrigkeit des Vorstandsbeschlusses zum Gegenstand der Feststellungsklage ist nicht eindeutig, inwieweit dies einem Sekundäranspruch dienlich sein kann.

Betrachtet man zunächst die Rechtskraft eines Feststellungsurteils, ergibt sich folgendes Bild. Die Feststellung des Drittrechtsverhältnisses hat im Verhältnis von Vorstand und Aktiengesellschaft und damit für Schadensersatzansprüche der Gesellschaft gegenüber dem Vorstand nach § 93 Abs. 2 S. 1 AktG nach hier angenommener Analogie zu § 248 Abs. 1 S. 1 AktG Bindungswirkung. Die subjektive Rechtskraft erstreckt sich gerade nicht nur gem. § 325 ZPO auf die Prozessparteien.[688] Ebenso entfaltete es zwischen dem Aktionär und der Aktiengesellschaft

---

[684] Allg. Ansicht BGH, Urt. v. 08. 12. 1954 – II ZR 291/53 –, BGHZ 15, 382, 390 = NJW 1955, 221; BGH, Urt. v. 21. 12. 2005 – VIII ZR 108/04 –, NJW-RR 2006, 637, 638; BGH, Urt. v. 20. 5. 2011 – V ZR 175/10 –, NJW-RR 2011, 1232, 1232 Tz. 11; *Becker-Eberhard*, in: MünchKomm/ZPO, 5. Aufl., § 256 Rn. 39; *Foerste*, in: Musielak/Voit/ZPO, 15. Aufl., § 256 Rn 8.

[685] *Kubis*, in: MünchKomm/AktG, 3. Aufl., § 120 Rn. 54.

[686] So i. Erg. auch *Reichert/Senger*, DK 2006, 338, 346.

[687] BGH, Urt. v. 10. 10. 2005 – II ZR 90/03 –, BGHZ 164, 249, 256 = NZG 2006, 20, 22 (Commerzbank/Mangusta II).

[688] Bei fehlender inter omnes-Wirkung ist die Annahme einer Drittwirkung der Rechtskraft wegen Verstoßes gegen § 325 ZPO abzulehnen; dafür aber *Schwab*, ZZP 77 (1964), 124, 160;

Bindungswirkung. Doch auch bei angenommener inter partes-Wirkung würde für Schadensersatzansprüche des Aktionärs gegenüber der Gesellschaft das Drittrechtsverhältnis rechtskräftig festgestellt. Denn wird der Gesellschaft der nichtige Beschluss oder die pflichtwidrige Verhaltensweise nach § 31 BGB analog zugerechnet, ist die Gesellschaft an das Feststellungsurteil nach §§ 322, 325 ZPO gebunden.[689] Gleiches gilt, wenn er unvermittelt auf das zwischen ihm und der Gesellschaft bestehende Rechtsverhältnis abstellt.[690] Damit ergibt ein Feststellungsurteil zur Vorbereitung von Sekundäransprüchen durchaus Sinn.

Eine weitere Voraussetzung für ein rechtliches Interesse ist allerdings, dass den Aktionären Schadensersatzansprüche zustehen können, die einen Ausgleich herbeiführen.[691] Diese müsste das Feststellungsurteil in gewisser Weiße vorbereiten. Nach hier vertretener Ansicht zur Einordnung der Mitgliedschaft kommt bei einem rechtswidrigen Bezugsrechtsausschluss nach Zuteilung an Dritte in jedem Fall ein Schadensersatzanspruch des Aktionärs aus §§ 280 Abs. 1, Abs. 3, 283 i.V.m. 31 BGB wegen der Unmöglichkeit des Abschlusses von Zeichnungsverträgen gegenüber der Gesellschaft in Betracht.[692] Ein Schadensersatz aus § 823 Abs. 1 BGB ist aus den gleichen strukturellen Gründen wie eine auf § 823 Abs. 1 BGB aufbauende Abwehrklage des Aktionärs abzulehnen.[693] Primär hat die Gesellschaft den Aktionär nach den allgemeinen Grundsätzen so zu stellen, wie er ohne das schädigende Ereignis stünde, § 249 Abs. 1 BGB.[694] § 186 Abs. 1 S. 1 AktG gewährt dem Aktionär einen Anspruch gegenüber der Aktiengesellschaft auf Abschluss eines Zeich-

---

Schwab, in: FS Walder, 1994, S. 261 ff.; dagegen BGH, Urt. v. 22. 3. 2011 – II ZR 249/09 –, NJW 2011, 2048, 2048 f.; *Gottwald*, in: MünchKomm/ZPO, 5. Aufl., § 325 Rn. 8; *Musielak*, in: Musielak/Voit/ZPO, 15. Aufl., § 325 Rn. 3 jew. m.w.N.

[689] *Bartels*, ZGR 2008, 723, 748.

[690] Zutreffend aber der Einwand, dass *aufgrund* des Feststellungsurteils noch keine Pflicht zur Kompensationsleistung besteht, *Reichert/Senger*, DK 2006, 33, 346.

[691] *Wilsing*, ZGR 2006, 722, 740; vgl. zu Schadensersatzansprüchen wegen pflichtwidrigen Verwaltungsverhaltens bei der Ausnutzung des genehmigten Kapitals insgesamt *Cahn*, ZHR 164 (2000), 113, 133 ff., der allerdings von der Prämisse eines einheitlichen aus der Mitgliedschaft resultierenden Bezugsanspruchs ausgeht, vgl. *Cahn*, 164 (2000), 113, 126 und den Deliktschutz des Bezugsrechts über die Mitgliedschaft erfasst, wobei eine Eingrenzung der Dritthaftung durch das Erfordernis eines finalen mitgliedschaftsbezogenen Eingriffs erfolgen soll, *Cahn*, 164 (2000), 113, 129, im Anschluss an *Mertens*, in: MünchKomm/BGB, 3. Aufl., § 823 Rn. 131 ff.; *Reuter*, in: FS Lange, 1992, S. 707, 713 ff.; vgl. zum Ansatz von *Mertens* bereits oben S. 224 ff.

[692] *Busch*, NZG 2006, 81, 87; *Martens*, in: FS Steindorff, 1990, S. 151, 164; *Cahn*, 164 (2000), 113, 133; *Schürnbrand*, in: MünchKomm/AktG, 4. Aufl., § 186 Rn. 59; *Ekkenga*, in: KölnKomm/AktG, 3. Aufl., § 186 Rn. 47; *Wiedemann*, in: GroßKomm/AktG, 4. Aufl., § 186 Rn. 103.

[693] Vgl. hierzu S. 277 ff.; anders die wohl h.M., vgl. hierzu insbesondere *Cahn*, ZHR 164 (2000) 113, 137 f., der darüber hinaus auch einen deliktsrechtlichen Schadensersatzanspruch der Gesellschaft bei rechtmäßigem Bezugsrechtsausschluss unter Missachtung der Grenzen des § 255 Abs. 2 AktG bejaht; ebs. *Bayer*, in: MünchKomm/AktG, 4. Aufl., § 203 Rn. 173; *Bayer*, ZHR 168 (2004), 132, 158 f.; *Busch*, NZG 2006, 81, 88.

[694] *Oetger*, in: MünchKomm/BGB, 4. Aufl. § 249 Rn. 20.

nungsvertrages.[695] Hätte der Aktionär einen Zeichnungsvertrag über die seiner Bezugsquote entsprechenden Anteile abgeschlossen, so hätte er nun eine Aktionärsstellung ohne quotale Verwässerung innerhalb der Aktiengesellschaft inne.[696] Diese Stellung kann den Aktionären regelmäßig mangels ausreichenden eigenen Aktien nicht gewährt werden,[697] sodass diese auf Geldersatz verwiesen werden müssen, § 251 Abs. 1 BGB.[698] Mit der herrschenden Meinung kann der Aktionär den Differenzbetrag verlangen, den er im Verhältnis zu den anfallenden Kosten bei der Ausübung des Bezugsrechts zu den nachträglichen Anschaffungskosten aufbringen muss.[699] Ist eine Ersatzbeschaffung nicht möglich, kann der Schadensersatz nur auf den Ersatz des quotalen Verlustes der Stimmrechtsmacht gerichtet sein, wenn ansonsten § 255 Abs. 2 AktG gewahrt wird.[700] Bei atomistischen Beteiligungen wird ein messbarer Vermögensschaden regelmäßig ausscheiden und mangels Schaden auch ein Schadensersatzanspruch des Aktionärs.[701]

Macht demnach der Aktionär eine allgemeine Feststellungsklage zur Vorbereitung von Sekundäransprüchen geltend, hat er das Feststellungsinteresse nach den allgemeinen Grundsätzen nachzuweisen, weswegen er auch die Möglichkeit nachweisen muss, einen Schadensersatzanspruch geltend zu machen. Unproblematisch gelingen wird dies lediglich Aktionären mit einer Mindestbeteiligung, denen hiermit verbundene Rechte zustehen.[702] Über das Feststellungsinteresse könnte daher in manchen Fallgestaltungen ein mittelbares Quorumserfordernis eingeführt werden, da Aktionäre bei Kleinstbeteiligungen keinen messbaren Vermögensschaden nachweisen können. Selbst wenn dies gelingt, könnte die Gesellschaft das Klagerecht durch eine dann erfolgende Ausgleichung oder Anerkennung der geringen Schadenspositionen leer laufen lassen.

---

[695] *Ekkenga*, in: KölnKomm/AktG, 3. Aufl., § 186 Rn. 19, 39.

[696] Vgl. hierzu auch, *Schickerling*, Information und Rechtsschutz, S. 193.

[697] Eigene Aktien sind nur einsetzbar, sofern sie nicht zu anderweitigen Einsatzzwecken gebunden sind, vgl. auch *Koch*, in: Hüffer/Koch, 13. Aufl., § 186 Rn. 18; *Schürnbrand*, in: MünchKomm/AktG, 4. Aufl 2016, § 186 Rn. 60; *Wiedemann*, in: GroßKomm/AktG, 4. Aufl., § 186 Rn. 103.

[698] *Wilsing*, ZGR 2006, 722, 741; *Ekkenga*, in: KölnKomm/AktG, 3. Aufl., § 186 Rn. 47; *Schürnbrand*, in: MünchKomm/AktG, 4. Aufl., § 186 Rn. 59 ff.

[699] So *Koch*, in: Hüffer/Koch, 13. Aufl., § 186 Rn. 18; *Ekkenga*, in: KölnKomm/AktG, 3. Aufl., § 186 Rn. 47; *Schürnbrand*, in: MünchKomm/AktG, 4. Aufl., § 186 Rn. 61; a.A. *Cahn*, ZHR 164 (2000), 113, 148; im Anschluss an *Martens*, in: FS Steindorff, 1990, S. 151, 164 f.

[700] So einheitlich *Koch*, in: Hüffer/Koch, 13. Aufl., § 186 Rn. 18; *Ekkenga*, in: KölnKomm/AktG, 3. Aufl., § 186 Rn. 47; *Schürnbrand*, in: MünchKomm/AktG, 4. Aufl., § 186 Rn. 61; auch *Cahn*, ZHR 164 (2000), 113, 148; *Martens*, in: FS Steindorff, 1990, S. 151, 164 f.; *Wilsing*, ZGR 2006, 722, 742.

[701] *Cahn*, ZHR 164 (2000), 113, 148; *Wilsing*, ZGR 2006, 722, 742; *Schürnbrand*, in: MünchKomm/AktG, 4. Aufl., § 186 Rn. 61.

[702] *Cahn*, ZHR 164 (2000), 113, 148; *Wilsing*, ZGR 2006, 722, 742.

3. Fazit

Eine allgemeine nachgehende Feststellungsklage wird daher insbesondere unter der Rechtsauffassung des BGH allein zur Vorbereitung von Sekundäransprüchen in Betracht kommen, sofern eine hinreichend große Beteiligung vorhanden ist.

Im Rahmen der Überprüfung einer potentiellen Beseitigungsklage wird sich die bereits angedeutete Möglichkeit erhellen, die nachträgliche Feststellungsklage in ihrer hier vorgenommenen Ausgestaltung auch als Grundlage der Einziehung der vernichtbaren Mitgliedschaften nutzbar zu machen.

II. Klagefrist

In der Literatur wurde gerade unter dem Gesichtspunkt der Rechtssicherheit die Forderung nach einer Analogie zu § 246 Abs. 1 AktG hinsichtlich der allgemeinen Feststellungsklage laut.[703] Hinsichtlich der Klagefrist ist auf die bereits zur vorbeugenden Unterlassungsklage gemachten Ausführungen zu verweisen, die auch hier Geltung beanspruchen. Eine starre Klagefrist ist daher abzulehnen.[704]

C. Klage auf Beseitigung der aus einem genehmigten Kapital geschaffenen Anteile

Wie bereits mehrfach angedeutet, wird es im Folgenden um die Möglichkeit eines Aktionärs zur Erhebung einer Beseitigungsklage gehen, mit der er die Vernichtung rechtswidrig geschaffener Mitgliedschaften aus einem genehmigten Kapital durchsetzen kann.

I. Allgemeines und Problemstellung

Die Möglichkeit des Aktionärs vor Eintragung der Durchführung eine Unterlassungsklage gegenüber der Gesellschaft geltend zu machen wurde bereits zugelassen, sofern die Ausnutzung des genehmigten Kapitals eine Kompetenzüberschreitung darstellt und dadurch die mitgliedschaftliche Teilhabeberechtigung des Aktionärs hinsichtlich der gleichen Sachfrage verletzt würde. Nach der Eintragung der Durchführung soll nach der Rechtsprechung und der überwiegenden Literatur allein die allgemeine Feststellungsklage in Betracht kommen, wobei insbesondere

---

[703] *Grossfeld/Brondics*, JZ 1982, 589, 590 f.; *Lutter*, in: KölnKomm/AktG, 2. Aufl., § 203 Rn 44; *Hirte*, Bezugsrechtsausschluß, S. 209 f.

[704] Vgl. S. 422 ff.; so jedenfalls bis zum Zeitpunkt der Nachberichterstattung BGH Urt. v. 10.07.2018 – II ZR 120/16 –, ZIP 2018, 1586, 1587, mangels Entscheidungserheblichkeit offen gelassen wurde die Frage, ob § 246 Abs. 1 AktG analog nach erfolgter Nachberichterstattung anwendbar ist; a.a.O.

unter der Ausgangsprämisse der Irreversibilität der Kapitalmaßnahme erhebliche Zweifel am Feststellungsinteresse verbleiben.[705]

Etwas anders gelagert ist aber die Frage danach, ob der Aktionär auch noch nach Eintragung der Durchführung der Kapitalerhöhung von der Gesellschaft verlangen kann, dass die Maßnahme rückabgewickelt wird, bzw. ob er selbst die notwendigen Schritte einleiten kann. Wie bereits festgestellt, ist es bei der fehlerhaften Kapitalerhöhung aus einem genehmigten Kapital möglich, die materiellen Rechtswirkungen für die Zukunft zu beseitigen.[706] Dies bedeutet nichts anderes, als das der Vorstand bei Pflichtwidrigkeit entweder des Hauptversammlungsbeschlusses oder der Kompetenzwidrigkeit der Ausnutzungsbeschlüsse die neu geschaffenen Anteile im Wege der Zwangseinziehung gem. §§ 237 ff. AktG analog vernichten kann.[707] Ob der Aktionär dies auch aktiv verlangen kann, gilt es im Folgenden dezidierter zu untersuchen. Voraussetzung hierfür ist in jedem Fall, dass der Aktiengesellschaft überhaupt die Möglichkeit zur Verfügung steht, die neu geschaffenen Anteile zu vernichten.

Die Möglichkeit der Gesellschaft, die pflichtwidrig ausgegebenen Anteile wieder zu beseitigen, muss beim genehmigten Kapital ebenso gegeben sein wie im Fall eines nichtigen oder angefochtenen Kapitalerhöhungsbeschlusses. Beim genehmigten Kapital kann die Rückabwicklung aufgrund der etwas anders gelagerten Situation nicht gänzlich deckungsgleich ablaufen. Denn es wäre doch ein prima facie mehr als widersinniges Ergebnis, die Rückabwicklung materiellrechtlich zuzulassen, der Aktiengesellschaft allerdings die Durchsetzungsmöglichkeiten vorzuenthalten. Das Aktiengesetz selbst stellt hierfür die geeigneten Instrumentarien zur Verfügung.

II. Möglichkeiten zur Beseitigung der rechtswidrig ausgegebenen Anteile aus einer fehlerhaften genehmigten Kapitalerhöhung

Das Problem liegt darin, dass die Zwangseinziehung von Anteilen der Aktionäre grundsätzlich eine wirksame Grundlage in der Ursprungssatzung oder aufgrund einer Satzungsänderung erfordert, die die Einziehung vor der Übernahme oder Zeichnung der neuen Aktien anordnet oder gestattet, § 237 Abs. 1 S. 1.[708] Dieses Erfordernis wird im Fall der regulären Kapitalerhöhung durch das gestaltende/feststellende

---

[705] Vgl. hierzu zuvor S. 505 ff.

[706] Vgl. S. 486 ff.

[707] Vgl. zu den insbesondere materiellen Folgen einer fehlerhaften Kapitalerhöhung insgesamt, *Zöllner*, AG 1993, 68, 75 ff.; *Kort*, Bestandsschutz fehlerhafter Strukturänderungen, S. 212 ff.; *Kort*, ZGR 1994, 291 ff.; *Scho*ckenhoff, DB 1994, 2327 f.; zu den Möglichkeiten der Einziehung m.w.N. *Lutter*, in: FS Röhricht, 2005, S. 369 ff.; 372 ff.

[708] Vgl. zur Anwendbarkeit bei der Rückabwicklung nach den Grundsätzen der Lehre von der fehlerhaften Strukturmaßnahme, S. 495 ff.

Anfechtungs- oder Nichtigkeitsurteil ersetzt.[709] Bei der regulären Kapitalerhöhung, die bei Feststellung oder Ausurteilung der Nichtigkeit des Hauptversammlungsbeschlusses ebenfalls nach den Grundsätzen der fehlerhaften Gesellschaft ex nunc rückabzuwickeln ist, werden diejenigen, die die neu ausgegebenen Aktien gezeichnet haben und temporär reguläre Mitglieder waren, mit Eintritt der Rechtskräftigkeit des Urteils ihrer Mitgliedschaftsrechte verlustig,[710] womit auch ein Ausgleichsinstrumentarium erforderlich ist.[711]

Das Anfechtungsurteil wirkt nun aber gegenüber allen Aktionären, § 248 Abs. 1 S. 1 AktG. Hat man im Rahmen des genehmigten Kapitals ein vorbeugendes Feststellungsurteil erwirkt,[712] so entfaltet dieses Urteil nach hier vertretener Auffassung nicht nur eine Rechtskraft inter partes, sondern gem. § 248 Abs. 1 S. 1 AktG inter omnes.[713] Dies spricht für die Möglichkeit einer Rückabwicklung. Denn entsprechend den zur Nichtigkeitsklage entwickelten Grundsätzen ist die materielle Rechtskraft auch auf die Feststellungskomponente zu übertragen,[714] weswegen hierin eine ausreichende Grundlage auch gegenüber den Neuaktionären gesehen werden kann. Man sollte daher nicht vorschnell geneigt sein, die Aktiengesellschaft schon deshalb als nicht zur Rückabwicklung verpflichtet anzusehen, da sie keine Möglichkeit habe, die unrechtmäßig aber vorläufig bestandskräftigen Anteile zu vernichten.[715] Aufgrund der Struktur des genehmigten Kapitals ergeben sich Unterschiede bei den Möglichkeiten der Rückabwicklung, je nachdem auf welcher Ebene der Mangel auftritt. Daher wird zunächst der Fall eines mangelbehafteten Ermächtigungsbeschlusses beleuchtet und im Anschluss einer mangelbehafteten Ausnutzungsentscheidung.

1. Mangel des Ermächtigungsbeschlusses

Richtigerweise wird man in diesen Fällen zu unterscheiden haben. Ist die genehmigte Kapitalerhöhung durchgeführt und ergeht im Anschluss daran ein stattgebendes Anfechtungs- oder Nichtigkeitsurteil gegenüber dem Ermächtigungsbeschluss, wirkt dieses ebenso wie bei der regulären Kapitalerhöhung für und gegen

---

[709] *Kort*, ZGR 1994, 291, 315; *Oechsler*, in: MünchKomm/AktG, 4. Aufl., § 237 Rn. 119; *Ekkenga*, in: KölnKomm/AktG, 3. Aufl., § 189 Rn. 44 (vgl. für mangelhafte Zeichnungsverträge *ders.*, § 185 Rn. 147 ff.).

[710] *Lutter*, in: FS Röhricht, 2005, S. 369, 371; *Zöllner/Winter*, ZHR 158 (1994), 59, 61.

[711] Vgl. zu den Vorschlägen *Lutter*, in: FS Röhricht, 2005, S. 369, 372 ff.

[712] Im Regelfall sollte eine Eintragung in den Fällen des erfolgreichen vorbeugenden Rechtsschutzes nicht stattgefunden haben.

[713] Vgl. hierzu die Ausführungen auf S. 477 ff.

[714] BGH, Urt. v. 13. 10. 2008 – II ZR 112/07 –, NZG 2008, 911, 912 (Tz. 8); *Hüffer/Schäfer*, in: MünchKomm/AktG, 4. Aufl., § 249 Rn. 25.

[715] So auch der BGH, der die unmögliche Rückabwickelbarkeit bereits aufgrund der dauerhaften Bestandskraft annimmt; BGH, Urt. v. BGH, Urt. v. 10. 10. 2005 – II ZR 90/03 –, BGHZ 164, 249, 257 = NZG 2006, 20, 23; dem folgend *Busch*, NZG 2006, 81, 87.

alle, § 248 Abs. 1 S. 1 AktG. Die Neuaktionäre werden ihrer neu ausgegebenen Anteile ex nunc verlustig. In diesen Fällen ist der Vorstand ohnehin verpflichtet, die Rückabwicklung der Kapitalmaßnahme einzuleiten. Tut er dies nicht, muss im Anschluss an die Anfechtungsklage den anfechtungsberechtigten Aktionären die Möglichkeit der Beseitigungsklage zur Verfügung stehen, da andernfalls das Ergebnis der Anfechtungs- oder Nichtigkeitsklage obsolet wäre.[716] Gerichtet ist diese dann gegenüber der Gesellschaft auf Einleitung der Rückabwicklungsmaßnahmen, die anhand der §§ 237 ff. AktG analog erfolgen. In diesem Zusammenhang ersetzt das stattgebende Anfechtungs- oder Nichtigkeitsurteil wie bei der Beseitigung einer fehlerhaften regulären Kapitalerhöhung die Notwendigkeit der Gestattung durch die Satzung.[717] Etwas anderes gilt aufgrund der dauerhaften Bestandskraft nur dann, wenn zuvor ein Freigabeverfahren im Sinne des § 246a AktG hinsichtlich des Ermächtigungsbeschlusses durchlaufen worden ist.[718] Erging das Urteil bereits vor der Eintragung der Durchführung der Erhöhung aus genehmigtem Kapital, ist eine Beseitigungsklage mangels entstandener Mitgliedschaftsrechte überflüssig.[719]

2. Mangel der Ausnutzungsentscheidung

Ist die Rückabwicklung aufgrund einer pflichtwidrigen Ausnutzungsentscheidung durchzuführen, fehlt eine entsprechend kodifizierte Klageart mit einem Endurteil, welches eine inter omnes-Wirkung im Sinne des § 248 Abs. 1 S. 1 AktG herbeiführt. Nach den oben herausgearbeiteten Wirkungen der vorbeugenden Unterlassungsklage und Feststellungsklage gilt es daher zu differenzieren.

a) Bei erhobener Feststellungsklage

Ergeht ein Feststellungsurteil, welches nach oben angenommener Auffassung inter omnes-Wirkung entfaltet, so scheint eine Einziehung der neu emittierten Anteile nach § 237 ff. AktG analog machbar. In diesen Fällen könnte vergleichbar der Anfechtungs- und Nichtigkeitsklage das Feststellungsurteil mit inter omnes-Wirkung an die Stelle der Gestattung durch Satzung oder Satzungsänderung treten.[720]

---

[716] *Baums*, in: Verhandlungen des 63. DJT, Gutachten, F. 205.

[717] Vgl. zur regulären Kapitalerhöhung, *Kort*, ZGR 1994, 291, 315; *Oechsler*, in: MünchKomm/AktG, § 237 Rn. 119; *Ekkenga*, in: KölnKomm/AktG, 3. Aufl., § 189 Rn. 44.

[718] Vgl. zu den Wirkungen hinsichtlich der dauerhaften Bestandskraft eines stattgebenden Freigabebeschlusses *Schatz*, in: Heidel, Aktien- und Kapitalmarktrecht, 4. Aufl., § 246a Rn. 84; *Koch*, in: Hüffer/Koch, 13. Aufl., § 246a Rn. 12; S. 159 ff.

[719] Vgl. hierzu S. 493 ff.

[720] Vgl. für die Beschlussmängelklagen *Kort*, ZGR 1994, 291, 315; *Oechsler*, in: MünchKomm/AktG, § 237 Rn. 119 f. (eine übergeordnete gesetzliche Ordnungsidee sei Rechtsgrundlage); *Ekkenga*, in: KölnKomm/AktG, 3. Aufl., § 189 Rn. 44 (vgl. für mangelhafte Zeichnungsverträge *ders.*, § 185 Rn. 147 ff.).

Ob die Tenorierung eines vorbeugenden Feststellungsurteils hierfür ausreichend ist, sofern es lediglich die Nichtigkeit der Ausnutzungsbeschlüsse feststellt, ist allerdings nicht unmittelbar einsichtig. Denn die Auswirkungen für die Erhöhung des Grundkapitals als solche gehen hieraus nicht explizit hervor, was insbesondere aus der Perspektive absoluter Neuaktionäre und der Gläubiger problematisch erscheint. Betrachtet man nun aber den parallel gelagerten Fall der aktienrechtlichen Nichtigkeitsklage gem. § 249 AktG, wird dort ebenfalls allein die Nichtigkeit eines bestimmten Hauptversammlungsbeschlusses festgestellt.[721] Dies wird man auch für die Feststellung der Unwirksamkeit der Ausnutzungsbeschlüsse als ausreichend anzusehen haben. Denn nach hiesiger Betrachtung ist Grundlage für die Strukturänderung durch die Erhöhung aus genehmigtem Kapital sowohl der Ermächtigungsbeschluss als auch die Ausnutzungsentscheidung, die als zusammengesetzte rechtsgeschäftliche Grundlage dienen. Die Strukturänderung als Rechtsfolge des Rechtsgeschäftes kann daher aufgrund des fehlenden Rechtsgeschäfts nicht anerkannt werden. Damit ist ein Feststellungsurteil, welches die Nichtigkeit des Vorstandsbeschlusses bei der Ausnutzung des genehmigten Kapitals inter omnes feststellt ausreichend, um § 237 ff. analog anzuwenden.

Sofern das Feststellungsurteil bereits vor der Eintragung der Durchführung der Kapitalerhöhung ergangen ist und diese dennoch eingetragen worden ist, so ist eine Einziehung der Anteile unnötig. In diesem Fall können ähnlich einem stattgebenden Anfechtungsurteil mit nachfolgender Eintragung der Durchführung schon keine Mitgliedschaftsrechte entstehen.[722] Wenn ein derartiges Urteil noch nicht ergangen ist, und die Eintragung der Durchführung im Handelsregister erfolgte, ist dies für die Feststellungsklage nach hiesigem Muster irrelevant. Das Feststellungsinteresse besteht bei der hier angenommenen Reversibilität der Kapitalerhöhung aus genehmigtem Kapital fort, sodass bei Ergehen eines Endurteils dieses die Grundlage für die Zwangseinziehung analog §§ 237 ff. AktG darstellt.

b) Bei erhobener vorbeugender Unterlassungsklage

Ein auf die vorbeugende Unterlassungsklage hin ergehendes Endurteil ist dahingegen nicht ausreichend, um eine Zwangseinziehung der neu emittierten Anteile nach §§ 237 ff. AktG analog vorzunehmen. In Rechtskraft erwächst lediglich die konkret gerügte Verletzungsform, nämlich die Verpflichtung, die Betreibung der Eintragung der Durchführung der Kapitalerhöhung aus genehmigtem Kapital zu unterlassen.[723]

---

[721] Vgl. *Wiegand-Schneider*, in: MünchHdbGesR VII, 5. Aufl., § 39 Rn. 16.

[722] Vgl. zur Unanwendbarkeit der Grundsätze der fehlerhaften Gesellschaft in diesem Fall S. 493 ff.

[723] Vgl. zur materiellen Rechtskraft bei Unterlassungsurteilen *Musielak*, in: Musielak/Voit/ ZPO, 15. Aufl., § 322 Rn. 47; *Ahrens*, in: Der Wettbewerbsprozess, 8. Aufl. S. 670 ff.

Denn die konkret rügbare Beeinträchtigung des mitgliedschaftlichen Teilhaberechts erfolgt erst mit Eintragung der Durchführung der Kapitalerhöhung, nicht bereits mit Ergehen der Ausnutzungsentscheidung.[724] Nicht in Rechtskraft erwächst daher die Feststellung der Nichtigkeit der Ausnutzungsentscheidung des Vorstandes. Die Ausnutzungsentscheidung ist es aber, die als rechtsgeschäftliche Teilgrundlage den Bestand der Strukturänderung gewährleistet. Solange die Nichtigkeit nicht durch eine rechtskräftige Entscheidung inter omnes festgestellt worden ist, gilt sie nach den Grundsätzen der fehlerhaften Gesellschaft als wirksam.[725] Die Feststellung des nichtigen Verwaltungsbeschlusses ist lediglich zum Klagegrund zu zählen, der über den die Tatbestandsmerkmale ausfüllenden Lebenssachverhalt hinausgehen kann.[726] Sie erwächst auch nicht dadurch in Rechtskraft, dass man mit der h.M. die Erstbegehungsgefahr als materielle Anspruchsvoraussetzung auffasst.[727] Die Beurteilung des Ausnutzungsbeschlusses stellt lediglich ein Zwischenschritt auf dem Weg zu dem im Tenor erfassten Subsumtionsschluss dar, der nicht von der Rechtskraft umfasst wird. Diese Entscheidung des Gesetzgebers gilt es zu achten.[728]

Um eine Einziehungsgrundlage zu erlangen, müsste der Aktionär eine Zwischenfeststellungsklage nach § 256 Abs. 2 ZPO erheben. Tut er dies und ergeht vor Eintragung der Durchführung ein Feststellungsurteil, ist eine Einziehung nicht mehr erforderlich. Denn bei einer mit inter omnes-Wirkung ergangenen Entscheidung über die Nichtigkeit des Ausnutzungsbeschlusses können keine Mitgliedschaftsrechte entstehen.[729] Die Voraussetzungen einer Zwischenfeststellungsklage sind in den hier virulenten Fällen erfüllt, da die Feststellung der Nichtigkeit des Vorstandsbeschlusses notwendiges Element für die Annahme der Unterlassungspflicht hinsichtlich der Betreibung der Eintragung der Durchführung darstellt.[730] Das Feststellungsinteresse ist zwar nicht erforderlich,[731] würde sich aber ohnehin aus der folgenden Verhinderung der Entstehung neuer Mitgliedschaftsrechte bei dennoch erfolgter Eintragung der Durchführung der Kapitalerhöhung ergeben. Dem Aktionär ist bei der Geltendmachung einer Unterlassungsklage anzuraten, ebenfalls eine

---

[724] Zum Zeitpunkt der Rechtsbeeinträchtigung siehe S. 396 ff.

[725] Vgl. oben zur Anwendung der Grundsätze der fehlerhaften Gesellschaft auf Organisationsakte, S. 498 ff.

[726] Terminologie nach *Ahrens*, in: Der Wettbewerbsprozess, 8. Aufl. S. 675, 679.

[727] M.w.N. *Baldus*, in: MünchKomm/BGB, 6. Aufl., § 1004 Rn. 293.

[728] *Musielak*, in: Musielak/Voit/ZPO, 15. Aufl., § 322 Rn. 16.

[729] Vgl. S. 501 ff.

[730] Vgl. zur Rechtsprechung, die die Möglichkeit der Bedeutung des Rechtsverhältnisses für einen über den Streitgegenstand hinausgehenden Sachverhalt ausreichen lässt, BGH, Urt. v. 5.5.2011 – VII ZR 179/10 –, NJW 2011, 2195, 2196 Tz. 21; BGH, Urt. v. 23.4.2012 – II ZR 75/10 –, NJW-RR 2012, 1312, 1316 Tz. 41; kritisch *Becker-Eberhard*, in: MünchKomm/ZPO, 5. Aufl., § 256 Rn. 86.

[731] BGH, Urt. v. 28.9.2006 – VII ZR 247/05-BGHZ 169, 153, 156 = NJW 2007, 82, 83 Rn. 12; *Foerste*, in: Musielak/Voit/ZPO, 15. Aufl., § 256 Rn. 42; a.A. *Schumann*, in: FS Georgiades, 2006, S. 543, 571 ff.

Zwischenfeststellungsklage zu erheben,[732] damit er für den Fall des Obsiegens und einer dennoch erfolgten Eintragung der Durchführung der Kapitalerhöhung die Entstehung neuer Mitgliedschaftsrechte verhindert.[733] Dieser Fall dürfte praktisch allerdings nicht vorkommen, da der Vorstand bei einer erfolgreichen Unterlassungsklage bestrebt sein wird, die Eintragung der Durchführung der Kapitalerhöhung zu unterbinden.

Erging allerdings bis zur Eintragung der Durchführung noch kein Endurteil auf die vorbeugende Unterlassungsklage hin, hat sich diese mit Eintragung in der Hauptsache erledigt. Der Aktionär hat in diesen Fällen aber die Möglichkeit, die Klage umzustellen. Die aufgrund der Nichtigkeit des Vorstandsbeschlusses vor Eintragung der Durchführung der Kapitalerhöhung noch mögliche Unterlassungskomponente entfällt, sodass nun lediglich auf die Feststellung der Nichtigkeit des Vorstandsbeschlusses umgestellt werden kann. Die Umstellung von der Leistungs- auf die Feststellungsklage stellt eine qualitative Klagebeschränkung nach § 264 Nr. 2 ZPO dar,[734] welche in der mündlichen Verhandlung oder in einem Schriftsatz vorgenommen werden kann.[735] Der dann folgende Übergang von der Leistungs- zur Feststellungsklage ruht hier ebenfalls auf einem einheitlichen Rechtsverhältnis.[736] Bei der Unterlassungsklage wurde bei gleichbleibendem Lebenssachverhalt (die nichtige Ausnutzungsentscheidung) aus der Nichtigkeit des Vorstandsbeschlusses lediglich die weitergehende Rechtsfolge der Unterlassungspflicht hergeleitet.[737] Die Feststellung der Nichtigkeit des Vorstandsbeschlusses ist daher als bloßes Teilelement der Unterlassungsverpflichtung ein feststellungsfähiges Minus.

Wurde die Eintragung der Durchführung der Kapitalerhöhung trotz eines vor Eintragung ergangenen Unterlassungsurteils vorgenommen und wurde keine Zwi-

---

[732] Vgl. zur Erhebung bis zum Schluss der mündlichen Verhandlung als letztmöglichen Zeitpunkt *Becker-Eberhard*, MünchKomm/ZPO, 5. Aufl., § 256 Rn. 88.

[733] Der Aktionär muss sich hier allerdings der Kosten bewusst sein, da die Kosten der Zwischenfeststellungsklage denen der Hauptsache gem. § 5 ZPO zugerechnet werden, und ein in der Praxis üblicher Abschlag von ca. 20 % nicht für eine hier geltend zu machende negative Zwischenfeststellungsklage gilt, hierzu *Foerste*, in: Musielak/Voit, 15. Aufl., § 256 Rn. 45. Ein Hinweis des Gerichts gem. § 139 ZPO auf die Zwischenfeststellungsklage wird im Gegensatz zur Umstellung der Unterlassungsklage auf die Feststellungsklage bei der Eintragung der Durchführung vor Ergehen eines Endurteils nicht zulässig sein, da der Richter den Aktionär zu sehr übervorteilen würde, was die Gefahr der Befangenheit hervorriefe. Denn es ginge hier gerade um die Erweiterung der Rechtskraft zugunsten einer Partei und nicht um die Verhinderung eines weiteren inhaltsgleichen Prozesses aus ökonomischen Gründen; zum Ziel der Erweiterung der Rechtskraft vgl. BGH, Urt. v. 5.11.2009 – IX ZR 239/07 –, NJW 2010, 2210, 2211; *Foerste*, in: Musielak/Voit, 15. Aufl., § 256 Rn. 39.

[734] *Roth*, in: Stein/Jonas, 22. Aufl., § 264 Rn. 15.

[735] Der Schriftsatz hat gem. § 261 Abs. 2 ZPO den Anforderungen des § 253 Abs. 2 Nr. 2 ZPO zu entsprechen, *Foerste*, in: Musielak/Voit, 15. Aufl., § 264 Rn. 7.

[736] Zum Erfordernis *Roth*, in: Stein/Jonas, 22. Aufl., § 264 Rn. 15.

[737] Vgl. hierzu BGH, Urt. v. 08.06.1994 – VIII ZR 178/93 –, NJW 1994, 2896, 2897 (2.b.aa); BGH, Urt. v. 12.05.1992 – VI ZR 118/91 –, NJW 1992, 2296; BGH, Urt. v. 04.10. 1984 – VII ZR 162/83 –, NJW 1985, 1784.

schenfeststellungsklage erhoben, bleibt nach dem bisherigen Kenntnisstand der Aktionär weitgehend ungeschützt zurück. Denn das ergangene Unterlassungsurteil kann weder die Entstehung von Mitgliedschaftsrechten verhindern noch als ausreichende Grundlage für die Zwangseinziehung und damit auch nicht für eine Leistungsklage auf Durchführung derselben angesehen werden. Dies liegt daran, dass die Feststellung der Nichtigkeit des Vorstandsbeschlusses nicht in Rechtskraft erwachsen kann. Der Aktionär hat aufgrund des selbst verschuldeten Versäumnisses eine nachträgliche Feststellungsklage geltend zu machen. Dies würde im Regelfall allerdings nicht vorkommen, da der Richter nach § 139 ZPO im Sinne der Prozessökonomie einen Hinweis auf die Umstellung des Antrags geben wird.[738]

III. Aktienrechtliche Zulässigkeit einer Beseitigungsklage

Liegt ein inter omnes wirkendes Urteil aufgrund eines Beschlussmängelprozesses oder aufgrund einer zuvor thematisierten Feststellungsklage vor, muss dem Aktionär auch die Erhebung einer Beseitigungsklage ermöglicht werden.

Die Zulassung einer gestaltenden Beseitigungsklage ist de lege lata auch erforderlich, da sich mit der Eintragung der Durchführung der Kapitalerhöhung die Unterlassungsklage mangels fortbestehenden Rechtsschutzbedürfnisses erledigt. Insbesondere wenn man mit dem BGH geht und eine Vorabinformationspflicht des Vorstandes gegenüber den Aktionären ablehnt, wird die Erhebung einer Unterlassungsklage und der praktisch wohl wirksameren, diese begleitenden einstweiligen Verfügung rein tatsächlich zu spät kommen.[739]

Wendet man den Blick auf die §§ 76 ff. AktG, mag es zunächst unzulässig erscheinen, dem Aktionär eine Klage dahin gehend einzuräumen, dass der Vorstand zur Durchführung einer bestimmten Geschäftsführungsmaßnahme (Einziehung) verpflichtet wird. Denn das Leitungsrecht der Aktiengesellschaft ist vor äußeren Eingriffen geschützt, welche wiederum an sich geeignet sind, die Kompetenzordnung zu brechen.[740] Hier geht es allerdings gerade um die Wiederherstellung der kompetenzgemäßen Ordnung innerhalb des Verbandes, die mit der gegen die Gesellschaft gerichteten Beseitigungsklage durchgesetzt werden soll. Die eigenständig wahrzunehmende Leitungsautonomie des Vorstandes spricht daher strukturell nicht grundsätzlich gegen die Zulässigkeit einer Beseitigungsklage. Dies allerdings nur, wenn es um die Beseitigung von Folgen aufgrund gegen die Kompetenzordnung verstoßenden Verhaltensweisen der Verwaltung geht. Ein umfassendes Kontrollrecht zulasten der Geschäftsleitung soll hierin nicht gesehen werden.

---

[738] Vgl. *Fritzsche*, in: Münch/Komm/ZPO, 5. Aufl., § 139 Rn. 23; für den hier relevanten Fall der Klagebeschränkung auch *Stadler*, in: Musielak/Voit, 15. Aufl., § 139 Rn. 12; BGH, Urt. v. 10.2.1998 – XI ZR 72/97 –, NJW-RR 1998, 1005 f.

[739] So schon *Cahn*, ZHR 164 (2000), 113, 118; *Hirte*, Bezugsrechtsausschluß, S. 208.

[740] *Becker*, Verwaltungskontrolle, S. 613.

Betrachtet man die aktienrechtliche Anfechtungsklage, die hier freilich nicht anwendbar ist, wird erkennbar, dass auch dort der Rechtsschutz des Aktionärs nicht bereits mit der Feststellung oder Ausurteilung der Nichtigkeit des Hauptversammlungsbeschlusses halt macht.[741] Würde der Vorstand der Aktiengesellschaft bei Eintragung der Durchführung der Kapitalerhöhung die Kapitalmaßnahme nicht einer ex nunc Rückabwicklung zuführen, wäre auch die Anfechtungsklage des Aktionärs obsolet.[742] Die bis zum Urteil des Anfechtungs- oder Nichtigkeitsprozesses bestehende Spezialität gegenüber quasi-negatorischen Ansprüchen steht einer Beseitigungsklage im Anschluss nicht mehr im Wege.[743] Sinnfällig ist es daher, dass der Aktionär auch die weitere Leistungsklage gegenüber der Gesellschaft auf Einleitung der Rückabwicklung erheben kann, denn nur diese komplettiert den Rechtsschutz auch hinsichtlich des hauptversammlungsspezifischen Beschlussmängelrechts.[744]

Überträgt man diese Überlegungen auf die Aktionärsklage und das genehmigte Kapital, kann man zu keinem anderen Schluss kommen. Der Aktionär kann zwar die Feststellungsklage erheben, im Zweifel könnte er mit einem positiven Urteil allerdings keine Durchsetzung der Rückabwicklung der Kapitalmaßnahme erreichen. Hierzu ist die Möglichkeit einer Beseitigungsklage zwingend.[745]

Man kann sich nun auf den Standpunkt stellen, dass der Aktionär in jedem Fall die oben bereits bejahte allgemeine Feststellungsklage erheben kann und der Vorstand sich rechtmäßig verhalten wird, mithin die Kapitalmaßnahme nach den geltenden Grundsätzen wieder vernichtet. Dies ist im Kern zutreffend, greift allerdings nicht durch. Es geht nämlich bei diesem Aspekt um die prinzipielle Zulassung der allgemeinen Feststellungsklage neben der Leistungsklage, nicht jedoch gegen die grundsätzliche Zulässigkeit einer Leistungsklage. Dies würde die eigentliche Funktion dieses Merkmals umkehren und die Leistungsklage unzulässig werden lassen.[746]

Für die Zulassung einer Beseitigungsklage sprechen vielmehr weitere strukturelle Überlegungen. Lehnt man sie ab, würde man dem Vorstand letztlich die Entscheidungsbefugnis darüber überlassen, ob eine rechtswidrige Maßnahme aufrechter-

---

[741] *Liebert*, Bezugsrechtsausschluss, S. 276; *Becker*, Verwaltungskontrolle, S. 613.

[742] *Liebert*, Bezugsrechtsausschluss, S. 276.

[743] Zur Spezialität *Habersack*, Mitgliedschaft, S. 226 ff., der eine Aktionärsklage allerdings auch auf deliktsrechtlicher Grundlage zulässt; ebenso für eine Spezialität wohl *Becker*, Verwaltungskontrolle, S. 613, der allerdings die §§ 241 ff. AktG analog auf die Entscheidungen des Vorstandes anwenden möchte. Vergleiche zur hiesigen ablehnenden Haltung, S. 206 ff.

[744] So *Liebert*, Bezugsrechtsausschluss, S. 276; *Baums*, in: Verhandlungen des 63. DJT, Gutachten, F. 205 ff.

[745] Vgl. schon zur Leistungsklage *Hirte*, Bezugsrechtsausschluß, S. 208; *Liebert*, Bezugsrechtsausschluss, S. 276; *Becker*, Verwaltungskontrolle, S. 613.

[746] Diesen Aspekt unter umgekehrten Vorzeichen aber wohl im Grundsatz für durchgreifend haltend, *Hirte*, Bezugsrechtsausschluß, S. 208 f., der die Zulässigkeit der Feststellungsklage primär aufgrund des zu weiten Rückabwicklungsspielraums des Vorstands hinsichtlich der konkreten Art der Rückabwicklung zugunsten einer alleinigen Leistungsklage in Zweifel zieht.

halten wird. Zu bedenken ist hier insbesondere, dass die Rechtswidrigkeit der Maßnahme bei fehlerhafter Ausnutzungsentscheidung auf einer Kompetenzverletzung des Vorstandes basiert. Bei Ablehnung einer Klagemöglichkeit des Aktionärs würde der Vorstand mithin implizit über die Aufrechterhaltung einer eigenen kompetenzwidrig durchgeführten Maßnahme entscheiden.[747] Die zumeist fehlende Informationsgrundlage der Aktionäre, die sie für eine rechtzeitige Klageerhebung benötigen spricht gleichsam dafür. Denn der Vorstand könnte ihnen diese geben, wobei er die Aktionäre nach hiesiger Auffassung bei Bezugsrechtsausschlüssen oder Börsennotation informieren müsste. Der Vorstand hätte sonst die vollkommene Einschätzungsprärogative dahin gehend, die Kapitalerhöhung aus genehmigtem Kapital auch pflichtwidrig durchzuführen, sofern ihm dies nur nützlich erscheint. Es würde auf die Möglichkeit eines „Dulde und Liquidiere" hinauslaufen. Liegen Urteile vor, die die Nichtigkeit des Ermächtigungsbeschlusses oder der Ausnutzungsentscheidung mit inter omnes-Wirkung ausurteilen oder feststellen, kann der Vorstand sich bei der Zwangseinziehung auf diese berufen. Den Aktionären muss aus den genannten Erwägungen die Möglichkeit zustehen, dies auch durch eine Leistungsklage verlangen zu können.

Dem Aktionär ist zudem einzuräumen, die Beseitigungsklage im Wege eines Hilfsantrages der nachgehenden allgemeinen Feststellungsklage nachzuschalten. Der Hilfsantrag wird also nur für den Fall gestellt, dass die Feststellungsklage antragsgemäß beschieden wird.[748]

IV. Rechtsschutz zugunsten der Neuaktionäre und des Vorstandes

Eine Relevanz kommt dem im Folgenden aufgezeigtem Weg zusätzlich zu, wenn man entgegen der hier zugrunde gelegten Ansicht einem Feststellungsurteil lediglich die Wirkung inter partes zuspricht und dennoch von einer Reversibilität der Kapitalerhöhung ausgeht. Denn in diesen Fällen würde eine gegenüber allen Mitaktionären wirkende Grundlage fehlen, welche die §§ 237 ff. AktG voraussetzen.

Zudem ist bisher auch die Frage unerörtert geblieben, ob der Vorstand oder die (Neu)Aktionäre der frisch emittierten Aktien eine Möglichkeit haben, die Wirksamkeit ihres Beitritts gerichtlich beurteilen zu lassen. Die oben herausgestellte Aktionärsklage, die eine Abwehrklage aufgrund der Verletzung des mitgliedschaftlichen Teilhaberechts darstellt, steht ihnen jedenfalls dann nicht zur Verfügung, wenn sie keine Altaktionäre sind. Gleiches gilt für die über das Feststel-

---

[747] *Füchsel*, Bezugsrechtsausschluß, S. 114 ff. plädiert demgegenüber allein für mögliche Schadensersatzklagen des Aktionärs; wertungsgemäß im hiesigen Sinne auch *Hirte*, Bezugsrechtsausschluß, S. 208 f.

[748] Hilfsweise Erhebung der Leistungsklage als zulässig erachtend auch BAG, Urt. v. 10. 07. 2012 – 9 AZR 11/1 –, BeckRS 2012, 75796.

lungsinteresse an die Aktionärsklage gebundene Feststellungsklage,[749] da auch hierfür die vorherige Aktionärsstellung erforderlich ist.

Die neu eingetretenen Aktionäre wurden bei der ihrem Beitritt vorhergehenden Ausnutzungsentscheidung denknotwendigerweise noch nicht übergangen. Die Frage lautet daher, ob dem (Neu)Aktionär auch in diesen Fällen ein Verfahren zur Seite steht, welches ihm einen ausreichenden Rechtsschutz gewährt. Ein auch die Interessen der Neuaktionäre berücksichtigender Weg kann allein in einem eigenständigen Verfahren, mit gestaltungsrechtlichen Elementen liegen, welches der Gesetzgeber für eine vergleichbare Situation niedergelegt hat.[750]

Dieses Problem ist entsprechend der Geltendmachung von Zeichnungsmängeln nach Eintragung der Durchführung der Kapitalerhöhung zu lösen.[751] Die Nichtigkeitsklage analog § 275 Abs. 1 S. 1 AktG kann durch jeden Neuaktionär, ein jedes Vorstands- oder Aufsichtsratsmitglied gegenüber der Aktiengesellschaft als passiv Legitimierte erhoben werden,[752] um feststellen zu lassen, dass sämtliche Beitritte die auf der fehlerhaften Kapitalerhöhung aus genehmigtem Kapital ruhen, ex nunc nichtig sind. Denn auch die Nichtigkeitsklage nach § 275 AktG beschäftigt sich mit einem parallel gelagerten Problemfall. Die Nichtigkeit der Aktiengesellschaft soll gerade nicht zur Folge haben, dass die zumindest faktisch existierende Organisationseinheit lediglich ein Bündel von Rückabwicklungsansprüchen darstellt.[753] Diejenigen, die in (rechts)geschäftliche Beziehungen zu der Aktiengesellschaft getreten sind, sollen in ihrem Vertrauen auf die tatsächliche Existenz geschützt werden. Denn die Existenz des Grundkapitals, das mindestens § 7 AktG entsprechen muss, ist ein nicht unerheblicher Faktor für die Einstufung der Liquidität der Aktiengesellschaft.[754] Dieser Verkehrsschutzaspekt ist allerdings nicht der Einzige, der der Regelung zugrunde liegt. Ebenfalls geschützt wird das Interesse der Aktionäre am Bestand der Aktiengesellschaft, um eine sachgerechte Abwicklung zu ermöglichen.[755]

---

[749] Vgl. zu den Anforderungen an das Feststellungsinteresse bei einer Feststellungsklage im Verbandsinnenrecht, wodurch die Nutzung der allgemeinen Feststellungsklage als popularer Rechtsbehelf verhindert wird S. 475 ff.

[750] A.A. *Liebert*, Bezugsrechtsausschluss, S. 277.

[751] Vgl. hierzu *Wiedemann*, in: GroßKomm/AktG, 4. Aufl., § 185 Rn. 52 a.E., der die direkte Anwendung des § 275 AktG ablehnt, wobei eine Analogie nicht thematisiert wird. *Wiedemann* geht zwar von der Möglichkeit der Zwangseinziehung aus, lässt damit aber offen, wodurch die erforderliche Satzungsregelung surrogiert werden solle; zutreffend *Ekkenga*, in: KölnKomm/AktG, 3. Aufl., § 185 Rn. 147.

[752] Passivlegitimiert kann allein die AG sein, vgl. *Koch*, in: MünchKomm/AktG, 4. Aufl., § 275 Rn. 49; vgl. zur Aktivlegitimation der Verwaltungsmitglieder *Koch*, in: MünchKomm/AktG, 4. Aufl., § 275 Rn. 48.

[753] Grundlegend *Paschke*, ZHR 155 (1991), 1, 3 ff.; *Bachmann*, in: Spindler/Stilz, 4. Aufl., § 275 Rn. 2; *Koch*, in: MünchKomm/AktG, 4. Aufl., § 275 Rn. 5.

[754] *Paschke*, ZHR 155 (1991), 1, 4.

[755] *Koch*, in: MünchKomm/AktG, 4. Aufl., § 275 Rn. 5.

Nicht anders liegt aber auch die Interessenlage bei der Rückabwicklung einer gescheiterten Kapitalerhöhung aus einem genehmigten Kapital. Auch hier konnten und durften aufgrund der Registereintragung die Gläubiger auf ein erhöhtes Grundkapital und eine entsprechende Liquidität vertrauen. Ebenso war es für die Neugesellschafter nicht unmittelbar einsichtig, dass ihre Mitgliedschaft mangelbehaftet ist. Auch sie haben ein schützenswertes Interesse daran, dass ihre Beteiligung, ebenso wie bei Nichtigkeit im Gründungsstadium, sachgerecht rückabgewickelt wird. Hierfür bieten die §§ 275 ff. AktG das geeignete Instrumentarium. Die dogmatische Grundlage dieser Klageart wird zutreffenderweise als Ausdruck der Anerkennung der Lehre von der fehlerhaften Gesellschaft gesehen,[756] die nach hiesiger Ansicht auch auf diese Fallkonstellation Anwendung finden muss.[757] Da bei der fehlerhaften Kapitalerhöhung lediglich die neu emittierten Anteile vernichtet werden, ist entsprechend der Wertung des § 275 Abs. 1 S. 1 AktG auch nur den betroffenen Aktionären und dem Vorstand die Möglichkeit zu geben, eine auf Feststellung der Unwirksamkeit des Beitritts ex nunc gerichtete Nichtigkeitsklage gem. § 275 AktG analog zu erheben.[758]

Das Urteil wirkt aufgrund der in Bezugnahme des § 248 Abs. 1 S. 1 AktG durch § 275 Abs. 4 S. 1 AktG auch inter omnes. Eine Analogie zu § 237 Abs. 6 AktG, wie sie teilweise für die Zwangseinziehung bei Wegfall des Kapitalerhöhungsbeschlusses angenommen wird, kann nicht überzeugen.[759] Es fehlt gerade an einem vergleichbar gelagerten Fall. Denn es tritt dort keinerlei Bindungswirkung inter omnes ein, welche erforderlich ist, um die durch die Eintragung der Durchführung der Kapitalerhöhung hervorgebrachten Rechtsscheinwirkungen eliminieren zu können.

Erst mit der Eintragung der Nichtigkeitsfeststellung hinsichtlich der neu emittierten Anteile analog § 277 Abs. 1 AktG gehen diese mit ex nunc-Wirkung unter.[760] Es ist der Aktiengesellschaft demnach auch durch autonomes Tätigwerden möglich, die Rückabwicklung einer fehlerhaften genehmigten Kapitalerhöhung auch mit Wirkung gegenüber allen Neuaktionären durchzuführen. Gleich, ob aufgrund der

---

[756] *Koch*, in: Hüffer/Koch, 13. Aufl., § 275 Rn. 3; *Bachmann*, in: Spindler/Stilz, 4. Aufl., § 275 Rn. 2; *Koch*, in: MünchKomm/AktG, 4. Aufl., § 275 Rn. 7.

[757] Vgl. hierzu S. 495 ff.

[758] Ist in diesem Fall bereits eine Feststellungsklage anhängig, kann das Prozessgericht die beiden Klagen gem. § 147 ZPO miteinander verbinden. Denn sie entspringen einem innerlich verbundenen einheitlichen Lebensverhältnis und weisen daher einen rechtlichen Zusammenhang auf; dazu *Stadler*, in: Musielak/Voit/ZPO, 15. Aufl., § 147 Rn. 2 i.V.m. § 33 Rn. 2; vgl. auch OLG Brandenburg, Urt. v. 18. 8. 1998 – 6 U 223/97 –, NZG 1999, 219, 220, welches wohl von der Möglichkeit der Verbindung einer Feststellungsklage und aktienrechtlichen Beschlussmängelklagen ausgeht.

[759] *Lutter*, in: FS Röhricht, 2005, S. 369, 376.

[760] Aufgrund der analogen Anwendung der Vorschriften über die Nichtigerklärung der Aktiengesellschaft ist im Gegensatz zu den Aktionärsklagen die Eintragung als konstitutiv für die Vernichtung der Mitgliedschaften anzusehen, vgl. zum direkten Anwendungsbereich m.w.N. *Koch*, in: MünchKomm/AktG, 4. Aufl., § 277 Rn. 4 ff.

Pflichtwidrigkeit des Ermächtigungsbeschlusses oder der Ausnutzungsentscheidung.[761]

D. Zwischenergebnis

Mit der Eintragung der Durchführung der Kapitalerhöhung aus einem genehmigten Kapital entstehen auch bei einem anfechtbaren oder nichtigen Ermächtigungsbeschluss temporär wirksame Mitgliedschaftsrechte. Gleiches gilt in den
Fällen, in denen der Vorstand die Grenzen seiner nur abgeleiteten Entscheidungszuständigkeit überschreitet. Ergeht nach Eintragung ein Anfechtungs- oder Nichtigkeitsurteil oder ein Feststellungsurteil mit inter omnes-Wirkung, hat der Vorstand
die Erhöhung aus dem genehmigten Kapital analog §§ 237 ff. AktG rückabzuwickeln. Das jeweils mit inter omnes-Wirkung ergehende Urteil ersetzt die sonst zur
Einziehung erforderliche Satzungsbestimmung. Der Aktionär kann diese Verpflichtung im Fall der Weigerung mit einer Beseitigungsklage gegenüber der Gesellschaft durchsetzen.

---

[761] Vgl. zu den materiellen Wirkungen S. 486 ff.

Regelungsvorschlag: Beschlussmängelrecht für das genehmigte Kapital de lege ferenda

Wie die vorherigen Ausführungen gezeigt haben, hat die Kontrolle von Maßnahmen der Verwaltung keine ausreichende Kodifikation im Aktiengesetz erhalten. Der Umfang eines materiellen Schutzrechts des Aktionärs, auf dessen Grundlage er eine vorbeugende Unterlassungsklage stützen kann, lässt sich zwar mit den Bordmitteln des Aktienrechts erklären. Befriedigend ist die Situation insbesondere für die Feststellungsklage aufgrund der notwendigen Analogiebildungen allerdings nicht. Daher wird nun ein Vorschlag für eine Regelung über die Kontrolle von Verwaltungsverhalten de lege ferenda unterbreitet. Der Gesetzgeber täte gut, wenn er sich im Fall der Kodifikation für das genehmigte Kapital auf eine vorbeugende Feststellungsklage zugunsten des Aktionärs mit inter omnes Wirkung konzentrieren würde, ähnlich der Nichtigkeitsfeststellungsklage im Sinne des § 249 AktG. Hierdurch könnte eine alle Aktionäre bindende einheitliche Entscheidung über eine Sachfrage herbeigeführt werden, die ebenfalls die Grundlage für eine Rückabwicklung einer Kapitalerhöhung aus genehmigtem Kapital darstellen würde.

Zudem sollte ein Freigabeverfahren implementiert werden, welches die Ausnutzungsentscheidung des Vorstandes immunisieren und die Eintragung der Durchführung herbeiführen könnte. Hier wäre es sinnvoll, die Frage der Möglichkeit eines einstweiligen Verfügungsverfahrens auch bei eingeleitetem Freigabeverfahren positiv zu kodifizieren.

§ 1: Kompetenzkontrolle bei der Verwaltung

(1) Der Aktionär kann eine Entscheidung des Vorstandes nach den §§ 202–206 AktG zum Gegenstand einer Feststellungsklage machen.

(2) Klagebefugt ist der Aktionär nur, sofern die konkret festzustellende Sachfrage in den Zuständigkeitsbereich der Hauptversammlung fällt.

(3) Auf die Klage finden die §§ 246 Abs. 2, 3 S. 1, 2, 6 AktG und die §§ 247, 248, 248a AktG entsprechend Anwendung.

§ 2: Freigabeverfahren

(1) Wird bei einem Verwaltungsbeschluss über eine Maßnahme der Kapitalbeschaffung, der Kapitalherabsetzung (§§ 182 bis 240 AktG) oder einen Unternehmensvertrag (§§ 291 bis 307 AktG) Klage nach § 1 erhoben, so kann das Gericht auf Antrag der Gesellschaft durch Beschluss feststellen, dass die Erhebung der Klage der Eintragung nicht entgegensteht und Mängel des Verwaltungsbeschlusses die Wirkung der Eintragung unberührt lassen. Auf das Verfahren sind § 247, die §§ 82, 83 Abs. 1 und § 84 der Zivilprozessordnung sowie die im ersten Rechtszug für das Verfahren vor den

Landgerichten geltenden Vorschriften der Zivilprozessordnung entsprechend anzuwenden, soweit nichts Abweichendes bestimmt ist. Über den Antrag entscheidet ein Senat des Oberlandesgerichts, in dessen Bezirk die Gesellschaft ihren Sitz hat.

(2) § 246 a Abs. 2 Nr. 1, 2, Abs. 4, 5 AktG sind entsprechend anzuwenden. § 246 a Abs. 2 Nr. 3 AktG ist mit der Maßgabe anzuwenden, dass das alsbaldige Wirksamwerden der in Abs. 1 S. 1 genannten Maßnahmen vorrangig erscheint, weil die vom Antragsteller dargelegten wesentlichen Nachteile für die Gesellschaft und ihre Aktionäre nach freier Überzeugung des Gerichts die Nachteile für den Antragsgegner überwiegen, es sei denn, es liegt eine besondere Schwere des Rechtsverstoßes vor.

(3) Einstweilige Verfügungen des Aktionärs zur Untersagung der Eintragung der Maßnahme nach Abs. 1 S. 1 sind mit der Maßgabe zulässig, dass die Eintragung nur bis zu einer rechtskräftigen und stattgebenden Entscheidung nach Abs. 1 S. 1 oder der rechtskräftigen Abweisung einer Klage nach § 1 als unzulässig erklärt wird.

Hingewiesen sei an dieser Stelle noch einmal auf den Regelungsvorschlag in Kap. 5 Fn. 133, wonach die Vorabberichtspflicht positivrechtlich kodifiziert werden sollte.

§ 204 Abs. 2 S. 1 AktG:

„Der Vorstand ist verpflichtet, den Aktionären einen schriftlichen Bericht über den Grund für den teilweisen oder vollständigen Ausschluss des Bezugsrechts zugänglich zu machen; in dem Bericht ist der vorgeschlagene Ausgabebetrag zu begründen. Der Bericht ist mit der Entscheidung über den Ausschluss des Bezugsrechts bekanntzumachen. Der Antrag nach § 188 AktG darf vor Ablauf von zwei Wochen nicht gestellt werden."

Thesensammlung

Die in der vorliegenden Arbeit gewonnenen Erkenntnisse sollen abschließend in einer Thesensammlung zusammengefasst werden.

Thesen zu Kapitel 1

1. Dem Vorstand wird bei der Einräumung eines genehmigten Kapitals eine Letztentscheidungszuständigkeit über die sonst der Hauptversammlung zustehende Eigenkapitalbeschaffung eingeräumt.

2. Der Vorstand ist lediglich Substitut bei der Letztentscheidung über die Erhöhung des Grundkapitals und weiterhin im Rahmen der Hauptversammlungskompetenz tätig.

3. Die Ausnutzungsentscheidung des Vorstandes bei der Ausnutzung des genehmigten Kapitals stellt keine Geschäftsführungsmaßnahme dar.

4. Die Business Judgment Rule ist nicht auf Hauptversammlungsbeschlüsse übertragbar, sodass reguläre und genehmigte Kapitalerhöhung keinen differierenden Kontrollintensitäten unterliegen.

Thesen zu Kapitel 2

§ 1

1. Einstweiliger Rechtsschutz des Aktionärs vor der Abhaltung der Hauptversammlung kann nicht kategorisch mit Verweis auf das „Verbot der Vorwegnahme der Hauptsache" ausgeschlossen werden. Dies gilt sowohl für die Einwirkung auf die Beschlussfassung der Hauptversammlung als auch für die Einwirkung auf das Abstimmungsverhalten von Mitaktionären.

2. Ein Verfügungsgrund vor der Beschlussfassung wird im Regelfall erst dann anzunehmen sein, wenn der zu fassende Hauptversammlungsbeschluss nicht eintragungs-/vollziehungsbedürftig ist oder der zu fassende Beschluss offenkundig nichtig wäre.

3. Die Einsatzmöglichkeiten einer einstweiligen Verfügung im Rahmen der Schaffung eines genehmigten Kapitals durch einen eintragungsbedürftigen Ermächtigungsbeschluss fallen gering aus und sind in praxi auf antizipiert offenkundig nichtige Beschlüsse und schuldrechtliche Stimmrechtsbindungen beschränkt.[1]

---

[1] Schuldrechtliche Stimmrechtsbindungen, da bei diesen eine nachfolgende Anfechtbarkeit mit flankierendem einstweiligen Rechtsschutz nicht in Betracht kommt, vgl. hierzu S. 84 ff. (Einflussnahme auf ein künftiges Abstimmungsverhalten).

§ 2

4. Der Rechtsschutz gegenüber Ermächtigungsbeschlüssen im Sinne der §§ 202 ff. AktG durch die aktienrechtliche Anfechtungs- und Nichtigkeitsklage hat aufgrund der geringen Anforderungen auf der materiellen Ebene kaum mehr eine Bedeutung.

5. Relevant wird der Rechtsschutz gegenüber Ermächtigungsbeschlüssen nach den §§ 202 ff. AktG lediglich zur Geltendmachung von formellen Fehlern und im Falle bereits konkretisierter Planungen auch zur Geltendmachung von Berichts- oder Inhaltsfehlern.

6. Legt die Hauptversammlung einen Ausgabebetrag in einem Ermächtigungsbe- schluss unter Direktausschluss oder Ausschlussermächtigung fest, hat dieser sich an § 255 Abs. 2 AktG messen zu lassen. Bei der Festsetzung lediglich eines Mindestbetrages gilt dies nicht.

7. § 255 Abs. 2 AktG ist weder direkt noch analog auf einen Ermächtigungsbe- schluss anwendbar, wenn keine Festsetzungen zu einem Ausgabe- oder Min- destbetrag enthalten sind. Dies gilt auch für den Fall, dass die Schaffung des genehmigten Kapitals der Erfüllung einer Mehrzuteilungsoption (Greenshoe) dient und eine Ausnutzung daher nur bei Unterschreitung des Börsenpreises durch den Ausgabepreis stattfinden wird.

8. Ein Ermächtigungsbeschluss unter Direktausschluss oder Ausschlussermächti- gung ist auch dann rechtmäßig gefasst, wenn lediglich abstrakte Gründe den Bezugsrechtsausschluss im Gesellschaftsinteresse erscheinen lassen, sowie dem Verhältnismäßigkeitsgrundsatz entsprechen.

9. Differenzierungen hinsichtlich der sachlichen Rechtfertigung eines Bezugs- rechtsausschlusses

   – bei einem Direktausschluss und einer Ausschlussermächtigung,

   – zwischen börsennotierten und nicht börsennotierten Aktiengesellschaften,

   – hinsichtlich des Umfangs der Kapitalerhöhung,

   – bei einer Bar- und Sachkapitalerhöhung

   sind jeweils nicht angebracht.

§ 3

10. Die Einführung von § 246a AktG hat nicht dazu geführt, dass einstweiliger Rechtsschutz durch den Aktionär mit Beantragung des Freigabeverfahrens unzulässig wird. Eine einstweilige Verfügung, die unter der Bedingung einer Freigabeentscheidung ergeht, ist weiterhin möglich. Diese ist bei sämtlichen in den Anwendungsbereich des § 246a AktG fallenden Maßnahmen auch vor Beantragung eines Freigabeverfahrens durch die Aktiengesellschaft zu beach- ten.

Thesen zu Kapitel 3
§ 1 bis § 3

1. Dem kodifizierten Aktienrecht lässt sich keine allgemeine Aktionärsklage auf Kontrolle des Verwaltungsverhaltens entnehmen.

2. In der Rechtsprechung haben sich durch die Holzmüller-Entscheidung bis zur Commerzbank/Mangusta II-Entscheidung Anhaltspunkte für eine Kontrollmöglichkeit von Verwaltungsverhalten herauskristallisiert.

3. Eine exakte dogmatische Einordnung der durch die Rechtsprechung eingeräumten Klagemöglichkeit ist nicht möglich, sodass auch der Umfang der Kontrollmöglichkeiten nach der Rechtsprechungslinie unklar bleibt.

4. Im Aktienrecht ist eine strukturelle Offenheit zugunsten einer individuellen Abwehrklage des Aktionärs auf Verwaltungskontrolle zu erkennen, sodass von keiner grundsätzlich ablehnenden Haltung des Aktienrechts gesprochen werden kann.

5. Das Aktienrecht enthält diverse normative Wertungen, die ein Vorgehen des Aktionärs zur Einhaltung von Gesetz und Satzung durch die Gesellschaft als zulässig nahelegen.

6. Der aktienrechtlichen Anfechtungsklage liegt ein materieller Anspruch des Aktionärs auf Aufhebung eines rechtswidrigen Hauptversammlungsbeschlusses zugrunde, welcher den Aktionärsanspruch auf satzungs- und gesetzmäßige Beschlussfassung durch die Hauptversammlung schützt.

§ 4 bis § 6

7. Eine Klageerhebung des Aktionärs zur Kontrolle von Verwaltungsverhalten für die Aktiengesellschaft nach den Grundsätzen der actio pro societate ist mit dem geltenden Aktienrecht nicht in Einklang zu bringen.

8. Eine Übertragung der kodifizierten hauptversammlungsspezifischen Beschlussmängelklagen nach den §§ 241 ff. AktG auf Vorstandsentscheidungen ist nach den gefundenen Erkenntnissen nicht möglich.

9. Auffassungen, die eine Aktionärsklage gänzlich ablehnen, können aufgrund der strukturellen Offenheit des Aktienrechts und dem Regelungsbedarf nicht überzeugen.

§ 7

10. Die Mitgliedschaft ist als subjektives Recht und Rechtsverhältnis einzuordnen.

11. Durch die Mitgliedschaft wird dem Aktionär kein außenstehendes Rechtsobjekt zugeordnet.

12. Die Mitgliedschaft steht dem Aktionär gegenüber dem Verband nicht als sonstiges Recht im Sinne des § 823 Abs. 1 BGB zur Seite. Ein materielles Schutzrecht des Aktionärs kann nicht aus dem Deliktsrecht hergeleitet werden.

13. Dem Aktionär steht ein materielles Schutzrecht gegenüber der Aktiengesellschaft auf einer autonomen verbandsrechtlichen Grundlage zur Verfügung.

14. Dieses Schutzrecht steht dem Aktionär nur zu, sofern der Vorstand seine Kompetenz überschritten hat und hierdurch die Kompetenz der Hauptversammlung hinsichtlich einer Entscheidung tangiert, an der dem Aktionär kraft seines mitgliedschaftlichen Teilhaberechts eine Einflussnahmemöglichkeit zur Verfügung steht.

15. Die Wehrhaftigkeit des subjektiven Rechts Mitgliedschaft ist durch die Strukturentscheidung des Aktienrechts auf den zuvor genannten Bereich begrenzt und damit eine Klagbarkeit bei Verletzung anderweitiger mitgliedschaftlicher (subjektiver) Rechte ausgeschlossen.

Thesen zu Kapitel 4

§ 1

1. Der Aktionär kann die Aktionärsklage im Rahmen des genehmigten Kapitals erheben, sofern der Ermächtigungsbeschluss aufgrund einer erfolgreichen Beschlussmängelklage beseitigt wurde und der Vorstand dennoch die Ausnutzung des genehmigten Kapitals betreiben möchte.

2. Wurde der Ermächtigungsbeschluss durch einen Freigabebeschluss gem. § 246a AktG immunisiert, kann der Aktionär auch bei erfolgreicher nachgehender Beschlussmängelklage eine Ausnutzung des genehmigten Kapitals nicht durch die Aktionärsklage verhindern.

§ 2

3. Der Vorstand ist bei der Festsetzung des Ausgabebetrages an die gesetzlichen Beschränkungen und die Vorgaben des Ermächtigungsbeschlusses gebunden.

4. Wird das Bezugsrecht der Aktionäre ausgeschlossen, ist § 255 Abs. 2 AktG zu beachten.

5. Der Zeitpunkt für die Bemessung der Angemessenheit des Ausgabebetrages ist der Zeitpunkt der letzten Verwaltungsentscheidung.

§ 3

6. Eine Konstellation, in der sich die Ausnutzung eines bezugsrechtsfreien genehmigten Kapitals im Rahmen des abstrakten Ermächtigungsbeschlusses hält, aber nicht vom Unternehmensgegenstand gedeckt ist, kann es nicht geben. In diesem Fall wäre bereits der Ermächtigungsbeschluss nicht vom Unternehmensgegenstand gedeckt.

7. Die Prüfung der Kongruenz der Ausnutzungsentscheidung mit dem Unternehmensgegenstand hat eigenständige Bedeutung, sofern der abstrakte Ermächtigungsbeschluss sich außerhalb des Unternehmensgegenstandes bewegen würde.

8. Der Vorstand hat bei der Ausnutzung eines bezugsrechtsfreien genehmigten Kapitals eine sachliche Prüfung nach den Maßstäben der Kali+Salz-Rechtsprechung vorzunehmen und sich im Rahmen der Ermächtigung zu halten. Differenzierungen nach der Grundlage des Bezugsrechtsausschlusses sind nicht zulässig.

9. Der Aktionär kann die Aktionärsklage im Rahmen des genehmigten Kapitals erheben, sofern die Voraussetzungen zum Ausschluss des Bezugsrechts nicht vorliegen.

§ 4

10. Der Aktionär kann die Aktionärsklage im Rahmen des genehmigten Kapitals erheben, sofern der Vorstand ein genehmigtes Kapital gezielt zur Übernahmeabwehr einsetzen möchte, ohne dass der Ermächtigungsbeschluss die Voraussetzungen des § 33 Abs. 2 WpÜG erfüllt.

11. Eine Aktionärsklage kann nicht erhoben werden, sofern der Vorstand ein genehmigtes Kapital unter Missachtung der Organpflicht des § 33 Abs. 1 WpÜG ausnutzt.

§ 5

12. Eine Aktionärsklage kann erhoben werden, sofern der Vorstand entgegen dem Ermächtigungsbeschluss eine Sachkapitalerhöhung durchführen möchte.

§ 6

13. Da sich der Gesetzgeber nach der bisherigen Entwurfsfassung de lege ferenda bei related party transactions gegen eine Hauptversammlungskompetenz und für eine Einsetzung des Aufsichtsrats als Kontrollorgan entscheiden wird, ist dem Aktionär in diesen Fällen der Weg der Aktionärsklage abgeschnitten.

§ 7

14. Der Aktionär kann die Aktionärsklage im Rahmen des genehmigten Kapitals erheben, sofern der Vorstand durch den Beteiligungserwerb den Unternehmensgegenstand verlassen würde.

15. Eine ungeschriebene Hauptversammlungskompetenz nach den Holzmüller-/Gelatinegrundsätzen kommt bei dem Einsatz eines genehmigten Kapitals nicht in Betracht, sofern der Beteiligungserwerb an sich durch die Ermächtigung gedeckt ist.

16. Eine ungeschriebene Hauptversammlungskompetenz kommt auch dann nicht in Betracht, sofern die Ausnutzung sich außerhalb von Zielsetzungen bewegt, die

lediglich in dem abstrakten Vorstandsbericht genannt worden sind, die aber nicht Gegenstand des Ermächtigungsbeschlusses wurden. Handelt der Vorstand innerhalb des Ermächtigungsrahmens, ist eine Aktionärsklage auch nicht unter Verweis auf eine (hier nicht angenommene) Wiedervorlagepflicht zu stützen.

17. Eine ungeschriebene Hauptversammlungskompetenz kommt auch dann nicht in Betracht, sofern neben den Einsatz von Aktien aus einem genehmigten Kapital eine Barkomponente tritt und die Holzmüller-/Gelatineschwelle nur durch beide Komponenten gemeinsam erreicht wird.

18. Überschreitet die Barkomponente allein die Holzmüller-/Gelatinegrenze, kommt eine ungeschriebene Hauptversammlungskompetenz in Betracht, bei deren Missachtung der Aktionär mittels der Aktionärsklage vorgehen kann.

§ 8

19. Der Aktionär kann die Aktionärsklage auch in allen anderen Fällen erheben, in denen der Vorstand den Unternehmensgegenstand verlassen würde.

Thesen zu Kapitel 5
§ 1

1. Eine einstweilige Verfügung zeitlich vor der Ausnutzungsentscheidung des Vorstands ist nicht kategorisch unter Verweis auf die Rechtslage bei Hauptversammlungsbeschlüssen abzulehnen.

2. Der Aktionär kann im Zeitraum vor der Eintragung der Durchführung im Wege einer vorbeugenden Unterlassungsklage gegen die Gesellschaft vorgehen, um die Eintragung nach §§ 203 Abs. 1 S. 1 i.V.m. 189 AktG zu verhindern.

3. Ein Übergang von der Unterlassungsklage zur Beseitigungsklage kann erst ab der Eintragung der Durchführung der Kapitalerhöhung angenommen werden, welche den Zeitpunkt der Rechtsbeeinträchtigung darstellt.

4. § 247 AktG ist entsprechend auf die vorbeugende Unterlassungsklage anzuwenden.

5. Die vorbeugende Unterlassungsklage wirkt nur inter partes. Eine analoge Anwendung des § 246 Abs. 3 S. 1, 2, 6 AktG ist allerdings im Sinne der Prozessökonomie geboten.

6. Die notwendigen Informationen erhält der Aktionär in dem Großteil der Fälle durch:

   – eine ad-hoc Mitteilung einer börsennotierten AG,

   – einem bei Bezugsrechtsausschluss erforderlichen Vorabbericht.

7. Die vorbeugende Unterlassungsklage unterliegt keiner Klagefrist.

8. Zur kurzfristigen Sicherung seines Rechtsschutzbegehrens steht dem Aktionär die einstweilige Unterlassungsverfügung zur Seite, durch welche die Eintragung

der Durchführung der Kapitalerhöhung in einer den Registerrichter nach § 16 Abs. 2 HGB bindenden Weise für unzulässig erklärt werden kann.

9. § 945 ZPO ist in derartigen Verfahren uneingeschränkt anwendbar. Voraussetzung für eine Haftung des Verfügungsgläubigers ist der Aufbau eines Vollstreckungsdrucks. Eine Minderung des ersatzpflichtigen Schadensumfanges analog § 247 AktG kommt nicht in Betracht.

10. Der Einsatz eines Prozessvehikels in der Rechtsform einer GmbH zur Eindämmung der Haftungsrisiken ist nur sinnvoll, sofern dies nicht missbräuchlich geschieht.

11. Wird eine GmbH zu einer Klage durch einen Gesellschafter eingesetzt, die die AG in grob eigennütziger Weiße zu einer Leistung veranlassen soll, auf deren Erbringung kein Anspruch besteht und die billigerweise nicht verlangt werden kann, und löst diese die Insolvenz der GmbH aus, haftet der GmbH Gesellschafter nach den Grundsätzen des existenzvernichtenden Eingriffs gegenüber der GmbH.

12. Ist die Aktiengesellschaft der einzige Gläubiger des Prozessvehikels, ist eine direkte Inanspruchnahme des Gesellschafters zuzulassen.

13. Setzt der Aktionär die GmbH als Prozessvehikel allein zur Schädigung der Aktiengesellschaft ein, haftet er zudem nach § 826 BGB für ein eigenes deliktisches Verhalten.

14. Der Einsatz europäisch ausländischer Kapitalgesellschaften dämmt die Haftungsrisiken nicht ein, sofern die Niederlassungsfreiheit missbräuchlich ausgenutzt wird. Die innerstaatlichen Grundsätze der Existenzvernichtungshaftung greifen aufgrund des Missbrauchsvorbehaltes, unter dem das Gemeinschaftsrecht steht, auch bei gesellschaftsrechtlicher Einordnung durch.

15. Einer eigenen deliktischen Haftung des Gesellschafters des Prozessvehikels aus § 826 BGB steht das Gemeinschaftsrecht nicht entgegen.

16. Neben der vorbeugenden Unterlassungsklage ist eine allgemeine (vorbeugende) Feststellungsklage zulässig, deren Urteil analog § 248 Abs. 1 AktG inter omnes wirkt.

17. Bei der (vorbeugenden) Feststellungsklage ist eine analoge Anwendbarkeit des § 246 Abs. 3 S. 1, 2, 6 AktG anzunehmen.

18. Einstweilige Feststellungsverfügungen sind bereits de lege lata zulässig und gewinnen im Rahmen des genehmigten Kapitals einen, wenn auch eingeschränkten, Anwendungsbereich.

§ 2

19. Bei einem anfechtbaren oder nichtigen Ermächtigungsbeschluss zur Ausnutzung eines genehmigten Kapitals entstehen mit Eintragung der Durchführung temporär vollgültige Mitgliedschaftsrechte.

20. Wurde einer Beschlussmängelklage vor Eintragung der Durchführung der Kapitalerhöhung rechtskräftig stattgegeben, entstehen auch mit Eintragung keine neuen Mitgliedschaftsrechte.

21. Bei einem nichtigen Ausnutzungsbeschluss hinsichtlich eines genehmigten Kapitals entstehen mit Eintragung der Durchführung temporär vollgültige Mitgliedschaftsrechte.

22. Eine Kapitalerhöhung auf Grundlage eines genehmigten Kapitals ist bei einem anfechtbaren oder nichtigen Ermächtigungsbeschluss nach den Grundsätzen der fehlerhaften Gesellschaft bis zum Ergehen des Anfechtungs- oder Nichtigkeitsurteils als temporär wirksam zu betrachten. Eine Rückabwicklung erfolgt ex nunc analog §§ 237 ff. AktG mit ergehen des Anfechtungs- oder Nichtigkeitsurteils.

23. Gleiches hat zu gelten, sofern der Aktionär aufgrund eines kompetenzwidrigen Vorgehens die Möglichkeit erhält, im Wege der allgemeinen Feststellungsklage ein inter omnes wirkendes Urteil zu erwirken, welches die Nichtigkeit der Ausnutzungsentscheidung feststellt.

24. Nach Ergehen eines Urteils im Sinne der Punkte 21 und 22 hat der Aktionär die Möglichkeit, eine Leistungsklage gegenüber der Gesellschaft auf Einleitung des Zwangseinziehungsverfahrens analog §§ 237 ff. AktG zu erheben.

Literaturverzeichnis

Achterberg, Norbert: Die rechtsverhältnistheoretische Deutung absoluter Rechte, in Recht und Rechtsbesinnung – Gedächtnisschrift für Günther Küchenhoff (1907 – 1983), Seite 13, Berlin 1987; zitiert als: *Achterberg*, in: GS Küchenhoff, 1987, S. 13

Adolff, Johannes: Zur Reichweite des verbandsrechtlichen Abwehranspruchs des Aktionärs gegen rechtswidriges Verwaltungshandeln, in ZHR 169 (2005), 310; zitiert als: *Adolff*, ZHR 169 (2005), 310

Adolphsen, Jens: Internationale Dopingstrafen, Tübingen 2003; zitiert als: *Adolphsen*, Internationale Dopingstrafen

Aha, Christof: Aktuelle Aspekte der Unternehmensbewertung im Spruchstellenverfahren, AG 1997, 26; zitiert als: *Aha*, AG 2007, 26

Aha, Christof/*Hirschberger*, Max: BB Kommentar zu LG München I, Beschl. v. 12. Januar 2006, – 5 HK O 24795/05 –, in BB 2006, 460; zitiert als: *Aha/Hirschberger*, BB 2006, 460

Ahrens, Hans-Jürgen: Wettbewerbsverfahrensrecht – Zum vorbeugenden Rechtsschutz durch einstweiligen Rechtsschutz, Köln 1983; zitiert als: *Ahrens*, Wettbewerbsverfahrensrecht

Ahrens, Hans-Jürgen: Der Wettbewerbsprozess, 8. Auflage, Köln 2017; zitiert als: *Bearbeiter*, in: Der Wettbewerbsprozess, 8. Aufl.

Aicher, Josef: Das Eigentum als subjektives Recht, Berlin 1975; zitiert als: *Aicher*, Das Eigentum als subjektives Recht

Altmeppen, Holger: Die Bindung des Schuldners an Unterlassungsurteile in ihrer Abhängigkeit von der Sicherheitsleistung und der Veranlasserhaftung des Gläubigers, zugleich Stellungnahme zu BGH, Urt. v. 13. April 1989, – IX ZR 148/88 –, in WM 1989, 1157; zitiert als: *Altmeppen*, WM 1989, 1157

Altmeppen, Holger: Schutz vor „europäischen" Kapitalgesellschaften, in NJW 2004, 97; zitiert als: *Altmeppen*, NJW 2004, 97

Altmeppen, Holger: Zur vorsätzlichen Gläubigerschädigung, Existenzvernichtung und materiellen Unterkapitalisierung in der GmbH, in ZIP 2008, 1201; zitiert als: *Altmeppen*, ZIP 2008, 1201

Angerer, Lutz/*Geibel*, Stephan/*Süßmann*, Rainer: Wertpapiererwerbs- und Übernahmegesetz Kommentar, 2. Auflage, München 2008; zitiert als: *Bearbeiter*, in: Angerer/Geibel/Süßmann/WpÜG, 2. Aufl.

Angerer, Lutz/*Geibel*, Stephan/*Süßmann*, Rainer: Wertpapiererwerbs- und Übernahmegesetz Kommentar, 3. Auflage, München 2017; zitiert als: *Bearbeiter*, in: Angerer/Geibel/Süßmann/WpÜG, 3. Aufl.

App, Michael: Das Spruchstellenverfahren bei der Abfindung von Gesellschaftern nach einer Umwandlung, in BB 1995, 267; zitiert als: *App*, BB 1995, 267

Arens, Peter: Streitgegenstand und Rechtskraft im aktienrechtlichen Anfechtungsverfahren, Bielefeld 1960; zitiert als: *Arens*, Streitgegenstand und Rechtskraft

Arens, Peter: Verfügungsanspruch und Interessenabwägung beim Erlaß einstweiliger Verfügungen, in Festschrift für Ernst von Caemmerer zum 70. Geburtstag, Seite 75, Tübingen 1978; zitiert als: *Arens*, in: FS v. Caemmerer, 1978, S. 75

Assmann, Heinz-Dieter/*Pötzsch*, Thorsten/*Schneider*, Uwe H.: Wertpapiererwerbs- und Übernahmegesetz, 2. Auflage, Köln 2013; zitiert als: *Bearbeiter*, in: Assmann/Pötzsch/Schneider, 2. Aufl. 2013

Assmann, Heinz-Dieter/*Schneider*, Uwe H.: Wertpapierhandelsgesetz – Kommentar, 6. Auflage, Köln 2012; zitiert als: *Bearbeiter*, in: Assmann/Schneider/WpHG, 6. Aufl.

Assmann, Heinz-Dieter/*Schneider*, Uwe H.: Wertpapierhandelsgesetz – Kommentar, 7. Auflage, Köln 2018; zitiert als: *Bearbeiter*, in: Assmann/Schneider/WpHG, 7. Aufl.

Aubel, Stephan: Der vereinfachte Bezugsrechtsausschluß, Frankfurt am Main 1998; zitiert als: *Aubel*, Der vereinfachte Bezugsrechtsausschluß

Auerbach, Werner: Das Gesellschaftswesen in juristischer und volkswirtschaftlicher Hinsicht unter bes. Berücksichtigung des allgemeinen deutschen Handelsgesetzbuchs, Frankfurt 1861; zitiert als: *Auerbach*, Gesellschaftswesen

Aukhatov, Adel: Durchgriffs- und Existenzvernichtungshaftung im deutschen und russischen Sach- und Kollisionsrecht, Tübingen 2009, zitiert als: *Aukhatov*, Durchgriffs- und Existenzvernichtungshaftung

Axhausen, Michael: Anfechtbarkeit aktienrechtlicher Aufsichtsratsbeschlüsse, Frankfurt am Main 1986; zitiert als: *Axhausen*, Anfechtbarkeit aktienrechtlicher Aufsichtsratsbeschlüsse

Bacon, Francis: Meditationes Sacræ, London 1597; zitiert als: *Francis Bacon*, in: Meditationes Sacræ

Baltzer, Johannes: Der Beschluss als rechtstechnisches Mittel organschaftlicher Funktion im Privatrecht, Köln 1965; zitiert als: *Baltzer*, Der Beschluss als rechtstechnisches Mittel organschaftlicher Funktion im Privatrecht

Bamberger, Georg/*Roth*, Herbert: Beck'scher Online Kommentar BGB, 48. Edition, München 2018; zitiert als: *Bearbeiter*, in: BeckOK/BGB, 48. Ed.

Bartels, Klaus: Die allgemeine Feststellungsklage im Kreis der verbandsinternen Aktionärsklagen, in ZGR 2008, 723; zitiert als: *Bartels*, ZGR 2008, 723

Bauer, Hartmut: Subjektive öffentliche Rechte des Staates, in DVBl 1986 208; zitiert als: *Bauer*, DVBl 1986, 208

Baumbach, Adolf/*Hueck*, Alfred: Beck'scher Kurzkommentar Aktiengesetz, München 1968; zitiert als: *Baumbach/Hueck*, AktG 1965, 13. Aufl.,

Baumbach, Adolf/*Hueck*, Alfred: Beck'scher Kurzkommentar GmbHG, München 2017; zitiert als: *Bearbeiter*, in: Baumbach/Hueck, 21. Aufl. 2017

Baumgärtl, Gottfried: Besprechung von Fritz Baur, Studien zum einstweiligen Rechtsschutz, in AcP 168 (1968), 401; zitiert als: *Baumgärtl*, AcP 168 (1968), 401

Baumgärtl, Gottfried: Die Verteilung der Glaubhaftmachungslast im Verfahren des einstweiligen Rechtsschutzes nach der ZPO, in Festschrift für Hans Friedhelm Gaul zum 70. Geburtstag, S. 27, Bielefeld 1997, zitiert als: *Baumgärtl*, in: FS Gaul, 1997, S. 27, 30

Baums, Theodor: Eintragung und Löschung von Gesellschafterbeschlüssen, Bonn 1980; zitiert als: *Baums*, Eintragung und Löschung von Gesellschafterbeschlüssen

Baums, Theodor: Empfiehlt sich eine Neuregelung des aktienrechtlichen Anfechtungs- und Organhaftungsrechts, insbesondere der Klagemöglichkeiten von Aktionären, in: Verhandlungen des 63. Deutschen Juristentages, Leipzig 2000, Band 1. Teil F; zitiert als: *Baums*, in: Verhandlungen des 63. DJT, Gutachten, F

Baums, Theodor/*Drinhausen*, Florian/*Keinath*, Astrid: Anfechtungsverfahren und Freigabeverfahren. Eine empirische Studie, ZIP 2011, 2329; zitiert als: *Baums/Drinhausen/Keinath*, ZIP 2011, 2329

Baums, Theodor/*Thoma*, Georg F.: WpÜG, Köln 20XX; zitiert als: *Bearbeiter*, in: Baums/Thoma/WpÜG

Baums, Theodor/*Vogel*, Hans-Gert/*Tacheva*, Maja: Rechtstatsachen zur Beschlusskontrolle im Aktienrecht; in ZIP 2000, 1649; zitiert als: *Baums/Vogel/Tacheva*, ZIP 2011, 1649

Baur, Fritz: Studien zum einstweiligen Rechtsschutz, Tübingen, 1967; zitiert als: *Baur*, Studien zum einstweiligen Rechtsschutz

Baur, Fritz: Zur Beschränkung der Entscheidungsbefugnis des Registerrichters durch einstweilige Verfügung, in ZGR 1972, 421; zitiert als: *Baur*, ZGR 1972, 421

Baur, Fritz/*Stürner*, Rolf: Sachenrecht 18. Auflage, München 2009; zitiert als: *Baur/Stürner*, Sachenrecht

Bayer, Walter: Kein Abschied vom Minderheitenschutz durch Information – Plädoyer für eine restriktive Anwendung des § 16 Abs. 3 UmwG –, in ZGR 1995, 613; zitiert als: *Bayer*, ZGR 1995, 613

Bayer, Walter: Kapitalerhöhung mit Bezugsrechtsausschluß und Vermögensschutz der Aktionäre – Kritische Betrachtung der lex lata und Vorschläge de lege ferenda, in ZHR 163 (1999), 505; zitiert als: *Bayer*, ZHR 163 (1999), 505

Bayer, Walter: Aktionärsklagen de lege lata und de lege ferenda, in NJW 2000, 2609; zitiert als: *Bayer*, NJW 2000, 2609

Bayer, Walter: Vorsorge- und präventive Abwehrmaßnahmen gegen feindliche Übernahmen, in ZGR 2002, 588; zitiert als: *Bayer*, ZGR 2002, 588

Bayer, Walter: Materielle Schranken und Kontrollinstrumente beim Einsatz des genehmigten Kapitals mit Bezugsrechtsausschluss, in ZHR 168 (2004), 132; zitiert als: *Bayer*, ZHR 168 (2004), 132

Bayer, Walter: Transparenz und Wertprüfung beim Erwerb von Sacheinlagen durch genehmigtes Kapital, Festschrift für Peter Ulmer, S. 21, Berlin 2003; zitiert als: *Bayer*, in: FS Ulmer, 2003, S. 21

Bayer, Walter: Materielle Schranken und Kontrollinstrumente beim Einsatz des genehmigten Kapitals mit Bezugsrechtsausschluss, in ZHR 168 (2004), 132; zitiert als: *Bayer*, ZHR 168 (2004), 132

Bayer, Walter: Aktienrecht in Zahlen II, in Sonderheft AG Oktober 2015; zitiert als: *Bayer*, Aktienrecht in Zahlen, AG Sonderheft Okt. 2015

Bayer, Walter/*Fiebelkorn*, Timo: Vorschläge für eine Reform des Beschlussmängelrechts der Aktiengesellschaft, in ZIP 2012, 2181; zitiert als: *Bayer/Fiebelkorn*, ZIP 2012, 2181

Bayer, Walter/*Habersack*, Mathias: Aktienrecht im Wandel, Band 1 Entwicklung des Aktienrechts, Tübingen 2007; zitiert als: *Bearbeiter*, in: Aktienrecht im Wandel, Bd. 1, Kapitel

Bayer, Walter/*Habersack*, Mathias: Aktienrecht im Wandel, Band 2 Grundsatzfragen des Aktienrechts, Tübingen 2007; zitiert als: *Bearbeiter*, in: Aktienrecht im Wandel, Bd. 2, Kapitel

Bayer, Walter/*Hoffmann*, Thomas/*Weinmann*, Dirk: Kapitalmarktreaktionen bei Ankündigung des Rückerwerbs eigener Aktien über die Börse, in ZGR 2007, 457; zitiert als: *Bayer/Hoffmann/Weinmann*, ZGR 2007, 457

Bayer, Walter/*Möller*, Sven: Beschlussmängelklagen de lege late und de lege ferenda, in NZG 2018, 801; zitiert als: *Bayer/Fiebelkorn*, NZG 2018, 801

Bayer, Walter/*Selentin*, Philipp: Related Party Transactions: Der neueste EU-Vorschlag im Kontext des deutschen Aktien- und Konzernrechts, in NZG 2015, 7; zitiert als: *Bayer/Selentin*, NZG 2015, 7

Becker, Helmut: Bezugsrechtsausschluß gemäß § 186 Absatz 4 Satz 2 des Aktiengesetzes in der Fassung der 2. EG-Richtlinie BB 1981, 394; zitiert als: *Becker*, BB 1981, 394

Becker, Michael: Verwaltungskontrolle durch Gesellschafterrechte, Tübingen 1997; zitiert als: *Becker*, Verwaltungskontrolle

Behr, Nicolai: Die actio pro socio in der Aktiengesellschaft, Baden-Baden 2010; zitiert als: *Behr*, Die actio pro socio

Bender, Heinz: Deutsches und englisches Aktienrecht, Berlin 1937; zitiert als: *Bender*, Deutsches und englisches Aktienrecht

Berger, Christian: Zur Statthaftigkeit der auf Feststellung gerichteten einstweiligen Verfügung, in ZZP 110 (1997), 287; zitiert als: *Berger*, ZZP 110 (1997), 287

Bernau, Falk: Konzernrechtliche Ersatzansprüche als Gegenstand des Klageerzwingungsrechts nach § 147 Abs. 1 Satz 1 AktG, in AG 2011, 894; zitiert als: *Bernau*, AG 2011, 894

Bernreuther, Friedrich: Der negative Feststellungsantrag im einstweiligen Verfügungsverfahren, in WrP 2010, 1191; zitiert als: *Bernreuther*, WrP 2010, 1191

Beuthien, Volker: Welchen Rechtsschutz gibt es für und wider die Entlastung?, in GmbHR 2014, 799; zitiert als: *Beuthien*, GmbHR 2014, 799

Bischoff, Thomas: Sachliche Voraussetzungen von Mehrheitsbeschlüssen in Kapitalgesellschaften, in BB 1987, 1055; zitiert als: *Bischoff*, BB 1987, 1055

Bondi, Felix: Aktienrechtliche Betrachtungen de lege ferenda aus Anlaß der Hibernia-Prozesse, DJZ 1908, 1007; zitiert als: *Bondi*, DJZ 1908, 1007

Borck, Hans-Günther: Über die Vollziehung von Unterlassungsverfügungen, in WRP 1977, 556; zitiert als: *Borck*, WRP 1977, 556

Borck, Hans-Günther: Die Vollziehung und die Vollstreckung von Unterlassungstiteln, in WRP 1993, 374; zitiert als: *Borck*, WRP 1993, 374

Bork, Reinhard: Der Vergleich, Berlin 1988; zitiert als: *Bork*, Der Vergleich

Bork, Reinhard: Ab wann ist die Zuwiderhandlung gegen eine Unterlassungsverfügung sanktionierbar gem § 890 ZPO?, in WRP 1989, 360; zitiert als: *Bork*, WRP 1989, 360

Bork, Reinhard: Materiell-rechtliche und prozeßrechtliche Probleme des Organstreits zwischen Vorstand und Aufsichtsrat einer Aktiengesellschaft, in ZGR 1989, 1; zitiert als: *Bork*, ZGR 1989, 1

Bork, Reinhard: Allgemeiner Teil des Bürgerlichen Gesetzbuchs, 4. Auflage, Tübingen 2015; zitiert als: *Bork*, Allgemeiner Teil des Bürgerlichen Gesetzbuchs, 4. Aufl.

Born, Felix: Berichtspflichten nach Ausnutzung genehmigten Kapitals mit Ausschluss des Bezugsrechts, in ZIP 2011, 1793; zitiert als: *Born*, ZIP 2011, 1793

Born, Manfred/*Ghassemi-Tabar*, Nima/*Gehle*, Burkhard: Münchener Handbuch des Gesellschaftsrecht, Band 7 Gesellschaftsrechtliche Streitigkeiten (Corporate Litigation), 5. Auflage, München 2016; zitiert als: *Bearbeiter*, in: MünchHdbGesR VII

Bosse, Christian: Informationspflichten des Vorstands beim Bezugsrechtsausschluss im Rahmen des Beschlusses und der Ausnutzung eines genehmigten Kapitals, in ZIP 2001, 104; zitiert als: *Bosse*, ZIP 2001, 104

Böttcher, Lars/*Blasche*, Sebastian: Die Grenzen der Leitungsmacht des Vorstands, in NZG 2006, 569; zitiert als: *Böttcher/Blasche*, NZG 2006, 569

Böttger, Nina: Der Bezugsrechtsausschluss beim genehmigten Kapital, Frankfurt am Main 2005; zitiert als: *Böttger*, Bezugsrechtsausschluss beim genehmigten Kapital

Bötticher, Eduard: Zur Lehre vom Streitgegenstand im Eheprozeß, in Beiträge zum Zivilprozessrecht – Festgabe für Leo Rosenberg zum 70. Geburtstag, Berlin 1949; zitiert als: *Bötticher*, in: FG Rosenberg, 1949, S. 71

Bötticher, Eduard: Besinnung auf das Gestaltungsrecht und das Gestaltungsklagerecht, in Festschrift für Hans Dölle, Band 1, Tübingen 1963; zitiert als: *Bötticher*, in: FS Dölle 1963, Bd. 1, S. 41

Boujong, Karlheinz: Rechtsmißbräuchliche Aktionärsklagen vor dem Bundesgerichtshof. Eine Zwischenbilanz, in Festschrift für Alfred Kellermann zum 70. Geburtstag, Seite 1, Berlin 1991; zitiert als: *Boujong*, in: FS Kellermann, 1991, S. 1

Broichhausen, Thomas: Zusammengesetzte Finanzierungsinstrumente der Aktiengesellschaft, Berlin 2010; zitiert als: *Broichhausen*, Zusammengesetzte Finanzierungsinstrumente der Aktiengesellschaft

Broichhausen, Thomas: Mitwirkungskompetenz der Hauptversammlung bei der Ausgabe von Wandelschuldverschreibungen auf eigene Aktien, in NZG 2012, 86; zitiert als: *Broichhausen*, NZG 2012, 86

Brondics, Klaus: Die Aktionärsklage, Berlin 1988; zitiert als: *Brondics*, Die Aktionärsklage

Brox, Hans/*Walker*, Wolf-Dietrich: Allgemeiner Teil des BGB, 42. Neu bearbeitete Auflage, München 2018; zitiert als: *Brox/Walker*, BGB AT

Brox, Hans/*Walker*, Wolf-Dietrich: Zwangsvollstreckungsrecht, 11. Auflage, München 2017; zitiert als: *Brox/Walker*, Zwangsvollstreckungsrecht, 11. Aufl.

Bruns, Alexander: Zivilrichterliche Rechtsschöpfung und Gewaltenteilung, in JZ 2014, 162; zitiert als: *Bruns*, JZ 2014, 162

Büchel, Helmut: Vom Unbedenklichkeitsverfahren nach §§ 16 Abs. 3 UmwG, 319 Abs. 6 AktG zum Freigabeverfahren nach dem UMAG, in Liber amicorum Wilhelm Happ zum 70. Geburtstag, S. 1, Köln 2006; zitiert als: *Büchel*, in: Liber amicorum Happ, 2006, 1

Bucher, Eugen: Das subjektive Recht als Normsetzungsbefugnis, Tübingen 1965; zitiert als: *Bucher*, Das subjektive Recht als Normsetzungsbefugnis

Buchta, Jens: Einstweiliger Rechtsschutz gegen Fassung und Ausführung von Gesellschafterbeschlüssen, in DB 2008, 913; zitiert als: *Buchta*, DB 2008, 913

Bundesministerium der Justiz: Bericht der Kommission zur Verbesserung des Zivilprozeßrecht von 1977, Bonn 1977; zitiert als: BMJ, ZPO/Bericht

Bungert, Hartwin: Bezugsrechtsausschluß zur Platzierung neuer Aktien im Ausland, WM 1995, 1; zitiert als: *Bungert*, WM 1995, 1

Bungert, Hartwin: Die Liberalisierung des Bezugsrechtsausschlusses im Aktienrecht – Zum Siemens/Nold-Urteil des BGH, NJW 1998, 488; zitiert als: *Bungert*, NJW 1998, 488

Bungert, Hartwin: Behebung der doppelten gerichtlichen Zuständigkeit bei Spruchverfahren wegen Doppelverschmelzung, in DB 2000, 2051; zitiert als: *Bungert*, DB 2000, 2051

Bungert, Hartwin: Festschreibung der ungeschriebenen Holzmüller-Hauptversammlungszuständigkeiten bei der Aktiengesellschaft, in BB 2004, 1345; zitiert als: *Bungert*, BB 2004, 1345

Bungert, Hartwin: Ausnutzung eines genehmigten Kapitals mit Bezugsrechtsausschluss – Anmerkung zu den BGH-Urteilen Mangusta/Commerzbank I und II, BB 2005, 2557; zitiert als: *Bungert*, BB 2005, 2757

Bürgers, Tobias/*Holzborn*, Timo: Haftungsrisiken der Organe einer Zielgesellschaft im Übernahmefall, insbesondere am Beispiel einer Abwehrkapitalerhöhung, in ZIP 2003, 2273; zitiert als: *Bürgers/Holzborn*, ZIP 2003, 2273

Bürgers, Tobias/*Körber*, Torsten: Aktiengesetz, 4. neu bearbeitete Auflage, Heidelberg 2017; zitiert als: *Bearbeiter*, in: Bürgers/Körber, 4. Aufl. 2017

Busch, Thorsten: Bezugsrecht und Bezugsrechtsausschluß bei Wandel- und Optionsanleihen, in AG 1999, 58; zitiert als: *Busch*, AG 1999, 58

Busch, Thorsten: Mangusta/Commerzbank – Rechtsschutz nach Ausnutzung eines genehmigten Kapitals, in NZG 2006, 81; zitiert als: *Busch*, NZG 2006, 81

Busche, Jan: Die Information der Aktionäre über Angelegenheiten der Gesellschaft, in Festschrift für Dieter Reuter zum 70. Geburtstag, Berlin 2010; zitiert als: *Busche*, in: FS Reuter, 2010, S. 939

Butters, Beate: Genehmigte Kapitalerhöhung im romanischen Rechtskreis, in ZBB 2001, 44; zitiert als: *Butters*, ZBB 2001, 44

Cahn, Andreas: Zum Begriff der Nichtigkeit im Bürgerlichen Recht, in JZ 1997, 8; zitiert als: *Cahn*, JZ 1997, 8

Cahn, Andreas: Pflichten des Vorstands beim genehmigten Kapital mit Bezugsrechtsausschluß, in ZHR 163 (1999), 554; zitiert als: *Cahn*, ZHR 163 (1999), 554

Cahn, Andreas: Ansprüche und Klagemöglichkeiten der Aktionäre wegen Pflichtverletzungen der Verwaltung beim genehmigten Kapital, in ZHR 164 (2000), 113; zitiert als: *Cahn*, ZHR 164 (2000), 113

Canaris, Claus-Wilhelm: Handelsrecht, 24. Aufl. München 2006; zitiert als: *Canaris*, Handelsrecht, 2006

Casper, Matthias: Die Heilung nichtiger Beschlüsse im Kapitalgesellschaftsrecht, Köln 1998; zitiert als: *Casper*, Heilung nichtiger Beschlüsse

Casper, Mathias: Das Anfechtungsklageerfordernis im GmbH-Beschlußmängelrecht, in ZHR 163 (1999), 54; zitiert als: *Casper*, ZHR 163 (1999), 54

Chelidonis, Apostolos: Legalität und Legitimation, in Jura 2010, 726 ff.; zitiert als: *Chelidonis*, Jura 2010, 726

Cobe, Matondo/*Kling*, Michael: Die business judgment Rule im Genossenschaftsrecht, in NZG 2015, 48; zitiert als: *Cobe/Kling*, NZG 2015, 48

Dahlmanns, Gerhard J.: Neudrucke Zivilprozessualer Kodifikationen, Bd. 1, Aalen 1971; zitiert als: *Dahlmanns*, Neudrucke Zivilprozessualer Kodifikationen

Damm, Reinhard: Einstweiliger Rechtsschutz im Gesellschaftsrecht, in ZHR 154 (1990) 413, 416 f.; zitiert als: *Damm*, ZHR 154 (1990), 413, 416 f.

Dauner-Lieb, Barbara/*Langen*, Werner: NomosKommentar BGB Schuldrecht, Band 2, 3. Auflage, Baden-Baden 2016; zitiert als: *Bearbeiter*, in: Dauner-Lieb/Langen, 3. Aufl. 2016

Dautel, Ralph: Der Greenshoe – Wirtschaftliche Funktionsweise, zivilrechtliche Ausgestaltung und Besteuerung, in DStR 2000, 891; zitiert als: *Dautel*, DStR 2000, 891

Decher, Christian E.: Die Überwindung der Registersperre nach § 16 Abs. 3 UmwG, in AG 1997, 388; zitiert als: *Decher*, AG 1997, 388

Decher, Christian E.: Bedeutung und Grenzen des Börsenkurses bei Zusammenschlüssen zwischen unabhängigen Unternehmen, in Festschrift für Herbert Wiedemann zum 70. Geburtstag, München 2002; zitiert als: *Decher*, in: FS Wiedemann, 2002, S. 787

Decher, Christian E.: Mitwirkungsrechte der Aktionäre beim Kauf von Unternehmen, in Festschrift für Uwe H. Schneider zum 70. Geburtstag, Köln 2011; zitiert als: *Decher*, in: FS U. H. Schneider, 2011, S. 261

Ding, Yong: Missbräuchliche Anfechtungsklage im Aktienrecht, Frankfurt am Main 2011; zitiert als: *Ding*, Missbräuchliche Anfechtungsklage

Dölle, Hans: Familienrecht – Darstellung des deutschen Familienrechts mit rechtsvergleichenden Hinweisen, Band 1, Karlsruhe 1964; zitiert als: *Dölle*, Familienrecht I

Dölle, Hans: Zum Wesen der Gestaltungsklagrechte, in Festschrift für Eduard Bötticher zum 70. Geburtstag, Berlin 1969; zitiert als: *Dölle*, in: FS Bötticher, 1969, S. 93

Dornbach, Philipp: Die aktienrechtliche Anfechtungsklage zwischen subjektivem Rechtsschutz und objektiver Rechtskontrolle, Köln 2013; zitiert als: *Dornbach*, Die aktienrechtliche Anfechtungsklage

Dörner, Heinrich: Dynamische Relativität, München, 1985; zitiert als: *Dörner*, Dynamische Relativität

Dreher, Meinard: Nicht delegierbare Geschäftsleiterpflichten, in Festschrift für Klaus J. Hopt zum 70. Geburtstag, Berlin 2010; zitiert als: *Dreher*, in: FS Hopt Bd. 1, 2010, S. 517

Drinhausen, Florian/*Eckstein*, Hans-Martin: Beck'sches Handbuch der AG, 3. Auflage, München 2018; zitiert als: *Bearbeiter*, in: BeckHdbAG, 3. Aufl.

Drinkuth, Henrik: Rechtsschutz beim genehmigten Kapital, in AG 2006, 142; zitiert als: *Drinkuth*, AG 2006, 142

Drygala, Tim: Abschied vom qualifizierten faktischen Konzern- oder Konzernrecht für alle?, in GmbHR 2003, 729; zitiert als: *Drygala*, GmbHR 2003, 729

Drygala, Tim: Europäisches Konzernrecht: Gruppeninteresse und Related Party Transactions, in AG 2013, 198; zitiert als: *Drygala*, AG 2013, 198

Dütz, Wilhelm: Vorläufiger Rechtsschutz im Arbeitskampf, in BB 1980, 533; zitiert als: *Dütz*, BB 1980, 533

Ebenroth, Carsten Thomas/*Daum*, Thomas: Die Kompetenzen des Vorstands einer Aktiengesellschaft bei der Durchführung und Abwehr unkoordinierter Übernahmen (Teil I), in DB 1991, 1105; zitiert als: *Ebenroth/Daum*, DB 1991, 1105

Eckardt, Diederich: Anmerkung zu BGH, Urt. v. 1.3.1999 – II ZR 205/98 –, in NZG 1999, 499; zitiert als: *Eckardt*, NZG 1999, 499

Ehricke, Ulrich/*Ekkenga*, Jens/*Oechsler*, Jürgen: Wertpapiererwerbs- und Übernahmegesetz, München 2003; zitiert als: *Bearbeiter*, in: Ehricke/Ekkenga/Oechsler/WpÜG

Eidenmüller, Horst: Geschäftsleiter- und Gesellschafterhaftung bei europäischen Auslandsgesellschaften mit tatsächlichem Inlandssitz, in NJW 2005, 1618; zitiert als: *Eidenmüller*, NJW 2005, 1618

Ekkenga, Jens: Kapitalmarktrechtliche Aspekte des Bezugsrechts und Bezugsrechtsausschlusses, in AG 1994, 59; zitiert als: *Ekkenga*, AG 1994, 59

Ekkenga, Jens: Zur Aktivierungs- und Einlagefähigkeit von Nutzungsrechten nach Handelsbilanz- und Gesellschaftsrecht, in ZHR 161 (1997), 599; zitiert als: *Ekkenga*, ZHR 161 (1997), 599

Ekkenga, Jens: Börsengang und Bezugsrechtsausschluß, in Gesellschaftsrecht in der Diskussion 2000; zitiert als: *Ekkenga*, Gesellschaftsrecht in der Diskussion 2000, S. 77

Ekkenga, Jens: Das Organisationsrecht des genehmigten Kapitals Teil I, AG 2001, 567; zitiert als: *Ekkenga*, AG 2001, 567

Ekkenga, Jens: Das Organisationsrecht des genehmigten Kapitals Teil II, AG 2001, 615; zitiert als: *Ekkenga*, AG 2001, 615

Ekkenga, Jens: § 33 WpÜG: Neutralitätsgebot oder Grundsatz der Abwehrbereitschaft?; in Bankrecht und Kapitalmarktrecht in der Entwicklung – Festschrift für Siegfried Kümpel zum 70. Geburtstag, Berlin 2003; zitiert als: *Ekkenga*, in: FS Kümpel, 2003, S. 95

Ekkenga, Jens: Handbuch der AG-Finanzierung, Köln 2019, zitiert als: *Bearbeiter*, in: Hdb. der AG-Finanzierung, 2. Aufl.

Ekkenga, Jens/*Schröer*, Henning: Handbuch der AG-Finanzierung, Köln 2014; zitiert als: *Bearbeiter*, in: Hdb. der AG-Finanzierung, 1. Aufl.

Ekkenga, Jens/*Sittmann*, Jörg: Anmerkung zu OLG München Beschl. v. 28.09.1988 – 7 W 2358/88 –, in AG 1988, 213 f.; zitiert als: *Ekkenga/Sittmann*, AG 1988, 213

Emmerich, Volker/*Habersack*, Mathias: Aktien- und GmbH Konzernrecht, 8. Auflage, München 2016; zitiert als: *Bearbeiter*, in: Emmerich/Habersack, 8. Aufl. 2016

Enneccerus, Ludwig/*Nipperdey*, Hans Carl: Allgemeiner Teil des Bürgerlichen Rechts, Erster Halbband, 15. Auflage, Tübingen 1959; zitiert als: *Enneccerus/Nipperdey*, Bürgerliches Recht I

Fawzy, Oliver M.: Zum einstweiligen Rechtsschutz gegenüber künftigen Gesellschafterbeschlüssen, in VuR 2008, 431; zitiert als: *Fawzy*, VuR 2008, 431

Fehling, Michael/*Kastner*, Berthold/*Störmer*, Rainer: Verwaltungsrecht-VwGO, VwVfG, Nebengesetze, 4. Auflage, Baden-Baden 2016; zitiert als: *Bearbeiter*, in: Fehling/Kastner/Störmer, 4. Aufl. 2016

Feltkamp, Harald: Anfechtungsklage und Vergleich im Aktienrecht, Berlin 1991; zitiert als: *Feltkamp*, Anfechtungsklage und Vergleich im Aktienrecht

Fleischer, Holger: Handbuch des Vorstandsrechts, München 2006, zitiert als: *Bearbeiter*, in: Hdb. Vorstandsrecht

Fleischer, Holger: Zur Leitungsaufgabe des Vorstands im Aktienrecht, in ZIP 2003, 1; zitiert als: *Fleischer*, ZIP 2003, 1

Fleischer, Holger: Zur organschaftlichen Treuepflicht der Geschäftsleiter im Aktien- und GmbH-Recht, in WM 2003, 1045; zitiert als: *Fleischer*, WM 2003, 1045

Fleischer, Holger: Ungeschriebene Hauptversammlungszuständigkeiten im Aktienrecht: Von „Holzmüller" zu „Gelatine", in NJW 2004, 2335; zitiert als: *Fleischer*, NJW 2004, 2335

Fleischer, Holger: Vorstandspflichten bei rechtswidrigen Hauptversammlungsbeschlüssen, in BB 2005, 2025; zitiert als: *Fleischer*, BB 2005, 2025

Fleischer, Holger: Aktienrechtliche Legalitätspflicht und „nützliche" Pflichtverletzungen von Vorstandsmitgliedern, in ZIP 2005, 141; zitiert als: *Fleischer*, ZIP 2005, 141

Fleischer, Holger: Das Aktiengesetz von 1965 und das neue Kapitalmarktrecht, in ZIP 2006, 451; zitiert als: *Fleischer*, ZIP 2006, 451

Fleischer, Holger: Related Party Transactions bei börsennotierten Gesellschaften: Deutsches Aktien(konzern)recht und Europäische Reformvorschläge, in BB 2014, 2691; zitiert als: *Fleischer*, BB 2014, 2691

Fleischer, Holger/*Goette*, Wulf: Münchener Kommentar zum Gesetz betreffend die Gesellschaft mit beschränkter Haftung, Band 1, §§ 1–34, 3. Auflage, München 2018; zitiert als: *Bearbeiter*, in: MünchKomm/GmbHG, 3. Aufl.

Fleischer, Holger/*Goette*, Wulf: Münchener Kommentar zum Gesetz betreffend die Gesellschaft mit beschränkter Haftung, Band 2, §§ 35–52, 3. Auflage, München 2019; zitiert als: *Bearbeiter*, in: MünchKomm/GmbHG, 3. Aufl.

Flume, Werner: Die Personengesellschaft, Band 1, Teil 1; Berlin 1977; zitiert als: *Flume*, AT/ Personengesellschaft, Band I/1

Flume, Werner: Die juristische Person, Band 1, Teil 2; Berlin 1983; zitiert als: *Flume*, AT/ Juristische Person, Band I/2

Füchsel, Hans: Der Bezugsrechtsausschluß im deutschen Aktienrecht, Frankfurt am Main 1969; zitiert als: *Füchsel*, Bezugsrechtsausschluß

Gadow, Wilhelm/*Heinichen*, Eduard/*Schmidt*, Eberhard/*Schmidt*, Walther/*Weipert*, Otto: Großkommentar zum Aktiengesetz, Berlin 1939; zitiert als: *Bearbeiter*, in: GroßKomm/ AktG, 1939

Gerkan, Hartwig v.: Gesellschafterbeschlüsse, Ausübung des Stimmrechts und einstweiliger Rechtsschutz, in ZGR 1985, 167; zitiert als: *Gerkan*, ZGR 1985, 167

Gerkan, Hartwig v.: Die Gesellschafterklage – Korreferat –, in ZGR 1988, 441; zitiert als: *v. Gerkan*, ZGR 1988, 441

Geßler, Ernst: Nichtigkeit von Hauptversammlungsbeschlüssen und Satzungsbestimmungen, in ZGR 1980, 427; zitiert als: *Geßler*, ZGR 1980, 427

Geßler, Ernst: Einberufung und ungeschriebene Hauptversammlungszuständigkeiten, in Festschrift für Walter Stimpel zum 68. Geburtstag, Berlin 1985; zitiert als: *Geßler*, in: FS Stimpel, 1985, S. 771

Geßler, Ernst: Vorstand und Aufsichtsrat im neuen Aktiengesetz; in JW 1937 S. 63; zitiert als: *Geßler*, JW 1937, 63

Geßler, Ernst/*Hefermehl*, Wolfgang/*Eckhard*, Ulrich/*Kropff*, Bruno: Aktiengesetz §§ 179– 240, Band IV, München 1993; zitiert als: *Bearbeiter*, in: Geßler/Hefermehl

Geßler, Ernst/*Hefermehl*, Wolfgang/*Eckhard*, Ulrich/*Kropff*, Bruno: Aktiengesetz §§ 241– 290, Band V, München 1993; zitiert als: *Bearbeiter*, in: Geßler/Hefermehl

Gierke, Otto v.: Deutsches Privatrecht 1, Leipzig 1895; zitiert als: *v. Gierke*, Deutsches Privatrecht I

Goette, Wulf: Anmerkung zu BGH, Urt. v. 7. 3. 1994, – II ZR 52/93 –, in DStR 1994, 716; zitiert als: *Goette*, DStR 1994, 716

Goette, Wulf: Wo steht der BGH nach „Centros" und „Inspire Art"?, in DStR 2005, 197; zitiert als: *Goette*, DStR 2005, 197

Goette, Wulf: Zur jüngeren Rechtsprechung des II. Zivilsenats zum Gesellschaftsrecht, DStR 2006, 139, zitiert als: *Goette*, DStR 2006, 139

Goette, Wulf: Zu den Folgen der Anerkennung ausländischer Gesellschaften mit tatsächlichem Sitz im Inland für die Haftung ihrer Gesellschafter und Organe, in ZIP 2006, 54; zitiert als: *Goette*, ZIP 2006, 541

Goette, Wulf: Gesellschaftsrechtliche Grundfragen im Spiegel der Rechtsprechung, ZGR 2008, 436; zitiert als: *Goette*, ZGR 2008, 436

Goette, Wulf: Zur Zuteilung der Aktien beim vereinfachten Bezugsrechtsauschluss nach § 186 Abs. 3 Satz 4 AktG, in ZGR 2012, 505; zitiert als: *Goette*, ZGR 2012, 505

Goette, Wulf/*Habersack*, Mathias: Münchener Kommentar zum Aktiengesetz, Band 1 §§ 1– 75 AktG, 4. Aufl. 2016, München 2016; zitiert als: *Bearbeiter*, in: MünchKomm/AktG, 4. Aufl.

Goette, Wulf/*Habersack*, Mathias: Münchener Kommentar zum Aktiengesetz, Band 2 §§ 76– 117 AktG, MitbestG, DrittelbG, 5. Aufl. 2019, München 2019; zitiert als: *Bearbeiter*, in: MünchKomm/AktG, 5. Aufl.

Goette, Wulf/*Habersack*, Mathias: Münchener Kommentar zum Aktiengesetz, Band 3 §§ 118 – 178 AktG, 3. Aufl. 2013, München 2013; zitiert als: *Bearbeiter*, in: MünchKomm/AktG, 3. Aufl.

Goette, Wulf/*Habersack*, Mathias: Münchener Kommentar zum Aktiengesetz, Band 4 §§ 179 – 277, 4. Aufl. 2016, München 2016; zitiert als: *Bearbeiter*, in: MünchKomm/AktG, 4. Aufl.

Goette, Wulf/*Habersack*, Mathias: Münchener Kommentar zum Aktiengesetz, Band 5 §§ 278 – 328, 4. Aufl. 2015, München 2015; zitiert als: *Bearbeiter*, in: MünchKomm/AktG, 4. Aufl.

Goette, Wulf/*Habersack*, Mathias: Münchener Kommentar zum Aktiengesetz, Band 6 §§ 329 – 410, WpÜG, Österreichisches Übernahmerecht, 3. Aufl. 2011, München 2011; zitiert als: *Bearbeiter*, in: MünchKomm/AktG, 3. Aufl.

Goette, Wulf/*Habersack*, Mathias: Münchener Kommentar zum Aktiengesetz, Band 7 Europäisches Aktienrecht, SE-VO, SEBG, Europäische Niederlassungsfreiheit, 4. Aufl. 2017, München 2017; zitiert als: *Bearbeiter*, in: MünchKomm/AktG, 4. Aufl., Europäisches Aktienrecht

Götting, Horst-Peter/*Nordemann*, Axel: UWG Handkommentar, 3. Auflage, Baden-Baden 2016; zitiert als: *Bearbeiter*, in: Götting/Nordemann/UWG, 3. Aufl.,

Gottwald, Peter: Insolvenzrechts-Handbuch, 5 Auflage, München 2015; zitiert als: *Gottwald*, Insolvenzrechts-Handbuch, 5. Aufl.

Gottwald, Uwe: Der Ausspruch zur vorläufigen Vollstreckbarkeit im Zivilurteil, in JA 1997, 486; zitiert als: *Gottwald*, JA 1997, 486

Götz, Norbert: Referat, in: Verhandlungen des 63. Deutschen Juristentages O 39, Leipzig 2000, Band 2/2. Teil O; zitiert als: *Götz*, in: Verhandlungen zum 63. DJT, Referat, O 39

Groß, Wolfgang: Der Inhalt des Bezugsrechts nach § 186 AktG, in AG 1993, 449; zitiert als: *Groß*, AG 1993, 449

Groß, Wolfgang: Das Ende des so genannten „Greenshoe", in ZIP 2002, 160; zitiert als: *Groß*, ZIP 2002, 160

Großfeld, Bernhard: Zur Zulässigkeit der mitgliedschaftlichen Einzelklage des Aktionärs, in JZ 1981, 234; zitiert als: *Großfeld*, JZ 1981, 234

Großfeld, Bernhard/*Brondics*, Klaus: Die Aktionärsklage – nun auch im deutschen Recht, in JZ 1982, 589; zitiert als: *Großfeld/Brondics*, JZ 1982, 589

Großmann, Adolf: Unternehmensziele im Aktienrecht, Köln 1980; zitiert als: *Großmann*, Unternehmensziele

Grunewald, Barbara: Die Gesellschafterklage in der Personengesellschaft und der GmbH, Tübingen 1990; zitiert als: *Grunewald*, Gesellschafterklagen

Grunewald, Barbara: Rechtsschutz gegen fehlerhafte Maßnahmen der Geschäftsführung, in DB 1981, 407; zitiert als: *Grunewald*, DB 1981, 407

Grunewald, Barbara: Numerus clausus der Gestaltungsklagen und Vertragsfreiheit, ZZP 101 (1988) 152; zitiert als: *Grunewald*, ZZP 101 (1988) 152

Grunewald, Barbara: Buchbesprechung von Michael Pflugradt, Leistungsklagen zur Erzwingung rechtmäßigen Vorstandsverhaltens in der Aktiengesellschaft, in: ZHR 156 (1992), 75; zitiert als: *Grunewald*, ZHR 156 (1992), 75

Grunewald, Barbara: Rechtsschutz gegen fehlerhafte Maßnahmen der Geschäftsführung, in DB 1981, 407; zitiert als: *Grunewald*, DB 1981, 407

Grunsky, Wolfgang: Grundlagen des einstweiligen Rechtsschutzes, in JuS 1976, 277; zitiert als: *Grunsky*, JuS 1976, 277

Gummert, Hans/*Weipert*, Lutz: Münchener Handbuch des Gesellschaftsrechts, Band 1, 5. Auflage, München 2014; zitiert als: *Bearbeiter*, in: MünchHdbGesR I, 5. Aufl. 2019

Haarmann, Wilhelm/*Schüppen*, Mathias: Frankfurter Kommentar zum WpÜG, 3. Auflage, Frankfurt am Main 2008; zitiert als: *Bearbeiter*, in: Haarmann/Schüppen/WpÜG, 3. Aufl.

Habersack, Mathias: Die Mitgliedschaft – subjektives und ‚sonstiges' Recht, Tübingen 1996; zitiert als: *Habersack*, Mitgliedschaft

Habersack, Mathias: Die Aktionärsklage – Grundlagen, Grenzen und Anwendungsfälle, in DStR 1998, 533; zitiert als: *Habersack*, DStR 1998, 533

Habersack, Mathias: Das Andienungs- und Erwerbsrecht bei Erwerb und Veräußerung eigener Anteile, in ZIP 2004, 1121; zitiert als: *Habersack*, ZIP 2011, 1121

Habersack, Mathias: Staatliche und halbstaatliche Eingriffe in die Unternehmensführung, in Verhandlungen des 69. Deutschen Juristentages E 1, München 2012, Band I; zitiert als: *Habersack*, in: Verhandlungen zum 69. DJT, Gutachten E 1

Habersack, Mathias/*Mülbert*, Peter O./*Schlitt*, Michael: Unternehmensfinanzierung am Kapitalmarkt, 4. Auflage, Köln 2019; zitiert als: *Bearbeiter*, in: Habersack/Mülbert/Schlitt, Unternehmensfinanzierung am Kapitalmarkt, 4. Aufl.

Habscheid, Walther J.: Anmerkung zu OLG Nürnberg, Beschl. v. 7. 9. 1972 – 2 W 108/72 –, in NJW 1973, 375; zitiert als: *Habscheid*, NJW 1973, 375

Hachenburg, Max: Gesetz betreffend die Gesellschaft mit beschränkter Haftung – Großkommentar, Band 2, §§ 13–52, 7. Auflage, Berlin 1997; zitiert als: *Bearbeiter*, in: Hachenburg/GmbHG, 8. Aufl.

Hachenburg, Max: Gesetz betreffend die Gesellschaft mit beschränkter Haftung – Großkommentar, Band 2, §§ 35–52 8. Auflage, Berlin 1979; zitiert als: *Bearbeiter*, in: Hachenburg/GmbHG, 7. Aufl.

Hadding, Walther: Die Mitgliedschaft in handelsrechtlichen Personalgesellschaften – Ein subjektives Recht?, in Festschrift für Rudolf Reinhardt zum 70. Geburtstag; zitiert als: *Hadding*, in: FS Reinhardt, 1972, S. 249

Hadding, Walther: Verfügungen über Mitgliedschaftsrechte, in Festschrift für Ernst Steindorff zum 70. Geburtstag; zitiert als: *Hadding*, in: FS Steindorff, 1990, S. 31

Hadding, Walther: Rechtsverhältnis zwischen Person und Sache?, in JZ 1986, 926; zitiert als: *Hadding*, JZ 1986, 926

Hadding, Walther: in Ergibt die Vereinsmitgliedschaft „quasi-vertragliche" Ansprüche, „erhöhte Treue- und Förderpflichten" sowie ein „sonstiges Recht" im Sinne des § 823 Abs. 1 BGB? – Besprechung der Entscheidung BGHZ 110, 323, in Festschrift für Alfred Kellermann zum 70. Geburtstag; zitiert als: *Hadding*, in: FS Kellermann, 1991, S. 91

Haertlein, Lutz: Vorstandshaftung wegen (Nicht-)Ausführung eines Gewinnverwendungsbeschlusses mit Dividendenausschüttung, in ZHR 168 (2004) 437; zitiert als: *Haertlein*, ZHR 168 (2004) 437

Hammen, Horst: Die Forderung – ein „sonstiges Recht" nach § 823 Abs. 1 BGB?, in AcP 199 (1999), 591; zitiert als: *Hammen*, AcP 199 (1999), 591

Handelsrechtsausschuss des DAV: Stellungnahme zum Referentenentwurf eines Gesetzes zur Unternehmensintegrität und Modernisierung des Anfechtungsrechts (UMAG), in NZG 2004, 555; zitiert als: *DAV Handelsrechtsausschluss*, NZG 2004, 555

Happ, Wilhelm: Genehmigtes Kapital und Beteiligungserwerb – Zu Informationsdefiziten, Rechtsschutzmöglichkeiten und Reformüberlegungen –, in Festschrift für Peter Ulmer zum 70. Geburtstag, Berlin 2003; zitiert als: *Happ*, in: FS Ulmer, 2003, S. 175

Happ, Wilhelm/*Semler*, Johannes: Ad hoc-Publizität im Spannungsfeld von Gesellschaftsrecht und Anlegerschutz, in ZGR 1998, 116; zitiert als: *Happ/Semler*, ZGR 1998, 116

Harnos, Rafael/*Piroth*, Annika Christina: Gesetzgeberische Maßnahmen zur Steigerung der Hauptversammlungspräsenzen in Namensaktiengesellschaften; zitiert als: *Harnos/Piroth*, ZIP 2015, 456

Harrer, Herbert/*Grabowski*, Olaf: Bezugsrechtsausschluß bei Aktiengesellschaften, in DZWiR 1995, 10; zitiert als: *Harrer/Grabowski*, DZWiR 1995, 10

Harte-Bavendamm, Henning/*Henning-Bodewig*, Frauke: Gesetz gegen den unlauteren Wettbewerb – Mit Preisangabenverordnung – Kommentar, 4. Auflage, München 2016; zitiert als: *Bearbeiter*, in: Harte-Bavendamm/Henning-Bodewig/UWG

Hartmann, Franz C.: Einstweiliger Rechtsschutz gegen Organbeschlüsse: dargestellt am Beispiel der Abberufung als Vorstandsmitglied einer Aktiengesellschaft und als Geschäftsführer einer GmbH, Köln 1990; zitiert als: *Hartmann*, Einstweiliger Rechtsschutz gegen Organbeschlüsse

Häsemeyer, Ludwig: Der interne Rechtsschutz zwischen Organen, Organmitgliedern und Mitgliedern der Kapitalgesellschaft als Problem der Prozeßführungsbefugnis, in ZHR 144 (1980), 265; zitiert als: *Häsemeyer*, ZHR 144 (1980), 265

Häsemeyer, Ludwig: Prozeßrechtliche Rahmenbedingungen für die Entwicklung des materiellen Privatrechts, in AcP 188 (1988), 140; zitiert als: *Häsemeyer*, AcP 188 (1988), 140

Hauck, Ronny: Nießbrauch an Rechten, Tübingen 2015; zitiert als: *Hauck*, Nießbrauch an Rechten

Heck, Philipp: Grundriß des Schuldrechts, Tübingen 1929; zitiert als: *Heck*, Grundriß des Schuldrechts

Heer, Philipp E.: Die positive Beschlussfeststellungsklage im Aktienrecht – Voraussetzungen und besondere Problemstellungen, in ZIP 2012, 803; zitiert als: *Heer*, ZIP 2012, 803

Heer, Philipp E.: Unternehmensakquisitionen im Wege der Sachkapitalerhöhung – im Spannungsfeld zwischen Differenzhaftung und verbotenem Erwerb eigener Aktien, in ZIP 2012, 2325; zitiert als: *Heer*, ZIP 2012, 2325

Heermann, Peter W./*Schlingloff*, Jochen: Münchener Kommentar zum Lauterkeitsrecht, Band 2 §§ 5–20 UWG, 2. Auflage, München 2014; zitiert als: *Bearbeiter*, in: MünchKomm/Lauterkeitsrecht, 2. Aufl.

Hefermehl, Wolfgang: Zur Haftung der Vorstandsmitglieder bei Ausführung von Hauptversammlungsbeschlüssen, in Festschrift für Wolfgang Schilling zum 65 Geburtstag, Berlin 1973; zitiert als: *Hefermehl*, in: FS Schilling, 1973, S. 159

Heidel, Thomas: Aktienrecht und Kapitalmarktrecht, 4. Auflage 2014, Baden-Baden 2014; zitiert als: *Bearbeiter*, in: Heidel, Aktien- und Kapitalmarktrecht, 4. Aufl.

Hein, Thomas: Rechtliche Fragen des Bookbuildings nach deutschem Recht, in WM 1996, 1; zitiert als: *Hein*, WM 1996, 1

Heinrichs, Joachim: Zum Formwechsel und zur Spaltung nach dem neuen Umwandlungsgesetz, in ZIP 1995, 794; zitiert als: *Heinrichs*, ZIP 1995, 794

Heinsius, Theodor: Organzuständigkeit bei Bildung, Erweiterung und Umorganisation des Konzerns, ZGR 1984, 383; zitiert als: *Heinsius*, ZGR 1984, 383

Heinsius, Theodor: Bezugsrechtsausschluß bei der Schaffung von Genehmigtem Kapital – Genehmigtes Kapital II, Festschrift für Alfred Kellermann, Berlin 1991; zitiert als: *Heinsius*, in: FS Kellermann, 1991, S. 115

Heinsius, Theodor: Anmerkung zu OLG München, Urt. v. 24. März 1993 (7 U 3550/92), WuB II A. § 186 AktG 4.93, S. 1170; zitiert als: *Heinsius*, WuB II A. § 186 AktG 4.93

Heinsius, Theodor: Anforderungen an einen Ausschluß des Bezugsrechts bei genehmigtem Kapital, Anmerkung zu BGH, Urt. v. 23. Juni 1997 – II ZR132/93 –, in WuB II A § 186 AktG 3.97; zitiert als: *Heinsius*, WuB II A § 186 AktG 3.97

Heinze, Meinhard: Einstweiliger Rechtsschutz in aktienrechtlichen Anfechtungs- und Nichtigkeitsverfahren, in ZGR 1979, 293; zitiert als: *Heinze*, ZGR 1979, 293

Hellwig, Konrad: System des Deutschen Zivilprozeßrechts, Band, Ordentliches Verfahren, ausschließlich besondere Prozeßarten und Zwangsvollstreckung, Neudruck Aalen 1968; zitiert als: *Hellwig*, System des Deutschen Zivilprozeßrechts, Bd. 1

Henckel, Wolfram: Parteilehre und Streitgegenstand im Zivilprozeß, Heidelberg 1961; zitiert als: *Henckel*, Parteilehre

Henckel, Wolfram: Vorbeugender Rechtsschutz im Zivilrecht, in AcP 174 (1974), 97; zitiert als: *Henckel*, AcP 174 (1974), 97

Henke, Horst-Eberhard: Die Feststellungsklage der ZPO – Grundfragen, in JA 1987, 465; zitiert als: *Henke*, JA 1987, 465

Henke, Wilhelm: Das subjektive Recht im System des öffentlichen Rechts, in DÖV 1980, 621; zitiert als: *Henke*, DÖV 1980, 621

Henssler, Martin/*Strohn*, Lutz: Gesellschaftsrecht, 4. Aufl., München 2019; zitiert als: *Bearbeiter*, in: Henssler/Strohn/GesR 4. Aufl.

Henze, Hartwig: Leitungsverantwortung des Vorstands – Überwachungspflicht des Aufsichtsrats, in BB 2000, 209; zitiert als: *Henze*, BB 2000, 209

Henze, Hartwig: Entscheidungen und Kompetenzen der Organe der AG: Vorgaben der höchstrichterlichen Rechtsprechung, in BB 2001, 53; zitiert als: *Henze*, BB 2001, 53

Henze, Hartwig: Schranken für den Bezugsrechtsausschluss – Rechtsprechung des BGH im Wandel?, in ZHR 167 (2003), 1; zitiert als: *Henze*, ZHR 167 (2003), 1

Henze, Hartwig: Holzmüller vollendet das 21. Lebensjahr, in Festschrift für Peter Ulmer zum 70. Geburtstag, S. 211, Berlin 2003; zitiert als: *Henze*, in: FS Ulmer, 2003, S. 211

Henze, Hartwig: Die Kontrolle des Bezugsrechtsausschlusses im Rahmen des genehmigten Kapitals in der Rechtsprechung des Bundesgerichtshofes, in Festschrift für Hans-Joachim Priester zum 70. Geburtstag, S. 201, Köln 2007; zitiert als: *Henze*, in: FS Priester, 2007, S. 201

Herfs, Achim/*Wyen*, Jan-Henning: Aktien statt Cash – Offene Fragen beim Tauschangebot unter dem WpÜG, in Festschrift für Klaus J. Hopt zum 70. Geburtstag, Band 1 S. 1955, Berlin 2010; zitiert als: *Herfs/Wyen*, in: FS Hopt Bd. 1, 2010, S. 1955

Hermes, Ludger-H.: Das Nießbrauchrecht an Mitgliedschaften im Gesellschafts-, Bilanz- und Steuerrecht, Baden-Baden 2018, zitiert als: *Hermes*, Nießbrauchrecht an Mitgliedschaften

Herriger, Tilman: Stimmrechtsbindung im GmbH Recht, in MittRhNotK 1993, 269; zitiert als: *Herriger*, MittRhNotK 1993, 269

Herwig, Michael: Leitungsautonomie und Fremdeinfluss, Berlin 2014; zitiert als: *Herwig*, Leitungsautonomie

Heuer, Carl-Heinz: Wer kontrolliert die „Kontrolleure"?, in WM 1989, 1401; zitiert als: *Heuer*, WM 1989, 1401

Hirschberger, Max/*Weiler*, Lothar: Das Freigabeverfahren für Hauptversammlungsbeschlüsse nach dem UMAG-Entwurf (§ 246a AktG-E) – Ein Aus für räuberische Aktionäre?, in DB 2004, 1137; zitiert als: *Hirschberger/Weiler*, DB 2004, 1137

Hirte, Heribert: Bezugsrechtsausschluß und Konzernbildung, Köln 1985; zitiert als: *Hirte*, Bezugsrechtsausschluß

Hirte, Heribert: Umgekehrte Streitwertspaltung. Prozessuale Konsequenzen aus der vermehrten Zulassung individueller Gesellschafterklagen im Aktienrecht, in Festschrift für Gerold Bezzenberger zum 70. Geburtstag, S. 133 ff., Berlin 2000; zitiert als: *Hirte*, in: FS Bezzenberger, 2000, S. 133

Hirte, Heribert: Der Kampf um Belgien – Zur Abwehr feindlicher Übernahmen, in ZIP 1989, 1233; zitiert als: *Hirte*, ZIP 1989, 1233

Hirte, Heribert: Rezensionsabhandlung Gesellschaftsinteresse und Gleichbehandlung beim Bezugsrechtsausschluß – Ein Diskussionsbeitrag, in ZHR 154 (1990), 374; zitiert als: *Hirte*, ZHR 154 (1990), 374

Hirte, Heribert: Geldausgleich statt Inhaltskontrolle, in WM 1997, 1001; zitiert als: *Hirte*, WM 1997, 1001

Hirte, Heribert: Verteidigung gegen Übernahmeangebote und Rechtsschutz des Aktionärs gegen die Verteidigung, in ZGR 2002, 623; zitiert als: *Hirte*, ZGR 2002, 623

Hirte, Heribert: Anmerkung zu BGH, Urt. v. 10.10.2005 – II ZR 90/03 –, in EWiR 2006, 65; zitiert als: *Hirte*, EWiR 2006, 65

Hirte, Heribert/*Bülow*, Christoph v.: Kölner Kommentar zum WpÜG, 2. Auflage, Köln 2010; zitiert als: *Bearbeiter*, in: KölnKomm/WpÜG, 2. Aufl.

Hirte, Heribert/*Mülbert*, Peter O./*Roth*, Markus: Aktiengesetz – Großkommentar, Vierter Band, Teilband 1, §§ 76–91, 5. Auflage, Berlin 2015; zitiert als: *Bearbeiter*, in: GroßKomm/AktG, 5. Aufl.

Hirte, Heribert/*Mülbert*, Peter O./*Roth*, Markus: Aktiengesetz – Großkommentar, Siebter Band, Teilband 1, §§ 118–130, 5. Auflage, Berlin 2017; zitiert als: *Bearbeiter*, in: GroßKomm/ AktG, 5. Aufl.

Hoffmann-Becking, Michael: Münchener Handbuch des Gesellschaftsrechts, Band 4, 4. Aufl., München 2015; zitiert als: *Bearbeiter*, in: MünchHdbGesR IV, 4. Aufl.

Hoffmann-Becking, Michael: Der Einfluß schuldrechtlicher Gesellschaftervereinbarungen auf die Rechtsbeziehungen in der Kapitalgesellschaft, in ZGR 1994, 442; zitiert als: *Hoffmann-Becking*, ZGR 1994, 442

Hoffmann-Becking, Michael: Gesetz zur „kleinen AG" – unwesentliche Randkorrekturen oder grundlegende Reform?, in ZIP 1995, 1; zitiert als: *Hoffmann-Becking*, ZIP 1995, 1

Hoffmann-Becking, Michael: Eröffnung, in Verhandlungen des 63. Deutschen Juristentages O 8, Leipzig 2000, Band 2/1; zitiert als: *Hoffmann-Becking*, in: Verhandlungen zum 63. DJT, Eröffnung, O 8

Hoffmann-Becking, Michael: Ausgabebetrag bei Sacheinlagen, in Festschrift für Herbert Wiedemann zum 70. Geburtstag, München 2002; zitiert als: *Hoffmann-Becking*, in: FS Wiedemann, 2002, S. 999

Hoffmann-Becking, Michael: Grenzenlose Abwehrklagen für Aktionäre?, in ZHR 167 (2003), S. 357; zitiert als: *Hoffmann-Becking*, ZHR 167 (2003), 357

Hoffmann-Becking, Michael: „Holzmüller", „Gelatine" und die These von der Mediatisierung der Aktionärsrechte, in ZHR 172 (2008), 231; zitiert als: *Hoffmann-Becking*, ZHR 172 (2008), 231

Hofmeister, Holger: Der Ausschluss des aktiengesetzlichen Bezugsrechts bei börsennotierten AG – Konsequenz aus BGHZ 136, 133 ff. – Siemens/Nold; zitiert als: *Hofmeister*, NZG 2000, 713

Hofmeister, Holger: Veräußerung und Erwerb von Beteiligungen bei der Aktiengesellschaft: Denkbare Anwendungsfälle der Gelatine-Rechtsprechung?, in NZG 2008, 47; zitiert als: *Hofmeister*, NZG 2008, 47

Hölters, Wolfgang: Aktiengesetz Kommentar, 3. Aufl., München 2017; zitiert als: *Bearbeiter*, in: Hölters/AktG, 3. Aufl.

Hommelhoff, Peter: Der aktienrechtliche Organstreit, in ZHR 143 (1979), 288; zitiert als: *Hommelhoff*, ZHR 143 (1979), 288

Hommelhoff, Peter: 100 Bände BGHZ – Aktienrecht, in ZHR 151 (1987), 493; zitiert als: *Hommelhoff*, ZHR 151 (1987), 493

Hommelhoff, Peter: Die Konzernleitungspflicht – zentrale Aspekte eines Konzernverfassungsrechts, Köln 1988; zitiert als: *Hommelhoff*, Konzernleitungspflicht

Hommelhoff, Peter: Zur Kontrolle strukturändernder Gesellschafterbeschlüsse, in ZGR 1990, 447; zitiert als: *Hommelhoff*, ZGR 1990, 447

Hopt, Klaus J.: Verhaltenspflichten des Vorstands der Zielgesellschaft bei feindlichen Über-
nahmen – Zur aktien- und übernahmerechtlichen Rechtslage in Deutschland und Europa, in
Festschrift für Marcus Lutter zum 70. Geburtstag, S. 1361, Köln 2000; zitiert als: *Hopt*, in:
FS Lutter, 2000, S. 1361

Hopt, Klaus J./*Fleckner*, Andreas M./*Kumpan*, Christoph/*Steffeck*, Felix: Kontrollerlangung
über systemrelevante Banken nach den Finanzmarktstabilisierungsgesetzen (FMStG/
FMStErgG), in WM 2009, 821; zitiert als: *Hopt/Fleckner/Kumpan/Steffeck*, WM 2009, 821

Hopt, Klaus J./*Wiedemann*, Herbert: Großkommentar Aktiengesetz Sechster Band §§ 1–53, 4.
Neubearbeitete Auflage, Berlin 2004; zitiert als: *Bearbeiter*, in: GroßKomm/AktG, 4. Aufl.

Hopt, Klaus J./*Wiedemann*, Herbert: Großkommentar Aktiengesetz Sechster Band §§ 118–
149, 4. Neubearbeitete Auflage, Berlin 2008; zitiert als: *Bearbeiter*, in: GroßKomm/AktG,
4. Aufl.

Hopt, Klaus J./*Wiedemann*, Herbert: Großkommentar Aktiengesetz Sechster Band §§ 150–
220, 4. Neubearbeitete Auflage, Berlin 2006; zitiert als: *Bearbeiter*, in: GroßKomm/AktG,
4. Aufl.

Hopt, Klaus J./*Wiedemann*, Herbert: Großkommentar Aktiengesetz Siebenter Band/Teil 2
§§ 241–277, 4. Neubearbeitete Auflage, Berlin 2006; zitiert als: *Bearbeiter*, in: GroßKomm/
AktG, 4. Aufl.

Horbach, Matthias: Verfahrensfragen bei Holzmüller-Beschlüssen der Hauptversammlung, in
BB 2001, 893; zitiert als: *Horbach*, BB 2001, 893

Hueck, Alfred: Anfechtbarkeit und Nichtigkeit von Generalversammlungsbeschlüssen bei
Aktiengesellschaften, Mannheim 1924; zitiert als: *Hueck*, Anfechtbarkeit und Nichtigkeit
von Generalversammlungsbeschlüssen bei Aktiengesellschaften

Hueck, Götz: Der Grundsatz der gleichmäßigen Behandlung im Privatrecht, München 1958;
zitiert als: *Hueck*, Grundsatz der gleichmäßigen Behandlung

Hüffer, Uwe: Beck'scher Kurzkommentar Aktiengesetz, 13. Aufl., München 2018; zitiert als:
Bearbeiter, in: Hüffer/Koch, 13. Aufl.

Hüffer, Uwe: Harmonisierung des aktienrechtlichen Kapitalschutzes, in NJW 1979, 1065;
zitiert als: *Hüffer*, NJW 1979, 1065

Hüffer, Uwe: Zur Darlegungs- und Beweislast bei der aktienrechtlichen Anfechtungsklage, in
Festschrift Hans-Joachim Fleck, S. 151, Berlin, 1988; zitiert als: *Hüffer*, in: FS Fleck, 1988,
S. 151

Hüffer, Uwe: Beschlußmängel im Aktienrecht und im Recht der GmbH – eine Bestandsauf-
nahme unter Berücksichtigung der Beschlüsse von Leitungs- und Überwachungsorganen, in
ZGR 2001, 833; zitiert als: *Hüffer*, ZGR 2001, 833

Hüttemann, Rainer: Börsenkurs und Unternehmensbewertung, in ZGR 2001, 454; zitiert als:
Hüttemann, ZGR 2001, 454

Ihrig, Hans-Christoph: Reformbedarf beim Haftungstatbestand des § 93 AktG, WM 2004,
2098; zitiert als: *Ihrig*, WM 2004, 2098

Ihrig, Hans-Christoph/*Wagner*, Jens: Volumengrenzen für Kapitalmaßnahmen der AG, in NZG
2002, 657; zitiert als: *Ihrig/Wagner*, NZG 2002, 657

Jacobs, Mathias: Der Gegenstand des Feststellungsverfahrens, Tübingen 2005; zitiert als: *Jacobs*, Gegenstand des Feststellungsverfahrens

Jacoby, Florian: Das private Amt, Tübingen 2007; zitiert als: *Jacoby*, Das private Amt

Jauernig, Othmar: Der zulässige Inhalt einstweiliger Verfügungen, in ZZP 79 (1966), 321; zitiert als: *Jauernig*, ZZP 79 (1966), 321

Jhering, Rudolph v.: Der Zweck im Recht, Erster Band, 3. Auflage, Leipzig 1893; zitiert als: *v. Jhering*, Der Zweck im Recht I

Jhering, Rudolph v.: Geist des römischen Rechts, 8. Auflage, Darmstadt 1954; zitiert als: *v. Jhering*, Geist des römischen Rechts

Jocksch, Christoph: Das Freigabeverfahren nach § 246a AktG im System des einstweiligen Rechtsschutzes, Tübingen 2013; zitiert als: *Jocksch*, Das Freigabeverfahren

Johannsen-Roth, Tim/*Goslar*, Sebastian: Rechtliche Rahmenbedingungen für Übernahmeprämien bei Misch- und Tauschangeboten im Lichte von § 255 Abs 2 S 1 AktG und § 57 AktG, in AG 2007, 573; zitiert als: *Johannsen-Roth/Goslar*, AG 2007, 573

Jolly, Julius: Das Recht der Actiengesellschaften, Zeitschrift für deutsches Recht und deutsche Rechtswissenschaft Bd. 11 (1847), 317 ff.; zitiert als: *Jolly*, Das Recht der Actiengesellschaften, Zeitschrift für deutsches Recht und deutsche Rechtswissenschaft, Bd. 11 (1847), 317

Joost, Detlef/*Strohn*, Lutz (Hrsg.): Handelsgesetzbuch, Band 1 §§ 1–342e, 3. Aufl., München 2014; zitiert als: *Bearbeiter*, in: E/B/J/S, 3. Aufl.

Jung, Peter: Der Unternehmergesellschafter als personaler Kern der rechtsfähigen Gesellschaft, Tübingen 2002, zitiert als: *Jung*, Unternehmergesellschafter

Jungmann, Carsten: Die Business Judgment Rule – ein Institut des allgemeinen Verbandsrechts? – Zur Geltung von § 93 Abs. 1 Satz 2 AktG außerhalb des Aktienrechts, in Festschrift für Karsten Schmidt, 2009, S. 831; zitiert als: *Jungmann*, in: FS K. Schmidt, 2009, S. 831

Jürgenmeyer, Michael: Das Unternehmensinteresse, Heidelberg 1984; zitiert als: *Jürgenmeyer*, Unternehmensinteresse

Just, Clemens: Zur Anwendung deutscher Haftungsnormen auf eine ausschließlich in Deutschland tätige Limited – zugleich Anm. zu LG Kiel, Urt. v. 20.04.2006 – 10 S 44/05 –, in ZIP 2006, 1251; zitiert als: *Just*, ZIP 2006, 1251

Kämper, Christoph: Die Aktionärsklage und die Kontrolle von Publikumsgesellschaften im deutsch-amerikanischen Vergleich, Frankfurt am Main 2008; zitiert als: *Kämper*, Die Aktionärsklage und die Kontrolle von Publikumsgesellschaften

Kaserer, Christoph/*Bühner*, Thomas: Direkte Emissionskosten bei Barkapitalerhöhungen, vereinfachter Bezugsrechtsausschluß und die Rolle der Banken, Finanz Betrieb 2000, 483; zitiert als: *Kaserer/Bühner*, FB 2000, 483

Kaufmann, Jörg: Die Klagefrist bei Beschlussmängelstreitigkeiten im Recht der AG und GmbH, in NZG 2015, 336; zitiert als: *Kaufmann*, NZG 2015, 336

Kelsen, Hans: Reine Rechtslehre, 2. Auflage, Wien 1960; zitiert als: *Kelsen*, Reine Rechtslehre

Kiefner, Alexander: Beteiligungserwerb und ungeschriebene Hauptversammlungszuständigkeit, in ZIP 2011, 545; zitiert als: *Kiefner*, ZIP 2011, 545

Kiefner, Alexander/*Seibel*, Vanessa: Reichweite und Grenzen des Wertverwässerungsschutzes nach § 255 Abs. 2 AktG, in AG 2016, 301; zitiert als: *Kiefner/Seibel*, AG 2016, 301

Kiethe, Kurt: Einstweilige Verfügung und Stimmrechtsausübung im Gesellschaftsrecht, in DStR 1993, 609; zitiert als: *Kiethe*, DStR 1993, 609

Kimpler, Frank: Die Abgrenzung der Zuständigkeiten von Hauptversammlung und Vorstand bei der Kapitalerhöhung, Frankfurt am Main 1994; zitiert als: *Kimpler*, Die Abgrenzung der Zuständigkeiten von Hauptversammlung und Vorstand bei der Kapitalerhöhung

Kimpler, Frank: Probleme im Falle des Bezugsrechtsausschlusses beim genehmigten Kapital und bei Kapitalerhöhungen in Tochtergesellschaften, in DB 1994, 767; zitiert als: *Kimpler*, DB 1994, 767

Kindl, Johan/*Bendtsen*, Ralf: Gesamtes Recht der Zwangsvollstreckung: ZPO, ZVG, Nebengesetze, europäische Regelungen, Kosten; Handkommentar, Baden-Baden 2015; zitiert als: *Bearbeiter*, in: Kindl/Meller-Hannich/Wolf, Gesamtes Recht der Zwangsvollstreckung, 3. Aufl.

Kindler, Peter: Die sachliche Rechtfertigung des aktienrechtlichen Bezugsrechtsausschlusses im Lichte der Zweiten Gesellschaftsrechtlichen Richtlinie der Europäischen Gemeinschaft, in ZHR 158 (1994) 339; zitiert als: *Kindler*, ZHR 158 (1994), 339

Kindler, Peter: Bezugsrechtsausschluß und unternehmerisches Ermessen nach deutschem und europäischem Recht, in ZGR 1998, 35; zitiert als: *Kindler*, ZGR 1998, 35

Kindler, Peter: „Inspire Art" – Aus Luxemburg nichts Neues zum internationalen Gesellschaftsrecht, in NZG 2003, 1086; zitiert als: *Kindler*, NZG 2003, 1086

Kindler, Peter: Die „Aschenputtel"-Limited und andere Fälle der Mehrfachqualifikation im Schnittfeld des internationalen Gesellschafts-, Delikts- und Insolvenzrechts, in Festschrift für Erik Jayme, Band 1, S. 409, München 2004; zitiert als: *Kindler*, in: FS Jayme Bd. I, 2004, S. 409

Kindler, Peter: Internationales Gesellschaftsrecht 2009: MoMiG, Trabrennbahn, Cartesio und die Folgen, in IPRax 2009, 189; zitiert als: *Kindler*, IPRax 2009, 189

Kirchhof, Hans-Peter/*Eidenmüller*, Horst/*Stürner*, Rolf: Münchener Kommentar zur Insolvenzordnung, Band 1 §§ 1–79 InsO, InsVV, 3. Auflage, München 2013; zitiert als: *Bearbeiter*, in: MünchKomm/InsO, 3. Aufl.

Kißkalt, Wilhelm: 1. Bericht über die Arbeiten des Aktienrechtsausschusses der Akademie für Deutsches Recht, in: Zeitschrift der Akademie für Deutsches Recht, 1934, 20 ff.; zitiert als: *Kißkalt*, ZAkDR 1934, 20

Klausing, Friedrich: Taschen Gesetzessammlung, Aktiengesetz, Berlin 1937; zitiert als: *Klausing*, AktG 1937

Klein, Franz: Die neueren Entwicklungen in Verfassung und Recht der Aktiengesellschaft, Wien 1904; zitiert als: *Klein*, Die neueren Entwicklungen in Verfassung und Recht der Aktiengesellschaften

Kleindiek, Detlef: Materielle Unterkapitalisierung, Existenzvernichtung und Deliktshaftung – GAMMA, in NZG 2008, 686; zitiert als: *Kleindiek*, NZG 2008, 686

Kleinschmidt, Jens: Delegation von Privatautonomie auf Dritte, Tübingen 2014; zitiert als: *Kleinschmidt*, Delegation von Privatautonomie auf Dritte

Kley, Martin: Bezugsrechtsausschluß und Deregulierungsforderungen, Köln 1998; zitiert als: *Kley*, Bezugsrechtsausschluß und Deregulierungsforderungen

Klink, Heinz G.: Die Mitgliedschaft als „sonstiges Recht" im Sinne des § 823 I BGB?, Mainz 1993; zitiert als: *Klink*, Die Mitgliedschaft als „sonstiges Recht"

Knobbe-Keuk, Brigitte: Das Klagerecht des Gesellschafters einer Kapitalgesellschaft wegen gesetzes- und satzungswidriger Maßnahmen der Geschäftsführung, in Beiträge zum Zivil- und Wirtschaftsrecht – Festschrift für Kurt Ballerstedt zum 70. Geburtstag, S. 239, Berlin 1975; zitiert als: *Knobbe-Keuk*, in: FS Ballerstedt, 1979, S. 239

Koch, Jens: Das Gesetz zur Unternehmensintegrität und Modernisierung des Anfechtungsrechts (UMAG), in ZGR 2006, 769; zitiert als: *Koch*, ZGR 2006, 769

Koch, Jens: Empfielt sich eine Reform des Beschlussmängelrechts im Gesellschaftsrecht, in: Verhandlungen des 72. Deutschen Juristentages, Leipzig 2018, Band 1. Teil F; zitiert als: *Koch*, in: Verhandlungen des 72. DJT, Gutachten, F

Kohler, Jürgen: Feststellende einstweilige Verfügungen?, in ZZP 103 (1990), 184; zitiert als: *Kohler*, ZZP 103 (1990), 184

Kort, Michael: Bekanntmachungs-, Berichts- und Informationspflichten bei „Holzmüller"-Beschlüssen der Mutter im Falle von Tochter-Kapitalerhöhungen zu Sanierungszwecken, ZIP 2002, 685; zitiert als: *Kort*, ZIP 2002, 685

Kort, Michael: Actio pro socio auch bei Klagen gegen Nicht-Gesellschafter, in DStR 2001, 2162; zitiert als: *Kort*, DStR 2001, 2162

Kort, Michael: Die Registereintragung gesellschaftsrechtlicher Strukturänderungen nach dem Umwandlungsgesetz und nach dem Gesetz zur Unternehmensintegrität und Modernisierung des Anfechtungsrechts (UMAG), BB 2005, 1577; zitiert als: *Kort*, BB 2005, 1577

Kort, Michael: Einstweiliger Rechtsschutz bei eintragungspflichtigen Hauptversammlungsbeschlüssen, in NZG 2007, 169; zitiert als: *Kort*, NZG 2007, 169

Kort, Michael: Aktien aus vernichteten Kapitalerhöhungen, in ZGR 1994, 291; zitiert als: *Kort*, ZGR 1994, 291

Kort, Michael: Bestandsschutz, fehlerhafter Strukturänderungen im Kapitalgesellschaftsrecht, München 1998; zitiert als: *Kort*, Bestandsschutz fehlerhafter Strukturänderungen

Kowalski, André: Eingliederung: Abfindung durch Ausnutzung genehmigten Kapitals, AG 2000, 555; zitiert als: *Kowalski*, AG 2000, 555

Krämer, Hans-Jörg Franz Xaver: Das Unternehmensinteresse als Verhaltensmaxime der Leitungsorgane einer Aktiengesellschaft im Rahmen der Organhaftung – in Abgrenzung zum Gesellschaftsinteresse und unter Berücksichtigung US-amerikanischer Rechtsprechung und Literatur, Dissertation Bayreuth 2002; zitiert als: *Krämer*, Das Unternehmensinteresse als Verhaltensmaxime

Krämer, Lutz/*Kiefner*, Alexander: Präventiver Rechtsschutz und Flexibilität beim genehmigten Kapital, in ZIP 2006, 301; zitiert als: *Krämer/Kiefner*, ZIP 2006, 301

Krause, Hartmut: Die Abwehr feindlicher Übernahmeangebote auf der Grundlage von Ermächtigungsbeschlüssen der Hauptversammlung, in BB 2002, 1053; zitiert als: *Krause*, BB 2002, 1053

Kremer, Thomas/*Bachmann*, Gregor/*Lutter*, Marcus/*Werder*, Axel v.: Kommentar zum Deutschen Corporate Governance Kodex, 7. Auflage, München 2018; zitiert als: *Bearbeiter*, in: Kremer, Kommentar zum DCKG, 7. Aufl.,

Krieger, Gerald: Aktionärsklagen zur Kontrolle des Vorstands- und Aufsichtsratshandelns, in ZHR 163 (1999), 343; zitiert als: *Krieger*, ZHR 163 (1999), 343

Krieger, Gerald: Vorstandsbericht vor Ausnutzung eines genehmigten Kapitals mit Bezugsrechtsausschluss?, München 2002; zitiert als: *Krieger*, in: FS Wiedemann, 2002, S.1081

Kropff, Bruno: Aktiengesetz, Düsseldorf 1965; zitiert als: *Kropff*, AktG 1965

Kubis, Dietmar: Information und Rechtsschutz der Aktionäre beim genehmigten Kapital, in DStR, 2006, 188; zitiert als: *Kubis*, DStR 2006, 188

Kübler, Friedrich: Shareholder Value: Eine Herausforderung für das Deutsche Recht?, Festschrift für Wolfgang Zöllner Band 1, S. 321, Köln 1999; zitiert als: *Kübler*, in: FS Zöllner, 1999, Bd. 1, S. 321

Kübler, Friedrich/*Mendelson*, Morris/*Mundheim*, Robert: Die Kosten des Bezugsrechts – Eine rechtsökonomische Analyse des amerikanischen Erfahrungsmaterials, in AG 1990, 461; zitiert als: *Kübler/Mendelson/Mundheim*, AG 1990, 461

Kühnle, Karsten/*Otto*, Dirk: Neues zur kollisionsrechtlichen Qualifikation Gläubiger schützender Materien in der Insolvenz der Scheinauslandsgesellschaft, in IPRax 2009, 117; zitiert als: *Kühnle/Otto*, IPRax 2009, 117

Kuntz, Thilo: Die Insolvenz der Limited mit deutschem Verwaltungssitz – EU-Kapitalgesellschaften in Deutschland nach „Inspire Art", in NZI 2005, 424; zitiert als: *Kuntz*, NZI 2005, 424

Kuntz, Thilo: Geltung und Reichweite der Business Judgment Rule in der GmbH, GmbHR 2008, 121; zitiert als: *Kuntz*, GmbHR 2008, 121

Kuntz, Thilo: Grundlagen und Grenzen der aktienrechtlichen Leitungsautonomie – Zugleich ein Beitrag zur Möglichkeit schuldrechtlicher Bindung des Vorstands –, AG 2016, 101; zitiert als: *Kuntz*, AG 2016, 101

Kuntz, Thilo/*Stegemann*, Lars: Grundfragen des faktischen Bezugsrechtsausschlusses, in ZIP 2016, 2341; zitiert als: *Kuntz/Stegemann*, ZIP 2016, 2341

Larenz, Karl: Der Rechtssatz als Bestimmungssatz, Festschrift für Karl Engisch, S. 150, Frankfurt am Main 1969; zitiert als: *Larenz*, in: FS Engisch, 1969, S. 150

Larenz, Karl: Zur Struktur „subjektiver Rechte", in: Beiträge zur europäischen Rechtsgeschichte und zum geltenden Zivilrecht: Festgabe für Johannes Sontis, S. 129, München 1977; zitiert als: *Larenz*, in: FG Sontis, 1977, S. 129

Larenz, Karl/*Canaris*, Claus-Wilhelm: Lehrbuch des Schuldrechts Band 2, Besonderer Teil, 2. Halbband, 13. Auflage, München 1993; zitiert als: *Larenz/Canaris*, Schuldrecht II/2

Larenz, Karl/*Wolf*, Manfred: Allgemeiner Teil des Bürgerlichen Rechts, 9. Auflage, München 2004; zitiert als: *Larenz/Wolf*, Allgemeiner Teil

Laudage, Benedikt: Aufsicht über strukturierte Rückversicherungskonzepte, Karlsruhe 2009; zitiert als: *Laudage*, Aufsicht über strukturierte Rückversicherungskonzepte

Leible, Stefan: Anmerkung zu EuGH, Urteil vom 9. 3. 1999 – Rs C-212/97 Højesteret –, in NZG 1999, 300; zitiert als: *Leible*, NZG 1999, 300

Leipold, Dieter: Grundlagen des einstweiligen Rechtsschutzes im zivil-, verfassungs- und verwaltungsgerichtlichen Verfahren, München 1971; zitiert als: *Leipold*, Grundlagen des einstweiligen Rechtsschutzes

Leipold, Dieter: BGB I Einführung und Allgemeiner Teil, 9. Auflage, Tübingen 2017; zitiert als: *Leipold*, Einführung und allgemeiner Teil, 9. Aufl.,

Leipold, Dieter: Strukturfragen des einstweiligen Rechtsschutzes, in ZZP 90 (1977), 266; zitiert als: *Leipold*, ZZP 90 (1977), 266

Leuering, Dieter: Buchbesprechung zu Servatius, Strukturmaßnahmen als Unternehmensleitung, in ZHR 169 (2005), 648; zitiert als: *Leuering*, ZHR 169 (2005), 647

Leuschner, Lars: Gibt es das Anteilseigentum wirklich?, in NJW 2007, 3248 ff.; zitiert als: *Leuschner*, NJW 2007, 3248

Leyendecker-Langner, Benjamin E.: Rechte und Pflichtendes Vorstands bei Kompetenzüberschreitungen des Aufsichtsrates, NZG 2012, 721 ff.; zitiert als: *Leyendecker-Langner*, NZG 2012, 721

Liebert, Ulrike: Der Bezugsrechtsausschluss bei Kapitalerhöhungen von Aktiengesellschaften, Baden-Baden 2003; zitiert als: *Liebert*, Der Bezugsrechtsauschluss 2003

Liebscher, Thomas: Ungeschriebene Hauptversammlungszuständigkeiten im Lichte von Holzmüller, Macrotron und Gelatine, in ZGR 2005, 1; zitiert als: *Liebscher*, ZGR 2005, 1

Lieder, Jan: Zur Haftung wegen existenzvernichtenden Eingriffs, in DZWIR 2005, 309; zitiert als: *Lieder*, DZWIR 2005, 309

Lieder, Jan: Die neue Existenzvernichtungshaftung – Zugleich Besprechung der Urteile des BGH vom 7. 1. 2008 – II ZR 314/05 – und vom 13. 12. 2007 – IX ZR 116/06 –, in DZWIR 2008, 145

Littbarski, Sigurd: Einstweiliger Rechtsschutz im Gesellschaftsrecht, München 1996; zitiert als: *Littbarski*, Einstweiliger Rechtsschutz

Lübbert, Hartmut: Abstimmungsvereinbarungen in den Aktien- und GmbH-Rechten der EWG-Staaten, der Schweiz und Großbritanniens, Baden-Baden 1971; zitiert als: *Lübbert*, Abstimmungsvereinbarungen in den Aktien- und GmbH-Rechten der EWG-Staaten, der Schweiz und Großbritanniens

Lübtow, Ulrich v.: Zur Theorie des Rechtssubjektes und ihrer geschichtlichen Entwicklung, in Recht und Rechtserkenntnis – Festschrift für Ernst Wolf zum 70. Geburtstag; zitiert als: *Lübtow*, in: FS Wolf, 1985, S. 421

Ludewig, Wilhelm: Hauptprobleme der Reform des Aktienrechts, Marburg 1929; zitiert als: *Ludewig*, Hauptprobleme der Reform des Aktienrechts

Lüke, Gerhard: Zum zivilprozessualen Klagensystem, in JuS 1969, 301; zitiert als: *Lüke*, JuS 1969, 301

Lutter, Marcus, Europäisches Gesellschaftsrecht, 2. Aufl., Berlin 1984; zitiert als: *Lutter*, Europäisches Gesellschaftsrecht

Lutter, Marcus: Die Eintragung anfechtbarer Hauptversammlungsbeschlüsse im Handelsregister, in NJW 1969, 1873; zitiert als: *Lutter*, NJW 1969, 1873

Lutter, Marcus: Materielle und förmliche Erfordernisse eines Bezugsrechtsausschlusses -Besprechung der Entscheidung BGHZ 71, 40 (Kali + Salz), in ZGR 1979, 401; zitiert als: *Lutter*, ZGR 1979, 401

Lutter, Marcus: Theorie der Mitgliedschaft – Prolegomena zu einem Allgemeinen Teil des Korporationsrechts –, in AcP 180 (1980), 84; zitiert als: *Lutter*, AcP 180 (1980), 84

Lutter, Marcus: Bezugsrechtsausschluß und genehmigtes Kapital, BB 1981, 861; zitiert als: *Lutter*, BB 1981, 861

Lutter, Marcus: Organzuständigkeiten im Konzern, in Festschrift für Walter Stimpel zum 68. Geburtstag, S. 825, Berlin 1985; zitiert als: *Lutter*, in: FS Stimpel, 1985, S. 825

Lutter, Marcus: Die entschlußschwache Hauptversammlung, in Festschrift für Karlheinz Quack zum 65. Geburtstag, S. 301, Berlin 1991; zitiert als: *Lutter*, in: FS Quack, 1991, S. 301

Lutter, Marcus: Anmerkung BGH, Urt. v. 7.3.1994 – II ZR 52/93, JZ 1994, 914; zitiert als: *Lutter*, JZ 1994, 914

Lutter, Marcus: Das neue „Gesetz für kleine Aktiengesellschaften und zur Deregulierung des Aktienrechts", AG 1994, 429; zitiert als: *Lutter*, AG 1994, 429

Lutter, Marcus: Zum Bezugsrechtsausschluß bei der Kapitalerhöhung im Rahmen des genehmigten Kapitals, in JZ 1998, 50; zitiert als: *Lutter*, JZ 1998, 50

Lutter, Marcus: Gesellschaftsrecht und Kapitalmarkt, in Festschrift für Wolfgang Zöllner zum 70. Geburtstag, Band 1, Köln 1999; zitiert als: *Lutter*, in: FS Zöllner, 1999, S. 363

Lutter, Marcus: Die Rückabwicklung fehlerhafter Kapitalerhöhungen, in Festschrift für Volker Röhricht zum 65. Geburtstag; zitiert als: *Lutter*, in: FS Röhricht, 2005, S. 369

Lutter, Marcus: Nochmal: Die geplante europäische Gesetzgebung zu „related party transactions", in EuZW 2014, 687; zitiert als: *Lutter*, EuZW 2014, 687

Lutter, Marcus/*Hommelhoff*, Peter: GmbHG Kommentar, 19. Auflage, Köln 2016; zitiert als: *Bearbeiter*, in: Lutter/Hommelhoff/GmbHG, 19 Aufl.

Lutter, Marcus/*Leinekugel*, Rolf: Kompetenzen von Hauptversammlung und Gesellschafterversammlung beim Verkauf von Unternehmensteilen, in ZIP 1998, 225; zitiert als: *Lutter/Leinekugel*, ZIP 1998, 225

Lutter, Marcus/*Leinekugel*, Rolf: Der Ermächtigungsbeschluß der Hauptversammlung zu grundlegenden Strukturmaßnahmen – zulässige Kompetenzübertragung oder unzulässige Selbstentmachtung?; in ZIP 1998, 805; zitiert als: *Lutter/Leinekugel*, ZIP 1998, 805

Lutter, Marcus/*Schneider*, Uwe H.: Die Beteiligung von Ausländern an inländischen Aktiengesellschaften – Möglichkeiten der Beschränkung nach geltendem Recht und Vorschläge de lege ferenda –, in ZGR 1975, 182; zitiert als: *Lutter/Schneider*, ZGR 1975, 182

Lutz, Reinhard: Einstweiliger Rechtsschutz bei Gesellschafterstreit in der GmbH, in BB 2000, 833; zitiert als: *Lutz*, BB 2000, 833

Maier, Markus: Der Einsatz des genehmigten Kapitals: eine rechtliche Analyse der Praxis deutscher börsennotierter Aktiengesellschaften, Jena 2003; zitiert als: *Maier*, Einsatz des genehmigten Kapitals

Maier, Niels: Faktischer Bezugsrechtsausschluss, Berlin 2014; zitiert als: *Maier*, Faktischer Bezugsrechtsausschluss

Maier-Reimer, Georg: Wert der Sacheinlage und Ausgabebetrag, in Festschrift für Gerold Bezzenberger zum 70. Geburtstag, S. 253 ff., Berlin 2000; zitiert als: *Maier-Reimer*, in: FS Bezzenberger, 2000, S. 253

Maier-Reimer, Georg: Verhaltenspflichten des Vorstands der Zielgesellschaft bei feindlichen Übernahmen, in ZHR 165 (2001), 258; zitiert als: *Maier-Reimer*, ZHR 165 (2001), 258

Mankowsky, Peter: Beseitigungsrechte – Anfechtung, Widerruf und verwandte Institute, Tübingen 2003; zitiert als: *Mankowsky*, Beseitigungsrechte

Marsch, Reinhard: Zum Bericht des Vorstands nach § 186 Abs. 4 Satz 2 AktG beim genehmigten Kapital, AG 1981, 211; zitiert als: *Marsch*, AG 1981, 211

Marsch-Barner, Reinhard/*Schäfer*, Frank A.: Handbuch börsennotierte AG, 4. Aufl., Köln 2018; zitiert als: *Bearbeiter*, in: Hdb. börsennotierte AG, 4. Aufl.

Martens, Klaus-Peter: Die GmbH und der Minderheitsschutz, GmbHR 1984, 265; zitiert als: *Martens*, GmbHR 1984, 265

Martens, Klaus-Peter: Bezugsrechtsausschluß anläßlich ausländischen Beteiligungserwerbs, Festschrift für Ernst Steindorff zum 70. Geburtstag, Berlin 1990; zitiert als: *Martens*, in: FS Steindorff, 1990, S. 151

Martens, Klaus-Peter: Die Bewertung eines Beteiligungserwerbs nach § 255 Abs. 2 AktG – Unternehmenswert kontra Börsenkurs, in Festschrift für Gerold Bezzenberger zum 70. Geburtstag, S. 267 ff., Berlin 2000; zitiert als: *Martens*, in: FS Bezzenberger, 2000, S. 267

Martens, Klaus-Peter: Der Ausschluß des Bezugsrechts, ZIP 1992, 1677; zitiert als: *Martens*, ZIP 1992, 1677.

Martens, Klaus-Peter: Anmerkung OLG Frankfurt Urt. v. 9. 2. 1993 – 5 U 31/92, ZIP 1993, 512; zitiert als: *Martens*, ZIP 1993, 512

Martens, Klaus-Peter: Richterliche und gesetzliche Konkretisierungen des Bezugsrechtsausschlusses, ZIP 1994, 669; zitiert als: *Martens*, ZIP 1994, 669

Martens, Klaus-Peter: Fusionsmodelle, in Festschrift für Martin Peltzer zum 70. Geburtstag, S. 279, Köln 2001; zitiert als: *Martens*, in: FS Peltzer, 2001, S. 279

Maslo, Armin: Interessenwahrung und Rechtsschutz der Aktionäre beim Bezugsrechtsausschluss im Rahmen des genehmigten Kapitals, Berlin 2006; zitiert als: *Maslo*, Interessenwahrung und Rechtsschutz

Mayer, Benjamin: Materielle Beschlusskontrolle im Kapitalgesellschaftsrecht, Berlin 2013; zitiert als: *Mayer*, Materielle Beschlusskontrolle

Medicus, Dieter: Anspruch und Einrede als Rückgrat einer zivilistischen Lehrmethode, in AcP 174 (1974), 313, zitiert als: *Medicus*, AcP 174 (1974), 313

Medicus, Dieter/*Petersen*, Jens: Bürgerliches Recht, 26. Auflage, München 2017; zitiert als: *Medicus/Petersen*, Bürgerliches Recht

Meilicke, Wienand/*Heidel*, Thomas: Die Pflicht des Vorstands der AG zur Unterrichtung der Aktionäre vor dem Bezugsrechtsausschluss beim genehmigten Kapital, Der Betrieb 2000, 2358; zitiert als: *Meilicke/Heidel*, DB 2000, 2358

Mencke, Christian: Die zivilprozessuale Beiladung im Klageverfahren gem. § 148 AktG, Tübingen 2012; zitiert als: *Mencke*, Beiladung im Klageverfahren nach § 148 AktG

Mertens, Hans-Joachim: Unternehmensgegenstand und Mitgliedschaftsrecht – Urteilsanmerkung zu LG Mainz vom 1. 4. 1977 –, in AG 1978, 309; zitiert als: *Mertens*, AG 1978, 309

Mertens, Hans-Joachim: Die Geschäftsführerhaftung in der GmbH und das ITT-Urteil, in Festschrift für Robert Fischer, Berlin 1979; zitiert als: *Mertens*, in FS R. Fischer, 1979, S. 461

Mertens, Hans-Joachim: Die gesetzliche Einschränkung der Disposition über Ersatzansprüche der Gesellschaft durch Verzicht und Vergleich in der aktien- und konzernrechtlichen Organhaftung, in Festschrift Hans-Joachim Fleck, Berlin, 1988; zitiert als: *Mertens*, in: FS Fleck, 1988, S. 209

Mertens, Hans-Joachim: Der Aktionär als Wahrer des Rechts?, in AG 1990, 49; zitiert als: *Mertens*, AG 1990, 49

Mestmäcker, Ernst-Joachim: Zur aktienrechtlichen Stellung der Verwaltung bei Kapitalerhöhungen, in BB 1961, 945; zitiert als: *Mestmäcker*, BB 1961, 945

Mestmäcker, Ernst-Joachim: Anmerkung zu BGH, Urt. v. 27. September 1956 – II ZR 144/55 = BGHZ 21, 354, in JZ 1957, 179; zitiert als: *Mestmäcker*, JZ 1957, 179

Metten, Michael: Corporate Governance – Eine aktienrechtliche und institutionenökonomische Analyse der Leitungsmaxime von Aktiengesellschaften, 1. Aufl., Wiesbaden 2010; zitiert als: *Metten*, Corporate Governance

Meyer, Andreas: Der Greenshoe und das Urteil des Kammergerichts, in WM 2002, 1106; zitiert als: *Meyer*, WM 2002, 1106

Michalski, Lutz: Kommentar zum Gesetz betreffend die Gesellschaften mit beschränkter Haftung, Band 1 §§ 1–34 GmbHG, 3. Auflage, München 2017; zitiert als: *Bearbeiter*, in: Michalski/GmbHG, 3. Aufl.

Michalski, Lutz: Kommentar zum Gesetz betreffend die Gesellschaften mit beschränkter Haftung, Band 2 §§ 35–85 GmbHG, 3. Auflage, München 2017; zitiert als: *Bearbeiter*, in: Michalski/GmbHG, 3. Aufl.

Miegel, Meinhard: Der Unternehmensbegriff des Aktiengesetzes 1965, Bad Homburg v.d.H 1970; zitiert als: *Miegel*, Der Unternehmensbegriff des AktG 1965

Mock, Sebastian: Die Heilung fehlerhafter Rechtsgeschäfte, Tübingen 2014; zitiert als: *Mock*, Heilung fehlerhafter Rechtsgeschäfte

Möslein, Florian: Grenzen unternehmerischer Leitungsmacht im marktoffenen Verband, Berlin 2007; zitiert als: *Möslein*, Grenzen unternehmerischer Leitungsmacht

Mülbert, Peter O.: Aktiengesellschaft, Unternehmensgruppe und Kapitalmarkt, 2. Aufl., München 1996; zitiert als: *Mülbert*, Aktiengesellschaft, 2. Aufl.

Mülbert, Peter O.: Shareholder Value aus rechtlicher Sicht, in ZGR 1997, 129; zitiert als: *Mülbert*, ZGR 1997, 129

Mülbert, Peter O.: Genehmigtes Kapital im Vorfeld eines unerwünschten Übernahmeangebots, in Unternehmensrecht zu Beginn des 21. Jahrhunderts – Festschrift für Eberhard Schwark zum 70. Geburtstag, München 2009; zitiert als: *Mülbert*, in: FS Schwark, 2009, S. 553

Müller-Erzbach, Rudolf: Das private Recht der Mitgliedschaft als Prüfstein eines kausalen Rechtsdenkens, Weimar 1948; zitiert als: *Müller-Erzbach*, Das Private Recht der Mitgliedschaft

Müller-Freienfels, Wolfram: Ehe und Recht, Tübingen 962; zitiert als: *Müller-Freienfels*, Ehe und Recht

Müller-Freienfels, Wolfram: Zur Lehre vom sogenannten „Durchgriff" bei juristischen Personen im Privatrecht, in AcP 156 (1957), 522; zitiert als: *Müller-Freienfels*, AcP 156 (1957), 522

Musielak, Hans-Joachim/*Voit*, Wolfgang: Zivilprozessordnung mit Gerichtsverfassungsgesetz – Kommentar, 15. Auflage, München 2018; zitiert als: *Bearbeiter*, in: Musielak/Voit/ZPO, 15. Aufl.

Natterer, Joachim: Sachkontrolle und Berichtspflicht beim genehmigten Kapital – Nold/Siemens abermals auf dem Weg durch die Instanzen?; zitiert als: *Natterer*, ZIP 2002, 1672

Noack, Ulrich: Fehlerhafte Beschlüsse in Gesellschaften und Vereinen, Köln 1989; zitiert als: *Noack*, Fehlerhafte Beschlüsse

Noack, Ulrich: Das Freigabeverfahren bei Umwandlungsbeschlüssen – Bewährung und Modell –, in ZHR 164 (2000), 274; zitiert als: *Noack*, ZHR 164 (2000), 274

Nordhues, Patrick: Unwirksamkeit eines Business Combination Agreements wegen Verstoßes gegen aktienrechtliche Kompetenzordnung, in GWR 2012, 274; zitiert als: *Nordhues*, GWR 2012, 274

Oetger, Hartmut: Kommentar zum Handelsgesetzbuch, 4. Aufl.; München 2015; zitiert als: *Bearbeiter*, in: Oetger/HGB

Paefgen, Walter G: Struktur und Aufsichtsratsverfassung der mitbestimmten AG, Köln 1982; zitiert als: *Paefgen*, Struktur

Paefgen, Walter G.: Unternehmerische Entscheidungen und Rechtsbindung der Organe der AG, Köln 2002; zitiert als: *Paefgen*, Unternehmerische Entscheidungen

Paefgen, Walter G.: Eigenkapitalderivate bei Aktienrückkäufen und Managementbeteiligungsmodellen, in AG 1999, 67; zitiert als: *Paefgen*, AG 1999, 67

Paefgen, Walter G.: Dogmatische Grundlagen, Anwendungsbereich und Formulierung einer Business Judgment Rule im künftigen UMAG, in AG 2004, 245; zitiert als: *Paefgen*, AG 2004, 245

Paefgen, Walter G.: Justiziabilität des Verwaltungshandelns beim genehmigten Kapital, in ZIP 2004, 145; zitiert als: *Paefgen*, ZIP 2004, 145

Paefgen, Walter G.: „Holzmüller" und der Rechtsschutz des Aktionärs gegen das Verwaltungshandeln im Rechtsvergleich, in ZHR 172 (2008), 42; zitiert als: *Paefgen*, ZHR 172 (2008), 42

Paschke, Marian: Die fehlerhafte Korporation, in ZHR 155 (1991), 1; zitiert als: *Paschke*, ZHR 155 (1991), 1

Paschos, Nikolaos: Berichtspflichten des Vorstands bei der Ermächtigung zum Bezugs-rechtsausschluss und deren Ausübung im Rahmen eines genehmigten Kapitals, in WM 2005, 356; zitiert als: *Paschos*, WM 2005, 356

Paschos, Nikolaos: Berichtspflichten und Rechtsschutz bei der Ausübung eines genehmigten Kapitals, in DB 2005, 2731; zitiert als: *Paschos*, DB 2005, 2731

Paschos, Nikolaos/*Neumann*, Kay-Uwe: Die Neuregelungen des UMAG im Bereich der Durchsetzung von Haftungsansprüchen der Aktiengesellschaft gegen Organmitglieder, in DB 2005, 1779; zitiert als: *Paschos/Neumann*, DB 2005, 1779

Pastor, Wilhelm L.: Einstweilige Verfügung – Zustellung und Ordnungsmittel, in WRP 1978, 67; zitiert als: *Pastor*, WRP 1978, 67

Peemöller, Volker H.: Praxishandbuch der Unternehmensbewertung, 6. Auflage, Herne 2015; zitiert als: *Bearbeiter*, in: Peemöller, Hdb. der Unternehmensbewertung, 6. Aufl.

Pehrwein, Sigmund: Ist ein Kapitalerhöhungsbeschluss mit festem Erhöhungsbetrag unver-züglich durchzuführen?; in AG 2013, 10; zitiert als: *Pehrwein*, AG 2013, 10

Pentz, Andreas: Genehmigtes Kapital, Belegschaftsaktien und Sacheinlagefähigkeit obliga-torischer Nutzungsrechte – das adidas-Urteil des BGH – Besprechung des Urteils BGH NJW 2000, 2354 -; ZGR 2001, 901; zitiert als: *Pentz*, ZGR 2001, 901

Pentz, Andreas: Zustimmungserfordernisse beim Stufen übergreifenden Unternehmensvertrag in Mehrstufigkeitsverhältnissen, in DB 2004, 1543; zitiert als: *Pentz*, DB 2004, 1543

Pflugradt, Michael: Leistungsklagen zur Erzwingung rechtmäßigen Vorstandsverhaltens in der Aktiengesellschaft, München 1990; zitiert als: *Pflugradt*, Leistungsklagen

Piehler, Klaus: Einstweiliger Rechtsschutz und materielles Recht, Frankfurt am Main 1980; zitiert als: *Piehler*, Einstweiliger Rechtsschutz

Pitcairn, David: Shelford's Law of joint stock companies containing a digest of case law, the Companies acts, 1862, 1867, and other acts relating to joint stock companies, London 1870; zitiert als: Shelford's, Law of Joint Stock Companies, 1870

Pleyer, Klemens/*Arndt*, Wolfgang: Überlegungen zum Nichtmitgliedergeschäft und zur Ge-winnerzielung bei den Kreditgenossenschaften, Festschrift für Harry Westermann, S. 461, Karlsruhe 1974; zitiert als: *Pleyer/Arndt*, in: FS Westermann, 1974, S. 461.

Pöhlmann, Peter/*Fandrich*, Andreas/*Bloehs*, Joachim: Genossenschaftsgesetz, 4. Auflage, München 2012; zitiert als: *Bearbeiter*, in: Pöhlmann/Fandrich/Bloehs/GenG, 4. Aufl.

Posser, Herbert/*Wolf*, Heinrich Amadeus: Beck'scher Onlinekommentar VwGO, 47. Edition 2017; München 2017; zitiert als: *Bearbeiter*, in: BeckOK/VwGO, 47. Ed.

Priester, Hans-Joachim: Das gesetzliche Bezugsrecht bei der GmbH, Der Betrieb 1980, 1925; zitiert als: *Priester*, DB 1980, 1925

Priester, Hans-Joachim: Kapitalaufbringungspflicht und Gestaltungsspielräume beim Agio, in Festschrift für Marcus Lutter zum 70. Geburtstag, S. 617, Köln 2000; zitiert als: *Priester*, in: FS Lutter, 2000, S. 617

Priester, Hans-Joachim: Aktionärsentscheid zum Unternehmenserwerb, in AG 2011, 654; zitiert als: *Priester*, AG 2011, 654

Prinz, Ulrich/*Winkeljohann*, Norbert: Beck'sches Handbuch der GmbH, 5. Auflage, München 2014; zitiert als: *Bearbeiter*, in: Beck'sches Handbuch GmbH, 5. Aufl.

Quack, Karlheinz: Die Schaffung genehmigten Kapitals unter Ausschluß des Bezugsrecht der Aktionäre – Besprechung der Entscheidung BGHZ 83, 319 ff. –, in ZGR 1983, 257; zitiert als: *Quack*, ZGR 1983, 257

Rabe, Sebastian: Verletzungen des Mitgliedschaftsrechts eines Kleinaktionärs, Hamburg 2013; zitiert als: *Rabe*, Verletzungen des Mitgliedschaftsrechts eines Kleinaktionärs

Radu, Magnus: Der Mißbrauch der Anfechtungsklage durch den Aktionär, in ZIP 1992, 303; zitiert als: *Radu*, ZIP 1992, 303

Raiser, Thomas: Das Unternehmensinteresse, in Festschrift für Rainer Schmidt, Karlsruhe 1976; zitiert als: *Raiser*, in: FS R. Schmidt, 1976, S. 101

Raiser, Thomas: Das Recht der Gesellschafterklagen, in ZHR 153 (1989), 1; zitiert als: *Raiser*, ZHR 153 (1989), 1

Raiser, Thomas: Anwendbarkeit der Beschlussmängelvorschriften des UMAG und des ARUG auf die GmbH?, in Festschrift für Uwe Hüffer zum 70. Geburtstag; zitiert als: *Raiser*, in: FS Hüffer, 2010, S. 789, 792

Rammert, Stefan: Der vereinfachte Bezugsrechtsausschluß – eine ökonomische Analyse, Schmalenbachs Zeitschrift für betriebswirtschaftliche Forschung, Heft 07/08, Juli/August 1998, Seite 703–724; zitiert als: *Rammert*, ZfbF 1998, 703

Rauscher, Thomas: Münchener Kommentar zur Zivilprozessordnung mit Gerichtsverfassungsgesetz und Nebengesetzen, Band 1, §§ 1–354 ZPO, 5. Auflage München 2016; zitiert als: *Bearbeiter*, in: MünchKomm/ZPO, 5. Aufl.

Rauscher, Thomas: Münchener Kommentar zur Zivilprozessordnung mit Gerichtsverfassungsgesetz und Nebengesetzen, Band 2, §§ 355–945b ZPO, 5. Auflage, München 2016; zitiert als: *Bearbeiter*, in: MünchKomm/ZPO, 5. Aufl.

Rauscher, Thomas: Münchener Kommentar zur Zivilprozessordnung mit Gerichtsverfassungsgesetz und Nebengesetzen, Band 3, §§ 1025–1109 ZPO, EGZPO, GVG, EGGVG, UKlaG, Internationales und Europäisches Zivilprozessrecht, 4. Auflage München 2013; zitiert als: *Bearbeiter*, in: MünchKomm/ZPO, 4. Aufl.

Rauscher, Thomas: Europäisches Zivilprozess- und Kollisionsrecht EuZPR/EuIPR, Band I, 4. Auflage, Köln 2016; zitiert als: *Bearbeiter*, in: Rauscher/EuZPR/EuIPR

Rawls, John: A Theory of Justice, USA 1921, Reprint 1971; zitiert als: *Rawls*, A Theory of Justice

Regelsberger, Ferdinand: Pandekten Band 1 – Allgemeiner Teil, Berlin 1893; zitiert als: *Regelsberger*, Pandekten I

Reger, Gerald/*Stenzel*, Igor: Der Kapitalschnitt auf Null als Mittel zur Sanierung von Unternehmen – Gesellschaftsrechtliche, börsenzulassungsrechtliche und kapitalmarktrechtliche Konsequenzen, in NZG 2009, 1210; zitiert als: *Reger/Stenzel*, NZG 2009, 1210

Rehbinder, Eckhard: Zum konzernrechtlichen Schutz der Aktionäre einer Obergesellschaft, in ZGR 1983, 92; zitiert als: *Rehbinder*, ZGR 1983, 92

Reichert, Jochen: Business Combination Agreements, in ZGR 2015, 1; zitiert als: *Reichert*, ZGR 2015, 1

Reichert, Jochen/*Senger*, Michael: Berichtspflicht des Vorstands und Rechtsschutz der Aktionäre gegen Beschlüsse der Verwaltung über die Ausnutzung eines genehmigten Kapitals im Wege der allgemeinen Feststellungsklage, in DK 2006, 338; zitiert als: *Reichert/Senger*, DK 2006, 338

Reinach, Adolf: Zur Phänomenologie des Rechts. München 1953; zitiert als: *Reinach*, Phänomenologie des Rechts

Reinhardt, Rudolf: Die Fortentwicklung des Rechts der offenen Handelsgesellschaft und Kommanditgesellschaft in der neuen Lehre und Rechtsprechung, in ZBernJV 103 (1967), 329; zitiert als: *Reinhardt*, ZBernJV 103 (1967), 329

Renner, Wolfgang: Holzmüller-Kompetenz der Hauptversammlung beim Erwerb einer Unternehmensbeteiligung?, in NZG 2002, 1091; zitiert als: *Renner*, NZG 2002, 1091

Reuter, Dieter: Die Mitgliedschaft als sonstiges Recht im Sinne des § 823 I BGB, in Festschrift für Hermann Lange zum 70. Geburtstag; zitiert als: *Reuter*, in: FS Lange, 1992, S. 707

Reuter, Dieter: Buchbesprechung zu Habersack, Die Mitgliedschaft als subjektives und „sonstiges" Recht, in AcP 197 (1997), 322; zitiert als: *Reuter*, AcP 197 (1997), 322

Rieckers, Oliver: Ermächtigung des Vorstandes zu Erwerb und Einziehung eigener Aktien, in ZIP 2015, 700; zitiert als: *Rieckers*, ZIP 2015, 700

Ring, Viktor: Das Reichsgesetz betreffend die Commanditgesellschaften auf Aktien und die Aktiengesellschaften vom 18. Juli 1884, 2. Aufl. Berlin, Berlin 1893; zitiert als: *Ring*, Reichsgesetz betr. KGaA und AG

Röck, Christian: Zweckfortfall beim genehmigten Kapital, Hamburg 2010; zitiert als: *Röck*, Zweckfortfall beim genehmigten Kapital

Rodewald, Jörg: Die Angemessenheit des Ausgabenbetrags für neue Aktien bei börsennotierten Gesellschaften, BB 2004, 613; zitiert als: *Rodewald*, BB 2004, 613

Rodloff, Frank: Zum Kontrollmaßstab des Bezugsrechtsausschlusses, in ZIP 2003, 1076; zitiert als: *Rodloff*, ZIP 2003, 1076

Röhl, Klaus F.: Allgemeine Rechtslehre, 3. Auflage, Köln 2008, zitiert als: *Röhl*, Allgemeine Rechtslehre

Röhricht, Volker: Von Rechtswissenschaft und Rechtsprechung, in ZGR 1999, 445; zitiert als: *Röhricht*, ZGR 1999, 445

Röhricht, Volker: Die GmbH im Spannungsfeld zwischen wirtschaftlicher Dispositionsfreiheitihrer Gesellschafter und Gläubiger, in Festschrift aus Anlaß des fünfzigjährigen Bestehens von Bundesgerichtshof, Bundesanwaltschaft und Rechtsanwaltschaft beim Bundesgerichtshof, S. 83, Köln 2000; zitiert als: *Röhricht*, Festschr. 50 Jahre BGH, 2000, S. 83

Rosenberg, Leo/*Schwab*, Karl Heinz/*Gottwald*, Peter: Zivilprozessrecht, 18. Auflage, München 2018; zitiert als: *Rosenberg/Schwab/Gottwald*, ZPO

Roth, Gregor: Bedeutung und Nutzung von Sonderformen der Eigenkapitalbeschaffung bei börsennotierten Aktiengesellschaften in Deutschland, in ZBB 2001, 50; zitiert als: *Roth*, ZBB 2001, 50

Roth, Günther H./*Altmeppen*, Holger: Gesetz betreffend die Gesellschaft mit beschränkter Haftung, 9. Auflage, München 2019; zitiert als: *Bearbeiter*, in: Roth/Altmeppen/GmbHG, 9. Aufl.

Roth, Herbert: Buchbesprechung von Klaus Brondics, Die Aktionärsklage, in ZZP 103 (1990), 365; zitiert als: *Roth*, ZZP 103 (1990), 365

Roth, Herbert: Subjektives Recht oder prozessuale Befugnis als Voraussetzungen einer „Aktionärsklage", in Festschrift für Wolfram Henckel zum 70. Geburtstag, S. 707, Berlin 1995; zitiert als: *Roth*, in: FS Henckel, 1995, S. 707

Roth, Herbert: Der Streitgegenstand der Ehescheidung und der Grundsatz der Einheitlichkeit der Entscheidung, in Perspektiven des Familienrechts – Festschrift für Dieter Schwab zum 70. Geburtstag, S. 701, Bielefeld 2005; zitiert als: *Roth*, in: FS Schwab, 2005, S. 701

Roth, Markus: Wirtschaftsrecht auf dem Deutschen Juristentag 2012 – Möglichkeiten und Grenzen für staatliche und nichtstaatliche Eingriffe in die Unternehmensführung, in NZG 2012, 881; zitiert als: *Roth*, NZG 2012, 881

Röthemeyer, Peter: Musterfeststellungsklage, Spezialkommentar zum 6. Buch der ZPO, Baden-Baden 2019; zitiert als: *Bearbeiter*, in: Musterfeststellungsklage, ZPO

Säcker, Franz Jürgen: Inhaltskontrolle von Satzungen mitbestimmter Unternehmen durch das Registergericht, in Festschrift für Walter Stimpel zum 68. Geburtstag, S. 867, Berlin 1985; zitiert als: *Säcker*, in: FS Stimpel, 1985, S. 867

Säcker, Franz Jürgen/*Rixecker*, Roland/*Oetker*, Hartmut/*Limperg*, Bettina: Münchener Kommentar zum Bürgerlichen Gesetzbuch, Band 1 Allgemeiner Teil, §§ 1–240, AllgPersönlR, ProstG, AGG, 8. Auflage, München 2018; zitiert als: *Bearbeiter*, in: MünchKomm/BGB, 8. Aufl. 2018

Säcker, Franz Jürgen/*Rixecker*, Roland/*Oetker*, Hartmut/*Limperg*, Bettina: Münchener Kommentar zum Bürgerlichen Gesetzbuch, Band 6 Schuldrecht – Besonderer Teil III, §§ 705–853, 7. Auflage, München 2017; zitiert als: *Bearbeiter*, in: MünchKomm/BGB, 7. Aufl.

Säcker, Franz Jürgen/*Rixecker*, Roland/*Oetker*, Hartmut/*Limperg*, Bettina: Münchener Kommentar zum Bürgerlichen Gesetzbuch, Band 7 Sachenrecht, §§ 854–1296, 7. Auflage, München 2017; zitiert als: *Bearbeiter*, in: MünchKomm/BGB, 7. Aufl.

Säcker, Franz Jürgen/*Rixecker*, Roland/*Oetker*, Hartmut/*Limperg*, Bettina: Münchener Kommentar zum Bürgerlichen Gesetzbuch, Band 9 Familienrecht II – §§ 1589–1921, SGB VIII; 7. Auflage, München 2017; zitiert als: *Bearbeiter*, in: MünchKomm/BGB, 7. Aufl.

Säcker, Franz Jürgen/*Rixecker*, Roland/*Oetker*, Hartmut/*Limperg*, Bettina: Münchener Kommentar zum Bürgerlichen Gesetzbuch, Band 12 Internationales Privatrecht II, Internationales Wirtschaftsrecht, Einführungsgesetz zum Bürgerlichen Gesetzbuch Artt. 50–253; 7. Auflage, München 2018; zitiert als: *Bearbeiter*, in: MünchKomm/BGB, 7. Aufl., Internationales Handels- und Gesellschaftsrecht

Saenger, Ingo: Zivilprozessordnung – Handkommentar, 7 Auflage 2017, Baden-Baden 2017; zitiert als: *Bearbeiter*, in: Saenger/ZPO, 7. Aufl.

Saenger, Ingo/*Ullrich*, Christoph/*Siebert*, Oliver: Zivilprozessordnung – Kommentiertes Prozessformularbuch, 3. Auflage, Baden-Baden 2016; zitiert als: *Bearbeiter*, in: Saenger/Ullrich/Siebert/ZPO Formular, 3. Aufl.

Satzl, Florian: Freigabe von Gesellschafterbeschlüssen im Kapitalgesellschaftsrecht, München 2011; zitiert als: *Satzl*, Freigabe von Gesellschafterbeschlüssen im Kapitalgesellschaftsrecht

Sauerbruch, Florens: Das Freigabeverfahren gemäß § 246a AktG – Eine rechtökonomische Untersuchung, Hamburg 2008; zitiert als: *Sauerbruch*, Das Freigabeverfahren – Eine rechtsökonomische Untersuchung

Savigny, Friedrich Carl von: System des heutigen römischen Rechts Band 1, Berlin 1840; zitiert als: *Savigny*, Römisches Recht I

Schaefer, Franz W./*Eichner*, Christian: Abwehrmöglichkeiten des Vorstands von börsennotierten Aktiengesellschaften bei feindlichen Übernahmeversuchen – ein Rechtsvergleich zwischen Deutschland und den USA, in NZG 2003, 150; zitiert als: *Schäfer/Eichner*, NZG 2003, 150

Schäfer, Carsten: Die Lehre vom fehlerhaften Verband, Tübingen 2002; zitiert als: *Schäfer*, Die Lehre vom fehlerhaften Verband

Schäfer, Carsten: Die „Bestandskraft" fehlerhafter Strukturänderungen im Aktien- und Umwandlungsrecht – zu neuen, rechtlich nicht vertretbaren Ausdehnungstendenzen und zu ihrer prinzipiellen Ungeeignetheit, missbräuchliche Anfechtungsklagen einzudämmen –, in: Festschrift für Karsten Schmidt zum 70. Geburtstag, S. 1389, Köln 2009; zitiert als: *Schäfer*, in: FS K. Schmidt, 2009, S. 1389

Schall, Alexander: Kapitalgesellschaftsrechtlicher Gläubigerschutz, München 2009; zitiert als: *Schall*, Kapitalgesellschaftlicher Gläubigerschutz

Schanz, Kay-Michael: Zur Zulässigkeit des „Greenshoe"-Verfahrens nach deutschem Aktienrecht, in BKR 2002, 439; zitiert als: *Schanz*, BKR 2002, 439

Schanze, Erich: Gesellschafterhaftung für unlautere Einflussnahme nach § 826 BGB: Die Trihotel-Doktrin des BGH, in NZG 2007, 681; zitiert als: *Schanze*, NZG 2007, 681

Schapp, Jan: Das Zivilrecht als Anspruchssystem, in JuS 1992, 537; zitiert als: *Schapp*, JuS 1992, 537

Schapp, Jan: Methodenlehre und System des Rechts, Tübingen 2009; zitiert als: *Schapp*, Methodenlehre und System des Rechts

Schatz, Mathias: Der Missbrauch der Anfechtungsbefugnis durch den Aktionär und die Reform des aktienrechtlichen Beschlussmängelrechts, Köln 2012; zitiert als: *Schatz*, Der Missbrauch der Anfechtungsbefugnis

Schickerling, Falco: Information und Rechtsschutz beim genehmigten Kapital unter Bezugsrechtsausschluss, Baden-Baden 2007; zitiert als: *Schickerling*, Information und Rechtsschutz

Schilken, Eberhard: Besprechung von Manfred Winter, Vollzug der Zivilhaft, in ZZP 102 (1989), 503, zitiert als: *Schilken*, ZZP 102 (1989), 503

Schilling, Michael: Existenzvernichtungshaftung und englische Limited, in ZVglRWiss 106 (2007), 299; zitiert als: *Schilling*, ZVglRWiss 106 (2007), 299

Schilling, Wolfgang: Gesellschafterbeschluß und Insichgeschäft, in Festschrift für Kurt Ballerstedt zum 70. Geburtstag, S. 257, Berlin 1975; zitiert als: *Schilling*, in: FS Ballerstedt, 1975, S. 257

Schlaus, Wilhelm: Auskauf opponierender Aktionäre, in AG 1988, 113; zitiert als: *Schlaus*, AG 1988, 113

Schlegelberger, Franz/*Quassowski*, Leo: Aktiengesetz, 3. Auflage, Berlin 1939; zitiert als: *Schlegelberger/Quassowski*, 3. Aufl.

Schlitt, Michael/*Schäfer*, Susanne: Alte und neue Fragen im Zusammenhang mit 10 %-Kapitalerhöhungen, in AG 2005, 67; zitiert als: *Schlitt/Seiler*, AG 2005, 67

Schlitt, Michael/*Seiler*, Oliver: Einstweiliger Rechtsschutz im Recht der börsennotierten Aktiengesellschaften, in ZHR 166 (2002), S. 544 ff.; zitiert als: *Schlitt/Seiler*, ZHR 166 (2002), 544

Schlosser, Peter: Gestaltungsklagen und Gestaltungsurteile, Bielefeld 1966; zitiert als: *Schlosser*, Gestaltungsklagen

Schmid, Christoph: Das umwandlungsrechtliche Unbedenklichkeitsverfahren und die Reversibilität registrierter Verschmelzungsbeschlüsse, in ZGR 1997, 493; zitiert als: *Schmid*, ZGR 1997, 493

Schmid, Christoph: Einstweiliger Rechtsschutz von Kapitalgesellschaften gegen die Blockade von Strukturentscheidungen durch Anfechtungsklagen, in ZIP 1998, 1057; zitiert als: *Schmid*, ZIP 1998, 1057

Schmidt, Jürgen: Aktionsberechtigung und Vermögensberechtigung, Köln 1969; zitiert als: *J. Schmidt*, Aktionsberechtigung und Vermögensberechtigung

Schmidt, Jürgen: Nochmals: Zur „formalen Struktur" der „subjektiven Rechte", in RTh 1979, 71 ff.; zitiert als: *J. Schmidt*, RTh, 1979, 71

Schmidt, Karsten: Gesellschaftsrecht, 4. Auflage 2002, Köln 2002; zitiert als: *K. Schmidt*, Gesellschaftsrecht

Schmidt, Karsten: Die Beschlußanfechtungsklage bei Vereinen und Personengesellschaften – Ein Beitrag zur Institutionenbildung im Gesellschaftsrecht, in Festschrift für Walter Stimpel zum 68. Geburtstag, S. 217, Berlin 1985; zitiert als: *K. Schmidt*, in: FS Stimpel, 1985, S. 217

Schmidt, Karsten: „Insichprozesse" durch Leistungsklagen in der Aktiengesellschaft?, in ZZP 92 (1979), 212; zitiert als: *K. Schmidt*, ZZP 92 (1979), 212

Schmidt, Karsten: Die Vereinsmitgliedschaft als Grundlage von Schadensersatzansprüchen, in JZ 1991, 157; zitiert als: *K. Schmidt*, JZ 1991, 157

Schmidt, Karsten: Buchbesprechung von Olaf Schulz-Gardyan, Die sogenannte Aktionärsklage, in ZHR 157 (1993), 87; zitiert als: *K. Schmidt*, ZHR 157 (1993), 87

Schmidt, Karsten: Das Recht der Mitgliedschaft: Ist „korporatives Denken" passé?, in ZGR 2011, 108; zitiert als: *K. Schmidt*, ZGR 2011, 108

Schmidt, Karsten: Münchener Kommentar zum Handelsgesetzbuch, Band 1 §§ 1–104a, 4. Aufl., München 2016; zitiert als: *Bearbeiter*, in: MünchKomm/HGB, 4. Aufl.

Schmidt, Karsten/*Lutter*, Marcus: Aktiengesetz Kommentar, I. Band §§ 1–149, 3. Auflage, Köln 2015; zitiert als: *Bearbeiter*, in: K. Schmidt/Lutter AktG, 3. Aufl.

Schmidt, Karsten/*Lutter*, Marcus: Aktiengesetz Kommentar, II. Band §§ 150–410, 3. Auflage, Köln 2015; zitiert als: *Bearbeiter*, in: K. Schmidt/Lutter AktG, 3. Aufl.

Schmidt-Diemitz, Rolf: Einstweiliger Rechtsschutz gegen rechtswidrige Gesellschafterbeschlüsse, Diemitz 1993; zitiert als: *Schmidt-Diemitz*, Einstweiliger Rechtsschutz gegen rechtswidrige Gesellschafterbeschlüsse

Schmitt, Hermann: Einstweiliger Rechtsschutz gegen drohende Gesellschafterbeschlüsse in der GmbH?, in ZIP 1992, 1212; zitiert als: *Schmitt*, ZIP 1992, 1212

Schmolke, Klaus Ulrich: Organwalterhaftung für Eigenschäden von Kapitalgesellschaften, Köln 2004; zitiert als: *Schmolke*, Organwalterhaftung

Schneider, Uwe H.: Europarechtlicher Schutz vor nachteiligen Transaktionen mit nahe stehenden Unternehmen und Personen?, in EuZW 2014, 641; zitiert als: *Schneider*, EuZW 2014, 641

Schnorr, Tanja: Historie und Recht des Aufsichtsrats, Würzburg 2000; zitiert als: *Schnorr*, Historie und Recht des Aufsichtsrats

Schnurbein, Caspar v./*Neufeld*, Tobias: Die fristlose Abberufung und Kündigung eines Geschäftsführers mit Minderheitsbeteiligung, in BB 2011, 591; zitiert als: *Schnurbein/Neufeld*, BB 2011, 585

Schoch, Friedrich/*Schneider*, Peter/*Bier*, Wolfgang: Verwaltungsgerichtsordnung Kommentar, Band I, II, München 2016; zitiert als: *Bearbeiter*, in: Schoch/Schneider/Bier/VwGO

Schockenhoff, Martin: Gesellschaftsinteresse und Gleichbehandlung beim Bezugsrechtsausschluß, Köln 1988; zitiert als: *Schockenhoff*, Gesellschaftsinteresse

Schockenhoff, Martin: Der rechtmäßige Bezugsrechtausschluß, AG 1994, 45; zitiert als: *Schockenhoff*, AG 1994, 45

Schockenhoff, Martin: Die Haftung für die Ausgabe neuer Aktien bei Nichtigerklärung des Kapitalerhöhungsbeschlusses, DB 1994, 2327; zitiert als: *Schockenhoff*, DB 1994, 2327

Scholz, Franz: Kommentar zum GmbHG-Gesetz: mit Anhang Konzernrecht, Band 2. §§ 35–52; Köln 2014; zitiert als: *Bearbeiter*, in: Scholz/GmbHG, 11. Aufl. 2014,

Schubel, Christian: Verbandssouveränität und Binnenorganisation der Handelsgesellschaften, Tübingen 2003; zitiert als: *Schubel*, Verbandssouveränität und Binnenorganisation

Schubert, Werner: Quellen zur Aktienrechtsreform der Weimarer Republik (192–1931), Band 1, Frankfurt am Main 1999; zitiert als: *Schubert*, Quellen zur Aktienrechtsreform, Band 1

Schubert, Werner: Quellen zur Aktienrechtsreform der Weimarer Republik (192–1931), Band 2, Frankfurt am Main 1999; zitiert als: *Schubert*, Quellen zur Aktienrechtsreform, Band 2

Schubert, Werner/*Hommelhoff*, Peter: 100 Jahre Modernes Aktienrecht, Berlin 1985; zitiert als: *Schubert/Hommelhoff*, 100 Jahre modernes Aktienrecht

Schubert, Werner/*Schmid*, Werner/*Regge*, Jürgen: Akademie für Deutsches Recht, 1933–1945, Protokolle der Ausschüsse – Ausschuß für Genossenschaftsrecht, Berlin 1989; zitiert als: Akademie für Deutsches Recht, GenR

Schulz-Gardyan, Olaf: Die sogenannte Aktionärsklage, Berlin 1991; zitiert als: *Schul-Gardyan*, Die sog. Aktionärsklage

Schumann, Alexander: Bezugsrecht und Bezugsrechtausschluß bei Kapitalbeschaffungsmaß-nahmen von Aktiengesellschaften, Baden-Baden 2001; zitiert als: *Schumann*, Bezugsrecht

Schumann, Ekkehard: Die Zwischenfeststellungsklage als Institut zwischen Prozessrecht und materiellem Recht, in Festschrift für Apostolos Georgiades zum 70. Geburtstag, zitiert als: *Schumann*, in: FS Georgiades, 2006, S. 543

Schumann, Hans: Einführung in die Rechtswissenschaft, Wiesbaden 1959; zitiert als: *Schumann*, Rechtswissenschaft

Schüppen, Mathias: Dividende ohne Hauptversammlungsbeschluss? – Zur Durchsetzung des mitgliedschaftlichen Gewinnanspruchs in Pattsituationen, in Festschrift für Volker Röhricht zum 65. Geburtstag; zitiert als: *Schüppen*, in: FS Röhricht, 2005, S. 571,

Schüppen, Matthias/*Schaub*, Bernhard: Münchener Anwalts Handbuch Aktienrecht, 3. Auf-lage, München 2010; zitiert als: *Bearbeiter*, in: Schüppen/Schaub, 3. Aufl.

Schürnbrand, Jan: Bestands- und Rechtsschutz beim genehmigten Kapital, in ZHR 171 (2007), 731; zitiert als: *Schürnbrand*, ZHR 171 (2007), 731

Schuschke, Winfried/*Walker*, Wolf-Dietrich: Vollstreckung und Vorläufiger Rechtsschutz – nach dem achten und elften Buch der ZPO einschließlich der europarechtlichen Regelungen, Köln 2016; zitiert als: *Bearbeiter*, in: Schuschke/Walker, 6. Aufl.

Schwab, Karl Heinz: Rechtskrafterstreckung auf Dritte und Drittwirkung der Rechtskraft, in ZZP 77 (1964), 124; zitiert als: *Schwab*, ZZP 77 (1964), 124

Schwab, Karl Heinz: Zur Drittwirkung der Rechtskraft, in Recht und Rechtsdurchsetzung – Festschrift für Hans Ulrich Walder zum 65. Geburtstag, Zürich 1994; zitiert als: *Schwab*, in: FS Walder, 1994, S. 261

Schwab, Martin: Das Prozessrecht gesellschaftsinterner Streitigkeiten, Tübingen 2005; zitiert als: *Schwab*, Gesellschaftsinterne Streitigkeiten

Schwark, Eberhard/*Zimmer*, Daniel: Kapitalmarktrechtskommentar, 4. Auflage, München 2010; zitiert als: *Bearbeiter*, in: Schwark/Zimmer, 4. Aufl.

Seckel, Emil: Die Gestaltungsrechte des Bürgerlichen Rechts, in Festgabe der Juristischen Gesellschaft zu Berlin zum 50-jährigen Dienstjubiläum ihres Vorsitzenden, des wirklichen geheimen Rats Dr. Richard Koch, S. 205, Berlin 1903; zitiert als: *Seckel*, in: FG R. Koch, 1903, S. 205

Seckel, Emil: Die Gestaltungsrechte des Bürgerlichen Rechts, Darmstadt 1954; zitiert als: *Seckel*, Die Gestaltungsrechte

Seibert, Ulrich: Gesetzesentwurf: Kleine AG und Aktienrechtsderegulierung, in ZIP 1994, 247; zitiert als: *Seibert*, ZIP 1994, 247

Seibert, Ulrich/*Kiem*, Roger/*Schüppen*, Matthias: Handbuch der kleinen AG, 5. Auflage, Köln 2008; zitiert als: *Bearbeiter*, in: Handbuch der kleinen AG, 5. Aufl.

Seibt, Christoph H.: Barkapitalemissionen mit erleichtertem Bezugsrechtsausschluss deutscher Emittenten nach § 186 Abs. 3 Satz 4 AktG, in CFl 2011, 74; zitiert als: *Seibt*, CFl 2011, 74

Seibt, Christoph H.: Richtlinienvorschlag zur Weiterentwicklung des europäischen Corporate Governance-Rahmens, in DB 2014, 1910; zitiert als: *Seibt*, DB 2014, 1910

Selzner, Harald: Related Party Transactions, in ZIP 2015, 753; zitiert als: *Selzner*, ZIP 2015, 753

Semler, Franz-Jörg: Einstweilige Verfügungen bei Gesellschafterauseinandersetzungen, BB 1979, 1533; zitiert als: *Semler*, BB 1979, 1533

Semler, Johannes: Arbeitshandbuch für die Hauptversammlung, 3. Auflage, München 2011; zitiert als: *Bearbeiter*, in: ArbHdb HV, 3. Aufl.

Semler, Johannes: Leitung und Überwachung der Aktiengesellschaft, Köln 1980; zitiert als: *Semler*, Leitung

Semler, Johannes: Einschränkung der Verwaltungsbefugnisse in einer Aktiengesellschaft, BB 1983, 1566; zitiert als: *Semler*, BB 1983, 1566

Servatius, Wolfgang: Strukturmaßnahmen als Unternehmensleitung, Köln 2004; zitiert als: *Servatius*, Strukturmaßnahmen als Unternehmensleitung

Sethe, Rolf: Die Berichtserfordernisse beim Bezugsrechtsausschluß und ihre mögliche Heilung, in AG 1994, 342; zitiert als: *Sethe*, AG 1994, 342

Sinewe, Patrick: Der Ausschluss des Bezugsrechts bei geschlossenen und börsennotierten Aktiengesellschaften, Mainz 2001; zitiert als: *Sinewe*, Der Ausschluß des Bezugsrechts

Sinewe, Patrick: Die Berichtspflicht beim Ausschluß des Bezugsrechts, in ZIP 2001, 403; zitiert als: *Sinewe*, ZIP 2001, 403

Sinewe, Patrick: Anmerkung zu OLG Celle Urt. v. 29.06.2001 – 9 U 89/01, in EWiR 2002, 133; zitiert als: *Sinewe*, EWiR 2002, 133

Sinewe, Patrick: Anmerkung zu KG Berlin Urt. v. 22.08.2001 – 23 U 6712/99 –, in DB 2002, 313; zitiert als: *Sinewe*, DB 2002, 313

Sinewe, Patrick: Die Relevanz des Börsenkurses im Rahmen des § 255 II AktG, in NZG 2002, 314; zitiert als: *Sinewe*, NZG 2002, 314

Slabschi, Peter: Die sogenannte rechtsmißbräuchliche Anfechtungsklage, Berlin 1997; zitiert als: *Slabschi*, Rechtsmißbräuchliche Anfechtungsklage

Smerdka, Ute: Die Finanzierung mit mezzaninem Haftkapital, Köln 2003; zitiert als: *Smerdka*, Die Finanzierung mit mezzaninem Haftkapital.

Soergel, Bürgerliches Recht, Schuldrecht 3/2, §§ 243–304, 13. Auflage, Stuttgart 2014; zitiert als: *Bearbeiter*, in: Soergel/BGB, 13. Aufl.

Soergel, Bürgerliches Recht, Schuldrecht 9/1, §§ 705–758, 13. Auflage, Stuttgart 2012; zitiert als: *Bearbeiter*, in: Soergel/BGB, 13. Aufl.

Soergel, Bürgerliches Recht, Schuldrecht 12, §§ 823–853, Produkthaftungsgesetz, Umwelthaftungsgesetz, 13. Auflage, Stuttgart 2005; zitiert als: *Bearbeiter*, in: Soergel/BGB, 13. Aufl.

Soergel, Bürgerliches Recht, Sachenrecht 2/1, §§ 985–1017 ErbbauVO, 13. Auflage, Stuttgart 2007; zitiert als: *Bearbeiter*, in: Soergel/BGB, 13. Aufl.

Spindler, Gerald: Die Reform der Hauptversammlung und der Anfechtungsklage durch das UMAG, in NZG 2005, 825; zitiert als: *Spindler*, NZG 2005, 825

Spindler, Gerald/*Seidel*, Andreas: Die Zustimmungspflicht bei Related Party Transactions in der konzernrechtlichen Diskussion – Ein Plädoyer für die Zuständigkeit des Aufsichtsrates, in AG 2017, 169; zitiert als: *Spindler/Seidel*, AG 2017, 169

Spindler, Gerald/*Stilz*, Eberhard: Kommentar zum Aktiengesetz, Band I §§ 1–149 AktG, München 2019; zitiert als: *Bearbeiter*, in: Spindler/Stilz, 4. Aufl.,

Spindler, Gerald/*Stilz*, Eberhard: Kommentar zum Aktiengesetz, Band II §§ 150–410 AktG, IntGesR, SpruchG, SE-VO, München 2019; zitiert als: *Bearbeiter*, in: Spindler/Stilz, 4. Aufl.,

Stamatopoulos, Theodoros: Die Pflichtenstellung des Vorstands der Aktiengesellschaft und der Schutz der Aktionäre beim bezugsrechtsfreien genehmigten Kapital, München 2007; zitiert als: *Stamatopoulos*, Die Pflichtenstellung des Vorstandes

Staub, Hermann: Handelsgesetzbuch – Großkommentar, Band 1 Einleitung §§1–47b, 5. Auflage, Berlin 2009; zitiert als: *Bearbeiter*, in: Staub/HGB, 5. Aufl.

Staudinger, Julius v.: Kommentar zum Bürgerlichen Gesetzbuch: 3. Buch Sachenrecht, §§ 985–1011; zitiert als: *Bearbeiter*, in: Staudinger

Stein, Friedrich/*Jonas*, Martin: Kommentar zur Zivilprozessordnung, Band 1 §§ 1–40, 22. Auflage, Tübingen 2003; zitiert als: *Bearbeiter*, in: Stein/Jonas, 22. Aufl.

Stein, Friedrich/*Jonas*, Martin: Kommentar zur Zivilprozessordnung, Band 4 §§ 253–327, 22. Auflage, Tübingen 2008; zitiert als: *Bearbeiter*, in: Stein/Jonas, 22. Aufl.

Stein, Friedrich/*Jonas*, Martin: Kommentar zur Zivilprozessordnung, Band 9 §§ 916–1068, EG-ZPO, 22. Auflage, Tübingen 2002; zitiert als: *Bearbeiter*, in: Stein/Jonas, 22. Aufl.

Stein, Ursula: Rechtsschutz gegen gesetzeswidrige Satzungsnormen bei Kapitalgesellschaften, in ZGR 1994, 472; zitiert als: *Stein*, ZGR 1994, 472

Steinmeyer, Roland: WpÜG – Wertpapiererwerbs- und Übernahmegesetz Kommentar, 3. Auflage, Berlin 2013; zitiert als: *Bearbeiter*, in: Steinmeyer/WpÜG, 3. Aufl.

Stürner, Rolf: Dienstbarkeit heute, in AcP 194 (1994), 265; zitiert als: *Stürner*, AcP 194 (1994), 265

Teichmann, Arndt: Strukturüberlegungen zum Streit zwischen Organen in der Aktiengesellschaft, in Festschrift für Otto Mühl zum 70. Geburtstag S. 663, Stuttgart 1981; zitiert als: *Teichmann*, in: FS Mühl, 1981, S. 663,

Teichmann, Robert/*Köhler*, Walter: Aktiengesetz, 3. Auflage, Heidelberg 1950; zitiert als: *Teichmann/Köhler*, AktG 3. Aufl.

Teplitzky, Otto: Wettbewerbsrechtliche Ansprüche und Verfahren, 12. Auflage Köln 2019; zitiert als: *Teplitzky*, Wettbewerbsrechtliche Ansprüche und Verfahren

Teplitzky, Otto/*Peifer*, Karl-Nikolaus/*Leistner*, Matthias: Gesetz gegen den unlauteren Wettbewerb-Großkommentar, 2. Auflage, Berlin 2014; zitiert als: *Bearbeiter*, in: GroßKomm/ UWG, 2. Aufl.

Terstege, Udo: Bezugsrechte bei Kapitalerhöhungen-Eine ökonomische Analyse aus Aktionärssicht, Wiesbaden 2001; zitiert als: *Terstege*, Bezugsrechte bei Kapitalerhöhungen – Eine ökonomische Analyse

Teubner, Gunther: Unternehmensinteresse – das gesellschaftliche Interesse des Unternehmens „an sich"?, in ZHR 149 (1985), 470; zitiert als: *Teubner*, ZHR 149 (1985), 471

Thomas, Heinz/*Putzo*, Hans: ZPO – Zivilprozessordnung Kommentar, 39. Auflage, München 2018; *Bearbeiter*, in: Thomas/Putzo, 39. Aufl.

Thon, August: Rechtsnorm und subjektives Recht, Weimar 1878; zitiert als: *Thon*, Rechtsnorm und subjektives Recht

Thur, Andreas v.: Der Allgemeine Teil des Deutschen Bürgerlichen Rechts, Reprint der Ausgabe von 1914, Berlin 2013; zitiert als: *v. Thur*, Allgemeiner Teil Bd. 1

Tielmann, Jörgen: Die Anfechtungsklage – ein Gesamtüberblick unter Berücksichtigung des UMAG, in WM 2007, 1686; zitiert als: *Tielmann*, WM 2007, 1686

Timm, Wolfram: Die Aktiengesellschaft als Konzernspitze, Köln 1980; zitiert als: *Timm*, Konzernspitze

Timm, Wolfram: Hauptversammlungskompetenzen und Aktionärsrechte in der Konzernspitze, in AG 1980, 172; zitiert als: *Timm*, AG 1980, 172

Timm, Wolfram: Der Bezugsrechtsausschluß beim genehmigten Kapital, DB 1982, 211; zitiert als: *Timm*, DB 1982, 211

Timm, Wolfram: Anmerkung zu BGH, Urt. v. 01.02.1988 – II ZR 75/87 – (NJW 1988, 1579), in NJW 1988, 1582; zitiert als: *Timm*, NJW 1988, 1582

Timm, Wolfram: Zur Sachkontrolle von Mehrheitsentscheidungen im Kapitalgesellschaftsrecht, in ZGR 1987, 403; zitiert als: *Timm*, ZGR 1987, 403

Timm, Wolfram: Rechtsfragen zur Konzernumbildung, in ZIP 1993, 114; zitiert als: *Timm*, ZIP 1993, 114

Tröger, Tobias: Related Party Transactions mit Blockaktionären im europäischen Gesellschaftsrecht, in AG 2015, 53; zitiert als: *Tröger*, AG 2015, 53

Uhlenbruck, Wilhelm/*Hirte*, Heribert/*Vallender*, Heinz: Insolvenzordnung – Kommentar, Band 1, 15. Auflage, München 2019; zitiert als: *Bearbeiter*, in: Uhlenbruck/InsO, 15. Aufl.

Ulmer, Peter: Die Aktionärsklage als Instrument zur Kontrolle des Vorstands- und Aufsichtsratshandelns, in ZHR 163 (1999), 290; zitiert als: *Ulmer*, ZHR 163 (1999), 290

Ulmer, Peter: Gläubigerschutz bei Scheinauslandsgesellschaften – Zum Verhältnis zwischen gläubigerschützendem nationalem Gesellschafts-, Delikts- und Insolvenzrecht und der EG-Niederlassungsfreiheit, in NJW 2004, 1201; zitiert als: *Ulmer*, NJW 2004, 1201

Ulmer, Peter/*Habersack*, Mathias/*Löbbe*, Marc: Großkommentar GmbHG, Band I Einleitung §§ 1 bis 28, 2. Auflage, Tübingen 2013; zitiert als: *Bearbeiter*, in: GroßKomm/GmbHG, 2. Aufl.

Ulmer, Peter/*Habersack*, Mathias/*Löbbe*, Marc: Großkommentar GmbHG, Band III §§ 53 bis 88 (sowie EGGmbHG), 2. Auflage, Tübingen 2016; zitiert als: *Bearbeiter*, in: GroßKomm/ GmbHG, 2. Aufl.

Umnuß, Christoph E.: Corporate Compliance Checklisten, 3. Auflage, München 2017; zitiert als: *Bearbeiter*, in: Umnuß, Corporate Compliance Checklisten

Veil, Rüdiger: Klagemöglichkeiten bei Beschlussmängeln der Hauptversammlung nach dem UMAG, AG 2005, 567; zitiert als: *Veil*, AG 2005, 567

Venrooy, Gerd Johannes van: Berichtspflicht des Vorstandes beim genehmigten Kapital?, Der Betrieb 1982, 735; zitiert als: *van Venrooy*, DB 1982, 735

Venrooy, Gerd Johannes van: Anmerkung zu BGH, Urt. v. 19.4.1982 – II ZR 55/81 = BGHZ 83, 319, Betriebsberater 1982, 1137; zitiert als: *van Venrooy*, BB 1982, 1137

Venrooy, Gerd Johannes van: Voraussetzungen und Verwendbarkeit genehmigten Kapitals, AG 1981, 205; zitiert als: *van Venrooy*, AG 1981, 205

Verse, Dirk A.: Der Gleichbehandlungsgrundsatz im Recht der Kapitalgesellschaften, Tübingen 2006; zitiert als: *Verse*, Gleichbehandlungsgrundsatz

Volhard, Rüdiger: „Siemens/Nold" – Die Quittung, in AG 1998, 397; zitiert als: *Volhard*, AG 1998, 397

Vorwerk, Volkert/*Wolf*, Christian: Beck'scher Onlinekommentar ZPO, 31. Edition, München 2018; zitiert als: *Bearbeiter*, in: BeckOK/ZPO, 31. Ed.

Wackerbarth, Ulrich: Existenzvernichtungshaftung 2005 – Unternehmerische Entscheidungen auf dem Prüfstand?, in ZIP 2005, 887; zitiert als: *Wackerbarth*, ZIP 2005, 887

Waclawik, Erich: Die Aktionärskontrolle des Verwaltungshandelns bei der Ausnutzung des genehmigten Kapitals der Aktiengesellschaft, in ZIP 2006, 397; zitiert als: *Waclawik*, ZIP 2006, 397

Waclawik, Erich: Die Verantwortlichkeit für existenzvernichtendes Unterlassen, in DStR 2008, 1486; zitiert als: *Waclawik*, DStR 2008, 1486

Wagner, Gerhard: Rudolph von Jherings Theorie des subjektiven Rechts und der berechtigenden Reflexwirkungen, in AcP 193 (1993), 322; zitiert als: *Wagner*, AcP 193 (1993), 322

Wagner, Gerhard: Prozessverträge-Privatautonomie im Verfahrensrecht, Tübingen 1998; zitiert als: *Wagner*, Prozessverträge

Walker, Wolf-Dietrich: Der einstweilige Rechtsschutz im Zivilprozeß und im arbeitsgerichtlichen Verfahren, Tübingen 1993; zitiert als: *Walker*, Der einstweilige Rechtsschutz im Zivilprozess und arbeitsgerichtlichen Verfahren

Wallisch, Kai: Unternehmerische Entscheidungen der Hauptversammlung, Baden-Baden 2014; zitiert als: *Wallisch*, Unternehmerische Entscheidungen der HV

Wandrey, Marcus: Materielle Beschlusskontrolle im Aktienrecht, München 2012; zitiert als: *Wandrey*, Materielle Beschlusskontrolle

Wardenbach, Frank: Mißbrauch des Anfechtungsrechts und „nachträglicher" Aktienerwerb, in ZGR 1992, 563; zitiert als: *Wardenbach*, ZGR 1992, 563

Weber, Robert/*Kersjes*, Julia: Hauptversammlungsbeschlüsse vor Gericht, München 2010; zitiert als: *Weber/Kersjes*, Hauptversammlungsbeschlüsse vor Gericht

Weller, Marc-Philippe: Scheinauslandsgesellschaften nach Centros, Überseering und Inspire Art: Ein neues Anwendungsfeld für die Existenzvernichtungshaftung, IPRax 2003, 207; zitiert als: *Weller*, IPRax, 2003, 207

Weller, Marc-Philippe: „Inspire Art": Weitgehende Freiheiten beim Einsatz ausländischer Briefkastengesellschaften, in DStR 2003, 1800; zitiert als: *Weller*, DStR 2003, 1800

Wenger, Ekkehard: Kurzkommentar zu OLG Frankfurt a.M. Urt. v. 9.2.1993 – 5 U 31/92, in EWiR § 186 1/93; zitiert als: *Wenger*, EWiR § 186 1/93

Werner, Horst S.: Mezzanine Kapital, 2. Auflage 2007, Köln 2007; zitiert als: *Werner*, Mezzanine-Kapital

Werner, Olaf/*Saenger*, Ingo: Die Stiftung – Recht, Steuern, Wirtschaft –, Berlin 2008; zitiert als: *Werner/Saenger*, Die Stiftung

Werner, Rüdiger: Einstweiliger Rechtsschutz im Gesellschafterstreit in der GmbH, in NZG 2006, 761; zitiert als: *Werner*, NZG 2006, 761

Westermann, Harry: Zweck der Gesellschaft und Gegenstand des Unternehmens im Aktien- und Genossenschaftsrecht, Festschrift für Ludwig Schnorr v. Carolsfeld, Köln 1972; zitiert als: *Westermann*, in: FS Schnorr v. Carolsfeld, 1972, S. 517

Wettich, Carsten: Aktuelle Entwicklungen und Trends in der Hauptversammlungssaison 2014 und Ausblick auf 2015; zitiert als: *Wettich*, AG 2014, 534

Weyl, Ludwig: Handkommentar zu den Bestimmungen des deutschen Handelsgesetzbuches über die Aktiengesellschaft, Freiburg i. Br. 1896; zitiert als: *Weyl*, in: Handkommentar HGB 1896

Wieczorek, Bernhard/*Schütze*, Rolf: Zivilprozessordnung und Nebengesetze, Band 11 §§ 916– 1066, Berlin 2014, zitiert als: *Bearbeiter*, in: GroßKomm/ZPO, 4. Aufl.

Wiedemann, Herbert: Gesellschaftsrecht Band I, München 1980; zitiert als: *Wiedemann*, Gesellschaftsrecht I

Wiedemann, Herbert: Gesellschaftsrecht Band II, München 2004; zitiert als: *Wiedemann*, Gesellschaftsrecht II

Wiedemann, Herbert: Die Übertragung und Vererbung von Mitgliedschaftsrechten bei Handelsgesellschaften, München 1965, zitiert als: *Wiedemann*, Übertragung und Vererbung von Mitgliedschaftsrechten

Wiedemann, Herbert: Kurzkommentar zu BGH, Urt. v. 7. 3. 1994, – II ZR 52/93; in EWiR § 186 1/94; zitiert als: *Wiedemann*, EWiR § 186 1/94

Wiedemann, Herbert: Reflexionen zur Durchgriffshaftung – Zugleich Besprechung des Urteils BGH WM 2002, 1804 – KBV, in ZGR 2003, 283; zitiert als: *Wiedemann*, ZGR 2003, 283

Wiedemann, Herbert/*Gadow*, Wilhelm/*Hopt*, Klaus J.: Großkommentar zum Aktiengesetz, Band 3 §§ 179–290, 3. Auflage, Berlin 1973; zitiert als: *Bearbeiter*, in: GroßKomm/AktG, 3. Aufl.

Wiedemann, Heribert: Organverantwortung und Gesellschafterklagen in der Aktiengesellschaft, Opladen 1989; zitiert als: *Wiedemann*, Organverantwortung

Wiersch, Rachid Rene: Der Richtlinienentwurf zu Transaktionen mit nahestehenden Unternehmen und Personen, in NZG 2014, 1131; zitiert als: *Wiersch*, NZG 2014, 1131

Wilhelm, Jan: Rechtsform und Haftung bei juristischen Personen, Köln 1981; zitiert als: *Wilhelm*, Rechtsform und Haftung bei juristischen Personen

Wilhelm, Jan: Kapitalgesellschaftsrecht, 4. Auflage, Berlin 2018; zitiert als: *Wilhelm*, Kapitalgesellschaftsrecht

Wilm, Daniel: Abfindung zum Börsenkurs – Konsequenzen der Entscheidung des BVerfG, in NZG 2000, 234; zitiert als: *Wilm*, NZG 2000, 234

Wilsing, Hans-Ulrich: Berichtpflichten des Vorstands und Rechtsschutz der Aktionäre bei der Ausübung der Ermächtigung zum Bezugsrechtsausschluss im Rahmen eines genehmigten Kapitals, in ZGR 2006, 722; zitiert als: *Wilsing*, ZGR 2006, 722

Windscheid, Bernhard: Lehrbuch des Pandektenrechts, 6. Aufl. Frankfurt am Main 1887; zitiert als: *Windscheid*, Pandektenrecht I

Windscheid, Bernhard: Die Actio des römischen Civilrechts, vom Standpunkte des heutigen Rechts, Düsseldorf 1856; zitiert als: *Windscheid*, Die actio des römischen Civilrechts

Winnefeld, Robert: Stimmrecht, Stimmabgabe und Beschluß, ihre Rechtsnatur und Behandlung, in DB 1972, 1053; zitiert als: *Winnefeld*, DB 1972, 1053

Winter, Martin: Mitgliedschaftliche Treuebindungen im GmbH-Recht, München 1988; zitiert als: *Winter*, Mitgliedschaftliche Treuebindungen

Winter, Martin: Organisationsrechtliche Sanktionen bei Verletzung schuldrechtlicher Gesellschaftervereinbarungen? in, ZHR 154 (1987), 259; zitiert als: *Winter*, ZHR 154 (1987), 259

Winter, Martin/*Harbarth*, Stephan: Verhaltenspflichten von Vorstand und Aufsichtsrat der Zielgesellschaft bei feindlichen Übernahmeangeboten nach dem WpÜG, in ZIP 2002, 1; zitiert als: *Winter/Harbarth*, ZIP 2002, 1

Wolf, Manfred/*Neuner*, Jörg: Der Allgemeine Teil des Bürgerlichen Rechts, 11. Auflage, München 2016; zitiert als: *Wolf/Neuner*, Allgemeiner Teil, 11. Aufl.

Würdinger, Hans: Aktienrecht und das Recht der verbundenen Unternehmen, 4. Auflage, Heidelberg 1981; zitiert als: *Würdinger*, Aktienrecht, 4. Aufl.

Wymeersch, Eddy: Das Bezugsrecht der alten Aktionäre in der Europäischen Gemeinschaft – eine rechtsvergleichende Untersuchung, in AG, 1998, 382; zitiert als: *Wymeersch*, AG 1998, 382

Zimmer, Daniel: Nach „Inspire Art": Grenzenlose Gestaltungsfreiheit für deutsche Unternehmen?, in NJW 2003, 3585; zitiert als: *Zimmer*, NJW 2003, 3585

Zöllner, Wolfgang: Die Schranken mitgliedschaftlicher Stimmrechtsmacht bei den privatrechtlichen Personenverbänden, München 1963; zitiert als: *Zöllner*, Die Schranken mitgliedschaftlicher Stimmrechtsmacht

Zöllner, Wolfgang: Kölner Kommentar zum Aktiengesetz, Einleitungs-Band, 1. Aufl. München 1984, zitiert als: *Bearbeiter*, in: KölnKomm/AktG, Einl-Reg.

Zöllner, Wolfgang: Kölner Kommentar zum Aktiengesetz, Band 2 §§ 148–290, 1. Aufl. München 1985; zitiert als: *Bearbeiter*, in: KölnKomm/AktG, 1 Aufl.

Zöllner, Wolfgang: Kölner Kommentar zum Aktiengesetz, Band 5/1 §§ 179–240, 2. Aufl.; München 1995; zitiert als: *Bearbeiter*, in: KölnKomm/AktG, 2. Aufl.

Zöllner, Wolfgang: Zur positiven Beschlußfeststellungsklage im Aktienrecht (und andere Fragen des Beschlußrechts), in ZGR 1982, 623; zitiert als: *Zöllner*, ZGR 1982, 623

Zöllner, Wolfgang: Die Anpassung dividendensatzbezogener Verpflichtungen von Kapitalgesellschaften bei effektiver Kapitalerhöhung, in ZGR 1986, 288; zitiert als: *Zöllner*, ZGR 1986, 288

Zöllner, Wolfgang: Die sogenannten Gesellschafterklagen im Kapitalgesellschaftsrecht, in ZGR 1988, 392; zitiert als: *Zöllner*, ZGR 1988, 392

Zöllner, Wolfgang: Folgen der Nichtigerklärung durchgeführter Kapitalerhöhungsbeschlüsse, in AG 1993, 68; zitiert als: *Zöllner*, AG 1993, 68

Zöllner, Wolfgang: Treupflichtgesteuertes Aktienkonzernrecht, in ZHR 162 (1998), 235; zitiert als: *Zöllner*, ZHR 162 (1998), 235

Zöllner, Wolfgang: Gerechtigkeit bei der Kapitalerhöhung, in AG 2002, 585; zitiert als: *Zöllner*, AG 2002, 585

Zöllner, Wolfgang/*Noack*, Ulrich: Kölner Kommentar zum Aktiengesetz, Band 1 §§ 1– 75 AktG, 3. Auflage, Köln 2011; zitiert als: *Bearbeiter*, in: KölnKomm/AktG, 3. Aufl.

Zöllner, Wolfgang/*Noack*, Ulrich: Kölner Kommentar zum Aktiengesetz, Band 2/2 §§ 95– 117 AktG, 3. Auflage, Köln 2013; zitiert als: *Bearbeiter*, in: KölnKomm/AktG, 3. Aufl.

Zöllner, Wolfgang/*Noack*, Ulrich: Kölner Kommentar zum Aktiengesetz, Band 4/3, §§ 182– 191 AktG, 3. Auflage, Köln 2018; zitiert als: *Bearbeiter*, in: KölnKomm/AktG, 3. Aufl.

Zöllner, Wolfgang/*Noack*, Ulrich: Kölner Kommentar zum Aktiengesetz, Band 4/3 §§ 192– 201 AktG, 3. Auflage, Köln 2013; zitiert als: *Bearbeiter*, in: KölnKomm/AktG, 3. Aufl.

Zöllner, Wolfgang/*Noack*, Ulrich: Kölner Kommentar zum Aktiengesetz, Band 5/3, §§ 241– 249 und 253–261a AktG, 3. Auflage, Köln 2017; zitiert als: *Bearbeiter*, in: KölnKomm/ AktG, 3. Aufl.

Zöllner, Wolfang/*Winter*, Martin: Folgen der Nichtigerklärung durchgeführter Kapitalerhö- hungsbeschlüsse, in ZHR 158 (1994), 59; zitiert als: *Zöllner/Winter*, ZHR 158 (1994), 59

Stichwortverzeichnis

Josepha Rüberg

Die Anleihe in der Insolvenz

Die Abwicklung von Insolvenzverfahren im Spannungsverhältnis
zwischen Schuldverschreibungsgesetz und Insolvenzordnung

Mit Zunahme der Insolvenzen von Anleiheemittenten sind Insolvenzverwalter vermehrt mit Anleihegläubigern im Insolvenzverfahren
konfrontiert. Unterliegt die Anleihe dem SchVG, finden in der Insolvenz des Emittenten sowohl das SchVG als auch die InsO Anwendung. Mit dem Ziel trotz der Beteiligung einer Vielzahl anonymer
Anleihegläubiger eine effektive Abwicklung des Insolvenzverfahrens zu ermöglichen und Auslegungsschwierigkeiten zwischen den
beiden Gesetzen zu verringern, hat der Gesetzgeber in § 19 SchVG
für den Insolvenzfall Sonderregelungen getroffen. Die Arbeit zeigt
auf, dass § 19 SchVG dieses Ziel verfehlt. Die Norm verkennt, dass
das Insolvenzverfahrensrecht nicht auf eine Vielzahl anonymer Gläubiger zugeschnitten ist. Zwar kann die Einsetzung eines gemeinsamen Vertreters dem Abhilfe leisten, doch führt dies zu weiteren un-
geklärten Rechtsfragen. Die Arbeit findet für diese Fragen eine
einheitliche Lösung und macht einen konkreten Regelungsvorschlag
für einen Reformgesetzgeber.

Schriften zum Wirtschaftsrecht, Band 309
IV, 238 Seiten, 2019
ISBN 978-3-428-15683-2, € 79,90
Titel auch als E-Book erhältlich.

www.duncker-humblot.de